TOPOGRAPHIQUE

...NT DE L'ISÈRE

...ET MODERNES

PILOT DE THOREY

...CHEVALIER

C'est une méthode inusitée, dont je n'hésite pas à reconnaître les inconvénients : le lecteur voudra bien les considérer comme un moindre mal et se dire que j'ai été placé dans l'alternative d'abréger cette publication ou d'y renoncer.

L'œuvre aboutit, grâce à un sacrifice dont je ne songe pas à tirer vanité et aux précieux encouragements que m'ont donné le Conseil général de l'Isère et le Conseil municipal de la ville de Grenoble, en souscrivant l'un et l'autre par un vote unanime. Il m'est agréable de leur en exprimer ici ma reconnaissance.

Cette publication, en mettant dès maintenant la substance du grand ouvrage de Pilot à la portée des érudits, lui vaudra de la part de ceux-ci une admiration et une gratitude méritées et servira utilement les études historiques en Dauphiné.

Romans, 26 mars 1921.

U. C.

EXPLICATION DES PRINCIPALES ABRÉVIATIONS

Abréviation	Signification	Abréviation	Signification	Abréviation	Signification
Abb.	abbaye.	dép^t	département.	monast.	monasterium.
affl.	affluent.	détr.	détruit.	monial.	monialis.
anc.	ancien, anciennement.	dioc.	diocèse.	mont.	montagne.
ap.	apud.	disp.	disparu.	nem.	nemus.
archipresb.	archipresbiteratus.	dom.	domus fortis.	N. D.	Notre Dame.
arr.	arrose.	domin^a	domina.	orig.	originaire.
arr^t	arrondissement.	éc.	écart.	par.	paroisse.
baill.	bailliage.	eccl.	ecclesia.	parr.	parrochia.
bord.	bordaria.	égl.	église.	pasc.	pascuagium.
bosc.	boscus.	él.	élection.	prat.	pratum.
burg.	burgum.	ét., ét^g	étang, étangs.	priorat.	prioratus.
caban.	cabannaria.	év.	évêché.	quart.	quartier.
cap.	capella.	f.	ferme.	rip.	riperia.
capell^a	capellanus.	ff.	fermes.	riv.	rivière.
castell^ia	castellania.	faub.	faubourg.	roch.	rocher.
castell^a	castellanus.	font.	fontaine.	ruiss.	ruisseau.
castr.	castrum.	for.	forestière, forêt.	rup.	rupes.
cavan.	cavannaria.	fortal.	fortalicium.	St.	Saint.
c^r	communitas.	fratr.	fratres.	S.	Sanctus.
c^es	communitates.	gr.	grange.	s.	siècle.
chal.	chalet.	h.	hameau.	SS.	Sancti.
chap.	chapelle.	hh.	hameaux.	succurs.	succursale.
chât.	château.	hospit.	hospitalis.	susp.	suspendu.
chavan.	chavannaria.	ins.	insula.	ten., tenem.	tenementum.
ch.-l.	chef-lieu.	l.	lieu.	territ.	territoire, territorium.
ch^in	chemin.	loc.	locus.	torr.	torrent.
coll.	colline.	mais.	maison.	terr.	terris.
com.	communauté.	mais. f.	maison forte.	us.	usine.
command.	commanderie.	mand.	mansus mansuentum, mandement.	vilag.	vilagium.
c^on	canton.	man.	mansus.	vill.	village.
condam.	condamina.	mans.	mansus.	villar.	villarium.
conv.	conventus.	m^in	moulin.	voy.	voyez.
couv.	couvent.	mistr.	mistralia.		
dép.	dépendance, dépendant.	mistr^a	mistralia.		
		molar.	molarium.		
		molend.	molendinum.		

DICTIONNAIRE TOPOGRAPHIQUE

DE L'ISÈRE

AVANT-PROPOS

Le *Dictionnaire topographique de l'Isère* est l'œuvre d'Emmanuel PILOT DE THO-REY, fils de l'archiviste, et lui-même pendant vingt-sept ans sous-archiviste des Archives départementales à Grenoble. Pilot était un érudit sagace, diligent et très appliqué. Il a mis à profit pour cette compilation une énorme quantité de documents originaux. Il y travailla pendant seize ans et put présenter un spécimen de son manuscrit au Comité des Travaux historiques en 1892. Sur l'avis de M. Auguste Longnon, délégué à l'examen du *Dictionnaire*, M. Ch. Dupuy, ministre de l'Instruction publique, loua la haute compétence de Pilot, ses recherches fécondes ; mais il lui proposa d'opérer une sélection dans ses notes, " d'où rien, certes, ne serait à retrancher ", afin de rester dans le cadre de la publication officielle. Il s'agissait de réduire son travail des trois quarts environ. L'auteur supprima 23.500 articles sur 45.000, mais il ne put se résigner à sacrifier davantage aux exigences administratives. A sa mort, en 1903, son manuscrit, acquis par M. de Beylié, fut rétrocédé par lui à la Bibliothèque de la ville de Grenoble, qui le conserve sous la cote R. 7906,384.

Plus que personne, je déplorais les circonstances qui privaient les érudits de l'usage du travail de Pilot ; cette lacune me parut particulièrement regrettable au cours de la rédaction de mon *Regeste Dauphinois*. A la fin de la Guerre, je résolus d'y remédier et engageai avec le Conseil d'administration de la Bibliothèque de Grenoble des négociations laborieuses, qui aboutirent au prêt à domicile des quarante-cinq volumes manuscrits du *Dictionnaire*.

Ces quarante-cinq volumes renferment seulement la première partie de l'ouvrage qui comprend la nomenclature moderne, accompagnée des formes anciennes, avec leurs dates, leurs sources et des notices ébauchées sur les localités. La seconde partie : *Table des formes anciennes*, n'existait pas. Je l'ai rédigée et c'est celle-ci que je publie, mais composée de manière à suppléer momentanément la première.

On y trouvera non seulement les formes anciennes des noms de lieu avec leur identifica-tion moderne, mais encore toute la nomenclature moderne. Les noms des communes et autres importants figurent à la fois après les formes anciennes correspondantes et à leur ordre alphabé-tique sous leur forme moderne.

Je n'ai pas indiqué les sources des formes anciennes et j'ai daté celles-ci seulement par leur siècle — une forme non datée est du même siècle que la précédente ; — j'ai conservé, en abréviations, toutes les indications intéressantes sur les établissements locaux : églises, chapelles, prieurés, paroisses, hôpitaux, mandements, cours de justice, châteaux, bâties, maisons fortes, moulins, fours, etc., etc.

Pour ne pas sacrifier ces renseignements, indispensables parfois pour distinguer entre elles des localités homonymes, j'ai été contraint d'inscrire les formes anciennes non au nominatif, comme c'est l'usage, mais au cas sous lequel elles se présentent dans les documents.

DICTIONNAIRE TOPOGRAPHIQUE

DE

LA FRANCE.

DÉPARTEMENT

DE L'ISÈRE.

TABLE DES FORMES ANCIENNES ET MODERNES

A

Abassia (monasat. de), XIII s., Abbacia (monast. de); l'Abberge, quart. et ruines, affl. le Verdaret, c^ne Grenoble.

Abattoir (L'), vill. c^ne Domène.

Abattoirs (Les), quart. c^ne Grenoble.

Abbaye (L'), f. c^ne Cherrières, dép. Montmajour.

Abbaye (L'), h. c^ne Fontaine; — h. c^ne Marnans; — f. c^ne St-Pancrasse, dép. des Ayes; — h. c^ne Sardieu, dép. Laval-de-Brenieux.

Abbaye (L'), XIX s. : voy. la Baisse, Brelret, Sancti Pauli, in Ysel, Pomerinet-una (terra), XII s.

Abbe (L'); Chez-Leblbr, h. c^ne Moissieu.

Abberaux (lor. des), XVI s. : les Aberreaux, dép. c^ne Moidieu.

Abbenne (L'), f. c^ne de Beauvoir-de-Marc, dép. St-André-le-Haut.

Abel (L') : voy. Talapel.

Abeoratorium, XV s.; les Abreuvoirs, pâtur. c^ne du Périer.

Abi raux (Les), bois, c^nes de Brion et Royhon.

Abi raux (L'), ruines, c^nes Luzinay, Villette-Serpaize et Chuzelle.

Aberge (L'), XVIII s. : voy. Albergarias.

Aberges (Les), XII s. : voy. Albergas.

Abert-d'en-Haut; l'Habert-d'en-Haut, chal. c^ne Laval.

Abimes (Les), ruines, c^nes Courtenay et Saleyvieux.

Abimes (Les) : voy. Abimes.

Ablauet, h. c^ne Presles.

Ablaou (bocchayrag. de), XIV s.; les Abimes, h. et forêt, c^ne Chaparcillan.

Abits (Les), XVII s. : voy. Abimes.

Ablandenti, XV s.; Ablandens, XIX s. : les Ablandens, h. c^ne la Salette-Falavaux.

Abondance (L'), us. c^ne Voreppe.

Abrard, év. c^ne St-Geoirs.

Abrarda, XIV s. : les Abrardin, h. c^ne Cordiac.

Abrenières (Les), h. c^ne St-Geoirs.

Abreti, XV s. : voy. Abrets.

Abrets (Les), c^ne c^ne Pont-de-Beauvoisin; — dioc. Vienne, égl. Assomption.

Abrets (Les) : voy. Albretis.

Abreuvage, ruines, c^ne Hières.

Abreuvoirs (Les), pâtur. c^ne le Périer; — pâtur. c^ne Chantesse; — ruines, c^ne La Rivière.

Abriau, Abriès; Auria, c^ne c^ne Bourg-d'Oisans.

Abriat (mas des), XII s., l. disp. c^ne de Quaix.

Aburreaux (brial des), XVIII s. : voy. l'Abéraux.

Abysali (foresta de), XIV s., A-eus, A-uum (pasquerragia) : voy. Abimes.

Arncins (Les), îles du Rhône, c^ne Feyzin.

Arrus (Mans), XVI s. : l'Œuilly, mant. c^ne Sivhillerone.

Areu, XLII s. : voy. Areu.

Areu, XIII s. ; Auzieu, c^ne c^ne Roussillon.

Arhal : voy. Chalp (La).

Achard, chap. N.-D. de Pidi; Lochel, h. c^ne Varces.

Achard (L'), ruines, c^ne Ormans : — repos et ruines, affl. le Grand-Ruisseau, c^ne Autrans.

Achard (L'), h. c^ne Rencurel; — h. c^ne Vernes.

Achard (fortalic. d.), XIV s. : l'Achard, h. c^ne le Villard-de-Lans.

Achards (Les), h. c^ne St-Hilaire-du-Rosier.

Achards (Les), XVI s. : les Achards, h. c^ne Cordiac.

Achards (an), XIII s., Achardi, XIV s. ; les Achards, vill.

c^ne les Côtes-de-Corps.

Achars (al), XIV s. : Achaval, h. c^ne La Trey.

Achieres, XIII s. : Ache, l. disp. c^ne Cornillon-en-Trièves.

Achieux, mont. c^ne Méaudre.

Aciacum, X s. : Assieu, c^ne Roussillon.

Acieu, XV s. : voy. Aciacum.

Acle (l'), bois c^ne St-Sorlin.

Acliers (Les) : voy. Asclers.

Acon, Arzonis (trans.), XIII, XIV s., Artzonis, XVI s. : Azon, l. disp. c^ne St-Vincent-de-Mercuze.

Acouant (riv. des), XV s. : voy. Fronna.

Acqueducs (Les), ruins. c^ne Meyrieu.

Acquini (fortalic. H.), XIV s. : Acquin (tour d'), XVII s. : la Tour, h. c^ne St-Pierre-d'Allevard.

Acquinis (mans. des), XV s.: les Acquins, l. disp. c^ne la Chuze-et-Paquiers.

Acu (draya, nem. ngrum de), le Grand-Enfier, mont. c^nes Revel et St-Martin-d'Uriage.

Acu (riv. de), XV s.: l'Herrille : voy. ce mot.

Acu (territ. de), XIV s. : l'Aiguille, mont. c^ne Quaix.

Acus, XIII s., Acucu juxta Viennam, XIII s. : voy. Planum Aquis.

Arzans, Arzans, XIV s. : Azou, h. c^ne d'Izeron.

Adextri, XIII s. : voy. Adreiz.

Adextris (castr. de), XVI s. : voy. Adextris.

Adestrorum (magnus rivus), XV s. : voy. Adrectos, le Grand-Ruisseau.

Adextrum, XIV s. : voy. Adreytum.

Adestrum Bellecumbe, XVI s. : l'Adret-de-Furet, bois c^ne Barraux.

Adrestum Theysil, XV s. : l'Adret, vill. c^ne Theys.

Adextri, XIII s. : voy. Adreiz.

Adextris, dum. fort., XIV s. ; le Château, ruines, c^ne Les Adrets.

Adextris, ruins. : voy. Adreetos.

Adhuc aquarum de Bruent et Furenis, XIV s. : les Ayettes, bois c^ne d'Engins.

Adray (l'), éc. c^ne Montrevel.

Adrectos (villa que vocatur adu. XIII s.), Adreztos (riv. de la), XIII s. : le grand-Ruisseau, afil. de l'Isère, orig. lac de la Josse, arr. c^nes les Adrets et le Champ.

Adreiz (cord. de la), XI s. : Adreitz, XIV s.: Adrix (Les), XVII s. : les Adrets, c^ne Goncelin.

Adrest, Adilret, XVIII s. : voy. Adestrum Theysil.

Adret (l'), bois, mont. Brancfarine, c^ne St-Maximin : — bois, c^ne St-Barthélemy-de-Séchilienne : — h. c^ne Goneslin : — h. c^ne Izeaux : — h. c^ne Marnans.

Adret (l'), éc. c^ne Villard-Eymond.

Adreton (l'), gr. c^ne Theys.

Adrets (Les), terre, c^ne Chante-louve : — bois c^ne Villard-de-Lans.

Adrets (Les), c^ne c^nes Goncelin : égl. St-André.

Adrets (Grand et Petit), mas. c^ne Vif.

Adrets : voy. Adreetos.

Adrets (grs des) : voy. les Prix.

Adreytum, XIII s. : l'Adret, mas c^ne le Moutaret.

Adreytz (deux), XIV s. : les Adretz, l. disp. c^ne St-Gervais.

Adreytz (cesta deux), XIV s. : les Adreys, mont. c^ne St-Pierre-de-Chartreuse.

Adrez, XV s. : voy. Adextris.

Adroys, XVIII s. : l'Adroit, vill. c^ne Roybon.

Adveneriarum (castr.), XV s. : le Château, quart. c^ne les Avenières.

Advernays, XVII s. : voy. Avernais.

Adverti (territ.), XV s. : voy. Averet.

Advollinum, XV s. : voy. Avolino.

Advorant, XVII s. : voy. Avorant.

Adzieu (castr. de), XIV s., Adzieu : voy. Azeu.

Adzeu, XIII s. : voy. Azeu.

Æqua illi (super altum.) in territ. Trièves (GERVAIS DE TILBURY), XIII s. : le Mont-Aiguille, mont. c^ne Chichilianne.

Affaury (L') : la Faurie, h. c^ne Vaulnaveys-le-Haut.

Affars (Les) : la Faurie, h. c^ne Venon.

Agars, Agardis, XIII s. : les Agards, éc. c^ne St-Pierre-d'Allevard.

Ageron, éc. c^ne de Chatte.

Ageron éc. c^ne St-Lattier.

Agos (Les), h. c^ne St-Martin-d'Uriage.

Aggeilly, XIV s.: voy. Eguillla.

Agie, XIV s. : les Ages, vill. c^ne Pontcharra.

Agneaux (Les), mont. c^ne St-Laurent-du-Pont.

Aguelin (l'), mont. et ruins. afil. le lac du Cos, c^nes de la Ferrière et Vaujany.

Aguella, XIV s., Agniela, XV s., Agniella, Agnelas, Agnellum; l'Aguelas, vill. c^ne de Volron.

Agneller'... (mans), XIII s. : les Aguenoux, manst. c^ne de St-Christophe.

Aguellin : l'Aue, lac et ruins. c^ne Vaujany.

Aguellinum, XIV s., Agnelellinum, Agnelinum, Agnelli, XV s. : l'Aguelin, mont. et col. c^nes Besses et St-Jean-d'Arve (Savoie).

Agmerias, XV s., Agmieres, XVIII s. : voy. Asmerias.

Agnes (Les), vill. c^ne de la Verpillière.

Agnez, XVIII s. : les Agnès, vill. c^ne St-Paudilles-et-Pipet.

Agni, XIV s., Agnin, XVI s., Agnie, XVIII s. : voy. Aygny.

Agnier, Agnieu : voy. Aygneu.

Agnies, XVIII s., Agnets (Les), XIX s. ; les Aynès, vill. c^ne Roche.

Agnin, c^ne c^nes Roussillon : par. dioc. Vienne, égl. St-Martin.

Agnin, XIV s. : voy. Aygnin.

Agninus (eccl. S. Martini de), XI s. : Agnin, c^ne c^nes Roussillon.

Agnout, XIII s. : le Plan d'Aguerau, mas c^ne Vizille.

Agrout, bordaria serre, XIII s., Agroux (els) ; les Agouts (l), l. disp. près Corps.

Aguiards (Les), h. c^ne de Lans ; — h. c^ne Méaudre.

Aguilla (l'), bois, c^ne Vaulx-Milieu.

Aguillas : voy. Aiguilles (Les).

Aguillena (gr. de), XII s. ; Guillaumière, h. c^ne Meynaïeu.

Aguilleta, XIII s.: *l'Aiguillette*, mont. c^es Cognin et Rovon.

Aguilleta: voy. L'Aiguillette.

Aguille testata, XIV s., Aguilleta, XV s., Aguilla, XVI s.: *la Aiguillaua*, mont. c^e le Mont-de-Lans.

Agullia (costa de), XIV s.: *l'Aiguille*, mont. c^e Venosc.

Agullia, XVI s.: voy. Aguilla.

Alben (escl. des), XI s.: *Eybens*, c^e c^on Grenoble-Sud.

Albeon: voy. Aybron.

Abbe-Combe (l'), mont. c^e St-Laurent-du-Pont.

Aies (Les), XVIII s.: *les Hayes*, h. c^e St-Savin.

Aies (Les), XVIII s.: voy. Hayes.

Aies Todevli, XIII s.: *les Ayes*, vill. c^e Theys.

Alga Clara, XVII s.: *Aigue-Claire*, l. détr. c^e Blandin.

Aigle (L'), mont. c^e de Pinsot.

Aigles (Les), bois c^e La Valette; — h. c^e Bilieu.

Aignin, XV s.: voy. Avray.

Aigninum, XIV s.: voy. Agnino, Ayguis.

Aigrette (L'), font. c^e Roumiers.

Aiguablau (L'), ruiss. affl. l'Ainan, arr. c^es Merlan, St-Geoire et St-Bueil.

Aigue (L'), mont. c^e la Morte.

Aiguebelle, mont. et chal. c^e de Laval: — font. c^e St-Pancrasse: — ruiss. c^e Sérézin-de-la-Tour: — ruiss. c^e Valbonnais.

Aigues (Les), forêt c^es Monestier-du-Percy et St-Maurice.

Aigues (Les): voy. Aquis.

Aigues-Belles (Les), éc. c^e Charavines.

Aigues-Nerry, XVII s., —Noires; *Aiguenoire*, vill. c^e Entre-Deux-Guiers.

Aiguilla, XIV s., Aiguille, XVIII s.: *l'Arguille*, mont. chal. c^e St-Pancrasse.

Aiguille (Grande), mont. c^e St-Christophe-en-Oisans; — (L'), mont. c^e Ste-Marie-du-Mont; (Grande, Petite), mont. c^e Mont-de-Lans; — (L'), mont. c^e Allemont; — (L'), h. c^e Nantoin.

Aiguille (bois, draye), XV s.: *le Grand-Enizer*, mont. c^es Revel et St-Martin-d'Uriage.

Aiguille (mont. de l'): voy. Avvin.

Aiguille (Grande), XVII s.: *la Grande-Houille*, mont. c^e Voreppe.

Aiguille (Petite): *la Petite-Houille*, mont. c^e Voreppe.

Aiguille (rocher d'): voy. Mont-Aiguille.

Aiguille-du-Canard (L'), mont. c^e St-Christophe-en-Oisans.

Aiguille-d'Entre-Pierroux (L'), mont. c^e St-Christophe-en-Oisans et Valjouffrey.

Aiguille Evnar l: voy. l'Arguille.

Aiguille-du-Midi-de-la-Grave (L'), mont.: voy. La Meije.

Aiguille-de-Ravel (L'), mont. c^e Valjouffrey.

Aiguilles (Les), mont. c^e Cognet: — mont. c^e Entraigues: — mont. c^e du Gua: — mont. c^e Valjouffrey: — mont. c^e du Périer.

Aiguilles-du-Col-de-la-Cochette (Les), mont. c^e Vaujany.

Aiguillette (L'), forêt c^e de Villard-Reymond: — mont. c^es Cognin et Rovon.

Aiguillettes (Les), mont. c^e de Vaujany: — éc. c^e Monestier-du-Percy.

Aiguillons (Les), mont., lac c^e Oullen.

Alia (ablatiaua de), XIII s.: Aies (N.-D. des), XVII s.: voy. Ayes.

Ailes (Les), h. c^e Reneurel.

Aillaudan (L'), mont. c^e Valjouffrey.

Aillay, XIV s., Aillat, XVIII s.; *Alliat*, vill. c^e Four.

Aille (L'), XIX s.: voy. Ailes.

Aillimart, XII s., Aillimarchuu, XIII s., Aillienart, XIV s., Allienard, XVII s.; *Aliénart*, mont. c^e St-Christophe-Entre-Deux-Guiers et St-Pierre-de-Chartreuse.

Aillone (domus de), XIII s., Alhon, XVI s.: *Alliau*, h. c^e Chaponnay, anc. possess. de la chartr. d'Alliau (Savoie).

Aillot, XIX s.; *l'Aillaud*, mont., col c^e Valjouffrey.

Aillaud, b^e c^e Primarette: — mas c^e Pisieu.

Aillaud, ruiss. c^e Ste-Marie-du-Mont.

Ailloudières, h. c^e Merlas.

Ailloude (Les), h. c^e Séchilienne.

Ailloudans, XIV s.: voy. Ayloudiu.

Ailloux (Les), h. c^e St-Laurent-en-Beaumont.

Ailla (Les), XVIII s.: *les Hayes*, mas c^e Morestel.

Almarde (Les): voy. Aymards.

Almas (Les), XVIII s.: voy. Aymls.

Almes, Aimis: voy. Aymes.

Ainan (L'), riv. orig. c^e Châbons, arr. c^es Massieu, St-Geoire, St-Bueil, Voissant, St-Albin-des-Vaulserre, se jette d. Guiers-Vif: voy. Valdaine.

Aiqualenz (escl. des), XI s.: — *l'Égalou*, h. c^e Venrey.

Aire, (L'), ruiss. c^es St-Chef et Trept.

Airon (De), XII s.: voy. Ariacum.

Aires (Les), bois c^e Dionay: — bois c^e la Morte: — éc. c^e le Villard-de-Lans.

Aisieu, XIV s.: voy. Azeu.

Aisinum, XI s.: voy. Aysinis.

Aisselle (L'), glac. et chal. c^e du Mont-de-Lans.

Aize (L'), bois c^e Courtenay.

Aiziacum, XIV s.: voy. Azeu.

Aizy, h. c^e Noyarey.

Alagneria, sem. XIV s.: — *La Laisnière*, bois c^e le Périer.

Alais (Les), XVIII s.: — *les Alles*, h. c^e du Pin.

Alamagna, XV s.: voy. Allamanna.

Alamanderies (mans.), XIV s.: *L'Amandelier*, h. détr. c^e Champagnier.

Alamanderia, XV s.: *L'Amanderière*, l. disp. près Montbonnot-St-Martin.

Alamandi (mans.), XV s.: *les Allemands*, l. disp. près St-Laurent-en-Beaumont.

Alamandières (Les), l. disp. c^e Moidieu: — éc. c^e St-Prim.

Alamanderiis, XV s.: voy. Amandelers.

Alamanderum (mistr.), XV s.: voy. Alamant.

Alamani (mans.), XIII s.: Alamandorum (Foyacin), XIV s.: *les Allemands*, h. c^e St-Honoré.

Alamanorum (rex) ad dictone Provincie, XI s.; Alamandorum (rex): voy. Burgundia.

Alamanuz (terre Omar.), XIII s.: Alamaut (mans.), Alamanum: *les Allemands*, l. disp. cⁿᵉ Jarrie.

Alamone, XIII s.: voy. Alemo.

Alamum, XII s.: voy. Alemo.

Alarda villa, XIV s.: *Allarde*, mⁿ, cⁿᵉ La Mure.

Alarderes, XIV s.: A-ria (territ.): *les Allardières*, l. disp. cⁿᵉ Villeneuve-de-Marc.

Alardi, XIII s.: *les Allards*, h. cⁿᵉ Laffrey.

Alardi villa, XIV s.: *les Allards*, mas cⁿᵉ Vizille.

Alaudorum (sagna), XIV s.: *Allaudeire*, fe., cⁿᵉ St-Genis.

Alauves, mans., XIII s.; A-vis, XV s.: *les Allauves*, h. cⁿᵉ La Salle.

Alavardo (prior de), XIII s., Alavart (dom. de), XIII s.: *St-Pierre d'Allevard*, cⁿᵉ cⁿᵉ Allevard.

Alavardo (Hospit. Jerosolimitani de), XIV s.: *St-Jean*, mas cⁿᵉ Allevard.

Alavardus (eccl. S. Marcelli in loc.), XI s., Alavargus, Alavarth, Alavarsens, XII s.: *Allevard*, ch.-l. cⁿᵉ arrⁿ Grenoble.

Alba Ripa, X s., Albe Ripe (castell. parr.), XII s.: — (eccl. S. Pauli), XIII s.: Alba Ripa subtus Viennam, XIV s.. Alberives: *Auberives*, cⁿᵉ cⁿᵉ Roussillon.

Alba Ripa (eccl. de), XI s.: — Ripa subt. S. Nazarium, super Bornam, XIV s.: *Auberives-en-Royans*, cⁿᵉ cⁿᵉ le Pont-en-Royans.

Alban, XIII s., A-num, XV s.: voy. Arban.

Albane (ruisseau d'): voy. Orbane.

Albarista (prata de) seu de Riveto, XIV s.: (rivetum de), in Alpe, XV. s.: *l'Alpe*, ruine, cⁿᵉ le Mont-de-Lans, affl. la Romanche.

Albaterra, XIII s.: *l'Aubertière*, h. cⁿᵉ St-Just-de-Claix.

Alban (L'), XIV s., Albens, XV s., Albey (riv. de l'), retro castr. de Bacuyrone; *le Bellet*, font. et ruine, cⁿᵉ Corenc.

Albene, Albane, XIV s., Alben, Albeneum, Albeneium: duc.

Grenoble, égl. Assomption: *l'Albenc*, cⁿᵉ cⁿᵉ Vinay.

Albepiuma, XIV s.: *l'Aubepin*, mas cⁿᵉ Montrevel.

Albergaria (ap.), XIV s.: *l'Auberge*, fe. cⁿᵉ St-Sébastien-de-Cordéac.

Albergas, XII s., Albergiæ in Valnaveron, XIII s.: *les Alberges*, f. cⁿᵉ Vaulnaveys-le-Haut.

Albergement (L'), bois cⁿᵉ Ste-Agnès.

Albergements (Les), bois cⁿᵉ Allières-et-Risset: — mont. cⁿᵉ du Mont-de-Lans.

Albergeries (Les), vill. cⁿᵉ Moissieu.

Alberges (Les), village cⁿᵉ du Bourg-d'Oisans.

Albergiæ: voy. Albergas.

Albergiæ villa, XIV s., Albergiis: *les Alberges*, vill. cⁿᵉ le Bourg-d'Oisans.

Albers, A-rz, XIII s., A-rti, XIV s., A-ts, XVIII s.: *les Alberts*, h. cⁿᵉ du Bourg-d'Oisans.

Albertin, fe. cⁿᵉ Méaudre; — mas cⁿᵉ St-Vérand.

Albertum, XIV s.: *Albert*, fe. cⁿᵉ Treffort.

Albeta (mans. de), XII s.; (riv. de), XIV s.: A-tanum: *l'Hervitaug*, ruiss. affl. du Guiers-Mort, orig. cⁿᵉ St-Joseph-de-Rivière, arr. cⁿᵉ St-Laurent-du-Pont.

Albeta (aqua), XIV s., A-tanu (in), A-ts, A-toux: *l'Herbetan-le-Vif*, ruiss. affl. du Guiers-Mort, cⁿᵉ St-Pierre-de-Chartreuse.

Albevallis (eccl., abbacia), XIII s.: *l'Eche*, mas cⁿᵉ Vinay; anc. abb. d'p. Chalais, fondée 1219, disp.

Albi (mans. Rodulphi), XIII s.; *le Lac-Blanc*, lac cⁿᵉ Huez.

Albi villa, XIV s.: *les Blancs*, h. cⁿᵉ Vaulnaveys-le-Haut.

Albo (in nemore), XIV s.: Albi (insular., nem.), XV s.: *Blanc-chetière*, mas cⁿᵉ Pusignan.

Alborum (mans.), XIV s.; Albus, XV s.: *les Blancs* ? l. disp. cⁿᵉ Mizoën.

Albournouse: *le Puits-d'Arbonnouze*, mont. cⁿᵉ St-Andéol (Isère) et la Chapelle-en-Vercors (Drôme).

Albrans (Les), mas cⁿᵉ St-Quentin.

Albrez, XIII s., Albretum, XIV s., Albetri: *les Abrets*, cⁿᵉ cⁿᵉ le Pont-de-Beauvoisin.

Albuel, XI s., l. disp. cⁿᵉ St-Prim.

Alchine (rivus), XI s., XIII s.; *Auchines*, h. et ruiss. affl. de l'Isère, cⁿᵉ de la Rivière.

Alefrigido (mont.), XIV s.; *l'Ile-Froide*, mont. cⁿᵉ St-Christophe-en-Oisans et la Pisse (Htes-Alpes).

Alegreria (mans. de), XV s.: A-ie; *l'Alègrerie*, h. cⁿᵉ Vinay.

Alegro (loc. de Monte), XIV s.: *l'Alègrerie*, h. cⁿᵉ Vinay.

Alei (mans.), XIII s.: *Alliez*, fe. cⁿᵉ Moutaret.

Alemo, XI s.: *Allemont*, cⁿᵉ cⁿᵉ le Bourg-d'Oisans.

Alenchière, f. cⁿᵉ Roussillon.

Alerlis (de), XIV s.: voy. Alleriis.

Alerlis (capella de), XV s.: *le Château*, fe. cⁿᵉ Allières-et-Risset.

Aleriis, Alleriis (capp., castr. de), *le Château-d'Allières*, chât. cⁿᵉ Allières-et-Risset.

Alerio (riv. de), XIV s.: *l'Allier* ou ruiss. des Carmes, affl. l'Isère, sép. cⁿᵉ Beauvoir-en-Royans et St-Pierre-de-Chartreuse.

Alerin, riv. XV s.: voy. Allers.

Alet, gr. disp. cⁿᵉ Beaucroissant.

Aleta, XIV s.: *Matun*, mont. cⁿᵉ La Salette.

Alevet (molend. de), XIV s.: A-tum: *Alizet*, h. cⁿᵉ Renage.

Alevo, XIV s.; *Allevon*, h. cⁿᵉ Izeron.

Alex, Allez, XVIII s.: Allex, XIX s.: voy. Alaix.

Alexandres (Les), h. cⁿᵉ St-Marcel-de-Bel-Accueil.

Aleysia, riv. XV s.: *les Lèzes*, riv. affl. l'Isère, orig. marais de Thiard, arr. cⁿᵉ Chantesse et l'Albenc.

Alfrey (L'), mont. cⁿᵉ Valjouffrey.

Alga de Cuuella, XIII s.: *les Ais-de-Nevouses*, mas cⁿᵉ Chanelle et Villette-Serpaize.

Algo de Favergen (mans.), XIII s., Algo (mas. Bernardi), XIII s., Algoudi (mans.), XIV s.: *les Argouds* ?, l. disp. cⁿᵉ Brié-et-Angonnes.

Algos (mans.), XIII s.; *Argoud?*

l. disp. c⁰ Roissard.
Alguères, XV s.: voy. Arguères.
Allion : voy. Aillone.
Alliberts (Les), XVIII s. : les
Arriberts, h. c⁰ Villard-de-
Lans.
Alleont (noms de), XIII s.,
Alleoz (hordaria de), Alleont
(nons de), Aliquot, XIII s.,
Aliquodo, XIV s., Aliquodo
(casuat.) qui limes dividit
mandamenta Uriatel, Gerie,
Evbont et Herbout, XV s.: les
Quatre-Seigneurs, h. et mont.
c⁰ Herbeys et St-Martin-
d'Uriage.
Allenart : voy. Aillinart.
Aller (riv. d'), XIV s. : voy.
Alerio.
Alières (modern. de), Alierlis
(nans. de), XIV s.: Allières,
vill. c⁰ Allières-et-Risset et
Claix.
Allers, XV s. ; l'Allier, bois c⁰
Allevard.
Alignana (riv.), XIV s., (rayna
de) : la Lignare, ruiss. affl.
la Romanche, c⁰⁰ Ornon, Oulles
et le Bourg-d'Oisans.
Alignantz, XIV s. : voy. Alleont.
Alimar-la (Les), vill. c⁰⁰ St-
Ondras et Valencogne.
Aliuet, XIII s., l. disp. c⁰ St-
Ismier.
Alinard (L') : l'Elinard, h. c⁰
Tullins.
Alinglis (fortalic. de), XIV s. :
les Allinges, h. c⁰ St-Quentin-
Falavier.
Alisaria, XV s., Alizières, XVIII
s. : les Alisières, mont. c⁰ du
Bourg-d'Oisans.
Alisieu : voy. Alleysieu.
Alivet (Les), mas c⁰ Jonage.
Alivet, h. c⁰ la Côte-St-André :
voy. Mons Oliverii
Alix, h. c⁰ Moirans.
Alizier, bois c⁰ St-Honoré.
Allamanna, XIV s.: l'Allemane,
h. c⁰ Montséveroux.
Allanez (dauf.), XV s. : voy.
Allane.
Allards (Les), h. c⁰ Tullins.
Allaucz, A-tz, A-uz, mansus,
XIII, XV s. ; les Allauds, l.
disp. c⁰ Eydoche.
Allauvix : voy. Alauves.
Allavagnus : voy. Alavardus.
Allavets (Les), h. c⁰ Vif.
Alleau (L') ; Dela-l'Eau, h. c⁰

Venose.
Allée (L'), h. c⁰ Biol ; — c⁰, c⁰
Pollienas ; — h. c⁰ St-Laurent-
de-Mures ; — h. c⁰ St-Priest.
Allegrau-la, XV s. : voy. Alegro.
Allégre, mas c⁰ Montséveroux.
Allégrets (Les), vill. c⁰ Miribel-
les-Echelles ; — c⁰, c⁰ St-
Geoire.
Allemagne (L'), bois c⁰ Roylaon.
Allemande (L'), c⁰, c⁰ St-Sym-
phorien-d'Ozon.
Alleno, A-onum, XIII, XIV s. :
voy. Aleuno.
Allemond (mais, t. d'), XVIII
s. : le Château, c⁰, c⁰ Alle-
mont.
Allemont, c⁰ c⁰⁰ du Bourg-
d'Oisans, égl. St-Nizier.
Allemonts (Les) : voy. Alamani.
Allerlis (castr. s. d. l.), XVI s.:
voy. Alerlis, Allerse.
Allérins (Les), vill. c⁰ Bizonnes.
Alles (Les), mont. c⁰ Miribel-
Lanchâtre.
Alleux (Les), mas ou groupes
de possessions des Dauphins
dans l'Oisans, XIII-IV s.
Allevard, ch.-l. c⁰ arr⁰ Gre-
noble : égl. St-Marcel.
Allevon, XVIII s. : voy. Alevo,
Alleyre, bois c⁰ Monstéroux-
Milieu.
Alleysieu, XV s. ; Lusieuc, h.
c⁰ Varacieux.
Alliarey (Grand, Petit), bois c⁰
Pajay.
Allibert, éc. c⁰ Tréffort.
Allenard, A-nnard : voy. Ail-
linart.
Allier (L'), bois c⁰ Chanteleuve ;
— mont. c⁰⁰ Châtelus et St-
Julien-en-Vercors ; — bois
disp. c⁰ Heyrieu, XII s.
Allière, h. c⁰ St-Hilaire-du-
Rosier.
Allières, vill. c⁰⁰ Allières-et-
Risset et Claix.
Allières (ruins. d'), c⁰ Allières-
et-Risset et Claix : — (Les),
mont. c⁰⁰ Auris et le Freney-
d'Oisans ; — bois c⁰ St-Paul-
de-Varces ; — gr⁰ c⁰ St-Pierre-
d'Entremont.
Allières-et-Risset, c⁰ c⁰⁰ Vif.
Allimarz (nons de), XIV s. : la
Linar, mont. c⁰ Grane.
Allinet (terr. d'), XVII s. ; les
Allinets, h. c⁰ Dolomieu.
Allobrogibus (de), IV s. av. J.-C. ;

l'Allobrogie, nom usuel, donné
au terril. habité par Gaulois
dénommés Allobroges, cir-
conscrit par le Rhône, l'Isère
et les Alpes.
Allodia : voy. Aloe.
Allodium, riv. XIV s. : voy.
Alulia, Aloe, Aloy.
Allocrii (ripper.), XV s. : voy.
Alier.
Allole : voy. Aloes.
Allouettes (Les), XIX s. :
l'Alouette, h. c⁰ Bonne-
Famille.
Alloue (hordaria de), XIII s.,
Allouz (nos), Alloe, XIV s.,
Alloudum, XVI s., Alloux,
XVIII s. : les Allouds, h. c⁰
Vaulnaveys-le-Bas.
Alloux (L'), bois c⁰ Méandre.
Alloy, A-ys : voy. Aloy 1⁰.
Alluets : voy. Aloy 2⁰
Alluts (Les), éc. c⁰ Charanton-
nay.
Alluetti villa : voy. Ayllueta.
Alluix, XVIII s. : les Allorrs,
bois c⁰ St-Alban-de-Roche.
Alluti villa, XIV s. : les Alluts,
h. disp. c⁰ St-Jean-le-Vaulx,
c⁰ Ayllueta.
Alluts (Les), XVII s. : voy. Aloy.
Aluasena (L'), granja, XII s.:
l'Aumône, t. c⁰ de Montagne :
Autonins.
Alo, XIII s. : voy. Alllone.
Alodii, XV s. : Alorrii de Ten-
cius : les Allenz, l. disp. c⁰
Tencin.
Aloduis : voy. Aloy 2⁰.
Aloe (domus de), Aloes (nans.),
XIII s.: Lalley, c⁰ c⁰⁰ Clelles.
Aloe (nansi de) in Oyvencio,
vel. alodia de Auris, Villaris
Aymonis, Aleuno, Oues, Buces
Venconis, XIII, XIV s. : les
Alleuz, possess. des Dauphins
en Oisans aux XIII-IV s. : —
l. disp. c⁰ Tencin ; — h. c⁰
Theys.
Aloerii (ripper.) : voy. Alier.
Aloerio : voy. Alerio.
Aloers (riv. delx) ap. Meolanum,
XIII s. : l'Henille : cog. c⁰
seul.
Aloiana (Alpana), XII s., Aloya
(nem. de), XIII s., Aloy, XV
s., Aloes, XVIII s. : forêt d'
Alluiz ou du Houdat, c⁰⁰
Chapareillan, Barraux et Ste-
Marie-du-Mont.

Alois ; voy. Allous.

Aloseh (mans.), XI s., Alose, XII s., Alove; les Alores, vill c° St-Martin-d'Hères.

Alota : voy. Aleta.

Alouberias, XIV s.. Aloubeyrias : voy. Alovaria.

Alovaria, XIV s. : Allouceyor, h. c° St-Baudille-et-Pipet.

Aloy (ins. d'), XV s., Alvey seu Ratonal : Alles, h. c° Moirans.

Aloy (mans. de), XIII s. : les Alleaz, h. c° Theys.

Aloy (riv.), XIII s., Aloya XIV s. : Alloix, ruiss. orig. c° Ste-Marie-du-Mont, sép. c° Ste-Marie-d'Alloix et St-Vincent-de-Mercuze, se jette dans l'Isère.

Aloya villa, XIV s.. Aloye (borgia delas Nte-Marie-d'Alloix, c° le Touvet.

Alp (L'), mont. c° Allemont : — mont. c° Chantelouve : — mont. c° Fenay : — mont. c° Valbonnais : — mont. c° du Périer.

Alp (L'), ruisseau affl. la Romanche, c° le Mont-de-Lans.

Alp-Clapeyron (L'), mont. c° du Périer.

Alp de Sarene, Sarrennes : voy. Alpa de Serena.

Alpa de Huels, XIII s., Huez, XIV s. ; voy. Alpa Ueil.

Alpa de Serena, XIV s. : l'Alp de Sareune, chal° c° le Freney.

Alpa Ueil, XI s. : d'Uez, XIV s. : l'Alp, h. c° Huez.

Alpa : voy. Arp (l').

Alpaet, XIII s., Alpasli, Alpaysil, XV s., Alpais (les), XVIII s. : les Alpaix, h. c° des Adrets.

Alpe (prata de), XIII s. : voy. Pratum de Lalp.

Alpe Bernartz (nem.) XIV s., Alpis B-rdi (pasq.) : Haut-Bernard, chal. et mont. c° Pinsot.

Alpe de Lenta, XIV s. : l'Alp, h. c° le Mont-de-Lans.

Alpe de Misoen (in), XIV s., Mysoen, XV s. : l'Alp, h. c° Mizoën.

Alpe de Pinis : voy. Alpis de Pin.

Alpe de Punte (mons de), XIV s. : voy. Alti Pontis.

Alpe de Vennascu (in), XV s. : l'Alp, h. c° Venosc.

Alpem (versus), XIV s. : l'Alpette, mont. c° St-Bernard.

Alpes de Auzours, XIV s. : voy. Alpeta Naylluant.

Alpeta. XIV s., A-tta, XVII s. : l'Alpette, chal° c° Oz.

Alpeta Naylluant, XIII s. : de Naluyant, XIV s. : l'Alpette mont. c° Barraux, Chapareillan, Ste-Marie-du-Mont, le Touvet.

Alpeta, XIV s.. : voy. Arpeta.

Alpette-de-la-Dame, chalet c° Ste-Marie-du-Mont.

Alpette (Le Goulet de L') ou de la Plagne col. entre c° Ste-Marie-du-Mont et St-Pierre-d'Entremont (Savoie).

Alpinorum (pedagium), XIV s.: les Alpins, l. disp. près Sérézin-de-la-Tour.

Alpis de Lauzour, Naylluant : voy. Alpeta Nayl.

Alpis de Pin, XIV s. : l'Alpe-du-Pin, h. c° St-Christophe-en-Oisans.

Alpison, XIII s.: Arpison, mont. chal. c° St-Pierre-de-Chartreuse.

Alpt (L'), XVIII s. : l'Alp, mont. c° Ste-Marie-du-Mont.

Alseulianu, X s. : l'Ozan : voy. ce nom.

Alularus, XIV s. : voy. Azeu.

Alsano aqua. IX s., Alsonis aqua, X s. : l'Ozon : voy. ce nom.

Alta Calmis Longa, XIV s. ; le Haut-Cholonge, h. c° Cholonge.

Alta Gallia, XV s. : voy. Antolleys.

Alta Petra in insula Crimiari, XIV s. : Haute-Pierre, h. c° Crimieu.

Alta Rippa, riv., XV s. : Hauterive, ruiss. affl. du Bréda, c° la Ferrière.

Alta Ruppes seu el Malpas, XV s. : voy. Altus Mons.

Altafara. XIII s.; Hautefavre, h. c° Poumniers.

Altareti (alpis), A-tum, mons, XIV s., passus, collis ; le Lautaret, mont. et col, c° Culchillianne et Trescheau (Drôme).

Altarippa Meyssiari, XV s. : Hauterive, h. c° Meyssiez.

Altas (vers.), XIV s. : les Artunz, h. c° Savas-Mépin.

Altavilla, XIV s. : Hauteville, quart. c° les Avenières : — c°. c° Montbonnot-St-Martin.

Alto Ruppis (portus) in ripp. de Clauvuys, XIV s. : Haute-Roche, l. disp. c° St-Marcel-Bel-Accueil.

Alti Pontis (mons), XIV s. : le Haut-Pont, chal. et mont. c° Allevard.

Alti Solli (mons), XIV s. : voy. Aut del Sueyl.

Altoforti, fortalle. : voy. Altum Fortis.

Altoforti (villa de), XIV s. : voy. Altum Fortis.

Altofortis (mand., castellania), XV s. : voy. Altum Fortis.

Altovilar (cabau. de), XII s. : Altum Villarium : le Villard, h. c° Theys.

Altum Afayre (gr.) : voy. Altafara.

Altum Fortis, XIV s., XV s. : Hautefort, vill. c° St-Nicolas-de-Macherin.

Altum de Romane (al), XV s. : le Grand-Renaud, mont. c° Chantelouve, Villard-Eymond et Villard-Reymond.

Altus Mons, XIV s.; le Lent, chal. et mont. c° la Ferrière.

Alueron, lor. XIII s. : les Alliéres, bois c° Lans.

Aluera, Alueellueli, XIII s., Alua, XVII s.: voy. Aloy 2°.

Alus (Les) : voy. Alluis.

Alvan (L'), mont. c° St-Christophe-en-Oisans et Villard-d'Arène.

Alveys, XIV s. : voy. Aloy.

Alvillar, A-rt : voy. Altovilar (cabau. ue).

Amalbert villa (li), XIV s. : les Amaberts, vill. disp. c° Vaulnaveys.

Amalguineriis (villa de), XIV s. : Amalguinières (l), l. disp. c° Miribel-Lanchâtre.

Amandanes ? (mans.), XII s. : Amat, h. c° Bernin.

Amandoleriis (in), XVI s. : l'Amandolier, h. détr. c° Champagnier.

Amantière (L'), mont. c° Engins.

Amasisum, Amaysinum, XIV s. : Amaysin, h. disp. c° St-Baudille.

Ambablos villa, XIV s. : Amblard, gr. c^ne St-Pancrasse.

Ambalent villa, X s., A-nis, A-nz, XI s., Ambaland, XVI s. ; Amballant, vill. c^ne Chonas et St-Prim.

Amballx, XV s., l. disp. c^ne des Avenières.

Amballon (ripp. de l'), XV s. ; A-ne (apud), XVI s. : l'Ambalon, torr. orig. c^ne Beauvoir-de-Marc, arr. c^nes Savas-et-Mépin, et Moidieu, se jette dans la Vesonne.

Ambalon (L'), éc. c^ne St-Georges-d'Espéranche.

Ambanans, XIV s., A-nens, XIII s. ; Ambananus, h. disp. c^ne St-Didier-de-la-Tour.

Ambariacum villa, X s., Ambayriaco, XIV s., Ambaracum : voy. Amblariaco.

Ambel, c^ne c^on Corps, dioc. Gap, égl. Nativité Ste Vierge.

Ambelentis : voy. Ambalent.

Ambello (in) eccl. S. Petri, XII s. ; (prior de), XIV s. ; le Monestier-d'Ambel, c^ne c^on Corps.

Ambeyriacum, XIV s. : voy. Amblariaco.

Ambilla, A-a in Taraone, VIII s., Ambella, XII s. ; Ambel, c^ne c^on Corps.

Amblagnen, XIV s., Amblagniacum, Amblaniarum, XV s., Amblanieu, XVIII s. : voy. Amblayneu.

Amblagnieu, vill. c^ne Porcieu-Amblagnieu, dioc. Lyon, égl. St-Laurent.

Amblalgnieu. Amblagniacum, Amblenniacum : voy. Amblayneu.

Amblard, h. c^ne Moirans.

Amblardi ; Champ-Lamblard, éc. c^ne Tréffort.

Amblariaco, VIII s., Amblayret, XIV s., Amblayriaco, Amblayrieu, XIV s., Amblayreu ; Amblérieu, h. c^ne la Balme.

Amblayneu (eccl. d'), XIII s., A-ygnou, XIV s. ; Amblagnieu, vill. c^ne Porcieu-Amblagnieu.

Amblenniari, de Turno, de Pourceu, de Marieu, de Conilieu (parr.), XIV s. ; Amblanieu, Marieu et Turnoud, XVIII s. : Porcieu-Amblagnieu, c^ne c^on Crémieu : voy. Amblagnieu.

Ambour : voy. Bore, Borgio, Borgnat.

Ambrois (Les), h. c^ne Ménestre.

Ambrune, font. c^ne Porcieu-Amblagnieu.

Amby : voy. Embre.

Amelherils, XIV s. : voy. Amelierils.

Ameudière : voy. Lameudière.

Amleons (Les), h. c^ne St-Pierre-d'Allevard.

Amiral (L'), h. c^ne St-Hilaire-de-Brens.

Amodioux-de-la-Salfte (L'), bois c^ne Proveyzieux.

Amodruell mans., XV s. : les Amodruts, éc. disp. c^ne La Cluse-et-Péquiers.

Amont-le-Ruisseau, h. c^ne Beaufin.

Amouroux (L'), éc. disp. c^ne Corenc.

Amours (Les), h. c^ne St-Vérand.

Amparres (Les), bois c^ne Voreppe.

Ampthelslacum, XV s. : Beaupterieu, vill. c^ne St-Savin.

Amuet Saphora et d'Amuet Logra (ville d'), XIV s., Amuex, XIV s., Amuelix Forani (mans. de) ; Amieux (Grands, Petits), hh. c^ne le Gua.

Anchastres ; l'Enchatrus, h. c^ne St-Christophe-en-Oisans.

Ancienne-Auberge (L'), éc. c^ne St-Hilaire-du-Rozier.

Ancienne-Eglise (L'), mas c^ne St-André-en-Royans.

Ancipet : voy. Ancipit.

Andevouz, Andevoldis mans., XIII s. ; les Auderons (h), l. disp. près St-Jean-de-Vaulx.

Andreu (mansus), ubi est monast. XII s. ; les Ayes, c^ne Crolles.

Andriats, XVIII s. : les Andriatis, h. c^ne du Bouchage.

Andrieux, mas c^ne Pisieu.

Andrieux, éc. c^ne St-Pierre-de-Méarotz.

Ane (L'), éc. c^ne Claix : — l. disp. c^ne Echirolles ; — l. disp. c^ne Pierre-Châtel ; — lac et ruiss. c^ne Vaujany.

Ane (rif d') ; Darne, h. c^ne St-Martin-de-Clelles.

Aneyranum, XIV s. : Annoisin, vill. c^ne Annoisin-et-Châtelans.

Anfalie, XIV s. : voy. Arfuilli.

Ange-Gardien (L'), chap. c^ne Chantelouve.

Angelas (clos), XIII s., A-atis (de), XIII s. : voy. Engelatis.

Angelas (L'), bois c^ne St-Martin-d'Uriage.

Angelbure (l'), XIV s. : les Engelbourgs ?, l. disp. c^ne Vaulnaveys-le-Haut.

Angelis (monast. B^r Marie de) ; l'Abbaye, h. c^ne St-Just-de-Claix, abbe.

Angelmars (bordaria des), XIII s. : les Angelmarts (?), éc. disp. près N.-D.-de-Ménage.

Angenière : Engenière, vill. c^ne Sassenage.

Angeras (L'), ruiss. affl. le Rhône, arr. c^nes Optevoz, Annoisin-Châtelans, St-Baudille et Hières.

Anglas : voy. Ingenils.

Anglo, XII s., Ango : voy. Anjo.

Anglas (ap.), XIV s. : Anglène, mas c^ne Tignieu-Jameyzieu.

Anglores, XV s. ; Anglours, vill. c^nes Vézeronce et Vignieu.

Angni, XIV s. : voy. Aymay.

Angoynes (ap.), XIII s., Angonilis XIV s., Angoniorum (parr.), XVI s., Angoignes, XVI s., Angonnes (Les), XVII s. : par. dioc. Grenoble, égl. St-Hippolyte ; les Angonnes, vill. c^ne Brié-et-Angonnes.

Angrais, XVIII s. : les Grais, h. c^ne Côtes-de-Corps.

Anguie, l. disp. c^ne St-Just-de-Claix.

Anguillères (Les), éc. c^ne la Tour-du-Pin.

Anière, vill. c^ne Clavanoz : — éc. c^ne Mont-St-Martin.

Anierils, XIII s., Annieres, XII s., Annière, XVIII s. : voy. Asnerias.

Anlo (præpositt. de), XIII s., (baronia d. de), XIV s. : voy. Anjo.

Anjo, XII s., Anjoldo, Anjoula, XIII s., Anjove, Anjaria (domin. de), XIV s., Anjuz, XV s. : Anjou, c^ne c^on Roussillon.

Anjo (castr. de) : le Château, ruines, c^ne Anjou.

Anjou, c^ne c^on Roussillon ; dioc. Vienne, égl. St-Sauveur.

Anrequins (Les), h. c^ne St-Antoine.

Anni, XVIII s. : voy. Agnins,

Aygnis.

Annoisin, vill. cⁿᵉ Annoisin-et-Chatelans, can Crémieu; dioc. Vien., égl. Ste-Vierge.

Annoisin, XVIII s., Anosin, XV s., Anoysanum, XIV s., Asinum, A-ss-m: voy. Anoysanum.

Anos (eccl. de), XI s.: Mont, h. cⁿᵉ la Forteresse.

Anosalter de leur voy. Asinorum.

Anoyllieu (molend. de), XV s., Annoullieu, XIX s.: Annoulieu, mis, h. cⁿᵉ Mépieu.

Anselmes (Les), h. cⁿᵉ Montagnieu.

Antais (Les), h. cⁿᵉ St-Chef.

Antas (Les), XVIII s.: les Eupetas, h. cⁿᵉ St-Aupre.

Antes (Les), bois cⁿᵉ St-Paul-de-Varces.

Anthéllieu, h. cⁿᵉ Frages.

Antheys (Les), h. cⁿᵉ des Abrets.

Anthbonnen, XIV s.: Anthon (comba d'), XIII s.: Antlzo, XIV s.: Nantimu, vill. cⁿᵉ Susville.

Anthollieis, XIV s.: voy. Antolleys.

Antheon, cⁿᵉ cⁿᵉ Meyzieu: dioc. Vienne, égl. St-Germain.

Anthon, gr. disp. cⁿᵉ Oytier-et-St-Oblas.

Anthon, A-nis, XIII s. (baronia); voy. Anton.

Anthono (castr. de), XIV s.: voy. Antone.

Antimon: voy. Dantimont.

Antiqua (barrerias XIV s.; l'Antique, éc. d'tr. cⁿᵉ Ste-Marie-du-Mont.

Antiquum (territ.), XV s.; l'Antique (t), l. disp. cⁿᵉ St-Priest.

Antisiacum (de), XIII s.: Desisptesien, vill. cⁿᵉ St-Savin.

Antivaglis de Leys (de), A-ant, A-num, A-anz; Antivas, mas cⁿᵉ Theys.

Antoliex: voy. Antolleys.

Antolleys, XIV s., Antollieys, A-ez, Antoylleys: Antouillet, h. cⁿᵉ Panossas.

Antun, XII s., Antun; Authun, cⁿᵉ cⁿᵉ Meyzieu.

Antone (castr. de), XIII s.; le Château, ruines cⁿᵉ Anthon,

Antonins (Les), vill. cⁿᵉ St-Pierre-de-Chartreuse.

Antonnière, h. cⁿᵉ Polténas.

Antoullious (Les), h. cⁿᵉ Chizeneuve.

Antremons (d'), XIII s., A-nis, XIV s.: voy. S. Petri de Inter Montes.

Antufuio (nem. de), XIV s.: Jutimey, bois cⁿᵉ St-Christophe-et-Pipet.

Anvelum (Grand, Petit): Encelump (Grand, Petit), hh. cⁿᵉ Chélieu.

Anyeres, XVI s.: voy. Asnerias.

Anyeu: voy. Aygneu.

Aornix, XII s.: le Vesue, h. cⁿᵉ Châtelus.

Aoste, cⁿᵉ cⁿᵉ le Pont-de-Beauvoisin: par. dioc. Belley, égl. St-Clair.

Aouste (Augusta vulgo), XV s.: voy. Augusta.

Apais (Grands, Petits, ff. cⁿᵉ Corbas.

Apiacum, X s.: Aprieu, cⁿᵉ cⁿᵉ le Grand-Lemps.

Apperts (Les), h. cⁿᵉ Sonnay.

Apparaux (Les), h. cⁿᵉ Menc.

Apprêts (Les), h. cⁿᵉ St-Etienne-de-St-Geoirs.

Apprieu, Aprief: voy. Apiacum.

Aprieu, cⁿᵉ cⁿᵉ du Grand-Lemps: dioc. Vienne, égl. St-Pierre.

Aptevo: voy. Optevo.

Apt (territ. de); Aquum Vienne, XIV s.; le Plan-de-l'Eguille, quart. ville Vienne.

Aqua Bella, XIV s.: voy. Allières (ruiss. d').

Aqua Clareria, XV s.: les Eaux-Claires, ruiss. cⁿᵉ Eehirolles et Pont-de-Claix.

Aqua lata: l'Eguile, ruiss. cⁿᵉ la Buisse et Voreppe; — h. cⁿᵉ Meylan et Corenc.

Aqua Mortua, XIV s., Aque Morte (domus), XIV s., Mortue (stagnum): Mautec, h. cⁿᵉ Beaucroissant.

Aqua Mortua (piscatura), appellata de Merdalon: l'Eau-Morte, h., lac et ruiss. affl. de l'Huer, cⁿᵉ Les Avenières.

Aqua Nigra, XI, XII s.: Aigue-noire, vill. et ruiss. affl. la Galaure, cⁿᵉ Royhon.

Aqua Nigra, XIV s.: Aigue-noire, ét. cⁿᵉ la Bâtie-Montgascon; — ét. cⁿᵉ Voiron.

Aqua Nigra: l'Eau-Noire, ruiss. branche de l'Huer, cⁿᵉ Les Avenières; — ruiss. cⁿᵉ du Pont-de-Beauvoisin.

Aquabella, XII s., Aquabelleta, XIV s.: Aiguebelle, éc., cⁿᵉ Estrablin.

Aquabella (molend. de), XV s.: la Roche, mⁿ cⁿᵉ Sermérieu.

Aqualenz: voy. Alpnalenz.

Aquis (de), XII s., molend. XV s.; Kraus, h. cⁿᵉ Revel et St-Martin-d'Uriage.

Aragons (Les), XVIII s., Aragon (Bas, Haut): voy. Arragons.

Araigné: voy. Areuerils.

Aramumberias (ap.), XV s.: voy. Armenterium.

Aramenterium, XIV s., Aramentario (villa de), XIV s., Aramenterils (in), XV s., Armentières (Haut et Bas), XVIII s., Armantier, XIX s.: Armentier (Bas, Haut), hh. cⁿᵉ la Garde.

Arandeaux (Les), h. cⁿᵉ Biol.

Arnodon (priorat.), XIII s., Arandas, XIV s., Arrandonis (parr.), XV s.: Arandon, cⁿᵉ Morestel; dioc. Lyon, égl. St-Cyprien.

Arastel (L'), bois, cⁿᵉ du Monastier-d'Ambel.

Aratiore villa, X s.: Aratori (loc.); lieu incon. de l'Ager Cularensis.

Aravardus, VIII s.: voy. Alavardus.

Araveys (Les), mont. cⁿᵉ Lavaldens.

Arlacia: voy. Herbaria.

Arban, XIV s., Arbanetum: l'Arbanel, ruiss. cⁿᵉ Theys.

Arbaretier, h. cⁿᵉ Rochetoirin.

Arbassat, l. disp. cⁿᵉ St-Quentin.

Arbellone (de), XIII s.: Herbelon, h. cⁿᵉ Tréffort.

Arben (L'), XVI s.: voy. Albenc.

Arbet (d'), XIX s.: voy. Bier.

Arbeta, Arbeta la Vive: voy. Albeta &.

Arbetta la Morte (riv.), XVIII s.: l'Herbetan-le-Mort, ruiss. affl. l'Herbetan-le-Vif, cⁿᵉ St-Pierre-de-Chartreuse.

Arbois, éc. cⁿᵉ Choranche.

Arboly, Arboulie, A-llie: voy. Arbouuylyone.

Arbona: voy. Orbana.

Arbonne, grange détr. cⁿᵉ du Touvet.

Arbonnière (en d'); Durbonnière, h. cⁿᵉ St-Just-et-Chaleyssin.

Arboratia, XI s., Arboriacum,

Arborzi-... : *l'Arboisie*, h. c⁰ Mollleu.

Arlandières (Les), h. c⁰ St-André-le-Gaz.

Arbonnouze : voy. Darbonnoza.

Arbossyllyono, comba. XIV s., Arbayllyslum, comba ; *Arboutlis*, mont. c⁰⁵ Corençon et St-Martin-en-Vercors (Drôme).

Arbretis (comp. de), XIV s. (templ. des) : voy. Albrez.

Arc (le Grand), mont. c⁰⁵ Château-Bernard et le Villard-de-Lans.

Arc (L'), mont. c⁰⁵ St-Paul-de-Varces, Lans et le Villard-de-Lans.

Arcanie (L'), mont. c⁰ Entraigues.

Arcas, X s. ; *les Arcs*, mas c⁰⁵ Pont-l'Évêque et Vienne.

Arceveas, Arcessas : voy. Arci-ces.

Arcella (mans. de), XIV s. ; *l'Hubert-le-St-Vincent*, chal. c⁰ Ste-Marie-du-Mont.

Arcella (prat. de), XIV s., Arcelle (mont. de l'), XVII s. : *l'Arcelle*, chal. et mont. c⁰⁵ Séchilienne et Vaulnaveys-le-Haut.

Arcellas, XIV s. ; *les Huberts-de-Marrieu*, chal. c⁰ du Touvet.

Arcelleta, XIV s. ; *l'Arcellette*, h. c⁰ la Morte.

Arcelles : voy. Narchis.

Arcellis, XIV s. ; *les Arcelles*, mas c⁰ Lavaldens.

Arcenal (L'), XVI s. ; *la Citadelle*, quart. c⁰ Grenoble.

Arces, XIV s., Arsea, Arssicis (in) ; *les Arces*, mont. c⁰ la Chapelle-du-Bard.

Arces, anc. mais. forte, c⁰ Bouvesse : — ér. c⁰ St-Pierre-de-Chartreuse.

Arces ou de Bivier : voy. Arcila.

Arces : voy. Cur (la).

Arces (terr. de), XIII s. ; (B. Martinus de), XIV s. ; *Arcien*, l. disp. c⁰ Colombier-Saugnieu.

Arceys (Les), XVIII s., Arcez : voy. Arsens.

Archac : voy. Arsens.

Archasse (L'), Archaz, XVIII s. : *l'Archat*, mont. et ruiss. afft. du Boisson, c⁰ St-Maurice.

Archat (L'), ruiss. orig. Étang Bonnici, arr⁰⁵ St-Cassien et se jette dans le ruiss. du Marais.

Arche (L'), ée. c⁰⁵ Bouvesse-Quirieu et Meplon.

Archettes (Les), ée. c⁰ Chelles.

Archen, XIII s., Archincu (cessl. de), XIV s., Archier, XVI s., Archlen (parr. d'), XIV s. : St-Jean-d'Arche, h. c⁰ Si-mandres.

Archiana, XIV s. ; *Archianne*, h. disp. c⁰ Ste-Luce.

Archier, ée. c⁰ N.-D.-de-Mésage.

Archilis (bastardis de), XIV s. : voy. Arcis.

Archilis : voy. Arcas.

Archimbu, A-out, XV s., l. disp. c⁰ Gillonnay.

Archinard : *l'hopital*, h. c⁰ St-André-en-Royans.

Arcis, VIII s., Ars oppidulum, XVI s. ; *Ars*, gr. c⁰ Plu.

Arcias villa, XIV s., Arciarum (dom. f.), XV s. : voy. Arcis.

Arcicias, XV s., Arcissiarum (parr.), XV s. : voy. Arcitia.

Arcicias, Arcis, A-ssias : voy. Arcices.

Arcieu, mas. c⁰ Sl-cieu-St-Jullien-et-Carisieu.

Arcieu (planum de), XV s. ; *An-cienu (Plaine d')*, territ. le long du ruiss. du Suzon, c⁰⁵ Beaurepaire, St-Barthélémy-de-Beaurepaire, Pisieu et Pommier.

Arcila (dom. f. de), XIII s. (turr. et dom. de), XIV s., Arcelis (de), XV s. ; *la Tour d'Arces*, ruines c⁰ St-Ismier.

Arcila (rocheta de), XIV s. ; Arces, mont. c⁰⁵ de Bivier et le Sappey.

Arcis (loro qui dicit.), XI s., Arces villa (lu), XII s. : *la Tour d'Arces*, ruines c⁰ St-Ismier.

Arcis (in), XIII s. ; *Arcien*, l. disp. c⁰ St-Vérand.

Arcis (territ.), XVI s. c⁰ Chaysieu.

Arcis : voy. Arsit.

Arcisse, vill. c⁰ St-Chef ; avec Crucilleux par. disc. Vienne, égl. St-Maurice.

Arcisses (Les), mont. c⁰ Valjouffrey.

Arcoile, XVI s., Arcoule, A-cu; *Arcuale*, h. c⁰⁵ Agnin et Bougé-Chambalud.

Arcounot, gr. disp. c⁰ Keluse.

Arcousses (Les), bois c⁰ Biviers ;

— mont. c⁰ Clavans ; — bois c⁰ Hurtières ; — bois c⁰ Villard-Reculas.

Arcs : voy. Arcil.

Arcu (alpis de), XIII s. ; *l'Arc*, mont. chal. c⁰ Ste-Marie-du-Mont.

Arcuun, XI s., Arculum, XIV s., Arciliis, XIV s., Actz, XVI s. : voy. Arcas.

Ardaynerlis (villa de), XIV s. ; *Archangers*, h. disp. c⁰ Miribel-Lanchâtre.

Ardelier (L'), h. c⁰ Sardieu.

Ardoisières (Les), carrières, c⁰ Allemont.

Arcs, XIII s., Arcium; *les Côtes-d'Arcy*, c⁰⁵ c⁰⁵ Vienne-Sud.

Arcil, XI s., Arcilla, X s., Arculis (villa) superior, X s., A-lu superiore (de), supperius ; *les Côtes-d'Arcy*, c⁰⁵ c⁰⁵ Vienne-Sud.

Arelatensis (regnum), XIII s. : voy. Burgondia.

Arencum, XIV s. ; *Arnud*, h. détr. c⁰ Soleymieu.

Arener, XIII s., Arrium, XIV s. : *Lavigner*, mas c⁰ Pontcharra.

Arenerium, XII s. : *l'Arenier*, ruiss. afft. la Morge, c⁰ Miribel-les-Échelles.

Areneriis (mans. crucis de), XIV s. : *l'Arénier*, h. c⁰ Barraux.

Arenerio (de), XV s. ; *l'Arenier*, chie c⁰ la Tour-du-Pin.

Arenerio (villa de), XIV s., h. c⁰ le Gua.

Arènes (Les), mont. c⁰⁵ Bessen et St-Sorlin (Savoie) ; — h. c⁰ Oléron.

Arête (L'), h. c⁰ Biol.

Arêtes (Les), h. c⁰⁵ St-Geoirs et St-Michel-de-St-Geoirs.

Arêtes-de-Sacy (Les), bois c⁰ St-Pierre-de-Bressieux.

Areuf : voy. Areyf.

Arevet (L'), mont. c⁰ Valjouffrey.

Areyf, XIII s. ; *Arruf*, ér. disp. c⁰ Beauvoir-en-Royans.

Arfants (Les), XIX s. ; *les Arphans*, h. c⁰ Montagnieu.

Arfoilli, XIII s., Arfulia, Arfolli. Arfoyllis, XIV s. ; *Arfeuille*, f. c⁰ Thodure.

Arfolie, mas c⁰ Marennes.

Arfolli, XIII s., Arfoyill, XIV s. ; *Arfeuille*, l. disp. c⁰ Vienne.

Argenture, bois c⁰ Venose.

Argenson, anc. mais. forte, XV, XVII s., l. disp. c⁰ St-Martin-d'Uriage.
Argentalum, h. c⁰ Murinais.
Argental, XIV s., l. disp. c⁰ Izeaux.
Argentaldum, XII s., A-talco (de), A-tan, A-dome (de), A-tas (castr. de), XIII s., A-tina, XVI s., A-tent, XVIII s., A-tenant; *Argentaine*, h. c⁰ Murinais.
Argenteria, XIV s.: *l'Argentière*, h. c⁰ Pinsot; — h. c⁰ Venosc.
Argentière (L'), mont. c⁰ Chantelouve; — mont. c⁰ La Ferrière et St-Colomban.
Argentin (L'), ruiss. c⁰ Miribel-les-Echelles.
Argo (L'), mont. c⁰ Monteynard.
Argoud, terr. c⁰ Pommier.
Argoud (L'), f. c⁰ Seyssins.
Argoudi (mans.), XIV s.: voy. Algo de Faverges.
Argouds (Les), h. c⁰ Arzay.
Argue (L'), ruiss. c⁰ St-Ismier.
Arguelle (mont), XV s., Arguilly; *l'Arguille*, mont., chal. c⁰ St-Pancrasse.
Arguent (mans.), XIII s.: *Argoud*, éc. c⁰ St-Hilaire-du-Rosier.
Arguent (mans.), XIII s.: voy. Argentaldum.
Argueres, XIV s.: *Arguères*, vill. c⁰ St-Hilaire-de-la-Côte.
Argues (L'), XVIII s.: *l'Arguais*, ruiss. affl. le Rif-Mort, c⁰ Ste-Marie-du-Mont.
Arguille (gr. d'), XVIII s.; *l'Abbaye*, f. c⁰ St-Pancrasse, dép. des Ayes.
Arguille (L'), mont. c⁰ La Ferrière et St-Colomban-des-Villards (Savoie).
Aria (L') : voy. Riaix.
Ariacum (villa), IX s.; *Heyrieu*, ch. l. c⁰ arr⁰ de Vienne.
Arias (Les), mont. et glac. c⁰ St-Christophe-en-Oisans et Valjouffrey.
Aribert (Les), h. c⁰ St-Hilaire-du-Rosier.
Aris, h. c⁰ St-Romans.
Arjantennat, XVII s.: voy. Argentaldum.
Arlacot, vill. c⁰ Corbelin.
Arlandière (L') : voy. Rotlandera.

Arlebois, bois c⁰ La Garde.
Arlot (L'), mont. c⁰ Monteynard.
Armagnas (ap.), XIII s.: *Armengras*, h. d'tr. c⁰ St-Guillaume.
Armallerias (villa de), XIV s.: *les Valliers*, éc. c⁰ Sinard.
Armallier (L'), bois c⁰ le Périer.
Armanet, mais. c⁰ Eydin-Pinet.
Armanets (Les), h. c⁰ Château-vilain.
Aruef (castr. de), XIII s., Aruelo, Arueue, Aruey: voy. Aruen.
Armein, XV s.; voy. Aruen.
Aruelle (L'), ruiss. affl. la Fournache, sép. c⁰ St-Bonnet-de-Chavagne de c⁰ Montagne et St-Lattier.
Armenardis (villa), XIV s.: voy. Armagnas.
Aruengerlis (bord. de), XV s.: *les Aruengiers*, l. disp. c⁰ Brié-et-Angonnes.
Aruennay, XIV s.: *Armanet*, h. c⁰ Balbin.
Aruentière (L'), bois c⁰ Mont-de-Lans.
Aruen (Les), XIV s.: voy. Aruevaulx.

— l. disp. c⁰ Quinchen; — h. c⁰ Marcieu; — h. c⁰ Méaudre; — vill. c⁰ St-Jean-de-Vaulx.
Armeaux (Les): *les Nuerieux*, éc. c⁰ St-André-en-Royans.
Armevaulx, XVI s., A-ux, XVIII s., Aruevaux: *Aruevaux*, h. c⁰ Villeneuve-le-Marc.
Arnoldus (mansio, miles), infra civit. Vienne; *Mont-Arnaud*, mont. c⁰ Vienne.
Arod, XIX s.: *les Arods*, h. c⁰ St-Just-de-Claix.
Arol (Clerz-), éc. c⁰ Pont-de-Beauvoisin.
Aroderias, XV s.: *Rodot*, éc. c⁰ Beaulns.
Arrulerias (vers.), XV s.: *l'Arthaulière*, chât. c⁰ St-Bonnet-de-Chavagne.
Arolerius: *l'Arthaulière*, chât. c⁰ de St-Bonnet-de-Chavagne.
Aroles (Les), ruiss. a fl. Furet, c⁰ Chapareillan.
Arous (Les), f. c⁰ Beaurepaire.
Arouely (L'), vill. c⁰ Morétel.
Arous (bord. de), XIV s.: *les Arrous*, éc. c⁰ Eydieu.
Arouveyre, XVIII s.: voy. Alovaria.
Arp (L'), XVIII s.: voy. Alp (L').
Arpeta, XIV s.: *l'Arpette*, chal., mont. c⁰ la Ferrière.
Arpetta: voy. Alpeta Nayl.
Arpette (L'), mont. c⁰ Ste-Agnès.
Arpettes (Les), bois c⁰ Pinsot.
Arpidon: *Régidieu*, h. c⁰ St-Maximin.
Arpieux, éc. c⁰ Tramolé.
Arpison, XIV s.: voy. Alpison.
Arpo, XIV s., Arpol: voy. Arpotio.
Arpotio (rivulo volvente), XI s.: *Arpot*, h. et ruiss. c⁰ Vienne.
Arpou, XIII s., Arpoud: voy. Arpotio.
Arps, XIV s.: voy. Aruen.
Arrac (L'), bois c⁰ St-Nicolas-de-Macherin.
Arragon (L'), mont. c⁰ du Sappey.
Arraguns (Les), h. c⁰ St-Pierre-d'Entremont.
Arraulonis: voy. Arandon l⁰.
Arrosax, eccl. XIV s.: voy. Arsitia.
Arriaix (maisons de), XVI s., c⁰ Eyzin-Pinet.
Arriots (Les), XIX s.: *Riot*, h.

c⁰ Rivière.

Ars (villa), oppidum : voy. Arcis.

Arselerio (villa de), XIV s. : Arselleres : l'Arselier, h. c⁰ le Gua.

Arselettes (Les), XVIII s. : les Arrellettes, mont. c⁰ Revel.

Arselins (Les), mont. c⁰ St-Christophe-entre-Deux-Guiers.

Arselle (Vieille, Nouvelle) : voy. Arcella.

Arsenal (L'), vill. c⁰ Claix.

Arses (d'), XIII s., Arsis (des), XIV s. : voy. Arcis.

Arses, Arselesis : voy. Arcis.

Arsenas (capella de), XIV s. : voy. Arsitia.

Arseyum, XII s., Arsei (d'), XII s., Arsenei (parr.), XV s. : voy. Arsilla.

Arsievas, XII s., Arsives, XII s. : voy. Arsitia.

Arsilata, Arsilee, XV s., A-llie : voy. Arselerio.

Arsillia, Arsillis, IX s. : Arsay, c⁰ c⁰⁰ la Côte-St-André.

Arsillarz : voy. Arzillarz.

Arsilista, Arsilee, Arsillie : l'Arselier, h. c⁰ du Gua.

Arsinis, XIV s. ; Les Arsins, mont. c⁰ Iz.

Arsis (roch. d'), XIV s., Arsit, XVII s. : Arci, éc. et mont. c⁰ St-Gervais.

Arsitia villa (eccl. S. Mauricii in), IX s. : Arsieu, vill. c⁰ St-Clair.

Arsoae : voy. Arscum.

Arsum (âne), XIII s. ; Ars, c⁰ c⁰ Avignonet.

Artail (en), XV s. : l'Arthey, mas c⁰ Beaucroissant.

Artais, XII s., Artasium, Artays, XIII s., Arthasium, XVI s. ; dioc. Vienne, égl. St-Pierre ; Artes, c⁰ c⁰⁰ St-Jean-de-Bournay.

Artaud, gr. c⁰ Moissieu : — c⁰ St-Maurice.

Artaudon, XVIII s. : Arthodon, éc. c⁰ Mens.

Artaus (Les), l. c⁰ Montagne.

Artay, mas c⁰ la Rivière.

Artas (eccl. de), XI s. : voy. Artais.

Artel (L'), éc. c⁰ la Morte.

Arthasium : voy. Artais.

Arthaud, mais. c⁰ Rev-l-et-Tourdan.

Arthaudière (L'), h. c⁰ Morêtel et St-Pierre-d'Allevard.

Arthaude (Les), XVIII s. : voy. Altas.

Arthlon, XIV s. : voy. Arsilla.

Articol ou la Balmette (Ruiss. d') : ruiss. orig. lac de la Balmette, aff. l'Olle c⁰ Allemont.

Articol, éc. c⁰ de la Balmelière.

Articol, A-olle (combe de), XIII s., A-ous, XVIII s., A-llis villa, XIV s. : Articol, vill. c⁰ Allemont.

Artilliers (béal) : voy. Canal des Artilliers.

Artilliers du s⁰ Blanchet à Rives (béal), XVIII s. ; La Papeterie, usine, c⁰ Rives.

Artilliers (des) ou Pinage (dut, ruiss. aff. de la Fontaine, c⁰ de Vialle.

Artillière (L'), éc. c⁰ St-Just-et-Chaleyssin.

Artilliers (Les), h. c⁰ Assieu.

Arun (eccl. de), XI s. : voy. Erun, Heron.

Arunto (in), XI s. : les Arons, h. c⁰ Tullins.

Arunveria, XIV s. : voy. Auruner.

Arva (eccl. de), XIV s. : l'Arve, mont. c⁰ la Motte-St-Martin.

Arvet-Touvet, l. c⁰ la Chapelle-de-la-Tour.

Arvilliers : voy. Arviller.

Arvilliard, XVII s., Arvillard : voy. Albuvilar.

Arvilliez (chast. d'), XVII s., A-lier, A-lard, A-liers, Arvilliers : voy. Avilliers.

Arzay, c⁰ c⁰⁰ la Côte-St-André, dioc. Vienne, égl. St-Laurent.

Arzeix, lor., XIV s. : Arzeix, mas c⁰ Cherrières.

Arzelerio (eccl. de), XIV s. : voy. Arselerio.

Arzelière, XVIII s. : voy. Arzilliars.

Arzelliers (Les), mont. c⁰ St-Pierre-de-Chartreuse : — mont. c⁰ St-Pierre-de-Mésage.

Arzellerii : voy. Arselerio.

Arzens, XIV s. : l'Arzue, mont. c⁰ Murieu.

Arzenum, rarhausium, XIV s. : les Arseys, mont. c⁰⁰ la Morte et Villard-St-Christophe.

Arzey, XV s., Arzenei (territ.) : voy. Arsilia.

Arzilarz (in), XIV s., Arzilario, XV s. ; les Arsellos, mont. c⁰ le Mont-de-Lans.

Arzilliers, Arzilliars, XVI s. : Argillière, h. c⁰ Paruillieu.

Arzis, XV s. : voy. Arsum.

Arzelers, XIII s., Arziis rupes, des, XIV s. : les Acelers, rocher c⁰⁰ Séchilienne et Vizille.

Asineus, Asleu, XV s. : voy. Azeu.

As'le (L'), h. c⁰ de la Murette.

Asileul-St-Robert (L'), établissement hospit. c⁰ St-Egrève : anc. prieuré dép. de la Chaise-Dieu.

Asinariis, XIII s. : voy. Asnerias.

Asineii (eccl. site), XII s. : voy. Oyneurio.

Asinorum (via) : le Chemin-des-Anes, chᵉⁿ disp. c⁰ la Côte-St-André ; — chᵉⁿ disp. c⁰ Parizet ; — chᵉⁿ disp. c⁰ Pontcharra.

Aslarilis, XIII s. : voy. Alarda villa.

Asmeus (caban. des) : les Eymeus, h. c⁰ Le Champ.

Asnerias (villa), X s., Assières (eccl. de), XII s. ; Asières, vill. c⁰ Villette-d'Anthon.

Asnes (les) : voy. Asinorum.

Asnières, XIX s. : voy. Asière.

Asuu : voy. Arun.

Aspect (bois de l') de Prémol, XVIII s., Asperdis (nemus in) : l'anche-Noire, bois c⁰ Vaulnaveys-le-Haut.

Asperarum castr., XV s. : les Eperres, c⁰ c⁰⁰ Bourgoin.

Asperi, XIV s. : voy. Arsum.

Asperum Jurium, XIV s. : voy. Apineum.

Assan, h. c⁰ d'Lerron.

Assarz, (burcharia des), XIII s. : voy. Acharz.

Assiarum, XV s. : par. dioc. Vienne, égl. St-Pierre : Assieu, c⁰ c⁰⁰ Roussillon.

Assieurus, XIV s. : voy. Aneu, Assieu.

Assiria, IX s. : voy. Arsitia.

Assis (territ. de), XIV s. : Assier, h. c⁰ Chavanoz.

Assonam, mons : La Bastille, mont. et fort c⁰ de Grenoble.

Aste-Curte, Curte (mans.), XII s. ; Aste-Court l' L. disp. près

St-Martin-le-Vinoux.

Asterils (de), XIV s., XV s.: *les Istiers*, h. cⁿᵉ Quet.

Astiers, XIII s.; *les Atheires?* l. disp. cⁿᵉ St-Georges-de-Commiers.

Astrossi: *Estressin*. h. cⁿᵉ Vienne.

Asvlaco villa (in), X s.: voy. Azru, Aziaco.

Atavo, XII s.: *Opteros*, cⁿᵉ cⁿᵉ Crémieu.

Atheires (Les), lieu disp. cⁿᵉ St-Georges-de-Commiers.

Aller (forêt de l'): *Chaleot*, forêt et h. cⁿᵉ Vaujany.

Atiers (lieu, mas cⁿᵉ St-Laurent-du-Pont.

Atrux (Les), h. cⁿᵉ Chapareillan.

Attente-le-l'Ours (L'), mont. cⁿᵉ St-Pierre-de-Chartreuse.

Au-delà-du-Drac, un des 4 archiprêtrés du dioc. Gren.: entre Drac et Isère.

Au-delà-du-Pont, vill. cⁿᵉ le Freney.

Aubal. h. cⁿᵉ de Pinsot.

Auberge-du-Port (L'). éc. cⁿᵉ St-Hilaire-du-Rosier.

Aubergeau, éc. cⁿᵉ Erlose.

Aubergeons (Les), h. cⁿᵉ Anjou.

Auberges (Les), bois cⁿᵉ de Corençon.

Auberives-sur-Bourne: *Auberivence Royans*.

Auberives, cⁿᵉ cⁿᵉ Roussillon: dioc. Vienne, égl. St-Paul.

Auberives-en-Royans, cⁿᵉ cⁿᵉ le Pont-en-Royans; dioc. Gren., égl. Assomption.

Auberrive. XVI s.: voy. Alba-Ripa.

Aubert, éc. cⁿᵉ Beaufort.

Auberts (Les): voy. Albers.

Aubet (L'), l. disp. cⁿᵉ Courtenay.

Aubiom: voy. Laubiom.

Aubioux, l. disp. cⁿᵉ de Gières.

Aubrouin: *le Haut-Revouin*, h. cⁿᵉ Reventin.

Aubrigon, l. disp. cⁿᵉ de Gières.

Auvels (caban.), XII s., l. disp. près St-Martin-le-Vinoux.

Auelers (Les): voy. Overlelin.

Auchis (prat. de), XIV s.; *Lorhe*, ruiss. affl. la Grosse, cⁿᵉ St-Paul-les-Monestier et le Monestier-de-Clermont.

Auchina (riv. de), XIV s.: voy. Alchina.

Aucipies (combe des), XIV s.: l'bverge, bois cⁿᵉ St-Pierre-de-Chartreuse.

Auciplt. XV s.: *les Finlières*. bois cⁿᵉ St-Ismier.

Atuoulas, XV s.: *Auerrelat* t, l. disp. près Côte-St-André.

Auezone (riv. et comba de), XIV s.: *Landon*, hh. cⁿᵉ Jallieu et Ruy.

Auezone (alp. de): voy. Ausor.

Audeberils (in, XIV s.: voy. Audeberes.

Audeberes, A-ires, XIII s., Audeyarum villa, XIV s., Audeyres, XIII s.: *Andières*, h. cⁿᵉ St-Paul-les-Monestier.

Audemard, éc. cⁿᵉ de Méaudre.

Audenars (bordaria deux), XIII s.: *les Emorils*, h. cⁿᵉ le Mont-de-Lans.

Auderu, h. cⁿᵉ Crémieu.

Auberontz (borderia de l'), XIII s.: *Pique-Pierre*, h. et ruiss. affl. l'Isère, cⁿᵉ St-Martin-le-Vinoux.

Audetus, prior. Auditus (parr. de), XV s.: *Oyeu*, cⁿᵉ Virieu.

Aulier, mas disp. cⁿᵉ de Chatte.

Audran, caban., XII s., l. disp. cⁿᵉ Meylan.

Auiey, XVIII s.: *le Fay*, h. cⁿᵉ Serpessat-Nerpol.

Augerebertis (curtum. de), XIII s., Arkorum (mena.): *Anjovelière*, h. cⁿᵉ de Quaix.

Augusta, X s., terrel. des, XI s.: *Aoste*, cⁿᵉ cⁿᵉ le Pont-le-Beauvoisin.

Augustinorum carreria, XIV s., XV s.: *la Loi*, anc. quart., auj. rue de Crémieu.

Augustins (Les), h. cⁿᵉ Pontcharra, anc. prieuré, converti en 1246 en couv. d'Augustins déchaussés.

Augustins (Les), éc. cⁿᵉ St-Savin.

Augustum, III s., Augustum, Augustanis (Vicania): *Aoste*, cⁿᵉ cⁿᵉ le Pont-le-Beauvoisin.

Aujarderiis. villa, XIV s.: *Aujardeyres*, éc. cⁿᵉ Mirebel-Lasalitre.

Aujardux, XIX s.: voy. Augerderiis.

Aula Beate Marie de Saletth (monast.), XIII s.: voy. Salette.

Autaniere (L'): voy. Alaguoria.

Autardl Macart (caban.), XIII s.: voy. Alardi villa.

Autherique. Autherive: voy. Autherive.

Auteria (riv. de): *l'Ouleyon*, ruiss. cⁿᵉ Lalley.

Auloube: *Olonine*. vill. cⁿᵉ Sermérieu.

Autaret: voy. Autaret.

Aulle Farre. Aultefare: voy. Altafara.

Aultefort, Aulthefort, XVI s.: *Hautefort*. vill. cⁿᵉ St-Nicolas-de-Macherin.

Aumoret (chapelle de l'), XVIII s.: voy. Haut-Moret.

Aumoul, c. cⁿᵉ Porrieu-Amblagnieu.

Auplebat: voy. le Plebat.

Aurayra (J. des), XV s.: voy. Auriaco, Uriatheum.

Aure (L') ou l'Or. mont. cⁿᵉ St-Christophe-en-Oisans.

Aurels, XII s., Aurias, Auriel. Auriis in Oysencis, XIV s.; terrl. S. Julliani des, XV s.: *Auris*, cⁿᵉ le Bourg-d'Oisans.

Aurel (des), XI s.: voy. Auriolum. Uriolum.

Aureolis aqua, XIV s.: *l'Aureau* ou *l'Oreau*, riv. orig. cⁿᵉ Pajay, au mas des Fontaines, arr. cⁿᵉ Beaufort. St-Barthélemy-de-Beaurepaire. Beaurepaire. entre dans Départ. Drôme, se perd dans les terres.

Auriaco (capella de), XII s.: voy. S¹ Salvatoris Uriatici.

Auriaco (in), Auriagi (territ.), Auriagio (de), XI s., Auriatge (de), XI s.: *St-Martin-d'Uriage*, cⁿᵉ Domène.

Auriacum, XII s., Auriatheum, XII s.: voy. Auriacus, Uriatheum.

Aurias in Mathaserma, XIV s., Auries terrl. des, XI s., Auris (parr. des), Auris en Ratiers, XVIII s., Ratiers, Auriis (aistral., terrl. S. Petri des, XIV s., Auris: *Auris*, cⁿᵉ Valbonnais.

Aurisl (capa des), XI s.: voy. Auriolum. Uriolum.

Auriol (baillia de), XIII s., Auriolae Superiorie (homin.

des Auriolum, XIV s.: *Grand-Oriol*, h. c⁰ Cornillon-en-Trièves.

Auriolo inferioris chemin. des, XIII s., Auriol (Petit): *Petit-Oriol*, h. c⁰ Cornillon-en-Trièves.

Auriolo (riv. de), XIV s.: *Oriol*, source d'eaux minérales, c⁰ Cornillon-en-Trièves.

Auriolum, castell., XI s.: *Uriol*, h. c⁰ Vif.

Auris, c⁰ c⁰⁰ Bourg-d'Oisans: dioc. Gren., égl. St-Julien.

Auron (L'), ruiss., affl. la Gère, arr. c⁰⁰ Arzay et Villeneuve-de-Marc.

Auron, A-nis (ripper.): voy. Aureuls.

Aurosa, XVI s., Aurousse, XVIII s.: *Aurouse*, h. détr. c⁰ St-Jean-d'Hérans.

Aurosa (porta de), XIV s.: (mobrnsl. de), XV s.: *Orose*, l. disp. c⁰ Vienne.

Aurouze, ér. disp. c⁰ Entre-Deux-Guiers.

Auruser (cavan. de l'), XIII s., Auruceria, XIV s., Auruseria, XV s.: *l'Auruceire*, h. disp. c⁰ le Mont-de-Lans.

Auriolo (riv. de): voy. Auriolo 1°.

Auriolo inferiorum (rup. de), XIV s.: voy. Auriolo 2°.

Ausonis (ini. XI s., Ausentio (cvus. de), XIII s.: *l'Ozon* (voy. ce nom).

Ausolas: voy. Aureulas.

Ausonis ripper., XIV, XVI s.: *l'Auzon*, riv. arrose les c⁰⁰ de St-Barthélemy-de-Beaurepaire et de Beaurepaire.

Auror, pass., XIV s.: les Louvres (Grandes, Petites), mont. c⁰⁰ St-Pierre-d'Entremont et le Touvet.

Aussé: Ossée, vill. c⁰⁰ Sermérieu et Passins.

Austram (eccl. de), XI s., Austramum XII s., Austrans, XIV s.; *Istrans*, c⁰ c⁰⁰ le Villard-de-Lans.

Aut del Sueyl, XIV s.; *l'Haut-du-Seuil*, mont. c⁰⁰ le Touvet et la Terrasse.

Autafara, XIII s.: voy. Altafara.

Autaret (alp⁰ de), XIII s.; *le Lautaret*, mont. et col, c⁰ Chichilianne et Treschenu

(Drôme).

Autaret: *Lantaret*, l. disp. c⁰ Montaud.

Autaretum, XV s.: *Lantaret* (chât. de), c⁰ Laval.

Antefare (d'), XVII s.: Antephare (rivele du Pontet ou d'), XVII s.: *Anteffare*, mont. c⁰ St-Christophe-en-Oisans.

Autedort: voy. Aultefort.

Auterives, XVIII s.: voy. Hautes-Rive.

Autevu, XIII, XV s., Autevoux (líme d'), XVIII s.: voy. Atavo.

Autor (pass. de), XIV s.: voy. Alpeta Nayllaunt.

Autrans, c⁰ c⁰⁰ Villard-de-Lans: égl. voc. St-Nicolas.

Autrans, XIII s., Autrans: voy. Austran.

Autre-Col-de-Venue (L'): *l'Autre-Col-de-Venue*, h. c⁰ Quaix.

Auvite (lac de l'): *Lautel*, h. et mont. c⁰ Le Bourg-d'Oisans.

Auxencia (hominum de): voy. Aussenis.

Auxenis aqua, XIV s., Auxenis ripperia: *l'Ozon* (voy. ce nom).

Auxetere, XVIII s., gr. disp. c⁰ Beauvoir-en-Royans.

Auziers (Les), vill. c⁰ Savas-et-Mépin.

Auzon (H. d'), XII s.: voy. Octavum, Sanctus Sinforianus.

Auzone (J. de), XIV s.: *l'Ozon*, h. c⁰ Chapeauay.

Auzone (mobrnsl.), XVIII s.: voy. Auzone.

Aval-le-Ruisseau, h. c⁰⁰ de Renatin.

Avalanche (L'), forêt c⁰ de Lavaldens.

Avalanches (Les), bois c⁰ St-Maximin.

Avaleriis (rochia de), XIV s.: voy. Rochieta de Valetis.

Avaletre, A-lletis, A-llium: *Arenes*, vill. c⁰ Romagnieu.

Avaletes (en), XIV s.: voy. Avaut.

Avalletis (riv. de), XIV s., avallibus (parr. de), XV s., Avallibum: voy. Avaut.

Avalon, vill. c⁰ St-Maximin; dioc. Gren. église St-Jean-Bapt.

Avalon, ér. disp. c⁰ Jarrie.

Avalone (ministr. domin. A. de),

XIV s.: Avalons, mais. f., XVIII s.: *Avalon*, ér. disp. c⁰ Jarrie.

Avalonis (eccl. d. Johan. Bapt., ep. castr.), XI s., Avalon, Avalone (monast. de), XI s. (cap.), XII s. (manol., burg., castellis), XIII, XIV s.: Avalone (priorat. et cure S. Petri de): *Avalon*, vill. c⁰ St-Maximin.

Avalonis (grangia), XIII s., Avalonensgr. Hermitar. subt. *l'Abenge*, h. c⁰ le Cheylas, anc. possess. abb. de Tamié.

Avans, XII s. (mans d'), (rippa), XIV s. (manol.), XV s., Avanus, XVIII s.: *Arane*, c⁰ c⁰ St-Baudille-et-Pipet.

Avant-d'orge (L'), ou Rochers-Roux, mont. c⁰⁰ Voreppe et Mont-St-Martin.

Avaut (eccl. de), XII s., Avaux, XIII s., Avau, XIV s., Avaulx, XV s.: *Arane*, vill. c⁰ Romagnieu.

Avaux, vill. c⁰ Romagnieu; par. dioc. Belley, égl. St-Hilaire.

Avayna, XIV s.: voy. Avans.

Aveau: voy. Avaut.

Avegnern (Les): voy. Avenières.

Avrillans, bourg. c⁰ la Motte-d'Aveillans: égl. St-Pierre.

Avelanne, XVIII s.: voy. Villana.

Avelaus (eccl. de), XI s., Avellianis (eccl. de), XV s., Avellanelum, XIV s., Avellantis (eccl. S. Petri de), XII s., Avellant (e. S. P.), XII s., Avelli (villa), XIII s., Avelluz, XIII s., Aveyllanz, XIII s., Aveylans, XIII s., Avelliane: *la Motte-d'Aveillans*, c⁰ c⁰⁰ la Mure.

Avens (mans. de), XIV s.: voy. Avans.

Avemarium: voy. Avemeriarum 2°.

Avemaux (Les), ruins. c⁰ de Serres-Nerpol.

Avemeriarum, A-riis (castr.), XIV s.; *le Château*, quart. c⁰ les Avenières.

Avemeriarum (castellis), XIV s., A-uyerun, XV s., Avenyres (Les), XVI s.: *les Avenières*, c⁰ c⁰⁰ Morestel.

Avenières (Les), XVIII s.: *Aveynets (Les)*, h. c⁰ la Combe-de-Lancey.

Avenione (eccl. de) : voy. Avinione.

Avercell, XVIII s. : l'Avercel, bois c° Valjouffray.

Averet (castr. de), XIII s. : Arert, h. c° Lalley.

Avergne, Averny. XVIII s. : la Verne, h. c° Autrans.

Avernais, XVII s.. dom. fort., A-ays, Avernais. XVIII s. Averney : Arevay, f. c° Morestel.

Avernes (dom. f. d'), XVI s. : voy. Avernais.

Avernum, XIV s. : Avers, XVIII s. : voy. Averet.

Avernum, A-rt : voy. Averet.

Aversen, A-ns subterior (villa de), XIV s. ; Licerart, h. c° Château-Bernard.

Averneus (Les), XVIII s.: voy. Enversegnio.

Aversins (Les) ; l'Eurersin, mont. c° Méaudre.

Aversoins (Les), éc. c° Champier.

Averto in Trivils (mansi de), XIV s. : voy. Averet.

Aveux (Les), h. c° de St-Martin-d'Uriage.

Aveyne, XIX s. : Areynea, h. c° Chaponnay.

Aveyne : voy. Chaveyne.

Avez, h. c° Sablons.

Avez-le-Plan, éc. c° du Moutaret.

Avianne (Grande, Petite), écc. et ruiss. aff. l'Ebron, c° Clelles.

Avignon, XIII s., Avigno in Trivlia, XIII s. : voy. Avinione.

Avignone : voy. Avinione.

Avignonet, c° c°ⁿ du Monestier-de-Clermont : dioc. Die., égl. Ste-Luce.

Avillanz, XIII s., Avillanelo, A-eu, Avilbanis (eccl. S. Petri de), XV s., Avililans, Avillians ; la Motte-d'Areillans, c° c°ⁿ la Mure.

Avillies (chaban. de), XIII s., Avilliens, Avilleys villa, XIV s., Avillier, XVII s. ; Areil-liers, chât. c° Corenc.

Aviahonetum, XV s. : voy. Avinione.

Aviniaco (mans. in), XI s. : voy. Avansin.

Avinione (eccl. de), XII s., Avinione (mansi de), XIII s.,

Avinionis (parr.), Avinioneto (castell., eccl. de), XIV s., Avinyone, XV s.: Arignonet, c°ⁿⁱ° le Monestier-de-Clermont.

Avinione (in), XIV s. : Arignonet, éc. c° Gières.

Avioleys (Les), bois c° Chantelouve.

Avorat (L'), mont. c° de Laus.

Avolino (eccl. de), XII s., Avollin, XIV s., Avollino (parr. de), XIV s., (eccl. seu cap. S. Martini de), XV s.: Aculin, vill. c° la Bâtie-Montgascon.

Avont, XIII s. ; les Avons, h. c° des Adrets.

Avorandi (comba, neus., villa), XIV s. : voy. Avorant.

Avorant, XIII s.; Avoron, vill. détr. c° Livet-et-Gavet.

Avoyllinum, XV s. : voy. Avillinum.

Avaz : voy. Moulin d'Avaux.

Aya (L'), XIII s., Ay (L'), XIV s., Ayaz, XVIII s. : l'Ayar, h. c° Poumiers.

Aya, XV s. : le Serre-de-Laye, mas c°ⁿ Oris et Siévoz.

Aya (nemus) subt. castr. Petre. XIV s. : l'Aye, bois disp. c° de la Pierre.

Aya (villa), XIV s. : Laye, h. c° Château-Bernard.

Aya villa, XIV s., (comba, mans. de), XIV s.: Laye, bois, c° Pierre-Chatel : — h. c° St-Paul-les-Monestier.

Aya Morestelli, XIII s. : l'Aye, bois disp. c° de Morestel.

Ayabronam, Ayabros : voy. Aybron.

Ayaceres, A-riis, XV s. : les Ayaucières, h. disp. c° Vif.

Ayansin, XVII s.; les Ayancins, h. c°ⁿ le Péage-de-Roussillon et Roussillon.

Ayarum (serrum) : voy. Ayla.

Ayas, XIV s. : les Ayes, mas c° de Gillonnay.

Ayas (ap.), XIV s. : les Ayes, mas c° Pontcharra.

Ayas, XIV s. ; les Hayes, mas c° Sérézin ; — h. c° Ternay ; — h. c° Vinay.

Ayas de Pusignac, XV s. : les Hayes, forêt c° Pusignan.

Ayas Theydii. XIV s. : voy. Ales.

Ayat (ruine de l'), c° Miribel-

les-Echelles.

Ayax (L', XV s.: les Ayes, bois c°ⁿ le Villard-de-Lans et Corrençon.

Aybenel, manulann., XIII s. : voy. Alben.

Aymann, castr., c°ⁿ sive donjon.: le Château, chât. c° Eybens.

Aybron, XIII s., A-ne: l'Ebron, riv. afll. le Drac, orig. c° Tréminis, arr. c°ⁿ région du Trièves.

Aycares (villa de), XIV s. : Avceres; les Aicards f l. disp. c° Vif.

Aydonnet : les Donnets, h. c° Laus.

Aydoschi supra Kylodam, XIII s.: l'Eglise, vill. c° Eydoche.

Aye (L'), f. c° de Rochetoirin.

Ayes (monial. de les), XII s.: (B° Maria de les), Ayis (dom. de), XIII s., Aya, Ayies : les Ayes, h. c° Crolles, anc. abb. de filles ordre Citeaux, fond. 1141.

Ayes (Les), XII s. : les Ayets, h. c° de Bellegarde.

Ayes (Les), éc. c° de Chichilianne.

Ayes (Les), XV s ; les Hayes, h. c° Clairens ; — bois c° Chuzeau et Panossas.

Ayes (Les), bois c° d'Engins.

Ayes (Les), bois, c° le Gua.

Ayes (Les), XVIII s.: les Hayes, mas c° le Passage : — h. c° Pollieus.

Ayes (Les), XIV s.; les Hayes, vill. c° St-Etienne-de-St-Geoirs.

Ayes (Les), col. entre la c° de St-Pancrasse et celle de St-Pierre-de-Chartreuse.

Ayes (les Grands), XVIII s.: voy. Aies in parr. Tedevil.

Ayes de Somalhey, XIV s.: les Hayes, mas. c° Marcilloles.

Ayes superius (Les), XIII s.: les Ayes, forêt. c° d'Entraigues.

Ayes (Les), h. c° Vignieu.

Ayes (Les), nem.: voy. Aies (Les).

Ayes (en les) : voy. Ayas 2°.

Ayes (mont. des), XVIII s.: voy. Eguilin. Eyguelleria.

Ayeta (in), XIV s. : voy. l'Ayat. bois c°ⁿ Dessine et Marianette.

Ayeta Petre, XV s. : *les Ayettes*, mas cne de la Pierre.
Ayetas, XIV s. : *les Ayettes*, h. cne Pinsot.
Ayetes (ap.), XIII s. ; *les Ayettes*, h. cne Allevard.
Ayetta (Grande-), ruiss. affl. le Suzon, cne Bossieu.
Ayettes (Les), éc. cne Froges.
Ayga Porchier, XIII s. : *les Egats*, h. cne St-Laurent-en-Beaumont.
Ay[illegible]*ula*, h. cnes Meylan[illegible]r.
Aygal[illegible] voy. Aiqualeux.
Aygeilly : voy. Aiguilla.
Aygue : voy. Agne.
Aygleri, XII s. : *l'Aigle*, mont. cne Revon.
Aygneu (villa de), XIV s. : *Eguien*, vill. cne Bouvesse-Quirieu.
Aygnis, XIII s. : voy. Agnino.
Aygnoscum, XIV s. : voy. Agnost.
Aygny (ripper. d'), XIII s. ; *l'Agny*, riv. orig. cne les Badinieres, arr. cnes Chitonnay, Tramolé, les Eparres, Châteauvillain, Succieu, Nivolas-Vermelle, se jette dans la Bourbre.
Ayguebelle : voy. Aquabella.
Aygues (Les) : voy. Aigues (Les).
Aylis, XV s. : *les Ayes*, bois cne de la Chapelle-et-Piquiers.
Aylis (territ. de) : *Leye*, h. cne Septème.
Aylis : voy. Ayas Theysil.
Ayllancii (parr.), XV s. ; *la Motte-d'Aveillans*, cr cne la Mure.
Ayis (in), (de) : *les Hayes*, bois cne Cognin.
Ayis Theysil (de), XIV s. : voy. Aies.
Ayis Vallisbonesii (nem. in), XIV s., Ays V-l ; *les Ayes*, éc. cne Valbonnais.
Ayis : voy. Ailis.
Aylleyres (Les), XIV s. ; *les Allières*, mas cne N.-D.-de-Commiers.
Ayllondi villa, XIV s., A-dis (mans. de), XIII s. ; *Aillond*, vill. détr. cnes Brié-et-Angonnes et Jarrie.
Aylleta, XIII s. ; *les Allets*, h. disp. cnes Pierre-Châtel et St-Jean-de-Vaulx.
Aymard, h. cne Corrençon.
Aymards (Les), XVII s., h. d'ap. cne de Roche.
Aymards (Les), XVIII s. ; *les Eymards*, h. cne Laus.
Aymariis (fons de), XIV s. ; *les Aimars*, vill. détr., font. cne Corenc.
Aymers (villa de) : voy. Aymariis.
Aymes (Les), bois cnes le Bouchage et Brangues.
Aymias, XIV s., Aymes (Les), XV s., Aymaz (Les), XVIII s. ; *les Aymes*, h. cnes Bernin et St-Nazaire.
Aymis (broha de), XIV s., Aymos (el), XV s. : *les Aymes*, vill. cne Mizoën.
Aymeu, A-uz, territ., XIV s. ; *la Croix-d'Enieu*, mas cnes St-Clair-de-la-Tour et La Tour-du-Pin.
Ayons (Les), XVIII s. : voy. Avont.
Ayref, Ayreu (pedag.), XIII s. : voy. Ariacum.
Ayrette (L'), bois cnes Allemont et Bourg-d'Oisans.
Ays (territ. de), XV s. ; *les Hayes*, h. cne St-Georges-d'Espéranche.
Ays : voy. Ayis Vallisbon.
Aysinis villa, XI s., Aysinum, eccl. S. Petri, XII s. : *Eyzin*, h. cne Eyzin-Pinet.
Aysoalteriis (villa de) : *l'Essart*, mas cne Pariset.
Ayziacus, Ayzieu, XIV s. : voy. Azeu, Aziaco.
Azeu, XIII s., Azeus : voy. Azeu.
Aziaco (castr., mand. de), XIV s., (eccl. b. Gervasii de), Aziacus, Azieul, Azieuz, XV s., Aziaci la Velleno (castr.), XV s. : *Azieu*, vill. cne Genas.
Aziaco villa, X s. : *Azieu*, cr cne Roussillon.
Azieu, vill. cne Génas.
Azimets (Les), vill. cne Biol.
Azia, XIII s. : voy. Azeu.
Azolas (ad), XII s. : voy. Ardilio.
Azoni, Azons, XIII s. : voy. Aron.

B

Babe (La), éc. cne St-Martin-de-Clelles.
Babine, f. cne Parmilieu.
Babollière (territ. de), XVI s. ; Babouillers (pré des), XVII s. ; Babouillères (terr. des) ; *Babouillère*, l. disp. cne Eyzin-Pinet.
Babollieres (donnus voc. les), XV s. ; Babouilleres (moulins de), XVII s. : *la Papeterie*, usine, cne Estrablin.
Babollins (costerg des), XVII s. ; Baboulins (les), XVIII s. ; Basbolin, XIX s. : *le Babaulin*, vill. cne Miribel-les-Echelles.
Baboulin (Le), vill. cne Miribel-les-Echelles.
Babouillère (Grand et Petit-), ff. cne Diémoz.
Babousse, h. cne Jallieu.
Babrias (eccl. de), XII s. : voy. Aureis.
Bac (Le), éclit. cne de Vertrieu.
Bac (Le) : voy. Portus Sareria.
Baccon : voy. Baron.
Baccoriaco sup. fluv. Carusium, VIII s. ; *Cucieu*, vill cne Chozeau.
Bacey (domin. abbat. Ayarum de), XIV s. : voy. Becey.
Bachaci (prat. de la), XIII s. : *les Bachasses*, châin cne Pariset.
Bachacium, XIV s. ; *Bachais* (ruiss. du) sur Bouquéron, XVIII s. : voy. Bachessio.
Bacharoulet, éc. et ruiss. cne Morette.
Bachais (mas de), XVII s., Bachat : voy. Bachessio.
Bachalards (vill. des), XVII s. : Bachelars, XVIII s. : voy Bachillard.
Bacharde (La), ruiss. affl. le Bruant, cne le Gua.
Bachasciis (campus de), XIII s. ; *le Pont-de-la-Bachasse*, éc. cne St-Pierre-de-Mésage.
Bachassorz (mont.), XV s. ; *Bachasse*, éc. cne St-Baudille-et-Pipet.
Bachasse (la), gr. cne le Monestier-du-Percy ; — h. cne Renacurel.
Bachasses (Les), l. disp. cne de Luzinay : — (ruiss. des), affl. des Dix-huit-Rieux, cne St-Christophe-entre-Deux-Guiers ; — h. cne Roche.
Bachasset (Le), ruiss. cne St-Paul-de-Varces.
Bachassie (camp.), XIV s. : *Bachasse*, éc. cne St-Sébastien.

Bachassière (La), vill., c⁹ de Salaise.

Bachassium, XIV s.: B-io (burg. de); Bachat, XVII s.: voy. Bachassio.

Bachasson, éc. c⁹ de St-Romans.

Bachat (Le), bois, c⁹ de St-Pierre-d'Allevard; — cul. c⁹ Valjouffrey; — ruins. c⁹ de Villard-Reculas; — éc. c⁹ le Percy.

Bachat-Croset (Le), chal. et font. c⁹ d'Allevard.

Bachaux (Grands et Petits), mont. c⁹ de Laval.

Bacheis, XVII s., Baches (combe, roche), XVIII s.: le Bachu ou Bachais, mont. c⁹ St-Pierre-de-Chartreuse.

Bachelard, B-rs: voy. Bachilard.

Bachelaria, XIV s.; le Bacculier, f. c⁹ La Buissière.

Bachelin, f. c⁹ Morestel.

Bachelin (ruins. du), XVIII s.: voy. Bachivillani.

Bachellini (parr.), manil. Morestelli, XV s.

Baches (Les), vill. c⁹ de Miribel-les-Echelles.

Baches (Les), XVIII s.: voy. les Bouches.

Bachesium, XV s.: voy. Bachessio.

Bachessio (de), XIV s.; Baches, XVI s.; Bachesiz, XVII s.; Bachet (le), XVIII s.: le Bachais, vill. c⁹ Meylan.

Bachez (riv. del), XIV s.: voy. Bachessio.

Bachilard (pod.), XIV s.: Bachelard, h. c⁹ Entre-Deux-Guiers.

Bachillin, XIII s.; B-num, XIV s.; B-lyn; Bachelin, vill. c⁹ Passins.

Bachou, XVIII s.: voy. Bracosco.

Bachoulet (Le), ruins., sépare c⁹ de Bourgoin et Jallieu.

Bachoulet, éc. et ruins. c⁹ de Morette.

Bacilliano (cuil.), XV s.: voy. Bassilianae.

Bacitorio, XIII s.: voy. Baston.

Baco, mas c⁹ Pusignan.

Bacon: le Bacon, bois c⁹ d'Allières-et-Risset et de St-Paul-de-Varces.

Baconerlis (la), XV s.; la Bacu-

quaiter, mas c⁹ Echirolles.

Baconnet, mas c⁹ de Villette-d'Anthon.

Baconnière (ruins. de), c⁹ Voreppe.

Badeau (glacier des) ou de Madame, c⁹ la Ferrière.

Badier, f. c⁹ Chélieu; — éc. c⁹ Corbelin.

Badières (chem. des), c⁹ Chuzelle.

Badieu, éc. c⁹ la Tour-du-Pin.

Badignères (parr. des, sive Pancluséres, XV s.; B-rarum (parr.); Badimeriis, XV s.; Badinière, XVIII s.; les Badinières, c⁹ Bourgoin.

Badin, mas c⁹ St-Agnin.

Badin, h. c⁹ de Vienne.

Badin (Chez-), f. c⁹ Cour-et-Buis.

Badinières (Les), éc. c⁹ de Bourgoin.

Badins (Les), h. c⁹ d'Eclose.

Badoie (Le), h. c⁹ Estrablin.

Badolle, XVIII s.: Badulas, f. c⁹ Isle-d'Abeau.

Badon (rochers), XIX s.: voy. le Bourdon.

Badonières (Les), XVI s.: la Bellonnière, h. c⁹ de Septème.

La Bardière, h. c⁹ St-Pierre-de-Chartreuse.

Bafferdières, XVII s.: voy. Ba-Tardière.

Bafort (Les), h. c⁹ de Romagnieu.

Bagislini (eccl. S. Martini in villa), XI s.: voy. Balsin.

Bagne; Baneu: voy. Baniol.

Bagneu, XV s.: Bagneux, mas c⁹ Tusellin.

Bagneult, XII s.: Bagnol; Bagnuelt; Bagnuls; Bagnyeux, XV s.: Bagneux, vill. c⁹ Culin.

Bagneut, XV s.; le Bayet, h. c⁹ les Avenières.

Bagnlu, Bagniol, mais. f., XV s.; Bagno; Bagnolz, XVII s.: voy. Baneu.

Bagnol, forêt c⁹ Laval.

Bagnol, forêt c⁹ St-Antoine, Montagne et Montmiral (Drôme).

Baheuz, XIII s.; le Bayet, h. c⁹ St-Antoine.

Baiareto (in), XV s.: Baletin, h. c⁹ Vernose.

Baiart, XVIII s.; Bayard, mont. c⁹ St-Pierre-de-Chartreuse.

Babelas (parr. S. Martini de), XII s.: voy. Babin.

Baied (La), XVIII s.: voy. Bagnent.

Baignes, XIX s.: voy. Beigne.

Ballair: voy. Belair.

Bailles: Bailles: voy. Bajulis, Baylas.

Bailles (Les), XVIII s.: les Baylas, h. c⁹ d...t St-Sébastien.

Bailles (Les): voy.

Baillet, XIII s.: mas c⁹ Tencin.

Baillet (Le), h. c⁹ Theodure.

Bailli (La), XVIII s.: la Grange-du-Bailly, f. c⁹ Charantonnay.

Baillif, bois: voy. Baillyf.

Baillis (Les), XVIII s.: voy. Ballys.

Bailliase (La), XVIII s.: voy. Bayze.

Bailloud (Le), h. c⁹ d'Eyzin-Pinet.

Bailly, h. c⁹ de Meyssiès.

Bailly (Bois), forêt, c⁹ Eclose et Flachères.

Bailly (chât. de), XVIII s.: voy. Veheria Domene.

Bain (alpis de), XIII s.; le Pont-de-Bens, h. c⁹ la Chapelle-du-Bard.

Bain (Le), vill. c⁹ de Beaurevoisant; — ruins. c⁹ de Polk'uss.

Bain (riv. de), XIII s.: voy. Bens, le Maze.

Bains, XII s.: voy. Bascissio, Bays.

Bains (Les), quart., établ. therm. c⁹ d'Allevard.

Bains (lac des), XIX s.: Bens, mont. et lac, c⁹ Pinsot.

Bains, h. c⁹ de la Folatière.

Bains (Les): voy. Bin (Le).

Bainselt, Bainselz, XII s.: voy. Bagneult.

Baio, IX s.: le Bayet, h. et ruins. aff. du Rhône, c⁹ Vienne.

Bairalis (eccl. de), XII s.; Bairaut, XIV s.: voy. Barralis.

Bais, XIV s.: voy. Bays.

Baise (font.), XVI s.: Baise, mas c⁹ Chasseau.

Baisin; Baisino in parr. S. Martini (villa), XI s.; Baisino (cap. de), XIV s.; Bes-

...sins, c⁰ c⁰⁰ St-Marcellin.
Baissaire, éc. c⁰ St-Geoire.
Baisse (la), h. c⁰⁰ Estrablin et
   Pont-l'Évêque ; anc. poss. St-
   André-le-Haut, XVI s.
Baisse (Grande, Petite), mont.
   c⁰⁰ Chantelouve et Lavaldens.
Baisse : voy. Baez.
Baissin, XIII s. : voy. Baisin.
Baiste, XVIII s. : voy. Bayze.
Baix, vill. c⁰ St-Baudille.
B............eys.
B..........et des, XVI s. :
   ....l.
   .... s. ; le Bejau, h.
   c⁰⁰ ....ville.
Bajatière (la), quart. c⁰ du Grand-
   Lemps ; — quart. c⁰ Grenoble.
Bajard : le Jars, vill. c⁰ Quaix.
Bajaud, Bajoux : voy. Pajas.
Bajulle (villa de), XIV s.,
   Bilorum (riv.) : les Bayles,
   h. disp. et ruins. c⁰ de Châ-
   teau-Bernard.
Bajulla (de), XIV s. : les Bay-
   les, h. c⁰ Corps.
Bajulla (mens. des), XIV s. : la
   Combe-du-Boile, forêt. c⁰
   Villard-de-Lans.
Bajuyni, XVI s. : voy. Beu-
   gnieux.
Bak, alpes, XI s. : voy. Bar
   (campus de).
Balanchet, XIX s. : voy. Bara-
   chelets.
Balamon : voy. Bellacombe.
Balançannes (chemin des), c⁰
   de Theys.
Balance (la), bois c⁰ de Presles.
Balans (chavan. de), XIV s. :
   Balançona, mont c⁰⁰ de Livet-
   et-Gavet et St-Barthélemy-de-
   Séchilienne.
Balant, bois, XVIII s. : Balant,
   h. et bois c⁰ de Montagne.
Balaone, XIV s. : Balana, h. c⁰
   St-Hilaire-du-Rosier.
Balatière, h. c⁰ de la Bâtie-
   Montgascon.
Balatière (La) : voy. Boilatière.
Balatine (La), châ⁰ c⁰ de Revon.
Balaya, Baleya (territ. des), XIV
   s. : voy. Bataliaco.
Balayes (Le), XIII s. : Balaye,
   XIV s. ; Balayeri, XV s. ;
   Bolley, h. c⁰ St-André-en-
   Royans.
Balbayu (mens.), XIV s. : voy.
   Balbrue.
Balben, XII s. : voy. Balbiaco.

Balbenc, mans. XIII s. : Bellio,
   l. disp. c⁰ St-Vincent-de-
   Mercuze.
Ballet in terr. Montis Arnodi
   ecli. XIV s., Balleti de Puys-
   sino (terra) ; le Balog, quart.
   c⁰ Vienne.
Ballencio, XII s. : voy. Balbiaco.
Balbiaco villa, X s. : Balbiacum,
   XIII s. : Balbins, c⁰ c⁰⁰ la
   Côte-St-André.
Balbium (capell. de), XIV s. :
   voy. Balbiaco.
Balbins, c⁰ c⁰⁰ la Côte-St-André :
   égl. succurs. Ornacieux, dioc.
   Vienne.
Balcverin, XV s. : Balayes.
Balilille : voy. St-Babille.
Bâle-Coppon et Bâle-Dessus,
   mas c⁰ St-Pierre-d'Allevard.
Baleur, XVII s. : Balleard,
   mas c⁰ Passins.
Balesieux, XVIII s. : Belesieux,
   h. c⁰ Chapounay.
Balet, XVIII s. : le Balley, h.
   c⁰ Beaurepaire.
Baleuyres, XIV s. : Beletières,
   l. disp. c⁰ Parlset.
Baleux (territ. des) : voy. Baleys.
Baley, h. c⁰ Jonage.
Baleya, XV s. : voy. Balayes.
Baleya : voy. Bataliaco.
Baleyeres (ten), XV s. : voy.
   Bayer.
Baleys (territ. des), XV s. :
   Bolley, h. c⁰ St-Clair-du-
   Rhône.
Balgire, XII s. : Buegir, h. c⁰⁰
   Montbonnot-St-Martin et St-
   Ismier.
Balliel : Baillet, h. c⁰ St-Vérand.
Ballairediers, XVIII s. : Bayar-
   dière, h. c⁰ la Motte-St-Martin.
Balier, XV s. : voy. Baleys.
Balisse (la), XVIII s. : voy.
   Bastille.
Balista, Balixta (campis de),
   XIV s. : voy. Albarista.
Ballatin, XIX s. : Batlatin, h.
   c⁰ Venosc.
Balle, XVIII s. : Bale, h. c⁰
   Moidieu.
Balleer (al), XV s. : voy. Balayes.
Balletin, mas c⁰ Moras.
Ballet (el), XIV s. : voy. Balbet.
Ballières (Les), XVIII s. :
   Baleyes, h. c⁰ du Gua.
Balisson (dom. de), XV s. : voy.
   Balisson.
Bally, bâ⁰ c⁰ Comet-et-Buis.

Bally (puits du), XV s. :
   Bailly, h. c⁰ Mablieu.
Ballys (Les), XVIII s. : Bailly,
   h. c⁰ de Ste-Anne-d'Estrablin.
Balma, XIII s. : les Balmes, h.
   c⁰ Auberives-en-Royans.
Balma villa, XIV s. : la Balme,
   vill. c⁰ Auris.
Balma (pass. de), XIV s. : la
   Balme, mont. c⁰⁰ Château-
   Bernard et Corrençon.
Balma, la villa Crusilla, X s. :
   la Balme, l. disp. c⁰ de
   Chuzelle.
Balma, XV s. : Balmes (les),
   XVIII s. : la Balme, mas et
   ruins. c⁰ Clavans.
Balma, XIV s. : la Balme,
   mas c⁰ Crémieu.
Balma, XIV s. : les Balmes,
   mas c⁰ d'Engins.
Balma, XIV s. : la Balme, c⁰
   Méaudre.
Balma, XIV s. : les Balmes,
   mas c⁰ le Moutaret.
Balma villa, XIV s. : la Balme,
   chat. c⁰ Parlset.
Balma, XIII s. : la Balme, vill.
   c⁰ Renanrel.
Balma, XV s. : la Balme, h. c⁰
   Revention-Vaugris.
Balma, XIII s. : (mansi. de),
   XIV s. : temp. S. Anne des,
   XV s. : la Revenue, h. c⁰
   St-Arey.
Balma, XIV s. : la Balme, mas
   c⁰ St-Bueil.
Balma (mas de), XV s. : la
   Balme, mont. et chat. c⁰ St-
   Martin-d'Uriage.
Balma (capella de), XI s. : (cas-
   trum episcopi de), XIII s. :
   l'Hermitage-de-la-Balme, ec.
   c⁰ St-Martin-le-Vinoux.
Balma, XIV s. : la Balme, mas
   c⁰ Séchilienne.
Balma, XV s. : la Balme, l.
   disp. c⁰ Sulaise.
Balma, XIV s. ; les Balmes-de-
   Fontabert, mas c⁰ Varcppe.
Balma (alpis de), XIII s. : voy.
   Balmis, Barma.
Balma (cerl. b⁰ Marie de), XIV s. :
   — (in), mons est cavernosus,
   intra quam per tenebrosam
   cryptam est aditus, XVI s. :
   Balme (grotte au lac de N.-D.
   de la), XVII s. : la Grotte-
   de-la-Balme, grotte à l'entrée
   de laquelle se trouve une

chapelle, c⁰ la Balme.

Balma (eccl. S. Petri de), XII
s. : Balma in Vianneys, Vien-
neysio, XIII s. : Lugdun.
dioc. : Balme de l'Ile de Crémieu : Balma in ins. Cha-
rusii, XIV s.; Crimiaci; juxta
Quiriacum : *la Balme*, c⁰ cne
Crémieu.

Balma (maladeria de), XIII s. :
la Balmerette, vill. c⁰ St-
Martin-le-Vinoux.

Balma (portus de), XV s. : voy.
Chartris.

Balma, Balmes; voy. Balmis 2e.

Balma et gr. de Rachasat, XIV
s. : voy. Rachasat.

Balma Blanchart, XIV s.; Balma
du Brandis loco in, XV s. :
la Balme, mas c⁰ Huez.

Balma de Claysio, XIII s.; (cap.
S. Marie Magdal. de), XV s. :
la Balme, h. c⁰ Claix.

Balma Murennaysio, XIII s. :
Balma Murynasii, XIV s.; Bal-
me Murinaysii (castr., mand.),
XV s. : *la Balme*, mas c⁰
Murinais.

Balma Nigra, XIV s.; *la Balme-
Noire*, mas et rubs. c⁰ de
Mizoën.

Balma Rossa, XIV s. : *la Bal-
me-Rousse*, mont. et lac c⁰
Vaujany.

Balma de Royas, XIV s. : *la
Balme*, l. disp. c⁰ Royas.

Balma in Vianneys (castr. de),
XIII s.; B-a in Viennesio(castr.),
XIV s. : B-e (hospic.) : *le
Château*, chât. c⁰ la Balme.

Balma de Vivo (cap. de), XI
s. : in pratis inter Vorapium
et Buyssiam, XIV s. : *les
Balmes*, h. et mont. c⁰ de
La Buisse et Voreppe.

Balmas (vers.), XIII s. : *les
Balmes*, mas c⁰ St-Égrève.

Balmat (le), h. c⁰ St-Clair-sur-
Galaure.

Balme (La), mas c⁰ de Chirens.

Balme (La), c⁰ cne Crémieu, égl.
dioc. Lyon, voc. St-Pierre.

Balme (La), éc., ruiss. c⁰ N.-D.-
de-Mésage.

Balme villa, XIV s.; Balmis (chavan. de), XIV s.;(mans. de), XV
s.; *les Balmes*, bois c⁰ Ormon.

Balme, mont c⁰ Quaix.

Balme (La), h. c⁰ St-Paul-
d'Izeaux.

Balme, éc. c⁰ Venose.

Balme, Balmes, XVII, XVIII s. :
voy. Balmein 1e.

Balme villa, mans., Balmes :
voy. Balmis (chav.) 4e.

Balme (mand.), XV s. : voy.
Montis Salomonis.

Balme (croc de la), XVIII s. :
voy. Peleno.

Balme-de-l'Air (La), bois c⁰ de
Proveyzieux.

Balme de Baston (mont. de la),
XIII s. : *la Balme*, mont. c⁰
Allemont.

Balme-de-Blaise (La), mont. c⁰
de Ste-Marie-du-Mont.

Balme-Blanche (La), bois c⁰
d'Entraigues.

Balme-Cuchet (chemin de), c⁰
Voreppe.

Balme-Froide (La), bois. c⁰
Montaud.

Balme de Royas (territ.), XIV
s. : *la Balme*, l. disp. c⁰
Royas.

Balmenchiery (La), XV s. : voy.
Barmenchiery.

Balmes (Les), bois. c⁰ Autrans :
— h. et mont. c⁰ Fontaine : —
mont. c⁰ Méandre : — mont.
c⁰ Montclalaud : — bois c⁰
Roche : — h. c⁰ Tullins : —
h. c⁰ Vignieu : — bois c⁰
Villard-Eymond.

Balmes : voy. Balma 6e.

Balmes (forêt), XVI s. : voy.
Balmis 3e.

Balmes Eaulcr (Les), XVIII s. :
les Balmes, bois c⁰ de Livet-
et-Gavet.

Balmes-de-Percy (Les), XVI s. :
les Balmes, bois c⁰ de
Montagne.

Balmes-Viennoises(Les),rochers
et territ. c⁰ de Décines-et-
Charpieu et Meyzieu.

Balmet (Le), XVIII s. : *les
Balmets*, h. c⁰ de St-Paul-de-
Varces.

Balmeta, XIII s. ; *les Balmettes*, mas c⁰ Lavaldens.

Balmeta, XIII s. : *la Balmette*,
mont. c⁰ le Mont-de-Lans.

Balmeta, XIII s. ; Balmete ou
Cathedra moyenne (roche),
XVI s. : *la Balme*, mont. c⁰
St-Laurent-du-Pont.

Balmeta, XIV s. : voy. Balmetis (villa de).

Balmetas (apud), XV s. ; Bal-

mette(forêt de la), XVIII s.; *les
Balmettes*, bois c⁰ de Livet-et-
Gavet; — mans⁰ St-Pancrasse.

Balmetes (Les), XV s. : *les
Balmettes*, éc. c⁰ St-Aupre.

Balmetes (Les), XV s. ; Balmette sous Roche-Rousse(bois
de la), XVII s.; *les Balmettes*,
bois c⁰ St-Christophe-Entre-
Deux-Guiers.

Balmetes (Les), XIV s. ; B-tas
(apud); *les Balmettes*, l. disp.
c⁰ St-Pancrasse.

Balmetis (villa de), XIV s. : *la
Balmette*, h. et mas c⁰ de
St-Guillaume.

Balmette (La), mont et lac c⁰
d'Allemont.

Balmette (La), h. c⁰ Presles :
— mont. c⁰ Séchilienne.

Balmettes (Roche des), XVII s. :
la Balmette, mont. c⁰ Entre-
Deux-Guiers.

Balmettes (Les), bois c⁰ le
Périer.

Balmettes (Les), XIX s. : *la
Balmette*, h. c⁰ le Villard-de-
Lans.

Balmettes (chât. de), XVII s. :
voy. Barmetarum.

Balmettes (Les), XVI s. : voy.
Barmetes.

Balmey, XVIII s. : voy. Balma
de Vivo.

Balmeyres (territ. de les), XV
s. : B-ri : *la Balmur*, éc. c⁰
St-Georges-d'Espéranche.

Balmis (alpe de), XII s. : *la
Balme*, mont. c⁰ la Chapelle-
du-Bard.

Balmis (in), XIV s. ; (capella
de), XV s. ; Balmes (fort de),
XVI s. : *les Balmes*, mas c⁰
la Garde.

Balmis (in), XV s. : *les Balmes*,
mont. c⁰ Mizoën.

Balmis (chavan. de), XIV s. :
Balma villa : *la Balme*, *les
Balmes*, bois et h. c⁰ Ormon.

Balmis de Syevoi (in), XIV s. :
les Balmes, mas c⁰ Siévoz.

Balmoëre (ruiss. de), c⁰ Ormon.

Bal,s, Bals (molend.), XIV s. ;
le Bard, h. c⁰ de la Cluse.

Bals, Balts, Balz (el), XII s. ;
les Braux, h. c⁰ Artas et
Roche.

Balt (alpes), XI s. ; *le Bard*,
mas c⁰ la Chapelle-du-Bard.

Balthazard, h. c⁰ Roussillon.

Baly (Bois), XVIII s. : voy. Bailly (Bois).

Ban (bois du), XVIII s. : les Bances, bois c⁰ de St-Christophe.

Ban (Le), mont. c⁰ de St-Pierre-de-Chartreuse.

Ban-de-la-Voute (Le), ou la Boissonnée-Ronde, bois c⁰ d'Oz.

Banae, XIX s. : Banale, vill. c⁰ Ville-sous-Anjou.

Banaites, Banettes (Les), XVII s.: les Bannettes, mont. c⁰⁰ de Voreppe et Mont-St-Martin.

Banc (Le), bois c⁰ d'Allemont : — ruiss. aff. de la Boissonne, c⁰ Lavaldens ; — bois, c⁰ Oulles.

Banc (Le) : voy. Prasset.

Bance, éc. c⁰ du Grand-Lemps.

Banchet (Le), h. c⁰ de Montferrat.

Baneo (mans. de), XIII s. : le Banc, mas c⁰ Revel.

Bances (Les), bois c⁰ de Venuse.

Bandeau (Le), vill. c⁰ Renage.

Banen (combat, XIV s.: Bandol, XV s. : Bagueras, h. c⁰ Beauvoir-de-Marc.

Bange (forêt de), XVII s.: Bougeas, mas c⁰ Trept.

Bangea, forêt disp. c⁰ des Avenières.

Bangeyex (stagn. de), XIV s. : voy. Bagneult.

Bannettes (mollard des) : voy. Canelle.

Bannuelz, XIII s. : voy. Bagneult.

Baonenac (in agro) in Caponarias, IX s. ; Bance (Haut et Bas), villages, c⁰ Satolas-et-Bonce.

Baptisquasprat, XVI s.: Baruti (chemin de), c⁰ de St-Lanier.

Baptiparme, h. c⁰ de St-Victor-de-Cessieu.

Baptitoria, XV s. : le Battoir, éc. c⁰ de St-Aupre.

Baquiers (Les), XVIII s. : voy. Battier (Le).

Bar (campus de), XIII s. (villa lo), XIV s. : Bard, XVII s. ; le Champ-du-Bar l, h. c⁰ la Chapelle-du-Bard.

Bar (comba al, villa lo), XIII s.. XIV s. ; le Bard, mas c⁰ la Chapelle-du-Bard.

Baracachets, XIX s. ; Bara...

...achet, mont. c⁰⁰ Morlas et St-Nicolas-de-Macherin.

Baracagui (loc.), XIV s. : Barracan, XVIII s.: Bracans, h. c⁰ Culin.

Baracan, mas c⁰ de Branguex.

Baracana, XV s. ; Baracanu, l. disp. c⁰ de Champ.

Baragas (Les), XVIII s. : Barracan, XIX s. : le Bracans, h. c⁰ Biol.

Baralcum (castr. qui dicit. t. XIII s. : voy. Braydenco.

Barul : Pré-Barral, l. c⁰ Moirans.

Baralas (apud), XIV s. : voy. Barralis.

Baralibus (prior de), XIII s. : (parr., villa), XIV s. : voy. Barralis.

Baralorum (mans.), XIV s. : le Barrau, h. c⁰ St-Aupre.

Baraque (La), mas c⁰ Pierre-Chatel : — h. c⁰ de Renaured : — chis c⁰ Ste-Marie-du-Mont.

Baraques (Les), mas c⁰ de Barraux.

Baraques Collavet, XIX s. : Collavet, éc. c⁰ Autrans.

Baraquini villa, XIV s. : Bois (bard. de) : les Baraquinis l, l. disp. c⁰ d'Herbeys.

Baraquoal, XIX s. : voy. Baracagui.

Barat, XVIII s. : le Pazin, h. c⁰ Amieu.

Barat, h. c⁰ de Ravon.

Barateiri, B-ia. XIV s. : Baratière, h. c⁰ Ravon.

Barateria (mans. de), XIV s.: Barateriis (iter de): Baratori. XV s. ; Barretum, h. c⁰ St-Antoine.

Baratière, h. c⁰ Herbeys.

Baraton, h. c⁰ Septrume.

Baraton, XVIII s. : voy. Barateria.

Baratte (La), h. c⁰ Ste-Blandine.

Baraux (Les), XVIII s. : les Barraux, h. c⁰ Chirens.

Barba (La), XV s. : le Barbon, h. c⁰ St-Pierre-d'Allevard.

Barbalon (le), mont. c⁰ de Lavaldens.

Barbara, h. c⁰ de Pinsot.

Barbari de Urteriis (dom. de), XIV s. : Barbarini : Barbarium, XV s. : Barbarius, éc. c⁰ Hartières.

Barbarin, h. c⁰ de Monteveroux.

Barbarino (mem. de), XII s. : B-in (clus), XVIII s. : B-in (lune, des) : Barberin, h. c⁰ de Revel-et-Tourdan.

Barbassard, XIX s. : Barbarn, h. c⁰ St-Etienne-de-Crossey.

Barbayron (fons de), XIV s. : Barberon, XVI s. : Barbieron (et de), XVII s. : Berbeyron, mas c⁰ Beaufort.

Barbayron (riv. de), XIV s.: Barberius fluvius... futurorum malorum est pronunciatio (A. Falcoz): le Barbeyron, ruiss. orig. les Fontaines, c⁰⁰ Pernd et Beaufort, se perd dans les terres, pour aller ensuite alimenter ruiss. de Dullare, l'Argentière, les Collières. départ. la Drome.

Barbe, éc. c⁰ de Corps.

Barbebinan, chal. c⁰ de St-Pierre-de-Chartreuse.

Barbelli, XIV s. : Berbe, h. et ruiss. c⁰ Herbeys.

Barben, XIII s.: Barbini (parr.), XV s. : Barbins (mansl. de), XV s. : voy. Halldarus.

Barbera, XIV s. : la Bardière, h. c⁰ de Renaured.

Barberes (villa de), XIV s. : Berbeyres l, l. disp. c⁰ de Vif.

Barbesdeu (terroir de), XVIII s.: Barbesi, h. c⁰ Feyzin.

Barbet, XVIII s. : voy. Barba.

Barbetières (grange), XVI s. : Barbet (territ. de): c⁰ Pont-Evêque.

Barbeyron (Grand et Petit), ruiss. c⁰ de Charnas.

Barbeyrons (les), XVI s. : Barbeyronorum (dom.): c⁰ Moidieu.

Barbier, f. c⁰ Balbein ; f. c⁰ Polliénas ; gr. c⁰ La Rivière.

Barbière, XIX s.: les Barbières, h. c⁰ Diémoz.

Barbières (en), XV s. : les Barbiers, mas c⁰ de Quaix.

Barbieu vers la Teyssonnerie, XV s. : Barbieux (planum), XV s. ; Berbieu, h. c⁰ St-Martin-de-Vauberre.

Barbieu (plan. de), XV s. : voy. Barbieu.

Barbinier (La) : les Barbinières, h. c⁰ Viriville.

Barbotières, h. c⁰ de Valencin.

Barbottes (Les), éc. c⁰ d'Allevard.

Barros (les), vill., c^nes Artas et Charantonnay.

Barros (les), XIX s. : voy. Barrou.

Barquillon, gr., c^ne de St-Pierre-d'Entremont.

Barra (G. de), XIV s. : Barra, h. c^ne de Riviers.

Barra (fine., iter), XIV s. : Grande et Petite Barra, bois, c^ne Chatannay.

Barra (la), XV s. : la Barra, mas c^nes Luzinay et Septème : — h. c^ne St-Georges-d'Espéranche.

Barra (dom. f. J. de) in parr. de Meyrieu, XV s. : Barra de Meyrieu (la), XVII s. : la Barra, h. c^ne Moyrb.

Barra (dom. f. P. de) ap. S. Desiderium, XIV s. : la Mar., chat., c^ne St-Didier-de-la-Tour.

Barrage (les), h. c^ne d'Auberives.

Barral, f. c^ne de Chantesse : — h. c^ne Chatelus.

Barral, mas et ét. c^ne de Mepieu.

Barraleres (ad), XIII s. : Barralera : Barraleryar, mas c^ne Gresse.

Barrales (chaban.), XII s. : les Barreaux, h. c^ne de St-Martin-d'Uriage.

Barralibus (priorat. de), XIII s., (manul.), XV s. : voy. Barralis.

Barralis (de), XI s. : Barrals (eccl. S. Martini de), XI s. : Barrallis (parr. de), XIII s. : Barreaux, c^ne c^ne le Touvet.

Barrallerias, XIV s. : voy. Barraleras.

Barralors (roch., bois), XIII s.; Barral (Mont-), mont. c^ne du Monestier-du-Percy, Percy et St-Maurice.

Barrateria, XV s. : Barratière, h. c^ne Serres-et-Nerpol.

Barraterie (territ.), XIV s. : Châ des Barratières c^ne Proveyzieux.

Barrau (le), XIX s. : voy. Barraux.

Barraulx, XIV s.; Barraux; Barrault, XVI s.; Barraux, XVII s. : voy. Barralis.

Barraux, c^ne c^ne du Touvet, dioc. Gren., égl. St-Martin.

Barraux, Barreaux (Les), XVIII s. : voy. Baralorum.

Barraux, XIX s. : voy. Barelle.

Barraux : voy. Barra le.

Barraux (mans. des), XIII s. : les Barreaux, l. disp. près la Mure.

Barraux (mont. des), XIII s. : Barrautz, Barraz : voy. Barralis.

Barre, éc. c^ne de Goncelin.

Barre (la), éc. c^ne de Pollienas : — (rulss. de la), c^ne Roussurel : — (la), éc. c^ne St-Jean-de-Bournay : — mont. et lac c^ne de Valjouffrey.

Barre, XVIII s. : Barrel, éc. c^ne Voissant.

Barre (la), XIX s. : voy. Barret (moulens. de), XIV s.

Barreaux (Les) : voy. Barralorum.

Barrellière (La), XVII s. : voy. Barelières.

Barros (Les), h. c^ne des Cotes-d'Arey : — ét. c^nes La Tour-du-Pin et St-Jean-de-Soudin.

Barros (Les), mas c^ne de St-Savin.

Barret, mont. c^nes Chatelus et Pont-en-Royans ; — rulss. c^ne Moutaret : — (le), h. c^ne St-Vérand.

Barretière (La), éc. c^ne St-Jean-d'Avelanne.

Barretis (mans. de), XV s. : Barel, éc. c^ne de St-Laurent-en-Beaumont.

Barrière (La), rulss. c^ne d'Allemont, orig. col de la Coche, se jette dans l'Olle : — h. c^ne Beaurepaire ; — usine c^ne Entraigues et le Périer ; — mont. et chal. c^ne de Livet-et-Gavet.

Barrière (La), h. c^ne de Moirans : — éc. c^ne St-Lattier.

Barrières (les), quart. c^ne de Bourgoin.

Barrifert, bois c^ne d'Autrans et Méaudre.

Barril (Le), h. c^ne Dolomin.

Barrillat, XVIII s. : les Barrillets, h. c^ne St-Romans.

Barrillis (de), XIII s. : voy. Barralis.

Barrils (Les), h. c^ne de Chaboux.

Barrio, Barrioz, Barryo (croix des), XVII s. : voy. Barrum.

Barriocti (fons), XV s.; Barrioz, gr. c^ne des Adrets.

Barrion (Le) ou le Fontal, mont. c^ne Valjouffrey.

Barrions (Les), mont. c^ne d'Allemont.

Barriot (les), h. c^ne de St-Andrus.

Barrioz (les), XIX s. : le Barrioz, vill. c^ne de Coublevie.

Barron, bois : Combe-Barron, bois et mas c^nes Corenc et la Tronche.

Barru (croix), XV s. : voy. Barrum.

Barruellis (mans.), XV s. : les Barreuils (?), l. disp. c^ne Voreppe.

Barrum, XIII s. : les Barros, éc. c^ne les Adrets.

Barrum, XV s. : Barrioz, col entre c^nes St-Pierre-d'Allevard et Theys.

Barro (mansus) juxta ripperiam de Borben, XIV s. : Barro, l. disp. c^ne St-Clair-de-la-Tour.

Bart, XII s. : voy. Balt (alpes).

Barthelon, usine, c^ne de la Buisse.

Barthelon (la) : voy. Bertolets.

Baru, gr. disp. c^ne de Chantesse.

Barulon, mais. disp. c^ne Roussurel.

Baryotan, XV s. : le Barriotlent, rulss. c^ne Chateauvilain.

Barzon, XIV s. : voy. Arsilla.

Bas (les), chem. c^ne Huez : — (les, h. c^ne Ornacieux ; — h. c^ne Pommier ; — scierie c^ne St-Christophe-Entre-Deux-Guiers ; — (le), vill. c^ne St-Jean-de-Bournay : — (le), h. c^ne St-Pierre-d'Entremont.

Bas, XVIII s. : Bayol, h. c^ne St-Martin-de-Vaulserre.

Bas-des-Adrets, quart. c^ne des Adrets.

Bas-d'Avan, h. c^ne de Roussgnieu.

Bas-Beaufort, vill. c^ne Beaufort.

Bas-Beaumont (les), h. c^ne de St-Pierre-de-Mésarutz.

Bas-Belmont, vill. c^ne Belmont.

Bas-Bernin, vill. c^ne Bernin.

Bas-Biol, vill. c^ne Biol.

Bas-Bléteney (Les), h. c^ne de St-Jean-d'Avelanne.

Bas-Champs, vill. c^ne Champs.

Bas-de-la-Chapelle, h. c^ne la Bâtie-Divisin.

Bas-Chélieu, vill. c^ne Chélieu.

Bas-Cornillon, XVI s. : voy. Sancti Agripani.

Bas-Cuirieu, vill. c^ne St-Jean-de-Soudin.

Bas-Fort (Le), XVIII s. : voy.

Bafort.

Bas-Pavé, vill. cⁿᵉ de Reventin-Vaugris.

Bas Pays du Dauphiné, où siège et bailliage de Graisivaudan, XV s., Bassæ (patrie) seule Grayalvolani; *Bailliage de Graisivaudan*, anc. circonscr. administr. et judiciaire du Dauphiné, dont le siège était Grenoble.

Bas-Pied, h. cⁿᵉ de Fitilleu.

Bas-Réaumont (Le), vill. cⁿᵉ de Réaumont.

Bas-Sablon (Le), quart. cⁿᵉ de Sablons.

Bas du Saillu (Le), XVIII s.; voy. Sallieu.

Bas-Seyssuel, h. cⁿᵉ Seyssuel.

Bas-Valette, XVIII s.; *la Basse-Valette*, quart. cⁿᵉ la Valette.

Bas-de-Vaux, h. cⁿᵉ de Chabons.

Basanciers (quar. de), XV s.; voy. Bolzinco.

Basaquin, mas et pont cⁿᵉ Valbonnais.

Basciasco, VIII s.; *Boix*, vill. cⁿᵉ St-Baudille.

Bases (Les), h. cⁿᵉ de Feyzin.

Basetière, XVIII s.; voy. Bassetière.

Bassa, XV s.; Bassat, XVI s.; *Bassard*, mas cⁿᵉ de Chasson.

Bassay (dom. de), XVI s.; voy. Bevey.

Basse-Buisseratte (La), h. cⁿᵉ St-Martin-le-Vinoux.

Basse-Recoude (La), mont. cⁿᵉ de Besse et St-Jean-d'Arve.

Basses (Les), h. cⁿᵉ de l'Écluse.

Basset, mⁿ cⁿᵉ Moissieu; — mⁿ cⁿᵉ Pact; — mⁿ cⁿᵉ Primarette.

Basset (territ. du), XV s.; *le Bessey*, mas cⁿᵉ Moras.

Basset, mⁿ cⁿᵉ Revel-et-Tourdan.

Basset (clos de), XVII s.; *Plau-Basset*, h. cⁿᵉ St-Laurent-du-Pont.

Bassetière, h. cⁿᵉ de Cognin.

Basseys, XIV s.; Basseyscio (de); *Bassey*, h. cⁿᵉ St-Geoire.

Basseys, XVIII s.; voy. Basset (costa).

Bassillanne (mont. de), XVI s.; Bassilliane, XVIII s.; *Bassillanne*, mont. cⁿᵉ Cordéac et St-Sébastien.

Bassin (Le), bois et ruiss. cⁿᵉ de Méaudre: — ruiss. affl. de la Varèze, cⁿᵉ d'Assieu.

Bassine (La), h. cⁿᵉ Serpaize-Norgeal.

Bastardieyri (La), XVI s.; *les Bâtardes*, mas cⁿᵉ de Serpaize-rieu.

Bastet (costa), XV s.; *le Bassey*, h. cⁿᵉ Bourg-d'Oisans.

Basthon, XIII s.; Bastoy (riv.), XIV s.; voy. Baston.

Bastia (La), XIV s.; *la Bâtie*, mas cⁿᵉ de Châtelus.

Bastia (des), XIV s.; *la Bâtie*, h. cⁿᵉ de St-Bernard.

Bastia de Cognin, XIII s.; *la Tour*, quart. cⁿᵉ Cognin.

Bastia subt. S. Nazarium, XIII s.; Bastida S. Nazarii, XIV s.; voy. Bastida Campi Rotundi.

Bastia de Vert de Moyrenco, XV s.; *la Bâtie-Bellechaux*, h. cⁿᵉ de St-Jean-de-Moirans.

Bastia de Gras (territ.), XIII s.; voy. Bastida de Gressa.

Bastiard (ruis. des), XVII s.; Batar (ruiss. des Molettes ou de), XVIII s.; *Battiards* (ruiss. des), affl. du ruiss. de Pierre-Herve, cⁿᵉ de Theys.

Bastiata, XIII s.; *la Bâtie*, h. cⁿᵉ de Jallieu.

Bastida (M. de), XIV s.; *la Bâtie*, vill. cⁿᵉ Châtonnay.

Bastida, XV s.; *la Bâtie*, h. cⁿᵉ Séchilienne.

Bastida (dom.), XIV s.; voy. Bastida de Gressa.

Bastida in valle Alavardi, XV s.; voy. Bastida Alti Vilaris.

Bastida Alti Vilaris, XIV s.; *la Bâtie*, ruines cⁿᵉ d'Allevard.

Bastida antiqua, XIV s.; *la Tour*, ruines, cⁿᵉ St-Chef.

Bastida Arbretorum, XV s.; voy. Bastida de Arbretis.

Bastida d'Avana, XIII s.; B-a de A-a in Triviis, XIV s.; B-a d'Avena (castr.); *la Bâtie-d'Avane*, ruines, cⁿᵉ de St-Baudille-et-Pipet.

Bastida (dom. de) nobilis A. de Borzonello apud Brezinum, XV s.; *la Bâtie*, l. disp. cⁿᵉ Brézins.

Bastida Campi Rotundi, XIII s.; *la Bâtie*, h. cⁿᵉ St-Ismier.

Bastida Syboudi de Castro Novo, XIII s.; voy. Bastida Campi Rotundi.

Bastida cuferius dom. fort. scepti Fontis Meylati, XVI s.:

Bastie (La), XVIII s.; *la Bâtie*, h. cⁿᵉ Claix.

Bastida de Gilonnay, XIV s.; B-a de Gilonay (dom. f. de), XV s.; Bastide, Bastie de Gironnay les-la-Coste S. André, XV s.; *le Château*, chât. cⁿᵉ Gillonnay.

Bastida de Gressa, vill., castr., XIV s.; *la Bâtie*, h. cⁿᵉ de Gresse: par. dioc. Die.

Bastida supra Meolanum, XIV s.; Bastie de Myollans (La), XVI s.; Bastie Meylans, XVII s.; Bastie Mollan; voy. Bastida supra Montem Bonoudi.

Bastida de Moldlles; voy. Moydieu (bastida).

Bastida sita supra Montem Bonoudi, in parroch. de Meolano, XIII s.; *la Bâtie*, h. cⁿᵉ Meylan.

Bastida Montis Gasconis; *le Château*, chât. cⁿᵉ la Bâtie-Montgascon.

Bastida Montis Luppelli, castr., XIV s.; B. M. Luelii; *la Bâtie*, h. cⁿᵉ de Jonage.

Bastida alta Quayra, XIV s.; *la Bâtie*, h. cⁿᵉ de Jallieu.

Bastida Renatiel, de Renaglo, XIV s.; *la Bâtie*, h. cⁿᵉ de Renage.

Bastida de Ruppe, B-a dom. Stephani, castr., XIV s.; *la Roche*, h. cⁿᵉ St-Pierre-d'Allevard.

Bastida S. Yllarii, XIV s.; Bâtie St-Haire; *Chartière*, h. cⁿᵉ St-Hilaire-de-la-Cote.

Bastida superior, XIV s.; voy. Bastida supra Montem Bonoudi.

Bastida ap. Suyriacum, XV s.; *la Bâtie*, cⁿᵉ de la Chapelle-de-Surieu.

Bastida, castr., XIII s.; B-a archiepiscopi, XIV s.; Bastide Vienne (castr.), XV s.; *la Bâtie*, ruines cⁿᵉ Vienne.

Bastida (pro ponte de castro de), XIV s.; Bastida de Vourey, XV s.; *la Bâtie*, cⁿᵉ Vourey.

Bastida sita in ripa flum. Ysere, XIV s.; voy. Bastida Campi Rotundi.

Bastida, Bastita, XIII s.; Bastide (castr. dom. f.), XV s.;

voy. Bastida supra Montem Rossandi.

Bastide (castr.), dom. f., XIV s.: voy. Bastida Alti Vilaris.

Bastide de Arbretis (castr. et villa), XIV s.: la Bâtie, l. disp. cne les Abrets.

Bastide de Divisins (villa, mand.), XIV s.: Bastida Divisini, XV s.: B-e de Devesins; voy. Divisinum, domus de Divisins.

Bastide Montis Gasconis (castellia), XIV s.; Bastie Mont Gascon, XVIII s.: la Bâtie-Mantgascon, cne de Pont-de-Beauvoisin.

Bastide (castr.), XIV s.: Bastide de Mont Luel, Montluel, XV s.: voy. Bastida Montis Luppelli.

Bastide (ruppes), XVI s.: voy. Bastida archiepiscopi.

Bastide (parr.), XV s.: voy. Sechillina.

Bastide J. Alamandi (ins.), XIV s.: voy. Vorz.

Bastie (La), XV s.: le Château, ruines, cne Ornacieux.

Bastie (La), mais. f., XVI, XVII s.: la Bâtie, éc. cne Roybon.

Bastie (La), château, roche: la Bâtie, ruines, cne de Vienne.

Bastie (mais. f. de la Tour app. la), XVI s.: voy. Bastia de Cognis.

Bastie (forter. la), XV s.: Baditz (la), XVI s.: voy. Bastida archiepiscopi.

Bastie (La), XVIII s.: voy. la Bâtie.

Bastie-Charlieu, XVIII s.: Charlière, h. cne St-Hilaire-de-la-Côte.

Bastie Dalvilar, XIV s.: Darvillars, XVIII s.: voy. Bastida Alti Vilaris.

Bastie de Gillonnay, XV s.: Gironnay-lès-la-Coste-St-André: le Château, chât. cne Gillonnay.

Bastie (La Grande), XVIII s.: voy. Bastida de Vourey.

Bastie de St-Sébastien, XIV s.; la Bâtie, h. cne Cordéac.

Bâtie de St-Sébastien (La), XIV s.: voy. S. Sebastiani de Morgas.

Bastie-Seisseinet (La), mais. f., XVIII s.: la Bâtie, l. disp. cne de Parizet.

Bastie de Vourey (La), mais. f., XVIII s.: la Bâtie, éc. cne Vourey.

Bastille (La), mont. et fort, cne de Grenoble.

Bastille (La), h. cne la Motte-d'Aveillans—cne la Tronche.

Bastutmont.), XV s.; la Grande-Laure, mand. cne Allemont.

Baston, XIII s.: Bastun: Bastonis villa, XIV s.: Batun, h. mont. et ruiss. cne Allemont et Livet-et-Gavet.

Bastonneyres, XVII s.: les Batonnières, mas cne de Corenc.

Bat (Le), h. cne de St-Bueil.

Bataille (La), m. cne Corençon.

Bataillon, éc. cne la Motte-d'Aveillans.

Bataillouse, vill. cnes de Bellegarde-et-Poussieu et de Jarcieux.

Ballallaco (in pago Vellanis in), VIII s.: Balliat, mas cne de Communay.

Ballallorz (col), XIII s.: le Battoir, mas cne le Monestier-de-Clermont.

Bâtard, éc. cne de Morêtel.

Batard (crepidininum de), XII s.: (Roche), XVI s.: voy. Pratum Bastart.

Batarderia, XV s.: voy. Pont Battent.

Batardières (Les), mas cne de Tullins.

Batayllous (mans. de), XIII s.: Bataillou, l. disp. cne de St-Geoirs.

Baternay, Barternet et du Bouchage (for. de), XVIII s.: Bathernay, forêt, cne Courcelle et Semons.

Bâtie (La), ruines, cne Allevard: com. la Bâtie-d'Arvillard.

Bâtie (La), h. cne Meylan.

Bâtie (La), f. cne d'Agnin: — mas cne Autrans: — h. cne Chanas: — mas cne Chaparcillan: — éc. cne la Côte-St-André: — h. cne des Côtes-de-Corps.

Bâtie d'Ambel (La), éc. cne de St-Michel-les-Portes.

Bâtie d'Argenson (La), XVIII s.: voy. Argenson.

Bâtie d'Arvilars, A-dr, A-rd, XVII, XVIII s.: voy. Bastida Alti Vilaris.

Bâtie-Champlane (La), XIX s.; Champlane, h. cne Grosse.

Batie Champrond (La), XVII s.: voy. Bastida Campi Rotundi.

Bâtie-Division (La), cne cne de St-Geoire.

Bâtie-Jullien (La), XVIII s.: voy. Bastida alla Quayra.

Batie Meilan, XVII s.: Meylan, XVIII s.: voy. Bastida supra Montem Rossandi.

Bâtie-Montgascon (La), cne cne du Pont-de-Beauvoisin; égl. var. St-Symphorien, dioc. Belley.

Bâtie de Montluper, XV s.: voy. Bastida Montis Luppelli.

Bâtie (La), h. cne Pellafol; — éc. cne de Plan; — mas cne de St-Aguin; — h. cne de St-André-le-Gaz; — éc. cne de St-Geoire.

Bâties (Les), mas cne de Dionay.

Baton (li), villa, XIV s.: les Batuns (?), l. disp. cne d'Echirolles

Baton, éc. cne de Vernioz.

Batonus, XIV s.: Batton, XVIII s.: voy. Baston.

Batterie (La), h. cne de Janneyriat.

Battier (Le), h. cne la Buisse.

Battier, XIX s.: voy. Badier.

Bataine (mais. f. de), XVII s.: voy. Battyne.

Battoir (Le), mas, cne d'Autrans: — h. cne de Beaurepaire; — mas cne de Bernin; — usine cne Chanas: — ruiss. cne de Frontonas; — mas cne de Lans.

Battoir (Prés du), mas cne Cessieu.

Battoir (Moulin du): Moulin-Razier (les), usines sur l'Oron, cne St-Barthélemy-de-Beaurepaire.

Battoir (Le), l. disp. cne St-Marcellin; — mas cne Tullins.

Battoir (Le), étang: voy. Cornagle.

Battolleri (La), XIII s.: la Bermonière, éc. cne du Mont-de-Lans.

Batton: voy. Baston.

Battonnière: voy. Bastonneyres.

Battour (Le), mas cne de Roybon; — h. cne St-Pierre-de-Chartreuse.

Battoux (Les), h. cne de Crolles.

Battyne, XVII s.: Battines, l. disp. cne la Côte-St-André.

Baturai : voy. Daloy.
Baubello, XIV s. : voy. Barbelli.
Baucet (Le), XVIII s. : voy. Bauchetis.
Baucheran, h. cⁿ Ste-Agnès.
Bauchers, Bos (Les) : voy. Bachos l°
Bauches ou Cleyraux (isle des), XVII s. : les Cluireaux, h. cⁿ St-Égrève.
Bauches (el), Bauchetis (in), XIV s. : le Bauchet, h. cⁿ Auris.
Bauchet (Le), gr. cⁿ St-Pierre-de-Chartreuse.
Bauchetis (comba de), XIII s. : Bauchau ; Bauchet (Grand et Petit-), hh. cⁿ St-Hilaire-de-la-Côte.
Bauchetis (in), XV s. : le Bauchet, h. cⁿ St-Martin-le-Vinoux.
Bauchetz (molend. de), XIV s. : le Bauchet, mⁿ cⁿ St-Christophe-en-Oisans.
Bauchetoz (ad), XIV s. : le Bauchet, f. cⁿ St-Michel-les-Portes.
Bauchetum, XIV s. : Bauchet (al. Combe des Martins), XVIII s. ; le Bauchet, bois cⁿ de Marciou.
Bauchetum, XV s. ; Bouchet, h. cⁿ Château-Bernard.
Baucx (ripp. de les), XIV s. : Baux (Les), XIX s. : voy. Bals.
Baud, f. cⁿ St-Clair-de-la-Tour.
Baudes (Les), h. cⁿ Salaise.
Baudes (Les), XIX s. ; Baude, vill. cⁿ Ville-sous-Anjou.
Baudet, gr. cⁿ St-Pierre-d'Entremont ; — (Le), l. disp. cⁿ Sassenage.
Baudieu (territ. de), XIV s. : Bardieu, mas cⁿ de Meyzieu.
Baudinart, XVIII s. : voy. Beaudina.
Baudinière (ruis. de). cⁿ Seyssins.
Baudres (en), XIV s. : Baudres, mas cⁿ St-Clair-de-la-Tour.
Baudrier, éc. cⁿ de Jons.
Bauge, XVIII s. ; Bouage, h. cⁿ le Moutier.
Baugieu, XIII s. : voy. Balgieu.
Bagnyez : voy. Bagnault.
Baule (Chez-), h. cⁿ St-Julien-de-l'Herms.
Baulorie (La), h. cⁿ de Pommier.
Baulen, mⁿ cⁿ Monsteroux-Milieu.

Baume (La), h. cⁿ de Roche.
Baume, B-elle : voy. Baluette.
Baumes (fort de), XVI s. : les Baimes, mas cⁿ La Garde.
Baumiens (Les), mont. cⁿ de Chichilianne.
Baurino (de), XIV s. : Burin, h. cⁿ St-Jean-de-Soudin.
Bauruz (Le), XVII s. : voy. Boron.
Bausancy, XVI s. : voy. Bosanci.
Bausineire, h. cⁿ Mauboc.
Baux (trivium aux), XVI s. : les Bevaz, l. disp. cⁿ St-Savin : voy. Beaux.
Bavanne, XVIII s. : voy. Bavoni.
Baverjat (Le), glac. cⁿ de St-Christophe-en-Oisans.
Bavoir (Le), h. cⁿ de Voiron.
Bavon (Croix de), XVII s. : voy. Bavoni.
Bavoni, Bavonii (nem.), XV s. : Bavonne, h. et mont. cⁿ de Chirens et la Murette.
Bavornias (ap.), XIV s. ; les Bavorgues, mas cⁿ de St-Romans ; les Bavorues, h. cⁿ Serres-Nerpol.
Baxera (dumeus), VII s. : voy. Payda.
Bay, XIV s. ; Bayer, XVII s. : voy. Bain.
Bay (aqua, lac de), XV s. : voy. Bec.
Bayard (le), h. cⁿ Bur:ceme-Quirieu.
Bayard, h. cⁿ le Perey.
Bayard, h. cⁿ Quinciou.
Bayard, h. cⁿ Réaumont.
Bayard, camp. clôit.. mais., tour : voy. Bayart.
Bayardière, XIX s. : Bayardière, h. cⁿ la Motte-St-Martin.
Bayardier (Grand), XVII s. : voy. Bayardarium.
Bayardière (La), XVIII s. : les Bayardières, h. cⁿ St-Albin-de-Vaulserre.
Bayardum, XIV s. : Bayard, éc. cⁿ Allevard : — h. cⁿ Luzinay.
Bayardum (domus seu turris subt. castr. dalph. Avalonis) : voy. Bayart.
Bayardarium (La), XVI s. ; les Bayardières (Grandes et Petites), hh. cⁿ Chapomay.
Bayaro (de), XV s. : voy. Bayart (molend.).

Bayart (Ch. de, J. de), 1202 (loc.), XIII s. : Chatena-Bayart, cⁿ et ruines cⁿ Pontcharra.
Bayart (molend. de), XV s. : Bayard, h. cⁿ Serezin-du-Rhône et Solaise.
Bayart (Le) : voy. Bayardum l°.
Baykolleri (La), XIII s. : voy. Battolleri.
Baydra (illum.), VI s. : voy. Brayda.
Paye (La), XVII s. : voy. Abassia.
Baverea (chavan. de), XIV s. : Bayetis (ch. de) ; le Villaret, h. cⁿ Herbeys.
Bayer (chaban. de), XIII s. : les Balliers, mas cⁿ Jarrie.
Bayeres (territ. de), XIV s. : Bois-Bayard, bois cⁿ de Pajay.
Bayet (Le), ruiss. cⁿ Dizimu : — h. cⁿ Dolomieu.
Bayeta, XV s. : la Bayette, éc. cⁿ de Morétel.
Bayeta, XIII s. : la Bayette, h. cⁿ le Touvet.
Bayeti villa, XIV s. ; le Bayet, h. détr. cⁿ Herbeys.
Bayetière (La), XVII s. : voy. Bayteria.
Bayetiery, XV s. ; Bayetières (les), XVII s. : voy. Bayteria.
Bayeta, XVIII s. : voy. Baheoz.
Bayle, gr. cⁿ le Monestier-du-Percy.
Bayles (Les), h. cⁿ le Monestier-du-Percy.
Bayn, Baynez (riv. de), XIII s. : Baytz (aqua de), XIV s. : voy. Bens.
Baynol, XIV s. ; Baynoue, h. cⁿ de St-Maurice-de-l'Exil.
Bayoli (canthonum), XIV s. : Bayoud, portion du bourg de St-Étienne-de-St-Geoirs.
Bayus, mⁿ disp. cⁿ Roche.
Bayonnière (La), h. cⁿ St-Laurent-du-Pont.
Bays (villa, dom., nem., castr.), XIII, XV s. : Baic, vill. cⁿ St-Baudille.
Bays (La), XVIII s. : voy. Avalonis (grangia).
Bayul (territ. de), XIV s. ; les Blays, h. cⁿ Jomage.
Bayusino (parr. de), XIV s. : voy. Bahim.
Bayteria, XIV s. ; Bayetta, h. cⁿ Commenay.
Bayze (La), XVIII s. ; la Baize, ruins. cⁿ Viriville, Thodure

et Marcilloles.

Bazen, XIV s.: *Basieu*, 1. disp. cne Clenas.

Bazin, h. cne St-Ondras : — h. cne Vienne.

Béal (Le), ruiss. cne Villette-Serpaize.

Bealeyri (mont. de la), XVI s.: voy. Buelleria.

Béatière (La), ruiss. cne le Bourg-d'Oisans.

Béalières (Les), h. cne de Tencin.

Beaune, XVI s.: voy. Blanna.

Béas (Le), ruiss. affl. de la Gère, cne d'Eyzin-Pinet.

Beata Maria Daloy, XIV s.: voy. Sancte Marie de Aluy.

B⁴ Maria Magdalenes pontis de Jarria, eccl., capella, XIII s.; *la Madeleine*, anc. chap. isolée, au bord de la Romanche, cne Champ.

Beate Anne (cap.), XV s.: *Ste-Anne*, chap. disp. cne la Buissière.

Beate Anne (hospit.), XV s.: voy. Estraniblino.

Beate Caterine (cap.), XV s.; *Ste-Catherine*, chap. disp. cne Septème.

Beate Magdalene de Ostranz (cap.), XIV s.; *Ste-Marie-Madeleine*, chap. disp. cne Autrans.

Beate Marie (ecclesiola): voy. Bello Videre.

Beate Marie de Altaribus (capella), XV s.; *Notre-Dame-des-Autels*, chap. cne St-Georges-de-Commiers.

Beate Marie de Angelis S. Justi in Royanis (monast.), XIV s.: voy. Clay (dom. de).

B⁴ Marie Brissiari (eccl., capella), XIII s.; *Notre-Dame*, égl. disp. cne Bressieux.

Beate Marie de Canalibus, ubi fuit religio instituta ordin. Cartusiensis, XV s.; *Notre-Dame-de-Canalibus*, chap. cne St-Pierre-de-Chartreuse.

Beate Marie Certasii (parr.), XV s.: voy. Sancte Marie prope Crimiacum.

Beate Marie Clausi Hostii (capella), XV s.; *Notre-Dame-le-Claix*, chap. cne St-Just-de-Claix.

Beate Marie de Consolacione (capella), XV s.; *Notre-*

Dame-de-Pitié, chap. détr. cne Voiron.

B⁴ Marie prope flumen Isare: *les Ayes*, h. cne Crolles.

Beate Marie de Illnere, B⁴ M⁴ extra portam de Chamino, B-e M-e extra port. Fuissini (hospit.), XIV s.: *Notre-Dame-du-chemin*, anc. hopit. ville Vienne.

Beate Marie Magdalene (cap.), XV s.: *Ste-Madeleine*, chap. disp. cne Moirans.

Beate Marie de Malelusa (eccl.), XIV s.: voy. Sancte Marie de Aluy.

Beate Marie Montis Episcopalis (parr.), XIII s.: voy. Sancte Marie Episcopalis.

Beate Marie (capella) prope castr. S⁴ Andree in Royanis, XV s.: *Notre-Dame*, chap. disp. cne St-André-en-Royans.

Beate Marie de Castro Sageti (cap.), XI s.; *St-Nicolas*, chap. sur la mont. de Brandes, cne Huez: voy. Brandus.

Beate Marie extra eccles. S⁴ Petri Salmorenti prope portam ville Voyronis, XV s.: *Notre-Dame*, chap. détr. cne Voiron.

Beate Marie (eccl.), XI s.: voy. Bellovidere in Maleu.

Beati Albani martyr. de Strata (eccl.), XII s.; *St-Alban-le-Roche*, cne cⁿ la Verpillière.

Beati Eusebii Vercellensis episcopi (dom.), IX s.: voy. Sanctum Eusebium.

Beati Jheronimi (cap.), XVI s.; *St-Jérôme*, chap. détr. sur les flancs du mont Rabot, Grenoble.

Beati Martini in villa Miseracus, XI s.: voy. Sancti Martini in parr. S. Himerii.

Beati Mauricii (villa Carvennacum cum eccl.), IX s.: *St-Maurice*, égl. disp. cne Chatonnay.

Beati Nicolay (cap.), XIV s.: *St-Nicolas*, chap. disp. cne Iseron.

Beati Petri (orat.) ad castr. Alarona, VIII s.: voy. Sancti Petri (eccl.), IX s.

Beati Sebastiani et Sancte Catherine (cap.), XV s.: *St-Sebastian-et-Ste-Catherine*,

chap. disp. cne Poliénas.

Beati mart. Symphoriani (basilica), IX s. : voy. Sancti Simphoriani.

Béatière, h. cne de Corenc.

Beau, mas disp. cne St-Antoine.

Beau (Le), forêt cne de Valjouffrey.

Beau Chiffret, XVIII s. : *Beau-chiffrey*, f. cne de St-Jean-d'Avelanne.

Beau Jouys (ens. XVII s.: *Beau-joyier*: *Beljoyer*, h. cne Miribel-les-Echelles.

Beau-Priest, 1788 : *St-Priest*, cne cⁿ St-Symphorien-d'Ozon.

Beau Verney, XVI s. : *Beau-verney*, mas cne St-Savin.

Beauboulinière, XIX s. : *Beau-boulinière*, h. cne St-Quentin.

Beaucor : voy. Bello Serra.

Beaucer, XIX s. : voy. Pulcro Serro.

Beauchâtel, mont. cne de Valjouffrey.

Beauchot, XVIII s. : voy. Bauchex.

Beaurlos (Le), forêt cⁿ Allemont et Oz : — forêt cne Oulet.

Beaurlos : voy. Essarts ?.

Beaurein, bois cne Claix.

Beaueressaut : Beauroyssent, XVI s. : voy. Bellireseentis (castr.).

Beauroissant, cne cⁿ Rives ; distr. Gren., égl. St-Georges.

Beaudets (Les), XIX s. : *les Baudets*, h. cne N.-D. de Commiers.

Beaulière (La) ; *les Baulières*, vill. cne St-Lattier.

Beaudina, mont. cne les Adrets.

Beaudimar (camp. de), XV s. : ...cne Chaponnay.

Beaulonet, éc. cne du Monestier-du-Percy.

Beaudran, XIX s.; *le Beaudrand*, h. cne Charancieu.

Beaufaim, XVII s. : voy. Belfay.

Beaufays, XVIII s. : voy. Belfay.

Beaufort, XVIII s. : voy. Bellofurti.

Beautin, cne cⁿ Corps : dioc. Gap, égl. Ste-Marguerite.

Beaufort, L. disp. cne Charette.

Beaufort, cne cⁿ Roybon ; dioc. Vienne, égl. St-Pierre.

Beauge, h. cne du Mottier.

Beaugentière, XIX s. : voy. Houantière.

Beaujour, éc. cne St-André-en-

Royans.

Beaul Reppere, XVI s. : voy. Bellorepavre.

Beaulieu, c^ne St-Marcellin : par. dioc. Gren., égl. Notre-Dame.

Beaulieu, h. c^ne Voiron.

Beaulues, Beaumes (fort. de), XVI s. : voy. Baumes.

Beaulmont, XIV s. : voy. Bel Monte.

Beaumagnin (ruisseau de), c^nes Pontcharra et St-Maximin.

Beaune (La) : la Brosme, h. c^ne de Beaufort.

Beaume (La), h. c^ne d'Eclose : — forêt c^ne Quet ; — h. c^ne St-Sébastien : — l. disp. c^ne Valbonnais.

Beaume (La) : voy. Balma 4°.

Beaume (La), XVIII s. : voy. Balmetis (villa de).

Beaumet, h. c^ne Mens.

Beaumagier, c^ne du Périer.

Beaumont en Chaussans, XV s. : voy. Bellimontis (castellum).

Beaumont en Graisivaudan, XV s. : voy. Bellimontis (castellum).

Beaumont en Trièves, XIV s. : voy. Bellimontis (castellum).

Beaumorte, XVIII s., l. disp. c^ne Coublevie.

Beaune (mas de), XVII s. : Baume, h. c^ne Roche.

Beaumiers (ruiss. de), c^ne de Mizoën.

Beaup, gr. c^ne de Mens.

Beauplan, mont c^ne de St-Christophe-Entre-Deux-Guiers.

Beauplan, B-net : voy. Beauplenay.

Beauplan, XVIII s. : voy. Planestel, Beauplenay.

Beauplat, mont. c^nes Champ et St-Georges-de-Commiers.

Beauplenay, XVIII s. : Beauplenay, mont. c^ne de St-Pierre-de-Chartreuse.

Beauregard, h. c^ne des Abrets : — mas et ruiss. c^ne d'Allemont.

Beauregard, c^ne de Beaufort : — c^ne Chabons ; — h. c^ne Chaponnay ; — chât. c^ne Coublevie : — c^ne Dionay : — h. c^ne Domène : — mas c^ne Entre-Deux-Guiers : — h. c^ne de Feyzin : — h. c^ne Fitilieu.

Beauregard, us. c^ne La Mure : — (lac de), c^ne Oulles : — chât.

c^ne Pariset : — mont. c^ne du Périer : — mont. c^ne Proveysieux, Pyzi-x : — ruiss. c^ne Royon : — forêt, c^ne St-Barthélemy-de-Séchilienne.

Beauregard, mas c^ne St-Pierre-de-Chartreuse : — mont. c^ne Vizille : — chât. c^ne de Voreppe.

Beauregard, h. c^ne de St-Quentin : — h. c^ne St-Siméon-de-Bressieux : — c^ne de Seyssuel : — chap. c^ne de Vaulnaveys-le-Haut : — c^ne de Ville-sous-Anjou.

Beaurevoirs (Les), XVIII s. : voy. Beaumet.

Beaurepaire, ch.-l. c^ne arr^t de Vienne : dioc. Vienne, égl. St-Pierre.

Beaures (Les), XIX s. : voy. Buron.

Beaurivier, mas c^ne de Tramolé.

Beaujour, c^ne de Bougé-Chambalud : — c^ne Meylan : — chât. c^ne Voreppe.

Beauvain, Beauvin, XVII, XVIII s. : voy. Buvin.

Beauveni (mais. de), XVIII s. : Beauvinay : Beauvigny : Bourcroys, c^ne Vignieu.

Beauvillard, h. c^ne de Chasselay.

Beaurivier, c^ne de Badinières.

Beauvoir (Le palars de) : voy. Bellivisus.

Beauvoir-de-Marc, c^ne de St-Jean-de-Bournay : dioc. Vienne, égl. N.-D.

Beauvoir en Roien, XIV s. : Beauveoir en Royon : Beauveoir en Royen, en Rolan, en Royaulx, en Royens, XV s. : voy. Bellivisus in Royanis.

Beauvoir-en-Royans, c^ne Pont-en-Royans : dioc. Gren., égl. St-Jean-Bapt.

Bec (etang de), Ber, Bez, XIV s. : Bry (lac de), c^ne Chapareillan.

Ber Agu, XVIII s. : Bec-Aigu, mont. c^ne la Tronche.

Bec-de-l'Aigle (Le), mont. c^ne Pariset.

Bec-Aigu, mont. c^ne Murétel.

Bec-d'Ane (roc du) ; la Moucherotte, mont. c^nes Claix et Pariset.

Bec-du-Bataillon (Le roc Rocher-des-Trois-Parcelles, mont. c^ne Pariset.

Bec-Ferra, XIV s. : Bec-Ferra.

mont. c^ne Chichilianne.

Bevagus, XVIII s. : voy. Betage.

Bevenier, Bevat, XVIII s. : la Bevaxière, bois de Septème.

Bevres (mistr. de), XIII s. : Beezzes, XIV s. : voy. Bevlis.

Bevel (boss. del), XIII s. : le Bexey, bois disp. près Revel-et-Tourdan.

Bexco (de), XIV s. : le Bexey, mas c^ne Champier.

Bexes (villa de), XIII s. : le Bexey, l. disp. c^ne Montséroux-Milieu.

Bexel, Bexeys, Bexy (el), XIV s. : le Bexey, mas c^ne Izeaux.

Bexeto (balmas de), XIV s. : voy. Bexeys (li).

Bexey (dom. de), XIV s. : le Bexey, h. c^ne Charnècle.

Bexey (cap. de), XIII s. : le Bexey, h. c^ne Montferrat, anc. command. du Temple.

Bexey (en), XIV s. : voy. Bexzer.

Bexy, XIII s. : Bexzeyum villa, XIV s. : voy. Bexsi.

Bexeyum, XII s. : Bexi (la) : voy. Bexia.

Bérhat (La), ruiss. c^ne de Pontcharra.

Beche Vienna (ruppes de), XV s. : Bicherienne, mas c^ne Vienne.

Bicher (lac des), c^ne St-Christophe-en-Oisans.

Bevheto (in), XIV s. : Bouchet, c^ne Pariset.

Bechinaile, mas c^ne Jarcieu.

Bechivillani, XIV s. : le Berkelia, ruiss. c^ne Villard-Eymond.

Bechy Vienna, XVI s. : voy. Beche Vienna.

Beci, XII s., Bevia, Bevies (les), XIV s. : Bieur, c^ne Savas-Mépin.

Bori Ferra (aureum de), XIV s. : la Ferraud, mont. c^nes Trémins et Lau-la-Croix-Haute (Drôme).

Bevia (mem.), XII s. : — près Châtonnay.

Bevlis, Bevis (eccl. de), XI s. : Besse, c^ne le Bourg-d'Oisans.

Bexio (de), XIV s. : Bessio, XV s. : les Bexsex, f. c^ne Dizimea.

Bexsela (ayan de) ; le Béchet, h. c^ne Eclose.

Berteno, XV s. : voy. Betenns.

Bertez, chât. c^ne Anjou.

Bezu, XIV s. : voy. Buczu.

Beez, XIV s. : la Beisse, mont. c°° Entraigues, la Salette et Valjouffrey.

Beze, Bezetin, Bezzle (in), XIV s. : le Bessey, for. c° le Mont-de-Lans.

Beze, Besart (al), XIV s. : B-tuin ; le Bessey, mont. et chal° c° Vaujany.

Bezee (meu. de), XIV s. : le Besseys, h. c°° St-Romain-de-Jalionas et Villemoirieu.

Bezaelino (de), XIV s. : voy. Beucelin.

Bezer (meu. en), XIV s. : le Bessey, h. c°° Réaumont et St-Cassien.

Bezet, XV s. : voy. Besseys.

Bezeto (de), XIII s. : voy. Bessey.

Bezeum, XIV s. : le Bessey, bois, c° le Périer.

Bezey (el), XIII s. : le Bessey, mas c° St-Just-et-Chaleyssin.

Bezeys (li), XIV s. : le Bessey, vill. c° Oz.

Bezaola (de), XV s. : le Bechet, h. c° Eclose.

Bezaola, XIV s. : les Biesses, h. c° Succieu.

Bezolonchids (meu.), XIV s. : voy. Bosolonchids.

Bezum (eu), XV s. : le Bessery, h. c° les Avenières.

Bezum (fur. el), XIV s. : le Bessou, h. c° Mauber.

Bidon, éc. c° les Côtes-d'Arey.

Baulat (Le), h. c° de St-Gervais : — h. c° St-Sorlin.

Bidots (Les), XVIII s. ; le Bedeau, h. c° Thodure.

Bedoz, éc. c° St-Sauveur.

Biegue (Le), vill. c° Voiron.

Begatière, l. c° St-Laurent-du-Pont.

Begaudunery, XVI s. : voy. Chatanuyrel.

Begnislus : voy. Beugnisios.

Begots (Les), XVIII s. : voy. Bellunstagum.

Bigrude (La), vill. c° Veyzin.

Bigrule (La), XVIII s. : voy. la Bigrude.

Belge, XVIII s. ; le Bège, ruiss. afl. du Dolon, orig. c° Bellegarde-et-Poussieu, arr. c°° Sonnay, Jarcieu et Bougé-Chambalud.

Belge, h. c° Revon.

Beilley (Le), XIX s. ; le Belier, h. c° St-Marcel-Bel-Accueil.

Beilley : voy. Bellers.

Bein (riv. de), XV s. : Beins (la Bréda de St-Hugon ou ruiss. de), XVIII s. : voy. Bens.

Behemon (bois de), XVIII s. : Bettemon ; Bruriamont, bois. c° Hurtières.

Beins (pont de) : Bous (Grand et Petit) : le Pontale-He[...], h. c° la Chapelle-du-Bard.

Beins : voy. Bens.

Beieralliers, XIV s. : voy. Barralers.

Beiset : Beize, h. c° St-Siméon-de-Bressieux.

Belassaye (La), XIX s. : voy. Bezare (meu. de).

Belase, XIX s. : voy. Balsae.

Belasina, XVII s. : Bessin. XVIII s. : voy. Baisin.

Beitrax, XVIII s. : voy. Betan.

Béjuet (Le), XVIII s. : Bejuis ; le Béjui, h. c° la Chapelle-de-la-Tour.

Bel (Le), h. c° Auberives-en-Royans.

Bel-Creyssent, XIV s., Belcroissent : voy. Bellecroissent.

Bel-Essart, mont. c° Gonnelin.

Bel-de-Malot, h. c° St-Romans.

Bel Monte (cap. castri de), XI s. ; Beaumont, éc. et ruines, c° le Touvet.

Bel Regart : voy. Bellum Regardum.

Beta Comba (cap. de), XI s. : voy. Bella Comba.

Belacueil : voy. Bellacueis.

Belair, éc. c° de Bougé-Chambalud.

Belair, h. c° Estrablin : — h. c° Pariset : — éc. c° Poliat : — h. c° Pommiers : — h. c° St-Bonnet-de-Chavagne.

Belair, h. c° Ste-Blandine : — éc. c° St-Pierre-de-Chandieu : — h. c° St-Sauveur : — h. c° Tencin : — h. c° Tullins : — h. c° Valencin : — éc. c° Veyssilieu : — h. c° Villette-Serpaize.

Belaire, XVII s. : Belair, étal. c° la Chapelle-du-Bard.

Belan (torrent de la combe des, XVIII s. : Brian, h. c° St-Antoine.

Belan : voy. Balan.

Belandière (La), XVIII s. : la Belleudière, bois c° Montrevel.

Bélanger, h. c° les Abrets.

Belaqueil, XVI s. : voy. Belacueil.

Belezoni : Beleison (mans. de), XIII s. : Belesmal seu Galchardi, XIV s.; Bellessoneri, XIV s. : Bellisone, B-nibus, XIV s.; Bellsonas (cavan. des), XIII s. : les Guichards, h. c° Vaulnaveys-le-Haut.

Beleins (Les), XVIII s. : les Belins, h. c° St-Martin-d'Uriage.

Belers (chavan., dom. f. des), XIV s. ; Bellers (creux des), XIV s. : le Belier, h. c° St-Aupre.

Belets (Les), XVIII s. : le Bellet, h. c° Mauves.

Belfay (hossus de), XIII s. ; Belfaye (castr. de), XIV s. ; Belfaynt (meu.) ; Bellofaynn (territ. de) : Bennfln, c° Corps.

Beliardeyri (en), XIII s. : Billery (chemin du), c° de St-Martin-le-Vinoux.

Beliardi (villa), XIV s. ; B-los : les Belliards? l. disp. c° Avignonet.

Belier (Le), éc. c° Rencurel.

Belier, XVIII s. ; la Belière, h. c° St-André-en-Royans.

Biller (Le), l. disp. c° Voreppe.

Belin et Cochet (Les) ou Malbuisson, XVII s. : les Bellets, h. c° St-Christophe-Entre-Deux-Guiers.

Belieux, XVIII s. : les Beilleux, éc. c° St-Martin-de-Clelles.

Beljoua : voy. Beaujoyier.

Beljoye, XVII s. ; Beljous, XVIII s. : voy. Beau Jouyse.

Bella Camera, XIV s. : Bellechambre, h. c° Ste-Marie-du-Mont.

Bella Comba, XI s. : Bellacumba, castell., mand. XII s. : Bellecombe (capelle), XIII s. : (castr., eccl. S. Blasii), XIV. XV s. : Bellecombe, h. c° Chaparillan.

Bella Comba supra Montseren, XIII s. : Belle Combe, XVII s. ; le Grand-Pré, h. c° la Chapelle-du-Bard.

Bella Custa (lo passour de), XIV s. : belle-Côte, bois c° St-Pierre-de-Chartreuse.

Bella Custa, XIV s. : Belle-Côte,

mas c^e Theys.

Bella Visio, XIII s. : voy. Bellum Videre.

Bellacueil, XVIII s. : voy. Bellacueil.

Bellacomba, XIII s. ; *Belle-combe*, l. disp. c^e Goncelin.

Bellacombeta, XIV s. : B-combeta; *Bellecombette*, h. c^e de Chapareillan.

Bellacueil (dom. f. de), XV s. : *Bel-Arcueil*, chât. c^e St-Marcel.

Bellacueil, XVIII s.; *St-Marcel-de-Bel-Arcueil*, c^e c^ne Bourgoin.

Bellagarda, XI, XII s.; B-guarda (castr. de), XIII s. : Bellagarda in Viennesio, XIV s. : *Bellegarde*, h. c^e Bellegarde-et-Poussieu.

Bellagarda, XIV s., Bellegarde (mais. f.), XVIII s. : *Belle-garde*, h. c^e Chamagnieu.

Bellagarda, XV s. : *Bellegarde*, chât. c^e Chassignieu.

Bellaliega ou Goutte, XVIII s. : *Bellaliegue*, h. c^e Anjou et Ville-sous-Anjou.

Belle, l. disp. c^e Lans ; — ér. c^e St-Just-de-Claix ; — gr. disp. c^e Vinay.

Belle-Croix (Chemin de), c^e St-Martin-le-Vinoux.

Belle-Étoile (La), mont. c^e du Mont-de-Lans ; — h. c^e Feyzin.

Bellechambre, h. c^e Ste-Marie-du-Mont.

Bellecombe, bois c^e Autrans.

Bellecombe, h. c^e Chapareillan; dioc. Grenoble, égl. St-Blaise.

Bellecombe, 1793 : *St-Pierre-de-Bressieux*, c^e c^ne St-Étienne-de-St-Geoirs.

Bellecombe (terra hospit.), XIII s.; *Bellecombe*, h. c^e Valencin.

Bellecombe Eulaterie (prior), XIV s. : *la Commanderie*, h. c^e St-Lattier.

Bellecour, h. c^e Chapareillan.

Belledent, mont. c^ne de Varces et Vif.

Belledone (Roc de Freydone ou de), XVIII s.; *Beldonne*, mont. c^ne Allemont et Ste-Agnès.

Belletonne, vill. c^e le Pont-de-Claix.

Belletons (mons de), XIV s. : Bellefont, XVI s.; Bellefond, XVIII s. : voy. Bellus Fons.

Bellefontaine, h. c^e la Chapelle-de-la-Tour et St-Clair-de-la-Tour ; — h. c^e St-Maurice-l'Exil.

Belleguor (mans.), XIII s. ; *Beauregard*, mas et ruiss. c^e Allemont.

Bellegarde, h. c^e Bellegarde-et-Poussieu (c^e c^ne Beaurepaire); secours. par. Poussieu, dioc. Vien., égl. N.-D.

Bellegarde, bois c^e la Morte : — h. c^e Tignieu-Jameyzieu : — év. c^e Voissant.

Belleigue, XVIII s. : voy. Bellaliega.

Bellelaux, XVIII s.: B-laux, B-Lex, XIX s. : *Bellelauze*, vill. c^e St-Barthélemy-de-Séchilienne.

Bellemondière, h. c^e St-André-en-Royans.

Belles (Les), h. c^e Malleval.

Belles-Aigues, chât. c^e St-Maurice-l'Exil.

Bellet (riz de la), XVII s. : B-t ou de la Buissière, XVIII s., mas c^e Corenc; : voy. Alben (riv. de l').

Bellet (tenura Martini, c. XII s.; *Malorat-Bellet*, h. c^e St-Pierre-de-Chartreuse.

Bellet (Chez-), h. c^e St-Pancrasse.

Belleterias (villa), XIV s. ; *Belleteyres* ?, l. disp. c^e St-Paul-lès-Monestier.

Belletz, XVII s. : voy. Belin-et-Corbet.

Bellever, XII s. : voy. Bellovidere in Malen.

Bellevue, chât. c^e les Côtes-d'Arey.

Bellevue, f. c^e Feyzin : — h. c^e l'Ile-d'Abeau : — h. c^e Proveyzieux : — h. c^e Romagnieu : — chât. c^e St-Marcellin : — év. c^e Seyssins.

Bellevue, 1793 : *St-Paul-d'Izeaux*, c^e c^ne Tullins.

Belleyn (mans.), XVI s. : voy. Balbenc.

Belli Loci in Chassant (abb.), XIII s. ; Bellilori in Chassent (B^a Maria), XIII s.; *Beaulieu*, c^e c^ne St-Marcellin.

Bellicio (de), XIV s. : voy. Belera.

Bellirescentis (castr.), XIII s. ; Bellirescentis (domin.), XIV s.; Bellicreissentis : *Beaucroissant*, c^e c^ne Rives.

Bellilignardi (mons), XV s. : *Bellina*, mont. et chal. c^e Laval.

Belliers, h. c^e Choranche.

Belliers (dom. f. de), XV s. : voy. le Beller.

Bellifons (mons de), XIV s. : voy. Bellus Fons.

Bellifontis (pas., mons de), XII, XIII s. : voy. Bellus Fons.

Bellilori (eccl., priorat. B^e Mariae), XIII s. : (parr.), XV s. : voy. Belli Loci in Chassant.

Bellimontensis prior, XII s. ; Bellimonte (cannabi de), XIII s.; *St-Laurent-en-Beaumont*, c^e c^ne Corps.

Bellimontis (castellum), XIII s.; *Beaumont*, mont. c^e Ste-Luce, St-Michel-en-Beaumont, St-Laurent-en-Beaumont, la Salle et Quet-en-Beaumont.

Bellimontis (ecclesie sita in potestate), XI s.; *le Beaumont*, région naturelle qui comprend les communes de Quet, Ste-Luce, St-Michel-en-Beaumont, St-Laurent-en-Beaumont, St-Pierre-de-Méarotz et la Salle-en-Beaumont ; est comprise en Matheysine, Champsaur ou Trièves.

Bellimontis (castr., villa), XIV s. : voy. Bel Monte.

Bellimontis in Graysivodano (domin.), XIV s. : voy. Bel Monte.

Bellimontis in Montanea in Trivila (castell.), XIV s. : voy. Bellimontis (castellum).

Bellin, gr. c^e Hurtières.

Bellinga, XVIII s. : *Bellinda*, ér. c^e de la Folatière.

Bellionis (chavan., mans), XIV s. : voy. Bellonerche.

Belliregardi (castr.), XIII s. ; (burg.), XIV s.; Bellireguart : voy. Belliregardi.

Bellireparii (imperia), XIV s.: voy. Ausone.

Belliriguardi (castr.), XIII s. ; *Beauregard*, mais^e Bourgoin.

Bellisarderes, XIV s. ; *Bellisardières* ?, l. disp. c^e la Rivière.

Bellisellerii (cond.), XIII s. : voy. Bellisolis (ripp.).

Bellisolis (ripp.), XIV s. : *le Beau-Soleil*, ruiss. c^e Châtonnay et Meyrieu.

Bellisone (in), XV s. : Bellisson, l. disp. c⁰ du Gua.

Bellissat, mas c⁰ Pisieu.

Bellivicini (domin.), XIV s. : voy. Pontem Castellum.

Bellivianus (cap. castri), XII s., XIII s. : le Château, ruines, c⁰ Beauvoir-en-Royans.

Bellivianus (domin., eccl. B⁰ Maries, XIII s., XIV s. ; de Marco. Marcho, XIV s. : Marquo (palacium nov.), XV s. : voy. Bellovidere in Maleo.

Bellivianus de Marco (baronia, terra), XIV s. ; baronnie de Beauvoir-de-Marc, anc. circonscr. féod. compren. la majeure partie de la région natur. désignée sous le nom de Marc.

Bellivianus in Royanis, XIII s. : B- in Roanis, XIV s. : Beauvoir-en-Royans, c⁰ c⁰⁰ le Pont-en-Royans.

Bello Pranello (dom. fort.), XV s. : Beaulieu, éc. c⁰ Claix.

Bello Regardo : voy. Belregart.

Bello Respectu (in), XV s. : voy. Belregart.

Bello Serro (in), XIV s. : voy. Pulcro Serro

Bello Videre (de), XI s. : (castr., burg., eccl. B⁰ Marie de), XIII s. : voy. Bellovidere in Maleo.

Belloforti (castr. de), XIII s. ; (eccl. S. Petri de), XVI s. : Beaufort, c⁰ c⁰⁰ Roybon.

Bellomonte (villa), X s. ; Belmont, h. disp. c⁰ Chaponnay.

Bellomonte (de), XII s. ; (curat. de), XIII s., (fortalit.), XIV s., XVI s. : Belmont, c⁰ c⁰⁰ le Grand-Lemps.

Bellomonte (in), XII s. ; Bellum Montem (ap. Vaux et), XV s.: Belmont, vill. c⁰ Vaulx-Milieu.

Bellomonte (de), XI s. : voy. Bel Monte.

Bellomonte (vill. de), XV s. : voy. Belmont (caban. de).

Bellone, chât. c⁰ des Côtes-d'Arey.

Bellonanche (cavan.), XIII s. ; les Bertioux, h. c⁰ St-Théoffrey.

Bellonnière, h. c⁰ Vourey.

Bellonnine (ruine. de), c⁰ St-Maximin.

Belloregardo (vineas de), XVI s. : voy. Belregart.

Bellorepayre (castr. de), XIV s. ; Belli riparii : le Château, quart. c⁰ Beaurepaire, ch.-l. c⁰⁰ arr⁰ Vienne.

Bellovidere in Maleo, de Marco (castr., burg. de), XIII s. : Beauvoir-de-Marc, c⁰ c⁰⁰ St-Jean-de-Bournay.

Bellovidere (castr. de), XIII s. : Bellum Videre in Roaynis, Royanis : voy. Bellivianus in Royanis.

Bellovian (mailes de), XII s. : voy. Bellovidere in Maleo.

Bellovian (territ. de), XV s. : voy. Bellum Videre.

Belluard, XVI s. : voy. Bourdnaraz.

Bellum Faynum, villa. XIV s.: le Fain, bois c⁰ Roissard. Cf. Beltay.

Bellum Murum, XIV s. : voy. Belmur. Muro Bello.

Bellum Regardum, XIV s.: voy. Belregart.

Bellum Regart, XIV s.; Belli Regardi (mans.), XIV s. Voy. Bellum Regardum.

Bellum Repayrium, Ripparium. XIV s. : voy. Bellorepayre.

Bellum Reperium, XIV s. : voy. Bellorepayre.

Bellum Rigardum, XVI s.; Beauregard, mas c⁰ Allières-et-Risset.

Bellum Videre, XIII s. : Beauvoir, vill. c⁰ la Chapelle-du-Bard.

Bellumfagum (vers.), XIV s. : Brysol, h. c⁰ Saccieu.

Bellus Fons, XII s. : Belfaud, mont. et col c⁰⁰ St-Pierre-de-Chartreuse et le Touvet.

Bellus Mons, XIV s. : voy. Belmont (caban. de).

Bellus Mons in Mathascena, Mataczena, Mathascena, XIV s. ; Mattassena, XV s. : voy. Bellimontis (castellum).

Belmetière (La), éc. c⁰ de Voissant.

Belmont, éc. c⁰ Beauvoir-de-Marc ; — l. c⁰ le Pin ; — vill. c⁰ Chavanoz ; — h. c⁰ St-Martin-d'Uriage ; — scierie c⁰ St-Pierre-de-Chartreuse.

Belmont, c⁰ c⁰⁰ Grand-Lemps ; dioc. Vienne, expl. St-Christophe.

Belmont (caban. de), XIII s. : Belmont, vill. c⁰ Vaulnaveys-le-Bas.

Belmont, XIII s. : Bellomonte : voy. Bellimontis (castellum).

Belmur, XIII s. : Beaumur, h. c⁰ Vienne.

Belna (villa), in agro Stabiliacense, X s. ; Chez-Balley, h. c⁰ Estrablin.

Belmomonte (de), XI s. : voy. Bellimontis (castellum), XIII s.

Belom, bois, h. disp. c⁰ Châbons.

Belot (ruine. de), c⁰ de Pontcharra.

Bélaudière : voy. Béroudière.

Belregart, XIII, XIV s. : Beauregard, éc. c⁰ la Tronche.

Belregart, XIV s. : voy. Belliregardi, Bellum Regardum.

Belrepaire, XIV s. : Belrepayro (mena. de) : voy. Bellorepayre.

Bels (Les), l. disp. c⁰ de Bivier: — éc. c⁰ du Sappey.

Belveer : Belverio (de), XII s. : Belver, XIII s. : Belveyr : voy. Bellovidere in Maleo.

Belveer (ecclesia nova de), XII s. (mans.), XIII s. Belveir, XV s. ; Belvoyr : voy. Bellivianus in Royanis.

Belveer del Malle (mansi. de), XIII s. : voy. Bellovidere in Maleo.

Belvedr de Marc, XIV s. : voy. Bellovidere in Maleo.

Belvedr en Ruien, XIV s.: voy. Bellivianus in Royanis.

Benatru, h. c⁰ Jardin.

Bendon (Les), XIX s. : voy. Bandeau (Le).

Brne : voy. Réné.

Benedicti Evart (cavannaria, XII s. : Bérenalière, h. c⁰ St-Pierre-de-Chartreuse.

Benewurchin, XV s. : la Mouche, bois c⁰ Valbonnais.

Benes (Les) : voy. Benne (Le).

Benetériis (mans.), XV s. : Benetières l l. disp. c⁰ Vif.

Benevret, h. c⁰ Paladru.

Beney, XIX s. : voy. Bererlis.

Beneyton, XV s. : Brueteuy, éc. c⁰ de Sierrieu-St-Julien-et-Carisieu.

Benne (Le), XVIII s. ; Benes (Les), XIX s. : les Beaux. éc. c⁰ Pisscot.

Benoit, mas c⁰ Cour-et-Buis.

Benoits (Les), h. c⁰ St-Bernard.

Bens, h. c⁰ le Sappey.
Bens (riv.), XII s. : Bent (Le),
    XV s. ; le Bens, ruiss. aff.
    le Bréda, arr. c⁰ la Chapelle-
    du-Bard, qu'il sép. de c⁰⁸
    Arvillard et Détrier (Savoie).
Beonet (pons de), XIV s. :
    Riounel, f. c⁰ de St-Romain-
    de-Jallonas.
Beourayry, XVIII s. ; la Beu-
    rrire, h. c⁰ Oz.
Ber (nem. del), XIII s. : Berre,
    vill. c⁰ Dolomieu.
Ber (lac de), XVIII s. : voy.
    Balns.
Berangarii (planum), XIII s. ;
    Béranger, chal. et mont. c⁰
    Theys.
Berangier, Berenger, XVII s. :
    voy. Berangarii.
Berangoriorum (mans.), XIII s.,
    B-gorrum, B-gorii, XV s. : voy.
    Berengaor.
Beranjou, XVIII s. ; Belangeou,
    f. c⁰ Beaurepaire.
Berant, XIII s. : voy. Bessant.
Bérard, mont. c⁰ de Livet-et-
    Gavet.
Barard, XII s. : voy. Berardi.
Bérard (rif) : voy. Pas Bérard.
Berarderes (Les), XIII s., Be-
    rardi, XIV s. ; la Bérarde,
    h. c⁰ de St-Christophe-en-Oi-
    sans.
Berarderes (tenem. de les), XIII
    s. ; Berardorum (mans.), XIV
    s. : voy. Beroars.
Berarderie, XV s. ; B-dière, XVI
    s. ; B-die, XIX s. ; Berardier,
    c⁰ de Jardin.
Berardi (rupis), XII s. ; Bérard,
    mont. c⁰ St-Pierre-de-Char-
    treuse.
Berardi villa, XIV s. : B-is (bor-
    darie del): voy. Berart (mans.).
Berardires : voy. Berarderes.
Berardorum (mans.), XIV s. :
    voy. Beroars.
Berars (Les), XVIII s. ; le Bé-
    rard, h. c⁰ Coublevie.
Berart (mans.), XIII s. ; B-az ;
    le Bérard, mas c⁰ Jarrie.
Berart, XIII s. : voy. Berardi.
Berascha (La), XIII s. ; la Bé-
    riche, l. disp. près Corps.
Beratière, h. c⁰ la Bâtie-Mont-
    gascon.
Béraud (Le), h. c⁰ Bevenais.
Beraud ; Chez-Béraud, h. c⁰
    Eyzin-Pinet.

Beraud, XIX s. : voy. Beroar-
    derias.
Beraudeyrias vers, Chaysi-
    lanna, XIV s.; Beraurdières,
    h. c⁰ Chichilianne.
Beraudière (La), XIX s. : voy.
    Battolleri.
Beraudis (de), XV s. : voy.
    Beroars.
Berauds (Les), XVIII s. ; le
    Beraud, h. c⁰ Monsteroux-
    Milieu.
Béray, h. c⁰ de Sonnay.
Berhève, mont c⁰ Gresse.
Berhève, XVIII s.: voy. Berianas.
Berche : voy. Berchia.
Berchères (Les), h. c⁰ St-Just-
    de-Claix.
Bercheria, XV s. : voy. la
    Berchy.
Berches (et. des), XVI s. : le
    Berchet, h. c⁰ St-Victor-de-
    Morestel.
Berelen-de-St-Christophe (Les),
    mont. c⁰⁸ du Mont-de-Lans et
    St-Christophe-en-Oisans.
Berchia de Mouriac, XIV s. :
    (riv. de la), XV s. ; la Ber-
    che, mont., ruiss. c⁰ Mizoën.
Berchauderie (territ.), XV s. :
    la Berchaudière, mas c⁰
    Vignieu.
Berchy (La), XIII s.; la Berche,
    bois c⁰ de Villard-Reymond.
Bereoyng : voy. Bergoyn.
Bereoyng, XIV s. : voy.
    Bergusia.
Bereaux (Les), XVIII s. : voy.
    Berauds.
Berelant (rup. de), XIII s.: voy.
    Berland.
Berengaor (mas.), XIII s. :
    Berengarii ; Berengeriorum
    (mans.), XV s. : Béranger,
    l. disp. c⁰ Allemont.
Berengarii (riv.), XV s. : voy.
    Berengier.
Bérenger, XVIII s. ; le Béren-
    ger, ruiss. aff. de la Sonne,
    c⁰ Valjouffrey.
Berengeria, XIV s.; la Garan-
    gère, h. c⁰ Chirens.
Berengier (riv.), XIV s. ; le
    Béranger, ruiss. c⁰ du Gua :
    — voy. Bérenger.
Berengon, XVI s.: voy. Brango-
    Bererilis (villa de), XIV s. :
    Berry, h. c⁰ la Cluse-et-
    Pâquiers.
Beretier (Le), XIX s. : voy.

Berthier.
Berey (La), h. c⁰ Artas.
Berger, mas c⁰ Charantonnay :
    — mas c⁰ Revel-et-Tourdan.
Berger (Le), éc. c⁰ Miribel-les-
    Échelles : — h. c⁰ St-Bueil.
Bergerand, éc. c⁰ de St-Marcellin.
Bergeranderes, XV s.: voy. Ber-
    geranderlis.
Bergère (La), h. c⁰ Moirans ; —
    h. c⁰ Renage ; — h. c⁰ St-
    Antoine.
Bergerie (La), mas c⁰ Barraux :
    — h. c⁰ Charancieu ; — mas
    c⁰ le Pont-de-Beauvoisin.
Bergeries (Les), mas c⁰ Roche.
Bergerie (mans. de), XV s. ; le
    Berger, l. disp. c⁰ La Cluse-
    et-Pâquiers.
Bergeron, bois c⁰ Commelle.
Bergers (Les), h. c⁰ Miribel-les-
    Échelles ; — h. disp. c⁰ St-
    André-le-Gaz : — h. c⁰ Salaize.
Bergieri (territ. de la), sen de
    Glay, XV s.; la Bergère, mas
    c⁰ St-Clair-du-Rhône.
Bergouat, XIV s.: voy. Bergusia.
Bergoen, B-oind, B-ugt, B-on :
    voy. Bergoin.
Bergoen, XIII s.: voy. Bergusia.
Bergoin, XIII s., B-agt, XIV s.,
    Bergon, B-ag, Berguyn, Ber-
    goyng : voy. Bergusia.
Bergon, (castr. de), XIII s.,
    B-ull : voy. Burgondium.
Bergon, XII s., Bergondium, XIV
    s., Berguys, XIV s., Berguys:
    voy. Bergusia.
Bergonia, XIV s. : B-ougne,
    XVII s.; la Bergogne, h. c⁰
    Cholonge.
Bergucia villula, X s. : voy.
    Bergusia.
Berguins (unis. des) ; Berguy-
    norum (dom.), XVI s., f h. détr.
    c⁰ Eyzin-Pinet.
Bergun (ecrl. b⁰ Johannis a), XII
    s. ; Berguoing, XV s. : voy.
    Bergusia.
Bergureil (Le), XIX s. : le Ber-
    gureuil, h. c⁰ St-Nicolas-de-
    Macherin.
Bergusia, III/IV s. ; Bergusium,
    IV s. ; Bourgoin, ch.-l. c⁰⁸
    arr⁰ la Tour-du-Pin.
Berianas (villa de), XIV s.; Bey-
    rières : Berière, mont. c⁰
    Gresse.
Berier (Le), l. disp. c⁰ de Char-
    nècle.

Berleve : voy. Berlanne.

Béril (Le), h. c^e Veurey.

Berloneres, XIV s. : Berjonerlla dior ai, XV s. : Bergoneres, XVI s. : voy. Berlioneres.

Berische (vinea de la), XIII s. : voy. Beruscha.

Berlan (bois de), XVIII s. : Berland, mont. c^e St-Etienne-de-Crossey.

Berlan, XVII s. : Berlane, XVIII s. : voy. Berland.

Berland (roch. de), XVII s. : Berlange (ple de), XIX s. : la Berlouche, chal. et mont. c^e Pinsot.

Berland (rupis de), XIII s. : Berlant, Berrlant, XIV s. : Berland, vill. c^e St-Christophe-Entre-Deux-Guiers.

Berlanderias (villa), XIV s. : les Berlandières (?), l. disp. c^e Varces.

Berlandier, éc. c^e Allevard.

Berlandière (La), éc. c^e Venose.

Berlant, Berliant (mansus), XIII s. : Champ Berlan, ch^te c^e Brié-et-Angonnes.

Berlarent (mans. de), XV s., l. disp. c^e Ste-Marie-du-Mont.

Berlé (Le), XVIII s. : le Berley, bois c^e Villard-St-Christophe.

Berlet (Le) : le Berthet.

Berleu (alga de), XIII s. : le Berlieu, mas c^e Villette-Serpaize.

Berlie (Le), XVIII s. : Berlioz, h. c^e Villard-Bonnot.

Berlière (Le), Bertières (les) : Eybertière, vill. c^e Autrans.

Berlière (La), ruiss. c^e St-Jean-de-Bournay.

Berlière, XVIII s. : voy. Brelière.

Berline (La), XVIII s. : voy. Berline (la).

Berliomeres, XIV s. : Belouxière, h. c^e Monthonnot.

Berliomeres (en), XVI s. : voy. Berliomeyres.

Berlionis (dom. fort. Aymari), XV s. : le Berlioz, éc. c^es Lumbin et la Terrasse.

Berlioux (Les), h. c^e Cordéac.

Berlios (m^as des), XVIII s. : les Berlios, h. c^e les Eparres.

Berlioz (Les), l. disp. c^e St-Ondras ; — h. c^e St-Savin.

Berlioz : voy. Berlie.

Berlioz (chat.) : voy. Berlionis.

Berliomeyres, XIV s. : Berlionières, l. disp. c^e Allières-et-Risset.

Berluchon (Lev.), mont. c^e Sappey.

Berlyn (via vac. Rom), XV s. : ch^in de Bedevin, c^e Genas.

Bermond, h. c^e Vallonnaise.

Bermonderi (loc.), voc. Aula Beate Marie, XIII s. : Salette, h. c^e la Balme, anc. monast. de filles, ordre des Chartreux, fondé en 1280.

Bermont, éc. disp. c^e St-Georges-d'Espéranche.

Bernadière, XIX s. : la Bernadière, h. c^e Bougé-Chambalud.

Bernard (Le), h. c^e St-Martin-d'Hères : — h. c^e Septème.

Bernardeque (mans.), XIII s. : Bernarde, h. c^e Bourg-d'Oisans.

Bernardeyre : Chamous, h. c^e du Gua.

Bernardli (mans.), XIII s. : Bernard, éc. c^e St-Arey.

Bernardière, h. c^e Charavines : — (La), h. c^e St-Christophe-en-Oisans.

Bernardieres : voy. Berandeyriu.

Bernardin, XIX s. : Bernardin, h. c^e Assieu.

Bernards (Les), h. c^e Lans ; — h. c^e Nantes-en-Ratiers : — h. c^e Salaize ; — h. disp. c^e Villeneuve-de-Marc ; — h. c^e Vinay.

Bernassins (Les), XVIII s. : le Bernardin, h. c^e Billieu.

Bernaux (Le), ruiss. c^e Villette-Serpaize.

Bernaz : voy. Ber.

Berne, m^son c^e Primurier.

Berne (La), gr. c^e St-Pierre-d'Entremont.

Bernelles (Les), mas c^e Jallieu.

Berniaco (cap. S. Marie de), XI s. : voy. Brininum.

Berniebot, h. c^e la Bâtie-Montgascon.

Bernier, m^son c^e Moissieu.

Bernier (Le), XIX s. : les Berniers, h. c^e St-Ondras.

Bernier (Crey), XVII s. ; Bernières, h. c^e St-Pierre-de-Chartreuse.

Bernier, XVIII s. : voy. Barners.

Bernière (La), XVIII s. : voy. Battolleri.

Bernière (La) : voy. Beronera.

Bernies, XVIII s. : voy. Barnet.

Bernin, c^e c^on Grenoble, dioc. Gren., égl. N.-D. ; — h. c^e Belmont : — c. c^e Pontcharra.

Bernins (parr. de), XIII s. : voy. Brininum.

Bernissaire, XVIII s. : Bernissaire, h. c^e Pont-en-Royans.

Bernoux (mans. deux), XIV s. : voy. Bernout.

Bernarderias villa, XIV s. : les Bernards, h. c^e St-Paul-de-Varces.

Bernars (mans. dest.), XIII s. : Bernardorum (mans.), XV s.: les Bernris, h. disp. c^e Clavans.

Béroir, éc. c^e Oulles.

Beroldi (bordaria S.), XII s. : le Berot, h. c^e Laval.

Beron : voy. Beyron.

Bernoein (versus), XIV s. : Béron (m^as de), XVI s. : Béron, éc. c^e St-Baudille-et-Pipet.

Beronera (La), XVIII s. : la Beronalière, éc. c^e le Mont-de-Lans.

Beronere (La), XVIII s. : voy. Battolleri.

Beronieres (praeria de les), XVI s. : Bertonnière, mas c^e de St-Savin.

Beroud (Le), XVIII s. : voy. Berrout.

Beroudière, XVIII s. : les Beroudières, h. déir. c^es Bizonnes et St-Didier-de-Bizonnes.

Berondorum (dom.), XV s. : Belus (ap.) : voy. Beroldi.

Berout (camp.), XIII s. : le Berroud, h. c^e St-Pierre-d'Allevard.

Beroux, XIX s. : les Beroulx, h. c^e Montrevel : — h. c^e Salaize.

Beroy, XVIII s. : voy. Bererits.

Berraz, XIX s. : voy. Ber.

Berri (de), XIV s. : les Berres, mas c^e Gillonnay.

Berriana, XIV s. : Berrievre, XVIII s. : voy. Berianas.

Berrint, éc. c^e Roche.

Berrière, XIX s. : voy. Beaurayey.

Berrievre, B-iana : voy. Berisnas.

Berrius, XIX s. ; Berruen, XVIII s. : voy. Baregeril.

Berruyère (La), XVI s. : Berruyer, éc. c^e St-Bonnet-de-Chavagne.

Berruyers (Les), XVIII s. : voy.

Beureri.

Berry, m^on c^e Pommier.

Bersarot, l. disp. c^e Roybon.

Berseranderlin (mas. des), XV s.; *Bergerandière*, vill. c^e N.-D. de l'Osier.

Bersini (mand.), XIV s.; *Bersyns* (castr. de): voy. Borziacum.

Bert (Le), h. c^e les Avenières; — h. c^e Villefontaine.

Bert, XVIII s.: voy. Ber.

Bertallet (Grand et Petit), étangs c^e Bossieu.

Bertamieux (Les), vill. c^e Izeaux.

Bertassière, h. c^e Bellegarde-et-Poussieu.

Bertaudière (La), h. disp. c^e de Choseau; — f. c^e Décines-et-Charpieu; — h. c^e Gillonnay.

Berte, éc. c^e Oxson.

Bertelet (Grand et Petit), îles dans le Rhône, c^e Meyzieu.

Bertellière (La), éc. c^e Velanne.

Bertelons (Les), XVIII s.: voy. Bertolets.

Bertent (mas.), XV s.; *les Bertens?*, l. disp. c^e la Chum-et-Pâquiers.

Bertet, m^on c^e Châlon; — m^on c^e Boissieu.

Bertet (Le), XVIII s.: voy. Berto.

Berthaud, m^on c^e Cour-et-Buis.

Berthelet, m^on c^e Beaurepaire.

Berthet, f. c^e Colombier-Saugnieu; — h. c^e Faramans; — (le), h. c^e Villefontaine; — (le), h. c^e Voissant.

Berthet, m^on c^e Revel-et-Tourdan.

Berthier, éc. c^e Lans; — (le), h. c^e St-Christophe-Entre-Deux-Guiers.

Berthollet (Le), h. c^e Pressins.

Bertholomat (ruiss. de), c^e les Badinières.

Bertholon (Le), h. c^e d'Oytier-et-St-Oblas; — h. c^e Pommier.

Berthon, XIX s.; *les Bertons*, vill. c^e les Éparres.

Berthoudi (castr.), XVI s.; *Crêt-Berthet*, mont. c^e la Chapelle-du-Bard.

Berthoulet, éc. c^e Vienne.

Bertier, m^on c^e Beaurepaire.

Bertier, éc. c^e Motte-d'Aveillans; — (Le), h. c^e St-Savin.

Bertin (Le), mont. c^e St-Lumier.

Bertine (La), vill. c^e Colombe.

Bertini villa, XIV s.: voy. Beuertence.

Bertiqulère, h. c^e Chatte.

Berto, XIV s.; *les Berthets*, h. c^e de Vizille.

Bertaulière (La), XVI s.: voy. Bertaudière.

Bertoin, m^on c^e Bellegarde-et-Poussieu.

Bertolesta (Les), XVIII s.; *le Bartelon*, h. c^e Coublevie.

Bertun, m^on c^e Domarin.

Bertomeria villa, XIV s.: voy. Bretonnery.

Bertous (Les), h. c^e St-Maximin.

Bertouderes (villa de), XIV s.; *Bertoudeyres?*, l. disp. c^e le Gua.

Bertoule (La), éc. disp. c^e Pinsot.

Bertrand (ruiss. de), arr. c^es Brézieux, Châtenay et Viriville.

Bertrand, m^on c^e les Côtes-d'Arey; — m^on c^e Revel-et-Tourdan.

Bertrandari (territ. de la), XIV s., B-deri: *la Bertrandière*, l. disp. c^e Communay.

Bertranderias, XIV s.; *Bertranderyres*, mas c^e Creuse.

Bertrauds (Les), h. c^e Nantes-en-Ratier; — f. c^e Traussel.

Berts (Les), vill. c^e Theys.

Beruartz (caban. de la), XIII s.; Beruers (chavan. de), XIV s.; *Bernard*, mas c^e Vaulnaveys-le-Bas.

Berziacum villa, XI s.; Berzini (castr.), XIV s., B-num, Berzinns; *Bresius*, c^e c^es St-Étienne-de-St-Geoirs.

Bru, XV s.: voy. Baucianco.

Bes (Ulnis): voy. Besalls.

Besu (La), XII s.; Bescia: voy. Bocia.

Besam, Besan, XIV s.; *Bersan*, h. c^e Auberives.

Besant, XIV s.: voy. Bessant.

Beurei (el), XIII s.; Bessey: *le Bessal*, bois c^e Vaulnaveys-le-Bas.

Besceto (farm. de), XIV s.; Besceto (villag. de), XV s.: voy. Bascol.

Bescie (villa), XIV s.: voy. Borlis.

Bescie, XIV s.; Besset (bois), XVIII s.: voy. Bexce.

Besenetum, XIV s.: voy. Bormeys (li).

Beuenas, IX s.; *Meuseuus*, vill. c^e St-Marcel.

Beset (lo), XIII s.: voy. Bessey.

Beslane, gr. disp. c^e Besse.

Besoux (La), forêt, XVIII s.; *Bessous* (combe du): voy. Blesi (comba).

Bessant, XIII s.; *Bessens*, h. c^e Vienne.

Bessard, éc. c^e Allevard.

Bessat (Le), ruiss. c^e Seyssins.

Bessata vetera (ad), XIV s.; *les Besses*, ruiss. affl. Drac, arr. c^es Varces, Allières-et-Risset.

Bessay (Grande et Petite), XVIII s.; *le Bessey*, h. c^e Châbons.

Bessay (mas du), XVI s.; *le Bessey*, mas c^e Choseau.

Bessay (Les), XVIII s.; *le Bessey*, ruiss. c^e la Garde.

Bessay (Le), XVIII s.; *le Bessat*, ruiss. c^e St-Pierre-de-Mésage.

Besse, c^e c^es Bourg-d'Oisans, dioc. Grenoble, égl. St-André.

Besse (La), m^is c^e Clavans.

Besse, m^on c^e les Côtes-d'Arey.

Besselis (riv. de), XV s.; Besset (Le), XVIII s.: voy. Bevac.

Besselo (dom. Templi de), XV s.: voy. Becey.

Bessement, XVIII s.; Bessey-ment, éc. c^e Torchefelon.

Besseray, f. c^e de Villeneuve-de-Marc.

Besset, XVIII s.: voy. Bessey.

Besseto (in), XV s.: voy. Becey's (li).

Bessette, h. c^e les Avenières.

Bessey (nem. de), XV s.; *le Bessey*, vill. c^e Brezins.

Bessey (a), h. c^e la Chapelle-de-la-Tour; — éc. c^e Charavines.

Bessey (Le), mas c^e Choseau.

Bessey (molend. in, mans. deu), XIV s.; *le Bessey*, mas c^e la Flachère.

Bessey, XVIII s.; *Bierssy*, bois c^e Marnans.

Bessey (tenem. nem. et bruerium app. lo), XV s.; *le Bessey*, bois disp. c^es Penol et Sardieu.

Bessey (Le), mont. c^e Livet-et-Gavet; — h. c^e Ruy; — h. c^e St-Priest; — éc. c^e St-Sulpice-des-Rivoires; — mont.

c⁰ Siévoz ; — h. c⁰ Trauoux.

Bessey, XIVe s. : voy. Bezey.

Bessey (Le) : voy. Bois Ravel.

Besseya, XVIe s.; le Bessevit, mas c⁰ Thodure et Virlville.

Besseyaz (La), h. c⁰ St-Romain-de-Jalionas et Villemoirieu.

Besseyre, XVIIIe s. : voy. Balssaire.

Besseyriond (mem. alt. ou), XVe s. : voy. Besson Ruel.

Besseys (nem. doul), XVe s. : le Bessey, bois c⁰ Cessieu.

Besslat (Le), l. disp. c⁰ St-Paul-de-Varces.

Besslis (in vlio) : voy. Pierres-Besses.

Bessila (aqua de), XVe s. : voy. Salsa.

Bessins, c⁰ c⁰⁰ St-Marcellin, dioc. Vienne, égl. St-Martin.

Besslis (eccl. de), XIIe s. : Besslis (eccl. de), XIVe s. : Besslarum villa. XVe s. : Beysslis (villa de) : voy. Besslis.

Besson (Le), h. c⁰ les Abrets : — ruiss. aff. la Bourne, c⁰ Choranche : — h. c⁰ Brezins : — h. c⁰ Gillonnay ; — bois c⁰ St-Bernard.

Besson, XVIIIe s. : voy. Bruison.

Bessonerias (ap.), XIVe s. : Bessonnière, éc. c⁰ Clelles.

Bessonnière, XIXe s. : Buissonnière, éc. c⁰ Clelles.

Bessonnis (mans.), XIVe s. : Besson, ruiss. aff. l'Ebron, c⁰ Lavars.

Betagcu (cant. de), XVIIIe s. : Bétagneux, bois c⁰ Sarcenas.

Betenno, B-on, Beteno (capell. de), XIVe s.; (parr. de), XVe s.; Beptenoul, h. c⁰ Villemoirieu.

Beter, XIXe s. ; les Beters, h. c⁰ St-Bonnet-de-Chavagne.

Bethenas, XIXe s. : Bepthenaz, h. c⁰ Crémieu.

Bethenus (preceptoria S. Joannis de), XVe s. : Moutinode, chât. c⁰ Villemoirieu, anc. comm. de Malte.

Bethenox et Ville (eccl. de), XVe s.; Bethenoud, XVIe s. : voy. Betenno.

Béthoux, éc. c⁰ St-Arey.

Betlis (eccl. de), XIIe s. : voy. Beclis.

Beton, Betonibus (villa de), XIVe s. ; les Bettons, h. c⁰ Avignonet et la Cluze-et-Piquiers.

Piquiers.

Betonus (Les), XVIIIe s. : voy. Beton, Betonibus.

Betors (Les), XIXe s. : voy. Beters.

Betoux (Les), XIXe s. : voy. Bettoux (Les).

Betoya villa. XIVe s. : Betu, mas c⁰ d'Oz.

Betta (Le), mont. c⁰ Laval.

Bettarias (Les), XVIIIe s. : voy. Bituriacli villa.

Bettoux (Les), XVIIIe s. : les Béthoux, h. c⁰ la Motte-d'Aveillans.

Betz (Les), XVIIIe s. : les Bers, h. c⁰ la Cluze-et-Piquiers.

Beu (Les), vill. c⁰ St-Michel-de-St-Geoirs.

Beuvelin (bord. de), XIVe s.; Bévelin l, l. disp. c⁰ Herbeys.

Beuclards (Les), XVIIIe s. ; Beurliard, h. c⁰ St-Antoine.

Beusertenus (les), XIIIe s. : les Bertins l, l. disp. c⁰ Vaulnaveys-le-Haut.

Beufz (mans. des), XVIe s. : le Cullet, mont. et chal. c⁰ Allevard.

Beuguislas, XIVe s. : Beguin, h. c⁰ St-Pierre-d'Allevard.

Beuilles (Les), mont. c⁰ St-Pierre-de-Chartreuse.

Beurcei, B-in (territ. de), XIVe s. ; le Beurcier, h. c⁰ des Abrets.

Beureten, B-ez, B-tis, Bettes (mans. ten. de), XVe s. : les Beurettes, éc. c⁰ Prunol, anc. terrt. c⁰⁰ Ornacieux, Prunol, Balbins, Marcillolos et Sardieu.

Beurreyre, XIXe s. : voy. Beaurayry.

Beurwin, XVIe s. : voy. Herziarum.

Beuvenais, XIIIe s. : Bevennis, c⁰ c⁰⁰ le Grand-Lemps.

Beuvoyl (villa et parr. de), XIVe s. : voy. Buvyu.

Bevenais, c⁰ c⁰⁰ Grand-Lemps : dioc. Vienne, égl. St-Marcellin.

Bevenays (eccl. de), XIVe s. ; Bevenays : voy. Beuvenais.

Beveners, XIVe s. : Bevenesil (eccl.), XVe s. : Bevenexidum, XVIe s. : voy. Beuvenais.

Bevour : voy. Beroux.

Bevren, XIVe s. : voy. Biern.

Bevyeren, XVIe s. : voy. Biveu.

Beyeta (Les), h. c⁰ St-Martin-d'Uriage.

Beyllon, XIXe s. : voy. Beliouux.

Beyn : voy. Bain onlpia des.

Beynez (Les), h. disp. c⁰ la Chapelle-de-la-Tour.

Beynus (riv. de), XIVe s. : Beyn, XVe s. : voy. Beus.

Beyrets (Les), h. c⁰ St-Martin-d'Uriage.

Beyriouus (villa de), XVe s. : Beyrievus (bois de), XVIIIe s. : voy. Berlanas.

Beyrone (territ. de), XVIe s. : Beyreon ; Beyron, l. c⁰ Corbas.

Beys, XVIIIe s. : Beix, mas c⁰ Trept.

Beys, tour, XVIIIe s. : voy. Basciaseu.

Beysalul (parr.), XVe s. : voy. Balsin.

Beyssere : Baissnière, éc. c⁰ St-Geoirs.

Beyssalul (parr.), XVe s. : B-ms Viennensis (eccl. S. Martini de) : voy. Balsin.

Bez (riv. de), XIIIe s. : le Blie, ruiss. c⁰ la Balme.

Bezey (alt. XIIIe s. ; le Bessey, h. c⁰ Allevard.

Biaillen (Les), mas c⁰ Aguin.

Biais (Le), h. c⁰ St-Quentin-Falavier.

Bialière (La), XVIIIe s. : la Beurlière, ruiss. aff. du Palluel, c⁰ Voreppe.

Bianet : voy. Bennet.

Bianna, XIVe s. : Bianane, h. c⁰ Janas.

Biannn, B-az, XVe s. : Biannier, h. c⁰ Moidieu.

Biauni (in), XIIe s. : Biaun (le Grand et le Petit), hh. c⁰ Bourgoin.

Biar, XVIIe s. : voy. Biardis.

Biard, mas c⁰ Passins.

Biardis (territ. de), XIVe s. : les Biards, mas c⁰ Vienne.

Biards (Les), vill. c⁰ Gières.

Biau (Le), ruiss. aff. la Marsanne, c⁰ Chantelouve.

Biau Repaire, XVe s. : voy. Bellorepayre.

Biaumont, XIVe s. ; B-t en Grayssvodan, XVe s. : voy. Bel Monte.

Biboullet, XIXe s. : Bibouling, h. c⁰ Corbelin.

Bibureus (ap.), XIVe s. ; le Bigot, h. c⁰ Veyrins.

Bicotti, XIV s. : voy. Bigoti.

Bidoud, h. c° Montcarra.

Bieclus (Les), XVIII s. : voy. Bezzola.

Bielarum (territ.), XIV s. : les Bievres, vill. c° St-Jean-de-Bournay.

Biess (al), XIV s. : les Blais, h. c° Monteynard.

Bievz (Les), XIV s. : les Bievers, mas c° Beaurepaire et Leux-Lestang.

Bievz (La), XIV s. : voy. Bevz.

Bevkou, h. c° la Batie-Montgascon ; — h. c° Chimilin.

Bielle (La), ruiss. c° Châtonnay.

Bielois, XIX s. : voy. Bilois.

Biennassol, XVIII s. : Bois-Moussol, h. c° St-André-le-Gaz.

Bien-Amis, XVI s. : Bienassin, h. c° Villemoirieu.

Bienna, XV s. : voy. Bianna.

Biennensis (provincia), III s. : voy. Viennensis (provincia).

Biennet, XVIII s. : voy. Bernet.

Biennysius, VI s., Biennalos : voy. Viennensis (provincia).

Biera villa, XI s. ; Bierraa (fort. in silvis exartilis in villa) : Bière, plaine élevée et vaste sur les limites des arr** la Tour-du-Pin, St-Marcellin et Vienne ; s'étend sur c** St-Blaise-du-Buis, Apprieu, Colombe, le Grand-Lemps, Bevenais, la Frette, St-Etienne-de-St-Geoirs, Sillans, Izeaux, Beaucroissant et Rives ; anc. forêt.

Bies, Biez (territ., andar. du), XV s. : voy. Bevio.

Bieses, XV s. : voy. Byesses.

Biessay (bois), XVIII s. : voy. Bessay.

Bieune (La), h. c° Biol ; — ét. c° St-Didier-de-Bizonnes et ruiss. aff. Hien, arr. c** St-D.-de-B. et Belmont.

Biessera, XVIII s. : voy. Buissieraz.

Biesmes (Les), h. c° Châtonnay ; — h. c° Lentiol.

Bienal, gr. disp. c° St-Etienne-de-St-Geoirs.

Bieurez (nem. de), XIV s. : voy. Biera.

Bieussy (nem. de), XV s. ; la Bieuse, bois disp. c° St-Chef.

Bièvre, f. c° St-Hilaire-de-la-Côte.

Bievres (nem. de), XIV s. : voy. Biera.

Bievrez (riv. de), XVII s. : la Bièvre, riv. aff. Rhone, arr. c** Pressins, les Abrets, Chimilin, Romagnieu, Aoste, Granieu et les Avenières.

Biez (Les), ruiss. c** Ste-Blandine et Montagnieu.

Biez (riv. de), XIV s. : voy. Bez.

Bièze (La), h. c° Ruy.

Bifurcation (La), éc. c° Beaucroissant.

Bigalet (Chez-), h. c° St-Geoirs.

Bigara, h. c° Montalieu-Vercieu.

Bigards (Les), XIX s. : voy. Bijardi.

Bigeards (Les), XVIII s. : voy. Bijardi.

Bigo : Chanet, h. c° St-Prim.

Bigornet, gr. disp. c° Fitilieu.

Bigoti, XV s. : les Bigots, h. c° St-Martin-d'Hères.

Bijous (Les), XVI s. : ... c° Serpaize.

Bijoulet, XVIII s. ; Bigoullet, h. c° Pollienas.

Bilets (Les), h. c° Parizet.

Bilhardieres (en), XVII s. : le Billard, h. c° Miribel-les-Echelles.

Bilion (Le), XVIII s. : voy. Bilvinina.

Billard, éc. c° Miribel-Lanchâtre ; — (lez), h. c° Torchefelon.

Billardiere, XVII s. : voy. Billardieres.

Billaudière, h. c° Jonage.

Billeret, h. c° Biviers.

Billeret, XVIII s. : le Billery, h. c° Sassenage.

Billet, gr. disp. c° Cras.

Billeu, XVI s. : voy. Billiesco.

Billian (rocher de), XVIII s. ; B-us, XIX s. : le Rocher-Blanc, Billau, mont. c** la Ferrière et Vaujany.

Billiers : Billien (contergia des), XVII s. : Billaunel, éc. c° St-Christophe-Entre-Deux-Guiers.

Billiesco (curat. S. Albani de), XV s. ; Bilieu, c° c** Virieu ; — (Grand et Petit), hh. c° Billieu.

Billiet (Le), éc. c° St-Pierre-de-Chartreuse.

Billieu, c° c** Virieu ; dioc. Vienne, égl. St-Alban.

Billim, Billum (mans.), XIII s. ;

Billoins, XVI s. ; Billon, XVIII s. ; Bialet, chal. et mont. c° Ste-Marie-du-Mont.

Billon (pré du), XVII s. : Billon, XVIII s. ; Billon (Aubert du), XIX s. : le Billon, mont. c° St-Pierre-de-Chartreuse.

Billoneys, Boneys (nem. de), XVI, XVII s. : Billonay, forêt c** Siccieu-St-Julien-et-Carisieu, Optevoz, Courtenay, Soleymieu.

Billionds (Les), h. c° St-Jean-de-Moirans.

Billon, vill. c° St-Laurent-de-Mure.

Billon, Billoins : voy. Billim.

Billauerd (chavan. de la), XIII s. : Beaunières, XVII s. : Billionière, h. c° Miribel-les-Echelles.

Billons (cottard des), XVII s. : Billon, éc. c° Miribel-les-Echelles.

Billons (Les), h. c° St-André-le-Gaz.

Billot (La), ruiss. aff. du Pré-Mazuer, c° Tencin.

Billots (Les), h. c° St-Georges-de-Commiers.

Billoud, éc. c° de St-Pierre-de-Bressieux.

Bilois (Le), XIX s. ; le Bialois, h. c° Oytier-et-St-Oblas.

Binat, h. et ruiss. c° Auberives-en-Royans.

Bin (Le), XIX s. : Bins, h. c** Ste-Anne-d'Estrablin et Chatonnay.

Binatière (La), éc. c° Moidieu.

Biol, c° c** le Grand-Lemps ; par. dioc. Vienne, égl. St-Jean-Bapt. ; — vill. c° des Abrets.

Bioles (ruiss. des), c° St-Martin-d'Uriage.

Bioles (Les), XIV s. : voy. Billim.

Biolle, terr. c° St-Jean-de-Bournay.

Biollio (eccl. S. Johan. de), XIII s. ; Biollum, XV s. ; Biol, c° c** le Grand-Lemps.

Biomont en Graysevodan (chastell** de), XV s. : voy. Belli-montis (castellum).

Bion (riv. de), XII s. ; Bione (de), XV s. : le Bion, ruiss. aff. la Bourbre, orig. c° Crachier, arr. c** St-Agnin,

Maubec, Meyrié et Bourgoin.

Bione (de), XIV s. : Biom, XVIII s. : voy. Biaunol.

Bionne, mls et Roche.

Biot, gr. et Pinsot : — h. et Bovon.

Bioubouillant, XVIII s. : *Bois-Bouillant*, bois et Villard-St-Christophe.

Biousey (La) ou le bois des Fours, XVIII s. : *la Biousaz*, bois et St-Cluef.

Bioyl, XIV s. : voy. Biollle.

Birerie, XVIII s. : voy. Beourayey.

Birgusia, e.VII s.: voy. Bergusia.

Birieu, XV s. : voy. Burieu.

Birochou (Las), XVIII s. : *le Birochon*, h. et Roche.

Biron (Le) : voy. Besiron.

Bis, XVI s. : voy. By.

Bisannes, XIV s. : voy. Bisonnes.

Bisen (territ. de), XIV s. : *Bizien*, mas et Sievieu-St-Julien-et-Carisieu.

Bisolen (terra de), XI s.: *Bisary*, h. et des Côtes-d'Arey.

Bison (ruiss.), XVIII s. : voy. Bouzon.

Bisones (dom. f. de), XIV s. : Bisonnes (parr.) : Bisonarioa (eccl.), XV s. ; *Bisonnes*, et es le Grand-Lemps.

Bisornot, éc. et Miribel-les-Echelles.

Bissera (La), XIX s. : Bisseleraz : voy. Buisseleraz.

Bissi (combat), XV s. : *la Bessas*, bois et St-Laurent-du-Pont et St-Joseph-de-Rivière.

Bissonlère : Bissonyeri (territ. de la), XVI s. : *les Boissonnières*, mas et Eyzin-Pinet.

Bissonnes (forter. de), mamel de la Coste, XV s. : voy. Bisones.

Bissoullière, h. et Cognin.

Bit, éc. et Chatte : — éc. et Séchilienne : — h. et St-Martin-d'Uriage.

Bitusson, éc. et St-Sauveur.

Bitoux (ruiss. de), aff. du Grand-Canal, et Revel.

Bivan, h. et l'Albene.

Bivel, Biviaco, Biviol (parr. de), XIII s. : voy. Biveu.

Biveria, Biveriis (de), XII s. : voy. Biveu.

Bivet, h. et Bonne-Famille.

Bivet (riv. de), XV s. : *le Bivet*, ruiss. et Reventin-Vaugris.

Bivou (essel. S. Marie de), XI s.: Bivin, Bivyra, XVII s. : *Rivières*, et eau Grenoble-Est.

Biviers, et eau Grenoble, dioc. Grenoble, égl. N.-D. de Pitié ou des Sept-Douleurs.

Bivres (mem. de), XV s. : voy. Biera.

Bize (La), terr. : *Leby*, éc. et ruiss. et St-Isuler.

Bizonnes, et eau le Grand-Lemps : dioc. Vienne, égl. Sts-Ferréol et Pierre.

Blaches (nem. les), XIII s : Blachie (magna foresta), XV s. : Blache (for. ruy. de la), XVII s. ; *la Blache*, for. et St-Georges-d'Espéranche et Roche.

Blacia (La), XIV s. : voy. Blachila.

Blachasson, mont. et Entraigues.

Blachaulle ou l'Aye, XVIII s. : voy. Blacholes.

Blache (La), bois, et Châtonnay : — h. et la Côte-St-André : — éc. et Four ; — éc. et Longechenal ; — éc. et Méaudre ; — f. et Roybon ; — éc. et St-Just-de-Claix.

Blache (La), XVIII s. : voy. les Blaches.

Blaches-de-Bourjounière (La), f. et Dionay.

Blaches-Jean-Clos (La), bois et St-Antoine et Dionay.

Blache Longe, XVIII s. : voy. Blachila.

Blache-Raillet, h. et Chatte.

Blachère (La), XVIII s. : voy. Blancheriis.

Blaches (Les), h. et Beaucroissant ; — h. et Châbons ; — bois et Chantelouve ; — h. et Cour-et-Buis ; — h. et Eyzin-Pinet ; — bois et Faramans et Pajay ; — h. et Marcilloles ; — h. et Meyssiés ; — éc. et le Monestier-du-Percy.

Blaches (Les), XIV s. ; *la Blache*, éc. et Champier.

Blaches (Le), la Blanche, XVI s. : *la Blache*, l. disp. et Jallieu.

Blaches (Les), forêt et Montseveroux ; — h. et St-Bonnet-de-Chavagne ; — bois, et St-Georges-de-Commiers ; — bois et St-Jean-de-Vaulx ; — mas et St-Martin-de-Clelles ; — éc. et St-Michel-de-St-Geoirs ; — h. et St-Sauveur ; — h. et Salaize ; — h. et Treffort.

Blaches (Les) : voy. Fandon.

Blacheta, XIV s. : *la Blachette*, bois et Valjouffrey.

Blacheya (domain. des), XVI s. : *la Blache*, vill. et Beaulieu.

Blachi (La), XIII s. : B-la (de), XIV s. : *la Blache*, f. et Chabons.

Blachi, B-la, XIV s.: *la Blache*, bois et Cognin.

Blachi Bonerii (loc. dict.), XIV s.: *la Blache*, bois. et Serres-et-Nerpal.

Blachus (de), XIII s. : Blachi, XV s. : *les Blaches*, h. et le Peage-de-Roussillon.

Blachia (clavan. de) : *le Sert*, h. et St-Michel-en-Beaumont.

Blachia, XIV s. : *les Blaches*, éc. et Tullins.

Blachia (mans. de), XV s. : *la Blache*, l. disp. près Vif ; — vill. et Vinay.

Blachia Nigra, XIV s. : *le Bois-Noir*, et Villard-St-Christophe.

Blachia Rotunda, XIV s.; *Bois-Rond ou Touchelouge*, bois. et Villard-St-Christophe.

Blachia villa, XIV s. : Blache de Lauvet, XVIII s. : *la Blache*, h. et la Morte.

Blachia villa, XIV s. : voy. Blachy.

Blachir, les Blaches, XIV s. : *la Blache*, éc. et Commelle.

Blachila (int, XIV s.; *la Blache*, bois et Aulnel.

Blachila (int, XIII s.; *la Blache*, h. et Chatelus.

Blachila des, XIII s. : *les Blaches*, éc. et Clelles.

Blachila (int, XIV s.: *les Blaches*, mas et Beaumont.

Blachila (int), XV s. : *les Blaches*, forêt et Valjouffrey.

Blacholes (Les), XVIII s. ; *la Blachole*, bois et Pierre-Châtel.

Blachon, éc. et St-Bonnet-de-Chavagne.

Blachons (Les), h. et le Villard-de-Lans.

Blachy (cavan. de la), XIII s.: *la Blache*, h. disp. c⁰ Valbonnais.

Blaciaco, VIII s.: *Blet*, mas c⁰ Porcieu-Amblagnieu.

Blaciacum, X s.: *Plassieux*, vill. c⁰ Chaponnay.

Bladoleyri (La), XIV s.: *la Brandouillère*, bois c⁰ la Rivière.

Blagnacum, XIV s.: voy. Blagnou.

Blagnou, XIII s.; Blagnie, XIV s.; Blagnyeu, XVI s.; *Blagnieu*, chât. et h. c⁰ Chavrières; anc⁰ com.

Blainte (La), ruiss. affl. du Grignon, c⁰ Roybon.

Blainville (château); *la Perrière*, chât. et f. c⁰ Primarette.

Blanc, gr. disp. c⁰ l'Albenc; — (le), c⁰. c⁰ Lans; — c⁰. c⁰ Méaudre.

Blanc, m⁰⁰ c⁰ Montseveroux.

Blanc, m⁰⁰ c⁰ Murinais; — m⁰⁰ c⁰ Paut; — m⁰⁰ c⁰ Primarette; — gr. c⁰ St-Pierre-d'Entremont; — m⁰⁰ c⁰ Tencin; — gr. c⁰ Venosc.

Blanc, XIX s.: *les Blancs*, h. c⁰ le Percy.

Blanc, m⁰⁰ c⁰ Vienne.

Blanchard (Bois, XVIII s.: *le Blanchon*, bois c⁰ Viriville.

Blanchardain, XVIII s.: voy. Blanchardères.

Blanchardères (cavan. de), XIII s.; Beleyrils (laouin. de): *Blanchardeyres*, h. c⁰ Cornillon-en-Trieves.

Blanchardeils (in), XV s.; *Blanchardière*, mas c⁰ St-Martin-le-Vinoux.

Blanchardil (costa), XV s.: voy. Blanchet.

Blanche (la), bois c⁰ de Beauvoir-de-Marc.

Blanche (for. de la), XIV s.: voy. Blacches.

Blanche-Cattin, XIX s.: voy. Planche-Catin.

Blancheria (iter de), XIV s.; (molend.), XIV s.: vulg. in Prato Dalphini, XV s.; *le Pré-de-la-Trésorerie*, quart. disp. c⁰ Grenoble.

Blancheria (prat. voc.), XIV s.; Blanchisserie (la), XIX s.: *la Blancherie*, éc. c⁰ St-Symphorien-d'Ozon.

Blancherie (La), f. c⁰ Diémoz; — (la), f. c⁰ St-Marcel-de-Bel-Accueil.

Blancherils (villa de), XIV s.: *les Blanchières*, h. c⁰ St-Paul-de-Varces.

Blanches (Les), h. c⁰ St-Christophe-Entre-Deux-Guiers; — l. disp. c⁰ St-Martin-d'Uriage.

Blanchet, m⁰⁰ c⁰ Domarin; — gr. c⁰ St-Gervais; — gr. c⁰ Vaujany.

Blanchet (podium), XIII s.; *les Blancs*, h. c⁰ du Périer.

Blanchet (Le), XIX s.: voy. Banchet.

Blanchetil (riv.), XIV s.; Blanchetorum (comba); *Blanches, (torr. des)*, c⁰⁰ St-Bernard et le Touvet.

Blanchetou, XIV s.; *les Blanchets*, l. disp. c⁰ Lavars.

Blanchettes (Les), gr⁰⁰ c⁰ la Chapelle-du-Bard.

Blanchex (caban. de la), XIII s.; *les Blancs*, h. c⁰ Montbonnot-St-Martin.

Blanchex (de), XIII s.: *les Blanchous*, h. c⁰ St-André-en-Royans.

Blanchias (ad), XIV s.: *les Blanches*, mas c⁰ Jallieu.

Blanchide, XIV s.; *la Roche-Blanche*, mont. c⁰ St-Christophe-en-Oisans.

Blanchisserie (Les), h. c⁰ la Buisse.

Blanchuillère (chapelle), XVII s.; *la Blanchusière*, éc. c⁰ Chuzelle.

Blanchox, h. c⁰ St-Georges-d'Espéranche.

Blancs (Les), h. c⁰ la Ferrière; — h. c⁰ Lans; — h. c⁰ Séchilienne.

Blandières (Les), bois c⁰ Commelle.

Blandin, c⁰ c⁰⁰ Virieu; par. dioc. Vienne, égl. St-Jacques-le-Majeur.

Blandonnayre, XVIII s.: voy. Blardonnière.

Blanef, XIV s.; Blanyeu, Blaniarum, XVI s.: voy. Blagneu.

Blanzino (capell⁰ parroch. de); *Blandin*, c⁰ c⁰⁰ Virieu.

Biard, h. c⁰ Moirans.

Blardonnière, h. c⁰ la Cluze-et-Pâquiers.

Blards (Les), vill. c⁰ Chapareillon.

Blassin, h. c⁰ Biol.

Blatoney (nem. de), XIV s.: voy. Bletoney.

Blavinage, XIX s.: voy. Blavinaya.

Blaygnof, XIV s.: voy. Blagneu.

Blayta (La), ruiss. c⁰ Décines-et-Charpieu.

Bleuteriorum (dom.), XV s.: voy. Bleterias.

Blef, Blet, XIV s., Blez, XV s.: voy. Blaciaco.

Blemar, XV s., Blemont, XVIII s.; *Blemmont*, f. c⁰ St-Clair.

Blétenay, f. c⁰ Diémoz.

Bletonaud, XVIII s.: voy. Betonno.

Bleterias, XIV s.: Berlis, Beyrias, XV s.; *les Bletières*, h. c⁰ des Adrets.

Blethonoy, Bletonotum, XIV s.: voy. Bletonnelo.

Bleton, h. c⁰ St-Just-de-Claix.

Bletonotum, XIV s.: *le Bletenay*, h. c⁰⁰ St-Jean-d'Avelanne et St-Martin-de-Vaulserre.

Bletoney (Le), bois c⁰ Bossieu; — for. disp. c⁰ St-Lattier; — mas c⁰ Succieu.

Bletoney (territ. de), XV s.; *Bleton*, mas c⁰ Pusignan.

Bletoney (for. de), XIV s.: *Blétenay*, h. c⁰ Royas.

Bletoneyo, XII s.: voy. Bletonnelo.

Bletoneyri (La), XIII s.: voy. Bretoneyri.

Bletonna (Le), h. c⁰ Massieu.

Blétonnay (Le), XVIII s.; *le Blétoney*, bois c⁰ Passins; — éc. c⁰ le Pin.

Bletonnet (Le), mont. c⁰ la Morte.

Bletonnelo (pars de), XII s.; *Blétenay*, h. c⁰ Meyrieu.

Bleyterias (ap.), XV s.: voy. Bleterias.

Bliez, XV s.; *Blied*, h. c⁰ Dizimieu.

Bligeards (Les), XVIII s.: voy. Blijardi.

Blijardi, XIV s.; *les Bigeards*, h. c⁰ Laffrey.

Blivinino (eccl. de), XI s.; *les Billiouds*, h. c⁰ St-Jean-de-Moirans.

Blonaf (mans. de), XV s.; *Blouce (?)*, l. disp. c⁰ Vinay.

Blonaf (mans. de), XV s. : voy. Blagnon.

Blondel, év. c⁰ Sassenage.

Blone (Basse et Haute), XVIII s. : Blaune (Haute et Basse), hh. c⁰ d'Oyeu.

Blonière (La), mas c⁰ St-Pierre-d'Entremont.

Bloses (Grandes et Petites), bois c⁰ Parmilieu.

Blous (praeria de), XV s.; Blond, f. c⁰ St-Hilaire-de-Brens.

Bluein, XVIII s. : voy. Blonaf.

Blussets, év. c⁰ le Villard-de-Lans.

Blutannay, Blutinet, XIX s.; Blétinay, h. c⁰ Chinillin.

Bluvinaya (cumba, fons), XIII s. : Bluvinage, h. c⁰⁰ Auberive et St-André-en-Royans.

Boc (lo), XIV s. ; le Bout, mont. c⁰ Pinsot.

Bocagil (eccl.), XV s. : voy. Bochage.

Bocard (Le), h. c⁰ Froges.

Bocclacum, B-inum, Boceu (ap.), XII s.; Bocclacum, Boczeu, XIV s.: voy. Boceyum.

Boccosello (de), XII s. : Boclosello, Boccosello : voy. Bocizelo.

Boccoyrone (castr., cap. S. Dionisii de), XIII s., Boccoyron : voy. Bocoirone.

Boccosellum (dom. ap. Edolchi) ; le Châtelard, h. c⁰ Eydoche.

Borel (als), XIII s. ; le Bouchet, h. c⁰ St-Jean-le-Vieux.

Bocella, B-as, B-az, XV s. : Bourcelus, quart. c⁰ Jallieu.

Bocesel, B-llum, XII s.; Boccesez, XII s. : voy. Bocizelo.

Bocet : voy. Bochat.

Boret, XIV s. : voy. Bocheto.

Boceu : voy. Boceyum.

Bocey (terra el), XIII s.: le Boissieu, h. c⁰⁰ la Buissière et la Flachère.

Boceyo (parr. de), XII s.

Boccyron, XIII s. : voy. Bocoirone.

Bocex (eix), XIII s. ; les Bois, h. c⁰ Froges.

Boch (mines ferrea al), XIV s.: voy. Boe.

Bochage, XIV s. ; Bochagio (villa et parr. S. Juliani de) : le Bouchage, c⁰ c⁰⁰ Morestel.

Bochardery (La), XV s. ; le Bouchard, mas c⁰ Rochetoirin.

Bochat, Baz (aqua, riv. de), XIII s. : Bochet, XIV s. ; le Bouchet, mas et ruiss. c⁰ la Balme.

Bocherins (apud), XIV s. : voy. Bocherin.

Bocherio (P. de), XIV s. : le Boucher, h. c⁰ Chavanoz.

Bocherio (villa de), XIV s. : Bouchier, h. c⁰ St-Ambel.

Bochers (subtus), XV s. : Boucheys (chemin des), c⁰ St-Nazaire.

Boches, XVII s., B-s ou les Savoyens, XVIII s. : voy. Bosches.

Bochet (territ., trivio dim), XV s. : le Bouchet, l. disp. c⁰ Genas.

Bochet (villa de) : Bocheto (mons de), XIV s. ; le Bouchet, h. c⁰ Cirosse.

Bochet (el), XIV s. : le Bouchet, mas c⁰ la Terrasse.

Bocheti (nem. Parvi), XIV s. : Bochez (chavan. del) ; le Bouchet, bois disp. c⁰ Herbeys.

Bochetis (prata de), XIV s. : B-is (loc. de). XV s. ; les Bouchets, mas c⁰⁰ Oz et Villard-Reculas.

Bochetis du Loup (prata de), XV s. : le Bouchet-du-Loup, l. disp. c⁰ Theys.

Bocheto (territ. de), XV s. : le Bouchet, h. et ét. c⁰ la Chapelle-de-la-Tour.

Bocheto (de), XIV s.; le Grand-Bouchet, ruiss. c⁰ Tréminis.

Bocheto (in), XV s. ; le Bouchet, mas c⁰ Veyrins.

Bochetum (nemus), XIV s. : le Bouchet, bois, c⁰ Allemont.

Bochetum, XV s. : Bouchet, éc. c⁰ Goncelin.

Bochetum, XIV s. : Bouchet, éc. c⁰ St-Nazaire.

Bochetum villa, XIV s. : le Bouchet, l. disp. c⁰ Cholonge.

Bochifray, XVIII s. : voy. Beau Chiffret.

Bochivienne, XVI s. ; voy. Berlie Vienna.

Bochosel, XIII s. : Bochosello (de), XIV s. : voy. Bocizelo. Bocosella.

Bochosello (mans. de), XIII s.: voy. Bossosello.

Bochyosos, XII s. : les Bojeys, mont. c⁰⁰ St-Christophe-Entre-Deux-Guiers et St-Pierre-de-Chartreuse.

Bocineus, XIV s., Bocion, XIV s. : Bouxion, vill. c⁰ Ruy.

Bocizelo (castr.), 1000; Bocsuzel, h. c⁰ le Mottier.

Bocolgron (de), XIII s. : voy. Bocoirone.

Bocoirone (cap. de), XI s. ; Bocoleun, XII s.: Bouqueron, chât. et h. c⁰ Corenc.

Bocoronis (castr.), XII s. : Bocoronis (strata) : voy. Bocoirone.

Bocosello (de), XI s. : voy. Bocizelo.

Bocoyron (de), XIII s. ; Bouqueron, h. c⁰ Vizille.

Bocqueron, XVI s. : voy. Bocoirone.

Bocosello (de), XII s. ; Bocozellum, XIII s. ; Bocsuzel, XVIII s. : voy. Bocizelo.

Bocsancler, XIV s. : voy. Bolziaro.

Bocsuzel, h. c⁰ du Mottier ; — l. disp. c⁰ Slévoz.

Bocsuzel, XII s. ; Bocsuzellum. XV s. : voy. Bocizelo

Boczosellum (dom.), ap. S. Hylarium, XIV s.; Charlière, h. c⁰ St-Hilaire-de-la-Côte.

Bocru (de), XIV s. : le Becou. mas c⁰ de Pontcharra.

Bocsutum, XIV s., Bocntum ; Ihoun, h. c⁰ St-Pierre-d'Allevard.

Boderan (Le) ; le Baudrant, h. c⁰ de Charancieu.

Boderan (Le), XVIII s. : voy. Beaudran.

Bodesin (nem. de), XV s.; Bodet, bois, c⁰ St-Martin-d'Uriage.

Bodets (Les), XIX s. ; les Boudes, h. c⁰ Salaize.

Bodillons (Les), XVI s. ; les Boudillous, vill. c⁰ Chatte.

Boeriis (villa de), XIV s. : les Buyers (h. l. disp. c⁰ le Gua ; — l. disp. c⁰ St-Paul-de-Varces.

Boesse (eccl. de), XVI s. : voy. Boveci.

Boeuf (mont. du), c⁰ Château-Bernard.

Boeuf (Le), l. disp. c⁰ Revel.

Boeus (Les), h. c⁰ Biviers.

Boeufs-Rouges (Les), mont. c⁰

St-Christophe-en-Oisans.

Boey, h. cⁿ Ruy.

Bogeis (plat. del), XIII s. ; Bogeys : voy. Buegies.

Bogms, XIII s.; Bogez, XIV s.; Bogeys (parr. de), XV s. : voy. Buegies.

Bogeti, XV s. : voy. Borgeti.

Bogiael (prioratus), XIII s. ; Bogies (eccl. Bⁿ Marie de), XIV s. ; Bogyez, XVI s. : voy. Buegies.

Bogils (priorat. de), XIII s. : voy. Buegies.

Boharcorum (mans.), XV s. : voy. Borrellenes.

Boici (La), XII s. : voy. Boissa.

Boigies (prior de), XIV s. : voy. Buegies.

Boilatière (La), XIX s. : la Balatière, h. cⁿ St-Jean-d'Avelanne.

Boindrieu, ruiss. cⁿ Cour-et-Buis.

Boines (Les), mas cⁿ la Motte-d'Aveillans.

Boisfond, f. cⁿˢ Chamagnieu, Clouzeau et Panossas.

Boiron, éc. cⁿ Chuzelle.

Boiron, XIX s. : voy. Boscus Rotundus.

Bois (Le), vill. cⁿ Apprieu ; — h. cⁿ Beaucroissant ; — (Les), h. cⁿ Biol ; — (Le), cⁿ Cessieu ; — (Le), h. cⁿ Chassignieu ; — h. cⁿ Châtonnay ; — (Les), h. cⁿ Chatte ; — (Les), h. cⁿ Chimilin ; — h. cⁿ Dolomieu ; — h. cⁿ Faverges ; — (Les), h. cⁿ Froges ; — éc. cⁿ Gières ; — h. cⁿ Granieu ; — (Les), h. cⁿ Izeaux ; — éc. cⁿ Méaudre ; — éc. cⁿ Montaud ; — (Le), h. cⁿ Renage ; — vill. cⁿ St-Appolinard ; — h. cⁿ St-Christophe-en-Oisans ; — h. cⁿˢ St-Geoire et St-Sulpice-des-Rivoires ; — h. cⁿ St-Georges-d'Espéranche ; — h. cⁿ St-Pierre-de-Bressieux ; — h. cⁿ St-Victor-de-Cessieu ; — h. cⁿ Septème ; — h. cⁿ de Tèche ; — vill. cⁿ Théneillin ; — (Les), mas cⁿ le Touvet ; — (Le), vill. cⁿ Veyrins ; — (Les), h. cⁿ Villeneuve-de-Marc.

Bois (Le), mas cⁿ la Motte-St-Martin.

Bois (eccl. de), XIII s. : voy. Buxio.

Bois (martinet du), XVIII s.: le Pont-de-Buis, joui sur le Guiers-Vif, entre cⁿˢ St-Pierre-d'Entremont et Entremont-le-Vieux (Savoie).

Bois, Boscus, Boys, Boxum : voy. Bussieu.

Bois-d'Artas, h. cⁿ Grenoble.

Bois-d'Aval, h. cⁿ Chasse.

Bois-d'Avène, h. cⁿ Chaponnay.

Bois Bacha, XVIII s. : voy. Bachat (Le).

Bois-du-Banc (Le), bois, cⁿ Ambel.

Bois-Baurin, éc. cⁿ Montseveroux.

Bois-Blanc, h. cⁿ Entre-Deux-Guiers.

Bois-Brutel ou Grands-Hommes ; Broteau (chemin du), cⁿˢ Meyzieu et Jonage.

Bois-Brunet, éc. cⁿ Châtonnay.

Bois-Cailliard, h. cⁿ Chélieu.

Bois-Calet, éc. cⁿ Theys.

Bois-des-Carmes (Le), bois cⁿ St-Jean-d'Avelanne.

Bois-Carré, h. cⁿ Corbelin.

Bois-Chaboud, h. cⁿ St-André-le-Gaz.

Bois-Chastaing ; le Chatain, bois cⁿ Beaucroissant.

Bois-Chevalier, bois cⁿ Corps.

Bois-Chévrier, éc. cⁿ Beauvoir-de-Marc.

Bois-de-Claix (Le), h. cⁿ St-Just-de-Claix.

Bois-Claret, h. cⁿ St-Nazaire.

Bois-Clot, île du Rhône cⁿ Meyzieu.

Bois-Commun, éc. cⁿ Septème.

Bois-Couï, bois cⁿ Dionnay.

Bois Couchut : voy. Buissonnet.

Bois Cuirieux, XVIII s. ; Bequérieux, h. cⁿ Torchefelon.

Bois Daulphin, XVI s. ; les Blaisivaux, h. cⁿ St-Egrève.

Bois-Dauphin, bois cⁿ Poumier.

Bois-du-Four (Le), h. cⁿ Malrans ; — bois cⁿ St-Georges-d'Espéranche ; — ou la Bajasse, bois cⁿ Voreppe.

Bois-Français, f. cⁿ le Versoud.

Bois-Henry, bois cⁿ la Valette.

Bois d'Heyrieu ; le Plan, forêt cⁿ Heyrieu.

Bois de l'Ile, bois cⁿ les Côtes-d'Arey.

Bois-d'Inoud (Le), mas. cⁿ Cour-et-Buis.

Bois-Jean, XVIII s.; le Boujeau.

Bois-de-Ladras, XVIII s. ; Bois-Berrenin, bois cⁿˢ Cessieu et Ruy.

Bois-Longet, bois cⁿ Vernas.

Bois-Marquis, mas cⁿ Vernioz.

Bois-Moreau, bois, cⁿ St-Marcel-de-Bel-Accueil ; — h. cⁿ Soleymieu.

Bois-Morin, h. cⁿ la Chapelle-de-Surieu.

Bois-Noir (Le), bois cⁿ Chantelouve ; — bois cⁿ la Motte-d'Aveillans ; — bois cⁿ le Périer ; — h. cⁿ Rencurel ; — bois cⁿ St-Christophe-Entre-Deux-Guiers.

Bois-Noirs (Les), bois cⁿ de Belmont.

Bois-Peloux, bois cⁿ Laval.

Bois-Plan, XVI s., l. disp. cⁿ Roventin-Vaugris ; — forêt cⁿ St-Pierre-de-Chartreuse.

Bois-Poulet, éc. cⁿ les Avenières.

Bois-du-Prieur (Le), bois cⁿ St-Laurent-en-Beaumont.

Bois-Ratin, bois cⁿ St-Pierre-de-Chartreuse.

Bois-du-Roi (Le), ou Mourinon, forêt cⁿ Mont-de-Lans.

Bois-Reyer, XIX s. ; Bois-Royer, h. cⁿ Paladru.

Bois Rioud ou Touchelonge, XVIII s. : voy. Blachia Rotunda.

Bois-Rolland (Le), f. disp. cⁿ Grenoble.

Bois Rusel, près le Pont-de-Beauvoisin ; Clermont, h. cⁿˢ la Folatière et Romagnieu.

Bois-Rouge, éc. cⁿ St-Bonnet-de-Chavagne.

Bois Rousset, h. cⁿ St-Bonnet-de-Chavagne.

Bois-Roux, bois cⁿ Commelle.

Bois-Ruart, éc. cⁿ St-Priest.

Bois-Sabot, XVIII s.: voy. Bois-Chaboud.

Bois-de-Trièves (Le) ou bois de l'Hoste, éc. et for. cⁿ Clelles.

Bois-Vert, bois cⁿˢ Châbons et Montrevel ; — bois cⁿ St-Baudille ; — h. cⁿ Vourey.

Bois-Vieux (Le), bois et ruiss. cⁿ le Moutaret.

Boiseria, XIⁱ s. ; Boixière (la), XIV s. ; Boissière, Boissière (la), XV s. : voy. Buxaria.

Boisia ; la Buisse, cⁿˢ Voiron.

Boisia, Buixia, XIII s. : voy. Buxia.

Boissone (mans. de), XII s. : le
Buisson, h. c⁰ Laval.
Boissone (mans. de), XII s. : le
Buisson, ruin. c⁰ Ste-Agnès.
Boisron : voy. Boscus Rotundus.
Boisrond, h. c⁰ Chabons.
Boisrond, h. c⁰ Varacieux.
Boisrond, mont. et chal. c⁰ Vau-
jany ; — h. c⁰ Vénérieu.
Boissa (la), Boissi, XII s. :
Boissieux, h. c⁰ Chevrières.
Boissard, h. c⁰ Roussillon.
Boissardière (la), mais. f. XVII
s., l. disp. c⁰ Colombier-Sau-
gnieu.
Boissat, éc. c⁰ St-Victor-de-
Cessieu.
Boissent : voy. Bessey.
Boisseraie (maladr. seu lepro-
ser.), XV s. : voy. Boysserata.
Boisserata : voy. Boysserata.
Boisset (al), XIII s. : le Boisset,
éc. c⁰ Roissard.
Boisset, éc. c⁰ St-Maximin.
Boisset (Chez-), h. c⁰ Balbin.
Boisset : voy. Boysset.
Boisset près la Revissière,
XVI s. : voy. Buexeto.
Boissia : voy. Boisia.
Boissière : voy. Boiseria.
Boissieu (Le), h. c⁰ la Buissière
et la Flachère.
Boissieu, h. c⁰ St-Pierre-de-
Chérennes.
Boissieu, moulin : voy. Bocieu.
Boissieu : voy. Bueiaco.
Boisson (cavam.), XIII s. :
Boyssonata, XIV s. ; Bussey,
h. c⁰ Bourg-d'Oisans.
Boisson Rion, XVII s. : voy.
Boyasson Ruon.
Boissone (molar. de), XV s. :
voy. Boyssoni.
Boissoneri (la), XIII s. : la
Buissonnière, h. c⁰ St-Bar-
thélemy-de-Beaurepaire.
Boissonet, éc. c⁰ Bouvesse-
Quirieu.
Boissonette, h. c⁰ Passins.
Boissonnas, éc. c⁰ Corbac.
Boissonnet, éc. c⁰ St-Sorlin.
Boitoux (Le), ruiss. affl. du
grand ruiss. de Domène, c⁰
Revel.
Boisvieux, chât. c⁰ Beaurepaire.
Boixonel, XVIII s. ; Bossuzelle,
éc. c⁰ Cheyssieu.
Bolanjardi, XIV s. : voy.
Bolengars.
Bolbo, XIII s. ; Bolbre ; Bolbro,

XIV s. : voy. Balbarum.
Bolengardi, XIV s. : Bolenjar-
dis : voy. Bolengars.
Bolengars (cavam. de la), XIII s. :
Bolenjaz (ela) : le Boulan-
geral, h. c⁰ Oz.
Boleteri (La), XIII s. : Boutte-
lière, h. c⁰ Chatonnay.
Bolfier, XIX s. : le Bourfier,
mont. c⁰⁰ Livet-et-Gavet et la
Morte.
Bolla (prat., mont.), XIV s.,
Bollat, XVIII s. : le Boulot,
bois c⁰ Vaulnaveys.
Bolland (Le), h. c⁰ Chimilin.
Bolleu, XIV s. : Boulieu, vill.
c⁰ Courtenay.
Bollieu, XIV s. : Bailiacum,
XV s. : voy. Bolleu.
Bollorum (villa), XIV s. : les
Boules, l. disp. c⁰ St-Bernard.
Bolo (repiat. de), XV s. : Bolou,
Baul, XVI s. : voy. Bolot.
Bolonia, XIII s. : Boulogne, h.
c⁰ St-Hilaire-du-Rozier.
Bolosto (territ. de), XV s. : voy.
Bolot.
Bolot, XII s. : le Boulond, vill.
c⁰ St-Martin-d'Uriage.
Boloudis (villagium), XV s. :
voy. Bolot.
Bolziaco villa, in agro Stabilia-
cense, X s. ; Bolziacus in agro
Mogiliacensi, X s. ; Bosan-
cieux, h. c⁰ Montsévéroux.
Bompard (mais. de), XVI s. : la
Tuilerie-Beauregard, éc. c⁰
Revel.
Bompertuis (La Chapelle-de-),
éc. et chap. c⁰ Chirens.
Bon-Accueil, h. c⁰ Vienne.
Bon-Pasteur (Le), quart. c⁰ St-
Martin-d'Hères.
Bon-Rencontre, chap. c⁰ N.-D.-
de-l'Osier.
Bon-Repaus, XVIII s. : Beau-
Repaix, mont. c⁰ de Valjouffrey.
Bon-Repos, éc. c⁰ Chanas ; —
chât. c⁰ Jarrie ; — m⁰⁰ c⁰ la
Mure ; — éc. c⁰ Panossas ; —
éc. c⁰ St-Antoine.
Bon Repos, Bonrepos : voy. Bon-
Repos.
Bona (aqua), X s. ; Bonna fluvio,
XI s. ; la Bonne, riv. affl. le
Drac, orig. c⁰ Valjouffrey, arr.
c⁰⁰ Entraigues, Valbonnais,
Siévoz, Sousville, la Mure,
Ponsonnas, St-Laurent-en-
Beaumont, St-Pierre-de-Mé-

rote.
Bona (mans., nem. de), XV s. :
Bonne, h. c⁰ la Côte-St-André.
Bona (La), XVI s. : la Bonne,
l. disp. c⁰ St-Maurice-l'Exil.
Bona Valle (ablat. de) : Bonne-
valles (loc.), XII s. : Bonneval-
lensibus (monac., eccl. B⁰
Marie de) : Bonis Vallibus
(hostiола, conv. de), XIV s. :
Bonnevaux, h. c⁰ Villeneuve-
de-Marc.
Bonatin villa, XIV s. : Bonneflu,
h. c⁰ Besse.
Bonafons, XIV s. : Bonfond, font.
c⁰ Nantoin.
Bonafont (riv. de), XV s. :
Bonnefont, ruiss. c⁰ Clavans.
Bonagagny, Begany (territ. de),
XV s. : Bonneduguo, mas c⁰
St-Chef.
Bonardel (cavam. de), XIII s. :
Bonardel ?, l. disp. c⁰ Vienne.
Bonardellos villa, XIV s. : les
Bonardels, l. disp. c⁰ Gières.
Bonardiery (La), XV s. : la Bon-
ardière, f. c⁰ St-Marcel-de-
Bel-Accueil.
Bonarum Vallium (abb.), Bonas
Valles : voy. Bonevallis.
Bonaterias villam, XIV s. : voy.
Boneteyres.
Bonay (mas de), XVIII s. : voy.
Bonesio.
Bonce (Haut et Bas), villages
c⁰ Satolas-et-Bonce.
Bonez, XV s. : voy. Bonnesse.
Bonell (mans.), XIV s. : la
Buisse, chal. c⁰ Besse.
Bonelin, Bonezes : voy. Bao-
netais.
Bonelo (mans., clot. de), XIV
s. : B⁰ subt. Rochassium,
XV s. : Bons, vill. c⁰ le Mont-
de-Lans.
Bonezes (chemin. de), XIV s. :
voy. Bonnesse.
Bondoire (La), ruiss. affl. la
Bourbre, c⁰ Ruy.
Bondoires (Les), mas et canaux
c⁰ Sérézin.
Bone Cambe S⁰ Pauli (monast.),
XIII s. : l'Abbaye, vill. c⁰ St-
Paul-d'Izeaux, anc. abb⁰
Bone Vallis (nemus de), XIII s. :
B⁰⁰ valles, Boni Vallis (nem.
de les Cotans appell. magnum
nemus), XV s. : Bonnevaux
(forêt de), bois c⁰⁰ Ville-
neuve - de - Marc, Lieudieu,

Semons, Arzay, Bossieu, St-Jean-de-Bournay et Châtonnay.

Bonefanjonis (ter); Bonfanjonis, XV s. : voy. Bourfanjonis.

Bonesio (loc. de), XIV s. : les Bonnets, chin c⁰ St-Égrève.

Bonotelre (La), XVIII s. : la Bonnetière, h. c⁰ Villard-de-Lans.

Boneteyres, XIII s.; Bonnoteyre, XVIII s.; Bonnetaire, h. c⁰ St-Guillaume.

Boneteyres, XIII s.; Bonnoteyre, f. c⁰ St-Paul-les-Monestier.

Bonetgris (Les), XVIII s.; Bonnegris, XIX s. : Bonnet-Gris, vill. c⁰ Fitilieu.

Boneti (mans.), XIV s.: Bonnet, l. disp. c⁰ Herbeys.

Boneti, XV s. : les Bonnets, h. c⁰ le Villard-de-Lans.

Bonetes (apud), XIV s. : les Bonnets, h. c⁰ St-Baudille-et-Pipet.

Bonevaulz, XV s. : voy. Bona Valle (abbas de).

Boneytiere (La), XVI s. : les Bonnetières, mas c⁰ Villette-Serpaize.

Bongarnix, XVII s. : voy. Bono Garachio.

Bonhomme, h. c⁰ Jardin.

Bonican, h. c⁰ Vienne.

Bonichaire, XVIII s.; Bonnichaire, XIX s.: voy. Bonicheyres.

Bonicheyres, XVII s.: Bonnichère, h. c⁰ St-Baudille-et-Pipet.

Bonifares (mais. f. des), XVII s.; St-Caeyge, chât. c⁰ St-Etienne-de-St-Geoirs.

Bonifacii, Boniffacii (mans.), XIV s.: Bonifaces, mas c⁰ la Buissière.

Bonitinis (in cogno), XV s.: voy. Bonatin.

Boniforaminis (loc.), XV r.: Roupertais, vill. c⁰ Apprieu.

Bonil (mans.); la Buisse, chal⁰ c⁰ Heyne.

Bonin (Le), h. c⁰ Biol.

Bonin (Chez-), h. c⁰ Montrévéroux.

Bonjean (Le), h. c⁰ Montfalcon : — h. c⁰ Vienne.

Bonjour, mⁿ c⁰ Bellegarde-et-Poussieu.

Bonlieu, h. disp. c⁰ Chassignieu.

Bonna (ripperia) : voy. Bona.

Bonnard, f. c⁰ Autrans : — vill. c⁰ Frontonas.

Bonne-Mère (La), mont. c⁰ la Salette.

Bonne-Pierre (combe des) : la Bonne-Pierre, chal., vallée et glac. c⁰ St-Christophe-en-Oisans.

Bonnefamille, c⁰ cᵒⁿ la Verpillière: dioc. Vienne, égl. N.-D.

Bonnetière, éc. c⁰ Simandres.

Bonnefol, gr. disp. c⁰ St-Antoine.

Bonnefont, mas c⁰ St-Martin-d'Uriage.

Bonnefont : voy. Bonalont.

Bonnegris : voy. Bonetgris.

Bonnes (Les), mas c⁰ Chavagneux.

Bonnet, éc. c⁰ Badinières ; — gr. c⁰ Coreoçon : — éc. c⁰ Prébois : — (Le), h. c⁰ St-Jean-de-Moirans : — éc. c⁰ St-Sauveur ; — (le Bas et le Haut), hh. c⁰ St-Simeon-de-Bressieux.

Bonnet (Chez-), éc. c⁰ St-Just-et-Chaleyssin.

Bonnetières, Bonnoutaire, XIX s. : voy. Boneteyres.

Bonnetum, éc. c⁰ St-Just-de-Claix.

Bonnetons (Les), XVI s. ; h. détr. c⁰ les Côtes-d'Arey.

Bonnets (Les), h. c⁰ St-Martin-d'Uriage.

Bonnette, éc. c⁰ Presles.

Bonnettes (Les), h. c⁰ Viriville.

Bonnevaud, XIX s. : voy. Bonnevaux.

Bonnevaux, h. c⁰ Arzay : — mont. c⁰ Gresse : — (lac in de), mont. et ruiss. c⁰ Proveyzieux : — f. c⁰ Savas-Mépin.

Bonnevaux, h. c⁰ Villeneuve-de-Marc: anc. abb. Cîteaux, fond. 1117 : égl. N.-D. et ss. Alexandre et Emilien.

Bonnevene (roch. de), XVIII s.: voy. Bonnevaux.

Bonnin, mⁿˢ c⁰ Meyrié.

Bonnin, h. c⁰ Vienne.

Bonnlot, éc. c⁰ St-Pierre-de-Méarotz.

Bonnon (Le), h. c⁰ Oytier-et-St-Oblas.

Bonnuchier, mont. c⁰ St-Christophe-Entre-Deux-Guiers.

Bono Garachio (de), XV s. ; Bongeux, h. c⁰ St-Jean-d'Hérans.

Bono Rivo (costa de), XIV s. : la Bonne-Pierre, chal., vallée, ruiss. et glac. c⁰ St-Christophe-en-Oisans.

Bonolonte (iter) : Fautlonne, mas c⁰ Jardin.

Bonoseriis (villa de), XIV s.: Boroneyre, mas c⁰ Miribel-Lanchâtre.

Bonoteres, XIV s. : Bonthoux, éc. c⁰ Biviers.

Bonpertui (sarra de), XVI s. : Buys (chap. N.-D. de) : voy. Bonirorominis.

Bons, éc. c⁰ Prébois.

Bonterum, h. c⁰ Vernioz.

Bonthoux, éc. c⁰ Clelles ; — h. c⁰ St-Genis.

Bonthoux : voy. Bonoteres.

Bontio (curel. de), XIV s. : voy. Boneio.

Bontoux, ruiss. afl. ruiss. des Arcelles, c⁰ Parisot.

Bonum Fineto (supra), XIV s. : voy. Bonatin.

Bonus (mans.), XIII s. ; Boeufs (chemins des), c⁰ Chapelle-du-Bard.

Boqueyron (chastel de), XV s. : voy. Barolcone.

Boraczagin, XIV s. : Bourrassigny, mas c⁰ Beauvoir-de-Marc.

Boranagui (territ. de). XIV s. : voy. Boraczagin.

Borbaillon (eau), XVI s. : le Bourbaillon, ruiss. c⁰ Vénérozey.

Borbaillonis (molar.), XV s. ; le Bourbouillon, ruiss. c⁰ Miribel-les-Echelles.

Borbollyeu, XV s. : Bourbouillon, h. c⁰ Crémieu.

Borbor (ripp. de), XIII s. : Borbro (aqua de): voy. Bullarum.

Borburet (territ. de), XIV s. ; le Bourbier, bois c⁰ Assieu.

Borboteria, XIV s. : le Bourboriate, bois c⁰ St-Aupre.

Borbuyl (riv. de), XIV s. ; St-Marcel, faub. et ruiss. c⁰ Vienne.

Borbro (ap.), XV s. ; les Bourbes, h. c⁰ les Avenières.

Bore, XIV s. : voy. Burgia.

Bore Vilani (de), XIV s. : voy. Burg Vilan.

Borcerie (La), XVII s. ; Bourceriery (la) ; les Bourcières,

mas c⁰ Miribel-les-Échelles.

Borcen, XIV s. : voy. Borset.

Borceux (mans.), XIII s. : le Bouchet, h. c⁰ St-Jean-les-Vieux.

Borchani villa, XIV s. : voy. Borg Chanin.

Borchanin (de), XIV s. : Bourchalin, mas c⁰ Bouvesse-et-Quirieu.

Borchanino (de), XIV s. : Borchenino : voy. Bruchent.

Borchaninus, XIV s. : Borchanus : Bourcheny (Basset Haut), lh. c⁰ le Périer.

Borchanyn, XVI s. : Bourchorin, h. c⁰ Meyrieu.

Bordani, Bordant, Bordat (mans.), XIV s. : voy. Bordinan.

Bordariat, Bordoiro, Borduarox : voy. Bourduarax.

Bordariats, XVIII s. : voy. Bourduarez.

Bordat, mas c⁰ Revel-et-Tourdan.

Bordellière (La), h. c⁰ Corbelin ; — h. c⁰ le Sappey.

Bordella, XIV s., Bordelli (burg.); Bordel, Bordet : le Bardel, riv. orig. c⁰ Arandon, arr. c⁰ Morestel et le Bouchage, se jette dans la Save.

Bordelleria, XIV s. ; Bourdallière (ruiss. de), c⁰ Malleval.

Bordelli (burg.), XIV s. : Bordel, h. c⁰ Morestel.

Bordenas (mans. de), XV s. : Burdonus, h. c⁰ Chasselay.

Bordennoz (mans. de), XV s. ; Bordenoud, f. c⁰ Montcara.

Bordenou (raffour, comba de), B-ux, B-us, XV s. ; Bordenoud, vill. c⁰ Dolomieu.

Bordier (Le), h. c⁰ Charantonnay.

Bordinan, B-az, XIII s. : le Bordet ?, l. disp. c⁰ la Buissière.

Bordoire (Grand et Petit), Borduares (couvergt des), XVII s. : voy. Bourduarax.

Bordonas (mans. de). XV s. : voy. Bordenas.

Bordono (en), XV s. : Bordenoud, h. c⁰ St-Julien-de-l'Herms.

Borduiry (rif de la), XVII s. : voy. Brichela.

Borduiry, XVII s. : voy. Bri-doyria.

Bordurie (La), XVIII s. : voy. Bruderi.

Borduyrl (La), XIV s. : la Bourdurie, mas c⁰ Ravon.

Borel, éc. c⁰ Corps : — gr. c⁰ St-Baudille-et-Pipet.

Borellère, l. disp. c⁰ Beaulieu : — h. c⁰ Pinsot.

Boreleres (territ. de la), XV s. : Burere, mas c⁰ Villette.

Borelleurlula (de), XV s. : voy. Borrellenes.

Borellenez (de), XIV s.. B-ux (el) : voy. Borrellenes.

Borelleria, Borelery (La), XIV s. : la Bourellière, h. c⁰ Pinsot.

Borellerlis (de), XIV s. : voy. Borrellerii.

Borelli (mans.), XIV s. ; Chorelly, l. disp. c⁰ St-Mury-Monteynuoud.

Borelli (chaban. Engelberth), XII s. ; Bourel, mas c⁰ St-Mury-Monteynuoud.

Boret, gr. disp. c⁰ Serres-et-Nerpol.

Bortler (mont. de), XV s. : voy. Boltler.

Borg Chanin, XIII s. ; Bourcheny, h. c⁰ Valbonnais.

Borg Vilan (territ. de), XIV s. : Boury-Vilain f. l. disp. c⁰ Beauvoir-de-Marc.

Borgard : voy. Beauregard.

Borgary (la), XVI s. : ... c⁰ de Villette.

Borge, XV s. : borgey clos. parr. de Cyers, XV s. : le Bourget, mas c⁰ les Avenieres.

Borgea, XII s. : Borgia (la) : le Bourgeat, vill. c⁰ Bevenais.

Borgea : voy. Borgia.

Borgeis (plat. de), XIII s. : voy. Bochyraoud.

Borgeron : voy. Borgeyron.

Borget, XIII s. : le Bourget, h. c⁰ Moirans.

Borget (ch. XIII s. : le Bourget, h. c⁰ Moirans.

Borgeti (mans.), XV s. : les Bouguettes, éc. c⁰ Pontcharra.

Borgetum, mans., XIV s. : voy. Malborget.

Borgeyros, XIII s. : Borgeyrel : la Bourgeat, gr. c⁰ Sarcenas.

Borgeyron, XV s. : Bourgeyros, vill. c⁰ Romagnieu.

Borgeysieres (Les), XV s. ; Bourgeysieres, mas c⁰ Estrablin et Moidieu.

Borgia, XIII s. ; Borgiata Sancte Agnetis, XV s. ; la Bourgeat, h. c⁰ Ste-Agnès.

Borgia, XIII s. : la Bourgeat, h. c⁰ Estrablin.

Borgia villa, XIV s. : la Bourgeat, l. disp. c⁰ le Touvet.

Borgia en Engelos, XIV s. : la Bourgeat, h. détr. c⁰ St-Bernard.

Borgia. Borgia Pannellorum, XIV s. : la Bourgeat, h. c⁰ Ste-Marie-d'Alloix.

Borgia de Rippis, XIV s. : la Bourgeat, vill. c⁰ Rives.

Borgia Veterorum, XIV s. : le Monde-Vieux, h. c⁰ St-Vincent-de-Mercuze.

Borgia : voy. Borc.

Borgia, B-ata : voy. Borjallium.

Borgia, XIV s. : Bourg, h. c⁰ Quincieu et Serres-et-Nerpol.

Borgmat, h. c⁰ le Pont-de-Beauvoisin : — (le), ruiss. c⁰ Ste-Blandine.

Borgo (in) subtus castrum de Claix : le Bâtie, h. c⁰ Claix.

Borgolr, XIII s. : Borgoin : voy. Bergusia.

Boriaco villa, X s. ; Boirieu, h. c⁰ Chasseau.

Boriacum, XI s. : voy. Arboratis.

Borlowagni, XIV s. : voy. Boraczagin.

Borionerium, XIV s. : Bourejournière, vill. c⁰ Ruybon.

Borjall (mans. de), XIV s. : Borjalli; (in), XVI s. : le Varget, h. c⁰ Chaparcillan.

Borjall, XV s. : voy. Borgia Pannellorum.

Borjallium, XV s. : voy. Borjea.

Borjea (R. des), XII s. : la Bourgeat, h. c⁰ Ste-Agnès.

Borna, XII s. : la Bourene, riv. (voy.)

Bornaco, VIII s. : Bornay, XII s. : Borniacum, Bornal, Bournay: St-Pierre-de-Bournay, vill. c⁰ St-Jean-de-Bournay.

Bornafrey (reua. sit. in), XIV s.. bois disp. c⁰ Ambel.

Bornau (aqua), XV s. : le Bournan, ruiss. c⁰ Montrevel.

Bornay (en), XIV s. : voy. Borney.

Bornay : voy. Borney, Bournaud.

Bornereus (es), XIII s.; *Ches-Bourne*, h. c⁰ Montaiveroux.

Bornerens (baillia de), XIII s.; *les Bourneveux?*, l. disp. près la Mure.

Bornel, h. c⁰ Serres-et-Nerpol.

Borney (mina ferrea es), XIV s.; *le Bourana*, mont. c⁰ St-Pierre-d'Allevard.

Borneys (de), XIV s.; *Bourna-lière*, éc. c⁰ Coublevie.

Bornlave, éc. c⁰ Allevard.

Bornière (La), XVIII s.; voy. Bournière (la).

Bornuaent (mas.), XIII s.; voy. Burnereus.

Bornonum villa, XIV s.; *Bour-natières*, bois c⁰ le Touvet.

Bornous: voy. Barnout.

Bornous (mans. de), XIII s.; voy. Barnout.

Bornuel, XV s., l. disp. c⁰ Genas.

Boro (es), XIV s.; voy. Boron.

Boron (riv. de), XIV s.; *le Bouron*, h. et ruiss. c⁰ St-Pan-crasse.

Borraxagin, XV s.; voy. Ba-raczagin.

Borrel (prat.): voy. Clamoz.

Berrelencium, XV s.; voy. Bor-rellenex.

Borrellenex (mas de), XIII s.; voy. Borrellenex.

Borrellenex (cavan. de), XIII s.; B-ne, B-nex, B-nex: *les Bourelins*, h. c⁰ la Salle.

Borrellenex (mans. de), XIII s.; Borrellens (mans. de), XV s.; *le Bourrin*, h. c⁰ Brié-et-An-gonnes.

Borrelerex, XIV s.; B-leyrex; *la Bourcelière*, bois c⁰ St-Ismier.

Borrelleria, XV s.; *la Bour-lière*, l. disp. c⁰ Villard-de-Lans.

Borrellerii villa, XIV s.; B-lia, B-era (chavan. de), XIV s.; *les Bourrelières*, l. disp. c⁰ Herbeys.

Borrelleriis (in), XV s.; *Bour-relière*, h. c⁰ St-Égrève.

Borrellers, B-eriis: voy. Borre-liere.

Borrelli: voy. Borelli.

Borrelliere (La), XV s.; *Bour-relier*, mas c⁰ Paladru.

Borrenx, XIV s.; Borrini; *le Bourin*, h. c⁰ Brié-et-An-gonnes.

Borrollencus (apud), XIV s.; voy. Borrellenex.

Borrolleria, XIV s.; voy. Battoileri.

Borsel, XIV s.; Borsen; Bor-slaun (de), XIV s.; *Bourriou*, h. c⁰ Chamagnieu.

Borsel (dom.), XIV s.; *Bourrier*, gr. c⁰ Theys.

Borselori (La), XIII s.; *Bour-sellier*, mas c⁰ St-Laurent-du-Pont.

Borseu, XIII s.; Borsiaen (de), XIV s.; *Bourrien*, h. c⁰ Hières.

Borslu (in), XV s.; voy. Borsel.

Borsuiere (roche dieu), XV s.; *la Boursinière*, mont. c⁰ Pou-miers.

Bosances, XV s.; B-cirex; Bou-sanciers (parr. de): voy. Bol-ziasu.

Bossanei, Bey, XVI s.; *Bourneri*, fort. disp. c⁰ Claix (constr. Lesdiguières, 1586).

Bosantière (La), XVIII s.; *la Bougoutière*, h. c⁰ Charancieu.

Bosantière: *la Beaugoutière*, h. c⁰ Charancieu. Cf. préc.

Boscavello (des), XII s.; Boscavel, XIII s.; Boscavello, XIII s.; voy. Boscavelo.

Boschagio (dom. f. de), XIV s.; (castr. S. Juliani de), XV s.; Boschaige (les), XV s.; voy. Bochage.

Boschagium (dom. f. de), XIV s.; voy. Boschet (el).

Boschen (Les), XIII s.; *les Bouchex*, h. c⁰ Entre-Deux-Guiers.

Boschex (Les), XVII s.; voy. Bachex.

Boschet (lo); *le Coin*, bois c⁰ Mont-de-Lans.

Boschet (el), XII s.; Boscheto (dom. de), XIV s.; *le Bou-chet*, chât. c⁰ St-Hilaire-de-la-Côte.

Boscheto (de), XIV s.; *le Bou-chet*, h. c⁰ St-Didier-de-Bizonnes.

Bosco (bordaria A. de), XII s.; *La Forêt*, chât. c⁰ St-Mury-Monteymond.

Bosco (dom. f. de), XV s.; voy. Bussio.

Bosco (terr. de), XIV s.; voy. Braydenco.

Bosco (mans. de), XIV s.; *le Huis*, h. c⁰ St-Christophe-en-

Oisans.

Bosco Regali (in), XIV s.

Bosco Rotundo (territ. de), XV s.; *Bois-Rond*, l. disp. c⁰ Meylan.

Bosco Venconis (nolend. de), XIV s.; voy. Vencon.

Bosco Viridi (nem. de); *Bois-Vert*, forêt et vill. c⁰ Char-nècle et Voirey.

Boscus Chalvet, XIII s.; voy. Chalvet.

Boscus Niger, XIII s.; *Combe-Noire*, bois c⁰ Ste-Agnes.

Boscus Rotundus, XIV s.; *Boisrond*, h. c⁰ le Bourg-d'Oisans.

Boscus Ruppis, XV s.; *le Bois*, vill. c⁰ Roche.

Boscus Viridis, XIV s.; *Bois-Vert*, vill. c⁰ Charnècle; — mas c⁰ Voirey.

Boscolonchiis (nem.): voy. Bosc-lonchiis.

Boscolonchiis (nem. de), XIV s.; *les Boscolonchex*, bois c⁰ Voreppe.

Bosseria, XV s.; voy. Bous-saler.

Bossueril, XIV s.; *les Bous-sonniers*, h. c⁰ St-Pierre-de-Mésage.

Bossonorum (nem.), XV s.; *les Bossuux*, bois disp. près Crémieu.

Bossonorum: voy. Bossuns.

Bossuz, XIII s.; voy. Boussiani.

Bossuzel, XI s.; Bossuzellum, XIII s.; Bossuzel, XVI s.; voy. Bocizelo.

Bosquet (Le), h. c⁰ Jarcieu.

Bosquette, us. c⁰ Champagnier.

Bossan, us. c⁰ St-Bonnet-de-Chavagne.

Bossanel, éc. c⁰ Malleval.

Bossard (terroir de), XVI s.; *Boussant*, éc. c⁰ St-Barthé-lemy-de-Beaurepaire.

Bossuzel, XIX s.; voy. Bos-suzelle.

Bosse, ét. c⁰ Four; — h. c⁰ Gillonnay.

Bossent (el), XV s.: voy. Boussey.

Bosses (Les), h. c⁰ Chantelouve.

Bossetu (terra de), XI s.; *le Brassy*, h. c⁰ Estrablin.

Bossiacus, XIV s.; voy. Boceu.

Bossieu, c⁰ c⁰⁰ la Côte-St-André; dioc. Vienne, égl. St-Thiers.

Bossieu, XV s.; voy. Bocieu.

Bossoler (mans.), XIV s.: *Boussoud*, év. c^ Chatte.

Bossallon (territ.), XVI s.: *la Combe-Boussalle*, mas et ruiss., c^ Cluzelle.

Bosson Ruel (nem. ou), XV s.; *Bosseroud*, h. c^ Montagnieu.

Bossazello (mans. de), XIII s.; Bozavel: *Boursozel ?*, l. disp. c^ Sièvoz.

Bossu (Le), h. c^ Montfalcon.

Bossulellum, XIV s.: voy. Boeizelo.

Bossuto (a), XV s.: voy. Bozzutum.

Bossutum: voy. Bozzutum.

Bosu (Le), l. disp. c^ les Avenières.

Botalaneyri (La), *Boutelieière*, ruiss. c^ Cognin.

Botan (territ.), XV s.: *le Boutet*, ruiss. c^ Ste-Blandine.

Botarel, XVI s.: voy. Boderit.

Botat (Le), XVI s.; *Boutay*, h. c^ Sonnay.

Botell (Les), XIII s.: voy. Boteuz.

Boteillaret, év. c^ Chanas.

Botelli villa, XIV s.: voy. Boteuz.

Botellier (mans.), XIV s.: *le Boutet*, for. c^ Barraux et Ste-Marie-du-Mont.

Boteri (alla), XIII s.; Botteri (mans. de la); Botteria, XV s.; *la Boutière*, vill. c^ Laval.

Boterias villa, XIV s.: voy. Boyteres.

Boteriis (de), XIV s.; *Bouteiller*, mias c^ Quaix.

Botet, XIII s.: *la Combe-du-Bot*, h. c^ St-Pierre-de-Bressieux.

Botet (en), XV s.; Boteys (subt.): voy. Boteyz.

Boteuz (caban. delz), XIII s.; *la Botte*, lac et mont. c^ Vaulnaveys-le-Haut et Livet-et-Gavet.

Boteys (ad), XIV s.: Botheys (camp. de); *les Bouts*, h. c^ St-Laurier.

Botgiaro (des), XII s.: voy. Buegies.

Botheretaz (gorgia de), XV s.: voy. Boderit.

Botheria, XIII s.: voy. Boteri.

Botière du Molard (La), XVII s.; Bottlery (La); *la Boutière*, mas c^ Theys.

Boderit (comba de la), XV s.; *la Boutière*, mas c^ la Chapelle-du-Bard.

Bothnerlis (dels), XIV s.: Botinos, Botins, XVII s.; *les Boutins*, h. c^ St-Baudille-et-Pipet.

Botoil (territ.), XVI s.: *le Botu*, mas c^ St-Marcel-de-Bel-Accueil.

Botolaneyri (La), XIV s.: *Boutelieière (ruiss. de)*, c^ Cognin.

Botoys, XIII s.: *Pont-Botte*, h. c^ la Tronche.

Botta (nem. de), XIV s.: *la Botte*, bois disp. c^ Crémieu.

Botte (La), h. c^ St-Sébastien.

Botte (La), XVIII s.: *le Boutaz*, h. c^ Vézeronce.

Bottey (en), XVII s.: voy. Botoys.

Boue (ruiss. de), c^ la Ferrière.

Bourellas, XVIII s.: voy. Borella.

Bouchage (Le), c^ c^ Morestel: dioc. Belley, égl. St-Julien.

Bouchanne: voy. Toscana.

Bouchard (Le), mont. c^ Laus.

Boucharli (chavan.), XIII s.: *le Bousset*, h. c^ Laffrey.

Bouchardière (La), h. c^ Brion.

Boucharborum (mans.), XV s.: *Boucherel (châm. des)*, c^ la Salette.

Boucharis (Les), h. c^ le Villard-de-Lans.

Boucharin, XIX s.: voy. Borchanyn.

Boucheraud (Le), h. c^ La Combe-de-Lancey.

Bouches (Les), XVIII s.: voy. Bossel.

Bouchet, gr. c^ les Adrets.

Bouchet (en), XVII s.: Bouchettier, XVIII s.; *Bouchetière*, vill. c^ l'Albenc et Vinay.

Bouchet, vill. c^ Autrans.

Bouchet (Le), h. c^ St-Geoire.

Bouchet (Le), mont. c^ St-Pierre-d'Entremont; — bois c^ Sarcenas; — mont. c^ le Villard-de-Lans.

Bouchet (bial du Grand): voy. Bochetu.

Bouchetu (dom. L. de), XV s.: voy. Bouchet (el).

Boucheto (de): voy. Bouchet.

Bouchetum, XV s.: voy. Bochetum.

Bouchon (Le), ruiss. afft. ruiss. de Mure, c^ St-Pancrasse.

Boucquerion, XVI s.: voy. Buculrum.

Boues (Les), ruiss. c^ Lavaldens.

Boucretum (aps.), XIV s.: *le Bif-Boutou*, ruiss. afft. la Vaunoire, c^ Lavaldens.

Boudeau (Le), h. c^ la Chapelle-du-Surieu.

Bouderozan, XIX s.: voy. le Bout-de-Rozan.

Boudet (Le), h. c^ St-Sulpice-des-Rivoires.

Boudon, gr. dép. c^ Virieu.

Boudrines (Les), XV s.: voy. Baudres.

Bouduymeyri (La), XIV s.: *la Boudonnière*, mas c^ St-Gervais.

Bouget (Le), XIX s.: *Bouresi*, h. c^ Ruy.

Bouffevent, XIX s.: voy. Bufarens.

Bouffley (Le), chis c^ Champagnier.

Boug, XVII s.: Boue, XVIII s.; Bout, XIX s.: voy. Boven.

Bougé, h. c^ Bougé-Chambalud: par. dioc. Vienne, égl. Assomption.

Bougé-Chambalud, c^ c^ Roussillon.

Bougeois, Bugei (parr. des), XV s.: Buujeys: voy. Buegies.

Bougoy, Buujeys: voy. Bugras.

Bouguet: *le Goulet*, c^.. h. c^ Gillonnay.

Bougeys, XIV s.: Bougis (bord. de): voy. Balgirs.

Bouilla (La), B-at, B-lots (Les): voy. Bouillat.

Bouillant, XVIII s.: *Bouillard*, év. c^ Chanas.

Bouillat, h. c^ St-Etienne-de-Crossey.

Bouillats (Les), XVIII s.: *le Bouillat*, h. c^ Theuilure.

Bouillats (Les): *les Bouilloux*, h. c^ Viriville.

Bouille (La), font. c^ Montagnieu.

Bouillère (Grand et Petit), ff. c^ de Dizmoz.

Bouillère, h. c^ le Sappey.

Bouillet, XVIII s.: Bouilli (Le), XIX s.: *Bouilly*, h. c^ Laus.

Bouillettes (Les), h. c^ Agnin.

Bouillon (Le), h. c^ Charancieu.

Bouls, h. c⁰ Doissin.

Boujantière, XIX s. : voy. Bosantière.

Boula, XVIII s. : voy. Bolla.

Boulandière (La), XVIII s.: voy. Burlanchères.

Boulangeat, Boulinjards, XVIII s. : voy. Bolengardis.

Boulaud, éc. c⁰ Clelles.

Bouleauds (Les), h. c⁰ le Périer.

Boules (Les) : voy. Boteys.

Boulet (gr⁰ de la) ; Palrosely.

Roulet (Le), h. c⁰ Romagnieu.

Boulevards (Les), quart. c⁰ Bourgoin.

Boullat (La), XVIII s.; la Bouillat, h. c⁰ Méaudre.

Boullière, éc. c⁰ Savas-Mépin.

Boulinjards (Les) : voy. Bolengardis.

Boulliat : voy. Boullat.

Boullier, éc. c⁰ Chichilianne.

Boullieu, XVII s.: voy. Bolleu.

Boullon ; les Boulous, h. c⁰ Miribel-Lenchâtre.

Boullards (Les); le Boulard, h. c⁰ Murette.

Boulon, mont. c⁰ la Combe-de-Lancey, Ste-Agnès et St-Mury-Monteymond.

Boulon, mⁱᵉ c⁰ Laval.

Boulonge, XVIII s.; Boulongeat, h. c⁰ St-Geoire.

Boulongeat, h. c⁰ Charancieu.

Boulot, éc. c⁰ Roche.

Bomquéron, chât. et h. c⁰ Corenc ; — h. c⁰ Vizille.

Bouquet (Chez-), h. c⁰ Moidieu.

Bouqueyron (chastel de), XV s.: voy. Bocuirone.

Bouquin (Le), éc. c⁰ St-Geoire.

Bourbière (La), mont. c⁰⁰ Allevard et Arvillard.

Bourbon (Le), ruiss. c⁰ Marcieu; — éc. c⁰ Pommiers.

Bourbonne : voy. Orbane.

Bourbot, chⁱᵉ c⁰ Sassenage.

Bourboton, h. c⁰ Four.

Bourboudeyre, éc. disp. c⁰ Roissard.

Bourboudeyre : voy. Barboudeires.

Bourboudière (La), h. c⁰ St-Michel-de-St-Geoirs.

Bourbouillon, vill. c⁰ Rives ; — (Le), h. c⁰ Tullins.

Bourboulhon : voy. Borboillon.

Bourbre (La), riv. orig. c⁰ Burcin, dans les Terres-Froides, arr. nombr. c⁰⁰ arr⁰ la Tour-du-Pin et Vienne : Virieu, la Tour-du-Pin, Cessieu, Bourgoin, la Verpillière, le Pont-de-Chéruy, etc., se jette dans le Rhône.

Bourcet (le), h. et fort avancé de la place de Grenoble, c⁰ Meylan.

Boucharnin, XVIII s. : voy. Borchanys.

Bourchenin, XIV s. : voy. Brochenil.

Bourchenu, XVIII s.: voy. Borg Chanin.

Bou[r]cheny, XIX s. : voy. Borchaninus.

Bourchieu, XVII s.: voy. Borseu.

Bourviers (costerg des), XVII s. : voy. Borcerio.

Bourd, XVIII s. : voy. Borgio.

Bourdariax (Les), XVII s.: voy. Brukeri (mans).

Bourdarie aux Barracios (La), XVIII s. : les Bourdaries, mas c⁰ St-Jean-de-Vaulx.

Bourdarioz : voy. Bourduaraz.

Bourdaru : voy. Bourg Darut.

Bourdeaux, XVIII s. ; le Bourdenis, vill. c⁰ Jonage ; — h. c⁰ Viriville.

Bourdenas, XIX s. : voy. Bordenas.

Bourdenon (gr⁰ de), XV s. : voy. Bordenoz.

Bourdenou, XIX s.; Bordenoud, h. c⁰ Vasselin.

Bourdenoux, XIX s. ; Bordenoud, h. c⁰ Vignieu.

Bourderiate (La), XVIII s. : voy. Borboteria.

Bourdeuri, XVII s. : voy. Bridoria.

Bourdinière, h. disp. c⁰ Bizonnes.

Bourdis (Le), h. c⁰ St-Nicolas-de-Macherin.

Bourdoilles (Les), XVIII s. : voy. Bourduaraz.

Bourdoiry, XVIII s.; la Bordière, éc., ruiss. c⁰ Vourey.

Bourdon (Le), h. c⁰ Charancieu.

Bourdon (Le) ; le Dourdon, bois c⁰ Nantes-en-Ratier.

Bourduaraz, XVII s., B-res : les Bourdoires, vill. c⁰ St-Laurent-du-Pont.

Bourduire (La), f. c⁰ les Adrets.

Bourechonne (Bas et Haut), XVIII s. : voy. Borchaninus.

Bourfanjonis (iter de), XV s. ; Bonefanjon, mas c⁰ Reventin-Vaugris.

Bourg (des, vill. c⁰ les Abrets ; — vill. c⁰ Aoste ; — vill. c⁰ Autrans ; — vill. c⁰ Burcin ; — vill. c⁰ Méaudre ; — h. c⁰ Royas ; — h. c⁰ St-Georges-d'Espéranche ; — bourg c⁰ St-Laurent-du-Pont; — vill. c⁰ St-Pierre-de-Chartreuse ; — bourg c⁰ St-Symphorien-d'Ozon ; — bourg c⁰ Sassenage; — vill. c⁰ Varces; — vill. c⁰ Villeneuve-de-Marc ; — vill. c⁰ Vinay ; — vill. c⁰ Viriville.

Bourg (Le), h. c⁰ Faverges.

Bourg (Le), XVIII s. : voy. Borgio.

Bourg (Le), mals. f. : voy. Burgum Fabricarum.

Bourg (Vinay petit), XVIII s. : voy. Villa Vinaico.

Bourg Darut : voy. Burgo derupta.

Bourg-Dessus (Le), h. c⁰ Autrans.

Bourg Duyssens, d'Oyssans, d'Uisans, d'Huisans, XVI s. ; Boyssans, d'Oyzans, XVIII s. : voy. S. Laurentii de Lauso.

Bourg Fangeux : voy. Bourfanjonis.

Bourg-d'Oisans (Le), ch.-l. c⁰⁰, arr⁰ Grenoble ; dioc. Gren., égl. St-Laurent.

Bourg-Vieux, mas c⁰ Voreppe.

Bourg de Voreppe, XVII s. : voy. Villanova de Vorappio.

Bourgaron, XVIII s. ; Bourgariot, f. c⁰ Lieudieu.

Bourgea (La), XVII s. ; B-as : voy. Borgea.

Bourgeas, Bourjal : voy. Borgia.

Bourgeat, mⁱᵉ c⁰ les Adrets.

Bourgeat (La), vill. c⁰ Bevenais ; — h. c⁰ Chantesse ; — h. c⁰ Charnècle ; — h. c⁰ Estrablin ; — h. c⁰ la Ferrière ; — h. c⁰ Merlas ; — h. c⁰ Ste-Agnès ; — h. c⁰ St-Pierre-de-Chérennes; — vill. c⁰ Thodure; — vill. c⁰ Viriville.

Bourgeat, mas c⁰ la Buissière.

Bourgeat-Blanche (La), h. c⁰ Pinsot.

Bourgeat-Noire (La), h. c⁰ Pinsot.

Bourgeatière (La), h. c⁰ Charancieu.

Bourgeois, c^e St-Pierre-d'Entre-mont.
Bourgeoise (La), mont., c^es Allières-et-Risset et St-Paul-de-Varces.
Bourgeonnière, XIX s. : voy. Borionerium.
Bourgeot (La) : Bourgetos (les), XVI s. ; le Bourgeot, h. c^e la Ferrière.
Bourgerile, XV s. : voy. Borgeyres.
Bourget (Le), h. c^e Moirans ; — r. c^e St-Didier-de-la-Tour ; — torr. aff. la Reissouse, c^e la Valette.
Bourgetos : le Bourgeot, h. c^e la Ferrière.
Bourgfangeu, XVII s. ; Bourgfangeus, h. détr. c^e Reventin-Vaugris.
Bourgogne : voy. Burgania.
Bourgoin, ch.-l. c^on, arr^t la Tour-du-Pin ; dioc. Vienne. égl. St-Jean-Bapt.
Bourgoinl (château vieux de), joign. le ruiss. de Combervolx : voy. Burgundium.
Bourgoing. XV s. ; Bourgoint. Bourgoyn, XVI s. : voy. Bergusia.
Bourguignon, éc. c^e larron ; — (le), h. c^e Theys.
Bourguillon, mas c^e la Combe-de-Lancey.
Bourillat, XIX s. : voy. Barrillat.
Bourin, h. c^e Eyzin-Pinet.
Bourin (col du) ; le Nabot, éc. et col, c^e Vaujany.
Bourin : voy. Baurino.
Bourineyre, ruiss. aff. le Vénéon, c^e Venosc.
Bourins (Les), h. c^e la Frette.
Bourio (riv. dont), XV s. : voy. Boron.
Bourjaillères (grang. de), XVIII s. ; B-tière ; Bourjaillère, éc. c^e Charavines.
Bourjat (La), XVIII s. : voy. la Bourgeat, vill. c^e Bevenais.
Bourjat : voy. Bourgetos.
Bourjatte (La), bois c^e St-Paul-de-Varces.
Bourlière (La), XVIII s. ; la Bourrelière, h. c^e Chasselay.
Bournagay, éc. c^e la Forteresse.
Bournat (Le), vill. c^e Gières.
Bournaud, h. c^e Doissin.

Bournay (Bas et Haut), hh. c^e Chézeneuve.
Bourne (La), riv. aff. Isère, orig. c^e Lans, arr. Villard-de-Lans, sép. Rencurel de St-Julien-en-Vercors (Drôme), et Choranche, de Châtelus, trav. c^e Pont-en-Royans, sép. c^es Auberives et St-Just-de-Claix de Ste-Eulalie, St-Thomas et St-Nazaire-en-Royans(Drôme).
Bournet, h. c^e Serres-et-Norpal.
Bournet (Le), h. c^e Nivolas.
Bournets (Les), h. c^e Presles.
Bourney (Le), h. c^e Thodure.
Bournière (La), h. c^e Choranche.
Bournillon (Le), tor. aff. la Bourne, c^e Châtelus.
Bourret (Le), ruiss. c^e Méaudre.
Bourretière, h. c^e Tullins.
Bourrière (La), h. c^e Méaudre.
Bourranjour, XV s. : voy. Bourfanjonis.
Bourseillier (La), XVII s. : voy. Borselvel.
Boursens (Les), XIX s. : voy. Boerrellenes.
Bourset : le Château-Payrs, clit. c^e Coreue.
Bourslère (La), XVIII s. : voy. Blassoudlère.
Bourson, gr. c^e St-Christophe-Entre-Deux-Guiers.
Boussan (Le), XVIII s. : voy. Boussiani.
Boussancies, XV s. : Boussanbet, XIX s. : voy. Bulzisco.
Boussant (aqua mortua, in qua veniebat qued. braclulo aque Guietarii, XV s. ; ruiss. disp. c^e Aoste.
Boussehage (Le), XV s. : voy. Borbage.
Boussens, mont. c^e Hières.
Bousses (ruiss. des), c^e St-Julien-de-Raz.
Boussiani, XV s. : le Boussanvel, h. c^e la Combe-de-Lancey.
Boussou (ria de), XV s. : Boussou, h. et ruiss. aff. du Suzon, c^e Charvieu ; — (le), ruiss. c^e St-Maurice-de-l'Exil.
Boussoneres (mas. de), XV s. ; les Boussonnières, l. disp. c^e St-Hilaire-de-la-Côte.
Boussonnier (Le), éc. c^e Miribel-les-Échelles.
Boussou (bois des), XVIII s. ; le Busau, h. c^e Chirens.
Boussan (mas des), XVIII s. :

voy. Boussiani.
Boussière (La), éc. c^e Biol.
Bousseion, XVI s. : voy. Boveyum.
Boussoscellum : voy. Borcosello.
Bousson (Mas-du-), XIX s. : voy. Boussiani.
Boussozellum, XV s. : voy. Boriselo.
Bout (R. de), XIV s. ; Bauta, mas c^e Marennes.
Bout (Le), f. c^e Tullins.
Bout (Chez-), f. c^e Claibons.
Bout-du-Monde (Le), gorge c^e Allevard, source sulfur.
Bout-de-la-Plaine (Le), mas c^e Porcieu-Amblagnieu.
Bout-de-Ruzan (Le), h. c^e Meylan.
Boutin (cabaret du), XVIII s. : voy. Omnibus Oris.
Boutareyre, éc. c^e St-Baudille-et-Pipet.
Boutas (Le), éc. c^e Laval.
Boutaski (Le), chlit c^e Champ.
Boutavent, chlit c^e Lueron.
Bouteillaret, h. c^e Pierre-Châtel.
Bouteille (La), font. c^e Presles ; — chlit c^e St-Égrève.
Bouteiller (Le), h. c^e Pisieu.
Boutellar (mains), XIV s. Bouthières, XVIII s. ; le Château, clit. c^e le Touvet.
Bouterelli (costa), XVI s. : voy. la Boterit.
Bouteyret, XIX s. ; le Bautet, h. c^e Romagnieu.
Bouthin, l. disp. c^e St-Maurice-l'Exil.
Boutiacum, X s. : Boussieu, vill. c^e Ruy.
Boutière (La), mas c^e Theys.
Boutière, Bouttière (La), XVII s. : voy. Boyteres.
Boutière : voy. Boyteres.
Boutières, h. c^e la Bâtie-Montgascon.
Boutières (Les), forêt c^e Ste-Marie-du-Mont : — mas c^e St-Just-et-Chaleyssin.
Boutillon, éc. c^e Villard-Eymond.
Boutinière, tort c^e Neyssins.
Boutiques (Les), ruiss. aff. de Loula, arr. c^es la Motte-d'Aveillans et N.-D.-de-Vaulx.
Bouton, h. c^e Jardin.
Bouton (Le), h. c^e St-Savin.
Bouvalres, XVIII s. : voy. Boveyria.
Bouvan, h. c^e Châteauvilain.

Bouvant, ch. c. Beaulin.

Bouvaratières, h. c. Châtonnay et Ste-Anne-d'Estrablin.

Bouvard, m. c. Beaurepaire : — m. c. Pommier.

Bouvardière (La), f. c. Feyzin.

Bouvardières (Les), h. c. le Passage.

Bouvarel, éc. c. St-Just-de-Claix.

Bouvaresse (La), ch. c. Allemont et Oz : — ch. c. Champagnieu ; — ch. c. les Éparres : — ch. c. Vaulx-Milieu, l'Isle-d'Abeau et St-Alban-de-Roche.

Bouvaresse-les-Claires (La), ch. c. St-Savin.

Bouvaresse-de-Muroz (La), ch. c. l'Isle-d'Abeau.

Bouvaret (Le), ch. c. Quaix.

Bouvarie : voy. Bovareu.

Louvate (La), mont. c. St-Arey.

Bouvatière, h. c. la Rivière.

Bouvatières, XVIII s. : voy. Bouvaratières.

Bouve, ét. et riv., XVII s. : Bouvre, ét. c. St-Victor-de-Morestel et ruiss. qui y prend naiss. et arr. c. St-Victor-de-Morestel et Brangues.

Bouverie (La), quart. c. le Pont-de-Beauvoisin.

Bouverie (La), f. c. Tignieu-Jameyzieu.

Bouveronière (La), l. disp. c. Eyzin-Pinet.

Bouvesse, h. c. Bouvesse-Quirieu : dioc. Lyon, égl. St-Christophe.

Bouvesse-Quirieu, c. c. Morestel.

Bouvesse, m. f. : voy. Bovecia.

Bouvet, l. disp. c. Dizimeu-et-Charpieu.

Bouvet (Le), h. c. St-Pierre-de-Chérennes.

Bouvetant, ch. c. Oenax.

Bouvets (Les), h. c. St-Clair-sur-Galaure.

Bouvier (Le), h. c. Coublevie.

Bouvier, b. c. Cour-et-Buis ; — m. c. Paex.

Bouvier : voy. Bouviers.

Bouviers (Les), h. c. Viriville.

Bouvinant, XVIII s., B-ne : voy. Bovinant.

Bouz, Bouz, XIV s. : voy. Boven.

Bouzon (Le), ruiss. aff. la Varèze, c. les Côtes-d'Arey et Vernioz ; — ruiss. c. St-Maurice-de-l'Exil.

Bouzomeyri (chalam. de la), XIII s. : Bousmanière, h. c. Voreppe.

Bouzonlère (La), XIV s. : Bouzonnius (les) : voy. Bosoneril.

Buvallère (La), éc. c. St-Albin-de-Vaulxerre.

Bovant, XV s. : les Bougeois, h. c. Froges.

Bovarecie (mans.), XIV s. : la Bouverie, l. disp. c. Chaparcillan.

Bovaren (mans.), XIII s. : la Bouverie, l. disp. c. Chaparcillan : — mas c. Crolles.

Bovarenchi (cavan.), XIII s. : Bouroveuche ?, l. disp. près St-Jean-de-Vaulx.

Bovarenchi (cavan.), XIII s. : Bouroveuche, bois c. la Valette.

Bovaresse (La), XVI s. : la Bouveresse-de-Fontanille, ch. Villefontaine.

Bovareti (iter), XIV s. : Bovaressy (la), XV s. : la Bouveresse, ch. c. Bourgoin et Jallieu.

Bovareti (via), XV s. : le Bouvaret, ch. disp., c. la Chapelle-du-Bard.

Bovary, mais. l., XVIII s. ; l. disp. c. Eydoche.

Boveccrie (parr.), XV s. : voy. Boveci.

Boveci (eccl.), XIII s. : B-ia, XIV s. : B-io, XV s. : Bouveresse, h. c. Bouvesse-Quirieu : dioc. Lyon, égl. St-Christophe.

Bovecia (dom. f. de), XIV s. : le Château-de-Bouvesse, chât. c. Bouvesse-Quirieu.

Bovecy, XIV s. : Bovesse, XVII s. : voy. Boveci.

Bovella (in), XV s. ; Bouen, ch. c. St-Nazaire.

Boven (planchia de), XIV s. ; Bon, h. c. Vézeronce.

Bovenant, XIII s. : voy. Bovinant.

Bovenays (capell. de), XIV s. : voy. Beauvenais.

Bover, riv., XVI s., B-ri : voy. la Corbière.

Boveraton, riv. ; Boveroctis, XV s. ; Bouvaret, mas et ruiss. c. Theys.

Boverentia (via), XV s. : voy. Bovareti 2°.

Boveria (in), XVI s. : Bouvery, XVII s. : voy. Alério (riv. de).

Boveriis (prata de), XIV s. : Boveriorum : la Bouverie, mas c. Theys.

Boveriorum (combas, XV s. : les Bouverouses, mas c. Chatte.

Boveti (eccl.), XV s. : voy. Boveci.

Bovetis (villa de), XIV s. : Bouveret, h. c. la Classe-et-Pâquiers.

Boveycia, XIV s. : voy. Boveci.

Boveyriis (mens. de), XIV s. : Bouveyze, h. c. Claix.

Boveyry : voy. Boveci.

Bovier, m. c. Cour-et-Buis : — m. c. Eyzin-Pinet.

Bovier (mais. dent), XVII s. : les Bouviers, h. c. St-Joseph-de-Rivière.

Bovières (les), XVI s. ; les Bouvières, h. c. Diémoz.

Bovinant (rup., bordari de), XII s. : B-tum, XIII s. ; Bovinas, XVIII s. : Bovinant, mont. et chal. c. St-Pierre-d'Entremont.

Bovine (La), mont. c. Allevard.

Bovini (parr.), XV s. : voy. Buvyn.

Bovynant, XIII s. : voy. Bovinant.

Bovyng, XIV s. ; Bovyn, XV s. : B-ny (parr. de) : voy. Buvyn.

Boxamel, XVIII s. : voy. Bocizelo.

Boxum, XII s. : voy. Bussin.

Boyveres (ad), XIII s. ; le Buisson, vill. c. La Chapelle-du-Bard.

Boyer (Le), h. c. le Pont-de-Chéruy.

Boyer, m. c. St-Julien-de-l'Herms.

Boyerates (Les), ch. c. Pontcharra.

Boyeril, B-la (villa de), XIV s. : voy. Boerils.

Boyet (Le), h. c. St-Geoire.

Boyet (Le) ; le Poyet, h. c. la Valette.

Boyllief, XIV s. : voy. Bullien.

Boyne (La), XVII s. : la Bucine, font. et mas c. Livet-et-Gavet.

Boyouum, XV s. ; Bouilloud, mas c. la Tour-du-Pin.

Boyras, XVI s. ; Buiras, h. c. Mens.

Boyreu, XIII s., Buyrieu, XVI s. : voy. Boriaco.

Boyx, Boyx (el), XIV s. : voy.

les Bois.

Boys (des), XII s. ...ccol. S. Johan. des, XVI s. : voy. Bussia.

Boys, XIV s. : voy. Buys.

Boys (chât. du), XIX s. : voy. Château-de-Montalieu.

Boys (eccl. S. Joan.) ; Bais, vill. c⁰ Courset-Bais.

Boys (dom. f. de), XV s. : voy. la Tour-du-Bois.

Boys Barbu, XVII s. : voy. Nemus Barbatus.

Boyserlagio (castr. de), XIV s. : voy. Buclage.

Boysle, Boyssle (parr.), XIV s. : voy. Buxia.

Boyssan (ad), XIV s. ; les Buissonnays, mas c⁰ Crolles.

Boysson, XIII s. ; le Buisson, h. c⁰ St-Jean-le-Vieux.

Boysson (castanet. del), XIV s. : voy. Boyssonori.

Boyssona (riv. de la?), XIV s. ; B-ain ; les Buissonnatin, lacs et ruiss. c⁰ Hurtières.

Boyssones (Les), XIV s. ; Boyssière (Côte) : Côte-Buissière, forêt, c⁰ Miribel-les-Échelles et St-Aupre.

Boysorium, XIV s. : voy. Bacey.

Boyssat (territ. du), XVI s. : voy. Buexeta.

Boyssenem, Boysson : voy. Boyceres.

Boysseur (pass. de), XIII s. : voy. Bocey.

Boysserata, XIV s. ; la Buisserotte, vill. c⁰ St-Martin-le-Vinoux.

Boysseres (ap.), XIV s. ; Buisses (ch⁰ des), c⁰ Meylan.

Boysseri, B-ia : voy. Boiseria.

Boysseria, XIII s. ; Boyseria. XIV s. ; Boyssière (La), XV s. : voy. Buxaria.

Boyssery (La), XIV s. ; les Buissières, h. c⁰ St-Clair-de-la-Tour.

Boysset, Boyssez, XV s.; Boysson, XV, XVII s. : voy. Buexeta.

Boysseu. XIV s. ; Buissieu, h. c⁰ St-Pierre-de-Chérennes.

Boyssia : voy. Boisia.

Boyssier (en), XVII s. : voy. Buissière.

Boyssiere (Boys), XVI s. : la Buissière, h. c⁰ Quaix.

Boysson (el), XIV s. ; B-norum (gorgia) ; B-num ; Buissou

(ruiss. du), c⁰ St-Maximin.

Boysson (al), XIII s.: Boyssonum (ap.) in parr. Vallis S. Stephani, XV s. : Boyssono (in) : voy. Boisson.

Boysson (los), B-ni villa, XIV s. : voy. Boyceres.

Boysson (territ. dus), XV s. : voy. Boyssonori.

Boysson Rosm, XIV s. : Buisson-Rond, vill. c⁰ St-Laurent-du-Pont.

Boyssonata, XIV s., XV s. : voy. Boysson.

Boyssonieres (en), XV s. : la Buissonnière, h. c⁰ Balbins.

Boyssonieres (las), XV s. : les Buissons, mas c⁰ St-Aupre.

Boyssonori (La), XIV s. : le Buisson, h. c⁰ Dolomieu.

Boyssoni, XIV s. : le Buisson, h. c⁰ Vaulnaveys-le-Bas.

Boyssono (des), XIV s. ; Boyssona, XV s. ; Buisson, vill. c⁰ le Bouchage.

Boyssonum (mans. de), XIV s. ; le Buisson, l. disp. c⁰ Ste-Marie-du-Mont.

Boyssono Rotundo (in), XV s. : voy. Buisson Rond.

Boyssonum (ap.), XIV s. ; le Buisson, h. c⁰ Marcieu.

Boyssonum villa, XIV s. ; Buisson, l. disp. c⁰ St-Bernard.

Boysy (territ. de), XVI s. ; Buisy, mas c⁰ Ruy.

Boyteres, XIII s. ; les Bottières, c. c⁰ Muretel.

Bozanel, XVI s. : voy. Bosanel.

Bozanrieux, h. c⁰ Montsévéroux.

Bozarellum, XIII s. ; Bozarelli (vicaria) : Bozarel, XIV s. : voy. Barizelo.

Bozarellum (castr.), XII s. : voy. Barizelo.

Bozaleres (Les), XIV s. : voy. Bussoler.

Bozauniers (coterg. des), XVII s. ; Boussonnier (Moulin Neuf alias), XVII s. ; le Moulin-Neuf, h. c⁰ Miribel-les-Échelles.

Bozous : voy. Bousous.

Bozonello (prior de), XIV s. ; le Mollier, c⁰ c⁰ la Côte-St-André.

Bozonello (terra militi.), XI s. ; Bozonellum (castr.), XII s. ; Bozonellum, XV s. : voy. Bo-

elzelo.

Bra, territ., XVI s. ; Champotours, h. c⁰ Vienne, dépend. abb. St-Pierre.

Brabant (col des), c⁰ La Ferrière et St-Colomban-des-Villards (Savoie).

Brac (el), XV s. : le Combe-du-Brocd, ruiss. c⁰ Huez.

Brachet, mas c⁰ Eyzin-Pinet.

Brach t. ...e. c⁰ Muyres ; — éc. c⁰ St-Baudille-et-Pipet.

Bracheterias (villa), XIV s. ; la Blachette, éc. c⁰ Sinard.

Brachet, XIV s. ; B-tin (in), XVI s. ; le Brachet, mas c⁰ Jarrie.

Brachostum, X s. : voy. Bracenes, Bracost.

Braclair, éc. c⁰ St-Cassin.

Bracoso villa, X s. : Bracost. Bracoso, villa in agro Cassianensi : Buchmut, h. c⁰ Cleysson.

Bracoso villa, X s. : Bracoso villa, in agro Cassianensi, XI s. ; la Brachère, h. c⁰ Côtes-d'Arey.

Bracoardum villa, XIV s. ; B-d : Brossard, vill. c⁰ St-Sorlin.

Bracnet, h. c⁰ Montsévéroux.

Bracdas (grangia, domus de), XIII s. ; l'Ollange, h. c⁰ du Cheylas, dépt. Tullins : voy. Brayda.

Brakbec (essart. de), XIII s. : voy. Braydenes.

Braigobes, Braignyeu, XV s. ; Bongueux, l. disp. c⁰ St-Clet.

Brailles (Les), mas c⁰ Pajay.

Brabon, XI s. : voy. Breziaco.

Bralle, XVII s. : voy. Braillia.

Brallon (bois de), XVII s. ; Braille, f. c⁰ St-Savin.

Brana Farina (mont. de), XIII s. ; Bra-Farinez, XIV s. ; Bonne-Farine, mont c⁰ Allevard et Montaret.

Brana Torta, XIV s. ; les Bras-tors-du-Tour, bois c⁰ Livet-et-Gavet.

Branafan, mas c⁰ Septème.

Branakorp, bois c⁰ Paladru.

Brannan Fam (camp.), XIII s. Bramafant (molari), XIV s. ; Bramafam, éc. c⁰ St-Appolinard.

Braneas, f. c⁰ St-Christophe-Entre-deux-Guiers.

Branches (Les), h. c⁰ l'Île-d'Alevau.

Branchonnière (ruines, de), c⁰ Bru-et-Angonnes.

Branda (argenteria de la), XIII s. ; B-arum (argentum), XIV s., B-as, Branclo villa : Brandes, mont. c⁰ Huez.

Branlas (capella de), XIII s. : B-las (cura de), XIV s. : B-lla (cap. de), XV s. : St-Nicolas, chap. sur la mont. de Branles, c⁰ Huez.

Branclegaudier, B-godière, XVIII s. : voy. Bregnereyri.

Brandevils, B-rs, XIII, XIV s. : les Brandilères, l. disp. c⁰ la Tronche.

Brandière, forêt c⁰ Ste-Agnès.

Brandin, mas c⁰ Miribel-les-Echelles.

Branlis (argenteria de), XIII s. : Branlila (in), XIV s. : voy. Branla.

Branlon (Le), mont. c⁰ St-Pierre-d'Allevard.

Branlon, h. c⁰ Pin.

Brango (villa de), VII s. ; B-us, XIV s. : B-us, XVIII s. : Brangors, c⁰ c⁰ Morestel.

Brangue-Massel : Brangeusse, h. c⁰ Aoste.

Brangues, c⁰ c⁰ Morestel : dioc. Lyon, égl. St-Pierre-ès-Liens.

Brantemadant, l. disp. c⁰ Montagnieu.

Brardoyris, XV s. : voy. Bridoria.

Brassard, h. c⁰ Dolomieu.

Brasseria, XV s. ; les Brassières, f. c⁰ Versoud.

Brasserie (La), quart. c⁰ Grenoble.

Brassière (La), mas et ch⁰ c⁰ St-Clair-de-la-Tour.

Bratonery : voy. Bretoneria.

Bravardière, XVIII s. : voy. Benedicti Evart.

Braxia (in), XIV s. ; le Brachet, vill. c⁰ St-Georges-d'Espéranche.

Brayda (aqua de), XIII s. ; B-as ; le Breda, riv. affl. l'Isère, orig. c⁰ la Ferrière, arr. c⁰ Pinsot, Allevard, la Chapelle-du-Bard, le Moutaret, St-Maximin et Pontcharra.

Braydenry (boscum, damini de), XIII s. ; B-ri in manu. de Mura (molar. de), XIV s.

Breydens, c⁰ c⁰ Susville.

Braysslacum, XIV s. : voy. Brexiacu.

Brèche-du-Vallon (La), mont. c⁰ Venosc.

Brèche-de-Valsenestre (La), mont. c⁰ Valsenestre et le Bourg-d'Oisans.

Brèches (Les), c⁰ c⁰ Arzay.

Brèches (Le), B-ez, ruine, c⁰ les Eparres.

Brèches (Les), h. c⁰ Luzinay.

Brechla, XV s. : la Brèche, font. c⁰ Ste-Agnès.

Brechou, XIV s. : voy. Brexiacu.

Brevlo (gr. de), XIII s. : (minstr. de), XV s. : voy. Brez.

Brezano (de), XIV s. : voy. Bresson.

Breda (Le), ruine, c⁰ les Avenières.

Breda de St-Hugon, ruine, Belms : — voy. Bens.

Bredail, XVIII s. : voy. Brayda.

Bredani, Bredatil, XV s. : voy. Brayda.

Breslenc, XIII s. : Breslent, XIV s. : Breydenen (turr., castr. de), XIV s. : B-ns, XVIII s. : voy. Braydenen.

Brechilre (La), h. et ruine, affl. du Sonant, c⁰ St-Martin-d'Uriage : — ruine, c⁰ Proveyzieux.

Bréduire, h. c⁰ le Villard-de-Lans.

Breen, Breens, Breins, XII s., Brene, Breng, Breno, Brens, Breyns : St-Hilaire-de-Brens, c⁰ c⁰ Crémieu.

Brega, eccl. in. hon. S. Marie : le Geneerry, vill. c⁰ Vif.

Breguiet (for. de), XVI s. : Bregnis, XVIII s. : voy. Brignayes.

Bregnino (de), XIII s. : Bregnino : voy. Brininum.

Bregnino (mans. de), XIII s. : B-os ; Barnier, éc. c⁰ Montfalcon.

Bregnins, XIII s. ; Bregninum in mand. Montbs Bonoudi, XIV s. : voy. Brininum.

Bregninum (dom. f. ap.), XIII s. : voy. Veherie de Bregnino.

Bregus, B-us : Brignerod, hourg. c⁰ Froges et Villard-Bonnot.

Brenus, XIII s. : Bregnlodi (parr.), XV s. : Brenlou. XVIII s. : voy. Brinnoch.

Bregonenses (silva), VII s. : Bregoz, XV s. : voy. Brango.

Bregnereyri (La), XIII s. : Branclegaudière, vill. c⁰ Voreppe.

Breguiet, éc. c⁰ Pinsot.

Bregneteyri (La), XIII s. : Regneléyre, éc. c⁰ Pommiers.

Breignius (de), XIII s. : voy. Bregnino.

Breisel, Breisein (de), XII s. : Brelsef, XIII s. : voy. Brexiaco.

Brelsef (monant.), XIII s. : voy. Vallis de Breysiacu.

Brelsen, XII s. ; Breislaco (de), XIII s. : Brelsson, XIV s. : voy. Brexiacu.

Brelsseno, XIII s. ; Bresseney, h. c⁰ Chonas.

Brelssenet, XIII s. : voy. Breciano Superiore.

Brellière, XIX s. : Bvellière, vill. c⁰ Chälons.

Bremonlière (La), XVIII s. : la Brumaulière, h. c⁰ Auherives-en-Royans.

Brenay (for. de), XIV s. : voy. Brignayes.

Breneum, XII, XIII, XIV s. : voy. Brango.

Breng (dom. f. de), XIV s. : Brens (dom. f. A. de Greslon, in parr. de) ; Maulplaimnt, h. c⁰ St-Hilaire-de-Brens.

Breng, Brengo (castr.), XIV s. : Brengue : le Château-de-Quinsonen, chât. c⁰ Brangues.

Brengo (parr. de), XIII s. : Breng, XIV s. : Brengo (manel.), XIV s. : Brengue, XV s. : voy. Brango.

Brenisrensi (in agro), IX s. : Brenniaco (in vicu), IX s. : Rennien, chⁿ c⁰ Chuzelle : voy. S. Romani…

Brenier, h. c⁰ St-Oudras.

Brenigo, XIV s. : voy. Brango.

Brenino (dom. de), XIV s. : Per-Bernin, mas c⁰ Lumbin.

Brenlon : voy. Bregninchum.

Brenninis (de), XII s. ; Brennis, Brennino (prior de), XIV s. ; Brenino (parr. de) ; Brenigni, Brenyni (parr.), XV s. : Brenino (eccl. b⁰ Marim de) : voy. Brininum.

Brentassieux (les), XVIII s. : voy. Bertassieux.

Breon (Le), XVIII s. : le Brion, mont. c⁰ Entraigues et Valjouffrey.

Bresclacum, XIV s. ; voy. Bresxiaco.

Bresseu, XII s. ; Breysseu, XIII s. ; Breyslef, XIV s. : voy. Brexiaco.

Brexiaco (de), XI s. ; Bresslacum, XIV s. : voy. Brexiaco.

Bresinum, XVI s. ; Bresslus, XVIII s. : voy. Berxlacum.

Bresson (Le), h. cne St-Jean-de-Soudin.

Bressant, h. cne Chimillin.

Bressieu : voy. Brielacum.

Bressieux, cne cton St-Etienne-de-St-Geoirs. Un des sept grands archiprêtrés de Vienne, une des grandes baronnies du Dauphiné (XV s.) ; dioc. Vienne, égl. St-Michel.

Bressio, Broyssio (eccl. S. Petri de), XV s. : voy. Brez.

Bresson (mais. forte), XVII s. : le Bresson, mⁿ cne Pact.

Bresson (Le), font. cne St-Savin.

Bresson (eccl. de), XI s. ; Bressonius villa, XIV s. : Bressono (eccl. S. Sulpicii de), XV s. : Bresson, cne cton Vizille ; dioc. Gren., égl. St-Sulpice.

Bressonnay, XIX s. : voy. Breissenot.

Bressonnerias (ap.), XIV s. ; Brison, éc. cne St-Sébastien-de-Cordéac.

Bressonzellum, XV s. : voy. Bocizelo.

Bret (Le), gorge, cton Coublevie et St-Julien-de-Ratz.

Bret, mⁿ cne Montfalcon.

Bret (Le), h. cne St-Lattier.

Bretauxs (Les), XVIII s. : voy. Brotellis.

Bretet (Le), XVIII s. : voy. Berthet (le).

Brethoneria : voy. Bretonery.

Bretio (parr. de), XIV s. : voy. Brez.

Breton, h. cne Châtelus.

Bretoneria, XIV s. : voy. Bretonery.

Bretonery (La) ; Bretoneyri (la), XIII s. ; Bretonieri, XV s. ; Bretonnières (les), XVII s. ; les Bretonnières, vill. cne St-Maximin.

Bretoux (Les) ; les Brotaux, h. cne Biol.

Bretoux (Les), XVIII s. : voy. Broteau.

Bretremont, mont. cton Château-Bernard et Villard-de-Lans.

Brets (Les), h. cne Engins.

Brettes (Les), XVIII s. ; les Brets, h. cne la Cluze-et-Pâquiers.

Bretum (nem.), XII s. ; Brunton, éc. cne Nivolas-Vermelle.

Bretoneria, XIII s. : voy. Bretonery.

Bretx (de), XIII s. : voy. Brez.

Breuil (Le), quart. cne La Mure ; — quart. cne Pont-en-Royans.

Breuil : voy. Brueyl (el).

Breux (en), XVI s. : le Brut, h. cne Jardin.

Breux : voy. Brieux.

Brevard, éc. cne Corenc.

Brevardières, XVIII s. : voy. Bravardière.

Brexiaco (A. de), XI s. ; Bressieux, cne cton St-Etienne-de-St-Geoirs.

Brexil (curat.), XIV s. : voy. Brez.

Broyeleu, XVI s. : voy. Brexiaco.

Breyda : voy. Braldas.

Breydan, XVIII s. : voy. Braydanco.

Breydanum, XV s. : voy. Brayda.

Breydas (aqua de), XIII s. : voy. Brayda.

Breydene (turris) prope Muram M. ; Breydens ; Breydens, éc. cne Susville.

Breyzmins (de), XIII s. : voy. Brinimum.

Breyngo, XIV s. : voy. Brango.

Breynloud, XVIII s. : voy. Brinosch.

Breyset (nem. de), XV s. : voy. Broyset.

Breysiacum, XIII s. ; Breyssef, Breyssi (de) : voy. Brexiaco.

Breyssant, XIV s. ; Bressent, XIX s. ; Bressant, vill. cne la Bâtie-Montgascon.

Breyssenet, XIII s. : voy. Breissenet.

Breysseu, XII s. ; Breyssi, Breyssiacum, XIII s. ; Breyssicum, XIV s. ; B-ux, XIV s. ; Breyssiaci (eccl. S. Georgii), XV s. : voy. Brexiaco.

Breyssieu (territ. de), XV s. : Bressieux, l. disp. cne de Montcarra.

Breyssieu : voy. Brielacum.

Brez (eccl. de), XI s. : Brie, h. cne Brié-et-Angonnes.

Brézet, h. cne Cession.

Brézet, h. cne Ruy.

Brézil (Le), mas cne Chantelouve.

Brézin, vill. cne le Pin.

Brézin, ét. et ruiss. arr. cton Valencogne, le Pin, se jette dans lac Paladru.

Brezine (capell. de), XIV s. : voy. Berzincum.

Brezins, cne cton St-Etienne-de-St-Geoirs ; dioc. Vienne, égl. N.-D.

Brezins (Le Bas, le Haut), vill cne Brezins.

Briacanum, XIV s. : Brieux, vill. cne d'Eclose.

Briançon (Le), mont cne Panossas.

Briançon (riv. de), XIV s. ; Brianzonis (ripp.), XV s. : voy. Briancum.

Briancum, XII s. ; Brianzons (riv. de), XIV s. ; le Briançon, ruiss. affl. la Morge, arr. cton Miribel-les-Echelles et St-Aupre.

Brianzonis (riv.), XIV s. : Brianzone (riv. de) ; le Briançon, ruiss. cne Theys.

Brianderie (La), h. cne St-Geoirs.

Briassey, XIV s. : voy. Brexiaco.

Briatière, l. disp. cne St-Marcellin.

Bribaudière, éc. cne Oytier-et-St-Oblas.

Bribes (Les), h. cne Paladru.

Bricaulières, h. cne Penol.

Brichenthes (nem. voc. les), XIV s. : voy. Brignayex.

Bricheres (villa de), XIV s. ; B-rils (mans.), XV s. ; les Bricheyres (?), l. disp. cne du Gua.

Briches (Les), bois cne Creys-et-Pusignieu ; — bois cne St-Quentin-Falavier.

Brichet, XIX s. : voy. Bruchet.

Briciaco (de), XIII s. ; Brictuaco (de), XIII s. ; Briciassi (parr.), XV s. : voy. Brexiaco.

Briciacum, B-etiacum ; Brexieux, cne cton St-Etienne-de-St-Geoirs.

Bricone (de), XII, XIV s. : voy. Brione, B-em.

Brida (aqua), XIII s. : voy. Brayda.

Bridone (de castro), XII s. : voy. Brione.

Bridoria, XIV s. ; Bridoyria : *la Bonodaire*, h. et ruiss. affl. Isère, c^es le Champ et Froges.

Brie, XIX s. ; *Bries*, h. c^e Palaidru.

Brié, h. c^e Brié-et-Angonnes : par. dioc. Grenoble, égl. St-Pierre.

Brié-et-Angonnes, c^e c^on Vizille.

Briel, Bruel, Brueyl : voy. Bryeyl.

Briens (parr. de) : voy. Huens.

Brienzon, XIII s. ; Briane-zoni (Costa), XIV s. : *Crst-Brlançon*, mont. c^e Theys.

Brieul (en), XVII s. ; *Brieux*, mas c^e Four.

Brieux, XIV s. ; *Brieux*, h. c^e Brangues.

Brieyal, XIV s. : voy. Brezlaco.

Brigandage, bois c^e Entraigues.

Brigands (Les), h. c^e Lans.

Brignayes (for. de), XIV s. ; Brignes, XV s. ; *Brignais*, for. c^es St-Symphorien-d'Ozon et Simandres.

Briguiaro (for. de) ; Brigniers (de), XV s. ; Brignies, B-es : voy. Brignayes.

Brignais (prior de), XII s. ; Brignaium : voy. Brinium.

Brigniodo (de), XIV s. : voy. Brinosch.

Brigniot, XIII s. : voy. Brinosch.

Brigno, B-os, XIII s. ; B-oes, Brignodum, XIV s. ; Brignioud, XVII s. ; Brignou, XVIII s. : voy. Brinosch.

Brignon, vallée, c^e Villard-de-Lans.

Brignosch (villa), XI s. : voy. Brinosch.

Brigodière (La), XVIII s. : voy. Burgoderiis.

Brigon (Gorge), XIX s. : voy. Brignon.

Brigondes (Les), ch^au c^e la Buissière.

Brillant (Le), ruiss. c^e Miandre.

Brin, h. c^e Tramolé.

Brinini (Castrum), XI s. ; Briguinum (castr.), XII s. : voy. Veberie de Bregniao.

Brininum, XI s. ; Brininum, XII s. ; *Bernin*, c^e c^on Grenoble-Est.

Briniolo (de), XIV s. : voy. Brinosch.

Brininsco (in), XI s. : voy. Brinosch.

Brinosch (aqua), XI s. ; *le Grand Ruisseau*, ruiss. affl. l'Isère, formé par la réunion des ruisseaux de Crop et du Muret, arr. c^es Laval, Froges et Villard-Bonnot.

Brinosch (eccl. S. Juliani de), XI s. ; Brinnosco (de), XIII s. ; *Brignoud*, bourg c^es Froges et Villard-Bonnot.

Brinoset (mans. de), XI s. : voy. Brinosch.

Brinoudum, XIV s. : voy. Brinosch.

Brinyes (for. de), XV s. : voy. Brignayes.

Brion, h. c^e Mauboc.

Brion, XIII s. ; Briona, XVII s. ; *Brion*, c^e c^on St-Étienne-de-St-Geoirs ; dioc. Vienne, égl. St-Didier.

Brion, XVII s. : voy. Briens.

Brione (de), XII s. ; (capell^a de), XIII s. ; (dom. f., mand. de), XIV s. ; *Brion*, mas c^e Lavars.

Brionem (ad majorem), XIII s. ; Briones (duos), XIV s., XV s. ; Brionoto (parvo) ; *le Grand et Petit Brion*, h., mont. c^e Vif.

Brionem in Triviis (apud), XIII s. : voy. Brione.

Briquetière, éc. c^e St-Quentin.

Brisac, gr. c^e Treffort.

Brisan, éc. c^e St-Just-de-Claix.

Brisaudière (La) : voy. Serruriis.

Brise-Froide, h. c^e Montrevel.

Brise-Mortier (ruiss. de), affl. de l'Olle, c^e Allemont.

Brisci villa, XI s. ; Brisiacum, XIV s. : voy. Brezlaco.

Brisinum, XIV s. : voy. Berziacum.

Brisseu, Brissei, Brissiacum, XII s. ; Brissieu, XIV s. : voy. Brezlaco.

Brissiacum castrum, XII s., XIV s. ; *le Château*, ruines c^e Bressieux.

Britoneria, XIII s. : voy. Bretoneyri.

Brizan, gr. disp. c^e Diémoz.

Brizard (Chez), XIX s. ; *les Brisards*, h. c^e St-Joseph-de-Rivière.

Brizinum, XV s. : voy. Berziacum.

Broa (in), XVI s. ; *les Brones*, mas, c^e Brié-et-Angonnes.

Broa (Magna), XV s. ; *la Grande-Brone*, mont. c^e le Mont-de-Lans.

Broa, XIV s. : voy. Broys (Les).

Broa, XIV s. ; Broha, XV s. : voy. Bruca.

Brocardière (La), h. c^e St-Ondras.

Brocas (La), XVIII s. ; *le Brocard*, h. c^e Valencogne.

Brocerarum (loc.), XV s. : *les Brosses*, éc. c^e la Frette.

Brocerarum : voy. Brocliis 2°.

Broces (Les) ; Brocliis (in), XV s. ; *les Brosses*, h. c^e Chavenneuve.

Broces, Broclis (de), Brocces (les), XV s. ; *les Brosses*, bois c^e Frontonas.

Broces (Les), Broclis (in), XIV s. ; *les Brosses*, mont. c^e St-Gervais.

Broces (Les), XV s. : voy. Brossiis.

Brocey, XVI s. : voy. Brossey.

Brocli (Sapetum super), XI s. ; *le Bret*, roch. et mas c^e le Sappey.

Broche (La), mas c^e St-Ondras.

Broche (Pont), XVIII s. ; *le Brochet*, f. c^e le Villard-de-Lans.

Brocheul (de), XIII s. ; Brochenu, mais. f., XVIII s. ; *Rourchenu*, anc. mais. forte c^e St-Vérand.

Brochey (La), XIII s. : voy. Brossia.

Brochiis (bosc. de), XIII s. ; Brocz (los), XIV s. ; *les Brosses*, h. c^e Beaurepaire.

Brocl (La), XV s. ; *la Brosse*, mas c^e Cession.

Brocl (La), Brocy, XIII s. : voy. Brossia.

Brocia, XV s. ; *la Brosse*, mas c^e Crémieu.

Brocia, XV s. : voy. Brossia.

Brociano Subteriore (in villa), IX s. ; Brocianis Subterior (villa), X s. ; *le Bas-Bressin*, h. c^e Reventin.

Brociano Superiore (in), in agro Repentiais, in agro S. Mauricii, X s. ; Brocianis ; Brocianum Superior ; *le Haut-Bressin*, h. c^e de Reventin.

Brocias (ad), XIV s. : voy.

Brossas, Brossia, Brossie.

Brocias Azilari, Dazeu, XIV s.; *les Brosses d'Azieu*, bois disp. c° Genas.

Brocils (riv. de), XIV s.; *les Brosses*, h. c° les Avenières.

Brocils (in), XIV s.; *les Brosses*, h. c° Châtonnay.

Broey (La), XIII s., Broyssia, XIV s., Broela; *Ste-Colombe-de-la-Brosse*, h. c° la Balme.

Broczia, XV s.; *la Brosse*, mas c° Chimillin et Corbelin.

Brodon (mont. des), XVIII s.; *le Bourdon*, mont. c° Vaujany.

Broely, XVI s.: voy. Breuillin.

Broen (G. de), XIII s.; *les Brosse*, h. c° Châteauvilain.

Brognou (territ. de), XIV s.; *Brogneu* (?), l. disp. c° Genas.

Brohetin de Lento, XIV s.: voy. Brues.

Brolavam (loc.), XI s.; *Chez-Bru*, h. c° Jardin.

Broillio (territ. de), XV s.; *Braille*, vill. c° Vézeronce.

Broisia, XV s.: voy. Brossia.

Brolium (plates), XIII s.; Breolio (Villanova seu), XVI s.: voy. Brueyl.

Broussarel, bois c° Livet-et-Gavet.

Brun (Le), h. c° Passins; — h. c° Ste-Blandine.

Bron (St-Didier de), XVI s.: voy. Brion.

Bronderiis (in), XVI s.; *Brondière*, h. c° Bernin.

Broudeux (Les), XVIII s.; *le Broudel*, h. c° St-Sauveur.

Brongo, XVI s.: voy. Brango.

Bronneu, XV s.: voy. Brogneu.

Brontenay (bois de); *les Fouillouses*, bois c° Villemoirieu.

Broquet (Le), h. c° Courtenay.

Broroczagni (in), XIV s.: voy. Boroczagin.

Broses (prat. de), XIII s.; *les Brosses*, h. c° Beaurepaire.

Brosie de Brianz (ad Brotias S. Andree monachor. q. voc.), XIII s.; *les Brosses*, bois c° Chuzelle et Villette-Serpaize.

Brossar (Chez-), éc. c° St-Albin-de-Vaulserre.

Brossard (Le), éc. c° St-Étienne-de-Crossey.

Brossas (nem.), XII s.; *les Brosses*, mas c° Meyzieu, Décines-et-Charpieu, et Chasieu.

Brossau, h. c° Tramolé.

Brosse, éc. c° La Bâtie-Montgascon; — (la), bois c° Chevrières.

Brosse, f. c° Autrans.

Brosse (La), h. c° Vézeronce; — bois, c° Villette-d'Anthon.

Brosse-Ronde (La), éc. c° St-Michel-de-St-Geoirs.

Brosse-sous-les-Vignes (La), h. c° Sermérieu.

Brosses (Les), h. c° Beaucroissant; — mas c° Chantesse; — h. c° la Chapelle-de-Surieu; — ét. c° Châteauvilain; — h. c° Colombier-Saugnieu; — h. c° Culin; — bois c° La Forteresse; — h. c° Izeron; — h. c° La Folatière; — mas c° Jarcieu; — (les), chât. c° Royas; — h. c° St-Geoire; — h. c° St-Pierre-de-Chandieu et Valencin; — mas c° Vienne.

Brosses (Les) ou les Graplères, h. c° St-André-le-Gaz.

Brosses (Les), XVI s.; *la Brosse*, vill. c° Sermérieu.

Brossey (gorgy de), XVI s.; (mals. f. de), XVII s.; *Brossey*, h. Crolles.

Brossel ou Ouers (La), XV s.; *les Brosses*, bois c° Meyrieu.

Drossia (J. de), XIV s.: voy. Brue.

Brossia, XIII s.; *la Brosse*, h. c° la Balme.

Brossiarum (nem.), XV s.; *les Brosses*, mas c° Charantonnay.

Brossie, XIV s.; *les Brosses*, mas c° Tignieu-Jameyzieu.

Brossiis (in), XV s.; *les Brosses*, h. c° la Chapelle-de-la-Tour.

Brossiis (in), XV s.; *les Brosses*, bois c° St-Aupre; — mas c° St-Chef.

Brossy (La), XVI s.; *la Brosse*, h. c° St-Chef.

Brossy (La), XVII s.: voy. Brosses (les).

Broteau, Brotteau, XIX s.; *les Broteaux*, h. c° Biol.

Broteau (Le): voy. Brotellis.

Broteau, Brotteau: voy. Bretoux (les).

Brotel, h. c° la Chapelle-de-Surieu.

Brotel, Brotello (de), XIV s.; (domin. de), XV s.; *Brotel*, h. c° St-Baudille.

Brotel (Bois), XVIII s.; *chemin du Broteau*, c°s Meyzieu et Jonage.

Brotel (lo), XIV s.; Bello S. Desiderii (nem.), XV s.; *les Broteaux*, bois c° des Avenières.

Brotel (île le Coutier ou), XVIII s.: voy. Brotel (lo).

Brotellis (in), XIV s.; *les Broteaux*, h. c° Solaise.

Brotera (nem. de la), XV s.; *Bros* (les): *le Broteau*, mas c° Maubec.

Brotoneria, XIV s.: voy. Bretoneyri.

Brots (Les), gr. c° St-Pierre-d'Entremont; — mont. c° le Villard-de-Lans.

Broucattière (La), éc. disp. c° de Villette-d'Anthon.

Brouchaud (Les), h. c° Maubec.

Broudellière (La), XVIII s.: voy. Bladoleyri.

Broudières (Les), h. c° St-Didier-de-Bizonnes.

Broue (La), mas et chât. c° Noyarey.

Broue (La), mont. c° St-Barthélemy-de-Séchilienne.

Brougneu, XV s.: voy. Brogneu.

Brounlières, XVII s.: voy. Bruneriis.

Bruns (Les), XVIII s.: voy. Brunorum.

Broussaillière (La), bois c° St-Nazaire.

Broussard, XIX s.: voy. Bossard.

Brousse (Le), XVIII s.: voy. les Brosses.

Broutenay, bois c° Moras.

Brouthinaux (Les), XVIII s.; Broutl-x, XIX s.; *les Brouthinaux*, h. c° la Salette.

Brouven, Broven (nem.. territ.), XV s.; *les Bruyères*, h. c° Décines-et-Charpieu.

Broyceia, XV s.: voy. Broczia.

Broycet: voy. Brocias.

Broycia, XV s.: voy. Brossia.

Broycie (riv.), XV s.; Broyssia, XIV s.: voy. Brocia.

Broyetes (pascua), XV s.: voy. Brues.

Broys (Les), XIV s.; *les Bruys*, bois c° Mayres.

Broyuet, XIV s.; *Breizet*, h. c° Cessieu.

Broyssia, XIV s.: voy. Brossia.

Broyaslam : voy. Bruel.

Bruzel : voy. Broel.

Bruzel (La). XIII s. : voy. Bruzela.

Bru in mand. Septimi (territ.), XV s. : *le Brut* (?), l. disp. c^e Luzinay.

Bruan, Bruen, XVIII s. : voy. Bruent.

Bruant (Le), ruiss. affl. du Ferrand, c^e Clavans.

Bruassat, XIX s. ; *Brunsset*, h. c^e la Chapelle-de-Surieu.

Brucetum, XIV s. : voy. Bruchetum.

Bruches (Les), XIV s. ; *la Buchattière*, bois c^e Pommiers.

Bruchet, XIII s. ; *Bois-Bruchet*, bois c^e St-Laurent-en-Royans.

Bruchet (ci), XIV s. ; *les Bruchex*, h. c^e St-Victor-de-Cessieu.

Bruchet (Le), mas c^e le Sappey ; — mas c^e Tullins.

Bruchet, XIV s. : B-to (de), XV s. : voy. Brucheti.

Bruchoto (chavam. de), XV s. : *le Bruchet*, mas c^e Champier.

Bruchoto (in), XV s. : *le Bruchet*, mas c^e Glères.

Brucheto (in), XIV s. ; *Bruchet*, h. c^e Meylan.

Brucheto (chavam. de), XV s. ; *le Bruchet*, l. disp. c^e St-Hilaire-de-la-Côte.

Bruchetum, XV s. ; *le Bruchet*, h. c^e St-Nazaire.

Bruciaco ? (terra de), XII s. ; *la Brosse*, bois, c^e Villette-d'Anthon.

Brucius, X s. ; Brucinum, XIV s. : voy. Brociano Superiore.

Bruco (in), XIV s. : voy. Bruchet (al).

Bruderi (mans. de la), XIII s. ; *la Bourdarie*, vill. c^e St-Joseph-de-Rivière.

Bruduria, XV s. ; *la Bruduir*, ruiss. c^e Proveyzieux.

Bruduria, Bruduyria (mans. de). XIV s. : voy. Bruderi.

Brue (mom. de), XI s. ; *les Bruners*, h. c^e Moissieu.

Brue (mom. de), XI s. ; *les Bromes*, mas c^e Pact.

Brucil : voy. Brueyl l².

Bruel : voy. Briel.

Bruen, XVI s. : voy. Brugiente.

Bruen (mans. de Rivo), XV s. ;

Brulen (m. de R.), XVI s. : voy. Burdini.

Bruent (rivus), XIV, XV s. : *le Bruasset*, ruiss. affl. de l'Olle, c^e Allemont : — ruiss. affl. la Sarenne, orig. Lac-Blanc, arr. c^e Huez.

Bruent (riv. de), XV s.; Brulen, XVIII s. ; *le Bruyant*, ruiss. affl. le Drac, arr. c^es Allières-et-Risset, Varces et Vif.

Pruent, XV s. ; *le Bruyant*, ruiss. affl. la Gresse, c^e le Gua.

Bruent (aqua de), XIV s. : voy. Bruyante.

Bruentere (apud); Brulant(essai), XIII s. : *le Bruyant*, l. disp. c^e Barraux.

Brueria, XIV s. ; *la Bruyère*, vill. c^e Romagnieu.

Brueria, XV s. ; *les Bruyères*, mas c^e St-Romans.

Bruerias (verum, mans. de), XIV s. : Brueyri (la) : voy. Brueyres.

Brueriis (in), XVI s. ; *les Bruyères*, bois c^e Champagnier.

Brues (Les), XIII s. ; *le Brue*, mont. c^e le Mont-de-Lans.

Brueax (Le), XVIII s. ; *le Breuil*, vill. c^e Vif.

Bruex, Brus (de), XIV s. : Brux, XVIII s. : *Brieux*, vill. c^e Eclose.

Brueyl (mau. de), XIII s. ; *le Breuil*, anc. faub. de Grenoble, inclus dans l'enceinte fortifiée au XVII s.

Brueyl : voy. Briel.

Brueyres, Bruyeris, XIII s. ; B-riis (mans. de), XIV s. ; *les Bruyères*, mas c^e Barraux.

Brufa ; *la Bastille*, f. c^e de la Tronche.

Brugiente (de rivo), XI s. ; *le Bruyant*, ruiss. affl. le Furon, sép. c^e Engins de c^e Lans.

Brugienteus (ad riv.), XII s. ; *le Bruyant*, ruiss. c^es St-Bernard et St-Hilaire.

Bruient (riv.), XII, XIII s. ; Bruyent, XIII s.; *le Bruyant*, ruiss. affl. la Drevène, c^e St-Gervais.

Bruières (Les), Brulerias (ad), XIII s. ; *la Bruyère*, h. c^e Montagne.

Bruieria, XIII s. ; B-lis (de), XIV s. ; *les Bruyères*, vill. c^e Pommiers.

Brulerias (ad), XIII s.; *la Bruyère*, mas c^e St-Lattier.

Brulsoset (in), XI s. : voy. Brissowh.

Brulson (riv. de), XIII s. ; Brulssonum ; *Bressan*, mont. et ruiss. affl. l'Isère, c^es le Touvet et St-Vincent-de-Mercuze.

Bruissat, mas c^e Plateu.

Brula (La), ée. c^e Cheyssieu.

Brulatière, mont. c^e le Sappey.

Brulefer, h. c^e Pact.

Brullefort, XVIII s. ; *Brulefer*, h. c^e Montfalcon.

Bruissard, mas, XII s. ; *Bruessart*, ée. c^e St-Jean-d'Hérans.

Brun, l. disp. c^e Proveyzieux ; — ée. c^e Ste-Marie-du-Mont.

Brun (tenura Bernart), XII s. ; *les Granges-Brun*, gr c^e St-Pierre-de-Chartreuse.

Brun, mas c^e Tencin.

Brunaux, XVIII s. ; Brunes (Les), XIX s. : voy. Brunelli.

Brunchet (Le), h. c^e St-Nazaire.

Brunel, l. disp. c^e St-Didier-de-la-Tour.

Brunelli, XIV s.: *les Brunenex*, h. c^e Pierre-Châtel.

Brunellorum (mans.), XIV s. ; Brunellum ; *la Brunettière*, h. c^e Voiron.

Brunerie (La), h. c^e Serres-et-Nerpol.

Brunerii (prat.) XIV s. ; *Brunsier* (chemin de), c^e La Chapelle-du-Bard.

Bruneriis (J. de), XIV s. ; *les Brunières*, h. c^e St-Quentin.

Brunet (Le), f. c^e Chamagnieu ; — ée. c^e Chatte ; — h. c^e Paladru.

Brunet (aqua de), XIV s. ; *Combe-Brunet*, mas et ruiss. c^e Lans.

Brunet (loc.), XIV s. ; *Bruny*, h. c^e Tencin.

Brunet (campus) ; Bruniorum (mans.) ; Brunorum seu Castellorum (mas), XIV s. ; *la Brunerie*, chât. c^e Voiron.

Brunetière, XVIII s. ; *Brunetière*, h. c^e Beaulieu.

Brunetière (La), ée. c^e Billieu ; — h. c^e Vourey.

Brunets (eyssard des), XVII s. : voy. Bruns.

Brunoux (mans. dels), XIII s. ;

les Brunels ?, h. disp. près St-Laurent-en-Beaumont.

Bruni (mans), Petri, XII s.; *Grange-Brun*, bois c⁰ Ste-Agnès.

Bruniat, h. c⁰ la Bâtie-Divisin.

Bruniaux (Les), h. c⁰ Fitilieu.

Brunierum (ad), XIV s.; *Brunieyre*, éc., c⁰ Château-Bernard.

Brunin, h. c⁰ Optevoz.

Brunion (riv. de), XIV s.; *Brignon*, h. c⁰ Allevard.

Brunion (en), XVI s.; voy. Rossignoletta.

Bruison (chavan.), XV s.; *Bruison*, l. disp. c⁰ Longechenal.

Brunorum (plan.), XIV s.; *les Bruns*, h. c⁰ St-Maximin.

Brunorum (domos), XV s.; *les Bruns*, h. c⁰ Theys.

Bruns (Les), quart. c⁰ des Adrets.

Bruns (eyssard des), XVII s.; *Pied-Brunet*, bois c⁰ le Sappey.

Brunchet (territ.), XIV s.; *Bruchet*, h. c⁰ Beauvoir-de-Marc.

Bruserlis (villa de), XIV s.; Brusserlis (iter de), XV s.; *Brusserue*, h. c⁰ Parlset.

Brussona (La), Brussona (la), XIV s.; voy. Brubon.

Brussillet, éc. c⁰ Châtonnay.

Brussin, XIII s.; Brussinum, XV s.; voy. Brociano Subteriore.

Brussins: voy. Brucins.

Brut (Le); *Chez-Brus*, h. c⁰ Jardin.

Bruteaux (Les), XVIII s.; voy. Brotel (Bois).

Bruthiat, bois, XVIII s.; *le Bruthiat*, cant. de bois de la forêt de Bonnevaux, c⁰ Lieudieu.

Bruthiaz (Les), bois c⁰ St-Georges-d'Espéranche; — bois c⁰ Meyrieu.

Brutial de Culin, XVIII s.; *le Bruthiaz-de-Culin*, bois c⁰ Culin.

Brutinel, XV s.; *le Brut*, mas c⁰ Marinais.

Brutinières (roch, mas de), XVII s.; *Brutinière*, mas c⁰ Noyarey.

Bruvillon, h. c⁰ St-Geoire.

Bruzeria, XIII s.; voy. Buxaris.

Bruyant (mas de Rif, de Rith), XVII, XVIII s.; voy. Bardial.

Bruyant: voy. Rieu-Bruyant.

Bruyat (Le), h. c⁰ Fitilieu.

Bruyat, éc. c⁰ la Morte.

Bruyent, XIV s.; *le Bruyent*, ruine c⁰ le Villard-de-Lans.

Bruyenaz (ap. Rivum, XIV s.; voy. Bardini.

Bruyères (La), mont. c⁰ Entre-Deux-Guiers; — éc. c⁰ Jardin; — h. c⁰ St-Antoine; — h. c⁰ Sérézin.

Bruyères (Les Grandes), mas c⁰ Balbins; — (les), h. c⁰ La Bâtie-Divisin; — vill. c⁰ Beauvoir-de-Marc; — h. c⁰ Bellegarde-et-Poussieu; — h. c⁰ Bourg-d'Hambalud; — h. c⁰ Chagnonnay; — vill. c⁰ Charnècle; — h. c⁰ Corbas; — h. c⁰ Diémoz; — h. c⁰ Dolomieu; — h. c⁰ Eyzin-Pinet; — h. c⁰ Faramans; — h. c⁰ Faverges; — (les), éc. c⁰ Four; — h. c⁰ Marcollin; — vill. c⁰ Montrevel; — h. c⁰ Panossas; — h. c⁰ Penol; — vill. c⁰ Primarette; — h. c⁰ St-Agnin; — mas c⁰ St-André-en-Royans; — h. c⁰ St-André-le-Gaz; — h. c⁰ Ste-Blandine; — éc. c⁰ St-Geoire; — h. c⁰ St-Pierre-de-Chandieu; — vill. c⁰ Varacieux; — h. c⁰ Velanne; — h. c⁰ Villeneuve-de-Marc; — éc. c⁰ Villé-sous-Anjou.

Bruyères (Les), mas c⁰ Ménaulre.

Bruyeria, XV s.; *la Bruyère*, h. c⁰ les Abrets.

Bruyeria, XIV s.; *les Bruyères*, mas c⁰ Brié-et-Angonnes.

Bruyerie (nom.), XV s.; *les Bruyères*, mas c⁰ Charantonnay.

Bruyssent, B-n (territ. de), XV s.; Bruyseri, XVI s.; voy. Buisssino.

Bruyssinum (riv.), XIII s.; Bruysson (rup. et mans), XIV s.; Bruyssonis (villa Combn); Bruyssone (riv. de); voy. Braison.

Bruyssino, XV s.; voy. Brucins.

Bruziau (Le), XVIII s.; voy. Brusserlis.

Bryancezone (rivus de), XV s.; voy. Briancezonis.

Brys, XVI s.; voy. Brez.

Bryeyel (stagn. de), XIV s.; *Ryan*, mas et ét. c⁰ Siccieu-St-Julien-et-Carisieu.

Brynes (Las, ét. c⁰ Charette.

Bryon, XVI s.; voy. Brione.

Brys d'Eyllins (territ. de), XVI s.; voy. Bru.

Buact (territ. de), XV s.; voy. Buyat.

Bual, Buat (rif de), XVII s.; *le Buyat*, é. c⁰ Miribel-les-Echelles.

Bualières, Buallières; voy. Bucleria.

Buallières (Les), XVII s.; voy. Bucleria.

Buatière (La), h. c⁰ Fitilieu.

Buatière, XVIII s.; voy. Buatière.

Buaz (J. de), XIV s.; *Buyat*, mas c⁰ de St-Jean-de-Soudin.

Bubnulinos (mans. de), XIII s.; *le Bubnulin*, vill. c⁰ Miribel-les-Echelles.

Buc-Reyer, Reyer, XIV s.; Bucs-Reyer, XV s.; voy. Busc-Reyel.

Buciago: voy. Buciaco.

Bucuario: voy. Bucurio.

Bucstina (gr. et rif de), XVIII s.; voy. Bellidignarii.

Bucura (de), XII s.; voy. Buciaco.

Buch (La), mont. c⁰ Annoisin-et-Chatelans.

Bucha (La), bois c⁰ Proveyzieux.

Bucheron (le), mont. c⁰ La Ferrière.

Buchet (Les), ruine c⁰ Malleval.

Buchilier, Billier (terr., combe de), XVIII s.; *le Buchellier*, ruine, c⁰ Chantelouve.

Buciaco, IX s.; Buciago, B-aco (cellarium), XII s.; *Bossieu*, c⁰ c⁰ la Côte-St-André; — (Grand, Petit), vill. c⁰ Bossieu.

Bucifaux, mont. c⁰ Voreppe.

Buc-la (La), bois c⁰ Proveyzieux.

Buclardis, XVIII s.; *Buclus*, h. c⁰ St-Andrias.

Buclas, h. c⁰ Roche.

Buclèe (La), h. c⁰ Échirolles.

Buclet, h. c⁰ d'Auste; — bois c⁰ le Bourg-d'Oisans.

Bucuyronis (castr. de), XV s.; voy. Bucuirone.

Bucurionis (mistr., mand.), XIII s.; Bucurione (domin. de); Bucuyrona (de), XIV s.; Bucurum (de), XV s.; voy. Bucuirone.

Bucusello (de), XII s.; Bussesel, XV s. : voy. Bocizelo.

Bucuyro : voy. Bucurlu.

Buexeto (in), XI s.; le Buisson, mas c⁰ Vienne.

Budinard, XVIII s. : voy. Belli-Mgnarit.

Bucc-Reyel, XIII s. : Buie-Rayal, mas c⁰ Vienne.

Bucch (Le), XVIII s.; la Buche, h. c⁰ Clelles.

Bucgles (prior de), XII s. : Bugis, Butgies : Bouge, h. c⁰ Bougi-Chambalud.

Buelleria (mons de), XV s. : la Bualière, mont. c⁰ St-Martin-d'Uriage.

Bucmundi villa, XIV s.; les Reymonds, mas c⁰ St-Jean-de-Vaulx.

Bucnco (de), XIV s.; Buens, XII s.; St-Hilaire-de-Brens, c⁰ cⁿ Crémieu.

Buer (aqua de) : l'Huer, riv. aff. le Rhône, orig. c⁰ Faverges, arr. cⁿ Corbelin, Veyrins et les Avenières.

Bueres (nem. de), XIV s. : voy. Biera.

Buers (cavan. de), XIII s. : l. disp. c⁰ St-Jean-de-Vaux.

Bufavens, Buffavent, XII s.; B-az, Buffavaynt, XIV r.; B-venti, XV s. : Bufferent, h. c⁰ Villeneuve-de-Marc.

Buferes, XIII s. : Bufeyres (dom. t. de), XIV s. : voy. Bufferes.

Buffa (mans. de), XV s.; la Buffe, l. disp. c⁰ la Cluze-et-Pâquiers.

Buffa, XIV s.; la Buffe, mont. c⁰ Ornon.

Buffa (crestum de), XVI s. : B-az, B-e, XVII s.; la Buffe, mont. cⁿ St-Pierre-de-Chartreuse et le Sappey.

Buffaret (Le), mas et clⁿ c⁰ Oz.

Buffarz (els), XIII s.; les Bouffards, h. cⁿ Corbeac.

Buffaven (territ. de), XV s.; Bufferent, mas c⁰ St-Chef.

Buffavent (territ. de), XV s.; Bufferent, l. disp. c⁰ la Chapelle-de-la-Tour.

Buffe (La), mont. c⁰ Autrans.

Bufferes, Bufferiis (sub), XIII s.; Buffieras (dom. t. seu puypis de), XIV s.; Buffières, vill. c⁰ Succieu.

Bufferlis (parr. de), XV s.; Bufferes; voy. Sancti Victoris de Buffleres.

Buffes (Les), mont. c⁰ le Freynet-d'Oisans.

Buffet (Le), éc. c⁰ Chantelouve.

Buffevent, mⁿ c⁰ St-Agnin.

Bufflère (La), éc. c⁰ Dolomieu.

Buffières, chât. c⁰ Chaponnay : — éc. c. Eyzin-Pinet ; — h. cⁿ Serres-et-Nerpol.

Buffs (in magnis), XIV s.; les Buffes, bois c⁰ Slévoz.

Bugantères (Les), éc. c⁰ la Chapelle-du-Bard.

Bugeny (La), XVIII s. : Bugey, h. c⁰ Fitilieu.

Bugnassières, XVIII s.; Bugnasse, vill. c⁰ Roybon.

Bugnon, vill. c⁰ Corbelin.

Bugnon, h. c⁰ St-Ondras.

Bugnon (mont.) : voy. Brunion.

Bulat (gr. du), XVII s. : voy. Baul.

Bulat, XVIII s. : voy. Banz.

Bulat (eros de), XVI s. : voy. Buyat.

Buire (mont. de), XVIII s. : Bure, mont. cⁿ Corençon et le Villard-de-Lans.

Buires (tenem. del les), XIII s.; les Buires, mas c⁰ Livet-et-Gavet.

Buiro (per), XIII s. : Burio (roriaas. de); Burrio (Sarreta de), XIV s. : voy. Sarreta.

Buiron, XVIII s.; le Buron, h. c⁰ Eyzin-Pinet.

Buis, vill. c⁰ Cour-et-Buis; par. dioc. Vienne, égl. St-Jean.

Buis (Le), éc. c⁰ Penol ; — h. c⁰ St-Victor-de-Cessieu.

Buis (Chez-), éc. c⁰ St-Clair-sur-Galaure.

Buis (St-Blaise de), XVIII s.; St-Blaise-de-Buis, c⁰ cⁿ Rives.

Buis-des-Agneaux (Le), mont. c⁰ St-Martin-d'Uriage.

Buisse (La), font. c⁰ Malleval, aff. ruiss. la Gergue.

Buisse (La), c⁰ cⁿ Voiron; par. dioc. Gren., égl. St-Martin.

Buisseratte (La), vill. c⁰ St-Martin-le-Vinoux.

Buisserts (Les), h. c⁰ Pommiers.

Buisset, h. c⁰ Chasselay.

Buisieras (La), XVIII s.; la Biesserre, h. c⁰ Pommiers.

Buissière (La), mont. c⁰ le Fontanil ; — h. c⁰ Montéynard.

Buissière (La), mont. c⁰ de St-Christophe-Entre-Deux-Guiers ; — mⁿ c⁰ St-Pierre-de-Chartreuse ; — ruiss. aff. du Verdant, c⁰ Sassenage.

Buissière (La), c⁰ cⁿ du Touvet; dioc. Gren., égl. St-Jean-Bapt.

Buissière ou la Bellet (mas de la), XVII s. : voy. Buxaria juxta castr. Bocuronis.

Buissière (Chez-), h. c⁰ St-Joseph-de-Rivière.

Buissières (Les), h. c⁰ de Ruvon; — h. c⁰ St-Alban-de-Roche.

Buissières (hameau des), XVIII s. : voy. Buxeria.

Buissino (territ. de), XV s. : le Buixsin, h. c⁰ Eyzin-Pinet.

Buisson (Le), h. c⁰ le Pin; — h. c⁰ St-Didier-de-La-Tour ; — l. disp. c⁰ St-Marcellin.

Buisson, XIX s. : voy. Boyson, Boyssono.

Buisson-Rond, h. c⁰ Beaulieu; — anc. mais. forte c⁰ Murinais.

Buisson Ryond, XVIII s. : voy. Boysson Ruon.

Buissonet (Bois Courbet ou), XVIII s.; le Buissonnet, bois c⁰ Méaudre.

Buissonnies (Les), h. c⁰ Succieu.

Buissonnet (Le), bois c⁰ Méaudre.

Buissonnet (mⁿ), B-nière (La) : voy. Boyssoneres.

Buissonnière (La), h. c⁰ Séchilienne; — h. c⁰ Vinay.

Buissonnière (La), XVI s. : voy. Buissino.

Buissons (Les), h. c⁰ St-Martin-d'Uriage ; — h. c⁰ St-Paul-de-Varces ; — h. c⁰ Tramole.

Buissons (Les), XIX s. : voy. Boyssonum.

Bujay (Le), XIX s. : voy. Bugey.

Bulbarum (aqua), X s. : Bulbula, Bulbrio, XI s. : Bulbrum, XII s.; la Bourbre, riv. (voy. ce nom).

Bulla, X s. : voy. Bulbarum.

Bulleria, XIV s. : Buellière, mas c⁰ Frontonas.

Bullianee, mas cⁿ de Chamagnieu, et de Satolas-et-Bonce.

Bulzeu villa, X s. : voy. Belzieu.

Bun, XVIII s. : voy. Bens.

Bunard (Le), mont. c⁰ Vaujany.

Bunaterias, XIV s. : voy. Bo-neleyres.

Buquaine (La), éc. c de la Folatière.

Buqueloula (bamin.), XV s. : voy. Baudrone.

Burbionis (aqua), XV s. : voy. Bulbarum.

Burbet (rippa), XIV s. : Burbro-nis (aqua) : voy. Bulbarum.

Burbaud (ole), XII s. : Bourbo-nière, éc. c St-Georges-d'Es-peranche.

Burein, XIII s. ; B-as (villa de), XIV s. ; Burein, c com. le Grand-Lemps ; dioc. Vienne, égl. St-Martin.

Burdoud (Les), XVIII s. : le Burdin, XIX s. ; les Burdins, h. c la Ferrière.

Burdini (H.), de rivo Bruyenti, XIV s. ; les Burdins, h. c St-Laurent-du-Pont.

Burdins (pré des), XVII s. ; B-n al. de Rif Bruiant (gr. de) : voy. Burdini.

Burdit, XVIII s. ; Burdy, h. c Murinais.

Buret, Burrette (bois de), XVIII s. : voy. Beuretes.

Buretière (La), éc. c Voissant.

Burge (La), bois mont. Brunet-farine, c St-Maximin.

Burgi (loc., parroch., villa) : le Bourg-d'Oisans (voy.).

Burgi Villani (territ.), XV s. : voy. Bore Vilan.

Burgia, XII s. : la Bourgeat, h. c Rives.

Burgo (de), XIV s. ; le Bourg, f. c Chatte.

Burgo castri (li), XVI s. : voy. Tollino (cap. de castro).

Burgo derupto (in), XIV s., Bourg-d'Arud, h. c Venose.

Burgo Oysoni (priorat. de), XIV s. : voy. S. Laurentii de Lausa.

Burgo Veteri infra villam Tul-lini (in), XV s. : voy. Tollino (cap. de castro).

Burgoderiis (villa de), XIV s. : Burgonderias, XIV s. : Bri-gaudières, éc. c Varces.

Burgoing, XV s. : voy. Bergusia.

Burgon, XII s. ; Burgondii (villa, parr.), XIII s. : Burgondium, XIV s. : voy. Bergusia.

Burgondia, regn., VI s. ; Bur-gundia ; Bourgogne (royaume de), roy. organisé par les Burgondes vers 470, conquis

par les Francs, ou roy. créé en 879 par le comte Boson, qui devint, à la mort de Ro-dolphe III, en 1032, une prov. de l'Empire Germanique.

Burgondium, poypia : Burgun-dium, castr., XIII s. : Combe-rodie, ehât. détr. c Bourgoin.

Burgum, XII s. : B-m de Domena, XIII s. ; le Bourg, h. c Domène.

Burgum, XIII s. : voy. Villa-nova S. Laurentii de Ponte.

Burgum Breyssaud, XIII s. ; B-m Brissiard, XIV s. : le Bourg, h. c Bressieux.

Burgum Fabricarum : St-Bar-thélemy ou le Bourg, h. c Faverges.

Burgum Minutum, XIV s. : Bourg-Meau, h. c St-Andéol.

Burgum de Monte : voy. Mons Castri Turris.

Burgum, XIII s. ; B-m Sancti Laurentii, XIV s. ; Burgo (parr. de), XIV s. : Burgi villa, XVI s. : voy. Sancti Laurenti de Lausa.

Burgum S' Simphor. de Ausone, XIII s. ; B-m novum, XIV s. : le Bourg, bourg c St-Symph.-d'Ozon.

Burgum antiq. Terraric, XV s. : voy. Castrum de Terracia.

Burgum de Varsin, XIV s. : le Bourg, vill. c Varces.

Burgum castri Vorapii, XIV s. : Bourg-Vieux, mas c Voreppe.

Burgusii (dom.), XII s. : Burgun-dium, XIII s. : voy. Bergusia.

Burgundia seu Provintia, IX s. : voy. Burgundia.

Burgy (l'eytre, letret de), XVI, XVII s. : Burgy, forêt c Allemont et Vaujany : se compose des cantons sui-vants : Clot-de-Montvoisin, les Drayes, Haut-des-Drayes, Rocher-Blanc, Montvoisin, Perrière-le-Clot-de-Mont-voisin.

Buriani, Burriani (mans.), XV s. ; Burieu, l. disp. c Lon-gechenal.

Buriat (Le), XVIII s. : voy. Bual, Buat.

Burieu (territ. de), XV s. : Burieux, XIX s. : Burieu, h. c St-Clair-du-Rhône.

Burillière (La), XIX s. ; la

Burcellière, h. c Romagnieu.

Burillon (Le), ruis. aff. le Guiers-Vif, c la Folatière ; — h. c Tullins.

Burinse, XIX s. : voy. Burieu.

Buriset, XVIII s. : Barisavi, h. c Veyssilieu.

Burlandi, Bent (mans.), XIV s. : Buchaud, l. disp. c la Buis-sière.

Burlatier, XVIII s. : voy. Bur-latiery (la).

Burlatiery (La), XV s. : la Bur-latière, l. disp. c Jallieu.

Burlatiery (La), XV s. : Burlot, mas c St-Victor-de-Morestel.

Burlet (Le), vill. c de Merlas.

Burlet (mais. f. de), XVII s. : le Burlet, chât. c la Terrasse.

Burletière (comte de la), XVII s. : la Burletière, h. c St-Etienne-de-Crossey.

Burna, XIII s. ; Burnea (rippa), XV s. : voy. Borna.

Burnianco (eccl. in), XII s. : Burnacum, Burnai : voy. Bor-nacu.

Burnaud, bois c St-Baudille, c Optevoz et Courtenay.

Burson (Le), h. c Cour-et-Buis.

Burou (quont., antchesse de Chantemerle : voy. Barron.

Burreyel, XVI s. : voy. Bure Reyel.

Bursins, XIV s. : Bursini (parr.), XV s. : voy. Burcin.

Burta Combetta, XVIII s. : voy. Puta Comba.

Bury, h. c Lavron.

Busa, mas c Pisieu.

Buscins (parroch.) : voy. Burcin.

Busier (Le), éc. c Miribel-les-Echelles.

Busseria, XIII s. : voy. Buxaria.

Busseron, XIX s. : voy. Busson Ruel.

Bussi (La), XII s. : voy. Boissa.

Bussia (capella de), XIII s. ; la Communauderie, f. c St-Jean-de-Moirans.

Bussia, XIII s. ; B-a (cura de), XIV s. : Bussye (priorat.) : Buysse (la), XVI s. : voy. Buxia (eccl. de).

Bussin (in Altevenai patria, in loco voll.), XI s. : voy. Bais-siaco.

Bussin, XIX s. : voy. Buissino.

Bussio (de), X s. : Buxio in agro Cassiascensi (villa), X s. ; Buis,

C

Cacherias (ap.), XIV s. : *Cax-seyer*, h. cⁿᵉ le Monestier-du-Percy et le Percy.

Cachet, mⁿ cⁿᵉ les Côtes-d'Arey.

Cachet (Le), XVIII s. : *le Cachet*, h. cⁿᵉ La Ferrière.

Cachet, éc. cⁿᵉ St-Michel-les-Portes.

Cacheteria, XIV s. ; *Cache-tière*, h. cⁿᵉ Voreppe.

Cacheti (Col de), XV s. : voy. Cachardorum.

Cachetière, h. cⁿᵉ Jarcin-

Cachetières (Ile des), île dans le Rhône, cⁿᵉ Jons.

Cachets (Les), h. cⁿᵉ la Ferrière.

Cachettes (Les), quart. cⁿᵉ Grenoble.

Cachinis, XIII s. ; Cachynnis, XIV s. ; *Cacheunit*, h. cⁿᵉ la Balme.

Cachinnys (parr. S. Columbe), XV s. : voy. Cachinis.

Cacière (La), XIV s. ; *les Cac-sières*, mas cⁿᵉ Chatte.

Cachinis (vad. de), XIII s.: voy. Cachinis.

Cacissa, XIV s. : voy. Cassies.

Cadet, forêt cⁿᵉ St-Gervais.

Cadet, h. cⁿᵉ de St-Pierre-de-Chirennes.

Cadorat, XVIII s. ; Cadourat, XIX s. ; *les Cadorats*, h. cⁿᵉ Avignonet.

Cadorvium, Cadurtium, XII s.: voy. Cavortium.

Cadrat (domus d' A.), XIV s. : *Montcarra*, chât. cⁿᵉ St-Chef.

Caduliacum villa, in comit. Salmoriacensi, IX s.; *Chélieu*, cⁿᵉ cⁿᵉ Virieu.

Caillat, éc. cⁿᵉ Beaufort; — éc. cⁿᵉ St-Jean-d'Hérans.

Caillat (Maison), XIX s. : voy. Calateriis.

Caillatière (La), h. cⁿᵉ Merlas; — vill. cⁿᵉ Vinay.

Caillatière : voy. Calateriis.

Caillatières, XIX s. : *Cailla-teyres*, h. cⁿᵉ St-Paul-lès-Monestier.

Caillères (Les), h. cⁿᵉ Brezins.

Caillerey, XIX s.: voy. Caillerie.

Cailletières (Ile de), XVIII s. : *Cailletière*, mas cⁿᵉ le Fontanil : voy. Faurereu.

Cainsundus, XII s. : voy. Chomooz.

Caipeia (eccl. de), XI s. : voy. Chapeia.

Cairdetum (ap.), XIV s. : *Carlet* (lac de), cⁿᵉ Oz.

Caisse (Grande, Petite), mont. cⁿᵉ Chantelouve.

Caize, h. cⁿᵉ Roybon.

Calabre (La), h. cⁿᵉ Romagnieu.

Calabres (Les), mas cⁿᵉ Décines-et-Charpieu.

Caladière, h. cⁿᵉ Chasselay.

Calamdiaco (in agro), X s. : voy. Cambarun.

Calarieus, IX s. : voy. Casa-rieas.

Calateriis, XV s. : *Caillatière*, vill. cⁿᵉ N.-D.-de-l'Osier.

Calatrin, h. cⁿᵉ Paladru.

Calaxiano villa, XI s. : voy. Calexianum.

Calce (loc. dict. in), XIV s. ; *la Chalp* ? l. disp. cⁿᵉ Fontaine.

Calce (nem. de), XIV s. : *la Chaux*, for. disp. cⁿᵉ Satolas-et-Bonce.

Calce (dom. de), XIV s. : voy. Chal.

Calce (in), XV s. : voy. Chalin.

Calce (mans. de), XIV s. : voy. Chalp (la), XIII s.

Calceta Terracie (ap.), XIII s. ; *la Chal*, éc. cⁿᵉ la Terrasse.

Calcbria (villar.), X s. ; *Che-crières*, cⁿᵉ cⁿᵉ St-Marcellin.

Cakmontis (iter publ.), XVI s.: voy. Chalemon.

Cakmontis (crux), XVI s. : voy. Essone.

Calère (La), XIX s. ; *Caléros*, h. cⁿᵉ St-Appolinard.

Calesio (fratr. de), XII s. ; C-sii (abbas); C-siensis eccl. : C-sii, de Chaleis (fratr.), XIII s. : voy. Chalesio.

Calessianum villa, IX s. : Calexiano (villa) in agro Turci-niacense, X s. : Caleysin, XIII s. : *Chaleysin*, h. cⁿᵉ St-Just-et-Chaleysin.

Calet, h. cⁿᵉ St-Romans.

Calet (Chez), XVII s.; *les Calets*, h. cⁿᵉ Ponnulers.

Caleysio (dom. de), XIV s. : voy. Chalesio.

Calicava, mas cⁿᵉ Villette-d'Anthon.

Calido Fonte, XIII s. : voy. Chaudafont.

Californie (La), f. cⁿᵉ St-Arey.

Calin, XVIII s.: voy. Cattin (les).

Caliouteau, XVIII s. ; *Caille-teau*, éc. cⁿᵉ le Percy.

Calisiensis (abbas), XII s. : voy. Chalesio.

Callardière, f. cⁿᵉ Virieu.

Callataire, XIX s. : voy. Cailla-tières.

Calleteau, XIX s. : voy. Callou-teau.

Calliacteres ; Callateriis (de), XV s. : voy. Calateriis.

Calliweria, XIV s. : *les Sali-nières*, bois cⁿᵉ St-Just-de-Claix.

Callouge, marais cⁿᵉ les Ave-nières.

Calma, XV s. : *la Chalp*, vill. et mont. cⁿᵉ Chantelouve et forêt, comprend les cantons de l'Allier, les Blaches, les Grandes-Côtes, Tartisse, l'Averset, Côte-Chalamond et Pont-de-la-Chalp.

Calma, XIV s. ; *la Chaux*, éc. cⁿᵉ le Cheylas.

Calma, XIV s. ; *la Chalp*, mas cⁿᵉ le Mont-de-Lans.

Calma (mans. de), XI s. ; *la Chaume*, h. cⁿᵉ Revel.

Calma, XIV s. ; *la Chaux*, éc. cⁿᵉ St-Honoré.

Calma, XIV s. : *la Chal*, éc. cⁿᵉ St-Jean-de-Vaux.

Calma (molar. de), XIII s. : Calme (mans. Damenchil seu de), XV s. : *la Chal*, h. cⁿᵉ St-Martin-le-Vinoux.

Calma, XIV s. : *la Chalp*, mont. et chal. cⁿᵉ Vaujany.

Calma (dom. de), XIV s. : voy. Chal.

Calma, XIV, XV s. : voy. Chalp.

Calma Longa, XIII s., eccl. B. Marie : voy. Chalma Longa.

Calma, C-a de Sievol, XIV s. : *la Chalp*, mas cⁿᵉ Sievoz.

Calma, XIII s. ; de Varcia, XV s. ; (capella S. Marie de) ; *Lechal*, h. cⁿᵉ Varces.

Calma villa, XIV s. ; Calme (molend. de), XV s. ; *la Chalp*, vill. cⁿᵉ Valjouffrey.

Calma de Viva, XIV s. ; ap. Merdarellum ; (molend.), XV s. ; *Lechal*, mas cⁿᵉ Vif.

Calmas Longas, Calme Longe (capella de), XIV s. : voy. Chalma Longa.

Calme (in), XIV s. : *la Chalm*, h. cⁿᵉ Allières-et-Risset.

Calme Mediane, Moyane (mans.)...

XV s. : voy. Chalmeyana.

Calmem Ruphaus (ad), XIII s. ; *Chamrousse*, mont. cne Vaulnaveys.

Calmen, XIV s. : voy. Chalm.

Calmis (in parr. Vallisdentis), XIV s. ; *les Chaux*, l. disp. cne Lavaldens.

Calnevia (mistralia) ; *Chaulnes*, anc. mistralie à Montbonnot-St-Martin.

Calono (in), X s. ; Calono villa, XI s. ; *Châlon*, cne con Beaurepaire.

Caloud, h. cne la Tour-du-Pin.

Caloudière, f. cne Torchefelon.

Calsis, XIV s. ; *la Chaux*, forêt disp. cne Satolas-et-Bonce.

Calut (Le), h. cne St-Pierre-d'Allevard.

Calvaire (Le), calvaires indiqués par Cassini, auj. disparus, dans cnes Beaucroissant, Charavines, le Grand-Lemps, Méaudre, Oyeu, Paladru, St-Romans, Venose ; — mas de même nom dans cnes Besse, le Bourg-d'Oisans, Champier, Châtonnay, la Mure, St-Lattier, St-Marcellin, Vaulnaveys-le-Haut.

Calvaire (Le), chap. cne le Mont-de-Lans.

Calvaire (le Mont du), XVIII s. ; *le Calvaire*, mas cne Champier.

Calvatis villa, in agro Commemmascensi, X s. ; *Chareux*, h. cne Communay.

Calvatis villa, X s. ; *Chanas*, cne cnes Roussillon.

Calvo Monte (in) est quod. cap. S. Anthonii, XV s. : voy. Chalemo.

Calyaii (dom.), XIII s. : voy. Chalesio.

Cambade, h. cne Ste-Blandine.

Cambaicus villa, XI s. ; *Chambon*, h. cnes Eyzin-Pinet et St-Sorlin.

Cambaran (silva de), XI s. ; *Chambaran*, forêt cnes Roybon, Chasselay, Brion, St-Pierre-de-Bressieux, Marnans, Viriville, Thodure, Montfalcon, Dionay, Bossieu, Chevrières, Murinais, Varacieux.

Cambarona (terra S. Petri), X s. ; *Chambaran*, éc. cne Vernioz.

Cambe, VIII s. : *Champ*, cne cnes Vizille.

Cambons, XIII s. : voy. Chambonos.

Cambruos (chavan.), XIV s. ; *Chabrod*, éc. disp. cne St-Georges-d'Espéranche.

Camel (summit.), XIV s. ; *Camier*, mont. cne Chelonge.

Camera (dom. de), XIV s. ; *la Chambre-d'Arces*, éc. cne St-Ismier.

Camera (La): voy. Bella Camera.

Camot (Le), h. cne Coublevie ; — l. disp. cne Roussillon.

Caminelre, XVIII s. ; *Caminière*, h. cne l'Albenc.

Caminum S. Martini, XIII s. ; *Chemin-de-St-Martin*, nom donné au moyen âge à la route romaine qui conduisait du Mont-Genèvre à Vienne, dans son parcours entre Rives et Beaurepaire, en passant par Brezins et Marcilloles.

Camoteri (La), XVI s. ; *la Chamoissière* (chle de), cne St-Hilaire.

Camp (chle du), cne Bernin ; — (le), cne Vaujany, restes retranchés Savoyards, 1597.

Campagne (La), h. cne St-Antoine.

Campagnia, XII s. ; C-laco (parr. de), XIII s. : voy. Campaniaco, Champaneu.

Campagnia villa, XIV s. : voy. Campania (mans. de).

Campagnia (mans. de), XII s. : voy. Villa Campaniaci.

Campaigniacum, Campaniacum, XIV s. : voy. Campaniaco.

Campalut, XVIII s.; *Champpalu*, f. cne St-Jean-de-Bournay.

Campanea (in), X s.; *Champaney*, h. cne St-Maurice-de-l'Exil.

Campaneu (mans.) in Vitrosco, X s. ; *les Champagnes ?*, l. disp. cne Vernioz.

Campangniacum, XIV s. : voy. Campaniaco.

Campania (mans. de), XIII s.; *Champagne*, éc. cne Sousville.

Campania, XII s. ; C-neio (eccl. de), XIII s. : voy. Campaniaco, Champaneu.

Campania, VIII s. : voy. Camsaurus.

Campania de Augusta, XIV s.; *les Champagnes*, vill. cne Aoste.

Campania Rioleni, Riolentis, XI s. ; *Chapareillan*, cne con Touvet.

Campaniaco (de), XI s. ; (capit. S. Andree de), XIII s. ; *Champagnier*, cne cnes Vizille.

Campanox, XVIII s.; *Campanos*, éc. cne St-Quentin-Falavier.

Campi Albi (mans.), XV s. ; *Champ-Blanc*, mas cne Montrevel.

Campi Albi (territ.), XIV s. ; *Champ-Blanc*, mas cne Villette-d'Anthon.

Campi forani (cumba) : voy. Champum foranum.

Campi itineris (territ.) sive Granger, XVI s. ; *Champ-Granger*, mas, cne Feyzin.

Campi Rosseti (riv.), XVI s. ; *Champ-Rosset*, éc. cne Entre-Deux-Guiers.

Campifortis (domin.), XVI s. ; *Champfort*, h. cne Jallieu.

Campis (A. de), XIV s.; *Champuis*, forêt cnes Bellegarde-et-Poussieu et Pact.

Campis (villa de), XIV s. : voy. Campos.

Campis (eccl. S. Petri de), XI s. ; (mand. de), XIV s. : voy. Campus (villa).

Campissauri (bayllivus) ; (ducatus) ; (judicatura), XIV s. : voy. Champsaur (duché de).

Campissauri (terra), XIII s. ; C-ssauri (castellanie), XV s. : voy. Camsaurus.

Campo (eccl. de), XII s. ; (eccl. Bte Marie de, priorat. de), XIV s.; *le Champ*, cne cnes Goncelin.

Campo Bellionis (territ. de), XV s. ; *Champ-Bellion*, mas cne Chuzelle.

Campo Dolenti (in), XIV s. ; Dolen, XV s. ; *Champ-Dolent*, mas cne Theys.

Campo Rotondo (mans. de), XV s. ; *Champround*, l. disp. cne les Adrets.

Campo Rotundo (territ. de), XV s. ; *Champround*, l. disp. cne Reventin-Vaugris.

Camponica (in valle), X s.: voy. Caponiaca.

Camponnière (La), éc. cne St-Marcellin.

Campos (apud), XIII s. ; *les Champs*, h. cne Marcieu.

Campum Boneti (ad), XIII s. ; *les Chambons*, h. cnes Quet et

La Salle.

Campum Dillius, XIV s.; *Champ-d'Illius*, mas c St-Laurent-du-Muru.

Campum Lassum (ap.), XIV s.; Lassum; *Champlias*, mas c Meylan.

Campum Longum (juxta), XIII s.; *Champoldon*, éc. c St-Pierre-de-Méarotz.

Campum Paludis (riv. descend. de Fachetis vers.), XV s.; voy. Champalu (riv. de).

Campum Saureum, terra. XI s.; C-pus Saurus, XII s.; voy. Camsaurus.

Campus bonus, XV s.; *les Chambons*, éc. c Siévoz.

Campus Domenge (costa), XV s.; *Combe-Domenge*, bois c Montchaboud.

Campus Floritus, XV s.; *Champ-Fleury*, h. c Varces.

Campus Floritus, XIV s.; *la Côte-Fleurie*, mas c Le Mont-de-Lans.

Campus Forarous; *Champhorus*, h. c St-Christophe-en-Oisans.

Campus Frigidus, XV s.; *Champfroy*, mas c Hurtières.

Campus de Gado, XIV s.; *Champ-du-Gua*, éc. c Auris.

Campus Girardi, XIII s.; Giratz, XIV s.; *Champ-Girard*, éc. c Pontcharra.

Campus Girardi, XIV s.; *Champ-Girard*, bois c le Touvet.

Campus Longus (loc.), in territ. Morinco, XI s.; *Champlong*, mas c Moirans.

Campus Martellus (territ.), XV s.; *Champ-Martel*, 1. disp. c Moidieu.

Campus de Maso, XV s.; *le Champ-du-Mas*, mas c Moidieu.

Campus Modii (mas), XV s.; *Champ-Mode ?*, l. disp. c Mizoën.

Campus de le Pallux, XV s.; *Champ-Palud*, mas c St-Victor-de-Cessieu.

Campus del Perer, XIII s.; de Perier, XV s.; *le Champ-du-Périer*, mas c Bougé-Chambalud.

Campus Polletus; *Pont-Poullet*, ruiss. c Roncurel.

Campus Poncti, XV s.; *Champ-Poncet*, mas c Jarrie.

Campus Profundus, XIV s.; *Champ-Profond*, h. c Crémieu.

Campus Putey mas de Cornilloley, XV s.; *le Champ-du-Puits*, l. disp. c St-Chef.

Campus-Rocelmi, XIII s.; *Champ-Rossou*, h. c La Chapelle-du-Bard.

Campus Rotundus, XVI s.; *Champround*, éc. c Allevard.

Campus Rotundus, XIII s.; *le Champ-Rond*, mas c Herbeys.

Campus Rotundus (loc.), XI s.; (bastida), XIII s.; *la Bâtie*, c St-Ismier.

Campus Rotundus, XIV s.; *Champround*, vill. c Vif.

Campus Rotundus, XI s.; voy. Bastida Campi Rotundi.

Campus Tornati, XIV s.; *Champ - Courbat*, mas c Jarrie.

Campus Tornatus, XIV s.; *la Chantourne*, canal d'assainissement, c Montbonnot-St-Martin, Meylan, la Tronche, se jette d. l'Isère.

Campus (villa), X s.; *Champ*, c c Vizille.

Camsaurus (regio, terrula), XI s.; voy. *le Champsaur*, région natur. etc.

Canaberias (villa de); *les Chavarys*, h. c St-Martin-d'Uriage.

Canal (Le), ruiss. dérivé de la Bréduire, c St-Martin-d'Uriage, se jette dans le Sonant.

Canal (Le), canal dérivé de la Gresse, s'y jette c Vif.

Canal (Le), canal dérivé de la Romanche, s'y jette, c Vizille.

Canal-des-Artifices, dérivé de la Vence, c St-Egrève.

Canal-du-Beaumont, dérivé de la Bonne, c Valjouffrey, arr. c Entraigues, Valbonnais, St-Laurent-en-Beaumont, St-Pierre-de-Méarotz, Quet-en-Beaumont, se jette dans le Drac.

Canal-Bailland (Le), canal c Chimilin.

Canal-de-Bourbre, canal, arr. c Jallieu, Bourgoin, l'Isle-d'Abeau, St-Alban-de-Roche, Vaulx-Milieu, la Verpillière, St-Quentin-Fallavier, Chamagnieu, Satolas-et-Bonce, Tignieu-Jameyzieu, Colombier-Saugnieu, Chavagnieu, Charvieu; se jette d. la Bourbre.

Canal-de-la-Bourne, canal dérivé de la Bourne, arr. c Auberives-en-Royans, St-Just-de-Claix, entre dans le dép. de la Drôme, et se jette dans la Véore.

Canal-Catelan, canal de desséch des marais de Bourgoin, qui occupe en partie le lit de l'anc. riv. de Cl'Ruth. Orig. c Trept, parcourt c St-Chef, St-Hilaire-de-Brens, St-Marcel-Bel-Accueil, Villefontaine, l'Ile-d'Abeau, la Verpillière, Frontonas; se jette dans le grand-canal de la Bourbre, c Chamagnieu.

Canal-de-Guin (Le), ruiss. c Sérézin-de-la-Tour.

Canal des Moulins... proche la porte de Bonne, XVII s.; *Récollets* (ruiss. des), c Grenoble.

Canal-des-Moulins (Le), ruiss. orig. t. St-Bonnet, arr. c Roche, Villefontaine, la Verpillière, se jette dans la Bourbre.

Canal-Mouturier-de-Bourgoin, dérivé de la Bourbre, c Bourgoin et Jallieu.

Canal-Mouturier-de-la-Tour-du-Pin, dérivé de la Bourbre, c La Bâtie-Montgascon, St-Clair-de-la-Tour, la Tour-du-Pin, St-Jean-de-Soudain, rejoint la Bourbre.

Canal-de-Nivolas, canal d'arr. c Nivolas-Vermelle, dérivé l'Agny.

Canal-de-la-Plaine-du-Bas-Voreppe, se jette dans l'Isère.

Canal-de-la-Romanche, dérivé de la Roche, arr. c Jarrie, Champagnieu, Pont-de-Claix, Grenoble et se jette d. l'Isère.

Canal-de-Valbonnais (Le), canal d'irrig. dérivé de la Marsanne, arr. c du Périer, Entraigues, Valbonnais, se jette d. la Bonne.

Canales (mansiones q. dicunt. ad), XI s.; (mancipium), XII s.; (dom.), XIII s.; Canalium

Vienne (dom.), XIV s.; C-libus (dom. f. de); *les Canaux*, nom donné durant le moyen-âge à l'ancien palais des rois de Bourgogne à Vienne, et qui servit d'Hôtel-de-Ville jusqu'en 1771.

Canalos (ap.), XV s.; *les Chanaux*, h. c⁰ Pellafol.

Canali (P. de), XIII s.; *le Chenal*, anc. mais. forte c⁰ Allevard, nom d'une rue d'A-l.

Canali (cavann. de), XIII s.; (chavann. de), XV s.; *la Chanal*, h. c⁰ Mont-de-Lans.

Canali (riv.), XIV s.; *le Canal-des-Moulins*, canal dérivé la Gresse, arr. c⁰⁰ Vif, Varces, Allières-et-Risset, se jette dans le Drac.

Canali (territ. de), XV s.; *Chanaux*, vill. c⁰ St-Savin.

Canali (J. de), XV s.; *la Chanu*, h. c⁰ Vénérieu.

Canali (dom. de), XV s.: voy. Canales.

Canali Vienne (territ. de), XV s.: voy. Canales.

Canali (mans. de), XIII s.: voy. Chananis.

Canalibono (de), XIV s.; *Chanalbonne*, h. c⁰ Cordéac.

Canalibus (loc.), XV s.; *les Chanaux*, vill. c⁰ La Côte-St-André.

Canalibus (de), XII s., XIV s.; *Chanaux*, mas c⁰⁰ Château-vilain et Succieu.

Canalibus (riv. de), XIV s.; *Chanaux* (ruiss. des), aff. c⁰ l'Ebron, c⁰ Lavars.

Canalibus (de), XIV s.: *Chanaz*, h. c⁰ Parmilieu.

Canalium (riv.), XIV s.: *Canal-des-Usines*, canal minier, dérivé du Grand-Ruisseau, c⁰ Domène, aff. la Chantourne.

Canalium Vienne: voy. Canales.

Canaple, gr. c⁰ St-Pierre-de-Chartreuse.

Canar, éc. disp. c⁰ Miribel-les-Echelles.

Canard, mont. c⁰ les Côtes-de-Corps; *le Canard*, ruiss. orig. c⁰ Monbaud, arr. c⁰ St-Quentin, aff. ruiss. la Martinet; — éc. c⁰ St-Romain-de-Surieu.

Canavais (Les), XIX s.; *les Gauscats*, h. c⁰ Bellegarde-et-Poussieu.

Cancellaico (eccl. de), XIII s.; *Chasselay*, c⁰ c⁰⁰ Vinay.

Candiaco (Castrum de), XI s.; *Château-de-Chandieu*, ruines c⁰ St-Pierre-de-Chandieu.

Candietensi (in agro), X s.; Candoacense (ager), X s.; Candeense (ager); Candense (ager), X s.; Candiaconsis (eccl. S. Petri), X s.; Candiaco (in), X s.; Candaico (eccl. de), X s.; *St-Pierre-de-Chandieu*, c⁰ c⁰⁰ Heyrieu.

Canel; *le Moulin-de-Canel*, quart. et m¹⁰ c⁰ Grenoble.

Canel (gr. de), XVII s.; l. disp. c⁰ Roval.

Canel: voy. Canut (le).

Canetis (ten.); *les Bannettes*, mont. c⁰⁰ Voreppe et Mont-St-Martin: voy. Banaltes.

Cani (Chez), XVII s.; *les Giovenais*, h. c⁰ St-Laurent-du-Pont.

Canieux (en), XVIII s.: voy. Canel.

Canonaire, XVIII s.; *Esculuncyre*, h. c⁰ Le Gua.

Canonicorum (via), XIV s.: voy. Via C-m.

Cantaluppa, XIV s.; C-a (eccl. S. Yrinei de), XV s.; *Chanteloube*, c⁰ c⁰⁰ Valbonnais.

Cante, éc. c⁰ St-Lattier.

Cantes (Les), h. c⁰ St-Romans.

Cantessa, XII s.: voy. Cantissa.

Cantin, m⁰⁰ c⁰ le Champ.

Cantinières (Les), h. c⁰ Ruy.

Cantissa, XI s.; *Chantesse*, c⁰ c⁰⁰ Vinay.

Cantonnière (La), éc. c⁰ Creyz-et-Pusignieu; — h. c⁰ St-Sorlin.

Canut (Le), XVIII s.; *les Canels*, h. c⁰ Semons.

Caort (dom. de), XIV s.; Caorcium villa, XIV s.; *Tort*, vill. c⁰ St-Honoré: voy. Taorz.

Caortium (mans.): voy. Cavortium.

Capenversa, XIII s.: voy. Capaversa.

Caparillandi (de), XIII s.: voy. Campania Rieieut.

Caparuyllant, XIII s.; *Chaparcillan*, c⁰ c⁰⁰ Touvet.

Capaversa, XI s.; *Chauperverse*, h. c⁰ Presles.

Capella, XV s.; *la Chapelle*, h. c⁰ Chatte.

Capella, XIV s.; Cappa, XV s.; *la Chapelle*, l. disp. c⁰ Hurtières.

Capella, Cappa (mans. de), XIV s.; *les Chapelles*, quart. c⁰ Ste-Marie-du-Mont.

Capella in parr. Alavare, XI s.; C-a inter Villare et S. Marcellum, XII s.; C-a de Barro, XIII s.; *la Chapelle-du-Bard*, c⁰ c⁰⁰ Allevard.

Capella (eccl. B⁰ Marie de), XIV s.; (parr. B. M. de); (eccl. de Deserto, al. de): voy. Deserto (eccl. de), Castrum Bernart.

Capella (parr. et vallis de), XIV s.; de Recuyng, de Peyrino, XV s.; *la Chapelle-de-Peyrin*, vill. c⁰ la Bâtie-Divisin.

Capella Sancti Theuderii, parr., XIII s., XIV s.; *la Chapelle*, vill. c⁰ St-Chef; par. dioc. Vienne, égl. Sts-Pierre et Theudère.

Capella (mans. de), XII s.; in Terris, XIII s.; *la Chapelle*, vill. c⁰ St-Baudille-et-Pipet.

Capella, Cappella (parr. de), XIV s.; prope Turrim Pini, XV s.; *la Chapelle-de-la-Tour*, c⁰ c⁰⁰ la Tour-du-Pin.

Capella de Valle Jozfredi, XI s.; *la Chapelle*, vill. c⁰ Valjouffrey.

Capella in Vallebonesio (parr. B⁰ Marie de), XV s.: voy. Capella de Valle Jozfredi.

Capella (J. de), XII s.: voy. Chapella.

Capella (eccl. de), XIII s.; (parr. B⁰ Marie de), XIV s.; Cappella, C-a in Valle Joffredo, XV s.: voy. Capella de Valle Jozfredi.

Capellam (ad), XIII s.; *les Chapelles* (Grandes, Petites), mas c⁰⁰ Pariset et Seyssins.

Capellam (ad), XIII s.; *le C'Aspelat*, h. c⁰ St-Maximin.

Capelle (sacerd.), XIII s.: voy. Capella in parr. Alavare.

Capelle (riv. de), XII s.; de Baro, XIV s.; *la Chapelle*, ruiss. c⁰ la Chapelle-du-Bard, orig. mont. de Pré-Rond.

Capelle de Interaquis (eccl. B⁰ Marie), XV s.: voy. Capella de Valle Jozfredi.

Capelleta (eccl. de), XIII s.; C-a del Sar, XIV s.: voy. Capella in parr. Alavare.

Capella (tenem. de), XV s. : voy. Chapotz.

Capella Cornuta (dom. f., mand. de), XIV s. ; Chapenu-Cornu, chât. c° Vignieu.

Capenenes (Les), XIV s. ; les Charpennes, h. c° Nantoin.

Capilton, h. c° Bernin.

Capolloyras, XIII s. : voy. Cappoleres.

Capon villa, XII s. : voy. Craponent villa.

Caponay (de), XII s. : voy. Caponiaca.

Caponeres (de), XII s. : voy. Chapuneres.

Capouerias, in agro Baonense, IX s. ; Chapalay, mas c° St-Laurent-de-Mure.

Caponiaca (in valle), X s. ; Chaponnay, c° c°s St-Symphorien-d'Ozon.

Caponnum in agro Leviacense, XI s. ; Chaponnay, h. c° Dionay.

Capot (Le), h. c° St-Jean-de-Soudin.

Capot-des-Brosses, éc. c° Mions.

Cappa Inversa, XI s. : voy. Capaversa.

Cappela de Baro (parr. de), XIV s. ; (parr. Domine Nostre de), XV s. : voy. Capella in parr. Atavare.

Cappella (territ.), (Crux de) vocata de Cardieu, XV s. ; la Chapelle, mas c° Genas.

Cappella, XIV s. ; Suyriaci : (mandam.), XV s. ; la Chapelle près Roussillon, XVIII s. : la Chapelle, c° c°s Roussillon.

Cappella Cornuti : voy. Capellum Cornutum.

Cappelle (eccl. Br Marie-Magdalenes), XVI s. ; Sommet. h. c° la Chapelle-de-Surieu.

Cappelle de Merla (parr.), XV s. ; B. M. de Merlas (eccl.) : la Chapelle-de-Merlas, vill. c° Merlas.

Cappelleta de Alavardo, XIII s. ; C-a de Barrio : voy. Capella in parr. Alavare.

Cappen, XIV s. ; Chapieu, vill. c° Charette.

Cappolleres (ad), XIII s. ; C-eyras, XIII s. ; Chapolier, forêt c°s le Gua et Miribel-Lanchâtre.

Cappolleres (ad), XIII s. ; Chabullères, h. c° le Percy.

Caprare (vallis), XIII s. : voy. Cabrerils, Caprerils.

Capraria, XIII s. ; C-raria, XIV s. ; Chèvrerie, anc. quart. Vienne, rue de V-e.

Capro (territ.), XV s. : voy. Choura.

Capellianus, XVI s. : voy. Caprelius.

Capelliarum (ecel., prior) : le Villard, vill. c° Chèvrières.

Capron : voy. Craponi.

Capuche (La), quart. c° Grenoble ; — h. c° Montbonnot-St-Martin.

Capurins (Les), ér. c° Meylan ; — quart. c° Crémieu.

Capuneres (de), XII s. : voy. Chapuneres.

Cara (La), h. c° Crachier ; — h. c° Pont-l'Evêque.

Cara (villa de la), XIV s. ; les Chauries, ch°° c° Pariset ; — Chaussère, h. c° Pariset.

Caralout, XIII s. : voy. Carraylloux.

Caramagio (in loc.), X s. ; Chermuay, bois c°s Beaufort, Lentiol et Thodure.

Caramantrant (de), XIV s. : voy. Carassentrant.

Caramentrandis (mans. de), XIV s. : voy. Carementrant.

Carantonico (in agro), X s. : voy. Carentennarum villam.

Carat (Le), h. c° de St-Pierre-de-Chérennes.

Caravelles (Les), h. c° St-Sébastien.

Carbinat, XVIII s. : voy. Charbinella.

Carboneiras, XII s. ; le Charbonnier, mont. c°s Chichilianne et Clelles.

Carcavel, éc. c° Tullins.

Carcel, mas c° Cour-et-Buis ; — c° Montseveroux ; — c° Pisieu.

Carcinciensis ager, X s. : voy. Cassiacus.

Cardencum, XII s. : voy. Lardenen, Jardens.

Cardiais (mans.), XV s. ; le Cardaire, h. c° les Côtes-de-Corps.

Cardinosto (de), XII s. ; Chardenot, h. c° St-Laurent-en-Beaumont.

Cardoneris, XIV s. ; C-nière (mais. f. de la), XVII s. ; la Cardonnière, h. c° Chatte.

Cardro (V. de), XII s. ; la Charrière, h. c° Primarette.

Careisen (ecel. de), XVI s. ; Carisieux, XVII s. : voy. Carisen.

Carel, Carclet, XVIII s. : voy. Caroletu.

Careliete (Vallis major de), XIV s. ; Carolone (mans. de), XV s. : voy. Caroletu.

Carelleux (in), XIV s. : la Croix-de-l'arcelet, bois c° Villard-Reymond.

Carellis (in), XIV s. : les Carreaux, mas c° Cognet.

Carellos (ap.), XIV s. : le Quarre ou pointe d'Oris, mont. c°s Lavaldens et Oris-en-Ratier.

Carementrant (ad), XIII s. ; Caramentrant, mas c° la Mure.

Carenciacus (villa), XI s. ; Charancieu, c° c°s St-Geoire.

Carentennacum villam (in agro Carentonico), cum ecclesiis B. Mauritii et S. Christophori mart., IX s.; Carentannalenm (municipium = mancipium (q. dicit.), XII s. ; Cheltonnay, c° c°s St-Jean-de-Bournay.

Carer : voy. Perrin.

Careres seu Blectatffn, XV s. ; la Charrière, h. c° Faramans.

Careris (in), XIV s. ; la Charrière, us. c° Seyssins.

Carel, XVIII s. : voy. Cariat.

Cariat (riv. de), XV s. ; Caret, h., ruiss. c° Theys.

Carignou (ruiss. de), affl. du Furet. c° Chapareillan.

Carignoz, XIX s. : voy. Carrignom.

Carisseu (ecel. de), XIII s. ; Carissieu, XIV s. ; Carisiou (parr. de) ; Carizieu, XVIII s. ; Carisieu, vill. c° Siccieu-St-Julien-et-Carisieu ; dioc Lyon, égl. St-Denis.

Carisins, XIV s. : voy. Cisarianus.

Carlabeuf ; Colabeuf, h. c° St-Paul-de-Varces.

Carlet (Le), ruiss. c° Clavans ; — ruiss. c° Huez, affl. la Sarenne.

Carletum (aqua et loyal), XIII s. ; Charlet, h. c° Meylan.

Carlin ; *le Carlin*, vill. ce St-Cassien.

Carlin (Chez-), h. ce Eyzin-Pinet.

Carlinières (Les), f. ce St-Pierre-de-Chartreuse.

Carllet (tenem.), XIII s. ; *Charlet*, h. ce Meylan.

Carlon, XIX s. : voy. Carlin.

Carlos (Les), XVIII s. : voy. Carluet.

Carluet (molar. de), XIV s. ; *Carlus*, h. ce St-Jean-de-Bournay.

Carmelinorum (ordo), apud Pinetum, XIV s. ; Carmelistarum Pineti (conv.), XV s. ; *les Carmes*, mas ce Eyzin-Pinet, anc. convt fondé 1329.

Carmes (Les), h. ce Chatte ; — ruiss. affl. la Maria, ces Roybon et Viriville.

Carmes (ruiss. des) : voy. Alier.

Carmoley, XV s. : voy. Chamoley.

Carnivas (Les), XVIII s. ; *le Carnical*, h. ce Laval.

Caro (ap.), XIV s. ; *le Carou*, h. ce Mayres.

Carojat (molend.), XIII s. ; *Carojat*, h. ce Morétel.

Caroleto (prat. de), XIII s. ; *le Carlet*, h., ruiss. ce Oulles.

Caroloco (territ. de), XV s. ; *le Charlet*, h. ce Charantonnay.

Caroloco (mans. de), XIII s., XV s. ; *Charlet*, h. ce St-Laurent-en-Beaumont.

Caroloco (de), XIV s. ; *Cherlieu*, h. ce St-Pierre-de-Chartreuse.

Caron-des-Prés (Le), h. ce la Mure.

Caronnier (La), XVIII s. ; *Caronnière*, h. ce St-Jean-de-Bournay.

Caronnière, chal. et mont. ce St-Pierre-de-Chartreuse.

Carossa, XIV s. : voy. Charosa.

Carpe (Chez-), h. ce Estrablin.

Carpeiaco (villa de), VII s. ; *Charpieu*, vill. ce Décines-et-Charpieu.

Carpinet, XVIII s. ; *Cret-Pinet*, mont. ce Ste-Marie-du-Mont.

Carra (La), bois ce Proveyzieux.

Carrajat, XIX s. : voy. Carojat.

Carralhaudo, Carrailhaudo, Carralhout, Carrillhoulo (mans. in), XIV s. : voy. Carrayllous.

Carrayllous (li), XIII s. ; *Carrillloud*, mas ce la Buissière.

Carraz, mas ce Montseveroux.

Carre (Le), quart. ce Barraux : — quart. ce Crémieu ; — (chemin du), ce St-Martin-d'Uriage : — h. ce St-Pierre-de-Chandieu ; — ét. ces Sicieu-St-Julien-et-Carisieu et Soleymieu ; — vill. ce Sillans.

Carre (Le), Grand et Petit, hh. ce Villard-Bonnot.

Carré, éc. ce Valbonnais.

Carreaux (Les), XVIII s. ; *le Carreau*, h. ce Meyzieu.

Carrée (La), gr. disp. ce Vienne.

Carrolet (Le), mas et ét. ce Four.

Carrelorum (mans.), XV s. ; *le Carre*, vill. ce la Terrasse.

Carreria villa, XIV s. ; (mansus de) ; *la Carrière*, l. disp. ce St-Ismier : — mine ce Seyssins.

Carreria (crestum de), XV s. ; *Charrière*, bois ce St-Martin-le-Vinoux.

Carreria (camp. de), XII s. ; *la Charrière*, che ce le Versoud.

Carreria Beati Anthonii, XIV s. ; *la Perrière*, quart. ce Grenoble.

Carreria de Bachevalo voc. de Puttengroyug, XIV s. ; *Chemin-de-Pétengroin*, che ce Meylan.

Carros (Les), XVIII s. ; *les Carrets*, h. ce St-Bonnet-de-Chavagne.

Carrier, h. ce Moidieu.

Carrière (che de la), ce le Cheylas.

Carrière, l. disp. ce Lans : — éc. ce Pommiers : — mas ce St-Jean-d'Avelanne.

Carrière de Marbre, XVIII s. ; *la Carrière*, carrière ce Laffrey.

Carrière de Marbre, XIX s. ; *la Carrière-le-Valeuestre*, mas ce Valjouffrey.

Carrières (Les), mas ce Bouresse-Quirieu ; — mas ce Champ ; — mas ce Fontaine ; — mas ce le Fontanil ; — mas ce Montalieu-Vercieu ; — mas ce Montchaboud ; — mas ce Notre-Dame-de-Mésage ; — mas ce Porcieu-Amblagnieu ; — mas ce St-Lattier ; — mas ce Sassenage ; — mas ce Trept : — h. ce Ile-d'Abeau : — h. ce St-Marcel-de-Bel-Accueil ; — h. ce la Sône : — h. ce Sonnay ; — mas ce Voreppe.

Carrières (Les), XIX s. ; *les Carrières*, vill. ce Sillans.

Carrières de St-Alban (Les), XVIII s. ; *les Carrières*, mas ce St-Alban-de-Roche.

Carrievoz (Le), h. ce Chabons.

Carrignons (Les), XVIII s. ; *le Carignon*, h. ce St-Pierre-d'Allevard.

Carrillière, h. ce la Combe-de-Lancey.

Carrillon, h. ce Jarcieu.

Carron (ruiss. de), affl. la Bièvre, arr. ces Montferrat, la Bâtie-Divisin, Pressins ; — éc. ce la Morte : — (le), h. ce St-Sulpice-des-Rivoires.

Carte, h. ces Moissieu et Pact.

Cartel, bois ce Ste-Agnès.

Cartelet (Le), mont. ce Izeron.

Cartelier (Le), XVIII s. : voy. Artilliers.

Carterlis (in), XV s. ; *Cartet*, h. ce St-Pierre-de-Chérennes.

Carthusiæ monachi, XI s. ; (fratres), XII s. ; *la Grande-Chartreuse*, monastère, chef d'ordre des Chartreux, fondé en 1084.

Cartière (La), h. ce Feyzin.

Cartiniaco villa (in), IX s. : voy. Carentennacum villam.

Cartum (Le), mas ce Luzinay.

Cartonibus (ruchasalum de), XIV s. ; *l'Essartou*, mont. ce Villard-Eymond.

Cartonnières (Les), h. ce Nantois.

Cartureuerile, XIV s. : voy. Courberan.

Cartusia (convent. Be Marie de), XIII s. : voy. Magna, dom. major.

Cartusia (castella parr. de), XV s. ; *Chartreuse*, sect. ce St-Pierre-de-Chartreuse.

Cartusia S. Petri (eccl. la), XI s. ; (eccl. de), XI s. ; Carthusia, XIII s. ; C-ie (villa), XIII s. ; Cartuysia, XVI s. ; *St-Pierre-de-Chartreuse*, ce ces St-Laurent-du-Pont.

Cartusia (retro cellarium) ap. Meolanum, XIII s. ; (subtus) Cartusiensis, XV s. ; *le Clou-des-Chartreux*, h. ce Montbonnot-St-Martin.

Cartusia : voy. Carthusie.

Carus Lacus villa, XIV s. : *Charley*, h. c^e Sechilienne.

Carusio, X s. : Carusio, XI s. : voy. Carusium.

Carusium (fluv.), VIII s. : Carussium, X s. : *le Chevay*, anc. nom de la riv. la Bourbre entre son embouchure dans le Rhône et sa jonction avec le canal de Catelan.

Casa Nova villa, X s. : (eccl. S. Maur.), X s. ; (castr.), XIV s. ; *Cazeneuve*, XVII s. ; *Chéseneuve*, c^e c^ne la Verpillière.

Casalibus (in), XV s. : *les Chasserias*, mas c^e les Côtes-de-Corps.

Casalibus (villa de), XIV s. : voy. Chasalibus (villa de).

Casalibus (mans. de), XIV s. : voy. Chasaux, Cazalibus.

Casalibus (de), XIV s. ; *Casaux*, XV s. : voy. Chosax.

Casanatico (castr. de) : voy. Cassinatico.

Casanière (La), h. c^e St-Pierre-de-Bressieux.

Casanne villa (in), X s. ; *Chasson*, h. c^e Villette.

Casaricau, IX s. ; *Cessargues*, h. c^e Heyrieu.

Casaux, XV s. : voy. Casalibus.

Caselaco (eccl. in), in hon. S. Maurieli dicata, X s. : Casiacensi, Cassiacensi (in agro), X s. ; Casiascensi : voy. Casiacus, Chascias.

Casellas villa (in), X s. : voy. Cauella, Chusella.

Casellis, X s. ; villa (in), X s. ; *Chuzelle*, mas c^e Marennes.

Casemanel, éc. c^e St-Paul-les-Monestier.

Casenate (La), f. c^es Chaponnay et Marennes.

Caseneuve, f. c^e Chavanoz.

Caserne (La), quart. c^e Vienne.

Casernes (Les), h. c^e les Avenières ; — (ch^ne des), c^e Bernin.

Cassacoz (mans. des), XIII s. ; Ceolli ; *les Cassex*, mas c^e Jarrie.

Cassalibus (in), XIV s. : *le Chasay*, h. c^e les Adrets.

Cassanate, IX s. ; *Chassonnas*, h. c^e Crémieu.

Cassarel (riv. de), XIV s. ; *les Causes*, éc. c^e du Monestier-du-Percy.

Cassaroisse (crete de), XVIII s. ; *Casse-Rousse*, mont. c^e St-Martin.

Cassarz (B.), XIII s. ; *les Cassards*, éc. c^e Barraux.

Casse (La), ruiss. c^e St-Martin-le-Vinoux ; — mont. c^e le Gua.

Cassé (La), XIX s. : voy. Lacasseys.

Cassenascum, Cenavo (de), XIV s. : voy. Cassiniaco, Chassenatico.

Cassenatici (eccl. S. Mar. de castro) ; (capellanus de Vinela) ; *les Côtes*, quart. c^e Sassenage.

Cassent, XIII s. : voy. Belli loci in Chassant.

Cassent : voy. Chassent.

Casseplorum (molar.), XIV s. : voy. Cassarz.

Casses (Grandes), ruiss. aff. le Merdaret, c^e Chamelouve.

Casset (La), XVIII s. ; *Ceys*, XIX s. : voy. Lacasseys.

Cassiacensi (ager) in villa Bracosta, Bracosco, X s. : *St-Maurert*, h. c^e les Côtes-d'Arey.

Cassiaco villa, X s. : voy. Chascias.

Cassiacus, IX s. ; *Cheyssieu*, c^e c^ne Roussillon.

Cassière (La), XIX s. : voy. Cacherias.

Cassière, h. c^e St-Clair : — h. c^e Vaulieu.

Cassies, in pago Diense, VIII s. ; *Cusse*, h. c^e St-Sébastien.

Cassinatico (castr. de), XIII s. Cassenatico (turr. antiq.), XIV s. ; C-no-o (d. castro veteri) : *les Côtes*, quart. c^e Sassenage.

Cassini Croix, XIX s. ; *la Croix-de-l'Echaillon*, mont. c^es Clavans et le Freney.

Cassiniaco (eccl. S. Petri sub castro), XI s. ; Cassenatico (de), XII s. ; Cassenaggio (de), Cassinatico, Cassiniatico, Cassonatico (capellae S. Petri de), XIII s. ; Cassenati (parr.) ; Cassenato : *Sassenage*, ch.-l. c^ne arr^t Grenoble.

Cassinionum (castrum), XI s. ; *les Côtes*, quart. c^e Sassenage.

Cassinum, XIV s. ; *Cassain*, h. c^e Besse.

Cassole (La), XVIII s. : voy. Chassoler.

Casson (col), XIV s. : *le Cosson*, mas c^e Theys.

Cassonlet, h. c^e Miribel-Lenchâtre.

Casta (castrum), XII s. : *le Château*, h. c^e Chatte.

Casta (ager de), XI s. : (in Allevard, in villa et agro de) : *Chatte*, c^e c^ne St-Marcellin.

Castagneres, XIX s. : voy. Chastagnerlis.

Castagnerey (in), XIII s. : *l'Ile-Chataignan*, mas c^e Voreppe.

Castagnetum (de), XII s. : Canetum : voy. Chastanetum.

Castanea, XIV s. ; *Chatenay*, vill. c^e St-Agnin.

Castaneo (vinea de), XI s. : *Chatenay*, bois c^e Pisieu.

Castanetis (nem. de), XIV s. ; *les Châtaigniers*, éc. c^e St-Victor-de-Cessieu.

Castaneto silva (in), X s. ; *Chatenay*, for. c^e Miotus.

Castaneto (G. de), XII, XIV s. ; (parr. de), XV s. : voy. Chastaneto, Chataney.

Castanetum, XIV s. ; *Chatenay*, vill. c^es La Bâtie-Montgascon et Faverges.

Castanetum, bosc., XI s. : *Chatenay*, bois c^e Jardin.

Castanetum, XV s. : voy. Chastaney.

Casteled (summit.), XV s. ; *le Châtelet*, mont. c^e la Chapelle-du-Bard.

Casteletum, XV s. : *le Châtelet*, mont. c^e la Chapelle-du-Bard.

Castellère (La), XVIII s. : *la Castillière*, f. c^e Marennes.

Castellare, XII s. : *le Châtelard*, bois c^e St-Martin-d'Uriage.

Castellari (J. de), XIII s. ; *le Châtelard*, mas c^e Allevard.

Castellario (castr. de), XIV s. ; *le Molard-du-Châtelard*, éc. c^e Allières-et-Risset.

Castellario (dom. f. cap. de), XV s. ; *le Châtelard*, chât. c^e Montagnieu.

Castellario (G. de), XV s. ; (molend. de), XVI s. ; *le Châtelard*, h. c^e St-Bonnet-de-Chavagne.

Castellario(in), XIII s.; (fortalic. de), XIV s. : voy. Chastellar (in), C-rie ap. Champlors.

Castellario (castr. de), XIV s. : voy. Chastellar in parr. S. Geneil.

Castellario (dom. f. de), XV s. : voy. Chatellar (dom. f. dou).

Castellarium, mans., XIV s. ; le Chatelard, man c° Barraux.

Castellarium, XIII s. ; le Chatelard, h. c° le Champ.

Castellarium, XIV s. : voy. Chastellario (villa de).

Castellent, C-lotus, XIII s. ; le Chatelet, h. c° Allevard.

Castelleria (la), XIV s. : voy. Chastex (caban. des).

Castelletum, XV s.; le Chatelet, quart. c° Grenoble.

Castelli (mand.), XI s.; Chatelus, c° c°° Pont-en-Royans.

Castelli (mons), XIV s. : voy. Chatel (al).

Castellione (ubi dicitur ad), IX s.; le Champ-de-Mars, quart. ville Vienne.

Castellionem (ap.); Chatillon, h. c°° Royas et St-Jean-de-Bournay.

Castellucium, XII s.; Castelucio (castr. de), XIV s. : voy. Castelli (mand.).

Castellum civitatis, XI s. : voy. Pupet.

Castellum Galger (ad), XIII s. : voy. Castellum Galguet.

Castellum Galguerii (ad); C-m Galguier, XIII s. : voy. Castellum Galguet.

Castellum Galguet (ad), XII s. ; Château-Galguier, mans c° la Chapelle-du-Bard.

Castellum Nantelmi Cadoniacum, XI s. ; Château-Vieux, ruine c° Châtonnay.

Castellum Novum, XI s. ; Châteauneuf, h. c° Pullenas.

Castellum Pontem, XII s. : voy. Pontem Castellum.

Castenaticum (tinas ap.), XVI s.; les Caves-de-Sassenage, grottes c° Sassenage.

Castanaticum, XV s. ; Casternastico (de), XV s. : voy. Cassiniaco.

Castillo (bordar. de), XIII s. ; Châtillon, l. disp. près la Mure.

Castinasticium, XIV s. : voy. Cassiniaco.

Castody, év. c° Tullins.

Castolatis, X s. ; villa in agro, in Valle S. Albani ; Chatolin (?), l. disp. c° Vernioz.

Castret, XVIII s., l. disp. c° Grenoble.

Castri (canthonum), XIV s. : voy. S. Stephani de S. Juerz (castr.).

Castri Parisius (si de terra) flat pulverisatio, omn. nociv. vermium pestis fugatur (GERVAIS DE TILBURY), XIII s. ; Castrum de Paris, de Parys, XIII s. ; de Parisius, XIV s. : voy. Turris sine veneno.

Castri Veteri (costa), XIII s. ; Châteauvieux, h. c° Chichilianne.

Castri Veteris (castr.), XIV s. ; Château-Vieux, l. disp. c° Tremlins.

Castro Lucio (capell, parr. de), XIV, XV s., C-oluci, Castrilucis, XV s. : voy. Castelli (mand.).

Castro Novo (de), XII s. ; C-o Novo prope Tullinum (domin. de), XIII s. ; C-i N-i in Viennesio (feod.), (castr. et fortalic.), XIV s. ; C. N. de Alben, de Albenco, XIV s. : C. N. de Larlon, XIV s. ; Castri Novi (cap.), XVI s. ; Châteauneuf, h. c° Pullenas.

Castro Veteri (dom. domin. de); C-o V-i S. Simphoriani de Auzone (in), XIV s. : voy. Sancti Symphoriani (castr.).

Castrucia (eccl. de), XI s. ; C-cie (parr.), XII s.; St-Guers, h. c° Vourey.

Castrum, quarterius ; le Château, quart. c° la Côte-St-André.

Castrum Avalonia, XI s. ; de Avalone ; la Tour-d'Avalon, ruines c° St-Maximin.

Castrum Bernart, XIII s. ; Castri Bernardi, castr., mand., XIV s.; Château-Bernard, c° c°° le Monestier-de-Clermont.

Castrum Boerium, Boyerum, XIV s. ; Châteaubois, h. c° Mayres.

Castrum Buxum, XV s. : voy. Castrum Boerium.

Castrum de Campis, XIII s. ; Champz ; la Tour-de-Champ, ruines c° Champ.

Castrum Clari Montis, XII s. : de Claromonte, XIII s. ; Clarimontis in Viennesio : la Tour-de-Clermont, h. c° Chirens.

Castrum de Divisino, XIV s. : voy. Domus de Divisino.

Castrum Grilloti (ap.), XVI s. ; Château-Grillet, h. c° Estrablin.

Castrum Inferius, XIV s. ; Château-Bas, vill. c° Tréminis.

Castrum Iseronis, capella, XI s. ; le Château, ruines c° Izeron.

Castrum Modium, XIV s. ; Château-Méa, h. c° Tréminis.

Castrum Porini ap. Molarium Montaginol, XIV s. ; C-m Porrini, dom. f., XV s. : Château-Perrin, chât. c° Domène.

Castrum Riparum, XI s. ; de Ripia, Rivis, XII s. : Rupis ; Châteaubourg, h. c° Rives.

Castrum de Sancto Georgio, XIII s. ; la Tour, f. c° St-Georges-de-Commiers.

Castrum (in monte supra), XIII s., C-m S. Laurentii de Deserto, XIV s. ; le Château, h. c° St-Laurent-du-Pont.

Castrum S. Quintini, XIII s. ; prope Moirencum, XIII s. ; Castri S. Quintini (cap. b' Martini), XIV s. ; la Tour, ruines c° St-Quentin.

Castrum de Terracia, XIII s. ; Terrassie ; le Vieux-Château, h. c° la Terrasse.

Castrum Turris Pini, XIII s. ; de Turre juxta eccl. S. Clari, XIII s. ; St-Clair, h. c° St-Clair-de-la-Tour.

Castrum Vallini, territ., XIII s.; Vayllin ; Château-Vallin, l. disp. c° Vienne.

Castrum Vetus, juxta riv. de Lembro, XIV s. ; ... c° Agnin.

Castrum Vetus, XV s. : voy. Clusa.

Castrum Vetus, XIV s. : voy. Vorapio (cap. de castro de).

Castrum Vilanum, XIII s., Villanum ; Châteauvilain, c° c°° Bourgoin.

Castrum de Yorey, Voreya,

Vorney : *le Tour*, quart. c^ne Veurey.

Casta (eccl. de), in hon. S. Vincentii, XI s. : voy. Casta (gr. de).

Cateau (Chez-), éc. c^ne Romagnieu.

Catellato (eccl. de), XI s. : *le Cheylas*, c^ne c^es Goncelin.

Catherine, h. c^ne Sablons.

Cathlot, vill. c^ne les Abrets.

Catin, éc. c^ne Besalus ; — (le), h. c^ne Montferrat.

Catineau (Le), h. c^ne St-Bueil.

Catinon, éc. c^ne Chatelus.

Catpierre, h. c^ne Biol.

Catonalco (eccl. S. Christofori lm, XI s. : voy. Carentennacum villam.

Catoniacus (castell. Nantelmi), XI s. : *Château-Vieux*, ruines c^ne Châtonnay.

Catoniacus (eccl. subt. castell. Nantelmi, nom.), XI s. : voy. Carentennacum villam.

Caturissium, III s. : voy. Avurant (?).

Catthunayum, XII s. : voy. Carentennacum villam.

Cattiers (Les) ; *les Cattiers*, h. c^ne Avignonet.

Cattiers, XVIII s. : voy. Gateyrin (villa de).

Cattin (Les), XVIII s. ; *les Catins*, h. c^ne St-Joseph-de-Rivière.

Cattinière (La), XVII s. : *Cattinière*, h. c^ne St-Ondras.

Cattunaico (mand. de), XII s. ; C-unaicum, C-unayum, C-unayum, XII s. : voy. Carentennacum villam.

Catunnai, XII s. ; C-icum : voy. Carentennacum villam.

Catus (Le), ruiss. c^ne Morétel.

Caucelet, h. c^ne Moidieu.

Cauche (La), XVIII s. : *les Coches*, h. c^ne Montseveroux.

Caucilla villa, IX s. ; *Chuzelle*, c^ne c^es Vienne-Nord.

Caumontis villa, X s. ; Caumontis : voy. Chonomz.

Causelia, X s. ; Cella villa, Causilla villa, Caussella : voy. Caucilla, Chuzolla.

Causella villa, X s. : voy. Sancti Mauricii in villa Caucilla.

Causselet, XIX s. : voy. Caucelet.

Cauvillon, h. c^ne Jarrie.

Cavagniscti (J.), XVI s. ; C-nattes, XVII s., C-nettes ; C-ats,

XVIII s. ; Cavaignates : *les Caraignattes*, c^es La Chapelle-du-Bard.

Cavale (La), sommet c^es Orisson-Ratier et Valbonnais.

Cavale (La ou Tête de la), mont. c^es Tréminis et d'Agnières-en-Dévoluy.

Cavales (les), quart. c^ne Grenoble ; — (col dest., entre c^es St-Christophe-en-Oisans et le Villard-d'Arène.

Cavallo, IX s. ; *le Chaffal*, vill. c^ne Satolas-et-Bonce.

Cavanes (los), XIV s. : voy. Cabannas.

Cavanuaria Chaberta, XIII s. ; *la Chabannerie*, h. c^ne La Salette.

Cavaz (les), éc. c^ne Pinsot.

Cave (La), quart. c^ne Crémieu ; — mas c^ne Montagne ; — h. c^ne Serres-et-Nerpol.

Caves (Les), h. c^ne Vif.

Cavet, h. c^ne Estrablin.

Cavetière, h. c^ne St-Georges-d'Espéranche.

Cavin (Le), éc. c^ne Brié.

Cavorez (dom. de), XIV s. : voy. Taurz, Cavort.

Cavortium, XI s. ; *la Croix-de-Chor*, mas c^ne St-Martin-le-Vinoux.

Caye (La), h. c^ne la Tronche.

Cayonnière, vill. c^es Chassignieu et Chelieu.

Cayroles, Cayrelletis, XV s. ; *Querelet*, h. c^ne Clavans.

Cazalibus (illi de), XIII s. ; *les Chazeaux*, l. disp. c^ne Nantes-en-Ratier.

Cazalou (au), XI s. ; *les Chazeaux*, mas c^ne Murianette.

Cazellis (in valle Caponica, in loco), X s. : voy. Casellis.

Cazemate (La), XVIII s. : voy. la Casemate.

Cazeneufve, XVII s. : voy. Casa Nova.

Cazeneuve, XVIII s. ; *Cazeneuce*, h. c^ne Châtonnay.

Cebrion : voy. Serri Brionis.

Cechelline, XIV s. : voy. Sechillina.

Cechelline, XVII s. ; *Séchilienne*, c^ne c^es Vizille.

Cedrio subterior (subt.), IX s. ; Cedrio, Cedro (au), X s. ; *le Cize*, anc. quart. Vienne : auj. place.

Celschacum, Cessiacum, XVI s. : voy. Sayssen.

Celard, mas c^ne Bellegarde-et-Pousalen.

Celard (Le), XVIII s. : *le Cellard*, h. c^ne Besse.

Celareres (mans. de), XIII s. : *le Cellier*, mas c^ne Bossieu.

Celareyel (La), XIII s. ; Cellarey (la) : *le Cernuy*, mont. c^es Pommiers et Voreppe.

Celas : voy. Colle ?.

Celeneria villa, XIV s. ; [Cellaneria, XV s. : *la Salinière*, h. c^ne Livet-et-Gavet.

Celler (Le), XVIII s. ; *les Gerinières*, h. c^ne Bossieu.

Cella, Cella velli, XIV s. ; Cella antiqua, XV s. ; *la Salle*, h. c^ne la Garde.

Cella (prat. de), XIV s. ; *le Clus-de-la-Selle*, bois c^es Lalley et Prébois.

Cella subterior, XIV s. ; *la Selle*, éc. c^ne le Mont-de-Lans.

Cellar (quas. de), XV s. : voy. Cellarium.

Cellareres (mans. de), XIII s. ; Celeres (mans. de), XIV s. ; C-iorum (mans.) ; *les Cellerats?*, l disp. près la Mure.

Cellarium, XIV s. : Cellerium ; *le Cellier*, h. c^ne Vif.

Cellato (in), XIV s. ; *les Selletes*, glac. c^ne St-Christophe-en-Oisans.

Cellereris (mans. de), XV s. : . voy. Celareres.

Celleris, XIV s., h. disp. c^ne Ste-Marie-du-Mont.

Cellers (al), XIV s.; *les Celliers*, mas c^ne la Tronche.

Celles (mont. des), XVIII s. : *Marmantane ou les Selles*, mont. c^es Chantelouve et le Périer.

Celleta (fons de), XV s. : *les Selletes*, mont. c^ne le Mont-de-Lans.

Cellia, XIV s., h. disp. c^ne Ste-Marie-d'Alloix.

Cellier (Le), éc. c^ne Bessins ; — éc. c^ne Corps ; — h. c^ne La Murette; — mas c^ne St-Didier-de-La-Tour ; — mas c^ne St-Martin-d'Hères ; — h. c^ne Venose.

Celliers (Les), mas c^ne Chevrières ; — h. c^ne Morétel.

Cellion (Le), XVI s., c^ne Communay.

Cellionis, Cellonibus (mans. de), XV s.; *les Cellions ?* l. disp. c° la Cluze-et-Pâquiers.

Celoaia (villa), X s.; Celosa (alod.), Coelosa, X s.; Celu-sia, Celobd, XIII s.; Celulel, Coluyal, Colosi (presbyt. de), XIII s.; Coloval, Coloyala, Cololobuna, XIV s.; *Saluise,* c° c°° St-Symphorien-d'Ozon.

Colonie (aqua et pann), Colonie (modend.), XIV s.; Colosie (modend. et ripper.), XIV s.; *la Souloise,* riv. orig. dépard Htes-Alpes, sép. c°° le Mones-tier-d'Ambel et Ambel, de c° Pellafol, se jette dans le Drac.

Cenolon: *Souolon,* an° c° le Percy.

Cenolre, ég., c° St-Christophe-Entre-deux-Guiers.

Cenolret (Les), h. c° Choranche.

Cenolron, ég. c° Chichilianne.

Cenon, gr. disp. c° Serpas-et-Norpol.

Conon, h. c° des Avenières.

Cent-Vingt-Toises (clôt des), c° Grenoble.

Centre (Les), h. c° Marennes.

Cepeyri (terra et mans. della), XIII s.; *la Cepière ?*, forêt disp. c° Claonas.

Cerans (de), XIII s.; *les Serverts,* h. c° Dionay.

Cerclos (Les), h. c° Varces.

Cerelier, XVIII s.; *Serelier,* h. c°° Farannans et Penol.

Cerelier (quarr.), XV s.; *Serelier,* c° c°° St-Etienne-de-St-Geoirs.

Cereslaus (quarr. des), Cerislaus, Ceryslaus: voy. Chrislaous.

Cerf Berard: voy. Sert-Berard.

Cerf a feu: *Serpe-Feu,* h. c° la Valette.

Cerf (Le): voy. Serrum de Genebreta.

Cerion (summit. des), XIV s.; Cerrion, XIV s.; Cerlof (mans. de), XIV s.; Cerriof: *le Serriosse,* mont. c°° Chalebonge, Villard-St-Christophe et la Morte.

Cerisot (lac de), c° Clavans.

Cerislor (Les), h. c° les Avenières; — h. c° Venaue.

Cerisière (Les), ég., c° St-Hilaire-du-Rosier.

Cerislus (mansdr), XV s.: voy. Seregninenum.

Cerlas (coste de), XIV s.; *Char-las,* mas c° Rochetoirin.

Cermeyriacum, XIV s.: voy. Sermeriacum.

Cerna, Cornax (la), XVIII s.; *la Cerna,* mont. c° St-Pierre-de-Chartreuse.

Cernaix (mont. du), XVII s.: voy. Celareyri.

Cernay (replat du), XVI s.; Cer-ney (bois du), XVII s.: voy. Celareyri.

Cernay (for. du), XVIII s.; voy. Cernet (el), Cerney, Cerneix.

Cerneix (prat. de), XIII s.; Cerneys, XIV s.; *le Cerney,* gr. et bois c°° St-Pierre-de-Chartreuse.

Cernes (planche des), XIX s.: voy. Pont du Guyer.

Cernet, Cerneys (eaux), XV s.; *le Cerney,* mont. c°° Ste-Agnès.

Cernet (pré du), XVII s.: voy. Cerneix.

Cerney (Les), XIV s., bois c°° Allemont; — bois c°° Bar-raux.

Cerney (prat. deis sit. la Rus-cheria, XIII s.; *le Cerney,* mas c° St-Christophe-Entre-deux-Guiers.

Cernière (Les), l. disp. c° Roche.

Cernillon, cluit. c° Chirens.

Cernon (riv. de), XIII s.; Cer-laumin, (de), XIV s.; Cernunis (eaux, riv.), Cernunus villa, XIV s.; *Cernous,* vill. c° Cha-pareillan et ruiss. affl. l'Isère, arr. c°° Barraux et Chapa-reillan.

Cernon (gr. de), XVI s.; Cer-territ. des, juxta decursum Cerk: *Cernous,* l. détr. c° Meysalieu.

Cerra, XIII s.; *Serze,* h. c° l'annoura.

Cernos in Mathaeura (mons des), XIV s.: voy. Cerlaa.

Cerrixard: voy. Serre Leart.

Cert (Le): voy. Ser.

Certanium: *Certenne,* h. c° Ley-rieu.

Certanium (ap.), XV s.; Certeau, XVIII s.; Certaux, XIX s.: voy. Sartreux.

Certeau, h. c° Frontonas.

Certeau, Certaux: voy. Sar-treux, Sertez.

Certeya (chemin de), XIV s.; voy. Curtina.

Cerveaux (Les), h. c° Rencurel.

Cervettes (bois de), XVIII s.: voy. Serveta.

Cerzanam (dom. ap.), XIII s.; Cerzana (de), XIV s.; *Ser-sanne ?*, l. disp. c° Lavaldens.

Cerzen, XII s.; Curzen, XIV s.: voy. Arsilio.

Cesa Nova (castr. de), XIII s.: voy. Casanova villa.

Cesaré, XIX s.; *Servtsiu,* cluit. c° St-Quentin-Falavier.

Cesargues, f. c° Diémoz.

Cesargues, Ceglin (de); Cesar-gues, XV s.: voy. Casariens.

Cesargues Meffrey (ilef de), XVIII s.; *Cesargues,* cluit. c° Maubec: voy. Montbonnart.

Cesarina villa, X s.: voy. Cesariana.

Cesas, l. disp. c° Voiron.

Ceserin, XVII s.: voy. Cezerins.

Cesirin (cord. S. Albani in), XII s.: voy. Cirisiaeus.

Cessieu, l. disp. c° Panossas.

Cessieu, c° c°° la Tour-du-Pin: dioc. Vienne, égl. St-Martin.

Cessieu: voy. Sissac.

Cessieul, XV s.: voy. Celssieluu: voy. Naysselin.

Cessieux, XVIII s.: voy. Naysseu.

Cessie-t, XV s.; voy. Saisineta.

Cessieu, XV s.; voy. Saisieu.

Cevenu (cripper. de), XIV s.; voy. Serveta.

Cevol, XIV s.: voy. Nevol. Sevol.

Ceyla (la), mont. c° le Freyney-d'Oisans.

Ceyriu: voy. Seriu.

Ceyssieu, XVI s.: voy. Saysseu.

Cezerins (riv. de), XV s.: voy. Cizeriau.

Chabons (chantr des), XIV s.; Chabondz, XVI s.: voy. Cha-bonz.

Chaafaleu (territ. des), XIV s.: voy. Chafalt.

Chaales, XV s.: voy. Chalenin.

Chaalona (tenem. de), XIII s.; *Chalonne,* h. c° Charette.

Chaarata (cord. de), XII s.; *Cha-rette,* c° c°° Morestel.

Chabanerie (La), XVIII s.: voy. Cavannaria Chaberta.

Chabanan (P. de), XIII s.; *les Chorausson,* ég. c° Le Moutaret.

Chabaudis (terram de), XIV s.; Chaudans (ap.): Chaudis (serr. de), XV s.: voy. Chalanan.

Chabaud, XIX s. : voy. Chaboudos.

Chabaudière (La), éc. c⁰ Chasse; — h. c⁰ St-Antoine.

Chabaudorum villa, XIV s. : voy. Chavont.

Chabaux, Chabeau, XVIII s. : *Chabaud*, mont. c⁰ⁿ Lans et Méaudre.

Chabaxus (ravin. delat.) XIII s. : *Chabaxus*, éc. c⁰ St-Pierre-de-Méarotz.

Chabert (Les), h. c⁰ le Cheylas : — éc. c⁰ Charancin : — éc. c⁰ Lans : — éc. c⁰ St-Lattier : — éc. c⁰ St-Sauveur.

Chabert, XVIII s. : *les Chaberts*, h. c⁰ d'Eclose.

Chabertes (Les), h. c⁰ St-Martin-d'Hères.

Chaberth, éc. c⁰ Oriosaut-Ratier.

Chaberti (hospit. R.), XIII s. : *Chabertorum domus, Cti* (fortalic.), XIV s. : *Chabertière*, h. c⁰ St-Paul-les-Varces.

Chabertis (grangia des), Cti orum domus, Cto dus, XV s. : *Chabertis*, (chalet des), c⁰ St-Mury-Monteymond.

Chaberts (Les), vill. c⁰ Jarrie : — h. c⁰ Méaudre : — h. c⁰ le Villard-de-Lans.

Chabillière, XVIII s. : voy. Cappellières.

Chablau, Chableau (bois de), XVIII s. : voy. Chablau.

Chablou (villa de), XIV s. : Chabloz, XV s. : *Chabloz*, éc. c⁰ Allières-et-Risset.

Chaboeta, XV s. : Chabottes : voy. Chabotes, Chambottes.

Chabucheria, Chabucheriis (villa, mans. de), XIV s. : voy. Chavcut.

Chaburinum, XIV s. : *Cruz (castr. de), Ctx* : voy. Chaboux.

Chabusseres, Ceriis (loc., villa de), XIV s. : *Chabussusières*, vill. c⁰ Jallieu.

Chabons, c⁰ⁿ le Grand-Lemps; dioc. Vienne, égl. par. Ste-Catherine.

Chabons (Les), XIX s. : voy. Chambons.

Chabonz, XIII s. : *Chabons*, c⁰ⁿ le Grand-Lemps.

Chabos, XVIII s. : *les Chabots*, éc. c⁰ Lavaldens.

Chabotarum villa, Ctae, XIV s. : voy. Chabotes.

Chabotes (Les), XIII s. ; C⁰ttes in parr. S. Stephani, XV s. ; *la Chabotte*, mas et ruin. afll. du Brignoud, c⁰ Laval.

Chabotes (en), XIII s. ; C⁰ttes, XVIII s. : *Chabottes*, h. c⁰ St-Paul-les-Monestier.

Chabotes (Les), XIII s. ; C⁰ttes (versus), XV s. : *le Chabaud*, éc. c⁰ Theys.

Chabottes villa, XIV s. : *Chabottes de Vif*, XVIII s. : voy. Chabotte.

Chabottières (estagn. de), XVI s. : *Chabottières (Étang des)*, ét. disp. c⁰ Tullins.

Chabotte (terr. de), XI s. ; (parr. de), XIII s. : (terr. b. Michaelis de), XV s. : *Chabottes*, h. c⁰ Vif : parr. dioc. Grenoble, egl. St-Michel.

Chabotte, h. c⁰ la Morte.

Chabotte, XIX s. : voy. Chabotte.

Chabotz (terr.) XIV s. : voy. Charbotte.

Chabaud (ravin.), XIV s. : *Chabortum* (riv.), XV s. : voy. Chabaud.

Chabaudi (prat.), XIV s. : Calis (dom. de), XV s. : voy. Chabotes.

Chabru, XVIII s. : *Chez-Bru*, h. c⁰ Jardin.

Chabudauos, C-aux, XVIII s. : *Chabudauche*, bois c⁰ Chavanoz.

Chabullières, XVIII s. : voy. Cappellières.

Chalameil (castellio), XIV s. : voy. Chalons.

Chalottières, XIX s. : voy. Cappelores.

Chasseley, C-llai (dom. monial. de), XIII s. : C-llay (priorat. de), XIV s. : voy. Chasselai.

Chasson de Bellovice, XIV s. : voy. Chasseine.

Chasson de Moyderie, XIV s. : voy. Chasson (silva).

Chaceres (ad), XIII s. : voy. Cacheries.

Chasson, C-tte (parr. de), XIII, XIV s. : Chariacum, XV s. : *Chassnies*, c⁰ⁿ Meyzieu.

Chacins, XII s. : *Chasse*, h. et forêt, c⁰ Beauvoir-de-Marc.

Chacins, XII s. : Commu. XIX s. : *Chassin*, vill. c⁰ Passins.

Chacinum, XIV s. : *Chassin*, vill. c⁰ Veyrins.

Chariccual, XIII s. : voy. Chasson.

Chaffalum, XV s. : Chaffat, XVIII s. : voy. Cavallo.

Chaffany, XIV s. : *Chaufery* (Grand, Petit), hh. c° Moirans.

Chaffard, ée. c° Beaufort ; — (le), mas c° Pollénas ; — mas c° St-Sorlin.

Chaffard (le Grand), XIX s. : voy. Chaful.

Chaffat, XIV s. : *le Chaffat*, h. disp. c° Entraigues.

Chafaneres (Les), XIII s. : *Chaffaud*, h. c° Pajay.

Chagnard (mans.), XIII s. : C-ans (molar. de), XIV s. : *le Fort-Barraux*, fort constr. en 1597, c° Barraux.

Chagnarde (La), XVI s. : voy. Chinardi (mons).

Chagnis (m°°), XIX s. : voy. Chanerii.

Chagne (Le), XVIII s. : voy. Chegles.

Chagnet, XIV s. : C-neux, XIX s.; *Chagnenaz*, vill. c° Cognin et Izeron.

Chagnellières, XVIII s. : voy. Chanerii.

Chagneu (en), XIII s.; *Chauney*, mas c° St-Christophe-Entre-Deux-Guiers.

Chagnier, XIX s.: voy. Chaninaz.

Chaillou (parr. de), XIII s. : C-lleu, XIV s. : C-lineum, XV s.: voy. Caduliacum, Chaillou.

Chaillon (Les), XVIII s. : voy. Eychalion.

Chaillouette, h. c° Crémieu.

Chaine (terroyr du), XVI s. : *le Chêne*, mas c° Moidieu.

Chaine (La), h. c° Ternay.

Chainée (La), h. c° Avignonet ; — h. c° St-Sauveur.

Chairanches (G. de), XII s. : voy. Chauranchis.

Chairantillinum, XIV s.: *Chairantilin*, h. c° St-Jean-de-Soudin.

Claire (roch. de la Grande-), XVIII s. : voy. Correriam (rup. sup.).

Claire Heres (castan.) ; *Charlières*, h. c° St-Hilaire-de-la-Côte.

Claire (la Petite-), XVIII s. : voy. Correria Minor.

Chairellères (castan. de), XV s.: voy. Charliari.

Chaireres (Les), XV s.: *la Charrière*, ée. c° Morétel.

Chaireria (via de), XIV s.: voy. Charreria.

Chaise Neuve, XVIII s. : voy. Chesanova.

Chaisolles, XVI s. : Chaizoles, XVI s. : *Chazelle*, mas c° Marennes.

Chalsennes ou Chassennes, XVIII s. : voy. Chayssenu.

Chalsiaco (de), XIII s. : *Chaxsieu*, c° c°° Moydieu.

Chaislen, XIV s. : voy. Chaceru.

Chaisset, C-olef (eccl. de), XIII s. C-sseu : voy. Cassiacus, Chasseiacu.

Chaisoella, XIV s. : voy. Chaseslla.

Chaisoelle (capelle), XIV s.: voy. Sancti Mauricii in villa Caucilla.

Chaissillana (parr. de), XIII s.: C-llana, XIV s. : voy. Chayssillana, Seyssillana.

Chaive, ée. c° Chatte.

Chaix (Les), XVIII s. : voy. Chaoh.

Chal (boscum de la), XIII s. : Chalp, C-ques, XIX s.: *la Chal*, h. c° Bourg-Chambalud.

Chal (c°t de), XIX s. : *Chal*, h. c° la Chapelle-de-la-Tour.

Chal (La), Chalp (la), XIV s. : *la Chaux*, ée. c° le Cheylas.

Chal (la), XVIII s., Challe : *la Chalp*, mont. et chal. c° Vaujany.

Chal (cresta montis de la), XIII s. : voy. Chalm.

Chalabosseau, XIV s. : *Chaulabaud*, ée. c° St-Martin-de-Clelles.

Chalais (font. de), XIX s. : voy. Bonnevaux.

Chatais de Carthusia (dom.), XIV s. : voy. Chalesin.

Chalaissin, XIII s.: voy. Calessianum.

Chalamand, h. c° Vatilieu et la Forteresse.

Chalamand, XIX s. : voy. Chalamont, Chalamons.

Chalamel, XVIII s. : voy. Caramagni.

Chalameleriis (de), XV s. : voy. Chalameleres.

Chalameli (loc.), XIV s. : C-lleres, C-llieres, C-llerlis (in) ; *Chaurmellier*, mas c° Chatonnay.

Chalamelieres, C-lleres, XIV s.; *les Charmellières* ?, h. disp. c° Royas.

Chalancies (Les), mont. c° Chanteloave.

Chalamond, XVI s. : voy. Chalemo.

Chalamonds (for. des), XVI s. : voy. Challamons.

Chalamont (S. de), XIV s. : *Chalamont*, h. c° Charanchu.

Chalamunt, XII s. ; Chalanam, XIV s. : voy. Chomonz.

lalanca, bois c° St-Pierre-de-Chartreuse.

Chalanches (Les), bois c° Chateau-Bernard ; — mont. c° Sechilienne et Vaulnaveys-le-Bas.

Chalanchia (nem. de), XIV s. ; Colla, XV s.: *les Chalanches*, chals et mont. c° Allemont.

Chalamberia (de), XIII s. ; *Chalamellière*, mas c° Allières-et-Risset.

Chalamlière (La) : C-res (des), XVII s. : *Chalamlière*, mas c° Aguin.

Chalama, XIV s. : voy. Chanta Alama.

Chalaroux (ap.), XV s. ; *les Chalaroux*, l. disp. c° Vif.

Chalarous (Les), h. disp. c° Coublevie.

Chalas (de), XIII s.; *la Chaille*, mas c° Barraux.

Chaisulel, mont. c° Valbonnais.

Chalaysii (priori), XV s. : C-ys : voy. Chalesno.

Chalaysino (R. de), XII s.: voy. Calessianum.

Chale (eccl. de), XIII s. : voy. Chalesio.

Chaleinont : voy. Chalemo.

Chaleis (mans. de), C-leys (S. Maria de), XIII s. ; C-leysie (priori), XIV s. : C-leysati (conv.) : C-lezii (dom.), XVI s. : voy. Chalesio.

Chaleissini (loc.), XVI s. : voy. Calessianum.

Chalemo, XIV s. ; C-on (rup. de), XV s. ; C-on, XVI s. ; *Chalemont*, mont. quart. c° Grenoble.

Chalemon : voy. Emone.

Chalemllere, C-es, XVIII s. : voy. Chalamberia.

Chalenay, XVIII s. : voy. Cacilinis.

Chalepont, h. com Montalieu-Verdon et Porcieu-Amblagnieu.

Chalesia (Ste Marie de Monte), XII s.: Calensis (dom.), XIII s.; Chalisium: Chalais, h. com Voreppe; anc. abbaye bénédict., chef d'ordre, com N.-D. et St-Jean-Bapt., fondée en 111?, cédée aux Chartreux en 1304.

Chalessin, XII s.: voy. Calessianum.

Chaletes (essol. de), XIII s.: les Chaletes, l. dép. com St-Pierre-de-Chandieu.

Chaleton, h. com les Eparres.

Chalets-d'en-Bas (Les), chalet com les Adrets.

Chaleu, Challeu, Challiaceum, XVI s.; Challieu, XVI s.: le Chally, mas com les Côtes-d'Arey.

Chaleyo, C-ll-o (F. de), XII s.: voy. Cadullacum, Challet.

Chaleys (Les), éc. com Pontcharra.

Chaleysinum, XIV s.: Cessino (capell. de): Challeyssinum, XV s.: voy. Calessianum.

Chaleyssin, h. com St-Just-et-Chaleyssin; parr. dioc. Vien., égl. St-Pierre.

Chaleyum, Challeyum, XII s.: voy. Chaleu.

Challiaeum, XIV s.: voy. Chalalt.

Challiaeum, XV s.: voy. Cadullacum, Challeu.

Chalignieu, mas. ét. com Chavau.

Chalins (nem. de la), XIV s.: Challin, bois disp. com Colombier-Saugnieu.

Chalion: voy. Challoyn.

Chalisil (abb.), Challeys, N.-D.: voy. Chalesia.

Challamons (for. de), XV s.: Chalamont, h. com Paladru.

Challerits villa, XIV s.: l. disp. com Sauville.

Challes (de), XV s.: Cély (rif de), XVII s.: voy. Challia.

Challet (el), Challia (mans. de), XIV s.: voy. Chalau.

Challou (B. de), XII s.; Challiaco (F. de): Chélieu, com Virieu.

Challeys (mais. N.-D. de), XVI s.: voy. Chalesia.

Challi (en), XV s.: Chally, quart. com Vernas.

Challia, XIII s.: Chaille, h. com Miribel-les-Echelles.

Challoyn (versus), XIV s.: Chalion, éc, com Choranche.

Chally (ruiss. des), XVIII s.: voy. Chalon, Challia.

Chalm (mons de la), XIII s.: la Chaume, mont. com Allevard.

Chalm (La), Chalma (la): la Chal, éc, com la Terrasse.

Chalm (La), XIII s.: voy. Calma (insular, des).

Chalm (La), XIII s.: voy. Chalp 2e.

Chalma ultra aquam Ferrandi, XV s.: la Chalp, mas com Clavans.

Chalma, C-is (la), XIV s.: voy. Calma.

Chalma (gr. des), XV s.: voy. Chalmetes.

Chalma (nem.): voy. Chalmis.

Chalma (nem., villa), éc com XIV s.: voy. Chalp 2e.

Chalma Longa (essol. S. Marie de), Longua (parr.), XIII s.; Chalmas Longas (ap.), XIV s.: Chalonge, com com la Mure.

Chalmassou (rupp. des), XII s.: voy. Chalmassou.

Chalmayrant (riv. des), XIV s.: Chamerrane, Ceyrencum, C-at le Charmayrand, ruiss. arr. com Corenc et la Tronche.

Chalmechia, XV s., C-s-s-: voy. Charmuchia.

Chalmemena, XII s.: Celon, C-ena, XIV s.: C-nson, C-nt Son, XIII s.: Charmenat-Son, mont. chal. com St-Pierre-de-Chartreuse.

Chalmen (villa de), XIV s.: le Charmeil, h. com Grenoc.

Chalmen (villa de), XIV s.: la Charmz, mont., chal. com Grenoc.

Chalmeta, XIII s.: la Chalmette, mas com le Mont-de-Lans.

Chalmeta, XIV s.: la Charmette, mont. com le Périer.

Chalmeta Guntelmi, XII s.: Gonrellini, XIII s.: Gontelini, XIV s.; Gonternil; la Charmette, mais. forest. et mont. com Proveyzieux et St-Pierre-de-Chartreuse.

Chalmeta (nostrum des), XIII s.: voy. Chalmetes.

Chalmeta (la), XIV s.: voy. Chalmin.

Chalmetes (cap.), XIV s.: les Charmettes, bois com Villard-Reymond.

Chalmete (territ.), XIV s.: les Charmettes, bois com le Freney.

Chalmete (bord. de la Escoffiers voc. de les), XIII s.: les Charmettes, mas com Jarrie.

Chalmetes, C-tes (les), XIII s.: Cte (alpag. de), XIV s.: les Charmettes, gr. et mont. com Allemont.

Chalmetes (bose. de les), XIII s.: les Charmettes, bois disp. près Revel-et-Tourdan.

Chalmetis (in), XVI s.: les Charmettis, mas com la Buissière.

Chalmette, XVI s.: voy. Chalmines.

Chalmeyana, XV r.: Chalmesne, h. com St-Laurent-en-Beaumont.

Chalmeyl (ch, XIII s.: la Charmette, bois com Lavaldens.

Chalmeyl, C-lya, XIV s.: le Charmeil, h. com Presles.

Chalmibus, C-mis (in), XV s.: la Chalp, mas com Besse.

Chalmibus (in), XV s.: les Chaux, l. disp. com Lavaldens.

Chalmin (en), XIV s.: les Charmeau, mas com le Touvet.

Chalmines (las), XIV s.: les Charmettes, bois com St-Christophe-Entre-deux-Guiers.

Chalmini (mans.), XIV s.: le Chalmilli, mas com Vaujany.

Chalmis (in), XIV s.: mas com la Garde.

Chalmis (in), XIV s.: les Charmen, mas com Villard-Reymond.

Chalmis villa, XIV s.: voy. Chalp (chm. de la).

Chalmis Longa (parr.), XIV s.: voy. Chalma Longa.

Chalmus (nem. des), XV s.: voy. Chal.

Chalmus, XIV s.: voy. Chalmes.

Chalmus (las), camp., XII s.: voy. Chalmeta Guntelmi.

Chalmuseys: voy. Chalmines.

Chalnano (in), XV s.: voy. Chanunes.

Chalnaro (mans.), XIV s.: voy. Chalnaruveria.

Chalnaruveria (in), XIV s.:

...mers, XIV s. : voy. Chan-mairres.

Chalaksa (supra des), XIII s. : voy. Celosia, Solaysia.

Chalamonte (de), XIV s. : voy. Chalamont.

Châlon, c°° c°° Beaurepaire : parr. de Vienne, égl. St-Michel.

Chalon (Les, ruiss. orig. c°° Pommiers, arr. c°° Pialent. se jette d. ruiss. des Mats.

Chalon (villa de), XIII s. : C°-ne (parr. de) ; C-urio (parr. de), XV s. : C-as, C-r-St-Michel, XVIII s. : voy. Calone.

Chalona, XIII s. : Challona, XV s. ; Chalon, C-ane, XVIII s. ; C-na, XIX s. : voy. Chaalona (teneur de).

Chalouron, XV s. : les Cha-lourous, mas c°° Hurtières.

Chaloy (bose. des, XIII s. : (ripp. des, XIV s. : Chalno, h. c°° Chatte.

Chalp (La, C-pa (la); le Chal, h. c°° Bourg-Chambalud.

Chalp (La, XIII s. : le Chorue, mas c°° la Buissière.

Chalp (La, XIII s. : le Chalp, mont. et chal. c°° Mizoën.

Chalp (chemin de la, XIII s. : la Chorue, c°. c°° St-Honoré.

Chalp (La), XIII s. ; la Chane, év. c°° St-Maximin.

Chalp (La, XIII s. : voy. Calma (molar. de).

Chalp (La), XIII s : voy. Chalin.

Chalperto (de), XIV s. : Choupde, bois c°° Marcieu et Mayres.

Chalpieux : Chalpillus (vers.), XV s. ; le Charpieux, h. c°° St-Pierre-d'Allevard.

Chalplana (villa de), XIV s. : Chouplane, h. c°° Grenne.

Chalp (La, XIX s. ; la Chalp, vill. c°° Chantelouve.

Chalpt (La), XIV s. : voy. Calve.

Chalun, XIII s. : voy. Calone.

Chalva (roches de), XVII s. : voy. Chalvete (alpat. des.

Chalvalous, X s. : Chovrous, h. c°° Communay.

Chalvand : voy. Salient.

Chalvas (ap.), XII s. (gr. de), XIII s. ; Charvas, h. c°° Vil-lette-d'Anthon.

Chalvera (cavan.), XIII s. : C-ria (villa, chavan. des, XIV s. : Carlis ; Chalvet, mont., chal. c°° Ornon.

Chalveron, XVI s. : voy. Clar-veyron.

Chalvet, l. disp. c°° Brisset-Angonnes ; — l. disp. c°° St-Jean-d'Hérans ; — forêt c°° Vaujany.

Chalvet (rup. de), XIII s. : Chalvea, mont. c°° Provey-zieux et Mont-St-Martin.

Chalvet (bose., mont., bois.), XIII s. : C-tum. XIV s. : Chalvet, mont. c°° Ste-Luce et la Salle.

Chalvet, forêt, c°° Vaujany, comprend cantons suivants : Barnon, Blachi, Bois du Pié-ron, les Cerisiers, Chalvet, Champ-Sibaud, Clot-de-l'Atier, Essart-de-Bourne, les Groulus, Poisson-Prey, l'E-clat, la Lauzety, le Néron.

Chalvet (mont. des, XVIII s. : Roche-Chalvet, mont. c°° le Villard-de-Lans.

Chalveta, XV s. : la Chaumette, bois c°° Nantes-en-Ratier.

Chalvetas (ap.), XIV s. : voy. Chalvin.

Chalveti (molar. Montiei, XV s. ; Chalvet, mont. non iden-tif. c°° les Adrets.

Chalveti villa, XIV s. : C-tum (quem), XV s. ; les Chalvets, l. disp. c°° Villard-St-Chris-tophe.

Chalveto (de, XIII s. : (molar. de), XIV s. : C-eta, XVI s. : le Chalvet, h. c°° Pariset.

Chalveto (alpaticum de), XII s. : Chalvet, mont. c°° St-Pierre-de-Chartreuse.

Chalveu (villa), XIII s. : voy. Charvans.

Chalvis (mas.), XIII s. : Chal-vetum, XIV s. : Chalvet, mont., chal. c°° Huez.

Chalvinerva, XIV s. : C-erias, XV s. : Chavriaière, h. c°° St-Ismier.

Chalvinorum, XIV s. : Chau-cenvive, ruine. c°° Lavaldens, affl. la Roisonne.

Chalvinorum (dom.), XIV s. ; C-nou (ap.) ; les Chaurias, l. disp. c°° Lavaldens.

Chalu Poulaud, XVIII s. : Champ-Chalvet, h. c°° St-Alban-de-Roche.

Chanabert, XVIII s. : Champ-Chabert, h. c°° La Buisse.

Chamnelanda (roche des, XVII s. ; Chamazelanda, XVIII s. : Chamazade (mont. des : voy. Chamassanda.

Chamagnena (parr. des, XIV s. : C-na, Chamanieu, XVI s. : voy. Chamagniacum.

Chamagniacum, XIV s. : C-aignieu ; Caygniaci (eccl. de Myans ?), XV s. ; Cha-magnieu, c°° c°° Crémieu.

Chamagnieu, c°° c°° Crémieu : par. dioc. Vienne, succurs. de Mianges, égl. St-Chris-tophe.

Chamandier, h. c°° Glères.

Chamard, év. c°° St-Andéol-Gax.

Chamardis (chavan. des, XV s. : voy. Chamars.

Chamaril, XIV s. : voy. Chamars.

Chamars (chavan. des), XIII s. : les Chamards ? l. disp. c°° Vizille.

Chamartin, h. c°° Revon.

Chamavaris : le Chamvaris, év. c°° St-Pierre-de-Mésage.

Chamayneit, XIV s. : voy. Chamagniacum.

Chamazade : voy. Chamassanda.

Chambaleula (tres chavan. hospit. de Turre in), XV s. : Chambaleua (?), l. disp. c°° Longchenal.

Chambalea, XVI s. ; C-lu, XVIII s. : voy. Chambaloscum.

Chamballet, chm et ruiss. c°° Cognin.

Chambaloscum, XIII s. ; C-leux, XVI s. ; Chambalud, vill. c°° Bourg-Chambalud.

Chambalud, vill. c°° Bourg-Chambalud, par. dioc. Vienne, égl. S. Emmerand ; anc. prieuré filles dép. St-Pierre de Lyon.

Chambaloverz (eccl. B. Marie de), XIV s. : voy. Chamba-loscum.

Chambalura, XIV s. : voy. Chambaloscum.

Chambaran, h. c°° St-Geoirs ; — h. c°° Thodure ; — h. c°° Varacieux ; — h. c°° Viriville.

Chambarane, C-co (de), XVI s. : C-an (verrerie de), XVIII s. : C-al, XIX s. : Chambarans, év. c°° Army.

Chambaransco (nem. de), XV s. ;

C'ey. XV s. : voy. Cambaran.
Chambaran, C-ren (nem. des. XIV s. : voy. Cambaran.
Chambard, h. ce Jarcin.
Chambards, XVIII s. : voy. Chambarleres.
Chambarge (La), ruiss. arr. ces Four et St-Alban-de-Roche.
Chambarleres (chavan.), XIII s. : le Chambarod, vill. ces Izeaux et St-Paul-d'Izeaux.
Chambat, ëv. ce la Morte.
Chamberan, C-nco (de), XVI, XVII s. : voy. Chambarane.
Chamberaneo (de), C-at (nem. de), XIV s. : voy. Cambaran.
Chamberlin, XVIII s. ; Champ-Berlin, bois ce Proveyzieux.
Chambes (riv. de), XIII s. : C-on. C-out, Chambet, XV s. : Chambond, h. ces Eyzin-Pinet et St-Sorlin.
Chambo, XVI s. ; Chamberu, mas ce Moras.
Chambo (terra de), XII s. ; C-buel, C-boeyl, XIV s. ; Chambond, h. ce Porcieu-Amblagnieu.
Chambon : voy. Rouze (la).
Chambone (molend. de), C-ber, XIV s. ; le Chambou, h. ce le Mont-de-Lans.
Chambones (ad), XIV s. ; les Chambous, mas ce le Monestier-de-Clermont et Sinard.
Chambonetis (in), XV s. : voy. Chambone (molend. de).
Chambonibus (in), XIV s. ; les Chambous, h. ces Quet et la Salle.
Chambonis (nem. de), XIII s. ; Chambel, bois ce St-Jean-de-Vaulx.
Chambonos (apud), XIV s. : les Chambous, ëv. et ruiss. aff. ruiss. le Chapotet, ce le Monestier-du-Percy.
Chambord, ëv. ce Varces.
Chambotes (Les), XIII s. : voy. Chabotes.
Chambon, XV s., C-ul, XVIII s. : voy. Chambo.
Chambourrière, h. ce Pommiers.
Chambras, ruiss. ce Séchilienne.
Chambraybant, XIV s. ; Champ-bérant, h. ce St-Christophe-en-Oisans.
Chambre (La), mais. f., XVIII s. : voy. Camera (dom. f. de).
Chambre-Chien, rocher ce Séchi-
lienne.
Chambrette, h. ce St-Paul-de-Varces.
Chamberlessatis (mans.), XIV s. ; C-lessom ; Champbrizsom, quart. ce Barraux.
Chambaures (Les), C-rlaa (vers.), XIV s. : la Chambure, h. ce St-Aupre.
Chambuyssim (trip. de), XIV s. ; Champ-Buxsin, h. ce Culin.
Chamechaude, mont. ces Sarcenas, le Sappey et St-Pierre-de-Chartreuse.
Chamellen (en), XIV s. ; Chanines, XVIII s. ; les Charmes, bois ce Châtonnay.
Chamessande (rup. de), XVI s. : voy. Chamessanda.
Chamfauran, Chamforant, XVIII s. : voy. Campum Forannu.
Chamosk (J. de), XIV s. : Chamoudun villa : Chamour, h. ce Montbonnot-St-Martin.
Chamoley, XIV s. ; Chamoley, h. ce les Avenières.
Chamolin, mont. ce Mont-St-Martin.
Chamonha : voy. Chalauson.
Chamoul, f. ce Maubec.
Chamouset, C-oygniaco, C-oygnen (castelli de), XIV s. : voy. Chamagniacum.
Chamonier, XVIII s. ; Chamonnier, h. ce Rovon.
Chamoos, XIV s. ; C-atix, C-ux, XV s. ; C-oux, XVIII s. ; Chamont, vill. ce St-Clef, baill. Vienne.
Conxanda, Chamassanda, XIV s. ; Chamechaude, mont. ces Sarcenas, le Sappey et St-Pierre-de-Chartreuse.
Chamosseria (ruppis), XIV s. ; Chamoussière, mont. ce la valdeux.
Chamosset (mont. de), XII s. ; C-to (acumen de), XIV s. ; Chamousset, mont. ce Chichilianne.
Chamouhz (molend. de), XIV s. ; le Moulin-de-Chamout, h. ce Eyzin-Pinet.
Chamoud, XV s. : voy. Chamode.
Chamoulon, mas ce Vaujany.
Chamounier, h. ce Rovon.
Chamousset, mont. ce Venne.
Chamousset (bec de la roche de) : voy. Champamuset.
Chamoussière, XVII s. ; Chamoussière, h. ce Séchilienne.
Chamontil, ëv. ce St-Lattier.
Chamontreau, XVIII s. ; Chamontret, h. ce Bellegarde-et-Pousieu.
Chamoux, h. ce le Gua.
Chamoyo (prat.), XIV s. : voy. Chamoehu.
Champ (Le), f. ce les Avenières : — h. ce Champier.
Champ (Le), XVIII s.; le Grand-Champ, h. ce Bizonnes.
Champ (Le), ce con Gouvelin : par. dioc. Gren., égl. N.-D.
Champ (Le), f. ce Renage : — gr. disp. ce St-Pierre-d'Allevard.
Champ, ce ce Vizille, par. dioc. Gren., égl. St-Pierre : voy. Champs 2e.
Champ-Blanc, h. ce Corbas.
Champ-Blanchard, h. ce St-Michel-de-St-Geoirs.
Champ-Bonnet, usines ce le Périer.
Champ-Bouquet, ëv. ce les Adrets.
Champ-Bourcier, mas ce Bourgi-Chambalud.
Champ-Bouttier (Le) ou Montfort, XVIII s. ; Champbuttier, mas ce Tullins.
Champ-de-Bras, h. ce Vienne.
Champ-Broton, ruiss. ce la Fulatière, se jette d. l'étang des Combes.
Champ-Cauet, h. ce Bevzins.
Champ des Chelles (Le), XVIII s. ; le Champ-des-Echelles, mas ce St-Egrève.
Champ-Chétif, f. ce Pajay.
Champ-Chevalier, h. ce Moirans.
Champ-Cornu, h. ce St-Vincent-de-Mercuze.
Champ-de-la-Cour (Le), ëv. ce St-Barthélemy-de-Séchilienne.
Champ-Couvent, h. ce Vinay.
Champ-de-la-Cure, ëv. ce Montbonnot-St-Martin.
Champ de la Drugy, XVII s. : le Champ-des-Druges, mais. furent. ce La Chapelle-du-Bard : voy. Druge de Froydeval.
Champ Ebran, Champebron, XVIII s. : voy. Chambraybant.
Champ Kybrant (en), XIV s. : voy. Chambraybant.
Champ-Ferrat (Pont de), pont sur le ruiss. Vorz. ce St-Mury-Monteymond.

Champ-Feuillet (Le), h. cⁿ Moirans.

Champ-Follet, h. cⁿ St-Michel-de-St-Geoirs.

Champ-Franc, h. cⁿ Veyrins.

Champ près Froges, XIX s. : voy. Champs.

Champ-Giroud (combe de), XVIII s. ; Champ-Giroud, mas cⁿ Vaujany.

Champ-de-Grizat, mont. cⁿ le Perrier.

Champ-de-Gris (Le), éc. cⁿ les Côtes-de-Corps.

Champ-de-Ouier, XVII s. ; le Champ-du-Guiers, éc. cⁿ St-Laurent-du-Pont.

Champ-Huaire, h. cⁿ Merlas.

Champ-Joly, mas cⁿ Culin.

Champ-des-Mailles (Le), usine cⁿ St-Égrève.

Champ-Marché (chⁿ de), cⁿ Gières.

Champ-de-Mars (Le), mas cⁿ Frontonas ; — quart. cⁿ Rives ; — quart. cⁿ St-Hilaire-du-Rozier ; — quart. cⁿ La Tour-du-Pin ; — quart. cⁿ Vinay.

Champ-Méan (chⁿ de), cⁿ Allemont.

Champ-Mestral, XV s.; Champ-Mestraz, mas cⁿ Simandres.

Champ-Morel, éc. cⁿ Virieu.

Champ-Moret : voy. Champnovel.

Champ-Mouton, h. cⁿ Charantonnay.

Champ-Moyet, vill. cⁿ Varacieux.

Champ-du-Mulet (Le), gr. cⁿ St-Pierre-de-Chartreuse.

Champ-du-Muts, gr. disp. cⁿ Brié-et-Angonnes.

Champ Paron Baron (loc. dét. ou), XV s. : voy. Cambarones.

Champ-Péala (ruisseau de), aff. ruiss. la Chapelle, cⁿ Château-Bernard.

Champ-du-Périer (Le), gr. cⁿ Beaufort.

Champ-de-Pierre, gr. cⁿ Notre-Dame-de-Mésage.

Champ-Pommier, éc. cⁿ Succieu.

Champ-du-Pont (Le), h. cⁿ Morétal.

Champ-du-Port (La), éc. cⁿ St-Sauveur.

Champ-Profond, hoys : voy. Campus Profundus.

Champ du Puy : voy. Campus Putey.

Champ du Pays, XVI s. : Champaris, h. cⁿ la Chapelle-et-Surieu.

Champ-Reynaud, h. cⁿ Rivière.

Champ-Ricou, mas cⁿ Sonnay.

Champ-Roti, h. cⁿ St-Mury-Monteymond.

Champ-le-Roux, l. disp. cⁿ St-Arey.

Champ-du-Sabot (Le), f. cⁿ Allières-et-Risset.

Champ Sapey, XVII s., Champ-Sappey, h. cⁿ St-Pierre-d'Allevard.

Champ-du-Seigle (Le), chal. et bois cⁿ Allevard.

Champ-Souffray, h. cⁿ Chasse.

Champ-Tarot, XIX s. : voy. Chantarot.

Champ-Verdet, h. cⁿ les Avenières.

Champs (en), XVII s. ; Champs, mont. cⁿ Entre-Deux-Guiers.

Champagne (La), quart. cⁿ Verna.

Champagne, XVIII s. : voy. Campania de Augusta.

Champagnes (Les), vill. cⁿ d'Aoste, baill. de Vienne.

Champagnes (Les), éc. cⁿ Merlas ; — h. cⁿ Romagnieu ; — mas cⁿ St-Chef ; — h. cⁿ Sermérieu.

Champagneu (en), XIV s., cⁿ Agnin.

Champagni (de), XIII s. : C-la (mans. de) : Champaignat, XVI s. ; C-al, C-nier, XVII s. ; C-pana, XVIII s. : voy. Campana.

Champagnia, XV s.; les Champagnes, h. cⁿ Sermérieu.

Champagniaco (furtalle. de), XIV s. : C-ayari (manu.). XV s.; Champaigne (chastellⁿ de) : C-ieux : voy. Campaniaco, Champaneu.

Champagniacum (vers.), XIV s.; Champagnier, éc. cⁿ Sousville.

Champagnias, C-ieres, C-niis ap. S. Diuderium, C-ayas : voy. Champaniarum.

Champagnier, cⁿ cⁿ Vizille, baill. Grais., égl. St-André.

Champagnières, XVI s. : voy. Campania de Augusta.

Champagnieu, XVIII s. : voy. Champagniacum, C-com.

Champagnis (parr. de), XV s. ; C-ias ; St-Didier, vill. cⁿ Aoste et les Avenières.

Champagnis ap. S. Diderium (de), XIV s. : voy. Campania de Augusta.

Champagnons (Les), f. cⁿ St-Didier-de-la-Tour.

Champagny (territ. de), XIV s.; Champaigne, mas cⁿ Moras.

Champagnyes (Les), XIV s. : C-aigne, XV s. : voy. Campania de Augusta.

Champaigne : voy. Champaniarum.

Champaignol (terres de), XVIII s. ; Champagnol, h. cⁿ les Roches-de-Condrieu.

Champaillier, h. cⁿ St-Aupre.

Champalu (riv. de), XIV s. : C-ul, XVII s. ; Champalud, h. cⁿ le Champ ; ruiss. arr. cⁿ le Champ et la Pierre.

Champaner (mas), C-nieu, XV s.; Champanuy ?, l. disp. cⁿ Longechenal.

Champanet, XVIII s. : voy. Campanes.

Champaneu (eccl. de), XI s. : Champagnier, cⁿ cⁿ Vizille.

Champoneys, XIV s. ; Champy. vill. cⁿ St-Égrève.

Champaneyus (La). XIII s. ; la Champeneyar, l. disp. cⁿ Panossas.

Champangnias (apud), XIV s. : voy. Campania de Augusta.

Champaniacum, XV s. : Champagneu, h. cⁿ Jallieu.

Champaniarum, XIV s. : les Champagnes, vill. cⁿ Aoste.

Champaniarum (loc.), XIV s. ; C-nières (les), XVI s. : les Champenières, mas cⁿ Dolomieu.

Champanosset (berchia alte montis ver.), XIV s. : la Moucherotte, mont. cⁿ Claix et Pariset.

Champaret (perareria de), XIV s. ; C-ey, XVII s. ; Champarey, mas cⁿ Bourgoin.

Champarlianel (loc.), Champarliaco (a), XV s. : voy. Campania Rielent, Chapainrallent.

Champas, XIV s. : voy. Champers.

Champat (Le), h. et ruiss. aff. la Gresse, cⁿ le Gua : — forêt cⁿ Opterox.

Champaz XIX s.: voy. Champet.

Champbarral, XVII s. ; C-al, XVIII s. ; *Champ-Barral*, h. c^e Corbas.

Champbou (territ. de), in parr. Cheissiaci, XVI s. ; *Champbou*, mas c^e Cheyssieu.

Champbouchard, f. détr. c^e St-Prim.

Champbuaire, h. c^e Merlas.

Champchauzaz, XIX s. : voy. Chanchaissum.

Champchenont, h. c^e Oytier-et-St-Oblas.

Champdieu, XVI s. : voy. Caudietensi.

Champe, h. c^e Massieu.

Champeaux (de), XIV s. ; *Champeaus*, mas c^e Soleymieu.

Champebron : voy. Chambraybaut.

Champees, XIII s. ; (parr. de), XIV s. : voy. Champors.

Champel, mas c^e Vinay.

Champelli villa, XIV s. : voy. Chaputer.

Champeria ; C-peucz (chasam. de), XIII s. ; *Champeun*, éc. et tor. c^e Allemont.

Champers, XIII s. ; C-pes, XIV s. ; C-pies, XV s. ; C-piaci (eccl.) ; C-pieres, XVI s. ; C-piez ; *Champier*, c^e c^on la Côte-St-André.

Champeryillant (ville de), XIV s. : voy. Campania Riclent, Chapaloruilent.

Champet (al), XIII s. ; C-tum, XIV s. ; *le Champet*, h. c^e Goncelin.

Champet (Le), XVIII s. ; *Champet*, vill. c^e St-Geoire.

Champet (mans.), XIV s. ; *le Champet*, mas c^e le Touvet.

Champetay, XVIII s. ; *Champetay*, h. c^e les Côtes-d'Arey.

Champetay, mas c^e Jallieu et Ruy.

Champetis (in), XIV s. ; *les Champenus*, mas c^e du Bourg-d'Oisans.

Champêtra (ch^e de), c^e Succieu.

Champeux, h. c^e St-Antoine.

Champeverse, h. c^e Presles ; baill. St-Marcellin.

Champeverse, XVIII s. : voy. Capaversa, Champenv-a.

Champfay, XIX s. : voy. Chaffany.

Champfoury, mas c^e Pressins ; — f. c^e Sinard.

Champier, c^e c^on la Côte-St-André, par. succurs. de Nantoin, dioc. Vienne, égl. voc. St-Nizier.

Champiers (dénu. f.) : *le Chatelard*, h. c^e Champier.

Champignlacum, XIV s. : voy. Campaniaco, Champanou.

Champigny, XVII s. ; *Champinet*, h. c^e St-Barthélemy-de-Beaurepaire.

Champillonnière, f. c^e Beauvoir-de-Marc.

Champillot, h. c^e Serres-et-Nerpol.

Champinal, XVIII s. : voy. Champigny.

Champinet, C-ney, XVII s. : voy. Champigny.

Champion, éc. c^e Noyarey.

Champlaves (mas de), XVIII s. ; *Champlaze*, h. c^e Poliénas.

Champlurilen, XIII s. : voy. Campania Riclent.

Champlabot, XIX s. ; *Chantabot*, vill. c^e Beaufort et Thodure.

Champlanon, éc. c^e St-Martin-de-Clelles.

Champlard (Grand, Petit), XIX s. : voy. Champlas.

Champlas, XIV s., C-aset ; Champtlas, moulin, XVI s. ; *Champlas (Grand, Petit)*, hh. c^e St-Barthélemy-de-Beaurepaire.

Champlat, XIX s. ; *Champlas*, quart. c^e Beaufort et Marcollin.

Champlavia, h. c^e Vaulnaveys-le-Bas.

Champlencin (bois), XVIII s. ; *Champ-Lancin*, bois c^e Courtenay.

Champleve, XVIII s. ; *Champlou*, h. c^e Veyrins.

Champlevrier ou La Chana, XVIII s. ; *la Chana*, mas c^e Passins.

Champo (eccl. de), XI s. ; *le Champs*, c^e c^on Goncelin.

Champonnerie (La), h. c^e Brion.

Champou (Le), h. c^e Izeaux.

Champou (Le), XVIII s. ; (Maison), XIX s. ; *Champou*, éc. c^e Varacieux.

Champoulemard (bois de), XVIII s. ; *Champoulemard*, h. c^e Courtenay.

Champoulet, h. c^e Janneyrias.

Champron, XVIII s. : voy. Campus Rotundus.

Champround, mas c^e Agnin, XVII s. ; — f. c^e Anneyron ; — éc. c^e Paladru ; — ruiss. c^e St-Pierre-d'Entremont.

Champrousse, XVII s. ; *Chamrousse*, mont. c^e Vaulnaveys-le-Haut.

Champrox, XIV s. ; *Champroutier*, mas c^e St-Baudille.

Champs (Les), h. c^e Choranche.

Champs (seign. de), XIII s. : voy. Campus (villa).

Champs-Elysées (Les), quart. c^e Grenoble.

Champs-Vallier (Les), h. c^e Belmont.

Champs Vallin (territ. de), XV s. ; *Champ-Vallin*, mas c^e St-Prim et Chonas.

Champsaur (Le), région naturelle, dont l'étendue est de nos jours restreinte à un territoire en totalité compris dans les Htes-Alpes, mais qui anct aurait compris toute la partie de l'ancien diocèse de Gap, qui forme le canton actuel de Corps, dans le département de l'Isère.

Champsaur (duché de), ancien duché féodal, à ne pas confondre avec le duché-pairie de même nom érigé en 1611, en faveur de François de Bonne de Lesdiguières. Le duché comprenait la région naturelle du Ch-r, le Beaumont et le Trièves, qui font partie du dép^t de l'Isère. Forma début du XIV s. un bailliage delphinal, réuni dans la suite à celui de Graisivaudan.

Champsor, XVI s. ; C-sour : voy. Camsaurus.

Champsours, XVI s. : voy. Camsaurus.

Champsparliacum : voy. Champarliacum.

Champtoraz (Le), h. c^e St-Aupre.

Champuis, C-uy (bois de), XVIII s. : voy. Campis (A. de).

Champum Foranum, XIV s. ; *Champharum*, h. c^e St-Christophe-en-Oisans.

Champuy : voy. Champuis.

Champvaroux, h. c^e St-Clair-de-la-Tour.

Champvert, chât. c^e La Côte-St-André.

Chansaulx (pays de), XVI s. : voy. Camsaurus, Chansour.

Chansour (ducatus): voy. Champsaur (duché de).

Chanuejo, XIV s. ; Chanurge, mas c° St-Victor-de-Cessieu.

Chanuyn Sant Martin (magn. itin. vulg. appell. lo), XIV s. : voy. Caminum S. Martini.

Chan Blanc : voy. Campus Albus.

Chana (La), mas et canal, c° Granieu ; — mas c° Paxalins ; — h. c° Rives ; — f. c° St-Marcel-de-Bel-Accueil ; — h. c° Vénérieu.

Chana, XVIII s. : voy. Canali (territ. de).

Chana (La), XVIII s. : voy. Champlevrier.

Chanablers (ap.), XIV s. ; Chenaier, mas c° Corps.

Chanals, Chanalz : voy. Chanoys.

Chanal (loc. de la), XIV s. ; le Chenas, mas c° Réaumont.

Chanal (La), XIII s. ; C-at, XIX s. ; Chana, h. c° St-Just-et-Chaleyssin.

Chanal (ruisseau de la), XIX s. ; le Girnudier, ruiss. afl. du Rhône, arr. c°° Villette-d'Anthon, Jons et Jonage.

Chanal (La) : voy. Chanaleta.

Chanales, XIII s. ; C-ls (les), Chanaulz, C-ux (ostel des), XV s. : voy. Canales.

Chanaleta, XIV s. : la Chanal, h. c° Freney.

Chanali (chavann. de), XIV s. ; la Chanal, h. c° le Mont-de-Lans.

Chananis (mans. de), XIV s. ; Chanas, mas c° Ste-Marie-du-Mont.

Chanas, c° c°° Roussillon ; par. dioc. Vienne, égl. St-Laurent.

Chanas, C-nnas (parr. de), XIII s. ; (eccl. b¹ Laurencii de), XV s. : voy. Calvatis (villa).

Chanasclo (mistral. de), XIV s. ; C-nsclo (de) : voy. Charnsclo.

Chanasli (prior.), XIV s.; C-nnasi, C-nsinm : voy. Calvatis (villa).

Chanasuey, mont. c° St-Joseph-de-Rivière.

Chanassie (territ. de), XV s. : voy. Chanas.

Chanat (Le), h. c° Faverges.

Chanau, XIX s. : voy. Chanaux.

Chanaut (territ. de), XIV s. ; Chenaux, h. c° Villeneuve-de-Marc.

Chanaux (tête des), XIX s. ; les Chanaux, mont. c° Chichilianne.

Chanaux, XVIII s. : voy. Chanales, Chanaux.

Chanaux, XIV s. ; Chaneaux, XVIII s. ; Chanos, h. c° Parmilieu.

Chanavari (La), XVII s. ; C-ry (en), C-vax (ruiss. de) ou de Pierre Taillax : voy. Chanavers.

Chanavaria Lancel, XIV s. ; la Chenevarie, h. c° Lans.

Chanaverie (villa), XIV s. ; Chenevarie, h. c° Château-Bernard.

Chanavaril. XIV s.; C-is (mans. vill.) ; Chenevier, h. c° Vaulnaveys-le-Bas.

Chanavers (el), XIII s. ; Chenarus, h. c° Miribel-les-Echelles.

Chanaveux (Les) ; Chenevas, h. c° St-Martin-d'Uriage.

Chanay, XV s. ; C-as, XVIII s.: Chanas, vill. c° Montceau.

Chanay, XIX s. ; Chanet, h. c° St-Prim.

Chanayreu, XIII s. : voy. Chavayneres.

Chanaz (La) ; la Chanou, h. c° Vénérieu.

Chanaz, XV s. : voy. Calvatis (villa).

Chanaz (La), XVIII s.: voy. Canali.

Chanbue (terr. de), XVI s. : voy. Champbon.

Chancelay, XIII s. ; C-cellai : voy. Cancellaicum, Chasselai.

Chances (Les), h. c° Izeaux.

Chandelier, h. c° Presles.

Chandiaco (de), XII s. ; Chandelo (de) ; Chandieu, Chandeyraco (de), Chandef, Chandeu, XIV s. ; Chandlief, Chantilieu, XVI s. ; St-Pierre-de-Chandieu, c° c°° Heyrieu.

Chandiaco (cap. de), X s. ; (eccl. de), XIII s.: voy. Sancti Thomae de Chandiaco ;—(castr. de), XIV s. : voy. Candiaco.

Chandieu-Toussieu, vill. c° Toussieu.

Chandieu : voy. St-Pierre-de-Chandieu.

Chandillonis de Cossel (molaris), a fonte qui dicit. fons C-s, XIII s. ; Chandillonière, h. c° Claix.

Chano Boudyn, XVIII s. : voy. Chenno Baudin.

Chanbas (La), XIX s. ; la Chanbas, h. c° Voissant.

Chanéat, h. c° Savas-Mépin.

Chanef (mas de), Chaninef, XIV s. : voy. Chagnef.

Chanelsou, XVII s. : voy. Chanisyeu.

Chanelorias, XIV s. ; Chanelette (col de la), c°° St-Michel-en-Beaumont et Valbonnais.

Chanelli (mass.), XIII s. ; Chanef, l. disp. c° St-Bernard.

Chanoros, XIII s. ; C-eyrou nand, Seyseoli, XIII s. ; C-riaco (iter de), XV s. : voy. Chavayneres.

Chanerii (fons de), XIV s. ; C-euière, XVIII s. ; Chagnellière, h. c° St-Pierre-de-Chartreuse.

Chanet (Le), h. c° St-Geoire.

Chanetz (mans. del), XIII s. ; les Chanets, l. disp. c° Le Périer.

Chanevaire, XIX s. : voy. Chanavarie.

Chanevory, XVIII s. : voy. Chanavarie.

Chanex (ap.), XV s. : voy. Chanoys.

Chaney, Chaneti (mass.) ; Cheney (ch¹⁰ du), c° Barraux.

Chaney (Le), bois c° La Chapelle-du-Bard.

Chaney (riv. del), XIII s. : voy. Chaneys.

Chaneys (de), XIV s. ; le Chanay, h. c°° Romagnieu et Aoste.

Chaneys (Eu) in monte Avalonis, XIII s. ; le Chenu, h. c° St-Maximin.

Chaneyset, XIV s. : voy. Chanisyeu.

Chanfibert (dom. fort. de), XV s. ; Champfort, h. c° Jallieu.

Chanfoura, XVII s. ; Champfoura, &c. c° St-Jean-d'Hérans.

Chanfray, XVII s. : voy. Chaffray.

Chanibons (ad), XIII s. ; Chanalbonus, h. c° Cordéac.

Chanier, XVIII s. : voy. Chanisou.

Chanillenchia, XIV s. : voy. Chanelerias.

Chanillex (de), XIV s. ; C-lles ;

Chenaille, h. c St-Marcel-Bel-Accueil.

Chanin (La) : voy. Channua.

Chaninos, XIV s. ; *le Chanier*, h. c St-Pierre-d'Allevard.

Chaninvert, XVIII s. : voy. Chalnaroceria.

Chanlhof, XIV ; C-sou, C-ssou : voy. Chanlayou.

Chanislaci (comba), XVI s. : voy. Chanisseu.

Chanisieu, XIV s.; C-ux, XVII s. ; C-ssiou : voy. Chanlayou.

Chanisseu (fons de), XIV s., *Chanisieu*, mas c St-Savin.

Chanisson, mas et étg. c la Balme.

Chanisson (ruiss. de), ou de la Vacherie, affl. du Bréda, c la Ferrière.

Chanisson (ruiss. de), affl. de la Gervonde, c St-Jean-de-Bournay.

Chanisyeu, XVIII s. ; *Chanisieu*, vill. c Courtenay.

Chanlora, XVIII s. : voy. Chanfoura.

Channaireu, XVIII s. ; *Channaire*, éc. c le Mont-de-Lans.

Channas, XVIII s. : voy. Chonasium.

Channetum, XIII s. : voy. Chaneys (eux), C-ain.

Channey (el), Channos (eux), XIV s. ; *le Chêne*, h. c Le Champ.

Channo, Chano (foresta de), XIV s. ; Chanoz, XV s. : voy. Chanos.

Channua (loc.), XIV s.; *Chanin*, h. c Réaumont.

Channysseu, XIV s. : voy. Chanisyeu.

Chano (molar. del), XIV s. ; *la Croix-du-Chêne*, ruiss. c La Buissière.

Chano (pascua, foresta, lac. de), XIV s. ; *Chanos*, forêt c Colombier.

Chano (lacus de), XIV s. ; *le Lac*, L. c Colombier-Saugnieu.

Chano (nem. en), XIV s. ; *le Chênes*, bois c Sermérieu.

Chano (molar. de) : voy. Chagnard.

Chano (loc. de) ; (for. de), subt. Valpilleriam, XIV s. : voy. Chayno (for. de).

Chanos (marescum de), XIV s. ; Chanoux, XV s.; *Chanon*, mas c les Avenières.

Chanos (foresta), XIII s.; Channo, C-os, C-ost; Chanoux, ff. c Dizimieu et St-Georges-d'Espéranche.

Chanos Baudin (bois des Augustins de Morestel dit), XVIII s. : voy. Chesne Baudin.

Chanoserro (comba de), XIV s.; *Chanon*, éc. c Chatte.

Chanot (for. de), XVIII s. : voy. Chanos.

Chanour : voy. Serrum de Chanonis.

Chanoz, éc. c Morestel.

Chanoz seu Borrel (prat. du), XV s. ; *le Chêne*, mas c St-Jean-d'Avelanne.

Chanox, XVIII s. ; *Chanos*, h. c St-Victor-de-Morestel.

Chanoz, XV s. : voy. Chanay ; — XIX s. : voy. Channey.

Charpenverua, XII s. ; *Chanpererue*, h. c Preslou.

Chanprond, XVII s. : voy. Campus Rotundus.

Chanpzaur, XVII s. : voy. Camsaurus.

Chanrogni, Chantorières, Chantoriens : voy. Chantoyres.

Chanrousse, XIX s. : voy. Calmen Rupham.

Chans (seign. de), XIII s. : voy. Campus villa.

Chansaux, Chansaux (pays de), XV s. : voy. Camsaurus.

Chansse (La), XVIII s. : voy. Chaventila.

Chansons (Chemin des), c de Marcolin.

Chansour, XIV s. ; Chanssors, XV s. : voy. Camsaurus.

Chansteran, XVIII s. ; *Chanteyrand*, éc. c Uz.

Chant Dolens (en), XV s. : *Champ-Dolent*, mas c Soleymieu.

Chanta (coll. de la), XIV s. ; C-te, XV s. ; *la Chante*, col c St-Maurier.

Chanta Alanna, XIV s. ; *Chalanne*, h. c Cordéac.

Chanta Lova, XIV s. ; *Chantelouve*, cht disp. c St-Pierre-d'Allevard.

Chanta Merlo (villa de), XIV s.; *Chantemerle*, L. disp. c le Gua.

Chantabeau, XIX s. : voy. Chantabot.

Chantabot, h. c Beaurepaire ; — mas c la Chapelle-de-la-Tour ; — éc. c Creys-et-Pusignieu ; — h. c Domène ; — h. c Monthonnot-St-Martin ; — h. c Pommiers ; — mas c St-Jean-de-Bournay (XIV s.) ; — h. c St-Michel-de-St-Geoirs ; — h. c Nolaise ; — h. c Tullins ; — h. c Ville-sous-Anjou ; — h. c Vinay.

Chantalouette ; *l'Alouette*, h. c Bonnefamille.

Chantalouva, C-lova, XIII s. ; *Chantelouvr*, c c Valbonnais.

Chantamerlo (territ. de) ; (Les Mardières ou), c Communay, XVI s.

Chantamerlo (comba de), XV s.: *Chantemerle*, h. c Faramans.

Chantamerlo (de), XIV s.; *Chantemerle*, mas c St-Hilaire-de-Brens.

Chantamerlo (al), XIII s.; *Chantemerle*, mas c St-Pancrasse.

Chantamerlo (en), XIII s.; *Chantemerle*, mas c Septème.

Chantamerlo, XII s. ; Chantomerlo, XIV s. ; C-tamerlox, XVI s. ; *Chantemerle*, h. c la Tronche.

Chantamerlox (a), XV s. ; *Chantemerle*, l. disp. c Goncelin.

Chantarot (loc. de), XIV s. ; (dom. f., castr. de), XV s. ; *Chantarot*, h. c la Chapelle-de-la-Tour.

Chantarot (curtil. de), XV s. ; *Chantarot*, mas c St-Chef.

Chantcaille, XVII s. ; *Chante-Caille*, h. c de Bougé-Chambalud.

Chante-Alouette, h. c Bonnefamille ; — h. c de St-Laurent-de-Mure.

Chante-Grenouille (ruiss. de), c Gières.

Chante-Jaille, cht c Claix.

Chante-Perdrix, éc. c Bougé-Chambalud.

Chante-Reine, f. c Jallieu.

Chantcillini, C-i, Chusini et Capelle (parr.), XIV s. : voy. Chantillin.

Chantelouve, c c Valbonnais; dioc. Gren., égl. St-Irénée.

Chantemerle, h. c Balbins et Oracieux : — bois c Beauvoir-de-Marc ; — éc. c Eyzin-

Pinet ; — gr. c^e Ste-Agnès : — ruiss. c^e Ste-Marie-du-Mont, aff. ruiss. Faumoulin ; — h. c^e St-Victor-de-Cessieu ; — c^e, c^e Vif : — h. c^e Villard-Bonnot.

Chantemerlo (territ. de), XVI s.; *Chantemerle*, l. disp. c^e Soluise.

Chanterey, t. disp, c^e Romagnieu.

Chanterot (dom. f. de), XVI s.; voy. Chanterot.

Chantessa, XI s., (eccl. S. Petri de), XV s. ; *Chanteuse*, c^e c^e Vinay, par. Gren., égl. St-Pierre.

Chantevenet, c^e c^e Bouvesse-Quirieu.

Chantieres, XIV s.; Chantorieux, XV s.; voy. Chantoyres.

Chantillin, C-num (eccl. l. XIII s.; *Chatillin*, h. c^e St-Jean-de-Soudin.

Chantorna, XIII s.; C-ne (pons), XV s.; Chantourne, ou Pont de la Pierre, XVI s.; *la Chantourne*, canal d'assainissement, c^e Lumbin, Crolles; se jette d. l'Isère.

Chantourne (La), canal d'assainissement, c^e Domène, se jette dans l'Isère ; — canal c^e le Versoud.

Chantoyres (aqua de), XIII s.; *Chantoire (Grand, Petit)*, loh. c^e St-Symphorien-d'Ozon.

Chantus Merloz, XVI s. ; *Chantemerle*, l. disp. c^e Allières-et-Risset.

Chantrogni, XIV s. : voy. Chantoyres.

Chanturière, h. c^e Communay.

Chantyllium, XIV s. : voy. Chantillin.

Chanus, éc. c^e Lans.

Chanusiaco (loc. de), XV s. : voy. Chanisyeu.

Chanussieu, XIV s. : voy. Chanisyeu.

Chanymo, juxta viam q. itur de Dueymo ap. Ayreu : voy. Chanu.

Chanyou, XIV s.: voy. Chauneu, C-nieu.

Chanysieu, XVI s. : voy. Chanisyeu.

Chaoba, voc. Chasannas (caban.), XII s.; *Chaix*, h. c^e Montagne.

Chaurerea, XIII s. : voy. Cabrerils, Capreriis.

Chaorseti (riv.), XIII s. ; *Pique-Pierre*, h. et ruiss. aff. l'Isère, c^e St-Martin-le-Vinoux.

Chaorsoti (riv.): voy. Chaorseti.

Chaorz villa, XI s. ; Chaorels, C-lum (nunc) : Chaortium : *in Cruise-de-l'hoc*, mas c^e St-Martin-le-Vinoux.

Chaosen (J. de), XII s. : voy. Chavesen.

Chaozoleria (domus), XIV s. : voy. Chassaleri.

Chapa Rulent, Chappa Ruyllent, XIV s.: voy. Campania Rielent.

Chapaenversa, XIV s. : voy. Capaversa.

Chapainrulhent (parr. de), XIII s.; *Chaparreillan*, c^e c^e le Touvet.

Chapaize : voy. Chapaise, Chapeysi l^e.

Chapan (chaban. de), XII s.; Chap (la), XVIII s.; *la Chappe*, h. c^e Venon.

Chapana (bastida de), XIV s. : voy. Chapanis.

Chapanis (dom. seu bastida), in mand. de Turre : *Chapan*, l. disp. c^e La Chapelle-de-la-Tour.

Chapano (chaban. M. de), XII s.; *le Chapan*, h. c^e Venon.

Chapareillan, c^e le Touvet ; par. dioc. Gren., égl. Ste-Vierge. puis St-Joseph.

Chaparilent, XIII s.; C-rrelient, C-arulum, XIV s. : C-aruyi-lane : voy. Campania Rielent.

Chaparillen, XIV s. ; C-llencum, C-parrillien : voy. Campania Rielent.

Chaparolenco (a), XIV s. : voy. Campania Rielent, Chapainrulhent.

Chapat (Le), éc. c^e St-Albin-le-Vaulserre.

Chapautet (ruiss. de), XVIII s. : voy. Chapotet.

Chapaversa, Chappaversa (mand. castr. de), XIII s. ; C-se in Royanis, XIV s. : voy. Capaversa.

Chapaviotte (La), XIX s.; *Champ-Pariot*, h. c^e St-Egrève.

Chapays (loc.), XIV s.; *Chapuis*, éc. c^e Lieudieu.

Chapaysi, XV s. ; *Chapaize*, vill. c^e St-Antoine et St-Appolinard.

Chapaysi (in), XIV s.; *Chapaise*, h. c^e Serres-et-Nerpol.

Chapaysi (mont. de), XIV s. : voy. Chapeysi &.

Chapeau (la), mont. c^e Allemont ; — vill. c^e Roussillon ; — h. c^e St-Pierre-d'Allevard.

Chapeau Cornu: voy. Chapellium Cornu.

Chapeaux (ruiss. des), c^e St-Pierre-d'Entremont, aff. de l'Herbetant.

Chapein (eccl. de), XII s.; Chapia (dom. de), XIII s.; Chapreysi (A. de), XIV s.; *St-Jean-de-Chépie*, h. c^e Tullins.

Chapeise (bois), XVIII s.; *Chapèse(la)*, XIX s.: voy. Chapeysi.

Chapeizolle (La) ; *Chapesolle*, h. c^e Thodure et Viriville.

Chapelard, éc. c^e Pontcharra.

Chapelay, C-llay (le Grand), XVIII s. : voy. Chappolley.

Chapelay (Petit) : voy. Chapelet.

Chapelet (Grand, Petit), mont. c^e Valjouffrey et la Salette.

Chapelets (Petits), XVIII s.; *le Petit Chapulay*, forêt c^e St-Pierre-de-Chandieu et Heyrieu.

Chapella (loc.), (tenem. et eccl. de la) seu St-Anthonii, XIV s.; *la Chapelle*, chap. disp. c^e Beaufort.

Chapella (mans. de la), XII s. : voy. Capella.

Chapella (parr. de la), XIII s. : voy. Capella de Valle Jonfredi.

Chapellan, bois c^e Montseveroux.

Chapellata, XIII s. ; C-lleu (en pellanus de), XIV s. ; *la Chapelle-du-Isard*, c^e c^e Allevard.

Chapelle (ruiss. de la), aff. de l'Olle, c^e Allemont ; — h. c^e les Avenières ; — h. c^e Chaponnay ; — (ruiss. de la), aff. la Gresse, arr. c^e Château-Bernard et St-Guillaume ; — h. c^e La Combe-de-Lancey.

Chapelle (La), XIX s. : voy. Bas-de-la-Chapelle.

Chapelle (La), chap. disp. c^e Beaufort, non loin du h. du Fromental ; — quart. c^e Blandin ; — bois c^e Chavanoz et Villette-d'Anthon ; — h. c^e Ornacieux ; — f. c^e St-Gervais ; — h. c^e St-Pierre-de-Chandieu.

Chapelle (La), c^e c^e Roussillon, succurs. St-Romain-de-Surieu, dioc. Vienne, égl. St-Hugues.

Chapelle (parr. N.-D.) : *la Cha-
pelle*, vill. ce Vaujouffrey.
Chapelle, XVIII s. : voy. Ca-
pella, Cappen. Chapella.
Chapelle-du-Bard (La), ce com
Allevard ; dioc. Gren., égl.
N.-D.-des-Neiges.
Chapelle-des-Bérangers (La),
orat. ce Ste-Marie-d'Alloix.
Chapelle de Maytilla (riv.), XIV
s. : voy. Chappellet 2e.
Chapelle-de-Merlas (La), vill. ce
Merlas ; par. dioc. Vienne,
égl. Assomption.
Chapelle-de-Peyrin (La), vill. ce
la Bâtie-Divisin ; par. dioc.
Vienne, égl. St-Jean-Bapt.
Chapelle-du-Rosaire (La), chap.
ce St-Pierre-de-Chartreuse.
Chapelle-St-Hugues (La), XVII
s. ; *la Cluse*, rocher ce St-
Pierre-de-Chartreuse.
Chapelle-de-la-Tour (La), ce com
la Tour-du-Pin ; dioc. Vien.,
égl. Assomption.
Chapollent (mans.), XIII s. ; *la
Chapelle*, f. ce Roissard.
Chapelleres (territ. de), XIV s.;
les Chapelles, h. ce le Mottier.
Chapellerils (territ. de), XIV s.;
le Charpen, h. ce Quaix.
Chapellerils (loc. in), XIV s. ;
les Chapelles, mas ce Tullins.
Chapellerium, nem. delph. XV
s. : voy. Chapolion.
Chapelles (Les), mas ce Autrans
et Méaudre ; — ce. ce la
Ferrière ; — h. ce Serres-et-
Nerpol.
Chapelles-de-Lautaret (Les),
mas ce les Adrets.
Chapellots. XIV s. ; *les Cha-
pelles*, mas ce Eclose.
Chapellier (Le), ruiss. affl. du
Valléré, ce Beasins ; — l. disp.
ce St-Siméon-de-Bressieux.
Chapellière (La), h. ce Roche.
Chapellis (villa de), XIV s. ; *les
Chapeaux* ? l. disp. ce Alliè-
res-et-Risset.
Chapellis : voy. Chapeuz.
Chapello Cornuto, Chapiau Cor-
nu, XV s.: voy. Capello Cornuto.
Chapellum Ruphum, XIV s.; *le
Grand-Roux*, mont. ce St-
Christophe-en-Oisans et Guil-
laume-Pérouse (Htes-Alpes).
Chapelly (territ. dau), XIV s. ;
la Chapellière, mas ce la
Bâtie-Montgascon.

Chapanchia (Via), XIV s. : voy.
Sapanchia.
Chapanolu, f. ce Morinais.
Chaperollant : voy. Champar-
lianeum.
Chaperon (La), ruiss. ce Alliéres-
et-Risset.
Chapeu, Chapier, C-eu, XIV s. :
C-ux, XVIII s. : voy. Cappeu.
Chapeuz (cavann. del), XIII s. ;
les Chaperous, ce. ce St-Lau-
rent-en-Beaumont.
Chapoy, ce. ce Eugina.
Chapoyo (de), XII s. : voy. Cha-
peysi.
Chapeyroneria, XIV s. : *la
Chaperonnière*, mas ce Cou-
blevie.
Chapeyront, XVIII s. : *le Cha-
peron*, h. ce la Forteresse et
Morette.
Chapeys, XIV s. : voy. Chapays.
Chapeysi (de), XV s.; *Chapatise*,
l. disp. ce Montsévéroux.
Chapeysi, XIV s., C-asia, Chap-
peysi, XV s. ; *Chapatise*, h.
ce St-Savin.
Chapèze (ter. de) ; C-peyze.
XVIII s. : voy. Chapaysi.
Chapiau Cornu : voy. Chapel-
lum C-utum.
Chapicole, torr. affl. ruiss. Cor-
beaume, ce Meylan et Mont-
bonnot-St-Martin.
Chapieuse, XVIII s. : voy.
Cappeu.
Chapieuf, XIV s.: voy. Carpuiaco.
Chapiot (Le), ce de Chalbans.
Chapita (La), h. ce Dolomieu.
Chapole (in), XIII s. ; *Chapau-
nay*, h. ce Dionay.
Chapolei, C-eri, Chappoley
(nem. de), XV s. : voy. Cha-
polion.
Chapolerium (juxta), XIV s. ;
Chapaley, bois ce Frontonas.
Chapolerium, XIV s. : voy.
Chaplion.
Chapoley, forêt ce Annoisin-et-
Chatelans et Optevoz.
Chapoley, XIV s. : voy. Chapo-
lion.
Chapoley, Chappolay (bois de),
XVI s. : voy. Chapuley.
Chapolin, XIX s.; *Chapatin*, h.
ce Chaponnay.
Chapolion (nem.), XIV s. : *Cha-
puley*, forêt disp. ce Meylan.
Chapon (fief dit Vol du), XVIII
s. : voy. Chapanis.

Chaponal, XIII s. : C-nny,
C-nno ; voy. Caponlaco.
Chaponay (de), C-nnal, XII s. :
voy. Capouiaco.
Chaponay, C-ays (molend.
mans. de), XIV s. ; (mand.),
XVIIIe.; C-nel, C-ey, C-nnay :
voy. Capouiaco.
Chaponey : voy. Chaponno.
Chaponeyres (de), XIII s. : voy.
Chaponneres.
Chaponeyres (de), XIV s. : voy.
Chaponneres.
Chaponnai : voy. Chaponno.
Chaponnay (eluit.), XV s. : *le
Château*, quart. ce Cha-
ponnay.
Chaponnay, forêt ce St-Antoine.
Chaponnay, ce ce St-Sympho-
rien-d'Ozon ; dioc. Vienne,
égl. St-Barthélemy.
Chaponneres (base. de), XIII s.;
le Champot, h. ce Bellegarde-
et-Poussieu.
Chaponnière, h. ce Cognin.
Chaponno, XII s.: *Chaponnay*,
ce ce St-Symphorien-d'Ozon.
Chapotanx. XIV s.: C-outant.
XVIII s. : *Chapoton*, ce. ce
Theys.
Chapotar. XIX s. : *Chapotat*.
h. ce Ville-sous-Anjou.
Chapoteres, C-riis (villa de),
XIV s. : *les Chapotiers*, h.
disp. ce Miribel-Lanchâtre.
Chapotet (riv. de), XIV s. :
Chapotet (ruiss. de), ce
Monestier-du-Percy et St-
Maurice ; affl. l'Ebron.
Chapottière (La), h. ce Fontaine:
— h. ce Proul.
Chapotin, Chapottier, XVIII s.:
Chapotier. h. ce Cotes-d'Arey.
Chapoton. h. ce St-André-en-
Royans.
Chapotte, XVIII s. : *le Chapot*.
h. ce Lans.
Chapottin, XIX s. : voy. Cha-
potin.
Chapoutel, C-et, autr Mallard
(terr de), XVII. XVIII s. :
voy. Chapotet.
Chapoutiers (bois), XVIII s. :
Chapoutiers, h. ce Vaulieu.
Chapparcillencum, XV s. :
C-arrouillen, C-uillen, C-eru-
llent, XVI s. : voy. Campania
Rielent, Chapaiurullent.
Chapparcillent. XIV s.: C-rillen,
C-rillandi, C-rolandi, C-ro

Banli, C-arellien. C-arrullien. C-illacum, XV s.: voy. Campania Riclent.

Chapparillouen (villa de), C-illent, C-lleti, XIV s., C-rullenenm, C-llleuro, C-rulblent: voy. Campania Riclent.

Chappeley (bois), XVII s.; *Chapulay*, h. c° Valencin.

Chappelle (La): *Bassdedeuct-Chapelle*, h. c° la Bâtie-Divisin.

Chappellet, XVI s.: *le Chapelet*, bois c°° Jallieu et St-Savin.

Chappellet (caban.), XIII s.; *le Chapelat*, h. c° Morêtel.

Chappellet: voy. Chapelet.

Chappellet (de), XVI s.: voy. Chapuleys.

Chapperoneria, XV s.: voy. Chapeyra.

Chappes (Les), h. c° St-Mury-Monteymond.

Chappes (Les), XVIII s.: voy. Calma.

Chappesin, XV s.: voy. Chapeysi 2°.

Chappeu, XIV s.: voy. Cappeu.

Chappeurillaleo (eccl. b° Marie de), XV s.: voy. Campania Riclent.

Chappolerila (via de), XIII s.; *la Chapullière*, mas c° N.-D.-de-Vaulx.

Chappoley (bois), XVI s.; C-lley: *le Chapulay (Grand, Petit)*, forêts c° Septème.

Chappolley (bois de), XVII s.: *le Grand-Chapulay*, forêt c°° St-Just-Chaleysain, Heyrieu, Valencia et St-Pierre-de-Chandieu.

Chappolon, XVI s.; *Champoullon*, mas c°° Chozeau et Veyssilieu.

Chapponasium. C-ay: voy. Chaponno.

Chapponav (mais. f. de), XV s.; *le Châteu*, quart. c° Chaponnay.

Chapponay, XIV s.; C-nasii (eccl. B° Bartholomei), XV s.: voy. Caponiaca.

Chapponay: voy. Chaponnay 1°.

Chappuisières (en), XVII s.; Chapuisières, XVIII s.; C-izière; *Chapuisière*, h. c° l'Albene.

Chappuslis (mans. de), in vigna reto S. Bartholomei, XV s.; *les Chapuis*, l. disp. c° le Gua.

Chapschausat, XVIII s.: voy. Chauchalssum.

Chapudou, XVIII s.: voy. C-dauce.

Chapuisière, h. c° l'Albene: anc. com.

Chapulals, C-ay (bois), XVIII s.: Chappolley.

Chapulay, XVIII s.: voy. Caponerias.

Chapulay (le Petit), XVIII s.: voy. Chapelots.

Chapulay (Grand, Petit), XVIII s.; C-ullals (bois de), XIX s.: voy. Chappoley.

Chapulaz, XVII s.: voy. Chappolley (bois de).

Chapuley, XIV s.; *Chapulay*, h. c° St-Just-et-Chaleysain.

Chapuleys (nem. de), XIV s.; *Chapuley*, mas c°° Jallieu et St-Marcel-de-Bel-Accueil.

Chapum, mais. f., XVIII s.: voy. Chapanis.

Chapunores (de), XII s.; C-noyres; *in Chapunnière*, mas c° Cessieu.

Chapunnay, XII s.: voy. Caponiaca.

Chapus (mans. dels), XI s.; *les Chapuis (?)*, l. disp. c° Tuncin.

Chaputor (nemora), XIII s.; *Chaupeau*, &c. et forêt, c° Allemont.

Chapuy (Le), XVIII s.; *le Chapit*, h. c° Allevard.

Chapuyail (rippa), XV s.; *le Chapuis*, ruiss. c° Ste-Agnès.

Char (Le), h. c° St-Pierre-de-Chérennes.

Char (N.-D. de la), chap. N.-D., XVIII s.; *Luchal*, h. c° Varces.

Char (La), XVIII s.: voy. Charce (la).

Charabinat, XIX s.: voy. Charbinella.

Charaburz (bosc. de), XIII s.; *la Charbottière*, mas c° St-Appolinard.

Charadin (ruiss. de), c° la Chapelle-du-Bard.

Charafeuille, bois c° Vaulx-Milieu.

Charaita, Charayta (villa de), XIII s.; (parr. de), XIV s.: voy. Chaarata.

Charals (Les), XVIII s.: voy. Charp.

Charamays (nem.), XIII s.;

C-mel (bois et ruiss. de), XVIII s.; *Charamay*, bois c°° Beaufort, Lentiol et Thodure.

Charamel, C-llum, XIV s.: voy. Charamus.

Charamelet, h. c° Biol.

Charamello (La), &c. c° St-Étienne-de-Crossey.

Charamello (de), XIV s.; *Charamel*, h. c° Frontonas.

Charamonda (ripp. la), XVI s.; *le Chararoux*, ruiss. c° Charantonnay.

Charamus (Les), XVIII s.; *le Charamel*, h. c° Billou.

Charanays (ruiss. de), XVII s.: voy. Chanavors.

Charance, XIV s.: voy. Charanceu.

Charanceu, XIII s.; C-nclael (parr.), XIV s.; *Charancieu*, c° c°° St-Geoire.

Charanches (Les), bois c° le Périer.

Charancieu, c° c°° St-Geoire; baill. Vien., égl. Sts-Gervais et Protais.

Charanetorum (fons), C-teulx; C-teux; *les Charonières*, mas c° St-Jean-de-Bournay.

Charantellin (les Guilliauds ou le mollard de), XVII s.; Charantillinum, XIV s., charvanagium, XV s.; *le Guillaud*, h. c° Biol.

Charanthonasil (parr.), XVI s.: voy. Charantunal.

Charantonay, c° c°° Heyrieu; par. dioc. Vien., égl. St-Blaise.

Charantonay (eccl. de), XIII s.; C-thonay, XIV s.; C-tonnays, XV s.: voy. Charantunay.

Charantongi, C-ia, XIV s.: voy. Charentongia.

Charantunai (terra de), XII s.; C-ay; *Charantonay*, c° c°° Heyrieu.

Charanz (camp. deuz); Charauz (comba aux), XIII s.; *les Charats*, &c. c° St-Laurent-du-Pont.

Charanz (cabann. dels), XIII s.; Charati, XIV s.; C-tis (villag.), XV s.; *la Charreta*, h. c° Vaulnaveys-le-Bas.

Charas; *Richet*, &c. c° Eyzin-Pinet.

Charats-des-Bois (Les), h. c° St-Joseph-de-Rivière.

Charavan, bois c^e Dionay.
Charavay (terr. de), XVII s. ; *Charncey*, mas c^e Sonnay.
Charavel (ruiss. de), c^e Fontanil, aff. ruiss. de Lanfrey.
Charavel (territ., riv. de), XIV s. ; *Charavel*, l. disp. c^e Meyzieu.
Charavel (ruiss. de), c^e St-Pierre-d'Entremont, aff. Guiers-Vif.
Charavella, XIII s. ; *Charavel*, vill. c^e Vienne.
Charavella (mans. de), XIII s. : voy. Charravella.
Charavignos, C-ez, XVI s. ; Charavinarum (parr.), XV s. ; *Charavinea*, c^e Viriou.
Charavillies, XIV s. ; C-lez, XV s. ; *Charavcille*, vill. c^e les Avenières.
Charavineres (Les), XV s. : voy. Charvinières.
Charavines, c^e c^es Viriou, par. dioc. Vienne, égl. St-Pierre.
Charavinière, h. c^e Morette.
Charavinos, XIV s. ; *le Charrin*, gr^e c^e la Ferrière.
Charay, XIV s. ; *Charray*, vill. c^e Vézeronce.
Charays (riv. de), XV s. : voy. Carusium.
Charbene (chaban. dois), XIII s. ; C-bez, XIII s. ; *Charbot*, h. c^e Brié-et-Angonnes.
Charbinat, XVIII s. ; C-az (mollard de), XVII s. : voy. Charbinella.
Charbinella, XIV s.; *Charbinat*, h. c^e Paussins.
Charbollani (mons), XIV s. : voy. Chabrolantium.
Charbon, h. c^e Châtelus.
Charbon (Mines de), XVIII s. ; *la Charbonnière-Dumollard*, exploit. d'anthracite c^es Pierre-Châtel et St-Théoffrey.
Charboneaus (vinea de), XIV s. ; C-neneum, C-nent, XIV/V s. ; C-nno, XIII s. ; C-nut (bosc.): voy. Charbognet.
Charbonel, C-llum, XIV s. ; *Charbounel*, mas et ruiss. c^e Theys.
Charbonella (chavan.), XIV s. ; *la Charbonnière*, bois c^e Echirolles.
Charbonellaria, XV s.; *la Combe-Charbonnière*, chal. c^e Huez.
Charbonero (cavan.), XIII s. : voy. Charboneril (mans.).

Charboneres, XIII s. ; *les Charbonnières*, bois c^e Chasselay.
Charboneres, Cris (nom.) ; *les Charbonnières*, mas c^e Izeaux.
Charboneria, XIV s. ; *les Charbonnières*, mas c^e N.-D.-de-Vaulx.
Charboneria, Charbonerya, XIV s. ; *la Charbonnière*, mas c^e Viallle.
Charboneril (mans.), XIII s. ; Cers ; *le Charbonnot*, vill. c^e Jarrie.
Charboneril (riv.), XV s. ; *Charbonniers* (ruisseau des), c^e St-Paul-de-Varces.
Charboneril, Canier (iter), XV s. ; *Charbounière*, éc. c^e St-Priest.
Charboneriis (territ. de), XV s.; C-nnier, XVIII s. ; *Charbounière*, vill. c^e St-Jean-de-Bournay.
Charboneris (nem. en), XIV s. ; *les Charbonnières*, mas c^e Izeaux.
Charbonié (La), éc. c^e Quincieu.
Charbonnet, C-no, C-not, C-onut, XIII s. ; *les Charbonneux*, h. c^e St-Hilaire-du-Rozier.
Charbonnet, gr. disp. c^e St-Marcellin.
Charbonnier ou Plassarde (La), XVIII s.; *Charbonnier*, ruiss. c^e Allières-et-Risset.
Charbonnier Signal, XIX s. : voy. Carboneiras.
Charbonnière (La), h. c^e Presles; — gr. c^e Primarette ; — mas c^e Sermérieu.
Charbonnière de Vaux : voy. Charboneria.
Charbonaléres, XVII s. ; ... c^e Reventin-Vaugris.
Charbonnières-du-Grand-Menay (Les), mas c^e Susville.
Charbot, C-ti (chavan.), XIV s.; C-ts (les), XVIII s. ; *Charbot*, h. c^e Brié-et-Angonnes.
Charbot (font.), XVI s. ; *Charbot*, h. et ruiss. c^e Entre-Deux-Guiers.
Charbotel (bois de), XVIII s. : voy. Charbotelli.
Charbotelli (J. de), XV s. ; *Charboutel*, m^is c^e St-Clair-de-la-Tour.
Charboulen, gr. disp. c^e St-Vérand.
Charre (La), h. c^e Rencurel ; — l. disp. c^e Voissant.

Charcon, XII s. ; *Jarcieu*, c^e c^es Beaurepaire.
Charcona, C-na (de), XIV s.; Cnne (seigr de), XVI s.; *Charronae*, mas c^e Chirens.
Charconseyrl (ap.), XIV s.; *Corconsière*, h. c^e Bernin.
Chard, XVIII s. ; *les Chardoux*, h. c^e Pommiers.
Chard (La), XVIII s. : voy. Achard.
Chard (La), XVII s. : voy. Calion.
Chard : voy. Chalion ?.
Chardayre (m^is de), XIX s. : voy. Charderes.
Chardenu (ruiss. de), c^e St-Hilaire.
Chardenosco (prat. de), XIV s.; C-noz, XVI s. : voy. Chardonnesco.
Chardenost, XVIII s. : voy. Chardonnesco.
Chardenot (mont.), XVII s. : voy. Chardonnet.
Chardenouze, h. c^e Panissage ; — ruiss. c^e du Pin, aff. r. de Drizin.
Chardeo, XIV s. : voy. Chardoue.
Chardeyre, h. c^e Allières-et-Risset.
* Chadlarees (territ. de), XI s.; Cereseum, XII s. ; *Chdrldnol*, h. c^e Autrans.
Chardeyres (molend. de), XIV s. : voy. Charderes.
Chardon, éc. c^e Beaulieu; — éc. c^e St-Bonnet-de-Chavagne.
Chardon, XIX s. : voy. Chardoue.
Chardon (glac. du Gros), XVIII s. : voy. Chardoueria.
Chardonea (rippier. de), XIV s.; *Chardonnay*, h. c^e Tramolé.
Chardonen (mans. de), XIII s.; C-ey, XIII s. ; C-eys (li), XIV s. ; C-nnesio (in) : C-onen (mans. de) ; *le Chardonney*, mas c^e la Buissière.
Chardonnesco (serr. de), XIV s.; *Chardenut*, h. c^e St-Laurent-en-Beaumont.
Chardonnet (bois de), XVII s. : *Chardonnet*, mont. c^e St-Martin-d'Uriage.
Chardons (bois des), XVII s. ; *Chardou*, bois c^e St-Ismier.
Chardoue, C-ro, C-oue (mans. de), XIII s. ; C-oue de Mayris (mans. de), XIV s. ; *Chardenu*, h. c^e Mayres.

Charboserie (la), XIV s.; *le Charton*, plac. c⁰ St-Christophe-en-Oisans.

Chareaux (Les), XVIII s.: voy. Charlose,

Charellière: *Charlière*, h. c⁰ St-Hilaire-de-la-Côte.

Charellière, XIX s.; *la Charellière*, h. c⁰ Voiron.

Charenciaco (eccl. de), XIII s.; (mand. de), XV s.; C-cieu, XVI s.: voy. Carenciacus.

Charennes (Les), XVIII s.; *l'Écharenne*, h. c⁰ St-Sébastien.

Charente, mont. c⁰ St-Christophe-en-Oisans.

Charentenacium, villa, XII s.: voy. Carentonnacum villam.

Charentonnay: voy. Charantonnay 2⁰.

Charentonnay (villa, eccl. parr. de), XIII s.: voy. Charantonai.

Charentongia major et minor, XIII s.; *Charantange*, mas c⁰ Oytier et St-Oblas.

Charer (en), XIV s.; *la Charrière*, vill. c⁰ Bevenais.

Chareria, XIV s.; *la Carrière* (ch⁰ de), c⁰ Goncelin.

Charetta, XV s.; Charettes, XVII s.: voy. Charata.

Charette, h. c⁰ St-Hilaire-de-la-Côte.

Charette (Les), XVIII s.; *les Charettes*, bois c⁰ Rovon.

Chareta, XIV s.; Chareyta, XV s.: voy. Charata.

Charette, c⁰ c⁰⁰ Morestel; dioc. Lyon, egl. St-Pierre.

Charffalier (territ. de), vers. portum de Verneysons, XV s.: voy. Chlufalon.

Charffalup vers. portum de Verneysons (territ. de); ... l. disp. c⁰ Solaise: voy. Chlutalon.

Charge (La), l. disp. c⁰ la Chapelle-de-la-Tour.

Chargeat, font. c⁰ St-Pierre-d'Entremont.

Charges, Chargy, XVII s.; *Charges*, vill. c⁰ Bourgoin.

Chargnay (Grand, Petit), bois c⁰ Chozeau.

Charière (La), XVIII s.; *Charrtière*, h. c⁰ Beaulieu.

Charière (La); *la Charrière*, h. c⁰ Vatilieu.

Charière (La): voy. Charer.

Charière (La) XVIII s.: voy. Charrerie (riv.).

Charlere: voy. Charriery.

Charina (La), XVIII s.; C-az, XIX s.; *la Charlun*, vill. c⁰ Assieu.

Chariole, XVIII s.: voy. Charrioles.

Charis (El), XIV s.; *les Charreys*, mas c⁰ Autrans.

Charisii (aqua), XV s.: voy. Carusium.

Charissium, XIV s.; *la Char*, bois c⁰ le Sappey.

Charité (La), f. c⁰ Beauvoir-de-Marc.

Charlaix, XVIII s.; *Charlet*, h. c⁰ St-Laurent-en-Beaumont.

Charlemagne, quart. c⁰ Vienne.

Charleroy, XVIII s.; C-lière; *Echarlière*, h. c⁰ Autrans.

Charles (gr. de), XVII s.: voy. Caroloco.

Charlet, XV s.; C-tum; *le Charlet*, h. c⁰ Charantonay.

Charlet (Le), h. c⁰ Roybon.

Charletières, XVII s.; Charletière, XVI s.; *Charletière*, f. c⁰ Beauvoir-en-Royans.

Charlets: voy. Charlaix.

Charletum (molend. ap.), juxta Ysaram, XIII s.; C-to (maoneras de), XV s.; *Charlet*, h. c⁰ Meylan.

Charletum (ap), XV s.: *Charlet*, mont. c⁰ St-Honoré.

Charlez, l. disp. c⁰ Optevoz.

Charliaci (dom.), XV s.; Charlieu (bastie de), XVI s.; *Charlière*, h. c⁰ St-Hilaire-de-la-Côte.

Charlière (La), chât. c⁰ la Buisse.

Charlieu, XVII s.: voy. Caroloco, Cherleux.

Charlun, éc. c⁰ Cielies; — mas et ét. c⁰ Ruy.

Charlot, éc. c⁰ Sinard.

Charmanson, XVIII s.: voy. Charmenson.

Charmasset, XVIII s.; *Champ-Marsal*, h. c⁰ Flitlieu.

Charmays (mons de), XV s.; *les Charmilles*, mont. c⁰ Voreppe.

Charmeil, mas c⁰ de Poliénas; — éc. c⁰ St-Bonnet-de-Chavagne.

Charmeillis (dom. f. de), XIV s.; C-llum, mandam., XV s.; C-elis (de), C-ellum: *le Charmeil*, h. c⁰ Preslos.

Charmeirant, XIV s.; *le Charmeyrand*, ruiss. c⁰⁰ Corenc et la Tronche.

Charmeirant, XIV s.; C-eren, C-eyram: voy. Chalmayrant.

Charmel (mons de), XIV s.: voy. Chalmots.

Charmeilli (castr.), XVI s.; *le Charmeil*, h. c⁰ Preslos.

Charmenches, XVI s.; *Charmanches* (ch⁰ des), c⁰ Crolles.

Charmenchia, XIV s.; *les Charmanches*, mas c⁰ Touvet.

Charmenesun, XIV s.; C-eson; *Charment-Sum*, mont. et chal. c⁰ St-Pierre-de-Chartreuse.

Charmenella (ruppis de), XIV s.; C-nilla, XV s.; *Charminelle*, mont., chal. c⁰ Pommiers.

Charmons (oux), XV s.; *Charmay*, mas c⁰ Diémoz.

Charmes, XVII s., h. disp. c⁰ Chevrières.

Charmes: voy. Chamelieu.

Charmet (le), XVIII s.; *Charmois*, éc. c⁰ Moirans.

Charmeta (Portus Rolani de la), XIV s.; *la Charme*, marais c⁰ des Avenières.

Charmeta, XV s.; *la Charmette*, bois c⁰ Goncelin.

Charmeta (ap.), XIV s.; *la Charmette*, mais. for. et mont. c⁰⁰ Proveyzieux et St-Marcellin.

Charmetta, éc. c⁰ Izeron.

Charmette (La), bois c⁰⁰ Cognin et Rovon; — mont. c⁰ Mont-de-Lans; — mont. c⁰ le Perier; — mont. c⁰ St-Pierre-d'Entremont.

Charmette (La), XVIII s.; *le Clos-de-la-Charmette*, h. c⁰ Séchilienne.

Charmette (La), XVIII s.: voy. Chalmeta.

Charmette (La): voy. Charmel.

Charmette Goncelin: voy. Charmeta 1⁰.

Charmettes (Les), mont. c⁰ Claix; — bois c⁰⁰ Quaix et Sarcenas; — éc. c⁰ St-Clair-de-la-Tour.

Charmey (La), XVIII s.; *le Charmai*, h. c⁰ Charancieu.

Charmeysa (via), XV s.; *Charwieu*, mas c⁰⁰ Passins et Soleymieu.

Charmion, C-ax, XVI s. : voy. Charmoysa.

Charmilla, C-lia, C-lla, C-lva, XIV s. ; le Charmille, mas c° Theys.

Charmillum (ap.), XIII s. ; Charmillon, mas c° Tourel.

Charmilles (Les), h. c° Aoste ; — de, c° St-Just-de-Claix ; — mont, c° St-Laurent-du-Pont.

Charmilles (Les) : voy. Charmaya.

Charmillière (combe de), XVIII s. ; la Charmillière, mas c° Bossdeu.

Charminel, XVIII s. : voy. Charmenella.

Charminie (domaine de), XVIII s.

Charmols (mais.) : voy. Charmet.

Charmot, L. dép. c° Vatilliou.

Charmour, XV s. : voy. Charmus.

Charmouretier, mont. c° Villard-Eymond.

Charmuelli : voy. Charmuillia.

Charmaelum (ubstralogium) : voy. Charmaelum.

Charnècle, c° c° Rives : par. dioc. Gren., égl. SS. Roch et Sébastien.

Charneclei (cap.) ; Charnecluz, XV s. ; C-ulc-z : voy. Charnuclo.

Charnuclo (domain. de), XIV s. ; C-nuclo (pasquer. de) : voy. Charnuclo.

Charnef (clausum de), XIII s. ; Charnuel, mas c° Chevrières.

Charneri (cap. de), XV s. : le Charnier, mas c° St-Chef.

Charnuclo (en), XIII s. ; Charnier, f. c° Vernas.

Charneve, XIV s. : Charnevoz, h. c° des Avenières.

Charnevo (el), XIV s., alga : (le), territ. ; C-ux. XVI s. : C-von, XVII s.; Charnuevoux, h. c° Chasse.

Charnez (lœr.), XV s.; Charnier, h. c° Succieu.

Charnier (le Grand), mont. c°° Allevard et la Chapelle-du-Bard.

Charnolen (en) ; Charriule, h. c° Solaise.

Charnos (de), XIV s. : C-x, XV s. : voy. Charnuclo.

Charnuclo (in), XIII s. ; C-uurlo (territ. de), XIV s. ; Charnècle, c° c° Rives.

Charosey (nem. de), XIV s. : voy. Charosey.

Charois (cultrsa), XIII s. : voy. Cartusium.

Charola (La), clos c° Bernin.

Charomps, XIV s. : voy. Aranto.

Charontaney, XV s. : voy. Charantanay.

Charosa (villa de), XIV s. : Charosa, h. c° la Cluze-et-Papiliere.

Charosellia (villa de), XIV s. : Charix, h. c° St-Paul-lès-Monestier.

Charosey, XIV s. : le Charosse, bois c°° St-Baudier et St-Nazaire.

Charosa (in), XIV s. : Charrousa, h. c°° St-Cassien et Voiron.

Charousores (Les), XIII s. : les Charroussières, h. c° St-Just-de-Claix.

Charosset, XIV s. ; Charrousa, h. c° St-Cassien.

Charoussay (bois de), XVIII s. : voy. Charosey.

Charouze : voy. Charosa.

Charoy, XVIII s. : les Berruads, h. c° Vinay.

Charoy, XV s. ; Charroui, h. c° Vinay.

Charosellia (ter de), XIV s. : Charroson, h. c° Monestier-de-Clermont.

Charp (plan de la), XIV s. : le Charrot, h. c° St-Etienne-de-Crossey.

Charpeignes (Les), XVIII s. : voy. Charpenes (les).

Charpena (La), XIII s. : C-ey (en), XIV s. : L. disp. c° Malleval.

Charpena (nem. en la), XV s.: les Charpennes, mas c° Pusignan.

Charpena (fons de la), XIV s. ; C-net, XVIII s. : Charpenay, bois c° Revel-et-Tourdan.

Charpena (mass. de la), XV s. : voy. Charpenays.

Charpenat (clos la), c° Theys.

Charpenay (Les), mas c°° Chavagnieu, Charvieu et Janneyrias.

Charpenay, vill. c° St-Didier-de-la-Tour ; — h. c° St-Quentin-Fallavier.

Charpenays, XIII s. : C-ney (territ. de), XV s. : les Charpennes, h. c° le Mottier.

Charpene (territ.), XIV s. : C-ney, XVI s. : le Charpenay, mas c° Artas.

Charpena (de), XIV s. : Charpenaz, h. c° Biol.

Charpenellum (nem.), XIV s. : le Grand-Bois, forêt c° Corençon.

Charpenes (Les), XIV s. : C-ney, XVI s. : Charpenay, f. c° Chaponnay.

Charpenes (Les), XIV s. : C-nnes (nais, f.) ; les Charpennes, h. c° Nantoin.

Charpeneto (Hospital. de), XIII s. : C-ey, XVIII s. : Charpenay, vill. c° St-Simeon-de-Bressieux.

Charpeneto (in), XI s. : C-ey, XIV s. : Charpenay, h. c° Serre-et-Nerpol.

Charpenay (lac de), XIX s. : le Lac, f. c° St-Didier-de-la-Tour.

Charpenay (J. dom), XIV s. : Charpenay, h. c° Valencin.

Charpeneyan, C-az (ap.), XIV, XV s. : Charpenay, vill. c° St-Clair-de-la-Tour.

Charpenne (L.), h. c° le Pin et Virieu.

Charpennes (Les), bois c° Villard-de-Lans.

Charpene, XVIII s. : voy. Charpeyal.

Charpeu (parr. de), XIII s. : Charpelarieu, XIV s. : C-pieu (priorat. de), XIII s. ; Charpieu, vill. c° Dizieu-Charpieu.

Charpeu, XIII s. : C-ux : Charpeuz, XII s. : (nans. deux) heuera : les Charpeu, mas c° St-Lattier.

Charpeleum, h. c° Villard-de-Lans.

Charpeleu, vill. c° Dizieu-Charpieu ; par. dioc. Lyon, égl. St-Emmanuel.

Charpillias de Costa (nem. lou), XV s. : les Charpaillieres, mas c° la Côte-St-André.

Charpillias, XIV s. : C-llia (de), XIV s. : les Charpieux, h. c° St-Pierre-d'Allevard.

Charpleum, juxta molare castri Bacieu, XV s.: voy. Charpena.

Charruuef (villa de), XIV s. : voy. Carvocianus.

Charraleria, XIV s. : les Sartières, h. c° Renage.

Charrande, mont. c° Autrans.

Charrat (Le), XIX s. : voy. Charp.

Charravella (mans. de), XIII s.; la Charavellière, mas c⁹ Royon.

Charray (villag. de), XV s. : C-rey, XVI s. : voy. Charay.

Charrays (Michaletus) edif. turrim : Charay (dom. f. de), XV s. ; Charrey (mais. f. de), XVIII s.; la Tour-de-Charray, ruines c⁹ Vézeronce.

Charreaux (Les), XIX s. : les Chazeaux, h. c⁹ le Freney.

Charreria, XIV s.; la Charrière, cht⁹ c⁹ Hurtières.

Charreria villa, XIV s. : la Charrière ?, l. disp. c⁹ St-Jean-de-Vaulx.

Charreria, XII s.: voy. Carreria (camp. de).

Charrerie (riv.), XV s. : la Charrière, vill. c⁹ la Bâtie-Divisin.

Charrerie (ter.), XIV s. : Charrières, XVIII s.: la Charrière, vill. c⁹ Renage.

Charrerila (im.), XVI s. : les Charrières, mas c⁹⁹ Allières-et-Risset et Claix.

Charrery (via de le), XV s. ; la Charrière, cht⁹ disp. c⁹⁹ Champiers et Eydoche.

Charrelon, h. c⁹ Eyzin-Pinet : — ruin. c⁹ St-Antoine ; — h. c⁹ St-Quentin-Falavier.

Charrière (La), h. c⁹ la Buisse.

Charrière (La), vill. c⁹ Charancieu ; — h. c⁹ Feyzin.

Charrière (La), vill. c⁹ Marcollin.

Charrière (La), h. c⁹ Mayres.

Charrière (La), h. c⁹ de Plan ; — ier. c⁹ Rochetoirin ; — mont. c⁹⁹ St-Christophe-en-Oisans et Villard-d'Arène ; — ou la Côte-du-Pin, bois c⁹ St-Christophe-Entre-Deux-Guiers ; — quart. c⁹ Sassenage , — h. c⁹ Solaise ; — h. c⁹ Veurey.

Charrière - d'Enfert, cht⁹ c⁹ Meylan.

Charrière Froide, XVIII s. ; la Charrière, h. c⁹ le Gua.

Charrière Neuve, h. c⁹ Revel.

Charrières (Les), gr. c⁹ Allevard ; — mas c⁹ Moras ; — bois c⁹ Pommiers.

Charrières (ap.), XIV s. : la Charrière, mas c⁹ Parmilieu.

Charrières (Les): voy. Charrière.

Charriery (im.), XV s.: la Charrière, h. c⁹ St-Martin-de-Vaulserre.

Charriole, C-los (territ.) : voy. Charrioles.

Charrioles ; C-lles (territ. de), XV s. : Charriole, h. c⁹ Solaize.

Charriessium, XIV s. : voy. Chariessium.

Charrogat (gr. des), XIX s. : les Charrogats, ter. c⁹ Optevoz.

Charrois, C-is, XIX s. : voy. Charoy.

Charroleria, XV s. ; C-llière (la), XVI s. ; Charrollière ?, l. disp. c⁹ Eyzin-Pinet.

Charron (Les), h. c⁹ St-Lattier.

Charrot, h. c⁹ St-Bueil.

Charroullant, XVI s. : voy. Chabrolantium.

Charruleria (villa), XIV s. : les Charrières, h. c⁹ Seyssins.

Charrulles, XVI s. : voy. Charrioles.

Charrusoli (rippa), XV s. : voy. Carusium.

Charsattier, f. c⁹ Vaulnaveys-le-Haut.

Charsaze (La), l. disp. c⁹ St-Didier-de-la-Tour.

Charton (Les), l. disp. c⁹ Vernas.

Chartusia, XIII s.; la Grande-Chartreuse, monast., chef d'ordre des religieux Chartreux, fondée en 1084.

Chartreux (Les), éc. c⁹ Charanche; — h. c⁹ Moirans.

Chartreux (chn des), c⁹ Montbonnot-St-Martin.

Chartreux (Les), h. c⁹ St-Aupre ; — h. c⁹ Entre-Deux-Guiers ; — mas c⁹ Tullins.

Chartreux (étangs des) ; le Vivier, ét. c⁹ Valencogne.

Chartreux (Les), XVIII s. : voy. Cartusia (retro cellarium).

Chartris (Pons de), XIV s. ; Chartres (pont. ruin.), XVII s. : Pique-Pierre, h. et ruin. aff. l'Isère, c⁹ St-Martin-le-Vinoux.

Chartrousette, XVIII s. : voy. Coussette.

Chartrouse, XIV s. : Cousse, XVI s. ; Chartrouse, sect. c⁹ St-Pierre-de-Chartreuse.

Chartrousette (mont. de), XVII s. ; Coussette, C-uzette, XVIII s. : Coussettes, XIX s. ; Chartrousette, clml. et mont. c⁹ St-Pierre-de-Chartreuse.

Chartrouse (section de), c⁹ St-Pierre-de-Chartreuse.

Chartreuse (pertuisse de), XV s. : voy. Sancti Petri de Cartusia.

Chartuysie, XIV s. : voy. Chartosia.

Charusay, XIV s.: voy. Carusium.

Charusis, XIII s. : Charuis, Charoysil (rippa), XIV s.: voy. Carusium.

Charrulleres, XIV s. : voy. Charruleria.

Charney (de), XIV s. ; Charnoyssaie (territ. de) : Charuis, mas c⁹ Ile-d'Abeau.

Charnoles, XV s. : voy. Charrioles.

Charusie (fluv.), XIII s. : voy. Carusium.

Charat, XVIII s. : Chez-Maurice, h. c⁹ les Côtes-d'Arey.

Charuys (territ. de), XIII s. ; C-sio (en): voy. Pons Charuoli.

Charvagetta, XVII s. : voy. Sarvageta.

Charvagneux (loc.), XI s. : voy. Chavanaco.

Charvain (Le), XIX s. : voy. Charvinas.

Charvana (castr.), XIV s. : C-veu (parr.), XV s. ; C-vianum, C-vieux, XVIII s.; C-vyeu, XV s. : Charrieu, c⁹ c⁹⁹ Meyzieu.

Charvas, XV s. : voy. Chalvaieux.

Charvas (mon) : voy. Chalvas.

Charve, éc. c⁹ Chatte.

Charve (roch.), XVI s. : voy. Chalvet.

Charve (roche), XVII s. : voy. Chalveto.

Charveous (los), XIII s. ; Charret, h. c⁹ Voreppe.

Charveron, XVI s. : voy. Charveyron.

Charvet, l. disp. c⁹ Rives ; — éc. c⁹ St-Just-de-Claix ; — cc. c⁹ St-Pierre-d'Allevard ; — f. c⁹ Sassenage ; — h. c⁹ Voreppe.

Charvets (Les), XVI s. : voy. Chalveta.

Charveyron (roche, croix de), XVI s. ; Charreyron, mont. c⁹ Proveyzieux.

Charveyron, C-ont, XVI s. : voy. Charveyrril.

Charveyrel (rupta de), XV s. ; Charropron, mas c⁻ Oytier-et-St-Oblas.

Charvieu, c⁻ c⁻ Meyzieu ; dioc. Lyon, égl. St-Martin.

Charvieu, mas c⁻ St-Jattier.

Charvinières (Les), XV s. ; Charvyns, XV s. ; le Charrin, h. c⁻ la Tour-du-Pin et Ste-Blandine.

Charvinas, XIV s. ; le Charrin, h. c⁻ Pinsot.

Charvius (Les), h. c⁻ St-Sauveur.

Charvolais, C-ley, XVIII, XIX s. ; voy. Charvolays.

Charvolays, XIV s. ; Charrelieu, h. c⁻ Cognin.

Charvolays (mans. de), XIV s. ; Charcolay, h. c⁻ Lavron.

Charvyns (aps.), XV s. ; le Charrin, h. c⁻ la Tour-du-Pin et Ste-Blandine.

Chasa, XIV s. ; Chassen, mas c⁻ Moras.

Chasale (loc. Rouvol), XIV s. ; Chazaux ; les Chasennx, mas c⁻ Beaurepaire.

Chasalet (in), XIV s. ; Chazalet, l. disp. c⁻ le Bourg-d'Oisans.

Chasaletum, C-tum, XIV s. ; Chazalet, l. disp. c⁻ Bourg-d'Oisans.

Chasaletus (aps.), XIV s. ; les Chazalets ?, l. disp. c⁻ Lavaldens.

Chasalets (Les) l, l. disp. c⁻ Lavaldens.

Chasali (in), XIV s. ; le Chazal, h. c⁻ Venose.

Chasalibus (villa de), XIV s. ; Chazennx, h. c⁻ St-Antkol.

Chasalibus (villa de), XIV s. ; les Chazennx l, l. disp. c⁻ Sinard.

Chasalibus, C-sas (mans. de), XIV, XV s. ; voy. Casalibus (illi de), Chasaux.

Chasalibus (in), XIV s. ; voy. Chasali.

Chasannas : voy. Chaob.

Chasarges, XII s. ; Cegils (de), XV s. ; Chasargils (de) ; voy. Casaricas.

Chasaulx, Chasaux, XV s. : voy. Chasaz.

Chasaux (l⁰. de), XIII s. ; Chazenx, c⁻ c⁻ Crémieu.

Chasaux (mans. de), XIII s. ; les Chazennx, h. c⁻ le Freney.

Chasetta (mans. de), XIII s. ;

les Chasennes, l. disp. c⁻ Nantes-en-Ratier.

Chasanz, XIII s. : voy. Casellis villa.

Chasaygularum (castⁿ), XIV s. : voy. Cassiniaco, Chassanatico.

Chaselas, XII s. ; Chryssier, c⁻ c⁻ Roussillon.

Chasellay (eccl. S. Petri) : voy. Chasselai.

Chaselle, Chazeles, Celles, XVI s. : voy. Casellis villa.

Chasellorum, XVI s. : voy. Casalibus l⁰.

Chasen (de), XV s. ; Chassen, bois c⁻ St-Bandille.

Chasen (nem. en), XIV s. : voy. Chasa, Chassa.

Chasenage, XII s. ; Chasanatge, Chasenaio, XIII s. : voy. Cassiniaco, Chassanatico.

Chaserziis (de), XIV s. ; Chazarziis (de), XV s. : voy. Casaricas.

Chasers (stagn. de), XV s. ; Chaises, ét. c⁻ Chatonnay.

Chasigniaci (parr.), XV s. ; Cenni : voy. Chassigneu.

Chasil, XVI s., moulin : voy. Casil.

Chasin : voy. Chaeins l⁰.

Chasin, XII s. : voy. Chassaline.

Chasnas (de), XI s. ; Casinu, XII s. : voy. Calvatis villa.

Chasno (for. de), XVI s. : voy. Chasas.

Chaspoute, XVIII s. ; Chaperio, vill. c⁻ Roussillon.

Chasrousey (nem. en), XIV s. ; Chatraver, bois disp. c⁻ Beauvoir-en-Royans.

Chassa (nem. de), XIV s. : Chasso, h. et bois c⁻ Ste-Blandine.

Chassagne, h. c⁻ Arzay et Bossieu.

Chassagne (La), XIX s. ; Chassaguen, vill. c⁻ Roussillon.

Chassagnes, h. c⁻ Theudure.

Chassagni (nem. de), XIII s. ; Chassaygne, h. c⁻ Ternay.

Chassagniaci (eccl. bⁿ Marie), XVI s. : voy. Chassigneu.

Chassagray (dom. de), XVIII s. ; Chassaygue, &c. c⁻ Gillonnay.

Chassaine (ad), XIII s. ; Chasne, h. et forêt c⁻ Beauvoir-du-Marc.

Chassaleri (La), XIII s. ; Chassolière, h. c⁻ Voreppe.

Chassali (longiata de), XIV s. ; les Chazennes, mont. c⁻ le Bourg-d'Oisans.

Chassalibus : voy. Chasanz l⁰.

Chassanatico (eccl. S. Petri de), XI s. ; Chassonaio, XII s. ; Chassenazo, C-aige, Chassanatio (de), XII s. ; Chassenete (de), Chassannacio, XIs. ; Chassenacyo, Chasso nacio, C-agio (de) : voy. Cassiniaco, Chassanatico.

Chassanaticum, capella, XI s. ; les Côtes, quart. c⁻ Sassenage.

Chassant : voy. Chassanl.

Chasse (Grand, Petit), hh. c⁻ Chasse.

Chasse, C-en, XV s. ; Cen, XVI s. ; Chasse, c⁻ c⁻ Vienne-Nord ; dioc. Vien., égl. St-Martin.

Chasse (fratres), ou St-Martin de Seyssuel : voy. Chassen l⁰.

Chasseignini, loc., XIV s. ; la Chasangne, mas c⁻ St-Cassien.

Chasselai (eccl. de), XI s. ; Cley, XII s. ; Chasselay, c⁻ c⁻ Vinay.

Chasselaine, XVI s. : voy. Chayssiliana, Seychellens.

Chasselay, c⁻ c⁻ Vinay : dioc. Grenoble, égl. St-Pierre.

Chassen (silva), XI s. : C-at, Chassen, XV s. ; Chasse, h. et bois c⁻ Moldieu.

Chassen (fort. in silva que dicitur), XI s. : voy. Bellovidere in Malco.

Chassen (bois) : voy. Chasen, Chasa.

Chasseth, C-at : voy. Chassa.

Chassenages (castel., XIV s. : voy. Chassanaticum.

Chassenaiges, XV s. : voy. Cassiniaco.

Chassenange, XV s. ; Chassenuaige, Chassenaaige, XVI s. ; Sessenayge, rls.-l. c⁻ arrⁿ Grenoble.

Chassenange, XV s. : voy. Cassiniaco.

Chassenaux, XIX s. : voy. Chassinon.

Chassent (loc. in), XIII s. : voy. Belli loci in Chassant.

Chassent, XV s. : voy. Chasa, Chassent (en, XIV s. : voy. Chasa.

Chassent (nem.) : voy. Chassaline.

Chassen (castr. de), XV s. : le Chateau, chât. c⁻ Chasse.

Chasseu, Chasseleu: voy. Chaceu.
Chassinenta, XV s.: voy. Claceu.
Chassignon (capell. de), XIV s.: Cognacetu; par. dioc. Vien., egl. Assomption.
Chassigneux, XIX s.: Chassignière, vill. c⁰ Le Pin.
Chassignon, XIV s.: Chassignon, éc. c⁰ Charette.
Chassignon, XV s.: Chassignon, mas c⁰ Paruillon.
Chassilhana (capelle de), XIV s.: voy. Chayssilhana, Seychellena.
Chassilhena, XIV s.: Sechilicana, c⁰ c⁰ Vizille.
Chassilhana, XIII s.: voy. Chayssilhana, Seychellena.
Chassin, b⁰ᵒ: voy. Chacinum 2⁰.
Chassin (moleud. de), XV s.: voy. Chelsins.
Chassinlaeum, XV s.: voy. Chassignon.
Chassisleux: voy. Chassigneux.
Chassino (parr. de), XIV s.: voy. Chacins.
Chassinon, XIX s.: Chassignal, h. c⁰ la Chapelle-de-Surieu.
Chasseler (oyssart.), XV s.: la Cassule, h. c⁰ St-Didier-de-la-Tour.
Chassoleria, XIV s.: voy. Chassaleri.
Chassoliere, h. c⁰ Voreppe.
Chast. C-tu, XII s.: Cote (prior.), XIV s.: C-tos, XIV s.: voy. Casta (ager de).
Chasta (castr., fortalic.): voy. Chata.
Chastagne (de), XIII s.; C-ey, XVI s.: voy. Castaneo.
Chastagnereys (eizt. XIII s.: C-nau (de), XVIII s.: l'Ile-Chatagnau, mas c⁰ Voreppe.
Chastagneriis (villa de), XIV s.: les Chataneyres (?), l. depp. c⁰ Le Gua.
Chastagnerio (mans. de), XV s.: voy. Chatanor.
Chastagnetum, C-ey, XV s.: voy. Chastaneto.
Chastagney, C-anny: voy. Castanetum.
Chastagney, C-etum: voy. Chastanetum.
Chastagney, XVI s.: voy. Chastaney.
Chastagni villa, XIV s.: les Chataius (Grands, Petits).

Chastagnier (campus de): la Grande-Chataignerie, mas c⁰ la Chapelle.
Chastagnier: voy. Chastaignier.
Chastagnier (tau): voy. Chastagnier tau.
Chastaignes Fresches (font. Ballon ou de), XVII s.: Chataigne-Fresche (ruiss. de) ou de Fontallan, c⁰ St-Joseph-de-Rivière.
Chastaigner (mas de), XIII s.: les Chataigniers, h. c⁰ Chatonnay et Ste-Anne-d'Estrablin.
Chastaignins, XIII s.: la Chataignière, h. c⁰ Tèche.
Chastaling (bois), XVIII s.: le Chatoin, bois c⁰ Beaucroissant.
Chastnins (mais. des), XVI s.: Chez-Chatenay, h. c⁰ Savas-et-Mépin.
Chastallareto (in., XIV s.: Chatelard (ruiss. de), c⁰ Livet-et-Gavet.
Chastanay (terroir de), XVII s.: voy. Castanes.
Chastanay, C-tenay, XVII s.: voy. Chatanay.
Chastanoaz de Bression, XVIII s.: voy. Chastaneto.
Chastaneto (F. de), XII s.: C-ney, C-neto (cond. de), XIV s.: Chateney, c⁰ c⁰ Roybon.
Chastaneto (le fontale de), XIII s.: Chastene, XIV s.: Chatain, éc. c⁰ St-André-en-Royans.
Chastaney, XIII s.: C-ei; Chatenay, h. c⁰ Chasse.
Chastaney, XIII s.: C-tenay, XV s.: voy. Carentenaenum villa.
Chastaney, XVI s.: voy. Chastaine.
Chasteau (village du): voy. Castrum i⁰.
Chasteau-Bas, XVI s.: voy. Castrum inferius.
Chasteau Feuillet, au dessus cimetière Miribel, XVII s.; le Chateau, mas c⁰ Miribel-les-Echelles.
Chasteau Garnier, XVII s.: voy. Castellum Galgnet.
Chasteau Grillet, XVI s.: voy. Castrum Grilleti.
Chasteau (Vieux-) de Morges,

XVII, XVIII s.: Château-Vieux, h. c⁰ St-Sébastien.
Chasteau Villain, Villein: voy. Castrum Vilanum.
Chasteauneuf (domaine de), XVII s.: C. de Morges, XVIII s.: Mauget, h. c⁰ St-Sébastien.
Chastel (lo), XIV s.: le Chauvan, h. c⁰ Mauluse.
Chastel Nue, XIV s.: Chastian Nuef, XIV s.: Chasteauneuf de l'Arie, XVI s.: voy. Castro Novo prope Tullinum.
Chastel de la Tour (le), XIII s.: voy. Castrum Turris Plui.
Chastel de la Tyrace, XIV s.: voy. Castrum de Terracia.
Chastel Viel : Chastel Viel (dom. f. vers.), XIV s.: Château-Vieux, ruines, c⁰ Pusignan.
Chastelans : voy. Chatellans.
Chastelar (tenem. del), XIV s.: le Chatelard, h. c⁰ St-Romans.
Chastelard (en), XVII s.: le Chatelard, mas c⁰ Miribel-les-Echelles.
Chastelard (fief du), XVIII s.: voy. Castellario (ti. de).
Chastelet (martinetum de), prope Alavardi, XIV s.: voy. Castellent.
Chastellar (vill. du), XVII s.: le Chatelard, mont. c⁰ Annoisin-et-Chatelans.
Chastellar, C-rio ap. Champiers (dom. f. de), XIV s.: (dom. f. de) cum burgo, XVI s.: C-rol, C-rs, XVI s.: le Chatelard, h. c⁰ Champier.
Chastellar (mans. del), XIII s.: le Chatelard, chal. et mont. c⁰ Clavans.
Chastellar (roclaus. doz), XIV s.: C-rol, XVI s.: le Chatelard, mont. c⁰ Fontaine et Pariset.
Chastellar (ravann. del), XIII s.: C-rio, XIV s.: C-rol, XVIII s.: le Chatelard, h. c⁰ le Mont-de-Lans.
Chastellar (molar del), XIV s.: le Chatelard, h. c⁰ Réaumont et St-Blaise-du-Buis.
Chastellar (loc.) in parr. S. Genesii in Trivlis, XIV s.: C-rium, XIV s.: le Chatelard, ruines c⁰ St-Geoix.
Chastellar (in), XIII s.: C-rium juxta riv. de Sala, XIV s.;

C-rio (condominium de), XV s. : le Châtelard, h. c^e la Salle.

Chastellar (vinea de), XIII s. : le Châtelard, h. c^e Teche.

Chastellar, XIII s. : voy. Castellari.

Chastellard, XVIII s. ; le Châtelard, éc. c^e Chonas.

Chastellard (Le), XVI s. : voy. Chastellar (dom. f. dou).

Chastellard d'Eydoche (Le), XIV s. : le Châtelard, h. c^e Eydoche.

Chastellard de St-Laurier (mais. f. de), XVI s. : voy. Castellario (G. de), C-ium.

Chastellare (gorgia de subt.) in parr. de Campo, XIV s. : C-rd, XVI s. ; le Châtelard, h. c^e Champ.

Chastellare : voy. Chatellar.

Chastellaretum, XIV s. : le Châteleret, vallée c^e St-Christophe-en-Oisans.

Chastellario (riv. de), XV s. : le Châtelard, vill. c^e St-Christophe-Entre-Deux-Guiers.

Chastellario (villa de), XIV s. : le Châtelard, éc. c^e Seyssins.

Chastellario (P. de), XV s. : le Châtelard (Grand, Petit), hh. c^e Veurey.

Chastellario (in), XIV s. : voy. Chatellar (in cloto del).

Chastellario (bastia de) : voy. Molarium lo Chastellar.

Chastellarium (villa de), XIV s. : le Châtelard, bois c^e Le Gua.

Chastellene, C-num, XIV s. : C-ut, XV s. : voy. Chatellene.

Chastellerie : voy. Chastellaretum.

Chastelleria (cellerium de), XVI s. : la Chatellière, l. disp. c^e La Tronche.

Chastellet, C-to (mansi et ten. dom. de) prope Gratianopolim, XIV s. ; le Châtelet, quart. c^e Grenoble.

Chastelli (mons), XV s. : voy. Chatel (al).

Chastello (in), XIV s. ; le Château, mas c^e Villard-Reymond.

Chastellum (G. de) : voy. Castellonem.

Chastellus ; C-utz (castell. de), XIII s. ; C-uz, XIV s. : voy. Castelli (mand.).

Chastene : voy. Chastane.

Chasteney, XVI s. : voy. Chastaneto.

Chastex (caban. des), XIII s. : le Châtelard, h. c^e Riviers.

Chastillione (Ph. de), XIV s. : Chastillom : voy. Castellionem.

Chastillon (h. et roch. de), XVII s. : Châtillon, h. c^es Bourg-d'Oisans et Oz.

Chastonay, XIII s. : voy. Carentennacum villam.

Chastre (plan de la), XVI s. : la Châtre, l. disp. près Beauvoir-de-Marc.

Chasurz, XIII s. : voy. Casurieux.

Chat (territ. de la), XV s. : le Chet, f. c^e Ville-sous-Anjou.

Chat-Huant, h. c^e Curtin.

Chata, castr. : le Château, h. c^e Chatte.

Chata, XIII s. ; Chatta, XV s. : voy. Casta (ager de).

Chata, Chatta : voy. Chasta.

Chatagnert, C-nier (les) : voy. Chastaignier.

Chatagnier (au), XVII s. ; Châtaignier, éc. c^e Miribel-les-Echelles.

Chatagnier (mas) : voy. Chatanier.

Chatagouttaz, mas c^e Clavans.

Chataguillet, mas c^e la Chapelle-de-la-Tour.

Châtaigne-Fraiche, ruiss. : Devchougex, ruiss. c^e St-Joseph-de-Rivière.

Chataigneraie (les), h. c^e Izeaux.

Chatain (en), XIV s. : C-ng (bois), — Vaugela, XVIII s. : le Châtain, bois, c^es la Forteresse et St-Paul-d'Izeaux.

Chatal (près), XVIII s. ; Chatal, mas c^e Sinnandre.

Chatalax, XIV s. : voy. Sattulas.

Chatanay (dom. f. gr. de) prope Vien., XV s. : Châtanay, l. disp. c^e Reventin-Vaugris.

Chatanay, XV s. : voy. Chatanay.

Chatanea (territ. de), XVI s. ; Châtanneries, mas c^e St-Savin.

Chatanea, XVI s. ; C-eo, XV s. : voy. Chatanello (plan. de).

Chatanent (nem. de), XIV s. ; le Chatenay, mas c^e Heyrieu.

Chatanel (Le), XV s. ; le Châtenay, mas c^e Burcin.

Chatanel (nem. el), XV s. : voy. Chazenel.

Chatanello (plan. de), XIV s. ; Chatenay, vill. c^e la Tour-du-Pin.

Chataner, C-erey, XVI s. ; la Châtaignière, mas c^e Frontonas.

Chataner (nem. en), XIV s. ; les Châtaigniers, éc. c^e St-Victor-de-Cesseu.

Chatanert, XIV s., C-nier, XV s. : voy. Chastaignier.

Chatanoux de Bressieu, C-ey : voy. Chatenay Jr.

Chatancy, XV s. ; C-nnay, XIV s. ; Chatenay, for. c^e Mions.

Chatanoy, XIII s.; le Châtenay, vill. c^es Pont-de-Chéruy et Tignieu-Jameyzieu.

Chataney, XIV s. : voy. Chastaneto.

Chataney (territ. de), XIV s. ; C-ys, XV s.: voy. Chastaney.

Chataney, (nem.), XV s.; C-eys, XIV s. : voy. Chatanello (plan. de).

Chatanuyrel sive en la Begrudunery, XVI s. : voy. Chatanyornel.

Chatany (nem. in), XIV s. ; Chatenay, éc. c^e Serraval-Nerpol.

Chatanyornel (territ. de) seu en Moplart, XV s. ; Chatanuyreil, l. disp. c^e Dolomieu.

Chataors (mans. de), XIII s. ; Chuchatier, h. c^e Vaulnaveys-le-Bas.

Chatayn (Mons) : voy. Chasanetum.

Château (Le), éc. c^e Allemont.

Château (Le), chât. c^e Allevard.

Château (Le), chât. c^e Autrans : — quart. c^e Beaufort ; — h. c^e Bernin ; — chât. c^e Bossieu ; — h. c^e la Balsse ; — h. c^e Charavines ; — chât. c^e Charvieu ; — h. c^e Chanselay ; — h. c^e Chatte ; — chât. c^e Chavanoz ; — f. c^e Chelieu ; — h. c^e Chimilin ; — quart. c^e Chonas ; — quart. c^e Choranche ; — éc. c^e Chuzelle ; — chât. c^e Clelles ; — éc. c^e Colombe ; — chât. c^e Corbelin ; — chât. c^e Cornillon-en-Trièves ; — éc. c^e Cras ; — chât. c^e Crolles ; — h. c^e Faverges ; — h. c^e La Frette ; — chât. c^e Froges ;

— quart. cne Genas ; — chât. cne Gières ; — quart. cne Jons ; — chât. cne Laffrey ; — chât. cne Lavars ; — éc. cne Malleval ; — chât. cne Mareieu ; — chât. cne Massieu ; — chât. cne Mens ; — chât. cne Méplieu ; — chât. cne Mions ; — mas cne Miribel-les-Echelles ; — ruines cne Miribel-Lanchâtre ; — chât. cne Moidieu ; — quart. cne Moissieu ; — éc. cne Montaud ; — éc. cne Montferrat ; — quart. cne Montsévéroux ; — chât. cne Optevoz ; — éc. cne Oytier-et-St-Oblas ; — chât. cne le Passage ; — chât. cne Passins ; — chât. cne Poisat ; — chât. cne Prébois ; — h. cne Réaumont ; — h. cne Rencurel ; — quart. cne Revel-et-Tourdan ; — chât. cne la Rivière ; — quart. cne Rochetoirin ; — h. cne Sablons ; — chât. cne Ste-Agnès ; — chât. cne St-André-le-Gaz ; — quart. cne St-André-en-Royans ; — chât. cne St-Appolinard ; — h. cne St-Bonnet-de-Mure ; — h. cne St-Chef ; — ruines cne St-Geoire ; — chât. cne St-Guillaume ; — chât. cne St-Hilaire-de-la-Côte ; — h. cne St-Jean-de-Bournay ; — chât. cne St-Laurent-de-Mure ; — h. cne St-Laurent-du-Pont ; — chât. cne St-Martin-d'Hère ; — h. cne St-Michel-de-St-Geoirs ; — chât. cne St-Ondras ; — chât. cne St-Pierre-d'Entremont ; — h. cne St-Priest ; — chât. cne St-Prim ; — ruines cne St-Quentin-Falavier ; — éc. cne St-Sauveur ; — chât. cne Sassenage, bâtie XVII s. ; — chât. cne Satolas-et-Bonce ; — h. cne Séchilienne ; — éc. cne Semons ; — chât. cne Sérézin-du-Rhône ; — chât. cne Sillans ; — chât. cne Sinard ; — chât. cne la Sône ; — chât. cne Tencin ; — h. cne Theodure ; — chât. cne Theuillens ; — éc. cne Torchefelon ; — ruines cne Toussieu ; — chât. cne le Touvet ; — h. cne Valbonnais ; — h. cne Varacieux ; — h. cne Varces ; — chât. cne Vaillieu ; — chât. cne Vaulx-Milieu ; — éc. cne Venon (dom. f. d. episc., XIV s.) ; — chât. cne Villemoirieu ; — h. cne Villeneuve-de-Marc ; — éc. cne Villette-d'Anthon ; — quart. cne Vinay ; — chât. cne Virieu ; — chât. cne Vizille ; — chât. cne Voissant.

Château (ruine, dét.), cne Lavaldens, aff. r. des Ramays.

Château Accarias, XIX s. ; *le Collet*, chât. cne St-Jean-d'Hérans.

Château-d'Antère (Le), chât. cne Chavanoz.

Château-d'Antoine, XIX s. ; *le Château-d'Antoine*, chât. cne Sermérieu.

Château-du-Barinis (Les, chât. cne Corenc.

Château-de-Barin (Les, chât. cne Beaurepaire.

Château-de-Barral (Le), chât. cne Voiron.

Château Bas, XVI s. ; voy. *Castrum Inferius*.

Château-de-la-Basse-Jarrie (Le), chât. cne Jarrie.

Château-de-la-Bâtie (Le), chât. cne la Bâtie-Montgascon.

Château-de-Bauvet (Le), chât. cne St-Christophe-Entre-deux-Guiers.

Château-de-Belval (Le), chât. cne Roy.

Château-Bernard, h. cne Chatte.

Château-Bernard, cne cne le Monestier-de-Clermont ; par. dioc. Gren., égl. Ste Vierge.

Château-Bert (Le), chât. cne Semons.

Château Boud, XVII s. ; *Châteaubourg*, h. cne Rives.

Château-de-Bouquéron (Le, chât. cne Corenc ; voy. Bouquéron.

Château-Bouquet, éc. cne les Adrets.

Château-du-Bourg (Le, chât. cne Voreppe.

Château-de-Bretel (Le), chât. cne St-Baudille.

Château-Bruyère, mas cne Bossieu.

Château-Buisson, XVIII s. ; *Beauregard*, h. cne Feyzin.

Château-Chalon, XIX s. ; *le Château*, chât. cne l'Albenc.

Château-de-Chanisieu (Le), chât. cne Courtenay.

Château-Clevlet, éc. cne Mocirieux-Milieu.

Château (Le), XVIII s. ; des Combes, XIX s. ; *les Combes*, chât. cne Pariset.

Château-de-Couillon (Le), chât. cne Porcieu-Amblagnieu.

Château-des-Cordes, éc. disp. cne Tullins.

Château-Corna, éc. cne Crolles.

Château-Court, éc. cne St-Hilaire-du-Rozier.

Château-de-Cumane (Le), chât. cne Chantesse.

Château Dabeau, XVI s. ; *le Château*, éc. cne l'Ile-l'Abeau.

Château-Désert, bois cne Montrevel.

Château-Dorgeval (Le), chât. cne Theys.

Château-Dubois, Du-Boys ; *le Château*, chât. cne La Combe-de-Lancey.

Château-de-l'Eygala (Le), chât. cne Corenc.

Château-Ferrier, ruines cne Allevard.

Château-Ferrier, XVIII s. ; *le Haut-Fourneau*, usine cne Allevard.

Château-Ferrier : voy. Pouines, Pont-du-Châtelain.

Château-de-la-Ferrière (Le), chât. cne le Gua.

Château-Feuillet, éc. cne Chanas ; — éc. cne Coublevie ; — mas cne Beaurepaire ; — mas cne Paladru ; — mas cne Panissage ; — mas cne St-Chef ; — mas cne Voissant.

Château-Folliet, éc. cne St-Quentin.

Château-de-Fontgalland (Le), chât. cne St-Jean-de-Moirans.

Château-de-Foras (Le), chât. cne Chatte.

Château-Gagnaire, quart. cne Bourg-d'Oisans.

Château-Gaillard, bois cne Annoisin-et-Châtelans et Verna ; — f. cne Brangues ; — mas cne Chamagnieu ; — éc. cne Charvieu ; — chât. cne Chasse ; — mas cne Corbelin ; — éc. cne Hurtières ; — bois cne Pariset ; — chât. cne Pont-en-Royans ; — chât. cne Septême ; — éc. cne la Tronche ; — h. cne Veyrins.

Château-Girard, XVIII s. ; *Girard*, éc. cne St-Vérand.

Château-de-Grille (Le), chât. cne St-Egrève.

Château-Grillet, h. c^e Villeneuve-de-Marc ; — c^e Ville-sous-Anjou.
Château-Guerre, XIX s. : Chez-Guerre, h. c^e Estrablin.
Château-de-la-Haute-Jarrie (La), chât. c^e Jarrie.
Château-d'Illins (La), XIV s. : chât. c^e Luzinay.
Château-Julien, c^e le Villard-de-Lans.
Château-du-Lac (La), chât. c^e Le Pin.
Château-Latour, chât. c^e Genas.
Château-de-Lanchâtre (La), chât. c^e Miribel-Lanchâtre.
Château-de-Leyssin (La), chât. c^e Auste.
Château-de-Luzy (La), chât. c^e Bressieux.
Château-le-Marcieu (La), chât. c^e St-Bonnet-de-Chavagne.
Château-de-Marcieu (La), chât. c^e St-Egrève.
Château-Margain, c^e la Tronche.
Château Méan, Méant, XVIII, XIX s. : voy. Castrum Medlanum, Medlum.
Château-de-Menon (La), chât. c^e St-Savin.
Château-de-Millon (La), chât. c^e Monstéroux-Millon.
Château-Monnier, c^e l'Albenc.
Château-de-Moers, c^e La Côte-St-André.
Château de Montalban, XVIII s. ; le Château, chât. c^e la Combe-de-Lancey.
Château-Morel, mas c^e Annoisin-Chatelans.
Château-de-Murinais (La), chât. c^e Murinais.
Château-Noir (Le), mont. c^e Clavans et le Freney.
Château-de-Paille (chis du), c^e Vizille.
Château-le-Piquiers (Le), chât. c^e La Cluze-et-Piquiers ; chap. Ste-Marie, XVII s.
Château-Pillard (Le), chât. c^e Izeron.
Château-Quinson ; Quinricet, h. c^e St-Vérand.
Château-de-Quinsonas (Le), chât. c^e Brangues.
Château-Randon (Le), chât. c^e St-Ismier.
Château-Renard, gr. disp. c^e N.-D.-de-Mésage.

Château-Renard, XVII s. : ... l. disp. près Vinay.
Château-Revel, c^e c^e Voiron.
Château-de-Risset (La), chât. c^e Allières-et-Risset.
Château-du-Roi (La), ruines c^e Vialle (constr. X s.).
Château-Rond, XVIII s. : voy. la Tour-du-Poulet.
Château-de-St-Didier (La), chât. c^e les Avenières.
Château-de-St-Julien (L. s.), chât. c^e Moras-St-Julien-et-Curiadou.
Château-de-St-Just (La), chât. c^e St-Just-et-Chaleyssin.
Château-le-St-Pierre (La), chât. c^e Paladru.
Château St-Pierre : du Gouvernement, XIX s. : le Château, h. c^e St-Pierre-d'Entremont.
Château-de-St-Vincent (La), chât. c^e Voreppe.
Château-de-Salagnon (La), chât. c^e St-Chef.
Château-Sarret (La), chât. c^e Goncelin.
Château-Savignon, chât. c^e Chanas.
Château-Sévérin (La), chât. c^e le Chalon.
Château-Tillet, c^e c^e St-Georges-d'Espéranche.
Château-d'Uriage (La), chât. c^e St-Martin-d'Uriage.
Château-de-Vallin (La), chât. c^e St-Victor-de-Cessieu.
Château-de-Verel (La), chât. c^e St-André-le-Gaz.
Château-de-Vernaelle (Le), chât. c^e Nivolas-Vermelle.
Château-Vert, mont. c^e Autrans.
Château Veyron, XIX s. : le Château, chât. c^e La Forteresse.
Château-Veyron, chât. c^e Gillonnay.
Château-Veysun, XIX s. : le Château, chât. c^e Gillonnay.
Château-Vieux, ruines c^e Chatonnay : — h. c^e Chichilianne ; — h. c^e Faverges ; — ruines c^e Grand-Lemps ; — ruines c^e Pellafol ; — mas c^e Presles : — h. c^e St-Lattier (castr. XI s.) : — l. disp. c^e Tréminis : — ruines c^e Varces ; — mas c^e Voiron (castr. XII s. ; ruines, XVII s.) ; — ruines c^e Voreppe.

Château-Vieux, XIX s. : Champerroux, h. c^e Presles.
Château-Vieux, XIX s. : voy. Capaveran.
Château-du-Villard (Le), chât. c^e Le Cheylas.
Château-Vincendon (Le), chât. c^e Chevrières.
Château-du-Vivier, chât. c^e St-Savin.
Châteaubout (ruines de), XVIII s. : voy. Château Bouel.
Châteauneuf, ruins. c^e Clavans : — h. c^e Echirolles ; — h. c^e Jarrie ; — mas c^e la Salle.
Châteauneuf de l'Arbre, XVI s. : Châteauneuf, h. c^e Polliens.
Châteauvieux, 1701 ; le Château, ruines c^e Murinais.
Châteauvieux, mais, f., XVIII s. ; Ceux dit mais. f. de St-Priest : voy. Sancti Symphoriani (castr.).
Châteauvieux : voy. Verneyou.
Châteauvilain, c^e c^e Bourgoin, paroisse dioc. Vien., égl. St-Martin.
Châteauvilair-et-Quinsonnas, anc. communauté él. et baill. Vienne.
Châteaux (Les), mas c^e la Garde.
Chantegmayeum, XIV s. : voy. Carentennacum villam.
Chantemyarum : voy. Chatennay.
Chataigne, Côte-Fresche, XVII s. : voy. Chastaignes Fr.
Chatel, h. c^e d'Auste.
Chatel (al), XIV s. ; le Chatel, mont. c^e Cordéac et St-Genis.
Chatel (Le), h. c^e Theys.
Chatel (Grange), XIX s. : voy. Pré Chatel.
Chatel Vayllin (territ. de), XIV s. : voy. Castri Vallini.
Châtelans, vill. c^e d'Annoisin-Châtelans, baill. Vienne.
Chatelar (Le), XVIII s. : voy. Chastellar (molar de).
Chatelar (Le), XVIII s. : Chatelard (molard du), XVIII s. : voy. Chastellare in parr. de Campo.
Chatelar (Le) : voy. Chastellarium &c.
Châtelard, mont. c^e Autrans ; — (le), f. c^e Chanas ; — mont. c^e Claix ; — h. c^e Eybuche ; — chal. et mont. c^e La Ferrière ; — h. c^e La Garde ; — h. c^e

Herbeys ; — mas c° Lalloy ; — mont. c° Méaudre ; — bois c° Miribel-Lenchâtre ; — mas c° La Motte-d'Aveillans ; — bois c° N.-D.-de-Vaulx ; — h. c° Revel-et-Tourdan ; — h. c° St-Bonnet-de-Chavagne ; — mas c° St-Clef ; — bois c° Ste-Agnès ;— &c. c° St-Geoire ; — bois c° St-Pierre-de-Chérennes ; — gr. c° St-Pierre-d'Entremont.

Chàtelard (Le), mas dans les c° Agnin, Belmont, Corps, Echirolles, les Eparres, Pont-charra, St-Jean-de-Moirans, St-Maximin, St-Pierre-de-Bressieux, St-Pierre-de-Chartreuse, St-Savin, Villefontaine.

Chatelard : voy. Castellarium.

Chatelard, XVIII s. : voy. Chastallaretum.

Chatelard, C-llar : voy. Chastellar 1°.

Chatelard en Trièves, XVIII s. : voy. Chastellar ir parr. S. Genesii.

Chatelards (Les), XVIII s. : voy. Chatellar (clot. del).

Chatelaret, h. c° St-Didier-de-la-Tour.

Chatelet, h. c° St-Egrève ;—(le), mas c° Moirans : — bois c° Monteynard ; — mas c° St-Etienne-de-Crossey.

Chatellans (Les), f. c° Engins.

Chatellar (dom. f. dou), XIV s. ; C-rd (chast. du), XVII s. ; le Châtelard, h. c° Cessieu.

Chatellar (in aloto del), XIV s. ; le Châtelard, h. c° la Garde.

Chatellard (Le), XVII s. : voy. Chastellar (molar del).

Chatellaret (Le), XVIII s. ; Châtelaret, mas c° Lavaldens.

Chatellars, XV s. ; le Châtelard, l. dit, mas c° Bougé-Chambalud.

Chatellart (el), XV s. ; le Châtelard, mas c° Theys.

Chatellay (eccl. S. Petri de), XII s. : voy. Cancellaicum, Chasselai.

Chatellencum, C-nt, XIV s. ; Châtelans, vill. c° Annoisin-et-Châtelans.

Chatellenie(La), mas c° Domène.

Chatellerils (camp. de), XIV s. ; la Châtelière, h. c° Bernin.

Chatellerum, XIV s. : voy. Castellarium, Chastellare in parr. de Campo.

Chatellet (el), XIV s. : voy. Castellent.

Chatellux, C-us, XIV s. : voy. Castelli (manil.).

Châtelonnière, h. c° St-Nicolas-de-Macherin.

Châtelus, c° c° Pont-en-Royans ; égl. St-Martin.

Chatelviel, dom. f. edif. per relig. vir. Guichard. de Pux-siniaco, præceptor. de Ysencia, XIV s. ; (édif. par command. St-Antoine); Château-Vieux, ruines, c° Pusignan.

Chatelvylan, XIV s. : voy. Castrum Vilanum.

Chatena (Le), XVIII s. ; Châ-telan, h. c° Varacieux.

Châtenay, c° c° Roybon ; par. dioc. Vien., égl. St-Germain.

Châtenay, XIV s. ; mas c° Valencin.

Chatenay (prior de), XIV s. ; C-anay (capell. de) : voy. Carentennacum villam.

Chatenay, XVIII s. : voy. Chatenay.

Chatenay de Bressieux ; Cha-teunai ; Châtenay, c° c° Roybon.

Chatenel (en), XV s. ; C-llum, XV s. ; Châtenay, l. disp. c° Gillonnay.

Chatennai, XIII s. : voy. Chas-taneto.

Chateril (eyssart.), XIV s. : voy. Chatuors.

Chathoney : voy. Chatonay.

Chathounay, XIII s. : voy. Carentennacum villam.

Chathonyery, XVI s. : voy. Chataner.

Chatifollier, h. disp. c° Pinsot.

Chatillinum (vers.), XV s. : voy. Chantillin.

Chatillon, h. c° Meyrié.

Châtin (ruiss.), c° Eyzin-Pinet.

Chatin (Grand, Petit) : voy. Classagni.

Chatonai (N. de), XI s. ; C-anay, XIII s. ; C-onay, C-alacum, XIV s. : voy. Carentennacum villam.

Chatonasium, XV s. : voy. Carentennacum villam.

Chatonay, XIX s. : voy. Cha-tanay, XIII s.

Chatonayci villa, Chatonyaci, XIV s. : voy. Carentennacum villam.

Chatonaysium, XIV, XV s. ; C-nuasium, XIV s. : voy. Carentennacum villam.

Chatonday, h. c° St-Pierre-de-Chandieu.

Chatonay, XIV s. ; Chatonaye, XIX s. ; Châtonnay, h. c° Montrond.

Châtonnay, c° c° de St-Jean-de-Bournay, dioc. Vien., égl. St-Christophe.

Chatonnea, XVIII s. ; Chat-tonnens, mas c° Ruy.

Chatras, bois c° Oz.

Chatre (La) ; le Satir, h. c° St-Bueil.

Chatrousse : voy. Chartosia ; — C-sse la Grant : voy. Chartosia.

Chatrousse, XVIII s. : voy. Chartrouse.

Chatte, c° c° St-Marcellin ; égl. St-Vincent.

Chattegneyre (Le), XVIII s. ; la Châtaignière, h. c° Têche.

Chatthunayum, XII s. ; C-ttu-nayum, C-nnayum : voy. Carentennacum villam.

Chattonay, XIII s. ; C-nnaye, XVI s. : voy. Carentennacum villam.

Chattonay (donjon. castr. de), XIII s. : voy. Catoniacus.

Chatunaio (N. de), XII s. ; C-nay, C-yo, C-nnay, XII s. : voy. Carentennacum villam.

Chatuneria (La), XII s. ; Châ-taignière (ch⁵ des), c° Bernin.

Chatunnakum, XII s. : voy. Carentennacum.

Chauchaissum, XIV s. ; Champ-Chaisat, b. c° le Périer.

Chauchay (mas de), XVIII s. : voy. Chauseria.

Chauche, XVIII s. : voy. Chauchia.

Chauchère (La), XVIII s. ; la Chausière, éc. c° Merlas.

Chauchère, l. disp. c° St-Geoire.

Chaucheren (territ. de les), XV s. ; les Chauchères, mas c° St-Georges-d'Espéranche.

Chaucherila Bellivisus; C-a vers. portam juxta riv. Coyole (a), XV s. ; la Chausière, ruiss. affl. Isère, sépare c° Beauvoir-en-Royans et St-Romans.

Chavaliers (terr. de), XIV s.: *les Chevaliers*, mas c⁰ le Mottier.

Chavallieres, C-re, XVI s.: *Chevalière*, h. c⁰ St-Marcel-de-Bel-Accueil.

Chavallins, XV s.: *le Chevalin*, vill. c⁰ St-Siméon-de-Bressieux.

Chavana, C-nna (P. de); C-nnes (N. delles), XIII s.: *les Chavannes*, éc. c⁰ le Moutaret.

Chavanaco (vla de), XII s.: C-na, Chavannou (crux de), XII s.; C-vaynero, XIII s.: *Chavanquiera*, h. c⁰ Pisieu.

Chavanarie de Sali, XIII s.; C-nerlia (la), XIV s.: C-rlon (ap.); *les Chavanneria*, éc. c⁰ St-Pierre-de-Mésage.

Chavanas (ap.), XIX s.: voy. Chavanieres.

Chavanal (territ. de), XV s.: C-aux, XVIII s.: *Chavannos*, h. c⁰ St-Martin-d'Uriage.

Chavanay, XVI s.: voy. Portus de Chavanay.

Chavanayrilium, XIV s.: *Chavanraier*, ruiss. c⁰ Lavaldens, aff. La Roisonne.

Chavanee (La), mas c⁰ Allevard.

Chavandolier, bois c⁰ Moutaret.

Chavanet (villa de), C-nnes (villag. de), XIV s.: *Chavanquiera*, h. c⁰ St-Martin-de-Vaulserre.

Chavanel, étg. XIX s.; *Chavaney*, mas c⁰ Roche.

Chavaneres, XIV s.; *Chevaclière*, bois c⁰ St-Hilaire-de-la-Cote, la Frette, Beveronie, Longechenal.

Chavaneres, XIV s.: voy. Chavanieres.

Chavanerias, XIV s.: voy. Chanavarie.

Chavaneril (in), C-cyril, XV s.; *la Chavannerie*, ... c⁰ Freney.

Chavanes (Les), XVIII s.: *les Chavannes*, mas c⁰ Arandon.

Chavanes (territ. de), XV s.; *Chavannes*, mas c⁰ Serezin-du-Rhone.

Chavanes (Les): voy. Chabanna.

Chavanes, XVIII s.: voy. Chavaignas.

Chavanes (eu), C-nnes (chavann. de), XV s.: voy. Chavanieres.

Chavanes, XVIII s., C-nne (Grand, Petit): voy. Chavanna.

Chavaneu, XIV s.: C-nlueum, C-nien, XV s.: voy. Chavanno.

Chavaneys (prata), XIV s.; C-ys, C-nnis: *Chaudanne*, mont. c⁰ Theys.

Chavanieres (chavann. de), XIV s.; *Chavannes*, mas c⁰ La Tour-du-Pin et La Chapelle-de-la-Tour.

Chavanilis (de), XIV s.: voy. Chavannas.

Chavanna (G. de), XIII s.; C-nera (dom. in); C-nnis (mans. de; C-nis (P. de), XIV s.: *les Chavannes*, mas c⁰ la Buissière.

Chavannarie villa, XIV s.: voy. Chavannarie de Sali.

Chavannarlia (villa), XIV s.: *les Chavannaveries*? l. disp. c⁰ St-Arey.

Chavannas (ad), C-nes (les), XIII s.: *les Chavannas*, h. c⁰ Moriltel.

Chavannas (de), XII s.: voy. Chavaignas.

Chavannes, C-nna. XIII s.; *Chavannas (Bas et Haut)*, hh. c⁰ Bouvesse-Quirieu.

Chavannes (ruiss. des), aff. la Sevenne, c⁰ St-Just-et-Chaleysein et Luzinay.

Chavannes, XIV s.: C-s parr. Bozecio, XV s.: voy. Chavanno.

Chavannas, XIII s.; *Chavanguien*, c⁰ cne Meyzieu.

Chavanno (terra de Monte de), XII s.; C-nno (prior de); C-nno (parr. de), XIII s.; C-et; *Chavannoz*, c⁰ cne Meyzieu.

Chavannaveo (parr. de), XIII s.; C-nno, XIV s.: C-annon, XVI s.; C-uz, XVIII s.: voy. Chavanno (terra de Monte de).

Chavannoz, c⁰ cne Meyzieu; par dioc. Vien. égl. Assomption.

Chavant, gr. c⁰ La Terrasse.

Chavanz (G. de), XIII s.: *le Chaveaut*, h. c⁰ Bonnefamille.

Chavassois (Les), ruiss. c⁰ La Batie-Divisin.

Chavaux, éc. c⁰ St-Bonnet-de-Chavagne.

Chavayneres, XIII s.; C-eyrieu, XV s.; C-iez, XVI s.; *Chaverieu*, h. c⁰ Chasse.

Chave (La), éc. c⁰ St-Bonnet-de-Chavagne.

Chaventilis (chavan. de), XIII s.: *la Chaveaue*, h. c⁰ St-Pierre-de-Mésage.

Chaveriaci (de S. Martino), XV s.: voy. Chaveyriaci.

Chaverlis; Chaveyries (grangia de), XIII s.: *le Charet*, éc. c⁰ le Cheylas.

Chavot (Le), XVIII s.: voy. Le Chavot.

Chaveyne, Aveyne; *Aceynes*, h. c⁰ Chaponnay.

Chaveyriaci (eccl. S. Martini), XV s.; *Chasse*, c⁰ cne Vienne-Nord.

Chavillard villa; C-derlia, XIV s.; C-los; *les Chevillards*? l. disp. c⁰ Allières-et-Risset.

Chavillard, h. c⁰ St-Aupre.

Chavilliardi (P. Charongnardi al.), XV s.: voy. Chivilliardi.

Chavolleres, XIV s.: voy. Chavallerlis (iter de).

Chavongnardi: voy. Chivilliardi.

Chavorlai (G. de); C-ay (eccl. de), XIII s.: *Chavorlay*, l. disp. c⁰ St-Priest.

Chavosan, XIX s.: voy. Chavosen.

Chavosen (R. de), XIII s.; *Chavrozan*, h. c⁰ St-Marcellin.

Chavot, gr. c⁰ la Chapelle-du-Bard.

Chavout (terra), XI s.; *Chabundeyera*? l. disp. c⁰ Chuzet-Piquiers.

Chavrari (mans. de), XV s.: voy. Cabri-en villa.

Chavray, h. c⁰ Septème.

Chavroleri (La), XIII s.; *la Coule-Charroulet*, mas c⁰ St-Bonnet-de-Chavagne.

Chavron, XVIII s.; *Cheeron*, vill. c⁰ Meyrieu.

Chavrois (Les); *le Pressoir*, h. c⁰ Biol.

Chaxinum: voy. Chaeins 1°.

Chayeillanin, XIV s.: voy. Chayssilhana, Seehelleua.

Chayde, éc. c⁰ Villemoirieu.

Chayellas (riv.), XIV s.; *Chaylasium*: voy. Chaelais.

Chaylasio (parr. de), XIV s.: voy. Chaelais.

Chaylin, XIV s.; *Chaille*, h. c⁰ Voissant.

Chaylieu, XIII s.: voy. Caliliacum, Challeu.

Chaylli (La), XIV s.: voy. Chalas.

Chaylion, XIV s.; *l'Echaillou*, h. et mont. c⁰ St-Quentin.

Chaynart (mans.), XIII s. : l. disp., c⁰ Ste-Marie-d'Alloix.
Chayne : voy. Chegles.
Chaynetum, XIII s. : voy. Chanays.
Chayno (foresta de), XIV s. : le Chêne, h. c⁰ St-Quentin-Falavier.
Chaynn (for. de), XIII s. : voy. Chanus (foresta).
Chaypin, XIII s. : voy. Chapelin.
Chayren, XIV s. : voy. Chlerien.
Chaysores, XIV s. : la Chaussière, mas c⁰ Montbonnot-St-Martin.
Chayserle (mem. de), XIII s. : le Thier, bois c⁰ Sarcenas.
Chaysen, Cassen (parr. de), XIII s. : voy. Cassianum, Chaselas.
Chaysen, Cassen, XIII s. : voy. Chasen.
Chaysilane (territ.), XIV s. : voy. Chaysillana, Seychellena.
Chaysillana in Trivils, XIII s. : Cailliana : voy. Chaysillana, Seychellena.
Chaysillina, XIII s. : voy. Chaysillana.
Chaysseno (bastida de), XIV s. : Cessenaud, vill. c⁰ du Bouchage.
Chayssillhana, Cillane (parr.), XIII s. : C-llana : Chirkiliane, c⁰ c⁰⁰ Clelles.
Chayssillana, XIV s. : C-lina : voy. Chayssillana, Seychellena.
Chazal (Le), c⁰⁰ c⁰ Clamp.
Chazalumont, h. c⁰ le Mont-de-Lans.
Chazarges : Cearages, chât. c⁰ Manlve.
Chazeau, h. c⁰ Montfalcon.
Chazeaux (Les), f. c⁰ Clamp.
Chazottes (Les), chⁿᵉ c⁰ St-Vincent-de-Mercuze.
Ché, f. : voy. Chat.
Chenelas (anc.), XiV s. : Chichiguet, c⁰⁰ c⁰ St-Sébastien.
Chechannain, h. c⁰ Morette.
Chéchat (Le), h. c⁰ Pinsot.
Chechilhianne, XVII s. : C-llane en Trieves, XVIII s. : voy. Chayssillana, Seychellena.
Checilhana ; C-llana, XV s. : voy. Chayssillana, Seychellena.
Checiliane, XVIII s. : voy. Chayssillana, Seychellena.
Chechinine, XVIII s. : voy. Chenchn.

Chaciilas (P. de), XIII s. : voy. Chaelnis.
Chefale, XIV s. : voy. Chaffa, C-at.
Chefvrette, XVII s. : la Chevrette, mont., chal. c⁰ Pinsot.
Chegles (mans. de), XIII s. : le Chêne, h. c⁰ Ste-Blandine : voy. Chneilles.
Chelelen, XVI s. : voy. Chlerien.
Chelsina (modend. de), XIV s. : Chelssine ; Chepnsie, h. c⁰ Déchies-et-Charplent.
Cheldesinel (cccl. parr.), XIII s. : voy. Cassineus, Chaselas.
Cheldssineum, C-len : voy. Cheossen.
Cheldssillana, XIII s. : voy. Chaysillana, Seychellena.
Cheldssineto (cccl. S. Petri de), XV s. : voy. Salsineto.
Cheldssino (cccl. de), XV s. : voy. Salsino.
Chelas, Chellas, XIII s. : C-sium, XIV s. : le Cheylas, c⁰ c⁰⁰ Gonceln.
Chelaysium, XIV s. : Chelaz : voy. Chaelas.
Chele (Lat), XVIII s. : voy. Chella.
Chellaeum, XV s. : voy. Caduliaeum, Challen.
Chellen, c⁰ c⁰⁰ Virieu : par. dioc. Vien., égl. St-Martin.
Chella (La), XIV s. : (vignoilliam de la), XV s. : Chelle (Basse et Haute), mas c⁰ Sermérieu.
Chemelin, Cillin, XVIII s. : voy. Chinelllno.
Chemillino (de), XIV s. : voy. Chinelllno.
Chemin (Le), h. c⁰ St-Didier-de-la-Tour.
Chemin (Hameau du), XVIII s. : voy. Itinere (chas. de)
Chemin-de-Barelns (Le), chⁿᵉ c⁰ Fontaine.
Chemin-du-Baron (Le), chⁿᵉ disp. c⁰ Beauvoir-de-Marc.
Chemin des Blanches, c⁰ la Tronche.
Chemin-des-Brebis (Le), chⁿᵉ c⁰ St-Christophe-Entre-Deux-Guiers.
Chemin-des-Buis (Le), chⁿᵉ c⁰ Voreppe.
Chemin-du-l'Allee (Le), chⁿᵉ c⁰ Oz.
Chemin-du-Chevalier (Le), chⁿᵉ c⁰ Voreppe.
Chemin-du-Connétable (Le), route de Jarrie à Vizille, par la Croix-de-la-Vene et Cornage.

Chemin (Hameau du) : le Chemin-de-l'Eglise, h. c⁰ Biviers.
Chemin-de-l'Empereur (Le), XVIII s., chⁿᵉ c⁰ Barraux, la Buissière, Ste-Marie-d'Alloix, St-Vincent-de-Mercuze, le Touvet et la Terrasse.
Chemin de Fer de l'Est de Lyon, allant de Lyon à St-Genix-d'Aoste (Savoie), ligne d'intérêt local 65 km., stat. extr. en Isère : Dévines, Aoste.
Chemin de Fer de Grenoble à Chambéry : stations extr. : Grenoble, Pontcharra-sur-Bréda.
Chemin de Fer de Grenoble à Merseille : stations extr. en Isère : Grenoble, St-Maurice-en-Trieves.
Chemin de Fer de Lyon à Grenoble : stat. extr. en Isère : St-Priest, Grenoble.
Chemin de Fer de Paris à Lyon et à la Méditerranée : stat. extr. en Isère : Feysin et Salaise.
Chemin de Fer de St-André-le-Gaz à Virieu-le-Grand : stat. en Isère : St-André-le-Gaz, les Abrets-Fitillieu, Pressins, Aoste.
Chemin de Fer de St-Georges-de-Commiers à la Mure : 31 km. : stat. : St-Georges-de-Commiers, la Motte-les-Bains, la Motte-d'Aveillans, Peychagnard, la Mure.
Chemin de Fer de St-Rambert à Rives : stat. extr. dans l'Isère : Beaurepaire, Rives.
Chemin de Fer de Valence à Moirans : stat. dans depart. Isère : St-Lattier, Moirans.
Chemin de Fer de Vienne au Grand-Lemps : tramway, stations : Vienne (gare centrale) etc., Châtonnay.
Chemin Ferra de Grenoble à Jarrie, XVIII s. : le Chemin-Ferré, chⁿᵉ c⁰⁰ Brossan, Eybens et Jarrie, reste de l'anc. voie rom. de Briançon à Gren. par l'Oisans.
Chemin-des-Gargotiers, chⁿᵉ c⁰ St-Martin-le-Vinoux.
Chemin-du-Juste-Milieu, chⁿᵉ c⁰ Allières-et-Risset.
Chemin-de-la-Luminaire, chⁿᵉ c⁰ Crémieu.

Chemin-du-Malchat, c^e St-André-le-Gaz.

Chemin-de-Manon, ch^ne c^e Crolles.

Chemin-du-Marchand, ch^ne c^e St-Paul-de-Varces.

Chemin-des-Marguilliers, ch^ne c^e Ste-Marie-d'Alloix.

Chemin-des-Marquises, ch^ne c^e les Côtes-d'Arey.

Chemin-Meney, quart. c^e Grenoble.

Chemin-des-Moines, ch^ne c^e Gières.

Chemin-des-Moutons, ch^ns c^e St-Pierre-d'Entremont.

Chemin-des-Mules, ch^ne c^e La Cheylas.

Chemin-du-Mulet, ch^ns dans c^es Bourgoin, Coublevie, Vaulnaveys-le-Bas, etc.

Chemin-des-Muriers, ch^ne c^e Villette-Serpaize.

Chemin-des-Muscadins, ch^ne c^e Septème.

Chemin-Neuf (Le), h. c^es Anjou et Agnin ; — (le), h. c^e Laus.

Chemin-Nicolas, ch^ns et quart. c^e Grenoble.

Chemin-de-Passe-Quatre, ch^ne c^e Bernin.

Chemin-du-Pavé, anc. voies de commu^on, c^es Herbeys, St-Latier, St-Martin-d'Hères, St-Maximin.

Chemin-de-la-Perdrix, ch^ne c^e St-Laurent-de-Beaumont.

Chemin-des-Pièces, ch^ne c^e Poumiers.

Chemin-des-Pierres, ch^ne c^e N.-D. de Vaulx.

Chemin-des-Pierres-Blanches, ch^ne c^e la Tronche.

Chemin-de-Plaine-Vie, ch^ne c^e Communay.

Chemin-du-Pont (le), h. c^e 'ouzée.

Chemin de la Procession, ch^ins d. c^es Laus, Montagnieu, Pressins, la Tronche, etc.

Chemin-du-Rapt, ch^ne c^e St-Egrève.

Chemin-de-la-Recette, ch^ne c^e Chavagnieu.

Chemin-des-Renards, ch^ne c^e Verna.

Chemin-de-Revel (Le), h. c^e Domène.

Chemin-des-Rogations, ch^ne c^e Arandon (XVIII s.) ; — ch^ne c^e Balbins ; -- ch^ne c^e Beaurepaire : — ch^ns d. c^es Arzay, St-Priest, Semons, Seyssuel, la Verpillière, etc.

Chemin-des-Ronces, ch^ne c^e Villette-Serpaize.

Chemin royal de St-Georges-d'Espér. à St-Just, XVII s. : voy. Via Sibuenca.

Chemin-de-St-Martin, au moy. âge, route romaine du Mont-Genèvre à Vienne, parcourt Rives, Brezins, Marcilloles et Beaurepaire.

Chemin-des-Sans-Culottes, ch^ne c^e Barraux.

Chemin-de-Sans-Sou, ch^ne c^e Sérézin-du-Rhône.

Chemin-du-Seigneur, ch^ne c^e Allemont.

Chemin-du-Sorbier, XV s., ch^ne disp. c^e la Frette.

Chemin-des-Vaches, ch^ne Le Mont-de-Lans.

Chemin-des-Veaux, ch^ne c^e St-Julien-de-Ratz.

Chemin-du-Vohler, ch^ne c^e St-Jean-de-Moirans.

Chemin-des-Ventes, ch^ne c^e Pinsot.

Chemin-Vieux (Le), f. c^e Gières; — h. c^e Pont-Evêque.

Chemin : voy. Iter. Via.

Cheminade, éc. c^e Seyssins.

Cheminade (La), ch^ne c^e St-Pierre-de-Chartreuse.

Chena (La), XVIII s. : voy. Chaneys.

Chenal (Le), h. c^e Clelles ; — (col de la), c^e St-Pierre-de-Chartreuse.

Chenal : voy. Canali.

Chenal (fons de la), XIV s. : voy. Chanal.

Chenas, l. disp. c^e Extrablin.

Chenaulx (dom. f. de les), XIV s. : voy. Canales.

Chenaulx, XVII s., C-ux, XVIII s., Chencau, XIX s. : voy. Chanaut.

Chenavarie (La), C-ris, XIX s. : voy. Chanavaria Lancii.

Chenave, mas et ruiss. c^e Montrevel.

Chenavey, h. c^e Tullins.

Chenavière : voy. Chavaneres.

Chenaville, lac c^e Biol.

Chenaz, mas c^e Four.

Chêne (Le), h. c^e La Combe-de-Lancey ; — h. c^e Croy-et-Pusignieu ; — mas c^e Moidieu.

Chênes (Les), h. c^e Jardin.

Chenes (subt.), XV s. ; les Chênes, l. disp. c^e Salaise.

Chenevarie (La), mas c^e Longechenal.

Chenevary (La), bois c^es Champagnier et Jarrie.

Chenevas (Les), h. c^e Revel.

Chenevey (Grand, Petit), C-ex. Chenevo; le Chenecey (Grand, Petit), hh. c^e St-Pierre-d'Entremont.

Chenevier (Le), mont. c^es Livet-et-Clavet et la Morte.

Chenevier, C-re (bois) : voy. Chavaneres.

Chenevière-de-Bayard (La), quart. c^e Pontcharra.

Chenicourt, f. c^e St-Michel-les-Portes.

Chenille, XVIII s. : voy. Chanilliez.

Cheno (nem. de), XIV s. ; Chenes, C-ex, XVIII s. : voy. Chayno (for. de).

Chepie (eccl. de), XIV s. ; Cheppia, XVI s. : voy. Chapeia.

Chepvrière, XVI s. : voy. Cabrerlis, Caprellas, Caprerils.

Cherannoy (eccl.), XV s. : voy. Charavinarum.

Chérennes (ruiss. de), c^e St-Pierre-de-Chérennes, affl. Isère.

Cheret (Le), mont. c^e St-Christophe-en-Oisans.

Cherien, forêt : voy. Chlerien.

Cherlier, XIX s. : voy. Caroloco, Cherlieux.

Cherlieux, XVIII s. ; Cherlieu, h. c^e St-Pierre-de-Chartreuse.

Chermell, XIX s. : voy. Charmellil.

Cherulles, C-lhes, C-lles, XVI s. ; les Charmilles, mont. c^e Voreppe.

Chermine (mais.), XVII s.

Cherminelle (mont.) ; Charminelle, mont., chal. c^e Poumiers.

Chermeria, XIV s. ; Charnier, (Petit), mont. c^e Allevard.

Cherolle, XVIII s. ; Echerolles, h. c^e la Chapelle-de-la-Tour.

Cherrolles (territ. les), XVI s. ; la Grande-Cherrière, vill. c^e St-Savin.

Chers (Le) ; Lecher, h. c^e Assieu.

Cherule, XVIII s. : voy. Carusium.

Cherut (Le), mas et ruiss. c^e Oz.

Cherut (molard au dessous du), XVII s.; *le Cherut*, h. c⁰ le Sappey.

Chéruy, anc. nom de la Bourbre, de son embouchure à sa jonction avec le canal Catelan, qui parait l'avoir remplacé.

Chesa (la), XIII s.; Chesla (combe de), XIV s.: voy. Chisa.

Chesa (la), XIII s.; *la Chièse (?)*, l. disp. c⁰ Treffort.

Chesa Nova, XII s. , voy. Chassaine.

Chesanova (castr., manul.), XIII s.; Chese Nove ville (capelle), XIV s.; *Chésanave*, c⁰ c⁰⁰ La Verpillière.

Chesaute, f. c⁰ Allevard.

Cheseneuve : voy. Chesanova.

Chesorgila (de), XV s.: voy. Casaricas.

Chesia (de, XV s.: voy. Chesya.

Chesia (combe), XIV s.: voy. Chisa.

Chesibet, riv., XIV s.; *le Chichibert*, ou la Ruine, torr. c⁰ Meylan, aff. Isère.

Chesila (Fr. de), XIV s.: voy. Chesa.

Chesiniago, XIV s.: voy. Cassiniaco, Chassaniaco.

Chesle (bois du la), XVII s.: voy. Chella.

Chesne (forêt du), manul⁰ St-George, Fallavier et Septème, XVII s.; *Chanus*, ff. c⁰⁰ Diémoz et St-Georges-d'Espéranche.

Chesne Baudin (en), XVII s.; *Chêne-Baudin*, bois disp. c⁰ Passins.

Chessaillana (castr. de), XIII s.: voy. Chayssilhana, Seychollena.

Chessanagio (comata de), XIII s.; Chessenagio (ministralia de); *les Moulins*, m⁰⁰⁰ c⁰ Le Cheylas.

Chesseins, XVIII s.: voy. Chelains.

Chessenagio (mans. de), XIII s.; *Sauvsage*, l. disp. près la Buissière.

Chessennos : voy. Chayssieu.

Chesseu, XIII s.; *Cheyssieu*, c⁰ c⁰⁰ Roussillon.

Chesseu, XIII s.; C-sieu, XVI s.: voy. Cassiacus, Chassieu.

Chessilliana (vallis de), XIII s.; C⁰ en Trièves, XV s.; *Chichilaume*, c⁰ c⁰⁰ Clelles.

Chesya (J, de), XV s.; *la Choize*, h. c⁰ Claix.

Chétives (tête des), XIX s.: voy. Cheytiva.

Chetivcts (les), XVIII s.: *le Chétivet*, h. c⁰ Froges.

Chéty (ruiss. de), aff. du Grand-Ruisseau de Domène, c⁰ St-Martin-d'Uriage.

Chenclais (mass. de), XIII s.; *la Chirchi*, mass c⁰ Tencin.

Cheullieri (La), XVI s.; h. d'Ur. c⁰ Chaponnay.

Cheullierp (territ. la), XV s.; *Chullery (la)*, mas c⁰ Chaponnay.

Cheura (molar. de la), XIV s.; *la Chèvre*, h. c⁰ St-Georges-d'Espéranche.

Cheurau (hils (ecci, h⁰ Marie de), XIV s.: voy. Chaurenchis.

Cheureres, XIV s.; C-rières, voy. Cabreriis, Caprelias, Caprerils.

Cheureria (prat. de), XIV s.; C-il, C-eta, C-itta in comba de Veyton, XVI s.; *la Chèvrette*, mont. chal. c⁰ Pinsot.

Cheureria, XIII s.; C-ie (la), XVII s.; Chevrerie; *Chèvrerie*, anc. quart. de Vienne, rue de Y⁰.

Cheurerie, XVII s.: voy. Chevrey.

Cheurolant, XVII s.; Cheurollan (mont. de), XVII s.: voy. Chabrolantium.

Cheuroleri (La), XIII s.: voy. Chavroleri.

Cheval, h. c⁰ Le Bouchage.

Cheval-Blanc (le), h. c⁰ St-Pierre-de-Chandieu ; — h. c⁰ Vaulieu.

Chevaleri (La), XVI s.; *la Chevalerie*, mas c⁰ Allières-et-Risset.

Chevalet (Les, mont. c⁰ Chanteloure.

Chevalier (Le), mont. c⁰ Allemont; — c⁰ disp. à l'Ile-Verte, c⁰ Grenoble; — h. c⁰ St-Aupre; — l. disp. c⁰ St-Just-et-Chaleyssin; — c⁰. c⁰ St-Lattier; — gr. disp. c⁰ Serres-et-Nerpol.

Chevalier, mont. c⁰ Veurey ; — h. c⁰ Chantesse.

Chevalière (La), h. c⁰ Montrevel; — XVI s., h. c⁰ St-Marcel-de-Bel-Accueil.

Chevalière, XVIII s., C-ea, C-leu, XIX s. : voy. Cavalleriis (tor de).

Chevalière, XIII s.: voy. Chevalli.

Chevaliere-de-Malte (mont. des), XVIII s.; *Jermitena*, chal. et mont. c⁰ Allevard.

Chevalleri (la), XVII s.; voy. Chevaleri.

Chevalli (prat.), XV s.; *la Chevalerie*, h. c⁰ Tullins.

Chevallins (mais des), XV s.: voy. Chavallers.

Chevallon (lieu, par.) ou des Barbières, XVIII s.; Chevalon (mans.), XVII s.; *le Chevalon*, vill. c⁰ Voreppe.

Chevals (Les); *le Cotmap-des-Chevaux*, h. c⁰ Miribel-les-Echelles.

Cheverie, XVIII s.: voy. Chevrey.

Chevillard, mais. f., XVIII s.: voy. Chivilliardi.

Chevillière (La), XVII s.; — ruise. c⁰ Entre Deux-Guiers.

Chèvre (La), h. c⁰ Corbelin.

Chèvre-Noire, h. c⁰ Gillonnay.

Cheverie (la), f. c⁰ Champagnieu.

Chevrette-d'Aval (La), chal. c⁰ Pinsot.

Chevrette, XVII s.: voy. Chevretto.

Chevrey (prat. de la), XIV s.; *la Chèvrerie*, h. c⁰ La Chapelle-du-Bard.

Chèvrier, l. disp. c⁰ Meylan.

Chevrier (au), XV s.: voy. Chevrey.

Chevrières, c⁰ c⁰⁰ St-Marcellin; par. dioc. Vien., égl. St-Pierre.

Chevriers (chemin des), c⁰ St-Jean-de-Moirans.

Chevrieu, mas c⁰ Villemoirieu, XVI s.

Chevrin (rivoire, bois); *Chevrin*, ou *la Ricoire*, bois c⁰ St-Victor-de-Morestel.

Chevrote, h. c⁰ Chélieu.

Chevrotière, h. c⁰ Aoste ; — (la), châ⁰ c⁰ La Tour-du-Pin.

Chevrots (Les), XIX s.; *Chevrot*, h. c⁰ Montséveroux.

Chevrots (Les), c⁰ c⁰ Pact.

Cheyriari (parr.), XV s.: voy. Cassiacus, Chassieu.

Cheveilhania in Triviis, XIV s.; Cheyeilhane (domin.), XIV s.; C-llana : voy. Chayssilhana, Seychellena.

Cheyeillana, XV s.: voy. Seychillina.

Cheygles, XIII s.: voy. Chegles.

Cheylas (Le), c° c°° Goncelin ; dioc. Gren., égl. St-Martin.

Cheylasium, Cheylas(S. Martin. de), XIII s. ; C-llasiis (parr.), XIV s. ; Cheylaysium, XIV s. : voy. Chaplais, Chelas.

Cheyllen, XV s. : voy. Cadu-lianum.

Cheylla(La), XIV s. : voy. Chella.

Cheymera, C-ria (territ. la), XV s. ; l'heniére, mas c° Reventin-Vaugris.

Cheynnes (en), XVI s. : voy. Chenes.

Cheypla (loc.), XIII s. ; Cheyplo (la), XVI s. : voy. Chapela.

Cheyreu, C-rieu, XIV s. : voy. Chlerieu.

Cheyros (mons), XI s. ; Chourry, mont. c° St-Martin-d'Uriage.

Cheysia, XIV s. : voy. Chrea ; — XVI s. : voy. Chesya.

Cheysillana, XV s. ; C-llana, XV s. : voy. Chaysillana, Seychellena.

Cheysserlis (in), XV s. : voy. Chayseres.

Cheyssiaco (parr. de), XIV s. : voy. Cassiacus, Chaucias.

Cheyssieu, c° c°° Roussillon ; par. dioc. Vien., égl. N.-D.

Cheyssilhana, XV s., C-ana, C-llana, C-illana, XV s. : voy. Chayssilhana, Seychellena.

Cheyssillim, XIV s. ; C-llana in Trivlis ; XIV s. : voy. Chays-silhana, Seychellena.

Cheyssiau, XV s. : voy. Choisieu, C-sieu.

Cheytas (chln de la), XVII s. ; Chemin de la Seita, c° Sar-cenas.

Cheytiva (calma). XIV s. ; la Chaitier, mont. c°° Le Périer et Valjouffray.

Ches(parr.), XI, XII s. : voy. Quez.

Chezenin, XV s. : voy. Charnax.

Chezeneufve, XVI s. : voy. Che-saneux.

Chezeneuve, c° c°° La Verpil-lière ; par. dioc. Vien., égl. St-Maurice.

Chiarel (en) ; C-llo (la), XV s. ; le Chiarel, ruiss. c° Mizoën.

Chiaruslorus, XIV s. : voy. Char-ruleriis.

Chlay (La), ruiss. c° Ste-Marie-du-Mont ; — ruiss. c° Theys.

Chibin, XIX s. ; Chubius, h. c° Virieu.

Chicane (La), h. c° Meylan.

Chichardière, l. disp. c° Pariset.

Chichatoury, XIX s. ; Chez-Châtoury, h. c° Savas-et-Mépin.

Chicheliane, XV s. : voy. Chays-illiana, Seychellena.

Chichi (loc.), (dom.), XIV s. : Chiche, l. disp. c° l'Albenc.

Chichilianne, c° c°° Clelles : com. Cichillianne ; dioc. Die, égl. N.-D.

Chichillienne, C-ane en Oysans, XVIII s. : voy. Sechillina.

Chichilline, Cicchiline, Chessi-liane ; Sechilleux, c° c°° Vizille.

Chierieu (terrallios de), XIV s. ; Chérieu, mans c° Moras.

Chierlieu : voy. Charlet.

Chies (rivassius a faute du) ; Chiez (r-u). XV s. ; la Chiay, ruiss. c° Theys.

Chiesa, XIV s. : voy. Chisa.

Chiessa, Chiessaz, XVI s. ; Chièse, l. disp. c° Veyssilieu.

Chiesure (terri., unclar. de la), XV s. : voy. Cheura.

Chiez (bois du), XVIII s. : voy. Chayserlis.

Chièza (La), h. c° Proveyzieux.

Chiferum, XIV s., Chifferium ; Chiufert, h. c° Pinsot.

Chignarde (mont. de la) : voy. Chinarde.

Chilotière, éc. c° Dionay.

Chimellinum, XV s. : voy. Chi-millino.

Chimillino (eccl. de), XII s. ; XV s. : voy. Chimillino.

Chimilliino (eccl. S. Laurentii de), XI s. ; (parr. de), XIV s. ; Chimillin, c° c°° le Pont-de-Beauvoisin ; par. dioc. Belley, égl. St-Laurent.

Chinain, XVIII s. ; Chinay, vill. c° Ville-sous-Anjou.

Chinarda. C-di (mons), XIV s. ; Chinarde (ruiss. la), XVIII s.; C-de (vacheries de) ; la Chi-narde, mont. c° Lavaldens et Villard-St-Christophe.

Chincou, XIII s. : voy. Quinciaco.

Chion (Lo), éc. c° Miribel-Les-chègre.

Chionorins villa, XIV s. ; les Chions, éc. c° St-Guillaume.

Chioux(Les), mont. c° Lavaldens.

Chirat (Les), ruiss. c° Molssieux, afl. du Rival.

Chirenchi (parr.), C-cium (parr. priorat.), XV s. : voy. Chyrens.

Chirens, c° c°° Voiron ; par. dioc. Vien., égl. N.-Dame.

Chiroels, XIII s. ; Conais, XVIII s. ; Chirannay, h. c° Varacieux.

Chiroen, C-nrum, XV s., Coyen (villa Nova, priort, C-ygn, XIV s. : voy. Chyrens.

Chirool villa, XIV s.; les Chirous, l. disp. c° St-Théoffrey.

Chirous (gr. des), XVII s. ; les Chirous, éc. c° St-Genis.

Chiroses (Les), XIV s. ; les Chourots, mas c° Méaudre.

Chirouse, éc. c° Choranche.

Chirouses(Les), h. c° St-Romans.

Chisa, XIII s. ; la Chièse, h. c° Valbonnais.

Chissière (La), ruiss. c° St-Michel-de-St-Geoirs.

Chissilhina, XIV s. ; Chichi-ianne, c° c°° Clelles.

Chissilline (domin.), XIV s. : voy. Chayssilhana, Seychellena.

Chiushlon (en). XV s. ; Chaffa-lou ?, l. disp. c° Solaise.

Chiusfert, XVIII s. : voy. Chi-ferum.

Chiuruiant, mons, XIV s. : voy. Chabrolantium.

Chiusey, XVIII s. : voy. Chiferum.

Chivalerii, C-llerii (mollar.), XV, XVI s. ; la Chevalière, bois c° Jarrie.

Chivalet (au), XIX s. : voy. Chivalleto.

Chivallerii, XV s. : voy. Cha-valleriis.

Chivalleriis (loc. de), XV s. : voy. Chavalleriis (iter de).

Chivallet, XVI, XVII s. ; Che-valet, h. c° Royas.

Chivalleto (P. de). XV s. ; le Chevalet, h. c° Chabons.

Chivalli, XV s. : voy. Chevalli.

Chivallier (lieu de), XVII s. ; Chevalière, bois c° St-Pierre-de-Chartreuse.

Chivilliardi (dom. l.), XV s. ; Chevillard, anc. main. l. disp. c° Moirans.

Chofhta (molend. des), XIII s. ; Chafferdon, éc. c° Pontcharra.

Chognes, XVIII s. ; Cholgnes, XVII s. : voy. Chonez.

Chognies, XIV s. : voy. Chonez.

Choiues, XIV s. : voy. Chouss.

Chohuil (molend. de), XIII s. : voy. Chanil.

Cholard (Le), h. cne Vézeronce.

Cholat, gr. cne Miribel-les-Échelles; — (le), h. cne St-Sulpice-des-Rivoires.

Cholat (Pré), XVII s.: voy. Pré Cholat.

Cholaz (rupis, le Truch a la), XIV s.: la Chalz, mont. cne St-Christophe-Entre-Deux-Guiers et St-Pierre-de-Chartreuse.

Choles (territ.), XIV s.; C-et, C-etis: Cholet, h. cne la Bâtie-Divisin.

Cholet (bordaria de), XIII s.; C-eto (chavan.), XIV s.; le Cholet, h. cne Herbeys.

Cholet (Le), h. cne St-Pierre-de-Chérennes.

Choley (mas), XVII s.: voy. Choulay.

Cholinum, XV s.; Choulin, h. cne St-Chef.

Cholle, XIX s.: voy. Chai 2e.

Challongi: voy. Cholongi.

Cholm (territ. du), XVI s.; les Chaumes, h. cne Ruy.

Cholonge, cne cne la Mure; dioc. Gren., égl. Assomption.

Cholongi (H. de), XIII s.; Cholonge, cne cne la Mure.

Choma villa, XIV s.: le Cret-du-Chaume, h. cne St-Ismier.

Choma (La), XVIII s., h. disp. cne Livet-et-Gavet.

Chomails (rif des), C-mes: Chominos ou des Charbonniers (rif de la), XVII s.: voy. Chomas.

Chomandorum (stagn.), XVI s.; la Choumarde, mas cne St-Savin.

Chomas (ad), XII s.; Chomieriis (in), XV s.; Chaubonnière (ruiss. de la), cne St-Joseph-de-Rivière.

Chomas (La), XV s.: la Chaume, bois cne St-Pierre-de-Chartreuse.

Chomaz (La), XV s.: Chaumes (les), XV s.: la Chaume, mas cne Châbons; — bois cne St-Pierre-de-Chartreuse.

Chomeil, XVIII s.; C-eis, XIX s.: voy. Chalmes (villa de).

Chomes (Les), XV s.; Chomes, mas cne l'Île-d'Abeau.

Chomoncii (parr.), XV s.; C-eu, XIV s.: Chaumont, vill. cne Eyzin-Pinet.

Chomvar (Le), XVIII s.; le Choucard, h. cne Le Bouchage.

Chonas, XVIII s.; Chonas, cne Roussillon.

Chonas, cne cne Vienne-Sud; dioc. Vien., égl. S-Sévère.

Chonas, XVIII s.: voy. Calvatis (villa).

Chonas, C-sium (parr.): voy. Chonnas.

Chonasium, XV s.: Chonas, h. cne La Terrasse.

Chonaz XIV s.; Chonyes; Choyne, h. cne Méplen.

Chonglies, XIV s.; C-nes, XV s.; C-nyes: voy. Chonez.

Chougny, bois, XV s.; Choyne, grotte, cne Verna.

Choninus (eccl. de), XI s.; Cognin, cne cne Vinay.

Chonion (molend. de), XIV s.: voy. Chaunion.

Chonnas: Chomas, cne cne Vienne-Sud.

Chonnerie (borderia), XIV s.; Chenoise l., disp. cne Herbeys.

Chonyes, XV s.: Chougny, cne Tullins.

Choplano, XVIII s.: voy. Chalplana.

Choranche, cne cne Le Pont-en-Royans; dioc. Gren., égl. Assomption.

Choreily, l. disp. cne St-Mury-Monteymond.

Chorels, XVIII s.: voy. Choriers.

Choreuriis (par. Be Marie de), XV s.: voy. Chauranchis.

Chorerie (dom.), XIII s.; C-il (prieur, XIV s.; la Courrerie, h. cne St-Pierre-de-Chartreuse, anc. mais. Chartreux.

Choreriis, XV s.; Coueriaz (ruiss. de la), cne St-Laurent-du-Pont.

Chorettière, XX s.: voy. Cohras.

Choreu, XVIII s.: voy. Choruseliis.

Chorier, gr. cne Beaurepaire.

Choriers (bois des), XVII s.; Choueryy, mont. cne St-Martin-d'Uriage.

Chorin, ruiss. affl. La Galaure, cne St-Clair-sur-Galaure.

Chorinel, l. disp. cne St-Romans, XVIII s.

Chormues (Les), XVIII s.; les Chomes, h. cne Allemont.

Chorolant (Goletus de), XVI s.; C-rd ou la Parchi; Chourelan (Gollet de), XVII s.; le Perchy, mont. et forêt cne St-Joseph-de-Rivière.

Chorolant, XVI s.; Chordan, XVII s.: voy. Chabrolantium.

Chorolant (rocher ou abyme), XVII s.: voy. Jussain.

Chorseti (riva), XIV s.: voy. Chaorseti.

Chosalibaudes: voy. Chasanez.

Chosas, C-az, C-aux: Chosaz (dom. f. de), XIV s.: (parr. de) C-eau, C-ax, XVI s.; Chezeaux, XVIII s.: voy. Chosaz.

Chosaz, dom. f., XIV s.: parr.: Chozena, cne cne Crémieu.

Chosmes (Les), XVIII s.: voy. Cholm.

Chosnas, XIV s.: voy. Chosaz.

Chossat-Perret (Le), gr. cne La Motte-d'Aveillans.

Chossigny (in magn. tachiis de), XV s.; Chessigny, h. cne Ternay.

Chosson, mas cne Jarcieu.

Chourlière, ch. cne Montbonnot-St-Martin.

Choulay, XVII s.; Cholet-le-Bonnecaux, l. cne Villeneuve-de-Marc.

Choulet (Le), XVIII s.; le Cholet, h. cne St-Mury-Monteymond.

Choulet, h. cne St-Pierre-d'Allevard.

Choulet (Le), XVIII s.: voy. Cholet (bord. de).

Choulets (aux), bois, XVIII s.; Choulet, cr. cne Pinsot.

Chouralrie (La), h. cne Plan.

Chourelan, Chourelian (de), C-nl, XVII s.: voy. Chabrolantium.

Chourenchiis (eccl. B. Mar. de), XV s.; Chourenche, cne cne Le Pont-en-Royans.

Chourrres, XIV s.: voy. Caheriis, Capeliis, Capreriis.

Choureriis (villa de), XIV s.; la Pierre-Chaurryr, mont. cne le Gua.

Chourers, bois: voy. Choriers.

Choureyres, ruiss. cne Miribel-Lanchâtre.

Chouroland, XVI s.: voy. Chabrolantium.

Chovin (mais), XVIII s.; Chaurin, l. cne St-Ambul.

Choygnea (terralium), XV s.; Chugnieu, mas cne Frontonas.

Choynes (ruiss.), XVIII s.: voy. Chasaz.

Chozeau, cne cne Crémieu; par. dioc. Vien., égl. St-Blaise.

Chrapon villa : voy. Craponi.

Christophorum (dom.), XIV s. : les Christophes ? l. disp. c⁰ Ste-Marie-d'Alloix.

Chucilles (de), XIII s. ; Chueylles, XIV s. ; Chuelles, Chuellies, Chuelle ; le Suer, h. c⁰ St-Clair-de-la-Tour.

Chuire (La), grotte c⁰ Annoisin-et-Chatelans.

Chulet, XIX s. : voy. Cholet (bord. de).

Chuilliery (La), XVI s. : voy. Chuilliers.

Churilles, éc. c⁰ Chézeneuve.

Churut (Le), XVIII s. : voy. Chirut.

Chusella, XIII s. : C-lum. XVI s. ; Chussella (nem. de), XV s. : Chuzelle, c⁰ c⁰ Vienne-Nord.

Chusella (parr. de), XIV s. : voy. Sancti Mauricii in villa Cusella.

Chuselle (manl. de), XVI s. : Furmont, anc. manl⁰ comprenant c⁰ actuelle de Chuzelle.

Chusil (molecul. de), XIII s. ; Chusyl, XIV s. : Chusil, mas c⁰ Chonas et St-Clair-du-Rhône.

Chusino (parr. S. Martini de), XIV s. ; Chusin, Chusini (parr. et villa), XV s. ; Susin, éc. c⁰ la Tour-du-Pin.

Chusino (parr. de), XIV s. : voy. Seuzin.

Chusis (los), XIV s. ; Chuzinos ; les Chuzins, h. c⁰ Sassville.

Chuyssella, XV s. : voy. Caucilla, Chusella.

Chuzeaux (Les), XVIII s. : voy. Canalibus l⁰.

Chuzel, XVI s. : voy. Chusil.

Chuzelle, c⁰ c⁰ Vienne-Nord.

Chyreus (villa d⁰), XIV s. ; Chireus, c⁰ c⁰ Voiron.

Chyufert, XVI s. : voy. Chiferum.

Cia (bois de la), XVIII s. : voy. Scia (la).

Cibuet, XVIII s. ; Champ-Sibuzel, mas c⁰ l'Échaue.

Cibuet, Cibuis : voy. Sibuet.

Cicerino (pasc. de) : voy. Cirisiacum.

Cicerinum, XIII s. : voy. Cizirinum.

Cichilina : voy. Sechillium.

Cicincum, XIV s. ; Cyriacum : voy. Sirou.

Cicxerino (de), XIII s. ; C-m (riv. de), XV s. ; Ciserin, ruiss., que c⁰ Corenne et Meylan.

Cicerinum, riv., XIII s. : voy. Cizirinum.

Ciers (parr. et villa de), XIII s., XIV s. ; (molari) ; (parr. B. Petri de), XV s. ; Ciers, vill. c⁰ Les Avenières ; — par. diœ. Belley.

Ciers (mans. de), XIV s. ; Ciers, l. disp. c⁰ Serres-et-Morpol.

Cievol Bas ; Siévoz-le-Bas, vill. c⁰ Siévoz.

Cievol, Cievols : voy. Sevol.

Cièz, h. c⁰ la Côte-St-André.

Cigallere (La), h. c⁰ Maubec.

Cilans, XIV s. ; Cilanis (domin. de), XIV s. : voy. Silans.

Cilizino (eccl. de), XIII s. : voy. Cirisiacus.

Cimana (hord. de), XIII s. ; Cimiana villa, XIV s. ; Simiane, h. c⁰ Prunières.

Cimandre ; Simandre, h. c⁰ Pommier.

Cimandres, XIII s. ; Cymandres, XIII, XV s. ; Simandres, c⁰ c⁰ St-Symphorien-d'Ozon.

Cime-Chalvine (La), mont. c⁰ Livet-et-Gavet et Oulles.

Cime-du-Lé (La), h. c⁰ Mayres.

Cime-de-Vaulx (La), vill. c⁰ Vaulx-Milieu.

Cinardo (parr. de), XIV s. : voy. Sinart.

Cineyp, XIV s. : voy. Cyneps.

Cing (champ du), XV s. ; Cingle (le) ; le Single, l. disp. c⁰ Verna.

Cingium rupis, XII s. ; les Saugiers, mont. c⁰ St-Joseph-de-Rivière et St-Laurent-du-Pont.

Cingulum, XIV s. : Cyngle (mais. t. du), XVI s. ; le Single, h. disp. c⁰ Verna.

Cinière (La), h. c⁰ Charancieu.

Cinq-Pointes (Les), mont c⁰ Allevard.

Cinquin, h. c⁰ Artas.

Cinton : voy. Sainton.

Ciriacum (eccl. de), XV s. ; Leyrieux, h. c⁰ Chapannay.

Cirinxina, XIV s. ; Cirisina : voy. Cisarianus.

Cirisiacus (villa) cum eccl. S. Abani, X s. ; Ciryaino (de), Ciresin, XII s. ; Cirizino (parr. de), XIII s. ; Ciriay ; Sérézin, c⁰ c⁰ Bourgoin.

Cirisine (La), au-dessous la Croix des Rameaux, XVI s. ; la Cirerine, mas c⁰ Corenne.

Cirisine, XIV s. : voy. Cisarianus.

Cirizier (bois), XVIII s. ; le Cerixier, bois, c⁰ le Périer.

Cirizini (parr.) : voy. Cisarianus.

Ciroz (plateau du), XV s. ; Cirou, XVII s. ; le Cire ou le Cirque, anc. quart. Vienne.

Cirque (Le) ou Le Cire, anc. quart. Vienne, place.

Cirzerino (riv. de), XV s. : voy. Cicerinum.

Cisarianus (villa), X s. ; Cisiriano, X s. ; Cisarino, Cisarino, X s. ; Sérézin-du-Rhône, c⁰ c⁰ St-Symphorien-d'Ozon.

Ciseria (Le), éc. c⁰ Corenc.

Cisieu : voy. Sicieu.

Claysino (eccl. S. Albani de), XII s. ; Clallinum : voy. Cirisiacus.

Citadelle (La), mas c⁰ Agnin ; — mas c⁰ Chuzeau ; — éc. c⁰ Cornillon-en-Trièves ; — mas c⁰ Doissin ; — quart. c⁰ Grenoble ; — quart. c⁰ Pont-de-Beauvoisin ; — l. disp. c⁰ St-Guillaume ; — éc. c⁰ St-Martin-le-Vinoux.

Citernières (les), h. c⁰ Presles.

Citraire (La), mont. c⁰⁰ Le Gua et le Villard-de-Lans.

Cître (lac de la), XVIII s. ; la Grande-Sitre, mont., lac c⁰ la Combe de Lancey.

Citrey (mons de), C-yl, XV s. ; la Cître, mont. c⁰ Theys.

Citta (mont de la), Cita ; la Sita, forêt, c⁰ Séchilienne.

Civarone, 1er s. av. J.-C. : voy. Calarone.

Civars (mais. de cheu), XVI s. ; Civax, vill. c⁰ Eyzin-Pinet.

Civax (La), h. c⁰ St-Pierre-d'Allevard.

Civet, XIX s. ; les Civets, h. c⁰ St-Ismier ; — h. c⁰ St-Laurent-du-Pont.

Civets (mais⁰ des), XVII s. ; le Civet, h. c⁰ La Murette.

Cizay (Le) ; le Sizau, h. c⁰⁰ Pommier et St-Barthélemy-de-Séchilienne.

Cizerain, mais. t. XVIII s. : voy. Cizirinum.

Cizerias (par), XIII s. ; Ciserias vers Bovimant, XIV s. ; Cizeries (les) et Glaeyres, à près les Sarges; *les Sarges*, mont. cⁿᵉ St-Pierre-d'Entremont.

Cizerin (riv. de), XIII s.: Cno... (molar., comba de), XIV s.: voy. Cizerinu, Cizirinum.

Cizerin (riv. de), XIII s.: voy. Cizirinum.

Cizerini (passe), XII s.: voy. Cirislaens.

Cizières (Les), h. cⁿᵉ St-Antoine.

Cizirinum, XII s.: (maladeria), XIII s.: *le Cizerin*, riv. cⁿᵉ Corenc.

Claalis (prior de), XIV s.: voy. Claellis.

Claellis, Colas (eccl. S. Marie, prior de), XII s.: Claelos, XIV s., Claillis, Clayllis (parr. de), XIV s.: Clabellis, XV s.: *Clelles*, ch.-l. cⁿᵉ arrt Grenoble.

Clair (Le), XIX s.: *le Clear*, h. cⁿᵉ Villefontaine.

Clarantz (mont. de), XVI s.: voy. Claran.

Claire Fons, XVIII s.: voy. Clairfond.

Claires (Les), bois cⁿᵉ Corps.

Clairet, XVIII s.: voy. Claret. Clareti villa.

Claireveau, XVIII s.: *Clericeau*, h. cⁿᵉ St-Just-de-Claix.

Clairfond: *Clairfont*, h. et ruine, cⁿᵉ Roybon.

Clairie, ruine.: voy. Clariere.

Claire (Les): voy. Clara.

Clais (ecclia XI s.: (castra), XIII s.: mandam.. (eccl. S. Crucis de), XIV s.: (S. Petri de): *Cleix*, cⁿᵉ cⁿ Vif; dioc. Gren., égl. St-Pierre.

Claix (forêt de), cⁿᵉ St-Romans et St-Just-de-Claix.

Claix, h. cⁿᵉ Vourey.

Clamaisson, XVIII s.: *Clamaisson*, h. cⁿᵉ Miribel-les-échirae.

Clancel, cabau., XII s.: *Cleganetot*, mas cⁿᵉ Proveyzieux.

Claonau, XIII s.: voy. Clavonaeum.

Claparia, (crosta) XIV s.: *la Clapière*, mont. et chal. cⁿᵉ Siechilienne et Vaulnaveys-le-Haut.

Claper (el), XIV s.: *le Clapier*, mas cⁿᵉ St-Pierre-de-Chartreuse.

Claperia (crosta), XVI s.: voy. Claparia.

Claperii, XV s.: *les Clapeys*, grs cⁿᵉ Laval.

Claperiis (in), XIV s.: *le Claperot*, mont. cⁿᵉ Lavaldens.

Claperios: voy. Clapiers.

Claperium (Magnum), XV s.: *Clapier-Noir*, h. cⁿᵉ Le Perier.

Claperius, XIV s.: (mandm.): *le Clapier*, h. cⁿᵉ Le Bourg-d'Oisans.

Claperius (ruppa), XIV s.: *le Clapier*, mont. cⁿᵉ Le Mont-de-Laus.

Claperius (villa), XIV s.: *le Clapier*, h. cⁿᵉ St-Guillaume.

Clapers (gr.): voy. Claperii.

Clapeyros (Les), XVIII s.: *les Clapières*, bois cⁿᵉ Villard-Reymond.

Clapier (Le), ruine. cⁿᵉ Auris; — mas cⁿᵉ Beauvoir-de-Marc (XVI s.); — h. cⁿᵉ Le Bourg-d'Oisans.

Clapier ou Ganelmir, XVIII s.: *les Ganchmirs*, h. cⁿᵉ Le Bourg-d'Oisans.

Clapier (mons des), XV s.: Clapier, XVI s.: *le Clapier*, mont., chal. et ruine, cⁿᵉ la Chapelle-du-Bard et Allevard.

Clapier (Les), h. cⁿᵉ Faramans; — (Grand, Petit), bois cⁿᵉ Livet-et-Gavet; — (de), vallee, cⁿᵉ St-Christophe-en-Oisans.

Clapier: voy. Clapiers, Clapier.

Clapier-du-Peyron (Les), mont. cⁿᵉ Venosc, Bourg-d'Oisans et Valjouffrey.

Clapiere (Les), h. cⁿᵉ La Ferrière; — h. cⁿᵉ St-Egreve.

Clapieros (Les), éc. cⁿᵉ Royon.

Clapiers (subt. loc), XV s.: *le Clapier*, h. et bois cⁿᵉ la Côte-St-André.

Clapier Noire: voy. Claperium.

Clapperii (borgiata): voy. Claperiis I.

Clapperius: voy. Claperius 2.

Clappier (mont. du), XVIII s.: *les Clapiers*, mont. cⁿᵉ Autrans et Meaudre; — mont. cⁿᵉ Engins et Sassenage.

Clappier, mas., XVI s.: voy. Clapiers.

Clara (recoveria), XIV s.: *le Clair*, vill. cⁿᵉ St-Chef et St-Savin.

Claran (alpis de), XIII s.: (mons), XIV s.: Claratz (mons des), XV s.: Clarant, XVI, XVIII s.: *Claran*, mont., chal. cⁿᵉ la Chapelle-du-Bard et Allevard.

Clarateriis (mons): Ceyres, XV s.: *les Clareteires*, h. disp. cⁿᵉ Vif.

Clarcagetum (apud), XIII s.: voy. Clarfei.

Clarens (mont. des), XVII s.: voy. Claran.

Clareria, riv., aqua, XV s.: *les Eaux-Claires*, ruiss. cⁿᵉ Grenoble.

Clares (bois des), XVIII s.: *les Claires*, mas cⁿᵉ Jarrie.

Claret (Le), éc. cⁿᵉ Allemont; — ruiss. cⁿᵉ Livet-et-Gavet; — éc. cⁿᵉ Le Perey; — h. cⁿᵉ Renage; — éc., disp. cⁿᵉ Theys.

Claret (forêt) ou Combe d'Aulbe, XVIII s.: *Claret*, mont. cⁿᵉ Autrans et Meaudre.

Clareti (riv.), XV s.: *le Claret*, ou Ruisseau-du-Pin, ruiss. affl. l'Olle, prend naiss. aux Rochers Billian, et separe cⁿᵉ Vaujany et St-Colomban.

Clareti villa, XIV s.: Clari: *Claret*, h. cⁿᵉ Avignonet.

Clareti villa, XIV s.: Clie (mans. de): *les Clarets*, h. disp. cⁿᵉ Susville.

Claretière (Les), h. cⁿᵉ Faverges.

Claretiere, mais. f., XVII s.: voy. Clareto.

Clareto (pontis), XV s.: *Claretiere*, mas, anc. mais. f. cⁿᵉ Le Fontanil.

Clarette (La), éc. cⁿᵉ Tullins.

Clareyre, h. cⁿᵉ Marcieu.

Clariacz villa, XIV s.: Cail, Cay, Cey, Cez, Claroday, Ceya: voy. Clarfei.

Clarisey, XIII s.: Clarfei, XIII s.: *Clorfeix*, éc. cⁿᵉ Poncharra.

Clarfay (dom. Stauchi) des XIVs.:voy.Aval cⁿᵉ grangia.

Clarfay: voy. Clarein Fayetum.

Clariacum, XV s.: voy. Vicaria Gratianopolis.

Clariere (canal fait en 1671, C cⁿᵉ ruiss.): Clariere (lieu. du Drap), XVII s.: *Clariere*, canal disp. cⁿᵉ Grenoble.

Clarimontis (castra), XIII s.: *le Chateau*, ruines, cⁿᵉ Le Monestier-de-Clermont.

Clarimontis (mons), XIV s.: (hrlmont.), XV s.: *Clermont*, h. cⁿᵉ la Folatiere et Rovon-gnieu.

Clariny, domaine. XVIII s. ;
Clarigny ou *Grange-Neuve*,
t. c Feyzin et Solaize.

Claris, XIX s. : *Clary*, h. c
Auberives-en-Royans.

Clarmonderis (villa) : *Clarmon-
deyres ?*, l. disp. c St-Paul-
les-Monestier.

Claro (el), XIV s. : *Clair*, h. c
Anjou.

Claro (des), XIV s. : *les Clarets*,
h. c Valjouffrey.

Claromontis (ecc l. de), XII s. :
Clar Mont, XIII s. : Clarus
Mons, XIII s. : Clarimontis
(parrochia villa), XIV s. : *le
Moustier-de-Clermont*, ch.-l.
c arr Grenoble.

Claromonte (de), mand. castellie,
XIII s. : in Trivils vicecomit.,
XIV s. : *Clermont*, ancien-
nemt. châtellenie et vicomté.

Claromonte (mand. de), XIII s. :
Ctis de Valdena (el), baronia :
voy. Clarus Mons.

Clarum Fagetum, XIII s. : voy.
Clarei.

Clarum Fagetum (gr. heremit.
apud), XIII s. : voy. Avalenis
(grangia).

Clarus Mons, XII s. : in Viennesio, XV s. : (parroch.) : *Clermont*, vill. c Chirens.

Clarus Mons, XIII s. : Clarimontis (dominus), XIV s. :
(parroch. Vallis), XIV s. : *le
Moustier-de-Clermont*, ch.-l.
c arr Grenoble.

Clasdum, XIII s., Clays, Csium,
XIII s., mandam. (eccl. S.
Crucis de), XIV s., (eccl. S.
Petri de) : voy. Clais.

Clasium, castr. : voy. Clays.

Claubouvac, XVIII s. : Claubouvat, XIX s. : *Claubouvat*, éc.
c St-Guillaume.

Claude (La), mont. c Laval et
St-Agnès.

Claudis, mans., XIV s. : *Clayes*,
h. c Auris.

Claudia, XVII s. ; *le Clodir*,
scierie, c St-Pierre-d'Entremont.

Claukon (Le), ruiss. c St-André-
en-Royans, affl. de la Bourne ;
— ruiss. affl. La Bourbre, c
les Abrets et St-André-le-Gaz.

Claubouvat : voy. Claubouvac.

Clausadum, XV s. : Caf, Cauf,
XIV s. ; Cau, Cut, XIII s. ;
voy. Clavonacum.

Clausel (Le), ruiss. c Dionay.

Clauso (territ. de), XV s. : *le
Clos*, h. c Auberives.

Clauso (territ.), XV s. : *le Clo-
son*, mas c Lazinay.

Clauso (J. de), XIV s. ; *Clozé*,
h. c St-Sorlin.

Claustrensis, XV s. : voy. Clau-
trerii.

Clau-trota, XIV s. : Clautrelle
(la), XVIII s. ; *le Clotruit*,
bois c Chichilianne.

Claustri (quartorius), XIV s. :
le Cloître, anc. quart. de la
Côte-St-André, où prieuré.

Claustri (in canthoue), XIV s. :
le Cloître, partie du bourg
de St-Étienne-de-St-Geoirs.

Clausum, XIII s. : *le Clos*, mas
c Le Cheylas ; — h. c Communay.

Clausum, riv., XIV s. : *le Clus*,
mas c St-Marcel-Bel-Accueil.

Clausum (de), XIV s. : *le Clos*,
mas c St-Romain-de-Jalionas.

Clausum, vinea, XIV s. : *le
Clous*, mas c St-Vincent-de-
Mercuze.

Clausum desuper Alavardium
(territ.), XIII s. : *le Clus*, h.
c Allevard.

Clausum, XIV s. : voy. Closum :b.

Clausus Archiepiscopi, XV s. :
voy. Vyenneyra.

Clauterne, gr. disp. c St-
Marcellin.

Claux (mas du), XVIII s. : voy.
Clot 1.

Clavaison, XII s. : Csum, Cayson ;
Clacegnon, anc. mais. forte
c Semons.

Clavans, c c Bourg-d'Oisans :
dioc. Grenn., égl. St-Didier
év. Langres.

Clavans Dessus, XVIII s. : voy.
Clavaonus super.

Clavanne (eccl. de), XI s. : Cvione
(curia), XIV s. : Cvon, mistral.,
XIII s. : Cne (eccl. bb. Diederii
et Martini), XV s. ; *Clavans*,
c c Bourg-d'Oisans.

Clavaonus inferior, XIV s. ; *Cla-
vans-le-Bas*, vill. c Clavans.

Clavaonus superior, XIV s. ;
(capella b. Marie), XV s. :
Clavans-le-Haut, vill. c
Clavans.

Clavas (eccl.), XII s. : voy. Clavonacum.

Clavaux (Les), XVIII s. : *les
Clavaux*, h. c Livet-et-Gavet.

Clavaysone (aqua), XIV s. : *la
Galaceyson* (voy. ce mot).

Clavaux (Les), h. c Livet-et-
Gavet.

Clavel, gr. c Oris-en-Ratier.

Clavel (le), h. c Ste-Blandine ;
— ruiss. c Villard-Eymond.

Clavelière, h. c Chichilianne ;
— h. c Solaise.

Clavellerus (villa), XIV s. :
Cloyriis (mass.), XV s. : *Cla-
releyres ?*, l. disp. c Le Gua.

Claveson, fief à Ornacieux, XVII
s. : Cyson, mais. f. : voy.
Clavaison.

Clavette (gr.), XVIII s. : *la Clavette*, h. c Allevard.

Clavettes (Les), éc. c Bougé-
Chambalud.

Clavier, éc. c Château-Bernard.

Claviere, gr. disp. c St-Quentin ;
— (la), ruiss. c Villette-
Serpaize.

Clavonacum villa, X s. : *Clouas*,
c c Roussillon.

Clavone (villa subter.), XIV s. :
voy. Clavonus.

Clay, mandam., XIII s. ; castellania, XV s. ; *Claix*, anc.
mand.

Clay (domus de), XIII s. ;
l'Aldurye, h. c St-Just-de-
Claix, abb.

Clay (foresta), XIV s. : *Claix
(forêt de)*, c St-Just-de-Claix
et St-Romans.

Claye (montagne de la), XVIII
s. : *la Cle*, mont. c Autrans
et Montaud.

Claye, XIV s. : voy. Clay 2.

Claye (La), XVIII s., C (les),
XIX s. : voy. Cley.

Clayeta, XV s. : voy. Cleyeta.

Clayettes (Les), mas et pont sur
le Glandon, c Chapareillan.

Clayrant, XVI s. : voy. Claran.

Clays (castr. de), XIII s. ; *le
Château*, ruines, c Claix.

Clays, XIII s. : voy. Sancti Justi
in pago Roian.

Clayoli (riv. molendinor.), XIV s. :
Fontbelle, ruin. c Claix.

Clèchet (Chez-), XIX s. ; *Cléchet*,
h. c Estrablin.

Clèchet, h. c Jardin.

Clèchet, XVIII s. ; *Cochet*, h. c
Meyssiès.

Clèe (La), XVIII s. ; *la Cle*,

mont. — Autrans et Montaud.
Clevlis, XIV s. : Clellis, XV s. : Clelis, Clelis, prior., Cleltos, Cleyles, Cleyllis (quarr. des), XV s. : voy. Claellis.
Cleyta, XIV s. : la Cleyta, ruines, — Allemont, aill. l'Olle.
Cleyta, n... XIV s. : la Cleyta, l. disp. — Lavaldens.
Cleyta (mans. des), XIV s. : voy. Cleyeta.
Clefelas, XVIII s. : voy. Chedas.
Cleines, XIII s. : Cleines, h. — St-Nazaire.
Clelas (prior des), XII s. : voy. Claellis.
Clelles, ch.-l. — arr Grenoble : dioc. Die, egl. St-Joseph et précédemment l'Assomption.
Clemançon, XIX s. : voy. Clamaisson.
Clemensière, XVIII s. : Clemencière, h. — St-Martin-le-Vinoux.
Clément, gr. disp. — Lans : — (le), h. — Pontcharra.
Clementière, XVIII s. : Clemencière, h. — Sassenage.
Clémes, h. — St-Nazaire.
Clemes, XIII s., Clemiis (de), XIV s. : voy. Cleines.
Cliou, XVIII s. : voy. Clolose.
Cleran (mont.), XVII s. : voy. Claran.
Clere (Le), ruine — Clonas.
Clercq (Le), XVIII s. ; le Clerc, h. — Marnans.
Cleres (Les), XIX s. : voy. Clercq.
Cleretus, XIV s. : voy. Claru.
Cleriveaux, XIX s. : voy. Clairaveau.
Clermont, vill. — Chirens, baill. Vienne.
Clermont, h. — Presaine : — l. disp. — St-Hilaire-du-Rosier.
Clermont, XII s. : voy. Clarus Mons.
Clerc (villa de), XI s. : le Clerc(?), l. disp. — St-Appolinard.
Clemen, XVIII s. : voy. Cleimen.
Clevrand, Clavernt, XIX s. : voy. Clevan.
Clet, ée. — Lans.
Cleta, XIV s. : voy. Cleeta 1o.
Cleta, XIV s. : voy. Cleyta.
Clevan, XVIII s. : Clavenat, h. — Chapareillan.
Cley (La), XVIII s. : le Cley, h. — La Ferrière.
Cleya (La), forêt, — Treyve-et-

Pusignieu et Courtenay.
Cleyeta, XIII s. : Cleyata, mans., XIV s. ; Cleyta, XIV s. : la Cleyette, mas — La Buissière.
Cleyettas, XIX s. : voy. Cletas.
Cleylles, XIV s. : voy. Claellis.
Cleyano, tour, XIX s., l'en, mans. (quarr, S. Mauritii), XIV s., Cenian villa : voy. Cleimes.
Cleyret, XIX s. : voy. Clareti.
Cleys (terril. las), XV s. : le Clas, h. — St-Georges-d'Espéranche.
Cleys, XV s. : voy. Clais.
Cleyta, XIV s. : la Cleyta, mas sur la Jonche, — Cognet.
Cleyta, XV s. : voy. Cleeta 4o.
Clezeta, XVIII s. : voy. Chauvel.
Clezans, ée. — Cheyssieu.
Clezan, XII s. : Canzan, ruines, — St-Pierre-de-Chartreuse.
Cliant (Le) : le Clean, h. — Valencogne.
Clientibus villa, XIV s. : les Cleute 2, l. disp. — La Cluze et Paquiers.
Clievos, XIX s. : Chesae, vill. — Beaulieu.
Clietas (Las), XVIII s. : la Cleyette, h. — Aoste.
Cliot, h. — Paladru.
Clo (riv. du), XV s. : voy. Clause.
Clo Veillet (gr. al), XIV s. : le Clot, gr. — St-Pierre-de-Chartreuse.
Cloanaf, XIII s. : Canc : Cloanaz, — — Roussillon.
Cloaque, ée. — Malleval.
Clochatel (mans. des), XVIII s. : Clot-Chatel, mans. — St-Christophe-en-Oisans.
Clocturanel, h. — Vaulnavey-le-Bas.
Clochos (lans l. disp. — Le Freney-d'Oisans.
Clochis (ins, XIV s. : les Clots, mas — La Motte-d'Aveillans.
Cloctis (criquerias, XV s. : les Clots, ruines, — Quet.
Clochis de Siever, XV s. : Clorz (al), XIV s. : les Clots, mans. — Sievoz.
Cloctis subteriorihus, XV s. : les Clots, mans. — Le Périer.
Clocais (ins, XIV s. : voy. Clodicia.
Clocus (l. des), XV s. : voy. Clot 2o.
Clocuuus (mansion, XV s. : les Cluttuus, mans — Hantchave.
Cloctus (apt, XIV s. : les Clots, ée. — Livet-et-Gavet.

Cloctuu, XV s. : voy. Clotou.
Clodellum, XV s. : Claudel, h. — La Ronchage.
Clodias, XIV s., Clueis, XIII s., Ceys (mans. des), XV s. : voy. Cloies.
Clodicia (in), XIV s. : les Clots, bois — Sassenage.
Cloliez, XIV s. : voy. Clodisium.
Clolis (chis du), — Herbeys.
Clolis, XVII s. : le Clolis, scierie — St-Pierre-d'Entremont.
Clolis, h. — Vizille : La Cloliz, XIII s.
Clodisium, XIV s. : les Clolis, bois — Lavaldens et Crusserbatier.
Clodizia, XIII s. : voy. Clodicia.
Cloguerin, C-iboton et borenes, XIV s. : les Clogueires, bois disp. — Lavaldens.
Cloies, XIII s., mas : Cleyes, h. — Auris.
Cloime, mans., XII s. : Cleout, h. — Mayres.
Cloiti, XIV s. : les Clots, h. — St-Christophe-en-Oisans.
Cloitre (Le), ée. — Heyrieu.
Clona, tien., XIV s., Casium, XV s. : voy. Cloanaf.
Clonas, — — Roussillon : par. dioc. Vien., egl. St-Andre.
Clonno (quarr. de Verrieu et des XIII s., XIV s. : Clonaux, XVI s. : Enclosod, h. — Montalieu-Verrieu.
Cloquaux (Les), mont. — Ravun.
Cloquet, gr. disp. — Ville-Saint-Aujeux, XVIII s.
Cloral, XVIII s. : Courel, ée. — Courtenay.
Clos (Le), h. — les Avenieres — ée. — Gillonnay : — h. — Premniers : — f. — St-Antoine : — h. — Ste-Agnes : — l. disp. — St-Egreve : — h. — St-Geoire.
Clos (rochas del), XIV s. : le Clot, bois — Ravun.
Clos (Le), ée. — St-Jean-d'Avelanne : — ée. — Thuy — (XIV s.) : — h. — Trept.
Clos (el), XIII s. ; les Clots, mas — Vienne.
Clos (haus du), XVIII s. : le Clot, ou Clot-de-l'herrret, bois — Vaulnay.
Clos-Chernavaz, f. — Hières.
Clos-Colous (mont.), XVIII s. : Clot-Colouch, mas — Proveyzieux.

Clos-de-l'Église (les), h. cne Chaponnay.

Clos (les) : voy. Clotum.

Clos des Genton (mas, f.), XVI s.; de la Cache ou des Gentons, XVIII s.; le Clos-des-Gentons, t. cne Theys.

Clos-Girard, cv. disp. cne Vaujany.

Clos-Jurard (les), bois, cne Le Monestier-d'Ambel.

Clos de Livet, XVIII s. : voy. Clorton.

Clos-Morel (les), h. cne Artas.

Clos-de-St-Pierre, XVII s. : voy. Castellum.

Clos-de-la-Selle (les), bois cnes Lalley et Prébois.

Clos d'Utille (bois), XVIII s.; le Clos-de-Til, mont. cnes La Mure et St-Barthélemy-de-Séchilienne.

Clos-du-Verney, XVIII s. : le Clos-du-Verney, bois, cne Vaulnaveys-le-Haut.

Clos : voy. Clot 2e.

Closans (lacn de), XIV s.; Clozan. m s, XVIII s.; Closan, f., XIX s. : Clozan, f. cne Chamagnieu.

Closet (La), ruiss. aff. Le Bruyant, cne St-Hilaire.

Closet (Le), bois et ruiss. cne Oullens.

Closier (en) : (riv. de), XV s.; le Closier, mas cne Vernas.

Clozit, XVII s.; le Clozit, riv. cne Allevard.

Clovil (mas), XVIII s.; C-la, parroch. S. Saturnini, XV s.; voy. Clauves.

Closo (mans. de), XIV s.; le Clos, L. disp. cne St-Vincent-de-Mercuze.

Closo (mans. de), XIV s. : voy. Clausum, Clusel.

Closiveyri, mont. cne Lavaldens.

Clostal, XVIII s.; Clotes, bois et chal. cne Allemont.

Clostis (in), XIV s.; les Clots, la. cne Le Villard-de-Lans.

Clostrerii, XIV s.; C-trieres (en), XV s.; les Claustrières ?, L disp. cne Jarrie.

Clostres (village des), XVII s.; les Cloitres, la. cne St-Pier.-d'Entremont.

Closum, XIV s. ruula, riv., XV, XVI s.; le Clos, la. cne Allevard.

Closum, territ., XV s. ; le Clos, la. cne Auberives.

Closum, villa, XIV s. ; le Clos, L. disp. cne Entraigues.

Closum. XIII s.; le Clos, cv. cne Mens.

Closum villa, XIV s. ; le Clos, L. disp. cne St-Pierre-de-Mésage.

Closum, XIV s. ; le Clos, f. cne Vaulnaveys-le-Haut.

Closum, XIV s. : voy. Clausum 1er, 2e, 3e.

Closum Boyssonis, XIV s.; Boysson; le Clos-Boisson, L. disp. cne Meylan.

Closum subtus caminum, XIII s. : le Clos-des-Chartrous, h. cne Montbonnot-St-Martin.

Closum domini Dalphini X s., XIV s. : le Clos-Dauphin, mas cne Cession.

Closum episcopalis, XV s. ; les Évêques, quart. cne Rivière.

Clot, cv. cne Chantesse ; — (le), h. cne Claix ; — mont. cne la Combe-de-Lancey.

Clot (al), XIII s. : le Clot, h. cne Quet.

Clot, XIII s. ; Cloto (A. de), XIV s.; le Clot, cv. cne Roissard.

Clot-de-Beaumont (Le), mont. cnes Chantelouve, Lavaldens et Ornon.

Clot-Benet, h. cne Séchilienne.

Clot-Brunet, XVIII s. ; Clot Brunet, h. cne Le Freney.

Clot-Charitas, chal. cne Vaulnaveys-le-Haut.

Clot (Le), XVIII s. : le Clos-de-la-Chaumette, h. cne Séchilienne.

Clot de Chevalerey, XIX s., C-lleret, XVIII s. : voy. Clotum Chav.

Clot-Chavalier (Le), mont. cne Allemont.

Clot Colon, XVIII s. : voy. Clos C.

Clot (Le), XVIII s.; l'Échaillon, mont. cne St-Martin-d'Uriage.

Clot-des-Egenux (chm du), cne la Salette-Fallavaux.

Clot des Essards (Le), XVIII s.; le Clot, h. cne Mizoën.

Clot-du-Fangeat (Le), bois, mont. d'Arcelle : voy. Arcella.

Clos-du-Four (Le), bois, cnes Ambel et Beautin.

Clot Garcin, chavan., XIII s. ; le Clot, h. cne Allemont.

Clot des Genton (domaine), XVI s. : voy. Clos d. G.

Clot-Goular, gr. cne Villard-de-Lans.

Clot Jurard, XVIII s. : Clot-Girard, bois cne Monestier-d'Ambel.

Clot-Lécher, forêt cne Allemont et Oz : voy. Bennelon.

Clot-du-Miret (Le), mont. cne St-Honoré.

Clot du Puy, XVIII s. : voy. Clottis (riv. de).

Cloti, XIV s., C-la(nem.., serrum, mourtis de) : les Clots, h. cne Miaxen.

Cloti, XIV s ; les Clots, cv. cne Sinard.

Cloti villa, XIV s.; les Clots, cv. cne Valjouffrey.

Cloti de Avorando. XIV s.; Clot (el) ; les Clots, h. cne Livet-et-Gavet.

Cloti, XIV s.: voy. Clolti, Clostis.

Clotis (in), XIV s.; les Grands-Clots, cv. cne St-Michel-les-Portes.

Clotis-Chavallarelis, XV s. : voy. Clotum Chav.

Clotis l'arisius (in coyn), XV s.: voy. Clotum.

Clotis (ripp. de), XV s. : voy. Clortis.

Cloto (in), XIV s. : le Clot-du-Rust(?), pâtur. cne La Garde.

Clotum, XIV s.; C-anet (tête du), XIX s. ; le Clotonnet, mont. cne Valjouffrey.

Clotum (prata ap.), XIV s.; les Cloutum., mont. cne Villard-St-Christophe.

Clotrait, XVIII s. : voy. Clanstreta.

Clotrier (Le), XVIII s. ; le Clou-trier, cv. cne Chuzelle.

Clots (les), bois cne La Combe-de-Lancey.

Clots : voy. Cloctum.

Clots (Les), XVIII s. : voy. Clotum S. Fel.

Clotte, cv., XVIII s., Clotz. XIV s. : voy. Clossum 5e.

Clottis (riv. de), XIV s. ; les Clots, chal. et ruiss. cne Le Mont-de-Lans.

Clottis (in), XV s ; les Clots, mas cne St-Michel-en-Beaumont.

Clotto de Bercacto (in), XIV s.; le Clot-du-Heury, mas cne Oz.

Clotto Garcini (chavan. de), XIV s. : voy. Clot Garcin.

Clottom, XIX s.: voy. Cloctomos.

Clotum, XIV s., *le Clot*, h. c⁰ Mizoën.

Clotum, XIV s.; *le Clot*, éc. c⁰ Seyssins.

Clotum Chavallarum, XV s.: *le Clot-de-Chevalerot*, h. c⁰ Clavans.

Clotum de Fanjassio (Plan sive), XVI s.: *le Clot-du-Fauquet*, bois c⁰ Séchilienne.

Clotum de Roffo, XV s.: *le Clot-du-Roux*, mas c⁰ Besson.

Cloturaz, ruiss. c⁰ Proveyzieux.

Clotum Gialine, XIV s.; *le Coey-de-la-Gieline*, bois c⁰ Livet-et-Gavet.

Clotus St Felicil, XIV s.; de Volania, XV s.; *le Clot*, h. c⁰ Vaujany.

Clotz, XIV s.; Clottum, XVI s.; *le Clot*, h. c⁰ Brié-et-Angonnes.

Clotz Arlendus, villa, XIV s.; Cloti; Clot (les), XVIII s.; Clos (le), XIX s.; *le Clot*, vill. c⁰ Allemont.

Clotz (Les), XVII s.: voy. Cloti de Avor.

Clou, XIX s.: voy. Clolou.

Cloudy, XVIII s.: voy. Clolendum.

Cloutons (Les), mont. c⁰ La Salette-Falavaux.

Cloutre (la), f. c⁰ Marcenas.

Cloutre (bois de la), XVIII s.; Cloutri (bois de la); *la Cloitre*, h. c⁰ Revel-et-Tourdan.

Cloux, XV s.: *Clou*, h. c⁰ Roche.

Clouz (territ. de), XV s.; *le Cloutaz*, mas c⁰ Septème.

Cloyan, XIV s.: voy. Cloies.

Cloyoc villa, XIV s.: voy. Cloloue.

Cluz; Clost (mont.), XVII s.; *le Clot*, mont. c⁰ Apprieu.

Cluz de la Corlu ou des Gentons, XVIII s.: voy. Clos d. G.

Clozel (loc.), XIV s.; *le Clouz*, mas c⁰ St-Vincent-de-Mercuze.

Clozures (Les), h. c⁰ St-Jean-de-Bournay.

Clues (mans. de), XV s., Cluies, XVIII s.; *Cluyes*, h. c⁰ Auris.

Clusont (loc. de), XV s.: voy. Clonau.

Clusa (capella de), XI s.; (castel. castri), XII s.; (parrois. S. Andree de), XII s.; *la Cluse*, vill. c⁰ la Cluze-et-Pâquiers.

Clusa villa, XIV s.; *la Cluse*, mas c⁰ Entraigues.

Clusa (loc.), XII s.; (rupis super), XIII s.; *la Cluse*, rocher, c⁰ St-Pierre-de-Chartreuse.

Clusa (parr. de), XIII s.: voy. St-Martin de Avre.

Clussa, XIV s.: voy. Clusa.

Cluyes, h. c⁰ Auris.

Cluysel (territ. de), XVI s.: *le Moulin-de-Suzelle*, mlin c⁰ Vignieu.

Cluze-et-Pâquiers (la), c⁰ c⁰ Vif.

Cluzeau (Le), XVIII s.: *les Chazeaux*, vill. c⁰ La Côte-St-André.

Clyat (La), h. c⁰ La Bâtie-Montgascon.

Coagni (riv. de), XIII s.: voy. Cohortino (rev. de).

Coates, XIII s.: voy. Coclles.

Coarelle (La), XVIII s.: *la Cuirelle*, h. c⁰ Cholonge.

Coateyri (La), XIV s.: *les Coâts*, h. c⁰ Cognin.

Coblavil, XIV s.; Coblavi (furn. de); C-vif, XIV s.; C-viel (parr.), XV s.; Coblaviou (rev. S. Petri de); *Coablerie*, c⁰ c⁰ Voiron.

Cocane (Les), XVIII s.: *les Coquauds*, h. c⁰ la Ferrière.

Cocanterielle, h. disp. c⁰ La Ferrière.

Cocart, XVIII s.; *Cocard*, h. c⁰ St-Romain-de-Surieu.

Cocciarum, IX s.; villa, X s.; Coccuf, XIV s.: voy. Cotiacum.

Coccu, villa, XIV s.: *Courrieu*, h. c⁰ Passues.

Cocha de Telum, XI s.; Cochi (caban. de la), XII s.: *la Coche*, h. c⁰ Theys.

Cochard (Les), h. c⁰ St-Marcel-de-Bel-Accueil; — h. c⁰ St-Mury-Monteymond.

Coche (La), h. c⁰ Chélieu; — mas c⁰ Ruvon; — h. c⁰ St-Appolinard; — col, c⁰ St-Christophe-en-Oisans et Venose; — h. c⁰ St-Pierre-de-Chartreuse; — éc. c⁰ Serrassieu; — h. c⁰ Theys.

Coche (gr.): voy. Cochuta, Cochia.

Cochière (La), h. c⁰ Giraudeu.

Cochus de Falet, XV s.: *les Coches*, bois c⁰ St-Jean-de-Soudin.

Corbet (Moulin) ou Grabé, XIX s.; *Scie-Revart*, scierie, c⁰ Entre-Deux-Guiers.

Corbet (Le), h. c⁰ Méaudre; — h. c⁰ Meyssiès; — éc. c⁰ St-Quentin-Falavier.

Cocheta, XIV s.; Coin, XVIII s.; Cox, XVIII s.: *la Cuchette*, ruins, c⁰ Mont-de-Lans.

Cocheta alpes, XII s.: *la Cuchette*, mont. et col c⁰ St-Pierre-de-Chartreuse.

Cocheta, in plano de Croso, XVI s.; Cottaz, XIX s.: *la Cuchette*, éc. c⁰ Vaujany.

Cocheteria (de), XIV s.: *les Cochets*, h. c⁰ Pommiers.

Cuchette (La), h. c⁰ St-Pierre-d'Allevard; — f. c⁰ Theys; — mont. et col. c⁰ Vaujany et St-Sorlin-d'Arves (Savoie); — mont. c⁰ Venose.

Cuchettes (Les), éc. c⁰ Venon; — h. c⁰ Le Villard-de-Lans.

Cochettière, XVII s.; Cochattières: *Cochatière*, h. c⁰ St-Pierre-de-Chartreuse.

Cochi de Entremont, XII s.: *les Cochettes*, mont., grès c⁰ St-Pierre-d'Entremont.

Cochi (caban.), XII s.: Cochia de Thesio (villeta), XIV s.: voy. Cochia.

Cochia (riv. de), XIII s.: *la Grande Coche*, ruiss. aff. ruiss. Theys, c⁰ Theys.

Cochia Cartusie, XIII s.: *la Coche*, h. c⁰ St-Pierre-de-Chartreuse.

Cochia de Reventin, XV s.; Cochia Oyserell: *la Coche*, col entre c⁰ Allemont et Laval; lac et ruiss. aff. l'Olle, c⁰ Allemont.

Cochy, XVIII s.: *la Coche*, éc. c⁰ St-Martin-d'Uriage.

Cocolon (mont.), XVIII s.; *Chol-l'olooh*, mont. c⁰ Proveyzieux.

Cocu (mont. du): voy. Serre-Cocu.

Cocurcio (de), XIV s.: *Cocuis*, h. c⁰ St-Antoine.

Codéron, f. c⁰ Chassignieu.

Codurières ou Montralières: *Crutta*, mas c⁰ Ternay.

Coement (cavann. de), XIII s., Colemenarki: voy. Coretz.

Coerro (les), XIV s.: voy. Coloreu.

Coetheu (Les), XVIII s.: *le Cousrel*,

bois cⁿᵉ Le Bourg-d'Oisans.

Coels (Les) : voy. Couteyri.

Cœur (Les, h. cⁿᵉ Belmont.

Cœur (Les, XIX s. : les Cœurs, h. cⁿᵉ St-Hilaire-du-Rozier.

Cœur de Bœuf, XVIII s. : voy. Cul de Bo.

Cœurs (Les), XVIIIs. : voy. Curt.

Cœze, forêt, XVIIIs. : voy. Coisi.

Cœzetan, XVIII s. : voy. Coysetan.

Cofynes (ap.), XIII s. : les Cuiffianz, mas cⁿᵉ Poisonnas.

Cognaux (tête de), XIX s. : voy. Cognoz.

Cognet, cⁿᵉ cⁿᵒⁿ La Mure : par. Gren., égl. St-Laurent.

Cognet (Les, bois cⁿᵉ Sarcenas.

Cognetis Soterania (in), XIV s. : les Cognets, bois cⁿᵉ Villard-Eymond.

Cognetu (molend. de), XIV s. : voy. Pons de Cognetu.

Cognetus (ap.), XV s. : voy. Coygnetus.

Cognets (Les), éc. cⁿᵉ Valjouffrey.

Cognetum (ap., XIV s. : le Coin, mas cⁿᵉ Lavaldens.

Cognetum, XIII s. : Cognet, cⁿᵉ cⁿᵒⁿ La Mure.

Cognetum (cumba). XIV s. ; Cognet, bois et ruiss. cⁿᵉ Oz.

Cogni Rotundi (nem.), XIV s. : Coin-Rond, bois disp. cⁿᵉ Besse.

Cognière (rue de) : Coguière, mont. cⁿᵒⁿ Gresse et St-Michel-les-Portes.

Cognin, h. cⁿᵉ St-Christophe-Entre-Deux-Guiers.

Cognin, cⁿᵉ cⁿᵒⁿ Vinay ; par. dioc. Grenoble, égl. Assomption.

Cognino (manse. de), XIV s., Cognins, claus, XIV s. : voy. Colsoninum.

Cognins (villa de), XIII s.; Cogninum, parr. XIV s. ; (villa franche, prior.), XIV s. : (eccl. B. Mar. de), XV s. ; Cognin, cⁿᵉ cⁿᵒⁿ Vinay.

Cognio (mans. de), XV s. : voy. Coyugno.

Cogninum, XV s. : voy. Coyn (loc. cl).

Cognoz (Les), XVIII s. ; les Cognoz, bois cⁿᵉ Le Touvet.

Cognoz (canton), XVIII s. ; Cognoux, mont. cⁿᵉ Gresse.

Cognum Foureys, XV s. ; Cuin-Fourel, bois cⁿᵉ Le Périer.

Cognum de Sella, XV s. : voy.

Coyn de S.

Cognos villa, XIV s. ; Cognum; Cogninum, XIV s. ; le Coin, bois cⁿᵉ Le Mont-de-Lans.

Cognos, XIV s. : le Sert-du-Coin, h. cⁿᵉ le Mont-de-Lans.

Colsa villa, XIV s. : voy. Tirn Colsa.

Colsard (le plat), XVII s. ; le Cohard, h. cⁿᵉ La Chapelle-du-Bard.

Colsarda, XV s. ; Colum, XIV s. ; Cohard, gr. cⁿᵉ Morestel.

Cohereo (in), XIV s. ; les Coutz, mont. cⁿᵉ Siévoz.

Colet (cabane), XIII s. : — L. disp. près Les Adrets ; — éc. cⁿᵉ St-Bonnet-de-Chavagne.

Colomino (de), XI s. ; Cognin, cⁿᵉ cⁿᵒⁿ Vinay.

Colomino (eccl. de), XI s. ; Cognin ou la Maladière, ruiss. aff. l'Isère, cⁿᵉ La Buissière.

Coieto (capella de), XI s. ; Cognet, cⁿᵉ cⁿᵒⁿ La Mure.

Coletum in quo ... castr. de Telox (loc. ad), XI s. ; le Châtel, h. cⁿᵉ Theys.

Coiflleux (vinee dela), Coilleux (ravan.), XIII s.: voy. Cofynes.

Coignet, XV s. : voy. Coieto.

Coignets (Les), XVIII s. : voy. Cognetis.

Coin (Le), éc. cⁿᵉ Le Bourg-d'Oisans.

Coin (Le), éc. cⁿᵉ La Chapelle-du-Bard : — h. cⁿᵉ Clavaselay ; — h. cⁿᵉ La Cluze-et-Paquiers.

Coin (Le), h. cⁿᵉ Jardin.

Coin (Le), h. cⁿᵉ Meyrié.

Coin (camp. del), XII s. ; les Coins, h. cⁿᵉ Montaud.

Coin (Le), mas et ruiss. cⁿᵉ N.-D.-de-l'Osier.

Coin (Le), h. cⁿᵉ St-André-le-Gaz : — éc. cⁿᵉ Sicillienne.

Coin (Le), ruiss. cⁿᵉ Venosc.

Coin (ravine du), XVIII s. : voy. Cognetum.

Coin d'Avallon, XVIII s. : voy. Cugno s. B.

Coin-Bonnet, ruiss. aff. le Ferrant, cⁿᵉ Besse.

Coin-Charnier, mont. cⁿᵉ Valjouffrey.

Coin-du-Prêtre(Le), mas et ruiss. cⁿᵉ Villard-St-Christophe.

Coin de la Ville (Le), XVIII s. ; le Coin, h. cⁿᵉ Ménaudre.

Coinchette (collet, font), XVII

s. : voy. Conchette.

Coinelle (la), XVIII s. : voy. Coynella.

Coing, terroir, XVII s. : voy. Coyn 1er.

Coing-Meyan, h'al, XV s. : voy. Cugni Mesl.

Colage (las), XVII s. : voy. Culignes.

Coimaco villa, X s. ; Chanux, cⁿᵉ cⁿᵒⁿ Vienne-Sud.

Coins (Les), bois cⁿᵉ Oz.

Cololet, éc. cⁿᵉ Blandin.

Colserou, ruiss., Colsetani, XIV s. : Colsin : voy. Coysetan.

Coisi (nem.), XII s. : Coize, forêt presque tout défrichée, cⁿᵒⁿ Pontcharra et Lalsaud (Savoie).

Col (Le), forêt, cⁿᵒⁿ Montaud et la Rivière ; — glac. cⁿᵉ St-Christophe-en-Oisans.

Col (Le), mas cⁿᵉ Villard-St-Christophe.

Col (plan de) : voy. Collum (costa).

Col (Le) : voy. Sur-le-Col.

Col-de-l'Alp (Le), col entre cⁿᵒⁿ Le Mont-de-Lans et Venosc.

Col-de-Beaudinat (Le), col cⁿᵉ Le Gua.

Col-des-Chamois (Le), col cⁿᵒⁿ St-Christophe-en-Oisans et Villard-d'Arène (Htes-Alpes).

Col de l'Homme (Le), col cⁿᵉ la Salette-Falavaux.

Col-de-Menée (Le), col et mont. cⁿᵒⁿ Le Percy (Isère) et Treschenu (Drôme).

Col-d'Olan (Le), col entre cⁿᵒⁿ St-Christophe-en-Oisans et Valjouffrey.

Col-de-Pellaprat (Le), col cⁿᵒⁿ La Combe-de-Lancey et Revel.

Cul de la Porte, XIX s. : voy. Collis Grisivol.

Col-du-Saut (Le), col cⁿᵉ Beautin.

Col-de-la-Vache (Le), col cⁿᵒⁿ Allemont et La Ferrière.

Col-des-Vachers (Le), col cⁿᵉ la Salette-Falavaux.

Col Vert (pas du), XIX s. : voy. Collis de Gover.

Colavel, L. disp. cⁿᵒⁿ Morette.

Colavelles (Les), XIX s. : voy. Caravelles.

Colchi, XII s. : voy. Cocha.

Colcins (Les), L. disp. cⁿᵉ Fitilieu.

Colees (Les), XV s. ; Colas, mas cⁿᵉ Panossas et St-Marcel-

Bel-Accueil.

Colerio (villa de), XI s.; Coleyra (G. de), XIII s., Collerio (mans. de), XV s., Coleure, Colleron, XVII s., Colleron, XVIII s.: *Coleras*, h. c. St-Appolinard.

Colet (mont. du), XVI s.: *le Collet*, mont. et chal. c. Allevard.

Colet (taillis du), XVIII s.: *le Collet*, bois c. St-Georges-de-Commiers et St-Jean-de-Vaulx.

Colin (La), h. c. Septème.

Collabout, XIX s.: voy. Cornabouchil, Crolabochils.

Collareres villa, XIV s.: *les Clogères*, mas c. Montbonnot-St-Martin.

Collatière (domaine de la): *la Collatière*, f. c. Miribel-les-Echelles.

Collateu ou Colloura (lieux), XVII s.; *les Colours*, bois c. Le Sappey.

Collaud de Coran, Cola (les) ou les Parchetz, XVII s.: *le Collard*, mas c. Corenc.

Colle (G. de), XIV s., Col (mont. de), XVIII s.; *le Col*, mont. c. Chantelouve.

Colle (La), h. c. la Côte-St-André.

Colle (La), XIX s.; *Colas*, h. c. Eyzin-Pinet.

Colle (du cognetis de), XV s.: voy. Collum (costa).

Colle des Bœufs: voy Collet 5°.

Collège (Le), h. c. Feyzin.

Collet (Le), h. c. La Ferrière: — h. c. Marcilloles; — év. c. Méaudre; — h. c. Le Monestier-de-Clermont et Sinard; — chât. c. St-Jean-d'Hérans; — h. c. St-Pierre-de-Brusieux; — h. c. Sinard.

Collet (roche et pertuis du), XVI s.; Coullet (goulet du), XVIII s.; *le Collet*, mont., chal. c. St-Pierre-de-Chartreuse.

Collet (mont. du): voy. Colet 1°.

Collet du Bœuf, XVI s.: *le Collet*, mont. et chal. c. Allevard.

Collet (Chez-), h. c. Septème.

Collet Daveillanz (La), XIII s.: Colletum de Avellanz, Aveyllanez, XIV s.; de Avillans, d'Avillanez: *le Collet*, mas c. la Motte-d'Aveillans.

Collet Vulson, XVII s.: voy. Coulet de V.

Colleteau: voy. Callouteau.

Colleto (mons. de), XIV s.; passesions; *le Collet*, mont. et chal. c. Allevard.

Colleto (costa de), (combas), XV s., Collets (des), XVIII s., Colet (le): *le Collet*, mont. et chal. c. Besse.

Colleto (molar. de), XIV s.: Coli de l'hue (molar.); *le Collet*, mas c. Herbeys.

Colleto (comba de), XIV s.: *le Collet*, ruiss. c. St-Christophe-en-Oisans.

Collets (Les), XIX s.: Colleto (mans. de), XIII s.; Cotto (cavum. de), villa: *le Collet*, vill. c. Pierre-Châtel.

Colletum, XVI s.: *le Collet*, mas c. Allières-et-Risset.

Colletum de Gressa, XIV s.; *le Col-de-Gresse*, col c. Gresse.

Colletum de Morglis, XIV s.; de Erons, Morgiarum, Menceil, XVI s.: *le Collet*, chât. c. St-Jean-d'Hérans.

Colletum de Olla, XIV s.: *le Col*, mas c. Oulles.

Colletum Urteriarum, XV s.: *le Collet*, mas c. Hurtières.

Colley, XIX s.: *le Collet*, vill. c. l'Ile-d'Abeau.

Colli de Jasselina, XIV s.: Colle de Jacrelanum; Colli Jaserini, XV s.; Col du Coq, XVIII s.: *le Col*, mont. et chal. c. St-Pierre-de-Chartreuse et St-Pancrasse.

Collières (Les), mas c. St-Barthélemy-de-Beaurepaire.

Collières (Les), clos c. Beaugarde-et-Poussieu.

Collins (Les), éc. c. St-Pierre-d'Allevard.

Collins (Costerg. des), XVII s.: voy. Collatière.

Collioctorum (dom.), XVI s.: *Colliège*, h. c. La Chapelle-de-la-Tour.

Collioneria (nemoris), XIII s.; Collucière, h. c. Mont-St-Martin.

Collis (in celsitudine), XIV s.: *le Col-d'Ornon*, col, mont. c. Chantelouve et Ornon.

Collis Alpis de l'Arc, XIV s.: *le Col-de-l'Arc*, éc. et coi entre c. Villard-de-Lans et St-Paul-de-Varces.

Collis, XIII s., C. domus Cartusie, XIV s.: *le Col-Notre-Dame*, col et bois c. St-Pierre-de-Chartreuse.

Collis de Cessa, XIV s.: *le Col-de-Seyssa*, col c. St-Maurice et Treschenu (Drôme).

Collis de Clarmonte (prolog. villa): Colletum Clarmontis, XIV s.: *le Collet*, h. c. Le Monestier-de-Clermont et Sinard.

Collis Crucis Alte, XIV s.: de Cruce, dict Jariatgtz: voy. Collum Crucis.

Collis de Eygnellin, XIV s.: *le Col-des-Aires*, col entre c. St-Pancrasse et St-Pierre-de-Chartreuse.

Collis de del Fau, XIII s.; Fayi, XIV s.: de Fago villa; *le Col-du-Fau*, mas c. Le Monestier-de-Clermont et Roissard.

Collis de Gover, Goverez, XIV s.: *le Col-de-Goverez*, col entre c. St-Paul-de-Varces et Villard-de-Lans.

Collis Grisivalani sub monteu de Portes et Cartusie, XIV s.: *le Col-de-Porte*, col c. St-Pierre-de-Chartreuse et Sarcenas.

Collis de Menil (dom.), XIII s., Menolio, XIV s., Menney; Col de Menne, Meney, Menuy, XVIII s.: *le Col-de-Menne*, col et mont. c. Le Percy (Isère) et Treschenu (Drôme).

Collis, Collis villa, XIV s.: *le Col-d'Ornon*, col et mont. c. Chantelouve et Ornon.

Collis (alpag.) Vojanie, XIV s.: voy. Collo.

Collis de Juzenet, Zuzenel, XII s.: *le Col-de-Jaygeur*, col c. Tréminis (Isère) et Lus-la-Croix-Haute (Drôme).

Collo, Cam, Colour: *Colouch*, mont. c. Revel.

Collo (comba de), XIV s.: *le Col*, mont., chal. c. Vaujany.

Colloden, c. St-Martin-d'Hères.

Collombaton, Cerise, XVII s.: voy. Columbania.

Collonge, XIX s.: voy. Colonica, Ca-

Collour, XVI s.: voy. Colouras.

Colloura: voy. Collatru.

Collum (costa), XIV s.: *le Col*, mas c. Besse.

Collum de Alto Crucis, XV s.: *le Col-de-la-Croix*, entre c.

La Ferrière et St-Columban (Savoie).

Collum de Claram desuper Gleysinum, XV s.; *le Col-de-Clavea*, col. cᵉ Pinsot.

Collum Crucis, XIV s.; *le Col-de-la-Croix-Haute*, col et mont. cᵉˢ Lalley (Isère) et Lus-la-Croix-Haute (Drôme).

Collum laqueorum (ad), XIII s.; *l'Uriage*, ville d'eau, cᵉ St-Martin-d'Uriage.

Colment, XIV s.: voy. Colmo.

Colmo (mont.), XIV s.; *Coulmo*, h. cᵉ Malleval, et forêt, cᵉˢ Malleval, Cognin, Rencurel, St-Pierre-de-Chérennes et Izeron.

Cololsinum, XIV s.: voy. Celosia, Sololsia.

Colomb, h. cᵉ Auberives; — éc. cᵉ Chevrières; — h. cᵉ Fontaine; — éc. cᵉ Lans; — (le), h. cᵉ Le Pin.

Colomb (territ.), XV s.; *Colomb*, h. cᵉ St-Maurice-l'Exil.

Colomb, f. cᵉ Villette-Serpaize.

Colomb (Les), XIX s.: voy. Colons.

Colomb (Chez-), h. cᵉ Meyssiés.

Colombaise, h. cᵉˢ Entre-Deux-Guiers et St-Christophe-Entre-Deux-Guiers.

Colombat, mᵃˢ cᵉ St-Paul-les-Monestier.

Colombe, cᵉ cᵒⁿ Le Grand-Lemps; dioc. Vienne, égl. St-Blaise.

Colombe, C-ria, C-saz, C-es, C-beyssa, XIII s.: voy. Columbaria.

Colomber (de): C-rius (stagna de), XIV s.; *le Colombier*, éc. cᵉ Plan.

Colomberius, XIII s.; *le Colombier*, l. disp. cᵉ Goncelin.

Colomberius, XIV s.: voy. Columberius.

Colombes, XIX s.: voy. Columba.

Colombet, h. cᵉ Allevard.

Colombets (Les), h. cᵉ Méaudre.

Colombier (Le), éc. cᵉ Allevard; — ruiss. cᵉ Brandin; — chᵗ cᵉ La Buissière; — f. cᵉ Bressieux; — h. cᵉ Chanteuse; — h. cᵉ La Chapelle-de-la-Tour; — éc. cᵉ Choranche; — chât. cᵉ Heyrieu; — mas cᵉˢ Marennes et Simandres; — mas et ruiss. aff. Le Frilloux cᵉ Maubec; — éc. cᵉ Marinais; — (chᵗ du), pont 1755, cᵉ

Poisat; — (le), f. cᵉ Revel-et-Tourdan; — h. cᵉ St-Aupre; — f. cᵉ St-Julien-de-Ratz.

Colombier (débris tour du chât. du), XVI s.; *le Château*, quart. cᵉ St-Étienne-de-St-Geoirs.

Colombier (Le), h. cᵉ St-Just-et-Chaleyssin; — chᵗ cᵉ Séchilienne; — éc. cᵉ Soleymieu.

Colombier, XVIII s.; *Colombat*, h. cᵉ St-Marcellin.

Colombier, vill. cᵉ Colombier-Saugnieu; dioc. Lyon, égl. St-Martin.

Colombier-Saugnieu, cᵉ cᵒⁿ La Verpillière.

Colombière (La), éc. cᵉ La Buisse; — lac cᵉ Pinsot; — h. cᵉ St-Marcel-Bel-Accueil.

Columbinière, éc. cᵉ St-Jean-de-Moirans.

Colombs (Les), XIX s.: voy. Colons.

Colon, XVIII s.: voy. Columba.

Colonge, mas cᵉ Brézins.

Colonge, mas cᵉ St-Laurent-du-Mure.

Colonge, XVIII s.; *Colonge*, ruiss. cᵉ Vinay.

Colonge, mals. f., XVI s., C-es, villa: voy. Colungia.

Colongea, XV s.: voy. Colonicas.

Colonges (marescum de), XV s.: voy. Colunges.

Colonica, VIII s.; *Colonge*, vill. cᵉˢ Chassignieu et St-Ondras.

Colonicas (villa), IX s.; *Colonge*, h. cᵉ Sermérieu.

Colons (Les); *les Colombs*, h. cᵉ Sérézin.

Colorium et Jay, XIV s.; *les Coulons*, bois cᵉ Le Touvet.

Colorum, XV s.; *Coulernur*, h. cᵉ Clavans.

Colory (couba de la), XIV s.; Color (el): Color (riv. del), XIV s.; Collorr, XVI s.; *Cully*, h. cᵉ Veyssilieu.

Colouraret, XIV s.: voy. Colorium.

Colouratis (in), XI s.; Colouras (via, puteum de), XIII s.; Colouvras, XVII s.; *Coulouerres*, f. cᵉ St-Symphorien-d'Ozon.

Coloury (couba de la), XIV s.; *Cully*, h. cᵉ Veyssilieu.

Colras (caban.), XII s.; *Chouretière*, h. cᵉ Proveyzieux.

Cola (Les), ruiss. aff. du Rif-Bruyant, cᵉ St-Christophe-Entre-Deux-Guiers.

Collière, XVIII s.; Colletiores, XIX s.; *Colletière*, vill. cᵉ Charavines.

Columba (eccl. parroch.), XIII s.; C-ba (eccl. Sancte), XIV s.; *Colombe*, cᵉ cᵒⁿ Le Grand-Lemps.

Columber (de), XIII s.; C-erium (mandam.), XIII s., castr., parr., eccl.; C-ers, XIII s.; *Columbier*, vill. cᵉ Colombier-Saugnieu.

Columber, XIII s.; C-rium, XIV s.; C-bier, territ.; *Columbier*, h. cᵉ St-Maurice-l'Exil.

Columberarius, XIV s.; *Columbière*, bois cᵉ Le Monestier-d'Ambel.

Columberias (ap.), XIV s.; *les Columbières*, f. cᵉ Chatte.

Columberii (dom. sive castr.), XIII s.; *le Château*, quart. cᵉ Colombier-Saugnieu.

Columberiis (loc.), XIV s.; *Columbier*, h. cᵉ Clavans.

Columberiis, XIV s.; *Columbière*, h. cᵉ Montaud.

Columberium, XIV s.; *le Columber*, mont. cᵉˢ Entraigues, Valbonnais et St-Michel-en-Beaumont.

Columberium, XIV s., éc. disp. cᵉ Vienne.

Columberius, XIV s.; *Columbier*, mas cᵉ Artas.

Columberius, villa, in agro Carantouico, X s.; *Columbier*, vill. cᵉ Beauvoir-de-Marc.

Columberius (dom.), XIII s.; (loya); C-bier (fort.), XVIII s.; *le Columbier*, mas cᵉ Champagnier.

Columberius seu la Noyeria, XIV s.; *le Colombier*, mas cᵉˢ Marennes et Simandres.

Columberius ultra Isaram, XII s.; *le Colombier*, mas cᵉ St-André-en-Royans.

Columberius, XIV s.; *le Columbier*, h. cᵉ St-Didier-de-la-Tour.

Columberis, XIII s.; *Columbaise*, h. cᵉˢ Entre-Deux-Guiers et St-Christophe-Entre-Deux-Guiers.

Colomba (alp. de), XII s. ; Colomb (mont.), XVIII s. ; Colomb, sommet c⁰ Ste-Agnès.

Colonces, Colonglis, XII s. : voy. Colonica.

Colonges, XIV s. : Colange, h. c⁰ Les Avenières.

Colonges (terril.), XVI s. : Colonge, h. c⁰ Jardin.

Colonglis (mem. de) : (via des vers. occl. Insule, XV s. : Colonge, h. c⁰ l'Isle-d'Abeau.

Colonglis, XIV s. ; Colonge, mas c⁰ Parmet.

Colut (Le), XVIII s. : voy. Colle au c⁰.

Comare (minea ferrea en lat. Commare, XIV s. ; la Commère ?, l. disp. près Allevard.

Comares, Comayres (riv. de les), XIII s. : les Comayres, mas c⁰ Le Mont-de-Lans.

Camario in pago Gratianopolitano, VIII s. : Comares, (Vallée de) : voy. ce nom.

Comba (La), mans., XIII s. : la Combe, h. c⁰ Allemont.

Comba (Lat. XIX s. : les Combes, h. c⁰ Arzay.

Comba (loc. in), XV s. : les Combes, mas c⁰ Bivier.

Comba (chaban. de la), XIII s. : Combes (les) ; la Combe, h. c⁰ Chalup.

Comba (nem., foresta de), XIV s. ; la Combe, forêt disp. c⁰ Claix.

Comba (de), XIV s. : le Combaret, mas c⁰ Gillonnay.

Comba (nem. voc.), XIV s. ; Combes (les), for. St. XVIII s. ; la Grande-Combe, forêt c⁰ Le Gua.

Comba (mans., Combis (in), XIV s. ; Combes-en-Bas, XVIII s. : la Combe-Besse, h. c⁰ Huez.

Comba, XIV s. ; la Combe, mas c⁰ Hurtières ; — h. c⁰ Jarrie.

Comba (La), XII s. : les Combes, mas c⁰ Montagne.

Comba (mans. de), XIV s. : la Combe, éc. c⁰ la Motte St-Martin.

Comba (serrum de), XV s. : la Combe, mas c⁰ le Périer.

Comba (mina argenteria in mons de), XIV s. ; la Combe, h. c⁰ Pinsot.

Comba (territ. la), XV s. ; la Combe, mas c⁰ Revontin-Vaugris.

Combes (prata des, XIII, XIV s. ; la Combe, h. c⁰ St-Genis.

Comba (chaban. de), XIII s. : Combes (aux) ; la Combe, h. c⁰ St-Georges-de-Commiers.

Comba (in), XV s. : Grande-Combe (ruine, de la), c⁰ St-Laurent-du-Pont.

Comba (territ.), parr. Valpelliere : ap. villam Falaveril, XV s. ; les Combes, mas c⁰ St-Quentin-Falavier et la Verpilliere.

Comba villa, XIV s. : la Combe, éc. c⁰ Seyssins.

Comba : voy. Combu.

Comba Alberta, villa, XIV s. : Combe-Alberte, h. c⁰ St-Honoré.

Comba de Aloy, XIV s., Cbe d'Alloye, XVIII s. : la Combe d'Alloix, h. c⁰ St-Vincent-de-Mercuze.

Comba Aymodorum, villa, XIV s. : Aymau-len : Combet, h. c⁰ St-Bernard.

Comba Belly, XIV s. : voy. Combe-Belle.

Comba Bernardi : voy. Pas Berard.

Comba Boyni, XIV s. : la Combe-du-Coin, éc. c⁰ Chatte.

Comba del Bruell, XIV s. : — del Brart, XV s. : — de Bruc : — du-Brac, XVIII s. : la Combe-du-Brecil, ruine, c⁰ Huez.

Comba Calida, XIII s. : voy. Comba Chalda.

Comba Cerna, XVIII s. : voy. Combe-Sarnon.

Comba Clochier, XIV s. ; Champ-Clochers, mas, bois c⁰ Brié-et-Angonnes et Montchaboud.

Comba ap. Doleymacum, XIV s. : la Combe, mas c⁰ Dolomieu.

Comba Eymar, XIV s. : Combe-Eymard, h. détr. c⁰ Barraux.

Comba Eynard (nem.), XVI s. : Cbe Deynard, ruine. : Cenart, XVIII s. : Combe-Eynard, mont. c⁰ St-Pierre-de-Chartreuse et La Sappey.

Comba Eynardencha, XIV s. : voy. Pas-Ernadam.

Comba Festegnini, XIV s. : la Combe-de-Feteguy, éc. c⁰ Pierre-Chatel.

Comba de Pinetis, XIV s. : la Combe, mas et ruiss. c⁰ Oz.

Comba Fornezii, XVI s. : Grange-Fournier, c⁰ c⁰ Allevard.

Comba Gilliberti, XIV s. : Combe-Gilibert, ruiss. c⁰ Allemont, aff. l'Olle.

Comba Girnarda, villa, XIV s. : Combe-Girarde, mas c⁰ Pierre-Chatel.

Comba de Gresson, villa, XIV s. : la Combe, h. c⁰ Gresse.

Comba Ginon, XIV s. , Guyni, Comba Guionis : Guguion, XV s. : Combe-Guignon, mont. c⁰ Entraigues.

Comba Jomareria, XIV s. : la Combe-du-Jourg, bois c⁰ Montaud.

Comba Labassa, XIV s. : Cabal-a, XVIII s., Combelat, Cbe Alla : Combelat, ruine, aff. Le Merdaret, c⁰ Chantelouve.

Comba Lancea, XIII s. : de Lancei, XIV s. : Lanciaci, Lancenci, Lanchon, XVI s. : la Combe-de-Lancey, c⁰ c⁰ Domene.

Comba Landata, villa, XIV s. : Combe-Lande, h. c⁰ disp. c⁰ Vif.

Comba Lavaressa, XIV s. : Laveror, XVI s. : Combe-Lavaraey, bois c⁰ Engins.

Comba Lavaressy, XVI s. : voy. C. Lavaressa.

Comba Laveria (mas de), XIV s. : Combe-Laveron, h. détr. c⁰ Ste-Marie-du-Mont.

Comba Lupasa, XV s. : Combe-Lauvrière, mas c⁰ Cessieu.

Comba Mala, XIV s. : Malecombe, h. c⁰ St-Jean-de-Bournay.

Comba de Massins, XIII s. : Meyssinis, Mens, Combe-Messin, XIX s. : la Combe-des-Messin, vill. c⁰ Chevrieres.

Comba de Monte Crossa, XV s. : Duchays ; la Combe, mas c⁰ St-Martin-d'Heres.

Comba Morgie, XIV s. : la Combe-des-Murge, mas c⁰ Voiron.

Comba Messina, XIV s. ; Combe-Monchiat, XVIII s. : Combe-Monssout, bois c⁰ St-Aupre.

Comba Neyri (ruine, de), XVII s. : voy Combe-Nigre.

Comba Neyrieum, XIV s. : Comba-Noire, bois c⁰ La Touvet.

Comba Nigra (riv. de), XIV s. ; *Combe-Noire*, ruiss. c° Hussion, aff. le Sézon.

Comba Nigra (a), XV s. : *la Combe-Noire*, mas c° Langechenal.

Comba Nigra, XIII s. : *Combe-Noire*, ruiss. c° Malleval.

Comba Nigra, XIV s. : *Combe-Noire*, bois c° Le Monestier-d'Ambel ; — mont. c° Ornon ; — ée. c° Préholm ; — bois c° Vaulnaveys-le-Haut.

Comba Nigra, XV s. : *Combe-Noire*, bois c° Pinsot : mine fer, 1817 ; — bois c° Ste-Agnès ; — forêt c°ˢ St-Etienne-de-Crossey et St-Julien-de-Ratz ; — bois c° St-Martin-d'Uriage.

Comba Orseria, XIV s. : *la Combe-de-l'Ours*, ruiss. c° Allemont, aff. Roche-Noire.

Comba Orseria, XIV s. : voy. Comborseria.

Comba Papini, XIII s. ; Papan ; *les Papins*, h. c° la Chapelle-du-Bard.

Comba profunda, XV s. ; *la Combe*, h. c° La Forteresse.

Comba de Pusignhano, XIV s. : *la Combe-de-Pusignan*, l. disp. c° Chalon.

Comba Rachalline, XIV s.; *Combe-Richeline*, col c°ˢ Chichilianne et ... (Drome).

Comba de Russerio, XII s. ; Rossa, XIII s. : Ruffa, XIV s. ; *Combe-Russe*, vill. c°ˢ St-Georges-d'Espéranche, Bonnefamille et Diémoz.

Comba de Serena, XV s., Serene : voy. Comba, v.

Comba de Turnino, XV s. ; *les Combes-de-Tournin*, chⁱᵉ c° Ste-Blandine.

Comba de Varillas, V-lles, XV s. ; *Combe-Varellat*, mas c° Chuzelle.

Comba de Vauz (mistralia de) : voy. Sancti Johannis de Vallis.

Comba (los.), XIV s. ; *la Combe-de-Vérnay*, mas c° Vaulnaveys-le-Haut.

Comba voc. Vessa, XIV s. ; *la Combe-de-la-Vesse*, bois c° Allemont.

Combafays, XVIII s. ; *Combe-Fays*, bois c° Crolles.

Combal, XV s. ; *le Combeau*, ée. c° St-Clair-de-la-Tour.

Combal, rivasstus ; *le Combeau*, ruiss. c° Theys.

Combalaterez, mans., XIV s. : voy. Cumba L.

Combalillas (in), XV s. ; Cla, XIV s.; *les Combelettes*, ruiss. c° Ste-Marie-du-Mont, aff. ruiss. Faumoulin ; — ée. c° Siévoz.

Combalissent, chⁱᵉ c° Corps.

Combalos, f. c° Marnans ; — ée. c° St-Appolinard.

Combaloup (Le), ruiss. aff. Le Blon, c° St-Agnin.

Combant, h. c° Sulaize.

Combarellis, peat., XIV s.; Cens, molend., XIV s. ; Cent villa ; *les Combarens*, h. disp. c° Vaulnaveys-le-Bas.

Combarieux, mont. c° Livet-et-Gavet.

Combas (territ. de), XV s. ; *les Combes*, mas c° les Côtes-d'Arey.

Combas (Las), XIII s.; Cos (en), XIII s. ; Combe villa, XIV s.; Combls de Messapio ; *les Combes*, h. c° N.-D.-de-Mésage.

Combas, XV s. ; *la Combe*, ée. c° Pressins.

Combas villa, XIV s. ; Combla (de) ; Comba, XV s. ; *les Combes*, ée. c° St-Nazaire.

Combax, XIV s. ; *les Combes*, h. c° la Terrasse.

Combas, territ., XVI s.; Cbes ; *la Combe*, h. c° Villeneuve-de-Marc.

Combat (Le), chⁱᵉ c° Erlose ; — h. c° Moidieu.

Combathin, h. c° Parlset.

Combaux (rovoria del), XIII s.; *Combuire*, h. c°ˢ Claix et Seyssins.

Combaz (La), XVII s.; *les Combes*, ée. c° Entre-Deux-Guiers.

Combaz (rif), XVII s.; *la Combe*, ruiss. aff. Morge, c° Miribel-les-Echelles.

Combaz, ruiss. c° St-Pierre-d'Entremont, aff. Le Guiers-Vif.

Combe (La), ruiss. c° Revenais ; — h. c° Biol ; — ruiss. c° Le Bourg-d'Oisans ; — h. c° Châteauvilain ; — ée. c° Chélieu ; — mas et ruiss. c° Charvières ; — ée. c° Chuzelle ; — mont. c° La Combe-de-Lancey ; — h. c° Engins ; — vill. c° Les Eparres ; — ée. c° Four ; — h. c° Freney ; — h. c° Gières ; — mas c° Gières ; — h. c° Maubec ; — h. c° Meyrié ; — ée. c° Le Monestier-du-Percy ; — h. c° Morette ; — mas c° Le Monestier-de-Clermont (XV s.) ; — h. c° Pollienas ; — f. c° Poumbers ; — mas et ruiss. c° Pontcharra ; — h. c° Quinchu ; — mas et tor. c° La Rivière ; — h. c° Rovon, XIV s. ; — h. c°ˢ St-Agnin et Tramolé ; — h. c° St-Barthélemy-de-Séchilienne ; — gr. c° St-Baudille ; — h. c° St-Cassien ; — mas c° Ste-Marie-du-Mont ; — h. c° St-Jean-de-Soudin ; — mas et ruiss. c° St-Lattier ; — mas et ruiss. c° St-Martin-d'Uriage ; — h. c° St-Maximin ; — h. c° St-Michel-de-St-Geoirs ; — h. c° St-Pierre-de-Chérennes ; — ruiss. aff. l'Herbetant, orig. mont. Les Cochettes, arr. c° St-Pierre-d'Entremont ; — mas c° St-Savin ; — h. c° St-Vérand ; — bois c° Séchilienne ; — h. c° Septème ; — ée. c° Seyssins ; — mont. c° Theys ; — h. c° Le Touvet ; — h. c° Tullins ; — h. c° Valencin ; — h. c° Vatilieu ; — h. c° Venose ; — ée. c° Venon ; — mas et ét. c° Virieu.

Combe villa, XIV s. ; *les Combes*, h. c° St-Pierre-de-Mésage.

Combe Algibert, XVIII s. : voy. Comba Gilliberti.

Combe-de-l'Aigue (La) : *la Combe-de-l'Eau*, ruiss. c° Le Bourg-d'Oisans.

Combe-Aigue, ruiss. c° Ste-Marie-du-Mont.

Combe-des-Anières (La), mas et ruiss. c° Bossieu.

Combe-Arbonne, mont. c° St-Bernard.

Combe-Arnaud, XVIII s. ; bois c°ˢ La Motte-d'Aveillans et La Motte-St-Martin ; — bois c° St-Paul-de-Varces.

Combe-des-Arsins (La), ruiss. c° Oz.

Combe-d'Artas (La), h. c° Valencin.

Combe-de-l'Arzelas (La), ruiss. c° Bellegarde-et-Poussieu.

Combe-de-Ban (La), bois c° Chantelouve.

Combe-d'en-Bas, XVIII s.; Combes (les), XIX s.: la Combe, h. c^e Freney.

Combe-Bayou, éc. c^e Bougé-Chambalud.

Combe Belle, XIV s.; Combelle (montagne); Combe-Belle, mont. c^es Chantelouve et Lavaldens.

Combe-Bellot, h. c^e St-Jean-de-Soudin.

Combe-Biera (La), mas et ruiss. c^e Artas.

Combe Billard, h. c^e Cras; — (La), éc. c^e Montrevel.

Combe-de-Bion (La), mas c^es Bourgoin et Maubec.

Combe-Blanche (ruiss.), c^e Bourg-d'Oisans.

Combe-de-Roi, XIX s.: la Combe-du-Roi, h. c^e St-Pierre-de-Bressieux.

Combe-de-Bourriquet (La), h. c^e Pariset.

Combe-Bouvier, f. c^e Virieu.

Combe-Bouvière, XVIII s.; Combe-Bouvret, bois c^e St-Martin-d'Uriage.

Combe-du-Brex (La), ruiss. c^e Les Côtes-de-Corps.

Combe-Brignoud, éc. c^e St-Christophe-Entre-Deux-Guiers.

Combe-des-Bruns ou Bruletière, XVIII s.: voy. B-e.

Combe-Buela, h. c^e Longechenal.

Combe-des-Buthes (La), bois c^e Mayres.

Combe-des-Buots (La), ruiss. aff. le Merdaret, c^e Chantelouve.

Combe Cara, XIX s.; Carra, XIX s.: la Combe-Caras, h. c^e Pommiers.

Combe-Carigny (La), mas et ruiss. c^es Luzinay et Villette-Serpaize.

Combe-de-Cerf-Vincent, XVIII s.: la Combe-de-Serre-Vincent, bois c^e Vaujany.

Comba Chalda, XII s.; Combe-Chaude, mont. c^e St-Pierre-Chartreuse.

Combe-Challières, XVII s.; Combe-Cherallet, ruiss. c^e Le Sappey, aff. la Vence.

Combe-Charbonnière, ruiss. c^e St-Barthélemy-de-Séchilienne.

Combe-des-Châtaignières (La), mas et ruiss. c^e Chaponnay.

Combe-Châtel, éc. c^e Chatte.

Combe-Chave, mont. et ruiss. aff. la Marsanne, c^e Chantelouve; — mas et ruiss. c^e Biez; — bois et ruiss. c^e Ornon; — mont. c^e Sievoz.

Combe-de-Choureyres (La), ruiss. c^e Valbonnais.

Combe-Claret, bois c^e Prunières.

Combe-Claude, ruiss. c^e Reventin-Vaugris, aff. du Rhône.

Combe-Coen, ruiss. c^e Chuzelle.

Combe-Coquette (La), ruiss. c^e Malleval.

Combe Cornu, XVII s.: Combe Cornu, bois c^e St-Pierre-de-Chartreuse.

Combe-de-la-Coupe (La), ruiss. c^e Méaudre.

Combe-Cruse, clos c^e Autrans.

Combe-Cruse (ruiss.), c^e Villard-Reculas.

Combe-du-Crux (La), éc. c^e Montsévéroux.

Combe-Curtier, vill. c^e Primarette.

Combe-Dauphine (La), mas et ruiss. c^es Chuzelle et Villette-Serpaize.

Combe David, ruiss. c^e Miribel-les-Echelles, aff. de Morge.

Combe-Dessous, ruiss. c^e Villard-Eymond.

Combe-Durand, h. c^e Sonnay.

Combe-des-Essarts (La), ruiss. c^e Chuzelle.

Combe-des-Etragouilloux (La), ruiss. c^e Chantelouve.

Combe Eynardenche (villa), XIV s.: la Combe, h. c^e Château-Bernard.

Combe-Faugent (La), mas et ruiss. c^e Chuzelle.

Combe-du-Faure, bois, XVIII s.: la Combe-du-Faure, bois c^e Marcieu.

Combe-de-Fausse, XIX s.: la Combe-de-Fasse, h. c^e Marennes.

Combe-Favas (La), mas et ruiss. c^e Luzinay.

Combe-Foulon, ruiss. c^e Virieville.

Combe-de-Fontagnieu (La), ruiss. c^e St-Pierre-d'Entremont, aff. Guier-Vif.

Combe-de-la-Fontaine (La), ruiss. c^e Chantelouve, aff. Merdaret.

Combe-Fouillat (La), mas et ruiss. c^e Cour-et-Buis.

Combe-de-Franier (La), ruiss. c^e Villard-Eymond.

Combe-Froide (La), mas c^e Dizimay.

Combe-Gaillard, terr. c^e Valbonnais.

Combe de la Garde, XVIII s.: voy. Combe (bras de).

Combe-Gelée, bois c^e La Chapelle-du-Bard.

Combe-Gellin, XVII s.: Combe-Gerlin, bois c^e St-Pierre-de-Chartreuse.

Combe-Gilbasson (La), bois c^e Dizimay.

Combe-Gillarde, mas c^e le Freney.

Combe-de-Giras (La), bois c^es La Motte-d'Aveillans et la Motte-St-Martin.

Combe-des-Giras (La), bois c^e Lavaldens.

Combe-Girasse, m^on c^e Pinsot.

Combe-Girasse, scierie, c^e Girasse.

Combe-d'en-Haut, XVIII s.: — Haute; la Combe-Haute, h. c^e Huez.

Combe-d'en-Haut, XVIII s.: voy. Combe v.

Combe-de-l'Heure (La), ruiss. c^e Allemont, aff. l'Eau d'Olle.

Combe-Imbert, XVIII s.: Combe-Humbert, h. détr. c^e Ste-Marie-du-Mont.

Combe-des-Jarots (La), ruiss. c^e Chantelouve, aff. Le Merdaret.

Combe Jullyn, XIV s.: voy. C. Gellin.

Combe-Lambert (La), bois c^es Chalons et Montrevel: — mas c^e Theys.

Combe-de-Laucey (La), c^e Domène: dioc. Grenoble, égl. N.-D.-de-Pitié.

Combe-Lara, éc. c^e La Morte.

Combe-Large, mont. c^es Entraigues et Valbonnais.

Combe-de-la-Lauze (La), bois, mont. c^es Entraigues et Valbonnais.

Combe-de-Laye (La), mas c^e Pierre-Châtel.

Combe-de-Licloir (La), ruiss. c^e Livet-et-Gavet.

Combe Liausson, XVIII s.: Combe-Liausson, mas c^es N.-D.-de-Commiers et N.-D.-de-Vaulx.

Combe-de-Lirant (La), h. c^e Sardieu.

Combe-Longe, c^e St-Guillaume.

Combe-Longue, h. c^e la Sône.

Combe-Large, XVIII s. : voy. Comblis (brun de).

Combe-Loup, XVI s.; ... t. cne Cheyssieu.

Combe-du-Loup (La), bois cne Septème; la Combe-du-Loup, mas et ruiss. cne Seyssuel.

Combe du Loup, XVIII s. : voy. Comblou la.

Combe-Laure, h. cne la Chasse-et-Piquiers; — ée. cne St-Paul-de-Varces.

Combe-Laurière (La), bois cne St-Christophe-Entre-Deux-Guiers.

Combe Lyonne, XVI s., Lyonnne : voy. C. Lionnent.

Combe-de-Lynx (La), forêt cne Le Gua.

Combe-Lyons, h. cne Royas.

Combe (mont. de la), XVIII s.: (gr., rif): la Combe-de-la-Modane, chal. cne La Ferrière.

Combe-Mal, ruiss. cne Valbonnais.

Combe-Marron (ruiss.), cne Claix.

Combe-Martin (ruiss.), cne Claix. — (la), ruiss., sépare cnes Cognin et Malleval; — ée. cne Presol.

Combe Méan (col de), XVIII s.; Méaune, XIX s.; Combe-Méaune (col de), cnes Valjouffrey et St-Maurice (Htes-Alpes).

Combe Meaug, XVIII s.; Combe-Meau, ruiss. cne Vaujany.

Combe-Merlière (La), mas et ruiss. cne Bellegarde-et-Pousieu.

Combe-Michel, ée. cne St-Pierre-d'Allevard.

Combe Mion (mont.), XVII s.; la Combe-de-Mion, bois cne St-Christophe-Entre-Deux-Guiers.

Combe-de-Molaresse (La), chne cne Champagnier.

Combe-du-Mortier (La), bois cne La Morte.

Combe du Nald, Nayd, XVIII s.; la Combe-du-Naya, bois cne Villard-Eymond.

Combe Nayer, XVII s.; Combe-Noire, bois cne Proveyzieux et St-Pierre-de-Chartreuse.

Combe-Neplier (La), ruiss. cnes Miribel-les-Echelles et St-Laurent-du-Pont, affl. l'Hérétang.

Combe-Nevouse, XVIII s.; Niv-ue;

Combe-Nivouse, bois cne N.-D.-de-Vaulx.

Combe Nigre (riv.), XV s.; Combenoif, ruiss. cne Entre-Deux-Guiers, affl. le Rif-Bruyant.

Combe-Nivouse (La), f. cne St-Arey.

Combe-Noire, bois cne Chapareillan; — h. cne Châteauvilain.

Combe-Noire, ruiss. cnes Bellegarde-et-Pousieu et Moissieu; — ruiss. sép. cnes Estrablin et Moidieu, affl. la Vésonne; — h. cne Fitilleu; — h. cne Marcolin; — (la), mas et ruiss. cne Notre-Dame-de-l'Osier, affl. le Trèry; — h. cne St-André-le-Gaz; — ée. cne St-Didier-de-la-Tour; — bois cne Ste-Agnès; — vill. cne Villeneuve-de-Marc.

Combe-Noire (ruiss. de), XVIII s. : voy. Cernon.

Combe-de-Noyon (La), mas et ruiss. cne Marennes.

Combe-Olagnier, ruiss. cne Bellegarde-et-Pousieu.

Combe Orcière, XVIII s.; la Combe-de-l'Ours, bois cne Livet-et-Gavet.

Combe Orcière; Combourcières, XVIII s.: Combe-Oursière, mont. cne Valjouffrey.

Combe Oursière; Combourcière (mont. de), XVIII s.; Combe-Oursière, mont. cnes Lans et Méaudre.

Combe-de-l'Ours (La), ruiss. affl. la Pissarde, cne Claix; — bois cnes Lans et Méaudre.

Combe-Oursière, bois cnes La Morte et St-Barthélemy-de-Séchilienne.

Combe-Pelouse, bois cnes Ambel et Beaufin.

Combe-Pera, chie cne Claix.

Combe-de-Pertusié (La), ruiss. cne Ornon, affl. La Clysare.

Combe-Philibert (ruiss.), cne St-Antoine.

Combe-Pichon, mas cne Villette-Serpaize.

Combe-Port (ruiss.), cne Viriville.

Combe Pollet, XVI s.: C. du P.; Combe-Poulet, ée. cne St-Just-et-Chaleyssin.

Combe-du-Paunnier (La), vill. cne St-Jean-de-Bournay.

Combe-Raffin, ruiss. cne Chazelle.

Combe-Randouille, XVIII s.;

la Combe-des-Daump, ruiss. cne St-Joseph-de-Rivière, affl. Le Merlaret.

Combe-de-la-Rase (La), mas et ruiss. cne Serézin-du-Rhône.

Combe-du-Râtelier (La), mas cne St-Christophe-Entre-Deux-Guiers.

Combe-Ravier, forêt, cnes Le Gua et Miribel-Lanchâtre.

Combe-Remoud (ruiss.), XVII s.; Combe-Remoud, ruiss. cne Miribel-les-Echelles.

Combe Renaud, Reynoud, XVIII s.: Combe-Reynaud, bois cne Commelle.

Combe-Revol (La), cne St-Pierre-de-Bressieux.

Combe-Reyne (ruiss.), cne Villette-Serpaize.

Combe-Reynier, ruiss. cne St-Laurent-du-Pont.

Combe-Richard, XVIII s., h. détr. cne Beaufort.

Combe-Rigaud (La), bois cne Septème (XVIII s.).

Combe-Robert, ruiss. cne Brion, affl. Brion.

Combe-du-Roi (La), mas et ruiss. cne Communay.

Combe-des-Rois (La), ée. cne Jarrie.

Combe-de-la-Ronde (La), ruiss. cne Tischure, affl. Le Fondau.

Combe-Rouge, h. cne Faramans.

Combe-Rousse, ruiss. cnes Miribel-les-Echelles et St-Laurent-du-Pont; — chie cne Poumiers.

Combe-Roussine, bois cne Châtonnay.

Combe-du-Ruy, XVI s.; la Combe-du-Rif, mas et ruiss. cne La Frette.

Combe-de-St-Bonnet (La), quart. cne Roche.

Combe ou de St-Hugues (bois de la), XVII s.: voy. Vallis Sancti Hugonis.

Combe-Sarmon, XVIII s.; Combe-Cernon, bois cne Sarcenas.

Combe-Serbe, ruiss. cne Cour-et-buis, affl. La Varèze.

Combe-Sérin, mas et ruiss. cne Seyssuel.

Combe Serroin, XVIII s.: Combe-Serre, ruiss. cne Villette-Serpaize.

Combe-Sertrisane (La), ruiss. cne Chamrousse.

Combe-Taillat, ruiss. cne Semons et Arzay, aff. le Sizon.

Combe-de-Theys (La), mont. cne Le Mont-de-Lans.

Combe-du-Tir (La), ruiss. cne La Garde.

Combe-du-Truc (La), ruiss. cne Cognin.

Combe vers la Tuillière (domaine de la), XVIII s.: la Combe, mas cne Torchefelon.

Combe-de-Vaux, XVIII s.: Veaux, XIX s.: la Combe-de-Vaulx, h. cne St-Pierre-de-Bressieux.

Combe-du-Vent (La), ruiss. cne Allières-et-Risset et Claix, aff. la Pissarde.

Combe-Vert, XVI s.: la Combe-Verte, bois cne St-Pierre-de-Chartreuse.

Combe-Verte (La), bois cne Villard-de-Lans et Corrençon.

Combe-Vieille, bois cne Châteauvilain et les Eparres.

Combe-de-la-Vignette (La), bois cne Le Périer.

Combes-des-Villards (La), ruiss. cne St-Pierre-de-Bressieux.

Combe-Vissole, ruiss. cne Charantonnay.

Combeau, h. cne Charnècle: — (le), mas cne Gillonnay: — mas et ruiss. aff. La Dollure, cne Marcolin: — éc. cne St-Ondras.

Combeauvieux, mont. cne Corrençon et Le Villard-de-Lans.

Combemux (Les), vill. cne St-Sauveur.

Combeaux, XVI s.: voy. Combellis.

Combeiran, f. cne Châbons.

Combefoie, XIX s.: Combe-Folle, h. cne La Motte-d'Aveillans.

Combeletties, h. cne Les Avenières.

Combellis (mont.), XIV s.: le Combeau, mont. cne Chichilianne.

Combels (Les), Combet, XIX s.: les Combets, h. cne St-Christophe-Entre-Deux-Guiers.

Combemoire, XVIII s.: la Combe-Noire, éc. cne Le Pin.

Comberamin, mas et ruiss. cne N.-D.-de-Vaulx.

Combes (Les), mas cne Agnin (XVII s.): — mas cne Allières-et-Risset: — mas cne Aramias: — h. cne Arzay: — h. cne Chapaunay: — h. cne Châteauvilain: — h. cne Chatte: — mas cne Chavanoz: — h. cne Cour-et-Buis: — h. cne Doissain: — bois cne Entraigues: — h. cne Estrablin: — vill. cne Genas: — h. cne Longechenal: — h. cne Lucinay: — ruiss. cne Mayres, aff. Mayres; — éc. cne Méribel-les-Echelles: — h. cne Montaud: — mas cne Monteseau: — torr. cne La Morte: — ruiss. orig. cne de Pian, arr. cne Sillans, se perd dans les terres: — h. cne Presles: — h. cnes Roussillon et Villeneuve-Anjou: — h. cne Revon: — ruiss. cne Roy: — ruiss. cne St-Geoire et Massieu: — h. cne St-Georges-d'Espéranche: — éc. cne St-Jean-d'Avelanne: — h. cne St-Pancrasse: — h. cne Serremont-Norgal: — au Seyssins, ruiss. cne Seyssins, aff. le Drac; — vill. cne Theys: — h. cne Vinay.

Combes (terri. de les), XV s.: les Combes, mas cne St-Maurice-l'Exil.

Combes (bois des): la Grande Combe, bois cne St-Paul-de-Varces.

Combes (moulin des), XV s.: la Combe, vill. cne Châbons.

Combes-d'Andrieux, XIX s.: la Combe-d'Andrieux, h. cne Cornillon-en-Trièves.

Combes de Berlan, XVIII s.: Raud, Berri, XVII s.: les Combes, h. cne St-Christophe-Entre-Deux-Guiers.

Combes de Larat (Les), XVIII s.: la Combe-de-Larra, bois cne Le Monestier-d'Ambel.

Combes-de-Marmont (Les), ruiss. sép. cnes Torchefelon et St-Victor-de-Cessieu.

Combes-du-Merle (Les), bois cne Ambel et Le Monestier-d'Ambel.

Combes, XIV s.: voy. Combais.

Combeta, XIV s.: la Combette, mas cne St-Aupre.

Combeta (les), XV s.: la Combette, bois cne St-Romans.

Combetta (gr. de la), XVII s.: la Combette, éc. cne St-Christophe-Entre-Deux-Guiers.

Combeta, XIV s.: les Combettes, bois cne Allevard.

Combeta, XIV s.: Cette (la): voy. Combe Avenal.

Combetas (inter), XIV s.: les Combettes, mas cne Le Mont-de-Lans.

Combetes (los), XIX s.: voy. Combe Cim.

Combetis cim, XVI s.: les Combettes, mas cnes Jarrie et Montchaboud.

Combetis cim, XIV s., Cta, XV s.: la Combette, h. cne Theys.

Combetons, XVIII s.: les Combettes, éc. cne Varces.

Combetta cim, XIV s.: la Combette, bois cne Laffrey.

Combetta (les), XV s.: la Combette, mas et ruiss. cne Laval.

Combetta, XVI s.: les Combettes, bois cne Vaulnaveys-le-Haut.

Combette (La), mont. cne La Morte: — ruiss. cne Oz.

Combettes (Les), éc. cne Clelles: — mont. cne St-Christophe-Entre-Deux-Guiers: — gr. cne St-Pierre-de-Chartreuse: — éc. cne Varces.

Combeville, mont. cne St-Honoré.

Combignan, bois. cne St-Christophe-Entre-Deux-Guiers.

Combis juxta riv. de Farreto cim, XIV s.: les Combes, mas cne Barraux.

Combis (mas, Pra...), XV s.: les Mont... d'amont, mas cne Barraux.

Combis (del), XII s.: les Combes, vill. cne La Buisse.

Combis (las, del), XIV s.: les Combes (Boisson, Henri)... bla cne Chatonnay.

Combis (in, violam des), XIV s.: les Combes, mas cne Corps.

Combis cim, XIV s.: les Combes, vill. cne Genas: — h. cne Lavars: — bois cne Le Mont-de-Lans: — h. cne Oytier-et-St-Oblas: — ruit. cne Parien: — h. cne St-Albans-de-Roche: — mas cne St-Ismier: — bois cne St-Maximin: — h. cne St-Nicolas-de-Macherin: — mas cne Sulaise: — mas cne Ternay.

Combis (E. del), XIII s.: les Combes, mas cne Herbeys.

Combis (in, XV s.: les Combes, mas cne l'Ile-d'Abeau: — mas cne Laval: — mas cne Le Moutaret.

Combis (in, XV s.: Entre-Combes, ruiss. cne Mizoen.

Combis (Fons rivi des), XIV s.:

les Combes, mas et ruiss. c^
Presslns.
Combis (mans. des), XIII s.; les
Combes, h. c^ Roissard.
Combis (mans. des), XII s.: les
Combes, h. dctr. c^ St-Gervais.
Combis (serrum des), XIV s.;
les Combes, h. c^ St-Jean-
d'Hérans.
Combis (in), XIII s.: (mans. des),
XV s.; les Combes, h. c^ St-
Martin-le-Vinoux.
Combis (villa des), XIV s.: les
Combes, h. c^ St-Paul-de-
Varces.
Combis (mans des), XV s.: les
Combes, h. c^ Ste-Blandine.
Combis (iter des), XVI s.: les
Combes, h. c^ le Sappey.
Combis (brus des), XIV s.: les
Combes, h. c^ Vaujany.
Combis Avalonis (in), XIV s.:
les Combes d'Avalon, mas
c^ St-Maximin.
Combis Bellimantis (in), XIV s.:
les Combes, mas c^ Le Touvet.
Combis (cabum Durand de),
XII s.; Theysii, XIV s.; Combe,
XIX s.; les Combes, vill. c^
Theys.
Combleunde (de), XV s.; Comal,
XVI s.; Combloump. forêt c^
Murianette, St-Martin-d'Uria-
ge et Venon.
Combaria (molar. de), XIV s.:
C^yri de Aguilli-rochariuns :
vac. les Hailles (ruels.): Com-
boyeria, XIV s.; Combaier,
h. c^ Claix et Seyssins.
Combasari (riv. des), XIII s.;
C^eri, XIV s.; la Tour-de-
l'Oars, mont. c^ Theys.
Combareria villa, XIV s., Orn-
eria, C-ium, C-iorum, XIV s.,
Combareriares, XVI s.; Com-
bareriere, h. c^ St-Honoré.
Comboreerie (mons), XV s.;
Combe-Borreiere, mont. c^
Chantelouve et Lavaldens.
Combordu, mont. c^ Le Sappey.
Combourreyres, XVIII s.: voy.
Comboreerie (mons).
Combre (Le), mas c^ Gourelin.
Combuynel, XIV s.; Combuisel,
mas c^ Voiron.
Comelle, XII s.; (parr. de), XIII
s.; (castellania del, prope
Ornarcum, XIV s.; mand.;
Comuelle, c^ c^ La Côte-St-
André.

Comena, XVI s.: voy. Cumana.
Comerii (ecclesiam), XI s., C-lis,
C-ners, Conyers : voy. Cor-
mario.
Comeriis (domin. de): voy. Ro-
dulphi de Comeriis.
Cominacium (ager), X s.: Cula-
cium (ager), X s.; Cominia-
censis (ager), X s.; Comuma-
cuseum villa, X s. c^l. in bon. b.
Lazari, altera in bon. S. Petri);
Commenaleum (ager), X s.;
Comenuay, XIII s.; Comunay,
Comenayum (obedioncia) :
Comenaup, c^ c^ St-Sym-
phorien-d'Ozon.
Comiliis (eccl.), XIII s.; Com-
iiels (eccl.); Cognin, c^ c^
Vinay.
Commande (La), h. c^ Nicolas-
Vernelle.
Commanderie (La), f. et ruines
c^ Echirolles ; — h. c^ N.-D.-
de-Mésage; — f. c^ St-Jean-
de-Moirans : — h. c^ St-Mau-
rice-en-Trièves ; — mas c^
Vourey.
Commelle, c^ c^ La Côte-St-
André : dioc. Vienne, égl. St-
Romain.
Comenay, XIII s.; Comuonays,
XIII s.; Commenay, XV s.;
Commenarium : Comenauy,
c^ c^ St-Symphorien-d'Ozon.
Commereon (ruiss. des), XVIII s.:
voy. Comaren.
Commiers (vallée des), région
naturelle, c^ N.-D.-de-Com-
miers, St-Georges-de-Com-
miers, limitée par le Drac
et le sommet des mont. qui
séparent le bassin du Drac
de la Matésine.
Commun (Le), h. c^ Les Avenières.
Communal (Le), h. c^ Feyzin ;
— h. c^ Rurbe.
Communal (Le), h. c^ St-Pierre-
de-Chandieu.
Communaux (Les), h. c^ Lentiol ;
— h. c^ St-Sulpice-des-Rivoires.
Communay, c^ c^ St-Symphorien-d'Ozon; dioc. Vienne, égl.
Sts-Pierre-et-Blaise.
Communes (Les) ; la Petite
Commune, h. c^ la Chapelle-
de-la-Tour.
Communes (Les), h. c^ Ste-Blandine ; — h. c^ St-Victor-de-
Cessieu ; — bois c^ Theys.

Compagnon (Le), h. c^ St-Pierre-
de-Chandieu.
Compas (vallis de), XII s.; (alpa
de), (nem.), riv., C-ays (mina
ferrea), XIV s.: le Compas,
mont. c^ Allevard.
Compaller (ruiss.), c^ Bourgoin.
Comparteria, villa, XIV s.: la
Compatière ?, h. disp. c^
Vaulnaveys-le-Haut.
Compte (Le), XIX s.: voy.
Comptes.
Comptes (Les), XVII s.: les
Comtes, h. c^ Les Adrets.
Comtal (Le), ruiss. aff. l'Egala,
sép. c^ La Buisse et Voreppe.
Comte (Chez-), f. c^ St-Laurent-
du-Pont.
Comtenans, XVIII s.: voy.
Contarens.
Conchartien (villagium, par-
roch. de), XIV s., C-as, C-byu;
Conchartien, vill. c^ Arandon.
Conchette (font. la), XVIII s.:
(collet, font.), XVII s.; la
Conchette, mont. c^ Corren-
çon et St-Martin-en-Vercors
(Drôme).
Conchias, XVIII s.; Chuché, vill.
c^ St-Geoire.
Concieu, XIX s.: voy. Cuveu.
Condamina, XIV s.: Contami-
nes, XVII s.: les Condam-
iniers, h. c^ Vif.
Condamina ap. Lancenoum, XV
s.: la Contamine, éc. c^ Le
Versoud.
Condaminas subtus Montem
Floritum, XIV s.; Conta-
minis, XV s.: la Croix-de-
Montfleury, quart. c^ Corenc
et La Tronche.
Condaminas (in), XIV s.; C-as,
XIX s.: la Condamine, éc.
c^ St-Martin-de-Clelles.
Condaminas juxta eccl. S. Vic-
tor. de Meiolan, XII s.: les
Contamines, mas c^ Meylan.
Condamine (La), h. c^ Vaujany;
— h. c^ Corbas.
Condamine (La), XVIII s.: voy.
Contamine (Grande).
Condamines (Les), h. c^ La
Motte-d'Aveillans ; — éc. c^
St-Romans.
Condaminis (de), XV s.: la
Contamine, vill. c^ Apprieu.
Condola ap. Fornachi (mans.),
XV s.; Condella (mas) ;
C-les, XVIII s.; Condille ;

Coudelle, h. c⁹ Gillonnay et St-Hilaire-de-la-Côte.

Couessa, Couesa, XIII s., Cexa, XV s. ; voy. Couisse.

Couet (la) : Perrialot, éc. c⁹ Montagne.

Couets (Les), XIII s. : Couanise, mas c⁹ St-Pierre-de-Mésage.

Confession (titu.), XV s. : Pas-de-la-Confession, che c⁹ Huez et Villard-Reculas.

Confident, Cotim, XV s. : Clans (Bas, Haut), XIX s. : Confolens (le Bas, le Haut), lih. c⁹ Le Perier.

Confor, XVIII s. : Canfort, t. c⁹ Jous.

Confort (N.-D. de), XVI s. : voy. Portus Ysaris.

Confrairie (vinea) ap. S. Eustachium, XV s. : les Côtes, l. disp. c⁹ Grenoble.

Conilieu, XIV s. ; Conn-u, XVIII s.: Couaillieux (chât. XVIII s.; Couilieu, vill. c⁹ Porcieu-Amblagnieu.

Coulnuu, XV s., Connyn, XVI s. : voy. Colombus.

Conisou (mont.), XI s. : Con-ucer, mont. c⁹⁹ Champ, N.-D.-de-Mésage, St-Pierre-de-Mésage, Laffrey et St-Georges-de-Commiers.

Conitière (La), chu c⁹ la Salette.

Conmers (les), XIV s. : Commers (el) ; Comiers (terr. du), XV s.: le Commiers, l. disp. c⁹ Clonas et St-Prim.

Conserva (prior de), XIII s. : Conersa (monast. de), XIII s.: Comaser (St-Michiel de), XIV s. : St-Michel-de-Conserv, ruines, c⁹ Champ : voy. Sancti Michaelis.

Conset, XII s : Coquet, c⁹ La Mure.

Conquerens (chavan. de), XIV s.: Conquerent, l. disp. près Herbeys.

Conquilliat, l. disp. c⁹ St-Clair-de-la-Tour, XVIII s.

Consel, XVI s. : voy. Consilin.

Couillin (eccl. de), XI s. ; Clin (eccl. S. Joan. de), XIII s.: (parr. de), Consilii (eccl. tanm. XIV s. : Couuy, h. c⁹ Claix.

Consire, XVIII s. : Consou : Cou-sous, vill. c⁹⁹ St-Geoire et St-Sulpice-des-Rivoires.

Constancia, domus et vines, XIV

s. : les Côtes, l. disp. c⁹ Grenoble.

Constantin (mont.), XVI s. : le Constantin, mont. c⁹ La Chapelle-du-Bard.

Constantin (Le), vill. c⁹⁹ Charvieu et Chavanoz.

Constanz (Le Grand), éc. c⁹ St-Geoire.

Contamina cl. des, XIV s. : Cous, XV s. : les Coudemines, mas c⁹ Crémieu.

Contamina, C-nes (territ. de, de les), XV s.: les Coudemines, mas c⁹ Vernioz.

Contamina S Theoderil, XV s.: les Coudemines, mas c⁹ St-Clief.

Contamine (La), forêt c⁹ Cognin : — mas c⁹ Herbeys.

Contamine, h. c⁹ St-Antoine.

Contamine (mas de la Grande), C-nes (les), XVIII s. : de St-Robert : la Contamine, vill. c⁹ Tullins.

Contamine (mais, t.), XVIII s. : voy. Condamina.

Contamine (les), XVI s. : la Condamine, h. c⁹ Montseveroux-Milieu.

Contamines (territ. de les), XV s. : les Coudemines, mas c⁹ St-Symphorien-d'Ozon.

Contamines (les), h. c⁹ St-Verand : — mas c⁹ Thuellin.

Contamines, XVII s. : voy. Condamina le, Condaminis.

Contamines (les), XV s.: les Condemines, h. c⁹ l'Isle-d'Abeau.

Contant (Le), vill. c⁹⁹ Beaurort et Penol.

Contareus (vill des), XVIII s. : les Contoresenta, h. c⁹ Le Perier.

Contarie (la), h. c⁹ Massieu.

Content (vinea), XIV s.: le Content, h. c⁹ Villeneuve-de-Marc.

Contonnière, h. c⁹ Les Abrets.

Contour (en ley), XIV s. : le Coulmar-de-d'autuir, hute c⁹ St-Ismier.

Coutour (Le), h. c⁹ Tencin.

Conymau, XV s.: voy. Colrauine.

Coquerii, C-iis, mais. t., XIV s., Couperier, Coquet, XIII s. ; le Couquier, h. c⁹ St-Sauveur.

Coqulminerre, XVIII s. ; Couquinière, h. c⁹ Tivolet.

Copin, h. c⁹⁹ Theulerre et Vienville.

Coq (Le), h. c⁹ Villard-St-Christophe.

Coquanol, XVIII s. : voy. Cocons.

Coquet, h. c⁹ Chasselay.

Coquets (Les), mont. c⁹ Sarcenas.

Coquette, XIX s.: les Coquettes, h. c⁹ Chirens.

Coquettière (La), éc. c⁹ St-Pierre-de-Bressieux.

Coqumen, ruins., XVII s. : le Conmeu, ruins, c⁹⁹ Doissin et Montrevel, all. l'Illen.

Cor (la), dom. fort., XIV s. : Jevres, éc. c⁹ Barraux.

Coral (el), XIV s. : Corall (in Vorzeto siven, XV s. : C de tin Vorzeto vers.) : les Cors, mas c⁹ St-Ismier.

Corameuu, XV s., Corpue : voy. Coreus.

Coraux (hortalis. de), XIV s. : voy. Coreus.

Coreangle ou Le Battoir (étang), XVII s. : Coraugles, mas c⁹⁹ Thuellins et Veyrins.

Corarderes, XIV s. : voy. Cor-rearderes.

Corazclau, XIX s.: voy. Cara (la).

Corls, XII s. : Corpus, h. c⁹ St-Martin-d'Uriage.

Corls, XI s., Corlus (de), eccl. S. Petri, dom. t., XIV s. : Corvus : Corpus, ch.-l. c⁹⁹ arr Grenoble.

Corlus, XV s. : la Caurder, h. c⁹ Le Fraucy.

Corleuoyri, mas., XIII s. : Cor-belleria, XIV s.: Cortillerlis, XV s. : les Cortelièrres, éc. c⁹ La Chapelle-du-Bard.

Corlaisnes : la Condatine, h. c⁹ St-Priest.

Corlemuu (mina ferrea), XIV s.: le Cochot, mas c⁹ Alleward.

Corlmraut (siestr de), XVII s. : Corlavoua, mas c⁹ Sérizin-de-la-Tour.

Corlus, mas c⁹ Belmont.

Corhat, c⁹⁹ St-Symphorien-d'Ozon.

Corhasseriis (cunth de), XV s.: Corhasnière, ruins. c⁹ La Haltie-Division et Pressins.

Cornata, XV s. : *la Cornat*, mas c⁰ Hurtières.

Cornata, XIV s. : *la Cornat*, mas c⁰ Optevoz.

Cornata, XIV s. : *les Cornaves*, mas c⁰ le Touvet.

Cornavum, Cornavent (mons.), XIII s. : Cornesant (mont.) : *Cornavent*, h. et forêt c⁰ Communay.

Cornayium, Cornayie (de), XIV s. : *Cornaye*, ér. c⁰ Cornillon-en-Trièves.

Cornaz (la), XV s. : Costa de Chappanay, XV s. : Cons. de Cy, Cornaz de Cy : *la Cornaz*, h. c⁰ Marennes.

Corne (la), lac c⁰ Allemont : — h. c⁰ La Bâtie-Montgascon.

Cornardeyre, XVIII s. : voy. Cornarderes.

Corneille (la), mas et ét. c⁰ Les Avenières.

Cornelien, XIX s. : voy. Cornilion.

Cornelionis, Cornillionensis, mas past. : voy. Cornillionis.

Cornillionis, XIV s. : *Cornillion*, mont. c⁰ Le Bourg-d'Oisans, Livet-et-Gavet et Oulles.

Cornilione, XII s. : voy. Cornilione.

Corneres (en), XV s. : *les Corneres*, chù c⁰ St-Égrève.

Cornerieux, XVIII s. : *Cornerière*, h. c⁰ St-Siméon.

Cornet (le), ér. c⁰ Autrans.

Cornet (le), ér. c⁰ Monsteroux-Milieu.

Cornetières (les), ruiss. c⁰ Monsteroux-Milieu, aff. La Varèze.

Corneta, 1885 : *Cornaye*, h. c⁰ Aoste.

Cornets (les), h. c⁰ Revel.

Cornette, XVIII s. : *les Cornettes*, h. c⁰ Châtonnay.

Cornevrin, XVII s. : *Cornerrin*, bois, c⁰ St-Christophe-Entre-Deux-Guiers.

Corneysium (mans.), XV s. : *Corneys*, h. dioc. c⁰ Proveyzieux.

Cornichon, ér. c⁰ La Côte-St-André.

Cornier (le), ér. c⁰ Revel.

Cornière (la), ér. c⁰ La Folatière.

Corniers (les), XVII s. : *le Corniers*, mas c⁰ Miribel-les-Échelles.

Corniers (les) : voy. Cornu.

Cornillon, XVII s. : voy. Cornea.

Cornillionem (castr.), XII s. : voy. Cornilione.

Cornilione, quel. castrum est ap. Trevas, XII s. : Cornelion, XII s. : Cornillionis castell., manel. XIII s. : Cornillionis in ducatu Campisauri, XIV s. : Cornillion-en-Trièves ; *Corneil* Inferes-Trièves, c⁰ can⁰ Mens.

Cornilione, XII s. : Cujus capella de castro, XI s. : Cornillio intraisivodano, XIII s. : Con. chap. de Ste-Marie de, XVIII s. : Cornin, Cdun : *Cornillon*, vill. c⁰ Fontanil.

Cornillon, vill. c⁰ Fontanil : dioc. Gren., égl. N.-Dame.

Cornillon-en-Trièves, c⁰ can⁰ Mens ; dioc. Die, égl. St-Pierre.

Cornillon (le), mas c⁰ Mont-St-Martin.

Cornillonne (la), mont. c⁰ Prunières.

Cornilladin, XVIII s. : Cornolley (la), XV s. : *Cornilley*, mas c⁰ Montalieu-Vercieu et Porcieu-Amblagnieu.

Cornixeras (tenem.), Cornixeras (tenem.), XII s. : Cires, XIII s. : *la Cordière*, mont. c⁰ Cognin.

Cornollier seu de Manisieu, XV s. : voy. Cornallier.

Cornorie, XVIII s. : *Cornorie* (?), h. c⁰ Serpes-et-Serpol.

Cornvault (territ.), XV s. : *Cornvault*, mas c⁰ Thodins.

Cornuesi, mont. c⁰ Chichilianne.

Cortes (tenem.), XIII s. : *les Mortes*, h. c⁰ St-Nazaire.

Cornu (plat de), XVII s. : *Combel'mort*, bois, c⁰ St-Pierre-de-Chartreuse.

Cornu (mans.), XIII s. : Cortes (mans.), XIII s. : *les Corneves*, h. c⁰ Vizille.

Cornuella (D. de), XIV s. : Cornelicros, XV s. : *le Cornu*, h. c⁰ Cessieu et St-Jean-de-Soudin.

Cornueyri (mans. de la), XIII s. : *Cordey*, bois c⁰ Voreppe.

Cornullion (les), mont. c⁰ St-Paul-les-Varces et Le Villard-de-Lans.

Cornutes (mans. des, Cortes), XIII s. : *la Cornuz*, ér. c⁰ Pontcharra.

Cornerium : Corodara, Corocrum (desertum), XII s. : voy. Correria.

Corolleys, Coreys (terra des), XIV s. : *les Coronnes*, h. c⁰ Gillonnay.

Corarie (dom.), Coroyrie (prior.), XIV s. : voy. Correria.

Corps, XII s. : Corps, XII s. : Cors (villa des), XIII s. : Cortes (mans. des) : *Corps*, h. c⁰ Cour-et-Buis.

Corps, XVIII s. : voy. Corle 2.

Corperon (dom. apt.), XIII s. : (portus), XVI s. : *Corperon*, anc. quart. de Vienne, rue.

Corps, XIII s. : Corl : voy. Corb.

Corps, ch.-l. can⁰ arr⁰ Grenoble, dioc. Gap, égl. St-Pierre.

Corranezontum, molar., XIV s. : Correzzone (de), XIV s. : Correzzontum, Corramsolle (mans., castr. de), XIV s. : *Correzzone*, c⁰ can⁰ Le Villard-de-Lans.

Corréa, ruiss. c⁰ Lemps.

Correar, XIX s., Correard, ér. c⁰ La Perey.

Correarderes villa, XIV s. : *les Perres*, h. c⁰ La Côta.

Correard yrios, XV s. : Colorum, XIV s. : *Correard*, ér. c⁰ St-André.

Corrent (territ.), XIV s. : *Coret*, h. c⁰ St-Maurice-l'Exil.

Correria (prior., XI s. ; Correria, XII s. : *Correrie*, h. c⁰ St-Laurent-du-Pont, anc. mais. Chartreux.

Correria (universa, XIV s. : *Correrie*, chal. c⁰ St-Laurent-du-Pont.

Correrie, XVIII s. : voy. Correria.

Corresolonchii (d.), XV s. : *Colchenoy*, h. c⁰ St-Paul-les-Varces.

Cors (in Cruce des), XV s. : *les Cortes*, vill. c⁰ St-Étienne-de-St-Geoirs et St-Geoirs.

Cors de Vieu (lo), XV s. : *les Cortes*, mas c⁰ Le Bouchage.

Cors in manel. Viraud (dom. (?), XIV s. : — (terial. inVada de), XIV s. : *Cortes*, h. c⁰ St-Andére.

Cors (valuan.), XII s. : voy. Corb 2.

Corsare, mont. c⁰ Le Bourg-d'Oisans.

Corsetcriv, XV s. : voy. Chartris.

Cort Diedereschii, XIII s. : *Cort Diedereschi* (?), L. dioc. c⁰ Valchonnais.

Cortanyacum, XV s. : voy. Cortenay.

Cortelet (Le), mas et ruines, c° St-Pierre-de-Chartreuse.

Cortenay (eccl.), XIII s.; (parr.c Cortenacum, IX s.; Cortenay, c° c°° Morestel.

Cortes villa, IX s.; les Cours, h. c° St-Jean-de-Bournay.

Corteti, C-la villa, XIV s.; les Courtets ?, l. disp. c° Pierre-Châtel.

Cortina, XII s.; Cortin, c° c°° Morestel.

Cortinaya, XIV s.; Cortinay, h. c° Dolomieu.

Cortiolet, h. c° St-Agnin.

Cortennay, XV s.: voy. Cortenay.

Cortonne (La) : voy. Curtana.

Corueria, XIV s.; la Couraverie, h. c° St-Pierre-de-Chartreuse, anc. mais. Chartreux.

Coruetes (Les), XIII s.: voy. Coroules.

Corvées, XVIII s.; les Corvées, f. c° Theys.

Corvo (de), XII s., (castr. de), in ducatu Campisauri.

Corvus : voy. Corb.

Corzeu; l'Arzay, c° c°° Côte-St-André.

Cos (Le), lac, c° la Ferrière.

Cosancie, XV s., Cosence, C-cia, XIV s. (mand. et villa), Cozance : voy. Cosantix.

Cosantix, XII s.; Cuzance, h. c° Trept.

Coson, XIV s.; Corzon, ruines. c° St-Pierre-de-Chartreuse.

Cossal : voy. Cosseil.

Cossaudière (La), h. détr. c° Valencin.

Cosseil, XIII s.; Cossel (molar Chandillonis de): Ceyl, XIV s.; Cys, XVIII s.: Coussey; Coussy, h. c° Claix.

Cossert-des-Gilles (Le), éc. c° La Buisse.

Cossert (Le Grand-), vill. c° Miribel-les-Echelles; —(le), h. c° La Marette.

Cosset, h. c° St-Quentin-Fallavier.

Cossey, h. c° Claix.

Cossieu, XVI s.: voy. Cocceu.

Cossion : voy. Coccreiu.

Cossonay (de), XIV s.; le Corchou, h. c° Coublevie.

Costa (bordaria de); la Côte, h. c° Champagnier.

Costa villa, XIV s.; Clayeil, XV s.; la Côte, h. c° Claix.

Costa, XV s.; la Côte, h. c° Corps; — mont. c° La Garde.

Costa de Herbeys, XIV s.; la Côte, vill. c° Herbeys.

Costa (castr. de), XIII s.; S. Andree (fortalic., palac. de), XIV, XV s.; le Château, quart. c° la Côte-St-André.

Costa (la), XVII s.; la Côte, h. c° Miribel-les-Echelles.

Costa, XIV s., Cotte (La), XVIII s.; la Côte, mas c° Le Mont-de-Lans.

Costa (P. de), XIV s.; la Côte, mas c° Moras.

Costa (nem. des, Costas (vers.), XIII s.; Cottes, XVIII s.; la Côte, bois c° Morestel.

Costa villa, XIV s.; la Côte, h. disp. c° Notre-Dame-de-Mésage.

Costa (bord. de), XIII s.; (mans. de), XIV s.; la Côte, h. disp. c° Pierre-Châtel.

Costa (in), XIV s.; la Côte, mas c° St-Arey.

Costa (subL.), XIII s.; la Côte, ruines. c° St-Joseph-de-Rivière, se perd d. les terres.

Costa, XIV s.; Cottes (bois), XVIII s.; les Côtes, mas c° St-Savin.

Costa, XIV s.; les Côtes, éc. c° La Salle.

Costa (mans. de), XIII s., villa, XIV s.; la Côte, h. disp. c° Susville.

Costa (La), XII s., Cotte (dom. de la), XVIII s.; la Côte, f. c° Theys.

Costa Alamella, XIV s.; C-a Allamella, XV s.; Côte-Allumette, mont. c° La Garde.

Costa Alamella, XV s.; Côte-Allumette, mont. c° Huez.

Costa Allamella, XV s.; Côte-Allumette, mont. c° Besse.

Costa St Andree, XII s.; Vienn. dioc.; villa, XIII s.; la Côte-St-André, ch.-L c°° arr° Vienne.

Costa Audeyart, XIII s.; Côte-Otard, bois c° Nantes-en-Ratier.

Costa Bella (nem. cornu de), XIV s.; Cota Bella (mont.); Côte-Belle, mont. c° Besse.

Costa Bella (mons vor.), XIV s.; Costebelle (bois), XVIII s.; Côte-Belle, mont. c° Ornon.

Costa Bella, XIV s.; Côte-Belle, mas c° St-Christophe-en-Oisans.

Costa Bella, mont. XIV s.: voy. Cota Bella.

Costa Bruna, XV s., Costibrune (ruins. de), XVIII s.; Côte-Brune, chal. c° Besse et Clavans.

Costa Cllura, XIII s.; Côte-Chèvre, mas c° Herbeys.

Costa Creppel (loc.), seu rochassum dos Chastellard, XVI s.; voy. Chastellar (rochass. doz).

Costa Enversa, XV s.; Côte-Enverse, mas c° le Mont-de-Lans.

Costa Enversa (crista), q. est ultra emceni et desup. Martineto Revelli, XV s.; Côte-Enverse, mas c° St-Martin-d'Uriage.

Costa Faucherii, Foscherii, XV s.; Côte-Fauchier, mas et ruins. c° Mizoën.

Costa Gerril (camp.), XII s.; Guerril (bordari de): Côte-Guerre, l. disp. c° St-Pierre-de-Chartreuse; les Guerres, h. c° St-P.-de-Ch.

Costa de Grangils, XIII s., XIV s.; les Côtes, h. c° St-Paul-de-Varces.

Costa Guillet, XVIII s.; Côte-Guillet, mont. c°° St-Pierre-de-Chartreuse et Le Sappey.

Costa Joberga, XIV s.; Côte-Joubert, mas c° St-Michel-les-Portes.

Costa de Lancio, XV s.; la Côte, h. c° Lans.

Costa Lateria, XVI s.; Côte-Latier, éc. c° Séchilienne.

Costalongua, XIII s.; Coste-Longue, XVIII s.; Côte-Longue, bois c° Clelles.

Costa Loca (gorgia de), XV s.; Louva; Côte-Louvat, mas c° Marianette.

Costa Peryn, XV s.; Côte-Perrin, mont. c° Theys.

Costa Roullacii, XIV s.; Côte-Rol, mont. c° Venosc.

Costa Rossa, XIV s.; Côte-Rousse, bois c° la Combe-de-Lancey; — mas c° St-Maximin; — ruins. c° St-Michel-les-Portes.

Costa Rubea, XIV s., XV s.;

Côte-Rouge, mas c⁵ Le Freney;
—bois c⁵ St-Paul-les-Monestier.
Costa Rufta, XIV s.: *Cotte-
Rutte*, h. c⁵ St-Maurice.
Costa S. Justi, XIII s.: *le Coteau*,
vill. c⁵ St-Just-et-Chaleyssin.
Costa Sechla, XIV s., Shecu, XV
s.: *Côte-Sèche*, mas c⁵ Besses.
Costa, XIV s.: voy. Sulutu Costa.
Costa villa, XIV s.: voy. Costanz.
Costannes (châtelain), XVI s.:
voy. Cotonarou.
Costanz (cavan. des), XIII s.:
les Côtes, mas c⁵ Jarcie.
Costaruna (territ.), XIV s.: *les
Côtes*, mas c⁵ Cresieu.
Costas, mains.. XIV s.: *la Côte*,
mas c⁵ Ste-Marie-du-Mont et
St-Vincent-de-Mercuze.
Costas de Alerila, XIV s.: Cos-
tes (les), XVIII s.: *les Côtes-
d'Allières*, h. c⁵ Claix.
Costas de Asinis, XV s.: *les
Côtes-de-l'Ane*, mont. c⁵ Le
Mont-de-Lans.
Costas de Biviaco, XIII s.:
Cottes (domaine à Biviers, dit
aux): *la Côte*, mas c⁵ Biviers.
Costas Darcy, mansum, XIII s.:
d'Arcy, XVIII s.: *les Côtes-
d'Arcy*, c⁵ Vienne-Sud.
Costas supra S. Laurentium
Grationopolis, XIII s.: Costas
Gez, in loco Alviolet, XIII s.:
in loco In Brunderie; Costes
(les), vignes, XVII s.: *les
Côtes*, l. disp. c⁵ Grenoble.
Costas in parr. S. Martini, XIV
s.: *les Côtes-de-Rochefort*,
mont. c⁵ St-Martin-de-Clelles.
Costas Solcide, XV s.: *la Côte*,
h. c⁵ Solaise.
Costat (Le), h. c⁵ Dizimeu.
Costaux (Les), XIII s.: *les
Grands-Coteaux*, bois c⁵ St-
Ismier.
Costaz (La), XVII s.: Coste (la)
XVII s.: *la Côte*, mas c⁵
Entre-Deux-Guiers.
Coste (La) ou Bois Roustan:
Cotte (la), XVIII s.: *la Côte*,
bois c⁵ Chalançon.
Coste (La), h. c⁵ Moirans; —
gr. disp. c⁵ Valjouffrey.
Coste (La), XVIII s.: *la Côte*,
h. c⁵ Revuarel.
Coste (La): voy. Costa, villa.
Coste Belle, mon.: voy. Cotz'B.
Coste de Bouza, XVIII s.: voy.
Cotte B.

Coste Boyssière, XVII s.; Bois-
sière, XVII s.: *Côte-Boissière*,
forêt c⁵ Miribel-les-Echelles
et St-Aupre.
Coste Crosa ou la Sagne (culas.),
XVIII s.: voy. Crotta Crosa.
Coste-de-Grenone, bois, XVIII
s.: *la Côte-de-Grenoble*, mont.
c⁵ Oz.
Coste Longe, XVIII s.: *Côte-
Longe*, bois c⁵ Oz.
Coste-des-Pinches (Las), XVIII s.:
Côte-Pinche, bois c⁵ Sarcenas.
Coste Plane (bois), XVIII s.:
voy. Cotteplane.
Coste (prior), XII s.: St-Andriou,
St-Andeyeu, XIV s.: voy.
Costa St Andreu.
Costomartin, XV s.: voy. Co-
tonacrou.
Costerg de l'Eglise, XVII s.:
Cert de l'Echanneau, XVII s.;
l'Eglise, quart. c⁵ St-Laurent-
du-Pont.
Costerg, XVII s.: Costergium S.
Laurencii, XIV s.: *le Coterg*,
vill. c⁵ St-Laurent-du-Pont.
Costergium St Roberti, XIV s.:
C-ia (molend. de), XIV s.:
Costerts vill. de St-Robert,
XVII s.: Costerg St-Robert,
XVIII s.: *St-Robert*, vill. c⁵
St-Egrève.
Costes (chuit. des): *le Château*,
chât. c⁵ des Cotes-d'Arcy.
Costes (cottard, costergt. gran-
geage des), XVI s., domaine
des), XVIII s.: *les Côtes*, h.
c⁵ St-Laurent-du-Pont.
Costes: voy. Costas de Loyrey.
Costes (chaut. des), XVI s.: voy.
Montis Romm.
Costes de Sassenage ou des
Vignes: voy. Cottes de Sæ.
Costillion, l. disp. c⁵ Echirolles.
Costis (int, XIII s.: *la Côte*, h.
c⁵ Chasse.
Costis (terroir de), XV s.: *les
Côtes-de-Corps*, c⁵ des Corps.
Costis (chapelle des), XIV s.: Cos-
tarum Darcy (parte), XV s.:
St-Jorza, h. c⁵ les Côtes-d'Arcy.
Costis (mans. des), XIII s.: Cot-
tes (les), XIX s.: *les Côtes*,
h. c⁵ Gonselin.
Costis (mans. des), XIII s.: *les
Côtes*, bois c⁵ Laval.
Costis (villa des), XIV s.: *les
Côtes*, h. disp. c⁵ Miribel-
Lanchâtre.

Costis (mem. los), XIV s.: *les
Côtes*, quart. c⁵ Montbonnot-
St-Martin.
Costis (villa de), XIV s.: Cottes
(les), XVIII s.: *les Côtes*,
vill. c⁵ la Motte-St-Martin.
Costis (de, los), XV s.: *les
Côtes*, bois c⁵ St-Agnin et
Tramolé.
Costis (camp. des), XIII s.: *les
Côtes*, h. c⁵ St-Just-et-Cha-
leyssin.
Costis (mans. de), XIII s.: *les
Côtes*, h. c⁵ St-Laurent-du-
Pont.
Costis (int, XIV s.: *les Côtes*,
mas et ruiss. c⁵ St-Sébastien;
—bois et ruiss. c⁵ Villard-
Eymond.
Costis (mas. de), XIV s.:
Cottes (bois des), XVIII s.:
les Côtes, forêt c⁵ St-Vincent-
de-Mercuze.
Costis (mem. in), Cos de Loyrey,
XIV s.: *les Côtes*, mas c⁵
Serves-et-Nerpol.
Costis (int), XV s.: Cottes (les),
XVIII s.: *les Côtes*, h. c⁵
Venuse.
Costi-des-Pichat (int), XV s.: *les
Côtes-de-Pichat*, mas c⁵ Theys.
Costrey (Les): voy. S. Rober-
tum subt, Cornillonem.
Cota, XV s.: *la Côte*, éc. c⁵
Grosse.
Cotagnon, h. c⁵ St-Geoire.
Cotallier, rocher, XVIII s.:
Cottalay, bois c⁵ St-Egrève.
Cotau, bois c⁵ Montagnieu et
St-Victor-de-Cessieu.
Cotanes (mem. de los), XV s.:
voy. Rose Vallis (mem.).
Cotanes (Las), XV s., Cottanes
(com. des), XVIII s.: voy.
Cotonarou.
Cotanes (Les), nom région
bois et étangs, de nos jours
formé c⁵ Ronsieu, Chaulieu,
Seuaons, Commelle, Orna-
cieux, Faramans, Penol et
Sardieu.
Cotapea (lac de), XVIII s.:
Colepea (lac), c⁵ La Ferrière.
Cotard (Le), f. c⁵ Allevard.
Cotaxe, XVIII s.: *les Ourages-
Cottaux*, gr. c⁵ St-Pierre-de-
Chartreuse.
Cote (La), ruine. c⁵ La Ferrière,
orig. la Combe de Giroud;
aff. La Brida.

voy. Costa S. Martini.
Cottel, c., c.e Meaudre.
Cottelandière, XIX s.: Côte-Landière, h. c.e Voreppe.
Cotteplane (bois), XVIII s.: Côte-Plaine, bois c.e Mayres.
Cotter, vill. c.e Colombe.
Cotter-Dupré (la), c.e de l'Île-d'Abeau.
Cotter-Set-Esgrove (seigne du): voy. S. Robertum subt. Cornillonem.
Cotteratel, XVIII s.: Côte-Ratel, bois c.e St-Martin-d'Uriage.
Cotterotte, XVIII s.: Côte-Rotte, bois c.e Corbeau.
Cottes (Les): les Côtes, bois c.e Oris.
Cottes de Sassenage (paroisse), XVIII s.: les Côtes, quart. c.e Sassenage.
Cottes (Les), XIX s.: voy. Costa (bord. de).
Cottes (domaine à Rivières dit aux): voy. Costas de Biviaco.
Cottes (Les): voy. Costa, Coue.
Cotteys (mans. del), XIV s.: Cottière (mont. la): la Cottière, mont. c.e Lavaldens.
Cottier, XVIII s.: Erotier, h. c.e Charette.
Cotonery (la), XV s.: Cotonière, h. c.e St-Aupre.
Coua, XVIII s.: voy. Court (de la).
Couard (la), f. c.e Montrevel.
Couard (le Calabri), vall. c.e Vaujany.
Couarde (la), XVII s.: voy. Cuardaz.
Couardin (Les), ruiss. c.e La Chapelle-du-Bard.
Couarelle (la): voy. Coarelle.
Coublevie, c.e cant. Voiron: par. dioc. Gren., égl. St-Pierre.
Coucet, gr. disp. c.e Renarvel.
Couchate (La), XVIII s.: la Coisselle, c.e c.e Estrablin.
Couche, XVIII s.: Couchet, h. c.e Les Côtes-d'Arey.
Couche (fons de la), XV s.: C-hal (barr. des), XVI s.: la Couche, h. c.e Rovon-Vaugris.
Couche (La): voy. Caouche.
* Couchardnum : voy. Couchar-bium.
Couchette (La), XV s.: les Couchettes, bois c.e La Mure.
Couchette (La), XVIII s.: les Cachettes, h. c.e Le Villard-de-Lans.

Couchettes (les), h. c.e St-Pierre-d'Allevard.
Couchilly, c.e c.e Sechilienne.
Combiaisons (les), XIV s.: la Couche, l. disp. c.e Les Avenières.
Couchin, XIV s.: la Couche, vill. c.e Le Touvet.
Couchonnière (la), XVIII s.: la Cochonnière, h. c.e Apprieu.
Couchonnière (la), h. c.e St-Etienne-de-Crossey.
Coucise, XVIII s.: voy. Coutisa (la).
Coucourdan, c.e c.e Le Villard-de-Lans.
Coudey, bois c.e Villard-Reymond.
Coudayl (la), XIV s.: les Escaunailles, bois c.e La Perière.
Coudières (la), églis. c.e Bernin.
Coudray, c.e c.e Hurtières: — c.e c.e St-Pierre-d'Allevard.
Coudrier, h. c.e Blandin.
Couet (la), XIX s.: voy. Couteyri.
Couillières (la), h. c.e Champier.
Coujour (la), mont. c.e Oz.
Coulange (ruiss.), c.e Vinay.
Coulanges, XV s.: voy. Colongiis.
Couleroux, XVIII s.: voy. Colorus.
Coulet (la), XVIII s.: le Collet, h. c.e Veurey.
Coulet de Vulson ou Sarrasin, XVII s.: le Collet, ch't. c.e St-Jean-d'Hérans.
Coulet (mont. du): voy. Colet le.
Coulescières, c.e c.e Mont-St-Martin.
Coulin (la), l. disp. c.e Merlas.
Coullet de Sarrazin, XVI s.: voy. Colletum de Morg.
Couluse, XVIII s.: voy. Coleus.
Coulou (le), XIX s.: Couloud, h. c.e St-Laurent-du-Mure.
Couloud (la), gr. c.e St-Pierre-de-Chartreuse.
Coulu (Grand, Petit), hh. c.e La Folatière et Le Pont-de-Beauvoisin.
Coupalin, h. c.e Bourgoin et Maubec.
Coupe (la), h. c.e Estrablin: — h. c.e Jardin.
Coupe-Jarret, quart. c.e Vienne.
Coupier: voy. Copert.
Couponnier (Le), XVIII s.: le Coponier, bois c.e Laval-et-Gavet.

Cour (la), bois c.e Beaufort et Lentiol.
Cour, h. c.e Cour-et-Buis: par. dioc. Vienne, égl. St-Martin.
Cour, c.e c.e St-Sorlin.
Cour (la), Court (a la): voy. Cor (la).
Cour-et-Buis, c.e cant. Beaurepaire.
Courane, C.st, XVI s.: voy. Corcis.
Couratoriis (domus), XIII s.: Chavertière, h. c.e Proveyzieux.
Couratière (la), h. c.e La Murette.
Couray (la), h. c.e Veyrins.
Courela: voy. Corlet.
Courlanment, c.e c.e St-Jean-le-Vieux et St-Martin-d'Uriage.
Courlanière, h. c.e St-Julien-de-Ratz.
Courlanne (la), XVIII s.: voy. Curtana.
Courlarey (la), ruiss. c.e Ornon, aff. la Lignare.
Courlatière, l. disp. c.e Marnans, XVIII s.: ; — h. c.e Rives.
Courleires (la), XVIII s.: les Courchières, bois c.e St-Ismier.
Courlelin, XVI s.: voy. Corbellanum.
Courleran (bois), XVIII s.: Courcheyras, bois c.e La Gua.
Courles (la), h. c.e Jarrie.
Courles Malades (la), c.e c.e Vienne.
Courlet: voy. Corlae.
Courlière (la): voy. Corloria.
Courlieu, h. c.e Paladru: — ruiss. orig. marais la Ruitie Division, arr. c.e Montferrat. Paladru, se jette dans Lac de Paladru.
Courcelle (Chez-...), c.e Roybon.
Courele (de): voy. Court.
Coureaux (les), XVIII s.: les Courrieras, h. c.e Le Passage.
Courenc, Courent: voy. Corenc.
Couretanau, XVIII s.: voy. Corranezanum.
Courrière (la), l. disp. c.e St-Symphorien-d'Ozon.
Courrion (les), XIX s.: le Courrion, h. c.e La Bâtie-Montgascon.
Courjuen (la), XVIII s.: voy. Corguin.
Courlon, c.e disp. c.e St-Paul-les-Monestier.
Courua, bois, XVII s.: voy. Colua.
Cournielle (la), ruiss. c.e Chapareillan.

Couronne (La), h. c^e Chevrières et St-Appolinard.

Courrerie (La), h. c^es Oyeu et Le Pin; — c^e de Pontcharra.

Courrerie (La), h. c^e St-Pierre-de-Chartreuse, anc. mais. Chartreux.

Courrerie: voy. Corneria.

Courrier (Le), C-rs (les), h. c^e St-André-le-Gaz.

Courrières (Les), h. c^e St-Sulpice-des-Rivoires.

Courriers (Les), h. disp. c^e St-Pierre-d'Entremont, XVIII s.

Cours (Les), quart. c^e Morestel; — h. c^e Roche; — h. c^e St-Priest; — h. c^e La Salle; — l. disp. c^e Vaulnaveys-le-Haut.

Cours, XIV s.: voy. Corps.

Cours (Les), XV s.: voy. Cors le.

Couses (Les): voy. Curio.

Cours (quart. des, XV s.: voy. Sancti Honorati.

Cours-Berriat (Les, quart. c^e Grenoble.

Cours-St-André (Les, route de 8 kms. de Grenoble au Pont-de-Claix (tracée en 1844).

Court, c^e c^e Corps.

Court, XIII s.: Cuhaud, gr. c^e Morestel.

Court (de), XIII s.: le Cuhaud, h. c^e Pinsot.

Court (La), dom. f. XV s.: voy. Cor.

Court (La), Courts (les), XIX s.: voy. Corio.

Courtarieux (La), bois et ruiss. c^e Trémuis.

Courtelet (Le), c^e c^e Allevard.

Courtenay, c^e c^es Morestel; dioc. Lyon, égl. St-Martin.

Courtenay, château c^e Optevoz.

Courtenay (St-Martin de), XIV s., XVI s.: voy. Cortenay.

Courtet, XVI s.: le Courtey, mont. c^e St-Baudille-et-Pipet.

Courteroux, h. c^e Pont-en-Royans.

Courtiroula (Les), Courtiou (le), XIX s.; C-ux (les); les Courtioux, h. c^e St-André-en-Royans.

Courtières (Les): voy. Correcrla.

Courtil (Le), XVIII s.; Curtis, XIX s.; C-il, XIX s.; les Courtis, vill. c^e Vienne.

Courtillac, XVIII s.; Cartillud, h. c^e La Ferrière.

Courvées, XVIII s.: voy. Corvées.

Cousan, Couson, Cozzon, Cozon, XVII, XVIII s.: voy. Coson.

Cousance (Grand): voy. Cozantia.

Cousens, chât. c^e Clonas.

Coussen (riv. de), C-sous (les), XVIII s.: les Coussons, h. c^e St-Maximin.

Coussey: voy. Consilila.

Costale S. Andree, XV s.: voy. Costa St Andree.

Cousters Set Robert (bourg de), XVI s.: Couster de St-R., XVI s.: Cousberg et vill. de Set R.: voy. S. Robertum subt. Cornillonem.

Coutanes, XVI s.: voy. Cotonacum.

Coutanier (mas), XVIII s.: Cotanier, mas c^es Barraux et Chapareillan.

Coutavox (Les), XVIII s.: C-vo (le): les Cottures, h. c^e St-Pierre-de-Chartreuse.

Coutelat, gr. disp. c^e Tullins.

Couteuxa, XIV s.: Conteyssa (bordaria): la Coteuxe, mas c^e Herbeys.

Coutlaves (Les), forêt c^e Barraux.

Coutissa (La), XIV s.: les Coutixes, bois c^e St-Étienne-de-Crossey.

Couturier, h. c^e Vienne.

Couturiers (Les), c^e Les Éparres.

Couvallière (La), XVIII s.; Couvatière, XIX s.; la Couvatière, f. c^e Villemoirieu.

Couvalo, C-oup, XVII s.: voy. Cuvallon.

Couvaloup, vill. c^e Soleymieu.

Couvath, gr. disp. c^e Beaucroissant.

Couvats (Les), éc. c^e Les Côtes-de-Corps.

Couvats (Les): le Couval, h. c^e St-Jean-le-Vieux.

Couveraces (Les), ruiss. c^e St-Gervais, aff. l'Isère.

Couvent (Le), h. c^e La Côte-St-André; — h. c^e Lentiol; — h. c^e La Morte; — h. c^e Ste-Blandine; — éc. c^e Theys; — h. c^e La Verpillière.

Couverier: voy. Covayries.

Couvet, éc. c^e Dolomieu; — (le), éc. c^e St-Maximin.

Couvetan, h. c^e St-Georges-de-Commiers.

Couvron, l. disp. c^e Chassignieu.

Covayries, XIV s.; Coverier, XVIII s.; Coveyries (territ.), XIV s.; C-ruex, XV s.: Couterier, vill. c^e Dolomieu.

Coyderlis (de), XV s.; Coorley, éc. c^e Méaudre.

Covillos (territ. de), XIV s.: le Mularel-des-Coffios, anc. quart. la Côte-St-André.

Coytlos, XIII s.: voy. Cofyues.

Coygn Arnol (comba et nem.): voy. Crosum Arnaudi.

Coygurtos (aps.), XIV s.: les Cugurts, mas c^e Mizoën.

Coygnotom, parr., XIII s.: voy. Cognetum.

Coygno (nem.), XIV s.: voy. Cognate villa.

Coyn (loc. d), XV s.; le Coin, mas c^e Sillans.

Coyn (ap.), XIV s.: voy. Cognum.

Coyn de Sella, XV s.; le Coin-de-la-Selle, chal. c^e Clavans.

Coyn, Cognos, nem., XV s.: le Coin, mas et ruiss. c^e Mizoën.

Coynel, éc. c^e Englos.

Coynella: C-lla, XIV s.: la Coynelle, h. c^e La Cluze-et-Piquiers.

Coynureres villa, XIV s.; C-s?, l. disp. c^e La Gua.

Coyngno villa, XIV s.: Coyno (le): voy. Cogno (mans. de).

Coyrana, Coyrannaz, XV s.: C-na, Coirstone, villa c^e Coublon.

Coyreneo (prior de), XV s.: voy. Corene.

Coys (parr. B^e Marie de), XV s.: voy. Coterum.

Coyseta, C-au (aq.), XIII s.: le Coiseteau, ruiss. prend naiss., départ. Savoie, arr. Pontcharra et se jette dans l'Isère.

Coyserum, XIV s.; Coysia (prata de), XIII s.: voy. Coisi.

Coamre, h. c^e Trept; par. dioc. Lyon, égl. St-Denis.

Crachier, c^e c^es La Verpillière; par. dioc. Vien., égl. St-Genix.

Crachies, XII s.; (terrl.), XII s.; Crachcyuz, C-hiarum (parr.), XV s.; C-her; Crachier, c^e c^es La Verpillière.

Cruzerilu (villa de), XIV s.: les Cruzuières (?), h. disp. c^e La Cluze-et-Piquiers.

Cragatayt, XIV s.: Crugeux, pont sur le ruiss. Le Vernon, c^e St-Christophe-en-Oisans.

Crais (terr. des), XVII s.: les Crées, mas c^es Anjou et Sonnay.

Cranchasses (Les), XVIII s.; les Cruurkes, bois c^e Trémuis.

Crapaudière (La), bois c^e Villard-Eymond.

Crapeisiaz, XVII s.: *Crapeisiaz*, quart. c⁰ Passins.

Crapouetsi villa, XII s.: Craosa (cabau. de), XIII s.; Cut (chavan. de), Caosandum; Crappono (ripp. de), XIV s.; C.-ux. mais. f.; *Crapanuz*, h. c⁰ Bernin.

Crapongin (Giraud), XVI s.: C-ius (territ. de), XV s.; *Crapongin*, mas c⁰ Sérézin-du-Rhône et Solaize.

Crapoui villa, X s.: Crapont, XIV s.; Crappon (territ. de), XV s.; *Crapous*, h. c⁰ Ternay.

Crapouuuz, h. c⁰ Bernin.

Crappono (castell.), IX s.: Crappo (castro, mans), X s.; *St-Just*, quart. c⁰ Vienne.

Craque, éc. c⁰ Auberives-en-Royans.

Cras (capella de), XI s.: dioc. Gren., (parr. eccl. S. Jac. et Christophori de), XIV, XV s.; Craz, XVIII s.; *Cras*, c⁰ c⁰⁰ Tullins.

Crassantem (riv.), XIII s.: le *Croissant*, ruiss. c⁰ Bivier et Montbonnot-St-Martin, aff. Le Gontal.

Crassard, h. c⁰ Villefontaine.

Crassas, C-az, XIV s.; *Grassas*, mas c⁰ Dizimieu.

Crat, éc. c⁰ St-Jean-de-Bournay.

Crause (La), XIX s.; *la Cruze*, h. c⁰ Renage.

Cray, XIV s.; *le Cray*, mas c⁰ Barraux.

Cray (La), XVIII s.: *la Crái*, éc. c⁰ Luzinay.

Cray (La), XVIII s.: voy. Cret l⁰.

Cray (Le), Ceys de), bois, XVIII s.; voy. Creys l⁰.

Cray-de-l'Etivet, XVIII s.: le *Creys-de-l'Etivet*, mont. c⁰ Prunières.

Craz (dom. de la), XIII s.: Cra (la), Craz, Craz (Grande, Petite), XVIII s.; Cras (de), XIX s.; *la Craz*, h. c⁰ Charette.

Craz (terr. la Petita), XVI s.: Cra (mais. de la), XIX s., Craz; *la Craz*, h. c⁰ Estrablin.

Craz (La), mas c⁰ Meyzieu.

Cré Bertet, XVIII s.: voy. Cret B.

Cré-de-Tajaon, XVIII s.: le *Cras*, éc. c⁰ Fitilieu.

Crebocorpu, bois, XVI s.: *Crève-Cœur*, forêt c⁰ Pellafol.

Crés (Les), h. c⁰ Estrablin.

Crela, XIV s.: voy. Crep.

Crela, XVIII s.: voy. Criel.

Cremlaetim, XII s.: Cremlent, XIV s.: Cremen; Cremyeu; Cremiux, XVII s.: *Cremieu*, ch.-l. can. arr⁰ La Tour-du-Pin: dioc. Vienne, égl. St-Hippolyte.

Cremeux, XVIII s.: Cremeuf, XIX s.: *Cremeux*, h. c⁰ N. D.-de-l'Osier.

Crépet, f. c⁰ Arzay.

Crepo (capelle de), XIII s.: Crep, XIII s.: Creys (parr. de), XIV s.: Crepet, XIV s.: Creypont: Creypts, XVI s.; *Creys*, vill. c⁰ Creyssot-Pusignien.

Crescente (riv. de Ponte), XV s.: Creysen, riv.: voy. Crassantem.

Cresicu, XVIII s., Crézicux: voy. Criseut.

Cresille, XVIII s.; *Crozille*, h. c⁰ Tullins.

Cresin Jean, XVII s., eccl.: voy. Crisstin.

Cressant, éc. disp. c⁰ Vaujany, XVIII s.

Cressutta (mans. de), XIV s.: C. Moyrencli, XV s.; *la Crous des Muirons*, h. c⁰ Voreppe.

Crest de la Cielline (roch. du), XVI s.: le *Cret-de-la-Cieline*, mont. c⁰⁰ Paunders et Proveyzieux.

Crest de l'Homme (roche du), XVIII s.: le *Bout-de-la-Part*, mont. c⁰⁰ Allemont, la Ferrière et Laval.

Cresta Allioudi, XIV s.: voy. Cray l⁰.

Cresta Tarrallii, Crestum Taralliorum, XV s.: voy. Cristaudz.

Crestalleria, Crestaylleria, XIV s.: C-ri (combe de la): la *Cristallière*, mont. c⁰⁰ Vizille et Séchilienne.

Crestel, XVIII s.: *Crey-Jesus-Faure*, h. c⁰ Allemont.

Crestel, XVIII s.: voy. Crestatz.

Cresti Barnesudi, fanum, XIV s.: le *Crey-Bernard*, mont. c⁰ Livet-et-Gavet.

Crestina (prat. auz.) en les Frasses, XIII s.: les *Cristina*, mas c⁰ St-Christophe-Entre-Deux-Guiers.

Crestum, XIV s.: le *Cret*, h. c⁰ St-Cassien.

Crestum Gutigonis Fabri, XV s.: *Crey-Jesus-Faure*, h. c⁰ Allemont.

Cret (el), XV s.: *le Cret*, bois c⁰ Bricet-Angonnes.

Cret (Grand, Petit), mont. c⁰ Goncelin; — de, h. c⁰ St-Marcellin.

Cret, XIV s.: *le Cret*, bois c⁰ St-Bernard.

Cret (Le), (Grand), XVII s.: *le Grand - Cret*, mont. c⁰ St-Pierre-de-Chartreuse.

Cret : voy. Creyt (el).

Cret-de-Bataille (Le), mont. c⁰ La Ferrière.

Cret Bertet, XVII s.: *Cret-Berthet*, mont c⁰ La Chapelle-du-Bard.

Cret-de-Blais (Le), mont. c⁰ Allevard.

Cret-du-Bout (Le), mont. c⁰ La Ferrière.

Cret (Le), XIX s.: *le Cret-du-Charmat*, h. c⁰ St-Cassien.

Cret-de-la-Chaux (Le), mont. c⁰ Allevard.

Cret-du-Gaz (Le), mont. c⁰ St-Pancrasse.

Cret-Grandier, mont. c⁰ La Ferrière.

Cret-du-Laissard (Le), mont. c⁰ Theys.

Cret-du-Poulet (Le), mont. c⁰⁰ Allevard et St-Pierre-d'Allevard.

Cret-des-St-Georges (Le), mont. c⁰ Ste-Marie-du-Mont.

Cret-Tourna, chx c⁰ Oz.

Cret-du-Truc (Le), mont. c⁰ Morêtel.

Creta : voy. Creyta.

Cretatz (in), XV s.: *le Creytel*, h. c⁰ Allemont.

Crêtes-Clapiere, mont. c⁰ Vaulnaveys-le-Bas.

Crête-du-Fort (Le), mont. c⁰ Oulles.

Crête-du-Journal (Le), mont. c⁰ Aspres-lès-Corps.

Crétinière, éc. c⁰ Diemay.

Cretinon et Fontenelle (mais): *Chesnayer*, h. c⁰⁰ Arzay et Bossieu.

Crêts (Grande, Petite), monts c⁰⁰ Parmilieu et Porcieu-Amblagnieu.

Crette, éc. c⁰ Venosc.

Cretum, XIV s.: *Cret-Chatel*, h. c⁰ Biviers.

Creuse (La), h. c⁰ Vaulx-Milieu; — éc. c⁰ Veyssilieu.

Creuses (Les), éc. c⁰ St-Vérand.

Croson (col du) : voy. Crosson de V.

Croux (Les), h. c⁰ Murinais.

Croux de Roizon, XVIII s. : voy. Crocys.

Crevacor, XII s. ; Crevecœur, XVII s. ; *Crevecœur*, f. disp. c⁰ Allevard.

Crevassium, XV s. ; Crevacia : *la Crevasse*, mas c⁰ Besse.

Creve-Cœur, lac c⁰ Theys.

Creve-Cœur, h. c⁰ Salaize.

Crève-Roche, ruiss. c⁰ Claix.

Crevecorps ou les Sauvages, XVIII s. : voy. Creuscorps.

Crevées (pré) : voy. Corvées.

Crevetalon (riv. des), XIII s. : Cu, ruiss. c⁰ Theys.

Crey, ée c⁰ Laus : — (le), h. c⁰ Morêtel ; — h. c⁰ Nantes-en-Ratier ; — mont. c⁰ N.-D.-de-Vaux, St-Jean-de-Vaux et Laffrey ; — bois c⁰ Lavaldens ; — bois c⁰ Montchaboud et Vizille.

Crey (le) : voy. Criel

Crey-de-la-Besson (Le), mont. c⁰ St-Hilaire.

Crey-du-Bouvier (Le), mont. c⁰ St-Hilaire.

Crey-de-la-Bruyère, XVIII s. : *le Cret-de-la-Bruyère*, mont. c⁰ Allevard.

Crey-de-la-Fond (Le), mont. c⁰ Livet-et-Gavet.

Crey-Plunet, mont. c⁰ St-Hilaire.

Creys, Pusigneu, Malaville, XIV s. ; Creys, Puzignieu, Maleville et Pusignieu, XVIII s. ; *Creys-et-Pusignieu*, c⁰ c⁰¹ Morestel.

Creype (château, f. de), XIV s. : *la Poipe*, ruines c⁰ Creys-et-Pusignieu.

Creys, ville c⁰ Creys-et-Pusignieu (c⁰ c⁰¹ Morestel) ; par. dioc. Lyon, égl. St-Maurice.

Creys (Les), XVIII s. : *le Crey*, h. c⁰ Susville.

Creys Bernard, XVII s. : voy. Cresti 3.

Creyt (el), XV s. : *le Grand-Cray*, bois c⁰ Allemont.

Creyta, XIV s. : *Crete*, h. c⁰ St-Didier-de-la-Tour.

Crez (Le), XIX s. : voy. Croix-Tapon.

Crezancieu, XVII s. : voy. Crisineiacum.

Crézancieux, mas c⁰ Pont-Evêque.

Crezot, XVIII s. ; *Decrozo*, f.

---

c⁰ Villette-d'Anthon.

Cricolet (Les, h. c⁰ Aoste.

Criel (mont.), Crielle (mont. en), XIII s. : *Crael (Petit*, h. c⁰ Moirans ; — *(Grand)*, vill. c⁰ Renage.

Criel (combe des), XV s. : *le Crey*, h. c⁰ St-Pierre-d'Allevard.

Criello (in), XIV s. : *Criel*, vill. c⁰ Voiron.

Crimelo (cccl. de), XIII s. ; Crimeu (prior des), XIII s. ; Crimiacot (prior de) : voy. Sanctus Ypolitus Crimiaci.

Crimellière, ét. c⁰ Theodore.

Crimeu, XII s., cuntr., XIII s. : Crimiacum, XII s.; Crimef, XIII s., parr., prepositura; *Cremieu*, ch.-l. c⁰⁰ arr¹ la Tour-du-Pin.

Crisenoef, XIII s., c⁰⁰, XIII s., Crisenium, XIII s. : voy. Crisineiacum.

Crisineiscum (villa, cum ecclesia, X s.), Crisincheo (ecclsia), XI s.; *St-Hilaire*, h. c⁰ Pont-Evêque : voy. Crezancieux.

Crissen, XIV s.; Crisen, XIV s.; Crision, Crissineum; *Crizieu*, h. c⁰ Moras.

Crista Ailloudi, XV s.: voy. Crax.

Cristalleria, XVI s. : voy. Crestalleria.

Cristaudz (vill. desc), XVII s. ; Cristoz et Bellets (les Martins ou) ; *les Martins*, vill. c⁰ St-Laurent-du-Pont.

Cristin Jehan (violet), XVI s.; *Cessin-Jean*, mont. c⁰ St-Pierre-de-Chartreuse.

Croatas, XV s. : voy. Crompas.

Crob, riv., XV s. : voy. Crop.

Croccers (cabon. de), XIII s. : voy. Pons Creyssentz.

Croeeis (maladeria de), XIV s. ; Creeys (malad. S. Steph. de), XIV s. : *la Madeleine*, mas c⁰ St-Aupre.

Crosseys (bachiat, XIV s. : *le Crossey*, mont. c⁰ St-Etienne-de-Crossey et St-Julien-de-Ratz.

Crosseys (apud, XIV s. : *le Crossey*, h. c⁰ St-Joseph-de-Rivière.

Crucharonne (ruelas de), XVII s. : *le Crocheron*, mont. et chal. c⁰ St-Pierre-de-Chartreuse et St-Pierre-d'Entremont.

Croctes (Les), XV s. : voy. Crotte (La).

Crogin, X s. : indent., X s. : voy. Crompas.

Croisoel (as, h. c⁰ St-Just-de-Claix.

Croisée-des-Casséres (celle de la), c⁰ Serres-et-Nerpol.

Croisée-Rouge (La), chez Vinay.

Croisée de la Sône, XIX s. : voy. Croysata.

Croiselles (Les) : voy. Cabane-du-Berger.

Croisellière, ée. c⁰ Quaix.

Croisette, ée. c⁰ Agnin.

Croisette (La) : (playe de la, XVIII s. : *les Croisettes*, mas c⁰ Presles et St-Pierre-de-Chérennes.

Croisière, c⁰⁰, XIX s. : *la Croisière*, h. c⁰ Chasselay et Serres-et-Nerpol.

Croislon, XVII s. : *Crisieu*, h. c⁰ Moras.

Croison (Les, chez c⁰ Méandre.

Croissant, rif, XVI s. : voy. Crassantou.

Croix (La, quart. c⁰ Barraux : — h. c⁰ Chirens ; — h. c⁰ Claix : — h. c⁰ Les Côtes-d'Arey ; — h. c⁰ Eugris ; — étang c⁰ Eclose : — quart. c⁰ Fontaine ; — mas c⁰ Froges et Laval ; — mas c⁰ Heyrieu; — h. c⁰ Jarrie ; — h. c⁰ Lieudieu ; — h. c⁰ Morette ; — h. c⁰ Romagnieu ; — h. c⁰ St-Hilaire-du-Rozier ; — vill. c⁰ St-Martin-d'Uriage ; — mas c⁰ St-Paul-du-Monestier ; — vill. c⁰ St-Pierre-de-Mésage ; — mas c⁰ Simandres ; — h. c⁰ Valencin ; — L. disp. c⁰ Veurey.

Croix (La, XVII s. : (mas de la, XVIII s. : *le Mas-de-la-Croix*, mas c⁰ Miribel-les-Echelles.

Croix (La, XVIII s. : *la Croisette*, ée. c⁰ Sarcenas.

Croix-des-Rajans (La), ée. c⁰ St-Sulpice-des-Rivoires.

Croix-de-la-Balme (La), soit Croix des Plebaux : voy. Pelem.

Croix-Barnon, XVIII s. ; *Cret-Barnoux*, mont. c⁰ La Combe-de-Lancey et St-Mury-Monteymond.

Croix-Ieton (La), h. c⁰ Chimilin.

Croix-Blanche (La, chez c⁰ Allevard ; — vill. c⁰ St-Alban-de-Roche ; — h. c⁰ St-Lau

...ront-de-Mure ; — vill. c° Varacieux.

Croix-du-Bois-Layer (La), croix, c° Serre-et-Norjud.

Croix-des-Carrelet (La), bois c° Villard-Reymond.

Croix-de-la-Cancie (La), XVI s.: la Croix-de-du-Roche, mas c° Besslus.

Croix-de-la-Cave, bois, XVIII s.: la C'.de-lot'., vill. c° Montagne.

Croix-des-Champ-Blanchet (La), chât c° St-Étienne-de-Crossey.

Croix-de-la-Char (La), croix c° Quincieu, XVIII s.

Croix-de-la-Chaux (La), mas c° Allevard, Le Moutaret et St-Maximin.

Croix-du-Chêne (La), ruiss. c° La Buissière.

Croix-Chevalet (La), h. c° Chimilin.

Croix-Chevalier (La), XIX s.: la Croix, vill. c° Tramolé.

Croix-Chevarillère (La), mas c° Sonnay.

Croix-le-Cholet (La), vill. c° Lieudieu.

Croix-de-Criel (La), mas c° Voiron.

Croix-Drogne, XVI s.: la Croix, mas c° Vézeronce.

Croix-Droguet (La), mas c° La Chapelle-de-la-Tour.

Croix-des-Épousses, XIX s.: la Croix-des-Épousses, h. c° Éclose.

Croix-de-l'Épine, Lespine: voy. Crux Pinea.

Croix-des-Étroits (La), chât c° St-Lattier.

Croix-du-Faure (La), chât c° Seyssins.

Croix-Fayet (La), quart. c° Crémieu.

Croix-de-Fer (La), chât c° St-Barthélemy-de-Séchilienne.

Croix-des-Fourneaux (La), bois c° La Motte-St-Martin.

Croix-du-Fournet (La), bois c° La Motte-St-Martin.

Croix de la Garde, arrête ; — Gardette, XVIII s.: voy. Cruce (l. de).

Croix-des-Gorges (La), chât c° Pontcharra.

Croix-de-la-Gravelle, XVIII s.: voy. Cime-Chalvine.

Croix-de-la-Jubilotte (La), mas c° Dionay.

Croix de Lestang (La), XVII s.: la Croix, h. c° Morette.

Croix-Martaret (La), chât c° Jonage.

Croix-du-Mas, c° Chaponnay, XVI s.

Croix-de-Mordaret (La), mont. c° La Ferrière et Theys.

Croix-des-Mille-Martyrs (La), h. c° Merlas et Miribel-les-Échelles.

Croix-de-la-Mission (La), ch. c° Sablons; — mas c° Faverdrieu.

Croix de Mulran, XVIII s.: voy. Cressula.

Croix-du-Mont: le Mas-du-Mont, c°. c° Merlas.

Croix-de-Montfleury (La), quart. c° Corenc et la Tronche.

Croix du Moulin (La), XVI s.; Rouge ou du Moulin; la Croix-du-Moulin, mas c° Mont-St-Martin.

Croix-des-Montbérie (La), chât c° Seyssille.

Croix-des-Oiseaux (La), h. c° Tencin.

Croix d'Optevoz (mais. f.), XVIII s., de-Batailler (la), XIX s.: la Croix-Batailler, vill. c° Optevoz.

Croix-de-Pagnon (La), h. c° Vourey.

Croix-des-Pèlerins (La), XVI s.: ? c° Septème.

Croix-du-Peron (La), h. c° Miribel-les-Échelles; — h. c° St-Jean-de-Bournay.

Croix-de-Perrin (La), mas c° Méaudre.

Croix-Picard (La), h. c° Sonnay.

Croix-des-Pichaux (La): voy. Peloux.

Croix-de-Pierre (La), h. c° Cession: — h. c° Estrablin; — h. c° Le Grand-Lemps; — vill. c° Marennes.

Croix-de-la-Pigne (La), h. c° Pellafol; par. dioc. Die, égl. St-Michel.

Croix-de-Pinet (La), h. c° St-Martin-d'Uriage.

Croix-de-Pinçon (La), chât c° Voiron.

Croix-du-Plan (La), mas c° Sévoz: voy. Crux S. L.

Croix-des-Planet, XVIII s.: la Croix-des-Planets, mas c° St-Christophe-Entre-Deux-Guiers.

Croix des Rameaux (clos de loi, dans c° Chasse, l'Île-d'Abeau, St-Hilaire-de-Brens, etc.

Croix-des-Rameaux (La), h. c° St-Antoine.

Croix des Rampaux, XVI s.: voy. Cruce (terrli. des).

Croix-de-Ratier (La), l. disp. c° Séchilienne.

Croix-Roulet (La), bois c° St-Pierre-d'Allevard.

Croix-du-Recteur (La), h. c° Le Sappey.

Croix-de-la-Rochette (La), chât c° Le Fontanil.

Croix (La) Rolin, XVIII s.: voy. Crux de Rollins.

Croix-Rouge (La), h. c° Bourgoin ; — h. c° Chaponnay; — mas c° Ste-Agnès; — chât c° St-Aupre; — bourg c° St-Martin-d'Hères et Grenoble; — quart. c° Sassenage.

Croix-Rousse (La), h. c° St-Priest.

Croix-de-St-Adon (La), croix c° Serre-et-Norjud.

Croix-St-Jean (La), vill. c° Pont-Évêque.

Croix de St-Sir (La): voy. St-Cyr.

Croix-Soulier (La), vill. c° La Côte-St-André.

Croix-des-Thézaux (La), h. c° St-Théoffrey.

Croix-de-la-Traverse (La), h. c° Pommiers.

Croix-de-la-Vene (La), mas c° Jarrie et Montchaboud.

Croix-Verte (La), c°. c° Montbonnot-St-Martin; — bois c° St-Pierre-de-Chartreuse.

Croix Verte (La), XVIII s.: la Croix-de-Chalais, mas c° Voreppe.

Croix: voy. Croys.

Croix (La), XVIII s.: voy. Crux p.

Croix proche le martinet des Eaux, XVII s.: voy. Crux mart. Revelli.

Croizat, h. c° Seyssins.

Croizette (La), XVIII s.: la Croisette, c° c° la Balme.

Crolalochiis (villa), XV s.: Colubœuf, h. c° St-Paul-de-Varces.

Crolard (chap. St-Michel), XVIII s.: Crolardus, domin., XV s.; Crollart, XIII s.; (maladeria), XIV s.; Crolum, capella, XIV s.; Crollard,

XVI s. : Crottis villa, X s. ; voy. Croupias.

Crotonz (hordaria), XIV s. : C... : le Crotte, h. c° St-Martin-d'Uriage.

Crotta Croza : St-Authelme (cuiss. de), c° Miribel-les-Echelles, aff. le Guiers-Mort.

Crotte (la), h. c° St-Pierre-de-Chandieu ; — ruiss. c° Sassenage, aff. ruiss. Pierre-Hébert ; — cv. c° Septème.

Crotte (la), XVIII s. : Crottes, XV s. : la Crotte, h. c° Charantonnay.

Crottet, h. c° Jonage.

Crand-mont, XVII s. : voy. Croh.

Croupias, villa, IX s. : Crotta, m° c° Ternay.

Crosats (las), XVIII s. : voy. Crossatos.

Crouveyeri, XV s. : voy. Cruveria.

Croiza (la) (au, serrum, XV s. : voy. Crossatum 1°.

Crozat, XVIII s. ; le Crozet, h. c° Allevard.

Crozet (Le), mont. c° St-Christophe-en-Oisans.

Crox (Habert des, du), XIX s. : voy. Croh.

Croybiis (Podel Viely seu), XIV s., Croyba (riv. de), XIV s. ; Pisse-Vieille, ruiss. disp. c° Romagnieu.

Croy (crovayria de), XIV s. : le Croy, mas c° Sassenage.

Croys (Forme des), XIV s. : les Croix, h. c° Les Côtes-d'Arey.

Croys Brueri (las), XIV s. : les Croix, mas c° Faramans.

Croysat, forme, XV s. : Crum, ulmus ; Croizier, h. c° Commanay.

Croysata (La), Croyseta, XV s. : la Croize, h. c° Chatte et la Sône.

Croysatta (La), XVII s. : Croisette, cr. c° Agnin.

Croyseetaz (las) seu les Rivol de las Brenna ; C-ta ou en Buet, XV s. ; Croysetes (les), XIV s. ; les Croisettes, bois c° St-Pierre-de-Bressieux et St-Siméon-de-Bressieux.

Cruz (crest de la chavan. du), XVIII s. : voy. Cruzam 2°.

Cruz (Le), XVIII s. ; le Cruz, h. c° Beaurepaire.

Crozaret (Le), ruiss. c° Merlas et Massieu, aff. l'Ainan.

Crozaria (La), XVIII s. : voy. Croat.

Crozat-Lemana-et-Roches — ruiss. c° St-Pierre-d'Entremont.

Crozne (la), XVII s. : voy. Croat.

Croze (la), h. c° Gresnay : — h. c° Massieu ; — ruiss. c° La Motte-St-Martin ; — mas c° Beaumont : — h. c° Renage : — ruiss. c° Reventin-Vaugris, aff. le Rhône.

Croze (la), ruiss. aff. l'Aragon, c° Le Sappey ; — ch° c° Seyssins.

Crozeau, f. disp. c° Antheu : C-ux, XVIII s.

Crozel, XVIII s. : C-et (maison), XIX s. : Crozet, cv. c° St-Jean-de-Bournay.

Crozes (las), cv. c° Balbin : — h. c° Bonnefamille ; — h. c° St-Agnin.

Crozet (las), h. c° Allevard : — h. c° La Murette : — bois c° Poanniers et Voreppe — ruiss. c° Theys.

Crozet, XVIII s. : voy. Crosseti.

Crozetorum, domin., XV s. : C-ts (les), Grands, Petits, XVIII s. : voy. Crosseti.

Cruanes, XIX s. : voy. Bruassat.

Cruce (terra de), XII s. : la Croix, h. c° Jarrie.

Cruce (H. de), XIV s. ; la Croix, mas et pont sur le Breda, c° le Montaret.

Cruce (essata de) ap. Ornacieu, XIV s. ; la Croix-des-Bailles, mas c° Ornon.

Cruce (territ. de), XIV s. ; la Croix, mas c° Sermérieu.

Cruce (iter de), XIV s. : la Croix-du-Bouchet, mas et chm c° St-Hilaire-de-la-Côte.

Cruce (territ. de), XV s. : la Croix-des-Rousettes, ch° c° Serezin-du-Rhône.

Cruce (terra, mans. de), XIII s. ; Crux villa, XIV s. ; la Croix, h. c° Sanxeville.

Cruce (las, de), XIV s. ; la Croix-de-la-Gaude, mont. c° Villard-Eymond et Villard-Reymond.

Cruce (pulium de) : (Sagnia de) Curnillionis, XIV s. ; la Croix-Blanche, mas c° Cornillon-en-Trièves.

Cruce (serreum de), XV s. : la Croix-de-Serre, mas c° Le Mont-de-Lans.

Cruce (audar, de), XIV s. : (accrum des, XIV s. ; la Croix, vill. c° St-Pierre-de-Mesage.

Cruceux, bord., XIII s. : voy. Cruce (l.).

Cruetls (les), h. c° La Tronche.

Ceneilof, XIII s. : Cussilieu, mas c° S-ezin-de-la-Tour.

Cruoilleux, vill. c° St-Clmet.

Cruoilliacum, XV s. : voy. Ceuysillieu.

Crucis, parroch. XIII s. : C. Curnillionis, XIV s. : Cusuil-leu-en-Trièves, c° ... Mens.

Crucis Sancti Pauli (villa, XIV s. : voy. Sancti Pauli in Trivio.

Cruc (la), C. de Moirans, XVIII s. : voy. Crossata.

Crucis, Crueys (mans. de), XIII s. : le Cruas, l. disp. c° Ruwan.

Crucilleyres (mans. lou, la parr. S. Vincentii de Plastris, XVI s. : les Cruelliéres ?, l. disp. c° La Fontanil.

Cruos, XIV s. : le Cruas, h. c° Villard-Eymond.

Crueys (eoulas del), XIII s. : le Creux-de-Ruizon, h. c° Nanxeu-en-Ratier.

Crueys (les, XV s. : Csium (serum ; les Creux, vill. c° St-Hilaire-de-Rozier.

Crugniacum, XV s. : voy. Crunacum.

Cruies, mont. c° Barraux.

Cruisiniacum, villa, X s. : Crugniaciens, mas c° Pont-Evèque.

Crunacum, XI s. : Crunuels, XIII s. : Cruniacum, XV s. : Crunacz, h. c° N.-D.-de-l'Osier.

Crun villa, X s. : in agro Commaenaire (Communay).

Crunarent, XVIII s. : voy. Croat.

Cruniaci villa, XI s. : les Curetines, h. c° St-André-en-Royans.

Crusillia, XIII s. : Crusilli, XIV s. : Crusilia, XV s. : Cruysilli, XVI s. : Cruzille, h. c° Tullins.

Crusillia, gr. XV s. : Cruzille, mas c° Tencin.

Crusilliacum, XV s. : Crusilleux : voy. Cruysillieu.

Cruzuin (capell. de), XIII s. : Cruzuyn, XV s. : Cructin, c° c° Morestel.

Cruveria, XIV s. : *Crey*, vill. XIV s. ; *Coyria*, XV s. ; *Cruvieres*, XVIII s. : *Crevière*, vill. c° Passins.

Crox, XIV s. : *la Croix*, mas c° Rivière.

Crox, XIV s. : *Croix-Dauphin*, h. c° Jonage.

Crox, XIII s. : *Croce* (prat. des XIV s. : *la Croix-lès-Mens*, h. c° Mens.

Crox, XIV s. : extra villam St Laurentii, XV s. : *la Croix-du-Plan*, quart. c° Le Bourg-d'Oisans.

Crux, XV s. : *la Croissée-Tolron*, c°lieu c° St-Étienne-de-Crossey.

Crux de Adextris, XIII s. : *la Croix-de-Fer*, mas c° Les Adrets.

Crux Alta, mons, XIV s. : *la Croix-Haute*, h. et mont. c°° Lalley et Tréminis (Isère), et Lus-la-Croix-Haute (Drôme).

Crux Baronis, XIII s. : de Cimanières : Syma, XV s. ; *la Croix*, mas c° Simandres.

Crux-lès-Chalons, XVI s. ; *Croix-des-Chalon*, c° Chalon.

Crux Chaorsii ; de Chaors, XV s. : *la Croix-des-Chos*, mas c° St-Martin-le-Vinoux.

Crux Chargiusii, XV s. : *la Croix-des-Chargeons*, ou *Croix-des-Jeudis-Pêcheur*, mas c° Pinsot.

Crux Didericorum, XIII s. : *la Croix-des-Didiers*, l. disp. c° Laval.

Crux de Montis Auzour, mans. XIII s. : Vallis, XV s. : *la Croix*, mas c° Frontonas et Laval.

Crux de la Pinea, dom. XIII s. : de P., parr. : Pinia, XIV s. : de Pinu, priorat., XIV s. : Spina, XV s. ; Spinis : *la Croix-de-la-Pigne*, h. c° Pellafol.

Crux Ramis Palmarum, XV s. : de Rampaulx : *la Croix-des-Rameaux*, c°lieu c° St-Maurice-l'Exil : — mas c° Theys.

Crux de Ramis Palmarum loci Ruppis, XVI s. : *la Croix*, h. c° Roche.

Crux Ramorum Palmarum, XIV s. ; in mand. Montisfloriti ; *la Croix-de-Montfleury*, quart. c° Corenc et la Tronche.

Crux desuper martineto Revelli,

XV s. : *Croix*, vill. c° St-Martin-d'Uriage.

Crux de Rollin, XV s. ; *la Croix-Rollin*, h. c° La Frette.

Crux St Primi, XIII s. : territ. XIV s. ; *la Croix*, mas c° St-Prim.

Crux St Verani, molend., XIV s. ; *la Croix-des-St-Verand*, l. disp. c° St-Vérand.

Crux Ternesii, ter. : *Croix-Tournente*, c°lieu c° Chazelle.

Crux Vallis de sup. itin. Vallis St Steph., XV s. : *la Croix-Rouge*, mas c° Ste-Agnès.

Crux de Vellana, XV s. : *la Croix*, mas c° Velanne.

Crux prioratus Villaris Benedicti, XV s. : *la Croix-des-Augustins*, c°lieu c° Pontcharra.

Cruy (La), mas et ruiss. c° Maubec, aff. Le Rion.

Cruy, XVIII s., Cruys (furnus de) : voy. Croys.

Cruyseraz (La), XVI s. : c°tte (la) : *la Croisette*, h. c° Moras.

Cruysillion, XIV s. ; *Cruaillons*, vill. c° St-Clef.

Cuar (eli) : Cuard (la), XIV s. : Cohun, XV s. : *Cuburel*, gr. c° Morestel.

Cuardaz (reclusion), XIV s. : *la Cuardaz*, mont. c° St-Pierre-de-Chartreuse.

Cuardum, XV s. : *le Cuburel*, h. c° Pinsot.

Cuas (Les), XVIII s. : *Cuaz*, h. c° La Bâtie-Divisin.

Cuata (in), XIV s. : *la Cuas*, mas c° Chaparcillan.

Cuaz (La), mas et canal d'assainissement c° Frontonas : — h. c° Le Pin : — mas et cl. c° Siccieu-St-Julien-et-Carisieu.

Cuberia, X s. ; Cubyère, XVI s. : *Cubière*, anc. quart. ville de Vienne : rue.

Cublerie, h. c° St-Vérand.

Cuella, mans., Cuellie, XVIII s. ; Cuillier (in) : voy. Cullier.

Cuchart, iter, XV s. : voy. Cucheron.

Cuche (Grande, Petite), mont. c° St-Barthélemy-de-Séchilienne.

Cucheron (camp. de), XIII s. : C°rim, XV s. : *la Cuchère*, mas c° La Côte-St-André.

Cucheron, loc., XIV s. : croix et bois, XVIII s. : gr. : *le Cucheron*, mont. et chal. c°°

St-Pierre-de-Chartreuse et St-Pierre-d'Entremont.

Cuchet (mont.), XIV s. : C°to (joeia de) : *le Cuchet*, bois c° la Chapelle-du-Bard.

Cuchet, XIII s. : (mans., chavan. de), XV s. : *le Cuchet*, mas c° Longechenal.

Cuchet (Les), ruiss. c° La Ferrière, orig. mont. des Violettes, aff. Le Bréda : — h. c° Massieu : — éc. c° St-Michel-les-Portes.

Cuchet (Chez-), f. c° St-Laurent-du-Pont.

Cucheth, ten., XII s. : C°tum ultra Draveram, XIV s. ; *Cuchet*, mont. c° La Rivière.

Cuchetu (molar. de), XIV s. c°ti (borgla), XV s. : *Cuchet*, h. c° Allevard.

Cucheto (in), XIV s. ; *Cuchet*, éc. c° Séchilienne.

Cuchetum, loc., XIV s. ; *le Cuchet*, h. c° La Ferrière.

Cuchetus, villa, XIV s. : *le Cuchet*, h. c° Besse.

Cuculet (cavan. de), XIII s. : C°tus villa, XIV s. ; C°tum, mineur. argent. ; *Cuculet*, vill. c° Le Mont-de-Lans.

Cucullet (aps), XV s. ; *Cucullet*, éc. disp. c° St-Michel-les-Portes.

Cucuron (Le), mont. c° La Salette.

Cudon, XV s. : voy. Cuydo.

Cues (mens.), XIII s. ; Cuest (chavan.) ; Cuet (parr. de Seyssuel ou N.-D. de), XVIII s. ; Cuey, Cueys, XIV s. ; Cuys (parr. b° Marius de) : *Cuey*, h. c° Seyssuel.

Cuitan, XVII s. ; Cuitans, XIX s. : *Cuetau*, vill. c°° Burcin et Oyeu.

Cuey, h. c° Seyssuel ; par. Cuet, dioc. Vien., égl. N.-D.

Cufer (chaban.), XIII s. ; *Cufer*, l. disp. c° La Buissière.

Cufer, riv., XV s. ; *Cufer* : *Cuinfreraz*, ruiss. c° La Garde.

Cufreyt (iter de), XV s. : voy. Culfreyt.

Cugnet, te°, XIV s. ; C°to (ecel. S. Laurent de), XV s. ; *Coguet*, c°° c° La Mure.

Cugnetus (molend. de), XV s. ; *Coguet*, m°° c° Mens.

Cugneu, XIX s. : voy. Cunit.

Cogni Mediani (molare), XV s. :
Cuin Meta, mas en Besses.

Cognino (riv. de), XIII s. :
Cognin ou *la Mala liève*,
ruiss. aff. l'Isère, en La
Buissière.

Cognino (vc.), des. Cognins,
XIV s. : voy. Chonino, Cognins.

Cogito (mas), des. XII s. : *le
Coua*, har. la Cluze-et-Pâquiers.

Cognotino, XIV s. : voy. Cognin.

Cogus super Bretoneria, XIII s. :
Coin d'Avallon, XVIII s., *le
Coin d'Avallon*, bois en St-
Maximin.

Cogneau : voy. Coin le.

Cogneau Questi, XV s. : *le Coin*,
mas en Quet-en-Beaumont.

Coguletum, XIV s. : voy. Cocolet.

Cuillerie, XVIII s. : *Caillery*,
vill. en Cheyssieu.

Cailleries (las), har. Chorancke.

Cuillerat, vc. en St-Bonnet-de-
Chavagne.

Cuillin, Comm. XII s. : voy.
Cuilinum.

Cuiminal, XVII s. : voy. Cuginaz.

Cuinat, vc. en Dizimieu.

* Cuinedium, caste., X s. : voy.
Bossuedium.

Cuing (mas), del., XIII s. : *le
Coin*, ldisp. près La Buissière.

Cuing, ruiss., XVII s. : *le Coin*,
ruiss., en Entre-Deux-Guiers,
aff. ruiss. Combemire.

Cuirieu, XIII s. : Cuirieu, XVII
s. : Cuirieux, XVIII s. : *Cuirieu*,
chât. en St-Jean-de-Soudain.

Cuirieu, chât. en St-Jean-de-
Soudain.

Cuisinus villa, X s. : *le Cusin*,
h. en Assieu.

Cuisse (las), ruiss., XVIII s. :
voy. Cusou.

Cuissiere (las), mont. en St-
Bernard.

Coitaras, XIX s. : voy. Cuitas.

Cujaronne, Cujone, en finibus
Allobrogum, 41 av. J.-C.
(César). Ep. famil. x. 26 :
voy. Cularonne.

Cujibansulæ, XIV s. : voy.
Corgieloz.

Cul-de-l'Ane (le) (las), bois en St-
Maurice.

Cul de Ba, terri., XIV s. : *Cul
des Bœuf*, vill. en Beauvoir-de-
Marc.

Cul-de-France, mas en laFerrière.

Cul-de-Port (les), mont. en Theys.

Cul-Plume, mont. en Allevard.

Cul-de-la-Vieille, chm. en La
Ferrière.

Cula, Culla, XV s. : *la Cula*, t.
en l'Ile-d'Abeau.

Cula, Culayes (en les), XIV s. :
les Culays, mas en Barraux.

Colars, XIV s. : C. Tiesii,
XV s. : Culeys (les) : *les
Culays*, mas en Theys.

Colais (las), mas en l'Albenc
et Vinay.

Cularonne (Stallor), Cais (Sta-
tion (ALLMER, *Inscr., dating).
Cu ensilus (Morin), III s. :
Cularona, IV s. : Cularonne :
Grenoble, ch.-l. depart. Isère.

Culasson (las), mont. et lac en
Ornon.

Culet (las), mont. en Huez ; —
mas en Serm-rieu.

Culeys, XV s. : voy. Cula 2e.

Culireyt (terri., des. XIII s. :
Cosve-Reade, vill. en Feyzin.

Culier (las), riv. XIV s. : Cullier (las) : *le Cullier*, h. en
Barraux.

Culignes (les), XIV s. : *les Cules*,
h. en Vaulnaveys-le-Bas.

Culin, vc. en St-Jean-de-Bournay ; par. dioc. Vienne, égl.
St-Didier.

Culinum, XV s. : voy. Cuilinum.

Culivaeum (in), X s. : *Chaveen*,
h. en Communay.

Cullato (las), mais., XVIII s. :
Culato (las), mais. : *la Culate*,
vc. disp. en Feyzin.

Cullini villa, XIV s. : *les Cu-
lias (?)*, t. disp. en Chalonge.

Cuilinum, eccl., XIII s. : voy.
Cuilinum.

Culous, XV s. : *Culuz*, h. en
St-Jean-de-Bournay.

Cultiere (las), XVII s., alias les
Reinieres, à present gr. des
Bardin Farreron : *Farrey-
ron*, f. en St-Laurent-du-Pont.

Cultillez, XV s. : voy. Cortilles.

Cultorum, XV s. : *Cultières*,
h. en St-Martin-le-Vinoux.

Cumacte (le), XIV s. : *le Coumet-
ele*, mont. en Autrans,
Meaudre, Rencurel et Ste-
Gervais.

Cumana, aqua, XIV s. : *Coumar*,
h. en St-Sauveur.

Cumba (territ. des) : voy.
Comba, C. Alberta.

Cumba (eccl. heremitor. des,
XIII s. : *Tremble*, en en St-
Jean-de-Bournay.

Cumba Latart, XIII s., Comba-
laterez (mans. des, XIV s. :
Combelatiere, vill. en La
Mottier.

Cumba St Pauli, XIV s. : *la
Combe*, h. en St-Paul d'Izeaux.

Cumba de Valle, XII s. : *la
Combe de Vaulx*, h. en Eyzin-Pinet.

Cumba villa, XIV s. : *la Combe*,
h. en La Freney.

Cumba : voy. Comba.

Cumbis (via des, XIV s. : *la
Combe*, vc. en Corenc.

Cumer (las, XVIII s. : *Cumert*,
XIX s. : *le Cumer*, vc. en
Assieu ; — h. en Ville-sous-
Anjou.

Cummeray : Cumarel villa, XI
s. : C.r: *Comer*, bois en Eyzin-
Pinet.

Cummernayel villa, XI s. :
Comunsaicina, municipium,
XII s. : *Communay*, ct en
St-Symphorien-d'Ozon.

Cumynal, XVI s. : Cuminaz
(mont. des, XVII s. : *Comi-
nal*, mont. en Valjouffrey.

Cunchia, mons, XIII s. : voy.
Couche (las.

Cunuetum, castr., XIV s. : voy.
Cugnet.

Cunfiliactum (dom. f.), Cenas,
XV s.: Celsu; *Cunilieu*, vill.
en Porcieu-Amblagnieu.

Cuniliom, territ., XV s. : *le Cognet*, h. en Villette-Serpaize.

Cunit, XVIII s. : *Cunyl* (chez),
XVI s. : *Cony*, h. en St-Victor-de-Cession.

Cura (las, XVII s. : *la Cure*,
mas en Cluzeau.

Curailie (las, chm en Valjouffrey.

Curias (Petra), IX s. : *Curias*,
en en St-Symphorien-d'Ozon.

Corbillen, cavan., XII s. : *Cor-
billien*, mas en St-Pierre-de-
Chartreuse.

Cure (las, mas et ruiss. en Les
Côtes-d'Arey ; — h. en La
Chapelle-de-la-Tour ; — bois
en Montfalcon ; — h. en Montrevel ; — h. en Le Mottier ;
— terri en St-Baudille-et-Pipet.

Curia (las, vc. en Voissant.

Curia Desherenchie, grangiarum,
XIV s. : *CureDiderenche (?)*,

l. disp. c⁰ Vallonnais.
Curia : voy. Curtis villa.
Curiata, XIV s. : Curieres, XVI s. ; Carrière, h. c⁰ St-Laurent-du-Pont, anc. mais. d. Chartreux.
Curiata, XIV s. : voy. Correria.
Curierete, Curecte, XVI, XVII s. : voy. Correria 2⁰.
Curierette, chal. c⁰ St-Laurent-du-Pont.
Curil, XIII s. : les Cures, vill. c⁰ Auris.
Curium, parr. S. Martini, XI s. : voy. Curtis 1⁰.
Curnet, scierie, c⁰ Châtellianne.
Curnier (nd), XIII s. : Curieries, chap. c⁰ Corps.
Curnillionis (caps nonn.), XI s. : l'Axile-de-St-Robert ; voy. c⁰ nom.
Curnillionis, castellum in Greysivaudano, XIII s. : Curnilionis, Curnillionis castellum, XIV s. : Curnillon, vill. c⁰ Le Fontanil.
Curnillio in Trièves, XIII s. : Trivilis Curnillionis-a-Trièves, c⁰ c⁰⁰ Mens.
Curranconium (cost), S. Crucis de), XV s. : Curroçon, c⁰ c⁰⁰ Le Villard-de-Lans.
Currière, h. c⁰ St-Laurent-du-Pont ; anc. mais. Chartreux.
Curt (les), XVIII s. : les Curts, h. c⁰ Theulare.
Curtachim, h. c⁰ St-Appolinard.
Curtana, XV s. : Cunnaz (la), XVII s. : la Curtanne, h. c⁰ La Chapelle-du-Bard.
Curte, gr. disp. c⁰ Le Versoud.
Curtenacum, IX s. : Cantelenay, c⁰ c⁰⁰ Morestel.
Curteriis (mans. des), XV s. : Chaustrière-du-Proveyzieux.
Curtes villa, XIV s. : les Cures, h. disp. c⁰ Mizoën.
Curtes, XIV s. : voy. Curil.
Curtet, XVIII s. : les Curtets, h. c⁰ Nivolas-Vermelle.
Curtet (la), h. c⁰ St-Cassien.
Curtiguiacum, parr., XIV s. : voy. Curtina.
Curtil, éc. c⁰ Préhais ; — (le), h. c⁰ Voiron.
Curtil, Curtis (le) : voy. Courtil.
Curtiliaux, XV s. : Collard, XIX s., C-los (aps), XIII s. : Curtillaud, h. c⁰ La Ferrière.
Curtiletis, XIV s. : Curtillatin (teneu. de), XIV s. ; Colletis ;

les Curtillaux, l, disp. c⁰ St-Vincent-de-Mercuze.
Curtilibus (mans. des), XIV s. : les Carts, mas c⁰ St-Etienne-des-rossey.
Curtilla (la), XV s. : Le Curtille, mas c⁰ Ste-Agnès.
Curtilles, XIII s., C-lb, XV s. Curtil (le), XIX s. : Curtille, vill. c⁰ Les Avenières.
Curtin, c⁰ c⁰⁰ Morestel ; égl. succurs. de celle des Xzeronne ; dioc. Vienne, égl. N.-D.
Curtina, XII s., Curtoyn, C-na, XIV s., villag. parr. Vezeronce, mand. Badugil, XV s. : Curtava (parr. de), XV s. : Curtin, c⁰ c⁰⁰ Morestel.
Curtinays, riv., XIV s., C-neys : voy. Curtynay.
Curtis villa, in vicaria de Sa-lectis, X s. : in agro Carcia-clensi, X s. : Petit-Cour, h. c⁰ les Cotes-d'Arey.
Curtis villa, IX s. : Curz (ti. des), XII s. : Cour, h. c⁰ Couret-Bois.
Curtynay, XIV s. : Curtinay, h. c⁰ Dolomieu.
Curvière, XVII s. : voy. Cruveria.
Cusella, XIII s. : Chezelle, c⁰ c⁰⁰ Vienne-Nord.
Cusen villa, XI s. : la Cuize, ruiss. c⁰ Beaurepaire.
Cusil, XIV s. : Chezel, mas c⁰⁰ Chenas et St-Clair-du-Rhone.
Cusins, XIV s. : voy. Cussins.
Cussillimum (mans. des), XII s. : Cussilion, mas c⁰ Serézin-de-la-Tour.
Cussins (terr. de), XIII s. : le Cuzin, vill. c⁰ St-Pierre-de-Bressieux.
Curtillon, mas c⁰ Allevard.
Custoly, éc. c⁰ St-Etienne-de-Crossey.
Cutellencha, cavan., XIII s. ; les Courtin, vill. c⁰ Venone.
Cutianuum, XI s. ; la Cuizate, éc. c⁰ Estrablin.
Caulinum, XII s. : Culin, c⁰ c⁰⁰ St-Jean-de-Bournay.
Cavallon, XIV s. : Cuvalon, XIV s. : C-uz, XV s. ; Courcelonp, vill. c⁰ Suleymieu.
Cuvalu, h. c⁰ St-Quentin.
Cuveres (aps), XIV s. : Quicière, h. c⁰ Chevrières.
Cuveri, C-ie, XII s. ; Cuvieri,

C-ie, XIII s. : C-iyère : voy. Cuberia.
Cuveria, XIII s. : voy. Cuberia.
Cuves-de-Sassenage (Les), grottes, c⁰ Sassenage.
Covillon, XIX s. : Cuvilleuc, vill. c⁰ St-Egreve.
Cuvillon, mas c⁰ Virieville.
Cuyda, XIV s. : Cuhan, vill. c⁰ St-Laurent-de-Mure.
Cuyllino (chestiene, des), XIII s. : voy. Cuulinum.
Cuyn, vinea, XIV s. : le Cuin, mas c⁰ Marcanes.
Cuyn, C-ng, XIII s. : le Cuin, mas c⁰ Hurtieres.
Cuynal, h. c⁰ Champagnier.
Cuyng, XIV s. : le Cuin, mas c⁰ Suleymieu.
Cuyriau, XVII s. : voy. Cuirem.
Cuzi (Les), XIX s. : voy. Cuislims.
Cuzins (Les), XVIII s. : voy. Cussins.
Cyers, loc., XIV s. : (S. Petr. de) : Cires, vill. c⁰ Les Avenieres.
Cyevol : voy. Sevol, Sievol.
Cymanna, XIII s. : voy. Cimana.
Cyneqa (villa de), XIV s. : Secerpe?, l. disp. c⁰ Avignonet.
Cyrisius (de), XIII s. : voy. Ciriziacus.
Cyrisius, XV s. : voy. Cisariacus.
Cyterne (Lac, ou La Renier, XVI s. : ?, c⁰ Communay.
Cyvelaz, anc¹ La Ripaz, XVII s. : la Civette, h. c⁰ la Chapelle-du-Bard.
Cyzeriunus, XV s. : voy. Ciziriuum.
Cuot, (La), ruiss. c⁰ St-Pierre-de-Chartreuse.

D

Dablit, h. c⁰ Eyzin-Pinet.
Dabletiere, éc. c⁰ St-Hilaire-du-Rosier.
Dacié : voy. Aciaco, Aziaco, Assiacum.
Dacin (al. Dacia), parr., XIII s. : Assieu, c⁰ c⁰⁰ Roussillon.
Dagnœx (chalb), XIII s. : voy. Aguosl.
Dalberives : voy. Auberives.
Dalbetay, D-an (riv.), XIV s. : Darbetan, Derbbertum, XVI s. ; l'Hesetnay, ruiss. aff. Le Guiers-Vif, orig. c⁰ St-Joseph

de-Rivière, arr. c⁰ St-Laurent-du-Pont.

Dalchina, XII s.: Danchina, riv., XIV s.: voy. Alchine.

Dalenne (la), h. c⁰ St-Étienne-de-St-Geoirs.

Daleynieu, XVIII s.: Dalley-gnières, XVII s.: Deleiguerie, vill. c⁰ Croyx-et-Pusignieu.

Dalier: voy. Alerie.

Dallimit, mont.. Dalloms, XVIII s.: les quatre Seigneurs, h. et mont. c⁰ˢ Herbeys et St-Martin-d'Uriage.

Dallys (les): les Dallys, h. c⁰ Anjou.

Dalmarcheli villa, XIV s.: Dalmarchela?, l. disp. c⁰ St-Guillaume.

Dalnois, XIX s.: voy. Dernais.

Daloy, lns., riv., XV s.: voy. Aloy.

Dalphinatus Viennæ, 1285: Dphl comitatus, 1335: Denatus patria, XIV s., etc.: le Dauphiné (voy.).

Dalphini (pratum), XV s.: le Delphin, mas c⁰ Septème.

Dalphins (els), XIII s.: Denis; Denas (apud XV s.: les Dau-phins, h. c⁰ les Côtes-de-Corps.

Dalvey: voy. Daloy.

Damary, h. c⁰ Septème.

Dambayant, ruines c⁰ Aubervives.

Dame (étang de la), c⁰ Artas; — (la), c⁰ Moras; — (l. c⁰ Torchefelon; — clne c⁰ Vil-lettes-Serpaize.

Dame (forêt de la), XVII s.: les Dames, éc. c⁰ Oytier-et-St-Oblas.

Dames (les), XVIII s.: Chd, éc. c⁰ Chantesse.

Dames (les), vill. c⁰ Estrablin: — éc. c⁰ Oytier-et-St-Oblas; — h. c⁰ St-Hilaire-du-Rozier; — h. c⁰ St-Maurice-l'Exil; — h. c⁰ Le Touvet; — jasse. c⁰ Villard-Reymond.

Dametière, h. c⁰ Montrevel.

Dampierre, h. c⁰ Vatilieu.

Damnet, XIV s.: voy. Amnet.

Damvillieu, XVI s.: Demvillieu, mas c⁰ Panossas.

Danchervia villa, XIV s.: Derre, XVIII s.: la Derrchère, h. c⁰ Vernou.

Danet (les), mas et canal c⁰ La Verpillière.

Daneyres (les), clne c⁰ Cordéac.

Dangereuse (la), h. c⁰ Corbas; — c⁰ Porcieu-Amblagnieu.

Daniella, XIV s.: les Daniels?, h. disp. c⁰ St-Jean-de-Vaulx.

Danlenches, XIII s.: Denitte-chère, éc. c⁰ Quaix.

Danierias, XV s.: Denière, h. c⁰ Mont-St-Martin.

Danjo: voy. Anjo.

Dantesin, Danthesieu, XIV s.: Dantisen: voy. Dentaciaeu.

Dantesieu, XVIII s.: Demple-[...], c⁰ St-Didier-de-la-Tour.

Dantinout, forêt: Antinoue, forêt c⁰ˢ Faramans et Patay.

Dantivant: voy. Antivagiis.

Dantoumiere, h. c⁰ Le Mottier.

Dantoyl, XIII s.: voy. Antolleys.

Dantremous, chastelenie, XVI s.: voy. Dentremous.

Danux, l. disp. c⁰ Eybens.

Darlonnosa, XV s.: Arlonnosa, mont. c⁰ˢ Corençon, St-Andéol et la Chapelle-en-Vercors (Drôme).

Darlous, gr., XIII s.: Derdous, l. disp. près la Buissière.

Darlous (els), XIII s.: voy. Arlonne.

Darlonlay: voy. D'Erbonlix.

Darlaret, XIV s.: Darlons, XVIII s.: Narelet, h. c⁰ Echase.

Darse: voy. Cor (la).

Darses, XIII s.: Darse, XIV s.: Daressen, XIV s.: Dars-sen; la Tour-d'Arres, ruines c⁰ St-Ismier.

Darseu, hameau (R. Martinus): voy. Arceu.

Darcheu (pratu), XIII s.: Dar-chieu (parru, XIV s.: voy. Archeu.

Darcieu: voy. Arcieu le.

Dareoles (molendi), XIV s.: voy. Arcelle.

Dardaines (les), h. c⁰ St-Juste-de-Claix.

Darlanieue, XVII s.: Dsarin (chez) 1815: Dardarcin, l. c⁰ Mirib. les-Echelles.

Dardieuse: voy. Nardieure.

Darenz, Darey, XIII s.: voy. Costas Darey.

Darfyneri (en la), XIV s.: le Clos-Dauphin, mas c⁰ Crossieu.

Dargoles: voy. Darroles.

Darguos: l'Arguis.

Darguille (grd, XVIII s.: l'Au-berge, l. c⁰ St-Pierre-asse.

Darna, XIII s.: (castr. de).

XIII s.: (costa de): Darne, h. c⁰ St-Martin-de-Clelles.

Darpouz, Darpoiz, Darpout: voy. Arpoin.

Darsis: voy. Arsit.

Dartamas (la), XIX s.: Dar-tamce, h. c⁰ Jardin.

Dartay (commit., XIX s.: voy. Artay.

Darthod, examm., XIII s.: voy. Ardeol, A-lle.

Daruds (les), Darnes (les), XVIII s.: le Dovre, h. c⁰ St-Bonnet-de-Chavagne.

Darse, XVIII s.: voy. Arsa.

Darvilliere, XVII s.: Davilley-Délies, XIII, XIV s.: Darvid-les, XIX s.: voy. Avillies.

Daspre, gr. c⁰ Talloy; — éc. c⁰ Lavaldens.

Datier (la), éc. c⁰ Pinsot.

Dauphin (la), ruiss. afft. l'Isere, c⁰ La Buissière; — vill. c⁰ Mizoën.

Dauphiné (le), nom dès la XIII s. des états possédés auparavant par les comtes de Vienne et d'Albon, et dont l'un avait reçu vers 1140 le surnom de Dauphin (Delfinus), que ses successeurs conservèrent comme nom patronymique et ensuite comme titre honorifique.

Dauranois (les), XIX s.: Dau-rens (les): les Daurens, h. c⁰ Le Perier.

Daurieu: Arrin, c⁰ c⁰ Bourg-d'Oisans.

Daurtol (baillia), voy. Auriole.

Dausolas: Ancerlot?, l. disp. près la Côte-St-André.

Dauzellare, Dazelpare, XVII s.: voy. Aotelleur.

Davaguerii villa, 1446, mas. Davaguier, XVII s.: Denis; Davaguier, clnis c⁰ Ste-Marie-du-Mont; — mont. c⁰ St-Pierre-d'Allevard.

Daval (la), h. c⁰ Les Eparres.

Davana: voy. Avana.

Daval, h. c⁰ Treminis.

Davex (mans. de), XII s.: voy. St-Martin de Avex.

Davernais, Isnes, dom. fort.; Avernag, l. c⁰ Morestel.

David (les), h. c⁰ Billieu; — éc. c⁰ Eugius; — h. c⁰ Eydin-Pinet; — éc. c⁰ Lans; — (le), h. c⁰ St-Alban-de-Roche.

David, ve. ce Sassenage.
David (les), XIX s. ; Davidorum (domus), subt. Bonnerianu, XV s.; Dos, XIV s.; Davis (los), XIV s. ; les Davids, h. ce Allevard.
Davidi, XIV s. ; David (Girand), Pivill, bh. ce St-Pierre-de-Mésage.
Davidis, Dedorum, gr. ; Davis (pons de), XIV s. ; lequel, XIV s. ; les Davids, h. ce Theys ; — h. ce Vaulnaveys-le-Haut.
Davidorum (dom.), XV s. ; Dels (les), XVII s. ; les Davids, mas ce Chapoumay.
Davière, mont. ce Autrans.
Davière (la), vill. ce Massieu.
Davières (les), h. ce St-Jean-de-Soudin.
Davillianus (S. Petrus), XIII s. ; voy. Avelanz.
Davin, ve. ce St-Jean-d'Hérans.
Davinet, XVIII s. ; Davines, h. ce Chassignieu.
Dayes (du serron, XIV s. ; voy. Hayes.
Daygala, chalan.. XIII s. ; voy. Aqualata.
Davagny, Daignин, de Agny, Augni, Dagni ; l'Agny, riv. ce Badinières et Vernulle.
Dayreu, parr., XIII s.; Heyrieu, ch.-l. ce arr Vienne.
Dazou, Dazieu, castr., XIII, XIV s. ; voy. Azou.
Dbat (la), ve. ce Septeme.
Debat, quart., XVIII s. ; voy. Dubac.
Debannict, ve. ce St-Jean-d'Hérans ; — ve. ce St-Sébastien.
Debrou, aqua. XV s. ; voy. Drabunis.
Deciniaci villa, ecel. IX s. ; Disiniеu, ce com Crémieu.
Decinium, XV s. ; voy. Devinis. Dessinis.
Devinis, X s. ; Devinus, h. ce Dvinse-et-Charpieu, ce com Meyzieu ; par. dioc. Lyon, egl. St-Pierre.
Decosus (la), vill. ce Chimilin.
Dedain, mont. ce Autrans ; — h. ce Roissard.
Défunt, h. ce Chatte.
Dedera (torrent, dela, XIII s.; les Dereys, ve. ce St-Jean-d'Hérans.
Defillion, mais. f., XVII s. ; le

Chateau, ve. ce Torchefelon.
Degeorge, gr. ce La Terrasse.
Degotel (mont. supra), XIV s. ; les Degottes, mont. ce Barraux.
Degoud, XVIII s. ; le Degout, f. ce Beaurepaire.
Degout, ve. ce le Mont-de-Lans.
Dégoutous (la), ruiss. ce St-Pierre-de-Mésage.
Deguelielle (ruiss. de) ; Aiguebelle, ruiss. ce Valbonnais.
De la (l'eau, XVIII s. ; De la l'Eau, XVIII s. ; De-la-l'Eau, h. ce Vennas.
De-la-ès-Pont, quartier Le Freney.
De la le ruisseau du Buyet, XVIII s.; Dessus-le-Ruisseau, h. ce Romagnieu.
Delai, XIX s. ; Delard, XIX s. ; Delart, XVIII s. ; le Delа, h. ce St-Jean-de-Moirans.
Delaisses (les), chm ce Mont-bonnot-St-Martin.
Deler, riv., XIII s.; voy. Merio, Eler.
Delga, XIII s. ; voy. Gacterrit.dela.
Dellaver, territ., XIV s. ; voy. Laver.
Dellonis (riv.), Delone (vadum de), XII s. ; le Dolon, riv. aff. le Rhône, orig. ce Pisku, arr. ce Primarette, Revel-Tourdan, Moissieu, Pact, Jarcieu, Bougé-Chambalud, Agnin, Chanas, Sablons.
Delouche (La), ruiss. ce Beaurevel, aff. La Bourne.
Delphin (des), XIX s. ; les Delphins, h. ce St-Aupre.
Delum, Dus, XII s. ; le Dolum, h. ce Pact.
Demuis (les), XIX s. ; De May ; les Demays, h. ce St-Joseph-de-Rivière.
Demet (la), XVIII s.; le Demay, h. ce St-Cassien.
Denas, dom. f., XIV s. ; Dyenno, castr.; le Chateau, ruiss ce Diénne.
Denas, XIII s. ; Diennes, ce com Heyrieu.
Demuas, XVIII, XIX s. ; De Muss, f. ce Pisieu ; — f. ce St-Étienne-de-St-Geoirs.
Demptaysiacum, XIV s. ; D'Entezieu, XVIII s. ; voy. Demtaciacum.
Demptézieu, vill. ce St-Savin ; par. Vienne, égl. St-Sauveur.
Dens, gr. disp. ce l'Albenc.

Denantes, chât. ce Chonas.
Denarious, mont., XVI s. ; le Denier, bois ce Corette.
Denay (les), XIX s. ; voy. Denat.
Denerolle, ve. ce Corbelin.
Dengins (capella), XIV s. ; voy. Ingenlis.
Deniel (territ. dela, XIV s. ; Denière, h. ce Mont-St-Martin.
Denier (la), h. ce Beaucut.
Denier (les), bois ; voy. Denarium.
Denlarme, ve. disp. ce l'Albenc.
Denis (Chaz-), ve. ce Miribel les-Echelles.
Dent, XVI s. ; la Grande-Dent, mont. ce St-Pierre-d'Entremont.
Dent. forêt, XVIII s. ; les Dent, bois ce Murinais et Varacieux.
Dent (la), XVI s. ; les Dents, mont. ce St-Joseph-de-Rivière et St-Laurent-du-Pont.
Dent-de-Granier (la), mont. ce Chapareillan et Entremont-le-Vieux (Savoie).
Dent-du-Loup (la), mont. ce Engins, Noyarey et Sassenage.
Dent-de-la-Prat (la), mont. ce Allemont, La Ferrière et Laval.
Dentaciacum, IX s. ; Dentaiseu, XII s. ; Dentasiacum, castr., XI s. ; Dayseu, XII s.; Denteyseu, XIII s. ; Dentheysiacum ; Demptézieu, vill. ce St-Savin.
Dentreuseu, XV s. ; Entreusut, section ce St-Pierre-de-Chartreuse.
Denyeu, territ. ; voy. Aymeu.
Deranno (the) in pago Diense, VIII s. ; voy. Eron, Heron.
Derleis, Derleys (ministrales), XIII s. ; Hesleys, ce com Grenoble-Sud.
Derinannuae, Dense ; voy. Darinanuoa.
Derlenat, XVIII s. ; Gerbuynt, h. ce Champier.
Derclunar, XVIII s. ; voy. Brunnard.
Dereulatis (des) XVI s. ; voy. Hereulies.
Dereyry (la), XVIII s. ; le Feuvel, ruiss. aff. l'Oile, ce Vaujany et Oz.
Deruasia, 1821 ; Dalnasia ; Delnasia, vill. ce St-Alban-de-Roche.

Dernier-la-Buffa, XVII s. : *Dernier-la-Buffe, l'Envers de la Buffe*, bois c⁰ Le Sappey.

Dernier Mallun, XVII s. : *Dernier-Malun*, h. c⁰ l'Albenc.

Deronat (de), XII s. : voy. Eron, Heron.

Deroy (la), XVIII s. : voy. Derrua.

Derrissatis (montis, de), XV s. : *Dourrières*, h. c⁰ La Salette.

Derrua (La), XV s. : *les Derruoir*, ruiss. aff. Le Dolon, arr. c⁰⁰ Pommiers, Pisieu, Revel-et-Tourdan, Beaurepaire, Pact, Jarcieux.

Derrua, loc., XV s., 1441 : voy. Derrua.

Desertarorum (ad) voy. Chartris.

Deschafata : voy. Chafata.

Desclachy, territ., XVI s. : D-le, territ. : voy. Eschers.

Desenlos (convent, h. XIII s., Doyes : voy. Senges.

Desolorum, cresta, XIV s. : D-or, petra; *Colesy*, mont. c⁰ St-Pierre-d'Entremont.

Descombes, éc. c⁰ St-Lattier.

Desert (La), XVIII s. : l. disp. c⁰ Montrevel.

Désert (La), vallon c⁰ Pariset.

Désert-les-Chartreuse (La), avant 1380, étendue des limites privilégiées du monast. de la Grande-Chartreuse, paroisses St-Pierre-des-Chartreuse, Proveyzieux, Pommiers, St-Julien-de-Ratz, St-Laurent-du-Pont, Entre-Deux-Guiers, St-Christophe-Entre-Deux-Guiers, la Ruchère et St-Pierre-d'Entremont.

Désert-de-Jean-Jacques (Le), vallon c⁰ Pariset.

Déserte (La), h. c⁰ St-Priest.

Deserti (grangia juxta locum), XII s. : *les Guillermets*, éc. c⁰ St-Joseph-de-Rivière.

Deverto (lac. de), XII s. : voy. Sancti Laurentii de Deverto, de Ponte.

Deserto (eccl., cap. de), XI, XII s. : *Châteon-Bernard*, c⁰ c⁰⁰ Le Monestier-de-Clermont.

Deserto (la. gr. de), XIV s. : D-t (obédience du), XVIII s. : *le Désert*, h. c⁰ St-Laurent-du-Pont.

Desertum villa, XIV s. : D-ti (cartilag., pasquer.) : *le Désert*, h. c⁰ la Morte.

Desertum villa, XIV s. : D-to (monticul, mansi de), XV s.: *le Désert*, vill. c⁰ Vallon Frey ; chapelle dioc., Gren., voc. Ste-Anne.

Desiderii, XIV s. : *les Didiers*, l. disp. c⁰ Nantes-en-Ratier.

Desinaincum, XI s. : voy. Desinaiaci.

Desines, XIV r. : voy. Dessinis.

Desmarais, f. c⁰ Miribel-les-Echelles.

Desmendra, XVI s. : voy. Ermendra.

Desmeril, XV s. : voy. Deymier.

Despina (J.), XIV s. : *l'Epinoux*, mas c⁰ La Buisse.

Dessard : voy. Essart.

Dessema, XVIII s. : *Essemat*, h. c⁰ Varacieux.

Dessines, XIV s.: Dessinis, eccl. Ste Marias, X - : *Desviers*, h. c⁰ Décines-et-Charpieu.

Dessous (La), f. c⁰ Montrevel.

Dessous-le-Château, XVIII s. : voy. Sous-les-C.

Dessous-la-Côte, XVII s. : voy. Sous-la-Costaz.

Dessous-la-Danchère, éc. c⁰ Venon.

Dessous-l'Église, h. disp. c⁰ Le Freynet, XVIII s.

Dessous-la-Serve, ruiss. c⁰ Meyrieu, se perd dans les prés.

Dessus (La), éc. c⁰ La Ferrière.

Dessus Costaz, XVI s. : *Coste* : voy. Sus Costaz.

Dessus-la-Danchère, éc. c⁰ Venon.

Dessus-Pierre, chio c⁰ Montalieu-Vercieu.

Destabline (gr.), XIII s. : voy. Estrasblaline.

Destache (paslagium loc. la), XV s. : *la Détanche*, vill. c⁰ Mollieu.

Destrambae, XVI s. : voy. Tramlais.

Desuillot, mont., XVIII s.: voy. Duzillot.

Détail (La), bois c⁰ St-Paulllis-et-Pijat.

Détourbe (La), h. c⁰ Meylan.

Détrousyant, XVIII s. : *Detropet*, éc. c⁰ Murinais.

Détroyat, éc. c⁰ Chevrières ; — éc. c⁰ Murinais.

Dettiole, mola, XIV s. : *le Deytel*, bois c⁰ Prébois.

Deurieu, éc. c⁰ Vienne.

Deux (Les) : voy. Dues.

Deux-Guiers (Les), XVI s. : *Entre-Deux-Guiers*, c⁰ c⁰⁰ St-Laurent-du-Pont.

Deux-Sœurs (Les), mont. c⁰ Château-Bernard et Le Villard-de-Lans.

Devais, XVIII s. : voy. Deves de C.

Devau (La), XIX s. : Devaux, éc. c⁰ Creys-et-Pusignieu.

Devays : voy. Deveyns.

Deve : voy. Devex.

Deveaux (Les), XVIII s. : *les Devaux*, h. c⁰ Le Passage.

Deveis sub Pererio (hosc. de), XIII s. : *le Deveys*, bois disp. c⁰ Primarette.

Deveis (hosc. de), XIII s., Deveisium comitale, XIV s. : *le Deveys*, forêt c⁰ Vaulnaveys-le-Haut.

Deveis (La) : voy. Deffens.

Devein, hosc. sub Pererio, XIII s. : voy. Deves 2⁰.

Devent, mas : Devent (hosc. forêt : Devey (el), XIV s. : *le Devin*, vill. c⁰ Les Avenières.

Devent (La), XVIII s. : *le Devin*, h. c⁰ Méaudre.

Devert, h. c⁰ Vinay.

Deves (el), Devesis (in), XIV s.: *les Deveys*, h. c⁰ Izeron.

Deves (gr. la), XIII s.: Deveriau, XIV s. : *Deveys* (mas, bois, XIV s. : Deveys, XVIII s.: *le Deveys*, bois c⁰ Prunières.

Deves de Clay, XIV s. : *Devesium*, nom., XV s. : *le Deveys*, bois c⁰ Beauvoir-en-Royans et St-Romans.

Deves, gr. : *le Deveys*, l. disp. c⁰ Vourey.

Deves, XIV s. : Devesium, XIV s. : Devys, Deveysium : *le Deveys*, l. disp. c⁰ La Tronche.

Deveuil, Deveysil (mola), XV s.: Devez, XVIII s. : *le Deveys*, mas c⁰ Crolles.

Deveuria (in), XIV s. : *le Deveys*, bois c⁰ Pellafol.

Devesium, XIV s. : *le Deveys*, mas c⁰ Vizville.

Devex, XVIII s. : *le Deveys*, éc. c⁰ Seyssuel.

Deveyna, Deveys (mon. deux), XIV s. : *le Deveys*, bois c⁰ Rochetoirin.

Deveyn (terrain de), XIV s. : Devès (for. du), XVIII s. ; *le*

Dereys, mas c° St-Blaise-du-Bois.

Deveys (Les), h. c° St-Michel-de-St-Geoirs; — h. c° St-Paul-de-Varces (XIV s.); — l. disp. c° St-Pierre-d'Allevard; — év. c° Sérézin; — h. c° Serres-et-Nerpol; — év. c° Seyssuel.

Dereysium d. dalphini de Clay: voy. Devers de C.

Devex (territ. des) XVII s.: le Dereys, bois c° le Monestier-du-Percy.

Deves (nom. Ernall de Bellovidere q. appell.), XII s.: le Dereys, bois disp. c° Pusignan.

Deves (Les), bois c° Semons.

Devles (en), XIII s.: le Dereys, for. c° Septème.

Devillière (La), h. c° Chuzelle.

Devin (Le): voy. Deven.

Deviras, h. c° Lalley.

Deygala, staun., XIII s.: l'Egala, ruiss. c°s La Buisse et Voreppe, aff. l'Isère.

Deyglères, XIII s.: les Gilières, mas c° Le Cheylas.

Deymes (ap.), XIII s.: Dyemes, XVI s.; Dieman (nom. de), XVI s.; Neymes, h. c° Jardin.

Deymier, XV s.: le Dismier?, l. disp. c° Allemont.

Deymo, XIII s.: voy. Demo 2°.

Deyron, XIV s.: Hières, c° c°s Crémieu.

Deyvignes, torr., XVIII s.: Desrignes, torr. c° la Salette-Falavaux.

Dhuets, XVIII s.: voy. Huets.

Dhuy (La), bois c° Revel: ou Jehuy, ruiss. c° Theys, aff. ruiss. la Grande-Curbe.

Dia, XVIII s.: Dia, ruiss. c° St-Michel-les-Portes.

Dia (m° de la), XVII s.: le Diat, h. c° St-Pierre-de-Chartreuse.

Diable (rochers du), mont. c° Valjouffrey et Aspres-les-Corps (Htes-Alpes).

Diable (ruiss. du): le Diable, ruiss. aff. Le Vénéon, c° St-Christophe-en-Oisans.

Diais (Les), XVIII s.; les Diais, h. c° Corrençon.

Dianes (Les), forêt c°s Courtenay et St-Maudille.

Diaz: voy. Dia (la).

Dieve (La), XVIII s.; la Dietta, h. c° Pisieu.

Didoles (Les), év. disp. c° St-Pierre-d'Allevard, XVIII s.

Dideret, ruiss. c° Laval, aff. Le Brignoud.

Didey (Le), h. c° Noyarey.

Didier, év. c° St-Romment-de-Chavagne; — év. c° Seyssins.

Dillers (Les), h. c° l'Ile-d'Abeau.

Dillers (mans. au) in parr. de Villeta, XIII s.; les Dilliers, l. disp. c° St-Laurent-du-Pont.

Didonnière, h. c° Voreppe.

Dieme, XVI s.: Diemeu (ville de), XIV s.; Diemo; Diemos, c° c°s Heyrieu.

Diémoz (Bas, Haut-), hh. c° Diémoz; — mas c° Marennes.

Diémoz, c° c°s Heyrieu: dioc. Vienne, égl. N.-D.

Dieman, XVI s.: voy. Diemeu, Duoderimum.

Digataz, ruiss. c° Pinsot.

Dillis, XIII s., Dialins: voy. Illin.

Diue (La), gr. c° Beaufort; — gr. disp. c° Marennes.

Dion, 1885: les Dioux, h. c° St-Hilaire-du-Touvet.

Dionaire, h. c° Engins.

Dionay, c° c°s St-Marcellin.

Dionay (priorat. de), XV s.: voy. Doennaicu (ecvl. de).

Dionnay, canstr., XII s.: Dionay, c° c°s St-Marcellin.

Dionne (La), év. c° Allières-et-Risset.

Dions (Les), h. c° St-Paul-de-Varces.

Diot (Le), év. c° Murianette; — h. c° Vaulnin.

Diripel (Le), mas c° N.-D.-de-Mésage.

Dookeril villa, XIV s. Didlers (prat. leu), XVI s.: Dideyer, h. c° Allières-et-Risset.

Dixiueu, Dissimieu, XIV s.: Dixiuieu: Disimieu, h. c° Porcieu-Amblagnieu.

Disimeu, D-mieu. Dissimieu, XIV s.: voy. Dysimieu.

Dissmo: voy. Dieueu.

Dissinex, parr., XIII s.; Dissimieu, D-ieu; Deciura, Divines-et-Charpieu.

Dive (La), ruiss. aff. la Romanche, c° Vizille.

Divisina (dom., bastida, castrum de): Château-Vieux, mas c° de la Bâtie-Division.

Divisinum, XIV s.; Divisina, Divisinum. Divisum: la Bâtie-Divisin, c° c°s St-Geoire.

Dix-Huit-Rieux (Les), ruiss. c° St-Christophe-Entre-Deux-Guiers, aff. le Rif-Bruyant.

Dizein, XIV s.: voy. Dissines.

Dizeux, XIII s., Doyzlci, XIV s., Doyseux: Iseux, c° c°s Rives.

Dizimieu, c° c°s Crémieu; dioc. Vienne, égl. St-Martin.

Dizins (vadum de), XIV s.: Tizin (Grand et Petit), vill. c° Tullins.

Doannaicum, XI s., Doennaium, XII s.: Doennal, XI s.: Doleum, XI s.; Dionay, c° c°s St-Marcellin.

Dubo, év. c° St-Maximin.

Due (el), XIII s.; Due, bois c° Château-Bernard.

Duezi (La), moleud., XIV s.: l'Eudnssay, mas c° Ruy.

Doennaicu (ecvl. des), XI s.: Doennaio (ecvl. des), XII s.; St-Julien, h. c° Dionay.

Doil (Le), XVIII s.: voy. Dijon, Dyon (Le); Dijun, vill. c° St-Pierre-de-Bressieux.

Doissin, c° c°s Virieu, par. dioc. Vienne, égl. St-Martin l.

Doissin, XVI s.: voy. Doysinum.

Doitler (ecvl.), XIII s.: Doytlers (ecvl.), XIV s.: voy. Oytier.

Dola, Dolle: voy. Olla.

Dolcur (Le): Dolcurus, torr.; la Dolaize, ruiss. orig. c° Beaufort, arr. c° Marcolin, entre dans départ. Drôme où se jette d. les Claires.

Doleynieu, XIV s.: voy. Valeynieu.

Dolles (Les), XVIII s.: voy. Dollys.

Dolivraux (Les), bois c° Livet-et-Gavet.

Dollons, XIII s.; Dolonis, riv.: le Dolon: voy. Delon.

Dollys (Les), XVIII s.; les Dolys, h. c° Méaudre.

Dolmengeons, XIV s.: voy. Doumargens.

Dolo, mas c° Murinais.

Doloiaepacus, vicus, Doloiairiaeum, ecvl. S. Petri, VII s., Dolaneriaum, XIII s., Dolomet, Dolomey, Doloymeu; Dolomieu, c° c°s la Tour-du-Pin.

Dolomey, castr., D-miaci: le Château, chât. c° Dolomieu.

Dolomieu, c⁻ c⁻ la Tour-du-
Pin; dioc. Lyon, égl. St-Pierre.
Dolon (riv. de), XIV s.: Dolone
l'Eau, ruiss. affl. la Rigole,
c⁻ Moirans et Vourey.
Dolyst, XII s. : voy. Olonla.
Dolys, XIX s. : voy. Dollys.
Domarin, c⁻ c⁻ la Verpillière;
par. dioc. Vienne, égl. St-
Germain.
Domarino (castr. de), XIV s. :
dom. f. M. de Bocsos, in parr.
des, XV s.: le Château, chât.
c⁻ Domarin.
Domarinum, parr. ; Domayrin;
XIV s.: Domarin, c⁻ c⁻ la
Verpillière.
Dombert, év. c⁻ St-Hilaire-du-
Rozier.
Domena (dom. f. de), XV s. :
voy. Veheria Domene.
Domenarion, XV s.: Domenière,
év. c⁻ Le Fontanil.
Domène, ch.-l. c⁻ arr⁻ Grenoble;
par. Gren., égl. St-Georges.
Domengers, Domingeux villa.
XIV s. ; les Domengeaux, h.
disp. c⁻ Pierre-Châtel.
Domeno, metu., XV s., Deu,
bois ; Domenou (Grand,
Petit), lacs et bois c⁻ Revel.
Domenou (rifs de), Domau (riv.
de): le Domenou, ruiss. orig.
lac Robert c⁻ St-Martin-d'U-
riage, se jette d. le Grand
Ruiss. de Domène, auquel il
donne qq. fois son nom.
Domenot, év. c⁻ St-Jean-d'Hé-
rans.
Domina (aqua curr. augmentum,
XI s.; Domene (Magn. riv.),
XIV s.: le Grand-Domenon,
ruiss. affl. l'Isère. orig. lacs
Domeynon, arr. c⁻ Revel.
St-Martin-d'Uriage et Domène.
Domina (eccl. in hon. b⁻ Petri
et Pauli et omnium apostolo-
rum); (mcouast. prioratus de):
Domène (eccl. S. Petri) : le
Prieuré, f. c⁻ Domène, anc.
prieuré ordre Cluny, fondé au
XI s.
Domina, comba, XIV s. : voy.
Dona.
Domina, clortum, XV s. ; Do-
mum, clortum, XIV s.: la Dou-
ne, mont. c⁻ Le-Mont-de-Lans.
Dominum Martinum (eccl. ad),
IX s. : voy. Sancti Martini
Costarum Darey.

Donno, XIV s.; voy. Domenarion.
Donapire, h. c⁻ Ste-Blandine.
Donapuis, XIV s.; les Dunes, h.
c⁻ Le Périer.
Donpuis (mans. des), XV s. ; la
Demoiselle, h. c⁻ Vaujany.
Donats Alba, XV s.; la Maison-
Blanche, h. disp. c⁻ St-Pierre-
d'Allevard.
Donats G. Chipre subt. castr.
de Claix, XIII s.: voy. Bastida
...Fontis Meylani.
Donna, seu fortalie. de Divisino,
de Divisino, XIV s.; Donus
forte Bastide, XV s.; Château-
Vieux, mas c⁻ la Batie-Divisin.
Donus fortis de Martoreyo; le
Vieux-Château-de-Martorey,
év. c⁻ Sermérieu.
Dona (comba alias, XIV s. ; les
Doues, h. c⁻ Le Touvet.
Donières, XVIII s.; Donnières,
h. c⁻ Chichilianne.
Donis, h. c⁻ Corbine.
Donna (Plesa-), terra, XIV s. ;
(neus.) ; les Doues, mas c⁻
Simael.
Donnat (Le), vill. c⁻ St-Baeil ;
— chât. c⁻ St-Alban-du-Rhone.
Donne (La), au Prévost, col c⁻
Valjouffrey et la Salette.
Donnetière, év. c⁻ Le Fontanil.
Donnets (Les), h. c⁻ Lans.
Donnière (La), m⁻ c⁻ Corps.
Donnis (Le), h. c⁻ St-Sulpice-
des-Rivoires.
Dons (Les), XVIII s. : voy.
Donpuis.
Donyère (gr. la), XV s.; la
Donnière, f. c⁻ Marcieux.
Dopuis (mans. des), XIV s. : voy.
Donpuis 2⁰.
Doraux (Les), XVIII s. : voy.
Dorz.
Doraux (Les), Doreaux (les),
Dorièe (les), XVIII s.; les
Dorreaux, f. c⁻ Chanas.
Dorlonia, riv. XIV s.; Dorbanne;
l'Orbanne, ruiss. affl. l'Ebron,
c⁻ Chichilianne, Clelles, St-
Martin-de-Clelles.
Dorrlu, év. c⁻ Méaudre.
Dorrière, XVIII s. : voy. Dorro-
sutis.
Dorbolller, ruiss., XVIII s. :
Dorebouillet, ruiss. c⁻ Le
Périer et Entraigues.
Dorgival (mont.) :voy.Orgivallis.
Dorier (Le), h. c⁻ St-Romain-
de-Surieu.

Dorloysin, Dorjoysin, Dorgesin,
Dorgeysin, Dorgoyze, Dor-
geoise ; Orgeoise, chât. c⁻
Coublevie.
Dorloysin, XIV s.; Dorgesine,
XVIII s.; Orgeoise, vill. c⁻
Voiron.
Dorishal, territ., XV s. , Dor-
sinal : Dorsinal ?, l. disp. c⁻
Vernioz.
Dorly, év. c⁻ Chatte.
Dormon, XIX s. ; Dormand, h.
c⁻ St-Bonnet-de-Mure.
Doronacum, flumen, XI s. ; le
Dron, riv. (voy.).
Dorrosotis, mans., XV s. ;
Dorrosières, h. c⁻ La Salette.
Dorts (Les), l. disp. c⁻ Le Gua.
Dorz (les), XIV s. ; les Doreux,
h. c⁻ Le Périer.
Dos (Le), h. c⁻ St-Sorlin ; —
h. c⁻ Varacieux.
Dos (parr.), XIII s. : voy. Osse.
Dos-d'Ane, l. disp. c⁻ Vienne.
Dotrans : voy. Autrans.
Douanes (Poste dans la Petite-
Maison, év. c⁻ Vaujany.
Douaniers (Baraques) : l'Her-
bert-de-Borrettes, chal. c⁻
Chaparcillan.
Douezagny, XV s. : voy. Dou-
sagnia.
Doues (hae) ou Lescancières,
XVIII s. ; le Port-d'Ozery,
mas c⁻ St-Lattier.
Douillet, XVIII s. ; Douille-
tière, h. c⁻ Rixouses.
Douillet, év. c⁻ Parizet.
Doulens : voy. Dolon.
Douleure, XVIII s.: voy. Doleur.
Doulou : voy. Dollens.
Douriz (parr.), XVI s. : voy.
Auriox.
Douron, riv. : voy. Dolon.
Dousagnia, XV s. ; Dousai-
gnes, h. c⁻ Tencin et Theys.
Doussou, mons., XIV s. : la
Deut-de-l'onlles ou Petit Som,
mont. c⁻ St-Hilaire, St-Pan-
crasse et St-Pierre-de-Char-
treuse.
Dousagny, XV s. : voy. Dou-
sagnia.
Douze (ri), XIV s. : Dop (eaux
de la), lieu dit, Douz (terr.
de la), XVIII s. : Doluox, h.
et ruiss. c⁻ Monthoumet-St-
Martin.
Doutre : voy. Lontra.
Douven, év. c⁻ Passins.

Douzone (de), XIV s. : *les Dou-
punes*, ev. c° Nantes-en-Ratier.
Doy (La), XIV s., c° Agnin.
Doy (La) : voy. Doys (La) 1°.
Doyat (La), XVII s. : *Doyat*,
ev. c° St-Geoirs.
Doynay, XV s. : voy. Dom-
naleum.
Doyon, Doyoux, fons, XV s. :
les Dupuys, h. c° St-Hilaire-
du-Rozier.
Doys (La), XIV s. : *les Douës*,
chal. c° Oz.
Doys (La), XV s. : *la Dhuy*,
mas c° Theys.
Doysanis, castr., XIV s. : *le
Châtelard*, ev. c° Bulsein.
Doysanis, XIV s. : Doyzin,
XVIII s. : Domina, parr. h.
Martini, XIII s. : *Doissin*, c°
c° Virieu.
Dra, XV s. : voy. Drachum.
Drabonis, aqua, XIV s. : voy.
Evbona.
Drac (archiprêtré de), *Ansela-
da-Drac*.
Drac (Le), riv. orig. départ.
Htes-Alpes, pénètre dans
celui de l'Isère entre les Corps
et Ambel, après avoir séparé
c° Beaufin de c° St-Firmin
et Aspres-les-Corps (Htes-
Alpes). Se jette dans l'Isère
près de Grenoble.
Dracum, XIII s. : Dracus,
Dracg, XVI s. : voy. Dravii.
Dracona (banc. de la), XIII s. :
les Dragettes, bois c° Val-
jouffrey.
Dracra (La), XIV s. : *la Drière*,
h. c° St-Romans.
Drac (Le Petit) : voy. Dravi
(locale, etc.).
Dragoneril, XIV s. : Deulores,
XV s. : *les Dragonières*,
vill. c° St-Romans.
Drapichy (terr.), XVIII s. :
Drape-Pichy, terr. c° Villard-
St-Christophe.
Draud (Le), h. c° La Chapelle-
de-la-Tour.
Dravena, XIII s. : voy. Drevena.
Draveti, aqua, brasseria, XIV s. :
Dravi (locale seu aqua), XIII
s. : (aqua Parvi), XIV s. : *le
Drevet*, branche de la riv. du
Drac, auj. disparue, c° Gre-
noble ; se jetait dans l'Isère,
non loin des anc. fortif. de
la ville.

Dravii (aqua), XIV s. :
Drachum, Draf, XIII s. : Drapf,
Draph, Draq, Drat, XV s. :
XIV s. : Drapt, XVII s. :
Drappum, Drau, Draux,
Drasum, XIII s. : Draxus,
flov, XI s. : *le Drac*, riv.
(voy.).
Dray (La), que descend. de
alpe del Sueil, XIV s. : *la
Drage*, bois c° Le Touvet.
Dray (La), XIII s. : Dreyn, XIV
s. : *le Druye*, XIII. c° la
Tronche.
Draya, XV s. : *les Drages*,
mas c° Oris-en-Ratier.
Draya del. dou Charmil, XIV s. :
la Drage-de-Charmil, terr.
c° Ste-Marie-du-Mont.
Draya (mans. de), XV s. :
Chemin-de-la-Grande-Drage,
c° Vaujany.
Draya villa, XIV s. : *la Drage*,
h. disp. c° Vizille.
Drayas (montes antenup.), XV
s. : *les Drages*, mont. c° le
Périer.
Drayas (adh. XIV s.: *les Drages*,
bois c° Pellafol et St-Baudille-
et-Pipet.
Draye (La), terr. affl. la Mar-
sanne, c° Chantelouve.
Draye (La), chin c° Montrevel :
— mont. c° Ste-Luce : —
bois c° Le Touvet.
Draye (La), combe, Dcom, (les),
XVIII s. : voy. Dreya.
Draye-la-Largue (La), ruiss.
c° Cognin.
Draye de Charmille, c-my, XVIII
s. : voy. Draya d. C.
Draye de Lans (combe de la),
XVIII s. : *la Drage-de-l'Âne*,
ruiss. c° Chavans.
Draye-la-Rapaillière (La), chin
c° St-Martin-le-Vinoux.
Drayeri (La), XIII s. : Dria, XIV
s. : *la Drière*, h. c° Allemont.
Drayes (Les), chin c° Allières-
et-Risset : — mont. c° Laval :
— forêt c° Le Monestier-
d'Ambel : — mas c° Oris-en-
Ratier : — forêt c° St-Pierre-
d'Allevard et Theys : — forêt
c° St-Pierre-de-Mésage : —
forêt c° Villard-Eymond et
Villard-Reymond.
Drayes, Drays, bois, XVIII s. :
les Drages, bois c° St-Maurice.
Drayes, XVIII s. : *la Drage*,

h. c° Le Périer.
Draz (La), XIX s. : *Jarboz*, ev.
c° Roy.
Dreguat, XVIII s. : *le Dicut*,
h. c° Comblevie.
Dret (La), XVIII s. : *l'Adret*, h.
c° Mariana.
Drevena, riv., XIII s. : Dens-
Denis, fons., XII s. : Drevena,
XIV s. : *la Drevena*, ruiss.
affl. l'Isère, orig. c° Reneurel,
sép. c° St-Gervais et Raxou.
Drevet (La), h. c° La Ferrière :
— h. c° Montrevel.
Drevas (Laxmont.c° Lavaldens.
Drevets (Les), h. c° Lans.
Drevetum, villa, XIV s. : *les
Drevons*, h. c° la Cluze-et-
Paquiers.
Drevon (La), h. c° Brion.
Drevon, l. disp. c° Moirans.
Drevona (ganelatoria et bassa-
toria in riveria de), XIV s. :
le Martinet, mas c° Raxou.
Drevons (Les), h. c° La Cluze-
et-Paquiers : — vill. c° Colom-
be : — h. c° St-Jean-de-Bour-
nay.
Drevons (Les) : voy. Drevetum.
Drevoz-Le-chine-La Verpillière.
Drey Chestre (La) : voy. Passum
de Capra.
Dreya de los Aygues, XIV s. :
le Drage, bois c° Livet-et-
Gavet.
Dreyas (combe de), XV s. : *le
Dea*, h. c° Dolomieu.
Dreyre, ruiss., XVIII s. : *la
Drage*, mont. et ruiss. c°
Valsonnais.
Dreyri, l-in. chavan., XIII, XIV
s. : voy. Drayeri.
Dreyria (combe, riv. de), XV s. :
Dry, XVIII s. : *la Dreig*,
ruiss. c° Vaujany.
Dreyria (int, XIV s.: *les Drières*,
mas c° Le Mont-de-Lans.
Drière (La) : voy. Drasra.
Drière (La), h. c° Villefontaine.
Drieux (Les), h. c° Polbinas.
Drogat, ev. c° Château-Bernard :
— gr. c° Le Percy.
Drogeaux : *le Drujeau*, h. c°
St-Nazaire.
Droguière (La), h. c° Serres-et-
Nerpol.
Dromvetat, mont. c° Lavaldens.
Droynetum (ap.), XIV s. : *le
Drevet*, ruiss.c° St-Christophe-
en-Oisans.

Druero (La), XVIII s.; la Drevry, h. c° Allemont.

Druetra villa, XIV s.; Deytrux, h. c° La Cluze-et-Pâquiers.

Druge de Freydaval (La), XVII s.; le Champ-des-Druges, mais. forest. c° La Chapelle-du-Bard.

Druges (Les), éc. c° la Chapelle-du-Bard.

Druges (Les), mais c° Theys.

Drujats (Les), XVIII s.: voy. Drugeaux.

Duannay, XIV s.: voy. Duennay.

Dubac (Le), XVIII s.; le Dubat, bois c° Le Périer.

Dubax, éc. c° Proveyzieux.

Dubé (lac), XIX s.: voy. Bex.

Dubois, éc. c° St-Hilaire-du-Rozier; — gr. c° St-Pancrasse.

Dubois (chât.), XIX s.: voy. Boys (chât.-du-).

Ducerf, éc. disp. c° Echirolles.

Duchero (La), h. c° Meylan.

Ducheria, XIV s.; voy. Daucheria.

Ducherias, comba, XIV s.; Ducheyres, mas c° Cornillon.

Duchet, chavan.. XIII s.; mans.; Duchet, l. disp. c° La Flachère.

Duclot, gr. c° la Motte-St-Martin.

Ducloz, mais., gr. du sieur, XVII s.; Ducrot, f. c° Miribel-les-Echelles.

Ducros, éc. c° Le Monestier-du-Percy.

Ducrot, f. c° Miribel-le-s-Echelles.

Ducis (vallis), IX s.: voy. les Allues, Alluis.

Duella (La), bois, c° Chamagnieu.

Dueno: voy. Duodecimum.

Duennaycum, XV s.; Duennay, XII s.; Dionay, c° c° St-Marcellin.

Dues (villa deli), XIV s.: Dueys (le); Deux (Grands, Petits), hh. c° Greuse.

Dues, parr., XIII s.: voy. Hueis.

Duetz (costerg des), XVII s. D'uetz (les) ou Escharbot: voy. Huetz, Charbot.

Dueysmo, XII s., Duiesmo, XII s.: voy. Duodecimum.

Dufélix, éc. c° Communay.

Dufour (Les), l. disp. c° Bonnefamille.

Dugas, chât. c° Clonas.

Dugerias, XIV s.: voy. Ducherias.

Dui (font. de la), XVIII s.; la Dhuy, font. c° Laus.

Duisinum, XII s.; Duissin; Deissin, c° c° Virieu.

Duissinum, mais. f.: voy. Doyssarin.

Dulin (Maison); Montroud, mas c° Sermérieu.

Dulo: voy. Dola.

Dumarin: voy. Domairin, XII s., Domarin.

Dumas, éc. disp. c° Alliéres-et-Risset; — éc. c° Le Pont-en-Royans; — éc. c° St-Jean-d'Hérans; — éc. c° St-Sébastien.

Dumolard, éc. c° St-Théoffrey.

Dumoulin, l. disp. c° St-Sauveur.

Dunoechimum, IX s.; Dicmos, c° c° Heyrieu.

Duperrier, gr. c° St-Jean-d'Hérans.

Duperron, f. c° Blandin; — gr. disp. c° Moirans.

Dupré, éc. disp. c° Le Versoud.

Duprés (Les), h. c° l'Ile-d'Abeau.

Duran (Le), éc. disp. c° Le Gua.

Duraney (le), gr. disp. c° St-Christophe-Entre-Deux-Guiers, XVII s.

Durand (Le), h. c° Chasselay.

Durand, éc. c° Sassenage — éc. c° Seyssins.

Durand (Chez-), éc. c° La Valette.

Durandi villa, XIV s.; les Durande ?, h. disp. c° N.-D.-de-Mésage.

Durandi villa, XIV s., mans.: voy. Durand.

Durandorum (mans.), XIV s.; les Durands ?, l. disp. c° Auris.

Durands (Les), h. c° Beauvoir-de-Marc.

Durands (Les), h. c° St-Andéras.

Durant, éc. c° St-Martin-d'Uriage.

Duranteyre, XVII s.; D-tière; Durantière, h. c° St-Baudille-et-Pipet.

Durants (Les), XVII s.; Durantière, l. disp. c° Corenc.

Duranz (cinaham. dels), XIII s.; les Durands, éc. c° Valbonnais.

Duret, f. c° Romagnieu.

Durettière, ch°, XVII s.; Duretière, ch° disp. c° Xantoin.

Durgosi, XII s.; Durgenise.

Durlagium, XIII s.: voy. Auriage, Uriatleum.

Durlos (Le), cuiss. c° Marnans, se jette dans l'Olagne.

Durieu, XIX s.; Devrieux, éc. c° Primarette.

Durieu (Chez-) éc. c° Eyzin-Pinet.

Durlosa, XII s.: voy. Durgosi.

Durloscho villa, in comit. Salmoriacensi, XI s.; Durlosia, Durgosi, XII s.; Durgeysia; Orgenise, vill. c° Voiron.

Durtières (Vallis), XIV s.; Hartières, hh. c° Renage et Tullins.

Durum fortem, XIII s.; Durfort, l. disp. c° St-André-en-Royans.

Dusillet, nem., XIV s.; Dusillet, bois disp. c° St-Savin.

Dusson (ruppas), XIV s.: voy. Son (le Hault de).

Duteil, chât. c° Pommiers.

Dutoux, éc. c° Vernioz.

Dutroyat, mas; Detroyat, éc. c° Chevrières.

Duxi (de), XIV s.: voy. Duczi.

Duy, XVII s.: voy. Doys (la).

Duys (A la), XIV s.; Dussin, vill. c° St-Clair-de-la-Tour.

Duzze, XVIII s.: voy. Doys (la).

Duzilhiet, mont., XVII s.; le Dusillet, mont. c° St-Martin-d'Uriage.

Dya, XVIII s.: voy. Dia (la).

Dyenne, castr.: voy. Denis Ier.

Dyenno, Dens: voy. Diennet.

Dyent (ripp.), XIV s.; Den, XV s.; Dien: voy. Yeus (ripp. de).

Dyomenges (Les), XIV s.: voy. Domengeas.

Dyonay, XV s.: voy. Dionnay.

Dysimieu, XV s.; Dysomieu, XVI s.; Dizimieu, c° c° Crémieu.

Dysimieu (doni. f. appelata), XIV s.; D-myacum (d. f. a.), XV s.; le Château, chât. c° Dizimieu.

Dysimieu, XV s.: voy. Disimieu.

Dyssa (Parva), XV s.; Liaud, h. c° Le Périer.

Dysimieu, XIII s.: voy. Disimieu.

E

Eau (L'), ruiss. c⁰ St-Pierre-de-Mésage; — h. c⁰ Le Sappey ; — ruiss. c⁰ Sinardrou.

Eau (D'), XVIII s. : Chaux, mas c⁰ Varacieux.

Eau (D'), XVIII s. : le Bœuf, h. c⁰ Varacieux.

Eau-de-Haut ; l'Haut-ès-Abbat, mont. c⁰ Beautin.

Eau-Claire (L'), h. c⁰ Blandin.

Eau-des-Fontaines (L'), ruiss. c⁰⁵ Revonnas et La Frette, se perd dans les terres.

Eau-Large (L'), chût et pont s. le ruiss. la Morge, c⁰ St-Étienne-de-Crossey.

Eau-Noire appelée Chevet, XVII s. ; d'Huez, XVIII s. ; l'Eau-Noire, ruiss. branche d'Huez, c⁰ Les Avenières.

Eau-Noire (L'), ét. c⁰ Nantoin.

Eau-Noire, XVII s.: voy. Aigues Noires.

Eau-du-Roux (L'), ruiss. c⁰ St-Christophe-en-Oisans, orig. rocher du Grand-Roux.

Eaux-Claires (Les), ruiss. c⁰ St-Égrève.

Eaux-Minérales (Les) : voy. Estang (Grand et Petit).

Eaux-Mortes (bœuf ou rase) ; les Eaux-Mortes, terr. c⁰ Oytier-et-St-Oblas.

Ebeins, XV s. : voy. Eybennus.

Ebens, chasteau ; Ebent, castr.; le Château, chât. c⁰ Eybens.

Eberon, XVIII s. : voy. Eybrou.

Ebertière ; Eybertière, vill. c⁰ Autrans.

Ebreorum (burgum), IX s. : voy. Hebreur.

Ecarts (Les), h. c⁰ Jallieu.

Ecclesia (mans. de), XIII s. : l'Eglise, mas c⁰ Allemont.

Ecclesia (mans., chavan. de), XIV s. : l'Eglise, vill. c⁰ St-Pierre-de-Mésage.

Ecelonon, XV s. : voy. Eclonno.

Echaillier (L'), mont. c⁰ La Morte ; — mont. c⁰ Valjouffrey ; — mont. c⁰ Le Villard-de-Lans.

Echaillières (Les), XVIII s. : les Echellais, bois c⁰ Proveysieux.

Echailliers (Les), mas c⁰ St-Martin-le-Vinoux ; — mont. c⁰ Vizille.

Echaillon (L'), ruiss. afl. Le Furant, c⁰ Dionay, XVIII s.

Echaillon (L'), mont. c⁰ N.-D.-de-Commiers.

Echaillon (L'), h. c⁰ Veurey, font. thermale.

Echaillon de la Vache, XVII s. : voy. Eychaillon.

Echalaçon (L'), torr. c⁰ Chaparellian.

Echalès (Les), mont. c⁰ Autrans.

Echalettes (Les, XVII s. : voy. Eschalerium.

Echalier (L'), XVIII s. : voy. Eychallone.

Echalier, bois, XVIII s. : Echalerium, XVI s. ; l'Echaillier, mont. c⁰ St-Paul-de-Varces.

Echallone, XIII s. : voy. Echayllone.

Echarasson (L'), mont. c⁰ St-Pierre-de-Chartreuse ; — mont. c⁰ Le Touvet.

Echarena, XIV s. : voy. Escharenia.

Echaronne (Haute et Basse), mont. c⁰ Valjouffrey.

Echarllère, h. c⁰ Autrans.

Eclasse (L'), forêt c⁰ St-Pierre-de-Chartreuse.

Eclassoles (Les), mont. c⁰ Autrans.

Echaux (Les), h. c⁰ Pact.

Echayllone (de), XIII s. ; l'Echaillon, h. c⁰ Vif.

Echelettes (Les), bois c⁰ Vaujany.

Echelle (Jasse de l') : l'Echelle, mont. c⁰ Chichilianne.

Echelle (L'), mont. c⁰ Ravon.

Echelles (Les), ruiss. c⁰ Miribel-les-Echelles ; — chât c⁰ St-Jean-de-Moirans.

Echelles, XVII s. : voy. Eschielles.

Echellin (L'), chât c⁰ Vaulnaveys-le-Bas.

Echenoz, h. c⁰ St-Pierre-de-Chandieu.

Echine (L'), mont. c⁰⁵ Lavaldens et le Perier.

Echirelles (Les), chât c⁰ St-Martin-le-Vinoux.

Echirola, tenem., XV s.; E-lles, XVIII s. ; Echirolles, éc. c⁰ Le Mont-de-Lans.

Echirolles(Les), l. disp. c⁰ Claix.

Echirolles, c⁰ c⁰⁵ Grenoble-Sud.

Echirollis (Templ. de), XIII s. ; la Commanderie, L et ruines c⁰ Echirolles.

Echirolles, XIV s. : voy. Eschirolles.

Eclonna, XV s. ; (Eclonon) ; Euclennod, h. c⁰ Montalieu-Vercieu (anc. mais. f. appart⁵ aux relig⁵ Salettes).

Eclusa, XII s. : voy. Ecclusa.

Ecluse, c⁰ c⁰⁵ St-Jean-de-Bournay ; égl. St-Julien.

Ecluse (forêt d'), XVIII s. : voy. Bailly (Bois-).

Ecluse (L'), h. c⁰ Séchilienne.

Ecœulen, XV s. : voy. Coreu.

Ecoulna, XIV s.; l'Ancône, ruiss. c⁰ St-Victor-de-Cessieu, afl. l'Hien.

Ecorchebœuf, chât c⁰ La Côte-St-André ; — vill. c⁰ La Verpillière.

Ecorchiers (Les), bois c⁰ St-Ismier.

Ecories (Les), marais c⁰ Arandon.

Ecotier, XVIII s. : voy. Escudier.

Ecouges (Les), f. et mont. c⁰⁵ la Rivière et St-Gervais ; anc. monast. ordre des Chartreux, fondé en 1116, disparu au XV s.

Ecoutals (Les), bois, c⁰ St-Martin-d'Uriage.

Ecoutes (Les), chât c⁰⁵ Le Fontanil et Voreppe.

Ecouteux (Les), chât c⁰ Bernin; — forêt, c⁰ Le Gua.

Ecraclem (L') : Ecud (L'), XVII s. ; l'Ecrouchon, ruiss. c⁰ Entre-Deux-Guiers.

Ecueils (grotte des), c⁰ Pariset.

Ecuey (N.-D. d'), XIX s.; Curn, h. c⁰ Neyssuel.

Ecuré (L'), gr. c⁰ St-Pierre-de-Chartreuse.

Edochia (tortalie. de), XIV s. Edoiche (dom. G. de Porta ap.) ; le Château, quart. c⁰ Eydoche.

Edoichi (dom. G. de Borezouelle ap.), XIV s. : voy. Chastellard d'Eydoche.

Edriis (capella de), XI s. ; Poumiers, c⁰ c⁰⁵ Beaurepaire.

Effantin, éc. c⁰ St-Bonnet-de-Chavagne.

Effaraye, h. c⁰ St-André-en-Royans.

Effarous (Les), h. c⁰ Montbonnot-St-Martin.

Efferneth (mansi), XII s. ; Juf-

fontière, h. c⁰ la Chuze-et-Pâquiers.

Effeuilles (Les), Effeuillères (les), XVIII s. ; *les Effeuillers*, h. c⁰ˢ Champier et Chatonnay.

Effonseaux (Les), XVIII s. ; E.Fuzeaux (les) ; *les Effonseaux*, bois c⁰ Le Monestier-du-Percy.

Egala ou Rachais, XVIII s. : voy. Rachessio.

Egala, XVII s. : voy. Esgala. Eygala.

Egarières (Les), h. c⁰ St-Geoire, XVIII s.

Egaux (Les), h. c⁰ Lans.

Egaz, XIII s. : voy. Esgaux.

Egaux (Les), XVIII s. ; *les Egaux*, h. c⁰ St-Pierre-de-Chartreuse.

Eglaiet (L'), mont. c⁰ Prébois.

Eglise (L'), XVIII s. ; *le Bourg*, vill. c⁰ Méaudre.

Eglise (L'), vill. c⁰ Annoisin-et-Chatelans ; — h. c⁰ Anthon ; — vill. c⁰ Aprieu ; — vill. c⁰ Autrans ; — vill. c⁰ Belmont ; — vill. c⁰ Bessins ; — h. c⁰ Billieu ; — vill. c⁰ Blandin ; — vill. c⁰ Chabons ; — vill. c⁰ Chamagnieu ; — h. c⁰ Champagnier ; vill. c⁰ La Chapelle-du-Bard ; — vill. c⁰ Charavines ; — h. c⁰ Chasselay ; — quart. c⁰ Chassieu ; vill. c⁰ Château-Bernard ; — quart. c⁰ Châteauvilain ; — h. c⁰ Châtelus ; — vill. c⁰ Chavagnieu ; — ruiss. c⁰ Cheyssieu ; — vill. c⁰ Chichilianne ; — quart. c⁰ Chirens ; — ville Clelles ; — vill. c⁰ la Combe-de-Lancey ; — ou les Queux, h. c⁰ Corenc ; — quart. c⁰ Dionay ; — vill. c⁰ Doissin ; — vill. c⁰ Ecluse ; — vill. c⁰ Engins ; — h. c⁰ Les Eparres ; — ville Eybens ; — vill. c⁰ Eydoche ; — h. c⁰ Fontaine ; — h. c⁰ La Frette ; — quart. c⁰ Le Grand-Lemps ; — vill. c⁰ Le Gua ; — h. c⁰ Izeron ; — quart. c⁰ Jallieu ; — mas c⁰ Jardin ; — vill. c⁰ Lans ; — h. c⁰ Malleval ; — vill. c⁰ Meissiès ; — h. c⁰ Merlas ; — vill. c⁰ Meylan ; — vill. c⁰ Miribel-les-Echelles ; — h. c⁰ Montagne ; — h. c⁰ Montrevel ; — h. c⁰ Mont St-Martin ; — h. c⁰ Morette ; — h. c⁰ La Murette ; — h. c⁰ Noyarey ; — vill. c⁰ Optevoz ; — quart. c⁰ Oyeu ; — h. c⁰ La Pierre ; — h. c⁰ Plan ; — vill. c⁰ St-Pancrasse ; — h. c⁰ Poulliers ; — quart. c⁰ Pont-en-Royans ; — h. c⁰ Pont-l'Evêque ; — h. c⁰ Presles ; — h. c⁰ Proveyzieux ; — h. c⁰ Rouge ; — h. c⁰ Renecurel ; — h. c⁰ Revel ; — h. c⁰ Romagnieu ; — quart. c⁰ Sablons ; — h. c⁰ St-Albin-de-Vaulserre ; — h. c⁰ St-André-en-Royans ; — vill. c⁰ St-Appolinard ; — quart. c⁰ St-Chef ; — vill. c⁰ St-Christophe-Entre-Deux-Guiers ; — h. c⁰ St-Clair-de-la-Tour ; — vill. c⁰ Ste-Blandine ; — vill. c⁰ St-Egrève ; — h. c⁰ St-Hilaire-de-la-Côte ; — h. c⁰ St-Hilaire-du-Rosier ; — h. c⁰ St-Ismier ; — h. c⁰ St-Jean-le-Vieux ; — vill. c⁰ St-Julien-de-l'Herms ; — vill. c⁰ St-Julien-de-Ratz ; — quart. c⁰ St-Lattier ; — quart. c⁰ St-Laurent-du-Pont ; — h. c⁰ St-Martin-le-Vinoux ; — vill. c⁰ St-Nazaire ; — vill. c⁰ St-Pancrasse ; — vill. c⁰ St-Quentin ; — vill. c⁰ St-Savin ; — h. c⁰ St-Vincent-de-Mercuze ; — h. c⁰ la Salette ; — h. c⁰ la Salle ; — h. c⁰ Le Sappey ; — h. c⁰ Sarcenas ; — quart. c⁰ Sermérieu ; — vill. c⁰ Seyssins ; — h. c⁰ Sillans ; — h. c⁰ Solaise ; — quart. c⁰ la Sône ; — h. c⁰ Succieu ; — h. c⁰ Torchefelon ; — vill. c⁰ Tignieu-Jameyzieu ; — vill. c⁰ Treminis ; — quart. c⁰ La Tronche ; — vill. c⁰ Vasselin ; — h. c⁰ Vaujany, XIII s. ; — h. c⁰ Vaulx-Milieu ; — vill. c⁰ Verna ; — mas c⁰ Vernioz ; — h. c⁰ Veurey ; — vill. c⁰ Villeneuve-de-Marc ; — quart. c⁰ Viriville ; — h. c⁰ Voissant.

Eglise (mas de l') : voy. Ecclesia.

Eglise-de-Cozance (L'), quart. c⁰ Trept.

Eglise-de-la-Ruchère (L'), vill. c⁰ St-Christophe-Entre-Deux-Guiers.

Eglise-Vieille (L'), mas c⁰ Semons.

Eglise (village d'), XIV s. : voy. Villa Vallis Boniis.

Egouttes (Les), châl. c⁰ St-Hilaire-de-la-Côte.

Egredarium seu Eychallier, XV s. : l'Echaillon, mont. c⁰ˢ Livet-et-Gavet, et Ornon.

Egreson (L'), XVIII s. : l'Egerreou, mont. c⁰ Lavaldens.

Egnnelère, XVIII s. : l'Egousère, f. c⁰ Vourey.

Eguemdre : voy. Aqua Nigra.

Eguilla culpa (de), XIII s. : l'Aiguille, mont., châl. c⁰ St-Pancrasse.

Eguillas : voy. Les Aiguilles.

Eguille-Noire, XVIII s. : *Cachette reine-de-la*, mont. c⁰ Vaujany.

Eguillettes : voy. Aiguillettes.

Eguilliand (rupis mirabilis), XIV s. : *le Mont-Aiguille*, mont. c⁰ Chichilianne.

Eichevagne, XVIII s. : *Echarogne*, h. c⁰ St-Marcellin.

Eigalas (cabana de), XIII s. : Eygalla (en), XV s. : l'Egala, h. c⁰ Vatilieu.

Eingoniis (curat. de), XV s. : voy. Angoynes.

Eingonlis : voy. Eargonios.

Einieu, XVIII s. : *Eysieu*, vill. c⁰ Bouresse.

Elra (parr. de), XII s. : voy. Sancti Martini de Hern.

Eissulif, XIII s. : *Essuilieux*, h. c⁰ˢ Le Bourg-d'Oisans et La Garde.

Eiminieue (eccl. de), XII s. : voy. Avinione.

Eizin, XVIII s. : *Aisy*, h. c⁰ Noyarey.

Ejaracsou (bois de l'), XVII s. : l'Echarasson, mont. c⁰ St-Pierre-de-Chartreuse.

Elba, loc., eccl. in hon. S. Dei gen. Mariae, X s. ; l'Evre, mas c⁰ Vinay, anc. abb. dép. Chalais, disp. 1219.

Eler, aqua, XIII s. : Eleril, riparia et comba, XIV s. : l'Allier, ou ruiss. des Carmes, sép. c⁰ Beauvoir-en-Royans de c⁰ St-Pierre-de-Chartreuse.

Eleril (riv.) : voy. Alerio.

Elinard (L'), h. c⁰ Tullins.

Elberlis, XV s. : voy. Aliberis.

Eloniavensis (ager), X s. ; Saluise, c° St-Symphorien-d'Ozon.

Elsulif, XIII s. : voy. Elssulif.

Eltevo, XII s. : Elteri villa. XIII s. ; Opteros, c° Crémieu.

Eluyai : voy. Olosia.

Emanl (l'), h. c° Villefontaine.

Emanfredorum (molar.), Emanfrey (les), XIV s. ; les Capucins, éc. c° Meylan.

Emaris (terre de), XIV s. : voy. Aymaris.

Emaris (de) : voy. Eymards.

Embelonge, éc. c° Estrablin.

Embertin, ruiss. c° Le Sappey.

Embournay (forêt, roche de l'), XVII s. ; Lembournay, mont. c° Poumiers et Voreppe.

Embre (ripp.), XV s. ; l'Auby, riv. aff. Rhône, arr. c° Optevoz, St-Baudille, Hières et la Balme.

Emendra, mont., XIII s. ; E-trum, XVI s. : voy. Erusendra

Emeraux (les), l. disp. c° Les Côtes-d'Arey.

Emery, éc. c° St-Martin-de-Clelles.

Emlou, XIX s. : voy. Einieu.

Emonots (aux), XVIII s. ; les Eymonots, h. c° Salaize.

Emont, gr. disp. c° Cras.

Empareuments (Les), XIX s. ; les Empereurs, h. c° Meyssieu.

Emptuz (domaine), XIX s. : voy. la Bastie.

En-Bas, l. c° Oytier-et-St-Oblas ; — l. c° Tramolé.

En-Haut, l. c° Moras ; — l. c° Oytier-et-St-Oblas.

Enards (Les), h. c° Bonnefamille.

Enaux (Les) : voy. Eynaux.

Enballet ; le Baillet, gr. c° Thodure.

Encastris (eccl. de), XII s. ; Enchatre (l'), XVIII s. : Lenchâtre, h. c° Miribel-Lenchâtre.

Enchanier, l. disp. c° Pariset.

Enchastra, XIV s. ; Enchatras villa, XIV s. ; l'Enchatras, h. c° St-Christophe-en-Oisans.

Enchatras (ruiss. des), XVIII s. ; la Pisse, ruiss. aff. la Vénéon, c° St-Christophe-en-Oisans.

Enchâtre (l'), mont. c° La Morte.

Enclez, XIX s. : Clés, h. c° La Côte-St-André.

Enclas (les), XVIII s. ; Clays, h. c° Auris.

Enclonod, mais. f., E-ux, XVIII s. : voy. Eclonno.

Enclos (l'), h. c° Brié-et-Angonnes ; — h. c° Revel ; — h. c° St-Antoine.

Enclosa, Enclouse, XVI s. : voy. Enclosa.

Encluse (ch° de l'), c° St-Maximin.

Enconna : voy. Econna.

Endettes (fontaine des) les Endettes, mont. c° Chichilianne.

Endravière, XVIII s. ; les Andrevières, h. c° Autrans.

Endroit (l'), ch° c° St-Martin-le-Vinoux.

Enfer (l'), h. c° Eyzin-Pinet ; — ruiss. aff. La Bourbre, c° Rochetoirin, Montceaux, Cessieu, Ruy ; — ruiss. orig. c° Izeaux, arr. c° Sillans, se perd dans les marais sur St-Etienne-St-Geoirs ; — ruiss. c° St-Antoine ; — ruiss. c° Torchefelon, aff. l'Ilieu.

Enfernet (bois d'), XV s. (feu d') ; l'Infernet, ruiss. aff. le Pot, c° Poumiers ; — ruiss. c° St-Pierre-de-Chartreuse.

Enfernet, mont., XVII s.; E-tum, XIV s. ; l'Infernet, ruiss. aff. la Romanche, c° Livet-et-Gavet.

Enfernet, XIII s. ; l'Infernet, mont. c° Le Périer.

Enfert (Canal d'), aff. du Grand-Canal de la Bourbre, c° La Verpillière.

Enforest, XVIII s. ; En Forêt ; la Forêt, éc. c° St-Just-et-Chaleyssin.

Enforvax (collis des), XIV s. ; l'Infonreyre, bois c° Lalley.

Engeins : voy. Engins.

Engelatis (de), XIII s. ; Engelas, XVIII s. ; les Engelas, vill. c° Valbonnais ; égl. succ. de celle de Valbonnais, dioc. Grenoble, voc. Sts-Jacques et Philippe.

Engelbores (eis), XIII s. ; Engelbourgs (les) ?, l. disp. c° Vaulnaveys-le-Haut.

Engenai (l'), XVIII s. : voy. Enjannel.

Engenières (Les), XIX s. ; Enginière ; Eugenière, vill. c° Sassenage.

Engigneto (villa de), XIV s. ; Eguillières, éc. c° St-Guillaume.

Engina, XII s. ; Engina, c° c° Sassenage ; dioc. Gren., égl. St-Jean-Bapt.

Engonies (lus), XIII s. ; Engoynes ; Engonnes XIV s. : les Angonnes, vill. c° Brié-et-Angonnes : voy. Angoynes.

Engrassevaux, éc. c° Froney.

Enieu : voy. Einieu.

Enlali (hortaria), XIII s. : les Enjalous ?, l. disp. près la Buissière.

Enjalas (als), XIII s. : les Enjatlus, mas c° Vizille : voy. Engelatis.

Enjannel (villarium), XIII s. ; E-llum, XIV s. ; Enlanello (gorgia de) ; Langenel, h. c° Fruges.

Enjarderes, XIV s. : voy. Aujarderlis.

Enjousdruorum (hortaria), XIV s. ; les Aujoudruts, l. disp. c° St-Ismier.

Ennako (monast. de). (eccl. S. Juliani de), XI s. : voy. Domenako.

Ennaium (capella castell. de), XI s. ; Dizuay, c° c° St-Marcellin.

Enserrue, h. c° Pinsot.

Enteys (l'), ruiss. c° St-Martin-d'Uriage.

Entre Ayguas, XIV s. ; Entreigues, E-eygues ; Eutreigues, c° c° Valbonnais ; dioc. Gren., égl. St-Benoit.

Entre-Combes (ruiss. d'), c° Mizoën.

Entre-Deux-Guiers-le-Bas ou les Echelles, XVIII s. : voy. Inter duos Gueros.

Entre-Deux-Guiers-le-Haut ; St-Christophe-Entre-Deux-Guiers, c° c° St-Laurent-du-Pont.

Entre-Deux-Ports, ch° c° St-Egrève.

Entre-Deux-Rivières, section c° Brangues.

Entre-les-Pas, mont. c° Le Monestier-d'Ambel.

Entre-Pierroux, mont. c⁰ St-Christophe-en-Oisans.

Entremontz, XVII s., comté ; voy. Internationibus.

Entrecels, XIV s. ; Entreseau (les) ; Entrecels (in), XIII s. ; Entresaance (les), h. c⁰ St-Geoirs.

Entremons, Enz, XII s. ; Ent. XIII s. ; voy. S. Petri de Inter Montes.

Entremont, section c⁰ St-Pierre-de-Chartreuse (auj. c⁰ réunie le 25 mars 1818).

Envaux, l. disp. c⁰ Ruy.

Envées (L'), XVIII s. ; les Eurees, vill. c⁰ Roybon.

Enventeaux : voy. Belair.

Enverdeux, mas c⁰ Dizimieu.

Envers (gr., rif dess), XVIII s. ; l'Eneers, mont. c⁰ Les Adrets.

Envers (Les), mont. c⁰ Allemont; — mas c⁰ Brié-et-Angonnes ; — mont. c⁰ Le Freney-d'Oisans ; — h. c⁰ Laval ; — h. c⁰ Montceau ; — (l'), mont. c⁰ Ste-Marie-du-Mont ; — h. c⁰ St-Michel-de-St-Geoirs ; — mas c⁰ Serrnes-et-Norgoal, XIV s. ; — (l'), vill. c⁰ Theys ; — (l'), bois c⁰ Voreppe.

Envers (Les), bois et ruiss. affl. le Buisson, c⁰ Allevard.

Envers (L') de Glaisins, XVIII s. ; voy. Lenvers de Gleysin.

Envers in mensura Nigro (prat.), XV s. ; XVII s. ; (rif. agr. des) ; les Eucers, h. c⁰ Laval.

Envers-de-Veyton (les), bois, c⁰ Pinsot.

Enversagniatum, XIV s. : voy. Enversagnis.

Enversagnio (serr. de), XV s. ; l'Accerot, bois c⁰ Vallunnais.

Enversignii villa, XIV s. : Enversagnio, Enox rupp. de), XIV s. ; l'Eucerain, vill. c⁰ Oz.

Enverring (A. l'), XIII s. ; l'Eurex, chla c⁰ St-Martin-le-Vinoux.

Enversins (als) ; Enversagnis Basse Combuseria, XIV s. ; les Enversins, mas c⁰ Pierre-Châtel.

Enversins (Les), bois c⁰ St-Baudille-et-Pipet ; — forêt c⁰ St-Guillaume.

Enversinz, Enverels (els), XIII s. ; Everels (els) ; l'Eucerain, ruiss. c⁰ Goncelin.

Enversain, XVIII s. : Enversain (bois dit) ; l'Enversain, forêt c⁰ la Terrasse et La Tronet.

Enversain (L'), XVIII s. : voy. Lenversey.

Enversning (combe de), XIII s. : les Eurres, mas c⁰ Brié-et-Angonnes.

Envoluguon, XIV s. ; Epz, XV s. ; Envollont, XVI s. ; Envredump (Grand, Petit), hh. c⁰ Chélieu.

Enzalas (als), XIII s. : voy. Engelatis.

Epallesses (Les), h. c⁰ Château-vilain.

Epalin, XIX s. ; Epalline, XVIII s. ; Ess, XIX s. ; les Epalisses, h. c⁰ L'Écluse.

Epallon (Les), XIX s. : voy. Espelan.

Epabul ; la Palud, h. c⁰ Demarin.

Equraux (Les), l. disp. c⁰ Choyssieu.

Equarres (Les), c⁰ c⁰⁰ Bourgoin ; dioc. Vienne, égl. St-Pierre.

Equarres (Les), forêt c⁰ Chaparcillan.

Equarres (Les), mont. c⁰ St-Pierre-d'Entremont.

Eparcier (L'), bois c⁰ Chantelouve ; — év. c⁰ Salaise.

Equilicat (L'), év. c⁰ Allevard.

Epallès (Les), XVIII s. : voy. Espelan.

Epèriere, mont. c⁰ Autrans.

Eperioux (Les), XVIII s. : voy. Epercva.

Eperioux (L'), mont. c⁰ Le Gua.

Eperoux (Les), mas c⁰ Susville.

Epi (L'), ch. c⁰ St-Béthier-de-Bizonnes.

Epinasse (L'), év. c⁰ Le Villard-de-Lans ; — bois c⁰ Vizille.

Epinasses (Les), h. c⁰ Chasse ; — h. c⁰ la Sône et Chatte ; — h. c⁰ Voreppe.

Epinay (L'), chât. c⁰ Blandin ; — h. c⁰ la Côte-St-André ; — h. c⁰ St-Victor-de-Cessieu et Torchefelon.

Epine (L'), mont. c⁰ Lalley ; — mas c⁰ Moras.

Epiner (en), XIV s. : voy. Espina.

Epineta, XIV s. ; Espea, XV s. ; voy. Hospinetll (meta).

Epinette (L'), h. c⁰ Belmont ; — vill. c⁰ Chaparcillan.

Epinette (L'), chte c⁰ Vernas.

Epiney (el), XIX s. : l'Epinette, mas c⁰ Vézeronce.

Epineys (eux), XIV s. : Enyneys (dans) in Vaux, XV s. : voy. Espines.

Epireyoux (dans), XVIII s. ; les Epeeviours, h. c⁰ St-Antoine.

Episcopatus (territ.), XIV s. : voy. Evesques.

Episcopi ripp, XV s. : voy. Evesques (aqua).

Epissail (Grand, Petit), mont. c⁰ Charanche.

Epissal (L'), ruiss. c⁰ Le Bourg-d'Oisans.

Epitat (L') : voy. Hospitalis (als).

Epitiere (L'), chte c⁰ Poncharra.

Epuisses (dans, XVIII s. ; l'Epiaud, chte c⁰ Revel.

Epourelin (dans), h. c⁰ Tullins.

Eppelins (Les) ou les Michons, XVIII s. : voy. Espelans.

Eperma rosa, camp., XIV s. ; Empervy, h. c⁰ St-Bonnet-de-Chavagne.

Eptevo (parr. des), XIV s. : voy. Eltevo.

Erans, XVII s. : voy. Heros.

Erard, gr. disp. c⁰ Serres-et-Norgal.

Erbatin, XIV s. : voy. Herbacia.

Erbays, XIV s. : voy. Erbisinu.

Erbe (L'), mas c⁰ Vinay : anc. aldr disp. Chalais, disp. 1249.

Erbcilium, XIV s. ; Hecbelim, h. c⁰ Treffort.

Erbesat, l. disp. c⁰ Merlas.

Erbisinm, XII s. : Erbacis, XIII s. : Erbestum, XIV s. ; Erbeys : Herbeys, c⁰ c⁰⁰ Grenoble-Sud.

Erboulix (d') : voy. Arboullisium.

Eres (cesd. des), XIII s. : Eris, XIV s. ; Heres, c⁰⁰ Crémieu.

Erete, Erette : voy. Eyrets.

Erigny, XIX s. ; l'Erignière, chat. et ruiss. affl. du Maus, c⁰ Moirans.

Eruendra, lune., XII s. ; l'Eucendus, mont. et chal c⁰ St-Pierre-de-Chartreuse et le Sappey.

Eruengers (bord. des), XIII s. ; Erii villa, XIV s. : voy. Arnongeria.

Eruestum, caste., XIV s. : voy. Arnou.

Ermitage : l'Hermitage, év. c⁰ Bernin.

Esplanatis (ou), XV s. : les Épanasses, h. cᵉ Voreppe.

Espines (les), XII s. ; Espineys, dom. f., XVI s. : l'Épanay, h. cᵉˢ St-Victor-de-Cessieu et Torchefelon.

Espineta, XVI s. ; Estaz (estaz de), XVII s. ; Estei : l'Épinette, ce, cᵉ Allevard.

Espineta, XIV s. : l'Épanay, bois, cᵉ St-Pierre-d'Allevard.

Espineti (dominus), XIV s. : voy. Pluvis.

Espinetis (prat.), XIV s. : voy. Eyspinilis.

Espinette (l'), XVII s. ; la Teppe-de-l'Épine, bois cᵉ Entre-deux-Guiers.

Espinette (l'), XVII s. : l'Espinet, h. cᵉ Miribel-les-Échelles.

Espinetum (mans, de) : Essy (et), Eya, XV s. : l'Épinette, vill. cᵉ Chapareillan.

Espineys (prata de), XIV s. ; Esetum, XIV s. : les Épineys, h. cᵉ Pontcharra.

Esrielles (les), XIII s. : le Grand-Epacier, chal. et mont. cᵉ Allevard.

Essalieu, XVIII s. : voy. Essulif.

Essan (l'), mont. cᵉ Sassenage.

Essard Baret, XVII s. : voy. Eyssard.

Essards (l'), XIX s. ; l'Essart, ce, cᵉ Allevard.

Essards (bois des), XVIII s. ; les Essarts, bois cᵉ La Motte-St-Martin.

Essards (bois des), XVIII s. : voy. Essartis (bois des).

Essaremme (l'), XVIII s. : l'Écharenne, bois cᵉ Villard-Reymond.

Essargautier, XVIII s. ; Essartum Gauter (terenau), XIII s. : Essart-Gautier, mas cᵉ Mizoën.

Essars de Tavel (forêt des), 1780 : les Essarts, bois cᵉ Oulles.

Essart (L'), ce, cᵉ St-Michel-de-St-Geoirs.

Essart-de-Bonjon (L'), h. cᵉ St-Blaise-du-Buis.

Essart-de-la-Brise (L'), bois cᵉ Clelles.

Essart-Désert (ruine de l'), cᵉ Tréminis, aff. ruine. Bour-

gnent.

Essart-du-Molno (L'), mont. cᵉ St-Christophe-Entre-Deux-Guiers.

Essart-Rocher (L'), mont. cᵉ St-Pierre-de-Chartreuse.

Essartenz (mens.), XIV s. : l'Essartoit, riv. cᵉ la Sône.

Essarteaz, XIV s. ; les Essarts, h. cᵉ Dolomieu.

Essartis (ou), XIV s. ; les Essarts, mas cᵉ St-Maximin.

Essartis (ou), XIV s. : les Grands-Essarts, mas cᵉ Montbonnot-St-Martin.

Essartis (boularia de), XIII s. ; les Essarts, h. cᵉ Villard-Eymond.

Essartons (las, Hautes), loc. cᵉ Le Périer.

Essarts (les), forêt cᵉˢ Ambel et le Monestier-d'Ambel ; — bois cᵉ Chatonnay ; — h. cᵉ La Ferrière ; — h. cᵉ Marnans ; — ou Beauchas, forêt cᵉ Oz ; — bois cᵉ Pellafol ; — h. cᵉ Plan ; — h. cᵉ Polienas ; — ruis. cᵉ St-Christophe-Entre-Deux-Guiers, aff. du Richbruyant ; — bois cᵉ St-Laurent-du-Pont ; — h. cᵉ St-Pierre-d'Allevard ; — vill. cᵉ St-Pierre-de-Bressieux ; — gre et forêt cᵉ St-Pierre-de-Chartreuse ; — bois cᵉ Le Sappey ; — h. cᵉ Serraval-Noyoal ; — h. cᵉ Sillans ; — mas cᵉ Theys ; — mont. cᵉ Tréminis ; — h. cᵉ Varacieux ; — bois cᵉ Vaujany ; — partie de la forêt de Bonnevaux, cᵉ Villeneuve-de-Marc.

Esserue, XIX s. : voy. Escharenne.

Essetuves (Las), chm cᵉ Veyrins.

Esserdon (L'), ruiss. cᵉ Rossard, aff. ruiss. Les Sagnes.

Esseromme (L'), h. cᵉ Pont-en-Royans.

Esserinais, XIX s. : Essernail, h. cᵉ Varacieux.

Essertaz, XVIII s. : voy. Essarteaz.

Esson, XIII s. ; Essonis (ripp.) : voy. Assonis. Monte Esson.

Essone (ortale, in monte), XIV s. ; Essonis terra Parvi, XV s. ; Robol, mont. et fort cᵉ Grenoble.

Essone (lepros de), XIII s. : voy. Maladeria de Esson.

Essuslus, XV s. ; Essuslo (territ. de), XIV s. : voy. Essulif.

Essulinum, Einun, XIII s. : voy. Essulif.

Establiacense, X s. : Establium, XIII s. ; Estrabinum, XII s. ; Estraldin, XII s. ; Estraubelaum, XII s. ; Estraldin, ce cᵉ Vienne-Sud.

Establine (gr. de), XV s. ; En na prope Chatonnay, XIII s. : voy. Estraudelins.

Estagnals (bois des), XVII s. : l'Étoynne, bois et et. cᵉ Chantesse.

Estagnon, XIV s. ; les Étangs, mas cᵉ Montbonnot-St-Martin.

Estang-des-(entiers, XV s. : les Étangs, et. cᵉ Les Avenières.

Estang-de-Falavier (pescherie des), XV s. : l'Étang-des-Falavier, ét. cᵉ St-Quentin-Falavier et Villefontaine.

Estang Grillon ou Merin, près. vill. Cravière, XVII s. : l'Étang-de-Prime, ét. cᵉ Morestel et Passins.

Estang de Vouron (L'), XV s. ; du R.d appelé l'Estang-Dauphin ; Etang-Dauphin, XVIII s. : l'Étang-Dauphin, h. cᵉ St-Étienne-de-Crossey.

Estang (Grand et Petit), XVII s. : l'Étang, ville d'eau, cᵉ St-Martin-d'Uriage.

Estangs-Benliam, de la Bourdayri, de la Rama, du Caro, XVII s. : les Étangs, mas cᵉ Siccieu-St-Julien-et-Carisieu.

Estaques, les, XIII s. ; Estappes, XV s. ; Esthappes, demais là, XIV s. ; Étapes, chal. cᵉ Le Versoud.

Esteleta (summitas mont. de), XIV s. : l'Esteillet, bois cᵉ St-Baudille-et-Pipet.

Esterpaes, Eas (bois), XIV s. ; les Éterpaes, mont. cᵉˢ Estraigues et le Périer.

Estevo, XII s. : voy. Etievo.

Estoens (camp. quod tenet), XIII s. ; Estor, ruiss. afft. l'Isère, c^ne Grenoble.

Estrablin, c^ne c^on Vienne-Sud ; par. dioc. Vienne, égl. St-Pierre.

Estrabyacensis (ager), X s. ; Rianne, h. c^ne Jons.

Estramband, XVII s. ; Tremblas, h. c^ne Chasse : voy. Tramblas.

Estranibilino (gr. des), XII s. ; Estrablino (clos), XIV s. ; Ste-Anne-d'Estrablin, c^ne c^on St-Jean-de-Bournay.

Estrat (L'), clos : voy. Chemin-de-Lestrat.

Estressin, h. c^ne Vienne.

Estrulets, oratoire près Chaleys, XVIII s. ; Estruits sauha le Plastre, XVI s. : voy. Extrieles.

Etable-Vieux (L'), gr. c^ne Charanche.

Etablit, cc. c^ne St-Lattier.

Etagna, ét. XIX s. : voy. Estagnata.

Etannonibus (collis de), XV s. ; Etanus (ap.), XIV s. ; les Etangues, mont. c^ne St-Christophe-en-Oisans.

Etaurot (L'), gr. c^ne Allevard.

Etang (L'), ét. c^ne Arandon.

Etang (L'), h. c^ne Biol ; — ét. c^ne Charette ; — h. c^ne Château-vilain ; — ét. c^ne Dadssin ; — h. c^ne l'Ile-d'Abeau ; — vill. c^ne Janneyrias ; — h. c^ne Meyrie ; — mas c^ne Montferrat ; — ét. c^ne St-Agnin ; — év. c^ne St-Bonnet-de-Chavagne ; — h. c^ne Ste-Blandine ; — mas c^ne St-Geoirs ; — f. c^ne Sinnameres ; — h. c^ne Sonnay ; — h. c^ne la Terrasse ; — h. c^ne Theuhare ; — ruiss. c^ne Varacieux ; — h. c^ne Veyssilieu ; — (Grand-, Petit-), ét^s c^ne Villefontaine ; — h. c^ne Ville-Sous-Anjou.

Etang-d'Amblérieu (L'), ét. et mas c^ne La Balme.

Etang-Barral (L'), ét. c^ne Meypieu.

Etang-Barrou (L'), ét. c^ne Viriville.

Etang de Barthelonnat, XVIII s. ; voy. Etangs de l'Ecluse.

Etang-de-Bas, ét. c^ne Siccieu-St-Julien-et-Carisieu.

Etang-Batarday, ét. c^ne Chatonnay.

Etang-Binet (L'), ét. c^ne Roche.

Etang-Bonnlet, ét. c^ne St-Cassien.

Etang-Bontommier (L'), ét. c^ne Chatonnay.

Etang-Bouvet (L'), ét. c^ne Soleymieu.

Etang-de-Bressieux (L'), ét. c^ne St-Pierre-de-Bressieux.

Etang-Budillon (L'), ét. c^ne Chassignieu.

Etang-Cardinal (L'), ét. c^nes Lieudieu et Semons.

Etang-de-Charles (L'), ét. c^ne Les Abrets.

Etang-Charlon (L'), ét. c^ne Ruy.

Etang-d'Heau, ét. c^ne Semons.

Etang-de-Cordet (L'), ét. c^ne Le Passage.

Etang-de-la-Croix (L'), ét. c^ne Badinières.

Etang-Dauphin (L'), h. c^ne St-Etienne-de-Crossey.

Etang-des-Deux-Chaussées, ét. c^ne Chatonnay.

Etang-de-Dolomieu (L'), ét. et ruiss. c^ne Dolomieu et Faverges.

Etang-Eynard (L'), ét. c^ne Chatonnay.

Etang-des-Fèves (L'), ét. c^ne Montseveroux.

Etang de Frignon, XVII s. ; Frigulasat: l'Etang-Frignon, ét. c^ne Crevs-et-Pusignieu.

Etang-de-Fuet (L'), ét. disp. c^ne Biol, XVIII s.

Etang-de-Giaplère (L'), ét. disp. c^ne Chaleins.

Etang-Garnot, ét. c^ne Chatonnay.

Etang-Girard (L'), ét. c^ne Nantoin.

Etang-de-Gache, ét. c^ne Montseveroux.

Etang-Gossuet (L'), ét. c^ne Semons.

Etang de Grand-Albert, XVII s. ; Etang-d'Albert, ét. c^ne Arzay.

Etang-de-Griez (L'), ét. c^ne Panossas.

Etang-Goudivraud (L'), ét. c^ne Champier.

Etang-Guy-d'amel, ét. c^ne Arzay.

Etang-d'Hières (L'), h. c^ne La Batie-Divisin.

Etang Jampin, ét. c^ne Arzay.

Etang-Janet, ét. c^ne Chatonnay.

Etang-Malin, ét. c^ne Ste-Blandine.

Etang-Malseroud (L'), év. c^ne Fitilieu.

Etang-Manjot (L'), mas c^ne Balbins.

Etang-Marechal, ét. c^ne St-Martin-d'Uriage.

Etang-Massot, ét. c^ne Arzay.

Etang-Mauvais (L'), ét. c^ne Maubec.

Etang-de-May (L'), ét. c^ne Tullins.

Etang-des-Meuniers (L'), ét. c^ne Theuhare.

Etang-Mleginot, ét. c^ne Arzay.

Etang-de-Monsieur-d'Andifrey, ét. c^ne Meyrieu.

Etang-de-Monsieur-Claude, ét. c^ne Chatonnay.

Etang-de-Monsieur-Jean, ét. c^ne Chatonnay.

Etang de Monsieur Jons ou l'Et-g du Seigneur, XVII s. ; l'Etang-Seigneur, ét. c^ne Arzay.

Etang-Mout : l'Etang-Mout, ét. c^ne Chatonnay.

Etang-du-Mouret (L'), ét. disp. c^ne Biol.

Etang-de-Murinais, ét. c^ne l'Ecluse.

Etang-Murinais (L'), ét. c^ne Semons.

Etang-de-Nardaret (L'), ét. c^ne la Batie-Montgascon.

Etang-Neuf (L'), ét. c^nes Arzay et Bossieu ; — ét. c^ne Crevs-et-Pusignieu ; — ét. c^ne Lieudieu ; — ruiss. c^ne Meyrieu, se jette dans l'étang de la Roche.

Etang-Neuf, ét. c^ne Roche : — (L'), ét. c^ne Siccieu-St-Julien-et-Carisieu ; — (L'), ét. c^ne Valencogne.

Etang-Pelissou (L'), ét. c^ne Bossieu.

Etang-du-Petit-Bivier (L'), ét. c^ne St-Didier-de-Bizonnes.

Etang-Petit-Jean, ét. c^ne Bossieu.

Etang-Plantier, ét. c^ne Chatonnay.

Etang-de-Poisieu (L'), ét. c^ne St-Georges-d'Espéranche.

Etang-des-Queues (L'), ét. c^ne Meyrieu.

Etang-du-Rafour (L'), ét. disp. c^ne Bizonnes.

Etang-Rat (L') ét. c^ne Arzay.

Etang-Revon, dép. c^ne de Bonnevaux, XVII s. ; l'Etang-Revon, ét. c^ne Semons.

Etang-des-Rivaires (L'), ét. c^ne La Batie-Divisin.

Etang-de-Roue, ét. c^ne Chatonnay.

Etang-Rompu (L'), mas c^ne Charantonnay ; — mas c^ne Rochetoirin et St-Jean-de-Soudin.

Etang-Rouge (L'), ruiss. c^ne Vaulin.

Etang-Roux (L'), mas ce Chassignieu.

Etang-Roux (L'), ét. ce Nantoin; — mas, ét. et ruiss. ce St-Jean-de-Soudin.

Etang-de-St-Bonnet, ét. ce Roche.

Etang-de-Serre (L'), ét. ce St-Clair-sur-Galaure.

Etang-de-Serrières (L'), ét. ce Soleymieu.

Etang-Tournier(L'), ét. ce Arzay.

Etang-Vallin (L'), ét. ce St-Jean-de-Soudin.

Etang-de-Vézeronce (L'), ét. ce Vézeronce.

Etang-de-Vienne (Grand et Petit), ét. ce St-Clair-sur-Galaure.

Etang de Vieux, XVIII s. : voy. Etang de l'Eclose.

Etangs (Les), h. ce Morette; — (ruiss. des), ce Plan, affl. ruiss. de St-Geoirs; — ce St-Didier-de-Bizonnes, affl. ruiss. Eydoche; — ruiss. ce Septème.

Etangs (Les), mas ce Sicelieu-St-Julien-et-Carisieu; — h. ce Viriville.

Etangs (Les), XVIII s. : voy. les Verneys.

Etangs de Chartreux (Les), XVII s. ; les Etangs, ét. auj. disparus, ce Entre-Deux-Guiers. D'après le Parcellaire d'Entre-Deux-Guiers : Etang du Moulin, des Roches, de la Queue des Roches, des Terreaux, de la Cabane, de la Courrière, des Huets, du Triangle, de la Gastauda, de la Fontille, du Tille.

Etangs d'Eclose, XVIII s. ; les Etangs, mas ce Eclose.

Etangs-de-Meysieu (Les), ét. ce Veyssilieu.

Etangs-de-Panossas (Les), ruiss. affl. la Bourbre, arr. ce Panossas et Frontonas.

Etaps (baronnie d') : voy. Rupis, Bastida de Ruppe.

Eteil, XVIII s. : voy. Esteleta.

Etelle (L'), mont. ce St-Christophe-Entre-Deux-Guiers.

Etenche(L'), che ce Chapareillan.

Etendart (L'), mont. ces Clavans et Vaujany.

Eteppes (Les), vill. ce St-Jean-d'Avelanne.

Etevu, h. ce Clelles.

Etivene, éc. ce St-Lattier.

Etillor (L'), XIX s. ; l'Eteiller, mont. ces Entraigues et Valbonnais.

Etoile (L'), mont. ces Les Adrets et Laval ; — h. ce la Côte-St-André.

Etolles (Les), l. disp. ce Presles.

Etournelles (Les), chât. ce Chasse.

Etournelles (Les), éc. ce St-mandres.

Etournet (L'), h. ce l'Albenc.

Etra (L') ; Letra, h. ce Chapareillan.

Etrat (L'), chve ce Roylon (al. Chemin de Letrat).

Etrègnes (lac de l'), XVIII s. ; la Jasse, chal. et mont. ce Les Adrets.

Etrègue (L'), mont. ces Laval, les Adrets, la Ferrière.

Etroit (L'), gorge dans laq. coule la Romanche entre ces Vizille et N.-D.-de-Mésage.

Etroits (Les), h. ce la Bâtie-Divisin ; — éc. ce Chatte ; — vallon ce Engins, dans lequel coule le Furon, et passe la route de Grenoble au Villard-de-Lans.

Etroits (Les), h. ce Montaud ; — chve ce Voreppe.

Etroupières (Les), h. ce Feyzin.

Etuves (Les), ruiss. ce Le Fontanil, affl. ruiss. du Fontanil.

Euclaires (Les), XVIII s. : voy. l'Eclaire.

Euilly (L'), XVIII s. ; l'Œuilly, mont. ce Séchilienne.

Eumenius peux. Quiriacus, castr., IX s. : Pipet, mont. ce Vienne.

Eumerulle, f. ce Corbelin.

Eurein, mans., XIII s. ; les Heureux, l. disp. ce Ste-Marie-du-Mont.

Eurinieu, l. disp. ce Chabons, XVIII s.

Evantaux (prairie des), XVII s. ; les Eventaux, mont. ce la Chapelle-du-Bard.

Evaille, éc. ce St-Sébastien.

Evelompe, XVIII s. : voy. Envolupen.

Eventeaux (domaine des), à près. Bailair, XVIII s. : voy. Belaire.

Evequal : voy. Evesques 2e.

Evéquaux (Les), quart. ce Rivière.

Evêque (Tour de l'), XVIII s. : voy. Plana (castr. de).

Eversia (clos), XIII s. : voy. Enversina.

Evescal (territ. de), XIV s. ; Evesques (aqua), XIII s. ; Pont-Evêque, ce ces Vienne-Nord.

Evesques (aqua), XIII s. ; la Vega, riv. affl. la Gère, ces Septème et Pont-Evêque.

Evreu, XV s. ; Evrieu, XVIII s.; Evryacum, XV s. ; Evrieu, h. ce La Bâtie-Montgascon.

Exar (L'), XIX s. ; l'Essart, h. ce Pinsot.

Exars, XIV s. : voy. Essartis 1e.

Exartarias quas fuer. Bern. Bernarii, XII s. ; les Grands-Essarts, mas ce Monthonnot-St-Martin.

Exartieux, XV s. : voy. Essartieux.

Excela, XIII s. : voy. Exolitum.

Exclausa, XV s. ; Excelosa, XIII s. : voy. Eschosa.

Excoblaviei, XIV s. : voy. Escoblavif.

Excublæ, monast., XII s. ; Ste-Marie ; les Escouges, L. et mont. ces La Rivière et St-Gervais.

* Excellenes (Ruiss. des), ce Ste-Agnès.

Exubitæ subteriore (in villa), X s. ; Exubitum, parr., XIII s. ; Excubla villa, X s. ; E-... ; Escula ? l. disp. ce Reventin-Vaugris.

Exudia, XI s. : voy. Essaulif.

Exparrarium (terri.), XV s. ; Experiæ XV s. : voy. Esparria.

Expellieres, XV s. ; les Spees, h. ce Vif.

Experie, XV s. : voy. Esparria, Esparron.

Exquugis (fratr. q. habit. in), XII s. : voy. Scugex, Exubiæ.

Extraldinum, XIV s. : voy. Estabiliareuse.

Extrietum (via), XII s. ; les Etruits, chve ce Voreppe.

Eyabonia, XIV s. : voy. Eybeon.

Eybeus (riv. de), XIII s. : voy. Verdarellus.

Eybenum, XIII s. castr.; Eybeus, ce ce Grenoble-Sud ; dioc. Gren., égl. St-Christophe.

Eybert-Bérard, éc. ce Méandre.

Eybron, XIII s. ; l'Ebron, riv.

mas cne Parisel.
Eyschallon, XVI s. ; *l'Echaillon-de-la-Vache*, mont. cne St-Laurent-du-Pont.
Eyscrenat, XIV s. ; *l'Echarenne*, mas cne Huez.
Eysertis (bord. de), XIII s. ; *les Essarts*, mas cne Allemont.
Eysertis, XIV s., Eyssardis ; voy. Essartis 2°.
Eysertos (ap.), XIV s. ; *les Essarts*, mas cne Huez.
Eysino (parr., priorat S. Petri de), XV s. ; *Eyzin*, h. cne Eyzin-Pinet.
Eyspaultis (fons), XIV s. ; *les Epinleux*, mas cne Herbeys.
Eyssaillons (Les), XVI s. ; *l'Echaillon*, ruiss. cne Proveyzieux.
Eyssard, E-rt, XVIII s. ; E-ts, XVII s. ; *l'Essartière*, h. cne Miribel-les-Echelles.
Eyssard des Bruns, Guigotz, XVII s. ; *les Essarts*, bois, cne Le Sappey.
Eyssarena, XV s. : voy. Eycharena 2°.
Eyssargarin ; *Essargarin*, h. cne la Chapelle-Pâquiers.
Eyssartis (de), XIV s. : voy. Eysartum.
Eyssartum, XV s. ; *l'Essart*, bois cne St-Aupre.
Eyssartum Brunetorum, XIV s. ; *Pied-Brunet*, bois cne le Sappey.
Eyssertis (in), XV s. ; *les Essarts*, mas cne le Bourg-d'Oisans.
Eysolium, E-lium, Eyssolinum ; voy. Elsolio.
Eytanemus, XIV s. ; voy. Etancoulhus.
Eytanios, E-is (eis), XIV s. ; Eytayns ; voy. Estagnes.
Eyteleta (montanea de), XIV s. ; *l'Eteiller*, mont. cnes Le Monestier-du-Percy et St-Maurice.
Eyteller, font ; *l'Eteiller*, ruiss. cne St-Michel-les-Portes.
Eytellieres, 1700 ; voy. Esteleta.
Eyterpa (nem. al), XIV s. ; *l'Eterpat*, bois cne Sassville.
Eyterpalis (in), XV s. ; *les Eterpats*, mont. cnes Entraigues et le Périer.
Eyterpayetz (els), XIV s. ; *les Eterpays ou la Forêt des Moulins*, forêt cne Allemont.
Eytourière (L'), ruiss. cne St-Pierre-d'Entremont, affl. du ruiss. de Malissard.
Eytrumenchil, XV s. ; *les Autrageais*, bois cne Beaulin.
Eyvaratos (ap.), E-aram (fons de), XV s. ; Eyverras (des), XVIII s. ; *les Eyrerras*, h. cne Oris.
Eyzin, h. cne Eyzin-Pinet, cne con Vienne-Sud ; par. dioc. Vienne, égl. N.-D.
Ezardière (L') ; voy. Lézardière.
Ezis ; voy. Eizis.

F

Fabre (Le), h. cne St-Alban-des-Roche.
Fabres (Les), h. cne Bonnarin.
Fabrica, XIV s. ; *la Faurie*, ruiss. cne la Garde.
Fabrica (villa de), XIV s. ; *la Faurie*, l. disp. cne Marcieu.
Fabrica (villa de), XIV s. F-arum (villa) ; *la Faurie*, h. cne la Motte-d'Aveillans.
Fabrica, 1280 ; *la Faurie*, bois cne St-Aupre.
Fabrica (mans., chavan. de), XIV s. ; *la Faurie*, l. disp. cne St-Isnier.
Fabrica (molend. de), XIV s. ; *les Fauries*, vill. cne St-Lattier.
Fabrica (casale de), XIV s. ; *les Fabriques*, usines sur le Guiers-Mort, cne St-Pierre-de-Chartreuse.
Fabrica (villa de), XIV s. ; *les Fauries*, h. cne Sinard.
Fabrica (in), 1286 ; *la Faurie*, h. cne le Sappey.
Fabrica (bord. de), XIII s. ; (villag. de), XV s. ; (mans. de), XVI s. ; *la Faurie*, h. cne Vaulnaveys-le-Haut.
Fabrica (mans. de), XV s. ; voy. Faureria.
Fabrica, F-a villa, XIII, XIV s. ; voy. Fauria, 1850.
Fabrica (bord. de), XIV s. ; Fabricis (J. Girardi de), XIV s. ; voy. Fauria villa.
Fabricas (villa ad), IX s. ; (mansiem., castellania de), XIV s. ; *Faverges*, cne con la Tour-du-Pin.
Fabricis (castrum de), XIV s. ; *Châteauvieux*, h. cne Faverges.
Fabricis (ap.), XIV s. ; voy. Faurons.
Fabricis (R. de), XIII s. ; Fabricam (eccl. S. Agnetis vero.) ; *la Faurie*, h. cne Ste-Agnès.
Fabrière, h. cne Revontin-Vaugris.
Fabrique (La), éc. cne Entraigues ; — h. cne Cessieu ; — h. cne Réaumont ; — h. cne St-Barthélemy-de-Beaurepaire ; — usine, sur le ruiss. de Rif-Bruyant, cne St-Christophe-Entre-Deux-Guiers ; — éc. cne St-Hilaire-de-la-Cote.
Fabrique-de-la-Chaneaz (La), usine cne Voissant.
Fabrique-de-la-Grive, quart. cne Bourgoin.
Fabrique des canons à St-Gervais ; royalle de St-G., XVIII s. ; Manufacture de Canons ; *la Fabrique*, h. cne St-Gervais.
Fabrique (La), éc. cne St-Jean-de-Bournay ; — h. cne St-Nicolas-de-Macherin ; — éc. cne la Sône.
Fabriques (Les), h. cne St-Clair-sur-Galaure ; — mas cne Serezin-du-Rhone ; — quart. cne Voiron.
Fabriques (Les), 1815 (Démarcation des limites de la France) ; *la Forge-de-St-Hugon*, usines cne La Chapelle-du-Bard.
Fabro (fons de), XIV s. ; *Faure*, éc. cne St-Baudille-et-Pipet.
Fabrorum (casan.), XIII s. F-os (mans. de Alodio, ad), XV s. ; *les Faures*, vill. cne Allemont.
Fabrorum villa, XIV s. ; *les Faures*, h. cne St-Paul-de-Varces.
Fabrorum (mans.), XIII s. ; Fabris (molend. de), XV s. ; *les Faures*, vill. cne Valjouffrey.
Fabrorum (mans.), XIII s. ; voy. Faurons.
Facelelle, rocher, XVII s. ; Facibella, XII s. ; *Facelelle*, mont. cnes Montaud et la Rivière.
Fadais (Les), ruiss. cne Chanas.
Faeta (vinea de), XIV s. ; *les Fayettes*, mas cne St-Chef.
Faf (bordaria del), XIII s. ; *Falavaux*, h. cne la Salette-Falavaux.

Fageria (carreyria de), XII s. Fago (J. de), XIV s. : *le Faget*, vill. c⁰ St-Georges-d'Espéranche.

Fagetière (La), h. c⁰ Charavines.

Fageto (eccl. de), XI s. : voy. Branchas.

Fageto (la de), XV s. ; *le Faget*, mas c⁰ St-Chef.

Fagetum, XV s. : voy. Faye.

Fagotière (La), h. c⁰ Merlas.

Fagots (les), h. c⁰ Chirens ; —, h. c⁰ St-Laurent-du-Pont.

Fai, XII s. ; Fay, XIII s. : *le Foy*, h. c⁰ Serres-et-Nerpol.

Faidi (mans. II.), XII s. ; Fail (el), XV s. ; *le Foy*, h. c⁰ Ste-Agnès.

Faigard (Le), ruiss. affl. la Gresse, arr. c⁰ St-Paul-lès-Monestier et Le Monestier-de-Clermont.

Faillibert, éc. c⁰ Voissant.

Fain (les), bois c⁰ Roissard.

Fais (Les), XVIII s. : voy. Fayl.

Faisan (les), h. c⁰ St-Just-de-Claix.

Falaceau : voy. Fesseau.

Falaine (eccl. de), XII s. ; F-ns, XIII s. : voy. Fasinum, Fiscali.

Falsins (dom. de), XIII s. : voy. Turris Feysini.

Faisses (les), h. c⁰ Champagnier.

Faissin, XIII s. : voy. Fayssin &.

Faisoy (bois de la), XVIII s. ; *le Foisy*, bois c⁰ la Terrasse.

Faisoy, XVIII s. : voy. Fayl &.

Faisoy (La), XVIII s. : voy. Fayssin 1er.

Faita (La), h. c⁰ Brion ; — col. c⁰ St-Ismier.

Fajeu (C. de), XIII s. : *le Foyet*, h. c⁰ St-Bonnet-de-Chavagne.

Falavaux, h. c⁰ la Salette-Falavaux.

Falavel, éc. c⁰ Corps ; — éc. c⁰ St-Nazaire.

Falavellus, XV s. ; Fallavaux, XVI s. : voy. Faf.

Falaver. F-rium, XII s. : *Falavier*, vill. c⁰ St-Quentin-Falavier.

Falaverio (castr. de), XIII s. : Fallavier, XVIII s.; *le Château*, ruines, c⁰ St-Quentin-Falavier.

Falaverio (parr. de), XIV s. ; St-Quentin-Falavier, c⁰ c⁰⁰ la Verpillière.

Falavier, mont. c⁰⁰ Parmilieu et Porcieu-Amblagnieu, — h. c⁰ Villefontaine.

Falavier, vill. c⁰ St-Quentin-Falavier.

Falavit, éc. c⁰ Merlas.

Falcon (le), XVIII s. : voy. Falcoz.

Falconeria (in), XV s. : *Faucenurger*, mas c⁰ Proveyzieux.

Falconis villa: *Montfalcon*, c⁰ c⁰⁰ Roybon.

Falconets (les), éc. disp. c⁰ Primarette.

Falconnière (La), éc. c⁰ Thodure.

Falcoz (les), XVIII s. ; *les Falcoux*, h. c⁰ Lans.

Fallans, h. c⁰ Montcarra.

Fallamieux ; *Falousieu*, vill. c⁰ Pressins.

Fallaverium, XII s. ; capella S. Johan. XV s. : voy. Falavier.

Fallot (Le), h. c⁰ Romagnieu.

Falque, éc. c⁰ Chatte ; — éc. disp. c⁰ Oyeu ; — éc. c⁰ St-Bueil ; — (le), h. c⁰ St-Geoire ; — (la), quart. c⁰ Vinay.

Falque, XVII s. ; *Ginthil*, éc. c⁰ Entre-Deux-Guiers.

Falques (Les), h. c⁰ Serres-et-Nerpol.

Falquet, riv. ; loc. dict. à Solsa, XV s. : *le Falquet*, ruiss. affl. ruiss. St-Jean, c⁰ Tencin.

Falvergia, XIV s. : voy. Fabricas (villa ad). Favergue.

Famille (eccl.), XV s. : voy. Minuta Familia.

Fanlou (le), bois c⁰ La Morte.

Fanlou ou les Blachers ; *les Blachers*, bois c⁰ de St-Jean-de-Vaulx.

Fangax de Fons Frayde (Les), XVII s. : voy. Fangi F. F.

Fange (La), h. c⁰ Charnècles ; — mont. c⁰ N.-D. de Commiers ; — éc. c⁰ Le Villard-de-Lans.

Fange (Le), XVIII s. ; *les Fangex*, éc. c⁰ La Ferrière.

Fangea ; *le Faugent*, h. c⁰ Voiron : voy. Fanjas.

Fangent (Le), gr. c⁰ Coublevie ; — éc. c⁰ Eyzin-Pinet ; — ruiss. c⁰⁰ St-Hilaire et St-Pancrasse ; — éc. c⁰ St-Martin-de-Clelles ; — éc. c⁰ St-Michel-les-Portes ; — mas c⁰ St-Pierre-de-Chartreuse ;— éc. c⁰ Seyssins ;— h. c⁰ Voiron.

Fanges (Les), mas et ruiss. affl. Le Brignoud, c⁰ Laval.

Fanges (Les), ruiss. orig. forêt Chambaran, arr. c⁰ Thodure et se jette dans l'étang des Meuniers.

Fanget (Le), ruiss. c⁰ Chichilianne.

Fangey (terrt. de), XV s. ; *le Fangent*, h. c⁰ Le Mottier.

Fangi (la), XIII s. ; Fangla (in) ; *Pont-Fangy*, mas c⁰ la Mure et Susville.

Fangla Fontis Frigide, XVI s. ; *les Fangrs*, bois c⁰ St-Pierre-de-Chartreuse.

Fanjarium, XIV s. ; *le Fangent*, mas c⁰ St-Pierre-de-Chartreuse.

Fanjacs (el), XIV s. ; *le Fangent*, mas c⁰ Montaud.

Fanjacz (el), XIII s. ; *le Fangent*, forêt disp. c⁰ Parizet.

Fanjas (Le), XVIII s. : *le Fangent*, bois c⁰ Proveyzieux.

Fanjassii. quarter., XIV s. ; *le Fangent*, anc. quart. c⁰ La Côte-St-André, rue.

Fanjassium, F-az, XIII, XIV s.; *le Fangent*, h. c⁰ St-Ismier.

Fanjat (mas du) ; *le Fangent*, éc. c⁰ Bizonnes.

Fanjats (le mas des), XVII s. ; *Fangent*, éc. c⁰ Eyzin-Pinet.

Famillière, h. c⁰ Marcolin.

Fantun, éc. c⁰ St-Pierre-d'Allevard.

Fantons (Les), éc. c⁰ Prélafol.

Fanu (prat. de), XIV s. : voy. Fau (el).

Fanu (J. de), XV s.: voy. Fau (al).

Fanyario (clot. de), XIII s. : *le Fouriouz*, mont. c⁰ Vaulnaveys-le-Haut.

Fara (prat. de), XIII s. ; (molend.), XIV s. ; *la Fare*, h. c⁰ Le Bourg-d'Oisans.

Faramancio (castellⁿ de), XIV s. ; Faramannis villa, X s. ; F-num, X s. ; *Faramans*, c⁰ c⁰⁰ la Côte-St-André.

Faramans, c⁰ c⁰⁰ la Côte-St-André ; dioc. Vienne, égl. St-Clair.

Faraud (bois), XVIII s. ; *Farrot*, mont. c⁰ Torminis.

Farcieres, Farsaire, XIX s. ; *Farreyer*, éc. c⁰ Roissard.

Farconeria, XIV s. ; *la Franconnière*, h. c⁰ Chirens.

Farconnière (La), XVIII s. : *les Falconnières*, h. c⁰ Montferrat.

Fardalla, selerie, c⁰ Autrans.

Fare (las), lac c⁰ Vaujany, et ruiss. aff. du Flumet, sép. c⁰⁰ Oz et Vaujany.

Farlavietins, XV s. ; Farfayer, XVIII s. : voy. Fratayes.

Farfayet, autr⁰ les Sables : voy. Fratactis.

Fargeaux (Les), XIX s. ; Fargeaux, vill. c⁰ St-Alban-de-Roche.

Fargue, l. disp. c⁰ Voiron.

Farlaix (Las), XIX s. : les Farleys, h. c⁰ Méaudre.

Farnals (Les) : voy. Sarnat.

Farnier, h. c⁰ Allemont.

Farnoussière, h. c⁰ Chirens.

Farot (Les), mont. c⁰ Beaulin ; — mont. c⁰ Treminis ; — ruiss. c⁰ Le Sappey.

Farsayer, XVIII s. : voy. Fratayes.

Fas (Les), XIX s. : voy. Fauez 2⁰.

Fascia (prior de), XIII s. : voy. Fayssia.

Fasiana villa, IX s. ; Faissin, anc. quart. Vienne.

Fasinum, XI s. : Feysin, c⁰ c⁰⁰ St-Symphorien-d'Ozon.

Fat (Le), chⁿ c⁰ Sarcenas.

Fat (Le), XVIII s. : voy. Fauez.

Fatou (Le), h. c⁰ Voiron.

Fau (al), XV s. : les Fraux, h. c⁰ Laval-lens.

Fau (el), XIII s. ; pasquer. XIV s. ; les Côtes-de-Fau, mont. c⁰ Oris-en-Ratier.

Fau (al, 1490 ; Faux (le), XVIII s. ; le Fau, h. c⁰ Roissard.

Fau (Le), bois. c⁰ St-Martin-de-Clelles.

Fau dans Ans, XIV s. ; es Ours, XVI s. ; le Fau-des-Ours, l. disp. c⁰ Engins.

Fau-du-Rivet (La), chⁿ c⁰ Lalley.

Faubernard, XVIII s. : voy. Faux-Bernard.

Faubesson, mont. c⁰ Château-Bernard.

Faubourg (Le), quart. c⁰ Chabons ; — h. c⁰ la Flachère ; — quart. c⁰ Le Grand-Lemps ; — quart. c⁰ Le Pont-de-Beauvoisin ; — h. c⁰ St-Égrève ; — quart. c⁰ Viriville.

Faubourg-de-Bonne, quart. disp. c⁰ Grenoble.

Faubourg du Côté des Carmes, XVIII s. ; des Bonnets Rouges, 1791 : Faubourg-Très-Cloître, quart. c⁰ Grenoble.

Faubourg-de-Grenoble (Le), quart. c⁰ Vienne.

Faubourg-de-Lyon (Le), quart. c⁰ Vienne.

Faubourg-St-Joseph, XVIII s. : voy. les Récollets.

Faubourg des Tuiles, 1793 : voy. Récollets.

Fauchaire, chⁿ c⁰ Mont-St-Martin.

Fauchelo (J. de), XV s. ; le Fauchet, mas c⁰ Porcieu-Amblagnieu.

Fauchez (feud. de), XIII s. ; Faucherins (mans. de), XV s. ; Fauchessud, h. c⁰ Sinard.

Faucibella, XIII s. : voy. Facibella.

Fauson (Le), h. c⁰ Chamagnie.

Fauez, Faut (pasquer. de), XIV s. ; le Champ-du-Fauz, bois c⁰ Chalonge.

Fauez (el), XIV s. ; le Fez, h. c⁰⁰ Presles et St-Pierre-de-Chérennes.

Faudon (bois de), 1789 : voy. Foudon.

Faugières (mas de), XVI s., c⁰ Commanay.

Faujarey (Le), ruiss. aff. la Gresse, c⁰ St-Paul-lès-Monestier.

Faujavours, XVIII s. ; Feujarettes, h. c⁰ St-Baudille-et-Pipet.

Faumoulin, ruiss. c⁰⁰ Ste-Marie-du-Mont et la Flachère.

Fauraterils (mans.), XV s. : voy. Faurous.

Faurec, gr. c⁰ Les Adrets ; — éc. c⁰ Autrans ; — éc. c⁰ St-Lattier.

Faure (La), XIX s. ; Faurie (la), XVIII s. : voy. Fabricis (lt. de).

Faurcire (La), Faureyre, XVIII s. : voy. Forazerium.

Faurous, XIII s. : voy. Faurous.

Faureres (de) : Faureria (molernl. de), XIV s. ; Feria (insula de) ; Faurieres et de Thevenet (ins. de), XVI s. ; Cailletière, mas c⁰ le Fontanil.

Faureria (in), XIV s. ; Faurie (dom), XV s. ; Fauria (ruiss. de la), XVIII s. ; la Fourie, h. et ruiss. c⁰ le Mont-de-Lans ;

anc⁰ chap. rurale.

Faurerias : Faureyras, XIV s. ; les Fauries, h. c⁰ Roissard : voy. Fauries.

Faurery (La), XIV s. ; Fauri (la), XIV s. ; Fauries (les) ; les Fauries, h. c⁰ Presles.

Faures (Les), vill. c⁰ Chantelouve ; — h. c⁰ Gières ; — h. c⁰ La Terra ; — h. c⁰ Revel ; — ruiss. aff. ruiss. Corps, c⁰⁰ la Salette, Corps et les Côtes-de-Corps.

Fauri, XVIII s. ; Faury, XIX s. : voy. Fauria, 1260,

Fauria villa, XIV s. ; la Faurie, mas c⁰ Jarrie.

Fauria (La, 1260; Fauroz (mans. de), XIV s. ; la Fourie, h. c⁰ Sousville.

Fauria : voy. Fabrica 1⁰.

Fauria villa : voy. Fabrica (bord. de).

Faurie (La), XVIII s. ; Chez-Liobe, h. c⁰ Moissieu.

Faurie (La), h. c⁰ Vernon.

Fauries (Les), XIX s. : voy. Fabrorum (mans.).

Fauries (Les), XIX s. : voy. Fabrica 2⁰.

Fauris (Les), XVIII s. : voy. Fabrica (molerul. de).

Faurjon, XVIII s. : voy. Frujons.

Faurou (Le), ruiss. c⁰ La Motte-d'Aveillans.

Faurous (mans. de), XIII s. : les Fauries, mas c⁰ la Salette.

Fauroz (el) : voy. Fauria.

Fauraterie (mas de la), XVIII s. : voy. Fabrica, 1346,

Faury (La), XVIII s. ; voy. Fabrica, 1260,

Fausbourg, al. Fauxbourg des Maisons-Neuves, XVI s. ; St-Jacques, anc. faub. ville Grenoble ; rue.

Faut : voy. Fauez 1⁰.

Fauveres (ter de), XIV s. : voy. Faveries.

Faux (Les), h. c⁰ St-Maurice ; — mont. c⁰ St-Pierre-de-Chartreuse.

Faux (Les), XVIII s. ; le Fau, bois c⁰ la Forteresse et Quincieu.

Faux-Bernard (bois de), XVIII s. ; Faux-Bernard, bois c⁰ Treminis.

FauxLorens (terra voc.), Lt, XVI

s. : *Faux-Laurent*, h. cⁿᵉ Serbillienne.

Favard, cr. cⁿᵉ Froges.

Favardières (lu prataria de la), XV s. : *Bois-Favier*, mas cⁿᵉ Luzinay.

Favel (al), XIV s. : *Favet*, bois cⁿᵉ Goncelin.

Faveres, Faveries (territ., crux de lex), XV s. : *le Favet*, h. cⁿᵉ St-Michel-de-St-Geoirs.

Faverge (La), h. cⁿᵉ St-Étienne-de-Crossey.

Favergex, cr. cⁿᵉ l'Albenc ; — h. cⁿᵉ Hurtières.

Favergex (château de) : *le Château*, h. cⁿᵉ Favergex.

Faverges, cⁿ cⁿᵉ la Tour-du-Pin ; dioc. Belley, égl. St-Barthélemy.

Favergia (La), h. cⁿᵉ St-Étienne-de-Crossey.

Favergia, XI s. ; eccl., XII s. ; Favergexa : *Faverges*, cⁿᵉ la Tour-du-Pin.

Faveribx (villa de), XIV s. ; *les Faviers* ?, l. disp. cⁿᵉ Sinard.

Faverola, XVIII s. : voy. Favey-rolum.

Favet (Le), chⁱ cⁿᵉ Poumiers ; — l. disp. cⁿᵉ Primarette ; — h. cⁿᵉ St-Michel-de-St-Geoirs.

Faveyreul, XV s. ; Faveyrolium, XIV s. : F-olum, XIV s. : *Faverolles*, h. cⁿᵉ la Cluze-et-Paquiers.

Favi villa, XIV s. : *les Faux*, l. disp. cⁿᵉ Ornon.

Favier (Le), cr. cⁿᵉ Pobinas.

Favier (Chez-), cr. cⁿᵉ St-Clair-sur-Galaure.

Favirgin (W. de), v. 1100 ; Favirgia (A. de), XII s. : voy. Fabricas (villa ad), Favergia.

Favo (cabann. de), XII s. : *le Faucet*, bois cⁿᵉ Ste-Agnès.

Favo (crux de), XV s. : *le Faux*, cr. cⁿᵉ St-Martin-d'Uriage.

Favot, cr. cⁿᵉ St-Just-de-Claix ; — (le), h. cⁿᵉ Viriville.

Favots (Les), XVIII s. : *le Favot*, h. cⁿᵉ Viriville.

Favoutran, l. disp. cⁿᵉ St-Jean-d'Avelanne, XVIII s.

Favre (Les), h. cⁿᵉ St-Ondras.

Fay (Le), cr. cⁿᵉ Les Abrets ; — cr. cⁿᵉ Miribel-les-Echelles ; — bois cⁿᵉ Poumiers ; — fontaine cⁿᵉ Proveyzieux ; —

h. cⁿᵉ Romagnieu ; — mas cⁿᵉ St-Christophe-Entre-Deux-Guiers.

Fay (mais. (.), XVIII s. ; *le Feys*, h. cⁿᵉ Moirans.

Fay (nemus de), XIV s. : voy. Bois-Moreau.

Fay (domus de), Faya (la), XIV s. : voy. Fajeu.

Fay du Temple, XIV s. ; *le Feys*, vill. cⁿᵉ Réaumont et St-Cassien.

Fayard (Le), h. cⁿᵉ Biol ; — ét. cⁿᵉ Châtonnay ; — h. cⁿᵉ Montaud ; — bois cⁿᵉ Le Périer ; — bois cⁿᵉ Pinsot.

Fayarde (La), h. cⁿᵉ Serres-et-Nerpol.

Fayarex (Les), chⁱ cⁿᵉ Quaix ; — mont. cⁿᵉ la Rivière.

Fayas (Les), bois cⁿᵉ Lalley et Prébois.

Fayat (La), ruiss. cⁿᵉ Vernioz.

Faye (La), XVIII s. : *la Feyn*, ruiss. afll. la Varèze, cⁿᵉ Montseveroux, Chalon et Moutseveroux-Milieu.

Faye (G. de), XIV s. : *le Faget*, h. cⁿᵉ Ste-Blandine.

Faye (terra dou), XIV s. : voy. Fagerio.

Faye, Fayn, XIV s. : voy. Fagerio.

Fayeu (Le), h. cⁿᵉ Châteauvilain.

Fayer, XVI s. : voy. Fageto (via de).

Fayeris (prat. de), XV s. : F-ret, XVIII s. ; *Fagaret*, h. cⁿᵉ Beaurepaire.

Fayes villa, XIV s. ; Fayetum, XIV s. ; Fayenatum, Fayuneta ; *le Fayet*, l. disp. cⁿᵉ La Garde.

Fayet (Le), bois cⁿᵉ Beauvoir-de-Marc et Savas-Mépin ; — font. cⁿᵉ Chalonge ; — h. cⁿᵉ Cluzeau ; — l. disp. cⁿᵉ La Garde ; — cr. cⁿᵉ Paladru ; — (le), vill. cⁿᵉ Romagnieu ; — h. cⁿᵉ St-Bonnet-de-Chavagne ; — mas cⁿᵉ St-Chef ; — h. cⁿᵉ Ste-Blandine ; — vill. cⁿᵉ St-Georges-d'Espéranche ; — vill. cⁿᵉ Valencin.

Fayet, XVIII s. : voy. Fay 2º.

Fayeta, territ., XV s. ; F-az (la), XVIII s. : voy. Faeta.

Fayette (La), mas et pont, cⁿᵉ Valbonnais.

Fayetum, XIII, s. ; Fayey (al) ;

le Faget, h. cⁿᵉ Barraux.

Fayoux (Les), cr. cⁿᵉ St-Geoirs.

Favey (mas de), XV s. : voy. Faye 2º.

Fayl (nem. et), combn, XIV s. ; *le Feys*, h. cⁿᵉ Izeron.

Fayl (eh. nem.), XIV s. : *le Faisse*, bois sur les pentes du Mont-St-Eynard, cⁿᵉ Biviers et St-Ismier.

Fayn : voy. Fagerio.

Fayn (mais. f. de) : voy. Faldi.

Faynes Sayries (capell. de), XIV s. : voy. Sayrez, Seyres, Series.

Fayus (Les), h. cⁿᵉ Pinsot.

Fayns, XIV s. : voy. Fau, Izau.

Faynum, XIII s. ; *le Fau*, forêt cⁿᵉ Prébois.

Fayola, stagn. XV s. ; (cabannaria de la) ; — (villa), XIII s. ; *la Fayolle*, mas cⁿᵉ St-Alban-de-Roche.

Fayolan (de Bello forti olim dictam) : voy. Belloforti.

Fayoleria, XIV s. ; *le Fayol*, mont. cⁿᵉ Le Mont-de-Lans.

Fayolla (in), XIV s. : *la Fayolle*, bois cⁿᵉ La Garde.

Fayollaz (La), chⁱ cⁿᵉ Sonnay.

Fayolle, mont. cⁿᵉ Autrans ; — (la), bois cⁿᵉ Chichilianne ; — bois cⁿᵉ Valjouffrey.

Fayolle, gr. cⁿᵉ La Motte-St-Martin.

Fayolle (La), ruiss. ; Fayolles (les), XVIII s. ; *la Fayolle*, cr. cⁿᵉ Livet-et-Gavet.

Fayolles (Les), cr. cⁿᵉ La Buisse ; — h. cⁿᵉ Poumiers.

Fayollet, cr. disp. cⁿᵉ Entre-Deux-Guiers, XVIII s. ; — (les), bois cⁿᵉ Meyrieu.

Fayretum, XV s. ; *le Ferrat*, h. cⁿᵉ La Pierre.

Fays (Le), cr. cⁿᵉ Bilieu.

Fays (Le), XV s. ; *le Faget*, l. disp. cⁿᵉ Champier.

Favs (Le), mont. et ruiss. afll. ruiss. des Clots, cⁿᵉ Prébois.

Fays, h. cⁿᵉ Roybon.

Fays (el), XIV s. ; *le Fay*, h. cⁿᵉ St-Étienne-de-Crossey.

Faysia (ap.,) XIV s. ; *le Feys*, bois cⁿᵉ Cornillon.

Faysia : voy. Fayssia 1º, XIII s., 2º.

Faysias (ap.), XIV s. : *les Faisses*, ruiss. cⁿᵉ St-Jean-d'Hérans.

Faysins (dom. de): voy. Falsins.
Faysins (eccl., villa de) XIII s.: voy. Fiscali, Fashnun.
Faysses (Les), mont. cne St-Genis.
Fayssola (La), XVIII s.: la Frazy-Etroite, bois cne St-Hilaire et Lumbin.
Fayssin, XV s.: la Faysse, éc. cne Livet-et-Gavet.
Fayssin (dom. de), in parr. de Corenc et de Meolans, XIII s.: l'Hermitage, ruines sur la corniche du mont St-Eynard, cne Meylan.
Fayssin, XIII s.: le St-Eynard, mont. cnes le Sappey, Corenc, Meylan, Biviers, St-Ismier.
Fayssin de Arelis, XIV s.: voy. Fayl 2e.
Fayssin: voy. Faysin.
Fayssilis (in), XV s.: les Faysses, bois cne Mizoën.
Fazende, éc. cne Prébois.
Fearetum, XV s.: le Feyret, éc. cne Mizoën.
Fecans, XIV s.: voy. Fetan.
Fécolle, éc. cne Châtelblanc.
Fedel (bois de), XVII s.: Fedé, mas cne Siccieu-St-Julien-et-Carisieu.
Fédération (La), mas cne Ruy.
Fées-de-Mortières (Grottes des), cne Veurey.
Fei, XIV s.: voy. Fey (el).
Feisailles, XV s.: voy. Feuillières.
Feissy de Montfort (bois de la): la Frazy-de-Montfort, bois cne Lumbin.
Feissy (La), XVIII s.: voy. Fessus.
Félie (La), h. cne Tullins.
Félines, h. cne Meyrieu.
Félines, XII s.: voy. Félines.
Félissoy, XVIII s.: Félizon, h. cne Bellegarde-et-Poussieu.
Félix, gr. disp. cne Lavaldens.
Félix (lacus de), XV s.: (lac.), XVII s.: le Luc, f. cne St-Didier-de-la-Tour.
Fellarau, h. cne Velanne.
Felpe villa, XIV s.: Fel, molar.: Fes (ravan. de), XIII s.: les Felpes ?, l. disp. cne St-Jean-de-Vaulx.
Femat, éc. cne Le Villard-de-Lans.
Femeiron (bois le), XVIII s.: voy. Fanyacio.
Fenestrans (de), XIV s.: F-être; Fenêtre, col entre cne d'Allo-

vard et celle de St-Alban-des-Villards (Savoie).
Fenestrellis, XV s.: Fenes-trelle, h. cne Le Périer.
Fenêtre (La), mont. cne Le Monestier-du-Percy.
Fenêtre (La), éc. cne St-Lattier.
Fénétrier, l. disp. cne La Grand-Lemps.
Feney (Les), mont. cne Engins.
Feneyraux (mont. des): voy. Fanyacium.
Fenier (Le), mont. cne Lavaldens.
Fenouillères (Les), h. cne Seyssins.
Fenouillet, bois cne Ste-Agnès; — éc. cne Pluvot.
Fer (Le), h. cne Paul.
Feragu (de), XIII s.: voy. Ferragu.
Ferandière, XVIII s.: le Ferrand, h. cne Biol.
Ferandière, XVIII s.: voy. Ferrandi.
Ferant, XIV s.: voy. Ferrant.
Ferat, XVIII s.: voy. Ferreria 2e.
Ferchauchat, h. cne Revel-et-Tourdan.
Ferreria, ruppis, XV s.: voy. Ferraria.
Ferie, XVIII s.: voy. Freria.
Ferlet, h. cne Gillonnay.
Ferme (La), f. cne Cornillon; — h. cne Domène.
Ferme-du-Château (La), f. cne Luzinay.
Ferme-du-Lac (la), f. cne Chälons.
Ferme-du-Marché (La), f. cne Ste-Marie-du-Mont.
Ferme-de-Vallier, f. cne la Chapelle-de-la-Tour.
Fermet (Les), f. cne St-Alban-de-Roche.
Ferois, mont. cne St-Christophe-Entre-deux-Guiers.
Ferrachat, h. cne St-Priest.
Ferratiard (Les), chal. cne Vaulnaveys-le-Haut.
Ferragu (mans. de), XIII s.: Ferragus, ff. cne Pontcharra.
Ferran, mans., XIV s.: F-ndum, XV s.: F-nt, XIV s.: le Ferrand, mont. cnes Tréminis et Lus-la-Croix-Haute (Drôme).
Ferrand (Le), mont. cne Le Périer.
Ferrandax (La), h. cne La Ferrière.
Ferrandi villa, XIV s.: Ferrandière, h. cne Champagnier.
Ferrandières (Les), h. cne Ser-

mérieu.
Ferrant, mans., XV s.: Ferrand, F-di, mans.: le Ferrand, vill. cne Les Badinières.
Ferrant, mons., XIII s.: Ferrandum, aqua, XIV s.: le Ferrand, mont. cne Besse.
Ferrant, in parr. Satolasii, XVI s.: Ferrand, mas cne Oytier-et-St-Oblas.
Ferrand, XIX s.: F-ey, XVIII s.: voy. Ferreria 2e.
Ferraria (ruppis de), XIII s.: le Ferrier, mont. cne Vaulnaveys-le-Haut.
Ferraria villa: F-as (eccl. S. Maximi in villa); Felis (eccl. de), XI s.: la Ferrière, cne cnes Allevard.
Ferrarius (burg. de), XII s.: voy. Villa Ferrarias.
Ferras (les), mas et ruines, cne St-Baudille-et-Pipet.
Ferrassière (La), h. cne St-Albin-de-Vaulserre.
Ferrat (Le), h. cne la Chapelle-du-Surieu.
Ferratière (La), h. cne Corbas.
Ferratis (territ. de), Ferraterium (iter), XV s.: F-ts (les), XVIII s.: le Ferrat, h. cne St-Martin-d'Uriage.
Ferrats (Les), XIX s.: voy. Fayretum.
Ferreiry, XVIII s.: les Ferrières, bois cne Lavaldens.
Ferreria, XV s.: la Ferrière, h. cne Le Gua.
Ferreria (mans. de), XV s.: Ferrat, éc. disp. cne Vaujany.
Ferreria (ap.): F-ie, comba, XV s.: les Ferrières, h. cne Vatilieu.
Ferreria, XV s.: Ferrieret, h. cne Venosc.
Ferreyre (fons de), XIV s.: la Ferrière, ruine cne Rencurel.
Ferreys (Les), chia cne Cordéac.
Ferrier, ruine cne Le Monestier-de-Clermont.
Ferrière (La), cne cnes Allevard; égl. St-Maxime.
Ferrière (La), h. cne Beaurepaire; — mont. cnes Château-Bernard et Miribel-Lanchâtre.
Ferrière, ruine cne Gillonnay, se perd dans les terres.
Ferrière (La), h. cne Le Gua; par. dioc. Gren., égl. St-Pierre-d'Alcantara et St-Fran-

cois de Sales.

Ferrière (La), mont. c⁰ Le Mont-de-Lans.

Ferrière (la), tune c⁰ Theys ; — mont. c⁰ Le Villard-de-Lans.

Ferrière, molin, XVII s. : voy. Ferreria.

Ferrière (La), XVIII s. : voy. Ferrières.

Ferrière-d'Allevard (La), XVIII s. : voy. Ferraria 2⁰.

Ferrière du Gua (La), XVIII s. : voy. Ferreria.

Ferrières, év. c⁰ Cras ; — mont. c⁰ Fontaine, Pariset et Sassenage ; — mont. c⁰ St-Christophe-Entre-Deux-Guiers ; — mont. c⁰ Valbonnais.

Ferrières, XVIII s. : voy. Ferreria 3⁰.

Ferroueres (vers.), XIV s. : les Ferroussières, mas c⁰ la Tour-du-Pin.

Ferrollière (La), XVII s. : Ferrouillières, h. c⁰ Miribel-les-Echelles.

Ferroud, év. c⁰ Châteaunay.

Ferrouillat (Le), mont. c⁰ Allemont et Ste-Agnès ; — h. c⁰ Theahre.

Ferrouillière, vill. c⁰ St-Quentin.

Ferrus (Le), év. c⁰ Moras.

Fescoles, XIV s. ; F-les (rupp. de le) ; la Feytandez, mont. c⁰ Sévillienne et Vizille.

Fesillières (forest. de), XVII s. ; Fezilière, f. c⁰ Courtenay.

Feson, XVIII s. : voy. Feugerium.

Fessaux, XVIII s. : voy. Fesseau.

Fesse (La), h. c⁰ Pressins ; — mont. c⁰ Méaudre ; — mas et grotte c⁰ Veurey.

Fesse (La), XVII s. ; le Fessy, h. c⁰ St-Quentin-Falavier.

Fesse (La), XVIII s. ; la Fessy, bois c⁰ le Touvet.

Fesseau (Le), XVIII s. ; Fesseau, vill. c⁰ Pressins.

Fesses (Les), XVI s. ; la Fessy, bois c⁰ Lumbin.

Fessia, XIII s. : voy. Fayssia.

Fesillières, XVII s. : voy. Fesillières.

Festa, Festal (la), XII s. ; la Feytaz, h. c⁰ Villeneuve-de-Marc.

Festal (La), XIII s. ; la Feytaz, bois c⁰ Pisieu et Poumiers.

Festale et Aqua Nigra (in silva de Cambarun), XI s. : la Feytaz, h. c⁰ Montaleon.

Festeleys (de), XIV s. : les Feteleys, bois c⁰ Charnècles.

Festeynimum in Mataceua, XIII s. : voy. Festinium.

Festignimum (parr. de), XIII s. ; Festinig, XII s. ; Festininum (eccl. S. Petri de), XI s. ; Fesigny, vill. c⁰ Pierre-Châtel.

Festilno (eccl. de), XII s. : voy. Fistillacum.

Festinière (La), h. c⁰ la Motte-d'Aveillans et Pierre-Châtel, XIV s.

Fetaise, mas c⁰ Bouvesse-Quirieu et Brangues.

Fétan (le), XVII s. ; Fetaut, f. c⁰ Genas.

Fetas (La), XIX s. : voy. Festa.

Fetigny, vill. c⁰ Pierre-Châtel ; par. dioc. Grenoble, égl. St-Pierre (par. de Fetigny ou de Pierre-Châtel).

Fetelley (de), F-yaus, XV s. : voy. Festeleys.

Fetiliacum, XV s. : voy. Fistiliacum.

Fétouille (La), XVII s. : la Feytaule, clos c⁰ Voreppe.

Fétrus, mont. c⁰ Entre-Deux-Guiers.

Fetta (La), XVIII s. : voy. Festal.

Feudus Marescalciorum, XIV s. : le Fiefdes-Maréchaucl, l. disp. c⁰ Ornon.

Feugeres (mans. inferior de), XIII s. ; (mans. soteyrin de), Feugerias villa ; Feugières, vill. c⁰ St-Honoré.

Feugeria, XIV s. ; Fugière, h. disp. c⁰ Entraigues.

Feugeria (mans. de), XIII s. ; villa, XIV s. ; (Bordaria de) ; Fugière, h. disp. c⁰ Herbeys.

Feugeria, XIV s. ; la Feugière, mas c⁰ Theys.

Feugerils (in), XV s. ; Feugères, XIX s. ; les Fugères, h. c⁰ Morette.

Feugerils, XIV s. : F-rs (balma del) ; Fugier, év. c⁰ St-Just-de-Claix.

Feugerium, XIV s. ; le Feyjuaz, h. c⁰ St-Pierre-d'Allevard.

Feuges (mas des), XVII s. ; les Feuges, h. c⁰ Penol.

Feugier, h. c⁰ Miribel-les-Echelles.

Feugières (territ. des), XVI s. ; les Fugières, mas c⁰ Marennes et Simandres.

Feugieri (Alla), XIV s. ; Pré-Fugier, ruiss. affl. ruiss. Carignant.

Feuillan, Feuillans, XVIII s. : voy. Follas.

Feuillants (Les), f. c⁰ Prébois.

Feuilletière (La), h. c⁰ St-Vérand.

Feuillette (La), mas c⁰ St-Pierre-d'Allevard.

Feujour (lo), XIV s. ; F-umm, XV s. : voy. Feugerium.

Feus (Les), nem. (et est infra dict. nem. de Chérannay), XIII s. ; Foys, mas c⁰ Viriville.

Feusseys (en), XV s. ; le Fussia, ruiss. c⁰ Chatte.

Feuyeriis : voy. Fougères.

Fevum in monte Almouls, (mans. adt. XII s. : voy. Favo.

Fey (La) ; le Foys, h. c⁰ Cras.

Fey (el), XIV s. ; le Fuy, gorge c⁰ Montbel.

Fey (Le), XVIII s. : voy. Faldi.

Feya (La), ruiss. affl. la Varèze, c⁰ Montseveroux, Chalon et Monsteroux-Milieu.

Feyaretum, Feyr-m, XV s. : voy. Feuretum.

Feyehands (Les), ruiss. affl. le Drac, c⁰ St-Genis et St-Sébastien.

Feyele (La), mont. c⁰ Le Villard-de-Lans.

Feydel, h. c⁰ Marcolin.

Feydelleria, XV s. ; F-llery ; la Feynelière, év. c⁰ Montferrat.

Feydellum, F-let, XV s. ; Faydellum, XIV s. ; Feydel, h. c⁰ Montagnieu.

Feedi (riv. de), XIV s. : le Feuchy, ruiss. affl. la Roize, c⁰ Poumiers.

Feyl (trancheta du), XV s. ; le Feylet, h. c⁰ Le Champ.

Feyl (Le), XVI s. ; le Foiuse, bois sur les pentes du Mont-St-Eynard, c⁰ Biviers et St-Ismier.

Feylans (casir. de), XIII s. : voy. Follas.

Feylet (Le), h. c⁰ Le Champ.

Feylet (Le), ruiss. c⁰ Monsteroux-Milieu.

Feysalno (dom. f. de), XV s. : voy. Turris Feysini.

Feysino, XIII s. ; Feysalnum, XIV s. : voy. Faxinum, Fixali.

Feyson, XVIII s. : voy. Fougerium.

Feyssez, XVII s. : voy. Feyl (le).

Feyssla : voy. Faysin.

Feyssolex (alpes), XIII s. : Fexsales, ée. et mont. cne La Rivière et St-Quentin.

Feyssolis (in), XV s. ; Feysolis (rivus de), XV s. ; Feyssolles, XVII s. ; les Feyssolles, mas et ruiss. cne Theys.

Feyta (La), XVIII s. : voy. Festal.

Feytaux (Les), h. cne Lentiol.

Feytux (La), h. cne Aguin : — vill. cne Chasselay ; — mas cnes Luzinay et Septème ; — ée. cne Monsteroux-Milieu ; — h. cne Murinais ; — bois cnes Pisieu et Pommiers ; — h. cne St-Clair-sur-Galaure ; — gr. cne St-Pierre-d'Entremont ; — h. cne Sonnay ; — h. cne Villeneuve-de-Marc.

Feyteuy, Feyteux, Feytheyninum, XV s. : voy. Festininum.

Feytola (La), h. cne Le Fontanil.

Feytolis (in), XIV s. ; les Fétoules, mont. cne St-Christophe-en-Oisans.

Feytoula (roche de la), XVIII s. : voy. Festoules.

Feyzin, cne cⁿ St-Symphorien-d'Ozon ; dioc. Lyon, égl. N.-D.

Fezillères, XVII s. : voy. Fesillières.

Fezillère, f. cne Courtenay.

Flairet (Le), chⁱ cne St-Vincent-de-Mercuze.

Flaller (Le), ruiss. cne Claix.

Flamé (Le), XVIII s. ; Fiaucey, ée. cne St-Égrève.

Flardaz, h. cne St-André-le-Gaz.

Flardi, XIV s. : les Fiards, h. cne Jarrie.

Flchaillon, h. cne Suerieu.

Fideleyria (in), XIV s. ; la Feyéle, bois cne Le Villard-de-Lans.

Fief (Le), XVIII s. ; le Fit, h. cne Cour-et-Buis.

Fienlou (ap.), XIV s. ; la Fiue, mas cne Le Mont-de-Lans.

Flère, gr. disp. cne St-Lattier.

Fieret (Le), mas cne Cholonge.

Fièvre (La), ruiss. cne Ste-Marie-du-Mont.

Fiti, h. cⁿ St-Pierre-de-Chérennes.

Figaret, chⁱ cⁿ St-Pierre-d'Entremont.

Figuetière, h. cⁿ St-Antoine.

Fil-Jean, h. cⁿ Virieu.

Filaman, h. cⁿ la Chapelle-du-Bard.

Filâtres (Les), mas cⁿˢ Moidieu et Savas.

Filinnes, XIII s. ; la Faly, h. cⁿ St-Quentin-Falavier.

Fillonerils, XV s. ; Filloneres (alberga de) subt. Boczosellum, XIV s. ; F-rils ; Fillonnière, vill. cⁿ Le Mottier.

Fillonpiere, XVIII s. : voy. Filloneres.

Filons (Les), mont. cⁿˢ Chantelouve, Ornon et Villard-Reymond.

Finet, ée. disp. cⁿ Le Pont-de-Claix.

Finets (Les), h. cⁿ Séchilienne.

Fineys (Les), mont. cⁿ Autrans.

Fios (Les), XVIII s. : voy. Fieulos.

Figue (Le) ; le Ficoz, h. cⁿ Eyzin-Pinet.

Fiscali (in pago de Vellans in loco nuncup. in), IX s. ; Feysin, cⁿ cⁿˢ St-Symphorien-d'Ozon.

Fistillacum, in pago Salmoriacense, IX s. ; Fistillen, XIII s. ; Fitilien, cⁿ cⁿˢ le Pont-de-Beauvoisin.

Fistonlière (La), h. cⁿ Virieu.

Fitillieu, cⁿ cⁿˢ Le Pont-de-Beauvoisin ; dioc. Belley, égl. St-Pierre.

Fitilliaci, parr., XII s. : voy. Fistillacum.

Flaceerils (eccl. de), XIII s. ; Flacherez, dom. f. ; (domus prior Coste ap.), sive bastida, XIV s. ; Flachières, villag. ; Flachéres, cⁿ cⁿˢ la Côte-St-André.

Flaceu, XIII s. ; Flaciacum, XIV s. ; Flacies, XV s. ; Flaezeu (parr. de), XIV s. ; Flassieus, vill. cⁿ Chaponnay.

Flachat (Le), ruiss. cⁿ Ornon.

Flachat (Le), mas et canal. cⁿ Le Bouchage.

Flachero (La), mais. forte ; le Château, chⁱ. cⁿ la Flachère.

Flachère (La), cⁿ cⁿˢ Le Touvet.

Flachères (Los), mas cⁿˢ Anthon et Chavanoz.

Flachères, cⁿ cⁿˢ la Côte-St-André ; dioc. Vienne, égl. St-André.

Flacheres (los), XIII s. ; F-ram, XVI s. ; Flachère, mas cⁿ Faramans.

Flachères (Les), bois cⁿ St-Christophe-Entre-Deux-Guiers.

Flachet (Le), h. cⁿ les Côtes-d'Arey.

Flachetum (mans. de), XV s. ; le Flachet, l. disp. près St-Laurent-en-Beaumont.

Flachey, XV s. ; le Flachey, h. cⁿ la Chapelle-de-la-Tour.

Flachey, Flacheys, (territ. dom., XVI s. ; le Flachey, mas cⁿ Septème.

Flachey (el), XV s. ; Flachey, ée. disp. cⁿ St-Guillaume.

Flachieyri (Chaban. Audeyarde), XIII s. ; F-heria, F-éres (la), XVIII s. ; la Flachère, cⁿ cⁿˢ Le Touvet.

Flaclleres villa, XIV s. ; les Fialières, bois cⁿ St-Ismier.

Flamand, mont. cⁿ Méaudre.

Flanderia (sup.), F-riorum (in costis), XIV s. ; les Flandrius, h. cⁿ Corbine.

Flandin, ée. cⁿ St-Bueil.

Flandre, h. cⁿ Dolomieu.

Flandre, F-es, XVIII, XIX s. : voy. Flendres.

Flandrinière (La), h. cⁿ Merlas.

Flassiau (eccl. Bⁿ Marie), F-iers, F-es, XV s., F-eu, XIX s. : voy. Flaceu.

Flatière, chⁱ cⁿ St-Ismier.

Flayela (in Auripit seu in), XV s. : voy. Flaclleres.

Flayvien, XIV s. ; Flacet, mas cⁿ Faverges.

Flayvins, XIII s., XIV s. : Fleriu, h. cⁿ Champier.

Flendres (territ.), XIV s. : Flander, vill. cⁿ Aoste.

Fleurette (La), XVIII s. ; la Fleurette, f. cⁿ Serézin.

Fleurys (Les), h. cⁿ St-Quentin.

Flevieux, XIX s. : voy. Fleyveu.

Flevin, XVIII s., chapelle ; F-al dom., f. XVI s. : voy. Flayvins.

Fleyveu (Grand, Petit), XIV s. : Flécieu, vill. cⁿ Ternay.

Fleyvinum, XIe s. : voy. Flayvins.

Flin, Flins, XVII s. : voy. Fluins.

Flachay, 1865 : voy. Flachey.

Fluins, XII s. : voy. Fluins.

Florence, XVI s. ; Feria (P. de) ; *Florence*, éc. autr. c^ne Villette-Serpaize.

Florensius, chavan., XIV s. ; *Florencia*, h. c^ne Flachères.

Florimont, quart. c^ne Courtenay.

Flosay, Floses (Pons de), XIV s. ; *Floses* ; *Flozailles*, h. c^ne St-Savin.

Flotte, h. c^ne Domène.

Flourette (La), XIX s. : voy. Fleurette.

Floutier, éc. c^ne Veyssilieu.

Fluzals, XV s. ; *Flozalle*, bois, XVI s. ; *Flozels*, XV s. : voy. Flosay.

Fluchaire, éc. c^ne St-Maurille-et-Pipet.

Fluins (tenura Bernart de), XII s. ; *Flin*, h. c^ne St-Pierre-de-Chartreuse.

Fluires (leys), XIII s. : voy. Fluries.

Flumentus, riv., XIII s. ; Flumet (dom. f. infra menta loci Alavardi), XIV s. ; *le Flumet*, ruiss. aff. Le Bréda, c^ne Allevard.

Flumet (Le), mont. c^ne Presles.

Flumetum (riv. de), XV s. ; *le Flumet*, ruiss. aff. l'Olle, c^nes Vaujany et Oz.

Fluries (mans. de les), XIII s. ; Flurio seu Rovoyria, XIV s. ; *la Riroir*, l. disp. c^ne Shivox.

Flurieu, territ., XIV s. ; Fluyrieu, XIV s. ; *la Florette*, ch^on c^ne la Tour-du-Pin.

Foculleri seu de la Furfurerie (trivium de la), XV s. : voy. Furfureri.

Fœnirieux : voy. Feneiron.

Foges (Les), h. c^ne St-Ondras.

Foilas, XII s.; Foillans (castrum de), F-as, XIII s. : voy. Foilas.

Foillous, XIV s. : voy. Fulloux.

Foilloux (territ. du), XV s. ; *la Fouilleuse*, h. c^ne Toussieu.

Foillua (furnum de la), XIV s. : voy. Follia.

Foissus (mans. a), XII s. ; Foyassuel (chavan.), XV s. ; *Foynasieu*, mas c^ne Champier.

Foity (mas de), Fouity (le), XVIII s. ; *le Foity*, h. c^ne Varacieux.

Fol (mans. del), XIII s. ; Follia-

rum (mans.), XIV s. ; *Follet*, éc. c^ne Chapareillan.

Fol (planum del), XIV s. ; *le Fau*, bois c^ne Theys.

Folatier (Le), ch^on c^ne St-Joseph-de-Rivière.

Folatière (La), c^ne c^mes Le Pont-de-Beauvoisin.

Folatière (La), h. c^ne St-Laurent-du-Pont.

Folatière (La), éc. c^ne St-Pierre-de-Bressieux ; — chal. c^ne Sarcenas.

Folentière : *Furcatière*, h. c^ne Chasselay.

Folconnière, f. c^ne Le Passage.

Foleys (lo), XII s. : voy. Follorum.

Follanis (vel de Sancto Avegni (eccl.), XIV s. : voy. Sancto Eugenio.

Follanis (l. de), molind., castr., XIV s. ; Follans (castr.), XII s. ; Follans en Trièves, XVIII s. ; F-num, XII s. : voy. Follas.

Folie (étang de la) ; *la Foly*, étang c^ne La Chapelle-de-la-Tour.

Follollet (Le), XVII s. ; *Follinlet*, éc. c^ne St-Christophe-Entre-Deux-Guiers.

Folioran, territ., XIV s. ; *la Fouilleuse*, vill. c^ne St-Priest.

Foliso, éc. disp. c^ne Chasselay.

Follas (de), XII s. ; *les Fouilleux*, f. c^ne Préboid.

Follaterie (villag.), XV s. ; *la Folatière*, c^ne c^mes Le Pont-de-Beauvoisin.

Folie (lac de la), c^ne la Ferrière.

Follet (Les), ruiss. c^ne la Chapelle-du-Bard.

Follieux (de), XIII s. ; *les Fouilleuses*, h. c^ne St-Geoirs.

Follia (La), furnum, XII s. ; *la Folie*, mont. c^ne St-Pierre-de-Chartreuse.

Follia (lac de), XIV s. ; *Frouille* (étang de la), ét. c^ne St-Jean-de-Soudin.

Follian, l. disp. c^ne la Forteresse, XVIII s.

Follies (Les), stagn., fons, XIV s. ; *les Effeuillers*, h. c^nes Champier et Châtonnay.

Follies (villag. de les), XVI s. ; Follieuses : voy. Fulloux.

Follieuses (Les), XVI s. ; *les Fouilleuses*, bois c^ne Ville-

moirieu.

Follieux (territ. de), XIV s. : *les Fouilleuses*, h. c^ne Chimilin.

Follieux (territ. du), XIII s. : *le Fuoh*, h. c^ne Romagnieu.

Folliolet (gr. de) : voy. Follollet.

Folliols d'Hurtières, XVII s. : *Hurtières*, mont. et chal. c^ne Pommiers.

Follioly (Les), XVI s. : voy. Arfolie.

Follious (nem. de), XV s. : voy. Fulloux.

Folliux (la), XVI s. ; *la Fouilla*, h. c^ne Valencin.

Follorum (mans.), XII s. : *le Cret-du-Fol*, mont. c^ne Sarcenas.

Follum (Mons), XI s. ; *le Feuillet*, mont. c^ne Ménoire.

Follyusa (mou. de la), XV s. ; *Fouilleuse*, h. c^ne l'Ile-d'Abeau.

Folye (moulins de la), XVI s. : voy. Filinnes.

Fon-Bernard, vill. c^ne Voiron.

Fon Ferrant (el), XIV s. ; *la Combe-du-Four*, gr. c^ne St-Pancrasse.

Fons, h. c^ne Marcolin.

Fonatier, l. disp. c^ne Echirolles.

Fonxara : voy. Fontcarra.

Fonchapy, éc. c^ne Communay.

Foncouvert (deveyna de), XIII s. : voy. Fons Coopertum.

Fond-de-Bigot (Le), mas c^ne Siccieu-St-Julien-Carisieu.

Fond-de-la-Charrière (Le), h. c^ne La Bâtie-Divisin.

Fond-des-Chartreux (ruiss. du), XVIII s. ; *la Grande-Racine*, ruiss. c^ne Chapareillan.

Fond-Claude, mont. c^ne Engins.

Fond-des-Combes (Le), ruiss. aff. l'Olle, c^ne Allemont.

Fond-Cotte, h. c^ne Chatte.

Fond Couvert, XIX s. : voy. Fons Coopertum.

Fond-de-la-Pierre (Le), éc. c^ne St-Michel-de-St-Geoirs.

Fond-Pinet, h. c^ne Chatte.

Fondation (La), éc. c^ne St-Sauveur.

Fonde (La), éc. c^ne Dolomieu.

Fonkrerhlis (chavan. de), XV s. ; F-renehlis (mans. de), XV s. ; *le Mas*, f. c^ne Entre-Deux-Guiers.

Fonderie (La), h. c^ne Allemont : — h. c^ne Pont-Évêque ; — éc. c^ne Simandres.

Fondusard, hei c⁰ Reventin-Vaugris.

Fondoyre, XVI s. : F⁻ri ... c⁰ Clonas.

Fondrière (La), ruiss. c⁰ Charancieu.

Fondrière, h. c⁰ St-Pierre-de-Chartreuse.

Fonds Froide : la Fontaine Froide, mas c⁰ N.-D.-de-Vaulx.

Fonds de l'Ours, XVIII s. : voy. Fons de Oruellis.

Fondrons (Les), mas et ruiss. c⁰ Lalley.

Fongillarda, XIII s. : voy. Font Gillarda.

Fons... in Epiro... similem non procul a Gratianopoli Civitate (St Augustin. De Civitate Dei, XXI, 7) : la Fontaine-Ardente (voy. ce mot), c⁰ Le Gua.

Fons : voy. Fontaine (La).

Fons (li), XIV s. : les Fonts, h. disp. c⁰ Herbeys.

Fons (mans. de), XIV s., XV s. : le Font, l. disp. c⁰ Miribel-Lanchâtre.

Fons Albis, XIII s. : la Fontaine-Blanche, mas c⁰ Pisieu.

Fons Ardens, in parr. S. Bartholomei de Grusio, XV s. : seu qui aquam ignemque simul evomit illic reperitur, XVI s. (Figura, n. 27) : Fontaine qui brusle, XVI, XVII s. : voy. Fontaine-Ardente (la).

Fons-Bailel, XIV s., XVI s. : Fontaine-Bailel, font. c⁰ Vaulnaveys-le-Haut.

Fons Baronis, XIII s. : Fons dicti Plani Baronis, XV s. : le Plan Baron, mas c⁰ la Chapelle-du-Bard.

Fons-le-Billian (Les), mont. c⁰ Vaujany.

Fons Bournat, XV s. : Font-Bournat, mas c⁰ Sérézin-du-Rhône.

Fons Boveyri, XII s. : Fontaine-Bouciéry, font. c⁰ Séchilienne et Vizille.

Fons Calida, XIV s. : Font-Chaude, l. disp. près St-Etienne-de-St-Geoirs.

Fons Charboneyri, bureus, XIII s. : F. C-erie : Font-Charbonnière, bois disp. c⁰ Silans.

Fons Clara, XIV s. : Fontaine Claire, font. c⁰ Séchilienne et Vizille.

Fons Coopertum, XIII s. : Fontcouvert, h. c⁰ Goncelin.

Fons Doyre, Doyrl, territ. : voy. Fondoyre.

Fons Famillionsa, XIV s. : F. Fossa, terralium : Font-Fammeuse, ruiss. c⁰ Chasse.

Fons Frayde, XVII s. : voy. Fons Frigida.

Fons Frayde, XVII s. : F. Frigida, XIV s. : Fontaine-Froide, ruiss. affl. le Regouy, c⁰ St-Pierre-d'Entremont.

Fons Frigida, XVI s. : les Frages, bois c⁰ St-Pierre-de-Chartreuse.

Fons Frigidus, XIV s. : Fessolen, ci. et mont. c⁰⁰ la Rivière et St-Quentin.

Fons Frigidus, XIII s. : Fontfraide, h. c⁰ St-Antoine.

Fons Gairat, XII s. : Fontgarat, mas c⁰ Primarette.

Fons Gillarda, XIV s. : Fongillarde, mas et ruiss. c⁰ Villard-Eymond.

Fons Gillini, in mandam. de Venosc, XII s. : Font-Jallin, font. disp. c⁰ Glères, qui servait au déb de limite au territ. du mandᵗ de Grenoble.

Fons Jallinus, Jayllet, Jayllin, XIII s. : voy. F. Gillini.

Fons Martini, terra, XIV s. : voy. Furnus M-i.

Fons-Meli, XII s. : Melli, XIII s. : Fontaine-Meli, font. c⁰ la Chapelle-du-Bard.

Fons de Montferra, XIV s. : la Fontaine, mas c⁰ St-Etienne-de-Crossey.

Fons Morelli in Alpe Ueti, XI s. : Font-Morelle, ruiss. c⁰ Huez.

Fons de Oruellis, XIV s. : la Font-de-l'Ours, mont c⁰ la Salle.

Fons Oruerla, XIV s. : voy. Fonts Orueri.

Fons Quinzonia, Q-zeon, XIII s. : Fontaine-Quinson, font. c⁰ Rencurel.

Fons Sancti Martini, XIV s. : la Fontaine-de-St-Martin, l. disp. c⁰ Arandon.

Fons Siberey, Sibera, Syberez, XIV s. : Sybeyrey : Font Sibert l, l. disp. c⁰ Ste-Luce-en-Beaumont.

Fons Tornatus, XV s. : la Chantourar, canal d'assaini c⁰ St-Nazaire et St-Ismier, se jette dans l'Isère.

Fons vetus, XV, XVI s. : la Fontaine-Vieille, mas c⁰ St-Georges-d'Espéranche.

Fons villa, XIV s. : la Font, h. c⁰ Villard-Eymond.

Fonsdentu, XIV s. : voy. Fontduern.

Fonspeuil, XVIII s. : Fontpeuil, bois c⁰ Beautin.

Font (La), h. c⁰ Faverges.

Font (La), l. disp. c⁰ Theys : — mont. c⁰ Valjouffrey.

Font (La) : voy. Fons villa.

Font, F-te (cavan. de), XIII s. : voy. Lambertus.

Font-de-l'Archier (La), font. c⁰ St-Pierre-de-Chartreuse.

Font Baranche, font. c⁰ Gresse.

Font-Barnier, h. c⁰ St-Antoine.

Font-Belle, XVIII s. : voy. Fontem Bellam.

Font-Bernard, font. c⁰ Auris ; — bois c⁰ Gresse.

Font-Blanche, h. c⁰ Chasse.

Font Bouvery, XVIII s. : voy. Fons Boveyri.

Font-Bruche, XVIII s. : voy. Bruche.

Font-Brusset, font. c⁰ St-Prim.

Font-Bruant (ruiss.), c⁰ Le Mont-de-Lans, affl. la Romanche.

Font-Eymont, XIX s. : Fontmont.

Font-du-Fat (La), mont. c⁰ Engins.

Font-Fausse, chᵉ c⁰ Allemont.

Font-Freide, XVIII s. : Font-Fraide, mas c⁰ La Motte St-Martin.

Font-Freyda ou Le Grand Vernay, XVII s. : Font-Fraide, h. c⁰ Cheyssieu.

Font Freyda (en), F-te F-a (mons. de), XIV s. : Font-Fraide, l. disp. c⁰ Izeaux.

Font Freyda, XVII s. : voy. Fons Frigida.

Font-Froide, bois mont. d'Arcelle (voy. Arcella).

Font-Froide, ruiss. c⁰ Sarcenas.

Font-Galand, XVIII s. : Galland : Fontgaland, h. c⁰ St-Gervais.

Font-Gautier, font. cᵉ Susville.

Font-Gémard, ruiss. cᵉ Siévoz.

Font-Gillarde, ruiss. cᵉ Auris ; — font. cᵉ Valjouffrey.

Font-du-Gouillat (La), font. Le Gua.

Font-Grimaud, ruiss. cᵉ Le Gua.

Font-du-Lac (La), bois cᵉ Livet-et-Gavet.

Font-du-Loup, mas cᵉ Vif.

Font-de-la-May (La), h. cᵉ Le Villard-de-Lans.

Font Morelle, XI s. : voy. Fons Morelli.

Font-de-l'Oiseau (La), font. cᵉ Oz.

Font-Péraud, ruiss. cᵉ St-Pierre-de-Chérennes.

Font-Poumier, font. cᵉ Quet-en-Beaumont.

Font-Rachais, ruiss. aff. du Routin, cᵉˢ St-Pierre-de-Chartreuse et Sarcenas.

Font-Revoud, ruiss. cᵉ Méaudre.

Font-Rivoire, h. cᵉ St-Michel-de-St-Geoirs.

Font-du-Roi (La), ruiss. cᵉ Cornillon, aff. l'Ebron.

Font-St-Martin, XIV s. : voy. Fons St Martini.

Font-Sala, font. cᵉ St-Pierre-de-Chérennes.

Font-Sara, ruiss. aff. l'Ebron, cᵉ Tréminis.

Font-Sétive, ruiss. cᵉ Le Gua.

Fontagaieu, XVIII s.; Fontanieulx, XVII s. : voy. Fontanis.

Fontagnieux (Les), XVIII, XIX s. : voy. Fontanillon.

Fontaine (La), h. cᵉ Beaucroissant ; — h. cᵉ Beauvoir-de-Marc ; — h. cᵉ Charvieu ; — h. cᵉ Jonage.

Fontaine (territ. de la), XV s. ; les Fontaines, h. cᵉ Chaponnay.

Fontaine (La), ruiss. cᵉ Le Monestier-de-Clermont ; — mas cᵉ Ornacieux ; — h. cᵉ Poliénas ; — ruiss. cᵉ Revel ; — mas cᵉ St-Étienne-de-Crossey ; — mas cᵉ St-Maurice-l'Exil.

Fontaine (La), h. cᵉ St-Paul-d'Izeaux ; — ruiss. cᵉ St-Sébastien ; — h. cᵉ Sardieu ; — mas cᵉ Tignieu-Jameyzieu.

Fontaine, cⁿ cᵒⁿ Sassenage ; dioc. Gren., égl. Nativité.

Fontaine, mais. f., XVIII s. : voy. Fontanis (P. de).

Fontaine Alban : voy. Fons A-ni.

Fontaine-de-l'Ane, font. cᵉ St-Maximin.

Fontaine-Ardente (La), nom donné à des dégagements d'hydrogène carboné, qui traversent de petites flaques d'eau et qui s'enflamment, soit spontanément, soit lorsqu'on y met le feu ; fontaine sacrée sous les Romains : deux inscriptions, l'une aux feux éternels, l'autre à Vulcain cᵉ St-Barthélemy-du-Gua.

Fontaine-de-la-Baleine, font. cᵉ Dolomieu.

Fontaine-La-Barot, font. cᵉ Le Mont-de-Lans.

Fontaine-Benoit, ruiss. cᵉ Ste-Marie-du-Mont.

Fontaine-de-Ber (La), font. cᵉ Izeron.

Fontaine-Boissiaz (La), h. cᵉ St-Siméon-de-Bressieux.

Fontaine-Bouillante, font. cᵉ Ste-Agnès.

Fontaine-Bourdin, font. cᵉ Vaulnaveys-le-Bas.

Fontaine-Bourne, font. cᵉ St-Pierre-de-Chartreuse.

Fontaine-de-Bugens, font. cᵉ St-Baudille.

Fontaine-Cendreuse, font. cᵉ St-Joseph-de-Rivière.

Fontaine-en-Clusaz (La), f. cᵉ St-Georges-d'Espéranche.

Fontaine-Charvet, ruiss. cᵉ St-Pierre-de-Chartreuse.

Fontaine-Chaudun (La), ruiss. cᵉ Vizille, aff. l. ruiss. la Papeterie.

Fontaine-Chavot, ruiss. cᵉ la Chapelle-du-Bard, aff. ruiss. la Chapelle.

Fontaine-du-Chêne, font. cᵉ Chaponnay.

Fontaine-du-Corbeau, font. cᵉ St-Paul-de-Varces.

Fontaine-du-Diable : la Fontaine-du-Four ou le Puits-du-Diable, font. cᵉ Presles.

Fontaine-Froide (rit de), XVII s. ; Frédière, ruiss. cᵉ St-Christophe-Entre-Deux-Guiers, aff. du Guiers-Vif.

Fontaine-Froide, ruiss. cᵉ Ste-Marie-du-Mont, aff. ruiss. d'Argols.

Fontaine-Froyde, XVIII s. : voy. Fonteyna.

Fontaine-Gérand-Bernard, font. cᵉ Corençon.

Fontaine-Guarant (La), font. cᵉ St-Jean-de-Bournay.

Fontaine-de-l'Homme (La), font. cᵉ St-Pierre-de-Mésage.

Fontaine-Laurent, ruiss. cᵉˢ Dolomieu et la Chapelle-de-la-Tour.

Fontaine-du-Mâle, font. cᵉ la Chapelle-du-Bard.

Fontaine-de-la-Manche, font. cᵉ le Mont-de-Lans.

Fontaine-Mathieu (La), cⁿ cᵉ St-Jean-de-Moirans.

Fontaine-de-Mavauchon, font. cᵉ St-Pierre-de-Chartreuse.

Fontaine-Meloise, font. cᵉ le Monestier-d'Ambel.

Fontaine-du-Merle (La), ruiss. cᵉ Sassenage, aff. le Rubset.

Fontaine-Michaz, font. cᵉ Le Grand-Lemps.

Fontaine-Mignonne, font. cᵉ St-Sulpice-des-Rivoires.

Fontaine-les-Mineurs, font. cᵉ St-Pierre-d'Allevard.

Fontaine-la-Musille, font. cᵉ Gresse.

Fontaine-Neuve, font. cᵉ Autrans.

Fontaine-Noire (La), ruiss. cᵉ St-Pierre-de-Chartreuse, aff. la Saulce.

Fontaine-Noire (La), XVII s. : voy. Fontem Nigrum.

Fontaine Ourret ; Prédurret, mont. cᵉ Ste-Marie-du-Mont.

Fontaine-de-l'Ours, font. cᵉ Autrans ; — font. cᵉ Gresse.

Fontaine-Parieu, font. cᵉ Le Touvet.

Fontaine-Pérachon, font. cᵉ Mayres.

Fontaine-de-la-Pierre (La), ruiss. aff. ruiss. de Vors, cᵉ Ste-Agnès.

Fontaine-Piachot (La), ruiss. cᵉ Chantelouve, aff. le Merdaret.

Fontaine-de-la-Plante, font. cᵉ Gresse.

Fontaine-Pommard, font. cᵉ Le Villard-de-Lans.

Fontaine-de-Pouilleux (La), t. cᵉ St-Laurent-de-Mure.

Fontaine Puride, XIX s. : la Fontaine-Putride, mas cᵉ Chichilianne.

Fontaine-qui-bruit (La), font.

c° St-Agnin.

Fontaine-Ramageuse, font. c° La Morte.

Fontaine-du-Rat, font. c° Montcarra.

Fontaine-Renard, font. c° Autrans.

Fontaine-du-Reposoir (la), font. c° Le Mottier.

Fontaine-de-la-Roche (ou Trafourine), XVIII s. ; *Fontaine-de-la-Roche*, font. c° Sassenage.

Fontaine-St-Gervais (La), ruiss. aff. l'Isère, c° St-Gervais.

Fontaine-Sans-Fond (La), font. c° Faramans.

Fontaine-Sans-Vie, ér. c° St-Georges-d'Espéranche.

Fontaine-Terre, chal. et mont. c° Allevard.

Fontaine-des-Vaches, font. c° St-Pierre-d'Allevard.

Fontaine-Verruqueuse, font. c° Chichilianne.

Fontaine-de-la-Vie (La), font. c° Annoisin-Châtelans.

Fontaine-du-Vieil-Homme, font. c° St-Julien-de-Ratz.

Fontaine-de-la-Vierge, font. c° Champ.

Fontainebleau, h. c° St-Jean-de-Bournay.

Fontaines (Les), h. c° Bonnefamille ; — ruiss. c° Chapareillan ; — h. c° La Combe-de-Lancey ; — l. disp. c° Paladru ; — ruiss. c° Pont-Evêque, aff. la Véga.

Fontaines (Les), h. c° Morétel.

Fontaines (Col des), c°° Pinsot et St-Colomban-des-Villards (Savoie).

Fontaines (ruiss. des), r. disp. c° Rives ; — (les), ér. c° St-André-le-Gaz.

Fontaines (Les), ruiss. aff. la Bourbre, c°° Tignieu-Jameyzieu et Pont-de-Chéruy.

Fontaines (Les), h. c° la Tour-du-Pin ; — canal c° Vaulx-Milieu ; — canal dérivé du ruiss. Lovitel, c° Venosc.

Fontaines-Bénites (Les), font. c° St-Christophe-en-Oisans.

Fontaines-Blanches (Les), ruiss. c° Méaudre.

Fontaines-Rousses (Les), font. c° Vaujany.

Fontal (Le), ou le Barrion,

mont. c° Valjouffrey.

Fontanal, trivium, XVI s. : voy. Fontaneta.

Fontanas (ad), ubi incipit riv. de Auron, XV s. ; *les Fontaines*, ér. c°° Beaufort et Pajay.

Fontanas (cap. St Steph. in villa), IX s. ; *les Fontaines*, h. c° la Chapelle-de-la-Tour.

Fontanas, XIV s. ; *Fontaine*, ér. c° Chevrières.

Fontanas (versus), XV s. ; *les Fontaines*, mas c° le Fontanil.

Fontanasi (La), XIV s. ; *les Fontasses*, mont. c° Oris-en-Ratier.

Fontanettes, XVIII s. : voy. Fontanellas.

Fontanel, ér. c° Dolomieu.

Fontanel (Chez-), ér. c° Balbins.

Fontanellas, XIII s. ; F-elle, XIV s. ; *Fontenette*, h. c° Vaulnaveys-le-Haut.

Fontanelli, XIV s. : voy. Fontanillium.

Fontanellis (A. de), F-nillez (en), XV s. ; *Fontanelle*, h. c° Courtenay.

Fontanellis, XIII s. ; *les Fontenettes*, h. c° Royas.

Fontanes (territ. les), XVI s. ; *Fonteneau*, h. c° Moidieu.

Fontanes, loc., XVI s. : voy. Fontaine, territ.

Fontanet, XVIII s. ; *la Fontanelle*, bois c° St-Mury-Monteymond.

Fontaneta, XIV s. ; F-tls (loc. de), XV s. ; *la Fontanette*, ér. c° Proveyzieux.

Fontaneta, XV s. ; *la Fontaine*, mas c° St-Maurice-l'Exil.

Fontanetas (ap.), XVI s. ; *les Fontanettes*, h. c° Allevard.

Fontanetes (Les), XIV s. ; F-tas, XV s. ; F-ette, XVII s. ; *les Fontanettes*, f. c° Theys.

Fontanetis, loc. ; F-tes, XIV s. ; *le Fontany*, ruiss. c° Meyrieu, se perd dans les terres.

Fontanetis (in), XV s. ; *les Fontaines*, h. et ruiss. aff. le Merdaret, c° St-Joseph-de-Rivière.

Fontanettas (vers.), XIV s. ; *les Fontanettes*, ruiss. c°

Ste-Marie-du-Mont, aff. la Pierre.

Fontanette (La), ruiss. c° Claix ; — ér. c° Merlas ; — ruiss. c° la Morte.

Fontanottes, XVII s. ; *les Fontenettes*, ruiss. c° Le Sappey.

Fontanettes (Les), font. c° Revel ; — XVIIs.,...c° St-Prim.

Fontani (rif du), XVII s. ; *le Fontanil*, ruiss. c° Miribel-les-Echelles.

Fontaniatis (in), XV s., F-illies : voy. Fontanyl.

Fontanier : voy. Pontonnier.

Fontanieu, h. c° Allières-et-Risset ; égl. parr. dioc. Gren., voc. St-Maurice.

Fontanil (molend. de), XIV s. ; F-libus, F-lli (molend.), F-llum, F-lllum, ; F-nyl, XV s. ; F-nys, XVII s. ; *le Fontanil*, c° c°° Grenoble-Nord ; égl. succurs. de St-Vincent-du-Plâtre, dioc. Gren. voc. N.-D.

Fontanil (Le), h. c° Plan ; — ruiss. c° St-Pierre-de-Chérennes (XIII s.).

Fontanile, XIII s. ; *le Fontanil*, mas c° la Bâtie-Montgascon.

Fontanile (ap.), XIV s. ; *le Fontanil*, ruiss. c° Mizoën.

Fontanilibus (riv. de), F-lle (ap.), XIV s. ; F-lis, XVIII s. ; F-li (adextrum de) XV s. ; *le Fontanil*, h. c° Theys.

Fontanillos (ap.), XIV s. ; F-le, F-llum, XIV s. ; F-lls, village; *le Fontanieu*, h. c° Lavaldens.

Fontanilis (riv. de), XIV s. ; *Fontanilles*, ruiss. c° Le Gua.

Fontanilla (coll. de), XIV s. ; *Fontanille (col de)*, c° Lalley.

Fontanille, f. c° Courtenay.

Fontanilles, h. c° St-Marcel-de-Bel-Accueil.

Fontanillum, XIV s. ; *le Fontanil*, h. c° Morétel.

Fontanilis (eccl. de), XI s. ; F-ibus (eccl. de), ; F-ilibus (parr. de), XIII s. ; *Fontanieu*, h. c° Allières-et-Risset.

Fontanis (de), XIV s. ; *les Fontaines*, mas c° la Balme.

Fontanis (P. de), XIV s. ; *Fontaines*, anc. mais. f. c° Beauvoir-en-Royans.

Fontanis (de), XII s. ; *Fontaines (les)*, h. c° Cordéac.

Fontanis (villa de), XIV s. ; *les Fontaines*, éc. c° Simandres.

Fontanne, h. c° Salaise.

Fontany, XVII s. ; *le Fontenil*, ruiss. c°° St-Pierre-de-Chartreuse et St-Pierre-d'Entremont.

Fontanyl, XIV s. ; *Fontenville*, h. c° St-Jean-de-Soudin.

Fontanylum, XIV s. : voy. Fontanillum.

Fontasse (La), ruiss. c° Pellafol.

Fonthaude, éc. c° Ville-Sous-Anjou.

Fontberes, XIV s. ; *Font-Besset*, h. c° St-Quentin.

Fonthelle, ruiss. c° Charanche, aff. la Bourne.

Fontearle, éc. c° Miribel-Lanchâtre.

Fontrarra, bois, XVIII s. ; *Font-Curva*, bois c°° Oytier-et-St-Oblas et Septème.

Fontcharel, éc. c° Chatte.

Fontcharlet, mas c° St-Hilaire-du-Rosier.

Fontduero, XIV s. ; *Fontduve*, l. disp. près Auberives.

Fonte Albani (in), XVI s. ; *Châtaigne-Fraiche*, ou *Fontalbon*, ruiss. c° St-Joseph-de-Rivière.

Fonte Gillaria (bord. de), XIII s. ; *Jallaria* (chaban. de) ; *Font-Gillarde*, h. c° St-Pierre-de-Mésage.

Fonte Orseri (villa de), XIV s. ; *Fontorsanseyre*, mas c° Le Gua.

Fonte (cavann. de), XIII s. ; (mistralia de) ; Font (chaban. de la), XVI s. ; Font Reynier, XVIII s. ; *Font-Reynier*, vill. c° St-Jean-de-Vaux.

Fonte Torna (via de), XIV s. : Tornato : voy. Tornatorum.

Fontel, h. c° Veyssilieu.

Fontem Bellam (ap.), XIV s. ; *Fonthelle (ruiss.)*, aff. ruiss. Carrelet, c° Huez.

Fontem Nigrum (ad), XIV s. : voy. Nigrum fontem.

Fontemont, XVIII s. ; Fontimont, XIX s. ; *Fonteymont*, h. c° Vatilieu.

Fontenaille, XVIII s. : voy. Fontanyl.

Fontenai, éc. c° Hières.

Fontenaux, XIX s. ; F-neax, XVIII s. : voy. Fontanes.

Fontenel, l. c° Hurtières.

Fontenelle, ruiss. c° Le Bourg-d'Oisans.

Fontenelles, XIX s. : voy. Fontanellis 2°.

Fontenettes (Les) : voy. Fontanettes.

Fontenil (Le), XIX s. ; *le Fontenil*, h. c° Châtonnay.

Fontenille, XVIII s. ; *Fontenelle*, h. c° St-Victor-de-Cessieu.

Fontête, ruiss. aff. le Merdaret, c° Chantelouve ; — ruiss. c° Le Monestier-d'Ambel ; — bois c° Tréminis.

Fonteyns, Faz Freydaz, XVII s. ; *Fontaines-Froides*, h. c° la Chapelle-du-Bard.

Fonteyne Vieille, XVI s. : voy. Fons Vetus.

Fontfameuse, XVIII s. : voy. Fons Famil.

Fontfreider, XVII s. : voy. Fontfrede.

Fontfrey (en), XVII s. ; *Fontfreide*, mas c° Miribel-les-Echelles.

Fontfroide, chal. et mont. c° Allevard.

Fontfroide, ruiss. c° Gresse ; — forêt c° Lans.

Fontfroide, bois c°° Notre-Dame-de-Commiers, St-Georges-de-Commiers et St-Jean-de-Vaux.

Fontillon, XVIII s. : voy. Fontanas 2°.

Fontis Albani (rochass.), XVI s. ; *Fontalbona*, mont. c° St-Joseph-de-Rivière.

Fontis Meylati (pratum), XVI s. : *la Bâtie*, h. c° de Claix.

Fontizo (tour de), XVI s. ; ... c° Commanay.

Fontmorte, bois c° Oriesen-Ratier.

Fontrenier, XVIII s. : voy. Font Reynier.

Fontroux (bois de), XVIII s. ; *Font-Roux*, f. c° Beaufort.

Fontis (Les), ruiss. c° St-Sébastien.

Fonz Sala, XV s. ; *Font-Sala*, forêt disp. c° St-Hilaire-de-la-Côte.

For (dom.), XIV s. ; Foran, XVIII s. ; *Furns*, h. c° Chatte.

For Martin, domus, XII s. : voy. Furnus M-ni.

Forabef, bordaria, XIII s. ; *Forabeuf* ?, l. disp. près Vaulnaveys-le-Bas.

Fornins-de-Ratier, au-mandement-de-la-Mure (les), anc. com. distraite de celle de la Mure, en 1620, et disparue au milieu du siècle suivant, élec. de Grenoble.

Fornins-de-Vizille (les), anc. com. el. Grenoble, supprimée en 1857, pour former les deux suiv. : Fornins-de-Vizille-à-la-Morte (les) ; Fornins-de-Vizille-à-Montchaboud-et-à-Montjean (les).

Foramont (seur de), XVII s. : voy. Fortimonte.

Forana (mans. de) ; Forana (du serro de), XIV s. ; *la Forane*, h. c° St-Laurent-en-Beaumont.

Foranes (Grandes, Petites), mont. c° Chantelouve.

Forcelres, XVIII s. ; F-çyre : voy. Farcineres.

Forçeynet, XIV s. ; Fornens : *le Fourneyet*, éc. c° St-Romain-de-Jalionas.

Forchaux, XIV s. ; F-as, XIV s. : *les Fourches*, h. c° Clelles.

Forchauz, XIII s. ; F-uz : *les Fourcheux*, gr. et bois c° Chichilianne.

Forches (nem., mans. dellas), XIII s. : Forchieti, XVI s. ; F-listi, XIV s. ; *le Fourchu*, mas c° Jarrie.

Forchaurhal, XVIII s. ; *Forchaurhal*, h. c° St-Clair-de-la-Tour.

Forcieu, château, tour ronde, XVII s. : *Fortien*, anc. mais. f. c° La Forteresse.

Forcieu, XV s. ; *Forcirus*, mas c° St-Savin.

Forcium (grangias), XV s. : voy. Forta.

Forenx, XVII s. : *Forrut*, éc. c° St-Joseph-de-Rivière.

Fores (La), XIV s. ; Foresil, Foreys, comba, XIV s. ; *le Foré*, mas c° Murette.

Forina (La), XVIII s. : voy. Fabrica 1°.

Foret (S. de la), XIII s. ; Foresta (J. de), XV s. ; *la Forêt*, mas c° Faverges.

Forest (La) : *Ricoirette*, l. c° Murette.

Forest (La) ; *les Granges*

Blanches, h. c⁰ Oytier-et-St-Oblas.

Forest de Ste-George (La), XVIII s. : voy. Sancti Simpleriani et Sancti Georgii.

Foresta (J. de), XIV s. : Foretz (gr. de la), XVII s. ; *la Forêt*, h. c⁰ Diémoz.

Foresta (rious, molend. de), XIV s., XV s. ; F-t (la) ; *la Forêt*, h. c⁰ St-Jean-d'Avelane.

Foresta d. Dalphini, XIV s. ; *St-Jean*, bois c⁰ Simandres.

Foresta de Veyrins, XV s. : *la Forêt*, anc. mais. t. disp. c⁰ Veyrins.

Foresterils (bordaria dels), XIII s. ; *les Forestiers*, l. disp. près St-Laurent-en-Beaumont.

Forestier, ruiss., XVIII s. ; *Forestier*, mas c⁰ Le Bourg-d'Oisans.

Forestiers-du-Pont (Les), anc. rout. él. Vienne, formée de la paroisse de St-Jean-d'Avelane et partie de celle du Pont-de-Beauvoisin.

Foretz (territ. de la), XVI s. ; *la Forêt*, mas c⁰ Corlun.

Forêt (La), év. c⁰ Italbins ; — h. c⁰ Chazeneuve ; — mas c⁰ Corbas ; — h. c⁰ Diémoz ; — h. c⁰ Four ; — h. c⁰ Meyrieu ; — h. c⁰ Oytier-et-St-Oblas ; — év. c⁰ Paselus ; — h. c⁰ Roussillon ; — h. c⁰⁰ St-Bonnet-de-Mure et St-Laurent-de-Mure ; — h. c⁰ St-Georges-d'Espéranche ; — chⁱᵉ c⁰ St-Mury-Monteymond ; — h. c⁰ Theys.

Forêt (territ. della), XIV s. ; *la Forêt*, h. c⁰ Meyrieu.

Forêt-Charles (La), t. c⁰ St-Laurent-de-Mure.

Forêt-de-Claix (La), h. c⁰ St-Romans : voy. Claix.

Forêt (Grande), vill. c⁰⁰ Artas et Four.

Forêt (Grande), 1855 ; *la Forêt*, h. c⁰ Four.

Forêt-Molette (La), h. c⁰ la Chapelle-de-la-Tour.

Forêt (Petite-), vill. c⁰⁰ Artas et Meyrieu.

Forêt du Roy : voy. Brignayes, Bremay.

Forey (chavan. dela), XIII s. ; *la Forêt*, h. c⁰ Flachères.

Forèze (La), XVIII s. ; *la Faurie*, ruiss. c⁰ La Garde.

Forezerium, XIV s. ; Foreyre, XIX s. ; F-es, XVII s. ; *Forreyres*, h. c⁰ Mens.

Forge Batail, Berthier, XIX s. ; *les Forges*, h. c⁰ La Motte-d'Aveillans.

Forge à Choux, Forges Meillan ; *les Forges*, év. c⁰ La Motte-St-Martin.

Forge (La), usine sur la Morge, c⁰ Coublevie.

Forges-d'en-Bas et F. d'en-Haut; *Forges (anciennes, nouvelles)*, hh. c⁰ St-Clair-sur-Galaure.

Forges (Les), h. c⁰ St-Vérand ; — quart. c⁰ la Sône ; — h. c⁰ Villard-Bonnot.

Forgette, ruiss., XVIII s. : voy. Fourgette.

Forlo (La), XVIII s. : voy. Faureria.

Forles (Les), XIX s. : voy. Fabrica (molend. de).

Forles (isle des Sables et prés c'est isles des Cornes, des Baurles et des), XVII s. : voy. Faureres.

Forles : voy. Fabrica, Fabricis, Faureria, Fauria.

Foris Villa (mass. de), XIII s. ; *Saussville*, c⁰ c⁰⁰ la Mure.

Forisières (Les), h. c⁰ Mauber.

Fornauffroy, h. c⁰ Sechilienne.

Forum, F-ulum, F-nt, mandam., XV s. : voy. Fortimante.

Fornachi (R. de la), XII s. ; *la Fournache*, h. c⁰ Agnin.

Fornachi, F-ia (La), XIV s. ; *la Fournache*, l. disp. près Panossas.

Fornachi, XIII s. ; F-ia (mas. des), XV s. : *Fournache*, h. c⁰ St-Hilaire-de-la-Côte.

Fornachi (La), XIV s. : voy. Sancti Saturnini ap. la Fornachi.

Fornachia (mans. de), XIV s. ; *la Fournache*, mas c⁰ Barraux.

Fornachia (territ. de), XV s. ; *les Fournaches*, mas c⁰ Rochetoirin.

Fornachia, XIII s. ; *la Fournache*, ruiss. affl. du Furand, c⁰⁰ St-Bonnet-de-Chavagne et St-Lattier.

Fornacz (el), XIV s. ; *la Fournache*, bois c⁰ Monteynard.

Fornachii, comlam., XIII s. ; Fornachii ap. S. Primus, XVI s. ; *la Fournache*, mas c⁰ St-Prim.

Fornat (nem. del), XIV s. ; F-arz, XV s. ; *les Fournas*, mont. c⁰ Le Bourg-d'Oisans.

Fornelatis (in), XV s. ; F-lln : *le Fournel*, ruiss. c⁰ Le Freney.

Fornelli, comba, riv., XIV s. ; *le Fournel*, ruiss. c⁰ Mont-de-Lans.

Fornelli, campus, rif, XIV s. ; *le Fournel*, bois c⁰ St-Laurent-du-Pont.

Fornello (in), XV s. ; *le Fournevu*, mas c⁰ Bourg-d'Oisans ; — bois c⁰ la Morte.

Fornello (clot. de), XIV s. ; *le Fournene*, mas c⁰ la Motte-d'Aveillans.

Fornello (J. de), XIII s. ; (lac. in), XIV s. ; *le Fournel*, mont. c⁰ St-Paul-de-Varces.

Fornellum (rup. super), XII s. ; Fornellata, XIII s. ; Fornel, rupis, bois ; *le Fournel*, mont. c⁰⁰ Mont-St-Martin et Proveyzieux.

Fornellum, XIV s. ; *le Fournel*, h. c⁰ St-Lattier.

Fornellum (ad), XIII s. ; *le Fournel*, mas c⁰ St-Romans.

Forneril comba, XVI s. ; F-iorum ; *les Fournerux*, bois c⁰ La Chapelle-du-Bard.

Fornetis (in), XIV s. ; *les Fournenux*, mont. c⁰ Proveyzieux.

Fornetum (mans. de), XV s. ; *le Fournet*, vill. c⁰ St-Clair-sur-Galaure.

Fornil (al), XIII s. ; *le Fournet*, bois c⁰ Le Monestier-de-Clermont.

Fornis villa, cum eccl. S. Nazarii, IX s. ; (eccl. S. Naz. in villam) ob infest. Paganorum ad nihilum redacta et ex toto vastata, X s. ; Forn, Fors, parr., XII s. ; Fours ; *Four*, c⁰ c⁰⁰ la Verpillière.

Forn, Fours, mals. forte ; *la Blache*, t. c⁰ Four.

Fors (dom. f. de), XV, XVII s. : voy. Blache (la).

Fort (Le), chât. c° Charancieu ; — fon c° Corbas ; — fort c° Feyzin , — éc. disp. c° Le Mont-de-Lans ; — h. c° Roncurel ; — h. c° St-Martin-d'Uriage.

Fort-Aubert-Dubayet, ou Fort des Quatre-Seigneurs, du nom de la mont. sur laq. il est situé, fort c° St-Martin-d'Uriage et Herbeys.

Fort-Barraux (Le), fort constr. en 1597, c° Barraux.

Fort-Bury (chᵉˡⁱᵉ de), c° Malleval.

Fort-Christophe, 1793 : voy. Sancti Christofori in Oysencio.

Fort-Clermont-Tonnerre ou Fort-de-Montavie, fort c° Bresson.

Fort-du-Loup (Le), ruiss. c° St-Sébastien.

Fort-de-Monteynard ou Fort-du-Coublaire, fort c° Claix.

Fort-du-Murier : voy. Fort-Ranlon.

Fort-Ranlon, ouvr. avancé place de Grenoble, c° Gières.

Fort-du-St-Eynard : voy. Fort-Seras.

Fort-Serza, ouvr. avancé place Grenoble, c° le Sappey.

Fort Vieux, XVIII s. ; *Fourvieux*, h. c° St-Egrève.

Fortallicium : voy. Fortaressa.

Fortarescia, F-sia, parr., mand., eccl. S. Petri, XIV s. ; Forta-ressa, capella, XI s. ; F-etia, XII s. ; F-esa (eccl. de), XII s. ; *la Fortaresse*, c° c°ⁿᵉ Tullins.

Fortaressia (dom. f. de), XV s., XVI s. ; F-se. château près St-Etienne-de-St-Jouere, XVI s. ; *le Château*, chât. c° La Forteresse ; *St-Cierge*, chât. c° St-Etienne-de-St-Geoirs.

Fortem (grangiam), XV s. ; Forta (la), Fortis (domus de); *le Fort*, h. c° Theys.

Forteresse (La), c° c°ⁿᵉ Tullins ; dioc. Gren., égl. St-Pierre.

Forteresse (mais. f. la) : voy. Fortaressia 2°.

Fortimonte (castr. de), XIV s. ; *le Château*, éc. c° Chazelle.

Fortimonte (castellⁱᵃ de), XIV s. ; *Formont*, anc. mandᵗ comptᵉ c° Chazelle.

Fortis, mans., XII s. ; For-tibus (prat. de), XIII s. ;

Fortitum (mons), XV s. ; *le Fort*, h. c° Theys.

Fortis Mons (castellⁱᵃ de), XIV s. ; castr., apud Viennam, XV s. : voy. Fortimonte.

Forton, chât. c° Ternay.

Fortunat (La), h. c° Le Moutaret, XVIII s.

Forum Martini, XII s. : voy. Furnus M-i.

Forum vetus, XVI s. ; ... c° Roussillon.

Forvorier (En), XVI s. ; *Fourvoirie*, h. c° St-Laurent-du-Pont.

Fory (La), XVIII s. : voy. Fabrica, 1399.

Fossard, h. c° Le Perry.

Fossas, XIV s. ; Fossatis (iter de) ; *Fossard*, h. c° Cessieu.

Fossas (mons. ap.) in parr. S. Victoria, XIV s. ; *Fossard*, h. c° St-Victor-de-Cessieu.

Fossas, éc. c° Theuilins (XIV s.).

Fossayes (territ. de), XIV s. ; *Fossoyes*, mas c° Vienne.

Fossis (Les), quart. c° Corps.

Fosses (Les), chᵉˡⁱᵉ c° Laval.

Fosses (Les), quart. c° la Tour-du-Pin.

Fosses-de-Geyma (Les), mas c° Pinsot.

Fosses-de-l'Ours (Les), chᵉˡⁱᵉ c° Chaparcillan.

Fossonery (territ. de la), XV s. ; *Fossetière*, mas c° Ville-fontaine.

Fosuy (territ. de la), XV s. ; *Foussieu*, mas c° St-Savin.

Fou (groba del), XIV s. ; *le Gros-Fou*, font. c° Chaparcillan.

Fou (mans. del), XIV s. ; *le Fou*, chᵉˡⁱᵉ c° Ste-Marie-du-Mont.

Fouchard, chᵉˡⁱᵉ c° Crolles.

Foucharenchis (villa de), XIV s. ; F-su, F-heyriis (mans. de), XV s. ; *Faucherand*, h. c° Sinard.

Foucherius (in), XV s. ; *Foucherius*, mont. c° La Périer.

Fouchière, h. c° Mont-St-Martin.

Foucholle, ruiss. c° Château-Bernard, aff. ruiss. la Chapelle.

Foudon, mas c° Jarrie ; — bois c° St-Georges-de-Commiers et St-Jean-de-Vaux ; — (le), torr. c° Theodure.

Foueres, loc., XV s. ; Foui-nières, h. c° St-Hilaire-de-la-Côte.

Fouette, gr. c° Chevrières.

Fouillla (La), XVIII s. : voy. Folloz.

Fouillet, éc. disp. c° Châbons, XVIII s. ; — (le), h. c° Jardin ; — éc. c° Lans.

Fouilleu, f. c° Mauber.

Fouilleuse, F-louuse : voy. Fo-llouan.

Fouillieu (Le), XVIII s. : voy. Follona.

Fouillou (Le), XVIII s. ; *le Foulu*, h. c° St-André-le-Gaz.

Fouillou (Le), éc. c° Billieu ; — h. c° St-Siméon-de-Bressieux.

Fouillou, bois, XVIII s. ; Fouillu (le) : voy. Follieux 2°.

Fouillouse, bois disp. c° Chanas ; — h. c° l'Ile-d'Abeau ; — (la), h. c° St-Sauveur ; — h. c° Toussieu.

Fouillouses (Les), XVIII s. : voy. Folleux.

Fouilloux (Les), XVIII s. ; F-use ; *les Fouilloux*, bois c° Rochs.

Fouillu (Le), XVIII s. ; F-alud ; *Fouilleu*, f. c° St-Savin.

Fouilluzan, h. c° Frontonas.

Founière, Founière, XVIII s. : voy. Foueres.

Fouley (Le), l. disp. c° Monteynard, XVIII s.

Foulon ; *le Moulin*, mⁱⁿ et ruiss. c° St-Victor-de-Cessieu.

Fouloos (Les), h. c° Pont-en-Royans.

Foulu (Le), éc. c° Biol ; — h. c° Romagnieu ; — h. c° St-André-le-Gaz.

Four (Le), éc. c° Cornillon ; — vill. c° Gières ; — bois c° St-Chef ; — h. c° Veyssilieu.

Four (mais. f. de), XVIII s. ; *le Château*, quart. c° Four.

Four (forêt de), c°ⁿᵉˢ Beauvoir-de-Marc, Moidieu, St-Georges-d'Espéranche.

Four (mas du), XVIII s. : voy. Furnerie.

Four, c° c°ⁿᵉ la Verpillière ; égl. paroiss. Four, dioc. Vienne, voc. Sts-Nazaire et Celse.

Four-à-Chaux (Le), mas c° Trept.

Four-Renaud, mont. c° La Garde.

Fourchaux, gr. bois : voy.

Forchaux.

Fourche, F-es : voy. Forchans.

Fourches (Les), mont. c° Corençon ; — ch^ c° St-Etienne-de-Crossey ; — mas c° Tréminis.

Fourchette (la), h. c° Barraux.

Fourchuax, bois, rochas, XVII s. ; la Fourhous, bois c° St-Christophe-Entre-Deux-Guiers.

Fourcoules (Les), h. c° St-Michel-de-St-Geoirs.

Fourgeron, XIX s. : voy Frojons.

Fourgette (mont. de), XVII s. ; les Fourgettes, mont. c° Les Adrets.

Fourlière, éc. c° Cras.

Fourmiollier, bois, XVIII s. : voy. Fremiollet.

Fourmis (Jasse des), XIX s. ; les Fourmis, mas c° Chichilianne.

Fournache (La), éc. c° Les Adrets ; — h. c° Agnin.

Fournache (La), mont. c° Villard-Eymond.

Fournache (La), XIV s. : voy. Sancti Saturnini ap. la Fornachi.

Fournas (Les), bois c° Clelles.

Fournas, ruiss., XVIII s. : voy. Fornat.

* Fornaux : voy. Forneril.

Fournax (La), ruiss. c° Tréminis.

Fourneau (Le), mas c° Le Touvet (fourneau demoly), XVIII s.

Fourneau (Le), mas c° Vaulnaveys-le-Haut.

Fourneaux (Les), h. c° St-Vérand.

Fourneaux (pic. des), XVIII s. : voy. Forneril.

Fourneax, XVIII s. : voy. Fourneyrat.

Fournel (Le), h. c° Autrans ; — h. c° Engins.

Fournel (rif du); la Pisserotte, ruiss. c° St-Joseph-de-Rivière.

Fournalays (Les), ruiss. c° Punçonnas.

Fournelle (La), éc. c° Les Adrets.

Fournilles, Fournets, XVIII s. : voy. Fornellum 1°.

Fournerat, XVIII s. : voy. Forceynet.

Fournet, h. c° St-Geoire.

Fournet (ruiss. du) : voy. Formelatis.

Fourneyrat, XVII s. ; Fourneat, h. c° Roche.

Fournier, XVIII s. ; Chez-Fournier, h. c° Estrablin ; — h. c° Eyzin-Pinet.

Fournior, h. c° Les Adrets ; — (le), h. c° Dolomieu ; — h. c° Froges ; — (lo), h. c° St-André-le-Gaz ; — éc. c° St-André-en-Royans.

Fournier (Chez-), éc. c° Cour-et-Buis ; — h. c° Estrablin ; — h. c° Eyzin-Pinet ; — h. c° Moyssales.

Fouruiers (Les), h. c° Beauvoir-de-Marc.

Fouron (Le), ruiss. aff. du Rhône, orig. c° Optevoz, arr. c° St-Baudille, Charette, Porcieu-Amblagnieu, Montalieu-Vercieu.

Fouroux, h. c° Thodure.

Fourquer ; le Coin, éc. c° Les Côtes-d'Arey.

Fours (Les), h. c° St-Hilaire-de-Brens.

Fourvière, ruiss. c° St-Etienne-de-Crossey.

Fourvoiry, F-orier, mollins et artifices, F-ourier, F-oyrie, fourneau à couler des gouses : voy. Forvorier.

Foux (Le), ch^ c° Merlas

Foux (La) ; Reillet, h. c° St-Vérand.

Foux (mans. del), XIV s. : voy. Fou.

Foy (domaine de la), XVIII s. ; le Château-Pagès, chât. c° Corenc.

Foyalet (Le), l. disp. c° Pressins.

Foyllian, F-li, F-ly, XIV s. : voy. Follia.

Foyssieu (territ. de Fontanialve de), XV s. ; Fuyssieux, h. c°° Montcarra et St-Chef.

Fraces (en les), XIII s. ; les Fraisses, forêt c° St-Pierre-d'Entremont.

Frache (La), mas c° Cornillon ; — bois c° Lalley.

Frachensse (La), bois c° Lalley.

Fraches (Les), mont. c° Prunières.

Fraches, 1700 : voy. Fraytis (in).

Frachin, XIV s. ; la Frache, mas c° Cornillon.

Frachlis (comba de), XIV s. ; les Fraches, mont. c° Livet-et-Gavet.

Fracia, XIV s. ; les Frasses, mont. c° Morôtel.

Fracia (mina argent. in), XIV s. : voy. Francia villa.

Fracinetum, Fragnoi, mistral., XIII s. ; Fraignetum, XIV s. ; Fraisenetum, XI s. : voy. Fraxenetum.

Fracinum (ap.), XIII s. ; le Col-du-Frêne, col. c° Chapareillan et Apremont (Savoie).

Frafaeto (Insula de), XIV s. ; les Sables, vill. c° le Bourg-d'Oisans.

Frafages, XIV s. ; Frafayetum ; Furfuyet, h. c° Lo Bourg-d'Oisans.

Fragnerie (La), f. c° Pressins.

Fragnien, XVIII s. ; Franey (lo), XIII s. ; Fraignlay, XVI s. : voy. Frannon.

Fragnoz, XVII s. ; Fraignier ; Fraignioz, mas c° St-Christophe-Entre-Deux-Guiers.

Fraigney (cavan. del), XVIII s. ; Fragnet, h. c° Champier.

Fraineral, rup., XII s. ; Fraynelley (nem. del), XIII s. ; le Freynolet, h. c° la Chapelle-du-Bard.

Fraisse, ruiss. c° Lalley, aff. ruiss. la Croix-Haute.

Fraissinet (Grand, Petit) ; le Preyssinet, h. c° Cognin.

Fraita (eccl. de la), XII s. ; la Fretle, c° c°° St-Etienne de-St-Geoirs.

Fraita (La), XII s. ; castr., XV s. ; la Frette, vill. c° Le Touvet.

Fraita kuschi, XIII s. ; Ruche, h. c° Goncelin.

Fraite (La), XVIII s. ; la Frayte, h. c° Venose.

Fraite (La), XVIII s. : voy. Frayta (nem.).

Fraix d'Aval, XIX s. : voy. Frigida Valle.

Franc (mons dict. le), XIV s. ; F-chises (forêt des), XVIII s. ; les Franchises, forêt c° St-Christophe-Entre-Deux-Guiers.

Franc-Passage ou Franc-Péage, 1793; le Péage-de-Roussillon, c° c°° Roussillon.

Franc-Vallon, 1793 ; St-Chef, c° c°° Bourgoin.

France (La), h. c° les Côtes-d'Arey.

Franco, ruiss. c^e St-Andéol.

Francôches (bosc. de les) ; Fachoschos (Les), XIII s. ; les Franchises, bois disp. c^e Izoaux.

Francou (Les), éc. c^e St-André-de-Chavagne.

Franchisos-de-Miribel (Les), XVII s. ; les Franchises, mas c^e Miribel-les-Echelles.

Franchisia, XV s. ; Franchise, h. c^e Serres-et-Norpol.

Franchison, 1793 : voy. Castrum Vilanum.

Franchisons (Les), XVIII s. ; Franchison, h. c^e Châteauvilain.

Franchisser : voy. Tranchisac.

Francia, XV s. ; la Fracia, bois c^e Allemont.

Francia (de), XIV s. ; le Francein, h. c^e Chamagnieu.

Francia villa, mons, XIV s. ; F-a (pere de) voc. Neyrit, XV s. ; Pivrare, h. c^e La Ferrière.

Francillon, vill. c^e Longechenal.

Francois (Les), h. c^e La Cluse-et-Péquieu.

Francouls (costis), XV s. ; Franquiéres, chât. c^e Biviers.

Franvonnes (les), h. c^e Moyenieu.

Franvonnière (La), h. c^e Chirens ; — h. c^e Coublevie.

Francons (Les), h. c^e Lans.

Francoz, éc. c^e Engins.

Francyalos, XIV s. ; les Frasses, mont. c^e St-Pierre-d'Allevard.

Frandaz ; les Frandes, h. c^e Montferrat.

Frandon (Le), ruiss. c^e Ruy, affl. ruiss. l'Enfer.

Frandon (Chez-), éc. c^e St-Clair-sur-Galaure.

Frandu (Le) : voy. Fremderila.

Franiay, XVIII s. : voy. Fraignet.

Frannon (mans.), XII s. ; Frognés, vill. c^e Crolles.

Franques (Les), éc. c^e Bernin.

Franquiéres : voy. Francoula.

Fransillotte, éc. disp. c^e La Chapelle-du-Bard, XVIII s.

Fransieu (La), bois c^e St-Aupre.

Fras (forêt du) ; les Frasses, bois c^e Ste-Marie-du-Mont.

Frasse-Gervais ou G-in, mont. c^e St-Christophe-Entre-Deux-Guiers.

Frasses (bois des), XVIII s. ; les Frasses, bois c^e Le Touvet.

Frassy (Les), h. c^e Monthonnot-St-Martin.

Frat, l. disp. c^e St-Barthélemy-de-Séchilienne, XVIII s.

Fraux (Les), XVIII s. ; les Fraux, h. c^e Lavaldens.

Fraux (Les), h. c^e Siévoz.

Frazeneto (eccl. S. Arigii in), XI s. ; Frazin-U (eccl.) ; le Freney-d'Oisans, c^e c^es Le Bourg-d'Oisans.

Frayche (Le), ruiss. c^e Le Bourg-d'Oisans.

Fraydon, XVIII s. : voy. Freydun.

Fraydures (ad), XIII s. ; Freydure, h. c^e Morétel.

Frayets (Les), h. c^e St-Bernard.

Frayetum, Fragne-tu, XIV s. ; Frayne, XIII s. ; Fetum, XIV s. : voy. Frannon.

Frayfoures, neus., XIV s. ; Fatchanta (le), mont. c^e Valjouffrey.

Fraynetum (loc. in), XIV s. ; le Freney, ruiss. c^e Allemont, affl. l'Olle ; — mas c^e Séchilienne.

Frayney, XIII s. : voy. Fraynetum.

Frayseis villa, XV s. : les Fraisses, h. c^e Grosse.

Frayseu, loc., XV s. : le Frouse, mont. c^e Tre Sart et Rolmsard.

Fraysenetum villa, XIV s. ; Frayseo-tu : le Freysinet ?, l. disp. c^e St-Honoré.

Fraysenetum, XIV s. : le Fraisse, mont. c^e Villard-Reymond.

Fraynonova, XIV s. : la Freysineuse, mas c^e Ponsonnas.

Fraynson (el), XIV s. : voy. Freynsoncy.

Frayta (eccl. de la), XIII s. ; l'Eglise, h. c^e La Frette.

Frayta (mons. nigr. voc.), XIV s. ; F-tis (mons. de), XIV s. ; la Frayta, forêt c^e Ornon.

Frayta, XV s. ; la Frette, h. c^e Quaix.

Frayta (La), XIII s. : voy. Fralta (eccl. de la).

Frayta (mons. de la), XIII s. : voy. Frea.

Frayta Ruchia, XIII s. : voy. Fraita Ruschi.

Frayte Rucherie, riv., XV s. : voy. Fraita Ruschi.

Frayte (La), XVIII s. ; la Freyte ou Ruchafrma, mont. c^e Lavaldens.

Fraytis (in), XV s. ; les Frches, mont. c^es Entraigues et Valjouffrey.

Frea (molend. de la), XIII s. : Laffrey, c^e c^es Vizille.

Fréaux (Les), XIX s. : voy. Fraux (les).

Fredberia (in), XV s. ; la F. chière, mas c^e St-Christophe-en-Oisans.

Freda, locus, XIV s. : voy. Frea.

Frede (La), gr. disp. c^e Baunefamille, XVIII s.

Frederia, XVIII s. ; Freydette, bois c^e Lans.

Frederia (riv. vocat.), XIV s. ; la Freterie, ruiss. c^e St-Baudille-et-Pipet.

Fréderie (La), bois c^e Chichilianne.

Fridural, chât. c^e St-Appolinard.

Friduraz, h. c^e Bellegarde-et-Poussieu.

Fredures, XIII s. : voy. Fraydures.

Freduret (Le), h. c^e Vaulnaveys-le-Bas.

Frégeou, XIX s. : voy. Frujon.

Frelasinet, XVIII s. ; Freychinet, éc. c^e St-Michel-les-Portes.

Frelasinouse, l. disp. c^e Le Périer, XVIII s.

Freitte ou Bachafrou, XVIII s.: voy. Frayte (la).

Fremiollet (lou), XVIII s. : le Fremiaulet, bois c^e Sarcenas.

Frenchet, éc. c^e Mens.

Frenderil, XIV s.; Frenderire?, l. disp. c^e St-Jean-de-Vaux.

Frenderila (in), XV s. : le Frandru, L. c^e Bresson.

Frenlon, XVIII s.: voy. Freydon.

Frêne (Le), éc. c^e St-Andreu.

Frene, éc. c^e St-Baudille-et-Pipet.

Frêne (pic du), XIX s. ; le Frine, mont. c^es Allevard, St-Etienne-de-Cuines et St-Remy (Savoie).

Frênes (Les), XIX s. ; le Frêne, éc. c^e Viriou.

Freney (Le), mas et canal c^e Le Bouchage.

Freney (al), XV s. ; *le Freney*, h. c^e Ste-Agnès.

Freney-d'Oisans (Le), c^e c^on Le Bourg-d'Oisans ; dioc. Gren., égl. St-Arey.

Frenoley (rup. de), XII s. ; Freymerey, XIII s. : voy. Fraineral.

Fresul, comba, XII s. ; *le Frison*, ruiss. affl. le Furand, c^es Dionay et St-Antoine.

Frepeyret, gr. c^e Revel.

Frepdnet, ruiss. c^e Gourelin.

Frequa (La), XIII s. : voy. Fres.

Freria, XV s. ; *les Feries*, h. c^e St-Romans.

Frealier (Le), gr. disp. c^e Brion.

Fresnay-en-Oisans, Freyney (parr. de), XVIII s. : voy. Fraxenetum.

Fresney, XVII s. : voy. Freney 1°.

Fresones, XIV s. : voy. Frizons.

Fresse, éc. c^e Clelles.

Fresses (forêt des), XIX s. : voy. Fraces.

Fresay, roche, XVII s. ; *la Faisse*, bois sur les pentes du Mont-St-Eynard, c^es Biviers et St-Ismier.

Freste, Freta, XIII s. ; Frette : voy. Fraita 2°.

Fret (La), XVIII s. ; Frète (la), Frette (la), XVI s. : voy. Frayta.

Freta (territ. de la), XV s. ; (riv. fontis de) ; *Frette (Grande et Petite)*, hh. c^e Dolomieu.

Fretage (La), XVI s. ; Freyta : voy. Fraita 1°.

Fretignie, XVI s. ; Finier, XVII s. ; F-es, XVIII s. ; *Frétignier*, vill. c^e Moras.

Freton (Chez-), éc. c^e Voissant.

Frette (La), h. c^e Barraux ; — (Grande et Petite), hh. c^e Dolomieu.

Frette (La), XVIII s. ; *la Frettaz*, mas c^e Paladru.

Frette (La), c^e c^on St-Etienne-de-St-Geoirs ; dioc. Vienne, égl. St-Ours.

Frette (La), ruiss. affl. le Guiers-Mort, c^e St-Laurent-du-Pont.

Frette (La), vill. c^e St-Sorlin ; — vill. c^e Le Touvet.

Frette-d'en-Haut, XVIII s. ; *la Haute-Frette*, h. c^e Le Touvet.

Frette Ruchy, XVII s. : voy. Fraita Ruschi.

Frette(La), Freyte : voy. Frayta.

Frettes (Les), gr. et bois c^e St-Pancrasse.

Frey (lac de la), XVIII s. ; *le Girard-Luc*, lac c^es Laffrey, St-Théoffrey et Cholonge.

Frey (rochassium de la), XV s. : voy. Frea.

Frey(La), XVI s. : voy. Freydon.

Freyehet, éc. c^e Le Monestier-du-Percy ; — gr. c^e St-Jean-d'Hérans.

Froyehuret, ch^us c^e Communay.

Freydarc (Le), ruiss. c^e Allemont, affl. l'Olle.

Freydaval (gorges de), XVII s. ; F-at, Freydeval, gr. : voy. Frigida Valle.

Freyderia (villa de), XIV s., F-as, XIV s. ; *Freydière ?*, l. disp. c^e Miribel-Lanchâtre.

Freydevaux, mais. f., XV s. ; mas c^e Maubec.

Freydier (Le), ruiss. c^e Chapareillan.

Freyllère (La), ruiss. affl. l'Ainan, orig. c^e St-Sulpice-des-Rivoires, arr. c^es St-Geoire et Massieu.

Freydière, h. c^e Vaulnaveys-le-Bas.

Freydière (gres de), XVIII s. ; *Freydière*, mont. et gr. c^e Revel.

Freydo (de), F-on, XIII s. : Freydens, XIV s. ; *Freydou*, h. c^e le Moutaret.

Freydone (mons), XV s. ; *Freydaume*, mont. c^es Ste-Agnès et St-Mury-Monteymont.

Freydone (gorgia de), XVI s. : voy. Freydun.

Freydun, F-ns (cahan. de), XIII s. : *Freydou*, éc. c^e St-Maximin.

Freyduras villa, XIV s. ; F-ris, F-uri : voy. Fraydures.

Freyduris, riv., XV s. ; *Freydure*, ruiss. c^e Theys.

Freynetum (planum de), XIV s. ; *le Freynet*, vill. c^e Nantes-en-Ratier.

Freynolla, ruiss., XVII s. ; *Fucnola*, ruiss. c^e St-Pierre-d'Entremont.

Freyssoney (tenem. del), XIV s. ; *le Freyssinet*, h. c^e St-Gervais.

Freyta Ruche, XIII s. : voy. Fraita 3°.

Freytal de Maygnival, XIII s. ; *la Fretta*, ch^us c^e St-Pancrasse.

Freyte, loc., XVI s. : *la Frette*, h. c^e Laffrey.

Freyte (La), XVIII s. : voy. Fraita.

Freytte (La), XVII s. : voy. Frayta.

Frier, éc. c^e Corençon ; — (le), h. c^e Le Villard-de-Lans.

Frigida Valle, XII s. ; *Freydarcal*, h. c^e La Chapelle-du-Bard.

Frigidi Montis (placatio de lacubus), XI s. ; *Montfroid*, mont. et chal. c^e Vaujany.

Frigidus Fons, alpis, XIII s. ; *Fontaine-Froide*, h. c^e La Chapelle-du-Bard.

Frigidus Fons, XIV s. ; *Pont-Froide*, h. c^e Clavyssieu.

Frignlollay, XVII s. : voy. Fraineral.

Frigouray, h. c^e Bellegarde-et-Poussieu.

Frindeau, XVIII s. ; *Frindiau*, h. c^e St-Pierre-de-Chandieu.

Friol (bois de), XVIII s. ; *Friole*, mont. c^e Chirens.

Frique (La), gr. disp. c^e Pinsot.

Frise (La), quart. c^e Grenoble.

Frisette, ruiss. c^e Méaudre.

Frise (n de), moulin, XVI, XVIII s. ; *Frise*, éc. c^e St-Antoine.

Frizon, XVIII s. ; *la Frizonnière*, h. c^e St-Georges-d'Espéranche.

Frizons (el), cavan., XIII s. ; *les Frizons*, l. disp. c^e Entraigues.

Fru (al), XIII s., Frou ; Frouz, XVII s. ; Frou (el), XIV s. ; *le Frou*, ruiss. et ch^us c^e St-Christophe-Entre-Deux-Guiers.

Frodias (in), 1040 ; Frodgis (eccl.), XI s. ; Progetis (mons de), XIV s. ; Frogilia (eccl. S. Quintini de), XV s. ; Frotgas villa, XI s. ; Frotgias, XII s. ; Frougiarum (parr.), XV s. ; *Froges*, c^e c^on Goncelin ; dioc. Grenoble, égl. St-Quentin.

Froges (riv. de), Frogiarum, riv. : voy. Bridoyra.

Frojons, XVI s. ; *Fourgeon*, h. c° Luzinay.

Fromagerie ou Dismorie (La), XVI s. ; *la Fromagerie*, l. disp. c° Chozeau.

Fromont, éc. c° Chatte.

Fromentail (ch¹ᵉ de), c° Vaulnaveys-le-Haut.

Fromental (sorbant de), XIII s. ; (molend.), XV s. ; F-aulx, F-aux, XIV s. ; *Fromentaux*, h. c⁰ˢ Beauvoir-de-Marc et St-Georges-d'Espéranche.

Fromental (el), XIV s. ; *les Fromentaux*, mas c° Izeaux.

Fromentau, territ., XIV s. ; *les Fromentaux*, ... disp. c° Moyzieu.

Fromentau, XIV s. ; F-ay, XVIII s. ; *Fromentay*, éc. c° St-Hilaire-de-Brens.

Fromentaux, étang c° Arandon.

Fromentaux (cros porte de), XIV s. ; *les Fromentaux*, mas c⁰ˢ Revel-et-Tourdan et Pisieu.

Fromente (Les), h. c° St-Just-de-Claix.

Frontanas villa, IX s. ; F-tonas, parr., XIV s. ; Frontenasium, XV s., F-ennas ; *Frontonas*, c° Crémieu ; dioc. Vienne, égl. St-Julien.

Frontonas (mais. L) ; *le Château*, chât. c° Frontonas.

Fros (Le), ruiss. c° Sarcenas.

Frou (Le), h. c° Miribel-les-Echelles.

Froussard, éc. c° Pariset.

Froutier, éc. c° Veyssilieu.

Fructiera (maye de la), XV s. ; *la Fruitière*, ruiss. c° Besse.

Fructignie, XVI s. ; F-er : voy. Frutignes.

Fruit (Le), h. c° St-Appolinard.

Frumentaux (burg. del) XIV s. : voy. Fromentaux.

Frusteria (adestrum de), XIV s. ; *Col-Ferraud* ou *Col-Fruitière*, col entre c⁰ˢ Besse et St-Jean-d'Arve (Savoie).

Fruterium, XV s. ; Frutiera (la Jarz de) : voy. Fructiera.

Frutiery, XV s. : voy. Fruyteriis.

Frutignes, XV s. : Frutinier ; *Frétignier*, vill. c° Moras.

Fruton (Chez-) ; *Fruton*, éc. c° Meyssiés.

Fruyteriis, XV s. ; *Fruitière*, h. c° St-Chef.

Fuéssin, éc. disp. c° Oytier-et-St-Oblas.

Fuétaz (La), ruiss. c° Ste-Marie-du-Mont.

Fuges (Les), XVIII s. : voy. Feuges.

Fugière, XVIII s. : voy. Feugerlis.

Fuillans : voy. Follas.

Fulssieux, XVIII s. : voy. Foyssieu.

Fuissin, anc. quart. Vienne.

Fulssineti (a ponte), XIV s. ; *Serpaize (ruiss. de)*, aff. la Gère, c° Vienne.

Fuissins, XIV s. : voy. Fusinum.

Fujaret (Le), h. c° Vaulnaveys-le-Haut.

Fullosa (pasc. in), XII s. ; *les Fouilleux*, h. c° Beauvoir-de-Marc ; — ou *Fouillouse*, bois disp. c° Chanas.

Fuly, ét. c° la Chapelle-de-la-Tour.

Fumé (Le), bois et ruiss. c° Méaudre.

Fumeron, h. c° St-Pierre-de-Chartreuse.

Fumier (Le), quart. c° St-Martin-d'Hères.

Funas, riv., XIV s. : *Funas*, vill. c° Jallieu.

Funtanilla, XIV s. : voy. Fontanil 1°.

Fura aqua, X s. : *la Fure*, riv. orig. du lac de Paladru, c° Charavines, arr. c⁰ⁿ Aprieu, St-Blaise-du-Bois, Rives, Réaumont, Charnècle, Renage, Tullins et se jette dans l'Isère.

Fura (molend. de), XIII s. : (Martinetti in mans. Tullini), XV s. : *Fure*, bourg, c° Tullins. — « Daniel Bressieux, le 13 mai 1647, fit construire dans sa maison de Fure, une chapelle sous le voc. de Jésus-Marie-Joseph ».

Furand, h. c° Dionay, XVIII s.

Furani (riperia), XIV s.; F-ent, XVIII s. ; *le Furand*, r. aff. l'Isère, orig. c° Dionay, arr. c⁰ⁿ St-Antoine, Chatte, St-Bonnet-de-Chavagne, St-Hilaire-du-Rosier et St-Lattier.

Furans : voy. Fura aq.

Furas, h. c° Meyssiés.

Furasse (La), ruiss. c° Tullins.

Furble, XVIII s. ; *le Ferby*, h. c° Monsteroux-Milieu ; — h. c° Pact.

Furchilz (mans. de), XIV s. ; *les Fourches*, mans c° Tréminis.

Furchilis, XV s. : voy. Forchans.

Furchilz (molar. de), XV s. ; *la Vie-Fourche*, mas c° la Côte-St-André.

Furchilz (ap.), XIV s. : *les Fourchanes*, bois c° Pellafol.

Furcignates, XIV s. : voy. Frutignes.

Fure (La), riv. orig. lac de Paladru, c° Charavines, arr. c⁰ⁿ Aprieu, St-Blaise-du-Bois, Rives, Réaumont, Charnècle, Renage, Tullins, se jette dans l'Isère.

Furent, XVIII s. : voy. Furani.

Fures, bourg, c° Tullins.

Furet, riv., XIV s. ; F-tum, riv., XIV s. ; *le Furet*, ruiss. aff. l'Isère, c⁰ˢ Barraux et Chapareillan.

Fureti (riv.), XV s. ; F-te (rif.), XVI s. ; *le Furet*, ruiss. c° St-Martin-le-Vinoux.

Fureti (crista del), XIV s. ; Furet (combe du), XVI s. ; *le Furet*, mont. c° St-Pierre-d'Entremont.

Furfureri, XIV s. ; Furfuri (mans. de la) ; Furfurerie, XV s. ; *la Furfurière*, l. disp. c° Sinnandres.

Furfuriere (trivium de la) (Montlafrey seu); F-i, F-reria, XV s. : *Fonry*, mas c° Marennes.

Furin, vill. c° St-Quentin-Falavier.

Furnerie (mans.), XIV s. : *le Four*, bois c° Allières-et-Risset.

Furnus Martini, XII s. : *Fourmartin*, h. c° St-Laurent-du-Pont.

Furon, h. c° Engins.

Furon, h. c° Lans ; — h. c° Méaudre ; — XV s. : voy. Fura aq.

Furume (aqua de), XIV s. ; (ripperia de) : *le Furon*, ruiss. aff. l'Isère, orig. c° Lans, arr. c⁰ⁿ Engins et Sassenage.

Furomeriis (mans.), XV s. : F-nnières ; *Fournière*, h. c° Claix.

Furonus, XVI s. (RIVALLIS) : voy. Furani.

Furrent (aqua de), XIV s. : voy. Fura aq.

Furtignez, XV s. ; F-ies, XVI s. : voy. Furoignez.

Furtineria, XIV s. ; la Festi-nière, h. cne La Motte-d'Aveillans et Pierre-Châtel.

Furzon, XII s. ; Frise, éc. cne St-Antoine.

Fusa manan (saxum vocat.) XIV s. ; la Fasu, mont. cne Crémieu.

Fuschmm (in valle Ortensi), XI s. ; Fuissinum, XII s. ; Fusinum, XII s. ; Foyssinum, domus. burg., faub.; Faissin, anc. quart. Vienne.

Fuscinus, rivulus, XI s. ; St-Marcel, faub. et ruiss. cne Vienne.

Fuserio (rubban. de), XII s. ; Fusiers (les), XVIII s. ; le Fazier, h. cne Laval.

Fuseys, XV s. : voy. Feuseys.

Fusilière : la Fusilière, h. cne St-Marcellin.

Fussinet, XIV s. : voy. Fuissineti.

Fustinas, XII s. ; Fustinard, mas cne Vaulx-Milieu.

Futau (Croix du Grand et du Petit), XVIII s. ; Futenu (Grand, Petit-), mont. cne Colombe.

Fuyssino (parr. de), XIV s. : voy. Sancti Georgii Vienne.

Fuyssineti, riv., XV s. : voy. Fuissineti.

Fuyssino (riv. de), XIV s. : voy. Fuscinus.

Fuza, moulins, battoirs, XVIII s. ; la Fusa, h. cne Dizimieu.

Fuzat, éc. cne St-Laurent-en-Beaumont.

Fuzières (Les), bois cne Ste-Marie-du-Mont.

G

Ga (el) : XII s. ; le Gas, ville cne St-André-le-Gaz.

Ga (rivag. font. del), XV s. ; le Gas, bois cne St-Aupre.

Ga (territ. del), XIII s. ; le Gas, h. cne Fitilieu.

Ga (territ. dou), XIV s. ; le Gas, mas cne Oytier et St-Oblas.

Ga de la Jalina : vadum de J-a, XIV s. ; le Gas, mas cne Moirans.

Gabelin (le), h. cne Monstéroux-Milieu.

Gabellant, XVIII s. ; l'Aiguablan, ruiss., torr. aff. de l'Ainon.

Gabort, éc. cne Clelles.

Gabeta, XVIII s. ; G-tte (la), XVIII s. ; la Gabette, éc. cne Theys.

Gabettière (la), h. cne Estrablin.

Gabiatte (la), éc. détr. cne le Pont-de-Beauvoisin, XVIII s.

Gabier (chemin du), cne St-Ismier.

Gabit (le), éc. cne les Côtes-d'Arey.

Gabot, h. cne Eyzin-Pinet.

Gabot (Le), h. cnes Moissieu et Montséveroux.

Gabot-Colomb (chin du), cne la Côte-St-André.

Gabotière (La), h. cne la Rivière.

Gabotières (Les), mas et ruiss. cne Sermérieu.

Gaboulettière, h. cne Tullins.

Gaboureaux (mont. des), XVII s. ; les Gaboureaux, mont. cne Vaulnaveys-le-Haut.

Gabourel, ruiss. cne Oulle.

Gabrette, éc. cne Presles.

Gachen, XVIII s. : voy. Gauchis.

Gachet, éc. cne Avignonet ; — gr. disp. cne Châtelus, XVIII s. ; — éc. cne Clelles ; — éc. cne Corbère ; — gr. cne Lavars ; — éc. cne Roissard ; — éc. cne Sinard ; — éc. cne St-Guillaume ; — h. cne St-Just-et-Chaleyssin.

Gacheti (mans.), XIV s. ; Gachet, éc. cne Avignonet.

Gachetière, XVIII s. : voy. Gachets 2o.

Gachets (Les), h. cne Champier ; — h. cne Corbère ; — h. disp. cne Marcolin.

Gachets (Les), XVII s. ; Gachetière, h. cne Voreppe.

Gachia, XIV s. ; Gauche, XVI s. ; la Gache, h. cne Barraux.

Gaczuillieres (territ.), XIV s. ; les Gassonillières, h. cne Royas.

Gadrzieu, ruiss. aff. l'Agny, arr. cnes St-Victor-de-Cessieu et Sarcieu.

Gadi Paludis (parr.), XV s. ; Gads de la Pallud, XVI s. ; Gado (prior de, parr. de), XIV s. : voy. Ga 1o 2o.

Gado (summit. plani de), XIV s. ; Gadis Serreno (plan.), XIV s. ; le Gua, h. cne Huez.

Gadum, XII s. ; Ga (el), XIII s. ; Gaz (le), XVI s. ; Gas ; le Gua, cne cant. Vif.

Gadunyère, XVI s. : voy. Gaudrinerie.

Gaduum, Gadium, XIV s. ; Jadin, h. cne St-Honoré.

Gaffard (Le), ruiss. cne Chichilianne.

Gaffard, éc. cne St-Baudille-et-Pipet.

Gaffaret (clos de), cne Le Fontanil.

Gaffe (La), ruiss. aff. le Dolon, cnes St-Julien-de-l'Herms et Pisieu.

Gaffe (chemin de la), cne St-Martin-d'Uriage.

Gagena, XIV s. ; la Jarjatte, tor. cne Ornon.

Gagères (Les), h. (quart.) cne Rivière.

Gagerie (La), éc. cne N-D.-de-Vaulx.

Gagieru, XIV s. ; les Gayères, mas cne Sillans.

Gagnage, éc. cne Gillonnay.

Gaiano, villa, mons, X s. ; Vernosus, h. cne Septème.

Galeres (Les), XVI s. ; les Gingères, l. disp. cne Villette-Serpaize.

Gaillard, éc. cne Autrans ; — éc. cne Corps ; — quart. cne Entraigues ; — (le), h. cne Meyrie ; — h. cne Pont-en-Royans ; — chât. cne Voreppe.

Gaillard (Le), XIX s. : voy. Gaillats.

Gaillardière, h. cne Bizonnes.

Gaillardon, h. cne La Cluze-et-Pâquiers.

Gaillards (Les), h. cne Chichilianne.

Gaillon, XVIII s. : voy. Eguilloux ; l'Eguilloux, h. cne St-Lattier.

Gairaud, h. cne Moldieu.

Gairaut, XIII s. ; Girodet, mont. cne La Ferrière.

Gais (villa de la), XIII s. ; les Prés des Gays, mas cne Possonnas.

Gaisy (Le), ruiss. cne St-Bernard.

Gait (La), XIX s. ; la Guet, h. cne Autheau.

Galt (Le), XVIII s. ; *le Gays*, h. c° St-Clair-de-la-Tour.

Galué, vill. c° Pusignan ; — (La), h. c° St-Geoire.

Galtières, XIX s. : voy. Gayoc-tières.

Gaiton, h. c° Ville-sous-Anjou.

Gala, aqua, XI s. ; Galabra, XIII s. : G-rl, flumen, XI s. : voy. Galaurasione.

Gala, XIX s. ; Galats (les), XVIII s. ; *l'Égala*, h. c° Va-tilleu.

Galabertis, XIV s. ; *Galbert (Grand, Petit-)*, mont. c°° Livet-et-Gavet et Oulles.

Galaubertt (georgia de), XVI s. ; *Galombert*, éc. c° Allevard.

Galand (Le), f. c° Miona.

Galandery (La), XIV s. ; *les Galandières*, mas c° Vourey.

Galat (La), h. c° St-Laurent-du-Pont.

Galatière (La), ruiss. affl. de Morge, c° Miribel-les-Échelles.

Galaurasione (fines de), X s. ; G-rum, XI s. ; *la Galaure* (voy. ce mot).

Galaure (La), riv. orig. forêt Chambaran, c° Roybon, arr. c°° Montfalcon, St-Clair-sur-Galaure, entre dans le dép¹ de la Drôme, se jette dans le Rhône à St-Vallier.

Galaveyson (La), riv. orig. forêt de Chambaran, arr. c°° Roybon, Viriville, Montfalcon, St-Clair-sur-Galaure et entre dans le dép¹ de la Drôme, où elle se jette dans la Galaure.

Galbert, mont., XIV s. ; G-tum, doru. seu arcella : voy. Galabertus.

Galberteres, G-rlis villa, XIV s. ; *Gallecteyres ?*, l. disp. c° Le Gua.

Galberies (ap.), XIV s. ; G-ts (moulin des), XIX s. ; *les Galberts*, éc. c° Varces.

Galbits (Les), h. c° Chirens.

Galens (Les), XIX s. ; *l'Égalen*, h. c° Vourey.

Galerand, XVIII s. : voy. Gallerandz.

Gales (forêt de la), XVIII s. ; *la Gale*, mont. c° Livet-et-Gavet.

Galescrie, molend., XV s. ; *Gallizière*, éc. c° Chatte.

Galet, caban., XIII s. ; *Galet*, l. disp. près la Buissière.

Galetan (en), XIV s. ; *Côte-Gallet*, h. c° Chatte.

Galette, h. c° Le Grand-Lemps.

Galguet, castr., Galguerli : voy. Castellum G-t.

Galints (Les), XVIII s. ; *les Gaillards*, h. c° Autrans.

Gallelère (La), h. c° Vinay.

Galliens (gr. des), XVIII s. : voy. Gallyens.

Gallère, h. c° Chabons.

Gallilette (La), XIX s. ; *la Galifette*, h. c° Moirans.

Galina, nem., XIV s. ; *le Crey-de-la-Geline*, bois c° Livet-et-Gavet.

Gallineres, XIV s. ; G-rias (ap.); *Galinière*, éc. c° Vif.

Galizère, h. c° Engins.

Gallanuion (Le), éc. c° Montferrat.

Gallan, éc. c° Correncon.

Gallan, XIX s. : voy. la Traverse.

Gallandière, XIX s. : *les Galinudières*, f. c° Simandres.

Gallard château, XIX s. ; *le Galiard*, h. c° Chevrières.

Gallardonnière, XVIII s. ; *Gaillardonnière*, h. c° St-Romans.

Galle, h. c° Sechilienne.

Gallerandz (Les) : G-ns (les), XVI s. : *les Gallérandz*, h. c° Bellegarde-et-Poussieu.

Galles (Les), éc. c° Quaix.

Galliany, XVII s. ; ... c° Reventin-Vaugris.

Galliarderia, seu Alistrablo ; G-ery, XV s. ; *Gaillardière*, mas c° Fitilieu.

Gallière (Les), h. c° St-Victor-de-Cessieu.

Gallin, éc. c° Miribel-les-Échelles.

Gallimerias, XV s. : voy. Galiners.

Gaillot-du-Loup (Le), ch¹⁰ c° Chaponnay.

Gallix, éc. c° Beaufort ; — h. c° Viriville.

Gallyens (ch¹⁰ des), XVI s. ; *les Galiens*, h. c° Le Passage.

Galochère, h. c°° Glères et St-Martin-d'Hères.

Galupin (Le), ruiss. affl. l'Isère, c°° Sassenage et Noyarey.

Galot, XIX s. ; *le Galup*, h. c° St-Georges-d'Espéranche.

Galoulier (Le), ruiss. c° Four.

Galterlis (mounaria de). XIII s. ; *les Gautiers*, h. c° Cordéac.

Galvin, gr. c° la Mortu.

Gamballon, XIV s. ; *Galipet*, h. c° La Frette.

Gaminloup, ruiss. c°° Le Gua et Miribel-Lanchâtre; — h. c° Pinieu; — h. c° Rovel-et-Tourdan.

Gamban (Le), h. c° Tignieu-Jameyzieu.

Gambayson, XIX s. ; *Gambeyson*, h. c° Moidieu.

Gambou, gr. disp. c° Champ, XVIII s.

Gameaux (Les), XIX s. ; Gamot, XVIII s. ; *les Gamots*, h. c° Chatte.

Gamellère (La), ruiss. c° Ste-Blandine.

Gamon, h. c° Choranche.

Gamond, torr¹ c°° Biviers et Meylan.

Gamons (Les), XVIII s. ; *les Gamonds*, h. c° St-Lattier.

Gampalou (ancienne jasse), XIX s. ; *Gampaloup*, mas c° Gresse.

Gampaloud, ruiss. c° Cognin ; — bois et ruiss. c° Méaudre ; — bois et font. c° Quaix ; — font., XVIII s. ; — mas c° Varces.

Gampaluz, XIV s. ; Gampalouz; *Champaloud*, h. c° Voiron.

Gampeloup, éc. c° Roussillon. ; — XVII s. : voy. Gapalouf.

Ganavat (La), XIX s. ; *les Ganavais*, h. c° Bellegarde-et-Poussieu.

Ganbalou, XIV s. : voy. Gamballon.

Gandillière, h. c° Biol.

Gandellière (La), mont. c° St-Christophe-en-Oisans.

Ganielon, éc. c° Presles.

Ganouillère, h. c° Beauvoir-de-Marc.

Gany, l. disp. c° St-Guillaume, XVIII s.

Gap (Le), ruiss. c° La Garde, XVIII s.

Gapalouf. XIV s. ; *Gampaloud*, font. c° Chirens.

Gaparleau, h. c° Tullins.

Gaparelière (La), l. disp. c° Ruy, XVIII s.

Gapillou (Le), h. c° Succieu.

Garagnol, f. c° Chevrières.

Garaubaud, XIX s. : voy. Garanbou.

Garamberti sive de Corbacena, XVI s. ; voy. Galamberti.

Garanent, mont. c* La Morte.

Garanbou, XVIII s. ; *le Garemboury*, h. c** St-Pierre-de-Bressieux et St-Siméon-de-Bressieux.

Garangeaux, XVIII s. : voy. Garaudent.

Garangere (La), h. c* Chirens, XVIII s.

Garat (Le), ch** c* la Salette.

Garat, h. c* Voiron.

Garaudenchi, cavan., XIII s. ; *les Garaudenches ?*, l. disp. près la Mure.

Garaudent, mans., XIII s. ; G-doar, XIII s. ; Garenjaudis, XIV s. ; Garengaux, XVIII s. ; Garodent, XV s. ; *les Garengeaux*, h. c* Brié-et-Angonnes.

Garavats, XVIII s. ; *les Gamaents*, h. c* Bellegarde-et-Poussieu.

Garavet, gr. disp. c* Morlas ; — l. disp. c* St-Etienne-de-Crossey, XVIII s.

Garavin, l. disp. c* St-Nicolas-de-Macherin, XVIII s.

Garbon, XVIII s. ; Gabourd, XIX s. ; Garbout (le), XIX s. ; *le Garbonel*, vill. c* Bevenais.

Garchianum, XII s. : voy. Gartianum.

Garcin, ruiss., XVIII s. ; rif : *Garrin*, ou *les Laes*, ruiss. aff. la Lignare, c* Ornon.

Garcin (Le), h. c* St-Etienne-de-Crossey ; — gr. c* St-Michel-les-Portes.

Garcin (tenura Bernart), XII s. ; *Garcinière*, h. c* St-Pierre-de-Chartreuse.

Garcina (mans vocat. de), Garcineriis (mans. de), XIV s. ; *la Garcine*, mont. c** Lavaldens et le Villard-St-Christophe.

Garcineria, XIV s. ; G-nis, G-n (le), Garcin au Gontal et Garcin d'en Haut, XVIII s. : (Haut et Bas) ; *les Garcins*, h. c* Le Mont-de-Lans.

Garcines (en), XVII s. ; *Entre-Deux-Ports*, ch** c* St-Egreve.

Garcini (campis), XIV s. ; *Garcine*, éc. c* Roissard.

Garcinières, gr., XVII s. ; *la Garcinière*, f. c* Miribel-les-Echelles.

Garcinières, XVIII s. : voy. Garcin l**.

Garcinorum (nem.), XIV s. ; *Garcinière*, torr. c* Meylan.

Garcinos (Los), XIII s. ; Garcine (chavan. Combe), XV s. ; Garcina, XII s. ; *les Garcina*, l. disp. c* Brié-en-Angonnes.

Garcins (Les) : voy. Gargisiis.

Garel (Les, h. c* Pontcharra.

Garda, XVI s. ; *la Garde*, éc. c* Communay ; — h. c* St-Maurice-l'Exil.

Garda (li), XII s. ; *la Garde*, h. c* Eyzin-Pinet.

Garda (P. de), XIV s. ; *la Garde*, h. c* le Fontanil.

Garda, nem. cum garena coniculorum, XIV s. ; *la Garde*, bois c* Parmilieu.

Garda, XIV s. ; *la Garde*, mont. c* Pellafol.

Garda (La), mans., XIII s. ; (territ. de), XIV s. ; *la Garde*, h. c* St-Pierre-de-Méarotz.

Garda, riv., XV s. ; *la Garde*, ruiss. c* Villard-Eymond.

Garda (prior de), XII s. ; (prioratus S. Petri de) : voy. Gardia.

Garde (La), gr. disp. c* l'Albenc, XVIII s.

Garde (La), mas c* Allières-et-Risset.

Garde (La), c* c** Le Bourg-d'Oisans : dioc. Gren., dgl. St-Pierre.

Garde (La), h. c* Charancieu.

Garde (La), éc. c* St-Antoine, XVIII s. ; — h. c* St-Pierre-de-Bressieux ; — gr. c* St-Quentin.

Garde (La) : voy. Garda 2**.

Garde, XII s. ; G. en Oisans (la) : voy. Gardia.

Garden : voy. la Sure.

Gardenum, XII s. ; Gardengum : voy. Lardens, Jardens.

Gardent, éc. c* Auris.

Gardeta (serrum de), XIV s. ; *les Gardettes*, mas c* St-Sébastien.

Gardeta, XIV s. ; *la Gardette*, h. c* Villard-Eymond.

Gardette (combe de la), XVIII s. ; *les Gardettes*, bois, c* Le Périer.

Gardia, eccl. S. Petri, XI s. ; *la Gar-'e*, c* c** Le Bourg-d'Oisans.

Gardière (La), éc. c* Seyssuel, XVIII s.

Gardine (La), ch** c* St-Jean-de-Moirans.

Gardins (Les), XVIII s. ; *les Gardins*, h. c* St-Hilaire.

Garditi villa, XIV s. ; *Prajard*, h. c* Herbeys.

Gare (La), h. c* l'Albenc ; — h. c* Beaurepaire ; — quart. c* Bourgoin ; — h. c* Cessieu ; — h. c* Chabons ; — h. c* Classe ; — h. c* la Côte-St-André ; — h. c* Domène ; — quart. c* Gières ; — quart. c* Grenoble ; — h. c* Izeaux ; — h. c* Moirans ; — h. c* Montalieu-Vercieu ; — h. c* Pierre-Châtel ; — h. c* Pont-charra ; — h. c* Reventin-Vaugris ; — h. c* Rives ; —h.c* Les Roches-de-Condrieu ; — h. c* St-André-le-Gaz ; — h. c* St-Etienne-de-St-Geoirs ; — h. c* St-Georges-de-Commiers ; — h. c* St-Hilaire-du-Rosier ; — h. c* St-Lattier ; — quart. c* St-Marcellin ; — h. c* St-Priest ; — h. c* St-Quentin-Falavier ; — h. c* la Sône ; — h. c* Tencin ; — h. c* Ternay ; — h. c* Tullins ; — h. c* Vaulx-Milieu ; — h. c* Vinay ; — h. c* Voreppe.

Gare-de-Virieu (La), h. c* Panissage.

Garenerias (aps), XIII s. ; *Garneyrr*, h. c* St-Paul-les-Monestier.

Garels (consert des), XVIII s. ; *les Garrels*, h. c* St-Julien-de-Ratz.

Garengels (Les), (mas des), XVII s. ; *les Garrengels*, mas c* Tullins.

Garenleria, XIV s. ; *la Goulaudière*, h. c* Presles.

Gareneyre, XVIII s. : voy. Garnerils.

Garnugiere (consert des Badillions à la), XVI s. ; *la Garrengère*, mas c* Chirens.

Garenière, XIX s. ; *Garcinière*, h. c* Proveyzieux.

Garnulaot (ad collem), XV s. ; *le Saxs*, mont. et col, c** St-Christophe-en-Oisans et Guillaume-Pérouse (Htes-Alpes).

Garenne (La), h. c⁰ Chatte ; — vill. c⁰ Genas ; — h. c⁰ la Murette ; — bois c⁰ St-Quentin-Falavier, la Verpillière et Villefontaine ; — h. c⁰ Sillans ; — h. c⁰ Valencin ; — h. c⁰ Voiron.

Garenne à s⁰ Clerimbert, XVIII s. ; *la Garenne*, mas c⁰ Jons.

Garennes (Les), h. c⁰ Chavanoz.

Garennes (Les), h. c⁰ Oytier-et-St-Oblas : — h. c⁰ St-Just-de-Claix.

Garens (Les), éc. c⁰ St-Maurice.

Garets (Les), XVIII s. ; *le Garet*, h. c⁰ Plusot.

Garganelle (La), h. c⁰ Roybon.

Gargat (Les) : Garges (les), XVII s. ; c⁰ Reventin-Vaugris.

Gargerisius, XIV s. ; Gargeuil, riv.; Gargiall (riv.), XVIII s. ; Gargialis (villa de), XIV s. ; *les Gargins*, h. c⁰ Vif.

Gargotte (La), éc. disp. c⁰ St-Pierre-de-Chartreuse, XVII s.

Gargue, h. c⁰ St-Quentin-Falavier.

Garier (Les), ruiss. aff. du Drac, c⁰ St-Sébastien.

Garin, h. c⁰ Moissieu : — (le), h. c⁰ Rouage.

Garipeles (Les), XVIII s. ; Garipelli, XV s. ; *les Garipeles*, éc. c⁰ Avignonet.

Garipelles (Les), f. c⁰ La Cluze-et-Paquiers.

Garis, XVII s. ; Gary ou Devet, XVIII s. : voy. Guary.

Garjata, XIV s. ; *la Jarjatte*, mont. c⁰ St-Laurent-du-Pont.

Garlanna, XI s. ; *Gerlande*, l. disp. c⁰ Eyzin-Pinet.

Garleta, lac. ; molar., XIV s. ; *Gerlande*, forêt c⁰⁰ Vaulnaveys et Vizille.

Garlettes (Les), h. c⁰ Seyssins.

Garlin, gr. disp. c⁰ Moirans, XVIII s.

Garnaire, XIX s. ; Garnerias, XIV s. ; G-eyre, XVIII s. : voy. Garcanerias.

Garnaudi (serrum), XIV s. ; G-dorum : *les Garnières*, mas c⁰ Ste-Luce.

Garnaz (La), ruiss. aff. l'Herbetant, c⁰ St-Pierre-d'Entremont.

Garner (mans.), XIII s. ; G-rii (mans.) : *Garnier*, l. disp. c⁰ St-Vincent-de-Mercuse.

Garneres (villa de), XIV s. ; Garnier, XVIII s. ; *Maugerni*, h. c⁰ Vif.

Garnerias, XIV s. ; G-rlia (villa de), XIV s. ; *Garneyre*, h. c⁰ St-Andéol.

Garneris (villa de), XIV s. ; *les Garneyres*, mas c⁰ Le Gua.

Garnerium (Coyn) ; G-li (Coyn), XV s. ; *Garnier*, ég. c⁰ Clavans.

Garniceyrias, XV s. ; voy. Garcinorum.

Garnier (Le), h. c⁰ Vasselin.

Garnière (La), h. c⁰ Seyssins.

Garniers (Les), éc. c⁰ Corbinc ; — h. c⁰ Nantes-en-Ratier.

Garoderlis (villa), XIV s. ; *Garodeyres?*, l. disp. c⁰ Le Gua.

Garonière, XVIII s. ; *Garonnet*, éc. c⁰ Seyssins.

Garonnière (La), h. c⁰ Merlas.

Garotiere (La), f. c⁰ Jons.

Garra, XIX s. ; Garranenef, mans., XIII s. ; *Garrat*, h. c⁰ Tencin.

Garrel (mais. f. au mandt de Morestel) ; *Montgarrel*, l. disp. c⁰ Passins.

Garrel (Chez-), XIX s. : *les Garrels*, h. c⁰ St-Joseph-de-Rivière.

Garrels : voy. Garels.

Garria, XIII s. ; *Jarrie*, c⁰ c⁰⁰ Vizille.

Garrigas (Les), XIII s. ; G-igues (les), XIV s. : *les Garrigues*, mas c⁰ Cognin.

Garrine (La), h. c⁰ Maubec.

Garripelles, XVIII s. : voy. Garipelli.

Garrotière, XIX s. ; *Garretière*, h. c⁰ Claix.

Gartianum, XII s. ; Garzinum, XI s. ; *Jarrin*, c⁰ c⁰⁰ Vienne-Sud.

Gas (le), XVIII s. ; *le Gua*, h. c⁰ Proveyzieux.

Gasalandia, rivolus, IX s. ; G-dus, IX s. ; *le Charauroux*, ruiss. c⁰ Charantonnay.

Gasconnières (Les), c⁰ Moidieu.

Gassaude (collis Vallon), XV s. ; G-dia (chalet), G-doure, XVIII s. ; *Gassandoure*, chal. c⁰ St-Christophe-en-Oisans.

Gasserre, Gassière, XVIII s. ; G-es : voy. Gaxerre.

Gassotières (Les) : voy. Gaexollières.

Gaster, riv., XII s. ; Gasterius, XIV s. ; Gastier, XIII s. ; *le Vigrier*, ruiss. c⁰ Allevard.

Gastinelli (mans.), XIII s. ; G-lorum (mans.); *Gutinet*, h. c⁰ St-Martin-le-Vinoux.

Gastondas (rifs de la) : G-az, ruiss., XVII s. ; G-de ; *la Gatunde*, ruiss. c⁰ Entre-deux-Guiers, aff. ruiss. Aiguenoire.

Gatayllila (in), XV s. ; *le Gautut*, bois c⁰ Le Périer.

Gatoau (La), mas et ruiss. c⁰ Clelles.

Gatel, f. c⁰ Chatte ; — f. c⁰ St-Siméon-de-Bressieux.

Gatelière (La), h. c⁰ St-Etienne-de-Crossey.

Gateyrila (villa de), XIV s. ; *les Catliers*, h. c⁰ Avignonet.

Gatlière, XVIII s. : voy. Gayochières.

Gauchatores, XIV s. ; G-hoirs, anc. le Clapier (com.) ; *les Gauchoirs*, h. c⁰ Le Bourg-d'Oisans.

Gaucherie (La), h. c⁰ St-Vérant.

Gauchets (mans.), XVII s. ; *les Gauchets*, h. c⁰ Le Villard-de-Lans.

Gauchis, XIV s. ; *les Gauchets*, h. c⁰ Corbear.

Gauchoir : voy. Clapier.

Gauclaire (Lans), h. c⁰ Le Bourg-d'Oisans, baill. Graisiv.

Gauchon (Les, mas c⁰ Hières ; — h. c⁰ Montalieu-Vercieu.

Gauchons (terroir des), XVI s. ; *le Gauchon*, f. c⁰ St-Georges-d'Espéranche.

Gauchons (Les), ruiss. c⁰ St-Quentin, aff. du Martinet.

Gaude, gr. c⁰ St-Pierre-de-Chartreuse.

Gauderie (La), chp c⁰ Jarrie.

Gaudes (Les), ruiss. c⁰⁰ Chimilin et Granieu.

Gaudes (Les), h. c⁰ Massieu : — h. c⁰ St-Hilaire ; — h. c⁰ St-Pierre-de-Chartreuse.

Gaudes Patata (Les) ou Villeneuve, XVII s. : moulins ; *les Gaudes*, h. c⁰ St-Pierre-de-Chartreuse.

Gaudetum (bois, mont. de), XIII s.; *Gaudet*, mont. cᵉ Vaulnaveys-le-Haut.
Gaudinum, XV s.; *Gaudin*, bois cᵉ St-Hilaire.
Gaulissard (Bois), XVIII s.; *Godissard*, mont. cᵉ St-Martin-de-Clelles.
Gaulissart, bois; *Gaudissard*, éc. et mont. cᵉ Le Périer.
Gaudrinerie (dom.), XVII s.; *la Gaudrine*, f. cᵉ St-Hilaire-de-la-Côte.
Gaulas, h. cᵉ Agnin.
Gaureto (prat. in), XII s.; *le Champ-des-Gourres*, mas cᵉ Montagne.
Gaus (lac du), XVIII s.; *la Corue*, lac cᵉ Allemont.
Gausanerils villa, XIV s.; *Gausaneyres ?*, h. disp. cᵉ St-Andéol.
Gautalena (territ. de), XV s.; G-line, XVII s.: voy. Gotalina.
Gauterils (sayguis), XIV s.; *Gautier*, gr. cᵉ St-Honoré.
Gauterils, Gauterios, XIV s.: voy. Gateyrils.
Gauterium villa, XIV s.; *le Gautier*, h.disp.cᵉSt-Bernard.
Gauterun, XVI s.; Gautheron; G-nis; *Gautheron*, f. cᵉ Beaufort.
Gautessart (cavan. de), XIII s.; Gautssartz; Gauteysarez, XIII s.; G-arda; G-arz, XIII s.; *Coteyssard*, h.cᵉAllemont.
Gauthier (Grange): voy. Gauterils.
Gautier, éc. cᵉ Pariset; — h. cᵉ Pinsot; — h cᵉ St-Baudille-et-Pipet; — h. disp. cᵉ St-Bernard.
Gautiers (Les), XVIII s.; *les Gauthiers*, h. cᵉ Bellegarde-et-Poussieu.
Gautiers (Les), l. disp. cᵉ Correnson.
Gautiers (Les), XVIII s.; *Gautier*, h. cᵉ St-Paul-de-Varces.
Gavet (Le), h. cᵉ Pinsot.
Gavet, gr.cᵉSt-Martin-d'Uriage.
Gaveti (loc.), XV s.; *Gavet*, vill. cᵉ Livet-et-Gavet.
Gavetières, h. cᵉ Bossieu.
Gavets (Les), h. cᵉ Séchilienne.
Gavots (Les), chⁱⁿ cᵉ Seyssins.
Gazerre (main. forte de la), XVII s.; *Gassières*, l. disp. cᵉ Veurey.

Gay (Le), éc. cᵉ Allemont; — h. cᵉ St-Jean-de-Moirans.
Gay, chⁱⁿ cᵉ Bernin.
Gayat (Les), h. cᵉ Champier.
Gayati (mass.), XIV s.: voy. Gayeris.
Gayer, XVIII s.; *les Gayères*, mas cᵉ l'Albenc.
Gayères (Les), h. cᵉ Biol
Gayeris, molend., XIII s.; Gayeto (mans. de), XV s.; Gayto (mans. de), XIV s.; *le Gayet*, h. cᵉ Barraux.
Gayerils (custa de), XIV s.; Gayeres (Les); *les Gayères*, h. cᵉ St-Cassien.
Gayers (Les); *le Gayet*, vill. cᵉ Chirons.
Gayet (Le), f. cᵉ Rochetoirin.
Gayet (Le), XVIII s.; *les Gayets*, h. cᵉ Pontcharra.
Gayet (Rif), XVIII s.; *les Gayets*, éc. cᵉ Theys.
Gayetières, XVI s.: voy. Gayochières.
Gayetus villa, XIV s.; G-to (vernetum de), XV s.; Gays (Les), XVIII s.; *le Gay*, gr. cᵉ Besse.
Gayliarum, XIII s.; *Jallieu*, cᵉ cᵒⁿ Bourgoin.
Gaymard, éc. cᵉ St-Baudille-et-Pipet.
Gaymena villa, XIV s.; *la Guymenne ?*, h. disp. cᵉ St-Paul-les-Monestier.
Gayoctières, loc., XV s.; *Gaitière*, h. cᵉ Moidieu.
Gays (raban. dels), XIII s.; *les Gays*, mas cᵉ Séchilienne.
Gaytière (La), f. cᵉ St-Quentin-Falavier.
Gaz (Le), XIX s.; *le Gua*, h. cᵒⁿ Beaulieu et Têche.
Gaz (maison du), XVII s.; *le Châteu*, éc. cᵉ Gua.
Gaz (Le), vill. cᵉ St-André-le-Gaz; égl. parr. dioc. Vienne, voc. St-Nicolas.
Gaz (Le), h. cᵉ St-André-en-Royans.
Gaz (Le), h. cᵉ Sassenage; — h. cᵉ Vizille.
Gaz (Le), XVII s.; *le Gas*, h. cᵉ Vaulnaveys-le-Haut.
Gaz, XVIII s.: voy. Ga Iᵉ.
Gaz (Moulins du): voy. Huyellet.
Gaz-du-Mulet (Le), chⁱⁿ cᵒⁿ Bourgoin et Ruy.
Gaz-le-Palud (Le); *St-André-*

le-Gas, cᵉ cᵒⁿ le Pont-de-Beauvoisin.
Gaz-Vieux (Le), chⁱⁿ cᵉ St-Chef.
Gazabot, chⁱⁿ cᵉ Glières.
Gazon, éc. cᵉ Preslen.
Geatarel, mont. cᵉ Le Freynet-d'Oisans.
Gehyère (La), XVIII s.; *la Jayère*, h. cᵉ St-Antoine.
Geins, XVII s.: voy. Gentz.
Geir, XIII s.; Geira, XII s.: voy. Geria Iᵉ.
Gel (col du), XVIII s.: voy. Eyguelleria.
Gelata, XIII s.; *Jalay*, mⁱˢ cᵉ Mens.
Gelbert (Le), XVIII s.; *le Gilbert*, h. cᵉ Cour-et-Buis.
Gelie (La), éc. cᵉ Seyssuel.
Gelibertine, XVIII s.; *Gilbertière*, h. cᵉ Veurey.
Gelinières, XIX s.; *la Gelinière*, h. cᵉ Rovon.
Gelinot (Le), ruiss. affl. le Ruisset, arr. cᵒⁿ Sassenage et Noyarey.
Geliots (Les), éc. cᵉ St-Quentin-Falavier.
Gelivache, XVIII s.; *Gillieaches*, h. cᵉ Bresson.
Gellère (La), h. disp. cᵉ Le Mont-de-Lans, XVIII s.
Gelli (Vadum de), XII s.; *le Gas*, maset pont sur le Grand-Canal-de-Bourbre, cᵉ l'Isle-d'Abeau.
Gelline (mollard de la), XVII s.; *le Cret-de-la-Geline*, mont. cᵒⁿ Pommiers et Proveyzieux.
Gellon (riv. de), XVI s.; *le Jalon*, ruiss. affl. le Bréda, cᵉ Pinsot.
Geloalere (La), mⁱⁿ cᵉ Four.
Gemelas (villa de), XII s.; G-llas, XIV s.; *Gemelas*, h. cᵉ Eyzin-Pinet.
Gemencii (parr.), XV s.; G-nz, XII s.; Gemes, XVIII s.; Gemmaz, gr. XIII s.: voy. Gemmas.
Geminas (Peutinger); *Mens*, ch.-l. cᵒⁿ arrᵗ Grenoble.
Gemmas, eccl. S. Martial, XI s.; obediencia, XI s.; villa, X s.; *Gemens*, h. cᵒⁿ Estrablin et Pont-Evêque; par. dioc. Vienne, égl. St-Martin.
Gemones (Les), XVIII s.: voy. Geymons.
Gemont, XIX s.; *les Geymonds,*

h. c^e Revel.

Genas (villa de), XV s. ; Gennasium (parr. de), XIV s. ; Genay, XIII s. ; Genas, c^e c^ne Meyzieu; par. dioc. Lyon, égl. St-Barthélemy.

Genave, XVIII s. : voy. Genevoysium.

Gendarme, éc. c^e St-Sorlin.

Gendlats, XVIII s. : les liradiots, h. c^e Le Villard-de-Lans.

Gendre, ruiss. c^e Sinard.

Genebrarium, eccl.. XII s. : voy. Genevrea.

Genebretum villa, in agro S. Mauricii, X s. : le Gienerray, l. disp. c^e Septème.

Genebrey (le), XIV s. ; le Gienerray, mas c^e Aoste.

Genelin, l. disp. c^e Échirolles.

Général (Le), quart. c^e Le Pont-de-Beauvoisin.

Generey, h. c^e Tullins.

Genèse (La), ruiss. c^e Voreppe.

Genessin, ruiss. c^e St-Joseph-de-Rivière ; se perd dans les terres.

Genest (nem. de la), XIV s. : Genetz (bois de la), 1700 ; la Gierre (Grande, Petite), forêts c^es Ornon et Villard-Reymond.

Genetière (La), h. c^e Massieu.

Genety (Le), mont. c^e Corrençon.

Genevay, ruiss. aff. le Furet, c^e Chapareillan.

Geneviève (La), mont. c^e Theys.

Genevoux in parr. S. Victoris, XV s. ; Gevrouze, vill. c^e St-Victor-de-Morestel.

Geneveys, XVI s., (Balduissa seu de) : voy. Genevreva.

Geneveyseres (loc. de) : Genevesieres, XIV s. ; Genevey (les), XVIII s. ; Genevray, XIX s. ; le Genevry, h. c^e Succieu.

Geneveysium, XIV s. ; Geance, l. c^e Villemoirieu.

Genevois, gr. c^e Allemont ; — éc. c^e Champ ; — éc. c^e Laffrey.

Genevoyse, cavan., XIII s. ; Genevreis, Geneveta, chav., XIV s. ; Geveys (in montana Vallis Navigii), XIII s. ; G-eis (in), XV s. ; les Genecoys, l. disp. c^e Vaulnaveys-le-Haut.

Genevray (Le), mas c^e Aoste ; — mas c^e Communay ; — mas c^e Panossas ; — h. c^e Roche ; — éc. c^e St-Pierre-de-Chandieu ; — mar c^e Quaix.

Genèvre, mons, G-es, XV s. ; G-et, XVIII s. : le Genevray, mas c^e Quaix.

Genevrea (eccl.), X s. ; G-vrei (parr. de), XIII s. ; le Gieuerray, vill. c^e Vif.

Genevreas (camp. de las), XIII s. ; Genas (terra de) ; G-es ; Genevria, mas c^e St-Lattier.

Genevrey, XV s. ; Julérieu, vill. c^e les Avenières.

Genevrey (le), vill. c^e Vif ; par. dioc. Gren.. égl. Notre-Dame.

Genevrey (Le), f. c^e Villette-d'Anthon.

Genevrey. XVI s. : voy. Genebretum.

Genevreya (territ. de la), XV s. ; le Gienerry, mas c^e St-Savin.

Geneyslania (in), XV s. ; Giniguier, bois c^e Entraigues.

Genieu, mont.. XVII s. : voy. Gemmarium.

Génissieux, éc. c^e St-Lattier.

Genivelle (bois de), XVIII s. : la Genivelle, mont. c^es St-Pierre-d'Allevard et Theys.

Gennages, XIV s. ; Jauage, c^e c^e Meyzieu.

Gemmarium. XIV s. ; Gemieux, XVIII s. ; Gienieus, mont. et forêt c^e Proveyzieux.

Gemmerentum, capell., XIII s. : voy. Genevrea.

Genon (La), h. c^e les Avenières ; — (La), vill. c^e Izeaux.

Genon (La), XIX s. : voy. Janon.

Genons (consterg de), XVII s. : les Genons, h. c^e St-Laurent-du-Pont.

Genoulrat (La), mont. c^e St-Laurent-en-Beaumont.

Gentillière, éc. c^e St-Quentin.

Gentils (Les), chât c^e Corrençon.

Gentils (Les), XVIII s. : le Gientil, h. c^e Moirans.

Genton, h. c^e Marcolin.

Gentonne (La), f. c^e St-Pierre-d'Allevard.

Gentz, XIII s. ; Gens, XVI s. ; Gents (parr. de), XVIII s. : voy. Gaiano, Jaiano, Jaynet.

Geoffrays (Les), f. c^e l'Isle-d'Abeau.

George (Chez-), h. c^e Serres-et-Nerpol.

Georges (Les), h. c^e la Motte-d'Aveillans ; — h. c^e Quincieu.

Gérardière (La), éc. c^e Châtelus.

Geraudan (marese. de), XV s. ; Giraudan, marais c^es les Avenières et Thuellus.

Gerba (La), gr. c^e Theys.

Gerlaya (domin. de), XIV s. ; Gerbeys, f. c^e St-Quentin-Falavier.

Gerbe (La), ruiss. c^e Proveyzieux.

Gerbe ; voy. Gerbeau.

Gerbe, ruiss., XVIII s. : voy. Gerle.

Gerbeau, XVIII s. ; Gerbaud, éc. c^e St-Michel-les-Portes.

Gerber. XIX s. ; Gerbet, h. c^e La Chapelle-de-Surieu.

Gerbert (Le), h. c^e Roybon.

Gerbetière, h. c^e St-Pierre-de-Chartreuse.

Gerbey, h. c^e St-Julien-de-l'Herms.

Gerbeys, XIII s. ; G-eis de Roche-vieille (mais. f.), 1700 ; Gerbays. XVIII s. ; Gerbey, h. c^e Chozau.

Gerbeys, XVIII s. : voy. Gerbays.

Gerbier (Le), mont. c^es Le Gua et Le Villard-de-Lans.

Gerbula, XV s. ; G-lles (rieu), XVII s. ; Gerboulz (Les), Gerboulle, XVII s. ; Gerbule, h. c^e les Côtes-d'Arey.

Gerbole, ruiss. c^e Luzinay.

Gerbulez ; Gerbulles, h. c^es Beauvoir-de-Marc et Royas.

Gerbulez, XII s. (Cartul. de Bonnevaux, n° 400).

Gerboud, éc. c^e Lans ; — éc. c^e Noyarey ; — gr. c^e Le Villard-de-Lans.

Gerboudieres, XIX s. ; Gerboudiére, h. c^e Voreppe.

Gerbouds (Les), vill. c^e Ménandre.

Gerboule, XVIII s. ; G-es, G-lle, XVII s. : voy. Gerbulez.

Gère (La), riv. aff. du Rhône, orig. bois de Bonnevaux, au sud de Châtonnay, se jette dans le Rhône à Vienne.

Gère (La), h. c^e Estrablin.

Gerentoni (fons eumb^e P.), XIV s. ; Gerentières, XVIII s. ; Gesrutiere, h. c^e St-Pierre-de-Chartreuse.

Gerentonorum, clavan., clos. Gerias vera. S. Mauric., XIV s. ; G-lis (in), XV s. ; Gerentoneria, XV s. ; Gerentouniére ? l. disp. c^e Meylan.

Gerey (La), XVIII s. : voy.

Genest.

Geria, G-ia, XII s. ; Gerlæ (castr. sive donjonum sit. in quad. molar allot. XIV s. ; *Gières*, c^e c^on Grenoble-Sud.

Geria, XIII s. ; Gieri Vienne; *la Gière* : voy. ce mot.

Gerifdière, XVIII s. ; *Gierifundière*, h. c^e Vinay.

Gerin, éc. c^e Les Côtes-d'Arey ; — (le), mont. c^e Oz.

Gerlaaz (ruiss.), c^e Tignieu-Jameyzieu.

Gerins (Les), f. c^e St-Romans.

Gerlania, comba. juxta nem. Colungila, XV s. ; lac. ; *Gerlande*, mas c^e l'Isle-d'Abeau.

Gerlania (nem. de), XIV s. ; G-des (forêt), XVIII s. ; *Gerlande*, forêt c^es Vasselin et Vignieu.

Gerlands (Les), h. c^e St-Bonnet-de-Chavagne.

Gerlaus (font.), XVIII s. ; *Gierlan*, font. c^e Gresse.

Gerle (rit de la), XVI s. ; *la Guergue*, ruiss. c^e Proveyzieux.

Gerleude, XVIII s. : voy. Gerlania 2°.

Gerlier (Le), vill. c^e Les Avenières.

Germagniaco (riv. de), XV s. ; Germaneux, G-nieu, G-nyeu ; *Germanieux (Ruiss. de)*, ou des David, aff. le Flumet, c^e St-Pierre-d'Allevard.

Germain, gr. disp. c^e Chantesse.

Germanieux : voy. Germagniaco.

Gerue (Le), ruiss. aff. le Furon, c^e Sassenage.

Germonds (Les), f. c^es Dionay et St-Antoine.

Germont, éc. c^e Reventin-Vaugris.

Germes (bois de la), XVIII s. : voy. Gerle.

Gernie, XVIII s. ; *la Jargue*, h. c^e St-Jean-d'Hérans.

Géroine. L. disp. c^e St-Marcellin, XVIII s.

Geroudan, aqua, XIV s. ; *le Giraudan*, ruiss. aff. du Rhône, arr. c^es Villette-d'Anthon, Jans et Janage.

Gervals, éc. c^e Sarcenas.

Gervan (en), XVI s. ; G-ns ; *Gerzans*, vill. c^es Chatte et la Sône.

Gesinet (Le), l. disp. c^e Biol, XVIII s.

Gesures, forest., XVII s. ; *Gèce* ou *Gèrce*, forêt c^e Autrans.

Gessoneti (nem. de la), XIII s. ; *le Giset*, h. c^e Coguin.

Gétoux (Le), h. c^e Colin.

Geuler (riv. du), XIV s. ; *le Guiers-Vif* (voy. ce mot).

Gevriscum, XV s. : voy. Girieu.

Gevrie, XVIII s. ; *Gierrieu*, vill. c^e Villeneuve-de-Marc.

Geymons (Les), XVIII s. ; *les Geymonds*, h. c^e Le Villard-de-Lans.

Geyns, XIV s. : voy. Gentz.

Geyri, XIV s. : voy. Geria.

Geyrlis de Prayllinotin, XIV s.; *les Girûires*, mas c^e Meylan.

Geyronda (ripper. de), XIV s. ; *la Gerconde*, ruiss. orig. ét. Bonnevaux, arr. c^es St-Jean-de-Bournay et Royas.

Gialet, XVIII s. ; *les Gillets*, h. c^e Rencurel.

Gibasson (Le) : voy. Combe G-n.

Gilberney (Le), glac. c^e St-Christophe-en-Oisans.

Gibet (Le), h. c^e Le Pin ; — éc. c^e Semons.

Giboraz (colle de), XIV s. ; Gibonin ou Regneyres, XVII s.; Giboy, G-oyno ; *le Cul-de-Gibaui*, mont. et col c^es St-Maurice-en-Trièves (Isère), Glandage et Treschenu (Drôme).

Gibraltar, mas c^e St-Quentin.

Gielar, XVIII s. ; *le Checlat*, h. c^e Pinsot.

Gier-Bourbon (Le), mont. c^es Pommiers et St-Julien-de-Ratz.

Gière (Le), gr. disp. c^e La Ferrière.

Gières, c^e c^on Grenoble-Sud ; égl. St-Marcel.

Gieri, XIII s. ; Giers, ruiss. : voy. Geri, Geria.

Giet (Le), l. disp. c^e La Frette ; — h. c^e Coguin.

Giets (Les), mont. c^e Engins.

Gigat, XVIII s. ; *le Durand*, h. c^e Chasselay.

Gigiard, ruiss. c^e St-Pierre-de-Chartreuse.

Gigy, h. c^e Tullins.

Gilardière (La), XVIII s. : voy. Villardière.

Gilatière, h. c^e Engins.

Gilbergi, XIII s. : voy. Gisberti.

Gilbert (Le), XVIII s. ; *Gerbet*, h. c^e La Chapelle-de-Surieu.

Gilbertorum, riv., plassagier, XIV s. ; G-terlis, XIV s. ; *les Gilberts*, l. disp. c^e St-Pierre-de-Chartreuse.

Gilludan, éc. c^e Roybon.

Gilloude (La), ruiss. orig. étg. d'Arpieux, sur c^e Tramolé, arr. c^e Meyrieu et se perd dans les terres.

Gillondum (de), XIV s. ; *le Ginibaud*, h. c^e Montferrat.

Giles (Les), éc. c^e Morestel.

Gillet, h. c^e St-Geoirs.

Gilinets (Les), h. c^e Barraux.

Gilin, g^e c^e Plan.

Gillabert (serretum), XV s. ; *le Gilibert*, ruiss. c^e Le Freney, aff. la Romanche.

Gillards (fons de), XV s. ; (torrent de), XVIII s. ; *la Gillarde*, ruiss. c^e Auris.

Gilleterre, l. disp. c^e Dionay, XVIII s.

Gillibert, XVIII s.: voy. Gillabert

Gillien, ét. c^es Siccieu-St-Julien-et-Carisieu.

Gillon, XVIII s. ; *le Gilly*, h. c^e le Chapelle-de-Surieu.

Gillonnay, G-a, G-asium, Gilonnay; *Gillonnay*, c^e c^on la Côte-St-André, dioc. Vien., égl. St-Maurice.

Gilonay (eccl. de), XV s. ; *l'Eglise*, h. c^e Gillonnay.

Gilonnay (bastida de, dom. t.), XIV s. ; *le Château*, chât. c^e Gillonnay.

Gilornay : voy. Gilonnay.

Ginard, XVIII s. ; *le Ginard*, vill. c^e Corbelin.

Gincollet (Le), h. disp. c^e Livet-et-Gavet, XVIII s.

Ginet, G-ts (Les), XVIII s. ; *Ginet*, vill. c^es Châtonnay et St-Anne-d'Estrablin.

Ginet, gr. disp. c^e Moirans ; — (le), h. c^e Villefontaine.

Ginieux (forêt de), XVIII s. ; *Génieux*, mont. et forêt c^e Proveyzieux.

Ginieux, forêt, Girieux, XVIII s.: voy. Gennarium.

Ginon, XVIII s. : voy. Genous.

Ginuvray (St-Barthélemy de), XVIII s. : voy. Givret.

Gions (eccl. de), XIII s. : voy. Gyons.

Gipet (Chez-), mas c^e Soleymieu.

Giphières (Les), carrières c° N.-D.-de-Méage.

Girantière, XVIII s. : voy. Girentes.

Giranton, éc. c° Dionay.

Girard (Le), XIX s. ; *les Girards*, vill. c° Chatte.

Girard, éc. c° Château-Bernard ; — éc. c° Chichilianne ; — éc. c° Lans ; — éc. c° Le Monestier-du-Percy ; — éc. c° St-Genis ; — gr. disp. c° St-Martin-d'Uriage, XVIII s. ; — éc. c° St-Vérand.

Girarderes (Les), XIII s. ; G-deria, loc. ; G-dière, XVIII s. ; *la Girardière*, éc. c° St-Romans.

Girardorias, XIV s. ; *les Gillardes*, éc. c° Pellafol.

Girarderias, XIV s. : voy. Girauderilis.

Girarderilis (mans. de), XV s. ; Girarderes territ. ; *les Girardières*, mas c° Gillonnay.

Girarderilis (villa de), XIV s. ; Girauderes, XIV s. ; *Giroudeyre*, h. c° Le Gua.

Girardi (mans.), XII s. ; *Girard?* l. disp. c° Meylan.

Girardi (comba), XIV s. ; *Girard*, éc. c° Monestier-du-Percy.

Girardi, XV s. ; *Girardon*, forêt, c° Le Monestier-d'Ambel.

Girardière, l. c° Beauvoir-de-Marc ; — (la), gr. disp. c° Chevrières.

Girardis villa, XIV s. ; Girarderilis villa, XV s. ; G-dières ; *Girardière*, h. c° Vif.

Girards (Les), vill. c° Chaparellan ; — h. c° Cordéac ; — h. c° Lans ; — éc. c° Méaudre.

Girart, XIV s. ; *Girard*, éc. c° Le Monestier-du-Percy.

Giraux (mans. dels), XIII s. ; *Girerdière*, mas c° N.-D.-de-Méage.

Giraud, gr. disp. c° Grenoble ; —éc. c° Marcieu ; — l. c° Moissieu ; — vill. c° Roche ; — éc. c° St-Bonnet-de-Chavagne ; — éc. c° St-Lattier.

Girandan (pons et aqua de), XIV s. ; *le Girandan* ou ruiss. de Passieu, ruiss. aff. du Rhône, c° Saint-Romain-de-Jalionas.

Giraudan : voy. Romain-Libre.

Giranderia, XIV s. : *les Girands*, h. c° Méaudre.

Girauderias (villa de), XIV s. ; Giraudor; *Giraudières*, h. c° Allières-et-Risset.

Girauderilis (camp. de), XIV s. ; *les Girauds*, h. c° Parizet.

Giraudière (La), XVIII s. ; *la Girauderie*, h. c° La Forteresse.

Girauds (Les), h. c° Roche.

Girauds (Les), XIX s. : voy. Giroudenchi 2°.

Girauds (Les), XIX s. : voy. Giroux.

Giraudus, prat., XIII s. ; *Girodet*, mont. c° La Ferrière.

Giraut, ruiss. : voy. Girouds.

Girauts (Les), XVIII s. ; *les Girouds*, h. c° N.-D.-de-Commiers.

Giray ou Chollet, XVIII s. ; *Girry*, cant. de bois de la forêt de Bonnevaux, c° Arzay.

Girbergi, XII s. : voy. Gisberti.

Girbodi, XVI s. ; Girbola, fluv., X s. ; (molend. de) ; *Gerbole*, h. c° les Côtes-d'Arey.

Girboles (molend. de), XIII s. ; (dom. de), XIV s. ; G-lles, bastida ; *Gerbolles*, h. c° Beauvoir-de-Marc et Royas.

Girboudon, c. disp. c° Serres-et-Serpol.

Girentes (Les), XVII s. ; G-tes (Les) ; *Girentière*, h. c° St-Pierre-de-Chartreuse.

Girenil (Le), h. c° Charancieu ; — h. c° Chézeneuve ; — h. c° Panossas et St-Marcel-de-Bel-Accueil.

Gireta (Les), XVIII s. ; *les Ebreis*, h. c° Bizonnes.

Girez, Girerdz (maison des), XVI s. ; *le Girerd*, h. c° Panossas et St-Marcel-de-Bel-Accueil.

Giriacum, X s. ; *Leyrieux*, h. c° Chaponnay.

Girieu, XIV s. ; *Girieux*, ruiss. aff. la Gère, c° Lieudieu et Arzay.

Girieux : voy. Ginieux.

Girifondière, XIX s. : voy. Géridlière.

Girin (Grand, Petit), éc. c° Oyeu.

Girinis (mansus de), XIII s. ; *Molard-Girieux*, bois c° Proveyzieux.

Girins (mans. es), XIII s. ;

G-orum (mans.), XIV s. ; Girini (riv. de); (crux de), XV s. ; *le Girin*, h. c° St-Paul-d'Izeaux.

Girivachi, XV s. : voy. Girvachi.

Girlanda (nem.) mandam. S. Theuderii, XV s. ; *Gerlande*, forêt c° Vasselin et Vignieu.

Girlande (terroyr de), XVI s. ; *Gerlande*, l. disp. c° Eyzin-Pinet.

Giroleres, territ., XV s. : voy. Girarderes.

Girouderlis (in), XIV s. : voy. Girauderilis.

Girodkéerie (La) : voy. Giraudière.

Girodon, h. c° St-Siméon-de-Bressieux.

Giroit Bastart, mans., XII s. ; *Pré-Bâtard*, mont. c° Saint-Pierre-de-Chartreuse.

Gironnay, priorat., XIII s. : voy. Girunnay.

Girons (Les) : voy. Girunda.

Girose, XVIII s. : voy. Girouderlis.

Girotz (mans. dels), XIV s. ; Giroudi villa, XIV s. ; *les Girouds*, h. c° Vaulnaveys-le-Bas.

Girou, l. disp. c° St-Marcellin.

Girou, XVIII s. ; Giroud, mas, XVII s. ; XIX s. ; *le Giroud*, h. c° Le Sappey.

Giroud (Chez-), éc. c° Marcolin.

Girouda (aqua), XV s. ; *la Giroude*, ruiss. aff. la Gère. c° Villeneuve-de-Marc et Moyssiéu.

Giroudenchi (chavan.), XIV s. ; G-ni, XV s. ; *Bois-Giroud*, bois c° Villard-St-Christophe.

Giroudenchi (chavan.), XIV s. ; *les Girouds*, h. c° La Valette.

Girouderilis, XV s. ; *Girose*, ruiss. c° La Garde.

Giroudcey (La), XV s. : *la Giroussière*, éc. c° St-Etienne-de-Crossey.

Giroudetus, mine ferrea, XIV s. : voy. Giraudus.

Giroudière (La Grande), XVII s. ; G-es (Les Petites), XVII s. ; *les Giroudières*, mas c° Entre-Deux-Guiers.

Giroudière, XVIII s. : voy. Giraudière.

Giroudières, G-ro : voy. Giroudorum 2°.

Giroudorum (domos), XIV s. ;

Giroua (Les), XVIII s. ; *les Girouds*, mas c^e Theys.

Giroudorum (passoriam), XIV s. ; *Giroudière*, mas c^e St-Pierre-de-Chartreuse.

Girouda (Les), XVIII s. ; *le Giroud*, h. c^e La Folatière.

Girouda (Les), f. c^e Poliénas ; — mas c^e Theys.

Giroux (Les), XVIII s. ; *les Girouds*, h. c^e Bellegarde-et-Poussieu.

Giroze, XV s. : voy. Girouderia.

Girunda (mans. de); *les Girouds*, h. c^e St-Sauveur.

Girunnay, XII s. ; *Gillonnay*, c^e c^ne la Côte-St-André.

Girvachia villa, XIV s. : voy. Girvascha.

Girvascha villa (ad), XII s. ; *Gillieuches*, h. c^e Bresson.

Gisberti Blanci (villaris), XII s.; *Gibergy*, h. c^e la Ferrière.

Gischardica villa, XIV s.; *Guichardière*, h. c^e St-Pancrasse.

Git (Le), h. c^e St-Quentin.

Git dou Cartier, XIV s. ; *le Jet-du-Cartier*, mont. c^e St-Christophe-Entre-Deux-Guiers.

Git-du-Chien (Le), ruiss. c^e Cognin.

Gitad (La), éc. c^e Le Pont-de-Beauvoisin.

Giteaux (Les), bois et ruiss. c^e Engins.

Gitre, éc. disp. c^e St-Pierre-de-Chartreuse.

Givray, vill. c^e St-Maurice-l'Exil; par. dioc. Vienne, égl. St-Barthélemy.

Givret (capell. S. Barthol. de), XIII s. ; *Givray*, vill. c^e St-Maurice-l'Exil.

Givrier, XVIII s. : voy. Gevrie.

Giziacum, X s. : voy. Giriacum.

Glacière (La), mont. c^e Lans ; — h. c^e Rives ; — mas et ruiss. c^e St-Sulpice-des-Rivoires.

Glaciers (Les), glac. ruiss. c^e Chapareillan.

Glacpinyacum, XVI s. : voy. Glapinef.

Glaeria (prat.); Glaceria (prat.), XIV s. ; *les Glaires*, mas c^e Lavaldens.

Glaires (Les) : voy. Gleria, Gleres.

Glairon, bois, au bord de l'Isère, XVIII s. ; *les Glières*, mas c^e Lumbin.

Glairons (Les), h. c^e Gières et St-Martin-d'Hères.

Glais, chacia cuniculor., XIIe s.; *Gluy*, h. c^e Auberives.

Glaise (La), ruiss. c^e La Garde.

Glaisin (Petit) ; *Gleysin-de-la-Ferrière*, chal. et mont. c^e La Ferrière.

Glaisin, XIX s. : voy. Gleysin.

Glaizi, XVIII s. : voy. Gleurier.

Glaizy, XVIII s. ; *Gleysy*, bois c^e La Terrasse.

Glandage, forêt c^e Méaudre.

Glander, XVIII s. ; *Glandieu*, XVIII s. ; *Glaudier*, bois c^e St-Laurent-de-Mure.

Glandière (La), bois, c^e Champ; — bois c^e St-Paul-de-Varces.

Glandon, riv., XIII s. ; G-nis aqua, XIV s.; G-na, riv., XIII s. ; *le Glandon*, ruiss. aff. l'Isère, c^e Chapareillan.

Glanduex (Les), XVIII s. ; *le Glaudu*, h. c^e St-Hilaire-de-la-Côte.

Glapignatum, XIV s. ; Glappiniacus, XV s. ; Glapiniacum, G-nhacum, G-gniacum, XVIa.; Glapignieu, XVIII s. ; Glapigneul, XIX s. : voy. Glapinef.

Glapinef, G-ez, XIV s. ; *Glapigneuz*, vill. c^e Allevard.

Glappiniaco (in), XVI s. : voy. Grapil.

Glay (territ. de la Bergieri, alias de), XV s. ; *Glay*, h. c^e St-Clair-du-Rhône.

Giay, XV s. ; Glaye : voy. Glais, Gleyres.

Guaye, XIX s, ; *Glay*, h. c^e St-Prim.

Glayron (morte du). XVII s. ; *le Gleyron*, mas c^e St-Quentin.

Glaysin, XIV s. : voy. Gleysin.

Glenat. XVIII s. ; *les Glenats*, h. c^e Rencurel.

Gleraterils et de Clemencerils (mans.), XV s. ; *Clémencière*, h. c^e St-Martin-le-Vinoux.

Gleraterils, mans., XV s. : voy. Glerils.

Gleres (Les), XVII s. ; Gleron (isle du), XVIII s. ; *les Glairous*, mas c^e Voreppe.

Gleria, Glerrs (illi Dey), XIII s. ; Gleyrils (in), XIV s. ; *les Glières*, mas c^e le Cheylas.

Gleria, XV s. ; *les Glaires*, h. c^e Echirolles.

Glerie Terracie, G-lis (in), XV s. ; *les Glières*, mas c^e La Terrasse.

Glerils (in), XIV s. ; *les Glières*, mas c^e Bernin.

Glerils (in), XIV s. : voy. Gleyri.

Glerils Tencini (in), XV s. ; *les Glières*, mas c^e Tencin.

Glerils de Vencia, XIV s. ; Gleron, XVII s. ; *les Glaireaux*, h. c^e St-Egrève.

Glesin (Grand), XIX s. : voy. Gleysin.

Gleurier, XIV s. ; Gleyria ; *Glaise*, bois c^e Livet-et-Gavet.

Gleyra Yuere, XIII s. ; Gleyrias supra Gratianopolim, vers molend. Gleyriarum, XV s. ; *les Gluires*, mas c^e Grenoble.

Gleyraux (Bois-Dauphin ou les), XVII s. : voy. Glerils.

Gleyres (Les), prope portum in parr. St Martini Vinosi ; *l'Esplanade*, quart. c^e Grenoble.

Gleyres (territ.), XV s. ; *Glay*, h. c^e St-Clair-du-Rhône.

Gleyres (Les), XVII s. : voy. Glières.

Gleyri (La), XIII s. ; G-lis (in), XIV s. ; *les Glières*, f. c^e la Combe-de-Lancey.

Gleyri (P. de la), XIII s. ; *les Glières*, mas c^e Froges.

Gleyria (in), XV s. ; *les Glières*, mas c^e Chapareillan.

Gleyria (G. de), XV s. ; *les Gleyriutrs*, éc. c^e Sassenage.

Gleyria, XV s. : voy. Gleria.

Gleyrils (ins. de) subtus Cleymeu, XV s. ; *les Glairous*, mas c^e St-Nazaire.

Gleyrils, XV s. : voy. Glerie.

Gleyron (el), XIV s. ; *le Grand-Glairou*, mas c^ne Le Cheylas et Goncelin.

Gleyron (Le), XVIII s. ; *le Glairou*, h. c^ne Moirans et Vourey.

Gleyron : voy. Gleres.

Gleyrons (summit. de), XV s. ; G-num, XIV s. ; *le Glairou*, mas c^e La Tronche.

Gleyroul (braceria), XV s. ; *le Glairou*, mas c^e Domène.

Gleysin, XIII s. ; G-num villa, XIV s. ; Gleysininum, XIV s.; Glezin, XVIII s. ; *Gleysin*,

h. et mont. c° Pinsot.

Glier (Le), ruiss. : voy. le Rival.

Glières (morte des); la Gloyre, mas c° St-Quentin.

Glières (Les) : voy. Glores, Clairon.

Glieron (du), XVII s. : voy. Clayron.

Gloire-de-Dieu (La), quart. c° Vienne.

Gloriotes (rochassium de), XIV s. ; l'Orient (lieu de), mont. c°° Autrans, Montaud et la Rivière.

Gloriette (La), éc. c° Chatte.

Glot, mans., XIV s. ; Glotz ; Glot ? L. disp. c° Herbeys.

Glouvettes (Les), XVIII s. ; les Glorettes, éc. c° Le Villard-de-Lans.

Glys (Les), mont. c° la Rivière.

Goavert (ruppes de), XIV s. : voy. Goverez.

Gobelet, gr. disp. c° Beaurepaire.

Gobert (Grand-), mont., XVIII s. ; Galbert (Grand-, Petit-), mont. c°° Livet-et-Gavet et Oulles.

Godards (Les), éc. c° Izeron.

Godeysart (ap.), XIV s. ; Godissard, mont., XIX s. ; Godissard, mont. c° St-Martin-de-Clelles.

Godin, éc. c° Pariset.

Godinière (la), mais. forte : voy. Godrina.

Godrina (mans. de), XV s. ; La Goudrine, f. c° St-Hilaire-de-la-Côte.

Goenau, XIV s. : voy. Goneu.

Golardi, (mans. Martini), XII s. ; G-rt, XIII s. ; Godard, forêt c° Ste-Agnès.

Golrands, XIX s.; Golrons, XVIII s. : voy. Goyrands.

Goian, ripperia, XV s.; Goranel, mas et ruiss. c° Eydoche.

Goiandière (la), XVIII s. ; la Goulandière, h. c° Presles; la Petite G-e, h. c° Presles.

Golannière (la), f. c° Jons.

Goleneria villa, XIV s. ; Goleutère ?, L. disp. c° Ornon.

Golet (territ. du), XIV s. ; le Goulet, L. disp. c° Meyzieu.

Golet (riv. del), XIII s. ; le Goulet, éc. c° Montalieu-Vercieu.

Golet (al), XIII s. ; les Goulets, éc. c° St-Hilaire-du-Rozier.

Golet de Lelienart (Le solliyet du) ; G-ll de Lars (ad sollietum), XIV s. ; le Goulet, éc. c° Tullins.

Golet d'Urtière, XVII s. ; le Goulet d'Hurtières, col c°° Pommiers et Provezieux.

Goleti (comba), XIV s. ; le Goulet, h. c° Gillonnay.

Goletum (in agro vel villa q. voc. Cansella de) ; le Goulet, L. disp. c° Chuzelle.

Goletum (ap.), XIV s. ; le Goulet, mont. c° Huez.

Goletum, XIII s.; costa, XV s.; la Combe-du-Goulet, mas c° Le Périer.

Goletum (in), XIII s. ; la Goulat, ruiss. affl. la Nantette, c° Sousville.

Goleu, Goleuf (molend. de), XIV s. ; Gouley, h. et ruiss. affl. Lambroz, c° Agnin.

Golgollos (summit. colerii de), XV s.; le Guuryonillou, torr. affl. le Taillon, c° St-Pierre-d'Allevard.

Gollay, Golley (moulins de), XVII s. : voy. Goleu.

Gollet d'Orbon, XVI s. ; Le Mulard-Darbou, bois c° Voreppe.

Gollet (al) : voy. Goletum 4°.

Golletos (al), XV s. : voy. Golet 2°.

Golomy (domaine), XVIII s. ; Golomy, f. c° Montagne.

Goin (La), XVIII s. ; la Gomme, éc. c° St-Martin-le-Vinoux.

Goubertos (ap.), XIV s. ; les Guberts, f. c° Varces.

Gouuelas, éc. c° Eyzin-Pinet.

Gouuna (La) : voy. Gou.

Gouardière, h. c° Vinay.

Gonards, XVIII s. ; le Château-Bécérin, chât. c° de Châlon.

Gonas, XIX s. : Les Guys, h. c° Les Eparres.

Goncelin, ch.-l. c°° arr¹ Grenoble ; dioc. Gren., égl. St-Didier.

Gondollière (la), île du Rhône, c° St-rézin-du-Rhône.

Gondoal villa, XIV s.; Les Goudoins ?, L. disp. c° La Murte.

Gondran (Chez-), éc. c° La Folatière.

Gondradi (molarium), XIV s. ; La Goudrie, mas c° Jarrie.

Gondrandorum (nem.), XIV s. ;

Goudraut, mas c° St-Geoirs.

Gouleauds (Les), h. c° Villard-St-Christophe.

Gouuterie, XIX s.; La Gouueterie, vill. c° Morette.

Gonou, XIV s. ; Gonas, XVI s.; Gonaz, XIV s.; Gonnas, XVIII s. ; Gonnas, vill. c° Frontonas.

Gonge (Les), XIX s.; Les Junes, h. c° Sonnay.

Gonier, gr. c° Presles.

Gonigneria, XV s.: voy. Gonon g°.

Gonin, éc. c° Chatonnay ; — f. c° Di°moz.

Gonins (Les), f. c° Torchefelon.

Gonnaux, XVIII s. ; G-neaus, G-nes ; Les Gonots, h. c°° St-Antoine et St-Bonnet-de-Chavagne.

Gonnet, XVIII s. ; (le), XIX s. ; Les Gonnets, h. c° Autrans.

Gonnet, éc. c° Chassignieu ; — vill. c°° St-Jean-de-Bournay et Villeneuve-de-Marc.

Gonnets (Les), h. c° Autrans ; — h. c° Méaudre ; — h. c° St-Geoire ; — f. c° Torchefelon.

Gonnettes (Les), h. c° Pont-Evêque; — h. c° St-Siméon-de-Bressieux.

Gonods (Les), Gonots (les), XVIII s. : voy. Gonnaux.

Gonon (Le), h. c° Estrablin; — éc. c° Misoën ; — (le) h. c° St-Marcel-le-Bel-Accueil ; — h. c° Varacieux.

Gonon (Pratum), XIII s.; Gonimidre, éc. c° Quaix.

Gonsolin, éc. c° Corps.

Gontail, ruiss., XVII s. ; le Gontal, ruiss. affl. l'Isère, c°° Montbonnot-St-Martin et Meylan.

Gontard, L. disp. c° Seyssuel.

Gontard (Chez-), éc. c° Eyzin-Pinet.

Gontards (Les), XVIII s. : G-aud; le Gontard, h. c° Monteroux-Milieu.

Gontarie (La), h. c° Massieu.

Gontel (Chez-), h. c° Les Côtes-d'Arey.

Gontier (Chez-), éc. c° St-Albin-de-Vaulserre.

Gontiers (Les), XVI s. : voy. Galteria.

Gontollat (Le), ruiss. affl. la Dollure, c°° Beaufort et Marcolin.

Gonzelinum, eccl., XI s. ; Goncellin. Gonezolinum, XIV s. ; Gonsolinum, XV s. ; eccl. S. Died. ; Goncellin, ch.-l. c⁰ⁿ arrᵗ Grenoble.

Gorant (nom.), XV s. ; Goran, 1700 ; Gourant, h. cᵉ Champier.

Gorcu, XIV s. ; Gourain, de. cᵉ St-Sorlin.

Gorcinière, XVIII s. ; Gorynlière, h. cᵉ Mont-St-Martin.

Gorcinière, XIX s. : voy. Garenière.

Gorda, XIV s. ; Gourda, gr. disp. cᵉ La Ferrière.

Gordes (grange de), XVII s. ; Gorde, f. cᵉ Simandres.

Gordes a Laval, XVII s. ; Gordes, chât. cᵉ Laval.

Gore (La), XVIII s. ; la Gonne, de. cᵉ Virieu.

Gorge (La), éc. cᵉ Allières-et-Risset.

Gorge (rif de la) ou de la Chapelle-du-Bard, XVII s. : voy. Capelle (riv.).

Gorge (La), ruiss. cᵉ Entraigues.

Gorge (La), scieries, cᵉ Laval ; — ruiss. aff. l'Hérard, cᵉ Noyarey ; — h. cᵉ St-Barthélemy-de-Séchilienne ; — h. cᵉ St-Geoirs ; — h. cᵉ Séchilienne ; — mas cᵉ Vinay.

Gorge (ruiss. de la), cᵉ Valbonnais, aff. le Bérenger, cᵉ Valjouffrey.

Gorge (ravann. de la) : Gorgea, (ravann. de), XIII s. ; Gorgia (riv. de) : La Gorge, h. et ruiss. cᵉ Vaulnaveys-le-Haut.

Gorge (La), ruiss. cᵉ Velanne, St-Martin-de-Vaulserre et St-Jean-d'Avelanne.

Gorge Fondra, XVIII s. ; Gorge-Foudrat, mas et ruiss., aff. le Bréda, cᵉ Pinsot.

Gorge (la Grande et la Petite) : Gorges (les Grandes, les Petites), f. cᵉ Le Bourbage.

Gorge-Guillot, ruiss. cᵉ Pinsot.

Gorge-Noire, ruiss. aff. l'Isere, cᵉ Tencin.

Gorge-d'Or (La), h. cᵉ Theys.

Gorge-Patat, ruiss. cᵉ Theys.

Gorgeau, éc. cᵉ Biol.

Gorgeat (Le), ruiss. cᵉ La Buisse, se perd dans les terres ; — chât. cᵉ Coublevie ; — ruiss. cᵉ Malleval, aff. du Nan.

Gorgeratis (nom.), XIV s. ; Gorgetta, XVII s. ; La Gorgette, bois cᵉ St-Pancrasse.

Gorgeron, h. cᵉ Monteroux-Milieu.

Gorges (Les), XIV s. ; G-gy (la), XVII s. ; La Gorge, h. cᵉ La Chapelle-du-Bard.

Gorges (Les), ruiss. aff. la Bievre, cᵉˢ Montferrat, la Bâtie-Divisin, et Pressins.

Gorges (Les), XIX s. ; La Gorge, éc. cᵉ Le Villard-de-Lans.

Gorges (Les), h. cᵉ Coublevie ; mas cᵉ Lans ; — ruiss. aff. ruiss. Vaunoire, cᵉ Lavaldens ; — quart. cᵉ Monteynard ; — ruiss. aff. la Bievre, cᵉˢ Montferrat, la Bâtie-Divisin et Pressins ; — ruiss. cᵉ Le Perier ; — mas et chᵗˢ cᵉ Ponnuliers ; — mas cᵉˢ Pontcharra et St-Maximin.

Gorges (Les), défilé par où passe la route de Voiron à St Laurent-du-Pont, cᵉ St-Etienne-de-Crossey ; — h. cᵉ Sassenage ; — h. cᵉ Septème ; — éc. cᵉ Sillans ; — h. cᵉ Tencin.

Gorges-de-la-Chapelle (Les), éc. cᵉ Merlas.

Gorges-d'Engins (Les), défilé par où passe la route de Sassenage au Villard-de-Lans, cᵉ Engins.

Gorgetuum (riv.), XIV s. ; G-etm (ad) : Gorget ou Mantonne, XVII s. ; Gourget, XVIII s. ; Gorgette, XVIII s. ; le Gorget, h. cᵉ La Tronche.

Gorgetz (Les), XVI s. ; — cᵉ Reventin-Vaugris.

Gorges (loc. de), XV s. ; G-es (pra de) : Gorge, h. cᵉ Oytier-et-St-Oblas.

Gorgi, XIII, XIV s. ; Gorgy, XVII s. ; la Gorge, h. cᵉˢ Arandon, et Creys-Pusignieu.

Gorgi (La), XIII s. ; G-la Goncellini ; la Gorge, mas cᵉ Goncelin.

Gorgi (molend. de), XV s. ; Gorges (molin. f. de), XVII s. ; voy. Gorgia, XII s.

Gorgia, XIV s. ; G. Alavardi (dom. f. in) : G-ie (martinetum) : la Gorge, quart. cᵉ Allevard.

Gorgia, XIV s. ; la Gorge, scie-rie, cᵉ La Combe-de-Lancey.

Gorgia, XV s. ; la Gorye, mas et ruiss. cᵉˢ La Folatière et St-Jean-d'Avelanne.

Gorgia (nem. de), XIV s. ; la Gorye, bois cᵉ Huez.

Gorgia, XIII s. ; G-ge de Ste-Agnès, XVII s. ; la Gorye, vill. cᵉ Ste-Agnès.

Gorgia (riv. Manders sive) : la Gorge, mas et ruiss. cᵉ St-Maximin.

Gorgia, XII s. ; Gorges, f. cᵉ Sérézin.

Gorgia, XV s. ; la Gorye, h. cᵉ La Terrasse.

Gorgia ad seyam de Chabotis, XV s. ; la Gorye, ruiss. cᵉ Vif.

Gorgia Domene, XIV s. ; la Gorye, h. cᵉ Domène.

Gorgia Granata, XV s. ; Gorge-Granan, mas cᵉ St-Pierre.

Gorgia, XIII s. ; Gorge (Grande, Petite), hh. cᵉ Lavaldens.

Gorgia (in), XIV s. ; la Gorye, éc. cᵉ Le Mont-de-Lans.

Gorgila (dreya), XIV s. ; G-ges (les) ; les Gorges, ruiss. cᵉ Livet-et-Gavet.

Gorgila (in), XVI s. ; les Gorges, h. cᵉ Le Moutaret.

Gorgila (in), XIII s. ; G-la de Breyda (Magna) ; G-lis de Breyda (in), XIV s. ; les Gorges, mas cᵉˢ Pontcharra et St-Maximin.

Gorgila (in), XV s. ; les Gorges, mas cᵉ Theys ; — mas cᵉ Tullins.

Gorgila (in), XIV s. ; (martinetum) ; juxta aquam Morgie, XIV s. ; les Gorges, h. cᵉ Voiron.

Gorgones (Les), XVIII s. ; les Gorgonnes, h. cᵉ Viriville.

Gorgy (La), G-e (la) : la Gorye, mas cᵉ Miribel-les-Echelles.

Gorgy (territ.) juxta viam Arcisalis, ap. Vigniacum, XV s. ; G. (ap. Vereinum vers.) ; la Gorye, mas cᵉ St-Chef.

Gorgy Morin, XV s. ; G-la Moreal ; Gorge-Morin, ruiss. cᵉ Theys.

Joriola, XIV s. ; Gorjola ; Gorgeolat, h. cᵉ Cessieu.

Gorisier (Le), éc. cᵉ Communay.

Gormorenum villa, XIV s. : voy. Gromorenum.

Gorneyton (rue), XVI s. ; (terr.

du Vallet ou de) ; G-eton (terr. de Vallois ou de) ; G-eyton (ruiss.), XVII s. ; *Garnelon*, ruiss. c^e Chasse.

Gorruoti (riv.), XV s. ; G-ut ; Gourru, XVII s. ; *le Gourru*, ruiss. c^e Theys.

Gorsuf (pascua ap.), XIV s. ; Govras ; *Gourus*, h. c^es Pajay et Penol.

Gotafrey, à Beaufort. XVIII s.; *Goutefrey*, f. c^e Beaufort.

Gotail (Le), ruiss. aff. la Joyeuse, c^e Montagne.

Gotail (rif) du), XVII s.: voy. Gontail.

Gotal (Le), XII s.: voy. Gutule.

Gotalina (territ.), XIV s. ; G-llina, XVI s. ; *Gotheline*, l. disp. c^e Vienne.

Gotallacium (in), XIV s. ; *le Grand-Gonta*, mont. c^e Lavaldens.

Gotaillis (in) ; *les Gontails*, ruiss. c^e Huez.

Gotaillio (mans. de), XIV s. ; Gotayllis (de) ; *les Gontails*, l. disp. près la Mure.

Gotaillium, XIV s. ;*de Gontail*, éc. c^e Villard-Eymond.

Gotayllio (mans. de), XIV s. : voy. Serrum del Gotal.

Gotauier, h. c^e Saint-Alban-de-Roche.

Goté (Le), lac c^e Theys.

Goutefrey, Goutefrey ; *Goutefrey*, chât. c^e St-Siméon-de-Bressieux.

Gotella, XV s. ; G-az (la), XVI s. ; Gout-z ; *la Goutelle*, h. c^e St-Chef.

Gotilauderiis, XIV s. ; *Côte-Laudière*, h. c^e Voreppe.

Goubert (Le), ruiss. aff. la Gère, c^e Eyzin-Pinet.

Goubet (Le), h. c^e la Frette.

Goublax (La), éc. c^e Leyrieu.

Gouchets, XVIII s.: voy. Ganchets.

Gonchon (Le), mas c^e Bourgoin.

Gouchon (Le), scierie, c^e Saint-Pierre-de-Chartreuse.

Gouchons (les), XVII s. : voy. Gauchons 1°.

Goudieysari villa, XIV s. ; G-isert, XIV s. ; *les Gaudissarts*, h. disp. c^e La Cluze-et-Pâquiers.

Gouillat, h. c^e Beaufort ; — (le), ruiss. c^e Proveyzieux ;

— h. c^e le Sappey.

Gouillaume (La), f. c^e Sainte-Blandine.

Gouille (Col de la) ou des Parties, entre c^es Besse c^e Saint-Jean-d'Arve (Savoie).

Gouin (Le), h. c^e Champier.

Goulard (Le), XVIII s. ; *le Golard*, h. c^e Cherrières.

Goule (La), h. c^e Communay.

Goule-Noire (La), mont. c^e Le Villard-de-Lans.

Goulet (Le), h. c^e Belmont ; — éc. c^e Blandin.

Goulet(ch^le du), c^e Proveyzieux ; — ruiss. aff. la Vence, c^e Quaix ; — (ruiss. du) ou de Saint-Antoine, c^e Le Bourg-d'Oisans.

Goulet-du-Beurre (Le), ch^le c^e Saint-Christophe-Entre-Deux-Guiers.

Goulet-du-Loup ou de l'Oure, XVIII s.; *le Goulet-de-l'Oure*, éc. c^e Cessieu.

Goulet-du-Pilori (Le), mas c^e Saint-Aupre.

Goulets (Les), ruiss. c^e Marcollin.

Goulin, gr. disp. c^e l'Albenc.

Goullet d'Arbon, XVIII s.: voy. Gollet d'A.

Goully ou la Secas, ch^le, XVII s. ; *Gouille* (Col de la), c^es Les Adrets et Theys.

Gour (Chemin du), c^e Bouvesse-Quirieu.

Gour-du-Gout (Le), mas et ch^le c^e Roissard.

Gour-de-Taelot (Le), mas et ch^le c^e Goncelin.

Gouraud, Gourent, XVIII s.: voy. Gorant.

Gouray, h. c^e Varacieux.

Gourlaudière (La), h. c^e Chélieu.

Goureux (Les), h. c^e Moirans.

Gournay ou le Vernay (territ.), XVI s. ; *Gournay*, h. c^e Feyzin.

Gournier, l. disp. c^e Biviers.

Gournier, chap. c^e Corps.

Gournière, ruiss. aff. la Bourne, c^e Choranche.

Gourres (Les), XIX s. ; *le Gourre*, h. c^e Balbins.

Gourret. ruiss. c^e Le Monestier-de-Clermont : — (le), h. c^e St-Quentin.

Gours, h. c^e Varacieux.

Gout Eyssart, villa, XIV s. ;

Coteyssard, h. c^e Allemont.

Goutay (La), ruiss. c^e Vinay.

Goutayt (ter del), XIV s.; Gouthiers (les) ; *les Goutiers*, vill. c^e Izeron.

Goutelles (las), mas c^e Kormérieu.

Goutelmi villa, XIV s. ; G-is, XIV s. ; *les Gouthéannes*, vill. c^e St-Théoffrey.

Goutère, ruiss. aff. la Vence, c^e le Sappey.

Gouterie (La), h. c^e Charnècle.

Gouterio (in), XIV s. ; G-ers ; *Gouté*, h. c^e Malleval.

Gouters (cavan. des) ; G-riorum ap. Herbeys, XIII s. ; G-il, XIV s. ; Gourtes, XIX s. : *le Gouter*, h. c^e Herbeys.

Goutery (La), XV s. ; G-ière; *la Goutière*, l. disp. c^e Reventin-Vaugris.

Goutes (Les), ch^le c^e Ternay.

Coutey (Le), éc. c^e Vaulnaveys-le-Haut.

Gouteyre (La), gr. disp. c^e St-Paul-les-Monestier, XVIII s.

Gouteyriat (territ. de), XVII s.; G-erail, XIX s. ; G-ria ; *le Goutérial*, vill. c^e St-Barthélemy.

Gouthéaumes (Les), vill. c^e St-Théoffrey.

Goutier, h. c^e Cognin ; — éc. c^e St-Bonnet-le-Chavagne.

Goutières, XVIII s. ; *Goutière*, h. c^e St-Pierre-de-Chartreuse.

Goutiers (Les), h. c^e Voiron.

Gouttant (Le), ruiss. c^e Torchefelon, aff. ruiss. St-Joseph.

Goutte (La), éc. c^e St-Clair-de-la-Tour ; — éc. c^e St-Victor-de-Cessieu ; — h. c^e Sérézin.

Gouttes (Les), ruiss. c^e Agnin ; — (Grandes, Petites), mas et ét. c^es Oyeu et Le Pin.

Gouvardière, h. c^e Creys-et-Pusignieu.

Gouvière (La), h. c^e Le Bouchage.

Gouy, éc. c^e Engins.

Gouyard (Le), chât. c^e Roussillon.

Goverrz (alpis de), XIV s. ; G-r ; Goavert (ruppes de) ; *le Goevert*, mont. c^es Le Gua et St-Paul-de-Varces.

Goveu (rouseagium de), XIV s.; Gouvoux, G-ox, XIV s. ; G-ou, Goveux, XIV s. ; G-ulx, XV s. ;

Gourous, vill. c° St-Victor-de-Morestel.

Gouy (bois de la), XVIII s. : Gouy (la) ; Gouyt, Gouit ; *la Gouy*, éc. et bois c° Dionay.

Goyardière (La), h. c° Corbelin ; — l. disp. c° Montfalcon, XVIII s.

Goyart (Mal) Sive el Sauzey. XV s. : voy. Golard.

Goyens, XIV s. : voy. Guoenaz.

Goyerias, XV s. : *les Goyères* l. disp. près Vif.

Goyette (La), h. c° Moirans.

Goyrand (rif de), XVI s. ; *Goirand*, ruiss. aff. l'Ebron, c° Tréminis.

Goyrands (Les), XVI s. ; *les Goirands*, h. c° St-Sébastien.

Goxot, h. c° l'Isle-d'Abeau.

Grabé : voy. Cochet.

Grabl, gr. disp. c° St-Geoire, XVIII s.

Grablier (Le), XVIII s. ; G-rs (Les) ; *le Grablier*, h. c° la Folatière.

Grabil, éc. c° Entre-Deux-Guiers.

Grabille, ruiss. c° Dolomin, aff. ruiss. Bournaud.

Grabut (Le), XVIII s. ; *les Grabits*, h. c° Chirens.

Gravetière (La), XVIII s. ; *la Gravnetière*, vill. c° Miribel-les-Echelles.

Gracianopolitanus : voy. Gratian.

Gracianopolis, V, XIII s. : voy. Gratian.

Graignoble, Gregnoble, Greine, Grenoble, XIV s. : voy. Cularone, Gratianopolit., Greygnovol.

Graillat (Le), bois et ruiss. c° Ste-Agnès.

Graille (La), quart. c° Grenoble.

Graiz (als), XIII s. ; Grailli, XV s. ; G-llil ; Graix (les), torr., XVIII s. ; G-ises (les), XIX s. ; G-ys ; *les Grais*, h. c° les Côtes-de-Corps.

Grainon, XVIII s. : voy. Grepomum.

Grainovol, XIII s. ; Graynovol : voy. Gratian.

Graisivaudan (Le), région naturelle, qui, dans son acception la plus restreinte, comprend la vallée arrosée par l'Isère, depuis son entrée dans le département du même nom, jusqu'au bec de l'Echaillon, point où cette rivière prend une nouvelle direction ; à partir de ce point jusqu'à la limite du département de la Drôme, la vallée de l'Isère reçoit généralement, de nos jours, le nom de Bas-Graisivaudan.

Graisivaudan (Bailliage du), ancienne circonscription administrative et judiciaire du Dauphiné, dont le siège était fixé à Grenoble.

Graisivaudan (Comté de), anc. circonscription territoriale du royaume de Bourgogne, qui devint ensuite l'une de celle des Etats des comtes d'Albon.

Graisivolant (Ballivus comitatus), XIII s. ; Grayvi (Judex), XIII s. ; (J. major in judicatura) ; *bailliage de Graisivaudan*, anc. circonscription administrative et judiciaire du Dauphiné, dont le siège était Grenoble.

Graisivolani (Comitat.), XIII s. ; Greyvi (baronia), XIV s. ; *comté de Graisivaudan*, anc. circonscr. territ. du roy. de Bourgogne qui devint ensuite l'une de celles des états des comtes d'Albon.

Graisivodanum, XI s. ; Graysivoudan, Greisivoudanum, XIV s. ; Grevoudan, XIV s. ; Gresivodan, XV s. ; Grysivaudan, XVI s. ; Grisyvaudan, XV s. : *le Graisivaudan*, région naturelle, etc. (voy. ce mot).

Graisse, chap. Ste-Madelaine : voy. Gressa 2°.

Gralberti (mont.), XIV s. ; *Galbert* (*Grand, Petit*), mont. c°s Livet-et-Gavet et Oulles.

Gralemi villa, XIV s. ; *les Grailles* ?, l. disp. c° Varces.

Grallat (terra dicta), XIV s. ; *les Grailles*, h. c° Succieu.

Grallier, XVIII s. ; Graillé (tête de la), XIX s. ; *le Graillier*, mont. c°s Gresse et St-Andéol.

Grally (La), XVII s. ; G-lie (la), XVII s. ; *Longeray*, h. c° La Chapelle-du-Bard.

Gramond (mais. f. de), XVI s. ; Grammond, G-nt, XVIII s. : voy. Grammont.

Gramuisot, ruiss. aff. l'Ebron, c° Lavars.

Gramuzet, chle c° Le Sappey.

Granez Plaez, mons, XIV s. : *le Grand-Plan*, mont. et lac. c° le Mont-de-Lans.

Grand (Le), h. c° Revel.

Grand-Alp (Le), mont. c° le Bourg-d'Oisans.

Grand-Arbre (L°), vill. c° la Murette.

Grand Ayrier (Les, XVI s. ; Eyr-r ; Herier, XVIII s. ; *le Grand Eyrier*, chal. et mont. c° Allevard.

Grand-Bachet (Les), chle c° la Buisse.

Grand-Balbins (Les), vill. c° Balbins.

Grand-Béal (Les), ruiss. aff. l'Ebron, c° Prébois.

Grand-Bec (Les, mont. c°s Allières-et-Risset et St-Paul-de-Varces.

Grand-Bec (Le), mont. c° Vizille.

Grand-Bief (Le), mont. c° Revel.

Grand-Bois (Les, forêt c° Allemont ; — éc. c° Bilieu ; — (le), forêt c° la Buisse ; — forêt c° Château-Bernard ; — forêt c° Corrençon ; — forêt c° Gresse ; — h. c°s St-Pierre-de-Chandieu et Valencin ; — bois c° St-Pierre-de-Chérennes ; — forêt c° Septème ; — h. c° Villeneuve-de-Marc ; — éc. c° Oytier-et-St-Oblas ; — vill. c° Rochetoirin.

Grand-Bois (Etang du), c° Pommiers, XIX s.

Grand-Bois (Le) ; *le Bresson*, h. c° St-Jean-de-Soudin.

Grand-Bois (Le), XVIII s. : voy Bresson.

Grand-Bassu, éc. c° St-Pierre-d'Allevard.

Grand-Camoyat (Le), mont. c° Fontaine.

Grand-Canal (Le), torr. c° La Chapelle-du-Bard.

Grand-Challier, 1793 ; St-Quentin-Folacier, c° c°s la Verpillière.

Grand-Champ (Le), h. c° Allemont ; — h. c° Allevard ; — (le), h. c° Bizonnes ; — h. c° Corbas ; — h. c° Faverges ; — h. c° Jardin ; — mas c° Miri-

bel-les-Echelles ; — 1, c°
Montagnieu ; — éc. c° St-
Antoine ; — mas c° Ste-
Marie-du-Mont ; — h. c° St-
Hilaire-du-Rosier ; — h. c°
St-Lattier ; — h. c° St-Paul-
de-Varces ; — h. c° Vonon.

Grand-Champ-de-la-Ferme (Le),
éc. c° Seyssins.

Grand-Chataignerale, h. c° La
Chapelle-du-Bard, Cf. Grande-
C-e.

Grand-Chemin (Le), h. c° Beaucroissant ; — h. c° Brezins ;
— h. c° Chanas ; — vill. c°
Charnècle ; — h. c° Morette ;
— h. c° Le Mottier ; — vill.
c° Reventin-Vaugris ; — h. c°
St-Aupre ; — h. c° St-Siméon-
de-Bressieux ; — vill. c°
Sillans ; — vill. c° Vourey.

Grand Chemin Lyonnais, XVII
s. ; *Route Nationale* n° 6,
de Lyon à Chambéry.

Grand-Clos (Le), f. c° Beauvoir-
en-Royans ; — c° Ornacieux,
XVII s.

Grand-Clos (Ch¹⁰ du), c° St-
Georges-de-Commiers.

Grand-Colombe (Le), vill. c°
Colombe.

Grand-Contour (Le), mont. c°
La Chapelle-du-Bard ; —
mont. c° St-Pierre-de-Chartreuse.

Grand-Coteau (Le), h. c° Valencin.

Grand-Cottard (Le), XVII s. ;
G. Costerg ; G. Cossert, XVIII
s. ; G. Cotterg, Coterg : *le
Grand-Cossert*, vill. c° Miribel-les-Echelles.

Grand-Couilleau (Le), ruiss. c°
la Combe-de-Lancey, afl.
ruiss. Vorz.

Grand-Couvent, 1. c° St-Gervais : cf. Exembla.

Grand-Cray (Le XVIII s. : *le
Grand-Cret*, mont. c°° St-
Ismier et St-Nazaire.

Grand Crest (Le), XIX s. ; *le
Grand-Cret*, mont. c°° Pinsot
et St-Pierre-d'Allevard.

Grand-Cret (Le), mont. c° St-
Hilaire ; — h. c° St-Sulpice-
des-Rivoires.

Grand'Croix (La), h. c° Fischéres.

Grand-Domaine (Le), f. c° St-
Bonnet-de-Mure.

Grand-Dosier (Le), mont. c°°
Châtelans et Illéres.

Grand-Dré (Le), éc. c° La Chapelle-du-Bard.

Grand-Essart (Le), gr. et bois,
c° Le Gua.

Grand estang de Falavier :
voy. Estang.

Grand-Étang (Le), ét. c°° Bossieu et Pommiers ; — ét. c°
Méplen.

Grand Eyssard (bois de), XVII
s. : *l'Essart*, bois c° St-Christophe-Entre-Deux-Guiers.

Grand Fay (Le), XIX s. ; *le
Fays*, h. c° Moirans.

Grand-Fond (Le), XVIII s. ; *la
Grande-Fontaine*, h. c° Rencurel.

Grand-Font (La), torr. c° Auris ;
— mont. c° Ste-Agnès.

Grand Godin (rocs et gr.), XIX
s. ; *Gourgelin*, mont et chal.
c°° Laval et Ste-Agnès.

Grand-Georges, h. c° Chatte.

Grand-Glacier (Le), XVIII s. ;
la Combe, mont. c° La Combe-
de-Lancey.

Grand-Glacier (Le), mont. et
glac. c°° Lavaldens et Le
Périer.

Grand-Glacier (Le), mont. c°°
Pinsot et St-Colomban-des-
Villards (Savoie) ; — gl. c°°
Chaparellian et Ste-Marie-du-
Mont.

Grand-Gouillat (Le), h. c° St-
Martin-d'Uriage.

Grand-Gour (Le), mas et font.
c° Le Villard-de-Lans.

Grand-Jean (Le), h. c° St-
Quentin.

Grand-Jet (Le), mont. c° Choranche.

Grand-Julien (Le), h. c° Roybon.

Grand-Lac (Le), mas c° Villette-
d'Anthon.

Grand-Lemps (Le), ch.-l. c°°
arr. la Tour-du-Pin ; dioc.
Vienne, égl. St-Jean.

Grand-Liaude (Le), bois c°
Gresse.

Grand-Logis (Le), éc. et pont
sur le Guiers-Mort, à l'une
des entrées du Désert de la
Grande-Chartreuse, c° St-
Pierre-de-Chartreuse.

Grand-Maison (La), h. c° Auberives ; — chât. c° Brezins ;
— éc. c° Quincieu ; — h. c°
St-Martin-d'Uriage ; — f. c°
Seinons.

Grand-Martinet (Le), mas c°
St-Clair-de-la-Tour.

Grand-Mas (Le), mas c° Heyrieu.

Grand-Moiron (Le), mas c° St-
Égrève.

Grand-Morette (Le), vill. c°
Morette.

Grand-Moulin (Le), h. c° Allevard.

Grand-Muret (Le), mas et canal
c° Jallieu.

Grand Oues (isle appelée le),
XVIII s. : *les Grandes-Aures*,
mas c° Tullins.

Grand-Parc (Le), XIX s. ; *le
Grand-Parc*, h. c° Reventin-
Vaugris.

Grand-Pendu, gr. disp. c° Montferrat, XVIII s.

Grand Perrier, XVII s. : *Par-
Perier*, gr. c° St-Pierre-d'Entremont.

Grand-Pertuis (Le), bois c° Revel.

Grand-Pire, h. c° Vaulx-Milieu.

Grand-Plan (Le), mas et ruiss.
c° St-Pierre-d'Allevard ; —
mas et ruiss. c° Vizille.

Grand-Planot (Le), mont. c°
Cognin.

Grand-Pont (Le), quart., pont
jeté en 1753 sur la Romanche,
entre c°° Vizille et N.-D.-de-
Mésage.

Grand-Poyat (Le), mont. c°°
Corrençon et le Villard-de-
Lans.

Grand-Pra, éc. c° S.-chilienne,
XVI s.

Grand-Pré (Le), éc. c° Allières-
et-Risset ; — (le). éc. c° la
Balme ; — h. c° la Chapelle-
du-Bard ; — (ruiss. du), c°
Malleval ; — gr. disp. c°
Pinsot ; — éc. c° Rovon ; —
mas c° Tencin.

Grand-Quincieu (Le), vill. c°
Quincieu.

Grand Reyn, XVI s. ; Roing,
XVII s. ; Reins, XVIII s. ; *le
Grand-Roing*, mont. c° St-
Pierre-d'Allevard.

Grand-Rif (Le), ruiss. c° la
Morte et Lavaldens ; — ruiss.
c° St-Barthélemy-de-Séchilienne.

Grand Rival (Le) : voy. Rival.

Grand-Rocher (Le), mont. c°
Claix ; — mont. c°° la Ferriè-

re et Theys ; — mont. c^e Livet-et-Gavet ; — mont. c^e la Valette.

Grand-Rochier (Le), mont. et tor. afl. la Marsanne, c^e Chantelouve.

Grand-Rond (Le), ruiss. c^e St-Pierre-d'Entremont.

Grand-Roux (Le), mont. c^es St-Christophe-en-Oisans et Guillaume-Péroux (Hautes-Alpes).

Grand-Ruisseau (Le), ruiss. afl. l'Isère, prend naiss. lac de la Jasse, arr. c^es les Adrets et le Champ ; — ruiss. afl. la Bourne, arr. c^es Autrans, Méaudre et le Villard-de-Lans ; — ruiss. afl. l'Isère, orig. lacs Domeynon, arr. c^es Revel, St-Martin-d'Uriage et Domène.

Grand-Ruisseau (Le), ruiss. afl. l'Isère, formé par la réunion des ruisseaux de Crop et du Muret, arr. c^es Laval, Froges, Villard-Bonnot.

Grand-Ruisseau (Le), ruiss. afl. l'Isère, c^es Theys et Tencin ; — ruiss. afl. le Vénéon, c^es Villard-Reymond, Villard-Eymond et le Bourg-d'Oisans.

Grand-Sabat (Le), mont. et glac. c^e Clavans.

Grand-Sablon (Le), quart. c^e la Tronche.

Grand-Sabot (Le), mont. c^e Lans ; — bois c^e Proveyzieux.

Grand-Sap (Le), bois c^e St-Martin-d'Uriage.

Grand-Saugey, XVIII s. ; le Grand-Saugey, mas c^e Branges.

Grand-Sauvage (Le) ou Vermillon, mont. c^es Besse et St-Sorlin-d'Arves (Savoie).

Grand-Sauze (Le), gr. c^e Chichilianne.

Grand-Serre (Le), mont. c^es Presles et St-Romans.

Grand-Taillis (Le), bois c^e Beaufin ; — (les), bois c^e la Garde.

Grand-Teppes dessous le Front, XVII s. ; les Grandes-Teppes, mont. c^e St-Christophe-Entre-Deux-Guiers.

Grand-Terme (Le), mas c^e Dolomieu : — h. c^e St-André-le-Gaz.

Grand-Terment, XVII s. ; le Grand-Terme, mas c^e Dolomieu.

Grand-Tiron (Le), ch^le c^e St-Joseph-de-Rivière.

Grand-True (Le), mont. c^es Lans et Méaudre.

Grand-Vallon (Le), gr. c^e Le Freney.

Grand-Verger (Le), f. c^e Moirans.

Grand-Vernay (Le) : voy. Font Freyda.

Grand-Vert (Le), h. c^e la Buisse.

Grand'Vie (La), h. c^es Belmont et St-Didier-de-Bizonnes ; — ch^le c^e Sardieu ; — h. c^e Valencin.

Grande-Allée (La), h. c^e Tullins ; — ch^le c^e Vaulx-Milieu.

Grande-Blache (La), f. c^e St-Barthélemy-de-Séchilienne.

Grande-Brache (La), éc. c^e St-Pierre-d'Allevard.

Grande-Brassière (La), ruiss. afl. l'Isère, c^es Voreppe et Moirans.

Grande-Cabane (La), chal. c^e Gresse.

Grande-Chanaz (La), h. c^e St-Chef.

Grande-Charrière (La), h. c^e Châtenay ; — vill. c^e Flulieu ; — vill. c^e Marcolin ; — vill. c^e St-Savin : voy. Chemin-Neuf.

Grande-Chartreuse (La), monastère, chef d'ordre des religieux Chartreux, fondé en 1084.

Grande-Châtaigneraie (La), mas c^e la Chapelle.

Grande-Chèvre (île de la), mas c^e Feyzin.

Grande-Clairette (La), mont. c^e Lans.

Grande-Coche (La), XVIII s. ; la Coche, h. c^e Theys.

Grande-Combe (La), vallon c^e Goncelin ; — mont. c^e Gresse ; — forêt c^e le Gua ; — forêt c^e Lans ; — (ruiss. de la), c^e Oz, afl. ruiss. des Rivaux ; — ruiss. afl. du Brêda, c^e Pinsot ; — bois c^e St-André ; — (ruiss. de la), c^e St-Laurent-du-Pont ; — (ruiss. de la), c^e St-Pierre-de-Chérennes ; — (ruiss. de la), afl. ruiss. Malissard, c^e St-Pierre-d'Entremont ; — bois c^e la Salle ; — forêt c^es Séchilienne et Vizille.

Grande-Côte (La), f. c^e Fontaine ; — mont. c^e Venosc.

Grande-Draie (La), h. et exploitation de mines, c^e la Motte-d'Aveillans ; — mais. forestière et ruiss. c^e Pommiers.

Grande-Draye (La), mas, torr. c^e Valbonnais ; — (chemin de la), c^e Vaujany.

Grande-Faitas, XVIII s. ; la Feytas, h. c^e Villeneuve-de-Marc.

Grande-Fontaine (La), ruiss. afl. ruiss. des Bayles, c^e Cordéac ; — font. c^e Leyrieu ; — h. c^e Rencurel ; — vill. c^e Siccieu-St-Julien-et-Carisieu.

Grande-Forêt (La), forêt c^e Charnècle ; — h. c^e Corbas ; — bois c^e Rencurel ; — forêt c^e St-Barthélemy-de-Séchilienne ; — forêt c^e St-Pierre-de-Bressieux ; — bois c^e Veyssilieu.

Grande-Fosse (La), anc. exploitation de mines, c^e Vaulnaveys-le-Bas.

Grande-Gorge (La), mas c^e Pinsot.

Grande-Grange (La), éc. c^e Bonnefamille ; — f. c^e Dizimieu ; — f. c^e Dionay ; — f. c^e Chamagnieu ; — f. c^e Mions ; — f. c^e St-Bonnet-de-Chavagne ; — f. c^e St-Georges-d'Espéranche ; — gr. disp. c^e St-Just-et-Chaleyssin ; — h. c^e St-Quentin.

Grande-Halte (La), ou la Remise, h. c^e le Monestier-du-Percy.

Grande-Jasse (La), XVII s. ; le Grand-Eyrier, chal. et mont. c^e Allevard.

Grande-Lance (La), mont. c^es la Combe-de-Lancey et Ste-Agnès.

Grande-Lauzière (La), mont. c^e Revel.

Grande-Lavine (La), ruiss. c^e St-Pierre-de-Chartreuse, afl. le Guiers-Mort.

Grande-Maison (La), éc. c^e Auberives-en-Royans : — h. c^e Meyrieu ; — h. c^e Montseveroux ; — éc. c^e Oytier-et-St-Oblas ; — h. c^e St-Barthélemy-de-Séchilienne ; — gr.

disp. c^e Valencin ; — éc. c^e Vaujany ; — éc. c^e Vernioz.

Grande-Montagne (La), ou Grande-Roche, mont. c^e Allemont; — mont. c^e la Combe-de-Lancey ; — mont. c^es Gresse et St-Andéol ; — mont. c^e Laus; — mont. c^e La Morte ; — mont. c^e Pariset.

Grande-Olle (La), XVIII s. ; la Grande-Maison, éc. c^e Vaujany.

Grande-Pièce (La), h. c^e la Bâtie-Montgascon.

Grande-Queue (La), h. c^e St-Pierre-de-Chandieu.

Grande-Rigole (La), ruiss. c^e Charantonnay.

Grande-Roche (La), mont. et ruiss. aff. des Ramays, c^e Lavaldens ; — mont. c^e Noyarey ; — mont. c^e Proveyzieux ; — mont. c^e St-Christophe-Entre-Deux-Guiers ; — h. c^e St-Symphorien-d'Ozon ; — mont. c^es Le Touvet et St-Bernard.

Grande-Rouge ; la Grande-Rouge, f. c^e Chavanoz.

Grande-Route (La), h. c^e Roussillon.

Grande-Ruine (La), mont. et col. entre c^es St-Christophe-en-Oisans et le Villard-d'Arène (Hautes-Alpes).

Grande-Taillat (La), éc. c^e St-Chef.

Grande-Vie (La), chât. c^e Crolles ; — mas c^e Décines-Charpieu ; — chât. c^e Montalieu-Vercieu.

Grandes-Combes (Les), h. c^e St-Jean-de-Soudin.

Grandes-Escombailles (Les), mont. et col entre c^es Livet-et-Gavet et Vaulnaveys-le-Haut.

Grandes-Goutes (Les), ét. c^e Oyeu.

Grandes-Granges (Les), h. c^e Chuzelle ; — h. c^e Sablons.

Grandes-Maisons (Les), h. c^e Tencin.

Grandes-Murailles (Clos des), c^e Theys.

Grandes-Pierres (Les), l. disp. c^e St-Romans, XVIII s.

Grandes-Plainories (Les), mont. c^es Château-Bernard et le Villard-de-Lans.

Grandes-Planches (Clos des), c^e Montfalcon.

Grandes-Teppes (Les), mont. c^e Plnot ; — mont. c^e St-Laurent-du-Pont.

Grandes-Terres (Ruiss. des), c^e Ste-Marie-du-Mont ; — (les), éc. c^e Semons.

Grandes-Vorzes (Ruiss. des), c^e St-Joseph-de-Rivière, aff. l'Hérétang.

Grandl Valle (P. de), XIII s. ; G-da V-e, XV s.; Grandval, mas c^e St-Laurent-de-Mure.

Grandry (La), h. c^e Allevard.

Grands (Les), h. c^e Vaulnaveys-le-Haut.

Grands Ayes (Les) : voy. Ayes Theys.

Grands-Bois (Les), h. c^e Sonnay.

Grands-Essarts (Les), bois c^e St-Martin-d'Uriage.

Grands-Fonds (Les), h. c^e Beaucroissant.

Grands-Graviers (Les), mas c^e Jonage.

Grands Honnes : voy. Bois Brotel.

Grands-Moulins (Les), mlns c^e Méaudre.

Grands-Sapins (Les), mont. c^es St-Pierre-de-Chartreuse et St-Pierre-d'Entremont.

Grands-Taillifs (Les), XVIII s.; Ruisseaux ou les Grands-Taillis, bois c^e St-Hilaire.

Grandval, éc. c^e St-Priest.

Granonco (eccl. de), XI s. ; (G-es, G-us (ecel. de), XIII s. ; Granencho (prior de), Graneynci (prior) ; St-Romans, c^e ... le Pont-en-Royans.

Granerils (monach.), G-rio (monast. de), XI s. ; G-ers (mon. S. Marie de), XII s. ; le Granier, mont. c^es Chapareillan et Entremont-le-Vieux (Savoie). Anc. prieuré St-Benoît, dép. St-Rambert-en-Bugey, détr. 1248 par chute partie montagne.

Grange (La), h. c^e Ambel.

Grange, XVIII s. ; le Grange-Rouge, f. c^e Chavanoz.

Grange (La), éc. c^e Cornillon-en-Trièves ; — éc. c^e les Côtes-de-Corps ; — mas c^e Frontonas ; — h. c^e Le Freney ; — mas c^e Gières ; — l. disp. c^e Livet-et-Gavet ; — mas c^e Mayres.

Grange ; Maciuin, éc., gr.

c^e la Motte-d'Aveillans.

Grange (La), XVI s. ; près la Motte Conin, XVI s. ; en Rolans (chast. de la), XVI s.; d'Iseraud, XVIII s. ; le Château, h. c^e St-Romans.

Grange (La), éc. c^e le Périer ; — h. c^e Quet ; — mas c^e Roussillon ; — h. c^e St-Baudille-et-Pipet ; — f. c^e Ste-Anne-d'Estrablin ; — mas c^e St-Geoirs ; — (Étang de la), c^e St-Julien-de-l'Herms ; — éc. c^e St-Michel-de-St-Geoirs ; — h. c^e St-Pierre-de-Méarotz ; — bois c^e Siévoz ; — h. c^e la Sône ; — h. c^e Vernas ; — vill. c^e Vif.

Grange-d'Aval (La), gr. c^e la Rivière.

Grange-Bas, gr. c^e St-Pierre-d'Entremont.

Grange-Basse (La), éc. c^e Miribel-les-Echelles, XVIII s. ; — éc. c^e Simandres ; — h. c^e Valencin ; — éc. c^e Vienne.

Grange-de-Belmont (La), l. disp. c^e Panissage, XVIII s.

Grange-Bert, mas c^e Morétel.

Grange-Blanche, XVII s. ou en Claudit, Clodit ; le Closit, éc. c^e Allevard.

Grange-Blanche (La), mas c^e la Chapelle-du-Bard ; — h. c^es Corbas et St-Symphorien; — h. c^e St-Priest.

Grange-du-Bois (La), h. c^e Simian Ires.

Grange-Boursan, gr. c^e St-Christophe-Entre-Deux-Guiers, XIX s.

Grange-Bouvier, gr. c^e St-Pierre-de-Chartreuse, XIX s.

Grange-Brevard, gr. c^e St-Pierre-de-Chartreuse, XIX s.

Grange-Chaboud, f. c^e Miribel-les-Echelles.

Grange-du-Chaix, éc. c^e Rivière.

Grange-l'Hôtel (La), éc. c^e St-Genis.

Grange-du-Clot (La), éc. c^e Communay.

Grange-du-Comte (La), gr. c^e Chichilianne.

Grange Dautour, XVIII s. ; la Grange-d'Antour, éc. c^e Roybon.

Grange Daval, XVII s.; Grange-d'Aral, h. c^e la Chapelle-du-Bard.

Grange-Dode (La), f. cᵉ Moirans.

Grange-Dussert, XIX s. : voy. Grangia (villa de).

Grange-Gaillard (La), gr. cᵉ St-Honoré.

Grange-de-Galle (La), éc. cᵉ Massieu.

Grange-Gaulet, éc. cᵉ Soleymieu.

Grange-Girond, gr. cᵉ St-Pierre-d'Entremont.

Grange (La Grande, la Petite), hh. cᵉ Beaufort ; — hh. cᵉ Mions.

Grange-Haute (La), éc. cᵉ Mens ; — éc. cᵉ Miribel-les-Echelles, XVIII s. ; — h. cᵉ Oytier-et-St-Oblas ; — éc. cᵉ Proveyzieux ; — f. cᵉ St-Bonnet-de-Mure ; — éc. cᵉ Simandres ; — éc. cᵉ Vienne.

Grange-Humbert (La), gr. cᵉ St-Christophe-Entre-Deux-Guiers, XIX s.

Grange-Jacquet, gr. cᵉ St-Pierre-d'Entremont.

Grange-Jacquier, XIX s. : la Grange-Jacquin, gr. cᵉ St-Christophe-Entre-Deux-Guiers.

Grange-de-Laurent, gr. disp. cᵉ Morette, XVIII s.

Grange-de-Luppé (La), f. cᵉ Moirans.

Grange-Maitre, gr. cᵉ St-Honoré.

Grange-Martin, gr. cᵉ St-Pierre-d'Entremont, XIX s.

Grange-le-Maty (La), gr. disp. cᵉ Montferrat, XVIII s.

Grange-Michaud (La), f. cᵉ la Verpillière.

Grange du Mollard, XVIII s. ; la Grange, h. cᵉ Optevoz.

Grange-Monnet, gr. cᵉ St-Pierre-d'Entremont.

Grange (La) de Morges, XVI s.: voy. Grangia de M.

Grange-Neuve (La), h. cᵉ Agnin ; — f. cᵉ l'Albenc, XVIII s. ; — h. cᵉ Allevard ; — h. cᵉ Auberives ; — éc. cᵉ Beaurepaire ; — f. cᵉ Le Bouchage ; — h. cᵉ Bougé-Chambalud ; — (la), éc. cᵉ Bouvesse-Quirieu ; — mas cᵉ Chamagnieu ; — l. disp. cᵉ Chevrières ; — éc. cᵉ Cluzelle ; — éc. cᵉ Diémoz ; — (la), f. cᵉ Dionay ; — éc. cᵉ la Ferrière ; — h. cᵉ Jardin ; — éc. cᵉ St-Barthélemy-de-Beaurepaire ; — f. cᵉ St-Bonnet-de-Chavagne : — mas cᵉ St-Pierre-d'Allevard ; — gr. disp. cᵉ St-Pierre-de-Chandieu ; — (la), seierie cᵉ St-Pierre-de-Chartreuse.

Grange-Neuve (La) ; la Grange-de-la-Forêt, éc. cᵉ Ladinay.

Grange-Neuve (La), XVIII s. ; la Grange-lès-Mens, éc. cᵉ Mens.

Grange Neuve : voy. Clariny.

Grange-Ougrain (La), mas cᵉ St-Savin.

Grange-Palot (La), éc. cᵉ St-Lattier.

Grange-des-Pauvres (La), gr. cᵉ Roybon.

Grange-des-Pères (La), gr. cᵉ N.-D.-de-l'Osier.

Grange-du-Plan (La), éc. cᵉ St-Lattier.

Grange-Pollin, gr. cᵉ St-Pierre-d'Entremont.

Grange-du-Port (La), f. cᵉ Moirans ; — f. cᵉ St-Hilaire-du-Rosier.

Grange-de-Proveyzieux, XIX s.; la Grange-Haute, éc. cᵉ Proveyzieux.

Grange-Roy, gr. cᵉ St-Pierre-d'Entremont, XIX s.

Grange-Reynaud, h. cᵉ St-Clair-sur-Galaure.

Grange de la Rivière, XVII s. ; Grange du Rhosne, Rosne ; la Petite-Grange ou Grange du Rhône, f. cᵉ Feyzin.

Grange-Robert (La), h. cᵉ Beaurepaire.

Grange du Roi : voy. Poinarelli.

Grange-de-St-Robert ; les Granges, h. cᵉ Voreppe.

Grange-d'Uriage (La), f. cᵉ Meylan.

Grange-Vallier, éc. cᵉ St-Pierre-d'Entremont.

Grange-Venin, éc. cᵉ St-Laurent-du-Pont.

Grange-Vieille, éc. cᵉ Montseveroux.

Grangeage, h. cᵉ Aoste ; — (le), mas cᵉ Beaulieu ; — f. cᵉ Chatte.

Grangeasse (La), mont. cᵉ Allevard.

Grangeaux, XIX s. : voy. Garaudent.

Grangeon (Le) : voy. Sagnes (Grange des).

Grangeons (Les), éc. cᵉ St-Sébastien.

Grangère (La), l. disp. cᵉ Chirens, XVIII s. ; — mas cᵉ Hières.

Grangeres (vineis de), XIII s. : Grangier, mont. cᵉ Le Monestier-du-Percy et St-Maurice.

Granges (Les), vill. cᵉ Anjou ; — l. disp. cᵉ Arzay ; — vill. cᵉ Beaucroissant ; — h. cᵉ Beauvoir-de-Marc ; — h. cᵉ Bouvesse-Quirieu ; — vill. cᵉ la Buissière ; — h. cᵉ Châtelus ; — mas cᵉ Chatte ; — bois cᵉ Chichilianne ; — ou la Combe du Mollard, mas cᵉ Champier ; — h. disp. cᵉ Clavans ; — h. cᵉ Corbas ; — bois cᵉ Corbeac ; — h. cᵉ Dizimieu ; — l. disp. cᵉ La Garde ; — hh. cᵉˢ Grenoble et Echirolles ; — éc. cᵉ Le Gua ; — h. cᵉ Heyrieu ; — vill. cᵉ Izeaux ; — h. cᵉ Izeron ; — (ruiss. des), cᵉ Lavars, affl. l'Ebron ; — (les), h. disp. cᵉ Livet-et-Gavet ; — mas cᵉ Marennes ; — mas cᵉ Maubec ; — h. cᵉ Moldieu ; — mⁱˢ cᵉ la Mure ; — mas cᵉ Murianette ; — mas cᵉ N.-D.-de-Vaulx ; — mas cᵉ Oz ; — h. cᵉ Pajay ; — bois cᵉ Pellafol ; — h. cᵉ Plan ; — h. cᵉ Pollienas ; — gr. cᵉ Proveyzieux ; — l. disp. cᵉ Quaix ; — h. cᵉ Rives ; — mas cᵉ Roybon ; — h. cᵉ Sablons ; — h. cᵉ St-Barthélemy-de-Séchilienne ; — h. cᵉ St-Christophe-en-Oisans ; — mas cᵉ Ste-Anne-d'Estrablin ; — h. cᵉ St-Genis ; — éc. cᵉ St-Guillaume ; — h. cᵉ St-Maurice ; — éc. cᵉ St-Michel-de-St-Geoirs ; — éc. cᵉ St-Michel-les-Portes ; — (chⁱⁿ des), cᵉ St-Mury-Monteymond ; — h. cᵉ St-Quentin ; — mas cᵉ St-Quentin-Falavier ; — mas cᵉ St-Savin ; — mas cᵉ St-Sébastien ; — h. cᵉ St-Symphorien-d'Ozon ; — h. cᵉ la Salette ; — gr. cᵉ Le Sappey ; — mas cᵉ Septème ; — vill. cᵉ Sillans ; — bois cᵉ Treminis ; — mas cᵉ Vasselin ; — h. cᵉ Vif ; — mas cᵉ le Villard-de-Lans ; — chal. cᵉ Villard-Eymond ; — l. disp. cᵉ Vinay, XVIII s.

Granges, grangeage, domaine : voy. Grangiatorum.

Granges (mas du), XIII s.: voy. Grangiis 6°.

Granges de Beauvoir, XVI s. : voy. Grangie Bolliv.

Granges-Bigillon, gr. c° St-Pierre-de-Chartreuse.

Granges-Blanches (Les), h. c° Oytier-et-St-Oblas.

Granges-Brevard (Les), grs c° St-Pierre-de-Chartreuse.

Granges-Cloîtres, grs c° St-Pierre-d'Entremont.

Granges-de-Doines, l. disp. c° St-Sauveur, XVIII s.

Granges-des-Gaudes, grs c° St-Pierre-de-Chartreuse, XIX s.

Granges-Gorente (Les), grs c° St-Pierre-de-Chartreuse, XIX s.

Granges-des-Grands (Les), grs c° St-Pierre-de-Chartreuse, XIX s.

Granges-Lapilet (Les), grs c° St-Christophe-Entre-Deux-Guiers, XIX s.

Granges (Martinet des), XVII s.; les Granges, h. c° Rives.

Granges Merle, XIX s.; Granges de Moydieu (les), XVI s.; les Granges, h. c° Moidieu.

Granges-Neuves (Les), h. c° Estrablin.

Granges versus Orzeu (Les), XIII s.; les Granges, l. disp. c° Arzay.

Granges de la Pereire, XVIII s.: voy. Grangiis 5°.

Granges-Rey (Les), grs c° St-Pierre-d'Entremont, XIX s.

Granges-du-Rivier, XVIII s.; les Chouves, h. c° Allemont.

Granges de la Roulet, XVIII s.; voy. Grangiis 8°.

Granges-Sourd (Les), grs c° St-Pierre-d'Entremont.

Granges (La Vie des), chle c° Colombier-Saugnieu.

Granget, XVIII s.: voy. Grangia (villa de).

Grangeta (La), XVII s.; la Grangette, éc. c° Allevard.

Grangeta, XIV s., XV s.; la Grangette, l. disp. c° La Garde; — h. c° Mizoën.

Grangetas (xp.), XIII s.; la Grangette, éc. c° Le Moutaret.

Grangetis (in), XIV s.; les Grangettes, l. disp. c° Bossus.

Grangetis (in), XIV s.; les

Granges, bois c° Pellafol.

Grangette (La), mas c° Oulles; —(chle de la), c° Prevoyzieux; — bois c° St-Hilaire; — mont. c° Villard-St-Christophe.

Grangettes (Les), XVIII s.; la Grangette, bois c° St-Hilaire.

Grangottes (Los), mas c° St-Laurent-en-Beaumont.

Grangia villa, XIV s.; la Grange, h. c° le Frenoy.

Grangia (villa de), XIV s.; la Grange, éc. c° Marcieu.

Grangia, XIV s.; la Grange, éc. c° St-Marcel-de-Bel-Accueil.

Grangia, XV s. ; la Grange-de-Moryes, h. c° St-Sébastien.

Grangia (villa de), XIV s.; la Grange, éc. c° Sinard.

Grangia (de), XIV s.; les Granges, h. c° Villemoirieu.

Grangia Chavan, XV s.; le Grand-Chavon, mas c° Laval et Ste-Agnès.

Grangia, XV s.; les Granges, mas c° Chatte.

Grangia, XII, XIII s.; prope Dravum, XV s.; les Granges, hls. c° Grenoble et Echirolles.

Grangia in mand. Varvie, XIII s.; les Côtes, h. c° St-Paul-de-Varces.

Grangia XIV s.; les Granges, h. c° la Salette.

Grangiagium (in), XV s.; le Grangeage, l. disp. c° St-Martin-d'Hères.

Grangias (ap.), XV s.; les Granges, h. c° Allemont.

Grangias (ad), XVI s.: voy. Grangiatorum.

Grangiatorum (insula de), XV s.; les Granges, h. c° Voreppe.

Grangie, XIV s.; les Granges, h. c° St-Christophe-en-Oisans.

Grangie villa, XIV s.; les Granges, h. c° disp. c° Clavans.

Grangie Bellivisus, XV s; les Granges, h. c° Beauvoir-de-Marc.

Grangiis (in S° Angello), XVI s.; les Granges, mas c° Allières-et-Risset.

Grangiis (de), XIV s.; les Granges, h. c° Dizimieu; — l. disp. c° la Garde.

Grangiis (in), XIII s.; XIV s.; les Granges, l. disp. c° Molrans; — h. c° Le Mont-de-Lans.

Grangiis (prata de), XV s.; les Granges, h. c° Montrevel.

Grangiis (sub), XIII s.; Granges-de-la-Roulet, mas c° Morétel.

Grangiis (in), XV s.; les Granges, mas c° Murianette.

Grangiis (mans. de), XI s.; les Granges, l. disp. c° Qualz.

Grangiis (in), XV s.; les Granges, mas c° St-Savin.

Grangiis (prata de); G-ges (les); les Granges, chal. c° Villard-Eymond.

Grangiis (villa de), XIV s.; G-ges (mais. f. des), XVIII s.; les Granges, h. c° Vif.

Grangiis (de), XV s.: voy. Grangia (de) 5°.

Granginière, éc. c° Roybon.

Grangis (eccl. de), XI s.; G-iis, XII s.; (mistralia de), XIII s.; (eccl. S. Johannis de), XV s.; G-ges (mais. f.), XVIII s.; les Granges, vill. c° la Buissière.

Grangy (La), XVIII s.; la Grange, l. disp. c° Livet-et-Gavet.

Graniacum, parr., XIV s.; G-iou, loc.; G-ieu, eccl., XV s.; Granieu, c° c° le Pont-de-Beauvoisin.

Granicas (in), X s.; le Regriauy, ruiss. orig. c° St-Clair-sur-Galaure, qu'il sép. de c° Thodure; arr. c° Lentiol, se jette dans la Dollure, c° Lens-Lestang (Drôme).

Granicas (loc. in), X s.; Grignon, h. c° St-Pierre-de-Bressieux.

Granier (Le), mont. c° Chapareillan et Entremont-le-Vieux (Savoie).

Granier (Dent de): voy. Grenier.

Granieu, c° c° le Pont-de-Beauvoisin; dior. Belley, égl. St-Blaise.

Granjagium, XV s.; le Grangeage, éc. c° Meylan.

Granjeta, XIV s.; les Grangettes, éc. c° Huez.

Granjous (Les), XVI s.; ... c° Charantonnay.

Granoletus, XIV s.; G-lletus; Gragnolet, h. c° Entraigues.

Granonnière, XVIII s. : voy. Gresmoneria.

Granival (riv. voc.), XV s.; G-van; Granval, XVII s.; le Grand-Vent, h. c° Dolomieu et St-Savin.

Graon (Le), mont. ce St-Christophe-en-Oisans.

Graplères (Les) ou les Brosses, h. ce St-André-le-Gaz.

Grapil, mens., XIII s.; *Glapigneux*, vill. ce Theys.

Grapil, mans., XIII s.; Grapilli, chabon., XII s.; *Greppat*, l. disp. ce la Combe-de-Lancey.

Grapit (au), XVII s.; *le Grépon*, h. ce Miribel-les-Échelles.

Gras (passum alpis, mons de), XIV s.; *Gras*, mont. ces Gresse et St-Michel-les-Portes.

Gras (Les de), XVIII s.; (l'Haut de), XVIII s.; *Gras (l'Haut-de-)*, mont. ces Gresse et St-Michel-les-Portes.

Gras (chⁱⁿ de), ce la Salette.

Grasmont, XVI s.; *Grasmont*, chât. ce St-Alban-de-Roche.

Grassaz, XIV s.; *Grassas*, mas ce Dizimieu.

Grasset (Le), h. ce Chamagnieu; — h. ce Jallieu; — l. disp. ce St-Priest.

Gratebeyet (Chez-), XVII s.; ce Reventin-Vaugris.

Gratianopolitansi (territ.), X s.; *le Graisicaudan*, région naturelle: voy. ce mot.

Gratianopolitanus comes, comitatus, princeps; G-na provinc., X s.; *comté de Graisicaudan*, anc. circonscript. territ. du royaume de Bourgogne, qui devint ensuite l'une de celles des comtes d'Albon.

Gratianopolitanus (episc.), IVs.; G-na civit., IV s.; G-tana, civit., oppid., urbs, IX, X, XI s.; *Grenoble*, ch.-l. départ. Isère.

Gratteloup, gr. disp. ce Faramans, XVIII s.; — éc. ce Lentiol.

Gratton (Le), h. ce Voiron.

Grausellerlis (mans. in), XV s.; *les Groseilliers ?*, l. disp. ce Clavans.

Grava (alpis de), XIII s.; *la Mas-de-la-Grave*, mont. ces Besse et la Grave (Hautes-Alpes).

Gravan, 1793; *St-Romans*, ce ces le Pont-en-Royans.

Gravanaz, XIX s.; *Gravannes*, h. ces Curtin et Vézeronce.

Gravant, ét. ce St-Victor-de-Morestel.

Grave (mas de la), (pic du mas de la): voy. Grava.

Gravelasses (Les), bois ce St-Maurice.

Gravelleriis, XV s.: voy. Grivellères.

Gravelles (torrent des), ce St-Baudille-et-Pipet; — (les), bois et ruiss. ce St-Sébastien.

Gravello (de), XV s.; *la Tour-de-Gravel*, éc. ce Parisel.

Graveria (bosc. de), XIII s.; *la Gravière*, bois disp. ce Cheyssieu.

Gravetana, XVIII s.; G-tian, XIX s.; G-ni; *Grveretani*, h. ce St-Just-et-Chaleyssin.

Gravianelle, font. ce Corrençon.

Gravier, vill. ce Le Gua; — éc. ce Mizoën.

Gravière (chⁱⁿ de la), ce Bouvesse-Quirieu; — (la), l. disp. ce la Buisse; — bois disp. ce Cheyssieu.

Gravières (Les), h. ce Polienas.

Graviers (mas des), au-dessus des Tuillières, XVIII s.; *les Gravières*, mas ce St-Quentin.

Gré (Le), l. disp. ce Ste-Marie-d'Alloix.

Gre (prata de), XIII s.; Gre..; XV s.; Greber (in), XIII s.; *Gré*, éc. ce Theys.

Grèce (gravier de), XVI s.: voy. Gressa.

Gredelin, forêt ce la Chapelle-de-Bard.

Grée (Le), l. disp. ce St-Pierre-de-Chandieu.

Greffe (Le), h. ce les Avenières; — éc. ce Chatte.

Grelatière (La), XIX s.; *la Grillatière*, h. ce Charancieu.

Greliatorum (nem. in cresto), XIV s.; *la Gale*, mont. ce Livet-et-Gavet.

Grena (chⁱⁿ de la), ce St-Pierre-d'Entremont.

Grenats (cotard des), XVII s.; Grenal, XVIII s.; *le Grenat*, h. ce Miribel-les-Échelles.

Grenay (parr. de), XIII s.; Grennay, XIV s.; *Grenay*, ce ces Heyrieu; par. dioc. Lyon; égl. St-Pierre.

Grenerie, h. ce St-André-en-Royans.

Grenetière, gr. ce St-Pierre-de-Chartreuse.

Grenette (place de la), XVII s.; (place du Breuil ou), XVIII s.: voy. Breuyl.

Grenier (Grande roche du), XVIII s.; *le Dent-de-Granier*, mont. ces Chapareillan et Entremont-le-Vieux (Savoie).

Grenier (ruiss. de), ce Engins.

Greniers (Les), f. ce Passins.

Grenlon, XVIII s.: voy. Grimart.

Grennoneria villa, XIV s.; Grenoneria, XIV s.; *Grenonière*, h. ce Ornon.

Grenoble, ch.-l. départ. Isère; chef-lieu de la province du Dauphiné; égl. cathédr. Assomption.

Grenouillère, h. ce la Tronche.

Grenouilles (Les), h. ce Charantonnay.

Grenovo, XIV s.: voy. Greygnovol.

Grépatière (La), h. ce St-Ondras.

Greponum, XIV s.; *Grenov*, bois ce Chichilianne.

Greppon, XVIII s.: voy. Grippons.

Greppy (Le), ruiss. ce Pommiers.

Grept (territ. de); Grep (el), XV s.; *les Grippes*, mas ce St-Hilaire-de-la-Côte.

Gressa (aqua de), XIV s.; G-ano (riperia de); *la Gresse*, riv. affl. du Drac (voy. ce mot).

Gressa (capella bᵉ Mᵉ Magdalene de), XVI s.; *la Gresse*, éc. et ruiss. ce Tullins.

Gressa, mans., XV s.: voy. Gressia.

Gressaliis (villa de), XIV s.; *les Grisailles ou les Touches*, bois ce St-Paul-de-Varces.

Gressano (villa riperie de), XIV s.; *Gresset*, éc. ce Miribel-Lenchâtre.

Gresse, ce ces Le Monestier-de-Clermont; dioc. Die; égl. St-Barthélemy.

Gresse (La), riv. affl. le Drac, orig. ce Gresse, arr. ces Guillaume, Miribel-Lenchâtre, St-Paul-lès-Monestier, Sinard, la Cluse-et-Pâquiers, le Gua, Vif, Varces et Allières-et-Risset.

Gresseria (ad), XIII s.; *Gressière*, l. disp. ce Malleval.

Gressete (aqua Pacre), XV s.: *la Gressette*, ruiss. affl. la Gresse, c° Gresse.

Gressin villa, XIV s.; *Gresse*, h. disp. c° Vif.

Grevoux (territ. de), XIV s.; *Grieas*, vill. c° Optevoz.

Greygnovol: Greygnoble; Greygnovol, XIV s.; *Grenoble*, ch.-l. départ. Isère: voy. Cularone, Gratianopolitano.

Grez, XIV s.: voy. Grlez.

Grézet (La), XVIII s.: voy. Gressa.

Grezin, XVIII s.; *Gresin*, h. c° les Avenières.

Grlats (Les), h. c° Méaudre.

Griboudan, XIII s.: *Ribaudant*, mas c° St-Maximin.

Grlé, mas et ét. c° Chuzeau.

Griennay (eccl. de), XIII s.; Grignay (villa de), XIV s.; Grinal, XIII s.: voy. Grenay.

Griez (ronlend. de), XIV s.: Grié, mais. f., XVIII s.; *Gréra*, h. c° Frontonas.

Griffa (gr.), XVIII s.: *le Griffay*, mont. c° Claix.

Grigas (bois de), 1700; *le Gargas*, mont. c° Entraigues et la Salette.

Grignoble, Grisnoble, XIV s.: voy. Greygnovol.

Grignolet, 1700: voy. Granoletus.

Grignon, h. c° Pontcharra; par. dioc. Gren.; égl. Nativité Vierge.

Grignon, chât. c° Roybon.

Grignon, XVIII s.: voy. Grimart.

Grignone (eccl. de), XI s.: *Grignon*, h. c° Pontcharra.

Grignonis (eccl. H⁰ Marie de), XV s.; Grignun, Griungnun (capellanus de), XIII s.; Grinione (eccl. de), XII s.: voy. Grignone.

Grilleti (castr.), XVI s.: G-llieti: voy. Castrum Grilleti.

Grillage (Le), chât. c° Moirans.

Grillanie (La), f. c° Grenoble.

Grillatière (La), h. c° Chirens.

Grilieri (Li), XV s.: *les Grillières*, h. c° Villeneuve-de-Marc.

Grillettes (Les), h. c° Semons.

Grillets (Les), h. c° Moctaivéroux.

Grillières (Les), éc. c° St-Pierre-de-Chandieu; — h. c° Villeneuve-de-Marc.

Grimart (nem. de), XV s.;

Grignon, h. c° St-Pierre-de-Bressieux.

Grimaud (Les), éc. c° Veyrins.

Grimaudière, éc. c° St-Étienne-de-Crossey.

Grimaudières, h. c° Beaufort.

Grimaux (Les), XVIII s.; *le Grimaud*, h. c° St-Étienne-de-Crossey.

Grinellère, ruiss. c° Theluire.

Grimouderas (villa de), XIV s.: voy. Puy-Grimaud.

Gringalet, h. c° Anthon; — h. c° Échirolles et le Pont-de-Claix.

Grinlon, XV s.: voy. Grimart.

Grinoley (La), XIV s.: *Grignolet*, h. c° St-Sébastien.

Griots (Les), XVIII s.; *le Griot*, h. c° Vénérieu.

Griotller (Le), h. c° Izeaux.

Grippons, loc., XV s.: *le Grippon*, h. c° Miribel-les-Echelles.

Grisaille, XVII s.: Grisal: voy. Grisayllum.

Grisard, h. c° St-Priest.

Grisards (Les), h. c° le Périer.

Grisayllum, XIV s.: Grissallyum, XIV s.; *Grisnil*, h. c° St-Guillaume.

Grisonnière (La), h. c° St-Michel-de-St-Geoirs.

Grive (logis de la), XVIII s.: *la Grive*, vill. c° Bourgoin et St-Alban-de-Roche.

Grivellères, XIV s.; Grerlis, XV s.: *les Grivellières*, vill. c° Rivlers.

Grivie ou la Montagne (Le); *la Montagne-Feu-Haut*, h. c° Miribel-les-Echelles.

Grivoleres (bascus la), XIII s.; *les Grivollières*, bois disp. près Clonas.

Grivoley (mans. de la), XV s.; *la Griculey*, l. disp. c° Eyduche.

Grivoleya, XV s.; Grivolée, XIX s.; *la Griculey*, h. c° St-Martin-d'Uriage.

Grivollière (La), h. c° Marcolin.

Grivoux, XIX s.: voy. Grevoux.

Grobonnière (La), h. c° St-Albin-de-Vaulserre.

Gruellis (villa de), XIV s.: *les Gruules?*, l. disp. c° Alliéres-et-Risset.

Grosennay, XIV s.: voy. Grenay.

Grogniex (Les), XVI s.; *le Grollier*, h. c° la Chapelle-de-Surieu.

Grognium villa, XIV s.: voy. Sanctus Bartholomeus de Groyn.

Groinun (de), XIII s.; Groyn: Groignun, XIII s.; Gronz (castr. de), XIII s.: Grognium, XIV s.; Grogni, XV s.; Gronin (chât.), XVIII s.; *le Gronin*, ruines c° le Gua.

Grolandière, h. c° Charavines.

Grolery (territ. de la), XV s.; *Groullier*, éc. c° Four.

Grollère, XIX s.: voy. Grognietz.

Grollières, h. c° Bellegarde-et-Poussieu.

Grollets (les), XVIII s.: *le Grolet*, h. c° St-Joseph-de-Rivière.

Grollets (les), XIX s.: *les Guillets*, vill. c° de St-Pierre-de-Chartreuse.

Grollier, mont. c° Mont-St-Martin.

Grolus (via antiq. de la); (territ. de la), XV s.: *Groleiut*, h. c° St-Sorlin.

Grosmorenum, villa, XIV s.; Grosmoren, gr., XVIII s.; *Gros-Morenol*, éc. c° St-Paul-de-Varces.

Gronopolis civit., XV s.: voy. Greygnovol.

Gros, gr. disp. c° Massieu: — (les), h. c° St-Étienne-de-Crossey; — éc. c° St-Jean-d'Hérans.

Gros-Berteau (Le), ou les Parties, bois c° St-Julien-de-l'Herms.

Gros-Bruthiaz (Le), bois c° Châtonnay, Meyrieu et St-Jean-de-Bournay.

Gros-Chêne, XVIII s.; G. Chesne, XVIII s.; *le Gros-Chêne*, éc. c° Allevard.

Gros-Chêne (Le) h. c° Faverges: — bois c° la Tronche.

Gros-Cret (le) ou les Torches, mont. c° Besse.

Gros-Cul, XIV s.: voy. Grossum Culum.

Gros-Fau (Le), chp° c° Lans et Méaudre.

Gros-Fou (Le), font. c° Chapareillan.

Gros-Jean (Le), h. c° Marnans.

Gros-Merle, h. c° Savas-Mépin.

Gros-Molard (Le), montic. au milieu plaine la Bièvre, c°

Beaucroissant, Rives, Colombe, le Grand-Lemps et Izeaux.

Gros-Molard (Le), mont. cⁿ St-Bernard.

Gros-Musset, mont. cⁿᵉˢ St-Ismier et St-Pierre-de-Chartreuse.

Gros-Rang (Le), bois cⁿ Renneuel.

Gros-Ruisseau (Le), ruiss. cⁿ Robssard, affl. ruiss. Sagnes.

Gros-Sapin (ruiss. du), cⁿ St-Pierre-de-Chartreuse.

Gros-Saule (La), éc. cⁿ Allevard.

Grossa Petra, XIV s. ; *Pierre-Grosse*, bois cⁿᵉˢ St-Hilaire et St-Pancrasse.

Grossan (en), XIV s.; *Grossaut*, mas cⁿ Réaumont.

Grosse-Ferme (La), f. cⁿ St-Didier-de-la-Tour.

Grosse-Grange (La), f. cⁿ St-Appolinard.

Grosse-Maison (La), t. cⁿ Torchefelon.

Grosse-Pierre (La), mas cⁿ Ste-Marie-du-Mont.

Grosse-Suiffe (La), ruiss. cⁿ Livet-et-Gavet.

Grosses-Granges (Les), f. cⁿ St-Chef.

Grosses-Pierres (chⁿ des), cⁿ Quaix.

Grosset, h. cⁿᵉˢ St-Geoire et Velanne.

Grossum Culum (ad), XIII s. ; *le Culet*, bois cⁿ Goncelin.

Grotte (La), XIX s. ; *la Crotte*, h. cⁿ Charantonnay ; — h. cⁿ St-Pierre-de-Chandieu.

Grotte (La), h. cⁿ Septème.

Grotte-de-la-Balme (La), grotte à l'entrée de laquelle se trouve une chapelle, cⁿ de la Balme.

Groubler (chⁿ du), cⁿ St-Théoffrey.

Groula (La), ruiss. cⁿ Quaix.

Groules (chⁿ des), cⁿ la Chapelle-du-Bard.

Groyno (villa de), XIV s.: voy. Sanctus Bartholomeus de Groyn.

Gruat (Le), l. disp. cⁿ Veyrins, XVIII s.

Grublz (ruiss. de), cⁿᵉˢ Pinsot et la Ferrière.

Gruelle, XVIII s. ; Gruères, XIX s. : *Gruerias*, XIV s. ; Gruerr, XIX s. ; *Gruère*, h. cⁿ St-Paul-lez-Monestier.

Grumisel (pont du), XVII s. ; *Gros-Musset*, mont. cⁿᵉˢ St-Ismier et St-Pierre-de-Chartreuse.

Grun-de-la-Freychère (Le), mont. cⁿ Chanteloube.

Grun-du-Roux (Le), mont. cⁿᵉˢ Valjouffrey et St-Maurice (Hautes-Alpes).

Grun-de-St-Maurice (Le), mont. cⁿᵉˢ Valjouffrey, Aspres-les-Corps, St-Firmin et St-Maurice (Hautes-Alpes).

Grysyvodan (Grant court de), XV s. : voy. Graisivodani (ballivus comit.).

Gua (Le), XVIII s. ; Guaz (le), XIX s. ; *le Gas*, h. cⁿ Chabons ; — h. cⁿ Doissin.

Gua (Le), h. cⁿ Huez ?— ruiss. affl. le Rhône, cⁿᵉˢ Meyzieu et Décines-et-Charpieu ; — éc. cⁿ N.-D.-de-l'Osier, XVIII s. ; — h. cⁿ Proveyzieu:..

Gua (chⁿ du), cⁿ St-Antoine; — (le), éc. cⁿ St-Gervais.

Gua (Le), cⁿ cⁿᵉ Vif ; 1789, com. él. Gren. baill. Graisiv.

Gua : voy. Ga 1⁰ ; Guaz (le) : voy. Ga 1⁰, 2⁰.

Gua (Le), X'II s. ; Guas : voy. Gaz 5⁰.

Guachia, XV s. : voy. Gachia.

Guado (capella de), XI s. ; *le Château*, éc. cⁿ Le Gua.

Gualuna villa, XIV s. ; *le Gua*, l. disp. cⁿ Brié-et-Angonnes.

Gualanni (chaban.), XII s. ; *les Gaudus*, mas cⁿ Hurtières.

Guarcina, XIV s.: voy. Garcina.

Guarcinis (mans.), XIII s.: voy. Garcinos.

Guarda, XI s. : voy. Gardia.

Guarenjoudi, XIV s. : voy. Garaudent.

Guary (mont), XVI s. ; *Gary*, mont. et lacs cⁿᵉˢ Entraigues, Valjouffrey et le Périer.

Guas (Les), XVIII s. : voy. Guersia.

Gué (Le), XVIII s. ; *le Gay*, éc. cⁿ Allemont.

Gué (Le), XVIII s. ; *le Gay*, h. cⁿ Granieu.

Gué (Le), h. cⁿ Potamiers.

Gué (Le), XVIII s. : voy. Guet.

Gué Palaz, XV s.: voy. Onepalon.

Gué-de-Villien (chⁿ du), cⁿᵉˢ St-Marcel-Bel-Accueil, Vénérieu et St-Savin.

Guébettes (Les), h. cⁿ Vézeronce.

Guébin (Le), ruiss. affl. la Galaure, cⁿ Roybon.

Guele, mas cⁿ Montaud.

Guempalof, XIV s. : voy. Gapalouf.

Guenière (ruiss. de), affl. l'Ebron, sép. cⁿ Clelles de cⁿ Le Percy.

Guepalou (mans. de), XIII s. ; *Guilpet*, h. cⁿ La Frette.

Guépier (Le), ruiss. cⁿ Theys.

Guéraud, éc. cⁿ St-Just-de-Claix.

Gueri ripa, XIII s.; Guer aqua; Guers; Guier; Guyer, XIV s.; Guierius Vivus, XIV s. ; Guerii (fluv.); Guietaril (aqua), XV s.; Guietum ; Guyé, XVI s.; Guyers Vif ; *le Guiers-Vif* (voy. ce mot).

Guérin (Le), h. cⁿ Pact ; — éc. disp. cⁿ Beaurepaire, XVIII s ; — éc. disp. cⁿ St-Martin-le-Vinoux, XVIII s.

Gueray (La), XVIII s. ; *la Guergue*, ruiss. cⁿ Proveyzieux.

Guerrax (aux), XVII s. ; G-res (les), XVIII s. ; *les Guerres*, h. cⁿ St-Pierre-de-Chartreuse.

Guerres (Les), h. cⁿ Chatte ; — f. cⁿ Montagne ; — h. cⁿ St-Aupre ; — h. cⁿ St-Pierre-de-Chartreuse ; — l. disp. cⁿ Voissant.

Guerretière (La), XIX s. ; *la Cachardière*, h. cⁿ St-Clair-de-la-Tour.

Guerris (in domib.), XIII s. ; Guers (costo el), XV s. ; *le Guers*, h. cⁿ Theys.

Guers (Le), h. cⁿ Tullins.

Guersia (Perretus de), XIV s. ; (molend. de), XV s. ; Guas (les), XVIII s. ; *les Guers*, éc. cⁿ Lavaldens.

Guerus Mortuus, flum., XII s. ; Guer (aqua de), XIII s. ; Guerii (Magni), XV s. ; Gueyrii Mortui (aqua magni); Guyer lo Mort, XIV s. ; *le Guiers-Mort* (voy. ce mot).

Guet (Le), XVIII s.: voy. Gayetus.

Guetallerie, XVIII s. : *Guetaléry*, h. cⁿ Revel-et-Tourdan.

Guétaux (Les), h. cⁿ Vizille.

Guétel (ruiss. de), cⁿ Quaix.

Guétina (La), rocher, cⁿ Verna.

Guets (Les), XVIII s. ; *le Gay*, vill. cⁿ la Buisse.

Guette (La), ruiss. cⁿ Varacieux, XVIII s.

Gueule Dours, XVIII s. ; *Gueule-d'Ours*, bois cⁿ St-Martin-de-Clelles.

Gueulet, l. disp. c° le Mont-de-Lans.

Gueydan, éc. c° Corps ; — (le), h. c° St-Ismier.

Gueyrands (Les), h. c° Corps.

Guguletum, XV s.: voy. Gueulet.

Oul (Les), XVIII s. ; le Guy, h. c° Pollienas.

Oularada villa, X s. ; Janneyrias, c° cõn Meyzieu.

Oularchi, h. disp. c° Bresson, XIV s.

Guibaudière (La), h. c° St-André-en-Royans.

Guibers (los), XIII s. ; les Gilberts, mas et ruiss. c° St-Guillaume.

Guiberterias, XIV s. ; les Guibertières, l. disp. c° St-Paul-lès-Monestier.

Guiberteriis (villa de), XIV s. ; les Guibertières, l. disp. c° Seyssins.

Guibertz (Les), XVI s. ; G-rts (les) ; Guiber (le), XIX s. ; les Guiberts, h. c° St-Georges-de-Commiers.

Guichard (Le), h. c° Apprieu ; — éc. c° Pollienas ; — (le), h. c° Réaumont et St-Blaise-du-Buis.

Guicharde (La), h. c° Communay.

Guicharde, XVIII s. ; G-eiro, XVIII s.: Guichardière, h. c° St-Baudille-et-Pipet.

Guicharderiis (aux), XIV s. ; les Guichardières, l. disp. c° Livet-et-Gavet.

Guichardis (plan. de), XIV s. ; (village de), XV s. ; les Guichards, h. c° Vaulnaveys-le-Haut ; les Guichards, h. c° Montévéroux.

Guicher, h. c° St-Agnin.

Guichifort (aretto de), XVIII s. ; Guichefort, mont. c° la Motte-St-Martin.

Guiers-Mort (Le), riv. aff. le Guiers-Vif, orig. au Trou-du-Glaz, arr. c° St-Pierre-de-Chartreuse, St-Laurent-du-Pont, Entre-Deux-Guiers, Miribel-les-Echelles.

Guiers-Vif (Le), riv. aff. le Rhône, orig. rocher du Guiers, c° St-Pierre-d'Entremont, et depuis sa source jusqu'à son embouchure, sépare le départ. de l'Isère de celui de la Savoie.

Guiffray, gr. c° Chapareillan.

Guignardeti (La), XIV s. ; le Guinet, h. c° Dolomieu.

Guignardières (Les), XVIII s. : voy. Guinardière.

Guignet (Grange), XIX s. ; les Guignets, h. c° St-Pierre-d'Entremont.

Guignette (La), h. c° Villefontaine.

Guignières, XIX s.: voy. Guineu.

Guigenis (mansus), XV s. ; Guignes, l. disp. c° Le Freynet.

Guijonvalier, gr. disp. c° Malleval, XVIII s.

Guilanderes (villa de), XIV s. ; G-ard-s, XIV s. ; Guillarderyres ?, l. disp. c° Le Gua.

Guilardis (chavan. dicta de), XIV s. ; Guill-di (chavan. de), XIV s. ; G-is ; G-els ; Guillard, h. c° Ornon.

Guillermet, f. c° Varacieux.

Guillet ; Guillers (les), XVII s. ; G-llets (cotard des), XVII s. ; le Guillet, h. c° Miribel-les-Echelles.

Guillonnière (Grande, Petite-), XVIII s.; Guillonnières, XIX s.; Guilonière (La), XVIII s. ; Guillonière (Grande, Petite-) hh. c° Renage, Moirans et Tullins.

Guillanet, h. c° Valencin.

Guillarderie (grès), XIV s. ; la Guillonnière, h. c° Montaud.

Guillardis (cognum de), XV s. ; la Jaillinede, mont. c° Valjouffrey.

Guillaruset (Les), XVIII s. ; Guillermet, vill. c° Charavines.

Guillaruset, XVIII s. ; les Guillermets, h. c° Couret-Buis.

Guillaud (Le), h. c° Bresins ; — gr. c° Ste-Marie-du-Mont.

Guillaud, XVIII s. ; les Guillauds, h. c° Chatonnay et Ste-Anne-d'Estrablin.

Guillauds, XVIII s. ; le Guillot, vill. c° St-Hilaire-de-la-Côte.

Guillauds (Les), XVIII s.: les Guillots, h. c° St-Hilaire-du-Rosier.

Guillaume (La), f. c° Ste-Blandine ; — (ch° de), c° Ternay et Sérézin-du-Rhône.

Guillaurmet, l. disp. c° St-Sauveur, XVIII s.

Guillebot (ch° de), c° Meylan.

Guillemottes (Les), vill. c° Vienne.

Guillenche (La), XVII s. ;... c° Pommiers.

Guillenclère, XIX s. ; la Guillauchière, h. c° St-Joseph-de-Rivière.

Guillermet, h. c° St-Albin-de-Vaulserre ; — éc. c° St-Bonnet-de-Chavagne ; — l. disp. c° St-Christophe-Entre-Deux-Guiers ; — h. c° St-Victor-de-Cessieu.

Guillermet (gr. de Chez-), XVII s. ; les Guillermets, éc. c° St-Joseph-de-Rivière.

Guillermont (Le), ruiss. c° St-Quentin ; — h. c° Semons.

Guillermoz, h. c° St-Jean-d'Avelanne.

Guillermard, XIX s. : Guillermard, h. c° Corbelin.

Guillet, h. c° Jardin ; — (le), h. c° Miribel-les-Echelles.

Guillet, éc. c° St-Christophe-Entre-Deux-Guiers ; — éc. c° St-Lattier.

Guillet (Le), XIX s.; les Guillets, h. c° Pariset.

Guillet (Les), XVIII s. ; les Guillets, h. c° Le Villard-de-Lans.

Guilleteriis (villa de), XIV s. ; Guilleteyres ?, l. disp. c° Le Gua.

Guilletière, h. c° Sarcenas.

Guilletière, XVIII s. : voy. Guloneteria.

Guilletis (villa de), XIV s. ; les Guillets ?, l. disp. c° St-Paul-de-Varces.

Guillets (Les), XVIII s. ; le Guillet, h. c° Allevard.

Guillets (Les), XVIII s. ; les Guillets, vill. c° St-Pierre-de-Chartreuse.

Guillière, XVIII s.; Eguillières, éc. c° St-Guillaume.

Guillermanières (agr), XVII s. ; G-lemeres. XVII s.; G-lmières, XVII s. ; le Guillermont, h. c° Semons.

Guilliaus (Les), XVIII s. ; le Guillou, vill. c° Coublevie.

Guillo (Le), XVIII s. ; les Guillauds, h. c° Beauvoir-de-Marc.

Guillon (Le) ; Guillous (les), XVIII s. ; G-ot, XIX s. ; Tuillon, vill. c° la Folatière.

Guillon, &c. c° Laval.
Guillonière, h. c° Meyssies.
Guillons (les), f. c° St-Paul-les-Monestier.
Guillons (Les), XVIII s. ; Guillon, h. c° St-Pierre-d'Allevard.
Guillons (Les), XVIII s. ; le Guillon, h. c° St-Pierre-de-Chérennes.
Guillot, f. c° Miribel-les-Echelles ; — gr. disp. c° Moirans ; — h. c° St-Bernard.
Guillot (Le), h. c° St-Etienne-de-Crossey ; — vill. c° St-Hilaire-de-la-Côte ; — l. disp. c° Voreppe, XVIII s.
Guillot, XIX s. : voy. Guillauds.
Guillotet (Le), h. c° St-Georges-d'Espéranche.
Guillotière (La), h. c° Bossieu ; — h. c° Jarcieu ; — h. c° Marcolin ; — vill. c° Pajay ; — h. c° St-Laurent-du-Pont ; — h. c° Vatilieu.
Guillots (Les), XVIII s. ; le Guillot, h. c° St-Bernard.
Guillots (ch^ie des), c° Seyssins.
Guilloud (Chez-), f. c° Cour-et-Buis.
Guimbert, raban., XIII s. ; les Guimbes, mas c° le Touvet.
Guimet, XIX s. ; le Guimet, vill. c° la Chapelle-de-la-Tour.
Guimet (Chez-), fr. c° Chapareillan.
Guimets (Les), XVIII s. ; Guimet, &c. c° Ste-Marie-du-Mont.
Guinard (Les), ruiss. c° St-Laurent-du-Pont.
Guinardery, XIV s. : voy. Guigarderi.
Guinardière, XVI s. ; les Guinardières, h. c° Presles.
Guinati villa, XIV s. : voy. Guineu.
Guinaud (Le), h. c° Beaumont.
Guindan (aqua, ruiss. de), XV s. ; le Guindan, ruiss. c° Aoste et Romagnieu, affl. le Guiers-Vif.
Guineise, h. c° Serres-et-Nerpol.
Guinet (Le), h. c° Châtonnay et Villeneuve-de-Marc ; — vill. c° la Chapelle-de-la-Tour.
Guinet, l. disp. c° Le Grand-Lemps ; — (le), f. c° Ste-Blandine ; — h. c° St-Marcel-de-Bel-Accueil.
Guinets (Les), XVIII s. ; les Guimets, h. c° Revel.

Guineu (mans. de), XIII s. ; les Guigniers, h. c° St-Pierre-de-Mésage.
Guingalet, XVI s. ; les Guingates, mas c° Grenoble.
Guingalet, 1700 ; G-to (pons, molendina de), XV s. ; Gringalet, h. c° Echirolles et le Pont-de-Claix
Guinguetière, h. c° Serres-et-Nerpol.
Guinguette (La), h. c° Panissage ; — h. c° le Pont-de-Beauvoisin ; — h. c° St-Pierre-d'Entremont.
Guinier (mas), XVIII s. ; Guiney, mont. et sclerie c° Autrans, Lans et Méaudre.
Guinimant, mans., XIIIs. ; G-ns, cavan. ; G-ment, XIX s. ; Guirimand, gr. c° Pierre-Châtel.
Guinitoria (in), XV s. ; Guéminière, mas c° St-Julien-de-Ratz.
Guinoneria (in), XV s. ; Guillonière, &c. c° Le Fontanil.
Guinonet, l. disp. près Barraux, XIII s.
Guinoneteria (in), XV s. ; la Guilletière, h. c° Chirens.
Guioux (La), gr. c° Allemont.
Guiramandi, XV s. ; les Guirimands, l. disp. c° la Cluze-et-Pâquiers.
Guireous (molar. de), XIV s. ; les Girouds, h. c° Bellegarde-et-Pousssieu.
Guirimand (Le), ruiss. c° la Morte et St-Barthélemy-de-Séchilienne.
Guirimandi, XV s. : voy. Guiramandi.
Guirimant villa, bordaria, XIV s. : voy. Guinimant.
Guirimant villa, XIV s. : voy. Guinimant.
Guisnier, bois, XVIII s. : voy. Guinier.
Guit (Le), XIX s. : voy. Gui.
Guitanière (La), XVI s. ;— c° Septème.
Guitardière (La), h. c° Moretie.
Guivellei (Le), ic. c° Besse.
Oumane, XVIII s. ; Cumane, h. c° St-Sauveur.
Gumetière, XVIII s. ; Guimetière, h. c° Cognin.
Guminum, XIV s. ; Gumin, mas c° Ste-Blandine.
Guncelino (eccl. de), XI s. ; Guncelion, XIII s. : voy. Gon-

zelinum.
Gunterio (terra), X s. ; la Gautière, l. disp. c° Reventin-Vaugris.
Guoeusx (cavan. de), XIV s. ; les Goysl, l. disp. c° Herbeys.
Guorgi (P. de), XIII s. : voy. Gorgia, XII s.
Guorgia villa, XIV s. : voy. Gorge (cavann. de la).
Gurilin, h. c° la Bâtie-Montgascon.
Gurex (li), XIV s. ; les Jugers, h. c° Vaulnaveys-le-Haut.
Gurains, XIV s. : voy. Garcinou.
Gustinière (La), h. c° Pajay.
Gutignière, XVIIs. ; Guttinières, XVIII s. ; Gutinneres (mas. de), XIV s. ; Gutinière, h. c° le Pin.
Guttelérieu, h. c° Pact.
Gutulo, X s. ; Gottail, bois, XVIII s. ; le Gotail, ruiss. affl. la Joyeuse, c° Montagne.
Guyard (Le), h. c° Faramans.
Guyardanery, XV s. : voy. Guigarderi.
Guyetum (ap.), XV s. : voy. Gayetus.
Guynes (mas de), XVIII s. : voy. Guinier.
Guyons (Les), h. c° Cordéac.
Guyot, XVIII s. ; les Guyots, vill. c° Chanas.
Guys (Les), XVIII s. ; le Guy, h. c° Pact et Moissieu.
Gyons, XIII s. ; Jons, c° c° Meyzieu.
Gyvrel, XVI s. : voy. Givret.

H

Habert-de-Barraux (L'), chal. c° Chapareillan.
Habert des Cordes, XIX s. ; Cordes, chal. et mont. c° St-Pierre-de-Chartreuse.
Habert-d'en-Haut (L'), chal. c° Laval.
Habert du Lac, XVIII s. ; le Collet, mont. et chal. c° Allevard.
Habert-de-St-Vincent (L'), chal. c° Ste-Marie-du-Mont.
Haberts (Les), chal. c° Ste-Marie-du-Mont, XIX s.
Haberts-de-Barraux (Les), chal. c° Ste-Marie-du-Mont.
Haberts-de-Marcieu (Les), chal.

c° Le Touvet.
Hablis (cimit. de), XIII s. ; Halel
(conv. de la) ; Halis (monast.
de), XIII s. ; Hayes (les), XIV
s. : voy. Ayes.
Hales, XIX s. ; les Payes, h.
c° Pollénas.
Halis (in), XIII s. ; les Hayes,
bois c° Cour-et-Buis.
Halemo, XII s. : voy. Alemo.
Halles (Les), mont. c° Vaulna-
veys-le-Bas.
Harandon, XVII s. : voy. Aran-
don.
Harementer (mass. del), XIII s. :
voy. Aramanderios, Haramon-
terium.
Harmieu, XIV s. : voy. Armieu.
Harpette : voy. Alpeta Nayl.
Harpette (goulet) : voy. Arpette.
Hauches (Les), XVIII s. : voy.
Hoschlis, Oschlis.
Haud Bernard (mont. de l'),
XVII s. ; l'Haut-Bernard,
chal. et mont. c° Pinsot.
Haudes (ruiss. des) : voy. Aude-
vontz.
Hauries, XIII s. : voy. Aureis.
Haut-de-Baut (L'), mont. c°
Beaufin.
Haut-Bernard (crest de), chal.
et mont. c° Pinsot, XVIII s.
Haut-Brié (Le), h. c° Brié-et-
Angonnes.
Haut-Chantesse (Le), vill. c°
Chantesse.
Haut-Cholonge (Le), h. c° Cho-
longe.
Haut-Crey (Le), mont. c° Alle-
mont.
Haut Dor, XVIII s. : voy. Orenja.
Haut-Fourneau (Le), usine c°
Allevard.
Haut-Moret (chapelle de St-
Gabriel de l'), XVIII s. ;
Haut-Morel, chap. c° Sé-
chilienne.
Haut du Pont (Le), mont., XVI s. ;
le Haut-Pont, chal. et mont.
c° Allevard.
Haut-Saille (Le), h. c° St-Pierre-
d'Allevard.
Haut du Sueil, Sueil (mont.),
XVIII s. ; l'Haut-du-Seuil,
mont. c°° Le Touvet et la
Terrasse.
Haut-Touvet (Le), h. c° Le
Touvet.
Hautains (Les), f. c° Châtelus.
Haute-Farre, XVIII s. ; voy.

Hautefare.
Haute-Frette (la), h. c° Le
Touvet.
Haute-Freyte (ch¹⁰ de la), c°
N.-D.-de-Vaulx.
Haute-Pierre, h. c° Crémieu.
Haute Rive (chât. de), XVIII s. ;
Hauterive, h. c° Chapareillan.
Haute Rive, XVIII s. ; H-es R-es,
XIX s. : voy. Altarippa Meys-
siael.
Haute-Roche, l. disp. c° St-
Marcel-Bel-Accueil.
Hautefare, gr., dom., XVII s. ;
Hautefarre, h. c° Pommiers.
Hautetort, vill. c° St-Nicolas-
de-Macherin.
Hautefort (chât.), XVIII s. :
voy. Altum Fortis.
Hautophare, XVIII s. : voy.
Hautefare.
Hauterive : voy. Alta Ripa.
Hauteville, quart c° Les Ave-
nières ; — éc. c° Montbonnot-
St-Martin ; — bois c° Roissard.
Hautpet (L'), mont. c° St-Lau-
rent-en-Beaumont.
Hauts-Fourneaux (Les), éc. c°
Le Touvet.
Hauts-Passouds (Les), mont. c°
Valjouffrey.
Haya, XIII s. : voy. Aya.
Hayas de Corund, Courans,
XV s. ; les Hayes, bois c°
Roche et Villefontaine.
Hayat (L'), XIX s. ; Layat, h.
c° Virieu.
Hayemas, XV s. : voy. Aymes.
Hayes (en), XIV s. ; les Hayes,
bois c° Cognin.
Hayes (nem. vers. Arandoneu),
XVI s. ; (bois), XVII s. ; les
Hayes, mas c° Morestel.
Hayes (Les), XVII s. ; les Ayes,
bois c°° Pommiers et Vo-
reppe.
Hayes (Les), h. c° Chirens ; —
mas c° Marcilloles ; — mas
c° Morestel ; — mas c° Le
Passage ; — forêt c° Pusi-
gnan ; — bois c°° Roche et
Villefontaine ; — h. c° St-
Clair-sur-Galaure ; — mas c°
St-Etienne-de-Crossey ; — vill.
c° St-Etienne-de-St-Geoirs ; —
h. c° St-Georges-d'Espéran-
che ; — h. c° St-Savin ; —
mas c° Sérézin ; — h. c°
Ternay ; — h. c° Vinay.
Hayes (Les), XIII s. : voy. Ales.

Hebenum, XIV s. : voy. Heybe-
num.
Hébert, éc. c° Parisot.
Hébrales (Les), XIX s. ; les
Khrein, h. c° Bizonnes.
Hebreorum (terra), IX s. ; Juifs
(quart. des), quart. Vienne
entre la Gère, les anciens
murs de la ville et le monas-
tère de St-André-le-Bas.
Hebron, torr. 1000 : voy. Kybron,
Heyabonin.
Héentière (ch¹⁰ de l'), c° Fara-
mans.
Hochirollis loc., XV s. ; Echi-
rolles, c° c°° Grenoble-Sud.
Hélavert, éc. c° Aubel.
Helerii (riv.), XIII s. ; Heulerli,
XIV s. : voy. Alerio, Aller,
Eler.
Hembel, Hembellum, XV s. :
voy. Ambilla.
Hemendra (mont. de l'), XVIII s. :
voy. Ermendra.
Hengonila (parr. de), XIV s. :
voy. Angoynes.
Henriots (torr. des), c° St-
Sorlin.
Henry, éc. c° St-Baudille-et-
Pipet.
Hera (crcl. de), XI s. : voy.
S. Martini de Hera.
Heraeil (parr.), XV s. : voy.
Heron.
Heras (castr. de), XIII s. ; le
Château, quart. c° Hières.
Hérauds (Les), XIX s. ; les
Héros, h. c° Lans.
Herbacia fluv., X s. ; H-czla,
XIV s. ; l'Herbasse, riv. affl.
l'Isère, orig. forêt de Cham-
baran, arr. c° Roybon, entre
ensuite dans dép¹ Drôme.
Herbasse, XVIII s. ; H-ssia, X s. ;
H-atla fluv., XVI s. : voy.
Herbacia.
Herbe (L'), h. c° Voreppe.
Herbellon, XIV s. ; H-onum villa,
XIV s. ; Herbelon ; Herbelon,
h. c° Treffort.
Herbert (ruiss. d') ou de Bour-
guignon, XVIII s. ; le Bour-
guignon, h. c° Theys.
Herbeset, mass., XIV s. ; l'Her-
bette, mas c° Jarrie.
Herbesio (dom. f. seu terr. de),
XIII s. ; (castr., hospic. de),
XIV s. ; (castr. nov. de), 1486;
le Château, chât. c° Herbeys.
Herbeta (rif d'), XVII s. ; H-tiæ

(rif d') ; H-to (ruiss. de l') ; *l'Herbetan-le-Vif*, ruiss. aff. le Guiers-Mort, c° St-Pierre-de-Chartreuse.

Herbeta (rif d'), XVII s. ; H-ant, (ruiss. d') ; *l'Herbetan*, ruiss. aff. le Guiers-Vif, c° St-Pierre-d'Entremont.

Herbotan le Mort, XVIII s. ; H-tax le Mort ; H-ttax (rif d') la Morte, XVII s. ; *l'Herbetan-le-Mort*, ruiss. aff. l'Herbotan-le-Vif, c° St-Pierre-de-Chartreuse.

Herboysium, parr., XIV s. ; Herbeis, mistral. ; Herbosium, eccl. SS. Ursi et Victoris, XV s. ; Herbisium (eccl. S. Victor. ap.), XI s. ; *Herbeys*, c° c°° Grenoble-Sud ; égl. Ste-Victor et Ours.

Herbuyat, XVIII s. ; *Gerbuyat*, h. c° Champier.

Herculais, H-eis, XVIII s. ; Hercules, XVI s. ; H-elles, XVI s. ; *Herculais*, h. c° Theys ; anc. com. él. Gren., baill. Graisiv.

Herdières (Les), XVIII s. : voy. Lizardière.

Hère-la-Montagne, 1793 : voy. Sancti Martini de Hera.

Hérénier (L'), scierie c° St-Pierre-de-Chérennes.

Heres, turr., ap. Balmam : voy. Heras.

Hérétan ; H-tax, XVII s. ; Herettan, XVII s. ; Herrétang ; *l'Hérétang*, ruiss. aff. le Guiers-Mort, orig. c° St-Joseph-de-Rivière, arr. c° St-Laurent-du-Pont.

Hereys, XV s. ; Herez, parr. ; Herlis, XIV s. ; *Hièrez*, c° c°° Crémieu.

Hergully, XVII s. : voy. Arguelia.

Heriarum castr. : voy. Heras.

Herias (ap.), XIV s. : voy. Arias.

Heriou : voy. Eyriacum.

Hermevi, h. : voy. Armevi.

Hermevum, XV s. : voy. Armeu, Ermevum.

Hermierici (stagnum), XIV s. ; *les Hermitans*, mas c°° Barraux et Chapareillan.

Hermis (in), XIV s. ; *les Hermes*, bois c° Les Côtes-de-Corps.

Hermitage (L'), éc. c° Bassins ; — éc. c° Chatte ; — ruines sur la corniche du Mont St

---

Eynard, c° Meylan ; — éc. c° St-Marcellin ; — éc. c° Voreppe.

Hermitage des Augustins ; *l'Hermitage-de la-Balme*, éc. c° St-Martin-le-Vinoux.

Hermitans (fons de), XV s. : voy. Armitans.

Hermites (Les), l. disp. c° Primarette, XVIII s. ; —(ch'° des), c° St-Siméon-de-Bressieux.

Heron (in loc.), eccl. S° Dei genitr. Marie, altera S° Johan. Baptiste, XI s. ; Heroenx (parr. de), XIV s. ; Heronacio (parr. de), XIV s. ; Heroncx, X s. ; Herone villa, XI s. ; Hermeis ; Heronis (villa, eccl.), XII s. ; Heyrons ; *St-Jean-d'Hérans*, c° c°° Mens.

Herpeu ; *Arpieux*, étg. c° Tramolé.

Herpie (L'), mont. c° Huez ; — mont c° Villard-St-Christophe.

Herpieu (mais. f. d'), XVIII s. ; *le Châtelard*, éc. c° Chanas.

Herpieu, XV s. ; Herpiacum ; Herpieux, XVIII s. ; *Herpieu*, h. c° Chanas.

Herse (L'), ruiss. c° St-Hilaire.

Hesera, VI s. : voy. Isera.

Hesparris (nem. de), XV s. ; Hesperlis, H-rrlis (nem. de), XIV, XV s. ; *les Eparres*, forêt c° Chapareillan.

Heucator, XIV s. ; *la Croix-de-Lichoux*, mas c° Lans.

Heuille (L') ou l'Aiguille ?, torr. aff. c° Biviers de c° Meylan ; dénommé aussi : torrent de Gamond, du Phénix.

Heuille (La Petite), XVI s. ; *la Petite-Heuille*, mont. c° Voreppe.

Heuilly, XVIII s. ; Heuly ; *l'Heuille* (voy. ce mot).

Heuilly-de-la-Font (L'), forêt c° Le Gua.

Heulerii (riv.), XIV s. : voy. Alerio, Aller, Helerii.

Heumedium castellum, IX s. ; *Pipet*, mont. c° Vienne.

Heurard, f. c° Autrans.

Heure (riv. de), XVII s. : voy. Huer, Buer, Vier.

Heurons (Les), l. disp. c° Ste-Marie-du-Mont.

Heurtet, XVIII s. ; *l'Heurtet*, forêt c° Vaulnaveys-le-Haut.

Heurtières, XVII s. : voy. Hurtores.

Heyabonis (aqua), XIII s. ; *l'Ebron*, riv. aff. le Drac, orig. c° Triminis, arr. c°° région du Trièves.

Heybonum, XIV s. ; *Eybens*, c° c°° Grenoble-Sud.

Heyraud (Les), XIX s. ; *les Eyrauds*, h. c° St-Hilaire.

Heyreu, XIV s. ; Heyriaci(castr., villa) ; Helrieu, XVI s. ; Heyrieu, H-ux, XVIII s. ; *Heyrieu*, ch.-l. c°° arr° Vienne : dioc. Vienne, église N.-D.

Heyrieux (ferme), XIX s. ; *Leyrieux*, h. c° Chaponnay.

Heyal : voy. Eizi.

Heysulinum, XV s. : voy. Huysilinum.

Hien, h. c° Cessieu.

Hier (L'), ruiss. aff. l'Hien, s°p. c° Montagnieu de c° Ste-Blandine.

Hiéro, m¹° c° Les Abrets.

Hières, c° c°° Crémieu ; dioc. Vienne ; égl. St-Pierre.

Hières, XV s. : voy. Herlia.

Hières, chât. : voy. Hyeres.

Hipanet (bois), XVIII s. ; *l'Eypanet*, bois c° Clelles.

Hirardière (La), h. c° Châtelus.

Hirondelles (Les), mont. c° Allemont.

Hisans ; *l'Oisans* : voy. ce mot.

Hisara, Hisera, VI s. : voy. Hesera.

Hoches (Les), l. disp. c° les Côtes-de-Corps ; — h. c° Roissard ; — mas c° Sinard.

Hochie, XV s. : voy. Thochie.

Hoctavensi (in agro), X s. : voy. Octavum, S. Sinforianus.

Hoirie (L'), h. c° Voreppe.

Holme : voy. Hornss (L').

Holuysy : voy. Olosia.

Homenevzi (L') : voy. Menelsi, Haut-Menesy.

Homme (Roc du Crest de l'), XVIII s. ; *l'Homme*, mont. et col c° Allemont.

Homme (L'), mont. c°° Allemont et Ste-Agnès ; — mont. c°° Auris et Le Freney ; — mont. c°° Livet-et-Gavet et Vaulnaveys-le-Haut.

Homme (L') : voy. : Ulmum, Olmey, Orme, etc.

Hommes (Les), éc. c° St-Sauveur.

Honorat, l. disp. c° Vienne.

Hôpital (L'), gr. ce Beaulne : — éc. ce Chatte ; — f. ce Chevrières ; — éc. ce Cheyssieu ; — (Ruiss. de l') ou Burlet, ruiss. ce Clelles.

Hôpital, XVIII s. ; l'Hospice, h. ce Cras.

Hôpital (L'), f. ce Montagne ; — h. ce Pont-Évêque ; — f. ce St-Antoine ; — éc. ce St-Christophe-Entre-Deux-Guiers ; — (chemin de la Croix de), ce St-Étienne-de-Crossey ; — f. ce St-Quentin ; — mas ce Sillans.

Hôpital de St-Jean, XVIII s. ; l'Hôpital, f. ce Dionay.

Hôpital (Rif de l'), XVII s. : voy. Templi.

Hôpitaux (Les), h. ce la Motte-d'Aveillans ; — (chⁱˢ des), ce Roissard ; — (les), vill. ce St-Geoire.

Horme (L') ; l'Orme, h. ce les Eparres.

Horme (L') ; l'Orme, h. ce Lavars.

Hornaceno : voy. Ornaciacum.

Horpieux, XVIII s.: voy. Herpieu.

Hortet, XVIII s. ; l'Heurtel, forêt ce Vaulnaveys-le-Haut.

Hortiers (Chⁱˢ des), ce Vinay.

Hos, XIII s. : voy. Osse.

Hoschil : voy. Oschilis.

Hoschilis (in), XIII s. ; les Huches, h. ce Roissard.

Hospice (f. de l'), XIX s. ; l'Hôpital, f. ce Chevrières.

Hospice (L'), quart. ce la Côte-St-André ; — h. ce Cras.

Hospice, XIX s.; Bois-Français, f. ce Versoud.

Hospicium, XII s. : voy. Hospitali.

Hospinelli (nem.), XIII s. ; l'Épinette, mas ce Theys.

Hospitale Sⁱ Johannis, dom., XIII s. ; Jherosolimitani b. Joh. in Trivils ; la Commanderie, h. ce St-Maurice-en-Trièves.

Hospitali (de), XII s. ; H-lis (molend.); de Moissiec, XIII s.; (precept. dom.) de Moyssou, XIV s. ; l'Hôpital, h. ce Moissieu.

Hospitalis (ab), XIV s. ; l'Hôpital, mas ce Sillans.

Hospitalis (domus seu gr.) in mand. de Esparone, XIV s. ;

Notre-Dame-des-Neiges, chap. ce Le Percy.

Hospitalis Pontis Charulsi, (cap.), XV s. : voy. St-Jean-Baptiste.

Hostachy, éc. ce Le Monestier-d'Ambel.

Hostranne, H-nelum, XV s. : voy. Austran.

Hôte (L'), h. ce Parlset.

Hôte (L') ; la Lôte, ruiss. afl. l'Avanne, ces St-Genis et Monestier.

Hôtel (L'), h. ce Balbins.

Houchile (in), XV s. : voy. Ochila.

Houle (Pont de l'), pont sur le ruiss. de Faularcy, ce St-Paul-les-Monestier.

Houpottes (Col des), ce Les Côtes-de-Corps.

Hubacs (Les), XVIII s. : voy. Ubac, Ubacus.

Hubas (Les), XIX s. : voy. Hubolls.

Huberlet, XVIII s. ; le Hurlet, vill. ce Merlas.

Hubolls (ap.), XV s. ; les Hubolls, h. ce St-Paul-les-Monestier.

Hucatoriis (villa de), XIV s. ; les Hucats ?, l. disp. ce Allières-et-Risset.

Hucinum (ap.), XIII s. ; Hucins gr. in parr. de Osta, XIII s.; Oucinet, h. ces Aoste et Romagnieu.

Hucis (parr. de), XIII s. ; Hues (minlr. de), XIV s. : (eccl. S. Ferreoli de): Huez en Oysans; Huez, ces le Bourg-d'Oisans; Huer (ripperia de), XV s. ; Huert (L'), XVIII s.; l'Huer, riv. afl. du Rhône, orig. ce Faverges, arr. ces Corbelin. Voyrins, les Avenières.

Hurts (cortery des), XVII s. ; (les d'), XVII s. ; Charbot, h. ce Entre-Deux-Guiers.

Huez, cn ces le Bourg-d'Oisans ; dioc. Gren., égl. St-Ferjol.

Hugarie (villa regis), XIV s. ; Ongrie, h. ce St-Paul-de-Varces.

Hugoneus (domos), XIV s. ; H-sium, H-neys villa, XIV s.; les Hugnes (ou les Hugenens ?), l. disp. ce Le Touvet.

Hugonerils (alpe de Lento in), XV s. ; les Hugues, h. ce Le Mont-de-Lans.

Huilletta (L'), XVII s.; l'Heuillet, mas ce St-Laurent-du-Pont.

Huillye (La Grande) ou Rochasson, XVII s. ; la Grande-Heuille, mont. ce Voreppe.

Huillye (Petite-) : voy. Heuille.

Huisans, XVI s. ; l'Olsans (voy. ce nom).

Huisselet (moulin d'), XVIII s. ; Huizellet (Gaz d'), XVII s. : voy. Huyssollet.

Huizellet : voy. Savoria (aqua).

Hulette (L') : voy. Œillet (l').

Humberti, XIV s. ; les Humberts (f.), l. disp. ce Brié-et-Angonnes.

Hurlagos, Huriatlei (domin.), XIV s. : voy. Auriatge, Uriaticum.

Huriatici (eccl. castr.) : voy. S. Salvatoris Uriaticl.

Hurtores, XV s. ; Hurtière (Grand-, Petit-), XVIII s. ; Hurtières, hh. ces Renage et Tullins.

Hurtière, mont. ces Ste-Marie-du-Mont et St-Pierre-d'Entremont (Navole).

Hurtières, cn ces Goncelin ; dioc. Gren., égl. Sts-Christophe et Jacques.

Hury, h. ce la Frette.

Huyssellet (Gaz d'), XVII s. ; Huizelet, h. ce Arandon.

Huysilinum, XIV s.; Heysin-m; Essoulieue, h. ce le Bourg-d'Oisans et La Garde.

Hydrieum villa, X s. ; Pommiers, cn ces Beaurepaire.

Hyen, XV s. ; l'Illieu, ruiss. afl. la Bourbre, orig. ce St-Didier-de-Bizonnes, arr. ces Belmont, Biol, Montrevel. Doissin. Torchefelon, Montagnieu, Ste-Blandine, St-Victor-de-Cession et Cession.

Hyeres (mais. f. d'), XVII s. ; H-rs ; Hières, chât. ce Chatte.

Hyrissel, XVIII s. ; Hirisay, éc. ce Chozeau.

Hysellus, XIV s. ; Isenac, cn ces Rives.

I

If (L'), rocher, ce la Rivière.

Ila, XIV s. : Insula Monialium.

Ilas (L'), XVII s. ; Islat (l'), XVI s. ; I-ts (l'), XVIII s. ;

les Ilats, mas c° Vienne.

Ilata, XII s.; Illate, XII s.: voy. Islata.

Ilate (L'), l. disp. c° Jallieu, XV s.

Ile-d'Amour (L'), mas c°° Meylan et la Tronche.

Ile-Archevêque (L'), mas c° Feyzin.

Ile Balmaise, XVI s.: voy. Insula d. Balmes.

Ile-Barbier (L'), f. c° St-Quentin.

Ile-Barral, f. c° Moirans.

Ile-Barre (L'), f. c° St-Quentin.

Ile-Charmeil (L'), mas c° St-Quentin.

Iles-les-Chartreux (L'), f. c° Voreppe.

Ile-Corley (L'), mas c°° Noyarey et Veurey.

Ile de Crémieu, XIII s.; Insula Crimiael, XIV s.; *l'Ile-de-Crémieu ou de Chéruy*, anc¹, territ. à l'extrémité N.-O. du départ¹ de l'Isère, entre le Rhône, la Bourbre et le canal Catelan (anc. riv. Chéruy), qui correspond de nos jours au canton de Crémieu et à la majeure partie de celui de Morestel.

Ile-Gabriel (L'), mas c° Brangues.

Ile-Grand-Jean (L'), mas c° Les Avenières.

Ile-de-la-Grange (L'), mas c° Moirans.

Ile (L'), h. c° Jonage; — gr. disp. c° Alixoën.

Ile-Marrot (L'), éc. disp. c° Livet-et-Gavet.

Ile-Plançon, éc. c° Voreppe.

Ile-du-Pont, h. c° Voreppe.

Ile (L') Ronde: voy. Insula Rotunda 2°.

Ile-Rose (L'), h. c° St-Quentin.

Ile-Trouillon (L'), h. c° St-Quentin.

Ile (L'), quart. c° Vienne.

Iles (Aux): voy. Insula S. Maurice de Exillio.

Iles (Les), quart. c° Fontaine; — scierie c° Laval.

Iles (Les), mas c° Polliénas; — h. c° Poumiers; — h. c° Le Pont-de-Claix.

Iles-du-Mas (Les), h. c° Froges.

Iles (Les), quart. c° la Rivière, formé par la réunion de divers mas: Ile-Brune, Ile-Chapoton, Ile-des-Hales, Ile-sur-les-Douves, Ile-Vernay, etc.

Iles (Les), quart. c° St-Quentin, formé par la réunion de divers mas: Ile-Bertrand, Ile-Caille, Ile des Communes, Ile-Gelure, Ile-Pourchy, etc.

Illaetum (pratum), XIV s.; *l'Ilat*, h. c° St-Paul-de-Varces.

Illaslis (in), XV s.; Illaslos (vers.), XIV s.; *les Ilas*, éc. c° Allemont.

Ilicnis (domin. de), XIV s.: voy. Illin.

Illes (Aux), XVII s.: voy. Insula S. Robert.

Illes (Les), XVIII s.; *les Iles*, h. c° Le Bourg-d'Oisans.

Illettes, ruiss., XVIII s.: voy. Islctes.

Illin (O. de), Illino (V. de), XII s., (mandam., castell¹⁰ de), XIII s.; *Illins*, h. c° Luzinay.

Illino (castr. de), XIII s.; *le Château-d'Illins*, châit. c° Luzinay.

Illins, h. c° Luzinay; dioc. Vienne, égl. St-Jean.

Ilon (L'), quart. c° Les Avenières; — h. c° St-Maurice-l'Exil.

Iloto (L'), éc. c° Renage.

Image (L'), h. c°° la Sône et St-Hilaire-du-Rosier.

Imbaots (Les): voy. Imbauds.

Imbauds (Les), XVII s.; *les Imbeaux*, h. c° Ménaulre.

Imberts (domaine des), XVII s.; c° Reventin-Vaugris.

Immains (Les), XVIII s.; *les Eymins*, h. c° St-Jean-de-Moirans.

Impetris villa, X s.; *la Grande-Pierre*, h. c°° Communay et Ternay.

Incassulaz (L'), h. disp. c° Classigneu.

Incastris, Inchastris (eccl. de), XI s.; *Lenchâtre*, h. c° Miribel-Lenchâtre.

Inconclo (eccl. de), XIV s.: voy. S. Pauli de Encote.

Incoulaise (L'), bois c° St-Maurice.

Indivis ...¹⁰ des), c° le Sappey.

Infaeme, XVIII s.: voy. Infernal.

Infernat (L'), XVII s.; Inferne, XVIII s.; *l'Infernet*, ruiss. aff. la Romanche, c° Livet-et-Gavet.

Infernet (L'), ruiss. c° La Garde; — ruiss. aff. la Romanche, c° Livet-et-Gavet; — éc. et ruiss. c° La Mont-de-Lans; — mont. c° Le Périer; — ruiss. aff. du Pot, c° Poumiers; — ruiss. c° St-Pierre-de-Chartreuse.

Infernetum, XII s.; Infernet (riv.), mons, bois; l-ey, XVIII s.; *l'Infernet*, ruiss. aff. le Pot, c° Poumiers.

Infoureire (L'), XVIII s.; *l'Infoureyre*, bois c° Lalley.

Ingelati villa, XIV s.; *les Enjallas*, mas c° Vizille.

Ingenils (eccl. de), XI s.; l-nio (eccl. S. Johan. de), Ingins, XIII s.; *Engins*, c° c°¹ Sassenage.

Ingenlis (eccl. S. Ypoliti de), XV s.: voy. Angoynes.

Ingouzard (L'), font. c° Valjouffrey.

Ingoniorum villa, XIV s.: voy. Angoynes.

Injallati, XV s.; Injelatis, XIII s.: voy. Engelatis.

Insula, XIV s.; *Haisselet*, h. c° Aramlon.

Insula (eccl. de), XV s.; *l'Eglise*, h. c° l'Isle-d'Abeau.

Insula, X s.; villa, X s.: inter Bulbam et Carusiam; Bulbrio et Carusio; Bulbarum et Carusium (in agro Corsoriacense), pertin. ad prior° de Artas, XIII s.; Artasil, Artlasil, XIV s.; de Artax, XV s.; *l'Isle-d'Abeau*, c° c°¹ la Verpillière.

Insula, I-lis (in), XIV s.; *les Iles*, quart. c° Seyssins.

Insula Alollsil XI II s.; (En Lillata seu) Portus Domene, XV s.; *les Iles*, mas c° Montbonnot-St-Martin.

Insula Alpina, XIII s.; A-ni, XIV s.; de Tollino, XIV s.; *l'Ile*, h. c° Tullins.

Insula Barralis, XVI s.: voy. Isle Barral.

Insula Brayardi, XIV s.: voy. Isla (J. de l').

Insula, XIV s.; Camere, XVI s.; *les Iles*, f° c° Voreppe.

Insula parr. Champagniaci, XVI s.; *les Iles*, h. c° Champagnier.

Insula Charusii, XIV s.: *l'Ile-de-Crémieu ou de Chéruy* (voy. ce mot).

Insula Cortes, C-sil, XIII s.;

l'Ile-Cortès, l. disp. c° Moirans.

Insula Dalphinalis, XV s.; les Glairaux, h. c° St-Egrève.

Insula Glerie et Sablerie, XVI s.; l'Ile-Galamard, mas c° Voreppe.

Insula (ravoria de) inter S. Ferreolum Gratianopolim et S. Laurentium, XI s.; Grationopolis, XIV s.; l'Ile-Verte, quart. c° Grenoble.

Insula subt. Grignonem, XIII s., I-le de Grimone, XIV s.; les Iles-de-Reneccier, l. c° Pontcharra.

Insula Magnerii, XIV s.; Magnini, XVI s.; l'Ile-Magnin, mas c° Voreppe.

Insula Mochoti, XIV s.; Ile-du-Débat ou du Mouchet, mas c° Voreppe.

Insula, XII s.; Montallum, XIV s.; l'Ile, anc. quart. Grenoble.

Insula, XIII s.; l'Ile, f. c° Oz.

Insula de Quiriaco (prior), XIII s.; I-lle (prior), XV s.; l'Ile-de-Qui-rieu, l. disp. c° Bouvesse-Quirieu.

Insula, XV s.; l'Ile, mas c° Proges.

Insula prope Rameriam, XIII s.; l'Ile, éc. c° Fuyzin.

Insula Rotunda, XIV s.; Rotonda, XV s.; l'Ile-Ronde, mas c° Le Bourg-d'Oisans.

Insula Rotunda, XIII s.; Isle Ronde, XVIII s.; l'Isle-Ronde, mas c° Pontcharra.

Insula... subtus Viennam, XI s.; sub Vienna, XII s.; subtus Viennam (eccl. S. Marie in), XIII s.; (domus, prior de); Beate Marie subtus Viennam, XV s.; Notre-Dame-de-l'Ile, h. c° Vienne.

Insule Petre, XIV s.; les Iles, mas c° la Pierre.

Insule S. Mauricii de Exillio, XV s.; Iles (aux); les Iles, h. c° St-Maurice-l'Exil.

Insule subt. S. Robertum, XIV s.; les Iles, mas c° St-Egrève.

Insulis (nem. in), (in) priorat. St Laurent, XV s.; les Iles-de-Seyssinet, quart. c° Seyssinet.

Insulla del Balmes, XIII s.; Insula Balmesia, XIII s.; l'Ile-Balmeis, l. disp. c° St-Egrève et St-Martin-le-Vinoux.

Insularum (mans.), XV s.;

l'Ile-de-la-Gache, mas c° Barraux.

Insulle, XIV s.; les Iles, quart. c° Tencin.

Inteaux (Les), XVIII s.; les Emplus, h. c° Miribel-les-Echelles.

Inter duos Guerios, XIV s.; Entre-Deux-Rivières, c° c° St-Laurent-du-Pont.

Inter Lapides, XIV s.; Rioupé-roux, forêt c° le Bourg-d'Oisans, Livet-et-Gavet et St-Barthélemy-de-Séchilienne.

Inter Rivos, XIV s.; Entre-Deux-Ruisseaux, bois c° Pellaful.

Interaquis, XIII s.; parr., dom. f., castr., XIV s.; eccl. S. Benedicti, XV s.; Entraigues, c° c° Valbonnais.

Intermoncium in ressorto Cur-nillionis, XV s.; Entremont, section c° St-Pierre-de-Chartreuse.

Intermontibus (de), XIII s.; I-ium (domin.), XIV s.; Intramontes, XII s.; Intremontes (de), XII s.; voy. S. Petri de Inter Montes.

Intermontibus (mand. de), XIV s.; I-ium (castell. castri novi); Entremont, vill. c° St-Pierre-d'Entremont.

Intermontium (castrum novum), XIV s.; (cap. castri), XV s.; le Château, h. c° St-Pierre-d'Entremont.

Inverse (L'), ruiss. affl. l'Ozon, c° Simandres et Marennes.

Inversignium, XIV s.; les Encersins, mas c° Pierre-Châtel.

Irisuel, Irisuel (croix d'), XVI s.; Hirissay, éc. c° Chozeau.

Isabeau-Marnais, c° réunie à celle de Jarrie en 1801.

Isara, flum., I s. av. J.-C. (Cicé-rox); Isaire, XIV s.; Issa, XV s.; Issera, XIV s.; Izera, VII s.; l'Isère, riv. (voy. ce nom).

Isère (L'), riv. affl. du Rhône, orig. massif du Col Iseran (Savoie), entre dans le dépar' Isère entre c° Chapareillan et Pontcharra et en sort entre c° St-Hilaire-du-Rosier et St-Just-de-Claix, sép. St-Hilaire-du-Rosier de St-Lattier (Drôme).

Iseronis (castr.), XI s.; I-ne (turr. de), XIV s.; in capella dom. d. Dalph.; le Château, ruines c° Iseron.

Iseronis (mand. de castro), XI s.; Iseron, c° c° Le Pont-en-Royans.

Isgalens (de), XIII s.; l'Egalen, h. c° Veurey.

Isirone (parr. de), XII s.; voy. S. Johannis de Exartin.

Isla (L'), XVIII s., Isle; l'Ile, h. c° l'Albenc; — h. c° Le Bouchage.

Isla (J. de l'), XIII s.; les Ilots, mas c° Noyarey et Veurey.

Isla, Insula, XIII s.; Insula de Clers, I. de Cera (mans. burg.), XIV s.; les Avenières, c° c° Morestel.

Islaia, XII s.; Isle, XVI s.; Darthan, XVII s., d'Abeau, XVIII s.; d'Artas; l'Isle-d'Abeau, c° c° la Verpillière.

Isle (forêt de l'), XVIII s.; l'Ile, forêt c° Chichilianne.

Isle, XVIII s.; l'Ile, h. c° St-Pierre-de-Chérennes.

Isle (forêt de l'), XVIII s.; (l'), XIX s.; l'Ile, h. c° Séchi-lienne.

Isle, château: voy. Insula Rameriam.

Isle-d'Abeau (L'), c° c° la Verpillière; dioc. Vien., égl. St-Pierre.

Isle Barral, XVI s.; Barral ou le Grand-Moyron; des Bruns et Isle Barral, XVII s.; le Grand-Moiron, mas c° St-Egrève.

Isle Bernard, XVIII s.; l'Ile-Bernard, éc. c° St-Quentin.

Isle-Brune (En Garcines, et à près' le mas d'Entre-deux-Ports ou en); Isles entre Doux Ports, XVII s.; l'Ile-Brune, mas c° St-Egrève.

Isle de la Chambre, XVIII s.: voy. Insula Camere.

Isle de Charove, XIV s.; de Charuys, XIV s.: voy. Insula Charuali.

Isle Chastagnon, XVII s.; l'Ile-Chatagnon, mas c° Voreppe.

Isle Daulphin: voy. Insula Dalphinalis.

Isle Gabourg, XVIII s., des Gables: voy. Insula Glerie.

Isle du grand Allenon, XVII s.;

Isles (les), XVIII s. ; *les Iles*, f. c. Voreppe.

Isle Magnin, XVIII s. : voy. Insula Magnerli.

Isle Marianne (La Rigole ou), XVIII s.; Isles de la Marianne, XVIII s. ; *l'Ile-Marianne*, t. c. St-Quentin.

Isle de Montfalcon, XVIII s. ; Falcon, Montfalcon ; *l'Ile-Falcon*, h. c. St-Barthélemy-de-Séchilienne.

Isle du Mouchet ou du Débat : voy. Insula Mocheti.

Isle à Oz, XVIII s.: voy. Insula Oz.

Isle du Peage : voy. Isles de Roussillon.

Isle de Rose, XVII s.; des Roses, Roze, XVIII s. ; *l'Ile-Rose*, l. c. Voreppe.

Isle St-Roch, XVIII s. : voy. Insula Gratianop.

Isles (aux), XVII s. ; *Iles (Les Grandes, les Petites-)*, quart. c. Moirans.

Isles (Les), XIX s. : voy. Insula, I. Champan.

Isles (Les), XIX s. : voy. Insula S. Laurent.

Isles (Les) de Champ, XIX s. ; *les Iles*, h. c. Champ.

Isles de Roussillon (Les), XVII s.; *les Iles*, mas c. Le Péage-de-Roussillon.

Isles dessoubz St-Robert, XVII s. : voy. Insula S. Robert.

Isles (Les) : voy. le Polygone.

Isletes, I-ttes (rif des), XVII s. ; *les Ilettes*, mas c. Entre-Deux-Guiers.

Ialina, XVIII s. : voy. Illin.

Isnards (Les), XIX s. ; *les Isards*, h. c. Lans.

Issards, h. c. Presles.

Issars (Les), XVIII s. ; *les Izards*, h. c. St-Martin-d'Uriage.

Issieu, XVIII s. ; *Hyssieux*, h. c. l'Isle-d'Abeau.

Istagia villa, XIV s. ; I-ii ; *les Etages*, vill. c. St-Christophe-en-Oisans.

Iter Asinorum, XV s. : voy. Asinorum (via).

Iter ferratum, XV s. : Iter voc. Arlot, Erlot, Herlot ; *Route départementale n° 4, de la Frette à Sablons.*

Iter ferratum, XIV s. ; Iter regale tendens a Petra vera.

eccl. Toncini, XV s. ; *Route départementale n° 2, de Grenoble à Montmélian (Savoie), par la rive gauche de l'Isère.*

Iter Ploti, XV s. ; du Plot ; *Chemin-du-Plot*, ch. c. Beaurepaire, Pommiers et Tourdan

Iter publicum (Magnum), XV s. ; Iter regale; *Route nationale n° 90, de Grenoble à Chambéry.*

Iter regale (magn.), XV s.; voy. Chemin-Ferré.

Iter magnum regale tendens Avinionem. XV s. : voy. Via antiqua.

Iter Rogationum Belliriparii, XV s. : *Chemin-des-Rogations*, ch. c. Beaurepaire.

Iter antiquum de Romanis, XVI s.: voy. Via Romanensis.

Iter publicum S. Albani Magnum iter. XIII s. ; Iter Turronse, XIV s.; Iter regale (Magn.), XIV s. : voy. Strata (eccl. b. Albani...).

Iter S. Martini (magn. Iter nuncup.), XIV s.; Iter Regium seu S. M., XIV s. ; Iter S. M. facit limit. inter baillivatum Viennesii et Terre Turris, et baill. Viennesii et Valentinesii, XVI s. : voy. Caminum S. Martini.

Iter antiq. de Sonna ap. Pontem in Royanis, XV s.: voy. Via Rolanesa.

Itinere (clos. de) ; *le Chemin-de-l'Eglise*, h. c. Biviers.

Ivrieux, XVIII s. ; *Evrieu*, h. c. La Bâtie-Montgascon.

Izeaulx, XV s. ; Izellos (villa ad), XI s. ; Izeuz. XIII s. ; *Izeaux*, c. c. Rives.

Izeaux, c. c. Rives : dioc. Vien., égl. St-Benoit.

Izèle (L'), h. c. Cessieu.

Izérable, f. c. Murinais.

Izeron, c. c. Le Pont-en-Royans.

Izeronis (domin.) voy. Jaeronis c.

Izollières (aux), XVIII s. : voy. Usollière.

★ len, XVIII s.; *Hien*, h. c. Cessieu.

★ lent, XVIII s. : voy. Yens (ripp. de).

J

Jacelmerias, XIV s. : voy. Jaucelmerias.

Jaccraudères, XIV s. ; *les Josseraudières t*, l. disp. c. Vif.

Jaccraudelras (vers.), XIV s. ; *Jasseraudières*, mont. c. Voreppe.

Jaccrant (fons), XIII s. ; *Jasserand*, ruiss. c. St-Gervais.

Jaccroux, XIV s. ; *Jasseyroux (bordaria del)*, XIII s. ; J-nts, XIII s. ; *les Josserands*, h. c. Cholonge.

Jaeli (fons de la), XIV s. ; *Jael (la)*, XIV s. ; Jaey, XIV s.; *la Jaey*, mont. c. St-Christophe-Entre-Deux-Guiers et St-Pierre-de-Chartreuse.

Jacob, canton, combe, XVIII s. ; *Combe-Jacob*, bois c. Arzay.

Jacoblus (Les), f. c. Vif, XVIII s.

Jacolin, h. c. Biol ; — é. c. Miribel-les-Echelles.

Jaconnière (La), gr. c. la Chapelle-de-la-Tour ; — é. c. Vatilieu.

Jacotière (La), é. c. Thodure.

Jacquemet, XIX s. : voy. Jaquemon.

Jayolhas : voy. Jallionax.

Jayon (Le), XIX s. ; *les Jayons*, h. c. Pommiers.

Jayra, Jayria : voy. Jaira, Jère.

Jayasseroo (villa de), XIV s. ; *les Jails*, h. c. la Cluze-et-Pâquiers.

Jayviis : voy. Gavenum.

Juzarenehi. nem., XIV s. : voy. Jaczareni.

Jean-Clot, XVI s. ; *Jean-Clos*, h. c. St-Antoine.

Jean-Curt, h. c. Faverges.

Jean-Diaz (Les); *les Jean-Diats*, h. c. Le Villard-de-Lans.

Jean-Long (Chez-), é. c. Les Cotes-d'Arey.

Jean-Martin, h. c. Meyssiez.

Jean-Poncet, h. c. la Morte.

Jean-Renard, gr. disp. c. Dionay. XVIII s.

Jean-Roux (Chez-), h. c. La Chapelle.

Jeanfort, XVIII s. ; *Crey-Jean-Faure*, h. c. Allemont.

Jeaux, XIX s. ; *les Jaux*, h. c. Engins.

Jacquemetière, é. c. Four.

Jacquemont, h. c. St-Antoine.

Jacqueron, XIX s. : voy. Jaqueterey.

Jacques (Les), h. c. Dionay et Royben.

Jacques, XIX s. ; *le Jacque*, f. c⁰ Murianette.
Jacquets (Les), f. c⁰ Châbons ; — h. c⁰ Revel.
Jacquier, h. c⁰ Chassignieu ; — h. c⁰ Reventin-Vaugris ; — (forêt de), bois c⁰ St-Pierre-de-Bressieux.
Jacquonnière, XIX s. : voy. Jaconnière.
Jacynthe, h. c⁰ Rivière.
Jacz (locus del), XIV s. ; *le Broue-des-Juts*, mas c⁰ St-Christophe-en-Oisans.
Jaczareni villa, XIV s. ; *les Jasaranches ?*, l. disp. c⁰ St-Pierre-de-Mésage.
Jadinum, XV s. ; *Jadin*, h. c⁰ St-Honoré.
Jaffonnaire, XVIII s. ; *Jaffonnaidre*, h. c⁰ la Cluze-et-Pâquiers.
Jaiano (in), XI s. : voy. Jalno.
Jailles, XVIII s. ; J-etin, XV s. : voy. Jailletis.
Jaillet, XVIII s. : voy. Jaillet.
Jailletière, éc. c⁰ Tullins.
Jailleu (prior de), XIII s. : voy. Jallacum.
Jalno (de), Jalnum villa, eccl. XII s. ; Jains, XIII s. ; Termons, h. c⁰ Septème.
Jalra (fluv.), IX s. ; *la Gère*, riv. affl. du Rhône, orig. bois Bonnevaux, au sud de Chatonnay, se jette d. Rhône à Vienne.
Jaira, XI s. : voy. Jeira.
Jairia (parr. S. Steph. de), XIV s. : voy. Jarria.
Jaisson, éc. c⁰ Theys.
Jala (seyte et molins de), XVI s. : voy. Jaleriis.
Jalaix (Le), mont. c⁰ Clelles.
Jalamions (Les), XVIII s. ; Jalinon, XVIII s. ; *Jallamions*, h. c⁰ Montferrat.
Jalérieu, vill. c⁰ les Avenières.
Jaleriis (in), XIV s. ; (seyte et moulin) ; *Jalas*, h. c⁰ St-Julien-de-Ratz.
Jaleti bordaria, XII s. ; *la Jaille*, mas c⁰ Tencin.
Jalbolas, XIV s. : voy. Jallionax.
Jallacum, XII s. ; *Jaillieu*, c⁰ c⁰⁰ Bourgoin.
Jallière, XIX s. ; *les Jallières*, h. c⁰ Pisieu.
Jallet, XVIII s. ; *Jaillet*, éc. c⁰ Pollienas.

Jallnière, XVIII s. ; *la Gelinière*, h. c⁰ Revon.
Jalinière, h. c⁰ St-Ondras ; — (la), h. c⁰ St-Siméon-de-Bressieux.
Jalinières (Les), XVIII s., l. disp. c⁰ Dolomieu.
Jalinon, XVIII s. : voy. Jalamions.
Jalionas, h. c⁰ St-Romain-de-Jalionax.
Jalissieux (Les), XVIII s. : voy. Jallère.
Jalla, XVI s. ; J-az, XVII s. : voy. Jaleriis.
Jallotium, Jailliet, Jallyeti, XV s. : voy. Jaleti.
Jallères, XIV s. ; *Jallières*, h. c⁰ Le Sappey.
Jalles (Les), XIX s. ; *les Jaillis*, h. c⁰ N.-D.-de-Commiers.
Jalletis (mans. de), XIV s. ; *les Juillets*, éc. c⁰ Avignonet.
Jalliacum, nem., XIV s. ; *le Jallin*, ruiss. c⁰ Eyzin-Pinet, affl. la Gère.
Jallière, h. c⁰ Le Gua.
Jallière, XIX s. ; J-es, XVIII s. : voy. Jallères.
Jallières, XVIII s. : voy. Juleyras.
Jaillet, éc. c⁰ Domarin.
Jailliet, torr., XVIII s. ; *le Juillet*, ruiss. c⁰⁰ St-Clair-de-la-Tour et St-Didier-de-la-Tour.
Jallieu, c⁰ c⁰⁰ Bourgoin ; par. dioc. Vienn., égl. Ste-Vierge.
Jaillieu (Le), J-ux, XVIII s. : voy. Jallutorum.
Jallilier, éc. c⁰ Lans ; — éc. c⁰ Le Villard-de-Lans ; — (ruiss. de), affl. la Bourne, c⁰ Choranche.
Jallin, éc. c⁰ Fontaine.
Jallinot, XIX s. ; *Gelinot*, h. c⁰ Le Fontanil.
Jallionax, XIV s. ; *Jalionax*, h. c⁰ St-Romain-de-Jalionas.
Jallutorum, XV s. ; *les Juilleux*, h. c⁰ Lans.
Jalluyers (riv. de), XIV s. : voy. Jayeres.
Jallyeti (molar.), XIV s. ; *les Gingets*, éc. c⁰ Theys.
Jalon (Le), ruiss. affl. le Bréda, c⁰ Pinsot ; — h. c⁰ Presles.
Jamaseu, XIV s. : voy. Jameyseu.
Jameyseu (villa et parr. de), XIV s. ; J-siacum, XV s. ; J-usieu, XIV s. ; *Jameyzieu*,

vill. c⁰ Tignieu-Jameyzieu.
Jameyzieu, vill. c⁰ Tignieu-Jameyzieu ; dioc. Vienn., égl. Ste-Vierge.
Jamont (drayo du), XVIII s. ; *Jaxmont*, ruiss. c⁰ Grenne.
Janin, XIX s. ; Janin, XVIIIs. : voy. Julay.
Jandel (Le), mont. c⁰ Le Mont-de-Lans.
Janeyria, XIV s., J-reat, J-riat, XVI s. ; Janneria, XV s. ; *Janneyrias*, c⁰⁰ c⁰⁰ Meyzieu.
Janeyrias et Malatrait, XVIII s. ; J-at et M. ; *Janneyrias-et-Malatrait*, anc. com.
Janeyriat (chât. de), XVIII s. ; *le Château*, h. c⁰ Janneyrias.
Janin (Le), h. c⁰ St-Jean-de-Moirans.
Janins (Les), XVIII s. ; *le Janin*, h. c⁰ Chararines.
Janins (Les), h. c⁰ Sermons.
Janneyrias, c⁰ c⁰⁰ Meyzieu ; dioc. Lyon, égl. St-Pierre : voy. J. et Malatrait.
Jannin (Chez-), XIX s. ; *Janin*, h. c⁰ Estrablin.
Jannin (Le), XIX s. : *le Janin*, h. c⁰ Paci.
Janon (Le), XIX s. ; *Janon*, h. c⁰ Chasselay.
Janots (Les), h. c⁰ Montéynard.
Janotto (La), éc. c⁰ Allevard.
Januarium, XII s. ; mons., XIV s. ; J-uerium, XIII s. ; *Genieux*, mont. et forêt c⁰ Proveyzieux.
Japin (Le), XIX s. ; *Japinos*, XIV s. ; *les Juppins*, h. c⁰ Muriannette.
Jappe-Renard, h. c⁰ Nantoin ; — éc. c⁰ Sevasins.
Japy (ch⁰⁰ de la), c⁰ St-Ismier.
Jaquemon (Le), XVIII s. ; *le Jacquemond*, h. c⁰ Allevard.
Jaquet (Le), XVIII, XIX s. ; *le Jacquet*, h. c⁰ Corbelin ; — J-t, h. c⁰ St-Julien-le-Ratz.
Jaquet, XVIII s. ; *Jacquetière*, h. c⁰ Varacieux.
Jaquete, nem., XV s. ; *Jacquier* (forêt de), bois c⁰ St-Pierre-de-Bressieux.
Jaqueterey, XIV s. ; *Jacquéroz*, h. c⁰ St-Georges-d'Espéranche.
Jaquini villa, XIV s. ; *la Naquienne*, éc. disp. c⁰ la Ferrière.
Jaquins (Le), XVIII s. ; *le Jacquin*, vill. c⁰ Apprieu.

Jaraussière (La), h. cⁿ Châtelus.

Jarbola, XVIII s. ; Gerbola, h. cⁿ les Côtes-d'Arey.

Jarcianum, X s.; Jarceu, XII s.; J-uf, XIII s.; J-eu, XIII s.; J-ef, XIV s. ; Jarozou, J-uz, XIV s.; Jarciaui (loc.), XV s.; Jarsanoum, XV s. ; Jarcieu, cⁿ cⁿˢ Beaurepaire ; dioc. Vien., égl. St-Pierre.

Jardenes, J-neum, J-ns, XIII s. ; Jardine, Jardina ; la Ville, vill. cⁿ Montleynard.

Jardin (Le), mas cⁿ Cornillon.

Jardin cⁿ cⁿˢ Vienne-Sud; dioc. Vien., égl. St-Théodule.

Jardin du Roi (Jasse du), XIX s.; le Jardin, mont. cⁿ Chichilianne.

Jardin XIX s. : voy. Jadinum.

Jardini (curat.), XV s. : voy. Jarzin.

Jardon, éc. cⁿ Proveysieux.

Jarfanerie (La), XV s. ; Jarfanière, h. cⁿ St-Siméon-de-Bressieux.

Jargata, XIII s. : J-ttaz (La) ; Jargeatte, XVII s. ; la Jarjatte, mont. cⁿ St-Laurent-du-Pont.

Jaria, XII s. ; Jarrie, cⁿ cⁿˢ Vizille.

Jaria (priorat. de), XIII s. : voy. Jarria.

Jariaeum villa, in agro Camdietensi, X s. ; Leyrieux, h. cⁿ Chaponnay.

Jariail, mas, XV s. ; J-ailli, Jarjayl ; Jarjail ?, l. disp. cⁿ Longechenal.

Jarie le Haut, 1790: voy. Jarria.

Jariet (Le), XVII s.; le Jarrios, h. cⁿ St-Quentin.

Jarios (chavan. de), XIII s. ; les Jarrios ?, l. disp. cⁿ St-Jean-de-Vaux.

Jarjata, XV s. ; le Garyax, mont. cⁿˢ Entraigues et la Salette.

Jarjatte (La), torr. cⁿ Ornon.

Jarjatte, XVII s. : voy. Jargata.

Jarlande (forêt), XVIII s. ; Gerlande, forêt cⁿˢ Vasselin et Vignieu.

Jarnathière, h. cⁿ St-Gervais.

Jarnia (moleud. de la), XIII s., XIV s. ; la Jargue, h. cⁿ St-Jean-d'Hérans.

Jarrand, éc. cⁿ Corrençon.

Jarrand, J-ns, XIX s. ; les Jar-rands, h. cⁿ Le Villard-de-Lans.

Jarre (mas de la), XVIII s., Jord(mas de la), Jora, XVIII s. ; la Jara, vill. cⁿ Quaix.

Jarrot (ch⁰ du), cⁿ Les Avenières ; — éc. cⁿ Clelles.

Jarria (eccl. S. Marie de), XI s. (priorat. b⁰ Marie), Jarriez (N.-D. de), XVIII s.; le Prieuré, h. cⁿ Jarrie : voy. la Basse-Jarrie.

Jarria (eccl. S. Steph. de), XI s., XIII s.; Jarria (Alta), XVI s.; Jarrie(St-Estève de), XIV s.; Jarrie (la Haute-), h. cⁿ Jarrie.

Jarria, XIII s. : voy. Jaria.

Jarria (castell. de), XIII s.: voy. Jeira.

Jarriax(La), mont.cⁿˢ St-Etienne-de-Crossey et St-Joseph-de-Rivière.

Jarrie (La Haute-), h. cⁿ Jarrie: par. dioc. Gren., égl. St-Étienne ; — cⁿ cⁿˢ Vizille.

Jarrine al. du Puy (village des); les Moulins, h. cⁿ Entre-Deux-Guiers.

Jarrio villa, XIV s.: voy. Jarion.

Jars (Les), h. cⁿ Châtonnay ; — (la), vill. cⁿ Quaix.

Jarsieu, XIV s.: voy. Jarcianum.

Jarzin superior, X s. : J-nis, J-ns (parr. de), XIII, XIV s. ; Jarzin, cⁿ cⁿˢ Vienne-Sud.

Jas (Les), chal. cⁿˢ Bossu.

Jas de Blache, XVIII s. : voy. Jeu de B.

Jas-les-Vaches (Le), chal. cⁿ La Ferrière.

Jas Vieille (ruiss. de), affl. du Lancey, cⁿ la Combe-de-Lancey.

Jasneuf, chal. cⁿ Chichilianne.

Jasollière (La), XVIII s. ; la Jassaudière, h. cⁿ Serres-et-Nerpol.

Jassard (ch⁰ de), cⁿˢ la Flachère et Ste-Marie-du-Mont.

Jasse (mont. de la) ; Jassy (la), XVII s. ; la Jasse, chal. et mont. cⁿ Les Adrets.

Jasse (La), ruiss. affl. le Fenet, cⁿ Allemont; — l. disp. cⁿ Allières-et-Risset; — mas cⁿ Mizoën ; — mont. cⁿ Ornon; ruiss. cⁿ Oulles ; — mas cⁿ Sarcenas ; — (lac de la), cⁿ Vaujany.

Jasse-Ballard (ruiss. de), affl. du Grand-Ruisseau de Domène, cⁿ Revel.

Jasse-Gouche, chal. cⁿ Laval.

Jasse-du-Lièvre (La), mas cⁿ Pinsot.

Jasse-des-Long-Férolle (La), mas cⁿ Chichilianne.

Jasse-Moutin, mont. cⁿ Ste-Agnès.

Jasse-Pertuis, chal. et mont. cⁿ la Chapelle-du-Bard.

Jasserans (Les), XVII s. : voy. Jaceyreux.

Jasses (Les), chal. et mont. cⁿ Laval.

Jassinière (La), ruiss. affl. l'Aiguabelette, cⁿ Merlas.

Jassy, éc. cⁿ St-Georges-d'Espéranche.

Jat (Le), ruiss. cⁿ Lavaldens.

Jat-les-Agneaux (Les), mont. cⁿ le Périer.

Jatonay, XI s. : voy. Carentenacum villam.

Jatonay : voy. Chatonay.

Jattiers (Les), l. disp. cⁿ St-Bernard.

Jauberteria (du) ; J-lis (mans.), XIV s.: Jaubertidera ?, l. disp. cⁿ Voreppe.

Jaubertiaas (ad), XIV s. : J-is (in), XV s. ; les Jauberts, éc. disp. cⁿ Mizoën.

Janeeluerias, XIV s. : Jaucel-meyres, mas cⁿ St-Baudille-et-Pipet.

Jauceranderes, XIV s. : voy. Jacceranderes.

Jauclax, XIX s. : les Zoutias, h. cⁿ Presles.

Jauculeyres, J-lleriis (in), XV s.: les Jacennes, bois cⁿ Le Gua.

Jaulnaige, XVI s. : Jaunage, cⁿˢ Meyrieu.

Jaume, h. cⁿ Lans.

Jaune, chât. cⁿ Estrablin.

Jaures (Les), h. cⁿ Froges.

Jaut (Le), mas et font. cⁿ Jarrie.

Jaux (Les), mont. cⁿ Le Villard-de-Lans.

Javelard, h. cⁿ St-Chef.

Javelière, XVIII s. ; Joralière, h. cⁿ St-Victor-de-Cessieu.

Javella (bordaria), XIV s. : Javeux, XIX s. ; les Jacaune, vill. cⁿ Eybens.

Javellotis (de), XV s.; les Jauae, h. cⁿ Correnc.

Javennu (nem.), XV s. ; Gère ou Gèrre, forêt cⁿ Autrans.

Jarergnes (Les), XVIII s. : la Jarergne, h. cⁿᵉ Pellafol.

Javetière, XIX s. : Javillière, XVIII s. : voy. Javitiere.

Javets (Les), XVIII s.; le Javet, h. cⁿᵉ Succieu.

Javeyolan, h. cⁿᵉ Pontcharra.

Javitière, XVIII s. : les Javitières, h. cⁿᵉ Biaunes.

Jay, gr. cⁿᵉ St-Hilaire.

Jay (Les), XVIII s. : voy. Jayaseres.

Javana (vilarium), XIII s.; Javax, XIV s.: Jauf, h. cⁿᵉ St-Baudille-et-Pipet.

Jayere (N.-D. de la), XVI s.; Jayeres (les), XIII s.; Jayerie (Mᵘ), XV s.; la Jayère, h. cⁿᵉ St-Antoine.

Jayeres (ten. de les), XIII s.; la Gayère, h. cⁿᵉ St-Vérand.

Jayères (Les), h. cⁿᵉ Veurey.

Jayeriis (in), XIV s.; Jayères, h. cⁿᵉ Choix.

Jayet, f. cⁿᵉ la Chapelle-de-la-Tour; — (le), h. cⁿᵉ Montbonnot-St-Martin; — h. cⁿᵉ Montferrat; — gr. cⁿᵉ Treffort.

Jayet, mais. f., XVIII s.; Jayetum (de), XIV s. ; le Jayet, h. cⁿᵉ Montbonnot-St-Martin.

Jayleriis (in), XV s.; Jullières, ruiss. cⁿᵉˢ Meylan et Montbonnot-St-Martin.

Jayllief, parr., XIV s. : voy. Jalliacum.

Jaynet, XIII s.; Jaynin (eccl. de), XIII s. ; Jaynes, XIII s. ; Vermaus, h. cⁿᵉ Septème.

Jadny (rif de), XVIII s.; le Dhuy, ruiss. cⁿᵉ Theys, aff. la Grande-Coche.

Jeira (eccl. de), XI s.; Gières, cⁿᵉ cᵒⁿ Grenoble.

Jement (moulin), XIX s.; Gemeys, h. cⁿᵉˢ Estrablin et Pont-Évèque.

Jennariam, XIV s. : voy. Januariam.

Jenou, l, disp. cⁿᵉ St-Marcellin.

Jencoul (ruiss. des), cⁿᵉ Domaria.

Jeplan (lac du), XVIII s. ; Jeplan, lac cⁿᵉˢ Allemont et Vaujany.

Jerboux (Les), XVIII s. : les Gerbouds, vill. cⁿᵉ Méaudre.

Jère (La), XVII s.; la Gère (voy. ce mot).

Jorias (capella de castro), XI s.: voy. Jeira.

Jérusalem, chal. et mont. cⁿᵉ Allevard; — l. disp. cⁿᵉ St-Pierre-d'Allevard, XVIII s.

Jesseri villa, XIV s.; Jesseyres, h. disp. cⁿᵉ Vif.

Jent du Cartier, XVII s. ; le Jet-du-Cartier, mont. cⁿᵉ St-Christophe-Entre-Deux-Guiers.

Jet de la Clée, XVII s. ; le Pas-de-la-Clé, col cⁿᵉˢ Autrans et Montaud.

Jeton (Le), h. cⁿᵉ Culin.

Jeu de Blache, XVIII s. ; Jeux de B. : le Jet-de-Blache, mont. cⁿᵉ St-Maurice.

Jeu-du-Paret (chⁱ du), cⁿᵉ St-Pierre-de-Mésage.

Jeu-le-Paume (le), mas cⁿᵉ Pinsot.

Jeumet, h. cⁿᵉ Les Côtes-d'Arey.

Jeux (Les), mont. cⁿᵉ Le Freynet; — h. cⁿᵉ Lans.

Jivreto (domin de), XV s.: voy. Givret, Juretum.

Jo, XV s. ; Joux, mas cⁿᵉ Genas.

Joanin, XVIII s. ; Joigny, h. cⁿᵉ St-Sébastien.

Joannages, XII s., Joennages, XII s. : voy. Jonages.

Joberteyn, mass., XIII s. ; Joubert, éc. cⁿᵉ Lavars.

Juchi, aqua, XIII s. ; J-in ; Joncha; la Jouche (voy. ce mot.)

Jochi (in), XIII s. ; J-in villa, XIV s.: prata; Entrejouchy, h. cⁿᵉ St-Pierre-de-Mésage.

Juchia ; J. vetus, XIV s. ; la Jouchy, ruiss. cⁿᵉˢ Laffrey et St-Pierre-de-Mésage, aff. la Romanche.

Jocum (Le), mont. cⁿᵉ Lalley.

Jofray, XIX s. ; le Jouffray, h. cⁿᵉ Châteauvilain.

Johannages, castr. in Viennesio; le Château, quart. cⁿᵉ Jonage.

Johannagen, XII s., J-giarium (villa), XIV s.: voy. Jonages.

Johanneriis (villa de), XIV s. ; Joigné, mont. cⁿᵉˢ Château-Bernard, Le Gua et Miribel-Lanchâtre.

Joigné, mont., XVIII s. : voy. Johanneriis.

Joins (Les), dit Jouillières, XVIII s. : voy. Jouinière.

Joli, XVIII s. ; Joly, éc. cⁿᵉ Varacieux.

Jolinière (La), gr. disp. cⁿᵉ Roybon, XVIII s.

Jolis, XVIII s. ; les Julys, h. cⁿᵉ Chirens ; — h. cⁿᵉ St-Christophe-Entre-Deux-Guiers.

Joly, mⁿ : voy. Joli, Jolis.

Jolys (Les), h. cⁿᵉ St-Joseph-de-Rivière.

Jouarery (rup. de la), XIV s. ; la Combe-du-Joug, bois cⁿᵉ Montaud.

Jouarerya, XV s. ; la Jouarerie, mas cⁿᵉ St-Geoirs.

Jouarges (Les), h. cⁿᵉ St-Quentin.

Jonage, cⁿᵉ cᵒⁿ Meyzieu ; dioc. Lyon, égl. St-Jean-Bapt.

Jonages, XII s. ; Jonage, cⁿᵉ cᵒⁿ Meyzieu.

Jonas, XII s.; (eccl. de), XIII s.; Genas, cⁿᵉ cᵒⁿ Meyzieu.

Jonchay (Le), t. cⁿᵉ St-Romain-de-Jalionas.

Jonche (La), riv. aff. le Drac, orig. cⁿᵉ Villard-St-Chistophe, arr. cⁿᵉˢ la Motte-d'Aveillans, Susville, la Mure, Prunières, Cognet, St-Arey.

Jonchère (La), h. cⁿᵉ Roybon.

Juncheriis, Jonches (riv. de), XVI s. ; Aiguenoire, vall. et ruiss. aff. Guiers-Mort, cⁿᵉ Entre-Deux-Guiers.

Jonchey (Le), mont. cⁿᵉ St-Pierre-de-Chartreuse.

Jonchier (Le), mont. cⁿᵉ la Rivière.

Joneyria et Malatrait, XVIII s. : voy. Janeyrias et M.

Jonnages (castr. S. Petri de) : voy. Johannages.

Jona capella, XIII s. ; cⁿᵉ cᵒⁿ Meyzieu ; dioc. de Lyon, égl. St-Ferréol.

Jorcou, XIII s. ; Jorciacum, Jorciaux, XVIII s. ; Jorsieu, XIV s. ; XIV s. ; Jurcieu, cⁿᵉ cᵒⁿ Beaurepaire.

Jorcou (couvent. monial.), XIII s. : voy. Chambaloucam.

Joro (La), éc. cⁿᵉ Allemont.

Jorni (La), XIV s. ; la Geryoe, mont. cⁿᵉ Malleval.

Joachie (rippar.), XIV s. : voy. Jochi.

Josserand, XIX s. ; les Josserands, h. cⁿᵉ Chelonge.

Josserand, éc. cⁿᵉ Lans.

Josserand, ruiss. aff. l'Ebron, cⁿᵉ Tréminis.

Jouhemeyres, XVIII s. s. : voy. Joucelmeyras.

Joubert, éc. cⁿ St-Michel-les-Portes; — éc. cⁿ St-Sébastien.

Jouberts (Les), éc. disp. cⁿ Mizoën: — l. disp. cⁿ Le Périer, XVIII s.

Joucelmeyras, XIV s.; *Joucelmeyres*, h. cⁿ St-Baudille-et-Pipet.

Joudiere (chⁿ de la), cⁿ Marcolin.

Jouffray, éc. cⁿ Clavans.

Jouffrey (Le), h. cⁿ Seyssins.

Joug (Le), mas et canal cⁿ Frontonas.

Jouguet, éc. cⁿ Lans; — éc. cⁿ Pariset; — éc. cⁿ St-Pierre-de-Méaroz.

Jouguette (La), l. disp. cⁿ Miribel-les-Echelles, XVIII s.

Jouiniere, XVII s.; *Jouinière*, h. cⁿ St-Pierre-de-Chartreuse.

Joumol, l. disp. cⁿ Le Grand-Lemps.

Jourdan (Le), h. cⁿ St-Paul-d'Izeaux.

Journat, éc. cⁿ Chatte.

Journaliere, XVIII s.; *Journetière*, t. cⁿ Chabons.

Jouvelay (Les), l. disp. cⁿ Romagnieu, XVIII s.

Jouvieux, éc. cⁿ Chelles.

Jouvenet (moulin), XVIII s.; *Jouvenet*, mas cⁿ Porcieu-Amblagnieu.

Joux, XVIII s.; *Zoz*, h. cⁿ St-Antoine.

Joux, XIX s.; *Joual*, h. cⁿ St-Marcellin.

Joyard, h. cⁿ Eydoche.

Juz, XV s.: voy. Ju.

Jeannages, cantr., XIII s.; Jahannagium, XIV s.: voy. Johannages in Viennesio, Jonages.

Jublier (Les), t. cⁿ Serpaize.

Jucle (mar. de), XIX s.; *Lucle*, marais cⁿ St-Victor-de-Morestel.

Judire, h. cⁿ Cras.

Juellin (chavan. de), XIV s.; *Juellet*, bois cⁿ Poisat.

Jugeas (Les), XIX s.; *les Jugeux*, h. cⁿ Vaulnaveys-le-Haut.

Juglaner, mⁿⁿ, XIII s.; *Jouc*, h. cⁿ Luzinay.

ière de St-André-le-Bas.

Juillat, h. cⁿ St-Romans et St-Just-de-Claix.

Julay (comba), XIV s.; *le Junin*, h. cⁿ Dolomieu.

Jeleyras (ap.), XIV s.; Jullière, XVIII s.; *Julière*, h. cⁿ Treffort.

Julien, f. cⁿ Autrans; — éc. cⁿ Chatte; — h. cⁿ Maidieu; — h. cⁿ Vézeronce; — f. cⁿ Le Villard-de-Lans.

Julien, XVIII s.: voy. Ternat.

Juliguori (La), XV s.; *les Jullières*, h. cⁿ Pisieu.

Julleyn, XVI s.; *Julien*, h. cⁿ Maidieu.

Jullarde (La), mont. cⁿ Valjouffrey.

Jullieten (chⁿ des), cⁿ St-Martin-le-Vinoux.

Jullins (subt.), XIV s.; Jullins (ap.); *les Houlles*, h. cⁿ Aubel.

Julny, comba, XIV s.; *le Junin*, h. cⁿ Dolomieu.

Junchnasium (in), XVI s.; *les Jocs*, chⁿ cⁿ Jarrie.

Jumon (La), XVIII s.; *la Girson*, h. cⁿ Les Avenières.

Jupina, XV s., Juppinum; *Juppin*, h. cⁿ Balbins.

Juranais (Rex), X s.: voy. Burgundia.

Jureuum (ap.), XV s.: *Girouy*, vill. cⁿ St-Maurice-l'Exil.

Jusson (abbaye de), XVII s.: voy. Jusson.

Jussonem, nem., XIII s.; Jusson (mont. de subt.), XIV s., Jussumpt (maladray del); *Jusson*, mont. cⁿ Pommiers et St-Julien-de-Ratz.

Jusson (comba, abbluere de), XIV s.; *Bonne-Navarre* (ruiss. de), afll. du ruiss. du Grand-Moulin, cⁿ St-Joseph-de-Rivière.

Juniere (Les), mas cⁿ Bouge-Chambalud.

Jussoldi (nannes), XII s.: *le Grand-July*, mont. et chal. cⁿ Ste-Agnès.

Jucandieres (chⁿ des), cⁿ Villette-Serpaize.

Juvenovellenes (nann.), XIII s.; *les Jocux*, vill. cⁿ Eybens.

Juveneriis (villa), XIV s.; *les Jouveneires*, l. disp. cⁿ Sinard.

Juvenin, vill. cⁿ Charancieu.

Juxta Crucem, XIII s.: voy. S. Pauli in Trivio.

Juyon (Le), XIX s.; *les Juyons*, h. cⁿ Pommiers.

K

Kan-llacense (in agro), X s.: voy. Sancti Petri de Chandiaco.

Karoloro (mans. de), XIII s.: voy. Caroloro.

Karoeis, X s.: voy. Carusium.

Kassonatioro (de), XIV s.: voy. Cassiniaco.

Kes (cell. S. Martini de), XI s.: *Guerin*, éc. cⁿ Grenoble-Nord.

L

La-du-Bourg ou Ladubourg, h. cⁿ Voreppe.

La-du-Boys, t. cⁿ Villard-Bonnot.

Labe, Labie, XVII s.: voy. Laby.

Laberne (riv. de), XIV s.; *Laby*, éc. et ruiss. cⁿ St-Ismier.

Lablevais, XIX s.: voy. Bievas.

Labioux (ruiss. de), cⁿ La Garde.

Labray, chⁿ cⁿ Vaulx-Milieu.

Laby (La), XIV s.; *la Labens*, mont. cⁿ St-Christophe-Entre-Deux-Guiers.

Lac (Le), lac cⁿ Ammoisin-Chatelaus; — lac cⁿ Arandon; — vill. cⁿ Chabons; — éc. cⁿ Chasnas; — f. cⁿ Colombier-Saugnieu; — lac cⁿ Le Grand-Lemps; — mas cⁿ Creasy; — (ruiss. du), afll. la Sarennes cⁿ Huez; — (le), f. cⁿ Jammeyrins; — (le), f. cⁿ Jarrie; — (rocher du), cⁿ Lavaldens et le Périer; — (ruisseau du), afll. Le Chambon, cⁿ Le Mont-de-Lans; — éc. cⁿ Moras; — f. cⁿ St-Chef; — lac cⁿ St-Didier-de-Bizonnes; — f. cⁿ St-Didier-de-la-Tour.

Lac (campus del), XIII s.; *le Lac*, mas cⁿ Revel-et-Tourdan.

Lac (mas du), de près. Chez Guillermes, XVII s.: voy. Deserti (lac.).

Lac (ruisseau du), c^e Villard-Reculas.

Lac (via dou, iter dou), XIV s. : le Lac, mas c^e Pusignan.

Lac-Achard (Le), lac c^e Vaulnaveys-le-Haut.

Lac-Bernard, lac c^e Revel.

Lac-Blanc (Les), lac c^e La Ferrière : — lac c^e Huez.

Lac-Cararl, lac c^e Livet-et-Gavet.

Lac Clair (Le), XVIII s. ; Château-du-Vicier, chât. c^e St-Savin.

Lac-Clair (Le), XVIII s. : Lac-Jublet, lac c^e St-Savin.

Lac-Claret, lac c^e Revel.

Lac-Crucillieux (le), lac c^e St-Chef.

Lac-Dauphin, lac c^e Bouvesse-Quirieu.

Lac Dauphin, XVI s. : voy. Lacus Fineoc.

Lac-David, lac c^e Revel.

Lac Doumenon ou Lac Robert, XVIII s. : voy. Lacus R 1.

Lac-Fargue, lac c^e Chapareillan, XVIII s.

Lac de la Fayolle, XVIII s. : voy. Lacus Fineoc.

Lac-Fourchu (Le), lac c^e Livet-et-Gavet.

Lac de Freydane, XVIII s. ; le Lac-Blanc, lac c^e Ste-Agnès.

Lac-Froment, lac c^e Chapareillan.

Lac-d'Hières (Le), lac c^e Hières.

Lac-Japan, lac c^e Allemont.

Lac de Laubesson, Besson (chalet du), XIX s. ; Lac-Besson, lac et chal. c^e Oz.

Lac de Laumer, XVIII s. ; Lac-Lamat, lac c^e Oz.

Lac-Longet, lac c^e Revel.

Lac-Luytel, lac c^e Séchilienne.

Lac-Merlat, lac c^e Revel.

Lac du Milieu (fief de la Fayolle), de la Fayolle ; Lac-de-Petit-Chât, lac c^e St-Théoffrey.

Lac-Mort (Le), lac et h. c^e Laffrey.

Lac de la Mare, XVIII s. ; le Lac-Blanc, lac c^e La Ferrière.

Lac-Noir (Le), lac c^e la Ferrière (f° 431) : — lac c^e la Ferrière (f° 432) : — lac c^e Le Mont-de-Lans : — lac c^e Ornon.

Lac-Noir (ruiss. du), XVIII s. : voy. Lacus Nigri.

Lac-de-Paladru (Le), lac le plus important du département et qui touche aux c^es de Paladru, Montferrat, Billieu, Charavines et le Pin.

Lac (le Petit), XVIII s. : le Lac Noir, lac c^e la Ferrière.

Lac-de-Pierre-Châtel, lac c^e Pierre-Châtel et St-Théoffrey.

Lac-du-Pin, lac c^e Oulles.

Lac du Pin (Petit) : voy. Lacus de Pins.

Lac-du-Plan (Le), lac c^e Le Mont-de-Lans.

Lac-Pourvollet, lac c^e Livet-et-Gavet.

Lac Quarre, XVIII s. ; le Lac-Curse, lac c^e la Ferrière.

Lac de Ras, XVII s. : voy. Lacus de Rar.

Lac-Reneu, lac disp. c^e Chapareillan, XVIII s.

Lac-Rond (Le), lac c^e Vaujany.

Lac-Sable, lac c^e Chapareillan.

Lac-de-St-Laurent (Le), lac disp. c^es Allemont et le Bourg-d'Oisans. Ce lac, formé par les eaux de la Romanche auxquelles des éboulements de rochers et de terres avaient formé un barrage d'une hauteur considérable, à une époque qui doit remonter à une haute antiquité, disparut en grande partie, le 14 sept. 1219, par suite de la rupture de la barrière qui retenait les eaux. Cf. STRABON, IV, VI, 5.

Lac de St-Laurent-du-Pont, XVII s. : voy. Lacus Laverti.

Lac-de-Save (Le), lac c^e Armulon.

Lac-de-Semarelle, lac disp. c^e Biol.

Lac-de-la-Vache, lac c^e Ornon.

Lacas, XV s. : le Lacu, vill. c^e Faverges.

Lacaneys (Les), XIII s. : la Caney, h. c^e St-Pierre-d'Allevard.

Lacat (lac du), XVIII s. : le Lac, f. c^e Jarrie.

Lacat, h. c^e Champagnier ; — (le), h. c^e St-Simeon-de-Brenobraux.

Lacax (Le), XVIII s. : voy. Lacas.

Lace (ad.), XII s. ; Lacus (villa de), XII s. : Lassieu, h. c^e Roche.

Lachal, XIV s. ; la Chasme, mont. c^e Allevard.

Lachal (territ. de), XVI s. : les Chals, mas c^e Chasse.

Lachal (cavann. de), XIII s. : la Chaux, éc. c^e St-Honoré.

Lachal (vill. de), XVIII s. : voy. Calua.

Lachal (bosc.) : voy. Chalp (la).

Lachal, Lachalm (bordari de), XIII s. : Lachal, h. c^e St-Georges-de-Commiers.

La Chard ; l'Achard, h. c^e Venon.

Lachart (canton de), XVII s. ; la Chers, bois c^e le Sappey.

Lachat, h. c^e St-Cassien.

Lachat, XIX s. : voy. Chalm.

Lachay, territ., XVI s. ; le Che, f. c^e Ville-sous-Anjou.

Laché, h. c^e St-Sorlin.

Lacon, éc. c^e Le Villard-de-Lans.

Lacornas, XIX s. ; la Cornas, h. c^e Marennes.

Lacout, XV s. ; Serve-Loyeux, mont. c^e la Motte-d'Aveillans.

Lacria, XIX s. : la Cria, vc. c^e Luzinay.

Lacs (Ruiss. des), afl. la Marsanne, c^e Chantelouve.

Lacs de Calmannaz, de Chaleion, du Treyvol de Lucppen, XVII s. ; les Lacs, lacs disp. c^e Dolomieu.

Lacs-de-Laffrey (Les), lacs c^e Laffrey. : voy. Grand-Lac, Lac-Mort.

Lacu (de), XIII s. ; Lacubus (tenem.), XIV s. ; Lacus (domum inter), XIV s. ; le Lac, f. c^e Pierre-Châtel.

Lacu de Baverida, XIII s. ; le Lac-des-Hourières, lac disp. c^e Charette.

Lacu (gr. de), XIV s. : voy. Lacus de Rar.

Lacubus Frigidi Montis (de), XI s. ; les Trois-Lacs, lacs (de la Corne, la Sagne et Jeplan) et chal. c^e Vaujany et Allemont.

Lacubus, gr. in parr. de Mure, XIV s. : voy. Lacus.

Lacula, Leucula, XIV s., juxta aq. Dravi ; la Cula, ruiss. c^e Penemann.

Lacus Clarus, XVI s. ; le Lac-Clair, lac c^e St-Savin.

Lacus Dalphinalis, XV s. ; le Grand-Lac, lac c^e Laffrey. St-Théoffrey et Cholonge.

Lacus Deserti, gr., XII s. ; domus Cartusie in parr. S.

Laurencii de Ponte, XV s. :
le Lac, marais c⁰ St-Joseph-
de-Rivière.
Lacus Fluene, Fluon, XIII s. :
L. Fluetebil, Fluent, XIV s. :
Lac-de-Petit-Chat, lac c⁰ St-
Théoffrey.
Lacus de Manavalle, XIII s. ;
Malavalle, XIV s. : Mana-
vella, XIV s. : Malaval, XVIII
s. ; *Lac-de-Pierre-Châtel*,
lacs c⁰⁰ Pierre-Châtel et St-
Théoffrey.
Lac du Milieu, XVII s. : voy.
Lacus Fluene.
Lacus Mortuus, XIII s. ; villa,
XIV s. : voy. Laumort.
Lacus Nigri, XIV s. : *le Lac-
Noir*, lac c⁰⁰ Huez et Oz.
Lac de Pierre-Châtel, XVIII s. :
voy. Lacus de Manavalle.
Lacus de Pins, XIII s. : *le Lac-
de-Pin*, lac c⁰ Roche.
Lacus in Rar, XIII s. : *le
Lac*, h. c⁰ St-Julien-de-Ratz.
Lacus Robert, XIV s. ; *Lac-
Robert*, lac c⁰⁰ Revel et Vaul-
naveys-le-Haut.
Lacus, XI s. : in Osintio, XI s. ;
St Laurentii : *le Lac-de-St-
Laurent*, lac disp. c⁰⁰ Alle-
mont et le Bourg-d'Oisans.
Lacus S⁰ Martini, XIV s. : *le
Lac*, h. c⁰ St-Martin-de-Vaul-
serre.
Lacus, XIV s. : de Villario,
XIV s. : *Lac-du-Haut-Niveau*,
lac disp. c⁰ Siévoz.
Lacuot, XVI s. : voy. Czot.
Ladey (audevet), XIV s. ; Laduy,
XV s. : La Duy ; *Laduis*,
lieudit c⁰ Sonnay.
Ladichère (ruiss.), c⁰ St-Geoire.
Ladoux, h. et ruiss. c⁰ Mont-
bonnot-St-Martin.
Ladra, h. c⁰ les Adrets.
Ladraeri : voy. Drayeri (la).
Ladraz, éc. c⁰ Ruy.
Ladret de la et Ladret de ça,
XVIII s. ; *Ladret*, h. c⁰
Pinsot.
Ladret, L-t de Theys, XVII s. :
Ladraye, L'Addret de T. :
voy. Adestrum Theysii.
Ladreyt : *l'Adret*, mas c⁰ du
Moutaret : — éc. c⁰ de Villard-
Eymond.
Ladreyt, XIV s. : voy. Adret,
Adreytsem.
Ladrière (La), h. c⁰⁰ Bourgoin

et Domarin.
Ladrière, XIX s. : *la Drière*,
h. c⁰ St-Romans.
Ladroit ; *l'Adroit*, vill. c⁰ de
Roybon.
Ladvarida, IX s. : voy. Varida.
Lafayette, XIX s. : *la Fayette*,
h. c⁰ St-Georges-d'Espéranche.
Laferrière, r. c⁰ Beaurepaire.
Laffrey, c⁰ c⁰⁰ Vizille ; anciens.
parois. St-Jean-de-Vaux, égl.
Sts-Bernard et Roch.
Laffreytas, XIX s. : *la Freyte*,
h. c⁰ Venose.
Lafond, XIX s. : *la Font*, h. c⁰
Villard-Eymond.
Lateranus (mans. de), XIII s. :
voy. Veranis.
Lageriis (bordaria de), XIV s. :
les Lagiers, l. disp. c⁰ Her-
beys.
Lagerle, XIX s. ; *la Gerle*, éc.
c⁰ Clelles.
Lagne, XVIII s. : voy. Aygny.
Lagnelas, XIX s. : voy. Agnella.
Lagorcia (loc. en), X s., l. disp.
près Théodure.
Lagorge, XIX s. ; *la Gorge*,
gr. c⁰ les Adrets.
Lai, XII s. ; *le Layet*, h. c⁰
Villefontaine.
Lai, XIII s. ; Lain, Laien, XIII
s. : voy. Layel
Laia, XIV s. : voy. Laya l⁰.
Laiac, XVIII s. ; *Layet*, h. c⁰
Virieu.
Laigna, XIII s. ; *l'Eygas*, h. c⁰
Valbonnais.
Laigle (forêt de), XVIII s. : Lai-
gue (for. de), XVIII s. ; *la
Forêt-de-l'Aigue*, h. c⁰ St-
Bonnet-de-Mure.
Laigue, XVI s. ; *Laigue*, chât.
c⁰ St-Pierre-de-Chandieu.
Laimière (La), XVIII s. ; *la Lai-
mière*, bois c⁰ Le Périer.
Laira, XVIII s. : *l'Hervel*,
ruiss. aff. le Ruisset, c⁰⁰
Autrans et Noyarey.
Laissa (La), ruiss. aff. ruiss.
la Croix-de-la-Pigne, c⁰ Cor-
déac.
Laissard : voy. Lessard.
Laisse (La), mont. c⁰ Valjouffrey.
Laita (lac de la), XVIII s. :
Lac de la Folle, c⁰ la Fer-
rière.
Lajara, XIX s. ; *la Jara*, vill.
c⁰ Quaix.
Lalba : voy. Larben.

Lalben, XIV s. : voy. Albena.
Laloey : voy. Albena (l').
Lale, XVII s. ; Laley, XVIII s. ;
Lallé, Lalley ; *Lalley*, c⁰ c⁰⁰
Clelles.
Lalegrerie, XVIII s. : voy.
Alegru.
Lalie, XVIII s. ; *la Croix-
Rouge*, bourg, c⁰⁰ St-Martin-
d'Hères et Grenoble.
Lalleau, XIX s. ; *Dela-l'Eau*,
h. c⁰ Venose.
Lalley, c⁰ c⁰⁰ Clelles ; anciens.
par. St-Maurice, dioc. Die,
égl. Ste-Vierge.
Lalliaray (mas du Grand et du
Petit), XVIII s. : voy. Al-
liarey.
Lally, r. c⁰ Nantoin.
Lallya (en), XIV s. : *Lalliat*,
bois c⁰ Cognin.
Laloi, XIII s. : voy. Loy (la).
Lamarre (ferme de), r. c⁰ Gon-
celin, XIX s.
Lambernay (roche de), XVIII
s. : voy. Lambornay.
Lambers (cavan. dela), XIII s. ;
L-torum, Lambertisorum, XIV
s. ; L-tis (chavan. de), XV s. ;
L-ts, XVIII s. ; *les Lamberts*,
h. c⁰ Quet.
Lambert, h. c⁰ Auberives : —
l. disp. c⁰ Chantesse, XVIII
s. ; — éc. c⁰ St-Lattier ; —
h. c⁰ Vif.
Lambertière (La), h. c⁰ Chorau-
che ; — h. c⁰ St-Geoire.
Lamberts (Les), XIX s. ; *le
Lambert*, h. c⁰ Valencogne.
Lambertus de Fonte, XIII s. ;
Font-Lambert, éc. c⁰ St-
Laurent-en-Beaumont.
Lambornay (mou. de), XV s. ;
L-ornay (font. de), XVIII s. ;
Lambournay, mont. c⁰⁰ Pom-
miers et Varteppe.
Lambre, XVIII s. ; *Lambres*,
ruiss. aff. le Boge, c⁰⁰ Moin-
sieu et Bellegarde-et-Pousieu.
Lambron, ruiss., XVII s. ; *L-at*,
Lambre, XIX s. ; *Lambris*,
ruiss. aff. le Dolon, c⁰⁰
Sonnay, Anjou, Bougé-Chan-
balud, Agnin et Chanas.
Lambrot, h. c⁰ Agnin.
Lamendière (territ. de), XV s. ;
l'Amendière (l'), l. disp. c⁰
Auberives.
Lamendra, Lamie-a, XVI s. :
voy. Lemendra.

Lampe (la), h. c⁰ⁿ St-Paul-de-Varces et Vif.

Lampont, XIX s. : *Lampon*, h. c⁰ⁿ Ville-Sous-Anjou.

Lampe, XVII s. : voy. Lancensis.

Lampe, vieux château, XVII s. : voy. Lancio.

Lana (C. de), XIV s. : voy. Lannerium.

Lance (Ruisseau de la), c⁰ⁿ la Combe-de-Lancey, orig. Le Grand-Glacier-de-la-Combe, se jette dans le lac du Crozet.

Lancelot, h. c⁰ⁿ Dolomieu ; — éc. c⁰ⁿ Laval.

Lancensis (O.), XI s. ; L-cum, eccl., XI s. ; Lanz, parr., XI s. ; Lanele, XII s., Lantium, Lancis, XII s. : Lantz, XIII s. ; Lancezium, XIV s. ; *Lans*, c⁰ⁿ le Villard-de-Lans.

Lances (Les Grandes et Petites), mont. c⁰ⁿ St-Pierre-d'Entremont et le Touvet.

Lanceteire, XVIII s. ; *Lanceteyre*, h. c⁰ⁿ Le Gua.

Lanceu, XI s. : L-ciacum, XII s. ; L-cium, XIII s. ; Leciaco (eccl. B⁰ Marie de), XIII s. ; Les, Lancef : Leten (riv.), XV s. ; *Lancey*, vill. c⁰ⁿ Villard-Bonnot.

Lanceu (riv. q. direit. de), XIII s. ; voy. Vorz.

Lancey (mons in), XIV s. ; *la Grande-Lancey*, mont. c⁰ⁿ la Combe-de-Lancey et Ste-Agnès.

Lancey, vill. c⁰ⁿ Villard-Bonnot ; par. dioc. Gren., égl. Ste-Vierge.

Lanchaatra (alpis de), XIII s. ; *l'Enchatras*, h. c⁰ⁿ St-Christophe-en-Oisans.

Lanchâtre, h. c⁰ⁿ Miribel-Lanchâtre ; par. dioc. Gren., égl. Ste-Marguerite.

Lanchâtre, mont. c⁰ⁿ St-Barthélemy-de-Séchilienne.

Lanche-du-Guiers (La), mont. c⁰ⁿ St-Pierre-d'Entremont, Ste-Marie-du-Mont, le Touvet et Entremont (Savoie) : voy. Lanchi.

Lanches (Les), bois c⁰ⁿ Pontcharra.

Lanchi (La), XIV s. ; *la Lanche-du-Guiers*, mont. c⁰ⁿ St-Pierre-d'Entremont, Ste-Marie-du-Mont, le Touvet et Entremont (Savoie).

Lancin, vill. c⁰ⁿ Courtenay.

Lancino (staga. de), XIV s. ; *la Serre*, éc. c⁰ⁿˢ Arandon et Courtenay.

Lancins, XIV s. ; L-inum, XIV s. ; Lanciacum, XV s. ; *Lancin*, vill. c⁰ⁿ Courtenay.

Lancio (castrum de), XIV s. ; *Lans : la Tour*, ruines c⁰ⁿ Lans.

Langon (Les, h. c⁰ⁿ Chorfèche.

Lanxula (rocher de l'), XIX s. ; *l'Encula*, mont. c⁰ⁿ St-Christophe-en-Oisans.

Lanxour, XIV s. : voy. Lanxour.

Lapladia villa (eccl. S. Martini in), X s. : voy. Landatis.

Landatis, IX s. ; *Chasse*, c⁰ⁿ Vienne-Nord.

Landeruyers (loc. dict.), XIV s. : voy. Landuyn.

Landiar (La, XIX s. ; *Landiu*, h. c⁰ⁿ Semons.

Landon (Les, h. c⁰ⁿ Sardieu.

Landor (tuileries de) : *le Mafour*, h. c⁰ⁿ Crolles.

Landrian, bois, XVIII s. : *Landrana*, h. c⁰ⁿ Voiron.

Landriva, mont. c⁰ⁿ Montaynard.

Landuyn (rupp. de), XIV s. : *Landuin*, l. mont. c⁰ⁿ Izerm.

Lanet, h. c⁰ⁿ St-Albin-de-Vaulserre.

Lanferney, XVI s. ; *l'Infernet*, ruines aff. le Pot, c⁰ⁿ Pommiers.

Lanffredi, XIV s. ; Lanfredi villa, XIV s. ; *les Lanfreys*, h. disp. c⁰ⁿ la Cluze-et-Pâquiers.

Lanfray, éc. c⁰ⁿ Miribel-les-Echelles ; — éc. c⁰ⁿ St-Chef ; — ruine. aff. l'Isère, c⁰ⁿ Le Fontanil.

Lanfrey (Chez-), éc. c⁰ⁿ St-Christophe-Entre-Deux-Guiers.

Langeinet, XIX s. ; *Langenet*, h. c⁰ⁿ Fruges.

Langières, XVIII s. ; *l'Euchère*, h. c⁰ⁿ St-André-en-Royans.

Langeris (Haut et Bas), XVIII s. ; *les Langeris*, h. c⁰ⁿ St-Hilaire-de-la-Côte.

Langonne, h. c⁰ⁿ St-Quentin-Falavier, XVIII s.

Langot, éc. c⁰ⁿ Charantonnay.

Langouver, XIX s. ; *Langouvert*, vill. c⁰ⁿ Meyrieu.

Langrenaz, h. c⁰ⁿ Pontcharra.

Languenelle, mont. c⁰ⁿ Les Adrets.

Lanjat, h. c⁰ⁿ la Ferrière.

Lannerium villa, in agro Estabiliacensi, X s. ; *Lanier*, mas c⁰ⁿ Beauvoir-de-Marc.

Lans, c⁰ⁿ Le Villard-de-Lans ; dioc. Gren., égl. Ste-Vierge.

Lans (for. de), XVII s. : voy. Lemps.

Lanxour (alpa del), XIII s., XIV s. ; *les Lances (Grandes, Petites)*, mont. c⁰ⁿ St-Pierre-d'Entremont et le Touvet.

Lanssins. XIV s. : voy. Lancins.

Lanta, h. c⁰ⁿ Varacieux.

Lantelmes (Les), h. c⁰ⁿ St-Nazaire.

Lantey, cant. de bois de la forêt de Bonnevaux. c⁰ⁿ St-Jean-de-Bournay et Villeneuve-de-Marc.

Lantillon, h. c⁰ⁿ Reventin-Vaugris.

Lantin (ch⁰ de), c⁰ⁿ Marnans.

Lantinière, vill. c⁰ⁿ Marculin.

Lantio, XV s. : voy. Leute e⁰.

Lanversin, XVIII s. : voy. Louversin.

Laos (prat. del), XIII s. : *Laup*, mont. c⁰ⁿ Lalley et Prébois.

Lauuda, ét., XVII s. : voy. Laus e⁰.

Lapalu. XIII s. : voy. Palude.

Lapide divim (in), XIV s. : *Pierre-Pet*, éc. c⁰ⁿ Ize.

Lapidibus Bessen (in), XV s. : *les Pierres-Bessen*, mas c⁰ⁿ Laval.

Lapidibus Magnis (in), XIV s. ; *Pierres-Grosses*, chal. et glac. c⁰ⁿ Clavans et le Freney.

Lapidicum marmorea et alabastra alba et nigra, XIV s. : voy. la Carrière de Marbre.

Lapierre, f. c⁰ⁿ Les Abrets.

Lapineyra (ruppis de), XIII s. : voy. Pinie.

Laplace, éc. c⁰ⁿ Sinard.

La Poype (mais. forte dite) : *Cessarges*, chât. c⁰ⁿ Massieu.

Lappalud : voy. Lapalu.

Lapra : voy. Prat (la).

Laquacey, XIV s. ; L-auset, XV s. : voy. Lacaseys.

Laqui (La), ou le Nabaran, ruiss. c⁰ⁿ la Chapelle-du-Bard, aff. le Bens.

La Ra, XV s. ; Lara, XIII s. :

voy. Larra (2).

Laraguery, ruiss. aff. l'Ebron, c⁰ Lavars.

Laragnin, XV s. : Laragnat (bois de), XVIII s.; Laraguat, mont. c⁰ Quaix.

Laramenter. XIII s. : voy. Armenterium.

Laranche (ruiss. de), c⁰ Torchefelon, aff. ruiss. Piven.

Larben, XVI s. : Lave : l'Alleuse, c⁰ c⁰⁰ Vinay.

Larcenal, XVIII s. : voy. Larsina.

Larchas, L.sse : voy. Archasse (l').

Lardeus, XI s. : la Ville, vill. c⁰ Monteynard.

Lardiere, h. c⁰ Eyzin-Pinet : — h. c⁰ Pommiers.

Larboulere, XIX s. : Lordi-mière, h. c⁰ St-Blaise-du-Buis.

Larde (consterge de). XVII s. : les Lards, h. c⁰ St-Joseph-de-Riviere.

Lareguier, XIX s. : Liruiguere, h. c⁰ Fitilieu.

Larene, mas c⁰ Notre-Dame-de-l'Osier.

Larener (de), XIII s. : Lerigner, mas c⁰ Ponteharra.

Larotaudiere, XVII s. : voy. Lartaud.

Larget : voy. l'Argue.

Laria : voy. Ruata.

Larie (Le), h. c⁰ St-Antoine.

Larmaillier, XVIII s. : voy. Armailler (l').

Larmentier, XVIII s. : voy. Laramenter.

Larnage, ch. c⁰ St-Hilaire-du-Rosier.

Larnhieu, XIII s. ; Larinas, mas c⁰ Annoisin-et-Chatelans.

Larnis (exartis de), XII s. : voy. Arva.

Larpeta (en) : l'Arpette, mont. c⁰ Ste-Agnès.

Larra, XIII s. ; Larras, h. c⁰⁰ Balbins et Ornacieux.

Larra, h. c⁰ Corps.

Larra (mas de), XIII s. ; la Ra, chal. c⁰ Laval.

Larra (moulard, rif de) : voy. Ra.

Larsina. XVIII s. : l'Arsenal, vill. c⁰ Chirens.

Lart : voy. Alpe de Vennaux.

Lartaudiere, XVII s. : voy. Aroderias, Arthaudiere (l').

Lartet, gr. disp. c⁰ la Morte, XVIII s.

Lartodiere, XVI s. : voy. Aroderias.

Lay (Fontaine de), c⁰ St-Jean-de-Vaux.

Lasala (mass. de), XIII s. ; la Salee, éc. c⁰ le Périer.

Laschalim (camp. in), XII s. : Lachard, h. c⁰ Voreppe.

Lascharena, XII s. : l'Echarenne, h. c⁰ St-Sebastien.

Lassas, gr. disp. c⁰ Treffort, XVIII s.

Lasile, XVIII s. : voy. Asile.

Lassera, h. c⁰ St-Georges-d'Esperanche.

Lassey (chin de), c⁰ Pariset.

Lassieres (Les), h. c⁰ Lans.

Latalderia, Latarderia, XIV s. : Laty, éc. c⁰ Montbonnot-St-Martin.

Laterii villa, XIV s. : Laters (chavan.) in mont. Vallis Navigii, XIII s. ; Cote-Latier, éc. c⁰ Séchilienne.

Latiartz (mans. de), XIII s. ; Lataria, bois c⁰ Quaix.

Latout, h. c⁰ Coublevie.

Latoux (Le), XVIII s. : Letoux, h. c⁰ Montagnieu.

Latriere, XVIII s. : voy. Lauderia.

Latrière : voy. Materi.

Lattes (Les), mont. c⁰⁰ Corrençon et le Villard-de-Lans.

Latteys (creys de), XVII s. ; le Latley, mont. c⁰ Livet-et-Gavet.

Laty, éc. c⁰ Montbonnot-St-Martin.

Latyers (chavan. de), XIV s. ; les Lattiers, l. disp. près Vizille.

Laubeaulx, XVI s. ; Laubleu (rocher de), XVIII s.; l'Obieu, mont. c⁰⁰ Pellafol et Corbiere.

Laubretiere ; l'Aubertiere, h. c⁰ St-Just-de-Claix.

Lauche, XVIII s. : Luche, mas c⁰ Mizoën.

Lauzmar, XIV s. ; le Lauzau, mont. c⁰ Lavaldens.

Laurzour : voy. Alpeta Nayliusat.

Laud, mont., XVIII s. : voy. Laus.

Laudichel, bois, XVIII s. : l'Haut-de-Bœuf, mont. c⁰ Bonnefin.

Lauderia villa, XI s. : Lardiere, h. c⁰ Eyzin-Pinet.

Laudert, XVIII s. : voy. Alaudorum, Allodorum (sagna).

Laudite, Lauditte, XVIII s. : Lauditte, bois c⁰ Tremlins.

Lault Moret, XVI s. : voy. Laut M.

Laulteret, mont., XV s. : le Lautaret, mont. et col c⁰⁰ Chichilianne et Treucheau (Drome).

Lausmort (chavan. de), XIII s. : le Lac-Mort, lac et h. c⁰ Laffrey.

Launaz, XVIII s. : Laune, mas c⁰ Voiron.

Launerlai, ruiss. aff. le Rhone, c⁰ Feyzin ; — ruiss. c⁰ la Riviere.

Laup (mont. du), XVII s. : Laupet (mont. de), XIX s. : Laup, mont. c⁰ Chichilianne.

Laup, bois, XVIII s. : voy. Laon.

Laurat, XIV s. : voy. Larra.

Laurelle (La), h. c⁰ Montbonnot-St-Martin.

Laurençon, éc. c⁰ Savas-et-Mépin.

Laurent (Le), f. c⁰ Brezins : — h. c⁰ Paet.

Laurent-Libre et Pont-la-Montagne, 1793 ; St-Laurent-du-Pont, ch.-l. c⁰⁰ arr¹ Grenoble.

Lauron : l'Auron, ruiss. aff. de la Gère, arr. c⁰⁰ Arzay et Villeneuve-de-Marc.

Laus, XIII s. : Laard, mont. c⁰⁰ Prunieres et Susville.

Laus, etg., XVI s. : Laard, ét. c⁰ Rochetoirin.

Lausa, XIV s. ; Laeta, nem., serrum : Larium, XV s. : Lueta, XV s. ; la Lause, mont. c⁰ Besse.

Lausa, XIV s. : voy. Lusa (alp. de).

Laussan, XIII s. ; Laussana (eccl. S. Petri de), XII s. ; Laussuca, XIII s. ; Lausenia, Lausoana (eccl. S. Petri de), XII s. ; Lauzanie (castellum), XIV s. ; la Sône, c⁰ c⁰⁰ St-Marcellin : voy. Lausana, Sona.

Lausan (ad), XIV s. : voy. Lausana.

Lausseour (alpe de, mont. de), XIV s. : voy. Lauzour.

Lausepit, XVII s. ; l'Occupe,

bois c⁰ St-Pierre-de-Chartreuse.

Laussey Ybaut (loc. ab.), XIV s.; *le Château*, éc. c⁰ Quaix.

Laussons (jasse des), XIX s.: voy. Lauzone.

Laussy, h. c⁰⁰ Gières et Venon.

Laut Moret (territ.), XVI s.; *Haut-Morel*, chap. c⁰ Séchilienne.

Laut du Pont, ruiss., XVII s.: voy. Haut du Pont.

Lautaret, XIII s.; *Lautoret* (ch⁰ des), c⁰ Laval.

Lautaret, l. disp. c⁰ Montaud, XIV s.

Lautaret (croix du), Lautharet, XVI s.: voy. Laulteret.

Lauvestel, XIV s.; L-llum, aqua: *le Luytel*, lac c⁰⁰ Séchilienne et Vaulnaveys-le-Bas.

Lauvestellus villa, XIV s.; Leytellus (forêt de): voy. Lovitel en Oisans.

Lauvie, ruiss. c⁰ St-Sébastien-de-Cordéac.

Lauxepiet, XVII s.: voy. Lausepit.

Lauze (La), mont. c⁰ Les Adrets; — bois c⁰ Allemont; — ruiss. c⁰ Chantelouve; — bois c⁰ Le Monestier-d'Ambel; — mont. c⁰ Le Mont-de-Lans; — h. c⁰ Roucurel; — bois c⁰ St-Barthélemy-de-Séchilienne; — col c⁰ St-Christophe-en-Oisans; — mont. c⁰ St-Quentin; — (ruiss. de la), c⁰ Tréminis; — (lac de la), c⁰ Vaujany; — (La), forêt c⁰ Vaulnaveys-le-Haut.

Lauzes (draye de la), XVII s.: voy. Lougrum.

Lauzet, h. c⁰ Heyrieu.

Lauzière (La), bois et ruiss. c⁰ Pinsot; — ruiss. c⁰ Ste-Agnès, affl. Le Lac-Blanc.

Lauzières (Les), bois c⁰ Allevard; — mont. et ruiss. affl. la Marsanne, c⁰ Chanteloube.

Lauzon (lac, tête); *le Lauzon*, mont. c⁰⁰ Tréminis (Isère), Lus-la-Croix-Haute (Drôme), Agnières-en-Dévoluy et St-Didier-en-Dévoluy (Htes-Alpes).

Lauzone (jasse de), XIV s.; *les Laussous*, mont. c⁰ Chichilianne.

Lauzons (Les), mont. c⁰ Les Côtes-de-Corps.

Laval, mont. c⁰ Les Adrets.

Laval (comba de), XIV s.; *Laval*, h. c⁰ Royas.

Laval-Bénite-de-Bressieux (monial. de), XIII s.: voy. Vallis de Breyssiaco.

Laval seu les Chersolles, XVI s.; *Laval*, vill. c⁰ St-Chef et St-Savin.

Laval-sur-Gorle, XVIII s.; *Gorles*, chât. c⁰ Laval.

La Val, Laval St-Etienne, paroisse, XVII s.; *Laval*, c⁰ c⁰⁰ Domène: dioc. Gren., égl. St-Etienne.

Laval-St-Etienne, XVII s.; (mais. f.), XVIII s.; *le Château*, chât. c⁰ Laval.

Laval St-Hugues, XVII s.: voy. Vallis Sancti Hugonis.

Lavala: voy. Vallium.

Lavaldens, c⁰ c⁰⁰ Valbonnais; dioc. Gren., égl. St-Christophe.

Lavaldens (chastellenie de), XIV s.: voy. Lavauldenz.

Lavale (ins. X s.; *le Rival*, vill. c⁰ Theodore.

Lavalette, XVIII s.: voy. Valleta.

Lavancha (Les), XII s.: voy. Lavessa.

Lavanche (La), ch⁰ c⁰ St-Pierre-d'Entremont.

Lavanches (Les), mas c⁰ St-Pierre-d'Allevard.

Lavanchauda (aq. mass.) in parr. Rivisici, XVI s.; *le Lavanchon*, ruiss. arr. c⁰⁰ St-Paul-de-Varces et Allières-et-Risset.

Lavande (La), l. disp. c⁰ Le Grand-Lemps, XVIII s.

Lavars, c⁰ c⁰⁰ Mens; dioc. Die, égl. Ste-Vierge.

Lavauldenz, XIII s.; Lavaldens, c⁰ c⁰⁰ Valbonnais.

Lavauraz, marais, XVIII s.: voy. Lavoraz.

Lavayreta (dom. de), XIV s.; *Lavairette*, l. disp. c⁰ St-Sauveur.

Lavaysinum, XIV s.; *Lavaisin*, h. c⁰ Roy.

Lavella, bordaria, XIII s.; L-let, ruiss., XVIII s.; *la Laccet*, h. et ruiss. affl. la Vénéon, c⁰ St-Christophe-en-Oisans.

Lavenca, XI s.; L-chia, nem., XVI s.; *les Lavanches*, mas c⁰ St-Pierre-d'Allevard.

Laver, XIV s.; *le Verd*, h. c⁰ St-Jean-de-Bournay.

Laveronnière, XIX s.: voy. Veronnière.

Laversela (lieu), XVIII s.; *Licerzel*, h. c⁰ Château-Bernard.

Lavestelletum, L-llum, XIV, XV s.: voy. Lovestellum.

Lavet, L-tte, Lavey; XVIII, XIX s.: voy. Lavella.

Laveysin, XVI s.; L-no (de), XV s.; Laveyssin, XIX s.; *la Vésin*, f. c⁰ Septème.

Laveysinum, XIV s.: voy. Lavay-m.

Lavignion, XVIII s.; *Lucignon*, h. c⁰ Heyrieu.

Lavillardière, éc. c⁰ Monsteroux-Milieu.

Laville, XIX s.: voy. Ville.

Lavinarum (testa), XIV s.; Collis (testa); L-nes (Testa des), XVI s.; *les Lavines*, mont. c⁰ St-Christophe-entre-Deux-Guiers.

Lavinche, ch⁰, XVIII s.; *la Lavanche*, ch⁰ c⁰ St-Pierre-d'Entremont.

Lavoraz (étg.), XVIII s.; *Lavoraz*, marais c⁰⁰ Chivens et Massieu.

* Levorensis (vallis), in agro Eltovensi, X s.; *le Lavoir*, ruiss. affl. le Merdaret, orig. c⁰ Bessins, arr. c⁰⁰ St-Appolinard et Chevrières.

Lavoru (Le), h. et ruiss. affl. le Manival, c⁰ St-Nazaire.

Lavouai (Font de), c⁰ Vaulx-Milieu.

Lavours (Le), mas et port sur le Rhône, c⁰ Porcieu-Amblagnieu.

Lavures (Les), ruiss. affl. l'Isère, c⁰⁰ Montaud et St-Quentin.

Lavynes (oratoire des), XVI s.: voy. Lavinarum.

Lay (de), XIV s.; *Laye*, h. c⁰ St-Cair-de-la-Tour.

Lay, mans., XIII s.; riv., XIV s.; *Lay*, l. disp. c⁰ Le Sappey.

Lay: voy. Laya, XIV s.

Laya, XIV s.; *les Hayes*, mas c⁰ St-Etienne-de-Crossey.

Laya, camp., XIII s., XIV s.; (juxta fluv. Rod.); *Layas*, mas c⁰ La Balme.

Leva, XII s. ; Layer, XVIII s. ; *Layer*, h. cᵉ Château-Bernard.

Laya, XIV s. : voy. Ayeta.

Laya, XIII s., XIV s. : voy. Ayis.

Layat, h. cᵉ Merlas ; — éc. cᵉ Passins ; — XIX s. : voy. Aya.

Layaz, XVII s. : voy. Ayat.

Laye, gr. cᵉ la Motte-St-Martin; — bois cᵉ Pierre-Châtel ; — h. cᵉ St-Clair-de-la-Tour ; — h. cᵉ St-Paul-les-Monestier ; — forêt cᵉ St-Sébastien ; — h. cᵉ Septème.

Layel (territ. de), XIII s. ; Layer (gr.), d⁰ abb. Attenatensis, XV s. ; Laye, château, XIX s. ; *Laye*, h. cᵉ Septème.

Layer (dom. f.), XV s. ; Lael (le) : voy. Lal.

Layette, h. cᵉ Roussillon.

Layselleux, XV s. ; *la Chaux*, mont. cᵉ Le Moutaret.

Laysodière (territ. de la), XVI s. ; *le Champ-de-Leseu*, mas cᵉ St-Prim.

Lazard (Le), XIX s. ; *Lazard*, h. cᵉ St-Aupre.

Lazariis (mans. de), XV s. ; *les Lazards*, l. disp. cᵉ Vif.

Lazarus (capella Bᵉ Mariæ Magdalenes propr), XV s. ; *la Gresse*, éc. et ruiss. cᵉ Tullins.

Laze, XIII s. : voy. Caol.

Leareygua (territ. de), XV s. : voy. Vallis Ruyna.

Léat (Le), chal. et mont. cᵉ la Ferrière.

Leblan, l. disp. cᵉ Voiron.

Lebrun, éc. cᵉ Pariset.

Lecarel, XVIII s. ; *les Escarelles*, h. cᵉ Le Gua.

Le Chard ; *l'Achard*, h. cᵉ Villard-de-Lans.

Léchaux, XVII s. : voy. Leschaux.

Léchère (La), h. cᵉ Chirens ; — h. cᵉ Frontonas.

Lechère, XVIII s. : voy. Lecheriis.

Lechereme, XVIII s. ; *les Echerennes*, gr. cᵉ Clelles.

Léchères (Les), éc. cᵉ Biol.

Lecheres (stagn. de les), XIV s. ; *les Léchères*, éc. cᵉ Maubec.

Léchères (Ruiss. des), cᵉ les Eparres.

Léchères (Les), mas cᵉ St-Pierre-de-Chandieu.

Lecheria (in Colonges juxta), XIV s. ; *les Lechères*, mas cᵉ les Avenières.

Lecheria seu seytivis Charuinail, XV s. ; Lelchery, XVI s. ; *la Lechère*, h. cᵉ Frontonas.

Lecheria, XV s. ; *les Lechères*, mas cᵉˢ St-Savin et St-Chef.

Lecheria, XIV s. : voy. Lescheria.

Lecheria de les Cheyroles, XV s. ; ...echeres (les), XVI s. ; *les Lechères*, h. cᵉ Dolomieu.

Lecheriis (territ.), XIV s. ; *Lechères (Grandes, Petites-)*, mas cᵉˢ Arandon et Passins.

Lecheriis (territ.), XIV s. ; *les Léchères*, f. cᵉ Sermérieu.

Lecouton (rochas de), XVII s. ; *l'Ecouton*, mont. cᵉˢ Quaix et Sassenage.

Leeuis (de), XII s. ; Leema, Leempa, XII s. ; *le Grand-Lemps*, ch.-l. cᵉˢ arrᵗ la Tour-du-Pin.

Leempa (castr.), XII s. ; *Château-Vieux*, ruines cᵉ le Grand-Lemps.

Lega, éc. cᵉ Roche.

Legala, 1700 : voy. Leygalla.

Legin, l. disp. cᵉ Voiron.

Legrerie, Legrerye (la), XVII s. : voy. Alegreria.

Legrerie (La) : voy. Alegro.

Leguille (draye de), XVIII s. : voy. Leuilla.

Leguille (iue. Fenix ou) : voy. Lheuly.

Leguillon, XVIII s.; *le Guillon*, vill. cᵉ Coublevie.

Lebenis, XII s. : voy. Lannerium.

Leigalla, XV s. : voy. Leygalla.

Leissard, XVIII s. : voy. Lessard.

Leissart, XII s. ; *Lessart*, mas cᵉ Sérézin-de-la-Tour.

Leissilli (P. de), XIII s. : voy. S. Mauricii de Exilio.

Leissius, XVIII s. : voy. Leyssieum.

Leistraz, XVII s. : voy. Leytra.

Leitellier, 1700 : voy. Lateillier.

Leives, XII s. : voy. Lovias.

Lelimars, XV s. : voy. Lienart.

Leisloneres villa, XIV s. ; *Keruleuryre*, h. cᵉ Le Gua.

Lely, éc. cᵉ Chichilianne.

Lemaigre (Chez-), éc. cᵉ Les Côtes-d'Arey.

Lémand, XIX s. ; *l'Emand*, h. cᵉ Villefontaine.

Lembert, XIX s. : voy. Lambers.

Lembro, XIV s. : voy. Lambre.

Lemendra, XVI s. : voy. Ermendra.

Lémiat (Le), XVIII s. : *Roussud*, éc. cᵉ Malleval.

Lemuslon, XVIII s. : voy. Mudaux (les).

Lemone (cura de), XIV s. : voy. Aleme.

Lemp, h. cᵉ La Chapelle.

Lemps (magn. de), XV s. ; L-pt, XVIII s. ; *le Lemps*, h. cᵉ Four.

Lemps (bois de), XVI s. ; *le Lemps*, éc. cᵉ Moras.

Lemps, éc. cᵉ St-Baudille.

Lemps, mandam., XIV s. ; le Grand : voy. Leemula.

Lemps (eccl. de), XIII s. : voy. S. Johannis de Lemps.

Lenchère, XVIII s. : voy. Laugères.

Lenclo, XIV s. : voy. Lente 2⁰.

Lenclosa, l-at, XV s. : voy. Lensclos.

Lendas (fines de), XIII s. ; Lendatis (fines de), X s. ; L-ax (vercheria de), XIII s. ; *Lindas*, mas cᵉ Seyssuel : voy. Chasse.

Lendatis villa (in), eccl. S. Martini, IX s. : voy. Landatis.

Lenfernet, XVII s. : voy. Lanforney.

Lemiere (La), XVIII s. : voy. Lainière.

Lensclus, XIII s. ; *l'Enclus*, h. cᵉ de Bri-et-Angonnes.

Lent, XII s. : voy. Leemis.

Lente, f. cᵉˢ Pont-en-Royans et Châtelus.

Lente (damus de), XIII s. ; (gr. de), Lentyo (domin. de), XIV s. ; Lentif, Lentyor, XV s. ; Lenthiez, XVI s. ; Lenthor, XVII s. ; Lenthoux : *Lentiul*, cᵉ cᵉˢ Royben.

Lentemen, éc. cᵉ Miribel-les-Echelles.

Lentillère, h. cᵉ St-Pierre-de-Chartreuse.

Lentiol (Le Bas, le Haut-), hh. cᵉ Lentiol.

Lentiol, cᵉ cᵉˢ Royben ; dioc. Vien., égl. Ste-Jacques et Andéol.

Lento (eccl. de), XI s. : (eccl. le Marie de), XI s. : Lent, XII s. : Len (parr. de), XIII s. : Lentus villa, XIV s. : Lento (mistralia de), XIV s. ; le Mont-de-Lens, c⁹ c⁹ Le Bourg-d'Oisans.

Lenversole-Gleysin, XIII s. : l'Envers-de-Gleysin, bois c⁹ Pinsot.

Lenversey (mont. de), l'an : l'Envers, bois c⁹ Voreppe.

Leorit (riv. de), XV s. : *Liuria*, ruiss. c⁹ Le Villard-de-Lans.

Leundunum, gr., XII s. ; *le Liudet*, c⁹, c⁹ St-Agnin.

Lepaud, XIX s. : voy. Lespaz.

Leplacus (eccl. S⁹ Desiderii in villa quæ dicitur, IX s. : *Eypiert*, mas c⁹ Siccieu-St-Julien-Carisieu.

Lepina (camp. de), XIII s. : *l'Épine*, mas c⁹ Hières.

Lepina, XIV s. : voy. Lespina.

Lepinaczey, XV s. : voy. Lespinacey.

Lepiney, XV s. ; Lepinée (chât.), XVIII s. : *l'Épinay*, chât. c⁹ Blandin.

Leppalon, XIII s. ; prat., XV s. ; *les Epalatis*, mas c⁹ Optevoz.

Leproseria Cassenathei, XV s. : *Maladières* (chᵐ desp. c⁹ Sassenage.

Leproseria ubi est capella S⁹ Lazari, XV s. ; *la Maladière*, lieudit c⁹ la Mure.

Leproseria S⁹ Petri de Ala vardo, XV s. : voy. Malatheria.

Leproseria Voreppil, XV s. ; *la Maladière*, h. c⁹ Voreppe : voy. Malaskeria V.

Leprosorum (camp.), XIV s. ; *la Madeleine*, mas c⁹ St-Aupre.

Leprosorum de Pont (domus), XIII s. ; *la Madeleine*. chap. disp. c⁹ Le Pont-de-Beauvoisin.

Ler (nem. de), XIII s. ; *le Lier*, forêt (voy. ce mot).

Lerbetta, ruiss., XVII s. : voy. Herbeta.

Lere, Leres : voy. Leyres.

Leretain (riv. de), XVI s. : voy. Leyrotan.

Lérie (Petite), forêt d'Esparron, XVIII s. ; *Lérie* (Grande et Petite), bois c⁹ Monestier-du-Percy.

Lerieux, XVIII s. : voy. Leyrieum.

Lérinet, h. c⁹ Vinay.

Lerpy (mont. de), XVIII s. : *l'Herpie*, mont. c⁹ Villard-St-Christophe.

Lertel, h. c⁹ Granieu.

Lesarum (summitas), XIV s. ; *les Grandes-Lauzes*, mont. c⁹ Livet-et-Gavet.

Lescas (eccl. a), XII s. : *Notre-Dame-du-Mont*, h. c⁹ Gillonnay.

Leschaillon, pré, XVI s. : voy. Leychaillon.

Lescharena, XIV s. : voy. Lascharena.

Leschaux (fons niger), XIV s. ; Les Chaux, XVI s. ; Leschaud; *l'Echaux*, mont. c⁹ St-Christophe-Entre-Deux-Guiers et St-Pierre-de-Chartreuse.

Lescheri (camp. de la), XIII s. : Lesche, XIX s. : Léché (le), XIX s. : *Lechex*, h. c⁹ Assieu.

Lescheria, nem., XIV s. ; *les Lechères*, mas c⁹ la Balme et Hières.

Lescheril (camp. de la), XIII s. ; pasquer., XIV s. ; Leschière (la) : *la Lechère*, mas c⁹ Brié-et-Angonnes.

Lescherlis (des), XIV s. : voy. Lecherlis.

Lescherins, lu prée de Chatuamsaude, XIV s. : voy. Chérut.

Lescherix, XV s. : voy. Lecheria 2⁹.

Lescherules (Les), XV s. ; *les Lecherulles*, mas c⁹ St-Savin.

Leschière (La) ou Grand Reyu ; *le Grand-Ruing*, mont. c⁹ St-Pierre-d'Allevard.

Leseinia (prat.), XIV s. ; *les Leuzines*, mont. c⁹ Séchilienne.

Leselous, XIV s. : voy. Ecluse, c⁹ c⁹ St-Jean-de-Bournay.

Lescluse (chastellerie de) ; *la Cluse*, vill. c⁹ La Cluse-et-Paquiers.

Lespruinier, XVIII s. ; *les Guignière*, h. c⁹ St-Pierre-de-Mésage.

Lesgullon, XVII s. : voy. Plan de Lesgullie.

Lesieu, XVII s. : voy. Leysieu.

Lesdinard, XIV s. : voy. Lienart.

Lesmendraz, 1680 : voy. Lesmendra

Lesmes (eccl. de), XIII s. : *Deyme*, h. c⁹ Le Versoud.

Leso (mas. de), XIII s. : *Leson*, h. c⁹ la Motte-St-Martin.

Lesperaya, loc., XIV s. : *l'Épercier*, bois c⁹ Chantelouve.

Lespina (a), XIV s. : *l'Épine*, mas c⁹ Moras.

Lespina, XIII s. : voy. Lepina.

Lespinace, XIII s. ; Leasses, XVIII s. ; *l'Espinasse*, h. c⁹ Pierre-Châtel.

Lespinacey, XIV s. ; *Lepy*, mas c⁹ Décines-et-Charpieu.

Lespinacl (en), XIII s. ; Lew, XVI s. : *l'Espinasse*, mas c⁹ Miribel-les-Echelles.

Lespinasse (gr. de), XVII s. : *le Mas*, f. c⁹ Entre-Deux-Guiers.

Lespine (molard de), XVII s. : voy. Espinette.

Lespineu (camp. de), XIV s. ; *l'Épinette*, mas c⁹ Vézeronce.

Lespineya (sol), XIII s. : *l'Espinasse*, bois c⁹ Entraigues.

Lespuz (étg.), XVIII s.; *Lepuzat*, f. et ruiss. affl. la Save, c⁹ Arandon.

Lessard (bois), XVIII s. : *l'Essart*, bois c⁹ Roybon.

Lessard, Lert : voy. Essart.

Lessaure, mont. c⁹ Chichilianne.

Lesserena (des), XIII s. : voy. S. Petri de Leschareyna.

Lessines (mont. des), XVII s. : Lessynes (prat. de), XVI s. : voy. Leserinis.

Lestellier (nem. des), XIII s. ; *l'Éteiller*, bois c⁹ Allevard et Pinsot.

Lestanclou (chavan. de), XIII s.; *la Touche*, h. c⁹ Notre-Dame-de-Mésage.

Lestra, XIII s. ; *Lestrat*, h. c⁹ Chasselay.

Lestra (territ. de), XIV s. ; *Notre-Dame-de-Letras*, chap. c⁹ Diémoz.

Lestra (via, territ. de), XIV, XV s. ; *Lestra*, chᵐ disp. c⁹ Genas.

Lestra, mas c⁹ Meyzieu ; — éc. c⁹ St-Quentin-Falavier ; — XIV s., chᵐ c⁹ la Tour-du-Pin.

Lestrat, chᵐ de Sallieux à Ravel, XVII s. ; *Chemin-de-Lestrat*, chᵐ c⁹ Anjou, Sonnay, Belleyardent Poussieu et Moissieu.

Lestrat, ... c⁰ St-Agnin : — mas c⁰ St-Hilaire-de-Brens.

Lestripaz, bois, XVII s. ; *les Etripays*, bois c⁰ˢ Quaix et Sarcenas.

Lesvaulx, XVI s. : voy. Levaux.

Letelllier, 1730 ; Leitellier ; *l'Etellier*, bois c⁰ St-Baudille-et-Pipet.

Leteller, XVIII s. ; *l'Eteiller*, mont. c⁰ˢ le Monestier-du-Percy et St-Maurice.

Letra, territ., XV s. : Leaz, Leas, XVI s. : *Lestros ?*, l. disp. c⁰ Chuzelle.

Letra seu de Maubalou (territ.), XV s. ; *Lestrut*, mas c⁰ St-Hilaire-de-Brens.

Letra (mundium ap. Dominam Nostram de), XV s. : voy. Lestra.

Letra, Leaz (iter de), tendetis de Seyssiaco vers. Fabricas, XV s. ; *Chemin-de-Lestrat ou Letrat*, chⁿⁱⁿ c⁰ˢ Ruy, Sérézin-de-la-Tour, Cessieu, la Tour-du-Pin, St-Clair-de-la-Tour (anc. voie romaine des Alpes Graies à Vienne).

Letrejourien, XVIII s. ; *Entre-juarly*, h. c⁰ St-Pierre-de-Mésage.

Lettra, XII s. : voy. Lestra.

Leuchitata : voy. Chatardonne.

Leuronna : voy. Eronna.

* Leudatis villa, XI s. : voy. Laudatis.

Leuilla (bois de), XVII s. ; L'Euille : *le Grand-Euilier*, mont. c⁰ˢ Revel et St-Martin-d'Uriage.

Leuille : voy. Aluers, Acu, Lheuly.

* Leuullea (lieu de) : Leys, XVII s. ; *le Culoix*, mas c⁰ˢ l'Albenc et Vinay.

Leully (bois de), XVII s. : *la Petite-Meuille*, mont. c⁰ Voreppe.

Leulyta, XIV s. : voy. Œillet (l').

Leurneuve (chⁿ de), c⁰ la Combe-de-Lancey.

Leurtel, forêt, XVIII s. ; *Leurtet : l'Heurtet*, forêt c⁰ Vaulnaveys-le-Haut.

Leva (La), XV s. ; Levand (la), XVIII s. ; Levaz (la), etc., XVI s. ; *la Levaz*, h. c⁰ Vézeronce.

Levata (maladeria de), XIII s. ; (domus de), XIV s. ; in capella, XIV s. ; *la Levee*, l. disp. c⁰ Estrons.

Levatel, XIX s. ; *le Votel*, h. c⁰ Rives.

Levaux, XV s. ; Leveau, XIX s. ; *Lecure*, h. et vallée, qui s'étend sur c⁰ˢ Chuzelle et Vienne.

Levaux, ruiss. affl. l'Agny, arr. c⁰ˢ St-Victor-de-Cessieu, Châteauvilain, Sérézin, Nivolas-Vermelle et Succieu.

Levaux (Les), XIX s. ; Leveau, XIX s. ; *Lecune*, h. c⁰ Varacieux.

Levée (La), canal c⁰ Bourgoin, se jette dans canal du Vord.

Levellum, XIV s. ; *Levet*, h. c⁰ Riviers.

Leversigu, XIII s. ; *l'Eucessin* (ruiss. de l'), c⁰ Goncelin.

Leves, XII s. : voy. Lovias, Leives.

Levet, h. c⁰ St-Pierre-d'Allevard.

Leveteriis et Ollateriis (mans.), XV s. ; *Leretière*, h. c⁰ St-Martin-le-Vinoux.

Leretière (La), h. c⁰ Crémieu.

Lévy (La), f. c⁰ St-Geoire.

Lextra, XIV s. ; *Létra*, h. c⁰ Chapareillan.

Leya Domene : voy. Ayeta.

Leychaillon, XVIII s. ; *l'Echaillon*, bois c⁰ le Périer.

Leychallier, XVII s. : voy. Eychallier.

Leychallion, XVI s. ; *l'Echaillon*, mont. c⁰ Mont-St-Martin.

Leycharene, XVI s. : voy. Lascharena.

Leycheres (chⁿ des), XVII s. : voy. Le-heria.

Leycheriis (Charuyaii in), XV s. : voy. Lecheria 2ᵉ.

Leycherota (La), XIV s. : voy. Lecherules.

Leychières (Les), XVI s. ; *Lechère (chemin de la)*, c⁰ Puisat.

Leyeu (mans. de), XIV s. ; Leycout, XV s. ; *Serve-Leycou*, mont. c⁰ la Motte-d'Aveillans.

Leyerium, d. de Boznoselli, XV s. ; Leyrium Boznoselli, XIV s. : voy. Ler.

Leygrivoleya, XV s. ; I lay ; *la Grivoley*, h. c⁰ St-Martin-d'Uriage.

Leymaroru, h. disp. c⁰ Le Mont-du-Lans, XVIII s.

Leymeuira, XVI s. : voy. Lemeuira.

Leyres (aq. de), XV s. ; *l'Aire*, ruiss. c⁰ˢ St-Chef et Trept.

Leyrota, XVIII s. ; L-tte, XIX s. ; *l'Eyrette*, h. c⁰ St-Christophe-en-Oisans.

Leyrotan (aqua de), XIII s. ; *l'Hertany*, ruiss. affl. Le Guiers-Mort, orig. c⁰ St-Joseph-de-Rivière, arr. c⁰ St-Laurent-du-Pont.

Leyreu, XIII s. ; (parr. de), XIV s. : Leux, Leriacum, XIV s. ; *Leyrieu*, c⁰ˢ Crémieu.

Leyriacum, XV s. ; Leyrieu, XVI s. ; *Leyrieux*, h. c⁰ Chaponnay.

Leyrieu, c⁰ˢ Crémieu ; égl. (Ste-Marie annexe celle de St-Martin-de-Tortas, dioc. Vienne, voc. l...

Leyrieux, h. c⁰ Chaponnay.

Leyrii (dolachin), nemus Magni, Grossi, XIV s. : voy. Ler.

Leynartio (mans. de), XIV s. : voy. Eynerton.

Leysieu (ruiss.), XVII s. ; *Lesieu*, h. c⁰ Chelieu.

Leysia (territ., in parr. S. Maur. de Faillies, XV s. ; Leyssil (gr. plan de), XV, XVI s. ; *le Champ-de-Lesen*, mas c⁰ St-Prim.

Leyso (mans. de), XIII s. : voy. Leso.

Leyssard de Luca, gr., XVII s. ; *l'Essart-de-Luca*, gr. c⁰ Theys.

Leyssart : voy. Essartis 2ᵉ.

Leyssarton (en), XV s. ; *l'Essart*, bois c⁰ St-Aupre.

Leyssiaulx (via de), XV s. : voy. Via Recoyrie.

Leyssinum (M. de), XIV s. : Leyssinum, XVI s. ; Lessins, XVI s. ; *Leyssin (Haut et Bas)*, ville c⁰ Chimillin.

Leytaya (chⁿ en), XIV s. : *Laty*, éc. c⁰ Montbonnot-St-Martin.

Leytellier (formes à même du XVIII s. : voy. Lesteillier.

Poussieu.

Lextra, XVI s. : *Lextrat*, ... et la Chapelle du Bard.

Lextra, XVIII s. : voy. Lextra.

Leyres, XII s. : voy. Leyres, Lovias.

Lezardière, vill. c⁹ Charnècles.

Lèze (la), riv. affl. l'Isère, orig. marais Thiard, arr. c⁹⁹ Chantesse et l'Albenc.

Lézinette (cban des), c⁹ Seyssins.

Lheuly (crit des), XVI s. : *l'Heuille* ou *l'Aiguille ?*, tor. seign. c⁹⁹ Biviers et Meylan ; dit aussi torrent de Gimond, du Phénix.

Lholmon, XVII s. : Lhorme, XVIII s. : *l'Homme*, mas c⁹ le Mont-de-Lans.

Lia (la) : voy. Lya.

Liaupre, h. c⁹ Rives.

Liarcis villa, X s. : Liouras, XIX s. : *Lenevex*, h. c⁹ Chonas.

Liarey (la), h. c⁹ Engins.

Liargis, Liargus villa, X s. : Liare (parcus de), XI s. : voy. Biardis.

Liaudet (la), XVIII s. : *Liaudet*, h. c⁹ St-Albin-de-Vaulserre.

Liebais (prior de), XIV s. : voy. Liebanz.

Liebaor : voy. Luchaor.

Liebeyrola (territ. de la), XVI s. : *la Lechevolle*, mas c⁹ la Verpillière.

Liebi (mans. de la), XIII s. : voy. Lecheria.

Liebimely, XIV s. ; Leuolli, XV s. : *les Lechères*, mas c⁹ la Tronche.

Liebon : Liebanz (turris de) insule Criminci, XIV s. : *Liebaud*, h. c⁹ St-Marcel-de-Bel-Accueil.

Liebaur (la), ruine c⁹ Livet-et-Gavet.

Liebanaz (pratum de laz), XVI s. : *le Marais*, mas c⁹ Claix.

Liemart (villag.), XIV s. : *l'Eliumd*, h. c⁹ Tullins.

Lier (Le), forêt presque totalement défrichée, qui s'étendait sur c⁹⁹ Châlons, Bazonnes, Eydoche, le Mottier, St-Hilaire-de-la-Côte, Longechenal, la Frette, Bevenais et le Grand-Lemps.

Lier (Le), h. c⁹ Châlons.

Lieres (Les), mont. c⁹ Rovon.

Lieres (Grand, Petit), XVIII s. : voy. Liver.

Liet (prat. de), XIII s. : *le Liotey*, bois et ruiss. affl. l'Yserron, c⁹ St-Pierre-de-Chartreuse.

Lieudieu, c⁹ c⁹⁹ St-Jean-de-Bournay, baill. Vienne.

Lieure (la), h. c⁹ Varon.

Lieuse (la), ruiss., c⁹ St-Quentin-Falavier.

Lièvre (la), XVIII s. : *l'Etevigne*, h. c⁹ St-Geoire.

Lièvres (Les), f. c⁹ Torchefelon.

Ligange, XIII s. : voy. Linage.

Lignard, XVIII s. : *le Lignare*, ruiss. affl. la Romanche, c⁹⁹ Ornon, Oulles et le Bourg-d'Oisans.

Lignet, moderat., XIV s. : *Lignet*, vill. c⁹ La Rivière.

Ligniers (in) seu in Comba Septem Castanearum, XV s. : *le Lignière*, mas c⁹ St-Savin.

Lilaet (territ. du Plantier ou de), XVI s. : Lilat (territ. de), XV s. : *les Hots*, mas c⁹ Vienne.

Lilat, territ., XV s. : *l'Ilon*, h. c⁹ St-Maurice-l'Exil.

Lilata, XV s. : *l'Ilate*, l. disp. c⁹ Jalliou.

Lillon (gr. de), XVIII s. : voy. Lilat.

Liuanz, XII s. : J. m. Liuanez, XIV s. : *Liana*, mas c⁹ Roy.

Limasse (La), mas c⁹ Chavanoz.

Lime (Croix de la), XVIII s. : *le Lime*, mont. c⁹ Gresse.

Limite (la), éc. c⁹ Mizoën.

Limon, Leur. Lois (tratres de), XI s. : (mein., vinea, dom. de), XIII s. : (dns Nostra de), XV s. : (N.-D. de Lune tervl, des *Linon*, éc. c⁹⁹ Communay et Simandres ; anc. ministrerie de la Rédempt. des Captifs.

Limona, XIV s. : *Limonne*, h. c⁹ St-Romain.

Lin (soulabe de), XIX s. : Linière, XVIII s. : Linerin (de), XIV s. : *Lin*, h. c⁹ Varacieux.

Linage (Haut et Bas), XVIII s. : Linaginm, XIV s. : *Linage*, ham. c⁹ Chantesse.

Linage (ruiss. de), affl. l'Egala, c⁹ Voreppe : — éc. c⁹ St-Georges-d'Espéranche.

Linars (godettn de les), XIV s. : voy. Liemart.

Liecadaire (la), XVIII s. : *l'cadaire*, bois c⁹ St-Martin.

Lineln, c. s., bois, ruiss., XVIII s. : *l'Lenln*, bois c⁹ Lalley.

Linlaz (La), XVIII s. : *le Lenlo*, forêt c⁹ Proveyzieux.

Linbard, XVIII s. : *les Linbards*, vill. c⁹ Montcarra.

Liobard (la), h. c⁹ St-Clet.

Liodière (la), XVIII s. : Aillou dieres.

Lion d'Or, h. c⁹ Vignieu.

Lionne, éc. c⁹ St-Just-de-Claix.

Liorcis (bois de), XVIII s. : *le Loncey*, forêt c⁹ Lavaldens.

Liotard, Lederias, XIV s. : *Liotard*, bois c⁹ St-Baudille-et-Piçet.

Liotardey, forêt c⁹ Gresse.

Liotardorum (serr.), XIV s. : Leli (mans.), XIV s. : *les Liotards*, l. disp. près la Mure.

Liotand (la), ruiss. affl. le Furand, c⁹ St-Antoine.

Lioud (la), XIX s. : Lioups (la), XVIII s. : *les Lioulls*, vill. c⁹ Roussillon.

Lioura, Lays, XVIII s. : voy. Liarcis.

Liourat (la), XVIII s. : *le Liourat*, h. c⁹ Monteynard.

Lioutre, ruiss. affl. le Carignon, c⁹ Chaparcillan.

Lippen (cccl. de), XIII s. : voy. S. Petri in villa Lipiaco, X s.

Lisard, XIX s. : voy. Lissard.

Lisciaco villa, XIII s. : voy. S. Mauricii de Exillo.

Lisciacum villa, X s. : Lixion, XVII s. : *Lissère*, h. c⁹ l'Isle-d'Abeau.

Lisciacum villa, X s. : *Lessieu*, h. c⁹ Roche.

Lisla, XVI s. : Lislat : voy. Lilat.

Lisla (capell. de), Lislata, XII s. : Lisle d'Abeau, XVIII s. : *l'Isle-d'Abeau*, c⁹ c⁹⁹ la Verpillière ; voy. Insula.

Lissard, XVIII s. : *Lissard*, h. c⁹ Le Périer.

Lissler, mont. c⁹ la Chapelle-Barbiers.

Littes (territ. de les), XV s. : Litis (des Grandes), XVII s. : *les Littes*, mas c⁹⁹ Cheyssieu et St-Prim.

Lattes (Les), h. c⁰ⁿ St-Laurent-de-Mure.

Lave-Coche, XVIII s. : h. disp. c⁰ⁿ Besse.

Livet, XIX s. ; Livet, h. c⁰ⁿ Riviers.

Livet (Les), h. c⁰ⁿ Domène.

Livet, XIII s. : L. en Oysans, XVIII s. ; L. de villa, parr., XIV s. ; L. tam, XIII s. ; in Oysanclo (ad), XV s. : Livet, vill. c⁰ⁿ Livet-et-Gavet ; c⁰ⁿ Le Bourg-d'Oisans ; par. dioc. Gren., égl. St-Antoine.

Livet ou Pousseblier, XVIII s. : Livet-et-Gavet, c⁰ⁿ le Bourg-d'Oisans.

Livorze, XIX s. ; voy. Verse.

Lo (teh), XIV s. : le Lot, mas c⁰ⁿ l'Albenc.

Lo (teh), XIV s. : le Lot, mas c⁰ⁿ la Rolle-Montgascon.

Lobateria, XIV s. : voy. Lavet.

Lobati (combas, XIV s. : le Lambat, h. c⁰ⁿ St-Michel-les-Portes.

Lobax (teh), XIII s. : Lobet, L-tes (ap.), XIV s. : Leto (mans. de Rivo de), XV s. ; les Lobets, L. disp. près St-Laurent-en-Beaumont.

Lobez, XIII s. : voy. Bens (riv.).

Lache, ruiss. affl. la Gresse, c⁰ⁿ St-Paul-lès-Monestier et le Monestier-de-Clermont.

Lache : voy. Ochia, Ouchia.

Lacus Dei, féod., XII s. : villa, XIII s. ; foresta, XIV s. , castelli ; L. Dey. XV s. : Lieu-dieu, c⁰ⁿ St Jean-de-Bournay.

Lohon (riv. de), XVI s. : Lundun, hh. c⁰ⁿ Jallieu et Rey.

Laustel (logicot, del), XVI s. : Lelum, XIV s. : voy. Loynatel.

Ladlavora (rupp. de), XIV s. : voy. Credoserge.

Lange (La), ér. c⁰ⁿ Royhou.

Logis (Les, h. c⁰ⁿ Cras.

Logis (des, XIX s. : le Logis-Neuf, h. c⁰ⁿ Estrablin.

Logis-Long, h. c⁰ⁿ Communay.

Logis-Neuf, L. disp. c⁰ⁿ Chevrieres ; — (les, h. c⁰ⁿ Estrablin ; — h. c⁰ⁿ Vourey.

Lai (La, mas c⁰ⁿ Jassago.

Loiva (Hebennsina ap. los, XIII s. : voy. Lavias.

Loies (Les), XIII s. : voy. Loyes etc.

Loiras (vineas des, XIV s. ; Mes-Loisirs, ec. c⁰ⁿ St-Romans.

Loirien, h. c⁰ⁿ Serres-et-Nerpol, par. dioc. Gren., égl. St-Romain.

Ladrion, XIII s. ; Loyrien, c⁰ⁿ Crémieu.

Loisas (last. XII s. : voy. Lavias.

Loises (Les, h. c⁰ⁿ Roybon: par. dioc. Vien., égl. Ste-Vierge.

Lolette, a. c⁰ⁿ Lans.

Loleyra, riv. : voy. Auteria.

Lollière : voy. Oleria.

Lolmey (de), XIV s. : Laumet, ruiss. c⁰ⁿ St-Pierre-de-Chartreuse.

Lombard, XIX s. : les Lombards, h. c⁰ⁿ Brié-et-Angonnes.

Lombard, ec. c⁰ⁿ St-Bonnet-de-Chavagne.

Lombarda villa, XIV s. : Lombardier, h. c⁰ⁿ St-Guillaume.

Lombardière (La), h. c⁰ⁿ Luzinay ; — mas c⁰ⁿ Virieu.

Lombardorum (pasquer.), XV s. ; les Lombards, h. c⁰ⁿ Le Villard-de-Lans.

Lombards (Les), h. c⁰ⁿ l'Isle-d'Abeau ; — vill. c⁰ⁿ St-Siméon-de-Bressieux.

Lombino (eccl. b⁰ Mar. Magdal. de), XV s. ; Lombins, XIV s. ; Lombin, c⁰ⁿ Le Touvet.

Louxia ; (Haut-Méo), mont. c⁰ⁿ St-Baudille-et-Pipet.

Louene, XVIII s. : l'Homeneysi, h. c⁰ⁿ Virieu.

Lombas (Les), XVIII s. : voy. Lobeti.

Long (Le), ét. c⁰ⁿ Torchefelon.

Long Ruel (rifs de), XVII s. : Longa Rua, XV s. ; Longo Ruello (riv. de), XVI s. : Longluis (Ruiss. de), c⁰ⁿ Allevard.

Longa Rei, Rey, XIV s. ; Longirey, mas c⁰ⁿ Theys.

Longalira, XIV s. ; Longirey, XIV s. ; Longirey, mas c⁰ⁿ la Flachere et Ste-Marie-d'Alloix.

Longavilla, XII s. ; L-gev-le, XIII s. ; Longeviere, XVIII s. ; Longeville, h. c⁰ⁿ St-Baudille-et-Pipet.

Longe-Fusel, mas c⁰ⁿ St-Pierre-d'Entremont.

Longecheval, c⁰ⁿ Le Grand-Lemps : dioc. Vienne, égl. St-Pierre.

Longenieres (las, XIX s. ; Longinière (la, XVIII s. ; Longenière, vill. c⁰ⁿ Venerieu.

Longevalles (eccl.), XV s. ; Longecheval, c⁰ⁿ le Grand-Lemps.

(parr. XV s. ; Chanal, XVI s. ; Longecheval, c⁰ⁿ Le Grand-Lemps.

Longa Chanal (valle des, XIII s. ; Longe Canali (parr. des, XIV s. ; Longum Canalem (sup.), XIV s. ; Longii Canalis

Longi Frayta, draya, XIII s. ; Longe Fralte, XIX s. ; Frette, XVII s. ; Longe-Frette, mont. c⁰ⁿ Vauluaveys-le-Haut.

Longin, ec. c⁰ⁿ St-Théoffrey.

Longirey (du, XV s. ; Longy Rey ou la Grally, XVII s. ; Longerey, h. c⁰ⁿ la Chapelle-du-Bard.

Longeprat, XVIII s. ; Longprat, h. c⁰ⁿ St-Geoire.

Longmafanm, monast., XII s. ; Longafam, mans., riv., XV s. ; Longefain, Longeffon, XVIII s. ; Longefonds, XIX s. ; Longefond, h. c⁰ⁿ Clelles.

Longueville, XVIII s. ; Longeville, h. c⁰ⁿ Sérézin et Soucieu.

Longueville, mas c⁰ⁿ Vézeronce.

Longus Mans., c. 1300; le Long, mas c⁰ⁿ Brié-et-Angonnes.

Lanna (eccl. de), XIII s. ; Luna (parr. de), XIV s. ; Lonaz, Launas, XIV s. ; Lannes, gr. ⁰ ; Lanne, XIX s. ; Lanne, h. c⁰ⁿ Araudon.

Lanlas, ec. c⁰ⁿ St-Martin-d'Uriage.

Lonverseil (mass. de), XIII s. ; l'Euversin, ville c⁰ⁿ Oz : voy. Enverziguil.

Lonversin, XIV s. : l'Euversin, bois c⁰ⁿ St-Maximin.

Loquet (le) : Loxquet, Haut-Pet. mont. c⁰ⁿ Tréminis.

Loraraon : (Haut-Rararon, mont. c⁰ⁿ St-Christophe-en-Oisans.

Loras, XII s. ; Loraco (i. des, XIV s. ; Lorasio (J. de) : Loras, h. c⁰ⁿ St-Marcel-de-Bel-Accueil.

Lorveyri (eau des, Lorcière, Lorcieres : l'Orcière, mont. et cascade, c⁰ⁿ Revel et St-Martin-d'Uriage.

Loubatière, bois c⁰ Le Mont-de-Lans.

Loveterie (villa), XIV s. : *Chantoucat*, éc. c⁰ St-Guillaume.

Lovetum (serrum). XIV s. : *le Louvet*, ruiss. affl. la Marsanne, c⁰ Chantelouve.

Loveytellum, XIV s. : voy. Loyatel.

Lovias villa, XI s. : *les Loives*, h. c⁰ Roybon.

Lovitel en Oisans, mont. ; *Locitel*, h. et mont. c⁰ Le Bourg-d'Oisans.

Lovitel, lac, XIX s. : voy. Loveytellum.

Luy (La), XIV s. : Loyes (nom. de lieu) ; *les Loyes*, mas c⁰ Les Avenières.

Luy (La), XIV s. : *la Loi*, anc. quart., auj. rue de Crémieu.

Loyatel (gier de), XIV s. ; *le Loytel*, lac c⁰ Séchilienne et Vaulnaveys-le-Bas.

Loyatel (arets deu), XV s. ; *Lyatel*, mont., chal. c⁰ Theys.

Loyatello (riv. el), XV s. ; *le Loyatel*, ruiss. c⁰ Theys.

Loydeteras (ap.), XIV s. ; *Laudittte*, bois c⁰ Tréminis.

Loyels (Les), XVIII s. ; *les Loyer*, éc. c⁰ St-Sébastien.

Loyerdlères, éc. c⁰ Polliénas.

Loyes (Les), h. disp. c⁰ Livet-et-Gavet.

Loyes, XIII s. ; *Ches-Loye*, h. c⁰ Montséveroux.

Loyriou, XIV s. ; Loyref, domin., XIV s., Loyrieu : voy. Loirion.

Loymes (bedale de leu), XV s. ; *les Loines*, mas c⁰ St-Maurice.

Loynes (Les), XII s. : voy. Lovias.

Loyraetum (ap.), XV s. : *le Liaret*, h. c⁰ Montcynard.

Loyras (en), XV s. ; *les Luyes*, h. c⁰ St-Just-de-Claix.

Loyras. XIV s. : voy. Loiras.

Loyref, parr., Loyrey, Loyriaeum, prior. I, XIV s. : voy. Loreu.

Loysira (nem. de), XV s. ; *Luisin*, mas c⁰ Meyrieu.

Loyven, Hospitalis, preceptor ; Loyvias, Leis (parr., capellanus de), XIV s. ; Loyvis (B⁰ Maria de), XIII s. : voy. Lovias.

Lozas, ruiss., XVIII s. ; *le Louzon*, bois c⁰ Villard-Eymond.

Luze (La), XVIII s. ; *la Louze*, bois c⁰ St-Barthélemy-de-Séchilienne.

Loze, XVIII s. : voy. Louza.

Luzeria, riv., XVI s. ; *la Lauzière*, bois et ruiss. c⁰ Pinsot.

Luzon (tête du) : voy. Lanzon.

Luzon : voy. Lonzon.

Labac, forêt c⁰ Le Monestier-du-Percy.

Lucardière, éc. c⁰ Montrevel.

Lucennaeum villa, Lucennuans villa, IX s. ; *Luzinay*, c⁰ c⁰ Vienne-Nord.

Lucet, éc. c⁰ St-Baudille-et-Pipet.

Luclusor, mandm., XI s. ; Lucatoriis (de), XIV s. ; *la Croix-de-Lirhouz*, mas c⁰ Lans.

Lucher (La), XVIII s. : *les Lochères*, mas c⁰ St-Pierre-de-Chandieu.

Lucinia : voy. Leyssinium.

Luclaz (roch. du), Luclo, XVII s. : voy. Lusela.

Luele, ét. c⁰ Culin.

Lucloz (marais appelé le lac de), XVIII s. ; *Lucle*, marais c⁰ St-Victor-de-Morestel.

Lucquet : voy. Luqueta.

Lue Deu, XIV s. ; *Lieu-Dieu*, c⁰ c⁰ St-Jean-de-Bournay.

Lueil (molare du), XV s. ; *l'Euille*, mas c⁰ Miribel-les-Echelles.

Luerino (de), XIV s. ; *l'Ozrue*, l. disp. c⁰ Vienne.

Lueynes, territ. juxta biardi de Marescu, XVI s. : voy. Loynes.

Luguaeum, XIV s. ; *Liauge*, hh. c⁰ Chantesse.

Luine (La) : voy. Luyna.

Lulsserd, XIX s. ; *Luissert*, h. c⁰ Flllieu.

Luizel, XVIII s. : voy. Lusireu.

Luizet-du-Coin, éc. c⁰ Sulaise.

Lullianei (essart de), XIII s. ; Lullianent, Lullinay, XIII s. ; *Lullié*, bois c⁰ Susville.

Lumbaez, etot., XV s. ; Lumbardis (in champiis), XIV s. ; *les Lombards*, l. disp. c⁰ Clavans.

Lumbarderes (villa de), XIV s. ; L-dorum (planum), XV s. ; *les Lombards* ?, l. disp. c⁰ Vif.

Lumbardi, molar., XIV s. : voy. Lombardia.

Lumbin, c⁰ c⁰ Le Touvet ; dioc. Gren., égl. Ste-Madeleine.

Lumbineti villa, XIV s. ; Lumbinetum, in domo f. nob. A. Berlionis, XV s. ; Lumbin (le Petit) : *le Petit-Lumbin*, h. c⁰ Lumbin.

Lumbino villa, L-bub, L-us, XII s. ; Lums (Magnus), XIII s. ; *Lumbin*, c⁰ c⁰ Le Touvet.

Lumbuel, XVI s. : voy. Longa Rua.

Lumbyno (P. de), XIII s. : voy. Lumbino.

Luminatori (via de la), XIV s. ; Lumaslery, via, XV s. ; Lumzieri, XV s. ; *Luyzine*, h. c⁰ St-Bonnet-de-Mure.

Lume (La), éc. c⁰ Les Côtes-d'Arey, et ruiss. affl. le Salvuni, arr. c⁰ Les Côtes-d'Arey, Reventin, St-Prim (Luysset, 1280).

Lune (La), éc. c⁰ Seyssins.

Lune (territ. de la) : (Vieille), XVI s. : voy. Luyna.

Lumeres (mans. de), XV s. ; Lernu (mans. des, XV s. ; *Lin*, h. c⁰ Varacieux.

Lunes (Les), XV s. : voy. Luyna.

Luneta, XIV s. : *Lunette*, h. c⁰ Le Versoud.

Lunis (comba de), XIV s. ; *la Croix-Haute*, h. et mont. c⁰ Lalley et Tréminis (Isère), et Lus-la-Croix-Haute (Drôme).

Lupé, éc. disp. c⁰ Moirans.

Lupine : voy. Lippeu.

Luque (La), Luqueta (la), XVIII s. ; *Luquet*, h. c⁰ les Avenières.

Lurias, h. c⁰ Renaurel.

Luciniaco villa, quae est alta infra immunitatem S Teuderii, IX s. ; *Leisium*, mas c⁰ Sermérieu.

Lusela (roche de), XVI s. ; *l'Uela*, mont. c⁰ St-Pierre-de-Chartreuse.

Lucennay, XII s. ; Luceniacum, X s. : voy. Lucennaeum.

Lusireu, XIV s. ; *Luizet*, h. c⁰ Heyrieu.

Lusson (gr. du), XVIII s. : *le Lusson*, h. c⁰ Theys.

Lusset (mans. de), XV s. : voy. Luysievum.

Lutet, XVIII s. : *le Loytel*, lac c⁰ Séchilienne et Vaulnaveys-le-Bas.

Lutet (Le), év. c° Tullins.

Luthieux (Les), XIX s. : Lu-theux, h. c° Dolomieu.

Luthière (La), ruiss. aff. ruiss. Mont-St-Martin, c° Le Fontanil.

Luvella (costa), XV s. ; la Combe-de-Loup, mas c°⁸ Chavans et Le Freney.

Luverain, XVIII s. : Licerset, h. c° Château-Bernard.

Luya, gr. c° Mens ; — gr. c° Prébois.

Luyna, XIII s. ; Luynes (les), XVII s.; la Luine, mas et ruiss. aff. l'Ozon, c°⁸ Chaponnay et Marennes.

Luyriacum, XIV s. ; Luxiriacum, XIV s. ; Leyrieux, h. c° Chaponnay.

Luyriacum (eccl.), XIII s. ; Luyriaco (eccl. S. Romani de), XV s. : Luirieu, h. c° Serres-et-Nerpol.

Luysiacum, XIV s. ; Luzieux, h. c° Varacieux.

Luysier (territ. de), XVI s. ; la Luse (Luyse?), éc. c° les Côtes-d'Arey, et ruiss. aff. le Salvant, arr. c°⁸ les Côtes d'Arey, Revenin et St-Prim.

Luysieu, Luysieaux, XV s. : voy. Luseriaaro.

Luzennay, XII s. ; Luzinazium : voy. Luseunacum.

Luzinay, c° c°⁸ Vienne-Nord ; par. dioc. Vien., égl. St-Sixier.

Lazy (bâtiment de) ; le Château, quart. c° Moloniers.

Lazy (f° de), XIV s. ; les Carden, f. c° Moloniers.

Lya (comba della), XIV s. ; Lellial, bois c° Cognin.

Lya (territ.), XVI s. ; Lya, f. c° Jardin.

Lyer (nem. de), XV s. ; (Grand, Petit) ; Lyonreu, XVI s. ; le Lier, forêt (voy. ce nom).

Lyla, XIV s. : Huismelet, h. c° Arandon.

Lylacia, XVI s. : voy. Lilata.

Lymana (en), XIV s. ; Lauz, XIV s. ; Limaus, h. c° Ruy.

Lymazieri, XV s. : voy. Lumimateri.

Lymon, Le... (prior. de), prope Viennam, XV s. : Lanz, XIII s. ; (prior. de), XIV s. ; (eccl. B° Mariæ) ; Limon

(voy. ce mot).

Lymona, XIV s. : voy. Limona.

Lynard, L..le, XIV s. : voy. Lieuart.

Lynelleri : voy. Dallinet.

Lyotardi, XIV s. : voy. Liotardi.

Lyrieu (parr. de), XV s. : voy. Luxiriacum.

Lyvet, XVII s. : voy. Livet.

M

Maalun (via de), XII s. ; Mailles, XVIII s. ; Maille, h. c° Heyrieu.

Macabrie (mais. f. de), XVIII s. : voy. Macabray.

Macabiou, h. c°⁸ Roussillon et Ville-sous-Anjou.

Macabray (gr.), XVI s. ; Macabry, Machabrey, XVIII s. ; Macabrey, quart. c° Vienne.

Macabrey (mais. de), XVII s. : voy. Macabray.

Macciano, VIII s. ; Maciacum, XIV s. ; parr. eccl. S. Petri ; Massieu, c° c°⁸ St-Geoire.

Macconeya, M-eneya, XII s. ; Macconeyo (territ.), Macioneya, XII s.; Marsonné, XVIII s. ; Marconnay, h. c° Ste-Anne-d'Estrablin.

Macellarius, XIV s. ; Marcelluire, h. c° Lavars.

Machanis (in), XIV s.; Machiny, XVII s. ; Machenis (le), XIX s. ; Macheny, h. c° St-Sébastien.

Macharis, terr., XVIII s. : voy. Macherieu.

Macherius, XIV s. : voy. S. Nicolay de Machiriaco.

Macheuus (in), XI s.; la Menge, h. c° Septème.

Machirel (dans de), XV s. ; M-hurel, M-hurel, XVI s. ; Machurel, h. c° Solaise.

Maciaro (villa la), X s. ; Macro (territ. de), XII s. ; Marcium, XII s. ; Massie, h. c° Vienne.

Maritha, in pagu Diense, VIII s. ; Massette, éc. c° St-Guillaume.

Maciana, XV s. ; Macia sive Les Combes, XVI s. ; les Combes, h. c° Luzinay.

Maçon, XIX s. ; le Masson, h. c° la Bâtie-Montgascon.

Moconiano (in pago Viennense), X s.; M-in, XVIII s.; M-onnens, M-onier, XIX s. ; Maconin, h. c° Chassignieu.

Maconnière, h. c° N.-D.-de-Ménage.

Macro Campo, IX s. ; Marcampa, in villa Cotuella ; M-apa, IX s. ; Marcampa, l. disp. c° Chuzelle.

Martassena, XIV s. ; la Matesine (voy. ce nom).

Macyere (La), XIV s. ; Mucaire, éc. c° Presles.

Macz (Les), XIV s.; Mat (Grand et Petit), hh. c° St-Barthélemy-de-Beaurepaire.

Maccunas, XIV s. ; Mussonnas, h. c° Frontonas.

Maczotis (mans. de), XIII s. ; les Massotal, l. disp. c° Siévoz.

Madana villa, XI s. ; la Combe-Maine, éc. c° Dionay.

Madelaine, chap. unie à l'abbaye des Ayes, XVIII s. ; la Madeleine, chap. disp. c° St-Honoré.

Madeleine (La), anc. chap. isolée, au bord de la Romanche, c° Champ ; — mas c° Montrevel.

Madeleine (chap. de la) ou port de Champ, XVIII s. : voy. Marie Magdalenæ.

Maderunettes (Les), h. c° Chasse.

Madriacum villa, X s. ; Marennes, c° c°⁸ St-Symphorien-d'Ozon.

Maeria, XV s. ; Mairie (la), XVIII s. : Mayrie : voy. Meieria.

Magallinet, XVIII s. : voy. Gastinelli (Mansus).

Magasin (Le), h. c° St-Quentin.

Magdalena (rup. de), XIV s. ; cumba ; M-e (capella B° Mar.), XV s. ; honorifice constructa de dependenciis prioratus de Garda, XV s. ; la Madeleine, mas c° la Garde.

Magdalena de Baen, Baer (eccl. S. Mariæ), XIII s. ; (capella), XVI s. ; Magdeleine (la), XVI s. ; Madelaine, XVIII s. ; la Madeleine, h. c° St-Antoine.

Magdalena (cap. b° Mariæ), XV s. ; la Madeleine, chap. disp. c° Le Pont-de-Beauvoisin.

Magdalenæ (capella b° Mariæ) que est de membris Majoris

Cartusie, et est ibi proprie qued. maladerin seu leprosaria, XV s. ; Magdalena (maladeria) ; la Madeleine, mas c^e St-Aupre.

Magdalenae (capella) hospitalis de Dolon, XV s. ; la Madeleine, mas c^e St-Jean-de-Moirans.

Magdalenae (cap. b^e Marie), XV s. ; M-deleine, XVIII s. ; la Madeleine, mas c^e St-Laurent-du-Pont.

Magdelaine (chap. Ste-), XVIII s. ; la Madeleine, mas et ruine. c^e Chélieu.

Magdelaine (mas de la), 1700 ; la Madeleine, mas c^e Veurey.

Magdeleine (Ste-), XVIII s. ; la Madeleine, éc. c^e St-Chef.

Magdelen, éc. c^e Lans.

Maginz (camp. de), XIII s. ; l'Ile-Magnin, mas c^e Voreppe.

Maginz (costis de), XIII s. ; Magnin, XIX s. ; les Maguins, h. c^e St-Christophe Entre-Deux-Guiers.

Magna Broa : voy. Broa (M.).

Magna Comba, XIV s. ; la Grande-Combe, vallon c^e Goncelin.

Magna Prata, XV s. ; le Grand-Pré, mas c^e Tencin.

Magus vallis, XII s. ; Maunival, XIII s. ; Maygnival, XIII s. ; Magnival villa, XIV s. ; Maavallis (comba) ; Manival, h. et tor. c^e St-Ismier.

Magnand, éc. c^e Paladru.

Magnanerie, XIV s. : voy. Maniguerie.

Magnanerias, XIV s. ; Maniguerias, XIV s. ; Maninayre, XVIII s. ; Maninaire, h. c^e St-Guillaume.

Magnanerie(La), f. c^e Dolomieu.

Magnarum Alpium (alpagia) desup. Buxeriam et Bellam Combam, XIV s. : voy. Alpeta Nayliaum.

Magnat, éc. c^e Le Villard-de-Lans.

Magnhane (mans.), XIV s. : Mignane, h. c^e Marcieu.

Magni Prati, XIV s., XV s. ; les Grands-Prés, mas c^e St-Jean-d'Avelane ; — mas c^e Tencin.

Magni Terralli (&-resteria), XIV s. ; les Grands-Terrets, mas c^e Barraux.

Magniere (La), vill. c^e St-Lattier.

Magnil (de), XIV s. ; la Mognine, éc. c^e Morestel.

Magnin (Les), h. c^e St-Michel-de-St-Geoirs.

Magnin, éc. c^e Seyssins ; — (Ruiss. de), c^e Theys ; — h. c^e Varacieux.

Magninae (Les), XVIII s. ; Magninat, h. c^e Pinsot.

Magnins (Les), éc. c^e Herbeys.

Magnins (bois des) ; (le), XIX s. ; le Magnin, h. c^e St-Nicolas-de-Macherin.

Magnis Campis (in), XV s. : les Grands-Champs, mas c^e Ste-Agnès.

Magnis Insulis Brani (in), XV s. : voy. le Rondeau.

Magno Nurirollo (de), XVI s. : Grand-Oriol, h. c^e Cornillon-en-Trièves.

Magnoardi villa, XIV s. ; les Magnards ?, l. disp. c^e Allemont.

Magnum Casualum (versa.), XV s. ; Casau-su ; le Grand-Casuel ?, l. disp. c^e St-Hilaire-de-la-Côte.

Magnum Nemus, XIV s. ; le Grand-Bois, forêt c^e Pinsot, Pommiers, Primarette et St-Julien-de-l'Herms.

Magnum Nemus, XIV s. ; la Grande-Forêt, bois c^e Roncurel.

Magnum Nemus, XIV s. ; le Grand-Bois, bois c^e St-Pierre-de-Chirennes.

Magnum Pratum, XVI s. ; le Grand Pré, mas c^e Luzinay.

Magnum Serrum, villa, XIV s. ; le Grand-Serf, l. disp. c^e Simard.

Magnus Campus, XV s. ; Grand-Champ, h. c^e Allemont.

Magnus Campus, XIV s. : le Grand-Champ, mas c^e Moras.

Magnus Campus (mans.) ; le Grand-Champ, mas c^e Ste-Marie-du-Mont.

Magnus Fossa, XV s. ; Grand-Fossé, mont. c^e Ste-Agnès.

Magnus Rupes, XIV s. : le Grand-Roc, mont. c^e Cognin.

Magroni villa, XIV s. ; le Grand-Meury, h. c^e Sauville.

Maherlis (curatus de), XV s. ; Mayres, c^e c^e la Mure.

Maiasco (silva de), XII s. ; Maiar, XIII s. : Mayard, bois c^e Crolles et Lumbin.

Maiasco (silva de), XII s. : Maya (mans.), Mayae (mans.), XIII s. ; Mayoner : le Mayen, h. c^e Montbonnot-St-Martin et Meylan.

Maillarde (La), h. c^e la Côte-St-André.

Maillon (Les), mont. c^e St-Christophe-Entre-Deux-Guiers.

Maillet (Les), chis. c^e Barraux.

Maillet, éc. c^e St-Genis : — gr. c^e St-Jean-d'Herans ; — gr. c^e St-Sébastien.

Maillet (Les), XIX s. : voy. Valaygruler.

Maillis, XIII s. : M-les, XIII s. ; Maylles, Malles, Malles, Maylias (cap.), XIV s. : Mailliez, Mailles, XVII s. ; Mailles, h. c^e Morestel.

Maillost, XIII s. : Mallostus, XIV s. ; Malostum, XIV s. : Maillostx, XV-I s. : Maillou, XVIII s. ; le Maillou, h. c^e Auris.

Maillostières (Les), XIX s. ; les Maillatières, h. c^e Châtonnay.

Main (combe du), XVIII s. : voy. Meyn.

Mainara (els), XIII s. ; Meygnard, l. disp. près la Mure.

Maison (chis des), c^e Le Grand-Lemps.

Maison (Les), h. et ruine. aff. le Cumane, c^e St-Véraml.

Maipi (mans. de), XIII s. ; M-in; Mépin, h. c^e Savas-et-Mépin.

Maipiaco (eccl. de), XII s. : Maipeu ; Mépieu, c^e c^e Morestel.

Maires (eccl. de), XI s. ; (parr. de) : Maieren, Magren, Mayeren, XIII s. ; Mayrin, M-riis (parr. de), XV s. ; Meyren, c^e c^e la Mure.

Maireu, XIV s. ; Marren, XIV s. ; M-rien, XIV s. ; M-riacum (dominus), XV s. ; (dim. l.) ; Marien, vill. c^e Paruillieu et Porcieu-Amblagnieu.

Maireu (terra de), XII s. ; Mayreu (mandam. de), XIII s. ; Mayrieu (eccl. de) ; Mayriacum ; Mayret, XIV s. ; Meyrieu, c^e c^e St-Jean-de-Bournay.

Mairou, XII s. : voy. Mareu.

Mairie (la), XIX s. : la Meyrie, h. c^ne Bilieu.

Mairie (la), f. c^nes Cognet et la Mure ; — quart. c^ne Le Grand-Lemps ; — h. c^ne Meylan ; — h. c^ne Montferrat ; — vill. c^ne la Motte-d'Aveillans ; — h. c^ne St-André-en-Royans ; — h. c^ne St-Laurent-de-Mure.

Mairières, XIII s. ; Marcellières, h. c^ne Lavars.

Maisonnai, XII s. ; Maisonnes ; Mecenas, vill. c^ne St-Marcel.

Maisou, XII s. : voy. Maisou, Mayssou.

Maison (la), chât. c^ne la Sône.

Maison-Basse (La), éc. c^ne Dolomieu.

Maison-Blanche (La), éc. c^ne Bourgoin ; — chât. c^ne Charvieu ; — h. c^ne Chevrières ; — éc. c^ne Chozeau ; — h. c^ne Jallieu ; — éc. c^ne Jardin ; — h. c^ne Roussillon ; — h. c^ne St-Didier-de-la-Tour ; — l. disp. c^ne St-Pierre-d'Allevard ; — éc. c^ne St-Savin.

Maison-Brûlée (La), l. disp. c^ne Pariset ; — l. disp. c^ne Poliénas, XVIII s.

Maison Dauphine (La), XVIII s. ; (rue de la), XVIII s. ; les Voûtes-de-Montfleury, h. c^ne Corenc.

Maison-du-Diable (La), éc. c^ne Corenc.

Maison forte (La), XVIII s. : voy. Belle Pranlio.

Maison-des-Loups (La), éc. c^ne Villard-Eymond.

Maison-Marguin, XIX s. ; Champerloy, h. c^ne les Côtes-d'Arey.

Maison-Meunier, éc. c^ne Brié-et-Angonnes, XIX s.

Maison-Neuve (La), éc. c^ne Fontaine ; — h. c^ne Montrévéroux ; — éc. c^ne Ruissard ; — h. c^ne St-Jean-de-Moirans ; — éc. c^ne Seyssins ; — L. c^ne Tignieu-Jameyzieu.

Maison-des-Pauvres (La), f. c^ne St-Antoine.

Maison-Rouge (La), vill. c^ne Châlons ; — éc. c^ne Pariset.

Maison forte de St-Oblas, XVII s. : la Grande-Maison, éc. c^ne Oytier-et-St-Oblas.

Maison Thomas, XIX s. : voy. Chanlmu.

Maison-Vieille (La), mas c^ne Dionay.

Maisonatis, N s. ; le Mazet, h. c^ne Communay.

Maisonnettes (Les), éc. disp. c^ne La Ferrière, XVIII s.

Maisons-de-l'Hôpital (Les), éc. c^ne St-Christophe-Entre-Deux-Guiers, XIX s.

Maisons Neutres ou faubourg St-Jacques, XVI s. ; St-Jacques, anc. faub. ville Grenoble, rue.

Maisons-Neuves (Les), h. c^nes Eybens et St-Martin-d'Hères ; — h. c^nes St-Sauveur et St-Vérand ; — vill. c^ne la Verpillière.

Maissegnas, XIII s. ; Massegnas, XIII s. ; Malsenas, XIX s. ; Mexenas, h. c^ne Roissard.

Maissonne, XVIII s. : voy. Mayssou.

Maitre, XIX s. : Maitres, h. c^ne les Avenières.

Maitres (Les), h. c^ne Montau L.

Maizou, XII s. : Meyzieu, ch.-l. c^ne arr^t Vienne.

Majeul (Les), XVIII s. ; Majuils, XVIII s. : voy. Masii Julii.

Majores (ap.) ; Majoribus (de) ; les Mayoux, éc. c^ne St-Laurent-en-Beaumont.

Mal Essart, Malissar (mont. de), XVIII s. : Mallissard (roche de) : Malessard, XVIII s. : Malissard, mont. et forêt c^ne St-Pierre-d'Entremont.

Mal Essart, Eyssart, XV s. : Maleyssard, éc. c^ne St-Michel-de-St-Geoirs.

Mal Goyart sive el Sauzey, XV s. : voy. Sauzey.

Mal Pas (chalanson de), XI s. ; Malus Passus (rochas. de), XV s. : le Méraupuis, gorge c^nes Gières et St-Martin-d'Uriage.

Mal Saveir (mans. de), XIV s. : Malseseuir ?, l. disp. c^ne la Buissière.

Mala Fossa, XIV s. : Fosse-Meille, mont. c^ne Theys.

Mala Herba, XV s. : Malherbe, h. c^ne Gières.

Mala Narte (trivium de), XV s. ; Mallenoit (viad.), XVII s. : Malanoit, chem. disp. c^ne St-Georges-d'Espéranche.

Mala Val (terram. de), XII s. : Malavalle (de) ; Malleval, XVIII s. : Malleval, c^ne Vinay.

Mala Villa, XIII s. ; Mavilla (villa de), XIV s. ; M. valle ; Maleille, vill. c^ne Creys-et-Pusignieu.

Malavare, éc. c^ne Meylan.

Malachars, XIII s. : Malacard, bois c^ne la Chapelle-du-Bard.

Malaclus (territ. de), XVI s. ; Malassin, h. c^ne Chozeneuve.

Malaruche (ruiss. de), XVIII s. ; Maleuche (ruiss. de), c^ne Voreppe.

Malacombe (ruiss. de), c^ne Reventin-Vaugris, affl. du Rhône.

Malaconta, XIV s. ; Maleuit, bois c^ne Château-Bernard.

Maladeres (territ. de les), XV s. ; Malières (les) ; les Malédières, l. disp. c^ne Bougé-Chambalud.

Maladeria (riv.), XV s. ; Corbonne, h. c^ne St-Ismier.

Maladeria de Alavardo, XIII s. ; XV s. ; Leprosorum, XV s. ; la Maladière, lieudit, c^nes Allevard et la Chapelle-du-Bard.

Maladeria de Barralibus, M-le (mans.) ; la Maladière, lieudit, c^ne Barraux.

Maladeria de Bellomacie, XIII s. ; Malaperie (cappellania), XV s. ; la Maladière, l. disp. c^ne St-Laurent-en-Beaumont.

Maladeria, XIII s. ; la Maladière, h. c^ne la Buissière.

Maladeria de Burgundio, XIV s. ; Malière de Bourgoin app. la Magdeleine, XVII s. ; la Maladière, vill. c^nes Bourgoin et Domarin.

Maladeria de Crucels, XIV s. ; S. Steph. de Cruceys, XIV s. ; la Madeleine, mas c^ne St-Aupre.

Mala Leria Berovancoux, XV s. ; la Maladière, lieudit, c^ne Morestel.

Maladeria, XIV s. ; Malladière, XVII s. ; la Maladière, lieudit, c^ne Entre-Deux-Guiers.

Maladeria de Essou, XIII s. ; Assone, XIII s. ; Eyssone, Aussone, XIV s. ; Ste-Marie-d'Eu-Haut, quart. et couv. c^ne Grenoble.

Maladeria de Mencie, XIV s. ; la Maladière, lieudit c^ne Metta...

Maladeria de Moyrenco, XV s. : Mollière (ruine, de la), XVIII s.; la Maladière, lieu-dit, c° Morans.

Maladeria de Mura, XIII s.; de Antissone in rivaglio de Jorbla, XIV s.; la Maladière, lieu-dit c° la Mure.

Maladeria de Palus, XIII s. : gr°, territ.; prope Viennam vocata Set-Lazo, XVI s. : Mellières (les) : les Maladières, quart. c° Vienne.

Maladeria, XV s.; la Maladière, lieu-dit c° Parisot.

Maladeria, XIV s.; de Petra, XV s.; la Maladière, lieu-dit c° la Pierre.

Maladeria, XIV s.; la Madeleine, chap. disp. c° Le Pont-de-Beauvoisin.

Maladeria de retro Pupet; de Mourisiers, XIII s.

Maladeria de Quiriaco, XIII s. : la Maladière, lieu-dit c° Bouvesse-et-Quirieu.

Maladeria de Rippis, XIII s.; du Foucureyri, Fonteureyssa, XIV s. : la Maladière, h. c° Rives.

Maladeria, XIII s.; la Maladière, l. disp. c° Roissard.

Maladeria voc. de Roseno, XIV s.; (molend. de), juxta iter de S° Theuderio vers. Deutheriacum, XIV s.; S° Theuderii; la Madeleine, éc. c° St-Chef.

Maladeria, XV s.; la Madelière, l. disp. c° St-Alban du Rhône.

Maladeria S° Theuderii, XIII s.; la Maladière, h. c° St-Chef.

Maladeria de Seyssiaco, Sayssu, XIV s. : la Madeleine, ec. c° Cessieu.

Maladeria Theuil, XIII s. : Theysii, XV s. : la Maladière, l. c° Theys.

Maladeria de Tullino, XIII s. : la Greuse, ec. et ruine c° Tullins.

Maladeria de Turre Pisan (capriluum), XIII s. : la Maladière, l. disp. c° la Tour-du-Pin.

Maladeria, XIII s.; Mellière aussi du Lazare (chap. N. D. de Valserres ou la), XVIII s.; Maladière (ch° de la), c° Vallonnais.

Maladeria Vorapis, XII s. : M... (prat.), XIII s. : Mollière (moulins de la), XVII s.; de Chalais, XVIII s. : la Maladière, h. c° Voreppe.

Maladeyrie (territ.), XV s. : Maladière (hôpit. de la), XVIII s. : voy. Roysserula.

Maladière (La), lieu-dit c° Araudon; — lieu-dit, c° Barraux; — h. c° Beaucroissant; — h. c° Beaurepaire; — vill. c° Bourgoin et Domarin.

Maladière (La) ou Cognin, ruine, atl. l'Isère, c° la Buissière.

Maladière (La), lieu-dit c° Cremieu; — lieu-dit c° la Forteresse; — lieu-dit c° Miribel-les-Echelles; — lieu-dit c° Moidieu; — lieu-dit c° Moirans; — lieu-dit c° Penol; — lieu-dit c° la Pierre; — c° Le Pont-en-Royans; — c° Revel; — h. c° les Roches-de-Condrieu; — mas c° St-Pierre-d'Entremont; — h. c° St-Sauveur.

Maladière (La), XIV s. : la Maladière, mas c° St-Savin.

Maladière (La), mas c° St-Sulpice-des-Rivoires; — h. c° St-Vernael; — mas c° Vif.

Maladis (ruine, des), c° Mizoën.

Maladrabe, ruiss. c° Charsuacle; — ruiss. c° le Gua; — rocher et ruiss. c° St-Barthelemy-de-Sechilienne.

Maladrerie de la Clariere, XVI s. : Maladières (mas des), c° Sassenage.

Maladrerie (moulins appelés las... le Moulin, mas c° Serezin-du-Rhône.

Malafossa, XIII s. : Malafosse, l. disp. c° Moretel.

Malaguet, ec. c° Communay.

Malamort, XIII s. : Malamorte, XVIII s. : Malamort, h. c° Bourg-Chambalud.

Malanu (coteau de), XVIII s. : Malena, h. c° l'Albenc.

Malania, XV s. : Malaimoux, XVIII s. : Malene, XIX s. : Maleine, XIX s. : Malaine, h. c° Le Bourg-d'Oisans.

Malamotte (riv. de), XIII s. : M-moytz, XIV s. : M-moz, M-moyt (terr., vignes : Mala-

...euf, ruiss. et clou c° Corenc.

Malavcha, loc., mont. : Malatouz, XIV s. : M-lac, XIV s.; Malavchos, l. disp. c° Izeron.

Malard, ec. c° Le Monestier-du-Percy.

Malasarcres, XIII s. : Malona Serum, XIV s. : Molserret, éc. c° St-Paul-les-Monestier.

Malatête, h. c° Septème.

Malatheria S° Petri, XIII s. : Maladeria, XIII s. : la Maladière, h. c° St-Pierre-d'Allevard.

Malatra, ruiss. c° le Bourg-d'Oisans; — mont. c° Vaujany.

Malatraict, XVI s. : Maletra, h. c° St-Savlin.

Malatrait, vill. c° Romagnieu.

Malatrat, bois, XVIII s. : Maletrait, bois c° Gières.

Malatrat, XIII s. : M-ait terret, des, XIII s. : M-avnt, XIV s. : M... : Mallatrait (forêt), XVIII s. : Malatrait, h. c° Janneyrias.

Malatrayt (et), XIV s... combe : M-tes, ruis., XIX s. : Malatrait, ruiss. c° Chavanoz, atl. le Ferrant.

Malatrayt, XIII s. : Malatrait, h. c° St-Georges-d'Esperanche.

Malatrayt, XIV s. : Malatrait, h. c° St-Hilaire-de-Brens.

Malaussana (mans des), XIII s. : Malaussana (mans des), XIV s. : Malaussan, XIV s. : Mallaussanne, XIX s. : la Malaussane, vill. c° Voreppe

Malaval (combe des, bois, ruins), XVIII s. : Malacal, vallon et ruiss. c° la Motte-d'Aveillans et la Motte-St-Martin.

Malaval, XIV s. : Mallacou, ec. c° Roche.

Malavalle (Ouychia de), XIII s. : mina plumbea in cumba de, XIV s. : Mallesvallis-combat, XV s. : Malaval, vallée c° ..., ou combe la Romanche.

Malavalleta (sia de), XII s. : voy. Valleta (rup. de).

Malaveut, h. c° Ruy.

Malaverna (prat. de), XIII s. : le Vernay, h. c° Moretel.

Malavielle, gr. disp. c° Treffort.

Malazert, bois c° Villard-Eymond.

Malboc, Malumbeceum, 13.. :

Maloberto (mandam. parr. de), XIII s. ; Maloberto (domin. de), XIV s. ; Maliberti (barcnin), XV s. ; Malobetto (capellanus de), XIV s. ; *Mauber*, c⁹ … la Verpillière.

Malbet (en), XV s. ; *Mauber*, h. c⁹ la Tronche.

Malboisson (les Belin et Cachet alias), XVII s. ; Mal Buisson (en) ; voy. Belin et Cachet.

Malborez (villa de) ; Malbore, XIV s. ; *Maubourg*, h. c⁹ St-Paul-de-Varces.

Malborget, XIII s. : Malum Borgetum, 1300 ; *Malbourget*, h. c⁹ Pontcharra.

Malbochet, XIII s. ; Mallochet (cavam), Malum Bochetum (mans., villa de), XIV s. ; Malibocheti (costa, molars), XV s. : *Maubauchet*, h. c⁹ Brié-et-Angonnes.

Malboven : voy. Maubouvier.

Malboyson, XIV s. ; Malum Boyssonum, XV s. ; *Maibuisson*, vill. c⁹ Theys.

Malboysson. Maloboysson (nem., ap. la bazep de), XIII s. : Mal Buisson (mans. de la Thuillière ou de), XVII s. ; *Maubuisson*, h. c⁹ St-Georges-d'Espéranche.

Malelaistes (Les), XVIII s. : l. disp. c⁹ Valencin.

Malediman (tinea de), X s. : voy. Marediman, XII s.

Malcum, XII s. ; Malle, XIII s. : Maleh (terra de) ; *Mées*, nom de la région naturelle qui forme le canton actuel de St-Jean-de-Bournay. Nom d'un des huit grands archiprêtrés du dioc. de Vienne.

Malcusa, XIV s. : voy. S Marie Episcopalis.

Male Corte (tenem.), XV s. : Melancourt, XVIII s. ; Malencourt, XIX s. ; Mallencourt, XIX s. ; *Malencourt*, h. c⁹ St-Paul-de-Varces.

Male Garinea (mans. voc.), XIV s. ; *Côte-Mal-Garnie*, mont. c⁹ Venon.

Male Pressure in Alpis (riv.), XIII s. ; Mala Pressura, XIV s. ; *Malepressure*, ruiss. c⁹ Mizoën.

Maledraye (La), XVIII s. ; *Maladraie*, ruiss. c⁹ Villard-St-Christophe.

Malega (riv.), XV s. : Maleguaz (riv.) ; *Maluigua*, ruiss. c⁹ Jarrie.

Malein, év. c⁹ Chatte.

Maleines (Les), év. c⁹ Tullins.

Maleuille (ruiss. de), XVII s. ; Malauille (bois de), XVIII s. : Maleuille (gr⁹), Malauille (Halbert), XIX s. ; *Maleuille*, chal., mont. c⁹ St-Pierre-de-Chartreuse.

Malesieu, XVIII s. ; Maluisieu, XIX s. ; *Mathuisieu*, h. c⁹ Parmilieu.

Malessard (mont. de) ; (Lence), XIX s. ; *Lences (Grandes et Petites)*, mont. c⁹ St-Pierre-d'Entremont et le Touvet.

Malessart (cavam. de), XIII s. ; Maleyssart (mans.), XV s. ; *Maleyssart*, mans. c⁹ Gillonnay.

Maletières (Les), h. c⁹ Meyssies.

Maletorum villa, XIV s. ; M-tis (de) : Malleto (mans. de), XV s. : M-t (combes de), Malets ; *les Mallets*, h. c⁹ St-Paul-de-Varces.

Malettes (chal. des), c⁹ Meylan.

Maleyssart, h. c⁹ Bellegarde-et-Poussieu ; — (les), h. c⁹ la Murette : — bois et ruiss. c⁹ St-Paul-d'Izeaux.

Malezet, XVIII s. : voy. Marleyzetum.

Malfais, XVIII s. : Malfey (en), XV s. : *Malfey*, h. c⁹ Chirens.

Malfey, XVII s. ; voy. Marfey.

Malgarium (domus de) : M-inei, M-eo (de), XIV s. : *Malgueria*, l. disp. près la Côte-St-André.

Malisola, XIV s. ; Mallisole, XVIII s. : M-es, XIX s. ; *Malisole*, h. c⁹ Murentel.

Malhiver, XVII s. ; Hyverni (combes de), XIV s. ; *Malhicert*, bois c⁹ St-Pierre-de-Chartreuse.

Mali Boyson (cruxa), XIII s. ; Boyssonnis (cruxa), XIV s. ; *Meubuisson*, mas c⁹ la Chapelle-de-la-Tour.

Mali Boysonnis (riv.) ; Mal Boysot, loc., XV s. ; *le Malbuisson*, ruiss. aff. le Drac, sép. c⁹ Sinard et Treffort.

Mali Clausini (mansus), XV s. ; *Malchusin* l., l. disp. c⁹ Longechenal.

Mali Pertuysii (orbis), XV s. ; voy. la Brèche-de-Valsenestre.

Maliborget (cabau.) ; Mallborget, XIII s. ; Malum Borgetum, XIV s. : Mansus Borgeti, XIV s. : Mallorget, XIV s. ; Maso Borgeti (in); Mallsurget (mais. f.), XVIII s. ; *Malbourget*, h. c⁹ Pontcharra.

Malifou, XVIII s. ; *Maillefaud*, év. c⁹ Chantesse ; — quart. c⁹ Grenoble.

Malin (Le), moulin, XVIII s. ; Mallen, XIX s. ; Mallein, XIX s. ; *le Malin*, h. c⁹ Corbelin.

Maliutra, XVIII s. ; *Maliutrot*, mont. c⁹ Valjouffrey.

Malipassus (mans.), XIV s. ; *le Maupas*, l. disp. c⁹ Barraux.

Maliseru, l. disp. c⁹ Fitilieu, XVIII s.

Malisola, XIV s. ; Mallissolle (tour et mais. f.), XVI s. ; Malissoles, XVIII s. ; Manisolle, XVIII s. ; *Malissol*, h. c⁹ Vienne.

Malissa (hortalic.), in Valle Frigida, XIV s. ; Malein (thef de), XVII s. ; Mallin, M-n (etg.), XVIII s. ; Mallein, XIX s. ; *Malin*, h. c⁹ Virieu.

Malissard, h. c⁹ St-Nicolas-de-Macherin.

Malissola (villa de) ; Mayssolaz (villa de), XIV s. ; *Malissole*, éc. c⁹ Allières-et-Risset.

Malissole, c c⁹ Mobilieu.

Malissolle, XVII s. ; Malissolle: *Malissole*, mas c⁹ Theys.

Malliver (commune de), XVIII s. ; *Mollicert*, bois, c⁹ St-Paul-d'Izeaux, la Forteresse, Murette et Tullins.

Malladière (La), XVI s. ; *la Maladière*, h. c⁹ St-Antoine : — l. disp. c⁹ Toussieu.

Malladières (Les), mas c⁹ St-Martin-d'Uriage.

Mallard, gr. disp. c⁹ Montfalcon, XVIII s.

Mallard, XVII s. : voy. Chapoutet.

Mallastret, XVI s. ; Malatray, XVIII s. ; *Malatrait*, f. c⁹ Maubec.

Mallatret (mais. f.), XVI s. ; Malatrait (chât. de), XVIII s. ; *Malatrait*, h. c⁹ St-Quentin-Falavier.

Malle combe, XVIII s. ; *Malecombe*, h. c⁹ St-Jean-de-Bournay.

Mallecoste (mont.), XVII s. ; Malacoste, XVII s. : *Malcoste*, mont. c⁰ St-Pierre-de-Chartreuse.

Malleneres, XIV s. ; Mallonaz, XIII s. ; *Molrynar*, mont. c⁰ Cognin.

Mallenerlis (domus de), XIII s. : *Molinière*, h. c⁰ Poliénas.

Mallet, h. c⁰ Chasselay.

Mallet, h. c⁰ Le Pin.

Malletères, XVIII s. ; Maletière ; *Nolletière*, h. c⁰ Cognin.

Malleval, c⁰ c⁰ Vinay : égl. succurs. Cognin, dioc. Grenoble, vac. Ste-Vierge.

Malliasson, éc. c⁰ Varacieux.

Mallieti (Prati), XV s. : *Mallet*, h. c⁰ Luzinay.

Mallin, gr. c⁰ Treffort.

Malliouslieres : voy. Aillouslieres.

Mallisola, XIV s. ; *Mossiasole*, h. c⁰ Quincieu.

Malo Atrait (in), XII s. : Malatret (prat. des, XIV s. ; Malatrait, Malatrait, mont., forme à mine, XVIII s. : *Malatrail*, mont. c⁰ Allevard.

Malo Atrayt (tenement. de), XIV s. ; Malatrait, XVI s. : Mallo Actracto (de), Malatreet, Mallatrect, XVI s. ; Mallalret, XVII s. ; Malatre (Mas honaux appellés), XVIII s. ; M-rat (ruine.) : *Malatren*, h. c⁰ Tullins.

Malo Monte (meu. in), XIV s. : *Melmout*, mas et ruine. c⁰ Tencboison.

Malo Vallono (in), XIV s. ; Maillaude (ruine de la) ; Mariaude (glacier et ruins.), XIX s. ; *la Malliaude*, mont. et ruins. affl. Le Vénéon, c⁰ St-Christophe-en-Oisans.

Malobecco (terra empta a Matheo de) ; Maloberto (M. de), XIV s. ; *Maulne*, h. c⁰ Beaucroissant.

Malobosco (prepositura de), XIV s. ; *Malbois*, mas c⁰ Meylieu.

Maloboyssume (de), XIV s. ; Mauboyssum, XVI s. ; *Morbuy*, mas c⁰ Four et Ravise.

Malor (de), XIII s. ; (nayn de), XIII s. ; Malet (ap.), XIV s. ; Malorrum, mans., XV s. ; Malet (plan. de) : *Malor*, h. c⁰ St-Romans.

Malocheira (riv.), XIII s. ; *le Cheher*, ruiss. c⁰ Beauvoir-en-Royans.

Malocheira (riv. de) ; *l'Ocrau*, ruiss. c⁰ Beauvoir-en-Royans.

Malofossan, riv., XIV s. ; Malafossan, XV s. : Mont (ruiss.), XVIII s. : *le Malofossan*, ruiss. affl. le Guiers-Vif, c⁰ St-Albin-de-Vaulserre et St-Jean-d'Avelane.

Malopassu (de), XV s. ; *le Maupas*, mas c⁰ Hières.

Malopassu (riv. de), XIV s. ; Malpas (combis de), XIV s. ; Mallipassus (gorgia), Malum Passum in parr. Grimonis : *le Maupas*, h. c⁰ Pontcharra.

Malopassui (ap. Cartusiam, iv., XV s. : *le Maupas*, mas c⁰ St-Pierre-de-Chartreuse.

Malosa (in), XIII s. ; M-se, XVIII s. ; Malause, Malozat, XVIII s. ; M-ard, XIX s. ; *Maluse*, h. c⁰ Beaumont et St-Cassien.

Malosa (parr. de), XIV s. : voy. S. Cassini.

Malot (Les), h. c⁰ Virivïlle.

Malotru, XVIII s. : voy. Mala trait.

Malpelet (riv. de), XIV s. ; Mellet, XV s. : *Maupelet*, ruiss. c⁰ Pommiers.

Malpertuis (ap.), XIII s. ; Malpertuys (columna de), XIV s. : Malo pertuys (iter de), XIV s. ; *Maupertuix*, l. disp. c⁰ Sautes-en-Ratier.

Malpelchat : *Pichat*, éc. c⁰ Theys.

Malrgayt (dom. de), XIV s. : voy. Vers-la-tiayt.

Malrosus (apud), XV s. ; *les Murss*, h. c⁰ Pellafol.

Malsard, XVIII s. ; *Mariasard*, F. c⁰ Ste-Blandine.

Malseriel, XVIII s. : voy. Malassareros.

Malssarhe (ruiss. de), c⁰ Voreppe.

Maltuisana, in pago Gratianopolitanus, X s. : *le Motesier* (voy. c⁰ nom).

Maluchi (chavan. de la), XV s. : *Maluache* ?, l. disp. c⁰ Flachères.

Malum Buyssum, XV s. ; Malbuisson, XVIII s. : *Malbuisson*, h. c⁰ St-Laurent-en-Beaumont.

Malum Burgum, fons, XIV s. ; *Maubourg*, l. disp. c⁰ Lavaldens.

Malum Consilium, eccl. B. Johannis (ad), XI s. ; *Cossey*, h. c⁰ Claix.

Malum Punium (ad), XIII s. : voy. Malum Buyssonum.

Malum Pulcherium, XIV s. ; *Maupellier*, mas c⁰ Ste-Marie-d'Alloix et St-Vincent-de-Mersuze.

Malum Passetum, XIII s. ; *le Maupas*, éc. c⁰ Quaix.

Malum Passetum, XV s. ; *Molpasse*, mas c⁰ St-Laurent-du-Pont.

Malum Pertusum (adj. XII s. ; Malpertuis, XIII s. ; *Maupertuis*, l. disp. c⁰ Serezin.

Malumbosum (castr.), XIII s. : Mal Ibos (chat.) ; Maubecq ; *le Chateau*, h. c⁰ Maubec.

Malus Passus, XV s. : *le Maupas*, bois c⁰ Les Adrets.

Malus Pertuysius (cochat) : *la Roche-de-Valsenestre*.

Malval, XVIII s. : *Malorel*, h. c⁰ St-Pierre-de-Chandieu.

Malveisin, XIII s. : Malosveisin, XIV s. ; Malum Visinum, XV s. : *Malvezin*, h. c⁰ Cordenc.

Malver, XIV s. ; Malovidère (territ. de), XV s. ; *Maucuis*, C. c⁰ Les Avenières.

Malverney (pont. de), XV s. ; *Malverney*, mas c⁰ St-Jean-de-Moirans.

Malvenin, XIX s. ; *Malvezint*, h. c⁰ Eyzin-Pinet.

Malveysini (insular. de), XIV s. ; *Malveysin*, mas c⁰ Domene et Le Versoud.

Malynt (mas.), XIV s. ; *Malin* ?, l. disp. c⁰ Ste-Marie-d'Alloix.

Malyverie (de), XIV s. : Malum Lyemerii, Mallivert, XVIII s.; *Malhivert*, vill. et ruins. adl. la Pissarde, c⁰ Claix.

Mamluin, éc. c⁰ Favergos.

Mams, XI s. ; Mamus (de), XIV s. ; *Mmur*, C. c⁰ St-Just-de-Claix.

Manard (Le), XVI s. ; *le Petit-Montfleury*, chât. c⁰ Coreux.

Manat (Les), h. c⁰ Brezins.

Manche (La), forêt c⁰ Arzay ; — h. c⁰ St-Jean-de-Moirans ; — bois c⁰ Valbonnais.

Manche de 'ornillon, XVI s. : M-e de C-n de Chartreuse (mand., com.), XVII s. ; M-e delphinale, XVIII s. : voy. Chartrosse.

Manche Dantremont, XVI s. : Delphinale (mand.), Dalphinale d'Entremonts : voy. Intermontibus (mand. de).

Manches de Chatonay (Les) : la Mouche-de-Châtonnay, bois c° Châtonnay.

Manchon, éc. c° Bevenais.

Mancins, XIII s. : voy. Comba de Massins, Mossins.

Mandacr (caban. de), XII s. ; Mandaria ; Mendler, mas c° Rivier.

Mandaer, XIII s. ; Mendret, h. c° Chatte.

Mandet (ruiss. de), aff. l'Ebron, c° Lavars.

Mandière, éc. c° St-Lattier.

Mandratis (fines de), X s. ; in agro Commennacensi, X s. ; Mandras, XIII s. ; M-az, XVI s. ; Mandres, l. disp. c° Communay et Simandres.

Mandriot, h. c° Le Mottier.

Maneres (nem. les Grans), XV s. : les Munières, mas et ruiss. aff. l'Isere, c° Tencin.

Manes (Les), XVIII s. : h. disp. c° Virieu.

Manerali (mans. de), XV s. : Merchet, quart. c° Valbonnais.

Manet, éc. c° Chatte.

Maneral (terr. de), XVIII s. : voy. Magna Vallis.

Maneysseu, XII s. ; Manissen, XII s. ; Manisseu, XIII s. ; Marcsium (parr. de), XIV s. ; Manksieu, XIX s. ; Manissieu, vill. c° St-Priest.

Mangannet, chm c° Mens.

Mangaux (Les), XVIII s. ; les Mangois, h. c° Correncon.

Mangeot, XVIII s. : l'Etang-Menjot, mas c° Balbins.

Manges (Les), XIV s. ; M-gia, XV s. ; Les Manges, mas c° Auste.

Manges (ruiss. des), c° St-Symphorien-d'Ozon.

Mangettes (Les), h. c° Moras.

Mangi (aqua), XIV s. ; M-ia (aqua) ; Margeries (Ruiss. des), c° La Garde.

Mangi (prat. de la), XIV s. ; la Mangi, mas c° Ste-Agnès.

Mangi (nem. de la), XIV s. ; M-gea (nem. les), XV s. ; M-gy (les) ; les Mauges, mas c° Ste-Blandine.

Mangi (La), XV s. : voy. Macheum.

Mangia, XIV s. : Mangeret, gr. c° Nantes-en-Ratier.

Mangie de Huerz (nem.), XII s. ; Mangia de B., XIV s. ; (foresta de Magna et de Parva), XV s. ; Mangeot, XVIII s. : la Mange, h. c° Marcilloles.

Manguelin (forêt des), XVIII s. ; M-ly (vallon), Magaly, bois, XVIII s. ; Maugrus, XIX s. ; Maugnely, lih. et forêt c° Charnècle et Moirans.

Maugnely, h. c° Tullins.

Maudiler, XIII s. ; Magniers, XV s. ; M-lez, XVI s. : M-lé, Magné, XVIII s. ; Mugnier, h. c° Serézin.

Manigneriae, XIV s. ; Menuisaire, h. c° St-Guillaume.

Manil (Le), éc. c° Serres-et-Nerpol. XVIII s.

Manin, h. c° Ruy ; — éc. c° Vienne.

Manins (Les), XVIII s. ; le Maryuin, h. c° La Passage.

Manliquert (Ruiss. des), c° Vaulnaveys-le-Bas et Vizille.

Manisola, M-ssola, XVII s. ; Menuissole, forêt c° Proveyzieux et St-Pierre-de-Chartreuse.

Manisolou (territ. de Letra nou des), Massoleu (territ.), XV s. ; Lestrut, mas c° St-Hilaire-de-Brens.

Manisoleu, mas c° Vénérieu.

Manival, 1783 : St-Ismier, c° c°s Grenoble-Est.

Manivelle (Ruiss. de) ou du Moulin, c° St-Théoffrey.

Manjuz (nem. de), XIV s. ; Maage (nem. de), XV s. ; M-es, XVI s. ; les Manches, h. c° le Bouchage.

Manse (territ. de la), XV s. ; les Muises, h. c° Montseveroux.

Mansigliers (Les), XVIII s. : Mamiliers (les), XIX s. ; le Maniglier, h. c° Ponscharra.

Mansus Alpibus (in) super villam S. Marcelli, XIII s. ; (super Boyseria) : voy. Alpeta Nayllunat.

Mannival, XIII s. ; Manvallis, XV s. : voy. Magna Vallis.

Manotte (La), forêt c° Vizille.

Manquat, gr. c° Les Adrets.

Mans (Le), ruiss. aff. l'Isère, c° Moirans.

Mansseto (de), XV s. : voy. Maset.

Mansi Eyrlandi (villa), XIV s. : le Mas, h. c° Avignonet.

Mansi Gailline (villa), XIV s. ; Magellines, XVIII s. ; Mageline, h. c° Avignonet.

Mansi Rudulphi (villa), XIV s. : le Mas-Roux, h. c° Château-Bernard.

Manssum (mas de), XIV s. ; Meant (chat.), XVIII s. ; Mean : Château-Mean, h. c° Tréminis.

Mansum, XIV s. ; Mansso (villa de), XIV s. ; le Mas, h. c° St-Guillaume.

Mansum, XIV s. : Manso (de), XIV s. ; Masso (de), XIV s. ; le Mas, vill. c° St-Ismier.

Mansum in villa Frotgas, XII s. ; XIII s. ; Manso (castr. de), XIV s. ; (dom. f. de) : Mansi (dom. f. de), XIV s. ; le Mas, chât. c° Froges.

Mansauris (condamina de), XI s. ; les Mazures, h. c° le Moutaret.

Mansauris (condam. de), XI s. : voy. Prato Massueriis.

Mansus, XIV s. ; le Mas, éc. c° St-Baudille-et-Pipet.

Mansus, XV s. ; le Mas, éc. c° St-Martin-de-Clelles.

Mansus : voy. Massus.

Mansus d'Archimbert, XIII s. ; de A-tu, XV s. ; le Mas d'Archimbert, bois c° Allemont.

Mansus (de), XIII s. ; Mansi Boschi (villa), XIV s. ; le Mas, h. c° la Motte-d'Aveillans.

Mansus Briançonus, XIV s. ; villa, XIV s. ; Briançonis in parr. de Feytegninu, XIV s. ; Briançonum ; B-nis, XV s. ; Mau de Briançon sur Fétigny, XVIII s. ; Mas-Briançon, h. c° Pierre-Châtel.

Mansus, XIII, XIV s. ; Cachett, XV s. ; Mas Cochet, XVIII s. ; le Mas-Cachet, h. c° St-Martin-le-Vinoux.

Mansus Choleti, XIII s. : les Moulins, m^son c^e St-Martin-le-Vinoux.

Mansus in Combis, XIII s. ; XV s. ; le Mas, h. c^e Ste-Agnès.

Mansus Coni, XIV s. : Marmosie (ch^m de la), c^e St-Ismier.

Mansus Gastinelli, XIII s. : voy. Gastinelli (Mans.).

Mansus, XIV s. : Laneu, XV s. ; le Mas, h. c^e Lans.

Mansus, XIV s. ; Macharelli de St Arigio, XIV s. ; le Mas, h. c^e St-Arey.

Mansus Martinenc, XIV s. ; Mas Martinenc, XV s. ; M-nt, XVIII s. ; Mas-Martinenc, h. c^e Mens.

Mansus, XIV s. ; de Monasterio, Mas, XIX s. ; le Mas, &c. c^e Le Monestier-de-Clermont.

Mansus Plani, XIV s. ; le Plan, vill. disp. c^e Barraux.

Mansus Richardi Vetuli, XII s. ; le Mas-Vieux, h. c^e St-Mury-Monteymond.

Mansus presbiteralis, XII s. : de St Hymerio, XIII s. : l'Eglise, h. c^e St-Ismier.

Mansus de Seusa, XIII s. ; S-si, chaban. ; Marzausi (comba), XIV s. ; la Marzusie, mas c^e Herbeys.

Mansus Utrandi, XV s. ; Mas, XVIII s. ; Massutrant, XIX s. ; Mazautrand, &c. c^e Clelles.

Mansus Veteris, XIV s. ; le Mas-Vieux, h. c^e St-Mury-Monteymond.

Mansus ag. Villam, XIII s. ; Massus (territ. de), XV s. ; le Mas, h. détr. et mas c^e Roussillon et Ville-sous-Anjou.

Mansus Deuz Vieuz, XIII s. : le Mas-Vieux, h. c^e St-Mury-Monteymond.

Mantel (Le), mont. et ruiss. c^e Mizoën.

Mantona, XI s. ; M-onna (territ. de), XIII s. ; Mantonnas, XIV s. ; Manthona, XIV s. ; Montoune, h. c^e la Tronche.

Mantonne (rif), XVII s. ; le Goryet, h. c^e la Tronche.

Manuel, &c. c^e Quincieu.

Mapezin, bois, XVIII s. ; Mapeysin, bois c^e Bouvesse-Quirieu et Courtenay.

Mapieu, XV s. : voy. Malpiacu.

Marais (Les), h. c^e Bourgoin ; — (le), h. c^e Cessieu ; — h. c^e Chabons ; — (les), h. c^e Chantesse ; — (le), h. c^e Chonas ; — mas c^e Claix ; — (les), mas c^e Crolles ; — (le), h. c^e Domènes-et-Charpieu ; — (les), mas c^e Estrablin ; — (les), h. c^e Faramans ; — (l^e dess), c^e Gières ; — (le), h. c^e Granieu ; — (Ruiss. du), c^e Jaux ; — (le), h. c^e Mens ; — (les), h. c^e Meyzieu ; — (les), h. c^e Morestel ; — (Ruiss. du), c^e la Murette, St-Cassien et Moirans ; — (les), h. c^e Poisat ; — (le), éc. c^e Rovon ; — h. c^e St-Albin-de-Vaulserre ; — h. c^e St-André-le-Gaz ; — h. c^e St-Hilaire-de-la-Côte ; — mas c^e St-Honoré ; — éc. c^e St-Just-et-Chaleyssin ; — (le), h. c^e St-Quentin ; — h. c^e St-Victor-de-Morestel ; — (les), h. c^e Valencogne ; — f. c^e Vézeronce ; — h. c^e Vizille.

Marais-des-Blanchisseries (Les), h. c^e Voiron.

Marais (Les), marais c^e St-Clef : marais d'Arrisses, de Cencilleux, de Trieux, de Vernin, du Clair, du Chaumont, de Salagnon.

Marais (les près du), XVIII s. : voy. Marays.

Marais (ruiss. des), XIX s. : voy. Vern (ruiss. du).

Maramille, mont. c^e Allevard.

Maramille : voy. Malemille.

Maras, XVI s. ; Mares : Mauras, éc. c^e Les Côtes-d'Arey.

Marassanum (serrum), XIV s. ; M-assanum, Marzaulx (les), XVIII s. : les Morennes, h. c^e St-Baudille-et-Pipet.

Marathon, 1793 ; St-Etienne-de-St-Geoirs, ch-l. c^e arr^t St-Marcellin.

Marnton, gr. disp. c^e St-Lattier, XVIII s.

Marays (grangeage appelé), XVII s. ; le Marais, f. c^e St-Martin-d'Uriage.

Marc (Le), h. c^e Biol et Châteauvilain ; — h. c^e Dolomieu.

Mare (Le), 1793 ; St-Didier-de-Bizonnes, c^e c^ne le Grand-Lemps.

Marcampa, IX s. : voy. Macro Campo.

Marceaux (les), XVIII s. : les Morennes, h. c^e Avignonet.

Marceaux (les), h. c^e Biol.

Marcelerias (ap.) : M-llerias, XIV s. : Marcoylerias, Marcelleyras, XVIII s. ; Maronlierres (les), XVIII s. ; Marcellaise, h. c^e Lavars.

Marcelina, XI s. : M-llina (costa) : Marcelline, fortalie., XIV s. : Mercelletune (plan. des), XV s. ; Marceline, h. c^e Le Pont-de-Claix.

Marcelline, h. c^e le Pont-de-Claix.

Marceline (La), mont. c^e Valjouffrey.

Marcellis (villa de), XIV s. : Marcelis (in), XIV s. ; les Marvenuz, mas c^e Vif.

Marceu, XIII s. ; Marciacum, XVI s. : Morcieu, h. c^e Charrette.

Marceux (cavan. delas), XIII s. : Marcief (castr. de), XIV s. : Marcieu (c. de), XIV s. ; Marcyeu, Marcieu (c. de), XIV s. ; Marciacum, Marceurum, Marceausi, XIV s. : mansl., XV s. ; Marcieus, XVII s. ; Marcieuz, XVIII s. : Morcieu, c^e c^ne la Mure.

Marchand, éc. c^e Chatte ; — éc. c^e St-Bonnet-de-Chavagne ; — éc. c^e St-Lattier.

Marchandiere, h. c^e St-Pierre-de-Chartreuse.

Marcharetum, XIV s. ; le Marcherry, h. c^e Sermérieu.

Marche (La), h. c^e la Combe-de-Lancey ; — h. c^e Moidieu.

Marche (Le), chât. c^e Oranieu.

Marches (Les), h. c^e St-Michel-de-St-Geoirs.

Marchette, gr. disp. c^e Maubec, XVIII s.

Marchillo St Theuderii ; Marchillo (in), XV s. ; Morchy, mas c^e St-Clef.

Marchurille (ch^on de), c^e Suleymieu.

Marcia villa, Marciacum, IX s. ; Marcinum, XII s. ; Marseyl, XV s. ; Mars, l. c^e Communay.

Marciacum villa, XI s. ; M-az, territ., XVI s. ; Marcea, XVII s. ; Marseuz, mas c^e Jardin.

Marcieu, cn ce la Mure.

Marcieu, château, XIX s. : le Château, chât. ce Le Touvet.

Marcilloles, cn ce Roybon : dioc. Vien., succurs. par. Vieiville, égl. Sts Roch et Nicolas.

Marcolenum, XII s. ; M-en, XIII s. ; M-enc, Marcolilent, M-colii (prior), XIV s. ; Marcoleyns, XIV s. ; castr., XV s. ; M-leni (eccl. S. Cirici), XVI s. ; M-llin ; Marcolin, cn ce Roybon ; dioc. Vienne, égl. St-Cirice.

Marcollinum, XIV s. ; Mercol-linum, Marcolins (moulins de), XVII s. ; Marcolin, f. ce Vézeronce.

Marconnets (Les), f. ce Sablons.

Marcousse (La), XVII s. ; la Marcousse, f. ce Pulléaus.

Marcoux (Les), h. ce la Salle.

Marcoyneria, XIV s. ; Malco-niet, éc. ce Le Mont-de-Lans.

Marcuet (Le), XVIII s. ; le Marquet, h. ce Réaumont.

Marcultil, éc. ce Charantonnay.

Marcum, XIII s. ; Marchum, Marquum, XIV s. ; Marcs, XVI s. ; Marc, nom de la région naturelle qui forme le canton actuel de St-Jean-de-Bournay. Nom de l'un des huit grands archiprêtrés du dioc. de Vienne.

Marcum (villa de), XV s. ; le Marc, h. ce Ecluse.

Mardaret (riv. de), XVII s. ; le Merdaret, ruiss. ce St-Lattier.

Mare (La), h. ce Auste ; — h. ce les Avenières ; — h. ce Jonage et Jons ; — éc. ce Panossas ; — l. disp. ce Villette-d'Anthon, XVIII s.

Maréchales (Grandes, Petites-), hh. ce Bernin ; — (les), h. ce Charnecle.

Maréchaux (Les), h. ce Corren-çon ; — vill. ce St-Ismier.

Mardocum (eccl. de), XII s. ; Martie, XIV s. ; M-ieu, XV s. ; Martieu, h. ce Bouvesse-Quirieu.

Mareparum (territ.), XII s. ; (eccl. de) ; M-nen, XIII s. ; M-nnes (mandam. de), May-rines, Marines, cast., XIV s. ; Marcuuer, cn ce St-Symphorien-d'Ozon, dioc.

Lyon, égl. St-Julien.

Marencin, XIX s. ; Florencin, h. ce Flachères.

Marens, XIII s. ; Mayres (prior-nt.), XIV s. ; Marcz, priorat., M-es, mais. f., XVIII s. ; Marres, Mare (la), XIX s. ; Mare, h. ce Jonage et Jons.

Mares (terr. de), XV s. ; le Marais, mas ce Reventin-Vaugris.

Mares St Albani Rogdani, XV s. ; Marestz (territ. du), XV s. ; Marescum ap. Rochlanum, XV s. ; les Marais, mas ce St-Alban-du-Rhône et St-Maurice.

Mareschlis Bressouis (in), XVI s. ; les Marais, mas ce Bres-son et Echirolles.

Maresco (gr. de), XV s. ; les Marais, mas ce Eybens.

Maresii (villag.), XV s. ; le Marais, h. ce la Folatiere.

Maresco (ap.), XIII s. ; M-s (los), XIV s. ; M-ets (les), XVIII s. ; le Marais, h. ce Pontcharra.

Marest (Le), XVI s. ; le Marais, h. ce Vaulx-Milieu.

Marest Fluri, XIV s. ; le Ma-rais-Fleury, h. ce Renage.

Marestum in mand. Tullini, XV s. ; le Marais, h. ce Cras.

Maret, éc. ce Proules.

Maretière, h. ce Proveyzieux.

Maretoni (cantheonum), XIV s. ; Marestans, M-tagnum, M-etan, XV s. : Maretong, quart. ce St-Etienne-de-St-Geoirs.

Marets (Les), éc. ce Primarette.

Mareu, XII s. ; Meyrié, cn ce la Verpillière.

Mareychautz, XV s. : Marché, quart. ce Valbonnais.

Mareychlis (in), voc. nemus de Briançone, XV s. ; le Ma-rais, mas ce St-Martin-d'Hères.

Mareychlis subt. Colraseyres, XIV s. ; Maresco (in Magno) seu a la Grenasse, XVI s. ; Marel (Grant), Meyeries (les) ; le Marais, mas ce Claix.

Mareys (prata deux), XIV s. ; Marescin, Maresclus ; les Ma-rais, mas ce le Touvet.

Marez (Les), XVIII s. : les Ma-rais, h. ce Pierre-Châtel.

Marez, XIV s. : voy. Maryseo.

Marfey (on), XVII s. ; Marfey, h. ce Miribel-les-Echelles.

Marfondière, éc. ce Arzay.

Margaud, chât. ce St-Victor-de-Morestel.

Margerian (fons de), XIII s. ; Margilian et Costibout, Mar-guillaul et C-on, XIV s. ; Margillan, mas ce Barraux.

Marget (Ce), XIX s. ; Margey, f. ce St-Agnin.

Margirian, XIV s. : Marjuliano, XIV s. ; Margilian (territ.), XV s. ; Margillan t, l. disp. ce Pont-Evêque.

Margiron (Le), ruiss. affl. le Rhône, ce Reventin-Vaugris.

Margnes, XIV s. ; M-nis St Saviui (in), XVI s. ; M-narum (praheria) : les Marynes, mas ce St-Savin.

Marguet (Le), h. ce Le Pin.

Margot, f. ce St-Laurent-du-Pont.

Margotte (La), h. ce Coublevie.

Marguin (chⁿ du la), ce St-Chef.

Marguina (La), ruiss. affl. le Camane, cn Murinais et St-Vérand.

Mari (loc. in), XV s. : voy. Mars.

Maris (La), éc. ce Auste.

Maria Magdalena (bn), XIV s. ; la Maladière, lieu-dit, ce la Mure.

Mariaco villa, in agro Stabilia-censi, X s. ; M-atis villa, X, XI s. ; la Maranyer, h. ce Eyzin-Pinet ; — Meyrieu, mas ce Moidieu.

Mariage, h. ce Pusignan ; — éc. ce Septème.

Marian, XV s. ; Maricaux (les), XVIII s. ; le Marieaux, éc., mas ce Le Passage.

Marichon, h. ce St-Agnin.

Mariconière, éc. disp. ce la Rivière, XVIII s.

Marié, éc. ce Lavars.

Marie Magdalene (rector capelle bn), XV s. ; la Maladière, mas ce St-Sulpice-des-Ri-voiras.

Marie Magdalene St Savini (cap.), XV s. ; la Maladière, mas ce St-Savin.

Marie Magdalenæ pontis de Jarria (eccl.), XIII s. ; M. M. portus Jarrie (cap.), XV s. ; la Madeleine, anc. chap. au bord de la Romanche, c. Champ.

Marie Magdalenes (capella B⁸), XV s. ; la Maladière, lieu-dit, c. Miribel-les-Echelles.

Marie Magdalenes prope Vorappium (capella B⁸), XV s. ; la Maladière, h. c. Voreppe.

Marieu, vill. c. Parmilieu et Porcieu-Amblagnieu.

Marignat, h. c. St-Pierre-de-Chérennes.

Marigneu (eccl. de), XIII s. ; M-nieu, XIV s. ; M-iacum, XV s. ; Marinyeu, Marigneu, parr. S⁸ Columbe, XV s. ; M-ux, XIX s. ; Marignæu, h. c. Hières.

Marigneu (en) ; Notre-Dame-des-Muriniers, chap. c. St-Symphorien-d'Ozon.

Marigot, éc. c. Venosc.

Marilleu, XIII s. ; Marlieu, XIV s. ; M-iacum, XV s. ; M-ieux, XVIII s. ; Murlieu, vill. c. Montagnieu et Ste-Blandine.

Marine, XVII s. ; (cappitaine la, domaine de la) ; la Marine, h. c. St-Christophe-Entre-Deux-Guiers.

Marine (La), h. c. St-Maurice-l'Exil.

Marineyre ; Murinaire, h. c. Château-Bernard.

Marinier (Le), h. c. Crachier.

Marinière (La), éc. c. Palaixu, XVIII s.

Marinis (de), Marino (eccl. de), XI s. ; Meyrius, h. c. l'Albenc.

Marion, h. c. Chasselay.

Mariscis (in), XIII s. ; Marestz, autr⁰ en Champ Periol (gr.); Marey, XVII s. ; Marais (forêt du Roi on), XVIII s. ; le Marais, f. c. Entre-Deux-Guiers.

Mariscu (in), XIII s. ; Marescum, XIV s. ; les Marais, h. c. Mens.

Marisco (in), XIII s. ; les Marais, marais c. St-Joseph-de-Rivière et St-Laurent-du-Pont.

Marjulian (territ. de), XV s. ; les Murgains, vill. c. St-Hilaire.

Marjuria (ruiss. de la) ; M-jeruel, XVIII s. ; la Murgeria, ruiss. c. St-Paul-de-Varces, Varces, Allières-et-

Risset.

Marlaret (Le), h. c. les Avenières.

Marlat (Les), l. disp. c. Meylan.

Marlet, gr. disp. c. Charnècle.

Marleysetum, XIV s. ; M-tum, XV s. ; Marlezet, f. c. St-Didier-de-la-Tour.

Marmas, éc. c. Chatte.

Marmes (Les), mont. c. Valjouffrey.

Marmotière (gr. de la), XVIII s. ; la Mermettière, f. c. Vaulx Milieu.

Marmière (La), l. disp. c. St-Martin-d'Hières, XVIII s.

Marmoisin, gr. c. la Ferrière.

Marmonière ou la Rougière, XVIII s. ; M-nieres, XVIII s. ; Marmonnière, h. c. Torchefelon.

Marmonniere (Les), h. c. Montrevel.

Marmotana (mons de), XV s. ; Marmontane ou les Selles, mont. c. Chantelouve et le Périer.

Marmais, h. c. Auberives-en-Royans ; — (le), ruiss. afft. la Gère, c. Meyssiez et Eyzin-Pinet.

Marnan vill. X s. ; M-nt (eccl. le Petri in villa), XI s. ; M-tum, Marnanz in mand. castri de Doennay, XIII s. ; M-neium, XIV s. ; Mans (St), XIX s. ; Marnatus, c. Roybon, par. dioc. Vienne, égl. St-Pierre.

Marnaulerils, XV s. ; les Arnauds, h. c. Méaudre.

Marnay, XIX s. ; Marnais, h. c. Montagnieu.

Marnaz (Rieu de), XVII s. ; le Marnais, ruiss. afft. la Gère, c. Meyssiez et Eyzin-Pinet.

Marners (plan de), XIV s. ; le Marguet, h. c. Brézins.

Marnet, l. disp. c. Eybens, XVIII s.

Marona, XIV s. ; (mons de); Maronne (forest de), XV s. ; Maronne, h. c. la Garde.

Marondeires, XVIII s. ; Marandeyre, XVIII s. ; Marandière, XIX s. ; Marandiéry, éc. c. Avignonet.

Marondeires, XVIII s. : voy. Morondertin.

Maronière (La), XVIII s. ; Mi-

gonnière, h. c. la Forteresse.

Maronnay, h. c. la Côte-St-André.

Maronne (etg. de la), XIX s. ; la Moronne, et. c. Meyrieu.

Marou (Les), XVIII s. ; Marou, h. c. Manbec.

Marou (Les), XVIII s. ; Marron, XIX s. ; les Marroues, vill. c. St-Paul-d'Izeaux.

Marquet, XVIII s. : voy. Marchet.

Marquetivilla, XIV s. ; Merquet, gr. c. Herbeys.

Marquettieres (chm de), XVII s. ; Marquetière, éc. c. Le Fontanil.

Marqueux (La), gr. disp. c. Chevrières.

Marquises (Les), h. c. Corbeau.

Marquisiere (La), h. c. St-Martin-de-Vaulserre.

Marquo (castra terre de), XIV s. : voy. Bellivians de Marco.

Marraine, éc. c. Pinsot.

Marreveaux, XVIII s. : voy. Marreaux.

Marronnier (Les), h. c. Fontaine.

Marronnière, h. c. Sassenage.

Marronniers (Les), quart. c. Grenoble.

Marronniers (Les), quart. c. la Sône.

Marroun (Les), h. c. St-Pierre-de-Chartreuse.

Marronyery (La), XV s. ; M-neria, XVI s. ; Marronnière, l. disp. c. Eyzin-Pinet.

Marroux (Le), XVIII s. : le Mos-Roux, h. c. Château-Bernard.

Mars (Las) ; le Mos, h. c. St-Arey.

Mars, XV s. ; le Mars, éc. c. St-Maximin.

Marsa : voy. Marsonnac.

Marsaint, f. c. Pajay.

Marsare (tête de), XIX s. : Marser, mont. c. St-Christophe-en-Oisans.

Marsellas, h. c. Chassignieu.

Marsellas, XVI s. : voy. Marsonnac.

Marsonnas, XII s. ; Marsu, h. c. Panossas.

Marseu (Le), XVIII s. ; les Marreaux, h. c. Gières.

Marseillieres (Les), mont. c. St-Julien-de-Ratz.

Marsonna (main f. de), XVIII s. ; Messonnas, h. c. Frontonas.

Marsonnys (el) ; Morsonnas, h.

ce Tullins.

Marsonne, XVIII s. : voy. Maconeya.

Martaily (cavan.), XIII s. : les Martins, h. ce la Salle.

Martaretum, XIV s. : M-t (le); Martaret, vill. ce Vaulx-Milieu.

Martarey, XV s.; le Martarey, h. ce Montagnin.

Martaude, h. ce Le Gua.

Marteaux (Les), h. ce Voiron.

Martel, h. ce la Côte-St-André.

Martel, XII s.; M-llum, XIV s.; nem., comba. estang; Martel, h. et forêt ce Royas.

Martel (Gros), XVIII s.; (Gour), XIX s.; Martel, gr. ce Le Villard-de-Lans.

Martel, éc. ce la Sône.

Marteleaux (Les), h. ce Four.

Marteleria, XIII s.; M-ll-a, XV s.; Martillière (chat. de la), XVII s.; la Martellière, h. ce Voiron.

Martelli, Marcelli (insula), XII s.; M-lo (colatorium de), XIV s.; Marcel, XIV s.; Martel, XVI s.; Martel, bois ce St-Ismier.

Martellière, h. ce St-Pierre-de-Bressieux.

Martellum, XIV s. : Martel, éc. ce Bougé-Chambalud.

Martenglo (rupis Montis), XIV s.; le Martin, h. ce Branguen.

Marterey, h. ce Jonage.

Marteux, XVIII s.; les Martels, h. ce Marcolin.

Martiette, XVIII s. : la Martinette, éc. ce St-Geoire.

Martignieua, XV s. : M-ac; Martillone, h. ce la Bâtie-Montgascon.

Martin, h. ce Artas; — gr. disp. ce l'Albenc.

Martin (Le), XVIII s. : les Marteux, h. ce Châbons.

Martin, éc. ce Clelles; — h. ce Corbelin; — (le), h. ce l'Isle-d'Abeau; — h. ce Moissieu; — éc. ce Le Mont-de-Lans; — éc. ce St-Andéol.

Martin, XVIII s.; la Martinière, h. ce Eyzin-Pinet.

Martin, gr. ce Treffort; — (le), tor. ce Vaujany.

Martin (Chez-), h. ce Choranche.

Martinale, éc. ce St-Just-de-Claix.

Martinaix (villa de), XIV s.; M-ays, XIV s.; M-nes, M-neys, XV s.; Martinatis, h. ce Vareos.

Martinas (tenem. de las, XIII s.; M-nens (riv. de mas), XIV s.; Martenin (le), XVIII s.; Mas-Martinea, h. ce Mens.

Martinaux (Les), XIX s. : les Martinots, h. ce Revel.

Martinaz (dom. de), XIV s.; M-as (posteria de), XV s.; Martinets, ane. mais. t. disp. ce Crémieu.

Martinenea (mans. del), XII s.; les Martinous, vill. ce Chatte.

Martinet (Le), h. ce Bourgoin; — vill. ce Brezins; — f. ce Châteauvilain; — h. ce Granieu; — ruiss. ce Montsévéroux; — h. ce Réaumont; — gr. disp. ce Reneurel; — h. ce Romagnieu; — mas ce St-Barthélemy-de-Séchilienne; — h. ce St-Julien-de-Ratz; — éc. ce St-Michel-les-Portes; — mas ce St-Pierre-de-Chartreuse; — éc. ce la Terrasse; — éc. ce la Tour-du-Pin; — gr. disp. ce Varacieux; — h. ce Villard-Bonnot.

Martinet (Le), XVII s.; M-ts (les); les Fabriques, usines, sur le Guier-Mort, ce St-Pierre-de-Chartreuse.

Martinet des Couflins à Sainct Quentin, XVII s. : le Martinet, h. ce St-Quentin.

Martinet à fer au lieu appelé la Maraudière; M-ts (les), XVIII s.; le Martinet, mas ce Vaulnaveys-le-Haut.

Martinet-Milan; les Martinets-de-Renevier, usines, ce Pontcharra.

Martinet et des Moulins (ruiss. du), XVII s. : Canal-des-Artifices (voy).

Martinet de l'Oursière, XVII s.; M-ts de Carrière et de l'Oursière, XVII s.; les Martinets, usines disp. sur le Guier-Mort, ce St-Laurent-du-Pont.

Martinets ap. Narbonam, XVI s.; la Martinette, ruiss. ce St-Martin-le-Vinoux.

Martinete Provoysiaco, XIV s.; les Martinettes, l. disp. ce Proveysieux.

Martineti (rivag.), XIV s.;

Martinets (les); la Taillanderie, us. sur la Morge, ce Coublevie.

Martinets (canal des), ruiss. ce Le Cheylas.

Martinets (les), h. ce Pontcharra.

Martinette (la), h. ce Biol; — h. ce La Ferrière; — éc. ce St-Geoire.

Martinettes (les), XVIII s. : M-not (mas du), XIX s.; les Martinets, h. ce St-Mury-Monteymond.

Martinetum, XV s.; le Martinet, mas ce Laval.

Martinetum, XIV s.; le Martinet, mas ce Ruvon.

Martinetum, XV s.; Fourcoirie, h. ce St-Laurent-du-Pont.

Martinetum de Francia, XV s.; M-ttn (la), XVIII s.; la Martinette, mas ce Theys.

Martinetum de Ingeniis, XV s.; le Martinet, l. disp. ce Engins.

Martinetum Revelli, XV s.; M-t des Eaux, XVII s.; le Martinet, l. disp. ce Revel.

Martinetum domus Vallis Sᵗ Hugonis, XV s.; Martinet de Bent au fin bout du Dauphiné de la partie de Savoye, XV s.; la Forge-de-St-Hugon, usines ce La Chapelle-du-Bard.

Martinetum vetus, XIV s.; superior vers. Martin. antiq., XV s.; le Martinet, l. disp. ce Teucin.

Martini (rivus), XIV s.; M-n; Martin (Ruisseau), ce Theys et Tencin, afl. l'Isère.

Martiniere (La), h. ce Cluzelle; — h. ce Eyzin-Pinet; — h. ce Mont-St-Martin; — h. ce St-Pierre-de-Chartreuse.

Martinières (Les), XVIII s.; la Martinière, h. ce Septême.

Martinias (de) : Moutmartin, chât. ce Biol.

Martinom, XVIII s.; les Martinous, h. ce Chapareillan.

Martinon (Le), h. ce Marnans.

Martinon (caban.), XII s.; M-neyres, XIV s.; M-neriis (iter de), XV s.; Martianerias, XV s.; Martionière (chⁱᵉ de), ce St-Ismier.

Martinons (Les), XVIII s.; le

Martinan, vill. cⁿ Viriville.
Martins (Les), éc. cⁿ la Cluze-et-Pâquiers ; — h. cⁿ Corrençon ; — b. cⁿ St-Lattier.
Martins (Les) ou les Cristez et Bellots : (chez les), XVII s. ; Martin (le), XVIII s. ; *les Martins*, vill. cⁿ St-Laurent-du-Pont : voy. Terrallorum.
Martint au lieu de Vuilhin (mais. f.), XVI s. ; Martins (domaine des), XVII s. ; M-tlas (ur de) ; *Martin*, l. disp. cⁿ Balbins.
Martirs (Les), l. disp. cⁿ St-Pierre-de-Chandieu, XVIII s.
Martis, loc., VI s., IX s. ; *Mora*, l. disp. cⁿ Vienne, compris entre la Gère et le Rhône ; où fut élevé jadis le monast. de St-André-le-Bas.
Martonnier (Le), h. cⁿ Royas.
Martorei (Mass. del), XIII s. ; M-eta (villa de), XIV s. ; *les Marthourets* (al. Martourets), éc. cⁿ Sinard.
Martorey (Le), XIV s. ; M-etum, XIV s. ; Marserey, XV s. ; M-oreyum, XV s. ; M-eray (chât. du), XVIII s. ; *le Marteray*, h. cⁿ Sermérieu.
Martorey, XIV s. : voy. Martreys.
Martouderiis (in), XIV s. ; *Martoudière*, mas et canal cⁿ la Buisse et St-Jean-de-Moirans.
Martoudi (nem.), XIV s. ; Martelle et Perimon (nem.), XV s. ; M-eta (nem.), XV s. ; M-llat (Isles), XVIII s. ; *les Martelles*, bois cⁿ Lumbin, la Terrasse, la Pierre et Tencin.
Martreys, XIV s. ; *Matrey*, h. cⁿ Coublevie.
Maryaco (mas de), XIV s. ; *les Marais*, mas cⁿ Ste-Marie-d'Alloix.
Marzellière (Grande, Petite), XVII s. ; *Marsillièr*, éc. cⁿ Tréminis.
Mas (Le), h. cⁿ Anthon.
Mas (Les), XVIII s. ; *le Mas*, h. cⁿ Auberives-en-Royans.
Mas (Le), mas cⁿ Beaucroissant et Renage ; — h. cⁿ Bougé-Chambalud ; — ruiss. aff. le Rattier, cⁿ Château-Bernard ; — (le), l. cⁿ Clelles.

Mas (terra dou), XIV s. ; Massu (territ. de), XV s. ; Maso (terre de) ; *le Mas*, l. disp. cⁿ Genas.
Mas (ge. du), XVII s. : (ruiss. du), tobellieure du, (ruiss. du) et de la Roenaz ; Maz (les), XVIII s. ; *le Mas*, h. cⁿ Miribel-les-Échelles.
Mas (el), XIII s. : Mansus villa, XIV s. ; *le Mas*, h. cⁿ Pierre-Châtel.
Mas (el), XIV s. ; Matsus, XIV s. ; *le Mas*, h. cⁿ Rencurel.
Mas (le), h. cⁿ St-Martin-d'Uriage.
Mas (ruiss. du), cⁿ St-Maximin : — (le), f. cⁿ St-Pierre-d'Allevard ; — h. cⁿ Sarcenas ; — éc. cⁿ Villard-St-Christophe ; — éc. cⁿ Vizeron.
Mas (Les) : voy. Mansum, villa.
Mas (Le), XVIII s. : voy. Martellum.
Mas-de-Illièvre (Les), h. cⁿ Rives et Beaucroissant.
Mas-du-Centime (châts du), cⁿ Meylan.
Mas-de-Cochet (Les), gr. cⁿ St-Hilaire.
Mas Fanjat (Le), XVIII s. : *Malfangeat*, h. cⁿ St-Martin-d'Hères.
Mas (el), XIII s. ; Mast des Fantins (les), XVII s. ; *le Mas*, mas cⁿ Chevrières.
Mas-de-Garlière (Les), éc. cⁿ Merlas.
Mas-de-Gerine (Le), l. disp. cⁿ Sillans.
Mas-des-Gorges (Les), h. cⁿ Merlas.
Mas-de-la-Grave (Les), mont. cⁿ Besse et la Grave (Htes-Alpes).
Mas-d'Hôte (Le), h. cⁿ Salaise.
Mas-d'en-l'Illon (Le), h. cⁿ Les Avenières.
Mas-Julin (Le), h. cⁿ la Combe-de-Lancey.
Mas-Lary (Le), h. cⁿ la Combe-de-Lancey.
Mas Masuer (mans. de), XIII s. ; *le Mas-Masuer* (?), l. disp. près N.-D.-de-Mésage.
Mas-des-Noyers (Le), l. disp. cⁿ St-Paul-de-Varces.
Mas-des-Rousses (ruiss. du), cⁿ Quaix.
Mas (Les), XVIII s. ; *le Mas-Roux* h. cⁿ Château-Bernard.

Mas Vanier (Le), h. cⁿ la Combe-de-Lancey.
Masagium, dom. f. : voy. Mesagges.
Maselm, XVIII s. : *Chenas*, mont cⁿ Varacieux.
Maschurinu (cost. de), XI s. : voy. S. Nicolay de Maschirinu.
Mascheny, XVII s. : voy. Machanis.
Mascheras (lusa. in), XIII s. : Marelas, XIV s. ; *les Marches*, h. cⁿ Roussillon.
Mascherius, XIII s. : *Marcherin*, h. et ruiss. aff. la Morge, cⁿ St-Nicolas-de-Macherin.
Maset (el) : *Mazet*, l. disp. cⁿ Longechenal.
Masell, M-to (mans. de), XV s. ; *Mazet?*, l. disp. cⁿ Le Freynet.
Masez (el), XIV s. ; *Maselin* Bordaria de) : *les Mazets*, l. disp. cⁿ Herbeys.
Masiano villa, X s., XI s. ; *Masoy*, h. cⁿ Jardin.
Masii Julii (villa), XIV s. ; *le Majeuil*, h. cⁿ la Motte.
Maslaval (Le) : Malaval de Lenchon, XVIII s. ; *Malaval*, forêt cⁿ Gresse et St-Andéol.
Maso (territ. de), XIV s. ; *Mas-Gaurre* (chis des), cⁿ Beausoir-de-Marc.
Massberel (mans.), XIII s. ; Massorils, XIV s. ; *Massiere* (les), XVIII s. ; *Massoniers* (les) : *les Masoniers*, h. cⁿ Lavaldens.
Massa (nem. della), XIV s. ; *le Masse*, bois disp. cⁿ Izeron.
Massanan (riperia de), XIV s. : Marsane (ruiss. de), 1789 ; Marcanne (rivière de), XVIII s. : *le Mirsanne*, ruiss. aff. la Bonne, cⁿ Chantelouve, le Perier et Entraigues.
Massard (le), h. cⁿ St-Hilaire.
Masse (Las, font. et ruiss. cⁿ Chichons ; — mont. cⁿ Entraigues ; — f. cⁿ Le Versoud.
Masseunas, XII s. ; Massonas ; Massunas ; Massonas, XVI s. ; *Messones*, vill. cⁿ St-Marcel.
Masserangiis (de), XIV s. ; Massares (chavey), XIV s. ; Masserangrs, XVI s. ; *Masserange*, h. cⁿ St-Sébastien.
Masses (Les), éc. cⁿ Montfalcon ; — h. cⁿ Theys ; — mont. cⁿ Valjouffrey.

Massinel (eccl. S. Petri), XV s. ; Massieu, XVI s. ; *Massieu*, c^ne St-Geoire, dioc. Vienne, égl. St-Pierre.

Massinum villa, X s. ; Maslanum, X s. ; Massieu, XIV s. ; Massie (molina de), XVI s., mandt de Montfalcon, XVII s.; Massier, XVIII s. ; Massiez, XIX s. ; *Massie*, h. c^ne Vienne.

Massiliola (terre), XI s. ; Marcilliola (parr.), XV s. ; Marcyliolle, XVI s.; *Marcillales*, c^ne Roybon.

Massina (Les), h. disp. c^ne Montséveroux.

Massie (Chez-), XVIII s. ; *les Massitz*, h. c^ne Morette.

Masso (riv. de), XIV s. ; *Mas (ruiss. du)*, c^ne St-Aupre.

Massurion, XIV s.; *les Masuers*, h. c^ne St-Honoré.

Masselle (La), XVIII s. ; *la [illegible]*, h. c^ne [illegible].

Masson (Les), h. c^ne la Haute-Montgascon.

Masson, h. c^ne Crolles.

Massona (des), XV s. ; *les Massonax*, h. c^ne St-Ismier.

Massonax, XIV s. ; Massonnaz, XIV s. ; Massonax, XV s. ; *Massonnax*, h. c^ne Frontenas.

Massonatis, XI s. ; Maslano, XI s. ; Massonatis, Maseto (II. de), XIV s. ; M-tis (des), XIV s.; *le Mazel*, h. c^ne Communay.

Massonnet, h. c^ne Roybon.

Massons (Les), h. c^ne Châtelus ; — h. c^ne Tullin.

Massot (Le), h. c^ne Biol ; — h. c^ne St-Pierre-de-Chartreuse.

Massots (Les), XVIII s. ; Massot (le), XIX s. ; *le Massot*, h. c^ne Coublevie.

Massottis (mans. de), XIV s. ; *les Massots* ?, l. disp. c^ne Sévoz.

Massus, XV s. ; *le Mas*, c. c^ne St-Marcel.

Massus (des), XIII s. ; Mas (del); *le Mas*, h. c^ne Vizille.

Massus Cornet, XIII s. ; Massus C-ti, XIV s. ; *le Mas-Cornet* (?), l. disp. c^ne Susville.

Massus del Mas, XIII s. ; Maso (in) juxta aq. Selusie, XIV s.; Mansus de Masso, XV s. ; *le Mas*, h. c^ne le Moutier-d'Ambel.

Massus : voy. Mansus.

Masteril (mans. de), XIV s. ; Matans (les), XVIII s. ; *Mattan*, h. c^ne Vizille.

Mastheune (de), XIII s. ; Masson (dom. L. de) : *la Tour-de-Mascon*, éc., c^ne St-Victor-de-Morestel.

Masueres, XVIII s. ; M-es, XIV s. ; Mazueres, XVIII s. ; Mazuère, XIX s.; *les Mazuers*, h. c^ne St-Pierre-de-Chartreuse.

Masures (les), XIII s. ; Masuras villa, XIV s. ; Masuerlis, XIV s. ; Masurlis, XIV s. ; Massuras, XIV s. ; *les Masures*, h. c^ne Le Moutaret.

Masus, XV s. ; *le Mas*, mas c^ne Commelle.

Mata, ruiss. c^ne St-Maurice-l'Exil.

Matanatis (in), VIII s. ; Matasina, XI s.; Mattasina, XII s. ; Matazina, XII s. ; M-rena, Mattaysina, Matazena, XIII s. ; Matassena, XV s. ; Mattassena ; *la Matésine*, région natur. composée d'une vallée très élevée et très froide, qui commence au village de Laffrey et se termine à la Mure. Comprend c^ne Laffrey (c^ne Vizille), Cholonge, Villard-St-Christophe, St-Théoffrey, Pierre-Châtel, la Motte-d'Aveillans, Susville, Sousville, la Mure (c^ne la Mure).

Matans (ripper. de), XIV s. ; *Matans*, ét. et ruiss. disp. c^ne Genas.

Mateveyri (La), XIV s. : *la Mativerie*, h. c^ne St-Quentin.

Mateysine (La), ruiss. aff. le Drac, c^ne Marcieu.

Mathaysana, XI s. ; Mathazena, XIII s. ; Mathazena, XIII s. ; Matheysina, XIV s. ; Mathassena, XIV s. ; Matheysine ; Mathesine, XV s. : voy. Matanatis.

Mathianières (Les), XIX s. ; Matinière ; *Matianière*, vill. c^ne Bizonnes.

Mathieu (Le), mont. c^ne Lavaldens.

Mathieu, h. c^ne Sécluillienne.

Mathieux (Les), h. c^ne la Salette.

Matières (Les), h. c^ne Erlone.

Matin, XVIII s. ; *Derrière-Matan*, h. c^ne l'Albene.

Matinière, XIX s. : voy. Mathianières.

Mativeri, XVIII s. : voy. Mateveyri.

Mativière, h. c^ne Voreppe.

Matoeres (mans.), XIII s. : *les Metonaz*, h. c^ne Brié-et-Angonnes.

Matonière ; *Matonnière*, h. c^ne Bilieu.

Matonne, gr. disp. c^ne Châtonnay.

Mate (Les), h. c^ne Chélieu.

Mate (Les), Haut et Bas, XVIII s. ; *les Matennaz*, h. c^ne Méandre.

Matton (Chez-), XIX s. ; *Mothon*, h. c^ne Jardin.

Matuysel, XIV s. ; Mathisieu, XVI s. ; M-sent, Mathuisieux, XVIII s. ; *Mathuisieu*, h. c^ne Parmillieu.

Matz (Les), XIV s. ; Mats (ruiss. de), XVIII s. ; *le Grand et le Petit-Mat*, hh. c^ne St-Barthélemy-de-Beaurepaire.

Maubec, XV s. ; Maulbec, M-cq (marquisat de), XVII s. ; *Maubec*, c^ne c^ne la Verpillière ; dioc. Vienne, égl. Ste-Croix.

Maubec, h. c^ne Voiron.

Maubouchet (nem. de), XV s. ; *Maubouchet*, h. c^ne Brié-et-Angonnes.

Maubouchet, XVIII s. ; *Maubouchet* mont. c^ne St-Pierre-de-Chartreuse.

Maubousier, gr. c^ne Theys.

Mauchamp, vill. c^ne St-Clair-de-la-Tour.

Maudane (riv.), XV s. ; *Maudane (ruiss. de)* ou *du Pin*, aff. l'Olle, c^ne Allemont.

Maufreys (bordar. de), XIV s. : Maufrede (chavan.) ; *Meffrey*, h. c^ne St-Martin-d'Uriage.

Maugarat, XIX s. ; *Maugarat*, h. c^ne Cras et Morette.

Maugiron, gr. c^ne Oris-en-Ratier ; — h. c^ne St-Vérand.

Maugoulet, XVIII s. ; *Maugoulet*, h. c^ne Dizimoz et St-Georges-d'Espéranche.

Maular, éc. disp. c^ne Bellegarde-et-Plussieu.

Maulareard (forêt de), XVII s. : voy. Malachars.

Maulchamp (terroyr de), XVI

s. ; Montchamp, h. cne Moi-
dieu.
Maulleaun, X s. ; les Essar-
tines, h. et ruins. util. Le
Bouzon, cne Chilon.
Maunays (cel), XIII s. ; Mon-
acia, h. cne Moirans.
Maupa (bois de), XVIII s. ; le
Maupas, bois cne Les Adrets.
Maupalet (étg.), XVIII s. ; le
Grand-Étang, ét. cne Bassien
et Pommiers.
Maupas (Le), c. cne Le Cheylas ;
— h. cne Noyarey ; — chef cne
St-Just-de-Claix ; — col cne
St-Pierre-de-Chartreuse et St-
Pierre-d'Entremont ; — col
cne Vaulnay ; — quart. cne
Vienne.
Maupas (gorge de), XVIII s. ;
voy. Mal Pas.
Maupertuis, h. cne Gillonnay ; —
h. cne Meylan ; — h. cne Quaix.
Maupertuys (rif de), XVII s. ;
le Maupertuis, ruins. cne Mi-
ribel-les-Echelles.
Maupevrin, h. cne Cessieu.
Maupourchies, XVIII s. ; Mol-
pourchie, h. cne Allemont.
Mauras (Les), XVIII s. ; les
Moras, h. cne Pellafol.
Maure (Le Rocher-du-), mont. cne
Allevard.
Maurelleria villa, XIV s. ; la
Marlière, h. cne le Bourg-
d'Oisans.
Maurenz (hordaria des), XIII s. ;
les Mournals, éc. cne Les Côtes-
de-Corps.
Maurestello (eccl. de), XI s. ;
(capella de), XI s. ; Maures-
tellum in Graysivodano, XIV
s. ; Mauretel, cne Gonscelin.
Maurianeta (eccl., parr.), (villa
de), XI s. ; Maurianetta ;
Marianette, cne Domène.
Maurianetta (in molari supra),
XII s. ; in Tuar, gr. cne Mu-
rianette.
Maurice, éc. cne Ville-Sous-Anjou.
Maurice (Chez-), h. cne Les Côtes-
d'Arcy.
Mauriquet (Le), XVIII s. ; le
Mauricat, éc. cne Rovon.
Mauritii (eccl. St) in agro Ca-
rentonico, IX s. ; Varron-
nay, h. cne Ste-Anne-d'Estra-
blin.
Maurochar, XVIII s. ; Mau-
Rochat, forêt, cne Laffrey et

St-Pierre-de-Mésage.
Maussarels (Les), XVIII s. ;
Malacret, h. cne Valjouffrey.
Mauvais-Pas (Les), mbre cne Manhoc.
Mauvernaix (mont. des), XVIII
s. ; Mauvernay, mont. cne
Proveyzieux et St-Pierre-de-
Chartreuse.
Maverie (la), h. cne Massieu.
Maviere (Les), XVIII s. ; la
Marocce, cne St-Pierre-de-
Chandieu.
Max (Les), XVII s. ; Mas Constorg-
des ; Mas de l'Espinasse ; les
Mas, C. cne Entre-Deux-Guiers.
Maximin, gr. cne la Motte-
d'Aveillans.
Maximy, cleat. cne Barraux.
May (Les, ruins. util. la Pis-
sarde, cne Allières-et-Risset ;
— (étang des), cne Tullins, XVIII
s. ; — clef, h. cne Voiron.
Mayaco (silva de), XII s. ;
Magnod, bois cne Croiles et
Lumbin.
Mayard, cc. cne St-Sauveur.
Maye (Les), mont. cne St-Chris-
tophe-en-Oisans
Maye (La Goul-et-de-la), col cne
La Buissière et St-Pierre-
d'Entremont (Savoie).
Mayef (cles), XIII s. ; le Meyet,
éc. cne St-Bonnet-le-Chavagne.
Mayens (Les), t. disp. cne Revel.
Mayerie (La), XVIII s. ; la
Merrie, h. cne Massieu.
Mayerie (La), XVIII s. ; la
Merrie, h. cne Quaix.
Mayerie (La), gr. disp. cne Serre-
et-Nerpol.
Mayeras (mans. de la), XIII s. ;
Mayera (cler), XIII s. ; St-
Pierre-de-Méouads, cne
Corps.
Mayes (Les), chal. et mont. cne
Allevard.
Mayet, éc. cne St-Clair-sur-Ga-
laure.
Mayllin : Maum, XIV s. ;
Mallium, XIV s. ; Matinum,
XIV s. ; Mallia, h. cne Ville-
moirieu.
Mayn (stagnum de), XV s. ;
Main, XIV s. ; May (lac),
XVIII s. ; l'Étang-de-May,
ét. cne Tullins.
Maynarts (hordaria de), XIII
s. ; Maynardi, XIV s. ; les
Meynards, h. cne Vaulnaveys-
le-Bas.

Maynerias (villa de), XIV s. ;
les Mainières, t. l. disp. cne
Avignonet.
Mayneril : Maynier (mans.),
XIII s. ; la Meunière, mas
cne Barraux.
Mayol (mans.), XIII s. ; Mays-
dis, XIV s. ; Mayard, 17.. ;
les Mayards, h. cne la
Buissière.
Mayoland, XIV s. ; Mollans,
XVII s. ; les Mayollans, t.
cne Chatonnay.
Mayonnière (L..), h. cne Izeaux.
Mayonasse, m.. cne Corrençon ;
cne et Le Villard-de-Lans.
Mayonssiere (La), mas cne St-
Etienne-de-Crossey ; — éc. cne
St-Laurent-du-Pont.
Maypou, XIII s. ; de Fabricis,
XIV s. ; Maypiard (parr.),
XV s. ; Meyrieu, cne cne
Morestel.
Maypuaux, XIV s. ; voy. Malpa.
Mayres, cne la Mure, dioc.
Gren., égl. St-Jean-Baptiste.
Mayres (mon. de des) ; voy.
Ver Burgondii.
Mayreu, Mayrieu, Me ..
(dioc. f. de), XIV, XV s. ; le
Château-de-Meyrieu, chât.
cne Meyrieu.
Mayriens, XIII s. ; Mayriacum,
XIII s. ; Meyrieu, mas cne
Moislieu.
Mayron, XIV s. ; voy. Mairon.
Mayriacum, XIII s. ; Mayref,
XIV s. ; Mayries ; Meyrie,
cne cne la Verpillière.
Mavrie (La), XVIII s. ; voy.
Meherlis.
Mayrieu (parr. de), XIII s. ;
Meyrieu, h. cne l'Albenc.
Maysegnas, XIII s. ; Maysenas,
Maysenas, XI s. ; Mesenas,
h. cne Roissard.
Maysen, XIV s. ; Maysieu : le
Petit-Meysieu, vill. cne Veys-
silieu.
Maysen, XII s. ; Maysiacum
(archipresbyterat.), XIII s. ;
Maysieu, XIII s. ; Meysieu,
chef-l. cne arrt. Vienne.
Maysinum villa, XIV s. ; les
Musnas, h. cne St-Ismier.
Maysena, XIV s. ; Meisnae,
h. cne Cievriere et St-Vérand.
Mayssenaz, XIV s. ; Messenaz,
h. cne Beaulieu et Vinay.
Mayssenas, XIV s. ; Maysenas

Melloselo ; *Mizoën*, c⁰ c⁰⁰ le Bourg-d'Oisans.

Meloserie, in monte Urioli. XV s. ; *Mollissière*, h. c⁰ Vif.

Melosi villa, XIV s.; *Melusière?*, l. disp. c⁰ Vif.

Melot, h. c⁰ St-Clair-sur-Galaure ; — éc. c⁰ Tullins.

Mênse (Ch⁰ᵘ de), c⁰ St-Nazaire.

Memion (prati), XIV s. : voy. Eymion.

Ménagerie (La), h. c⁰ Vaulx-Milieu.

Menas, XIX s. ; *les Meinas*, h. c⁰ St-Romain-de-Surieu.

Mendreco (molendina de), XIV s.; *les Grands-Moulins*, m⁰ⁿˢ c⁰ Méaudre.

Mendrecum (Molend. de), XIV s. (B. 2975,364).

Mendreto (Molend. de) ; M-ti (parr.), XIV s. ; *Bas, Haut-Méaudret*, hh. c⁰ Le Villard-de-Lans.

Mendria (ten. de la), XIII s. ; Mendraz, XVI s. : voy. Ermendra.

Meodris (aqua de), XIV s. ; (riv.), XV s. ; *le Grand-Ruisseau*, ruiss. affl. la Bourne, arr. c⁰⁰ Autrans, Méaudre et le Villard-de-Lans.

Meneisi (Le), XIX s. ; Menésy (Haut-), XIX s.; *l'Homeney:l*, h. c⁰ Virieu.

Meneyat (Le), h. c⁰ Tullins.

Menge (La), h. c⁰ Chirens.

Menglas (bajulia de), XIII s.; Mengiacii (census), XIV s. ; M-as (mistralis de), XIII s. ; Menglas Malconent, XIV s.; M-las Volso versus Menglos Malorent; Mengiasier; Mengiasseto, XIV s. ; Mengiassii Vulconis (habit.); *Menglas*, h. c⁰ Mens.

Menis, XIV s. ; Menilis (summitas de); Mens (mont. de), XV s. ; Meny (forêt), XVIII s.; Menys (mons de), XIV s.; *Ménis*, mont. c⁰⁰ Prébois, St-Baudille-et-Pipet et Tréminis.

Menjat (La) ; *Meinget*, h. c⁰ St-Paul-de-Varces.

Menon, h. c⁰ Meyrieu.

Menon (Le), h. c⁰ Voiron.

Menoux, col entre c⁰⁰ Valjouffrey et St-Maurice (Hautes-Alpes).

Mens, ch.-l. c⁰⁰, arrt. Grenoble; dioc. Die, égl. Notre-Dame.

Mensa nummularia... vulg. Mensa rotunda, XIII s. ; *la Table-Ronde*, anc. quart. Vienne ; rue.

Mentie, éc. disp. c⁰ Tullins ; — gr. disp. c⁰ Serres-et-Nerpol.

Menteyer, XVIII s.; *Mentoyer*, h. c⁰ St-Geoirs.

Mentonna, XIV s. ; Mentoue, XVIII s. ; *Mentonne*, h. c⁰ la Tronche.

Menue Famillie, XVI s. : voy. Minuta Familia.

Menusiano (tinea de), X s. ; Menusier, XVIII s. ; Menusier, XVIII s. ; Menuysino, XV s. ; *Menusier*, bois c⁰ Chatte et St-Antoine.

Menz, XII s.; (eccl. de), XIII s.; Mencli (villa), XIII s. ; Mens, Mensio in Trivils, XIII, XV s.; Mentz (eccl. S. Marie, domus Templi de) ; Mens en Trieves, XVI s. ; *Mens*, ch.-l. c⁰⁰ arrt. Grenoble.

Menz (roche), Menus (rocher), XVII s. ; *Mensz*, mont. c⁰ St-Pierre-de-Chartreuse.

Meodris (parr. de), XIV s.: voy. Meotres.

Meolanum (ap.), XII s. ; *les Mayollaus*, l. c⁰ Châtonnay.

Meonu villa, X s. ; Meonys, Meons, XIII s. ; Meuma, Mens (cast⁰) prope Chandiacum, XIV s. ; Meonis (parr. de), XV s. ; *Mious*, c⁰ c⁰⁰ St-Symphorien-d'Ozon.

Meorata (eccl. de), XIV s. ; *Morette*, c⁰ c⁰⁰ Tullins.

Meotres (parr. de), XIII s. ; *Méaudre*, c⁰ c⁰⁰ Le Villard-de-Lans.

Mepey (terroy de), XVI s. ; *Mépé*, quart. c⁰ Vienne.

Mepeyl, XIV s. : voy. Meypin.

Mepiacum, XVI s. ; Mepieux, XVII s. ; *Mépieu*, c⁰ c⁰⁰ Morestel : par. dioc. Lyon, égl. St-Pierre.

Mépieu, h. c⁰ St-André-le-Gaz.

Meralgas villa, X s.; *Marguzin*, éc. c⁰ St-Pierre-de-Chandieu.

Méraud (Chez-), éc. c⁰ Ste-Blandine.

Mérandière (La), l. c⁰ Dizimoz.

Merceria, XV s. ; *le Mercier*, vill. c⁰ Le Cheylas.

Mercerii villa, XIV s. ; *les*

Merciers, l. disp. c⁰ Brié-et-Angonnes.

Merceys, XV s. : *Merceix*, l. disp. c⁰ Solaise.

Mercier (Le), h. c⁰ Bessins ; — XVIII s. ; *les Merciers*, h. c⁰ Eugins ; — *les Merciers*, h. c⁰ Roussillon ; — h. c⁰ St-Albin-de-Vaulserre.

Mercier (Chez-), éc. c⁰ Jardin.

Merciere (La), l. disp. c⁰ Virieu.

Merciers (Les), XVII s.: *Combe-Mercier*, h. c⁰ St-Pierre-de-Chartreuse.

Merciers (es), XIX s. : voy. Merceria.

Mercois, Merceys (mont. de), XV s. : voy. Merceys.

Mercolenum, XV s. : voy. Marculenum.

Mercoullans, XV s. ; *les Mercrous*, h. c⁰ la Salle.

Mercuel, h. c⁰ Réaumont.

Merdacum (eccl. XIV s. ; Merdançon (gaz de), XVII s. : *Merdasson*, mas c⁰ Mépieu.

Merdalouls (aqua), XIII s. : voy. Verdareilu.

Merdalou (ch⁰ᵐ de), c⁰ Le Fontanil.

Merdalou (Le), ruiss. c⁰ Tullins.

Merdaret (aqua de), XIV s. ; *le Merdret*, mas c⁰ Frontonas.

Merdaret en Bens, XVII s. ; *le Merdaret*, ruiss. c⁰ Le Sappey.

Merdarel, M-lli (ripperia), XIV s. ; *le Merdaret*, ruiss. c⁰ St-Lattier.

Merdarelli (riv.), XVI s. : *le Merdaret*, ruiss. c⁰ Claix.

Merdarelli (ripperia), XIV s. ; *le Merdaret*, ruiss. c⁰ Lavars.

Merdarelli (iter), XV s. ; *le Verdaret*, ruiss. c⁰ Seyssins.

Merdarelli (ripp.), XIV, XV s. : voy. Merdarellus.

Merdarello (ripperia de), XIV s. ; *le Merdaret*, ruiss. affl. le Furand, c⁰⁰ Chevrières, Chatte et St-Hilaire-du-Rosier.

Merdarellum, XV s. : voy. le Verdant.

Merdarellus, riv., XIV s. : *le Merdary*, ruiss. affl. l'Ebron, arip. c⁰⁰ Clelles et le Percy.

Merdarellus (riv.), XIII s.: voy. Verdarellus.

Merdaret (rif de) : *le Merla-ret*, ruiss. c° St-Pierre-d'En-tremont.

Merdaret (Le), ruiss. c° Cognin.

Merdaret (La), ruiss. c° Eyzin-Pinet, affl. la Gère ; — ruiss. c° Froges, affl. ruiss. Froges.

Merdaret (Le), ruiss. c°° Mon-taud et St-Quentin ; — ruiss. c° St-Bonnet-de-Mure.

Merdaret (Le), ruiss. c° la Sône ; — ruiss. c° Villard-St-Chris-tophe.

Merdaret (aqua de), XIV s. ; M-el (aqua de), XV s. : *le Merdaret*, mas c° Jallieu.

Merdaret : voy. Merderia, 2°.

Merdaril (riv. de), XIV s. : voy. Verdlins.

Merdaryl (riv.), XIV s.; Merdal-lou, XVI s. ; Merdalonum, riv., XIV s. ; Merdanco (riv. de) ; Merderel, XVII s. ; Merdaril; *le Merdaret*, ruiss. c°° St-Julien-de-Ratz et St-Joseph-de-Rivière.

Merdellum, riv., XIII s. ; Mer-derel (en) : M-lo (mina ferrea in), XIV s. ; Merdarell (mons) ; Merderez (Mons) ; *le Merdaret*, mont. et ruiss. affl. ruiss. la Grande-Corbe, c° Theys.

Merderel, XVI s. : voy. Mer-darellus 2°.

Merderello (vinea de), XIV s. ; M-ll (riv. de) ; *le Merdaret*, ruiss. affl. l'Isère, c° St-Romans.

Merderet (source), XVIII s. ; *le Merderet*, ruiss. c° Le Touvet.

Merderet (Le), mas et él. c° Le Pin.

Merderet, XVIII s. : voy. Mer-darello.

Merderia, XV s. ; *le Merdaret*, ruiss. c° Chantelouve, affl. la Marsanne.

Merderia, XV s. ; *le Merdaret*, ruiss. c° Venosc, affl. Le Vénéon.

Merderif (riv. de), XIII s. ; *Merdalou (chau du)*, c° St-Romain-de-Surieu.

Merdilana, XIII s. : voy. Merdu-zana, Verderium.

Merdoux, rif, XVII s. ; *le Mer-daret*, ruiss. c°° St-Julien-de-Ratz et St-Joseph-de-Rivière.

Merdusa villa ; Merduzana (loc. in pago Trevio), XI s. ; Verdlier, h. c° St-Genis : voy. Verderium.

Mereuil sous Vienne, XVI s. : voy. Merodo.

Merger (les), h. c° Revel.

Meriacum, mand. Quiriaci, XVI s. ; *Mérieu*, clait. c° Crey-et-Pusignieu.

Meriacum, XV s. ; Merié, 1700; Merley, XVIII s. ; *Meyrié*, c° com la Verpillière.

Meriacum, XV s. ; Mérieu : voy. Meerium.

Meriam (pascua de), XIII s. ; *Merlas*, mont. c°° Charette, Montalieu-Vercieu et Porcieu-Amblagnieu.

Mérie (La), XVIII s.; *la Meyrie*, h. c° Bilieu.

Mérie (La), XVIII s. ; *les Meyries*, mas c° St-Romans.

Mérie (La), f. c° Sermérieu.

Merils (parr. de), XV s. ; *Meyres*, c° com la Mure.

Merin, XVII s. ; Merins, XVIII s. ; *Meyrins*, h. c° l'Albenc.

Merla (parr. de), XV s. ; Merle (eccl. de); Merlas, XVI s. ; *Merlas*, c° com St-Geoire.

Merland, XVIII s. ; M-ni, M-nt (aqua de), XV s.; *Meerlan*, h. c° St-Chef.

Merlas, c° com St-Geoire ; par. dioc. Vienne, égl. St-Ferréol.

Meerlat, h. disp. c° la Motte-d'Aveillans, XVIII s.

Merlateyre, M-tières, XVIII s. ; *Merlatière*, h. c° St-Pierre-de-Chartreuse.

Merlatière, éc. c° St-Joseph-de-Rivière.

Merle (Le), h. c° Pont-en-Royans ; — éc. c° St-Appo-linard ; — h. c° St-Paul-de-Varces.

Merlerias villa, XIV s. ; M-a, XV s. ; *la Merlière*, h. c° Vif.

Merlerils (de), XIV s. ; *la Mer-lière*, mas c° Mont-St-Martin.

Merles (Les), h. c° St-Michel-de-St-Geoirs.

Merles (Les), gr., m¹⁰ ; *le Merle*, h. c° Villemoirieu.

Merlet (molend. de), XV s. ; *Merlet*, mas et ruiss. c° St-Hilaire-de-Brens.

Merlet (coll. de), XV s. ; Mer-leto (mina argenteria in), XIV s. : Merlet, col c°° Allevard et St-Alban-des-Villards (Sa-voie).

Merlez (els), XIII s. ; *les Mer-lous*, h. c° Prébois.

Merlez (gr. de), XVI s. : voy. Merloz.

Merlière (La), h. c° Estrablin ; — f. c° Roybon.

Merliette, h. c° Merlas.

Merlin, h. c° St-Just-de-Claix.

Merlins (Les), h. c° St-Jean-de-Moirans ; — h. c° Susville.

Merlins (maisons des), XVII s.; *le Merlin*, éc. c° St-Just-de-Chaleyssin.

Merlonibus (molend. de) supra aquam Eybronis, XIV s. : voy. Merlez.

Merlos (el), XV s. ; *le Merle*, mont. et ruiss. c° Theys.

Merlos (los), Merloz (el), XIV s. : voy. Merlez.

Merloz (fons de), XV s. ; *Merle*, éc. c° Allevard.

Merloz (Les), XVI s. : voy. Merlez 2°.

Merueillière (La). f. c° Vaulx-Milieu.

Mermet, h. c° St-Pierre-d'Alle-vard.

Mermets (Les), f. c° Montrevel.

Merodo (terr. de), XVI s. : près Vienne.

Merodres : voy. Meudres.

Merrin, XVIII s. ; *Mérin*, h. c° Corbelin.

Merveilles-du-Dauphiné (Les), diverses curiosités, dont qq. unes signalées pour la pre-mière fois par Gervais de Tilbury (*Otia imperialia*) ; Champier en cite quatre (*Bayard*) ; Falcoz, vingt (*Antun. hist.*) ; Tardes, quatre (*Font. qui brusle*) ; Sal-vaing, sept (*Dalphin. mirac.*), Mentel (*Septem Dalph. mirac.*) et Chorier (*Hist. de Dauph.*). Situées dans l'Isère: la Fontaine-Ardente, la Tour-Sans-Venin, le Mont-Aiguille ou Mont-Inaccessible, les Cu-ves de Sassenage, les Pierres Précieuses ou Ophtalmiques du même lieu de Sassenage, le ruisseau de Barbeyron, la Grotte où le lac de N.-D. de la Balme, le lac de Paladru, le Château de Voiron, le prieuré de St-Michel-de-Con-nexe et même la vallée du Graisivaudan. Les autres sont : la Fontaine Vineuse près de Gap, la Manne de Briançon, la Motte Trem-blante, le château de Livron, les Pertes-du-Rhône, le Vent Pontias à Nyons, la Fontaine-Sainte près de St-Paul-Trois-Châteaux, etc.

Mervel, XVI s. : voy. Mirvel.

Mervire (La) : voy. Jussum.

Méry (La), XIX s. ; *la Mérie*, h. c⁰ Massieu.

Méry : voy. Mérie (la).

Merzianum villa, X s. ; M-ais v-a ; *Massié*, h. c⁰ Vienne.

Merzious (Les), mont. c⁰ St-Pierre-d'Allevard.

Mes-Loisirs, éc. c⁰ St-Romans.

Mésages, Mesagium ; *Notre-Dame-de-Mésage*, c⁰ c⁰⁰ Vizille.

Mesatico, VIII s. ; (eccl. S. Marie de), XI s. ; (domus, mistralia, dom. f.) ; *Notre-Dame-de-Mésage*, c⁰ c⁰⁰ Vizille.

Mesatico (Hospit. b. Johan. de), XIII s. ; *la Commanderie*, h. c⁰ N.-D.-de-Mésage.

Mesciacum, XI s. : voy. Mes-siacum.

Mescleersha, cavan., XIII s. ; *Merleuche ?*, l. disp. près St-Laurent-en-Beaumont.

Meselier, XIX s. ; *Mézelier*, h. c⁰ Châtelus.

Mecelleras (mans. de las), XIII s. ; *la Mezellière*, bois c⁰ N.-Dame-de-Commiers.

Mesenax, XV s. : voy. Mes-macium.

Maserier, XII s. ; *Marizet*, h. c⁰ Pajay.

Mespoler (al), XIV s. ; *Mépo-lier*, mas c⁰⁰ la Balme, Hières et St-Baudille.

Messanne (mas de), 1700 ; *Mai-sonne*, h. c⁰⁰ Chevrières et St-Vérand.

Messelleria, XIII s. ; *Mézely*, mas et ruiss. c⁰ Les Côtes-d'Arey.

Messemar, XVIII s. ; *Messe-mard*, h. c⁰⁰ Beaulieu et Vinay.

Messenax, XV s. ; M-as (ca-pella de), XVI ; Macinm ; *Messenax*, xiii, c⁰ St-Marcel ; dioc. Vienne, égl. succurs. de St-Marcel.

Messiacum villa, X s. ; Messie (mabeo. albam de), XIV s. ; Messiez (homin. de), XIV s. ; *Meyssiès*, c⁰ c⁰⁰ St-Jean-de-Bournay.

Messino (rival. de), XVI s. ; *le Messin*, ruiss. affl. le Merda-ret, c⁰ Chevrières.

Messins, XIII s. : voy. Combe de Massins.

Messins, XIII s. ; (parr. de), XIV s. ; *in Combe-de-Messin*, vill. c⁰ Chevrières.

Meste, éc. c⁰ Voissant.

Mestroux (mans. de), XIII s. : voy. Metoers.

Met (col de la), mont., XVIII s. ; *le Col-de-Content*, c⁰ Vaujany.

Mete de Grablon (La), XVIII s. ; *la Met-de-Grablon*, mont. et ruiss. c⁰ Allevard.

Motere, gr. disp. c⁰ Chevrières.

Metoers (les), XIII s. ; *les Me-treux*, h. c⁰ Brié-et-Angonnes.

Metomo villa, X s. ; Metlomo, X s. ; *Metumensis (fines)*, X s. ; *Mious*, c⁰ c⁰⁰ St-Symphorien-d'Ozon.

Métral (Le), h. c⁰ Artas.

Métral (Chez-), h. c⁰ Marcolin.

Métraux (Les), XIX s. ; *Metrus*, h. c⁰ St-Alban-de-Roche.

Métrot, XIX s. ; *Metrus*, h. c⁰ Solaise.

Metrois (Les), XVIII s. : voy. Metoers.

Mettaire (Le), éc. disp. c⁰ St-Martin-le-Vinoux.

Meudenin, XVIII s. ; Meudigni-num. Meudininum, XV s. ; Meudum (village de), *Mudenin*, h. c⁰⁰ la Buisse-Montbonnot et Chimillin.

Meuliz, XVI s. ; Meudres (eccl. de), XIV s. ; *Meaudre*, c⁰ c⁰⁰ Le Villard-de-Lans.

Meugnière (gr. de la), XVII s. ; *la Meunière*, l. c⁰ Miribel-les-Echelles.

Meulanum, XII s. : voy Meo-lanum.

Meulon, XII s. : voy. Meolanum.

Mevaier, éc. c⁰ La Bourg-d'Oisans ; — (le), h. c⁰ Mol-dieu ; — mas c⁰ Roybon ; — éc. c⁰ St-Hilaire-du-Rosier.

Meunier (Chez-), h. c⁰ Estrablin.

Meunières (Les) ; *les Munières*, h. c⁰ la Côte-St-André.

Meunières (Les), h. c⁰ St-Pan-crasse.

Meuniers (Les), éc. c⁰ Pinsot.

Meurant, h. c⁰ Bonnefamill..

Meure (la) : voy. Mura.

Meurier (les) ; Meuriers (les), XVIII s. ; *le Murier*, h. c⁰ Gières et St-Martin-d'Hères.

Meuriers (Theonville, à prés rue des), XVII s. ; *les Mu-riers*, quart. disp. ville Gre-noble.

Meurson, XIX s. : voy. Murmond.

Meusins (territ. de), XV s. ; M-s ou de Chamalm, XVI s. : voy. Cambaleus villa, Chamlm.

Meusnière, XVII s. : voy. Mon-nière. Meugnières.

Meuxdris (parr. de), XV s. : voy. Meuliz.

Mey (pra du), XVI s. ; *le Me-eriz*, mas c⁰ Claix.

Meyana villa, XIV s. ; M-ars (ap.), Meyanne (comba), XVIII s. ; *Messmer*, mont. c⁰ Val-jouffrey.

Meyanum (riv.), XV s. : voy. Combe-Meaug.

Meyaratus, XIV s. : M-ratis (clerti de), M-ttus ; *Meurots*, h. c⁰ St-Pierre-de-Mearotz.

Meyaria, XIV s. ; *les Meuriers*, h. c⁰ Brié-et-Angonnes.

Meyarias (ad), XIII s. : Marum (campji), XIV s. ; *les Mayen*, mont. c⁰ Le Mont-de-Lans.

Meyaries (las), XIV s. ; *les Meuriez*, mas c⁰ St-Romans.

Meyarils (clossum de), XIV s. : voy. Meyeriorum.

Meyaruz (mas. dels) ; Meyarets (des), XVI s. : voy. Mayeruz.

Meyauderia, XIV s. : *le Maye*-mont. c⁰ St-Christophe-en-Oisans.

Meydous, XIV s. : voy. Meu-dres.

Meyer, XVIII s. ; *le Château*, éc. c⁰ Colombe.

Meyer, XIX s. : voy. Meyers.

Meyères (Les), éc. c⁰ Séchi-lienne.

Meyeries (Les), XVI s. : voy. Mey.

Meyeriis vallis Savell (parr.,

XV s. ; *Meyres*, c⁰ c⁰ⁿ la Mure.

Meyeriorum (nemor. de), XIV s. ; *la Méurie*, h. c⁰ Quaix.

Meyers (mans. des), XIII s. ; Meyerius (parr. S¹ Laurentii retro), XIV s. ; Meyeriis (mans. de) ; *les Meyers*, vill. c⁰ St-Laurent-en-Beaumont.

Meylan : voy. Meyolans.

Meylans, c⁰ c⁰ⁿ Grenoble-Est ; dioc. Gren., égl. Sts-Victor et Ours.

Meylanum, XII s. : voy. Meolanum.

Meylleta (serr. de), XIV s. M-tum, XV s. ; *la Melette*, mont. c⁰ la Garde.

Meyn (el) inter duas gorgias, XV s. ; *le Main*, bois c⁰ St-Aupre.

Meyna (iter de), XV s. : voy. Meynes.

Meynar (en), XV s. ; *le Meynard*, mas c⁰ Theys.

Meynart (gr.), XIII s. ; *Meynard*, l. disp. près la Mure.

Meyndras, XIV s. ; Mandra, XV s. ; *Maudrus*, mas c⁰ Beauvoir-de-Marc.

Meyneer (mans.), XIII s. ; *la Meunière*, mas c⁰ Barraux.

Meynes (nem. en les), XIV s. ; *Maine*, mas c⁰ la Chapelle-de-la-Tour.

Meynier (Le), h. c⁰ Maubec.

Meynier, éc. c⁰ St-Barthélemy-de-Beaurepaire.

Meyns en Treves, XV s. ; M-nz, XIII s. : voy. Meinz.

Meyolans, XIII s. ; Meyolanum ; *Meylans*, c⁰ c⁰ⁿ Grenoble-Est.

Meypeu, XIV s. ; Meypiacum, XV s. ; Meypue (parr. de) ; *Mépieu*, c⁰ c⁰ⁿ Morestel.

Meypin, Meypini (eccl.), XIV s. ; M-num ; *Mépin*, h. c⁰ Savas-et-Mépin.

Meyreu, XII s. ; Meyriaco (eccl. parr. S. Clari de), XIII s. ; Meyreuz, Meyret, XIV s. ; Meyrief (parr. de) castell⁰ S. Georgii Sperenchie, XIV s. ; Meyrieu, XVI s. ; *Meyrieu*, c⁰ c⁰ⁿ St-Jean-de-Bournay.

Meyreux : voy. Moyrieux.

Meyria (u de), XVI s. ; Meyrieu ; *Mérieu*, chât. c⁰ Creys-et-Pusignieu.

Meyria, XIV s. ; *le Méraud*, h. c⁰ Ste-Blandine.

Meyriaci (parr.), XIV s. ; Meyreu, XIV s. ; Meyrier, XVIII s. ; Meyries (eccl. de), de patronatu hospit. S. Pauli Viennen., XIII s. ; M-es, XV s. ; *Meyrié*, c⁰ c⁰ⁿ la Verpillière ; par. dioc. Vien., égl. St-Clair.

Meyrie (chⁱⁿ de la), c⁰ St-Joseph-de-Rivière.

Meyrie (La), XIX s. ; voy. Meherie.

Meyrieu, Meyriacum, XV s. ; *Meyrieu*, mas c⁰ Moidieu.

Meyrieu, c⁰ c⁰ⁿ St-Jean-de-Bournay ; par. (dioc.) Vien., égl. St-Martin.

Meyrini (parr.), XV s. ; M-ns (eccl. S. Eusebii de) seu Muris, XV s. ; *Meyrins*, h. c⁰ l'Albenc.

Meyris (praveria), XIV s. ; *Muris*, éc. c⁰ Ternay.

Meyreu, XIV s. ; Meyriacum in Velleno, XV s. ; Vellayno ; Meyrieu, XIV s. ; Meyreu ; Medieux, XVIII s. ; *Meyzieu*, ch.-l. c⁰ⁿ arr¹ Vienne.

Meyrieu, Meyrier : voy. Mayreu.

Meyriez, XIV s. ; Meyreu, Meyriacum, XV s. ; Meyreu, XVI s. ; *Meyziéu*, c⁰ c⁰ⁿ St-Jean-de-Bournay.

Meyrin, XV s. ; Meyrins (combla de), XIV s. ; *Meruin*, h. c⁰ Brangues.

Meyrins, XIII s. : voy. Mezins.

Meyrins, Meyrsins (mas de), XV s. : voy. Mezins.

Meysson (de), XV s. ; *Mezinuz*, mas c⁰ Tignieu-Jameyzieu.

Meyssenas, XIV s. ; Mernas, Meyssonas, Meyssenas, XV s. ; *Messenas*, h. c⁰ Roissard et St-Marcel.

Meyssieu, c⁰ c⁰ⁿ St-Jean-de-Bournay ; par. dioc. Vien., égl. St-André.

Meyssinum, XIV s. ; *Messenin*, h. c⁰ Veyrins.

Meytraux, XVIII s. : voy. Metoeru.

Meyzelin (torr. du), XVIII s. ; *le Mézelin*, ruiss. aff. le Furand, c⁰ St-Antoine.

Meyzieu, ch.-l. c⁰ⁿ arr¹ Vienne ; dioc. Lyon, égl. Assomption.

Mez : voy. Menz.

Mezayer, éc. c⁰ la Morte.

Mezelon, h. c⁰ Vourey.

Mézières, h. c⁰ Le Bouchage.

Mezillier, XVIII s. ; Mezilly, XIX s. ; *Meyzelly*, h. c⁰ St-Bonnet-de-Mure.

Mezins, Mezinum, XIV s. ; *Mézin*, vill. c⁰ la Frette.

Mialaure, éc. c⁰ Clelles.

Miançon, XVIII s. ; *Mianson*, h. c⁰ Bellegarde-et-Poussieu.

Miangils, Miangas, XIV s. ; Miange, XVIII s. ; *Miangez*, vill. c⁰ Chamagnieu ; par. dioc. Vien., égl. St-Clair.

Miard, XIX s. ; Miards (les), XVIII s. ; *les Miards*, h. c⁰ St-Laurent-en-Beaumont.

Miaudres, XIV s. ; *Méaudre*, c⁰ c⁰ⁿ le Villard-de-Lans.

Mirandière, f. c⁰ la Rivière.

Mirandière (La), f. c⁰ St-Quentin-Falavier.

Miraud, éc. c⁰ Le Monestier-du-Percy.

Micaud, éc. c⁰ Montfalcon.

Mireau (Le), mont. c⁰ Allevard et St-Étienne de Caines (Savoie).

Michaleti, XIV s. : voy. Mischel.

Michalière (chⁱⁿ de la), c⁰ Charantonnay.

Michalière, h. c⁰ Eydoche.

Michalieu, XVIII s. ; Michalianum, XVI s. ; Michallieu, XVIII s. ; *Michalieu*, h. c⁰ Annoisin-et-Châtelans.

Michalin, gr. c⁰ Les Adrets.

Michalin, gr. c⁰ Theys, XIX s.

Michalinus (domain. de), XVI s. ; *la Tour-de-Michalien*.

Michallet (Le), h. c⁰ Chonas.

Michallet, éc. c⁰ Eyzin-Pinet.

Michallets (Les), XVIII s. ; *les Michalets*, h. c⁰ St-Pierre-de-Chartreuse.

Michallets (Les), h. c⁰ Torchefelon.

Michallière (La), XVIII s. ; *Michalière*, h. c⁰ Miribel-les-Echelles.

Michalon (Le), XVIII s. ; *les Michaillons*, h. c⁰ Parisot.

Michard, h. c⁰ Longechenal.

Michard, h. c⁰ Moidieu ; — éc. c⁰ Vienne.

Michaud (Le), h. c⁰ St-Appolinard.

Michaud (Le), h. cne St-Geoire.

Michaudières (Les), h. cne Diémoz.

Michel, éc. cne Besse.

Michelots (Les), h. cne St-Maximin.

Micholaos (els), XIII s. ; Nicolaux (Bas, Haut-), hh. cne Valbonnais.

Michon, XVIII s. : f. cne Dionay ; — gr. cne Marcieu.

Michoud, vill. cne Dolomieu.

Michoudières (Les), XIX s. ; les Michaudières, h. cne Diémoz.

Nicolardière (La), h. cne Thodure.

Nicolauz (el), XIV s. ; les Nicolets, mas cne Vaulnaveys-le-Bas.

Nicolière, h. cne Mobileu.

Micou, XIX s. ; Micoud (Le), XIX s. ; les Micouds, vill. cne Oyeu.

Micoulet, l. disp. cne Rochetoirin.

Micaux (Les), h. cne St-Sauveur.

Mieges (Les), éc. cne Pollienas.

Mieille (La), h. cne St-Aupre.

Mienz, XIV s. : voy. Metonu.

Mière, XVIII s. ; Miéry, h. cne Trept.

Miestang, XVII s. ; Mistang, l. disp. cne Passins.

Mignana (villa de), XIV s. ; Mignhana, XIV s. ; Mignlana, XIV s. ; Mignane, h. cne Marcieu.

Mignarderiis (villa de), XIV s. ; Mignha-s ; Miguardières, h. cne Sinard.

Mignon, gr. disp. cne Part ; — éc. cne Le Monestier-du-Percy.

Mignonière, h. cne la Forteresse.

Mignonne (ruiss. de), cne Bouresse-Quirieu.

Mignot (Le), ruiss. affl. la Varèze, cne Cour-et-Buis.

Mignot, éc. cne St-André-en-Royans.

Mignot villa, XIV s. ; Minget, h. cne St-Paul-de-Varces.

Mignotière (chⁱᵉ de), cne Pommiers.

Miguel (Le), h. cne la Bâtie-Divisin.

Mil (Le), h. cne Estrablin.

Millaci (castr.), XIV s. : voy. Château-de-Milieu.

Millasiana, VIII s. : voy. Visilla.

Milieu, h. cne Monsteroux-Milieu.

Milieu (ruiss. de), affl. du canal Catelan, cne St Marcel.

Milieux (Les), h. cne Vaulnaveys-le-Bas.

Milin, XIX s. : voy. Millin.

Millat, l. disp. cne Aprieu ; — gr. disp. cne la Combe-de-Lancey, XVIII s.

Millepas, éc. cne Voiron.

Milleriis (mans. de), XIV s. ; les Millières, l. disp. cne la Flachère.

Millet, Milliet (fosse à mine du), XVIII s. ; les Milliets, h. cne la Ferrière.

Millet, éc. cne Le Monestier-du-Percy.

Millet (Le), h. cne Montseveroux.

Millets (Chⁱᵉ des), cne Marennes.

Milieu (ap.), XII s. ; Millef (villa) prope Pinetum ; Millef (mandam. de), XIII s. ; Millieu, XIV s. ; Milliacum, Milliacum : Milieu, h. cne Monsteroux-Milieu.

Milieu (mas), XII s. ; Milien (village), XIV s. ; Milien, h. cne Vaulx-Milieu.

Milliassière, XVIII s. : voy. Meillassière.

Milliatière, mas cne Champier et Nantoin.

Millielle, h. cne Savas-et-Mépin.

Millier (Chez-), h. cne St-Quentin.

Millières (Les), éc. cne Le Moutaret.

Milliet (Le), Millier (le), XIX s. ; les Milliets, h. cne St-Ismier.

Millieu (mans. de), XV s. ; Milieu, l. disp. cne Châbons.

Millieux, l. disp. cne Miribel-les-Échelles, XVIII s.

Millin (N.-D. de), XVIII s. ; Millinum, XIV s. ; Millin, h. et chap. cnes Châbons et Burcin.

Millinz, éc. cne Entre-Deux-Guiers.

Milluret (Le), h. cne St-Geoire.

Millou, éc. cne St-Bueil.

Milmassan, XIV s. ; Millmasas, XVII s. ; Milmasae, XVIII s. ; Milmasae, h. cne Mens.

Milon (Le), XVIII s. ; Chez-Milon, h. cne Estrablin.

Milomeres (villa de), XIV s. ; Millomeres, XIV s. ; les Millouières ?, l. disp. cne Vif.

Mine-du-Charbon (La), mas cne Laval.

Mine-de-Fer-et-Acier ; la Mine-de-Fer, mas cne Ste-Agnès.

Mine-de-Houille (La), mas cne Communay ; — mas cne Ternay.

Mine-d'Or (La), mas cne Pinsot.

Mines (Les), h. cne Mens ; — mas cne Pinsot.

Minour, gr. disp. cne Tullins.

Miulardeyre, XVIII s. ; Miguenilières, h. cne Sinard.

Minimes (Les), quart. cne Roussillon.

Minimes du couvent de la Plaine les Grenoble, XVII s. ; les Minimes, éc. cne St-Martin-d'Hères.

Minis (mont. de), XVIII s. ; Menis, mont. cnes Prébois, St-Baudille-et-Pipet et Tréminis.

Minisan (Le), ruiss. cne Livet-et-Gavet.

Minorum (Minimorum), (fratr.) ord. fi. Francisci de Paula, XV s. : voy. Minimes.

Minot (Le), h. cne Voiron.

Minuardeyre, l. disp. cne Sinard, XVIII s.

Minuta Familia, villa, X s. ; Bonnefamille, cne cnes la Verpillière.

Miny (roche de), XVIII s. ; Menis, mont. et bois, cnes St-Andéol et St-Guillaume.

Mielan, forêt cne St-Pierre-de-Chartreuse, se compose des cantons Chalançon, la Charmette, Pleney, Pré-Vieux, Pré-Martin, Suiffière, les Touvières.

* Meiolanum, parr. S. Victoris, XII s. ; Meiolan, Meolan, Meolannm, XIII s. ; Meolani (eccl. ss. Victoris et Crsi) ; Meitan, XVI s. ; Meillan, XVI s. ; Meylans, cne cnes Grenoble-Est.

Misaret, XVIII s. : voy. Billin.

Mions, cne cnes St-Symphorien-d'Ozon ; dioc. Lyon, égl. Ste-Madeleine.

Miot, gr. disp. cne Moirans.

Miplaine, h. cnes Bevenais et le Grand-Lemps ; — h. cne Izeaux ; — h. cne St-Priest ; — éc. cne Sillans.

Mirabel, XI s. : voy. Miribel (-les-Échelles).

Mirabello (capella), XI s. ;

Miribel, h. c° Miribel-Lenchâtre.

Mirabellum, XIV s. : voy. Mirabellus.

Miral (La), h. c° St-Hilaire.

Mirande, éc. c° Allevard.

Mirebeau, XVI s. : voy. Miribel (-les-Echelles).

Mirebel, XVII s. : voy. Miribellus.

Mirebois, h. c°° Châtonnay et Ste-Anne-d'Estrablin.

Mirette, éc. c° Chatte.

Mireu (mas. de), XIV s. ; M-ux, XVIII s. ; *Mirieu*, h. c° Succieu.

Mireul, XVI s. ; Mirieu : voy. Mirvel.

Miribel, XI s., XII s. ; Miribellum, mandam., XII s. ; baronia, XIV s. ; Miribelli in Grayaivodano (cast^n), XIV s. ; *Miribel dessus Crossey*, XVI s. ; *Miribel-les-Echelles*, c° c°° St-Laurent-du-Pont ; dioc. Gren., égl. St-Maurice.

Miribel, h. c° Miribel-Lenchâtre. — c° c°° Le Monesnier-de-Clermont.

Miribel, XVIII s. ; *le Château*, chât. c° Montbonnot-St-Martin.

Miribel, éc. c° St-Clair-sur-Galaure.

Miribel (feudus de), XIII s. ; *Miribel*, mas c° St-Maximin.

Miribel (domus de), XIII s. ; M-l en Trièves, M-lli (dom.) : voy. Mirabello.

Miribel (église de) : voy. Miribellum (les Echelles).

Miribelière, XVII s. ; *la Mirebellière*, éc. c° Miribel-les-Echelles.

Miribellum et Castrum Bernardum (molarium ap.), XV s. ; Miribel et Château-Bernard ; *Miribel-et-Château-Bernard*.

Miribellum, castr., XII s. ; *le Château*, mas c° Miribel-les-Echelles.

Miribellum, monaster., XIII s. ; M-l (église de), XVII s. ; *l'Eglise*, vill. c° Miribel-les-Echelles.

Miribellum, villa, XIV s. ; Miribel ; *Mirbel*, h. c° Livet-et-Gavet.

Miriant, XV s. ; *Merian*, h. c° St-Chef.

Mirmatu, bois, XVIII s. : *les Croix-des-Mille-Martyrs*, h. c°° Merlas et Miribel-les-Echelles.

Mirmont, quart. c° St-Martin-le-Vinoux.

Mironnière (La), h. c° St-Lattier.

Mirvel, XIII s. ; *Murieu*, quart. c° Vienne.

Mischel (cavan. de les), XIII s. ; *les Mitolets*, mas c° Vaulnaveys-le-Bas.

Mischinot, mans., XI s. ; *le Michaud*, h. c° St-Appolinard.

Misère, l. disp. c° Lavaldens.

Misereu (chavan. que est), XI s. ; Miseriacum : voy. Missoriano.

Miseriacum, riv., XIV s. ; *Ladoux*, h. et ruiss. c° Montbonnot-St-Martin.

Miseu, chaban., XII s. : voy. S. Martin in parr. S. Himerii.

Misicusiana, VIII s. ; *Meuuget*, éc. c° St-Barthélemy-de-Séchilienne.

Misoen, XI s. ; Misoenio, XI s. ; Misobeli (terri. de) ; Misoien, XII s. ; Misoeni, XIII s. ; Misoyn, XIII s. ; Misoyen, Misoyen (ecl. fundata ad honorem Beati Xplistofori), XV s. ; Mizouin, XVIII s. ; Mizoin ; *Mizoën*, c° c°° Le Bourg-d'Oisans.

Missiaco ecclesia (in), X s. ; *Meyssiès*, c° c°° St-Jean-de-Bournay.

Missiacum, XIV s. ; Missle, Missies, XV s. ; *Missieux*, h. c° Chaponnay.

Missoriano, VIII s. : voy. S. Martini in parr. S. Himerii.

Mistra, gr. disp. c° la Morte.

Mistral, chât. c° Vourey.

Mistralerias villa, XIV s. ; *les Mistralières l*, l. disp. c° Varces.

Mistralibus (mans. de), XIV s. ; *les Métraux*, h. c° Brié-et-Angonnes.

Miz (Le) ; *le Mic*, h. c° Rencurel.

Misagnière (La), XVIII s. ; *la Mitanière*, h. c° Rochetoirin.

Mitanils (Les), XVIII s. ; *les Mitanies*, mas c° Pontcharra.

Misiflot, éc. c° Roybon.

Mizatis (villa) ; *Mica*, h. c° Jardin.

Mizoën, c° c°° Le Bourg-d'Oisans : dioc. Gren., égl. St-Christophe.

Mocrense (in valle), VIII s. : voy. Occense.

Mocel (J. de), XIV s. ; *Moncel*, mas c° Genas.

Mochaillino, XIII s. ; Mochallinum, XV s. ; M-lin, M-ns, Mochillinum, XVI s. ; Mochayllinum, XIII s. ; *Montchalin*, chât. c° Courtenay.

Mochet (domin. de), XIV s. ; *le Mouchet*, éc. et for. c° Dionay.

Mochillon (mont. del), XV s. ; M-num ; *le Mouchet*, mont. c°° Lavaldens et la Valette.

Mochiroles (alpe de), XIII s. ; *la Moucherolle*, mont. c°° Corrençon et le Villard-de-Lans.

Mociacum, villula, X s. : voy. Mossiacum.

Modaux (Les), l. disp., h. détr. c° St-Martin-d'Uriage.

Modenne, gr. c° Lalley.

Modereria (riv. de), XIV s. ; *le Canal-Mosturier*, ruiss. c°° St-Chef et St-Savin.

Modes (prior de), XIV s. ; Modiacensis (ager), X s. ; Modiaco (villa vel parrochia de), XI s. ; Modiatis (villa), in agro Stabiliacensi, X s. ; *Moidieu*, c° c°° Vienne-Sud.

Modureria (riparia), XVI s. ; M-ia ; *le Moulin*, m^on c° St-Chef.

Modurerie (ripp.), XV s. : voy. Modereria.

Modurière, h. c° Rochetoirin.

Moodiacum, XII s. : voy. Moidiacum.

Mogdiacensis (ager), X s. : voy. Moidiacum.

Mogne (la Petite-), ruiss. aff. l'Isère, c° Grenoble.

Moidiacum, villa in agro Stabiliacensi, X s. ; Moidiaco (obediencia de), XI s. ; Moidieu, XII s. ; *Moidieu*, c° c°° Vienne-Sud ; dioc. Vienne, égl. St-Jean.

Molet, XI s. ; *Moyet*, h. c° Beaulieu.

Moiffon, XIII s. ; (eccl. de), XIV s. ; M-ne (capella de), XII s. ; *Meifaud*, vill. c° Pasignan.

Moilbes (Grandes et Petites), XVII s. ; Moilles ; *les Mollies*, h. c° Tullins.

Moili Sola (fedus de), XII s. ; *Malissol*, h. c° Vienne.

Moille, XIX s. : voy. Morlies.

Moilles (Les), h. c° Allières-et-Risset.

Moilles (boscus de les) supra vallem S¹ Stephani, XIII s. ; *la Moillie*, bois c°° Laval et Ste-Agnès.

Moilles (Les), XV s. ; *les Mouilles*, h. c° Luzinay.

Moilles (Les), h. c° Marnans.

Moilles (Les), in parr. S. Blandine, XIV s. ; *les Moilles*, mas c° Ste-Blandine.

Moilles (bosci de les), XIII s. : *les Moilles*, mont. c° Theys.

Moilles (mont des), XVIII s. : voy. Molis.

Moillia (forreta de), XIV s. ; Moille (la), XVI s. ; *les Moilles*, forêt en partie défrichée, c°° Commelle et Semons.

Moillies, M-iarum (territ.), XIV s. ; *les Moilles*, h. c° Savas-Mépin.

Moillya, XIII s. ; Moilliers, XVIII s. ; *la Moille*, f. c° la Côte-St-André.

Moine (Chez-), éc. c° Montceau.

Moines (Les), f. c° Châtonnay ; — h. c° Estrablin ; — h. c° Four.

Moloussier, XVIII s. ; *Mayoussière*, h. c°° l'Albenc et Vinay.

Moiran, l. disp. c° Voiron.

Moirans, c° c°° Rives ; dioc. Gren., égl. St-Pierre.

Moiraxis, 1793 ; *St-Jean-de-Moirans*, c° c°° Rives.

Moireau (Le) ; *les Moirouds*, h. c° Sérézin.

Moirencus, loc., XI s. ; Moiricensis (S° Maria et S. Petrus), XI s. ; Moirenc, castrum, XII s. ; Moirenconsis (prior, monachi), XII s. ; Moirencii (eccl. prioratus et villa), XV s. ; villa, XII s. ; Moirent, XIV s. ; Moiranc, XIV s. ; Moiranc, XVIII s. ; *Moirans*, c° c°° Rives.

Moires, XVIII s. ; *Mayres*, c° c°° la Mure.

Moiretière, XVIII s. ; *Moretière*, h. c° Proveyzieux.

Moiretière, XVIII s. ; *Morletière*, h. c° Voreppe.

Moireu (Le), XVIII s. ; *les Moreis*, vill. c° St-Jean-de-Moirans.

Moiricu, vill. c° Villemoirieu.

Moiron, l. disp. c° Beaulieu.

Moiron (Le), f. c° Gières.

Moiron, XVIII s. ; *Gorgeronnière*, éc. c° Poliénas.

Moiroudier, XVIII s. ; *Moiroudière*, h. c° Rovon.

Moirouds (Les), h. c° Sérézin.

Moirous, XVIII s. ; *le Moiroud*, mas c° Montbonnot-St-Martin.

Moiroux (Le), éc. c° Méaudre.

Moirouz, XVIII s. ; *le Moiroud*, h. c° St-Didier-de-Bizonnes ; — h. c° St-Hilaire-de-la-Côte.

Moisiacum, XI s. ; Moisieu, XII s. ; Moisset, XIII s. ; Moissier, Moissieu, XVIII s. ; *Moissieu*, c° c°° Beaurepaire.

Moisone (eccl. de), XV s. ; *Moifond*, vill. c° Pusignan.

Moissieu, c° c°° Beaurepaire ; par. dioc. Vienn., égl. St-Didier.

Moissieu-et-Pact, baill. Vien.

Mojonnière, h. c° Izeaux.

Mola (La), XV s. ; Molas S¹ Theuderii, XV s. ; Molles, Mollis, Mollis (molare de), XV s. ; Molles de Sct-Chieti, XVI s. ; *les Môlles*, vill. c° St-Chef.

Molacar, XVII s. ; *Molacard*, bois c° la Chapelle-du-Bard.

Molar (el), XIV s. ; *le Fort-Barreaux*, fort c° Barreaux.

Molar, Molarium, XIII s., XIV s. ; Molari (cavanneria de), XIII s. ; Molaris villa, Mollard (le), XVIII s. ; *le Molard*, h. c° Allemont.

Molar (mans. del), XIII s. ; Molarium, XIV s. ; *le Molard-des-Moines*, éc. c° St-Maximin.

Molar (Le), XVIII s. ; *le Molard*, h. c° Bevenais.

Molar (Le), XIX s. ; *le Molard*, h. c° Décines-et-Charpieu.

Molar (el) ; Molari (mans. de), XIII s. ; Molarium villa, XIV s. ; *le Molard*, h. c° Jarrie.

Molar villa, XIV s. ; *le Petit-St-Vincent*, h. c° St-Vincent-de-Mercuze.

Molar villa, XIV s. : voy. Molari (mans.).

Molar Broton, XIV s. ; *Molari-Bresson*, h. c° les Avenières.

Molar (al) in parr. Meiolani, XI s. ; Molarium (combis de), XIII s. ; M. de Corencu, Coremps ; Molari (mans. de), in mandam. Montis Fluriti ; Molario (dom. f. de), XIV s. ; Molarium Chapuysiorum ; Mollard (mand¹ du), XVII s. ; *le Molard*, h. c° Corenc.

Molar Meyan (lo), XII s. ; *le Molard-Meyan*, l. disp. c° la Chapelle-du-Bard.

Molar raon, XIV s. ; Molaron, XVIII s. ; *le Molard-Roud*, h. c° Renage.

Molard (Grand et Petit), bois c°° Siccieu-St-Julien-et-Carisieu, Optevoz, Courtenay, Soleymieu et Trept.

Molard (Le), mont. c° Allières-et-Risset ; — f. c° Biol ; — vill. c° Le Bouchage ; — f. c° Chabons ; — h. c° la Chapelle-de-la-Tour ; — h. c° Charnècles ; — h. c° Chirens ; — h. c° Chimilin ; — h. c° Corbelin ; — h. c° Corenc ; — h. c° Dolomieu ; — éc. c° Entre-Deux-Guiers ; — h. c° Eydoche ; — h. c° La Ferrière ; — vill. c° Four ; — h. c° l'Isle-d'Abeau ; — quart. c° Jallieu ; — h. c° Jarrie ; — h. c° Lans ; — h. c° Laval ; — h. c° Merlas ; — h. c° Meyrieu ; — éc. c° Miribel-les-Echelles ; — h. c° Montagnieu ; — f. c° Morette ; — vill. c° la Motte-St-Martin ; — ruiss. affl. le Flumet, c° Oz ; — h. c° La Pin ; — h. c° Pisieu ; — h. c° Proveyzieux, XIV s. ; — h. c° Réaumont ; — vill. c° Rives ; — h. c° la Rivière ; — h. c° Rochetoirin ; — éc. c° St-Appolinard ; — h. c° St-Blaise-du-Buis ; — f. c° St-Chef ; — gr. c° St-Christophe-Entre-Deux-Guiers ; — f. c° St-Didier-de-la-Tour ; — h. c° St-Georges-d'Espéranche ; — ruiss. affl. le Bruyant, c° St-Hilaire ; — h. c° St-Jean-le-Vieux ; — h. c° St-Laurent-du-Pont ; — chât. c° St-Marcellin ; — h.

c° St-Martin-de-Vaulserre ; — h. c° St-Pierre-de-Chartreuse ; — h. c° St-Sulpice-des-Rivoires ; — h. c° Le Sappey ; — h. c° Torchefelon ; — éc. c° Varacieux ; — h. c° Vaulx-Milieu ; — h. c° Veyrins ; — mas c° Veyssilieu ; — h. c° Vif ; — h. c° Villette-d'Anthon ; — h. c° Voiron ; — mas c° Voreppe.

Molard (mand¹ du), XVI s. ; *le Molard*, vill. c° Villeneuve-de-Marc.

Molard-de-l'Abit (Le), mont. c° St-Julien-de-Ratz.

Molard Dallas (Le), XVII s. ; M-d d'Alliat, XIX s. ; *le Molard-d'Alliat*, h. c°° Artas et Roche.

Molard-Bouchard, éc. c° Chevrières.

Molard-de-la-Chalour, mont. c°° Pommiers et Proveyzieux.

Molard-de-la-Chapelle (Le), mont. c° Vaujany.

Molard-de-la-Croix (Le), mont. c°° Pommiers, Proveyzieux, St-Julien-de-Raz et St-Laurent-du-Pont.

Molard-Girieux, bois c° Proveyzieux.

Molard-d'Hières (Le), mont. c°° Hières et Annoisin-Châtelans.

Molard-du-Perrin (Le), h. c° St-Geoire.

Molard-Rambert (cb¹° de), c° Voiron.

Molard-Rond (Le), h. c° Meyrié.

Molard-Trollet (Le), h. c° Morestel.

Molard-Varnet (Le), mas c° Vignieu.

Molard-Viret (Le), h. c° Méplen.

Molardières (Les), h. c° Vaurey.

Molardum Septini, XVI s. ; *le Molard*, h. c° Septème.

Molare (mans, Alberti de), XII s. ; *le Molard*, vill. c° Ste-Agnès.

Molare de Bevenes, XV s. : voy. Molar 2°.

Molare de Bevres, XIV s. ; *le Gros-Molard*, montic. au milieu plaine de Bièvre, c°° Beaucroissant, Rives, Colombe, le Grand-Lemps et Izeaux.

Molare Boudini, XIV s. ; M-ris, B-i ; *le Molard-Boudin*, l.

disp. c° Allevard.

Molare Copier (in), XV s. ; *Mollard-Coupier*, mas c° Sermérieu.

Molare de Cuanna (vers.), XIV s. ; Coenne ; *le Mollard-de-Coenne, Quoine*, mas c° Vézeronce.

Molaret (Le), h. c° St-Michel-de-St-Geoirs.

Molaret, éc. c° Villette-Serpaize.

Molaretum (nem. de), XIV s. ; *les Monaries*, mas c° Meylan.

Molari (de), XIV s. ; *le Molard*, h. c° Creys-et-Pusignieu.

Molari (in magno), XIV s. ; *le Molard*, chât. c° St-Marcellin.

Molari (in), XIII s. ; *le Molard*, éc. c° Theys.

Molari (mans. de), XIII s. ; *le Molard*, h. c° le Touvet.

Molari in Vallenavigi (mass. de), XIII s. ; *le Molard*, h. c° Vaulnaveys-le-Bas.

Molaria, XIV s. : voy. Molera.

Molarias (in), X s. ; *le Mollard*, bois c° Chaponnay.

Molarii (crista), XIV s. ; *le Molard*, gr° c° St-Christophe-Entre-Deux-Guiers.

Molarii, XIV s. ; *les Molards*, h. disp. c° St-Pierre-de-Mésage.

Molarii Seguini (bordaria), XIV s. ; *Molard-Seguin*, l. disp. c° Herbeys.

Molario (gorgia de), XV s. ; *Molardière*, ch¹° c° St-Aupre.

Molario (nem. de), XIV s. ; *le Molard*, h. c° Vatilieu.

Molario (mans. de), XIII s. : voy. Molari (in).

Molario Gondrandi (homines de), XIV s. ; *le Molard*, vill. c° la Motte-St-Martin.

Molaris Chaudet, XIII s. ; *le Molard-Chaudet*, mas c° Ste-Agnès.

Molaris Magnerii, XV s. ; *Molard-Maillet*, h. c° St-Jean-de-Soudin.

Molarium, XIV s. ; Mollar (le), XVI s. ; *le Molard*, h. c° Allevard.

Molarium, territ., XIV s. ; *le Molard*, h. c° Lavaldens.

Molarium villa, XIV s. ; *le Molard*, l. disp. c° St-Jean-de-Vaux.

Molarium, XV s. ; *le Molard*, vill. c° St-Siméon-de-Bressieux.

Molarium villa, XIV s. ; *le Molard*, mas c° Venon.

Molarium, XIV s. : voy. Molar, villa.

Molarium, XIV s. ; Alamandi, XV s. ; Mollard l'Allemand (le), XV s. ; *le Mollard*, h. c° St-Martin-d'Uriage.

Molarium de Chastelens, XV s. ; Molard du Chastelans, à près du Bois Bichet, XVII s. ; *le Molard*, h. c° Annoisin-Châtelans.

Molarium lo Chastellar, in mand-l. Varale ;... in parr. de Fontanilibus, XIV s. ; *le Molari-du-Châtelard*, éc. c° Allières-et-Risset.

Molarium de Chastillon, XIV s. ; *le Molard*, vill. c° Chatonnay.

Molarium de Coiffins, XIII s. ; *le Molard-des-Coffins*, anc. quart. de la Côte-St-André.

Molarium Columber, XIV s. ; *le Molard-Columbier*, mas c° Izeaux.

Molarium eus Corteys, XIV s. ; *le Molard*, h. c° la Chapelle-du-Bard.

Molarium, ol. Molar Cusin, XIV s. ; Cursin, Cusin, XIV s. ; *le Molard*, h. c° Le Champ.

Molarium de Escoblavil, XIV s. ; Mollard (le) ; *le Molard*, h. c° Coublevie.

Molarium Jay, XIV s. ; Molard (bois, rif du), XVII s. ; *le Molard*, h. c° le Sappey.

Molarium Frigidum (ap.), XV s. ; *le Molard-Frieux*, h. c° Velanne.

Molarium Rotundum (dom. L. ap.), XV s. ; Molaris Rotoudi (domin.) ; Molar Rion : *Mollard-Rond*, chât. c° St-Jean-d'Avelanne.

Molarium de Saugia, XIV s. ; *le Molard-de-la-Sauge*, à c° Velanne.

Molarium Saugia, XIV s. : voy. Molarii Seguini.

Molarium Soffrodorum, XIV s. ; Soffreorum, XIV s. ; *Molard-des-Soffreys* l, l. disp. c° la Tronche.

Molas (La), XIX s. ; *Molas (la)*,

h. c^e Agnin.

Molasses (Les), éc. c^e Lans.

Molatas (ap.), XIV s. ; *les Molles*, éc. c^e le Périer.

Molaysinum, XIV s. : voy. Molisin.

Molaz (La), éc. c^e St-André-le-Gaz.

Molen Meyn, XIII s. ; *la Meule*, h. c^e Ville-sous-Anjou.

Molendina Album et Brunum... prope pontem Cumane juxta maladeriam St Marcelli, XIV s. ; *les Moulins*, m^ins disp. c^e St-Marcellin ; — in parrochia de Cours, XIV s. : voy. M-num de Cors.

Molendina in riv. de Alorio, XIV s. ; acquisita a d. Petro Alamandi et data Carmelitis, XIV s. ; *les Moulins-sous-la-Roche*, m^in c^e Beauvoir-en-Royans.

Molendina et rivagium de Alores, XIV s. ; *les Moulins*, m^ins c^e Allières-et-Risset.

Molendina de Aloy, XIII s. ; Molendinum Daloy, XIV s. ; M-no (mans. de), XIV s. ; *les Moulins-de-Marcieu*, m^in c^e St-Vincent-de-Mercuze.

Molendina de Aqua Bella, XV s. ; *Moulin-de-Roche*, m^in c^e St-Victor-de-Morestel.

Molendina de Auriis, vocata de Eychallone, XIV s., XV s. ; *les Moulins*, m^ins c^e Auris.

Molendina Bellireparii, XIV s. ; *les Moulins-Rosier*, usines sur l'Oron, c^e St-Barthélemy-de-Beaurepaire.

Molendina de Besslis, XV s. : voy. M-num de Besslis.

Molendina Brunum et Album sita in comba de Valcheroi, XIV s. ; *les Moulins*, m^ins et ruiss. c^e Nantoin.

Molendina Bueymonloroum, XIV s. ; da Bermondis ; de Beymondis, XIV s. ; *les Moulins-des-Bermonds*, l. disp. c^e Pierre-Châtel.

Molendina de Burgon, burgundii, XII s. ; *les Moulins*, quart. c^e Bourgoin.

Molendina de Cassenatico, XIV s. : voy. M-num de Cassin-o.

Molendina loci Chaboncii, XV s. ; *la Combe*, vill. c^e Chabons.

Molendina Clavsii, XIV s. ; *les Moulins*, m^ins sur le ruiss. de Fontbelle, c^e Claix.

Molendina de Cornu, XIV s. ; Cornuti ; prioratus S. Nazarii, XV s. ; *les Moulins*, h. c^e St-Nazaire.

Molendina de Costa St Andree, XIII s. ; *les Moulins*, quart. et ruiss. c^e la Côte-St-André.

Molendina prioris Coste appellata de Combis, XV s. : voy. Molendinorum.

Molendina de Cucheto... in parr. Rucherie, XIV s. ; *le Moulin-des-Serines*, m^in c^e St-Christophe-Entre-Deux-Guiers.

Molendina perr. de Cugnino in Comba de Nant, XIV s. ; *les Moulins*, m^in c^e Cognin.

Molendina Dalphinalia loci Corvi, XV s. ; voy. M-num de Corvo.

Molendina, XV s. ; *les Moulins-Deffillon*, m^in c^e Chirens.

Molendina de Engonie, XIV s. ; *le Moulin*, m^in c^e Bricet-Angonnes.

Molendina de la Fuly in Champania, XIV s., XV s. ; *le Moulin-de-la-Feuly*, m^in c^e Aoste.

Molendina de Furano, XV s. ; *les Moulins-de-Furens*, m^in c^e Apprieu, sur la Fure.

Molendina... in aquagia... rivi de Furet, XIV s. ; *les Moulins*, l. disp. c^e Barraux.

Molendina... prope domum Petri Galberti, XVI s. ; *Moulin-des-Galberts*, m^in c^e Varces.

Molendina Jarrie, XIV s. ; de Jarria, XV s. ; *le Moulin*, m^in c^e Jarrie.

Molendina, XIV s. ; M-a de Malboymon ; *le Moulin-de-Malbuisson*, m^in c^e St-Laurent-en-Beaumont.

Molendina de Masuer, XV s. ; *le Moulin-de-Masuer*, m^in disp. c^e Eydoche.

Molendina de Mayres, XIV s. ; *les Moulins*, m^in c^e Mayres.

Molendina de Meratico, XIV s. : voy. Molins de Lospital.

Molendina de Morta, XIV s. ; *les Moulins*, m^in c^e la Morte.

Molendina Moyrencii, XIV s. ; *les Moulins*, m^in et canal dérivé la Morge, c^e Moirans.

Molendina Parvocato : voy. M-num du Petit Chetz.

Molendina J. Passardi, XVI s. : voy. Babollières.

Molendina del Piex, de Villa, de Recorz, de Combarens, de Prutis, XIV s. ; *Moulins (Ruisseau des)* ou *de Vaulmareys*, affl. la Romanche, c^es Vaulnaveys-le-Bas et Vizille.

Molendina nob. O. Pollodi, XV s. ; *les Moulins*, m^in c^e St-Agnin.

Molendina Reneurelli, XIV s. ; *le Moulin*, h. c^e Reneurel.

Molendina Rovonis, XIV s. ; *les Moulins*, m^in c^e Rovon.

Molendina Ville de Roybonis, XIV s. ; *les Moulins*, m^in c^e Roybon.

Molendina Roybonis loc. d. in Molendinis Novis, XIV s. ; *les Moulins*, m^in sur le ruiss. Roybon, c^e le Villard-de-Lans.

Molendina de Saltia ; dalphin..., de Castro, ap. S. Petrum, XIV s. ; *les Moulins-de-Saille*, m^in c^e St-Pierre-d'Allevard.

Molendina St Jorz, XIV s. ; *les Moulins*, h. c^e St-Geoirs.

Molendina prioratus S. Martini de Misereacu, XV s. ; *les Moulins*, h. c^e Montbonnot-St-Martin.

Molendina in Valle St Savini, XVI s. ; Moulin ; *le Moulin-de-Lacul*, m^in c^e St-Chef.

Molendina sita in loco S. Stephani (de St Julhers), XIV s. ; *les Moulins*, m^ins et ruiss. c^e St-Etienne-de-St-Geoirs.

Molendina in Serena, XIII s. ; *les Moulins-de-Sarennes*, m^in c^e Huez.

Molendina sita in Gorgia in parrochia de Seyssino, XIII s. ; *le Moulin*, m^in c^e Seyssins.

Molendina de Sisterum, XVI s. : voy. M-num Cyteron.

Molendina Somne, XIV s. ; *les Moulins*, m^in c^e la Sône.

Molendina prioris de Turre, XIV s. ; *les Moulins*, m^in c^e la Tour-du-Pin.

Molendina subtus... stagnum Turris, XIV s. ; *les Moulins*, mins c° St-Etienne-de-Crossey.

Molendina de Valota, XIV s. : voy. M-num Valete.

Molendina Vallisbonesii, XIV s. ; *les Moulins-de-la-Roche*, mins et mines c° Valbonnais.

Molendina Vallis Dentis, XIV s. : voy. Molino 1°.

Molendina Vallisnavigil, XIV s. ; *les Moulins*, mins sur le ruiss. la Gorge, c° Vaulnaveys-le-Haut.

Molendina juxta rippar. Vareysie, XV s. : voy. Molendini (territ.).

Molendina Vetera, XIV s. ; Molendini Veteri (de) ; *Moulin-Vieux*, vill. c° Lavaldens.

Molendina de Vourey, in riper. Fura, XIV s. ; de Temploz, XVI s. ; *les Moulins*, h. c° Vourey.

Molendina de Ysellis, XV s. : voy. M-num Dizeux.

Molendini (costa), XIV s. ; *le Moulin*, min c° la Garde.

Molendini (riperia), XV s. ; *les Moulins*, mins et ruiss. c° Corbelin.

Molendini (rivus), XV s. ; *Moulins (Ruisseau des)*, ruiss. dérivé de celui de Laffrey, arr. c° St-Pierre-de-Mésage, se jette dans ruiss. de Font-Gillarde.

Molendini (territ.), juxta rippar. Vareysie, XV s. ; *les Moulins*, mins c° St-Alban-du-Rhône.

Molendinis (comba de), XIV s. ; *Parnssac*, min c° Siévoz.

Molendinis parr. Vallismentis (illi de), XIV s. : voy. Molino 1°.

Molendino (mans. de), XIII s. ; Molyn, Molint : *le Moulin*, min sur le Rif-Mort, c° la Buissière.

Molendino (chavan. de), XV s. ; *le Moulin*, l. disp. c° Longechenal.

Melendino (riv. de), XIII s. ; *Moulins (La Béalière des-)*, ruiss. c° Meylan.

Molendino (de), XIV s. ; *les Moulins*, h. et ruiss. c° Pollinas.

Molendino (vallonis de) ; *le Vallon-du-Moulin*, mas c° St-Christophe-en-Oisans.

Molendinorum (riv.), XV s. ; M-na prioris Coste appellata de Combis, XV s. ; *les Moulins-des-Combes*, mins c° Eydoche.

Molendinorum (porta, rivus), XV s. ; *les Moulins*, quart. c° Crémieu.

Molendinorum (riv.), XIV s. ; *les Moulins*, mins et ruiss. c° Morêtel.

Molendinorum (ripparia), XVI s. ; *le Moulin*, min c° St-Chef.

Molendinorum et Gaucheriorum (riv.) ; *l'Achard*, min et ruiss. affl. le Grand-Ruisseau, c° Autrans.

Molendinos... de Ponset, XIV s. ; *les Moulins*, mins et ruiss. c° Goncelin.

Molendinum (mans.), XIII s. ; *le Moulin*, min sur le Rif-Mort, c° la Buissière.

Molendinum, XIV s. ; *les Moulins*, mins c° Serres-et-Nerpol.

Molendinum ap. Albam Rippam, XIII s. ; M-m de Fanjas, XIV s. : *les Moulins*, h. c° Auberives.

Molendinum de l'Alben, XIV s. ; *les Moulins-de-Chaleun*, mins c° l'Albenc.

Molendinum Album vocatur Serre et Brunum voc. del Perer, XIV s. ; *les Moulins*, mins c° Chatonnay.

Molendinum sit. in parr. de Aybeno, XIV s. ; *le Moulin*, min disp. c° Eybens.

Molendinum de Beciis, XIV s. ; *le Moulin*, min disp. c° Beaufin.

Molendinum de Beseiis, XIV s. ; *les Moulins*, h. c° Besse.

Molendinum Billoudi, de Castro, de Via, Bruni, XIV s. : voy. Molendina de Costa.

Molendinum Crucis versus Blaygref, XIV s. ; *le Moulin de Blagneu*, min c° Chevrières.

Molendinum Bolomardi, XV s. ; *les Moulins-de-Vente*, mins disp. c° Grenoble, hors l'ancienne porte Très-Cloître.

Molendinum Boniactorum, XVI s. ;... c° Eyzin-Pinet.

Molendinum de Capella, XV s. ; *le Moulin-de-la-Chapelle*, min c° Valjouffrey.

Molendinum de Casinatico, XIV s. ; *les Moulins*, mins c° le Cheylas.

Molendinum loci Cernonis, XV s. ; *les Moulins*, mins c° Chapareillan.

Molendinum in loco de Chanpanis... aqua Guielaril, XV s. : voy. Molendina de la Puly.

Molendinum sit. in mand. de Chappaversa, XIII s. ; *le Moulin*, min disp. c° Preslen.

Molendinum de Charantonnay, XIII s. ; *le Moulin*, min c° Charantonnay.

Molendinum de Charluotte, XIV s. ; *le Moulin*, min c° Ambel.

Molendinum de Chaurenchiis, XV s. ; *le Moulin*, min c° Choranche.

Molendinum in Cheusseu, XIII s. ; Cheyssiaci, XVI s. ; *le Moulin*, min c° de Cheyssieu.

Molendinum de Chomons, XIV s. ; *le Moulin-de-Chaumont*, h. c° Eyzin-Pinet.

Molendinum sit... in rivo Chorseti, in manso Choleti, XIV s. ; *les Moulins*, mins c° St-Martin-le-Vinoux.

Molendinum de Chuselles, XIV s. ; Chuyselles, XV s. ; *le Moulin-de-Suzelle*, min c° Vignieu.

Molendinum... Clarimontis, XIV s. ; *les Moulins*, mins c° Le Monestier-de-Clermont.

Molendinum de Clavone, XV s. ; *le Moulin*, h. c° Clavans.

Molendinum de Claysio : voy. Molendina Claysii.

Molendinum in Comba, XIV s. ; *le Moulin*, min c° Barraux.

Molendinum de Combis, XV s. ; *les Moulins-des-Combes*, mins c° Bizonnes.

Molendinum de Combis, XV s. ; *le Moulin*, h. c° Flachères.

Molendinum Contal, XV s. : voy. M-in de Gilonay.

Molendinum de Coperio, XIV s. ; Copier, XIV s. ; *le Moulin-de-Coupier*, min c° St-Quentin-Falavier.

Molendinum de Cors, XIV s. ; *les Moulins-de-Cour*, mins

sur la Varèze, c^e Cour-et-Buis.

Molendinum... a priore de Curvo, XIV s. ; Corvi, XIV s. ; *les Moulins*, m^on c^e Corps.

Molendinum prope pontem de Cugneto, XV s. ; *le Moulin-Richard*, m^on c^e St-Jean-d'Hérans.

Molendinum Cyteron, XVI s. ; M-na de Sisterum ; *Moulins de Cyteron* ?, l. disp. c^e Luzinay.

Molendinum Dizouz, XIII s. ; de Ysellis, XIV s. ; *les Moulins*, m^on c^e Izeaux.

Molendinum Doleymiaci, XIV s. : voy. M-m de Pousset.

Molendinum Doytiers, XIV s. ; *le Moulin-d'Oytier*, m^on c^e Oytier-et-St-Oblas.

Molendinum Vetus, XIII s. ; de Fays, XIV s. ; *le Moulin*, m^on c^e Roissard.

Molendinum Festegnii, XIV s. ; de Festenino ; *le Moulin-de-Fétégny*, m^on disp. c^e Pierre-Châtel.

Molendinum de Fraynneto, XIV s. ; *le Moulin*, m^on c^e Le Freynet.

Molendinum de Freda, XIV s. ; *le Moulin*, m^on c^e Laffrey.

Molendinum (la Freyta subt.), XIII s. ; *le Moulin*, v^e et ruiss. c^e la Frette.

Molendinum de Gerant, XIV s. ; *le Moulin-de-Gerant*, m^on disp. c^e Eyzin-Pinet.

Molendinum de Gilonay, XIV s. ; *le Moulin*, vill. c^e Gillonnay.

Molendinum domini Girini, XIII s. ; Nocet, h. ? Solaise.

Molendinum de Grangia, XIII s. ; *le Moulin-de-la-Grange*.

Molendinum de Grignun, XIII s. ; *les Moulins-à-Pontel*, m^on c^e Pontcharra.

Molendinum de Huez, XIV s. ; M-na..., XV s. : *Moulin (Grand et Petit-)*, m^on c^e Huez.

Molendinum parr. de Lancelo, XIV s. ; *le Moulin*, m^on c^e Lans.

Molendinum de Lento, XIV s. ; M-na de Leu, XIV s. ; *les Moulins*, m^on c^e le Mont-de-Lans.

Molendinum A. de Lucerno, XIV s. ; *Moulins (Comtdes)*, ruiss. afll. le Dolon, c^es Moissieu et Pact.

Molendinum, XV s. ; *les Moulins-de-Malafossat*, m^on c^e St-Jean-d'Avelane.

Molendinum de Masuer, XV s. : voy. Molendina de Masuer.

Molendinum in parr. de Misoyn, XIII s. ; *le Moulin*, m^on c^e Mizoën.

Molendinum sit. subt. Montem Fluritum, XIV s. ; *les Moulins-de-Montfleury*, h. c^e Corenc.

Molendinum Novum, XIV s. ; *le Moulin-Neuf*, m^on c^e St-Agnin.

Molendinum novum, XIII s. ; *le Moulin*, h. c^e St-Pierre-de-Mésage.

Molendinum Pacalot, XIV s. ; *le Moulin-Vieux*, vill. c^es Montcarra, St-Chef et St-Savin.

Molendinum P. Pelavini, XII s. ; de Paleviso, XIV s. ; *le Moulin-de-Palarin*, m^on disp. c^e Colombier-Saugnieu.

Molendinum de Petit Chetz, XIV s. ; *le Moulin-de-Petitchat*, m^on c^e St-Théoffrey.

Molendina de la Plate, XV s. ; *le Moulin*, m^on c^e Seyssins.

Molendinum, XIII s. ; *les Moulins-du-Pontet*, m^on c^e Pontcharra.

Molendinum de Pousset ap. Dolomeu, XIII s. ; *le Moulin*, m^on c^e Dolomieu.

Molendinum de Putet, XIV s. ; *le Moulin-de-St-Didier*, m^on c^e Auste.

Molendinum de Quez, XIV s. ; Querti, XIV s. ; *le Moulin*, m^on c^e Juet.

Molendinum Revelli, XIV s. ; *le Moulin*, m^on c^e Revel-et-Tourdan.

Molendinum de Ruvoria, XIV s. ; Ruvoyra, XIV s. ; *le Moulin*, m^on c^e Agnin.

Molendinum de Ruffo, XIV s. ; *Moulin-Roux*, m^on c^e Trefort.

Molendinum de Ruppe, XIV s. ; priorat. de Mura juxta pont. de Ruppe, XV s. ; *le Moulin-de-la-Roche*.

Molendinum de Sablone, XIV s. ; *Vieux-Moulin*, &c. c^e Miribel-les-Echelles.

Molendinum St Albani, XIV s. ; *Moulin-d'en-Bas*, m^on c^e St-Alban-de-Roche.

Molendinum ap. S. Eleuterium St Eleutherii, Heulateril, XIV s. ; *les Moulins*, m^on c^e St-Lattier.

Molendinum St Julliani Lerps, XV s. ; *le Moulin*, m^on c^e St-Julien-de-l'Herms.

Molendinum St Martini, XIV s. ; *le Moulin*, m^on c^e St-Martin-de-Clelles.

Molendinum St Michaelis, XIV s. ; *Moulin-Faure*, m^on c^e St-Michel-en-Beaumont.

Molendinum St Primi, XV s. ; *les Moulins*, m^on c^e St-Prim.

Molendinum de S^o Quintino, XIV s. ; *les Moulins*, h. c^e St-Quentin.

Molendinum de Sarvayeta, XIV s. ; *les Moulins-de-Serrugette*, m^on disp. c^e Miribel-les-Echelles.

Molendinum de Saysino, XIV s. : voy. M-na de Seyssins.

Molendinum Serpeyaie, juxta ripper. de la Cereua, XIV s. ; *le Moulin*, m^on sur la Sereines, c^e Villette-Serpaize.

Molendinum sub. castr. de Suireu, XIII s. ; *les Moulins*, h. c^e St-Romain.

Molendinum de Trafort, XIV s. ; *Moulin-Robert*, m^on c^e Trefort.

Molendinum supra Trieriam, XI s. ; *les Moulins*, m^on c^e Vinay.

Molendinum de Tuyllia, XIV s. ; *le Moulin-de-Taylle*, m^on disp. près Morestel.

Molendinum Valete, XIV s. ; *les Moulins*, m^on c^e la Valette.

Molendinum de Vallibus, XIV s. ; *le Moulin*, m^on et ruiss. c^e St-Victor-de-Cessieu.

Molendinum Vallis Clarimontis, XIV s. : voy. Moulin de Monetier.

Molendinum Vallis Sinistre, XV s. ; *le Moulin-de-Valneutre*, m^on c^e Valjouffrey.

Molendinum de Vernetan, XIV s. ; *le Moulin-de-Vernetan*, m^on disp. près Quirieu.

Molendinum et basutoria... in

Vernetan subtus Poleyria-rum, XIV s. ; in Vernetano ; *le Moulin*, m^in c^e Bouvesse-Quirieu, ruiss. de Clugne.

Molendinum Veyerii, XV s. ; *les Moulins*, m^ins c^e Chatte.

Molendinum Antiquum ap. Vigniarum, XV s. ; *le Moulin*, m^in c^e Vignieu.

Molendinum ap. Villam, XIII s. ; *le Moulin*, m^in sur la Sanne, c^e Ville-sous-Anjou.

Molendinum Yllini, XV s. ; *le Moulin-d'Illins*, m^in c^e Vernioz.

Molera (La), XIII s. ; Moleria, XIV s. ; *Molière*, h. c^e Le Mont-de-Lans.

Moleria, XIV s. ; *la Molière*, h. c^e la Motte-St-Martin.

Molerias, X s. : voy. Molarias.

Molerils, XIV s. ; *les Mollières*, h. c^e St-Pierre-de-Chandieu.

Moles (dom. de les), XIII s. ; *les Moilles*, h. c^e Eyzin-Pinet.

Moles, territ., XIV s. : voy. Molles 2e.

Moletis (villa de), XIV s. ; *les Molettes*, l. disp. c^e St-Paul-de-Varces.

Molette (La), bois c^e Dolomieu ; — h. c^e Maubec.

Molette (mais. forte de la), XVII s. ; *la Molette*, h. c^e St-Victor-de-Cessieu.

Molettes (Les), h. c^e Four ; — h. c^e Revel.

Moleyrati (La), XIV s. ; *le Moleron*, h. c^e St-Gervais.

Moleysi (nem. de), XIV s. ; Moleyses, XVI s. ; Moleyn (territ. de), XVI s. ; *Molèse*, h. c^e Charantonnay.

Moleysinum, XV s. : voy. Mollsin.

Molluiez (Les), XVI s. ; *les Moilles*, bois c^e Pisieu et Pommiers.

Molhy (forêt de la Coste appelée la), XVI s. ; *la Moille*, f. c^e la Côte-St-André.

Molla, XIV s. ; *les Mauilles*, chal. et mont. c^e Allevard.

Molibert (chi^n de), c^e Moutaret.

Molle Coste, nem. dalphin., XV s. ; forests dalphin., XVI s. : voy. Mollia.

Molière (La), mont. c^e Engins ; — (ét. de la), XVII s. ; Mo-lière, h. c^e Flilieu ; — (la), ruiss. c^e Merlas ; — h. c^e St - Christophe - Entre - Deux - Guiers ; — h. c^e St-Lattier.

Mollère (roche et ruiss. de la), XVIII s. ; *les Mollères*, mont. c^e St-Pierre-de-Chartreuse.

Mollères ou Sablon (Les), XVIII s. ; *les Mollères*, bois c^e Creys-et-Pusignieu et Mépieu.

Mollères (Les), éc. c^e Le Passage.

Molles (Les), XVIII s. ; *les Mouilles*, h. c^e Faverges.

Mollez (Les), XVI s. : voy. Molluiez.

Molin (ruiss. du), XVII s. : voy. Canal-des-Artifices.

Molin (Le), XVI s. : voy. Molendinum de Charant.

Molin-de-Chuzelle, XVI s. ; *le Moulin*, m^in c^e Chuzelle.

Molin appelé le Moulin de la Cime, XVIII s. ; *le Moulin-d'en-Haut*, m^in c^e Charantonnay.

Molin des Combes : voy. Molendina Chabonell.

Molin (la Croix Rouge appelée du), XVI s. ; *Moulin (la Croix-du-)*, mas c^e Mont-St-Martin.

Molin des Esternets, XVI s. : voy. Molendinum de Chomon.

Molineres (mans. de), XV s. ; *les Mulinières*, l. disp. c^e St-Hilaire-de-la-Côte.

Molini (in manaso), XIV s. : voy. Molendina de Aloy.

Mollinière, h. c^e Biandin ; — éc. c^e Domène.

Molino (prata de), XIV s. ; *le Moulin*, h. c^e Lavaldens.

Molino (prata de) juxta ripperiam de Massonam, XIV s. ; *le Moulin*, h. c^e le Périer.

Molins de Gillonay, XVI s. : voy. Molendinum de Gilonay.

Molins de Lospital (Les), XIII s. ; *les Moulins*, m^ins c^e St-Pierre-de-Mézage.

Molins, gauchoirs et martinets au terr. appelé Pont Evesque, XVII s. ; *les Moulins*, usines c^e Pont-Evêque.

Molint (mans. del), XIII s. : voy. Molendinum (m.).

Molinum Vetus, XIV s. : voy. Molendina Vetera.

Molis (de), XIV s. : voy. Moles.

Molle (mans. de), XV s. : voy. Molles 2e.

Mollsin (mans. del), XIII s. ; Mollsyns ; *Moldsin*, h. c^e St-Geoirs.

Molla sola, XIV s. ; *Millorsol*, éc. c^e Le Mont-de-Lans.

Mollacard, XVII s. : voy. Molacar.

Mollard des Bas (Le), XVII s. ; (Grand, Petit-), XVII s. : voy. Molaril (crista).

Mollard-Bouchié (Le), XIX s. ; *le Molard-Bourcier*, h. c^e Beaucroissant et Rives.

Mollard Charain, Charen, XVIII s. ; *le Molard-Charen*, éc. c^e Theys.

Mollard de Couane, dit le tombeau de Clodomir, XIX s. : voy. Molaris de Coenne.

Mollard Meyan, masure, XVII s. : voy. Molar Meyan.

Mollard : voy. Molard.

Mollards (Les), éc. c^e Allières-et-Risset.

Mollards (Les), XIX s. : voy. Molari (de).

Mollarières, XVIII s. ; *Molarières*, h. c^e St-Pierre-de-Chartreuse.

Mollario (domin. de), XVI s. : voy. Molari (magn.).

Mollarium, nemus, XIV s. : voy. Molar.

Mollarium Frigidum, XV s. : voy. Molaris F-us.

Mollarz Jay, XV s. ; ... c^e Mont-St-Martin.

Molles (Les), h. c^e Chatte ; — (les), éc. c^e Roussillon ; — h. c^e Seyssuel ; — h. c^e Voiron.

Molles, XIV s. ; *les Molles*, h. c^e Gillonnay.

Molles, XIX s. : voy. Morlies.

Molles (mont. des), Mollie Tissot (habert de), M-es, XVIII s., Molly : voy. Molia.

Mollette (La), XVI s. : voy. Molette.

Molleysi (nem. de), XVI s. : voy. Moleysi.

Mollia (prat. de), XIV s. ; Mollia de Costa St Andree, XV s. ; Mollie (nem.), XIV s. ; Molles (les), XVIII s. ; Molly (la) ; *la Moille*, f. c^e la Côte-St-André.

Mollia (nem. de), XIV s., Mol-

Moncara de St-Chef, XVIII s.; *Moncarim*, chât. c⁰ St-Chef.

Monceaux, XIV s.; Monceaulx, Monceaux, XVIII s.; Monceau: *Montceau*, c⁰ c⁰⁰ Bourgoin.

Moncel (mans. de), XIII s.; Moncellum villa, XIV s.; *Muncel?* l. disp. c⁰ St-Pierre-de-Mésage.

Moncellis (dom. f. in), XV s.; *le Château*, chât. c⁰ Montceau.

Moncels, XII s.; Moncellis (gr. de), XIV s.; (parr. de); Moncelles, XV s.; *Montceau*, c⁰ c⁰⁰ Bourgoin.

Moncenaf, XIV s.: voy. Moncean.

Monchabou, XVIII s.; Mons Chaboudus, XIV s.; fortalie.; Mons Chabout; *Montchaboud*, c⁰ c⁰⁰ Vizille.

Monchaffrey, XVII s.; *Montchaffrey*, vill. c⁰ Vaulnaveys-le-Bas.

Monchallinum, XIII s.; Monchaillin, XIII s.; Monchalin, XIII s.; Monchayllinum, Monchallini (castr.), XVI s.; Monchanin, XVII s.; *Montchalin*, chât. c⁰ Courtenay.

Monchardon; *Montchardon*, vill. c⁰⁰ Cognin et Izeron.

Monchardus (nem. de), XIII s.; *Monchardon*, mas c⁰ Ornacieux et Penol.

Monclieu, mas et ét. c⁰⁰ Montalieu-Vercieu.

Moncuc, XII s.; Moncoucuz, XIV s.; Moncout, XIV s.; Moncucul, XVIII s.; *Montcul*, h. c⁰ Colombier-Saugnieu.

Moncul; *Montcull*, h. c⁰ Quaix.

Moncuzzet, XIV s.; Muncizet, XVII s.; *Montcizet*, f. c⁰ Crémieu.

Mondancier, XIX s.; *Mondancin*, h. c⁰ Viriou.

Monde-Vieux (Le), h. c⁰ St-Vincent-de-Mercuze.

Mondon (Le), h. c⁰ St-Albin-de-Vaulserre.

Moner, XV s.; *le Mounet*, h. c⁰ les Avenières.

Monereti (riv.), XV s.: *le Monaret*, ruiss. aff. l'Olle, c⁰ Allemont.

Moneria, XIII s.; *Magre (la Grande)*, ruiss. aff. l'Isère, c⁰⁰ Eybens, St-Martin-d'Hères et Grenoble.

Moneriorum (mans.), XIV s.; *les Meunières*, h. c⁰ Brézins.

Monerius de Monte Qualquier, XIV s.: *Guele*, mas c⁰ Montaud.

Monesteril de Ambello (castr.), XIV s.: Monestier Dambel, XV s.: voy. Monasteril de A.

Monesteril Clarimontis (prior), XV s.; Monestier,... Libre, 1783: voy. Monasterium Clarum.

Monestier-d'Ambel (Le), c⁰ c⁰⁰ Corps: dioc. Gap. égl. St-Pierre.

Monestier-de-Clermont (Le), ch.-l. c⁰⁰ arr⁰ Grenoble; dioc. Die, égl. St-Pierre.

Monestier (condamina de), XIII s.; Monestier du Perce, XVI s.; *le Monestier-du-Percy*, c⁰ c⁰⁰ Clelles: dioc. Die, égl. St-Pierre.

Monet (Le), l. disp. c⁰ St-Nicolas-de-Macherin.

Monet (Le): voy. Moner.

Monfalcon (molar.), XIV s.: voy. Mons Falconis.

Monfalcon (molar.), in parr. Loyviarum: *le Château*, chât. c⁰ Montfalcon.

Monfaurum (podium de), XIII s.; *Mont-Falcon*, l. disp. c⁰ Maidieu.

Monfors (terra de la), XIII s.; *Montfort*, h. c⁰ Crolles.

Mongalgier, XV s.; *Montgauuier*, h. c⁰ Vaulnaveys-le-Haut.

Mongaren, XIII s.; M-eyn; *Montgareu*, vill. c⁰ la Chapelle-du-Bard.

Mongarman, XIV s.; *Montgalmand*, h. c⁰ Goncelin.

Mongaudet, XIV s.; *Montgaudet*, h. c⁰ Soleymieu.

Mongay (domin. de), XII s., XV s.: voy. Monjay.

Monge, vill. c⁰ Marcilloles.

Mongelas, XII s.; *Montgelas*, h. c⁰ Viriville.

Mongiers (territ. de), XV s.; *Montgie*, h. c⁰ Luzinay.

Mongontier, XVIII s.; *Montgontier*, h. c⁰ Gillonnay.

Mongontoud, XIV s.; *Montgontour*, vill. c⁰ St-Pierre-d'Allevard.

Mongoyo, XIV s.: *Montgoye*, h. c⁰ Theys.

Monguarin, XIII s.: *Montgurel*, l. disp. c⁰ Passins.

Monguy (La), XVIII s.; Mongue (la); *la Grande-Mugue*, ruiss. aff. l'Isère, c⁰⁰ Eybens, St-Martin-d'Hères et Grenoble.

Monier, l. disp. c⁰ St-Nicolas-de-Macherin.

Monier, Monnier (vill. de): voy. Molner.

Monin, c⁰. St-Christophe-Entre-Deux-Guiers; — chât. c⁰ Ville-sous-Anjou.

Monineyres (Les), XVIII s.: *Murinnière*, h. c⁰ Château-Bernard.

Monizonne (La), h. c⁰ Corps.

Monjaillu, XIII s.; *Montjalat (l)*, l. disp. c⁰ la Côte-St-André.

Monjay, XII, XIV s.; *Montjay*, vill. c⁰ St-Quentin-Falavier.

Monjouuar, XIII s.; *Montjouuord*, mas c⁰ le Cheylas.

Monjou, XVIII s.: M-ux; *Montjoux*, h. c⁰ St-Jean-de-Bournay.

Monléan, XVIII s.; *Montléuus*, h. c⁰ Jardin.

Monleupart (castr. seu puypia de), XIII s.; *Montyupart*, XIV s.: voy. Montleupart.

Monliaruul, XVII s.; *Montlerruu*, mas c⁰ l'Albenc.

Monlouvier, XVIII s.: Monluver (P. de), XIII s.: voy. Mont Luver.

Moulut (Le), h. c⁰ Serres-et-Nerpol.

Monmilieu, XVII s.; *Montmeilleur*, chât. c⁰ St-Baudille-et-Pipet.

Monnaie (La), chât. c⁰ Crémieu.

Monnard (Le), m⁰⁰ c⁰ Notre-Dame-de-Vaux.

Monneriarum (Pons), XV s.: voy. Moneria.

Monneril (mans.); (m.), XIII s.; *le Monnier*, l. disp. c⁰ Ste-Marie-du-Mont.

Monnestier Dambel (chastell.): voy. Monasteril de A.

Monnet, h. c⁰ Châtonnay.

Monnestière (La), h. c⁰ St-Geoire.

Monnier (Le), h. c⁰ Ste-Blandine.

Monnière (La), XVII s.; *la*

Meunière, f. c^e Miribel-les-Échelles.

Meuniers (Les), vill. c^e Séchilienne.

Monnins (Les), XVIII s. ; *les Monins*, h. c^e la Bâtie-Divisin.

Monpancer, XIII s. ; *Montpensier*, l. disp. près St-Lattier.

Monpassard, XVII s. ; *Montpessard*, h. c^e Goncelin.

Monpella, XVII s. ; *Mont-Pellat*, chal. et mont. c^e Pinsot.

Mouplaisant, XV s. : voy. Montplaysent.

Monquin, XVIII s. ; *Montquin*, l. disp. c^e St-Jean-d'Avelane.

Monrion (boi. du Roi ou), XVIII s. ; *Montrion*, mont. c^e Mizoën.

Monrisiers (maladeria de), XIII s. ; Monrisier (feud. de), XIII s. : voy. Mont Risiers.

Monrober, XIV s. ; *Mont-Robert*, mas c^e Hurtières.

Mons (los), XV s. ; *le Montagne-d'en-Haut*, h. c^e Miribel-les-Échelles.

Mons, XIII s. ; *la Montagne*, h. c^e la Motte-St-Martin.

Mons, XIII s. ; *le Montay*, vill. c^e Tignieu-Jameyzieu.

Mons, vill. c^e Villette-d'Anthon.

Mons, XIV s. : voy. Monte (eccl. de).

Mons (eccl. de), XIII s. ; (parr. de), XV s. : voy. Monte (villa de).

Mons (mans. es), XIII s. : voy. S. Marie Episcopalis.

Mons Abonum, XIV s. ; *Montabou*, h. c^es la Terrasse et le Touvet.

Mons Aimonis, XII s. : voy. S. Agnetis de Monte Aimonis.

Mons Alamandi, XIV s. ; *Montarmaud*, h. c^e la Ferrière.

Mons Alluerium, Aloer, XIII s. ; Alodium ; *Montalieu*, vill. c^e St-Vincent-de-Mercuze.

Mons Altus, XIV s. ; *Montaud*, c^e c^es Tullins.

Mons de Ancysia, XV s. ; Mont Ancoizia, XVIII s. ; *le Mont-d'Anceisin*, mont. c^e Anceisin-et-Châtelans.

Mons Arnoldi, A-dus, XI s., XII s. ; Mons Arnodi, XIII s. ;

Mons Arnoudi, XIV s. ; Mont Arnault, XVIII s. ; *Mont-Arnaud*, mont. c^e Vienne.

Mons Ascolus, XII s. : voy. Mons Escol.

Mons Assonis, XII s. : voy. Assonus.

Mons Aynardus (mandam.), villa, XII s. ; *Monteynard*, c^e c^es la Mure.

Mons Bernerius, XIV s. ; *Montbernier*, vill. c^e Jallieu.

Mons Bonaldus (castell.), XII s. ; Bonoudus, XII s. ; Bonetus, castr., XIII s. ; *le Chiteau*, chât. c^e Montbonnot-St-Martin.

Mons Bosonum (riv. de), XIV s. : voy. Monboson.

Mons Buevol, XII s. ; *Montbauveolo*.

Mons Castri Turris, XIV s. ; Monte retro Castrum (burgum de) ; Monte (burgum de), XIV s. ; Monte Castri (furnus de), XIV s. ; *St-Clair*, h. c^e St-Clair-de-la-Tour.

Mons Chaffredus, XIV s. ; *Montchaffrey*, vill. c^e Vaulnaveys-le-Bas.

Mons Chapet, XIV s. ; *Montjapet*, éc. c^e Sermérieu.

Mons Chatayn, XIV s. : voy. Chastaneto.

Mons Cuchet, XIII s. ; *le Cuchet*, bois c^e La Chapelle-du-Bard.

Mons de Cugneux, XIV s. ; C-eu, C-nieu, XV s. ; Cugnio ; Mont de Cunit (Le), XVIII s. ; *le Mont-de-Cuny*, mont. c^e Ste-Blandine.

Mons Esaut, XII s. : voy. Assonus, Monte Essuto.

Mons Escol, XII s. ; *Montacol*, h. c^e La Combe-de-Lancey.

Mons Eurard, XIV s. ; E-dus, XIV s. ; *Monteurard*, vill. c^e Allevard.

Mons Eysanytz, villa, XIV s. ; *l'Exau*, mont. c^e Jarrie.

Mons Falcnia, XIV s. : voy. Montsfaral.

Mons Falconis, XI s. ; (mans. de), XI s. ; (castell.) (preceptr.) *Montfalcon*, c^e c^es Roybon.

Mons Falconis, XI s. ; Montalcon (sem.), XVI s. ; *Montfalcon*, l. disp. c^e Moidieu.

Mons Farcetus, XIV s. ; Farci-tus, Forcitus, XIV s. : voy. Montsfarsi.

Mons Ferratus, XII s. ; *Montferulin*, bois c^e Moirans.

Mons Ferratus, XII s. ; *la Roche-Montferrier*, h. c^e Polienas.

Mons Frigidus, XVI s. ; ... c^e Chaponnay.

Mons Frigidus, XVI s. ; *Montfroid*, mont. et chal. c^e Vaujany.

Mons Gaconis (bastida) : *le Chaleron*, chât. c^e La Batie-Montgascon.

Mons Gerlen, XIII s. ; *Montgerren*, vill. c^e la Chapelle-du-Bard.

Mons Gualguerius, XIV s. ; *Montgardier*, h. c^e Vaulnaveys-le-Haut.

Mons Japetus, Japp-s, XIV s. : voy. Mons Chapet.

Mons Johannis, XIII s. ; *Montjean*, h. c^e Vizille.

Mons Judaicum, X s. ; Judeum, XIV s. ; *Coupe-Jarret*, quart. c^e Vienne.

Mons supra la Lychor, XIV s. ; *Montaud*, c^e c^es Tullins.

Mons Mercor, in agro Eluminernsi ; Mons Mercurius, in villa Cisariano, X s. ; *Mercois*, l. disp. c^e Solaise.

Mons Musardi, XIV s. ; Musarti, XIV s. ; Musenili ; Mon Musart ; *Mont-Musard* (?), mont. c^e la Garde.

Mons Ochier, XIV s. ; Mont Ouchier, XIV s. ; Monte Ocherio (chavan. de) ; *Montaucher*, h. c^e Pontcharra.

Mons Olerii, XII s. ; Mons Olarii, XIII s. ; Mons Oolerii ; *Montoliet*, t. c^e la Chapelle-du-Bard.

Mons Passardi, XIV s., Monte Passardo, XIV s. ; *Montpennerd*, h. c^e Goncelin.

Mons Raschet, XII s. ; Rachassil, XV s. ; Rachet, XVI s. ; Raches, XIV s. ; Rachasuil, XV s. ; Rachetz, XIV s. ; *le Mont-Rachetis*, mont. c^es St-Martin-le-Vinoux et la Tronche.

Mons Reculatus, XI s. ; (parr. de), XI s. ; *Lucal*, c^e c^es Domène.

Mons Robertus, XIV s. ; *Mont-*

Robert, mas c⁰ Hurtières.

Mons Roclus, XV s. ; Rocol : voy. Mons Raschet.

Mons Rotundus, XIII s. : *Montrond*, ég. c⁰ St-Hilaire-du-Rosier.

Mons Salomonis. XI s. ; *Mont-Salomon*, mont. c⁰ Vienne.

Mons Sourcusus, XII s. ; Mont (le) ; *le Mont*, h. c⁰ Revel.

Mons Sicrus (tascharia), XIV s. ; villa, XIV s. ; Montbre, XIII s. ; (vill de), XVI s. ; (mais. f.), XVIII s. ; *Montaer*, vill. c⁰ Séchilienne.

Mons Siezetus, XV s. ; *Mont-cizel*, f. c⁰ Crémieu.

Mons Subterior, XV s. : (parr.), XIV s. ; Mons Subterieur, XVI s. ; Mons Subterior, villa, XI s. ; *Mousterouse*, h. c⁰ Monsterous-Milieu.

Mons Superior, X s. ; villa, in agro Stabiliacensi, X s. ; *Montserouse*, c⁰ c⁰ Beaurepaire.

Mons Susterior, XV s. : voy. Mons Subterior.

Mons Vinus, XIII s. ; Vinosus, XIV s. ; Mont Vinoulx à la Tronche, XVI s. ; *Montrinouse*, h. c⁰ la Tronche.

Monsbaveolo (in molari), XII s.; *Monthice*, chât. c⁰ Riviers.

Monsbeleis, XV s. ; Monsbelleyn : voy. Montis Beleui.

Monsbivol, XIII, XIV s. ; Monbivol, XIII s. ; Montbivol, XVIII s. : voy. Monsbaveolo.

Monselet, XVII s. : voy. Montcelles.

Monsena (rivus de), XIV s. ; *Marsennet*, h. c⁰ Tullins.

Monsferratus, XII s. ; *Montferrier*, h. c⁰ Cras.

Monsfortis (loc.), XII s. ; (domus fortalicii, e. str.) quod est rotundum, XIV s.; *Montfort*, h. c⁰ Crolles.

Monsleur, ruins. c⁰ St-Baudille.

Monsieur (Chez-), vc. c⁰ Eyzin-Pinet.

Monstéroux, h. c⁰ Monstéroux-Milieu, c⁰ Beaurepaire ; parr. dioc. Vien., égl. St-Laurent.

Monstrat (mont. de), XVIII s. ; *Montrat*, mont. c⁰ Presles et Rencurel.

Monsublet, XVI s. ; *Mont-Sublet*. ruines c⁰ St-Geoirs.

Monsylent (in Moullins de), XVI s. ; *les Marais*, h. c⁰ Poisat.

Mont (les), XVIII s. ; bois ; *le Mont*. vill. c⁰ Bizonnes ; — h. c⁰ Paladru ; — h. c⁰ St-Ondras ; — h. c⁰ St-Paul-de-Varces ; — h. c⁰ St-Sorlin ; — h. c⁰ Sermérieu.

Mont (granges du) : *le Mont*, grs c⁰ St-Pierre-d'Entremont.

Mont-l'Abesse (grs de) ; *l'Abbaye*, f. c⁰ St-Pancrasse.

Mont-l'Abesse (grs de). XVIII s. ; voy. Arguille.

Mont Adreit, Adreiz, XIV s. ; Mons Adroyt : voy. Adreiz.

Mont-Aiguille (La), mont. c⁰ Chichilliane ; une des merveilles du Dauphiné.

Mont-Albin, 1793 : voy. Sancto Albino.

Mont-Aleu, XVIII s. ; Montis Alloclii (dom. f.), XV s. ; Mont Alluer, XIII s. ; Montaluer, XIV s. : voy. Mons Alluerium.

Mont-d'Aramben (forets), XVI s. ; *le Mont*, bois c⁰ Aramben.

Mont-d'Avezanne, 1793 ; St-Jean-d'Avelanne, c⁰ c⁰ le Pont-de-Beauvoisin.

Mont-de-Bai, l. disp. c⁰ Chamoussay.

Mont-Bavenas, mont. c⁰ La Batie-Divisin.

Mont-Belair, 1793 ; St-Hilaire-de-Brens, c⁰ c⁰ Crémieu.

Mont-Bermain, h. c⁰ Janneyrias.

Mont-Blanc (Le), quart. vill. c⁰ la Sone.

Mont-de-Boiriez, bois c⁰ Panossas.

Mont-de-Breux, h. c⁰ Sermérieu et Vignieu.

Mont-Brutel, h. c⁰ Corbelin.

Mont Buisson ; *Montbuisson*, h. c⁰ St-Georges-d'Espéranche.

Mont-Charvet, mont. c⁰ les Adrets.

Mont-Clair, 1793 ; St-Clair-de-la-Tour, c⁰ c⁰ la Tour-du-Pin.

Montcornut, XVII s. ; Montico-quart ; *Montcornu*, mas c⁰ l'Albenc.

Mont Corbet, quart. c⁰ Dolomieu.

Mont-Cul, XIX s. : voy. Montalquen.

Mont Cuyssel (mont. de), XIV s. ; *Monrel*, mas c⁰ Gières.

Mont Desson, XVI s. : voy. Assumus (mons), Monte Esuillo.

Mont-Didier, 1793 ; *St-Didier-de-la-Tour*, c⁰ c⁰ la Tour-du-Pin.

Mont-Eguille : voy. Mont-Aiguille.

Mont Eschacier, XIV s. ; Echacier : *Mont-Echassier* ?, l. disp. c⁰ Gillonnay.

Mont-Félix, h. c⁰ Sonnay.

Mont Gallimant, XIV s. ; *Montgalimand*, h. c⁰ Goncelin.

Mont-Geoirs. 1793 ; *St-Geoirs*, c⁰ c⁰ St-Etienne-de-St-Geoirs.

Mont Gleu, XVIII s. ; *Mont-Joyeux*, h. c⁰ Châtonay.

Mont-l'Heau, XIX s. ; *Mont-l'Haut*, éc. c⁰ Lalley.

Mont-Lambert, h. c⁰ Ruy.

Mont-de-Lans (Glaciers du), c⁰ le Mont-de-Lans et St-Christophe-en-Oisans.

Mont de Lent, XVI s. ; Lans en Oysans, XVIII s.; Montdeleus; *le Mont-de-Lans*, c⁰ c⁰ le Bourg-d'Oisans ; dioc. Gren., égl. Vierge.

Mont-Livet (chât de), c⁰ Meylan.

Mont Laver (P. de), XIII s. ; Monte Loverio, XIV s. ; Montlovier ; *Montlouvier*, h. c⁰ Dizimieu.

Mont-Marcelli, XI s. ; *Mont-Martel*, h. c⁰ Chatte et St-Antoine.

Mont-Maurin, XIX s. ; *Montmaurin*, vill. c⁰ Dolomieu et Veyrins.

Mont-Mercier, bois c⁰ Le Touvet.

Mont (li Mota du), XIV s. ; *le Mont*, mas c⁰ Soleymieu.

Mont Olivet, XV s. ; Monte Oliveto (molari de), XV s. ; Montolive (Cyers en), XVII s. : *Montolivet*, mas c⁰ les Avenières.

Mont-Peyeux, mont. c⁰ Varces et-Vif.

Mont-Pouillet, l. disp. c⁰ Montagnieu.

Mont Raout, XIV s. ; *Maraud*, h. c⁰ Jardin.

Mont Raffrey (territ. de), XVI s. ; *Morfray*, mas c⁰ St-Savin.

Mont-Renard, mont. c^e St-Pierre-d'Entremont.

Mont Riverii (malad.), XIII s. : Montis Riverii (maladeria), XIX s. ; Montem Roserium (ad.), XVI s. ; Mont Roster : Montroser, h. c^es Seyssel et Vienne.

Mont-de-Rives, XVII s. ; Mont de Rive, mont. c^e Bizlinon.

Mont-Rocheux, mont. c^e Chaparellan.

Mont-Rolland, h. c^e Châtenay : — h. c^e St-Lattier.

Mont St-Genis : St-Genix, mont. c^e Goncelin.

Mont-St-Marcel, 1788 : St-Marcel-de-Bel-Accueil, c^e c^es Bourgoin.

Mont-St-Martin, c^e c^es Grenoble-Nord : dioc. Gren., égl. St-Martin.

Mont Sallamon, Mont Salomon, mand., XVI s. : voy. Mons Salomonis.

Mont-Salomon, h. c^e la Frette.

Mont Simon, XIX s. : voy. Symcoull.

Mont Valon (mines de), XVIII s. ; Montcaillon, h. c^e Mens.

Mont-de-Velanne (Le), h. c^es St-Geoire et Velanne.

Mont-Vernet, mont. c^e St-Pierre-de-Chartreuse.

Mont-Victor, 1788 ; St-Victor-de-Morestel, c^e c^es Morestel.

Monta (La), Monte (nem. de), XIV s. ; Monta, XIV s. ; le Mont, h. c^e Dolomieu.

Monta (La), XVI s. ; Montha (la), XVII s. ; la Monta, vill. c^e St-Égrève.

Monta (La), h. c^e St-Jean-le-Vieux.

Monta (chavan. la), XIII s. ; M-at (la) : voy. Monte (chav. de).

Montavel (mans. de), XIII s. : voy. Mons Escul.

Montaida (mans. de la), XII s. ; la Monta, h. c^e St-Jean-Le-Vieux.

Montaginel (castr. Perini ap. molar.) ; Montaigneer : voy. Castrum Perini.

Montagne (La), mont. c^e Aubel.

Montagne (ruiss. de la), c^e Entre-Deux-Guiers, aff. le Guiers-Mort.

Montagne (La), h. c^e la Frette : — h. c^e le Grand-Lemps.

Montagne (la Grande), XVIII s. : voy. Montanis.

Montagne (la) : voy. Grivin.

Montagne inaccessible, faite accessible du temps du bon roy Charles huytiesme (CHAMPIER, Mons inaccensibilis... a Juliano Lotharingo... ascensus (FALCOZ). Mons inaccessus (SALASINO) etc. : le Mont-Aiguille, mont. c^e Chichilianne.

Montagne (Lac de la), c^e Lavaldens.

Montagne de Miribel, XVIII s. : la Montagne-d'en-Haut, h. c^e Miribel-les-Echelles.

Montagne (La), vill. c^e Montferrat.

Montagne (La), vill. c^e Paladru : — vill. c^e Parmilieu : — h. c^e St-Aupre.

Montagne (ruis. de la), c^e St-Christophe-en-Oisans.

Montagne, c^e c^es St-Marcellin : dioc. Vienne, égl. Ste-Vierge.

Montagne (La), h. c^e St-Sulpice-des-Rivoires.

Montagnery (La), XVII s. : M-niere (la) ; la Montagne, vill. c^e Miribel-les-Echelles.

Montagnes-Russes (Les), quart. c^e Grenoble.

Montagnia, XIII s. ; Montagnery, XVII s. ; M-ney, M-nie ; la Montagne-d'en-Haut, h. c^e Miribel-les-Echelles.

Montagnia, XIV s. : la Montagne, vill. c^e St-Hilaire-de-la-Côte.

Montagnia, villa in agro Lectacensi, X s. : Montagne (N.-D. de Carron dicta), XVI s. : Montagne, c^e c^es St-Marcellin.

Montagniaci (eccl. S. Petri), XIII s. ; Montagnacu, XIV s. ; M-az, Montaigniou (cap. S. Petri de), XIV s. : Montagnyacum : Montagniou, c^e c^es la Tour-du-Pin : dioc. Vienne, égl. St-Pierre.

Montagniacum (dom. f. de), XIV s. ; Montagniou, XVIII s. : Montagniou, l. disp. c^e St-Etienne-de-Crossey.

Montagniacum, XII s. : Montagnou (villa de), XIV s. ; Montagniou (dom. f. de) in mand. Morestelli, XV s. ; Montai-gnou, XIII s. ; Montagniou, h. c^e Soleymieu.

Montagniou, XVIII s. ; M-ou : Montagnou, h. c^e la Frette.

Montagnou (mont.), XIV s. ; la Montagne, vill. c^e Izeron.

Montagot, h. c^e la Bâtie-Montgascon.

Montaigne, mais. : voy. Montanus.

Montaigneer (mand.), XV s. : voy. Castrum Perini.

Montal (châtit.), c^e la Rivière.

Montalban, cc^e. c^e Bresson.

Montalban (château de), XVIII s. : voy. Château de M-n.

Montaleon, h. c^e Four.

Montalieu-Vercieu, c^e c^es Morestel.

Montallieu, XIII s. ; parr. Verciaci, XV s. : Montesillou, XIV s. : Montalieu, bourg c^e Montalieu-Vercieu.

Montalma, XVIII s. : voy. Mons Alam.

Montalon (les), ruiss. aff. le Frizon, c^es St-Appolinard et St-Antoine.

Montalquer, XIII s. : Montcull, h. c^e Quaix.

Montanea (dom. de), XV s. : le Château, châit. c^e Montagne.

Montanea Corsi, XIV s. : la Montagne, cc. c^e Corps.

Montanea, XII s. : Montana (parr. S^e Marie de): Montalan, XII s. : Monthanea, XIII s. : (fund. de), XIV s. : (capellanus B^e Marie de), XIV s. : Montaneacastellum, mansdam. K Montagne, c^e c^es St-Marcellin.

Montanea S^e Quintini, XIV s., Montana S^e Quintini (capella B^e Marie Magdalenes supra): Montaud, c^e c^es Tullins.

Montanen, XIV s. ; Montanensi, X s. : Montanieu, XVI s. ; Montagnieu, c^e c^es la Tour-du-Pin.

Montaniacum, dom. f., XIV s. : Montagnieu, l. disp. c^e St-Etienne-de-Crossey.

Montaniaus (in), X s. : voy. Agnieu.

Montanier (le), f. c^e St-Arey.

Montanieu, XV s. : Montanyer (champ de Riachi ronda, XV s. ; Montagnieu, h. c^e la

Frette.
Montanis (serr. de), XIV s. : *la Montagne, cc. ce Clelles.*
Montannen (de), XIII s. : *Montagnien, h. ce Soleymieu.*
Montarman, XVIII s. ; M-nt, XVIII s. ; *Mouternnnel, h. ce la Ferrière.*
Montarnot, M-ont, XIII s. : voy. Mons Arnault.
Montarzin, XVII s. ; *Montarzin, h. ce Avalon.*
Montata, XV s. ; *le Montet, l. disp. ce Besse.*
Montata (molend., pons de), (troyllinum et habititorium de), XIV s. : *la Monta, vill. ce St-Égrève.*
Montata (chavan. de), XIV s. ; villa, XIV s. ; *la Monta, h. ce Laffrey et St-Jean-de-Vaux.*
Montatis (territ. de), XV s. ; Montata (territ. de) ; Monta (la), XVI s. : *les Montees, mas ce St-Chef.*
Monaucbi, XIX s. : voy. Monte Auchier.
Montaud, ce ce Tullins ; dioc. Gren., égl. Ste-Madeleine.
Montauld, XVII s. ; Montaux, XVI s. : voy. Mons Altus.
Montausel (vers.), XV s. ; *Mauccl, mas ce Genas.*
Montavia, XIII s. ; Montavit, XIX s. ; *Montarie, chât. ce Bresson.*
Montaygnet, XIII s. ; M-gnaei (dominus), XIV s. ; M-nieu, XIV s. ; *Montaygnieu, h. ce Soleymieu.*
Montaynart, XIV s. ; Montenart, XV s. : voy. Mons Aymardus.
Montaz (Le), h. ce St-Jean-d'Avelane.
Montbaillif, XVII s. ; Montbailly, XVII s. ; Montballer, XII s. : *Montbailly, chât. ce Vaulx-Milieu.*
Montbeleyn (riv. de), XV s. : voy. Monbelyen.
Montbernier, XVIII s. ; Montbrenier : voy. Mons Bernerium.
Montbert (en), XIV s. ; *Montbert, h. ce Roche.*
Montbertou, XIV s. ; *Montbertoud, mas ce Cessieu et Montceau.*

Montolol, mais. f., XVIII s. ; Montchirol (G., J. de), XIII, XIV s. ; Montem Bisolum, XIV s. : voy. Mons Bavcolo.
Montbonnon, vill. ce Montbonnot-St-Martin, ce Grenoble-Est ; dioc. Gren., égl. St-Nicolas.
Montbonnoult, M-nd, XV s. ; Montbonnault, XV s. ; Montis Bonoli (eccl. S. Nicolay), XV s. ; Bonoudi (castr.) : voy. Montis Bonoldi.
Montbran (rupis), XIV s. , M-nt, XVII s. : *Montbran, mont. ces Autrans, la Rivière et St-Gervais.*
Montbreton, chât. ce Chanas.
Monthrion (molaria de), XV s. ; Monthron (molard de), XVIII s. ; *Montbrion, mas ce Trept.*
Montlaurl, 1583 ; *St-Laurel, ce ce St-Geoire.*
Montbuffet : voy. Monte Bufeto.
Montbust versus Meyssu, XIV s. ; Montbinel (territ.), XV s. ; *Montbine (?), l. disp. ce Genas.*
Montcara, XV s. : *Montcaras, ce ce la Tour-du-Pin : voy. Monte Cadrato.*
Mont-arra, chât. ce St-Chef 1589.
Montceau, ce ce Bourgoin ; dioc. Vienne, égl. Ste-Anne.
Montcelet, M-llet, XVII s. : *Montcellet, h. ce Entre-Deux-Guiers.*
Montceyroz, XVI s. : *Montceyrouz, h. ce Monsteroux-Milieu.*
Montchalerme, gr. disp. ce Champier.
Montchalin, XIV s. ; Montchalin, XV s. ; Montchatin, XIX s. ; *Montchalin, chât. ce Courtenay.*
Montchard, L. ce Satolas-et-Bonce.
Montcharvais, XIX s. : *Montcharret, h. ce Chimilin.*
Montchater, XV s. ; *Montchatté, h. ce Chatte.*
Montchâtin, h. ce St-Jean-de-Bournay.
Montcorbeil, XVII s. ; *Mont-Courbois, quart. ce Morestel.*
Montceur, XII s. ; Monteu, XIV s. ; Montecuta, XIV s. ; Montequta, XIV s. ; *Montcul, h. ce Colombier-Saugnieu.*
Montdidier, ce ce Montseveroux.

Montdragon, ruiss. aft. l'Isère, ces Le Fontanil et Voreppe.
Montduisant, XVIII s. ; *Montloisnat, h. ce St-Appolinard.*
Montbluisier, XVIII s. ; *Meausier, bois ces Chatte et St-Antoine.*
Monte villa, X s. ; *Montlemas, h. ce Jardin.*
Monte (eccl. de), XIII s. ; (mem. de), XIV s. ; *Mons, h. ce St-Jean-de-Bournay.*
Monte (chavan. de), XIII s. ; *la Monta, h. ces Laffrey et St-Jean-de-Vaux.*
Monte (villa de), X s. : Montibus (capella de), XII s. ; Montium (verchorias), XII s. ; Monts, XVIII s. ; *Mons, vill. ce Villette-d'Anthon.*
Monte (illi de), XIV s. : voy. Torchilfelloni.
Monte Aimone (in), XI s. ; Aymonis ; Montis Aymonis (parr., mistral.), XV s. : voy. S. Maurici de Monte Aymonis.
Monte Alto (Montanea nova in), XV s. : voy. Mons Altus.
Monte Auchier (caban. de), XIII s. ; *Montaucher, h. ce Pontcharra.*
Monte-Bonalde, chastania castri de, XIII s.; *Montbonnot, ville ce Montbonnot-St-Martin.*
Monte Britone (castr.), X s. ; Montbretun, Monte Brutonis (mand. de), XII s. ; Mons Breto, XIII s. ; Montis Britunis (castr.), XIV s. ; Brithunis ; Mons Bretum, XIV s. ; *Montbretun, chât. ce Chanas.*
Monte Buevol, XII s. : voy. Mouchavelo.
Monte Bufeto (chsm. f. de), XIV s. ; Montis bufeti (ayas de), XIV s. ; Bufeti (nem.), XV s. ; *Montbuffet, bois ces Commelle et Nantoin.*
Monte Cadrato (iter de), XV s. ; Carato (homines de), XV s. ; Montcaras, XVI s. ; Montcarra, XVIII s. ; *Montcarra, ce ce la Tour-du-Pin.*
Monte-Calvo, XII s. : voy. Chononcil.
Monte Chapet (de), XIV s. ; C-to (de), XIV s. : *Montjapet, ce ce Sermérieu.*
Monte (Crosetus de), XIV s. ; *le Montagnou, glac. ce St-*

Christophe-en-Oisans.

Monte Cueut (nem. de), XIV s. ; Mons Cueut ; Montcull, h. c° St-Michel-de-St-Geoirs.

Monte Essuto (de), XII s. ; la Bastille, mont. et fort. c° Grenoble.

Monte Falcone (tenem. de), XIII s. ; Montfalcon, h. c° St-Barthélemy-de-Séchilienne.

Monte Follet (mans. in chaban.), XI s. ; Mons Folleti, XII s. ; Monfolet (tour de) ; Montfollet, ruines c° Froges.

Monte Galguerio (J. de), XIV s. ; Montgaldier, XV s. ; Mougardier, h. c° Vaulnaveys-le-Haut.

Monte Galman (chaban. Alberti de), XII s. ; Montis G-n (gorgia), XIV s. ; Gallmant, XIV s. ; Mont Galmant, XVIII s. ; Mont Galmont, XIX s. ; Montgalmand, h. c° Goncelin.

Monte Garcini (in), XII s. ; Montis Garenci, XIII s. ; Mons Garcinus ultra Alavardum, XIII s. ; Montgarcin, XIII s. ; Montegareno (de), XIII s. ; Mons Garen, Monte Garenco (de) ; Garento (A. de), XIV s. ; Garino, Mons Garenus ; Montgareyn ; Montgaren, vill. c° la Chapelle-du-Bard.

Monte Garcino (mans. de), XII s. ; St-Nicolas, h. c° Domène.

Monte Gauterio (fortalic. de), XIV s. ; Montgautier, l. disp. c° Champier.

Monte Gelato (de), XII s. ; Jelato (de), Jalato (loco de), XIV s. ; Montgella, XVII s. ; le Maufjalat, mont. c° St-Martin-le-Vinoux et la Tronche.

Monte Gonterio (dom. f. de), XIV s. ; Montgontier (dom. f.), XIV s. ; Montgonter, Monte Gonterio (J. de Borzosello de), XV s. ; Montgautier, l. disp. c° Champier.

Monte Jaia (in), XIV s. : voy. Monjalla.

Monte Japeto (de), XIV s. ; Jappeto (de), XIV s. ; Mont Japet, mais. f., XVIII s. ; Montjapet, éc. c° Sermérieu.

Monte Jonnario (de), XIV s. ; Montjonnard, mas c° le Cheylas.

Monte Lupart (castr. seu poypia de), XV s. : voy. Montlupart.

Monte Martini (dominus de), XIV s. ; Montis M. (domus, infra manal. Comm.)(castr.), XV s. ; Montmartin, chât. c° Biol.

Monte Merlo (de), XV s. ; Merulo ; Montmerle, mas c° Vignieu.

Monte Moreti (exartaria de), XII s. ; M-te (taxelae de) ; Montmuret, mont. c° Revel et Tourdan.

Monte (eccl. sita in), XII s. ; (mans. ad), XII s. ; (Beata Maria de), XIV s. ; Mont Nostre Dame, XV s. ; Notre-Dame-du-Mont, h. c° Gillonnay.

Montequadrato (in Capella et), XV s. : voy. Montcaro, Monte Cairato.

Monte Rolen (terra de), XIII s. ; Mons Rolenus villa, XIV s. ; Menterolento (loc. de), XV s. ; Montem Roleacum (ad) : Mont-Rolland, h. c° Jarrie.

Monte Rotundo (villa de), XIV s. ; Montrond. h. c° Gresse.

Monte Sirbo et de Morta (hominess), XIV s. ; les Forains-de-Vizille, anc. com. él. Grenoble, supprimée en 1637, pour former les Forains de Vizille à la Morte, et les Forains de Vizille à Montchaboud et à Montjean.

Monte Sparato (in), XI s. : voy. St-Georges-d'Espéranche.

Monte Superiori (caban. de), XII s. ; le Mont, h. c° la Combe de Lancey.

Monte Torto (G. de), XIV s. : Montfort, chât. c° Eyzin-Pinet.

Monte Ucria, Ureiato (de), XIV s. ; la Cie, mont. c° Autrans et Montaud.

Monte Ucria, Ucia, Uriato (tenem. de), XIV s. ; le Rif-de-la-Cie, h. c° Mortaud.

Monte Vibert (en), XV s. ; Montvibert, mas c° St-Julien-de-l'Herms.

Monte antiquo de Vienna (in), X s. : Pipet, mont. c° Vienne.

Monte villa (in), X s. ; Mons, XIII s. ; (capellanus de), XIV s. ; Montz, Mont (mas de), XIII s.: Mons, vill. c° Luzinay.

Monte Vuarcino (villa de), XII s. ; Montgarcin, vill. c° la Chapelle-du-Bard.

Monte Vuarcino (villa de), XII s. : voy. Monte Garcino, S. Nicolai de Monte Garcinewo.

Monteau (chât. de) ; le Chatrou, éc. c° Montaud.

Monteaulier, XVIII s. ; Montoliet, f. c° la Chapelle-du-Bard.

Monteaulier. XVIII s. ; Montoullier : voy. Mons Olerii.

Montecotausone (de), XIV s. ; Montguin, f. c° Maubec.

Monteeugma, XIV s. : voy. Montalquer.

Montée (La), vill. c° Chassieu ; — h. c° Pusignan ; — h. c° St-Martin-le-Vinoux.

Montée-de-la-Cochère (La), h. c° Granieu.

Montée-le-Truchet (La), chª c° St-Alban-de-Roche.

Montefarel (bosc. de), XIII s. ; Montes Fartitum (ap.), XIV s. ; Monte Farceto (de), XIV s. ; Montem Falcitum, XIV s. ; M. Forcitum, XIV s. ; Montfarcy, h. c° Theys.

Monteferranda (de), XIII s. ; Monsferrus (dom. f. que dicit.), XIV s. ; Monsfera, Montisferrati (castr.), XIV s. : les Fuserts, mas c° Montferrat.

Montegrolo (in), XIII s. : Montgrolo, XIII s. ; Montem Goyo (apud), XV s. ; Mons Goyos, XV s. : Mons Goy, XV s. ; Montgoye, h. c° Theys.

Monteillarum, XIV s. ; Montignele, chât. c° Villemoirieu, anc. commanderie de Malte.

Monteillou (ap.), XIV s. ; Montelou, XV s. ; Montoilus, f. c° Rochetoirin.

Monteloverio (mans. de), XV s. ; Monteloup, XIX s. ; Montloup, h. c° Vasselin.

Montela (Les), éc. c° St-Michel-les-Portes.

Montem Album (por), X s. ; Mont-Plaisir, h. c° Pont-Evêque,

Montem Chardonis (ad), XIII s. ; Mont Chardon, vill. c° Cognin et Izeron.

Montem Gambetum (ap.), XV s. ; Montgaudet, XV s. ; Montgaudet, h. c⁰ Saleymieu.

Montem Rieurarchium (versus), XIV s. ; *Montourenal*, vill. c⁰ Allevard.

Montem Reynardum (ap., XV s. ; *Montreunal*, h. c⁰ St-Pierre-d'Allevard.

Montemoyrin, M-no (territ., new. de), XII s. ; *Montumirin*, l. disp. c⁰ Revel-et-Tourdan.

Montenembert, XIII s. ; Mont Enyvers XIV s. ; *Montenvers ?*, l. disp. c⁰ Villeneuve-de-Marc.

Monténieu, mas c⁰ Bouvesse-Quirieu.

Monterier : voy. Mons Ferratus 2⁰.

Monteroux, XVIII s. : voy. Mons Subterior.

Montes de Cassenatico, XIII s. ; Montium Cassenathei (castell⁰), XIV s. ; Montium (castellania) ; *le Mont-de-Sassenage*, anc. chatellenie de la baronnie de Sassenage, comprend parois. c⁰ Autrans, Corrençon, Lans, Méaudre et le Villard-de-Lans.

Montes (vignoble des), XV s. ; Montiers (terr. des), à prisé la Plaine de Trieu, XVIII s. ; *les Montrez*, mas c⁰ St-Chef.

Montesmieux, h. c⁰ St-Maximin.

Montet (Les) : voy. Montata.

Monteuil, h. c⁰⁰ la Buisse et St-Jean-de-Moirans.

Montoux, h. c⁰ St-Romans.

Monteynard, c⁰ c⁰⁰ la Mure ; égl. : voy. la Ville.

Monteynard (ruine de), c⁰ Theys ; — chât. c⁰ Faxmin(f).

Monteynart, XIII s. ; *Montreuard*, h. c⁰ St-Pierre-d'Allevard.

Montez (La), XVIII s. : *la Grande Montez*, bois c⁰ Proveyzieux.

Montheon, XIII s. : voy. Mons Falconis.

Montfalcum, c⁰ c⁰⁰ Ruybon.

Montfaloldi villa, XIV s. : voy. Mons Alluerium.

Montfeley, h. c⁰ St-Bonnet-de-Chavagne.

Montferrat, XVIII s. : voy. Château-Grillet.

Montferier, XVIII s. ; Mont-ferrier, h. c⁰ Morette.

Montferra, XVI s. ; *Montfort*, chât. c⁰ Eyzin-Pinet.

Montferra, XVI s. ; *Montferrat*, l. disp. c⁰ Villeneuve-de-Marc.

Montferrat, c⁰ c⁰⁰ St-Geoire ; dioc. Vienne, égl. St-Didier.

Montferrat : *Château-Grillet*, h. c⁰ Villeneuve-de-Marc.

Montfleury, couvent, c⁰ Corenc ; ancien monastère des chanoinesses de St-Dominique, fondé en 1342 par le dauphin Humbert II.

Montfol (dom. f. de), XV s. ; Montfort, XVI s. ; *Montfort*, chât. c⁰ Eyzin-Pinet.

Montfort, h. c⁰ Crolles.

Montfort (chastelerie), XIV s. : voy. Monsfortis.

Monifouillet, XIX s. ; Montfoulet, XVIII s. ; *Montfullet*, h. c⁰ Charavines.

Montfralsier, f. c⁰ Passins.

Montfret, Montfrey (Bromardet), XVI s. : voy. Mons Frigidus 1⁰ c⁰.

Montfrey, mont. c⁰ Amoisin-et-Châtelan.

Monttriolout, c⁰ c⁰ Charancieu.

Montfromage, mont. c⁰⁰ Sarcenas et Proveyzieux.

Montgaland, XVIII s. : voy. Monte Gelatu.

Montgarand, XVII s. ; M rent, M-rant : voy. Monte Garrini.

Montgrared (fief de), XVIII s. ; Montgarret, XVIII s. ; *Montgaret*, l. disp. c⁰ Passins.

Montguulon, XVIII s. : voy. Mongouloud.

Montgenetas, quart. c⁰ St-Hilaire-du-Rosier.

Montgirier, XVI s. ; Montgeay, XVIII s. ; *Montgir*, h. c⁰ Luzinay.

Montgotoudum, XIV s.; Montem Gothoudum, XV s. : *Montgostoux*, vill. c⁰ St-Pierre-d'Allevard.

Monthaucher, XVIII s. ; Mont Huchier, XIV s. : voy. Monte Auchier.

Montiaclo (preceptor), XIV s.; Montiacbe (dom. hospit. S. Joan. Jerosolim.) ; Montilliacum (precept.), XIV s.; Montiracle, XIX s. ; *Montieucle*, chât. c⁰ Villemoirieu.

Montianemi (villa), X s.; Mon-taynieu, c⁰ c⁰⁰ la Tour-du-Pin.

Montibabro (Ch⁰ de), c⁰ Bouvesse-Quirieu.

Montibert (territ. de), XIV s. ; *Montcibert*, mas c⁰ St-Julien-de-l'Herms.

Montis Andree (chavan.) ; *Mont-Andre*, l. disp. c⁰ Le Mont-de-Lans.

Montis beleni (combe), (vinetum) ; Monsbelleyn, XV s. ; *Montblanc*, h. c⁰ Ste-Blandine.

Montis Bozuselli (parr.), XIV s. : voy. Monasterium Bozuzelli.

Montis Bonoldi (eccl.), XI s. ; M. Bonaldi, XIII s. ; Monte Bonni (U. de), XII s. ; Montbonout, XIII s. ; Montis Boneti (mandam.), XIII s. ; Montebunoto, XIII s. ; Monte Bonoudo (domin. de), Monte Bonoulli (Guerra de), XIII s.; Mont Bonout, XIV s. ; Monbonnet, Montbonnoset, Montbonnoue ; *Montbonnot*, vill. c⁰ Montbonnot-St-Martin.

Montis Bonum de Costis (bastida), XIII s. ; M-s Buynoudi in C-a d'Arey (castr.), XIV s. ; *le Château*, chât. c⁰ les Côtes-d'Arey.

Montis Cadrati (dom. f.) XIV s. ; *Montcravon*, chât. c⁰ St-Chef.

Montis Chauelli (new.), XIV s. : *Montchamp*, h. c⁰ Moldieu.

Montis Clari (castrum), XIII s. ; (castell⁰) ; Montclar (mazures de), XVII s. ; *Montclair*, ruines c⁰ Voiron.

Montis Ferrerii (castr., homin., mandam.), XIV s.: voy. Mons Ferratus 2⁰.

Montis Fluriti (mandam., castell⁰), XIV s.; castr., Floridia, XIV s. ; Mons Floritus, XIV s. ; Montis Fluriti (hospic., donjonum seu palacium), Mont Fluri (chât.), XIV s. ; Flori (monast.), XIV s. ; Montflori (religiosum Jacobinus de), XIV s.; Montfleury, XVII s. ; Montfleur, XVIII s.; *Montfleury*, couvent, c⁰ Corenc.

Montis Garmanelli, XIII s. ;

Montgalaand. h. c⁰ Goncelin.

Montis Leonis (bov.). XIII s. ; (castr.), XIV s. ; mandam., castellia ; Monte Leone, XIV s. ; Montis Leyonis, XIV s. ; Montleons. h. c⁰ Jardin.

Montis Lugduni (castr.), XIV s. ; Montléans, h. c⁰ Jardin.

Montis Lyopardi (castr.), XIV s. : voy. Montleopart.

Montis Melioris (domin.), XIV s. ; (dom. t.) ; Montmeilleux, XVI s. ; Mont Melleur, Montmeilleur en Tryèves ; Montmeilhur, XVII s. ; Montmeillieu, XVIII s. ; Montmeilleur, chât. c⁰ St-Baudille-et-Pipet.

Montis Olarii (rectum), XII s. ; Mons Olarii, XIII s. ; Ooleril, Montollier, XVI s. ; Montollier, XVII s. ; Montouillier, XVIII s. ; Montoliet, f. c⁰ La Chapelle-du-Bard.

Montis Passardi (terrayllium), XIV s. ; (dom. t.), XIV s. ; Montpassard, M-rt, XVII s. ; Montpensa, XVIII s. ; Montpoussard, h. c⁰ Goncelin.

Montis Quadrati (dom. t.), XV s. : voy. Montis Cadrati.

Montis Rajassli (summit.), XV s. : voy. Mons Raschet.

Montis Revelli (castr.), XIII s. ; Montrevel (chât.) ; le Château, éc. c⁰ Montrevel.

Montis Revelli (castellania), XIV s. ; (ecclesia), XIII s. ; (mandam.), XIII s. ; Montrevel, c⁰ c⁰⁰ Virieu.

Montis Rigaudi (castellanus) ; (homin.), XV s. ; Montrigault à Serpaize, XVI s. ; Montrigaud, chât. c⁰ Seyssins.

Montis Romani (P.), XV s. ; Mont Romans, XVIII s. ; M. Romond ; Montromans, éc. c⁰ St-Barthélemy-de-Beaurepaire.

Montis Salomonis (mandam.), XIV s. ; Mont Saltamon, XVI s. ; la Salme, anc. mandement comprenant partie c⁰ Vienne (territ. de Mont Salomon).

Montis Sancti Andree (ecclesia), XIV s. ; Mont-St-André, l. disp. c⁰ Pressins.

Montis Sancti Martini (rupis), XII s. ; Monte Sancti Martini (eccl. de), XII s. ; Mons, XIV s. ; Mont-St-Martin, c⁰ c⁰⁰ Grenoble-Sud.

Montis Seyteriori (ci veraghina), XIV s. ; voy. Mons Subterior.

Montis Superioris (burg., castr., eccl., mand.), XII, XIV s. ; (parr.), XVI s. : voy. Mons Superior.

Montisboneti (mandam.), XIII s. ; Montbonnot, vill. c⁰ Montbonnot-St-Martin.

Montisbritonis (parr.), XV s. : voy. Calvatis villa.

Montjat, XVI s. : voy. Monjay.

Montjayet, mas c⁰ Bresson.

Montjo (molar de), XV s. ; Montjous, mas c⁰⁰ Culin et St-Agnin.

Montjoyet Grand et Petit, XVIII s. ; Montjoye, h. c⁰ Theys.

Montjoyeux, chât. c⁰ Meyzieu.

Montjuillant, h. c⁰ St-André-le-Gaz.

Montjuillin, XVIII s. ; Montjulin, h. c⁰ St-Antoine.

Montlaffrey (meu.), XVI s. ; Montaffrey, l. disp. c⁰⁰ Sizmandres et Villette-Serpaize.

Montlaur, XVI s. ; Montfort, chât. c⁰ Eyzin-Pinet.

Montléans, h. c⁰ Jardin.

Montleopart (domin. de) : Montleyopart (castr. seu porpia de) ; M-lyopart (porpia), XIII s. ; Crémyeu, chât. c⁰ Maubec.

Montlians, XV s. ; Montlyan, Montléan, XV s. ; Montlevaux, h. c⁰ Jardin.

Montlihaud (mais de), XVII s. ; le Château, éc. c⁰ Quaix.

Montloubet, h. c⁰ Chatte.

Montlouvier (ruiss. de), c⁰ les Adrets.

Montmaillion, h. c⁰ Montseveroux.

Montmalon, XVIII s. : voy. Mont Valon.

Montmartel, éc. c⁰ Clelles ; — h. c⁰ Moirans.

Montmartin, h. c⁰ Corbas.

Montmartin (ruiss. de), affl. la Varèze, c⁰ Cour-et-Buis.

Montmayou, mont. c⁰ Pinsot.

Montmercier : voy. Ourns.

Montmeillieu (chap. de), XVIII s. ; Montmillieu, mas c⁰ St-Chef.

Montmort, mont. c⁰ Hières.

Montollier, h. c⁰⁰ St-Cassien et Voiron.

Montollière, éc. disp. c⁰ St-Pierre-de-Chartreuse.

Montoliet, f. c⁰ la Chapelle-du-Bard.

Montolivet, l. disp. c⁰ Chevrières.

Montolivet, bois c⁰ Passins.

Montolivet (château), XIX s. ; le Château, chât. c⁰ Passins.

Montouven, XVIII s. ; Montourved, vill. c⁰ Allevard.

Montouvrier, XVII s. : voy. Mont-Laver.

Montpaillas (bois), XVIII s. ; Montpeillard, XVIII s. ; Montpaillas, mas c⁰ Bizonnes.

Montpassard, M-rt. Montpensa, XVII s. : voy. Mons Passardi.

Montpelat (bois de), XVIII s. ; Montpeiller, XVIII s. ; Montpelard ; Mont-Pellat, chât. et mont. c⁰ Pinsot.

Montpensier, h. c⁰ Torchefelon.

Montpertuis, XIX s. ; Monpertuis, éc. c⁰ Panossas.

Montplaisir, h. c⁰ Pont-Évêque ; — éc. c⁰ St-Sebastien.

Montplayson, Montisplacentis (castr.) ; (dom. t.), XV s. ; Montplaisant, h. c⁰ St-Hilaire-de-Brens.

Montpolos, XVII s. ; Montpoilon (bois de), XVIII s. ; Mont-Poulan, bois c⁰⁰ Aramkon et St-Victor-de-Morestel.

Montponson, h. c⁰ Voiron.

Montpourchier, XVIII s. ; Malpourchie, h. c⁰ Allemont.

Montrachel, 1700 ; Montrachept, XVII s. : voy. Mons Raschet.

Montras, mont. c⁰⁰ Prunles et Reneurel.

Montravel, chât. c⁰ l'Albenc.

Montravers, h. c⁰ St-André-le-Gaz.

Montretour, f. c⁰ Pajay.

Montrevel ; Château-Désert, bois c⁰ Montrevel.

Montrevel, c⁰ c⁰⁰ Virieu : 1788, com. él., baill., dioc. Vienne, égl. Ste-Vierge : voy. Le Château.

Montrigaud, quart. c⁰ Grenoble.

Montrigaud, chât. c⁰ Seyssins.

Montrion (ruiss. de), XVIII s. : voy. Bonne-Pierre, Bono Rivo.

Montrocher, XIX s. : voy. Morcher.

Montrond, h. cᵉ la Bâtie-Divisin ; — éc. cᵉ St-Chef ; — mont. cᵉ St-Martin-d'Uriage ; — mas cᵉ Sermérieu ; — cᵉ Villette-Serpaize.

Montrosier, h. cᵉ Eclose.

Montroux, vill. cᵉ Domène.

Montsanglard, l. disp. cᵉ Chevrières.

Montsera, h. cᵉ Pusignan.

Montseteroz, XIII s. : voy. Mons Subterior.

Montséveroux, cᵉ cᵗ Beaurepaire ; dioc. Vien., égl. St-Martin.

Montsollde, 1793 : voy. Sancti Baudelli.

Montsouteroo, XVI s. : voy. Mons Subterior.

Montsublet, XVI s. : voy. Subletière.

Montuyn, XIV s. ; Montin, XVI s. ; Montin (Grand, Petit), XVIII s. ; Montain, h. cᵉ Vézeronce.

Montuysel (via de), XIV s. : Moncel, mas cᵉ Genas.

Montvallon, 1793 ; St-Victor-de-Cessieu, cᵉ cᵗ la Tour-du-Pin.

Montvernay, chât. cᵉ la Sône.

Montvernay ou les Prin, mont. cᵉ Venose.

Montvert, 1793 ; Ste-Blandine, cᵉ cᵗ la Tour-du-Pin.

Montvinay, chât. cᵉ Vinay.

Montviol, XIII s. ; Montbice, chât. cᵉ Riviers.

Montz (en), (prat. de), XV s. ; le Mont, bois cᵉ Succieu.

Montz (territ. del), XII s. ; Montibus (loc. de), XIV s. ; Mons (lo), XIV s. ; les Monts, h. cᵉ la Rivière.

Monvinoux de la parroche de Sant Fregull, XV s. ; Montrinoux, h. cᵉ la Tronche.

Monz (de), XIII s. ; Mons (nem. del), XIV s. ; (riv. de) ; Mont, h. cᵉ la Forteresse.

Monzuset, XIV s. ; Montcizet, l. cᵉ Crémieu.

Mopus (de), XIII s. ; Mont, h. cᵉ la Forteresse.

Morade, XVIII s. ; Mora, mas cᵗ St-Symphorien-d'Ozon et Solaise.

Moraeta (eccl. de), XI s. ; Morarta, XIII s. ; Moraeta, XIII s. ; Moreste (domin.), XIV s. ; Moretellum, XIV s. ; Moreta (parr. et mand. de), XIV s. ; Moreto (curatus) ; Moresta (eccl. S. Jullinii de), XV s. ; Morerette, XVI s. ; Morrette, XVIII s. ; Morette, cᵉ cᵗ Tullins.

Morand, chât. cᵉ Sulaise.

Moranlatzchlas, XIV s. ; M-atz (mans.), XII s. ; M-a, Morendachlas, XV s. ; Morandarhes, éc. cᵉ St-Laurent-du-Pont.

Moranberie villa, XIV s. ; Moraudières (?), l. disp. cᵉ Vif.

Morandière, h. cᵉ Moubonnot St-Martin.

Morandorium (mans.), XIII s. ; Moraudaches, éc. cᵉ St-Laurent-du-Pont.

Moranhino (capella de), XIV s. ; Morusu, vill. cᵉ St-Victor-de-Cessieu.

Morard (Les), éc. cᵉ St-Didier-de-Bizonnes.

Morarda (prat. la), XV s. ; Pra Murard, éc. cᵉ Montbonnot-St-Martin.

Morarde (La), h. cᵉ Allevard.

Moras, XIII s. ; Moraz, XIV s. ; Moraz (stagn. de), XIV s. ; Moradi (parr.), XIV s. ; Moraz, XIV s. ; Morasium prope Crimiacum, XV s. ; Moratz, Mora, Moras de Veysillieu, XVIII s. ; de la Tour ; Morus, cᵉ cᵗ Crémieu ; dioc. Vien., égl. St-Christophe.

Moras (Les), h. cᵉ Pellafol.

Moras, éc. cᵉ Rencurel.

Moras (mais. f., tour de), XVI s. ; Morasio (dom. f. de), XV s. ; la Tour, éc. cᵉ Moras.

Moraux (Les), h. cᵉ Pact.

Moraya, XIV s. ; Moruys, h. cᵗ d'Auberives et St-Just-de-Claix.

Morchamp, h. cᵉ St-Etienne-de-St-Geoirs.

Morcher, XVIII s. ; Morrocher, h. cᵉ la Chapelle-de-la-Tour.

Mordan, forêt cᵉ Autrans.

Mordant, h. cᵉ St-Prim.

Mordez, XIV s. ; voy. Moldiacum.

Morel, éc. cᵉ Pontcharra ; — b. cᵉ Presles ; — éc. cᵉ St-Hilaire-du-Rosier ; — éc. cᵉ St-Sébastien.

Morellent (mans.), XIII s. ; Morelleria, XIV s. ; la Marlière, h. cᵉ le Bourg-d'Oisans.

Morelleri (in), XIII s. ; Morliez (terra), XIII s. ; Mourliet (bois de) ; Mourlhet (bois et ruiss.), XVIII s. ; Murlliet ; Murliet, bois et ruiss. cᵉ St-Lattier.

Morelles (dom. vue. les), XVI s. ; Morellière (la), XVI s. ; la Murellière, h. cᵉ Bellegarche-et-Poussieu.

Morellet, h. cᵉ Heyrieu.

Morellières (Les), h. cᵉ Septême.

Morellières, h. cᵉ Valencin.

Morelliery (la), XV s. ; Orillière, h. cᵉ Cheyssieu.

Morelon, h. cᵉ Grenay.

Morels (les), éc. cᵉ St-Pierre-d'Allevard.

Morenum, opid., X s. ; Morrene, XII s. ; Morengium, Moricensis, XI s. ; Morincum, XI s. ; Morenchum, XIV s. ; Morane ; Muirans, cᵉ cᵗ Rives.

Morent (ad), XIII s. ; Moreu ; le Mouret, l. cᵉ Beuslan.

Morenzin, XVII s. ; M-sin, XVIII s. ; Morenzin, mas cᵉ Fitilieu.

Morestel (mand. de), XIII s. ; M-lli (eccl., australia castri) : Morestello in Graysivodano, XIV s. ; (eccl. S. Michaelis de), XIV s. ; Morestel in Graysevodan, XV s. ; Morstel, cᵉ cᵗ Goncelin ; dioc. Grenoble, égl. St-Michel.

Morestel, XI s. ; M-llum, XII s. ; Morestelli (archipresbiter), (mandam.), XIII s. ; M-lum in Viennesio, in baronia de Turre ; Morestelli (castellᵗ, parr., villa), XIV s. ; Morestallum, XV s. ; Morestel, ch.-l. cᵗ arrᵗ la Tour-du-Pin ; dioc. Lyon, égl. St-Symphorien.

Morestel (terra del), XIII s. : voy. Moresta.

Morestellis (villa de), XIV s. ; Morestel I, l. disp. cᵉ St-Paul-de-Varces.

Morestellam (castr.), XIV s. ; (dom. l.), in Graysivodano ; Morestel (tour de) ; le Château, mas cᵉ Morstel.

Morestellum (dom. de), XIII s. ; (castr.) ; in Viennesio (castr.) M-lo (cap. S. Petri de) : le Château, ruines c. Morestel.

Moret, gr. disp. c. Moirans.

Moret (Lo), éc. c. Oytier-et-St-Oblas ; — év. c. Beaumont.

Moret, XIX s. ; le Mouret, h. c. Beaumont.

Moretan (Le), mont. et lac, c. Pinsot.

Moretellum, XIV s. : Moretel : voy. Morestel.

Moretorem (terra), XV s. ; Moretières (les), XVII s. : la Mortière, h. c. Miribel-les-Echelles.

Moretta (Les), XIX s. ; les Morets, h. c. Méaudre.

Morette, c. c. Tullins ; dioc. Gren., égl. St-Julien.

Morette, éc. c. St-Pierre-d'Allevard.

Moreyn (prat., riv.) ; Gorge-Morin, ruiss. c. Theys.

Moreyan, XIV s. ; Muruise, h. c. Moras.

Moreyza, XVIII s. : voy. Moreyna.

Morges, XII s. ; M-jas, XII s. ; M-gias (de) ; M-iarium (castr.), XIII s. : voy. Chasteau-Vieux de Morges.

Morgat (Le), ruiss. c. Moretel.

Morge, mas c. Coublevie.

Morge (en) ; Morges (plat de), XVII s. ; Morge, h. c. Miribel-les-Echelles.

Morgerio (mans. de), XV s. : voy. Murgerio.

Morges (riv., torr), XVII s. ; Morge (ruiss. de la), XVII s. ; Morge, ruiss. afll. du Guiers-Vif, c. Miribel-les-Echelles.

Morges (ch. de), c. Le Moutaret.

Morges (ruiss. de), afll. le Drac, c. St-Sébastien.

Morges, XIX s. ; Morze, vill. c. Ternay.

Morges à S. Jean d'Hérans et Vuison, XVIII s. ; Morges-à-St-Jean-d'Hérans, él. Gren., baill. Graisiv.

Morges (dom. de), XIII s. ; M-s en Triesves (chast. et mais. f. de), XVI s. : voy. Chasteau Vieux de Morges.

Morgiarum (Homin.), XIV s. ;

Morgiis (Homin. d. de) in St Sebastiani, Cordeaci et Crucis Pinie, XV s. ; Morges a S.... Sébastien de Cordéac et à Ste-Catherine, XVIII s. ; Morges-à-St-Sebastien, anc. com.

Morgiarum (riv.) ; le Gorgent, ruiss. c. Malleval.

Morgie (riveria), XIII s. ; Morgiarum (rivus) ; in Morge, riv. afll. l'Isère, orig. c. St-Aupre, arr. c. St-Etienne-de-Crossey, Coublevie, Voiron, St-Jean-de-la-Buisse, Charnècle et Moirans.

Morgier (riv. de), XVII s. ; le Brocard ou Morgot, ruiss. c. Paladru et Morestel.

Morgiis (sacerdos de), XIII s. ; Morgiarum (parr.), XV s. ; Ste-Catherine, l. disp. c. St-Sebastien-de-Cordéac.

Morgiis (mandam. de), XII s. ; Morges, anc. mand. du bailliage de Graisivaudan : voy. Château-Vieux.

Morgiis (loc. in), XV s. ; la Rivière-de-Morge, f. c. Moirans.

Morginno ; Moiraus, c. c. Rives.

Moria (La), ruiss. afll. la Pérouse, c. Viriville.

Moriana (villa), X s. ; Marianette, c. c. Domène.

Morieaux (Le), XVIII s. ; Moreaux (le), XIX s. ; le Morieuse, vill. c. le Passage.

Morillère (La), quart. c. Sassenage.

Morillon, gr. disp. c. Eclose.

Morin (Le), ruiss. c. St-Christophe-Entre-deux-Guiers, afll. le Guiers-Vif.

Morin, h. c. Solaise.

Morinais, XI s. : voy. Murinas.

Morinum (Serrum), XIV s. ; Moria, éc. c. la Mure.

Moriolo villa, X s. ; Moriolus, mons, XI s. ; Murieu, quart. c. Vienne.

Morletière (La), h. c. St-Lattier.

Morlies (Les), XVIII s. ; les Gachets, h. c. Champier.

Morlies (Les), XVIII s. ; les Mailles, vill. c. Eydoche.

Morliet, h. c. St-Pierre-de-Chérennes.

Morlionnay, h. c. Trasolé.

Mormorosa, XI s. ; Montrosier, h. c. Seyssuel et Vienne.

Mornadeis (boue. de), XI s. ; Morneslenne (mens.) XII s. ; Morneys, Mornesil, XIV s. ; Mornay, XVIII s. ; Mornaite, XIX s. ; Morney, h. c. Revel-et-Tourdan.

Mornau (territ. de), XV s. ; Mornes (molendina J. de Survientis alias du Plat voc. de), XVI s. ; mais. f. ; Mornu, vill. c. Pont-Evèque.

Mornas, vill. c. St-Victor-de-Cessieu.

Mornaz, XIV s. ; Murnas (molend. de) ; Mornasil (dom. f.), XVI s. ; Mornas, vill. c. St-Victor-de-Cessieu.

Mornet (mans.), XIII s. ; Mornet f., l. disp. près St-Geoirs.

Moronderia (villa de), XIV s. : voy. Marondières.

Morraus, XVI s. ; Morraud, h. c. Jardin.

Mornecint, XVI s. ; Mornessent, h. c. Tullins.

Mort (La), h. c. la Côte-St-André.

Morta (via de) vers la Coeulolley, XV s. ; Morte (riv.), XVI s. ; la Morte, ruiss. afll. la Bièvre, c. Aoste.

Morta (camp. de la), XIII s. ; la Morte, ruiss. sép. c. Brangues et St-Benoit (Ain).

Morta (boue. qui voc.), XII s. ; Morta subt. Bucruriosseu, XIV s. ; juxta nem. priorat. S. Laurentii Gratianop., XIV s. ; Morta prope flum. Isere ; la Morte, l. disp. c. Corenc, Meylan, la Tronche.

Morta, XII s. ; (fons de), XIV s. ; la Morte, gr. et mont. c. St-Christophe-Entre-Deux-Guiers.

Morta (ortis de la), XIII s. ; (villa de) XIV s. ; la Morte, h. c. Sinard.

Morta Viella, XIII s. : voy. Villimorta.

Mortas (ap.), XIV s. ; les Mortes, mas c. la Terrasse et le Touvet.

Morte (La), l. disp. c. Le Gua.

Morte (La), c. c. Valbonnais : voy. Forains-de-Vizille-à-la-Morte.

Morte (La), ruiss. c. Venosc.

Morte (pré au Plat de la), XVII s. ; voy. Morta 3e.

Morteria (J. de), XIV s. ; *Morterieu*, mas et ruiss. aff. l'Amby, ce St-Baudille.

Mortes (ruiss. des), aff. l'Isère, ce l'Albenc.

Mortes (Les), h. ce Domène : — mas et chia ce Gières.

Morthelayze, XIX s. : voy. Mortolaise.

Mortis (prator. de), et ultra pontem Glandonis : Mortas ultra Pontem rivi Glandonis, XV s. ; Mortis (insulis), XV s. ; *Mortes (Pont des)*, pont sur le ruiss. de Glandon, entre ce Chapareillan et les Marches (Savoie).

Mortolaise, XVIII s. ; *Mortelaise*, vill. ce Dolomieu.

Morts (Les), h. ce St-Didier-de-la-Tour.

Morts (Les) ou Le Bois-Noir (voy.).

Mortua (tenem.), XIII s. ; Morta, XIV s. ; (pasqueragia de), XIV s. ; Morte (villa) ; Morta (Mons de), XIV s. ; *la Morte*, ce cen Valbonnais.

Mortue (granjagium), XIV s. : *la Morte ?*, l. disp. ce Voreppe.

Morveunum, c. VII s. : *Moirans*, ce cen Rives.

Mos (eccl. de), XII s. ; *Mont*. h. ce la Forteresse.

Moras, XII s. ; Moras, XVII s. : *Mozas*, vill. ce Jallieu.

Moselle, éc. disp. ce Grenoble.

Mosnareti, M-tus (riv.), XV s. : voy. Monereti.

Mosnier (Chez-) : *Chez Mosnier*, l. disp. ce Jardin.

Mosniers (Les), XVIII s. : voy. Molner.

Mossiacum villa, IX s. ; Mossiatum, X s. ; Mossiatis villa, X s. ; Mos lacus infra mand. Belleyard, XIV s. ; *Muissieu*, ce cen Beaurepaire.

Mostaret, XIII s. ; Moyteret, XIII s. ; Mosteret, XIII s. ; Mostareti (parr.), XIV s. ; Mostereto (eccl.) fundata ad honorem b) Johan. Baptiste, XV s. ; Mottaret, XVIII s. ; *le Moutaret*, ce cen Allevard.

Mosterium Domene, XIV s. : voy. Motier (li).

Mota (mas. de), XIII s. ; Motte (moulin de la), XIX s. : *la Motte*, mas ce Beaulin.

Mota (lac.), XI s. ; *la Motte*, l. disp. ce Mens.

Mota (capella de), XI s. ; (maistralia, mandam., parr. de), XIII s. ; Mota St Martini, XIII s. ; de Mateysina ; Mota in Matacena, XIV s. ; (eccl. S. Martini de), XV s. ; Motte-St-Martin (la), XVI s. ; Motte-aux-Eaux, 1793 ; *la Motte-St-Martin*, ce cen la Mure.

Mota (castr. de), XII s. ; Mota in Matacena (castr. de), XIV s. ; Mota St Martini (castr. de), XIV s. ; Motte : *la Motte-les-Bains*, chut. et établissement thermal, ce la Motte-St-Martin.

Mota (La), XII s. ; Nemorosa : (dom. eleemosynari in castro de), XIII s. ; Mota S. Antonii, XIII s. ; *St-Antoine*, ce cen St-Marcellin.

Mota, XIII s. ; *la Motte*, éc. ce St-Sébastien.

Mote de Aveilans (parr.), XV s. ; Aveilans (parr.), XV s. ; Motte d'Aveilan (la), XVIII s. ; Motte d'Aveylan (la), d'Avelane (la) ; *la Motte-d'Aveillans*, ce cen la Mure ; par. dioc. Gren., égl. St-Pierre.

Motelrat, mont. ce Vif.

Moteti villa, XIV s. ; *le Moutou*, l. disp. ce Vaulnaveys-le-Bas.

Moteyra (La), XIII s. ; Mota, XIV s. ; Motte (Grande et Petite), XIX s. ; *la Motte*, h. ce Sinard.

Motier (li), XIV s. : *le Moutier*, vill. ce Domène.

Motier de Bozozel (Le), XVIII s. ; de Bozozel, XVIII s. ; *le Moutier*, ce cen la Côte-St-André.

Motinerila (villa de), XIV s. ; *les Motinières ?*, l. disp. ce Varces.

Motini villa, XIV s. ; Mouttières (pont des), XVIII s. ; *les Mouttières*, mas ce St-Théoffrey.

Motuna (La), XIV s. ; *St-Mouton*, éc. ce St-Pierre-de-Chérennes.

Motta (La), XII s. ; Mothe (mais. forte), XVI s. ; Motte (moulins de la), XVII s. ; *la Motte*, h. ce Burcin et Châbons.

Motte (La), ruiss. aff. le Drac, ce la Motte-St-Martin.

Motte (La), lac ce la Ferrière ; — l. disp. ce Fontaine ; — h. ce le Passage.

Motte-les-Bains (La) ; chut., établt thermal, ce la Motte-St-Martin.

Motte Conin (La), XVI s. ; Conin (la), Connyn : voy. Bastie de Cognin.

Motte-Furand (La), 1793 : voy. Saned Antonii Vienn.

Motte-St-Martin (La), ce cen la Mure ; dioc. Gren., égl. St-Martin.

Mottier (Le), ce cen la Côte-St-André : dioc. Vien., égl. St-Nicolas.

Mottin, XIX s. : voy. Montuyn.

Moucherotte (La), mont. ce Claix et Pariset.

Mouclet, mais., XIX s. : *les Mouchets*, éc. ce Primarette.

Mouchiren, XVIII s. ; *le Mouchirond*, h. ce St-Romain.

Moudurier (Le), ruiss. aff. la Bourbre, ce Four et St-Alban-de-Roche.

Mouillas, XVIII s. ; *le Mouillat*, h. ce Eyzin-Pinet.

Mouillas (hameau de), XVII s. ; *le Molliat*, h. ce St-Christophe-Entre-Deux-Guiers.

Mouillat (Le), f. ce St-Clair-de-la-Tour.

Mouilles (mont des); *les Mouilles*, chal. et mont. ce Allevard.

Mouilles (Les), éc. ce la Ferrière.

Mouilles (Les), h. ce Meyrieu.

Mouilles (bois), XIII s. ; (bois des) ; *les Mollien*, bois ce Vaulnaveys-le-Bas.

Moulard de Beaucroissant, XVII s. ; *le Molard*, vill. ce Beaucroissant.

Moulard Bodin (fief de), 1700 : voy. Molare Boudini.

Moulard Copié, XVII s. : voy. Molar Copier.

Moulesin, XVIII s. ; *Molésin*, h. ce St-Geoirs.

Moulette (La) : voy. La Molette.

Mouleyre (La), XVIII s. : voy.

Molera.

Moulcain, &c., cne Seyssins.

Moulières (les), lac cne Mizoën.

Moullet (le), XVIII s.; Moullet, bois et ruiss. cne St-Lattier.

Moulin (le), XVIII s.; le Combe-du-Moulin, h. cne Cras.

Moulin (le), mons sur l'Agny, cne Nivolas-Vermelle; — h. cne Notre-Dame-de-Commiers.

Moulin (ruiss. du), XVIII s.; voy. Biallure.

Moulin d'Aiguenoire, XVII s.; M. Duclot, XIX s.; le Moulin, mon cne Entre-Deux-Guiers.

Moulin (le), mon cne Allemont, XV s.

Moulin Auby, XVIII s.; Moulin-d'Auby, mon cne St-Baudille.

Moulin, XIX s.; Heinzelet, h. cne Arankon.

Moulin-l'Argoud, mon cne St-Appolinard.

Moulin-Arnaud, mon cne Allières-et-Risset.

Moulin-Arnaud, XIX s.; voy. Moulin du Pont l^e.

Moulin-Arthaud, mon cne Paet; — (les, mon cne Rencurel.

Moulin d'Avaux, XIX s.; le Moulin-d'Avaux, mon cne Hières.

Moulin-Bachasse (Le), mon cne Mens.

Moulin (Les), lieux cnes la Balme, la Bâtie-Divisin, Beaulieu, Bevenais, Bossieu, le Bourg-d'Oisans, Brezins, la Buisse, Chamagnieu, Chanas, Chélieu, Clonas, Dizimieu, Doissin, Domarin, Faverges, la Forteresse, Four, Herbeys, Jardin, Merlas, Monestier-d'Ambel (le), Montcarra, Nivolas-Vermelle, Optevoz, Ornon, Passins, Poumiers, Primarette, Proveyzieux, Reventin-Vaugris, Ruy, St-Aupre, St-Chef, Ste-Agnes, St-Geoire, St-Martin-le-Vinoux, St-Maurice-l'Exil, St-Symphorien-d'Ozon, Salaise, Sarcenas, Semons, Sermérieu, Tignieu-Jameyzieu, Tramolé, Valencin, Veyrins, Veyssilieu, Villard-Bonnot, Villard-Reculas, Virieu.

Moulin de Balmet-la-Croix, XIX s.; le Moulin, mon cne Villard-Reymond.

Moulin de Baral, XVIII s.; le Moulin, mon cne St-Didier-de-la-Tour.

Moulin-Bas, mon cne Villard-St-Christophe.

Moulin (le), mon cne la Bâtie-Divisin.

Moulin-Baudet, XIX s.; le Moulin-Rignal, mon sur le Guiers-Vif, cne St-Pierre-d'Entremont.

Moulin Boyon, XIX s.; le Moulin, mon cne St-Joseph-de-Rivière.

Moulin de Beues, XVIII s.; Moulin-Bouthier, mon cne St-Symphorien-d'Ozon.

Moulin des Bergiers, XVI s.; du sr Chazal, XVIII s.; le Moulin, mon cne Feyzin.

Moulin (Le), mon cne Bessins; — mas cne Bevenais; — (Ruiss. des Combes du), orig. au Goulet, cne Biol; arr. cne Belmont, se jette dans l'Hien; — (Le), mon cne Bossieu; — mon cne Le Bourg-d'Oisans.

Moulin-les-Bréthoux (Les, mon cne la Motte-St-Martin.

Moulin de Bionnais, XIX s.; voy. Mollins... en Dycmet.

Moulin-Blanc, mon cne Murinais; — (Le), mon cne St-Baudille-et-Pipet; — mon cne St-Gervais; — mon cne St-Savin.

Moulin-Blanchard (Les), mon sur la Lignare, cne Le Bourg-d'Oisans.

Moulin-Bois (Les, mon cne Granieu.

Moulin-Boissieu, mon sur le Vernay, cne Ruy.

Moulin-l'anbusson, mon cne Bourgoin, sur le canal moulturier.

Moulin Bonnet, XIX s.; voy. Mulendina de Malboysson.

Moulin-de-Bonrepos (Le), mon cne la Mure.

Moulin-Borel (Le), mon cne Mens.

Moulin de M. du Bouchage près la Porte de Bonne (près des Casernes), XVII, XVIII s.; les Moulins-de-Bonne, mons disp. cne Grenoble, situés derrière l'église St-Louis.

Moulin Bouillard, XVIII s.; Moulins; les Moulins, mons sur le ruiss. Leveau, cne Sue-

cieu.

Moulin du Bourg, XVIII s.; Moulin-Petit, 1859; le Moulin, mon cne Septème.

Moulin-de-Bourguignon (Le), mon cne St-Albin-de-Vaulserre.

Moulin-de-Brailles (Les, mon cne Vézeronce.

Moulin (Les, mon et ruiss. cne Brezins.

Moulin Brochier, XIX s.; le Moulin, mon cne Château-Bernard.

Moulin-Brosse, mon cne la Bâtie-Montgascon.

Moulin-Brun (Les), mon sur le ruiss. du Morge, cne Miribel-les-Échelles.

Moulin-Bajon (Les), mon sur la Bièvre, cne Romagnieu.

Moulin-de-Carbejoux t, mon cne Faverges.

Moulin près le Cours St-André, hors la Porte Créqui, XVIII s.; le Moulin-de-Canel, quart. et mon cne Grenoble.

Moulin Chalvin, XIX s.; le Moulin, mon cne St-Hilaire.

Moulin (Le), mon cne Chamagnieu; — (canal du), cne Chanas, se jette dans le ruiss. de Lambroz; — (Les, mon sur le Dolon, cne Chanas; — h. cne Chaponnay.

Moulin-de-Chaumont (Les, mon sur la riv. du Vers, cne St-Clef.

Moulin-de-Chanizieu (Les, mon cne Courtenay.

Moulin-Chapais (Les), mon cne Paet.

Moulin-Chassalieux, mon cne l'Albenc.

Moulin (Le, h. cne Chasse.

Moulin de Châteauvilain, XVIII s.; le Moulin, h. cne Châteauvilain.

Moulin-Chatel (Le), mon sur le ruiss. d'Herbetant, cne St-Pierre-d'Entremont.

Moulin (Le, h. cne Châtenay; — mon cne Chélieu.

Moulin de Chaulange, XVIII s.; Moulins Cholon, XIX s.; les Moulins, h. cne Cholonge.

Moulin; le Moulin-de-la-Clayette, mon cne Chamilin, sur la Bièvre.

Moulin-Clément, mon cne Crolles.

Moulin-Clerc (Le), mon sur la

Dolon, c^ne Primarette.

Moulin (Les), m^ins et ruiss. c^ne Clonas.

Moulin-Cochat (Les), m^ins c^ne St-Gervais.

Moulin-Coche (Les), m^in sur le Dolon, c^ne Primarette.

Moulin-Coche, XIX s.; les Moulins, h. c^ne Sillans.

Moulin Cochet ou Grobé: voy. Moulin Fromental.

Moulin-Coloudet, m. c^ne St-Paul-les-Monestier.

Moulin Combet, XIX s.; les Moulins, m. c^ne Mayres.

Moulin-de-Cour, m. sur la Bourbre, c^ne St-Ondras.

Moulin de Cornet, XVIII s.; de Cornet sur la riv. d'Avanne, XVIII s.; le Moulin Gachet, m. c^ne St-Baudille-et-Pipet.

Moulin Cornier, XVII s.; Cornier, XVIII s.; Isseret. XIX s.; le Moulin, m. c^ne Miribel-les-Echelles.

Moulin-Cours, m. c^ne les Avenières.

Moulin de Crottet (Le), m. disp. c^ne Jonage.

Moulin-Defort, m. c^ne Mizoën.

Moulin Dérioalle, XIX s.; voy. Molendinum de Rovoria.

Moulin Desquers, XIX s.; le Moulin, h. c^ne Cordéac.

Moulin-Didier, m. c^ne St-Bernard.

Moulin (Les), m. c^ne Dizimieu.

Moulin-de-Pierre, m. disp. c^ne les Abrets.

Moulin (Le), m. c^ne Dolomieu.

Moulin (ruiss. du), c^ne Domarin.

Moulin-Drillat, m. sur le ruiss. de Cernon, c^ne Chaparéillan.

Moulin-Durand, m. c^ne la Mure; — m. c^ne Nantes-en-Ratier: — (les), m. sur la Bièvre, c^ne Romagnieu.

Moulin des Echelles, XVIII s.; Moulin Cochet ou Grobé, XIX s.; Moulin-Trouillet, m. c^ne Entre-Deux-Guiers.

Moulin d'Erlone: le Moulin, h. c^ne Erlone.

Moulin d'Elis ou d'Ibélis (Le), m. c^ne Pellafol.

Moulin-d'Enfert (Le), m. sur le ruiss. d'Enfert, c^ne Montceau.

Moulin d'Entraigues: le Moulin, h. c^ne Entraigues.

Moulin-l'Espéranche (Le), m. c^ne St-Georges-d'Espéranche.

Moulin Vers l'Etang, XVIII s.; le Moulin, m. c^ne la Folatière.

Moulin-Eynard (Le), m. c^ne Ornacieux.

Moulin-d'Eyzin (Le), m. c^ne les Côtes-d'Arey.

Moulin (Les), m. c^ne Faverges.

Moulin-Foucherand, m. c^ne Chichilianne.

Moulin Fenler, m. c^ne Trept.

Moulin-Fond, m. c^ne Bourgoin, sur le canal mouturier.

Moulin-du-Fond (Le), m. c^ne Charantonnay.

Moulin de Fontagnieu, XIX s.; le Moulin, h. c^ne Lavaldens.

Moulin (Le), m. c^ne la Forteresse; — m. sur le ruiss. du Malard, c^ne Four.

Moulin-Fragné, XVIII s.; les Moulins-Fagnes, m. c^ne Chaparéillan.

Moulin et canal de Fromental, XVIII s.; Moulin Scrislat; le Moulin-de-Fromental, m. c^ne Marennes.

Moulin-Gachet, m. c^ne Avignonet.

Moulin-Gaillard, m. c^ne St-Théoffrey.

Moulin-Gaime (Les), m. c^ne Bourgoin, sur le canal mouturier.

Moulin Galéssron, m. c^ne la Mure.

Moulin-Garnier, m. c^ne Château-Bernard.

Moulin-Gautier, m. c^ne St-Baudille-et-Pipet.

Moulin-Jay (Les), m. c^ne Granieu.

Moulin-du-Gaz: le Moulin-du-Landurel, m. c^ne St-Alban-de-Roche.

Moulin-Gentil, m. c^ne la Bâtie-Montgascon.

Moulin-Genton, m. sur le Cernon, c^ne Chaparéillan.

Moulin-Giraud, m. c^ne Varacieux.

Moulin-de-Gonas (Le), m. c^ne Frontonas.

Moulin Gonnet, XIX s.; le Moulin-de-Dessous, m. c^ne Commelle.

Moulin (Le Grand): voy. Moulin-de-Serrières.

Moulin-de-Griez (Le), m. c^ne Frontonas.

Moulin (Le), XVII s.; la Scierie, m. sur la riv. le Guiers-Mort, c^ne St-Pierre-de-Chartreuse.

Moulin-Gurgute, XVIII s.; le Moulin, m. c^ne Le Passage.

Moulin-Gury, XVIII s.; voy. Moulin de la Roche.

Moulin-du-Guyer, XVIII s.; le Moulin-de-Chenecey, m. sur le Guiers-Vif, c^ne St-Pierre-d'Entremont.

Moulin-des-Haies (Les), m. et ruiss. c^ne Belmont.

Moulin, XIX s.; le Moulin-d'en-Haut, m. c^ne Cessieu.

Moulin-d'en-Haut, m. c^ne St-Alban-de-Roche.

Moulin-Haut, m. c^ne Villard-St-Christophe.

Moulin (Le), m. et ruiss. c^ne Herbeys.

Moulin-Jaley, m. c^ne Mens.

Moulin-Jany, m. c^ne St-Vérand.

Moulin (Le), m. c^ne Jardin.

Moulin-Jarrand (Les), m. c^ne le Villard-de-Lans.

Moulin-Journet (Le), m. sur la riv. Bièvre, c^ne Romagnieu.

Moulin-Juveneton, m. c^ne Varacieux.

Moulin de Lalle, XVIII s.; le Moulin, m. c^ne Lalley.

Moulin-de-Lancin (Le), m. c^ne Courtenay.

Moulin-Laquais, m. c^ne St-Siméon-de-Bressieux.

Moulin-Lenoir (Le), m. c^ne Charantonnay.

Moulin-de-Luzy (Le), m. c^ne Pisieu.

Moulin-Mallein, m. c^ne Chatte.

Moulin Marcou, XIX s.; le Moulin, m. c^ne Lans.

Moulin-Marié (Le), m. c^ne Lavars.

Moulin, XIX s.; Moulin-de-la-Martilloue, m. c^ne la Bâtie-Montgascon.

Moulin-Martin, m. sur la Bièvre, c^ne les Abrets.

Moulin-Martin (Le), m. c^ne Bessins.

Moulin-Martin, m. disp. c^ne St-Pierre-de-Chandieu.

Moulin de Marvais, XVIII s.; le Moulin, m. c^ne Granieu.

Moulin-Mathieu (Le), m. c^ne St-Baudille-et-Pipet.

Moulin-Moary; les Moulins, h. c^ne Brion.

Moulin (Le), éc. c^ne Merlas; — h. c^ne Meyrieu.

Moulin-Michalet, m. c^ne Miribel-

les-Échelles.
Moulin-Michel, mⁿ cⁿ Noyarey.
Moulin-Michel, mⁿ cⁿ St-Pierre-de-Chartreuse.
Moulin-Milliat (Le), mⁿ cⁿ Maubec.
Moulin-du-Milieu, XVIII s. : *le Moulin-d'en-Bas*, mⁿ cⁿ Charantonnay.
Moulin (Le), h. cⁿ Moidieu ; — mⁿ cⁿ Le Monestier-d'Ambel ; — h. cⁿ Monsteroux-Milieu ; — mⁿ cⁿ Montcarra.
Moulin-le-Monetier, XVIII s. ; Moulins (les) ; XIX s. : Moyer-Ville ; *les Moulins*, mⁿ cⁿ Le Monestier-de-Clermont.
Moulin-Montauban, mⁿ cⁿ Meyrieu.
Moulin de la Morte (Le), XVIII s. : voy. Molendina de Morta.
Moulin-Neuf (Le), m. sur la Bourbre, cⁿ la Bâtie-Montgascon ; — ée. cⁿ Chatte ; — m. cⁿ Mens ; — ée. cⁿ Oytier-et-St-Oblas ; — m. cⁿ Ruy.
Moulin de Nonnet, XVI s. : *Moulin-Bouthier*, m. cⁿ St-Symphorien-d'Ozon.
Moulin-Oddos (Le), m. cⁿ Prébois.
Moulin Odezenne (Le), m. cⁿ Corbeac.
Moulin (Le), m. cⁿ Optevoz ; — m. cⁿ Ornon.
Moulin (Le), h. cⁿ Pact.
Moulin-Pagnon ; *le Moulin-de-Pagnon*, m. cⁿ Chapareillan, sur le ruiss. de Cernon.
Moulin-Parent, m. cⁿ Miribel-Lanchâtre.
Moulin-du-Passage ; *le Moulin-de-Châbons*, m. cⁿ Le Passage.
Moulin (Le), m. cⁿ Passins.
Moulin-des-Pates (Le), m. cⁿ St-Savin.
Moulin-des-Pattes, XVIII s. ; *le Moulin*, m. cⁿ Ceyssieu.
Moulin-Paveau, m. cⁿ Estrablin.
Moulin-Payon, XIX s. ; *le Moulin*, m. cⁿ St-Honoré.
Moulin-de-Pitery, l. disp. cⁿ St-Pierre-de-Chandieu.
Moulin (Le), h. cⁿ Pellafol.
Moulin Perret, XIX s. ; *le Moulin*, m. cⁿ Oulles.
Moulin Petit, m. sur l'Oron, cⁿ Beaurepaire.
Moulin de la Petite-Roche,

XVIII s. ; de la Roche ; *le Moulin*, m. cⁿ St-Symphorien-d'Ozon.
Moulin-du-Peyron (Le), m. cⁿ Sinard.
Moulin Picandet, XIX s. ; *Moulin-de-St-Germain* ou *Moulin-Picandet*, m. cⁿ l'Isle-d'Abeau.
Moulin de Pierre-Trillat, XVIII s. ; *le Moulin*, m. sur la Morge, cⁿ St-Aupre.
Moulin-de-la-Plaine (Le), m. cⁿ St-Martin-d'Hères.
Moulin de Pomarais, XVIII s. ; *le Moulin*, m. cⁿ Dolomieu.
Moulin (Le), m. sur le Suzon, cⁿ Pommiers.
Moulin du Pont, XVIII s. ; *le Moulin*, m. cⁿ Cognet.
Moulin du Pont, XVIII s. : voy. Pons de Cogneto.
Moulin du Pontet, XVIII s. : voy. Molendinum de Grignon.
Moulin-de-Ponthaut, m. cⁿ St-Laurent-en-Beaumont.
Moulin ou ruiss. du Pot, XVII s. ; *Moulin (Ruisseau du Girard)*, aff. l'Hérétang, cⁿ St-Joseph-de-Rivière.
Moulin, Battoire, XVIII s. ; Poulat, XIX s. : voy. Molendina St Jora.
Moulin-Pourciet, ér. cⁿ St-Pierre-de-Bressieux.
Moulin-Pournis, m. cⁿ Lavaldens.
Moulin-de-Praille (Le), m. cⁿ St-Jean-de-Soudin.
Moulin-des-Prairies (Le), m. cⁿ Belmont.
Moulin de Prébois,... Recourt, XIX s. ; *le Moulin-de-Recourt*, m. cⁿ Prébois.
Moulin de Preste, XVIII s. ; *Preste*, h. cⁿ St-Alban-de-Roche.
Moulin (Le), m. sur la Varèze, cⁿ Primarette ; — m. cⁿ Proveyzieux.
Moulin ; *le Moulin-Prunelle*, m. cⁿ St-Clair-de-la-Tour, sur la Bourbre.
Moulin-de-Pusignan (Le), m. cⁿ Pusignan.
Moulin du Ragel, XVIII s. ; des Raisins, XIX s. ; *le Moulin-des-Rages*, m. cⁿ St-Pierre-de-Bizonnes.
Moulin-du-Rat (Le), m. cⁿ St-

...dille.
Lattier.
Moulin, XIX s. ; Moulins (les) : *les Moulins*, vill. cⁿ Beaumont.
Moulin Repellin, XIX s. ; *le Moulin*, m. cⁿ Vourey.
Moulin (Le), m. cⁿ Reventin-Vaugris.
Moulin-Revol (Le), m. sur la riv. de Bièvre, cⁿ Romagnieu.
Moulin Rey, XIX s. : voy. Molendino (mas. de).
Moulin-Reynaud, m. sur le ruiss. de Montfort, cⁿ Lumbin.
Moulin-Reynaud, XIX s. ; *le Moulin-de-Bois*, m. sur la Varèze, cⁿ Cour-et-Buis.
Moulin-Robert (Le), m. cⁿ Beaulin.
Moulin-de-la-Roche (Le), m. cⁿ les Badinières ; — m. cⁿ St-Baudille.
Moulin de Ronde, XVIII s. : *le Moulin*, m. cⁿ Theys.
Moulin-Roy (Le), m. cⁿ St-Agnin.
Moulin-Ruet ; *Moulin-Ruel*, h. cⁿ St-Pierre-de-Bressieux et St-Siméon-de-Bressieux.
Moulin (Le), m. cⁿ Ruy.
Moulin (Le), ér. cⁿ Ste-Agnès ; — m. cⁿ St-Geoire.
Moulin (Le), m. cⁿ St-Aupre.
Moulin, XIX s. ; *le Moulin-de-St-Bonnet*, m. et ruiss. aff. l'Étang de St-Bonnet, cⁿ Roche.
Moulin St-Guillerme, m. sur la Romanche, cⁿ Auris.
Moulin-de-St-Marcel (Le), m. disp. cⁿ St-Marcel-Bel-Arcueil.
Moulin (Le), m. cⁿ St-Symphorien-d'Ozon.
Moulin (Le), m. et ruiss. aff. la Sonne, cⁿ Salaise ; — m. et ruiss. cⁿ Sarcenas ; — m. cⁿ Semons ; — m. cⁿ Septième.
Moulin Serisiat, XIX s. : voy. Moulin Froumental.
Moulin (Le), m. cⁿ Serrurieu.
Moulin-de-Serrières (Le), m. cⁿ Trept.
Moulin-Servoz (Le), m. sur la riv. de Bièvre, cⁿ Romagnieu.
Moulin-Siland (Le), : cⁿ Auberives.
Moulin-de-Suzel, XVIII s. : voy. Molendinum de Chuselles.
Moulin Tagnard, XIX s. ; *la Cleyta*, m. sur la Jonche cⁿ

Cognet.

Moulin Tagnard : voy. Moulin du Pont ⁹.

Moulin-Talancier (Le), m. disp. c^e St-Pierre-de-Chandieu.

Moulin-Tardy, m. c^e Ste-Marie-du-Mont.

Moulin-le-Templier (Le), m. c^e Corps.

Moulin (Le), h. c^e Ternay : — quart. c^e Tencin.

Moulin-de-Thuely (Le), m. sur la Save, c^e St-Victor-de-Morestel.

Moulin (Le), mas c^e Tignieu-Jameyzieu : — h. c^e Tramolé.

Moulin-de-la-Tivollière (Le), m. c^e Sérézin.

Moulin, XVIII s. ; le Moulin-de-Torrones, m. c^e St-Michel-les-Portes.

Moulin Troussier, XIX s. : les Moulins-de-Petichet, c^e St-Théoffrey.

Moulin Vacher, XIX s. ; le Moulin, m. c^e Autrans.

Moulin de Valencin (ruiss. du), XVIII s. ; le Moulin, m. c^e Valencin.

Moulin de Veissilieu, XVIII s. ; le Moulin, m. c^e Veyssilieu.

Moulin-à-Vent (Le), mas c^e St-Laurent-de-Mure.

Moulin (Le), m. c^e Veyrins.

Moulin-Vieux (Chapelle St-Antoine ou), XVIII s. ; Moulin-Vieux, vill. c^e Lavaldens ; succurs. par. Lavaldens, dioc. Gren., égl. St-Antoine : voy. Molendina Vetera.

Moulin-Vieux, vill. c^e Montcarra, St-Chef et St-Savin ; — h. c^e Pontcharra : — mas c^e Prébois.

Moulin (Le), quart. c^e Villard-Bonnot.

Moulin (Le), m. c^e Villard-Reculas ; — h. sur la Gère, c^e Villeneuve-de-Marc.

Moulin-Violet, m. c^e Hières.

Moulin (Le), m. c^e Virieu.

Moulin (Le Bois du), bois c^e Venosc.

Moulin (ruisseau du), c^e la Buisse ; — c^e St-Martin-le-Vinoux ; — (le), m. c^e St-Maurice-l'Exil ; — voy. canal des Artifices.

Moulin (la Vie du), ch^in c^e Le Mottier.

Moulins, h. c^e Valbonnais.

Moulinorus (Ruiss. des), c^e Valencin.

Moulins (Les), m. sur l'Agny, c^e les Éparres.

Moulins-d'Anières (Les), vill. c^e Chavanoz.

Moulins (des), m. c^e Aoste.

Moulins Armand, XIX s. ; les Moulins, m. et ruiss. c^e St-Sébastien-de-Cordeac.

Moulins d'Ars (Les), m. c^e le Pin.

Moulins-Palme (Les), m. c^e Villard-Eymond.

Moulins de Barard, XVI s. ; les Moulins, m. c^e Solaize.

Moulins (Les), m. c^e la Bâtie-Montgascon, sur la Bourbre.

Moulins (Les), m. c^e Beaulieu.

Moulins des Belys, XIX s. ; les Moulins-du-Port, h. c^e Beauvoir-en-Royans.

Moulins de Binet, XVII s. : voy. Souvet (moulin de).

Moulins (Les), h. c^e Biol.

Moulins-des-Boussieu (Les), m. c^e Bourgoin, sur la Bourbre.

Moulins (Les), m. et ruiss. aff. l'Egala, c^e la Buisse.

Moulins des Cernes, XIX s. ; le Moulin-des-Serraes, m. c^e St-Christophe-Entre-Deux-Guiers.

Moulins-de-Charge (Les), m. c^e Bourgoin, sur le ruiss. de Bion.

Moulins-de-Charray (Les), m. c^e Veyssonce.

Moulins (Les), h. et ruiss. c^e Chichilianne.

Moulins-de-Coguet, XVII s. ; le Moulin-Richard, m. c^e St-Jean-d'Hérans.

Moulins des Coulbes, XVIII s. ; M^u Malissolles ou Fleuri aux Granges, XVIII s. ; les Moulins-de-Salieux, m. sit. à la Capuche, c^e Grenoble.

Moulins-de-Corps (Les), XVIII s. ; M^as Dumas, XIX s. : voy. Molendinum de Corvo.

Moulins (Les), m. c^e Coublevie ; — h. c^e Courtenay ; — m. c^e Crolles.

Moulins, battoir, eye, pressoir d'huile appelé au Désert, XVII s. ; Moulins sur le torr. de Bredail, XVIII s. ; les Moulins, m. c^e la Chapelle-du-Bard.

Moulins de Dizimieu, XVII s. : les Moulins, m. c^e Dizimieu.

Moulins-de-Doissin (Les), m. sur l'Hien, c^e Doissin.

Moulins Durand, XIX s. ; les Moulins, m. c^e Nantes-en-Ratier.

Moulins Durand (Les), m. c^e la Valette.

Moulins-de-l'Etang (Les), m. c^e Chapareillan.

Moulins Faleur, m. sur le ruiss. de Glandon, c^e Chapareillan.

Moulins (Les), h. c^e Faramans.

Moulins de Fourvoirie, XVIII s. ; le Moulin-Vieux, m. c^e St-Laurent-du-Pont.

Moulins (Les), m. c^e Froges.

Moulins-du-Gaz (Les), h. c^e St-André-le-Gaz.

Moulins (Les), vill. c^e Le Grand-Lemps.

Moulins du Gua (Les), m. c^e Beaulieu.

Moulins (Les), h. c^e d'Hières.

Moulins (Les), f. c^e l'Isle-d'Abeau.

Moulins (Les), m. c^e Izeaux.

Moulins (Les), quart. sur le Canal Monturier, c^e Jallieu.

Moulins-Lapierre (Les), m. sur la Bièvre, c^e Châtillin.

Moulins de Lavalette, XIX s. : voy. Molendinum Val-te.

Moulins (Les), m. c^e Livet-et-Gavet.

Moulins-Maillet (Les), m. c^e Aoste, sur la riv. de Bièvre.

Moulins de Malatret, XVI s. ; les Moulins-de-Malatreit, m. disp. c^e Serezin-du-Rhone, situés sur l'Ozon.

Moulins de Marcieu : les Moulins-de-Serrecier, maison, c^e Pontcharra.

Moulins de Métrail, XIX s. ; les Moulins, m. c^e Charavines sur la riv. de Fure.

Moulins Michaud, XIX s. ; les Moulins, m. c^e Chapareillan.

Moulins de Maubleu, XVIII s. ; les Moulins, m. c^e Chavanieu.

Moulins (Les), m. c^e Montalieu-Vercieu sur le Fouron.

Moulins-de-Monteynard, m. c^e le Champ.

Moulins (Les), m. c^e Montferrat ; — m. c^e Montrevel.

Moulins au bas du monast. appelé la Maison Dauphine, XVII s.; Moulins de Montfleury, XVIII s.: voy. Molendinum sit. subt. Montem Floritum.

Moulins (Les), XVIII s.; Moulin Mottet, XIX s.; Paturel; les Moulins-de-Turchenier, m. cᵉ St-Guillaume.

Moulins (Les), XVIII s.; M-n Muret (al. Goubet), XIX s.; les Moulins-de-St-Arey, f... et m. cᵉ St-Arey.

Moulins Neufs (Les), Moulin Neuf alias de Boussonnier, XVII s.; le Moulin-Neuf, h. cᵉ Miribel-les-Echelles.

Moulins d'Ollier, XVII s.; Moulin-Ollier, m. cᵉ Optevoz.

Moulins (Les), m. cᵉ Ornon.

Moulins-de-Parjin (Les), m. cᵉ Veyrins.

Moulins-de-la-Passe (Les), m. cᵉ St-Pancrasse.

Moulins du Percy (Les), XVIII s.; Moulin Gauthier, XIX s.; le Moulin, m. cᵉ Le Percy.

Moulins à papier et à bled appelés de Ponterey, XVII s.; M-n de Ponterrey; le Moulin-de-Ponterey, m. cᵉ Montagnieu.

Moulins-des-Pots, XVII s.; le Moulin-des-Potz, m. disp. cᵉ Passins.

Moulins Poulat, XIX s.; les Moulins, m. sur le ruiss. le Carre, cᵉ Lumbin.

Moulins de Prabet, situés au bourg Très-Cloître, XVI s.; les Moulins de-Très-Cloître, m. disp. cᵉ Grenoble.

Moulins (Les), XVIII s.; M-n de Prébois; les Moulins, h. et ruiss. affl. l'Ebron, cᵉ Prébois.

Moulins de Prenay, XVII s.; les Moulins, m. cᵉ St-Prim.

Moulins (Les), mas cᵉ Pressins.

Moulins-de-Ribeyre (Les), m. cᵉ Cordéac.

Moulins de Riet (Les), XVII s.; Moulin-Cauly, m. cᵉ Siccieu-St-Julien-et-Carisieu.

Moulins (Les), h. cᵉ la Rivière.

Moulins-des-Roches (Les), m. cᵉ St-Antoine.

Moulins-de-Sablonnières (Les), m. cᵉ Soleymieu.

Moulins (Les), m. et ruiss. cᵉ St-Aupre; — m. cᵉ St-Barthelemy-de-Beaurepaire; — m. cᵉ St-Bernard; — m. cᵉ St-Bueil; — m. cᵉ St-Clair-sur-Galaure.

Moulins-de-St-Chef (Les), m. cᵉ St-Chef.

Moulins (Les), m. cᵉ St-Gervais; — h. cᵉ St-Julien-de-Ratz.

Moulins (Les), év. cᵉ Ste-Luce.

Moulins (Les), év. cᵉ St-Marcel-de-Bel-Accueil.

Moulins (Les), m. cᵉ St-Michel-les-Portes.

Moulins (Les), m. cᵉ St-Nicolas-de-Macherin.

Moulins (Les), m. cᵉ St-Romans.

Moulins-de-St-Vincent (Les), m. cᵉ Voreppe, XVIII s.

Moulins des Salines, M-n de Terchenal, XIX s.; Moulins-du-Terrinet, m. St-Jean-d'Avelane.

Moulins Sarret, XIX s.: voy. Molendina in Serena.

Moulins-le-Tapon (Les), m. cᵉ St-André-le-Gaz.

Moulins (Les), m. cᵉ la Terrasse.

Moulins (Les), m. cᵉ Thodure; — m. cᵉ Torchefelon.

Moulins (Les), m. cᵉ le Touvet; — m. cᵉ Tréminis; — m. cᵉ Valencogne.

Moulins (Les), m. cᵉ Varacieux; — m. cᵉ Vatilieu.

Moulins-de-Vente (Les), m. disp. cᵉ Grenoble, hors l'ancienne porte Très-Cloître.

Moulins (Les), m. cᵉ Vézeronce.

Moulins-de-Villefontaine (Ruisseau des), cᵉ Villefontaine.

Moulins (Les), m. et ruiss. cᵉ Viriville; — m. sur la Morge, cᵉ Voiron.

Moulins de Voy, XVIII s.: le Moulin-Vonet, m. sur le ruiss. Bordel, cᵉ Morestel.

Moulins (Le Béal-des), ruiss. cᵉ Gillonnay, se perd dans les terres; — ruiss. dérivé de la Romanche, cᵉ Jarrie; — ruiss. cᵉ St-Geoire; — canal mouturier, cᵉ la Verpillière; — ruiss. cᵉ Voreppe.

Moulins (Canal des), ruiss. cᵉ Pontcharra; — dérivé de la Gresse, cᵉ Vif.

Moulins (forêt des) ou des Eterpays, cᵉ Allemont.

Moulins (Ruisseau des), cᵉ Autrans: voy. Achard (Ruiss. de l'); — cᵉ Charancieu; — cᵉ Connelle; — XVIII s.; Béal des Moulins, ruiss. affl. l'Huer, cⁿˢ Dolomieu et Thuellin; — cᵉ Frontonas; — cᵉ St-Georges-de-Commiers; — ruiss. orig. ég. de la Fuly, arr. cᵉ St-Quentin-Falavier, se perd dans les terres; — cᵉ St-Simeon-de-Bressieux; — (les), quart. cᵉ Sassenage.

Moulins (la Vie des), clos cᵉ St-Laurent-de-Mure.

Moulins (village des), XVII s.: Mollins (Les); les Moulins, h. cᵉ Entre-Deux-Guiers.

Moullard du Champ, XVII s.: voy. Molarium Cuslu.

Moulle (Le), XIX s.; le Moulle, h. cᵉ St-Agnin.

Moullieu (Les), XIX s.: voy. Mollin.

Moullinaires, XVIII s.; Mollinière, év. cᵉ Avignonet.

Moulots (Les), mont. cᵉ Allières-et-Risset.

Moulu (Le), h. cᵉ Serres-et-Nerpol.

Moulx, XVIII s.: voy. Mour (ap.).

Moumin, XIX s.; Mummin, h. cᵉ Vatilieu.

Mour, XVIII s.: Mare, f. cᵉ Jons.

Mour (ap.), XV s., Mours (Parvus): Moula, év. cᵉ Tullins.

Mouran (Le), XVIII s.: le Moiran, h. cᵉ Brangues.

Mourans (terr. de), XVI s.; Mourud, h. cᵉ Jarcieu.

Mouras: voy. Moras.

Mouraux (Le), XVIII s.; Morinel, h. cᵉ l'Isle-d'Abeau.

Mourraux (Les), XVIII s.: les Mouroux, h. cᵉ St-Hilaire-du-Rosier.

Mourellara, XV s.; Mourelerin, Mourlière (la), XVIII s.: voy. Morellent.

Mourren (Les); les Mourren, h. cᵉ Bilieu.

Mouret (Le), h. cᵉ St-Maximin; — h. cᵉ Vatilieu.

Mouretières, XVIII s.: voy. Moretorum.

Mourets (Les), XVIII s.; les Murets, h. cᵉ Méaudre; —

h. c⁰ Le Villard-de-Lans.

Mouroux (Les), h. c⁰ Massieu.

Mourinaz, h. c⁰ St-Pierre-de-Chartreuse.

Mourliettes (Les), c⁰ Simandres.

Mourmoulin (Le), éc. c⁰ St-Pierre-de-Bressieux.

Mournas : voy. Mornas.

Mouron, XVIII s. ; Mourond, XIX s. ; *Mourraud*, h. c⁰ St-Hilaire-du-Rosier.

Moussut (ter des ap. Cors, XVI s. : voy. Cambalcus villa, Chamlos.

Mousset (Le), mont. et chal. c⁰ St-Mury-Monteymond.

Mousset (terr. du), XVIII s. ; *Chamoussière*, h. c⁰ Séchilienne.

Mousseret, XVII s. ; *le Mouturet*, c⁰ c⁰⁰ Allemont.

Moustier Bussuzel, XVI s. ; Moutier (Le), XVIII s. ; *le Mullier*, c⁰ c⁰⁰ la Côte-St-André.

Moutaret (Le), c⁰ c⁰⁰ Allevard ; par. dioc. Gren., égl. St-Jean-Bapt.

Moutarut (riv.), XIII s. ; *le Suzon*, ruiss. affl. la Varèze, c⁰⁰ les Côtes-d'Arey, Cheyssieu et Auberives.

Moutet (Le), éc. c⁰ la Ferrière ; — gr. c⁰ Gresse ; — ruiss. affl. ruiss. Vaux, c⁰ la Motte-St-Martin ; — gr. disp. c⁰ St-André-en-Royans.

Mouthe (Tête), XIX s. ; *Mouthe*, mont. c⁰⁰ le Mont-de-Lans, St-Christophe et Venosc.

Moutlwon (Le), h. c⁰ Bonnefamille.

Mouton (Le), h. c⁰ Brié-et-Angonnes ; — cabaret disp. c⁰ Cras ; — h. c⁰ Roche ; — f. c⁰ Tignieu-Jameyzieu.

Mouton-Gras, h. c⁰ Roche.

Moutonay (broussailles des Grandes et Petites), XVIII s. ; les Moutonnées, h. c⁰ St-Égrève.

Moutons (Les), gr. c⁰ la Rivière.

Mouyet, XVIII s. : voy. Moyenum.

Mouzet, XIX s. : voy. Moret.

Moxiacus, villa, X s. ; Moxiago, IX s. ; *Moixieu*, c⁰ c⁰⁰ Beaurepaire.

Moyciunderia, XIV s. ; Moison,

éc. c⁰ Livet-et-Gavet.

Moyderiis, XIV s. ; *Moutière*, h. c⁰ Bonnefamille.

Moydlatis villa, X s. ; Moydiacus villa, Moydieu (castellania), XIV s. ; (parr. de), Moydieu (prioratus de), Moyders, XIV s. ; M s. ; *Moidieu*, c⁰⁰ Vienne-Sud.

Moydieu (Bastida), XIV s. ; Mas, Moydieu (mais. f.) ; *le Château*, chât. c⁰ Moidieu.

Moyer (Le), XIX s. ; *le Moyet*, h. c⁰ Septème.

Moyerant : voy. Moyrencum.

Moyetum, XIV s. ; *Moyet*, h. c⁰ Bessins.

Moyffon (B⁰ᵃ Maria de), XIV s. ; Moyfour (de) ; *Moifund*, vill. c⁰ Pusignan.

Moyllisola (clot de), XIII s. ; *Malissole*, col et bois. c⁰ Nantes-en-Rattier.

Moyllisola (for⁰ de), XIV s. ; Moylliis (prat.) ; *les Mullies*, bois c⁰ Vaulnaveys-le-Bas.

Moynes (mans. de le), XV s. ; *les Moines*, h. disp. c⁰ Eydoche.

Moyrencum, XIII s. ; M-ell, XIII s. ; M-utli, M-nelum, XIV s. ; M-ell (palacium ville), XIV s. ; Moyreneu (mistral, mandam., domus hospit., prioratus de), XIV s. ; Moyrant, XV s. ; Moyreus ; *Moirans*, c⁰ c⁰⁰ Rives : voy. Morencu, Morginum, Morvenum.

Moyrencum (Hospit. S. Joh. inter Voyrenem et), XIII s. ; — (Hospit. S. J. supra) ; *la Commanderie*, f. c⁰ St-Jean-de-Moirans.

Moyreus (cavam. des), XIII s. ; les Moreaux, éc. c⁰ les Côtes-de-Corps.

Moyrieuz, XIV s. ; Moyreux (gr. de), Moyrieff, XIV s. ; Moyreu, M-ux, XV s. ; Moyrieu ; *Moireus*, vill. c⁰ Villemoirieu ; anc. com.

Moyrodereu, Moyroda, XV s. ; *le Moiroud*, h. c⁰ St-Hilaire-de-la-Côte.

Moyroud (île), XVIII s. ; *le Moiroud*, mas c⁰ Montbonnot-St-Martin.

Moysenn : voy. Maysona.

Moyseu, XII s. ; Moyseuf, XIII s. ; Moyset, Moysuscum ;

Moysseu, Moysie, M-eu, XIV s. ; Moysshuum, Moyssent, Moyssiez, XVI s. ; Moyslou, XVIII s. ; *Moissieu*, c⁰ c⁰⁰ Beaurepaire : voy. Moxiago, Moxiaco.

Moyssendena, XIV s. ; Moysen (comba de escharto) ; *Moison*, éc. c⁰ Livet-et-Gavet.

Moyssiacum, XV s. ; *Muphiès*, h. c⁰ Pact.

Moyssou, XIII s. ; *Moifund*, vill. c⁰ Pusignan.

Moza (comba de), XVII s. ; Moze, XVIII s. ; Monza ; *Mouze*, h. c⁰ St-Appolinard.

Muze (Le), ruiss. affl. l'Isère, arr. c⁰⁰ Cras, Tullins et Poliénas.

Muchillon (roc. de), XVIII s. ; *le Mucillon*, mont. c⁰ la Ferrière.

Muchillonères, XIV s. ; M-llonères (fons de), XV s. ; M-riis (mas. de), M-c. M-nières (domin. de), XVI s. ; *Muchillions*, mas et et. c⁰ Nantoin.

Muchirollis, XIV s. ; M-lis ; *la Rubertière*, mont. c⁰ Engins.

Mudinin, Mudonière : voy. Meudininum.

Muelan (territ. de), XVI s. ; *Maelat*, h. c⁰ Luzinay.

Muet (Le), XIX s. : voy. Muis.

Muges (Les), h. c⁰ Poliénas.

Muguière (La), XVII s. ; *le Mennière*, f. c⁰ Miribel-les-Échelles.

Muitun, XII s. ; *Moifund*, vill. c⁰ Pusignan.

Muis (Les), XVIII s. ; les Muets, h. c⁰ Montaud.

Mulans (iter de), XVI s. : voy. Muelan.

Mularia (gr. de), XII s. ; *le Mulard*, vill. c⁰ Villeneuve-de-Marc.

Mulentrat (col de) ; *Malintrat*, mont. c⁰ Valjouffrey.

Mules (Les), h. c⁰ Beaufort.

Muletière (La), h. c⁰ St-Vérand.

Mullieu, XIV s. ; *Mullianum*, XVI s. ; *Mullieu*, mas c⁰ Véseronce.

Munard (Le), vill. c⁰ Vignieu.

Muncellis ; Munceux, XIV s. : voy. Moncels.

Munerincum (in), X s. ; *le Mousier*, h. c⁰ Ste-Blandine.

Munéry, h. c° Romagnieu.
Muni. XII s. : Muniz, Menney (mons de) : voy. Collin de Menui.
Munier, XVIII s. ; l'hes-Meunier, h. c° Estrablin.
Munier (Les), XVIII s. : le Munier, h. c° Roybon.
Munier de Vente, XVII s. : voy. Moulin dit de Ventes.
Munière (La) : voy. Mugnière (la).
Munières (chemin des), XVIII s. ; les Munières, h. c° la Côte-St-André.
Muns villa, XII s. ; Mons, vill. c° Villette-d'Anthon.
Muntmoyrin (terra de), XII s. : voy. Montemoyrin.
Mur (carrefort du), XV s. ; la Mure, f. c° la Côte-St-André.
Mur (los.), XIV s. : (Magnus) ; Moute, éc. c° Tullins.
Mura (J., A. de), XIII, XV s. ; Mure (mais. f.), XVI s. ; de Charnier, XVIII s. ; la Mure, éc. c° Succieu.
Mura (serrum de), XIV s. ; la Serre-de-la-Mure.
Mura (vieux, XI s. ; in... Mathaysana, Muram in Matarina (ad), XI s. ; Mura (monast. S. Marie de), XI s. ; villa, castellania de, domus infernas., XIII s. ; Mura Matarena, XIII s. ; Matharena ; Mertassena, XIV s. ; Mathaysina, Matha-sena, Mure Matasena (hospit.), XV s. ; la Mure, ch.-l. c°° arr Grenoble.
Mura Matecena (castr. de), XIII s. ; (capit. S. Jacobi in castro de), XV s. : le Château, quart. c° la Mure.
Mura villa, XIII, XIV s. ; (mans. de), XV s. ; la Mure, vill. c° la Terrasse.
Murailles (Les), h. c° Rives ; — h. c° Tullins.
Muraillette (La), mont. c° le Bourg-d'Oisans et Venose.
Muraire (La), mont. c° Entraigues et Valjouffrey.
Muralha (in), XVI s. ; les Murailles, éc. c° Allevard.
Murasdou (territ. de), XV s. : voy. Merodo.
Murbian (territ. de), XIV s. ; Muri Albi (territ.), XVI s. ; Mur Blancq, XVI s. ; le Mur-

Blanc, quart. c° Vienne.
Mure (La), chef-l. c°° arr Grenoble ; dioc. Gren., égl. Ste-Vierge : voy. Le Château.
Mure, éc. c° Sassenage.
Mure (fief de la), XVIII s. : la Mure, chât. c° St-Didier-de-la-Tour.
Mure de Biol (La), XVI s. : la Mure, f. c° Biol.
Mure-la-Fontaine, 17?? ; St-Laurent-de-Mure, c°° c° Heyrieu.
Mure Mathesine, 1400 ; Matassette, XV s. ; Mathezine, Matesine, XVI s. : voy. Mura (vieux).
Murenco (pontel), XIV s. ; Murent (pontel), XIV s. : le Muret, éc. c° Moirans.
Mures, XVI s. : St-Bonnet-de-Mure, c° c°° Heyrieu.
Mures (Les), h. c° St-Lattier.
Mures (Les), XIV s. ; Murein, XIV s. ; la Mure, éc. c° Theys.
Muret, h. c° Bessins.
Muret (Le), h. c° Monteynard.
Muret (Maison), XIX s. : les Murets, éc. c° Primarette.
Mureta (La), XIII s. ; Veteri (in), XIV s. : la Murette, anc. quart. ville la Mure, rue.
Mureti villa, XIV s. ; les Murets, h. c° Eybens.
Mureto (plan. de), XIV s. ; (comba. prat. vallata de), XV s. ; Pré-Muret, chal. c° Besse.
Muretos (ap.), XIV s. ; Muret (mas des), XVII s. ; les Murets, vill. c° St-Egrève.
Murette (La), c° c°° Rives ; par. dioc. Vien., égl. St-Martin.
Murette (ostel de la), XVII s. ; le Château, h. c° la Murette.
Murettes (Les), h. c° Tullins.
Murez (alpis deis), XIII s. ; Murez (mons des), XIII s. ; Mureto (mons de), XIV s. ; Muretis (mons), XV s. ; Mure-tis (mont. des), XVII s. ; Mure (russ. de), XVIII s. ; le Muret, mont., chal. c° Laval.
Murgerio (comba de), XVI s. ; le Murgyer, éc. c° la Ferrière.
Murgerio (mans. de), XII s. ; Murgier (homines de), XIII s. ; Murgerits (in), XV s. ; le Mur-
Murgerey, XV s. ; la Mur-

gier, mas c° St-Mury-Monteymond.
Murianeta, riv. de, parr., eccl., XIII, XIV s. ; Mannete parr., mistral., XV s. ; Murianete, XV s. ; Marionnelle, c° c°° Domène; dioc. Gren., égl. St-Jean-Bapt.
Murianey, éc. c° la Ferrière.
Muriannes (Les), h. c° Vaulnaveys-le-Bas.
Murier (Le), l. disp. c° Chantesse.
Muriers (Les), quart. disp. ville Grenoble.
Muries (furn. de), XVI s. : Muriand, h. c° l'Isle-d'Abeau.
Murinas, XII s. ; M-ays, XII s. ; M-slum, XIII s. ; Muriguler, M-ref, Murinay, Murignays, XIV s. ; Murinay, XIV s. ; Murenays, Murinaysinum man-(dam.) ; Murenaye, XIV s. ; Murinasii (parr.), XV s. ; Murineyali (eccl.), XVI s. ; Murines ; Murinenis, c° c°° St-Marcellin ; dioc. Vienne, égl. St-Jean-Evang. : voy. La Balme, le Château.
Murinay (castr. de), XIII s. ; M-aslum (castr.), XIV s. ; M-aysium ; le Château, ruines, c° Murinais.
Muris (de), XIII s. ; Mure, Muret (alpa del), XIII s. ; Mureto (riv. de), XIV s. ; Mures (collis de), XV s. ; le Muret, h. c° le Moutaret.
Muris (territ. des), XV s. ; Mures (moulin de), XVIII s. ; la Mure, mis c° Leyrieu.
Murmaud ; Marmou, h. c° St-Alban-de-Roche.
Muro Bello (via publ. a), X s. ; Bermamer, h. c° Vienne.
Muron (loc. Ad), XI s. ; Muris (J. de), XIV s. ; Mures, XVIII s. : Mure, vill. c° St-Bonnet-de-Mure. Cf. Mures 1°.
Murs (ap.), XIII s. ; Mura (insula de), XIV s. ; Mure Se-channeti, XV s. ; la Mure, mas c° Barraux.
Murs (territ. de), XV s. : voy. Vernetum de Murs.
Muruel (crux, territ.), XIII s. ; Murveil, ter., XV s. : Murel, Murieux, mistralle, XVII s. ; Murieu (Coupo-Jarret ou), XVIII s. ; Murieu, quart. c°

Vienne.

Mornnais (prior des), XIV s. : voy. Muchas.

Murzonne, ér. c° Rives.

Musella (collis des), XIV s. ; Muselo (mans. des, XIV s. ; Muselle (commilitus), XV s. : la Muzelle, mont. lac et chal. c° Vienne.

Muset (Les, XVIII s. ; les Musys, h. c° St-Alban-de-Vaulserre.

Musier (La) : voy. Tannisieres.

Musso (eccl. S. Johan. in villa), XI s. ; Muel, h. c° la Forteresse.

Musso (eccl. in hon. S. Petri apost., in pago) : la Forteresse, c° c°° Tullins.

Musterii (prior), XV s. ; le Mottier, c° c°° la Côte-St-André.

Muyrencum : voy. Moyrencum.

Muzet, év. c° Clelles.

My Etang, XVIII s. ; Mietang, l. disp. c° Passins.

Myardi : voy. Meardis.

Myauges, XV s. ; Myages : Mieuges, vill. c° Chamagnieu.

Mylieu, Mylieu : Milieu, h. c° Monsteroux-Milieu.

Mylieu (dom. de), XIII s. : voy. Château-de-Milieu.

Myollans, XVI s. ; Meylieux, c° c°° Grenoble-Est.

Myons, XVI s. ; Mions, c° c°° St-Symphorien-d'Ozon.

Myreu, XIV s. ; Murieux, h. c° St-Victor-de-Cessieu.

N

Naboran (Le), ruiss. c° la Chapelle-du-Bard : voy. Laoni (le).

Naborment, XIII s. : N-oran, XIV s. ; N-orant (combe de), XV s. ; le Loyni ou le Naboran, ruiss. c° la Chapelle-du-Bard, affl. le Bens.

Nacon, h. c° St-Pierre-de-Chartreuse.

Nacone (eccl. S. Steph. de), XI s. ; (prior de), XI s. ; Nacone, XII s. ; Nachon, Nascum, XIII s. ; Nasconis prope Bellum Visum in Royanis (prior), XV s. ; Nascone (parr. St. Steph. de), XV s. ; Nacon, h. c° St-Pierre-de-Chérennes.

Nadouilles (Les), XVIII s. ; Nadouille, forêt disp. c° Champier, la Côte-St-André, le Mottier, Nantoin et Ornacieux.

Naizeau, XVII s. ; le Ned, ec. c° Miribel-les-Echelles.

Nallens, ec. c° Valbonnais.

Nan (Le), h. c° Serres-et-Nerpol.

Nanery (Le), ruiss. affl. ruiss. Les Eparres, c° Chapareillan.

Naut (Le), h. c° Romagnieu ; — ruiss. c° Ste-Marie-du-Mont.

Nart (ruiss. du), XVII s. ; le Nan, ruiss. affl. l'Herbetant, c° St-Pierre-d'Entremont.

Nantes-en-Ratier, c° c°° la Mure ; dioc. Gren., égl. St-Georges.

Nanteta (riv. de), XV s. ; la Nantette, ruiss. affl. la Banne, orig. c° St-Honoré, arr. c° Nantes-en-Ratier et Sousville.

Nantin, 1788 ; St-Cassien, c° c°° Rives.

Nantloz, XVIII s. ; Naut, f. c° St-Sorlin.

Nantison, vill. c° Susville.

Nanto (Mansus Constantii de), XII s. : le Naut, f. et ruiss. c° la Pierre.

Nantoin, c° c°° la Côte-St-André : dioc. Vien., égl. St-Martin.

Nantouillet, XVII s. : voy. Antouillet.

Nantum Nigro, X s. ; le Nan, ruiss. c° St-Lattier.

Nantuy, XII s. ; Nantessyon (castr. de), XIII s. ; Nantil (parr.), XIV s. ; Nantuy, Nantuy, Nantuui (eccl. de), XV s. ; Nantuyu, XVII s. ; Nantoüin, XVIII s.: Nantloin, Nantuin : Nantuin, c° c°° la Côte-St-André.

Nantuy (mans.), XIII s. ; Nantloin, XVIII s. : Nantoin (Grand et Petit-), hh. c° Nantoin.

Nantuyn, XIV s. ; (combe de), XV s. ; Nantin, éc. c° St-Cassien.

Nanz, riv., combe, XIII s. ; Nant (rippar. de), XIII s. ; le Nan, ruiss. affl. l'Isère, c°° Malleval et Cognin.

Nappes (Les), h. c° les Avenières.

Narbonn, XIV s. ; Narbonne, h. c° St-Martin-le-Vinoux.

Narces (Les), bois c° Méaudre.

Narcettes (Les), bois c° Méaudre.

Narchia (nem.), XIII s. ; N-cia, XIV s. ; N-celles, XVIII s. ; les Arcelles, h. c° Pariset.

Narcia (nem. de), XIV s. ; Narea, Narcza, XIV s. ; Narces (des) : Narcr, h. et mont. c° Corrençon.

Nardent (nemus. de), XIV s. ; Nardon, h. c° Voreppe.

Nardet, h. c° Eclose.

Nardleure, h. c° St-Hilaire-du-Rosier.

Narines (parr. de), cum. eccl. b. Johan. Bapt., VII s. : voy. Vagrin, l'ordinaire.

Narvet (Le), ruiss. affl. la Fure, c° Chirens.

Naserino (fons de), XV s. ; le Neizet, mas c° Ste-Agnès.

Nasset (combe de), XIV s. ; le Neys, bois c° Rovon.

Nassieys (bordaria del), XIV s.; Naysium (de), XIV s. ; le Neys ?, l. disp. c° Herbeys.

Nassins (maison des) ; (cheuz), XVI s. ; Chez-Nassin, l. disp. près Eyzin-Pinet.

Nativité (Couvent-de-la), éc. c° Roussillon.

Nauf (nemus. du, XV s. ; Naud (nem. de), XVI s. : voy. Nof.

Naugerio (eccl. de), XII s. ; le Noyarey, vill. c° Herbeys.

Nava (rupis de), XIV s. ; (signal de), XIX s. ; Naves (jet des), XVIII s. ; Nace, mas c° Autrans et la Rivière.

Navant, vill. c° Dolomieu.

Navisia (villa), XII s. : voy. Valle Navisio, Valnaves.

Navout (in parr. S. Albani), XI s. ; Navey (P. de), XIV s. ; Navoz, XVI s. ; Naroze, éc. c° Reventin-Vaugris.

Nay (Le), h. c° Sardieu.

Nays (Pra), XIII s. ; N-sium, N-set (serr.), XV s. ; la Combe-du-Nays, mas c° Valjouffrey.

Nays, Nayalis (la), XIV s. ; Nezat, mas c° Jarrie.

Nays (pra), XIII s. ; Naysium, Nayssium, XIV s. ; Ney, h.

cⁿᵉ Monteynard.

Nays, XIII s.; Nayset, Naysium, XIV s.; *le Nay*, ruiss. cⁿᵉ Oz.

Nays (Vinea del), XIV s.; *Nays (Fontaine de)*, cⁿᵉ Quaix.

Nays (el), XIV s.; *Neys*; *Nays*, l. disp. cⁿᵉ St-Vérand.

Naysiorum (costis), XV s.; *le Nays*, ruiss. cⁿᵉ la Cluze-et-Pâquiers.

Nazet (le), ruiss. aff. l'Herbotant, cⁿᵉ St-Pierre-d'Entremont.

Neg, lac cⁿᵉ St-Baudille.

Neige (Ruisseau de la), cⁿᵉ St-Pierre-d'Entremont.

Neirefont (crux de), XIII s.; Neyrefont, XVIII s.: voy. Nigrum fontem.

Neireu (domina de); Nerei, XII s.; Nerie; *Neyrieu*, éc. cⁿᵉ Domarin.

Neiroux (Les), XVIII s.; Neyrouds (les), XIX s.; Neroud (le), XIX s.; *le Neyroud*, h. cⁿᵉ Coublevie.

Nème (Le), h. cⁿᵉ Tullins.

Nemus Barbutus, XIV s.; *Bois-Barbu*, vill. cⁿᵉ le Villard-de-Lans.

Nemus Nigrum (magnum), XIV s.; *le Bois-Noir*, cⁿᵉ Le Périer.

Nemus Nigrum, XV s.: Nygrum; *la Forêt*, h. cⁿᵉ Theys.

Nemus Regalis, XIV s.: voy. Bucc Reyel.

Nemus S¹ Petri, XIV s.; *le Bois-St-Pierre*, h. cⁿᵉ Inbonieu; anc. poss. St-Pierre de Lyon.

Nepoley (mans. del), XIII s.; Nepllier, XVII s.; *le Neplier*, h. cⁿᵉ St-Laurent-du-Pont.

Nepoller, Nepoler, XV s.; *Nepoller*, l. disp. cⁿᵉ Longechenal.

Nerpou (capella, eccl. de), XI s.; Nerpoicum (castr.), XII s.; Ner co (castrum de), XII s.; Ner sold (mansol.), XIII s.; Nerpol, XIII s.; Nerpum, Nerpow'um, XIV s.; Nerpodium (castr. de) *Nerpol*, vill. cⁿᵉ Serres-Nerpol.

Nesme, XVIII s.; N mes, XIX s.; *les Nesmes*, h. cⁿᵉ Seyssuel.

Nesmoz (Les), XVII s.; Nesmes (les), XIX s.; *les Nesmes*, vill. cⁿᵉ St-Joseph-de-Rivière.

Nesves (territ. de), XVI s.; Nefves (Les Grands), XVII s.; *les Neves*, mas cⁿᵉˢ Feyzin, Corbas et Mions.

Neuro (montes de), XII s.; Neure (nem., passus de), XIII s.; Neurre, XVIII s.; *Necir*, mont. cⁿᵉˢ Ruvon, Cognin, Iseron et Reneurel.

Nove (mans. f. de), XVIII s.; *Neyer*, chit. cⁿᵉ Villotte-Serpaise.

Nevolas, XII s.; *Nicolas*, h. cⁿᵉ Nivolas-Vermelle.

Nevro (ruppes de), XII s.: voy. Neuro.

Nevronus, nem., rupis, XIII s.: voy. Noyrome.

Ney, Neys (ruiss. de) ou de la Sagne, XVII s.: voy. Crotta Cruca.

Neyres (Les), ruiss. cⁿᵉ St-Maximin.

Neyrest, XVI s.; *Nirizet*, h. cⁿᵉ St-Victor-de-Morestel.

Neyri Val, XV s.; *Nerval?*, l. disp. cⁿᵉ la Côte-St-André.

Neyron, h. et ruiss. aff. la Dreveuse, cⁿᵉ Ruvon.

Neyronds (Les), h. cⁿᵉ S.-Pancrasse.

Neyroneria (tenem. de), XIV s.; Neyron (Clot), XVIII s.; *Neyron*, h. cⁿᵉ Vaujany.

Neyronis (forasuan rupis), XIII s.; (pascual), XIV s.: voy. Noyrome.

Neys: voy. Nays 2°.

Neyserio (in), XVI s.; *Neyzu (loc de)*, cⁿᵉ Vaulnaveys.

Neytour (podium), XIV s.; Neytor (campus), XV s.; *la Pervière*, vill. cⁿᵉ Allemont.

Neytrain, XVIII s.; *Netriu*, h. cⁿᵉ les Abrets.

Nezords (Les) XVIII s.; *le Neysord*, h. cⁿᵉ St-Jean-le-Vieux.

Niee (Le), éc. cⁿᵉ Vourey.

Nisetil (villa), XIV s.; *Nezat*, mas cⁿᵉ Jarrie.

Nicolaniis (in), XIV s.; Nicolans (les); *Nicolans (le Bas, le Haut)*, h. cⁿᵉ Valbonnais.

Nicolas, h. cⁿᵉ Jardin.

Nicolays (villa de), XIV s.: voy. S. Nicolay de Comble.

Nicollore, éc. cⁿᵉ Primarette.

Nicollet, éc. cⁿᵉ Le Villard-de-Lans.

Niepvre (Le), XVI s.: voy. Nyeuro.

Nier, éc. cⁿᵉ Lavars.

Nicvolon (Le), XVIII s.; *le Niccolou*, ruiss. cⁿᵉˢ Châtenay et Viriville.

Nievres, h. cⁿᵉ Chasselay.

Nigrum fontem (per), XIII s.; *Noirfont*, mont. et ruiss. aff. le Guiers-Vif, cⁿᵉˢ St-Christophe-Entre-Deux-Guiers et St-Pierre-d'Entremont.

Niguetière (La), f. cⁿᵉ Chamagnieu.

Nigulères, h. cⁿᵉ St-Paul-de-Varces.

Niseis (los), XIII s.; Niseys (mans.), XIII s.; *Nezat*, mas cⁿᵉ Jarrie.

Niseys (cavan. dels), Niseis, XIII s.; Niseys villa, XIV s.; Nyseulis (bord. de), Nyseys; *Nisay*, bois cⁿᵉ St-Théoffrey.

Nitulet, éc. cⁿᵉ St-Nazaire.

Nivard (Le), ruiss. cⁿᵉ Meyrieu, aff. l'Etang-Neuf.

Nivasson (Le), ruiss. cⁿᵉ Berain.

Nivel, XIX s.; *Nivelle*, h. cⁿᵉ Sonnay.

Nivisan (La), ruiss. cⁿᵉ Livet-et-lavet, XVIII s.

Nivit (nem. ea), XIV s.; *Nivia (loc de)*, XV s.; *Nicit*, h. cⁿᵉ St-Didier-de-la-Tour.

Nivolas, XII s.; Nivolasium, XV s.; *Nicolas*, h. cⁿᵉ Nivolas-Vermelle.

Nivolas-Vermelle, cⁿᵉ cⁿᵉˢ Bourgoin; 1884.

Nivolon ou le Rival; *le N'ecolou*, ruiss. cⁿᵉˢ Châtenay et Viriville.

Nivolone (villa de), XIV s.; Nivollon, XIX s.; *Nicolou*, h. cⁿᵉ Allières-et-Risset.

Nivoz (Chez-), éc. cⁿᵉ St-Savin.

Nobillère (La), XVIII s.; *les Noucellières*, h. cⁿᵉ Merlas.

Nobles (Les), h. cⁿᵉ le Villard-de-Lans.

Nude, h. cⁿᵉ Sérillienne.

Noelleres, XIV s.; *Norllières?*, l. disp. cⁿᵉ le Gud.

Not (nem. de), XV s.; Note (nem. de), Nou (los), XV s.; Not (forêt de), 1700; Noul, XVIII s.; *le Not*, h. cⁿᵉ la Côte-St-André.

Nugareto (eccl. S. Pauli de), XI s.; N-ti (parr.), XIV s.;

voy. Nolareto.

Nolareta (chaban. de la). XII s.; le Noyarey, mas c^e Ste-Agnès.

Nolareto (eccl. de), XI s.; (eccl. S. Pauli de), XI s.; Nolare (parr. de), XII s.; Nolarei, XII s.; Nolareia, Nolaretum, Noereto (capellanus de). XIII s.; Noarey, XIV s.; Noorey; Noyarey, c^e c^ees Sassenage.

Noilly, XIX s.: voy. Nuylli.

Noirefont, XVIII s.; Noirfonds: voy. Nigrum fontem.

Noirotan, XVI s.; Noirateu (terr. des), XVII s.; les Noirates, mas c^e Thuellins.

Noiroud, XIX s.: voy. Moiroux.

Nolhes (mais. des), XVI s.; Denolles, h. c^e Vienne.

Nollia (G. de), XIV s.: voy. Noylli.

Nomecy, h. c^e Pinsot.

Nonains (Les), XVI s.; Nones (les), XVIII s.; l'Ile, anc. quart. ville Grenoble.

Nonedis villa, X s.; Nain, h. c^e St-Pierre-de-Chandieu.

Normand, gr. c^e Balbins.

Nostra Dama la Vez, XIV s.; Nostre Dame la Vielz, XV s.; Notre-Dame-de-la-Vie, anc. par. ville Vienne, disp. 1790.

Nostre-Dame-de-l'Isle; Notre-Dame-de-l'Ile, h. c^e Vienne.

Not (Le), f. c^e St-Etienne-de-St-Geoirs; — h. c^e St-Hilaire-de-la-Côte.

Notes (gr. des), XV s.; — c^e Reventin-Vaugris.

Notra Donna, XIV s.; Nostre Dame; Notre-Dame, égl. cathédr. de Grenoble, placée sous le voc. de l'Assomption et primitivement sous celui de St-Vincent.

Notre-Dame, chap. disp. c^e Allemont; — chap. disp. c^e Proveyzieux.

Notre-Dame des Anges (abbaye), XVI s.: voy. Clay (dom. de).

Notre-Dame-d'Araieu, chap. c^e St-Gervais.

Notre-Dame-d'Artévioux, chap. c^e Montrevel.

Notre-Dame-de-Bonne-Conduite, chap. c^e Montceau.

Notre-Dame-de-Bonne-Nouvelle, chap. disp. c^e St-Antoine.

Notre-Dame-de-Carros dit Montagne, XVI s.; Montagne, c^e c^ees St-Marcellin.

Notre-Dame-de-Casallibus, chap. c^e St-Pierre-de-Chartreuse.

Notre-Dame-de-Clais, Clay, XVIII s.: voy. Beato Marie Clausi Hostii.

Notre-Dame-de-Commiers, c^e c^ees Vizille; dioc. Gren., égl. Ste-Vierge.

Notre-Dame de Cossineu?, XVII s.; Notre-Dame, égl. disp. c^e Bressieux.

Notre-Dame-de-Curtin, chap. c^e Curtin.

Notre-Dame de Guilhane ou Cœur Failly, chap. disp. c^e St-André-en-Royans, XVIII s.

Notre-Dame-de-Letran, chap. c^e Diémoz.

Notre-Dame-des-Mariniers, chap. c^e St-Symphorien-d'Ozon.

Notre-Dame-de-Mésage, c^e c^ees Vizille; dioc. Gren., égl. Ste-Vierge.

Notre-Dame-de-Montcarmel, chap. disp. c^e Clavans.

Notre-Dame-des-Neiges, chap. c^e la Motte-St-Martin; — chap. c^e Le Percy.

Notre-Dame-de-l'Osier, c^e c^ees Vinay.

Notre-Dame-de-Pitié, chap. disp. c^e Bouvesse-Quirieu; — chap. disp. c^e Chatte; — chap. disp. c^e Courtenay; — chap. disp. c^e Goncelin; — ou des Gabiers, chap. disp. c^e Montalieu-Vercieu; — ou la Madeleine, chap. disp. c^e St-Symphorien-d'Ozon; — et St-Jehan-Baptiste (égl.), XVI s.: voy. S. Johannis Crimiaci.

Notre-Dame-de-la-Poype, chap. c^e Maubec: voy. Césargea.

Notre-Dame-de-la-Salette, pèlerinage, c^e la Salette-Falavaux.

Notre-Dame-de-la-Trappe de Chambaran, monast. de Trappistes, c^e Roybon.

Notre-Dame-de-Vaux, c^e c^ees la Mure; dioc. Gren., égl. St-Laurent.

Notre-Dame-des-Vignes, chap. c^e Sassenage: voy. les Côtes.

Notre-Dame-de-Vouise, statue de la Vierge, placée en 1865 sur le summet de la montagne de Vouise, c^e Voiron.

Notre-Dame: voy. Beate Marie, etc., Sancte Marie, etc.

Noue (La), ruis. affl. l'Isère, c^ees le Touvet et la Terrasse.

Noues (Roche ou Croix des), XVI s.; Noue: Noues, mont. c^e St-Laurent-du-Pont.

Nouet (mollins de), (moulin de), XVIII s.: voy. Noveto.

Nouvet (moulin de). XIV s.; voy. Noveto.

Novelleria (aqua de), XV s.; les Nourellières, h. c^e Merlas.

Noveto (molendinum de), XIV s.; ap. S. Simphorianum in ripp. Auzonis, XV s.; Novet, h. c^e Solaise.

Noyarey (Le), vill. c^e Herbeys.

Noyarey (El), XIV s.; Champ-Noyaret, mas c^e Meylan.

Noyarey, c^e c^ees Sassenage; dioc. Gren., égl. St-Paul.

Noyer-Clu (Le), éc. c^e Séchilienne.

Noyer-Vert (Le), éc. c^e Séchilienne; — h. c^e Voiron.

Noyerat (euz), XIV s.; Noyerey, XIV s.; Noyeraita, XV s.; le Noyerey, h. c^e Pontcharra.

Noyerey (caban. de), XIII s.; le Noyarey, mas c^e Ste-Agnès.

Noyerey ou la Barralle, XVI s.; Noyaret; le Noyerey, h. c^e la Tronche.

Noyerio (in). XIII s.; Noyerey, Noyare, N-etum. mans., XIV s.; Noyeratlis, XVI s.; le Noyerey, vill. c^e Herbeys.

Noylli, XIV s.; Nully, h. c^e Eyzin-Pinet.

Noyractis (in), XV s.; Noyaratte (la), XVII s.; Noyerate; la Noirate, t. c^e St-Laurent-du-Pont.

Noyretum, XII s.; Noyaretum, XIII s.; Noyerey, Noyeriaz, XIV s.; Noyarey (Communauté de) appelée Chaulneu, XVIII s.; Noyeray, XVII s.; Noyarry, c^e c^ees Sassenage: voy. Nogareto. Nolareto.

Noyrone (nem. de), XIII s.; le Nerou ou Casque de Nerou, mont. c^e Quaix, St-Egrève et St-Martin-le-Vinoux.

Noz (La), XVII s.; la Nof, éc. c^e la Ferrière.

Nublat, éc. c^e St-Bonnet-de-Chavagne.

Nucareto (parr. de), XIV s.;

(eccl. S. Pauli de), XIV s.; Nucereti (parr. mand.), XIV s.: voy. Nogareto, Nolareto.

Nuceretum, XV s.; le Noyarey, h. c° la Tronche.

Nuceretum, XIV s.: voy. Noyeria, Noyerey.

Nugues (Les), h. c° Charancieu; — h. c° St-Jean-de-Moirans.

Nuvilas: voy. Nivolas.

Nyeuro (de), XV s.; Nyeuro (de), XVI s.; Nyvro, XVI s.; Neyre, chât. c° Villette-Serpaise.

Nysealis (bordaria de), XIV s.; Nisay, bois c° St-Théoffrey.

Nysseus (mans.), XIII s.: voy. Niseis (los).

Nyvolas, XIV s.: voy. Nivolas.

Nyvolone (in), XV s.: voy. Nivolone.

Nyvy (nem.), XV s.: voy. Nivit.

O

Obio (Grande tête de l'), XIX s.: voy. Aublon (=Aublou), Laubiou.

Obliarum (mans.), XIV s.; Oblits; les Oublis? L. disp. c° Mizoën.

Occense (in valle), VIII s.; Oayzans, XV s.: voy. Oysancio.

Ocellatis villa, villula, X s.; Occellat, L. disp. c° Paet.

Ochia, XV s.; Luche, col entre c° Entraigues et Valjouffrey.

Ochias, XIV s.; les Huches, mas c° Sinard.

Ochilis (costa de), XIV s.; Ouchilis (in); les Touches, h. c° Corps.

Ochilis (in), XV s.; Ouches (les), XV s.; les Huches, L. disp. c° les Côtes-de-Corps.

Ochilis (in), XIV s.: voy. Touches deux Aymars.

Octavum (ad vicum), VI s.; O-viensi (in agro), X s.; O-vello (sinus de), X s.; O-vienne (vicaria), X s.; O-venae (ager), X s.; O-viaco (in agro): voy. S. Sinforianus, Symphorianus de Auxore.

Ortier, XI s.: voy. Ortier.

Oddes (Le), XVIII s.; es Oddes, h. c° St-Martin-d'Uriage.

Oddes (ruiss. des), c° St-Martin-le-Vinoux: voy. Pique-Pierre.

Oblos (Les), L. disp. c° St-Hilai-de-la-Côte.

Olemarene (cognium), XV s.; les Kenerds, h. c° Le Mont-de-Lans.

Oleterodoriis, XV s.; Odden (rif des), XVII s.: voy. Audevantz.

Ollior, éc. c° St-Just-de-Claix.

Olliers, Oudiere, XVIII s.; Audieres, h. c° St-Paul-les-Monestier: voy. Audeieres.

Oclouls (mans.); O-norum (serrum); O-nibus, XV s.; les Eules?, L. disp. c° Clavans.

Oclax, éc. c° Cordéac; — éc. c° Le Percy.

OEillet (L'), XVII s.; (foralie. de l'), XVII s.; l'OEuillette, rocher, c° St-Pierre-de-Chartreuse.

Oeilletta, XVIII s.; Oeuilletta; l'Aiguille, mont. c° Quaix: voy. Acu.

Oeuilles (Croix des); l'Aiguille.

OEuilles (Les Grandes-), XVIII s.; Heuille (la Grande-), mont. c° Voreppe.

Ogier, éc. c° Chichilianne; — éc. c° Miribel-les-Echelles; — éc. c° Pariset.

Ognon, h. c° Charnècle.

Ogrenier, éc. c° Bessins.

Ohus (eccl. de), XI s.: voy. Ouse.

Oies (Les), mas et cana, c° Theulinx et le Bouchage

Oisans (L'), région naturelle, arrosée par la Romanche et ses affluents: comprend le canton du Bourg-l'Oisans, les c° de Séchilienne, St-Barthélemy-de-Séchilienne, du c° de Vizille; le canton de la Grave, dans le départ. des Hautes-Alpes.

Oiseaux (Les), éc. c° Voiron.

Oisens; l'Oisans (voy. ce nom).

Ola, mont., XV s.: voy. Olla.

Olagne (L'); Durmalière, h. c° St-Baudille-et-Pipet.

Olagneriis (in), XIV s.; la Laitière, bois c° Le Périer.

Olagnier, mas et canal, c° St-Chef.

Olagnon, éc. c° Beauvoir-de-Marc; — éc. c° Chapurnay.

Olagny (rippar. d'), XVI s.; Olagne (torrent de l'), XVIII s.; l'Olague, ruiss. affl. ruiss. la Pérouse, c° Marnans et Viriville.

Olaygneriacus, villa, XIV s.; Olagn-um, XIV s.; O-retum, Olagnaroy, XIV s.; l'Olagne-ray, mas c° Oz.

Oleno (in), XIV s.; l'Olau, mont. c° St-Christophe-en-Oisans, Valjouffrey et Clémence-d'Ambel (Htes-Alpes).

Olerez (villa de), XIV s.; Olerils (de); les Tioles, bois c° Allières-et-Risset et St-Paul-de-Varces.

Oleres (Les), XIII s.; Olnia, XIV s.; l'Ollière, éc. c° Thodure.

Oleria (nem. de), XIV s.; Oleyri (arcolagium del), XIV s.; Olerii (podium), XIV s.; l'Oullière, mont. c° Lavaldens et St-Honoré.

Olerii villa, XIV s.; les Olliers?, L. disp. c° Notre-Dame-de-Mésage.

Olerii (Prat.), XIV s.: voy. Prolerii.

Olerils (chabann. de), XIII s.; les Oullières, mont. c° Voreppe.

Oleta (molend.), XIV s.; l'Olette, XIX s.; Lulette, h. c° Lans.

Oleysia, XV s.; Olluysia: voy. Olusia.

Oliveria, XV s.; O-lo, in parr. S. Laurencii, XV s.; l'Olivier, L. disp. c° Grenoble.

Oliverii; Alivet, h. c° la Côte-St-André.

Oliverii villa, XIV s.; les Oliviers, bois c° Vaulnavey-le-Bas.

Olivets (Les), f. c° Le Villard-de-Lans.

Olivier (L'), éc. c° Polliénas.

Oliviers (Les), XVIII s.; O-res (les), XIX s.; Ollivières (les); les Olivières, vill. c° Pinsot et Pommiers.

Olla, aqua, XIII s.; (rochar-ium de), XIV s.; l'Olle, mont. c° Vaujany et St-Jean-d'Arve (Savoie), et ruiss. affl. la Romanche, arr. c° Vaujany, Oz et Allemont.

Olla (eccl. de), XI s.; (parr. de, eccl. S. Desiderii), XV s.; Oulles, c° c° le Bourg-d'Oisans.

Olla (pont. de), XIII s.; l'Oule, mas c° St-Egrève.

Olla (rochass. de), XIV s. ; l'Oula, rocher ce St-Pierre-de-Mésage.

Olle, XVIII s. ; (Petite) ou Petite-Maison ; la Petite-Maison, éc. ce Vaujany.

Olle (martinet Pontis), XIV s. : voy. Olla 2e

Olleriorum (a dotalb.), XVI s. ; Ollier, éc. ce Eyzin-Pinet.

Olles (Les), XIV s. ; Ollat, éc. ce St-Just-de-Claix.

Olleta (mina ferrea in), XIV s. ; l'Oulette-de-Clavaus, mont. ce Pinsot.

Ollier, éc. ce Entre-Deux-Guiers.

Ollon, XVIII s. ; le Dollon : voy. Delon.

Olmoy (borlaria de), O-ys, XVIII s. ; l'Homme, mas ce Oz.

Olmey (el), XIV s. ; l'Orme, mas ce Villette-d'Anthon.

Olon (L'), ruiss. aff. la Rigolle, ces Moirans et Vourey.

Olonna, VIII s. ; Meylans, ce Grenoble-Est.

Olosla, XIII s. ; Oluysia, XIV s. ; Oluysi, XV s. ; Oluyse, XV s. ; Olonise, vill. ce Sermérieu.

Ultra Mare villa, XIV s. ; les Prés, vill. ce Ste-Marie-Ju-Mont.

Olympe, f. ce St-Albin-de-Vaulserre.

Omarii villa, XIV s. ; les Omars, l. disp. ce St-Pierre-de-Mésage.

Omnibus Oris (de), XIV s. ; Horis, Omnium Orarum (crux), XV s. ; Orum, XV s. ; Toutes-Aures, h. ces Brion et Chasselay.

Omnium Aurarum, XVI s. : voy. Omnibus Oris.

Omnium Borearum (crux), XVI s. : voy. Omnibus Oris.

Oncinel, XVIII s. : voy. Uncinum.

Opera, XIII s. ; Opere (domin. de), XVI s. ; l'Œuvre, h. ce Pont-Évêque.

Optevo, XIII s. ; (eccl. de) XVI s. ; Optevo ; Optevos, ce ces Crémieu ; dioc. Lyon, égl. St-Symphorien : cf. Atavo, Ettevo.

Or (L') ou l'Aure, mont. ce St-Christophe-en-Oisans.

Orancius (mans. de), XIII s. : voy. Oronja.

Oranges (Les), mas ce St-Pierre-de-Chandieu.

Oraone (montaineu de), XIV s. ; le Col d'Ornon, col et mont. ces Chantelouve et Ornon.

Oratoire (L'), éc. ce Corenc ; — éc. ce les Côtes-de-Corps ; — (Chemin de l'), ces Poisat, Eybens, Echirolles et Jarrie ; — (l'), éc. ce Proveyzieux ; — chap. disp. ce Vaulnaveys-le-Haut.

Oratoire-de-la-Charmette (L'), chap. ce St-Pierre-de-Chartreuse.

Orbana (aqua de), XIV s. ; Orbanne, XVIII s. : voy. Orbans.

Orbanne, chât. ce St-Martin-de-Clelles.

Orbans (campus de), XIII s. ; Orbas ; l'Orbanne, ruiss. aff. l'Ebron, ces Chichilianne, Clelles et St-Martin-de-Clelles.

Orbes (villa de), XI s. ; Ors (l'), XVIII s. ; l'Or, gr. ce La Fontaull.

Orcel (mass.), XIV s. ; Orselli (mass.), XIV s. ; Orcel, l. disp. ce Herbeys.

Orcellière (L'), XVII s. ; O-es (les) ; Claudatières, mas ce Miribel-les-Echelles.

Orcello (de), XIV s. : voy. Podium Orsellum.

Orcière (L') : voy. Lourcière.

Orcières (Moulins d') : voy. Valorseti.

Ordre (L'), h. ce le Bourg-d'Oisans.

Oreille-du-Loup (L'), mont. ces Lavaldens, Pierre-Châtel et Villard-St-Christophe.

Oreon, gr. disp. ce St-Geoire.

Oronja (de), XIII s. ; Ville-d'Or, h. ce Dionay.

Ores (crest des), XVII s. ; les Orages, mont. ces St-Pierre-de-Chartreuse et St-Pierre-d'Entremont.

Oreysseu, h. disp. ce Vaujany.

Organarias (villa), IX s. ; Grenay, ce ces Heyrieu.

Orgnoise, chât. ce Coublevie.

Orgeria, XIV s.; Orgerie (angulum), XV s. ; l'Orgière, l. disp. ce Mizoën.

Orgerias (alpe super), XV s. ; les Orgières, chal. ce Vaujany.

Orgeval (Ruisseau d'), ce St-Pierre-de-Chartreuse.

Orglières (Les), chal. ce Auris.

Orgivallis (alpis), XIII s. ; Orgeval, chal. et mont. ce la Chapelle-du-Bard.

Oriatico (cap. de), XI s. : voy. S. Salvatoris Uriatici.

Oriaticum, XI s. : voy. Auriatge, Uriaticum.

Oriental (L'), ruiss. aff. la Morge, ce St-Etienne-de-Crossey.

Orillère, h. ce Cheyssieu.

Orillons, XVII s. : voy. Urillons.

Oriol, XII s. ; Oriolo (eccl. de), XIV s. : voy. Auriolum, Uriolum.

Orion; Uron, riv. : voy. Aurenis.

Orion, XVI s. : voy. Ouronis.

Oris, ce ces Valbonnais ; dioc. Gren., égl. St-Pierre.

Oris, XVIII s. : voy. Aureis.

Orlin (ruiss. d'), XVII s. ; le Orlin, ruiss. aff. Morge, ce Miribel-les-Echelles.

Ormaux (Les), XVIII s.; l'Homme, mont. ces Livet-et-Gavet et Vaulnaveys-le-Haut.

Orme (L'), h. ce les Eparres.

Orme, Olme, XVII s.; l'Homme, h. ce Roissard.

Ormot (L'), ruiss. aff. le Glandon, ce Chapareillan.

Ornaciacum (castr.), XII s. ; O-ceum (castr.), XII s.; O-eyo (de castr.) ; le Château, ruines ce Ornacieux.

Ornacieux, ce ces la Côte-Saint-André.

Ornacieux, tour dite de la Boine, 1783 ; le Château, ruines, ce Ornacieux.

Ornacieux (Le Bas), vill. ce Ornacieux.

Ornasieu, XV s. ; Ornacieux, ce ces la Côte-Saint-André.

Ornatiacum, XII s. ; Ornaceu : O-ceiarum, XII s. ; O-ceyum, XII s. ; O-cenum ; Ornacei, XIV s. ; O-ceni (parr. S. Disderii), XV s. ; O-eyeu, domus Templi, XIV s. ; dioc. Vien., égl. St-Didier ; Ornacieux, ce ces la Côte-Saint-André.

Ornleiacum, XII s. : voy. Ornatiacum.

Ornon (Mont d'), XVIII s. ; Pic-d'Ornon, mont. ces Chantelouve et Villard-Eymond.

Ornon (Lac d'), XVIII s. ; le Culasson, mont. et lac ce Ornon.

Ornone (eccl. de), XI s. ; (parr. S. Martini de), XIII s. ; Ornonus villa, XIV s. ; Ornon, c[ne] c[om] le Bourg-d'Oisans ; dioc. Grenoble, égl. St-Martin.

Oronis (ripp.), XVI s. : voy. Ouronis.

Orseller, XIV s. : Orseller ; les Ours, h. c[ne] St-Baudille-et-Pipet.

Orser, mas., XIII s. ; la Fontaine-de-l'Ours, font. c[ne] Séchilienne.

Orserii (mans. Garnel-li), XII s.; (vinea, prata, mont.) : l'Oursidor, mont. et cascade c[nes] Revel et St-Martin-d'Uriage.

Ortal : voy. Ortet.

Ortenal valle (in), XI s. : voy. Valle Ortenal.

Ortet, bois, XVIII s. : voy. Hortet.

Ortin, XI s. : le Jardin, mas c[ne] Cornillon.

Ortin (in), X s. ; Jardin, c[ne] c[om] Vienne-sud.

Ortis (locat. IX s. : Ortin, X s. : Ortin villa, X s. : voy. Valle Ortenal.

Ortolais (L'), ruiss. c[ne] Montfalcon.

Ortorum (vallis), XI s. ; Ortenal valle : voy. Valle Ortenal.

Orzon, XIII s. : voy. Arsilin.

Ouchilis (in), XIII s. ; Ochilis, XIV s. : les Oches, vill. c[ne] Chichilianne.

Ouchilis (terra de), XIII s. : Ochilia ; Ouchers ; Ochers, XIX s.: les Hoches, h. c[ne] Reboard.

Ouclosa : voy. Enclosa.

Ourias (riv.), mais que donne Cassini au Brivda, dans son parcours sur les communes de La Ferrière et l'innot.

Ouiers (Les), XVIII s. ; les Ougiers, h. c[ne] Venosc.

Ouil (parr.), XII s.: voy. Ouse.

Osintio, XI s. : voy. Oysuncio.

Oulars (homines de), XIII s. : Oulardorum (gr.) XV s. : Oulandorum, XV s. ; Ousle dessous et Ousle dessus ; Ousle, mont. et chal. c[ne] les Adrets.

Osparron : voy. Esparron.

Ouse, XII s. ; Ousio (eccl. de), XII s. ; Ouso (eccl. de) sub nomine b. Ferreoli), XV s. ; Oz en Oysans, XVIII s. ; Oz, c[om] le Bourg-d'Oisans.

Osso (B. de), XIV s. ; Ossiex, XIV s. ; Osseyes (villagium de), XV s. : Osseys ; Osse (claus. d') ; Osse, vill. c[nes] Serpuieu et Passins.

Osta (parr. de), XIII s. : voy. Augusta.

Ostraux (riv. de), XV s.; l'Achard, mas et ruiss. affl. le Grand-Ruisseau, c[ne] Autrans.

Ostrant, XII s. ; Ostrang ; Ostranz, XIV s.; Ostrancou (parr. de), XIV s. : voy. Austrau.

Ostrana (riv. de), XV s. : voy. l'Achard.

Otranz, XIV s. : voy. Austran.

Otliers, XII s. : voy. Oytien.

Ouchers (Les), ruiss. et canal, c[ne] Vénérieu.

Ouchila, XIV s. : Odilis (mas. imp.), XV s. : Luche, mas c[ne] Mizoën.

Ouchila, XIV s. : voy. Tuchile.

Ouchilis (in), XIV s. : les Touches-Rondes, bois c[ne] la Valette.

Ouchevoberilis (mans. de), XV s. : voy. Ambevouz.

Ougerii villa, XIV s. ; les Ougiers, l. disp. c[ne] Ste-Marie-du-Mont.

r[iviè]re, entre dans départ. la Drôme, se perd dans les terres.

Osrouna (molendina de) in ripp. Gerie, XV s. ; Orosa (molend. de) ; Orose, l. disp. c[ne] Vienne.

Ours (chemin de l'), XVI s. ; (roche du Pas de l'), XVII s. ; l'Oursière, mont. c[ne] Poumiers.

Ours (L'), mont. c[ne] St-Christe-en-Oisans.

Ourra (bois de l') ou Montmercier, XVIII s. ;- Mont-Mercier, bois c[ne] Le Touvet.

Oursière (Grande, Petite), XVII s. ; (vallée de l') ; l'Oursière, mont. et chal. c[ne] St-Laurent-du-Pont.

Oursière (L'), bois c[ne] St-Pierre-de-Chartreuse.

Ouruolo Subteriori (de), XV s.; Petit-Oriol, h. c[ne] Cornillon-en-Trièves.

Ouruolo Superiori (de), XV s. ; Grand-Oriol, h. c[ne] Cornillon-en-Trièves.

Ous, XIII s. : voy. Ouse.

Oustrancio (parr. de), XIV s. ; Oustraux, Oustrant, Oustrans, XV s. : voy. Austran.

Outhiers, XIII s. : voy. Oytien.

Outrans (eccl. S. Nycolay de), XIV s. : voy. Austran.

Outre, gr[ange] c[om] le Freney-d'Oisans.

Outre (L'), h. c[ne] Hurtieres.

Ouvel, gr[ange] c[ne] Besse.

Ouyeulx : voy. Auditu.

Oveis, XII s. ; le Port-d'Oucey, mas c[ne] St-Lattier.

Oyciati (curat.), XV s. ; Oytiavi (parr.), XV s. : voy. Oytien.

Oyeu, c[om] Virieu ; dioc. Vienne, égl. St-Pierre.

Oyeu, XIV s. : Oyu, XV s. ; Oyeux, XVIII s. : voy. Auditu.

Oyrard (terret de), XVII s. : voy. Orea.

Oysans (ville de), XIV s. : Oysencii (castri), XV s. : voy. S. Laurentii de Lausa.

Oysellet (molend.), XIV s. : Oysellet, XV s. ; Oysaillet (moulins d'), XVII s. ; l'Oiselet, mas c[ne] la Tour-du-Pin.

Oysuncio (in), XIII s. ; Ousancio (castellanus de), XIII s. ; Oysuncii (terra), Ousancii (terra), Oysianz, XIV s. ; Oysoncum, XVI s. ; Oysans (la Val. d'), XVI s. ; Oyzans, XVIII s. ; l'Oisans : voy. ce mot : voy. Occense.

Oysens (mans. d'), XIII s. ; Oysenell, mans., XV s. ; Oysenni, mans., XVI s. ; Oisans, l. disp. près Vaulnaveys.

Oyseron (d'), XIV s. : Iseron, c^e le Pont-en-Royans.

Oytieu (parr. d'), XIII s. ; Oytiacum, XV s. ; Oytiier, XVIII s. ; Oytier, h. c^e Oytier-et-St-Oblas, c^e Heyrieu ; par. dioc. Vien., égl. St-Barthélemy.

Oz, c^e c^es le Bourg-d'Oisans ; dioc. Gren., égl. St-Ferreol.

Ozon (l'), riv. affl. le Rhône, orig. c^e Valencin, arr. c^es St-Pierre-de-Chandieu, Chaponnay, Marennes, Simandres, St-Symphorien-d'Ozon, Solaise, Sérézin-du-Rhône, Ternay.

Ozon, XVIII s. : voy. Ausonis.

Ozon, 1793 : voy. S. Sinforianus.

P

Pac villa, XI s. ; Pacta, XII s.; Pac (eccl. S. Georgii de), XIV s. ; Pact ; Pact, c^e c^es Beaurepaire.

Pacalin, (Le), h. c^e Dolomin.

Pacallets, XVIII s. ; Pecoulet, h. c^e Montsévéroux.

Pacalon, h. c^e Marennes.

Pacaudière (mais. f. de la), XVIII s. ; Pachaudière, Pachoudière, Pacoudière : voy. Panchoderes.

Paccard, éc. c^e St-Pierre-de-Bressieux.

Paccat, éc. c^e St-Jean-de-Moirans.

Paceu, XIV s. : Passieu, XIV s. ; P-alx, P-ux : Passieu (Grand, Petit-), hh. c^e St-Romain-de-Jallionas.

Pacha, éc. disp. c^e Vinay.

Pachaut (prat), XV s. ; le Pachoud, éc. c^e Pontcharra.

Pachodi (riv.), XIV s. : Pachoudi, XIV s. ; Pachoux, XVIII s. ; Pachoud (ruiss. de), c^e la Chapelle-du-Bard.

Pachodière (mais. de), XVII s. : voy. Panchoderes.

Pachoudi (brachium), XIV s. ; le Pachoud, éc. c^e Pontcharra.

Pachoudi, XIV s. ; Pachodi (prata), XV s. ; le Pachoud, h. c^e St-Pierre-d'Allevard.

Pacinis (domus de), XIV s. ; Passinum (d. f.), Pain (chât.); le Château, chât. c^e Passins.

Pacino (eccl. de), XIII s. ; Pacina (eccl. de), XIII s. ; Pains (domus de), XIV s. ; P-num ; Passins, c^e c^es Morestel.

Pacleta et de Glena (mont.), XIV s. ; Pacliete, XVI s. ; Paclette ou la Glene, XVII s. ; le Pontet, mont. c^e St-Christophe-Entre-Deux-Guiers.

Paclette et la Glève ; Auteffure, mont. c^e St-Christophe-Entre-Deux-Guiers.

Pacolet (Le), éc. c^e St-Alban-de-Roche.

Pacotin, l. disp. c^e Montaud.

Pact, c^e c^es Beaurepaire ; par. dioc. Vien., égl. St-Georges.

Padrayo, h. c^e Vinay.

Pagautière, h. c^e Solaise.

Pageonneyre, XVII s. ; Pajonnières, XVIII s. ; Pajonnière, h. c^e St-Pierre-de-Chartreuse.

Pagetière, vill. c^e Charavines.

Pagey (terra de), XIV s. ; Pagiacum, XV s. ; Pajay, XV s. ; Pajet, XVIII s. ; Pajay, c^e c^es la Côte-St-André.

Paglate villa ; Pouget, éc. et mont. c^e St-Christophe-en-Oisans.

Pagon, h. c^e St-Honoré.

Paile (La), éc. c^e Avignonet.

Paleleta e la Glena (rupis), XIII s. : voy. Pailleta.

Pales, XIII s. ; Pays in Trivils (mans.), XIV s. ; les Payes, bois c^e le Monestier-de-Clermont.

Pales (ravan. de), XIII s.; Payen (mans.) ; les Payas, vill. c^e Pellafol.

Palleta e de la Glena (rupp. de).

Paille, éc. c^e Bizonnes.

Pailler, éc. c^e Méaudre.

Pailler : voy. Palhiareys.

Paillet, h. c^e Montfalcon.

Pailleta (ruppis de), XIII s. ; Pailletaz, XIV s. ; le Pontet, mont. c^e St-Christophe-Entre-Deux-Guiers.

Paillière (La), ou ruiss. de Combe-Martin, c^e Claix.

Paillouell (mans.), XIV s. ; Pailloudi, XIV s. ; Pailler, mas c^e St-Vincent-de-Mercuze.

Pains (mans, de), XIII s. ; les Pains, l. disp. près Chesrieres.

Pair, éc. c^e Oytier-et-St-Oblas.

Paire (La) ; le Peyre, h. c^e St-Sébastien.

Paithaut (ruiss. de), c^e la Chapelle-du-Bard.

Pajay, c^e c^es la Côte-Saint-André ; succurs. par. Penol., dioc. Vien., égl. Ste-Catherine.

Pajay (ruiss. de), affl. l'Illen, c^e Torchefelon.

Pajet, h. c^e Sassenage.

Pajonnière, XIX s. ; Payeonnière, vill. c^e St-Ismier.

Pajotière (La), chât. c^e St-Geoire.

Pal-de-Fer (Le), mont. c^es Lumbin et St-Hilaire.

Pala, Palletière, XVIII s.; la Palatière, mas. c^e Salaise.

Palachiche (en), XVII s. ; Pellachiche, éc. c^e Entre-Deux-Guiers.

Paladru, c^e c^es St-Geoire.

Paladrutus lacus (in Terra Frigida), XVI s. ; le Lac-de-Paladru, lac, le plus important du département, et qui touche aux c^es Paladru, Montferrat, Bilieu, Charavines et le Pin.

Palagniet (de), XIII s. ; Paleigue, mas c^es Brié-et-Angonnes et Jarrie.

Palais (Le), ruiss. affl. le Fontanil, c^e St-Pierre-de-Chartreuse.

Palaix ; Palais, h. c^e Septème.

Palanfrey ; Prélaufrey, h. c^e le Gua.

Palapra, h. c^e Brion.

Palax, h. c^e St-Hilaire-du-Rosier.

Palateriis (in), XVI s. ; Pelletière, h. c^e Corenc.

Palatio (F. de), XII s.; Palacio, XIII s. ; Palay ; Pallassio : Palais, h. c^e Septème.

Palatium regale in agro S. Andree (sacrum), X s. : voy. Canales.

Palatorum (comba), XIV s. : le Peillat, h. c^e Morétel.

Palauchière, h. c^e Gillonnay.

Palaviso (de), XIV s. ; Palacin, mas c^e Pusignan.

Palaysen, XII s. ; Paleysini

(parr.), XV s. ; Pallessinum, XV s. ; Palleysinum ; Paleysin (Grand et Petit), hh. c^e Mauboc.
Pale (La), h. c^e S-Geoire.
Palefol, XIV s. ; Pallafol, XVIII s. : voy. Polafol.
Paleisins (mans. de), XIII s. ; Paloysins ; Paleysin, mas c^e St-Hilaire-de-la-Côte.
Paletan, gr. disp. c^e St-Martin-de-Vaulserre.
Paleton (Le) ; les Paletons, h. c^e la Chapelle-de-la-Tour.
Paletot (côte), XVII s. ; Paletot, mas c^e St-Laurent-du-Pont.
Paletoud, Pontat, et vulg^t Le Grand Bois du Four, XVIII s. ; le Four, bois c^e St-Clef.
Paleyzin (Grand et Petit), hh. c^e Mauboc ; par. dioc. Vien., égl. St-Victor.
Palezin, XVIII s. ; Palessin, XVIII s. ; Puleysin (Grand et Petit), hh. c^e Mauboc.
Palhlareys, XVI s. ; Paillarey (ch^te de), c^e Bougé-Chambalud.
Palit (Le), ruiss. c^e Murianette.
Pallacheris, XIV s. ; P-lière, XVIII s. ; Pallachère, h. c^e Pommiers.
Pallanges (boys de), XVI s. ; Palange, ée c^e Arankon.
Pallaquit, XVI s. ; Palayguit, boise^t le Sappey et Sarrenas.
Palle (La), mont. et vol c^e la Salette.
Palleta (La), XVII s. ; Paletot, mas c^e St-Laurent-lu-Pont.
Pallinorum (El Clodis), XV s. ; Champ-llier, h. c^e St-Aupre.
Palliers (Les), h. c^e St-Etienne-de-St-Geoirs.
Pallivoux ; Paillevoux, h. c^e Faverges.
Pallou, gr. c^e Nantes-en-Ratier.
Pallooeri (La), XIII s. ; Pallounières, h. c^e Villette-d'Anthon.
Pallout, XIII s. ; Palloudi : Porte-Pailloux, quart. c^e Goncel n.
Pallu (Le), l. disp. c^e Champier.
Pallu (fontaine de) ; Palud, mas c^e St-Siméon-de-Bressieux.
Palmilia-o (ecel. de), XII s. ; P-lliacu (parr. de), XIII s. ;

P-leu ; Parmilien, c^e par Crémieu.
Paloir (Le) ; Paloix, h. c^e St-André-en-Royans.
Palojot, Palluet ; Palogot, h. c^e Ville-sous-Anjou.
Palu (La), XIV s. ; Palludens, XV s. ; la Palud, h. c^e Chaparcillan.
Palu (territ. de), XIV s. ; Pont-Palud, h. c^e Simandres.
Palud (La), h. c^e Domari t.
Palud (La), h. c^e la Tronche.
Palude (de) ; le Palud, h. c^e Four.
Palude (de), XI s. ; (ecel. de), XII s. ; Pallu (la), Palude (castr. de), XIII s. ; Pallux (la), XVI s. ; St-André-le-Gaz, c^e c^e le Pont-de-Beauvoisin.
Palude (mand. de), XIII s. ; Palludis, mand., XIV s. ; Paludis mand., XV s. ; Palu, (mand. de la), XV s. ; la Palud, anc. mandement, bailliage de Viennois-et-Terre-de-la-Tour : voy. St-André-le-Gaz.
Paludem (versus), XIV s. ; le Marais, h. c^e Cessieu.
Paludibus (mans. de), XIII s. ; Palus ; Palut ; Palus, h. c^e Ornon.
Paludibus (in), XIV s. ; les Marais, h. c^e Pierre-Châtel.
Paluelli (aqua), XIV s. ; Paluellum (ripp.), XIV s. ; Palluel ; Paluel, ruiss. afll. le Lanfrey, c^e Voreppe et le Fontanil.
Paluello (riv. de), XIII s. ; le Pallu, ruiss. c^e Chantelouve, afll. la Marsanne.
Palus (Mont), XIV s. ; la Palud, h. c^e Vézeronce.
Palus du Raut, XVIII s. ; Palus-de-Renaz, h. c^e Ornon.
Palusse, h. c^e Corps.
Pampranier, XIX s. ; Poinpounier, vill. c^e Sardieu.
Panafano (de), XIV s. : voy. Planfaye.
Panardes (Les), mont. c^e Gresse.
Panateres, XIII s. : Panateres, XIII s. ; Panaleieres, XIII s. ; Panissieres, XIII s. ; les Panissières, l. disp. près St-Marcellin.

Panatière, h. c^e St-Jean-de-Moirans.
Panchoderos ubi est ecel. parr. Eccluse, XV s. ; Panchodières, vill. c^e Badinières.
Pangot, h. c^e St-Sauveur.
Panicerias, XVI s. ; les Panissières, h. c^e Allevard.
Panicerils (in), XIV s. ; Paniceres ; les Panissières, l. disp. près St-Marcellin.
Panierslat : Panissiat, h. c^e Chantesse.
Panissage, c^e c^e Virieu ; par. dioc. Vien., égl. Ste-Vierge.
Panisseres (homin. de), XV s. ; Panissières, XVIII s. ; Panissière, h. c^e Meyrieu.
Panizez, XIII s. ; Panissagiarum (parr.), XV s. ; Panissage, c^e c^e Virieu.
Pannas, XII s. ; Ponnas, XIV s. ; Ponas, h. c^e Bonnefamille.
Pannona (en), XIV s. ; Lac-Punay, lac c^e Livet-et-Gavet.
Pannussas, XII s. ; Pannossas (parr. de), XIII s. ; Panossas, Pannossaz, Pannoxis ; Panossas, c^e c^e Crémieu ; dioc. Vien., égl. St-Martin.
Pansière : voy. la Pensière.
Pansus (Les) ; le Pansu, h. c^e la Buisse.
Pante, m^on disp. c^e Massieu.
Panylleres, XIV s. ; Panovlly ; Panouille, mas c^e St-Victor-de-Cessieu.
Paolleu (ecel. de), XIII s. ; Pauliaco, XIV s. ; Pouilleux, vill. c^e St-Laurent-de-Mure.
Pape (La), h. c^e Estrablin.
Papet, gr. c^e Hurtières.
Papeterie (La), quart. c^e Bourgoin ; — usine sur la Morge, c^e Coublevie ; — usine c^e Chuzelle ; — usine c^e Estrablin ; — us. c^e Izeron ; — us. c^e Moirans ; — us. c^e Pontcharra ; — h. c^e Renage ; — us. c^e Rives ; — h. c^e St-Victor-de-Cessieu ; — us. c^e Vizille ; — XVIII s. ; la Fabrique, ée c^e la Sône ; — usine sur la Morge, c^e Voiron.
Papeteries (Les), quart. c^e Jallieu.
Papets (Les), h. c^e Pontcharra.
Papine ; les Papins, h. c^e la Chapelle-du-Bard.

Papon, h. cⁿ Merlas.

Pâquelet (Le), h. cⁿ St-Pierre-d'Allevard.

Pâquet, gr. cⁿ St-Pierre-de-Chartreuse.

Paqueterlia (in), XV s. ; *Pâquier*, mas cⁿ le Fontanil.

Pâquier, éc. cⁿ Lans.

Paquillieres (en) : voy. Buyssière.

Paraboysene (mans.), XIII s. ; Paragcons ; *les Parujens*, h. cⁿ la Salle.

Paradis (Le), vill. cⁿ Jallieu ; — h. cⁿ Paladru ; — éc. cⁿ Quincieu ; — h. cⁿ St-Geoire ; — h. cⁿ St-Just-et-Chaleyssin; — éc. cⁿ St-Martin-d'Uriage.

Paradis (Ruiss. du), affl. l'Hien, cⁿ Torchefelon.

Paranis, XIV s. ; *Perret*, h. cⁿ St-Baudille-et-Pipet.

Parant (Le) : *le Moutes*, h. cⁿ St-Jean-d'Avelanne.

Paras (mans.) ; *Paras*, anc. quart. ville la Mure, rue.

Parasac (molend. de), XIII s. ; P-set, P-usat : *Parassac*, h. cⁿ Auberives.

Parasac (bordaria), XII s. ; *Parassac*, L. disp. cⁿ la Cluze-et-Pâquiers.

Parasac (ripparia), XV s. ; *Parassac*, mⁱˢ cⁿ Ornacieux.

Parasac (moulin), Parassa ; *Porussac*, mⁱⁿ cⁿ Sièrus.

Parasat (molend. de Claellin), XIV s. ; Parassar (mⁱˢ) ; *Parassac*, mⁱˢ cⁿ Lavars.

Parassac, L. disp. cⁿ Tréminis.

Parc (Le), h. cⁿ Vaulx-Milieu.

Parc-de-la-Grenouille (Le), mas cⁿ Chapareillan.

Parchetz, XVIII s. : voy. Collaudz.

Parcis, XII s. ; *le Parjut*, mas cⁿ Revel-et-Tourdan.

Pardieu (Le) : *le Pardieu*, h. cⁿ St-Marcel.

Parent (Chez-), h. cⁿ Eyzin-Pinet.

Parerie (La), XIV s. ; Pareria, Pereria (riv. de), XV s. ; *la Perrière*, h. cⁿ Pontcharra.

Parerio (summit, de), XV s. ; Perron (le) : *le Peyrou*, mont. cⁿ le Bourg-d'Oisans, Venose et Valjouffrey.

Paret, scierie cⁿ Pellafol.

Parette ; *la Papette*, quart. cⁿ Vienne.

Parjius, XIII s. ; *Parjius*, XIX s. ; *Parejiu*, vill. cⁿ Veyrins.

Paril (capellanus de), XIII s. ; voy. Perer.

Parils (Mans.), XII s. ; L. disp. près St-Martin-le-Vinoux.

Parillieu (mem. de), XV s. ; *Parilly*, h. cⁿ St-Priest.

Paris (mans., molend., villa de), XIII s. ; Parisius, XIV s. ; Parizetus : *Parizet*, h. cⁿ Mizoën.

Parisans, XIII s. ; P-sinis (parr.) ; P-ssins, XIV s. ; Parysius, XV s. ; *Parizet*, cⁿ cⁿ Sassenage.

Pariset (le Grand et le Petit-), hh. cⁿ Parizet.

Pariseti (mandam.), XIV s. ; (eccl. b. Marie), Parizet, XVIII s. ; *Parizet*, cⁿ Sassenage ; dioc. Gren., égl. Ste-Vierge : voy. la Tour-Sans-Venin.

Parisette (La), h. cⁿ Tullins.

Parisio (capella de), XI s. ; P-lus (mandam. de), XIII s. ; Parys : *Parizet*, cⁿ cⁿ Sassenage.

Parisius (eccl.), XIII s. ; P-s, XIII s. ; P-setus, XV s. ; P-lzeti (eccl. S. Steph.), dudum parr., nunc annexa eccl. Lenti, XV s. ; *le Dauphin*, vill. cⁿ Mizoën.

Parisium (de), XIV s. ; *le Paris*, h. cⁿ St-Etienne-de-Crossey.

Parmelliacum, XV s. : voy. Parnilleu.

Parmenia, P-ia in Montem Sancte Marie mutato nomine, XIII s. ; Parmegina (prior de), XIV s. ; Parmeygne (mont. de) : *Parménie*, h. cⁿ Beaucroissant.

Parménie, h. cⁿ Beaucroissant, anc. monast. de filles, ordre des Chartreux, fondé 1857.

Parnilleu, XIII s. ; P-lleu, XIV s.; P-llieu, XIV s.; P-lliacum, XV s.; P-lleux : *Parnilieu*, cⁿ cⁿ Crémieu, par. dioc. Lyon, égl. St-Pierre.

Parnilliaci (prior), XV s. : voy. Vallibus (eccl. de).

Parolayre, éc. cⁿ Château-Bernard.

Parodiere, XVIII s. ; *Perrodières*, h. cⁿ Varacieux.

Paroisse (La), vill. cⁿ Echelles ; — vill. cⁿ Longechenal ; — h. cⁿ Morestel ; — XVIII s. : voy. Villa Vinaicu.

Parpaillonnières (gr. de), XVII s. ; *la Sagne*, éc. cⁿ Miribel-les-Echelles.

Parquet (Le), mont. cⁿ Chichilianne.

Parrio ; *le Parier*, mont. cⁿ Lavaldens.

Parroneyrl (cabane de les), XIII s. ; *le Peyret*, h. cⁿ Pommiers.

Parties (Las) : voy. Gros-Berteau.

Parvus Chaiz, XIV s. ; Parvocapto, Parvocato, XV s. ; *Petitchat*, h. cⁿ St-Théoffrey.

Parvus Sassonus (ruppis), XIII s. ; *Rabot*, mont. et fort, cⁿ Grenoble.

Parzei, XII s. ; Parzeu, Parzia; *le Parjut*, mas cⁿ Revel-et-Tourdan.

Pas-de-l'Ane (Le), chⁿ cⁿ La Gua ; — col entre cⁿˢ Currençon et St-Martin-en-Vercors ; — mont. et cham. cⁿˢ Mont-St-Martin et Proveyzieux.

Pas-Bérard, éc. et ruiss. affl. le Drac, cⁿ Treffort.

Pas Bernart (riv. del), XIII s. : voy. Pas Bérard.

Pas-de-la-Biche (Le), col cⁿ St-Laurent-du-Pont.

Pas du Boeuf (mont. du), XVII s. ; Botta, XVIII s. ; *le Pas-du-Boeuf*, mont. et chal. cⁿ Allevard.

Pas-de-Chabinet (Le), col cⁿ Gresse.

Pas-de-la-Clé (Le), col entre cⁿˢ Autrans et Montaud.

Pas-de-la-Coche (Le), col entre cⁿˢ Allemont et Laval : voy. Coche (la).

Pas-du-Curé (Le), chⁿ cⁿ Engins.

Pas-Ersulant (Le), col, entre cⁿˢ Château-Bernard et Corrençon.

Pas-Martin (Le), chⁿ cⁿ la Cluze-et-Pâquiers.

Pas-de-la-Moraire (Le), ou Combe-Tétard, col cⁿ Entraigues.

Pas Orsaretz (ruppes del), XII s. ; Passum Orsaret, XIII s. ; Pas de l'Ours ou Pas du Frabse, XVIII s. ; *le Pas-de-l'Ours*, col cⁿ Rencurel et Cognin.

Pas-de-l'Ours, mont. c** St-Paul-de-Varces et le Villard-de-Lans.

Pas-Passet, éc. et col c** St-Guillaume.

Pas-de-Pertuzon (Le), col c** Méaudre et Rencurel.

Pas Ponçon (bois de), XVIII s. : *Pre-Ponson*, chal. c** Claix.

Pascal (Le), h. c** St-Albin-de-Vaulserre.

Paschaleira (loc.), XIII s. : *Pachot*, éc. c** St-Gervais.

Paschira (eccl. de), XI s. ; Paschers ; Pascherio (eccl. S. Christophori de), XII s.; Packerio; Pasquerils (villa de), XIV s. ; P-eyrios ; P-ers : *Pâquiers*, vill. c** la Cluze-et-Pâquiers.

Pascolis (parr. de), XIV s.: voy. Paschies.

Pasquas (ad), XIII s. : Pasquis (mans. de), XIV s. : *Pâquex*, h. c** les Côtes-de-Corps.

Pasquerios (ad), XIV s. ; Pasquerils : *Paquayres*, f. c** St-Paul-les-Monestiers.

Pasquetes (bordaria de), XIII s.: P-tis (molendinum de), XIV s.: P-ttes ; *Pâquettes*, h. c** Corps et les Côtes-de-Corps.

Pasquetie ; *les Pasquettes*, éc. c** Vienne.

Passage (Le), h. c** St-André-le-Gaz.

Passagii (castellania), XIV s. : *le Passage*, c** c** Virieu : voy. le Château, St-Etienne.

Passard, f. c** Chanagnieu.

Passardière, f. disp. c** Vienne.

Passarias, XII s. ; Passayron, XIV s. : voy. Passeranis.

Passato (in), XV s. : voy. Passatus.

Passeranis ager et villa, X s. : P-rins, XII s. ; P-num, Passeyron, XIV s. ; Passeron, XV s. ; *Passéron*, h. c** St-Clair-de-la-Tour.

Passetus villa, XIV s. ; Passetu (mans. de), XV s. ; *le Passet*, h. c** le Freney-d'Oisans.

Passia, mans. ; *Passière*, chât. c** Chichilianne.

Passière (La), chle c** Quaix.

Passino (parr., villag. de), XIV s. ; Passin ; *Passins*, c** c** Morestel ; par. dioc. Lyon, égl. St-André.

Passoux (Les), gr. c** Allemont.

Passum de Capra (vers.), XIV s. : *le Pas-de-la-Chèvre*, col entre c** Méaudre et Rencurel.

Passus de Charansas ; *le Col-de-Strop*, mont., col. c** Chichilianne (Isère) et Romeyer (Drôme).

Pastières (Les), vill. c** Rives.

Pastorelli (bordaria), XIV s.: *Paturel*, éc. c** Eybens.

Pastorelli (comba), XIV s. : *Paturel*, bois c** le Moutaret et St-Pierre-d'Allevard.

Pataret, f. disp. c** Seyssuel.

Patas (Les), h. c** Anjou.

Patasseyre ; *Patassière*, h. c** la Cluze-et-Pâquiers.

Patassières (Les), h. c** Ornacieux.

Patats (Les), h. c** Valencogne.

Pateau, Pateaux, XVIII s. : *Poteaud*, h. c** Montalieu.

Pater, h. c** St-Pierre-de-Chérennes.

Paterno (couvent de), XVIII s.: *Paternus*, h. c** Mauboc : anc. couv. de Dominicains sous le voc. de S. Bonaventure, fondé 18??.

Patru, gr. disp. c** Rovon.

Patience, h. c** St-Lattier.

Patissière, h. c** Châtenay.

Patodière ; *les Potandières*, h. c** Bossieu.

Patodière, h. c** Vinay.

Patres (ruiss. de), c** St-Georges-d'Espéranche.

Patressière, h. c** Vinay.

Patrone (La), f. disp. c** le Grand-Lemps.

Pattacières, XVIII s. ; *Patussière*, h. c** St-Pierre-de-Chartreuse.

Pattes (Les), mont. c** Pinsot.

Patton, h. c** Ste-Blandine.

Paturol, éc. c** le Monestier-du-Percy.

Paturier (Le), h. c** St-Just-et-Chaleyssin.

Pauletis (villa de), XIV s. : *Poulet*, h. c** St-Paul-de-Varces.

Pauliane : voy. Peollans.

Paus (Le), XVIII s. ; *Lépaux*, f. et ruiss. aff. la Save, c** Arandon.

Pauta (La), XII s. ; (capella de), XII s. ; Pautiniera, XIII s. ; Pauta (castr., molend., rupp. et riv. de), XIV s. ; *la Pauta*, vill. c** le Bourg-d'Oisans.

Pautes (Les), h. c** Moirans et Vourey.

Peutres (Les), h. c** Polienas.

Pautuiera (La), XIII s. : villa, XIV s. ; Pautuery (la) : *la Poutuire*, h. c** Ornon.

Pavé (Le), h. c** Brangues : — vill. c** la Frette ; — h. c** Moirans ; — h. c** la Murette: — h. c** St-Laurent-de-Mure : — (le), h. c** Sardieu ; — h. c** Tullins.

Pavé (tête du), XVIII s. ; *le Paccy*, h. c** St-Laurent-du-Pont.

Pavet (Le), ruiss. c** Mizoën.

Paviaute ; *Poriot*, vill. c** Voiron.

Pavillet (Le), h. c** St-Cassien.

Pavillon (Le), h. c** Champ : — éc. c** Velanne ; — éc. c** Voreppe.

Pavloctum, XV s. : *Poriot*, vill. c** Voiron.

Pavlot, mais., XVIII s. : *Chez-Poriot*, h. c** Eyzin-Pinet.

Pavlot, h. c** St-Jean-de-Moirans.

Pavis (Le) : Pavier (le) : *le Pavel*, h. c** Oytier-et-St-Oblas.

Pavo (eccl. de), XII s.: voy. Pav.

Pavossière, h. c** Gillonnay.

Pay (Le) : *le Pey*, h. c** Lavaldens.

Payanot (mans.), XV s.: Pennot. XVIII s. ; *Pagenot*, mas c** Autrans.

Payas (Les), h. c** la Salette.

Paye, éc. c** Marcollin.

Payerne (maladr. près Morestel et forêt, XVII s.; *Payerne*, f. c** le Bouchage.

Payernorum (mans.), XV s. : *Payernae*, éc. c** Theys.

Payot (Le), h. c** St-Priest.

Payladrucum, XIV s.: *Paladru*, c** c** St-Geoire.

Payloudi villa, XIV s.; Peillet (le) ; Peillers (les) ; Peillot (les) ; Peillier (le), XIX s. ; *les Peillets*, h. c** Vaulnaveys-le-Bas.

Paynet, tenem., XIV s. ; Paynot (mans. de) : Peynot : *Pagenot*, mas c** Autrans.

Paynorum (mans.): voy. Payernorum.

Payroleria (molend. de), XIV s. ; Perolerie : *la Parollerie*, h.

c° Rive.

Paysan (Le). h. c° la Murette.

Payscaria ; Peyeuria villa, XIV s. ; Pereria, XIV s. ; le Parlement, h. c° Seyssins.

Payssaron. XIV s.: voy. Passauranis.

Péage-le-Roussillon (Le), c° et cⁿᵉ Roussillon ; par. dioc. Vienne, égl. St-Jean-Baptiste.

Péage (Le), vill. c° Vizille : — h. c° Voreppe.

Pealge et gabelle de Set Lazare et Roche Brune, XV s. : voy. Pedagium et gabella S. Nazarii et Ruppis Brune.

Péautes (Les), f. c° Chélieu.

Pébrion ; Peybrion, mas c° Lavaldens.

Pécatière, h. c° l'Albene : — h. c° Pommiers.

Pecauds (Les), l. disp. c° Fitilieu.

Pécherie, c° c° Villette-Serpaize.

Pecilère (La), l. disp. c° Revel.

Pechones (terra de), XV s. : la Peche, éc. c° Auberives.

Pecolet : voy. Paraillet.

Pedagil (parr.), XV s. ; Pedagium Rossillionis, XV s. ; le Peage-de-Roussillon, c° cⁿᵉ Roussillon.

Pedagii (domus) de Septemo, XIV s. ; Septimi capella, XV s. ; le Péage, vill. c° Oytier-et-St-Oblas-et-Septème. Anc. command. de St-Jean-de-Jérusalem.

Pedagium Bastide Campi Rotundi, XIV s.: voy. Portus de Bastida, XIV s.

Pedagium et gabella S. Nazarii et Ruppis Brune, XV s. ; le Port-de-Rochebrune, mas et bac sur l'Isère, entre cⁿ St-Hilaire-du-Rosier et St-Just-de-Claix.

Pedagium de Tronclia, XIV s.: le Péage, vill. c° la Tronche.

Pedagium, XV s.: voy. Pedagii de Septemo.

Pede Eleno (aqua de) ; Peleno ; le Pelon, mont c° le Mont-de-Lans.

Pede Lanconis (de), XIV s. : Peylenfrey, h. c° St-Arey.

Pede Pratorum (el Monte, XV s. ; le Pied-des-Prés, mont. c° Theys.

Pegnallium, XIV s.; Penallium; Penas ; Penail, h. c° le Mont-de-Lan...

Pecheuz (borataria de), XIII s.: Peuz ; le Pey, h. c° Laffrey.

Peichal : voy. Pueychal.

Peilafol. Pellafol (castrum de), XIII s. : Château-Vieux, ruines c° Pellafol.

Peilafol. XIII s. ; Pelaforel, XVIII s. : voy. Pelafol.

Peillat, gr. c° le Cheylas.

Peillieta (ruppis de), XIII s., XIV s. : voy. Pailleta.

Peillots (Les), XVIII s.; Peillhot (le): le Peillot, h. c° Morétel.

Peiraico (de), XI s. ; Pré-Payraud, h. c° Eyzin-Pinet.

Peireauds (Les): voy. Peyrardos.

Peirin (tour de), XVI s. : ...c° Communay.

Peisset, éc. c° St-Jean-d'Hérans.

Peisson, l. disp. c° St-Pierre-de-Chandieu.

Péjat (Le), éc. c° St-Hilaire-de-la-Côte.

Pelacotaz (territ.), XV s.; Pellat, ruiss. c° Ste-Blandine.

Peladru, XII s.: Pelladru: voy. Peladrudi.

Peladru (eccl. de), XIII s. : voy. S. Michaelis de Peladru.

Peladru (eccl. de), XIII s. : voy. S. Petrus de Peladru.

Peladrudi (castr.), XII s. : Paen (castr., manel. de), XIII s. ; Pelladru, Peladruto (bastida de), XIV s. ; Paladru, c° cⁿ St-Geoire.

Pelaco (Les), XIII s. : Pelatis (territ.), XIV s. ; Peliart (Cote), XVII s. ; Côte-Peilard, mont. c° St-Pierre-de-Chartreuse.

Pelaes (Les), XIII s. ; Pelatis (in), XIII s. ; Pellet, gr. c° St-Pierre-le-Chartreuse.

Pelafol, XII s. : Pellafoluns, XII s. ; Pelafallo (mand. de), XIV s. ; P.-fi ap. Corvum (domin.), XIV s. ; in Triviis ; Pellafoul, XIV s. ; Pellofollo (de), XV s. ; Pellafol, c° cⁿ Mens.

Pelailhon, XVIII s.; Pelaillou, h. et ruiss. affl. le Furand, c° Dionay.

Pelas (Les), XVIII s. ; Pellas (les) ; les Pellets, h. c° St-Michel-les-Portes.

Pelon, XIV s. ; Pele (La) : Peils, mas c° Chatte.

Pelemo caltum de..., XV s. : la Croix de la Belue, ou des Piebaux. mont. c° Vaujany.

Pèlerin (Le), h. c° Billeu.

Pelerlus (mans. de), Peilerlus (el) : les Pèlerins, l. disp. près St-Geoirs.

Pelet, gr. disp. c° Notre-Dame-de-Mésage.

Peleta (chavau, de la), XIII s. ; Pelleta : Peterils (territ. de), XIV s. ; Pelletières, éc. détr. c° Flachères.

Peletam sivo de Vauregne (territ. de), XV s. : voy. Valli-Ruyne.

Peleti, XIV s. : les Pilets, h. c° Valbonnais.

Peleti villa, XIV s.; les Pellets, l. disp. c° Herbeys.

Peletis (rivus. de), XV s. : Pellets (les), ruiss. c° Theys.

Peletorum (mans.), XIV s. ; Pellioctz (les), XVI s. : le Peillot, h. c° Morétel.

Pelets (Les) : Pellot (le) ; les Pellets, vill. c° Châtonnay.

Pelez (mans. de), XIII s. ; Pelette (mais. f. de la), XVIII s. ; les Pelettes, éc. c° Pontcharra.

Pillard, XVII s. ; Moulin-Trouillet, mⁿ c° Entre-deux-Guiers.

Pelion (Le) ; le Paillou, h. c° Prevles.

Pelissier, éc. c° Allemont : — Replat, h. c° St-Alban ; — éc. c° St-Pierre-de-Méarotz.

Pellasière, gr. c° Méaudre ; — éc. c° Monteynard.

Pelusson, f. c° la Côte-St-André.

Pellade (Le), XVII s. ; Peilladou, Pilliotdoux (le), XVIII s. ; le Peilladoux, h. c° Tullins.

Pellafol, c° cⁿ Mens ; dioc. Die, égl. St-Nicolas.

Pellafol (vill. de), XVII s. ; les Raciers, h. c° St-Joseph-de-Rivière et St-Laurent-du-Pont.

Pellafol (ruiss. de), affl. la Guillotière, c° St-Laurent-du-Pont.

Pellana, XIII s. ; Pellanne : Pelausa, h. c° Gencelin.

Pellanam, XIV s. ; Pellaneuve, XVIII s. ; Peillaveuc, h. c° la Cluze-et-Pâquiers.

Pellanco : voy. Pede Lanconis.

Pellarderie (villa de), XIV s.: Pelarderes, XIV s.; *Peillardeyres?*, l. disp. c. le Gua.

Pellardin: *Pillardin*, h. c. Curtin.

Pellererin (ruppis de), XV s.: *le Pélerin*, h. et mont. c. Engins.

Pellerin, h. c. Beaurepaire: — h. c. Jardin.

Pellet, h. c. St-Julien-de-Ratz.

Pelletières, h. c. St-Agnin.

Pelletis (riv. de), XV s.: *la Pelette*, ruis. c. Chirens.

Pelliars (ripp. de), XVI s.: P-rd; *Pelliard*, m. c. St-Romain-de-Jallonas.

Pellicaria, XIV s.: Pellateres, P-teyres, XVI s.: *Pelletières*, h. c. Corenc.

Pellicaria: voy. Pellissaria.

Pellicerii (clotium), XIV s.: *le Pelissier*, bois c. Livet-et-Gavet.

Pellicerils (caban. de), XII s.: *les Pellissiers*, h. c. Corbéas.

Pellicers (bordaria des), XIII s.; *Pelissey*, h. c. Polsat.

Pellicers (res L.), ap. Beauregard, XIII s.; P-erii (fortalic. A.), XIV s.; P-riss; Pellisseres, capella; *Pellissières*, chll. c. Varces.

Pelliclers (mass. des), XIII s.: P-cerii, prat. et riv.; Pelissière, XVIII s.; *les Pelissiers*, h. c. St-Jean-de-Vaux.

Pelliconis (villa de), XIV s.: *Pellissau*, l. disp. c. Miribel-Lenchâtre.

Pellienz (riv. de), XIV s.: Peilloux (ruiss. de), XVIII s.: P-ud; *le Peyliaud*, ruiss. c. Maubec et Domarin.

Peillet, XV s.: *le Peillet*, h. c. Dolomieu.

Peillon (Le), mas c. la Rivière.

Pellisseria; P-ry; Pellycery (riv. de la), XV s.; *la Pélisserie*, h. et ruiss. c. St-Jean-d'Avelane.

Pellissière (La), éc. c. Meylan.

Peillon, éc. c. Lans.

Peillorce, gr. c. le Freney.

Peillot de Sillans, XV s.; *Peloufrey*, h. c. le Pinz.

Pellouse (La): Pelouse (pont de la): voy. Piloal.

Pelon, gr. c. Veurey.

Pelotière (La), h. c. Chézeneuve.

Pelous (Les); *les Pelloux*, vill.

c. St-Bernard et St-Hilaire.

Peloux (Le), h. c. St-Barthélemy-de-Beaurepaire.

Peluse (La), h. c. Châteauvilain.

Pelut (Le), éc. c. Jardin.

Pelvoux (Le), mont. c. St-Christophe-en-Oisans et autres des Hautes-Alpes.

Pelvein: voy. Pevrinum.

Penatière; *les Penatières*, h. c. Claix.

Penconis, XIV s.: Poncery, XIV s.; Pinceric (gres de la): (signal): voy. Pensonis.

Pencray (La), h. c. St-Martin-d'Uriage.

Pendelupum (loc.), XII s.: *Pre-loup*, bois c. Eybens.

Pendu (Le), éc. c. Volessant.

Penel, l. disp. c. Apprieu.

Penelle (La), f. c. Theys.

Penot, h. c. Chatte.

Péniteut (Le), éc. c. St-Jean-d'Avelane.

Pénitents (Les), quart. c. Crémieu.

Pennat, XV s.: *le Penatte*, h. c. Varces.

Pennol (el), XIII s.: Pennullum, XIV s.: *Pennil*, h. c. le Mont-de-Lans.

Pennetière, h. c. St-Appolinard.

Peunopolis, XIV s.: (parr.. villa, priori. XV s.; Pennoples; *Penol*, c. com. St-Etienne-de-St-Geoirs.

Pennovonz, XIII s.: P-oux (prior), XIII s.; P-oux, P-otz; *Penol*, c. com. St-Etienne-de-St-Geoirs; par. dioc. Vien., égl. Sts-Théobald et Loup.

Penol-et-Marcilloles, baill. St-Marcellin.

Penou (Le), h. c. St-Jean-de-Bournay.

Penons (tenem. deux), XIII s.: *les Penues*, mas c. Polienas.

Penua (La), ruiss. aff. l'Olagne, c. Viriville.

Pensière (La), vill. c. St-Nicolas-de-Macherin et Voiron.

Pensonis (alpe de): *Penaery*, mont. c. la Ferrière.

Pentins (Les): *Poncut* h. c. Livet-et-Gavet.

Peollana, XIII s.: *Pouillane*, h. c. St-Genis.

Pepetières, XVI s.; Pipetières, XVI s.; Peupetlière (mand⁴ de), XVIII s.; *Pupetières*, h. c. Châbons.

Pepinerie de Ville, XIV s.: *Pepinegrec*, h. c. le Monestier-de-Clermont.

Perattelai, XIII s.: Petra Fixa, Petra Fichi, Peyratelai, XIV s.: *Pierre-Fiche*, l. disp. c. Vienne.

Perailler (Le), h. c. la Motte-St-Martin.

Perairie (La), éc. c. le Monestier-du-Percy.

Perarea, XII s.: *les Perrières*, h. c. Gières.

Perarerio (riv. de): voy. Perriel.

Perasac, XIII s.: P-at (molendin.), XV s.: *Perassac*, h. c. Auberives.

Perrat (ch), XIV s.: Perrins, XVIII s.: Peyrin (le): *le Perrin*, h. c. St-Etienne-de-Crossey.

Perau (Le): *Perraud*, h. c. les Avenières.

Péraud (Le), h. c. les Avenières: — h. c. Paladru.

Péraude (La), h. c. Tullins.

Péraudière, h. c. St-Quentin: — éc. c. Vatilieu.

Perea (bastida de), XIII s.: Perrie, XII s.: Perse, XIV s.: Persicum in Trivils quar. prior), XIV s.: Perelo (territ. de), XIV s.; Perrit: *le Perrey*, c. com. Clelles.

Perse-en-Trièves: voy. Perea.

Perchon, quart. c. le Freynet.

Perchy (La), XVI s.; Parchi (la), XVII s.: *le Perchy*, mont. c. St-Joseph-de-Rivière.

Perclere (La), l. disp. c. Beaulieu: — h. c. Penol.

Percy (Le), c. com. Clelles: dioc. Die, égl. St-Barthélemy.

Perditum (mans.), XIII s.: Perditus (mans.), XIV s.: *Perdu* (?), l. disp. c. Ste-Marie-du-Mont.

Perdollaz (loz), XV s.; *la Croix-du-Prieu*, mas c. Seyssins.

Peredière (La): *la Peredière*, éc. c. Séchilienne.

Pereins (Les), XVIII s.: Perrains (les); *les Perrins*, h. c. Morêtel.

Perella (La), mas c. Meyzieu.

Perelle (La), h. c. Moirans.

Perenay, h. c. St-Georges-d'Espéranche.

Perenous (roches), XVII s.: *l'Appanou*, mont. c. Le Sappey.

Peront, cc. disp. c° Oz.

Perer (mass. de), XIII s. : Pereria villa, XIV s. ; Perrier (le) ; les Periers, h. c° le Freney.

Perer (clavau. de), XIII s. ; la Perrier, mas c° Laffrey.

Perer (mans. de), XIII s. : Perrier (le) ; le Perier, h. c° St-Hilaire-du-Rosier.

Perer (el), XIV s. ; Perreria, XIV s. : le Perrière, h. c° le Touvet.

Perer (vallis de), XIII s. ; Perier (castr. de), XIII s. ; Periet : Perrerium, XIV s. ; Peyrier (Le), XV s. : le Perier, c° c°° Valbonnais.

Perer (el); Perier, éc. c° Vienne.

Péreras, h. c° Murinais. Pereria (mans. de), XV s. ; la Perrière, l. disp. c° Champier.

Pereria, XIV s.; Pereyri, XIV s. ; Pereria Gratianopolis, XV s. ; P. Ville, XV s. :

Perreria ; la Perrière, quart. c° Grenoble.

Pereria, XIII s. ; la Perrière, h. c° Miribel-les-Echelles.

Pereria, XIII s. ; Perrerie, XIV s. ; Pererier de Primalesta, XIV s. ; la Perrière, chât c° Primarette.

Pereria, XV s. ; Pereire (la) : voy. Perrerea.

Pererie (territ.), XIV s.; Perreria ; Perrière (la), XVI s. : la Peytière, h. c° Beauvoir-de-Marc.

Pererie (castr.), XIV s. : Pereria, XV s. : voy. Perreria.

Pereria (molend. de), XIV s. : la Perrière, éc. c° St-Michel-de-St-Geoirs.

Pererium, XIV s. ; le Périer, éc. c° St-Jean-d'Hérans.

Pererium, XIV s.; Periere (la): voy. Perrugerium.

Pererius villa, XIV s. ; Perrier (le) ; Périer, h. c° Vaujany.

Pereruel (via de) ; Peruyrel (via de) ; Dessous-Perret, chin c° Genas.

Paretons (Les) ; Perroton ; les Perrotons, h. c° Châtelus.

Parets (Les) ; le Perret, éc. c° Biol.

Perbench (gr. de), XII s. ; P-la ; Espéranche, h. c° St-Georges-d'Espéranche.

Perier (Le), h. c° le Cheyla ; forêt c° Dizimieu : — l. disp. c° Eydoche ; — éc. c° Malleval : — h. c° St-Bueil ; — h. c° St-Romain-de-Jalionas : — vill. c° Thuelins : — chât. c° Vaulx-Milieu.

Perier Chaurot (territ.), XV s.: Perrier, XVIIIs. ; Chez-Périer, h. c° Meyssiès ; — éc. c° Septème.

Perieres (mans. de), XV s. ; Pereires (le), XV s.: Pereria, XV s. : voy. Perreres.

Périers (granges des), XVII s.; le Perier, f. c° les Adrets.

Périgny. h. c° Moirans.

Perini. gr. disp. c° Sillans.

Périmue. mont. et chal. c° la Salette.

Périou : Perriouds (les) ; Périoud, h. c° Morette.

Perisia. XI s. ; Pere ; Peray. XVIII s. ; Perrey ; Perral. XVIII s. ; Perey, éc. c° Montagne, bois c° Montagne, St-Bonnet-de-Chavagne et St-Lattier.

Permcule (domus, moniales, insula, mons), XIII s. : Permuaini (monast. de), XIII s. ; Permagnie (domus), XIII s. ; Permeyni; Permaygni, XIVs.; Permeigne (montagne de), XVIII s. ; Parménie, h. c° Beaucroissant.

Perneyral villa, XIV s. : Pernerul f, l. disp. c° Vif.

Perueyre, XVIII s. : la Perrière, vill. c° Allemont.

Pernolat, XIV s. ; la Perella, mas c° Meyzieu.

Perula, XII s. ; Peruys, XIV s.: Perron : le Perou, h. c° St-Sauveur.

Perola (La), h. c° Quincieu.

Peron (Le), l. disp. c° Champier.

Peron (territ. de), Perone (de) ; Peyron, éc. c° Primarette.

Peron, l. disp. c° St-Paul-de-Varces.

Peron ; Peyron, éc. c° Varacieux.

Peron (Le), h. c° Veurey.

Peron (al), XIII s. ; Peroni (trivium); Peronum, carreria, XIV s.; Perronum ; l'Eperon, anc. quart. Vienne ; rue.

Peronet (Le) ; Peyronnet (le) ; le Peronnet, h. c° Faverges.

Peronino (de), XIV s. : Peri-niere. l. c° Notre-Dame-de l'Osier.

Peronnet (Le), f. c° St-Marcel-de-Bel-Accueil.

Peronous : les Peronous, h. c° Notre-Dame-de-Commiers.

Perous (terra des), XIII s. : Perrous (es), XIII s ; Perrou; le Perou, h. c° Miribel-les-Echelles.

Perons (boschaglium), XII s. : Perun ; Peyrou, c. c° Primarette.

Perous (mans. del), XIV s. : Perron (le) ; Peirou ; le Perou, h. c° St-Laurent du-Pont.

Perosa. XIV s. ; Perouze, XVIII s. : Perouse, h. c° Eyzin-Pinet.

Perosa, mass., XIII s. ; les Perousses, h. c° Jarrie.

Perosa, XIV s. ; Perret ; les Peres, h. c° Monthonnot-St-Martin.

Perosa, XV s. ; la Peyre. gre c° le Perier.

Perosa, XIII s. ; Perouson (leys), XIV s. ; Perozat, Perrausa. Perrozat ; Peyrousat, h. et ruiss. aff. la Jonche, c° Pierre-Chatel.

Peroseti (molendina), XIV s. ; Perouzet, XVI s. ; Perousset, XVIII s. : Perouzet, vill. c° St-Clair-sur-Galaure.

Perou (Le), h. c° les Abrets.

Perou (el), XIII s. ; Perrou (le). Perroux ; le Perou, h. c° Villeneuve-de-Marc.

Péroudière (La), h. c° Château-villain.

Pérouillère (La) ; la Perrouillière, éc. c° Sérézin.

Pérouse (La), ruiss. c°° Marnans et Viriville ; — ruiss. c° Merlas.

Pérousses (Les) : voy. Peyrosa.

Péroux (Les), h. c° Roussillon.

Peroux (Le) ; le Perou, h. c° St-Lattier.

Perouza (La), XVI s. ; Perusa (la) ; la Pérouse, h. c° Chézeneuve.

Peroys, XIV s. ; Pérouzet, 1793; St-Clair-sur-Galaure, c° c°° Roybon.

Perperette ; Pré-Peyret, éc. et col c° Gresse.

Perquilin, XVII s. ; Perquelin, h. c° St-Pierre-de-Chartreuse.

Perrache (La), h. c^e Roybon.

Perrard, éc. c^e St-Ismier.

Perregerium villa, XI s. ; Perreri, XIII s. ; P-ium, XIV s. ; Perreyer (le), XV s. ; *la Perrière*, h. c^e Allevard.

Perrelel, XIII s. ; Per : voy. Perregerium.

Perrein, éc. c^e St-Christophe-Entre-Deux-Guiers.

Perreins (Les) ; *les Perrius*, éc. c^e Grosse.

Perreiry (La), XVII s. ; *la Perrière*, f. c^e Theys.

Perreley, XIV s. ; *le Grand-Parelley*, mas c^e Cessieu.

Perrénard ; *Pérénard*, h. c^e Roybon.

Perrereia, XII s. ; Perreria, XIII s. ; *la Perrière*, vill. c^e Ste-Agnès.

Perreres, XIV s. ; Perrières (les), XVI s. ; *la Perrière*, h. c^e Gillonnay.

Perreri (La), XIII s. ; Pereria, XIV s. ; *'a Perrière*, éc. c^e St-Maximin.

Perreria (riv. de), XIV s. ; *la Perrière*, ruiss. c^e Chapareillan.

Perreria, XV s. ; Perrière (étg de la), XVII s. ; *la Perrière*, h. c^e Dizimieu.

Perreria (bosc. de), XIII s. ; Pererlis (in), XV s. ; *les Perrières*, bois c^e Oncelin.

Perreria, XV s. ; Pereron (la), Pereire (la); *la Péreeire*, h. c^e Murianette.

Perreria, XIV s. ; *la Perrière*, h. c^e la Pierre.

Perreria, XIV s. ; Perryère, XIV s. ; Perrerre (la), XIV s. ; Perrière de Bar, XVII s. ; *la Perrière*, f. c^e St-Julien-de-Raz.

Perreria (tenem.) in territ. S. Romani en Gallen et mand. Septimi, XV s. ; Pererium du Gas ad Mons, XV s. ; Perier (Gas du), XV s. ; *la Perrière*, h. c^e Pont-Évêque.

Perrerium, XIV s. ; Pererlis (in), XIV s. ; Perrier (le) ; *le Périer*, vill. c^e St-Baudille-et-Pipet.

Perret (Le), vill. c^e les Abrets; — h. c^e Radinières et Châteauvilain; — h. c^e Eclose; — gr. c^e St-Honoré ; — éc.

c^e St-Joseph-de-Rivière ; — (le), h. c^e St-Savin ; — éc. c^e le Villard-de-Lans.

Perreteres (en), XVII s. ; *la Perretière*, h. c^e Cras.

Perretière, h. disp. c^e Virieu, XVIII s.

Perrets (Les), h. c^e Murianette ; — éc. c^e St-Martin-le-Vinoux.

Perrette, éc. c^e St-Martin-d'Uriage.

Perreya (mem. de), XIV s. ; Perreria villa, XIV s. ; *la Perrière*, h. c^e Araudon.

Perroydeyres, h. c^e Vaulnaveys-le-Bas.

Perreynaud, XVIII s. ; Prorenon (Haut et Bas) ; *Pré-Reynaud*, h. c^e Oz.

Perriel (riv. del), XIII s. ; Perreyl ; *Perier*, ruiss. aff. le Bréda, c^e Allevard et la Chapelle-du-Bard.

Perrier (Le), c^e c^e Valbonnais ; dioc. Gren., egl. Sts-Vincent et Agathe.

Perrière (La), éc. c^e la Buissière; — mas c^e Corbas et St-Priest; — l. disp. c^e Dolomieu ; — h. c^e Jardin ; — éc. c^e Panossas ; — h. c^e Romagnieu ; — h. c^e Siccieu-St-Julien-et-Carisieu ; — éc. c^e Ville-sous-Anjou.

Perrières (Les), h. c^e Cognin ; — h. c^e Parisot ; — h. c^e St-Marcel-Bel-Accueil.

Perrin (Le), h. c^e Montagnieu ; — h. c^e St-Geoire ; — f. c^e St-Geoirs; — éc. c^e St-Martin-d'Uriage ; — h. c^e Ternay.

Perrin : voy. Pevrinum.

Perrineres (villa de), XIV s. ; *les Perrins*, h. c^e Vif.

Perrinières (un), XVIII s. ; *la Perrinière*, h. c^e Méaudre.

Perrins (Les), vill. c^e St-Jean-de-Vaux.

Perriolat, éc. c^e Montagne ; — éc. c^e St-Vérand.

Perrollière (La) ; *Perraudlière*, h. c^e Roybon.

Perroron (Les), XIV s. ; Perrosse ; *Pérousse*, éc. c^e St-Just-en-Royans.

Perruche (Le), h. c^e Sardieu.

Perrudon, éc. c^e St-Sébastien.

Perrudz (Les); *le Perron*, l. disp. c^e Eclose.

Perron, l. disp. c^e la Bâtie-Mont-

gascon.

Perrot (Le), h. c^e St-Clair-sur-Galaure.

Perrotière (La), éc. c^e Sonnay.

Perroud (Les, h. c^e Gières ; — h. c^e Venon.

Perruches (Les), XVII s. ; Perruchy (les), Perruchières, XVIII s. ; *les Perriches*, h. c^e St-Pierre-de-Chartreuse.

Persbraule (mans.), XIII s. ; l. disp. près Chevrières.

Pertemps, h. c^e la Balme.

Perti (nem.), XIV s. ; Pertum vertus, XIV s. ; *le Cul-de-Pert*, mont. c^e Theys.

Perticarum (collis), XV s. ; *les Perches ou Pertiez*, col c^e Besse.

Perticol (Le), ; *Pertienz*, vill. c^e les Avenières.

Pertuseria, XIII s. ; Pertuyseria, Pertuisière ; *la Pertuisière*, anc. quart. de Grenoble, auj. rue.

Pertuso (rup. de), XII s. ; Pertuyslo (rupis de), XIV s. ; Pertuysum, XIV s. ; *le Pertuis*, mont. c^e Entre-Deux-Guiers.

Pertuzon, mont. c^e Méaudre et Rencurel ; — h. c^e St-Vérand.

Pervenans (chavan.), XIV s. ; *le Périment*, bois c^e Livet-et-Gavet et Ornon.

Pervet, éc. c^e Vienne.

Peset (La) : voy. la Peyzet.

Pesleriis (caban. de), XII s. ; voy. Pellicerils.

Pesseau (Le) : voy. Peyssellis.

Pesteyl (chavan. del), XIII s. ; *le Peytel*, éc. c^e Vaulnaveys-le-Bas.

Pet (la roche du) : *le Pruget*, mont. c^e St-Pierre-de-Chartreuse.

Petarel (riv. de), XIV s. ; Pesarellum, XIV s. ; *Petorel*, l. disp. c^e Optevoz.

Petelière (La), l. disp. c^e Merlas.

Petex, XV s. ; *Petut*, éc. c^e Ste-Blandine.

Petesset, h. c^e Quaix.

Petetin, éc. c^e Pact.

Petiches ; Petitchet : voy. Parvus Chatz.

Petilhonières, XVI s. ; *Petil-lunière*, éc. c^e la Tronche.

Petinot (Croix de), XVII s. ; *le Petinot*, h. c^e St-Marcellin.

Petiots (Les), h. c° Murianette.

Petits Pins ou la Combe de Buffet, XVIII s. : voy. Combe des Buffes.

Petit-Bois (Le), h. c° Beauvoir-en-Royans ; — h. c° St-Blaise-du-Buis ; — h. c° St-Romans.

Petit-Bouchage (Le), h. c° le Bouchage.

Petit-Buisson (Le), f. c° Chevrières.

Petit-Chabotte, gr. disp. c° la Morte.

Petit-Champ (Le), h. c° Moirans ; — quart. c° Mont-St-Martin.

Petit-Château (Le), f. c° Revel-et-Tourdan.

Petit-Claret (Le), ruiss. aff. le Flumet, c° Vaujany.

Petit-Cœur : *Petit-Cour*, chât. c° Vernioz.

Petit-Coin (ruiss. du), XVIII s. ; Petits Coings (les), XVIII s. ; *les Petits-Coins*, bois c° Livet-et-Gavet.

Petit Cours : Petit Court : *Petit-Cour*, h. c° les Côtes-d'Arey.

Petit Drac (mas du), XVIII s. ; *le Petit-Drac*, mas c° Grenoble.

Petit Etang (Le), ét. c° Arandon ; — ét. c° Soleymieu.

Petit-Faubourg (Le), quart. c° Bourgoin.

Petit Favet (bois du), XVIII s. ; *les Farets* h. c° St-Pierre-de-Mésage.

Petit-Furon (Le), ruiss. c° Sassenage.

Petit Lac : voy. Planvinet.

Petit-Manival (Le) ou Faugent, ruiss. aff. l'Isère, c° St-Ismier.

Petit-Martinet (Le), vill. c° St-Clair-de-la-Tour.

Petit-Meyzieux (Le), vill. c° Veyssilieu.

Petit-Mulard (Le), h. c° Eydoche.

Petit Mont (Le) : *le Petit-Château*, éc. c° la Combe-de-Lancey ; — chât. c° Jallieu.

Petit-Montfleury (Le), chât. c° Corenc.

Petit-Mouton (Le), éc. disp. c° St-Pierre-d'Allevard.

Petit-Plan (Le), h. c° St-Laurent-du-Pont.

Petit-Port : voy. le Port-de-l'Echaillon.

Petit-Riou (Le), ruiss. aff. le Rif-Bruyant, c° St-Christophe-Entre-Deux-Guiers.

Petit-Ruisseau (Le), ruiss. c° Méaudre, aff. le Grand-Ruisseau.

Petit Solitaire (bois du) ou Pétruz, XVII s. ; *Petrus*, mont. c° Entre-Deux-Guiers.

Petit-Som (Le), mont. : voy. Dent-de-Crolles.

Petite-Brassiere (La), ruiss. aff. l'Egala, c° Voreppe.

Petite-Combe (La), ruiss. c° Oulles.

Petite-Forêt (La), h. c° St-Agnin ; — h. c° Meyrieu.

Petite-Fournache (La), ruiss. aff. la Fournache, c° St-Lattier.

Petite-Orange (La), f. c° Bougé-Chambalud ; — éc. c° Châbons ; — f. c° Corbas ; — ou Grange-du-Rhone, f. c° Fevzin ; — f. c° St-Bonnet-de-Mure ; — f. c° Solaize.

Petite-Roche (La), éc. c° Voreppe.

Petite-Venre (La), ruiss. aff. la Venre, c° Fontanil.

Petites-Combes (Les), h. c° St-Nicolas-de-Macherin.

Petites-Fauries (Les), éc. c° St-Vérand.

Petites-Gorges (Les), h. c° le Bouchage.

Petites-Granges (Les), h. c° St-Symphorien-d'Ozon.

Petiteux, éc. c° les Roches-de-Condrieu.

Petits-Cocqs (Les), l. disp. c° Diémoz.

Petits-Goymounds (Les), h. c° Lans.

Petits-Jeans (Les) : *le Petit-Jean*, h. c° Glières.

Petra, castr., XIII s. ; Pierre (mais., chât. en ruines, 1331) ; *le Châteaux*, mas c° La Pierre.

Petra, XVI s. : *la Pierre*, mont. et chât. c° Ste-Agnès.

Petra Arbier, XIV s. ; Petra Arberii, XIV s. ; *la Pierre-de-Chiny*, mont. c° Chapareillan.

Petra Acuta villa, XIV s. ; *Riaupéroux*, h. et ruiss. aff. la Romanche, c° Livet-et-Gavet.

Petra Acuta, XIV s. ; Pierre Aygue, XVIII s. ; Pierre Eygues ; Eygui ; *Pierre-Aigue*,

f. c° Theys.

Petra Archioni juxta Bucurionem (mans.), XIII s. ; Petra Archila, villa, XIV s. ; Pirarchi : *Pierrache*, mas c° Corenc.

Petra Arsa, XIV s. ; *Pierre-Herse*, h. et ruiss. aff. la Grande-Coche, c° Theys.

Petra (mans. de), XIII s. ; Petra Blanchi (via de), XIII s. ; *Pierre-Blanche*, mas c° la Buisse et Hieres.

Petra Bruna, XIV s. ; *Pierre-Brune*, h. c° l'Albenc.

Petra Chastelli, XIV s. ; (capella b Marie in) ; *Pierre-Châtel*, c° c° la Mure.

Petra cisa, XIV s. ; *Pierre-Taillat*, mont. c° N-D.-de-Commiers.

Petra Fichi, XIV s. ; *Pierre-Fiche*, bois c° St-Nazaire.

Petra Granata villa, XIV s. ; *Pierre-Graine*, h. c° Pariset.

Petra Griffaut villa, XIV s. ; *Pierre-Griffant*, l. disp. c° St-Bernard.

Petra Grossa, XIV s. ; *Pierre-Grosse*, l. disp. c° Lavaldens.

Petra Grossa, XII s. ; *Pierre-Grosse*, éc. c° Mens.

Petra Grossa, XIII s. ; *Pierre-Grosse*, quart., auj. rue de la Mure.

Petra Grossa, XIV s. : *Pierre-Grosse*, bois c° St-Ismier.

Petra Lata, XII s. ; *Pierre-Fitte*, h. c° Poumiers.

Petra Lata (tenem. de) ; *Pierre-Latte* ? l. disp. c° St-Jean-le-Vieux.

Petra Lata : voy. Petra Plata.

Petra Loval (iter de) XV s. ; Lovate (iter) ; *le Loup*, bois c° Fontaine.

Petra Maxima, XIII s. ; *la Grande-Pierre*, rocher c° la Rivière.

Petra partita, XIV s. ; *Pierre-Pet*, éc. c° Oz.

Petra perforata, XII s. : voy. Porta.

Petra plana, XIV s. ; *Pierre-Plaine*, h. c° Crémieu.

Petra Plata, XIII s. ; *la Pierre-Plate*, l. disp. c° la Chapelle-du-Bard.

Petra (mans. de), XIV s. ; *Pierre-Plate*, chle c° Barraux et Ste-Marie-du-Mont.

Petra Reposeuri, XIII s. : voy. Reposour (molar).

Petra (eccl. de), XI s. ; (mand. de), XIII s. ; (eccl. S. Petri de), XV s. ; Petre (aqua rivi), XV s. ; *la Pierre*, c^ne Concellin : voy. le Château, l'Église.

Petra (fines de), X s. ; Pierre (territ.), XV s. ; *la Grande-Pierre*, h. c^nes Communay et Ternay.

Petra (mans. de) ; *la Grosse-Pierre*, mas c^ Ste-Marie-du-Mont.

Petra (villa de), XIV s. ; *la Pierre*, h. c^ le Gua.

Petra (villa de) ; *les Pierres*, mas c^ St-Paul-de-Varces.

Petrafeuex (villa de), XIV s. : *Pierre-Feu*, h. c^ Avignonet.

Petraria (gr. de), XII s. ; *la Perrière*, chât. c^ Primarette.

Pétrier (Le), torr., aff. la Véga, c^ne Dizimuz, St-Georges-d'Espéranche et Oytier-St-Oblas.

Petrville, XVIII s. : voy. Putavilla.

Pétyen (mais. f. de), XVI s. ; *Péthien*, f. c^ St-Savin.

Peulerium villa, XIV s. ; Pioler, Pioutier, Piotier ; *Piollier*, h. c^ Champagnier.

Peulier, XVI s. ; Pioullet (mont.), Piollet (forêt de), XVIII s. ; *Pioulet*, mont. c^ St-Pierre-de-Chartreuse.

Peullière ; *Paillères*, éc. c^ Cielles.

Peulo, XIV s. ; Peuluz, Peutloz, XIV s. ; *Piolet (Rvis. de)*, c^ Rivières.

Péverin : voy. Pevrin.

Pevrinum, XIV s. ; P-as (villag. de), XV s. ; *Pevrin*, h. c^ Ceulieu.

Pey-d'Aval, éc. c^ Valjouffrey.

Peyceilis (chavan. de), XIV s. : Peychellis, Peyvellis : *Peyssenuz*, éc. c^ le Mont-de-Lans.

Peychagniart : voy. Podio Changuardi.

Peylanfret : voy. Pode Lancouis.

Peylière (Ruiss. de), aff. la Sévère, c^ Méaudre.

Peyllerium (ap.), XIV s. ; Peyllier (mas), XVII s. ; *le Mau-Peyllier*, mas c^ St-Bandille.

Peynellorum (mass.), XIV s. ;

Pe... éc. c^ Coublevie.

Peyra, h. c^ Viriville.

Peyrardos (ap.), XIV s. : Peyraux (les) : *les Peyrauds*, vill. c^ St-Pierre-de-Mésage.

Peyrela, éc. c^ Presles ; — (la), ruiss. aff. le Drac, c^ St-Georges-de-Commiers.

Peyrellières (Les), h. disp. c^ la Ferrière.

Peyres (Les), h. c^ Choranche.

Peyret (Le), éc. c^ St-Martin-d'Uriage.

Peyreu, XIV s. ; Peyrieux ; *Peyrieu*, h. c^ Dizimieu.

Peyrin : voy. Pevrinum.

Peyrinum, XV s. ; P-ns ; *Peyrin*, h. c^ la Bâtie-Divisin.

Peyrioullex (Les), mont. c^ Allevard.

Peyron (Le), gr. c^ Chichilianne.

Peyron (Le) : *Moulin-Peron*, m^ie c^ St-Paul-les-Monestier.

Peyrous, XIII s. ; (mans.) ; Peyros ; *le Peyrat*, mas c^ la Buissière.

Peyrous (chavan. de), XV s. ; P-us (in), XV s. ; P-uez, XV s. ; P-ot (el) ; *le Peyrou*, h. c^ Clavans.

Peyronus villa, XIV s. ; *le Peron*, h. c^ Jarrie.

Peyrous, XIV s. ; Peyronsum (riv.), XIV s. ; Peyrousen, h. et ruiss. aff. le Riffol, c^ Roissard.

Peyrosas (Las), XIV s. ; *Perouseyr*, quart. c^ Lalley.

Peyssellis (in), XIV s. ; Peyssenux, éc. c^ le Mont-de-Lans.

Peyssonnau, éc. c^ Seyssuel.

Peyret (Le), *le Peyssée*, éc. c^ Allemont.

Phara, XV s. : voy. Fara.

Pharson, rif, Farson ; *le Farot*, ruiss. c^ le Sappey.

Phénix (Le), torr. c^ Livers : voy. l'Aiguille.

Philibert, gr. disp. c^ Revourel.

Philippat, éc. c^ Paladru.

Phlaihin, XVIII s. : voy. Planfaye.

Piallière, L. disp. c^ St-Pierre-de-Chandieu.

Pialon, scierie, c^ Méaudre.

Piarday (Le), bois c^ A randon, Siccieu-St-Julien-et-d'arisieu et Courtenay.

Piards (torr. des), c^ la Salette, XVIII s.

Piari (mans. de la), XIV s. : *Pierre-Hesse*, mas c^ Herbeys.

Plat (La), éc. c^ la Ferrière ; — (le), h. c^ St-Nazaire ; h. c^ St-Pierre-d'Allevard.

Piaz (La), XIX s. ; *la Piat*, h. c^ Pinsot.

Piboul, XVII s. ; Pivot (les), XVIII s. : voy. Populus villa.

Pic (Le), h. c^ Miribel-Lenchâtre.

Pic-Chevallier, mont. et ruiss. aff. le Guinard, c^ St-Laurent-du-Pont.

Pic Pierre (pont de), XVIII s. : voy. Audevoutz.

Pic Taillie (rupp. de), XIV s. : voy. Ruppis Sassa.

Picapoux (pye de), XVIII s. : *Picucous*, mont. c^ Allevard.

Picarde (La), h. c^ Pierre-Chatel.

Picardière, h. c^ Biol.

Picards (Les), XVIII s. ; Picarts (les); Piccards (les), XIX s. ; *le Picard*, h. c^ St-Etienne-de-Crossey.

Picardy, h. c^ Valencin.

Picaudière, XIX s. ; *la Picoudière*, h. c^ Merlas.

Picaudon, h. c^ St-Pierre-de-Chandieu.

Picaux (Les), XVIII s. : *les Picauds*, h. c^ Corrençon.

Pichat (Le), h. c^ la Chapelle-du-Surieu ; — (dom. lapidea, dom. f. in), XIII, XV s. ; *Pichat*, chât. c^ Froges ; — (le), f. c^ Hières ; — éc. c^ St-Jean-Bournay ; — éc. c^ Theys.

Pichati (mans.), XII s. ; *Pichat*, riv. c^ la Pierre.

Pichatière (La), h. c^ Moirans.

Pichau, XVIII s. ; *Pirhoud*, mont. c^ Valjouffrey.

Piche (La), vill. c^ Moirans : — ruiss. c^ St-Pierre-d'Entremont.

Piche, XVIII s. : *Pichet*, chât. c^ St-Maximin.

Picheras, XVIII s. ; Pinera, XVIII s. ; *le Pickeout*, vill. c^ Voiron.

Pichère (La), mont. c^ Englas.

Piches (ruiss. des), c^ St-Hilaire.

Pichottes (Les), éc. c^ Pontcharra.

Pichichin, XV s. ; *le Pichichin*, ruiss. c^ Montagnieu.

Pichon (Le), ruiss. aff. l'Herbetaz, c° St-Pierre-de-Chartreuse.

Pichonnerie (La), XVIII s. ; *le Pichon*, h. c° St-Marcel-Bel-Accueil.

Pichonnière, h. c° la Rivière.

Pichonnières (Les), h. c° Bellegarde-et-Pousieu.

Pichot, gr. disp. c° Cour-et-Buis.

Pichoud, éc. c° le Bourg-d'Oisans.

Picolet, m^on c° Cordéac ; — (ruiss. de), c° St-Joseph-de-Rivière.

Picot (Le), h. c° Biol.

Picot-la-Baume, f. c° Ecluse.

Picotière (La), h. c° Malleval.

Picotières, h. c° Villefontaine.

Picquettières (en), XVII s. ; *Piguettières*, h. c° St-Laurent-du-Pont.

Pied-de-Barry (Le), mont. c° Venose et St-Pierre-de-Chartreuse.

Pied-Brunet (rif de), XVII s. ; ruiss. c° St-Laurent-du-Pont.

Pied-de-la-Côte (Le), h. c° Biviers.

Pied-Ferrat, éc. c° Seyssuel.

Pied-de-Gières (Le), quart. c° Gières.

Pied-Gris, h. c° St-Paul-de-Varces.

Pied-du-Lé (Le), h. c° Mayres.

Pied-Menu, éc. c° Beaurepaire.

Pied-du-Ruisseau (Le), éc. c° Froges.

Pied-de-Varces (Le), h. c° Allières-et-Risset.

Pied-de-Ville (Le), quart. c° Corps.

Piedgros, éc. c° Lalley.

Pieds-Froids (Les), éc. c° Quincieu.

Piellat, chât. c° Diémoz.

Pieras (Entre las), XIV s.: voy. Inter Lapides.

Pieres Grosses, XV s. ; *Pierres-Grosses*, chal. et glac. c° Clavans et le Freney.

Pierit (maison de), XVIII s. ; *Pierry*, éc. c° la Côte-Saint-André.

Pierra Fricta, XV s. : *Pierre-Fitte*, l. c° Décines-et-Charpieu.

Pierra Grossa (en) ; *Pierre-Grosse*, mas c° la Chapelle-du-Bard.

Pierra Mestiva, h. c° St-Pierre-de-Chartreuse.

Pierrachatel : voy. Petra Chastelli.

Pierrafoy, bois c° Bellegarde-et-Pousieu, Sonnay et Ville-Sous-Anjou.

Pierraz, h. c° Septème.

Pierre (La), l. disp. c° Châtonnay ; — c° c° Goncelin ; dioc. Gren., égl. St-Pierre ; — éc. c° Venon ; — l. disp. c° Vif.

Pierre (Ruisseau de la), c° Ste-Marie-du-Mont, aff. ruiss. des Déroutes.

Pierre-Aiguière (La), chal. c° Montoynard.

Pierre-à-Bessey, h. c° St-Sulpice-des-Rivoires.

Pierre-Bout, mas, c° les Abrets.

Pierre-Braudière. rocher c° Laval.

Pierre-Brune, h. c° Brangues.

Pierre-du-Carre (La), chal. et mont. c° Allevard.

Pierre du Carroz (mont. de la), XVIII s. : *la Pierre du Tariot*, mont. c° Allevard.

Pierre-Châtel, c° c° la Mure.

Pierre-Chave, h. et ruiss. aff. la Morge. c° St-Aupre.

Pierre-Cher, éc. c° St-Jean-d'Avelane.

Pierre-Courbe, gr. c° St-Hilaire.

Pierre-Croisée (La), mont. c° Séchilienne et Vaulnaveys-le-Bas.

Pierre-Droite, bois c° St-Ismier.

Pierre-de-l'Essard, XIX s. ; *l'Essart-Massard*, mont. c° Chapareillan.

Pierre-de-l'Essart (La), bois c° Barraux.

Pierre-Orange, mas c° Quaix.

Pierre-Grosse, chal. c° le Freney; — éc. c° Vélanne. C° Avelane ?).

Pierre-Guillan, XVIII s. ; *Pierre-Gaillard*, mont. c° Ste-Marie-du-Mont.

Pierre-Hébert (Ruiss. de), aff. l'Isère, arr. c° Sassenage et Noyarey.

Pierre-Jaille, h. c° Revel.

Pierre-Loubeyre, quart. c° St-Genis.

Pierre-Louve, f. c° l'Isle-d'Abeau.

Pierre-Magnière, h. c° St-Chef.

Pierre-Millilaire, éc. c° Solaise.

Pierre-Molaire, éc. c° Domène.

Pierre-Moulin, quart. c° Sermurieu.

Pierre-Mouton, h. c° St-Gervais.

Pierre-Patras, éc. c° Rovon.

Pierre-Percée (La), bois c° Entre-Deux-Guiers ; — bois c° la Motte-d'Aveillans et Pierre-Châtel.

Pierre-Pertuiza, mas c° Allières-et-Risset.

Pierre-Pertuza, quart. c° Rovon.

Pierre-Plantée, mas c° Soleymieu.

Pierre-Plate, mas c° Vizille.

Pierre-Ponsonnaire, chal. c° Allevard.

Pierre-Potens, éc. c° Rovon.

Pierre-Qui-Vire (La), bois c° la Buisse.

Pierre-Roubey, mont. c° Theys.

Pierre Serrier (rif de), XVII s. ; *Pierre (ruiss. de)*, c° Miribel-les-Echelles, aff. ruiss. de Combe-Rousse.

Pierre-Taillat, mas c° Corps : — éc. c° St-Egrève.

Pierre-Taillée, bois c° Autran : — bois c° Montaud.

Pierre Tailliaz (gr.) XVII s. ; *Pierre-Taillat*, éc. c° Miribel-les-Echelles.

Pierre-Talliez, XVII s. ; *Pierre-Taillée*, mont. c° Pommiers et St-Julien-de-Ratz.

Pierre-Virole (ch^in de), c° Murianette.

Pierre-Vaison, quart. c° Cornillon-en-Trièves.

Pierrelat, éc. c° St-Bonnet-de-Chavagne.

Pierres (Les), h. c° Châlieu ; — h. c° Meyussiès ; — f. c° Montagne; — h. c° le Mottier ; — h. c° St-Jean-d'Avelane ; — h. c° St-Just-et-Chaleyssin : — h. c° le Villard-de-Lans.

Pierres (Ruiss. des), c° Murianette.

Pierres-Besses (Les), mas c° Laval.

Pierrier (Le), vill. c° Lieudieu.

Pierrot, gr. disp. c° St-Genis.

Pies (Les), h. c° Sassenage.

Pinasetière, h. c° Brion.

Pioutière, XVIII s. ; *Piotières*, XIX s. ; *Piotière*, h. c° Châbons.

Piffard, éc. c° St-Sébastien.

Pigeonnier (Le), h. c° la Cluse-et-Pâquiers ; — éc. c° Froges (mais. f., XVIII s.); — éc. c°

Mens ; — h. cᵉ Seyssins ; — éc. cᵉ Voreppe.

Pigeron, h. cᵉ St-Ondras.

Pignat (Chez-), éc. cᵉ Proveysieux.

Pigne (La), éc. cᵉ Tullins.

Pignes (Les), éc. cᵉ Clelles ; — h. cᵉ St-Lattier.

Pigneu, h. cᵉ Frontonas.

Piguinal, XIV s. ; Piguinyel : voy. Pivinol.

Pilard (Les), ruiss. aff. la Roisette, cᵉ Pommiers.

Pilas (mans. dels), XIII s. ; le Pilas, mas cᵉ la Buissière.

Pilat, mans., XIII s. ; Pilati (mans. de serro), XIV s. ; le Pilat, mont. cᵉ la Motte d'Aveillans, Pierre-Châtel et Susville.

Pilatière (La), h. cᵉ St-Michel-de-St-Geoirs.

Pileria, XIV s. ; Pillet (le), XIX s. ; le Pilet, h. cᵉ Coublevie.

Pillard (Le), h. disp. cᵉ Auris.

Pille avoine ; le Milloret, h. cᵉ St-Geoire.

Pilliard (Le), XVII s. ; le Pillard, h. cᵉ Bonnefamille.

Pillon (Le), h. cᵉ St-Bonnet-de-Chavagne (des Pillons, XVIII s.).

Pillon, XIX s. ; Pilon (Grand-); le Pilou, h. cᵉ St-Just-et-Chaleyssin.

Pilloneris, XV s. ; Pilloulères, XVII s. ; Pilloulière, h. cᵉ le Sappey.

Pillons (Les), XIX s. ; le Pilon, h. cᵉ St-Nicolas-de-Macherin.

Pilloud (gr. du), XVIII s. ; Peillard, gr. cᵉ Hurtières.

Pilon, éc. cᵉ Torenc ; — (le), h. cᵉ Flachères ; — h. cᵉ Marnans ; — h. cᵉ Solaise ; — h. cᵉ Voirun.

Pilosi (gr. Ruffi), XIV s. ; la Pelouse, mont. cᵉ Allevard.

Pilots (Les), h. cᵉ Morêtel.

Pin (ruiss. du), cᵉ Allemont : voy. Modane ; — (le), h. cᵉ la Chapelle ; — éc. cᵉ Château-Bernard ; — (le), mont. cᵉˢ Malleval et Rovon ; — h. cᵉ la Murette ; — mont. cᵉ Pinet ; — h. cᵉ Renage ; — mont. cᵉ St-Laurent-du-Pont ; — éc. cᵉ Seyssuel ; — ruiss. cᵉ Vaujany ; — cᵉ cⁿˢ Virieu ; dioc. Vien., égl. St-Christophe.

Pina (chât.), XIX s. : voy. Blagneu.

Pinallère (La), XVIII s. ; le Pinatière, h. cᵉ Oytier-et-St-Oblas.

Pinas (les), XVIII s. : l'Espinasse, bois cᵉ Entraigues.

Pinay (La), gr. disp. cᵉ Revel-tin-Vaugris.

Pineto (capella de), XIII s. ; Pinezoti, XIV s. ; Pinezaeti (parr., eccl.), XIV s.; Pinsotti, XV s. ; Pinzotti (parr.): Pinsot, cᵉ cⁿˢ Allevard.

Pinckard, h. cᵉ Bessins.

Pinea (prior de), XV s. ; la Croix-de-la-Pigne, h. cᵉ Pellafol.

Pinée (La), XVIII s.: la Pinea, mont. cᵉˢ Quaix, Proveysieux et Sarcenas.

Pinel, XIII s. ; Piney; le Pinet, h. cᵉ Moissieu.

Pinei (mans. des), XIII s. ; Pey ; l'Épinay, h. cᵉˢ St-Victor-de-Cessieu et Torchefelon.

Pinelle, ét. cᵉ Thuellins.

Pinelleria villa, XIV s. ; Pinelleyril (la), XIV s. ; le Pin, mas cᵉ la Garde.

Pineos (territ. des), XIV s. ; Piners, Piniers, XV s. ; Piguier, h. cᵉ le Bouchage.

Pinea (Les), lac cᵉ Chapareillan.

Pinet, h. cᵉ Eyzin-Pinet ; — h. cᵉ Monsteroux-Milieu ; — vill. cᵉ St-Martin-d'Uriage ; par. dioc. Gren., égl. St-Ferréol ; — h. cᵉ Tullins ; — (Turr. de), XVIII s. : voy. Carpinet.

Pineto (capella sita in castro), XI s. ; Pyneto (castr. de), XIII s. ; Pinetti (castr., Carmelini); Pineto (cap. s. Crucis de), XIV s. ; Pineti (parr.) seu Eysini, XV s. ; Pinet, h. cᵉ Eyzin-Pinet.

Pineto (castr.), XI s. ; P-ti (castrum), XIV s. ; P-t (chât. ruini de), XVI s. ; la Tour, éc. cᵉ Eyzin-Pinet.

Pineto (eccl. St Ferreoli de), XI s. ; P-ti (castr.), Pynetum, XIV s. ; Pinet, vill. cᵉ St-Martin-d'Uriage.

Pinets (Les), h. cᵉ Rencurel.

Pinets (Les), XVIII s. ; les Penets, h. cᵉ St-Martin-d'Uriage.

Pinetum seu de Leupiney, XIV s. ; l'Épinette, vill. cᵉ Chapareillan.

Piney (mans. deb), XIII s. ; le Pin, mas cᵉ Champier.

Piney (nem. du), XV s. ; les Pins, h. cᵉ Communay.

Piney (of), XIII s. ; Pinei, XIII s. ; Piula, XIII s. : la Pigne, éc. cᵉ Mens.

Piney (mans. deb), XIII s. ; le Pinet, h. cᵉ St-Lattier.

Pineya (de), XV s. : Piney, XVIII s. : le Pinet, h. cᵉ Chatte.

Pingolet, XV s. : voy. la Roche-Pingolet.

Pingonetière (La), éc. cᵉ St-Symphorien-d'Ozon.

Piula, gr. disp. cᵉ Notre-Dame-de-Mesage.

Pinlano, VIII s. : voy. Riveu.

Pinlé, XVIII s. ; Piguet, mas cᵉ la Chapelle-du-Bard.

Pinlenuel (bose. des), XIII s. ; Pinez (les), XIV s. ; le Pinleys, éc. cᵉ Pontcharra.

Pinnaors (mans. des), XIII s. ; le Pinnaoret, mas et ruiss. aff. l'Olle, cᵉ Vaujany.

Pino (du), VIII s. ; Pinus (villa), IX s. ; Pinis villula (in), X s. : voy. Turris de Pinu.

Pinote (la), mas cᵉ Pinsot ; — éc. cᵉ la Tronche.

Pinnettau, XVIII s. ; Pinnettau, quart. cᵉ Solaise.

Pins (apud), Pino (territ. de), XIV s. ; Pyns (chavallagium de), XV s. ; le Pin, chat. cᵉ St-Didier-de-la-Tour.

Pins (Les), vill. cᵉ Villette-d'Authon.

Pinsectum, P-sor-in, eccl. S. Mauricii, XV s. ; Pinsot, cⁿˢ Allevard.

Pinserla (mons de), XV s. ; Pinserrie, mont. cᵉ la Ferrière et Theys.

Pinsot, cᵉ cⁿˢ Allevard ; dioc. Gren., égl. St-Maurice.

Pintani, éc. cᵉ Theys.

Pinzoto (parr. de), XIV s. ; Pinsot, cᵉ cⁿˢ Allevard.

Pinzoto (parr. de), XIV s. : voy. Pinsoto.

Pioche (La), h. cᵉ Voreppe.

Piollets (Les), éc. cᵉ Montrevel.

Pion, h. cᵉ Balbins.

Piots (Les), XVIII s. : Piot, h. cᵉ Cessieu.

Piougos (Moulin), XIX s. ; *le Moulin-Piou-Giaud*, mᵒⁿ cᵉ Ornacieux.

Pioulux (La), mont. cᵉ St-Pierre-d'Allevard.

Pipa, éc. cᵉ Dionay.

Piparlière, h. cᵉ Chanas.

Pipoux (Les), XVIII s. : voy. Rivallibus (riv. de).

Pipet (îlex de), XIV s. ; Pippeto (territ., hamᵘ. de), XV s. ; *Pipet*, h. cᵉ St-Baudille-et-Pipet, cᵒⁿ Mens.

Pipet (gr. de), XVIII s. ; Pipay, XIX s. ; *Pipet*, mont. et chal. cᵉ Theys : voy. Pupeto.

Pipeto (chavan. de), XIV s. ; *Pipet*, l. disp. cᵉ Herbeys.

Pipeto (domin. de), XV s. : voy. Pipet.

Pirate (bois, combe de), XVIII s. ; *la Pilate*, mont. et glac. cᵉ St-Christophe-en-Oisans.

Piratie, XVIII s. ; *Pirotière*, h. cᵉ Merlas.

Piraud, h. cᵉ Bessins.

Piraud (Le), h. cᵉ St-Pierre-de-Bressieux.

Pires (Les), l. disp. cᵉ la Chapelle-de-la-Tour.

Pireus (rif de), XVIII s. ; *les Pirauds*, ruiss. cᵉ Theys.

Piro (parr. de), XIII s. : voy. Perer.

Pirodière, h. cᵉ St-Ondras.

Piron, h. cᵉ Moidieu.

Piront (mans.), XIII s. ; *Piron*, l. disp. cᵉ la Buissière.

Pis (La), XVIII s. ; *la Pisse*, éc. et forêt cᵉ le Bourg-d'Oisans.

Pisaico (in), XI s. ; *la Pisarde*, h. cᵉ Communay.

Pisançon, f. cᵉ Chapareillan ; — f. cᵉ St-Victor-de-Cessieu.

Pisarex (territ. de), XIII s. ; Pisart, XIV s. ; *Pizard*, f. cᵉ Corbas.

Pisaroto, XIV s. ; Pisserotes (ruiss. des), XVIII s. ; *les Pisserottes*, ruiss. cᵉ Voreppe.

Pisef, Pissief, XIII s. : voy. Pisou.

Pisciz (via de), XIII s. ; Pisou ; *Pizard*, f. cᵉ Corbas.

Pisou, XII s. ; Pisey, XII s. ; Pisiacum, XII s. ; Pisiaro (excl. b. Blasil, parr. de), XIV s.; Puin; Pissim; Pissiacum; Pisieil, XV s. ; Pisiez ; *Pisieu*, cᵉ cᵒⁿ Beaurepaire ; par. dioc. Vien., égl. Ste-Maurice et Blaise.

Pisiec (nem. de), XIV s. ; Pixieux (bois de) ; *Pixieu*, forêt cᵒⁿ Pisieu et Revel-et-Tourdan.

Pialveylli (Rochac. de), XIII s.; Pissiveilli (rochac. de), XIV s. ; *Pisse-Vieille*, mont. cᵉ Séchilienne.

Pissardo (aqua), XVI s. ; Pissar-de (la), XVIII s. ; *la Pissarde*, ruiss. affl. le Drac, cᵒⁿ Allières-et-Risset et Claix.

Pissarde (La) : voy. Charbonnier.

Pisse (La), ruiss. cᵉ Chantelouve, affl. la Marsanne ; — ruiss. cᵉ Entraigues ; — ruiss. cᵉ St-Martin-d'Uriage ; — ruiss. cᵉ Valbonnais ; — ruiss. affl. le Vernon, cᵉ Venose ; — ruiss. cᵉ Villard Eymond.

Pisse (rif de la), XVII s. ; *le Pissou*, ruiss. cᵉ St-Pierre-de-Chartreuse.

Pisse-Rousse, XVIII s. ; *le Pissarot*, ruiss. cᵉ Livet-et-Gavet.

Pisse-Vache, ruiss. cᵉ Autrans ; — éc. cᵉ St-Michel-de-St-Geoirs.

Pisse-Vieille, quart. cᵉ Quaix ; — ruiss. affl. l'Isère, cᵒⁿ Venon, Gières et Murianette.

Pisselin (Le), ruiss. affl. la Pissarde, cᵉ Allières-et-Risset.

Pisserota, riv., XVI s. ; *la Pisserotte*, ruiss. cᵉ St-Joseph-de-Rivière.

Pisserote, XV s. ; *la Pisserotte*, ruiss. non identifié cᵉ St-Martin-le-Vinoux.

Pisserotte (La), ruiss. cᵉ St-Christophe-Entre-Deux-Guiers, affl. le Rif-Bruyant ; — ruiss. cᵉ St-Pancrasse.

Pisserottes (Les), ruiss. cᵉ Allières-et-Risset.

Pisses (Ruisseau des), cᵉ Vaulnaveys-le-Haut.

Pissette (La), ruiss. cᵉ Chantelouve.

Pisservieille, éc. cᵉ St-Nicolas-de-Macherin.

Pissi deux Audeyars (mass. de la), XIII s.; *la Pisse*, éc. cᵉ Oz.

Pissi Vachi, XIII s. ; *Pissevache*, h. cᵉ Allemont.

Pissi Vieiy (La), XIII s. ; *Pisse-Vieille*, ruiss. disp. cᵉ Romagnieu.

Pissia, XIV s. ; Pissy villa (la), XIV s. ; *la Pisse*, h. disp. cᵉ Lavaldens.

Pissia, Pyssin, XIV s. ; *la Pisse*, ruiss. cᵉ Mizoën.

Pissia, XIV s. ; Pisse ; *la Pisse*, h. et ruiss. affl. la Romanche, cᵉ le Mont-de-Lans.

Pissia (gurgia, aqua de), XIV s. ; *la Pisse*, ruiss. affl. le Vénéon, cᵉ St-Christophe-en-Oisans.

Pissia (mons de), XIV s. ; *Pisse (Basse et Haute)*, mont. et glac. cᵉ Valjouffrey.

Pissia, XV s. ; *la Pisse*, h. cᵉ Vaujany.

Pissia Moyment. XIV s. ; *Pisse Moysenc*, XVII s. ; *la Pisse*, ruiss. cᵉ Livet-et-Gavet.

Pissie (aqua), Pissia (serra de), XV s. ; *la Pisserotte*, ruiss. cᵉ Clavans.

Pissior (riv. de), XIV s. ; *le Pisson*, ruiss. cᵉ la Ferrière.

Pissolle (La), ruiss. cᵉ Voreppe.

Pissotte (La), ruiss. cᵉ St-Christophe-Entre-Deux-Guiers.

Pissou (Le), ruiss. cᵉ Sarcenas.

Pissoud (Le), ruiss. cᵉ Faverges ; — ruiss. cᵉ le Touvet.

Pissour (balme ou roche du), XVI s. ; *le Pisson*, mont. et ruiss. cᵒⁿ Entre-Deux-Guiers et St-Christophe-Entre-Deux-Guiers.

Pissy villa (La), XIV s. ; *la Pisse*, h. disp. cᵉ la Motte.

Pit (Le), h. cᵉ Voreppe.

Pitessart, XVIII s. : voy. Put Eyssart.

Pitrolat, h. cᵉ Morêtel.

Piva, XVIII s. ; *le Pirat*, h. cᵉ Marnans.

Pivelin, h. cᵉ Ste-Blandine.

Pives (Le), ruiss. cᵉ Torchefelon ; affl. ruiss. Pajay.

Pivinol (nem. en). XIV s. : Pivinel (mareycha de), XV s. ; *Plurigny*, mas et ruiss. affl. le Bréda, cᵉ St-Maximin.

Pivolerra, XIII s. ; Pivolerlis, XIV s. : *Pirotiers*, mas cᵉ St-Baudille.

Pivoleya, XIV s. ; Pivolen, XIV s. ; Pivot, XVIII s.; *le Pirol*, gr. cᵉ Theys.

Pivot (Chez-), éc. cᵉ St-Christophe-Entre-Deux-Guiers.

Pizat (Le), h. cᵉ St-Pierre-de-Chérennes.

Placage (Le), éc. cᵉ la Rivière.

Place (La), h. cᵉ Mayres ; — h. cᵉ St-Laurent-de-Mure ; —

h. cⁿᵉ Vourey.

Place des Cordeliers, XVI s. : la Citadelle, quart. cⁿᵉ Grenoble.

Places (Les), bois, mont. d'Arcelle : voy. Arcella.

Placette (La), h. cⁿᵉ Pommiers.

Placire (Le), h. cⁿᵉ Voiron.

Placteo (mans. de); Plastro (el), XIII s. : le Plâtre, h. cⁿᵉ Vaulnaveys-le-Bas.

Placyn, XIV s. : Plantin, h. cⁿᵉ Villeneuve-de-Marc.

Placuey, XIII s. : Planey, Playneynin, XIV s. : Pleneys, XVIII s. ; Planey, h. cⁿᵉ Séchilienne.

Plagen, XV s. ; le Plag, mas et terr. cⁿᵉ le Mont-de-Lans.

Plagnardière, h. cⁿᵉ Oytier-et-St-Oblas.

Plagne (La), XVIII s. ; la Plague, mas cⁿᵉ Vaulnaveys-le-Bas.

Plagnejean, mont. cⁿᵉ Laval.

Plagnes (Les), h. cⁿᵉ la Chapelle-de-la-Tour.

Plagnia, XIII s. ; Plannm Conte, XIV s. : la Plaine, quart. cⁿᵉ la Côte-St-André.

Plagnia, XIV s. : la Plague, éc. cⁿᵉ Oytier-et-St-Oblas.

Plagnia (territ. de), XIV s. ; Plana Reventini, XV s. : la Plaine, h. cⁿᵉ Reventin-Vaugris.

Plagny (La), XIV s. : Plagnix (la), XV s. ; Plaigue, XVIII s. ; les Plagues, h. cⁿᵉ St-Hilaire-de-Brens.

Plagny (La), mont. cⁿᵉ Voreppe.

Plaie (font. du), XVIII s. ; le Playe, mont. cⁿᵉ Gresse.

Plaille (mont. du), XVIII s. : le Playe, mont. cⁿᵉ Presles.

Plain Champs (Les), XVII s. ; le Plauchamp, h. cⁿᵉ St-Pierre-d'Allevard.

Plaine (La), h. cⁿᵉ Arzay ; — h. cⁿᵉ Auberives ; — éc. cⁿᵉ Arbignonet ; — h. cⁿᵉ la Buisse ; — h. cⁿᵉ Charvieu ; — vill. cⁿᵉ Chavanoz ; — h. cⁿᵉ Corlins ; — vill. cⁿᵉ Curtin ; — quart. cⁿᵉ Faramans ; — (la), h. cⁿᵉ Gillonnay ; — quart. cⁿᵉ le Grand-Lemps ; — h. cⁿᵉ Marennes ; — vill. cⁿᵉ Moissieu ; — quart. cⁿᵉ le Mottier ; — h. cⁿᵉ Oytier-et-St-Oblas ; — h. cⁿᵉ Presles ; — h. cⁿᵉ Ruy ; — h. cⁿᵉ St-Baudille ; — h. cⁿᵉ St-Bonnet-de-Chavagne ; — h. cⁿᵉ St-Bonnet-de-Mure ; — h. cⁿᵉ St-Hilaire-du-Rosier; — quart. cⁿᵉ St-Marcellin ; — h. cⁿᵉ St-Sauveur ; — h. cⁿᵉ St-Siméon-de-Bressieux ; — vill. cⁿᵉ Thodure ; — h. cⁿᵉ Tignieu-Jameyzieu ; — XVII s. quart. cⁿᵉ Tullins ; — quart. cⁿᵉ Véronne ; — éc. cⁿᵉ Villemoirieu.

Plaine-des-Chanos (La), vill. cⁿᵉ Diémoz et St-Georges-d'Espéranche.

Plaine-de-la-Chapelle (La), mas cⁿᵉ St-Pierre-d'Allevard.

Plaines (Les), h. cⁿᵉ Poliénas.

Plaines (Les), XVIII s. ; Côte-Pluine, éc. cⁿᵉ Vaujany.

Plainet, XVIII s. ; le Pleynet, mont. et chal. cⁿᵉ la Ferrière.

Plaisancia (cabaneria), XIII s. ; Playsencia ; Plaisance ?, l. disp. cⁿᵉ Oris.

Plambaron (mas de), XVIII s. ; le Plan-Barron, mas cⁿᵉ la Chapelle-du-Bard.

Plambourgoin, XIX s. ; Plant-Bourgoin ; Plan-Bourgoin, vill. cⁿᵉ Bourgoin et Meyrié.

Plan (Le), h. cⁿᵉ la Bâtie-Divisin ; — h. cⁿᵉ Châlons ; — h. cⁿᵉ Chantesse ; — h. cⁿᵉ Communay ; — éc. cⁿᵉ Diémoz ; — h. cⁿᵉ Estrablin ; — f. cⁿᵉ Frontonas ; — forêt cⁿᵉ Beyrieu ; — h. cⁿᵉ Merlas ; — gr. cⁿᵉ Miribel ; — h. cⁿᵉ Montferrat ; — chal. cⁿᵉ Pinsot ; — h. cⁿᵉ Rives ; — cⁿᵉ cⁿˢ St-Etienne-de-St-Geoirs : parr. dioc. Vien., égl. Ste-Vierge ; — h. cⁿᵉ St-Georges-d'Espéranche ; — h. cⁿᵉ St-Jean-de-Bournay ; — h. cⁿᵉ St-Just-et-Chaleyssin ; — (Bas, Haut-), hh. cⁿᵉ St-Marcellin ; — f. cⁿᵉ St-Pierre-de-Chandieu ; — gr cⁿᵉ St-Pierre-d'Entremont ; — vill. cⁿᵉ St-Siméon-de-Bressieux ; — h. cⁿᵉ Tramolé.

Plan (Le), XVIII s. ; la Plaine, vill. cⁿᵉ Châtonnay.

Plan des Arcs (Le), XVIII s. : le Plan, h. cⁿᵉ Pont-Évêque.

Plan-Basset, h. cⁿᵉ St-Laurent-du-Pont.

Plan Berout, XIV s. ; Plan-Beroud, h. cⁿᵉ Allevard.

Plan-de-Bidon (Le), éc. cⁿᵉ Tullins.

Plan-Buet, XV s. ; Planbuis, h. cⁿᵉ Flitieu.

Plan Buet, XIV s. ; Planbois, XIX s. ; Planbois, h. cⁿᵉ St-Didier-de-la-Tour.

Plan-Champ (ruiss. de), afl. la Cuillère, cⁿᵉ Chaparellan.

Plan-Charretier, XIX s. ; Plan-Chartier, h. cⁿᵉ Virieu.

Plan-de-la-Chastre, XVI s. ; Plain... : la Chatre, l. disp. près Beauvoir-de-Marc.

Plan Chevalier, l. disp. cⁿᵉ la Tour-du-Pin.

Plan-Col, ruiss. afl. le Merdaret, cⁿᵉ Chanteloube.

Plan-Oullet, XVIII s. : Plan-Oulles, col cⁿᵉ Oris-en-Ratier et Valbonnais.

Plan-de-la-Croix (Les), éc. cⁿᵉ Besse.

Plan-de-la-Faux (Le), h. cⁿᵉ Romagnieu.

Plan-de Flunet (Les), mⁿ cⁿᵉ Oz.

Plan-de-Gabinot (Le), h. cⁿᵉ Tullins.

Plan-de-Galerne (Le), éc. cⁿᵉ Tullins.

Plan-Guelly, f. cⁿᵉ St-Pierre-d'Allevard.

Plan Guiffrel, ou Le Grand Pra, XVII s. ; le Grand-Pré, h. cⁿᵉ la Chapelle-du-Bard.

Plan-de-l'Aiguille, XVII s. : l'Esguille : l'Aiguille, XVIII s. : l'Eguille : le Plan-de-l'Eguille, al. la Pyramide, quart. ville Vienne : voy. Arcs.

Plan-Michard (Le) : le Plan-Micha, ville cⁿᵉ Royban.

Plan-de-la-Morte (Le), h. cⁿᵉ la Morte.

Plan-de-l'Ours (Le), mont. et chalet cⁿᵉ Allevard.

Plan-Palais, h. cⁿᵉ St-Geoire.

Plan-Périer, h. cⁿᵉ la Chapelle-du-Bard.

Plan-Pousset, h. cⁿᵉ la Chapelle-du-Bard.

Plan du Rat (Les), XVI s. : voy. Rat.

Plan-de-la-Ratz (La), mⁿ cⁿᵉ Oz.

Plan-Tissuut, éc. cⁿᵉ Allevard.

Plan-des-Volles (Les), mont. cⁿᵉ les Adrets et la Ferrière.

Plan-de-Voreppe, XVIII s. : voy. Planezel.

Plan (ruiss. de), afl. le Rhône,

c⁰ Décheux-et-Charpieu.

Plan, inter civit. Gratianopolis et castellum de Geria, XII, XIII s. : (castellr, molend.), XIII, XIV s.; Plana Gratianopolis, XV s.; la Plaine, quart. c⁰ St-Martin-d'Hères.

Plana (castr. de), XII s.; (capelle de), XIII s.; (domus episc. de); le Bon-Pasteur, quart. c⁰ St-Martin-d'Hères.

Plana Chaini (alpis de), XIII s.; Plano Chonne (in), XVI s.; Plan de la Chaz, XVII s.; Planchaury. f. c⁰ Allevard.

Plana Clonasil, XV s. : la Plaine, quart. c⁰ Clonas.

Planaise. h. c⁰ la Bâtie-Divisin.

Planche (La), éc. c⁰ Aoste : — éc. c⁰ Chatte ; — éc. c⁰ Chatelus.

Planche-Catin, h. c⁰⁰ Apprieu et St-Blaise-du-Buis.

Planche-Pèlerin, XVII s. ; le Moulin-Brun, mⁱⁿ sur le ruiss. de Morge, c⁰ Miribel-les-Echelles.

Plancher (Le), vill. c⁰ Crémieu.

Planches (Les), vill. c⁰ Eclose ; — f. c⁰ Optevoz.

Planchette, h. c⁰ Velanne.

Planchoys (el), XIV s.; Planches (les), XIX s.; le Plancher, h. c⁰ Notre-Dame-de-l'Osier et Vatilieu.

Plancluia (territ. de), XIV s. ; la Planche, l. disp. c⁰ les Avenières.

Planchin, XIV s. ; Planchiis (in) ; les Planches, éc. c⁰ St-Pierre-d'Allevard.

Planchiis (mans. de), XIV s. ; les Planches, h. détr. c⁰ la Buissère.

Planchy (riv. et h.:. de la), XIII s. ; la Planche, ruiss. disp. c⁰ la Balme.

Plancon, gr. c⁰ les Adrets.

Plancotu, col c⁰⁰ Chantelouve et la Morte.

Planczoney, XIII s.; Plansonnières, XVI s.; le Plan, h. c⁰ Luzinay.

Plandagnoux, XVII s.; le Plan-d'Agnens, mas c⁰ Vizille.

Planeau (Le), mont. c⁰ la Salette-Fallavaux ; — h. c⁰ Trept.

Planel (ruiss. de), c⁰ la Valette.

Planes (ruiss. des), affl. l'Ebron, c⁰ Lavars.

Planesi : Planesia, XIV s. ; Planaise, éc. c⁰ Cession.

Planesin, XII s. ; Planisia, XII s.; Planixia, XII s.; Beaumont, c⁰⁰ Rives.

Planestel juxta Voluslam, XIII s. ; Beau-Plan, chât. et h. c⁰ de Voreppe.

Planet, éc. c⁰ St-Maurice.

Planets (Les), XVII s. : Planey (le); les Planets, h. c⁰ St-Christophe-Entre-Deux-Guiers.

Planetum, XIV s. ; Planey (el), Planys (mons), XV s.; Plant Planou, XVII s.; Planoz; le Planet, chal. c⁰ Allevard.

Planetum, XIV s. ; le Planet, h. c⁰ Simandres.

Planey, XIV s. ; Planetum, Playne, Plêne, XVIII s.; le Pleynet, mont. et chal. c⁰ la Ferrière.

Planey, XIV s.; Pleygny, Planetum, XV s.; le Pleinet, mont., chal. c⁰⁰ Ste-Agnès et St-Mury-Monteymond.

Planey (Le), XVIII s. ; Planet : les Planets, éc. c⁰ St-Georges-de-Commiers.

Planeyns (altum de), XIV s. : Plagnieu sur Roche, XVIII s. ; Plagnieux, mas et ruiss. c⁰ Roche.

Planeysl (nem. de), XIII s.; P-ysia, XIV s. ; Planeze (forêt de), XVIII s.; Planeize (forest de) : Planaise, forêt presque entièrement défrichée, c⁰⁰ Pusignan, Colombier-Saugnieu et St-Laurent-de-Mure.

Planeysl, XIV s. ; Planeysia, XV s. ; Planize, XVIII s. ; Planaise, h. c⁰ Ste-Blandine.

Planeysi, XII s. ; Planaysia : voy. Regalis Mons.

Planeysia (dom. hospit. de), Palnaysia (dom. de), XIV s. ; le Temple, mas c⁰ St-Blaise-du-Buis, anc. communal.

Planeysia, XV s. ; Planeyse (basse), XV s. ; Planeyse (molar.), XVI s. ; Planaise, mas c⁰⁰ St-Chef et Vignieu.

Planezard, XVIII s. ; Planaysard : Planezard, h. c⁰ Laval.

Planfaye (cavan. de), XIII s. ; Plafayno (de), XIV s. ; Plafain, éc. c⁰ St-Laurent-en-Beaumont.

Plant Cassenaticl (castell⁰), XV s. : voy. Cassiniacu.

Plani Montis (montanee), XIII s. ; Planoz, XV s. ; Plaumont. XVII s. ; Planoz, h. c⁰ la Chapelle-du-Bard.

Planin, X s. ; la Plaine, h. c⁰ Estrablin.

Planins (La), éc. c⁰ Bizonnes.

Planilla, castr., XII s. ; le Château, h. c⁰ Beaumont : voy. Planesia, Regalis Mons.

Planis (nem. de), XV s. ; les Plans, bois c⁰ Faverges.

Planis (eccl. de), XIII s. ; Plans (villa de), XIII s. ; Plans (eccl. S. Marie de), Plan (N.-D. de), XVIII s. ; Plan, c⁰ c⁰⁰ St-Etienne-de-St-Geoirs.

Planis de Jallieu (in), XV s. : la Plaine, quart. c⁰ Jallieu.

Planissieu ou les Olagniers, XVII s. ; Planissieu, h. c⁰ Chanas.

Plans (de), XIV s. ; la Plaine, h. c⁰ Bellegarde-et-Poussieu.

Plans (mans. de), XIV s. ; Plans les St-Marcellin, XVI s. ; Plan (Bas et Haut-), hh. c⁰ St-Marcellin.

Plans (J. de), XIV s.; la Plaine, éc. c⁰ Sinard.

Plano Aziaci (in), Planis inter Pusignieu et Azieu, XV s. ; la Plaine, h. c⁰ Genas.

Plano Cornillionis (tuistr. de), XIV s. ; Plain de Cornillon, XV s. ; le Plan-de-Cornillon, mas c⁰ Fontanil.

Plano Fonte (in), XIII s. ; Planum del Fou, XIV s. ; Plan du Four, XVII s. ; Foug, Fond : le Plan-du-Fol, éc. c⁰ la Chapelle-du-Bard.

Planot (bois du), XVIII s. ; le Planos, bois c⁰ Moras.

Planot (Le), gr. c⁰ St-Pierre-d'Allevard : — éc. c⁰ Vaujany.

Plans (Les), h. c⁰ St-Romans.

Plant Charril, XIV s.: voy. Pons de Charralis.

Planta (chât.), XIX s. ; la Rochette, chât. c⁰ Fontaine.

Plantarul (molend.), XIV s. ; Platarul, XIV s. ; Plataeu, mas c⁰ Meyzieu.

Plantais, XIII s. ; Plantata, XV s. ; Plantatis, XV s. ; les

Plantées, h. c⁰ Biviers.

Plantais : voy. Plantata.

Plantal (Le), h. c⁰ Oranion.

Plantament (nem. del), XIV s. ; *Plantiment*, forêt c⁰⁰ Frontonas et St-Marcel-de-Bel-Accueil.

Plantanetum, XII s. ; Platane-tum, XII s. ; *Plantimay*, bois c⁰ St-Joseph-de-Rivière.

Plantas' (Chez), XVIII s. ; *le Plantin*, h. c⁰ Assieu.

Plantas (las), XIV s. ; *la Plantin*, éc. c⁰ les Adrets.

Plantas (Le), éc. c⁰ Mons.

Plantata, XV s. ; Plantas (le) ; *la Planta*, quart. c⁰ Allevard.

Plantata (domus elemos.), XII s. ; P-tis (domus), P-tas in clauso St Roberti, XIII s. ; P-tis (capella) hospit. pauperum, XV s. : *les Plantées*, h. détr. c⁰ le Fontanil, anc⁰ mais. hospit. voc. St-Georges.

Plantatis (in), XIII s. ; in parr. Orinialis, XVI s. ; Plantaes ; *les Plantées*, l. disp. c⁰ Pontcharra.

Plante-Folie (chⁿ de), c⁰ le Monestier-de-Clermont.

Plante-Tardive, h. c⁰ Dolomieu.

Plantée (La), h. c⁰ Semons.

Plantées ou Maison peinte (dom. des), XVIII s. ; *les Plantiers*, éc. c⁰ Allières-et-Risset.

Plantées (Les), XV s. ; *la Planta s*, mas c⁰ Cessieu.

Plantées (Les), éc. c⁰ la Chapelle-de-Surieu.

Plantées (Les), XVII s. ; P-tes (les); *Notre-Dame-de-l'Osier*, c⁰ c⁰⁰ Vinay ; — *les Plantées*, mas c⁰ Notre-Dame-de-l'Osier.

Plantées (Les), h. c⁰ Pont-Evêque ; — f. c⁰ St-Marcellin.

Planter, XII s. ; Plantatas, XIII s. ; *les Plantées*, éc. c⁰ Tullins.

Planterium, XV s. ; *le Plantier*, h. c⁰ St-Hilaire-de-la-Côte.

Planters, Plantieres (loc. de), XV s. ; Plantier (le), XVII s. ; *les Plantiers*, chât. c⁰ Estrablin.

Plantey, XIV s. ; *le Plantier*, f. c⁰ Chamagnieu.

Plantier, h. c⁰ Beaulieu.

Plantier, XIV s. ; Planterium, XV s. ; *le Plantier*, éc. c⁰

St-Maximin.

Plantier, h. c⁰ St-Ondras.

Planum, XIII s. ; *le Plan*, h. c⁰ Sonnay.

Planum, XI s. ; *le Plan*, h. c⁰ Torchefelon.

Planum Aquis subtus Viennam, XIV s. ; Plany de Luyile, XVI s. ; *le Plan-de-l'Eguille*, al. *la Pyramide*, quart. ville Vienne.

Planum Burgondii, XIV s. ; *Plan-Bourgoin*, vill. c⁰ Bourgoin-et-Meyrié.

Planum Estril, XIII s. ; Planum Eytril (carreria), XIV s. ; *Plan-Etril*, l. disp. c⁰ la Mure.

Planum Eyssart, XV s. ; *Plan-essart*, h. c⁰ Laval.

Planum Fayl, XV s. ; Fayni, XIV s. ; *Planfay*, h. c⁰ Proveyzieux.

Planum, Planum Frogiarum, XV s. ; *le Plan*, f. c⁰ Froges.

Planum de Jallieu, XV s. ; *le Plan*, vill. c⁰ Jallieu.

Planum Pinetum, mons, XI s. ; *le Plan*, vill. c⁰ Eyzin-Pinet.

Planum S. Georgii, XIV s. ; *la Plaine*, quart. c⁰ St-Etienne-de-St-Geoirs.

Planum S. Laurentii, XIII s. ; (turris), XIV s. ; subtus Rupem Talliatam, XIV s. ; Planz ; *le Plan*, h. c⁰ le Bourg-d'Oisans.

Planum, XIII s. ; Plan de Seyssinet, XVI s. ; *la Plaine*, quart. c⁰ Pariset.

Planum de Sievol, XIV s. ; Syevol ; *la Croix-du-Plan*, mas c⁰ Siévoz.

Planum Tencini, XIV s. ; *le Plan*, scierie, c⁰ Tencin.

Planum de Vayllino, XIV s. ; *Plan-Vallin*, éc. c⁰ St-Victor-de-Cessieu.

Planum Villaris Benedicti, XIII s. ; *le Plan*, mas c⁰ Pontcharra.

Planus d'Alemo, Playgnet, XIII s. ; Playnetum, XV s. ; *le Planet*, h. c⁰ Allemont.

Planvieux, h. c⁰ Monteynard.

Planvinet, lac c⁰ le Bourg-d'Oisans.

Planzonay (el), XIII s. ; *le Planconnet*, h. c⁰ Jarrie.

Plare (La), ruiss. c⁰ Mizoën.

Plan (mons de), XV s. ; Plats, XVI s. ; Plat de Brevard, XVII s. ; *le Plat*, mont. et chal. c⁰ St-Pierre-de-Chartreuse.

Plassage, XVIII s. ; *le Playage*, h. c⁰ Sassenage.

Plastre (Le), XVIII s. ; Platre du Lac (le), XVIII s. ; *le Plâtre*, h. c⁰ Jarrie.

Plastros (al), XIII s. ; Plaustris (nans. de), XIV s. : voy. S. Vincentii de Plaustris.

Plastrum villa, XIV s. ; Platro (el), XIV s. : *le Plâtre*, h. c⁰ Herbeys.

Plastrum, XIV s. : *le Plâtre*, éc. c⁰ Vénérieu.

Plastrum, XIV s. : voy. Plaustrum.

Plastrum de Fraido, XIV s. : *le Plâtre*, h. c⁰ St-Martin-d'Hères.

Plastrum Rosseti de Biviaco, XIV s. ; Plat Rousset, XIX s. ; *le Plâtre-Rousset*, éc. c⁰ Biviers.

Plat (Le), h. c⁰ Veyrins.

Plat-Fournet, éc. c⁰ St-Pierre-de-Chartreuse.

Plate (La), h. c⁰ Charnècle.

Plateau (Le), f. c⁰ le Cheylas ; — h. c⁰ St-Clair-de-la-Tour ; — chât. c⁰ St-Martin-d'Hères.

Platel, f. c⁰ la Chapelle-de-la-Tour.

Platel, mans., XIII s. : Plateti, XIV s. : voy. Platez.

Plateldis (terra), IX s. ; *le Plateau*, h. c⁰ Vienne.

Platelli, XIV s. ; Platellis (curtilagium de), XIV s. ; *les Plateaux*, éc. c⁰ la Morte.

Plateres (Les), XV s. ; *les Platières*, h. c⁰ Flachères.

Plateri (La), XIV s. ; P-ia (nem. de), XV s. ; *Platière*, h. c⁰ Velanne.

Plateria, XV s. ; *la Platière*, h. c⁰ les Avenières.

Plateriis (via de), XIV s. ; Platière (forêt de la), XVIII s. : *les Platières*, bois c⁰ Eclose.

Plates (Les), quart. c⁰ Lalley.

Platez (mans. deiz), XIII s. : *Platel ?*, l. disp. c⁰ Biviers.

Platière (La), h. c⁰ la Chapelle-de-la-Tour.

Platières (Les), h. c⁰ Auberives.

Platières (Les), h. c⁰ Meyssiès.

Platon (Le), h. c^es St-Geoire et Velanne.

Plâtre (Le), éc. c^e Bernin ; — h. c^e Châtenay.

Plâtre (ratour du), XVIII s. ; le Plâtre, éc. dctr. c^e Grenoble.

Plâtre (Le), h. c^e le Gua ; — h. c^e Heyrieu ; — f. c^e Mions ; — h. c^e St-Laurent-de-Mure ; — h. c^e St-Marcel ; — h. c^e Sassenage.

Plâtre-Magni, usine c^e Crolles.

Plâtre-des-Routes (Le), éc. c^e St-Pierre-de-Bressieux.

Plâtrière (La), h. c^e Notre-Dame-de-Mésage.

Platrières (Les), mas c^e Champ.

Platte (La), éc. c^e les Avenières.

Plattière (La), XVII s. ; le Plateau, h. c^e Veyrins.

Plaustrum, XIII s. ; le Plâtre, h. c^e Pusignan ; — h. c^e St-Julien-de-l'Herms.

Plauret (Le), mont. c^e Chichilianne.

Play (gr. de), Playe Guichardi, XIV s. ; le Plas, mont. et chal. c^e St-Pierre-de-Chartreuse.

Playe, gr., XVII s. ; les Playes, mas c^e Lailey.

Playent (mass. del), XIII s. ; Playen (mans. del), XIV s. ; les Pluyères, bois c^e Livet-et-Gavet.

Playeu (mans. de), XIII s. : voy. Planey.

Playni, XIII s. ; la Plagne, h. c^e Septème.

Playsen, XIV s. ; Playsino, XV s. ; Plesins ; le Plaisin, bois c^es St-Chef et Vignieu.

Playsencia, XIV s. ; le Plançon, éc. c^e Voreppe.

Playsone (mons de), XIV s. ; Planet, Pleynet (le) ; le Pleynet, mont. c^e Corrençon.

Plein-Pied (Le), h. c^e Roussillon.

Picirons (Les), XVII s. ; le Pisyron, mont. c^es le Sappey et Sarcenas.

Plembois, XVII s. ; Plombois, XIX s. ; Plembois, vill. c^e Apprieu.

Piénouse, mont. et ruiss. c^es Engins, Lans et Autrans.

Plentrueres (villa de), XIV s. ; le Plantier, h. c^e le Gua.

Pletests (en), XIV s. ; Plaltests, XVII s. ; Platolle, XVIII s. ; Pratéte, mont. c^e St-Pierre-de-Chartreuse et le Sappey.

Pleynet (Le), h. c^e Venose.

Pleyneto (mons de), XIV s. : voy. Planetum.

Pleynotum, XV s. ; Playnotum, XV s. ; Plainet, h. c^e Venose.

Ploeteria, XIV s. ; la Plotière, h. c^e Voiron.

Ploquière, l. disp. c^e Morlas.

Plotes (Les), l. disp. c^e Murinais.

Plougerole (Ruiss. de), c^e St-Maximin.

Plumet (Le), éc. c^e St-Bonnet-de-l'Chavagne.

Pluvinief, XIV s. : voy. Pivinol.

Pocca, h. c^e Roussillon.

Pociago (villa) in agro Pociacense, IX s. ; Poussieu, h. c^e Bellegarde-et-Poussieu.

Pod Chanarez villa, XIV s. ; Pod Chanart, XIV s. : voy. Podio Cuangnardi.

Podei S. Desiderii, XIV s. ; Podei S. Desiderii, XVI s. : voy. Puey San Dulsei.

Podii Barleti (dom. L.), XV s. ; Pied-Barlet, éc. c^e St-Nicolas-de-Macherin.

Podii Beysonis (chavan.), XIV s. : voy. Podio Neysun.

Podii Chavainenchi (villa), XIV s. : Puy de Grease, XVIII s. ; le Puy, h. c^e Oreuse.

Podio (mass. de), XIII s. ; Puy ; le Puy, h. c^e le Bourg-d'Oisans.

Podio (in), XIV s. ; le Puy, mas c^e Chichilianne.

Podio (territ. de), XV s. ; la Puisse, f. c^e Reventin-Vaugris.

Podio (mans. de), XIII s. ; le Puits, l. disp. c^e St-Aupre.

Podio (loc. de), XIV s. ; le Puits, h. c^e St-Barthélemy-de-Séchilienne.

Podio (mans. de), XII s., XIII s. ; le Puits, éc. c^e St-Julien-de-Ratz.

Podio Aujart (serrum de), XIV s. ; Puy-Aujart, l. disp. c^e Prébois.

Podio Bosone (mans. de), XIII s. : (molend. de), XIV s. ; Parussac, m^le c^e Siévoz.

Podio Bosonis (converaus de), XII s. ; Poiboso, XIII s. ; Poiboson, XII s. ; Poeiboson ; Podii Bosonis (castr., mand., capell^a), XIV, XV s. ; Puy-Boson, l. disp. c^e Corléac.

Podio Chagnart, XIII s. ; Podii Chagnardi (chavaneria), XIV s. : voy. Podio Changnardi.

Podio (de), XIII s. ; Podium Chalp, XV s. ; le Pey f, l. disp. c^e la Mure.

Podio Changnardi (chavan. de), XIII s. ; Channardi, XIV s. ; Peychaguard, vill. c^e Susville.

Podio (mans Guigonis de), XII s. ; le Puits, h. c^e Viriville.

Podio Lencun (cavan. de), XIII s. ; Podium Lancomim, XIV s. ; Peylenfrey, h. c^e St-Arey.

Podio Meyano (in), XV s. ; le Rif-Muant, ruiss. c^e le Bourg-d'Oisans.

Podio Neyson (chaban. de), XIII s. ; Neyssoux ; Podium Neysou villa, XIV s. ; Peyneysout, l. disp. c^e Pierre-Chatel.

Podio Nigro (chaban. de), XIII s. ; le Peuil, éc. c^e Voreppe ; — (chaban.), XIII s. ; Puissardière, XVIII s. ; Puissardière, h. c^e Voreppe.

Podio Reynaut (cavan. de), XIII s. ; Podium Reynoudi villa, XIV s. ; Podium Raynent, XIV s. ; Pre-Raynaud, h. c^e Oz.

Podio Rosa (mass. de), XIII s. ; Podi Rosati, XIII s. ; Podium Rossatum, villa, XIV s. ; Peyrousut, h. et ruiss. aff. la Jonch., c^e Pierre-Châtel.

Podio (mans. de), XIV s. ; Podio Rotundo (loc. ad) ; Puis, XIX s. ; le Puy, h. c^e Trefort.

Podio Vachier (alpa de) ; Vacherii (aquagia de), XII s. ; la Vuchère, bois c^e Valbonnais.

Podio Vallisnavigii (mans. de), XIII s. ; le Puits, l. disp. c^e Vaulnaveys-le-Bas ou Vaulnaveys-le-Haut.

Podiorum (costergium), XV s. ; les Moulins, h. c^e Entre-Deux-Guiers.

Podium, XV s. ; le Peuil, vill. c^e Lans.

Podium Arlent, villa, XIV s. ; Puy Artin, XVIII s. ; Puys

(le), XIX s. ; *le Puy-Haut,* h. c^e le Freney.

Podium Chabrani villa, XIV s. ; *Chabrand,* h. c^e Valbonnais.

Podium Chal, XIV s. ; Calvum, XV s. : voy. Pueychal.

Podium Clayeli, XIII s. : *le Pevil,* h. c^e Claix.

Podium Engela, XIII s. ; Podii Estrangola, XIV s. ; *Puy-Tranquillat,* h. c^e Château-Bernard.

Podium Guignoi villa, XIV s. ; Puy Guignon (le), XIX s. ; *le Puy-Bas,* vill. c^e le Freney.

Podium Marcel, XIV s. ; *la Grotte St-Marcel,* quart. c^e Vienne.

Podium Maurini, XIV s. ; *Pied-Morin,* h. c^e Corenc ; — XIV s. ; *les Morrous,* éc. c^e Meylan.

Podium Medianum, XIV s. ; *le Peymedant,* mont. c^e le Mont-de-Lans.

Podium Orcelli, XIV s. ; Orcellum, XVI s. ; *la Fontaine-de-l'Ours,* font. c^e Séchilienne.

Podium Orcellum villa, XIII s., XIV s. ; Podii Orcelli (territ.) in Monte Senopii, XIV s. ; *le Sénépy,* mont. c^es Marcieu, Mayres, la Motte-St-Martin et Susville.

Podium S. Angeli, al. el Tras, XIV s. ; *Puits-St-Ange,* h. c^es Bessins et St-Appolinard.

Podium Sardonati, XIV s. ; de Serdona, XIV s. : voy. Sardoneno.

Podium villa, XIII s. ; *le Puy,* l. disp. c^e Oz ; — XIV s. ; *le Puy,* h. c^e St-Christophe-en-Oisans.

Podius Calidus, XIV s. ; Puy Chault, XVI s. ; *le Peychaud.* h. c^e St-Sébastien.

Poelincon, XIII s. ; *Peylenfrey,* h. c^e St-Arey.

Poepe : voy. Poipi, Poipa.

Poepe (La), XV s. : voy. Poypia.

Poipon, XVIII s. : voy. Pompon.

Poisat, XVIII s. ; Poisat : voy. Poysat.

Pol (exartarias de), XII s. ; Poyetos, XIV s. : *le Poyet,* h. c^e Vif.

Poiet, XIII s. : Pouyet (Le) : voy. Poyet.

Poilliarderes, XIV s. : voy. Pol-liarderiis.

Poilliou, XV s. ; Poilliacum : voy. Paollou.

Poinctieres (mays. f.), XVI s. ; Poyntière ; *Pointières,* chât. c^e Gillonnay.

Pointe (ruiss. de la), c^e Entre-Deux-Guiers.

Poipa (La), Poipi ; Poipia, XII s. ; Poypia ; Poype, XVI s. ; *la Poipe,* l. c^e Rouge-Chambalud.

Poipe (La), chât. c^e Hières ; — mas c^e Laus ; — éc. c^e Rives.

Poipes (Les), vill. c^e Marcilloles.

Poipi : Poipia, XII s. : Poypia, XIV s. : *la Poipe,* chât. c^e Chatte.

Poipon (terr. de), XVIII s. : Pomponier ; *Poimponnière,* vill. c^e Sardieu.

Poisat, c^e c^es Grenoble-Sud.

Poisat (Le), éc. c^e St-Jean-d'Avelane.

Poisiaci (eccl. parr.), XIII s. : voy. Posiaco.

Poisiacum, XV s. ; Poizieux, XVIII s. ; *Poizieu,* vill. c^e Chozeau.

Poisson (mas de), XVIII s. : *Roisson,* h. c^e Reventin-Vaugris : voy. Roysson.

Poizat (Le), f. c^e St-Chef.

Poizot (Le) ou ruiss. de la Grande-Combe, c^e Oz, aff. les Riveaux.

Polenan (eccl. de), XI s. ; Polinan ; Pollenan (dom. de), XII s. ; Pollinaico (parr. de), XIII s. : voy. Polleus.

Polete (cursus), XV s. : Poletu (aqua de) ; *Poulet,* h. c^e les Avenières.

Poleti (mans.), XIV s. ; Polleti ; *Poululière,* h. c^e St-Ismier.

Poleyriacum (subtus), XIVs. ; Poleirieu ; Polleyrieu, XV s. ; Poulerieu, XVIII s. : voy. Poloyref.

Polhenasium, XV s. : voy. Pollena.

Polhonaz, XIV s. : voy. Pollena.

Pollenas, c^e c^es Tullins ; dioc. Gren., égl. St-Jean-Bapt.

Pollardière, XVIII s. ; *Poullardière,* h. c^e Bevenais.

Pollardière, XVIII s. ; *Poulardière,* vill. c^es la Côte-St-André et Gillonnay.

Pollardières, XVIII s. ; *Pollar-*dière, éc. c^e la Frette.

Pollatery (comba de la), XV s.: *Polatière,* h. c^e la Bâtie-Montgascon.

Polleus, XIII s. ; P-af, P-avo (villa de), XIV s. ; P-acium, XIV s. ; P-ap, XIV s. ; Pollienassii (eccl. S. Johannis), XV s. ; *Poliénas,* c^e c^es Tullins.

Pollenau (dom. de), XII s. ; P-nas (castr.), XV s. ; *le Château,* h. c^e Pollénau.

Pollet (mans.), XIV s. ; *le Poulet,* mas c^e St-Aupre.

Pollets (chavan. de la), XV s. : *la Poulette,* l. disp. c^e Flachères.

Pollineum, priorat. XII s. : Polliet (dom. de) ; *le Château-de-Pouilleux,* chât., vill. c^e St-Laurent-de-Mure.

Polliarderiis (in), XIV s. ; *les Poulardières ?,* l. disp. c^e Rochetoirin.

Pulliards (Les), XVIII s. ; *le Pouillard,* h. c^e Oulles.

Pollicand, éc. c^e Lans ; — éc. c^e le Villard-de-Lans.

Pollinaco (eccl. de), XII s. : P-avo (eccl. de) ; Pollynas, XIV s. : voy. Pollena.

Pollirieu, XIV s. : voy. Poloyref.

Pollomieu, XVI s. ; *Poley-mieux,* mas c^e Courtenay.

Pollosson (Le), XVIII s. ; *Polusson,* h. c^e Maubec.

Polluei (mans.), XIV s. ; *les Poulets,* h. c^e St-Ismier.

Polnarelli (mons) vocat Devesium Delphinatus, XIV s. : *Procourel,* chal., mont. c^e la Morte.

Pologne, h. c^e Villard-Bonnot.

Polonais (Le), h. c^e Lumbin.

Poloasan (revoyris du), XV s. ; *Polossut,* vill. c^e les Avenières.

Poloyref, XIV s. ; *Polloyref ; Poloyreu ; Poleyrieu,* vill. c^e Courtenay.

Polygone (Le), quart. c^e Grenoble.

Pomarei (el), XIII s. ; P-esu (in), XV s. ; Pommaray, XIX s. ; *Pommarey,* h. c^e Proveyzieux.

Pomarey (el), XIII s. ; P-escu (aqua de), XV s. ; Pont-Marin, XVIII s. ; *Pomarin,* ruiss. c^es St-Jean-de-Moirans,

Moirans et la Buisse.

Pomarey (Lo), XIX s. ; *Pommareis*, h. c° Valencogne.

Pomatière (La), h. c° Branguos.

Pomendran, h. c° St-Guillaume.

Pomeroye, XIX s.; *la Pomménéru*, h. c° Crachier.

Pomeriis (mina ferrea in), XIV s. ; *Pommier*, h. c° Allevard.

Pomeriis(in),Pomeriorum(riv.), XV s. ; *Pommiers* (ruiss. des), non identif. c° Theys.

Pomerium, XIV s. ; *le Moulin-Pommier*, m¹⁸ c° Villard-St-Christophe.

Pomers, XII s. ; Pomeriis (castr. de), XIII s. ; P-vios (ap.), Pommiers, XIV s. ; l omeriis (eccl. S. Verani de), XVI s. ; *Pommiers*, c° cᵒⁿ Beaurepaire : voy. Hydricum.

Pomers, XII s. ; Pommers, XII s. ; Pomiers, XIX s. ; *Pommier*, vill. c° Jona.

Pomier Boumbatz, XVII s. ; Pommier Blanchard; *le Pommier-Bouchard*, chal. c° la Chapelle-du-Bard.

Pomines (pye de), XVI s. ; *Pomine*, us. c° Allevard.

Pommard, h. c° Reventin-Vaugris.

Pommarey (cant.), XVIII s. ; *Pomarey*, mont. cᵒⁿ N.-D.-de-Vaulx, N.-D.-de-Commiers et St-Georges-d'Espéranche.

Pommelle (La), h. c° St-Hilaire-de-Brens.

Pomméra, h. cᵒⁿ Chasselay et Roybon.

Pommier (ruiss. du), c° Murianette ; — éc. c° St-Jean-de-Bournay.

Pommiers, c° cᵒⁿ Beaurepaire ; dioc. Vien., égl. St-Vérand ; — c° cᵒⁿ Voreppe ; égl. Ste-Vierge.

Pompe, h. c° St-Laurent-de-Mure.

Pompeiacum (castrum), XII s. ; *Mont-Arnaud*, mont. c° Vienne.

Pompélin, vill. c° Fitilieu.

Pompon (nem. de), XIII s. ; *Poépon*, éc. c° la Côte-St-André.

Ponal, XVIII s. ; *Ponet*, h. c° la Côte-St-André.

Ponas, XIV s. ; Ponnant, Ponant, XVIII s. ; *Ponant*, .h. c° Livet-et-Gavet.

Ponoconum, XIV s. ; Ponsonatus (vers.), P-tum, Pontzonas (cura du) ; *Ponsonnas*, c° cᵒⁿ la Mure : voy. Ponzonas.

Poncet (Lo), h. c° Brion ; — h. c° Chassignieu ; — éc. c° la Morte; — grⁿ c° St-Christophe-Entre-Deux-Guiers ; — éc. c° St-Jean-d'Hérans ; — éc. c° St-Quentin ; — voy. Peisset.

Poncet (Chez-), éc. c° les Côtes-d'Arey.

Poncots (Les), éc. c° Livet-et-Gavet.

Ponchara (ap.), XIV s. ; Pontcharra (pedag. de), XIV s. ; Pontis Charralis (ponunag.), XIV s. ; *Pontcharra*, mas c° Rives.

Poncharalis (serrum), XIV s. ; Pontis Charalis in Mathacena (hospit.), XV s. ; (capella d. dalphini), XV s.; *Pontcharra*, h. c° St-Honoré.

Ponchareyn (riv. de), XIV s. : voy. Pons Charen.

Ponchonas, XIV s. ; Ponsenas, XVI s. : voy. Ponczonas, Ponzonas.

Ponconenches, XIII s. : voy. Ponzonenis.

Ponczon (li), XIV s. ; Ponczonibus (de), XIV s. ; Ponzon, Ponssonibus (chavan. de). XV s. ; *les Poussons ?*, l. disp. c° Valbonnais.

Ponczonas (mistr.), XIV s. ; Ponczonalis (parr.), XV s. ; *Ponsonnas*, c° cᵒⁿ la Mure.

Ponerimensium (terra), XII s. ; *l'Abbaye*, h. c° Villette-d'Anthon, dép. Bonnevaux.

Ponet, l. c° Miribel-les-Echelles.

Pongarderiis (mas. de), XIV s.; *Pongardières*, mas c° Voreppe.

Ponier, h. c° Chimilin.

Ponperent, XIV s. ; Pont Paran, XVII s. ; *Pont-Pérant*, sclerie et pont en ruine sur le Guiers-Mort,c° St-Laurent-du-Pont.

Pons d'Avignon, XIII s. ; *le Pont-de-la-Morte*, pont susp. sur le Drac, entre cᵒⁿ Avignonet et la Motte-St-Martin.

Pons de Balma, XIV s. ; *le Pont-de-la-Balme*, pont disp. sur le Drac, c° Pellafol.

Pons Bernardi, XIV s. ; *le Pont-Bernard*, pont sur le Drac, entre cᵒⁿ Beautin et Avignon-les-Corps.

Pons de Borna, XIV s. ; Ponte (insula de), XV s. ; Pont (le Grand-), XVIII s. ; *le Pont-de-la-Bourne*, pont sur la Bourne, c° le Villard-de-Lans.

Pons Bouis : Pons du Bos, XIV s. ; *le Pont-du-Bœuf*, pont sur la Fure, c° St-Blaise-du-Buis.

Pons de Brion, XIV s. ; *le Pont-de-Brion*, h. c° Roissard et pont sur le ruiss. Ebron entre cᵒⁿ Lavars et Roissard.

Pons de Carleto, XIV s. ; *Pontcarlet* (ruiss. de), c° Huez.

Pons qui terminus posses. fratr. Cartusie est, XII s. ; Pons domus Cartusie, XIII s. ; Pont de la... Chartreuse, XVI s. ; du ruiss. du Guiers-Mort ; *le Grand-Logis*, éc. et pont sur le Guiers-Mort, à l'une des entrées du Désert de la Grande-Chartreuse, c° St-Pierre-de-Chartreuse.

Pons de Cernone subt. Bellam Combam, XIV s. ; Pont de Chappareillan, XVII s. ; *le Pont-du-Cernon*, pont sur le Cernon, c° Chapareillan.

Pons Chairal subt. Avalonem, XV s. : voy. Pontis Charralis.

Pons Charen, XIII s. ; Ponts Chareno (de), XIV s. ; Ponte Charent (li. de) ; Pontcharen, XVIII s. ; *Pontcharin*, h. c° Theys.

Pons Charusii dict. d'Arner, XIII s. ; Pons de Charuys cum fortalit. et pedag., XIV s. ; Pontis Charuisii (hospit.), XVI s. ; Pont de Chéry, XVIII s. ; *Pont-de-Chéruy*, c° cᵒⁿ Meyzieu.

Pons de Cogneto, XIII s. ; Colgnat; Cugneto, XV s.; Cugnetil; *le Pont-de-Cognet*, h. c° Cognet et pont sur le Drac, entre cᵒⁿ Cognet et St-Jean-d'Hérans.

Pons Crescens ; Pont Croissant; *le Croissant*, ruiss. cᵒⁿ Rivière et Montbonnot-St-Martin, affl. Le Gontal.

Pons Croyssantis, XIV s. ; Crescentem, XV s. ; *Pont-Crois...*

...nt, iv. cⁿᵉ Monthonnot-St-Martin.

Pons Davilla super ripp. Guyerii Mortui, XV s. ; *le Pont-de-St-Laurent*, pont sur le Guiers-Mort, cⁿᵉ St-Laurent-du-Pont ; — Pont-Jeangloud, Jean Lioud ; *Pont-Jean-Lioud*, hh. et mont. sur le Guiers-Mort, cⁿᵉˢ Entre-Deux-Guiers et Miribel-les-Echelles.

Pons de Draf, XIII s. ; *le Pont-d'Aubel*, pont sur le Drac, entre cⁿᵉˢ Aubel et Corps.

Pons Durino, portus, XIV s. ; Pont Durienoz, XV s. : voy. Pons de l'reno.

Pons de Eschaylione, XIV s. : *Pont-Rouge*, h. et pont sur la Romanche, cⁿᵉ Allemont.

Pons Evealpini, XIII s. ; *Pont-Carpin*, pont sur le ruiss. la Grande-Moyne, cⁿᵉˢ Grenoble et St-Martin-d'Hères.

*Pont-de-Fer, XIX s. ; *le Pont-du-Drac*, vill. cⁿᵉ Fontaine.

Pons de Garria, XIII s. ; Pons Jarrie ; *le Pont-de-Chauja*, h. et pont sur la Romanche, entre cⁿᵉˢ Jarrie et Champ.

Pons Gerie, XV s. ; Pont de Gére, XVII s.; Pont de Jère : *Pont-de-Gère*, pont sur la Gère, cⁿᵉ Vienne.

Pons aque Glandonis, XIV s. ; Pons de Glandone, Pons Glandonis, XV s. ; *Pont-Hugal*, h. et pont sur le Glandon, cⁿᵉ Chapareillan.

Pons de Goncelins, XIII s. ; Ysare ; Pons et Portus de Goncelins, Ysere, XIV s. ; Pontem antiquum (insula super), XV s. ; *le Pont-de-Goncelin*, pont susp. sur l'Isère, entre cⁿᵉˢ Goncelin et le Touvet.

Pons de Gorgiis, XIV s. ; prope loc. de Scalis, Pont-des-Gorges ; *les Gorges*, maux cⁿᵉ St-Christophe-Entre-Deux-Guiers.

Pons Guerii, XV s. ; *le Pont*, quart. et pont jeté sur le Guiers-Vif, entre cⁿᵉ le Pont-de-Beauvoisin (Isère) et le Pont-de-Beauvoisin (Savoie).

Pons Lausoniae, XIII s. ; Pontem de Lausonia (cap. et hospit. Bⁿᵉ Marie supra), XIV

s. ; Pons Sonne : *le Pont-de-la-Sône*, h. et pont susp. sur l'Isère, entre cⁿᵉˢ la Sône et St-Just-de-Claix.

Pons Medius, XIII s. : Medianus, XIV s. ; Pont Mean, 1700 ; *Pont-de-la-Romanche*, pont sur la Romanche, cⁿᵉ le Bourg-d'Oisans.

Pons de Morgia. Magne Morgie, XIV s. ; Pontis Morgio (opus magni) prope hospit. Moyrencii, XIV s. ; *le Pont-de-la-Morge*. pont sur la Morge, cⁿᵉ Moirans.

Pons Nahon, XIV s. ; Pontis Nahil (villa), XIV s. ; Ponte Nave (in) ; *Ponnat*, h. cⁿᵉ Livet-et-Gavet.

Pons Olle, XIV s. ; Pont de Loulle, XVIII s. ; *le Pont-de-l'Oula*, pont, cⁿᵉ St-Pierre-de-Mésage.

Pons de Petra. XIV s. ; *Pont-St-Michel*, h. et pont sur le ruiss. St-Michel, cⁿᵉˢ St-Michel-les-Portes et St-Martin-de-Clelles.

Pons-Porcherie, XIV s. ; *le Pont-de-St-Martin*, pont sur l'Orbanne entre cⁿᵉˢ Clelles et St-Martin-de-Clelles.

Pons de Portis, XIV s. ; *le Pont-de-Portes*, pont ruiné sur la Romanche, cⁿᵉˢ Séchilienne et St-Barthélemy-de-Séchilienne.

Pons de Quetz, XIV s. ; Quex, XV s. ; *le Pont-de-Queix*, uaⁿᵉˢ et pont sur la Vence, cⁿᵉ Quaix.

Pons de Rippis, XIII, XIV, XV s. ; *le Pont*, quart. et pont sur la Fure, cⁿᵉ Rives.

Pons de Romanchi, XIII s. ; Pons de Venix, XIII s. ; Vinlia, Pont-de-Mésage ; *le Pont*. vill. cⁿᵉ St-Pierre-de-Mésage.

Pons Romef, XIII s. ; Romeu : voy. Pons Rumief.

Pons de Royson, XIII s. ; Pontis de Roysone (molendi), XIV s. ; *le Pont-de-Roisau*, h. cⁿᵉ Nantes-en-Ratier et pont sur la Roisanne, entre cⁿᵉˢ Nantes-en-Ratier et Siévoz.

Pons Rumief, XIII s. ; Rumeuf; *le Pont-de-Cordéac*, pont sur le Drac, entre cⁿᵉˢ Cordéac et Quet-en-Beaumont, au-dessus

du vill. des Gautiers.

Pons Sacerdotis, XV s. ; *le Pont-du-Pertre*, h. et pont sur la Bonne, cⁿᵉ Valbonnais.

Pons St Hugonis, XIV s. ; Pont St-Hugon, XVII s. ; Pont (le Grand), XVIII s. ; *le Pont-du-Diable* ou *de St-Hugon*, pont sur le ruiss. de Bens, entre cⁿᵉˢ la Chapelle-du-Bard et Arvillard (Savoie).

Pons S. Martini seu Eschalonis, XV s. ; *Pont-St-Martin*, h. cⁿᵉ St-Christophe-Entre-Deux-Guiers et pont sur le Guiers-Vif, entre cⁿᵉˢ St-Christophe-Entre-Deux-Guiers et St-Christophe (Savoie).

Pons S. Martini. XIII s. ; *Pont-St-Martin*, pont sur la Gère, cⁿᵉ Vienne.

Pons S. Severi in ripa Jaire. XII s. ; voy. Pons Gerie.

Pons Securus, XV s. ; *Pont-Sègur*, pont sur la Romanche, cⁿᵉ Mizoën.

Pons Sichler, XIV s. ; Pons Sicher, XIV s. ; Pons Sicherii, XIV s. ; *Pont-Sechier*, pont sur la Romanche, cⁿᵉ Livet-et-Gavet.

Pons vel portus de l'reno, XIII s. ; Pontis Dulino, XIV s. ; Pontis in Hurens (vel. le Marie), XIV s. ; Pontis Ureil, Ureii ; *le Pont-du-Sault*, pont sur le Rhône, entre cⁿᵉˢ Porcieu-Amblagnieu et Villebois (Ain).

Pons rivi vue. Veitonus, XII s. ; Pons de Veitons : Veyton, XIII s. ; *le Pont-de-Veyton*, pont sur le ruiss. de Veyton, entre cⁿᵉˢ Allevard et Pinsot.

Pons Verdarelli, XIV s. ; Pons Fratrum Minorum : Pont S. Jemme, Jaime ou Jayme, XVII s. ; *Pont-St-Jaymes*, anc. quart. Grenoble où se trouvait un pont sur le Verderet, non loin de l'hôpital St-Jacques.

Pons Veyl, prata, XIV s. ; Pontis Veteris (rovoyria) ; *Pont-Vieux*, pont sur la Marsanne, cⁿᵉ Entraigues.

Ponsardière, l. disp. cⁿᵉ Beaurepaire.

Ponsrrache, XVIII s. ; *Ponsonmanche*, h. cⁿᵉ St-Paul-les-Monestier.

Ponset (molend. de), XIV s. ; Ponsscti (riv. de), XIV s. ; *les Moulins*, m° et ruiss. c° Goncelin.

Ponsonenchas, XIV s. ; Ponsonanche, XVIII s.: voy. Ponzonenis.

Ponsoneria, XVI s. ; *la Ponsonnière*, h. c° Venosc.

Ponsonnas, c° c° la Mure ; dioc. Gren., égl. Ste-Marguerite.

Pont (Le), h. c° Badinières et Eclose ; — quart. c° Clonas ; — quart. c° Jallieu ; — h. c° Notre-Dame-de-Mésage ; — quart. c° St-Marcellin ; — h. c° St-Pierre-de-Méaroz ; — h. c° St-Quentin ; — éc. c° Tencin ; — quart. c° Vizille.

Pont (mass. del), XIII s. ; Ponte (mans. de) ; *le Péage*, vill. c° Vizille.

Pont des Agnès, XIX s. ; *le Pont-des-Aniers*, pont sur la Bourne, c° le Villard-de-Lans.

Pont-Barret, pont sur le ruiss. Bens, entre c° la Chapelle-du-Bard et Détrier.

Pont Battent, XVIII s. ; *Pont-Battant*, pont sur la riv. la Bonne et us. c° Entraigues.

Pont-Baudran, éc. c° Seyssuel.

Pont-Bayard, éc. c° St-Baudille-et-Pipet.

Pont-de-Beauvoir (Le), pont susp. sur l'Isère, entre c° Beauvoir-en-Royans et St-Sauveur.

Pont-de-Beauvoisin (Le), ch.-l. c° arr° la Tour-du-Pin; dioc. Belley, égl. St-Clément.

Pont-de-Bens (Le), h. c° la Chapelle-du-Bard.

Pont-du-Bouchage (Le), éc. et pont sur l'Huer, c° le Bouchage.

Pont-sur-Bourne, 1793 : voy. *le Pont-en-Royans*, ch.-l. c° arr° St-Marcellin.

Pont-de-Chanas (Le), h. c° Sablons.

Pont-Charrat, h. c° St-Étienne-de-Crossey.

Pont-de-Chéruy, c° c° Meyzieu: voy. Pons Charnall.

Pont de Claix, XVI s. ; Clet, XVII s. ; *le Pont-de-Claix*, c° c° Vif.

Pont-de-Cognet (Le), h. c° Cognet et pont sur le Drac, entre c° Cognet et St-Jean-d'Hérans.

Pont-de-Cour (Le), h. c° St-Ondras.

Pont-de-Darne (Le), éc. c° St-Martin-de-Clelles.

Pont-du-Diable (Le), pont sur le ruiss. le Diable, c° St-Christophe-en-Oisans.

Pont-Douelu, h. c° les Abrets.

Pont-du-Drac (Le), pont susp. sur le Drac entre c° Grenoble et Fontaine.

Pont d'Entremont (Le), pont sur le Guiers-Vif, entre c° St-Pierre-d'Entremont et Entremont-le-Vieux.

Pont-Escoffier, h. c° le Bourg-d'Oisans.

Pont-de-l'Étang (Le), m° et pont sur le Glandon, entre c° Chapareillan et les Marches.

Pont-l'Évêque, h. c° St-Martin-d'Hères.

Pont-Fanjoux, h. c° Moirans.

Pont-de-Fer, XIX s. ; *le Pont-du-Drac*, vill. c° Fontaine et pont sur le Drac, entre c° Grenoble et Fontaine.

Pont-de-Furand (Le), h. c° St-Lattier.

Pont-de-Gavet (Le), éc. et pont sur la Romanche, c° Livet-et-Gavet.

Pont-du-Gaz (La), h. c° St-André-le-Gaz.

Pont-des-Grenouilles, h. c° Valencin.

Pont du Guyer, XVIII s. ; *le Pont-du-Moulin*, pont sur le Guiers-Vif, c° St-Christophe-Entre-Deux-Guiers et Corbel. (Savoie).

Pont-du-Loup (Le), éc. c° Beautin et pont sur le Drac, entre c° Beautin et Aspres-les-Corps (Hautes-Alpes).

Pont-Marquis, h. c° Chatte.

Pont-de-Mens (Le), éc. et pont sur ruiss. de Lote, c° Mens.

Pont-du-Milieu (Le), h. et pont sur le Suzon, c° Beaurepaire.

Pont de Morges, XVIII s. : voy. Bachassis.

Pont-des-Ogiers (Le), pont sur le Vénéon, c° Venosc.

Pont-de-Pique-Pierre (Le), h. c° St-Martin-le-Vinoux : voy. Pique-Pierre.

Pont du Praz, XIV s. ; *le Pont-du-Prat*, pont sur la Bonne, c° Valjouffrey.

Pont-de-la-Propagation (Le), mas c° St-Martin-d'Hères.

Pont-Puant (Ruiss. de), affl. le Drac, c° Beautin.

Pont-Rajat, éc. c° St-Martin-d'Uriage.

Pont-du-Rhône, pont susp. sur le Rhône, entre ville Vienne et c° Ste-Colombe (Rhône).

Pont-Rivoire, XVIII s. : voy. Font-Rivoire, Rovoyri.

Pont-Rouge, éc. c° Chatte ; — h. c° Villeneuve-de-Marc.

Pont-Rouillat, XIX s. ; *Pont-Rouillard*, éc. c° Châtelus, et pont sur la Bourne, entre c° Châtelus et Choranche.

Pont-en-Royans (Le), ch.-l. c° arr° St-Marcellin; dioc. Gren., égl. St-Pierre.

Pont-de-St-Gervais (Le), pont susp. sur l'Isère, entre c° St-Gervais et l'Albenc.

Pont-St-Martin, éc. c° St-Martin-de-Clelles.

Pont-de-St-Quentin (Le), pont susp. sur l'Isère, entre c° St-Quentin et Tullins.

Pont-du-Sautet (Le), éc. c° Corps, et pont sur le Drac, entre c° Corps et Pellafol.

Pont-de-Sinont (Le), h. c° Sablons.

Pont-Sua, éc. c° Beautin.

Pont-Suspendu (Le), h. c° Ponsonnas et pont sur le Drac entre c° Ponsonnas et St-Jean-d'Hérans.

Pont-de-Tencin (Le), pont susp. sur l'Isère, entre c° Tencin et la Terrasse.

Pont Tremol, villa, XIV s. ; *le Pont-de-la-Ras*, pont sur la Bonne, c° Valjouffrey.

Pont-de-Varaille, éc. et pont sur l'Ebron, c° Prébois.

Pont-de-Vence (Le), quart. c° St-Egrève.

Pont-Vieux, mas c° Pellafol et pont sur la Souloise, entre c° Pellafol et le Monestier-d'Ambel.

Pont-de-Villebois (Le), pont sur le Rhône, entre c° Porcieu-Amblagnieu et Villebois (Ain).

Pontaigue (La), l. disp. c° le Périer.

Pontain, gr. disp. c° Pinsot.

Pontald, X s. ; Ponsi Alto, XIII

n. ; Pontaut, XIII s. ; Pont-Haut (moulins de), XIX s. ; *Ponthaut*, hh. et pont sur la Bonne, c°° St-Laurent-en-Beaumont et Sousville.

Pontas (riv.), XV s. ; Pontet, XVII s. ; Potas ; *le Pantet*, ruiss. c° Corenc.

Pontaxios (ap.), XV s. ; Pontaxiorum (dom.), XV s. ; *le Pontas*, h. c° les Adrets.

Pontat (Le), h. c° Châteauneuve ; — h. c°° St-Ondras et Valencogne.

Pontallo, XIV s. ; *le Pontet*, h. c° St-Étienne-de-Crossey.

Pontaux (bois de), XVI s. ; Pontaulx (pic de), XVII s. ; Pontaud ou Pas du Bœuf, ou Grand Jasse, XVII s.; *le Pontaut*, mont. c° Allevard.

Pontbœuf (ruiss. de), c° la Bâtie-Divisin.

Pontcharra-sur-Bréda, XIX s. ; *Pontcharra*, c° c°° Goncelin.

Ponte (prior de), XII s. ; *le Prieuré*, quart c° le Pont-en-Royans.

Ponte Carrato (hospit. de), XIII s. ; Karrali, XIII s. ; *Pontcharru*, h. c° St-Honoré.

Ponte Chareno (a), XV s. : voy. Pontis Charralis.

Ponte Orosso (a), XIV s. ; *Pont-Gros*, h. c° Tullins.

Ponte Roso (eccl. S. Martini de), X s. ; *Sechilienne*, c° c°° Vizille.

Ponte (eccl., villa de), XI s. ; (S. Petrus de), XII s. ; (castr., mandam. de), XIII s.; Pont (el), XIII s. ; *le Pont-en-Royans*, ch.-l. c°° arr⁴ St-Marcellin.

Ponte dou Ver (territ.), XV s. ; Pontis del Ver (territ.), XV s. ; *le Pont-du-Vers*, pont sur le ruiss. du Vers, c° St-Chef.

Ponte Vitreo (mistralia de), XIV s. ; *le Pont*, mas et ch⁴⁰ c° Herbeys.

Pontebagnes (mans. de), XIII s. ; Pontbagnes, l. disp. près Izeaux.

Pontecharal (hospit. de), XIII s. ; Ponte Charato (hosp. de), Pontem Charralem (ap.), eccl. B⁰ Katerine, al. Caterine, XIV s. ; Ponton Charale ; *Pontcharra*, h. c° St-Honoré.

Ponteil (Le), ruiss. affl. ruiss.

la Chapelle, c° Château-Bernard.

Ponteil Noble : voy. Les Nobles.

Pontelllo (comba de), XIV s. ; (chavan. de), Pontet, XVIII s. ; *le Ponteil*, h. c° le Mont-de-Lans.

Pontellum, XII s. : *le Peuquale-Roussillon*, c° c°° Roussillon.

Pontellum, XII s. ; Pontibet (territ. dou), XIV s. ; *le Pontet*, mas c° Roussillon.

Pontem Castellum (eccl. juxta), XI s. ; Ponte (de), Pontum de Belvesin, XII s. ; Ponte (eccl., villa de), XII s., Pontem Bellivicini (prope), XII s. ; Ponte (domus Leprosorum de), XIII s. ; Pontis Bellivicini (villa, mansi, castellio) ; *le Pont-de-Beauvoisin*, ch.-l. c°° arr⁴ la Tour-du-Pin.

Ponterreys (chast.), XVI s. ; Ponterrant, XVI s. ; Ponterrey, Ponterraya, XVI s. ; Ponterreis ; *Ponteray*, r. c° Torchefelon.

Pontet, XIII s. ; Pontetis (mans. de), XV s. ; *le Pontet*, mas c° la Buissière.

Pontet, l. disp. c° Décines-et-Charpieu ; — mont. c° St-Christophe-Entre-Deux-Guiers ; — éc. c° St-Jean-de-Vaux ; — (le), ham⁴ c° St-Symphorien-d'Ozon.

Pontet ou l'Eschelle, XVIII s. ; *l'Echelle ou le Pontet*, bois c° Villard-Raymond.

Ponteti villa, XIV s. ; *le Pontet*, éc. c° Vaulnaveys-le-Bas.

Ponteto (ruyna de), XV s. ; *le Pontet*, ruiss. c° le Bourg-d'Oisans.

Pontgarrin, l. disp. c° la Salle.

Pontiaire, XIX s. ; *la Pontidre*, éc. c° St-Quentin-Fialavier.

Pontis (mollendina), XV s. ; *le Pont*, h. c° Villefontaine.

Pontis Alti (nem.), XIV s. ; *le Ponthaut*, mont. c° Allevard.

Pontis Carali (dom.), XIII s. ; Karalis, Quaralis (hospit.), XIII s. ; *Pontcharra*, h. c° St-Honoré.

Pontis Charralis (Leprosi), XIII s. ; Pontem Charas subt. Avalonem, XIII s. ; Pontis Charrati (fabrica), XIII s. ; *Pontcharra*, c° c°° Goncelin.

Pontis in Horeus (eccl. B⁰ Marie), XIV s. : voy. Pons Dullno.

Pontis Olle (martineto), XIV s. ; Pont Doule, XVI s. : voy. Olla.

Pontis Rodani (operi), XIII s. ; Pons Rhodani, XIII s. ; *le Pont-du-Rhône*, pont susp. sur le Rhône, entre ville Vienne et c° Ste-Colombe (Rhône).

Pontis in Royanis (domin.), XIII s. ; in Roanis (eccl.), XIV s. ; Royanis (prioratus et cura S. Petri, XV s. : *le Pont-en-Royans*, ch.-l. c°° arr⁴ St-Marcellin.

Pontis (ap. Scalas citra arcaus), XIII s. ; Pons de Scalis, XIV s.; *le Pont-des-Echelles*, pont sur le Guiers-Vif, entre c°° Entre-Deux-Guiers et les Echelles.

Pontis Urebi (territ.) ; Pontis Urerii (capella Domine Nostre), XVI s. : voy. Pons Dulino.

Pontis Urerii (Molendina), XVI s. ; *la Serre*, m⁰⁰ c° Amblagnieu.

Pontonagium Villenove S. Urbandi, XIV s.: voy. Portus S. Balbandi.

Pontonenchii villa, XIV s. : *le Pontanet*, bois c° Jarrie.

Pontonet (Le), l. disp. c° Seyssuel.

Pontonnier, h. c° Oz.

Pontran (haberts de), XIX s. ; Potrans (les), XVIII s. ; *Pontrant*, mont. et chal⁴ c° Oz.

Pontseron, l. disp. c° la Salle.

Pontu (Le), l. disp. c° les Avenières.

Pontum (villa) in ager S. Johannis, XI s.; Ponte (de), XIII s.; Ponte Eveste, Pont Evesque, XIV s. ; Pontis Episcopi (territ.), XV s.; *Pont-Evêque*, c° c°° Vienne-Nord.

Ponzonas, XIII s. ; Ponzans : *Ponsonnas*, c° c°° la Mure.

Ponzonenis (bordaria dels) ; Ponzonenes, XIII s.; *Ponsonnuche*, h. c° St-Paul-les-Monestier.

Pupetum arcem videl. Vienne, XII s. : voy. Pupet.

Pupia, XIII s. : *la Poipe*, mas c° Jons.

Populeta (prat. de), XIII s. ; *le Pirot*, ruiss. c^e Murianette.

Populus villa, XIV s.; *le Pirot*, h. c^e Someville.

Porcet, XIV s. ; Porcieu, XIV s. ; Porciacum, XV s.; Pourcieu, XVIII s.; *Porrieu*, vill. c^e Porcieu-Amblagnieu.

Porcelets (bois des), XVIII s. ; Pourcellet (ruiss. de), XVIII s. : *le Pourcelet*, éc. et mont. c^e Livet-et-Gavet.

Porcharella (tenem.), XIII s. ; Porcharens; Porcharcez, XIV s. ; Porcherie : voy. Porcharesas.

Porcharesas, XIII s. ; Porcharessas; *les Porchiers*, l. disp. c^e St-Gervais.

Porcher, éc. c^e Meyrieu.

Porcheries (bordaria de); Porchilliers, XIII s. ; Porcherila villa, XIV s. ; Pourcheuria, XV s. ; Pouchery, XVIII s. ; *Porchery*, h. c^e Vaujany.

Porchers (Les), gr. c^e St-Pierre-de-Chartreuse.

Porchireu (prateria de), XV s.; Poucherieu, XVI s. ; *Porchérieu*, h. c^e Chozeau.

Porcieu-Amblagnieu, c^e c^on Crémieu.

Porron, éc. c^e Venon.

Port (Le), f. c^e Chamagnieu ; — mas et lac sur le Rhône, c^es Chavanoz et Loyettes; — mas et lac sur l'Isère, c^es Cheylas et St-Vincent-de-Mercuze ; — *Porte*, f. c^e Chevrières ; — h. c^e St-Romain-de-Jalionas ; — f. c^e Tignieu-Jameyzieu.

Port-d'Ampuis (Le), mas et lac sur le Rhône, entre c^es Reventin-Vaugris et Ampuis.

Port-de-la-Balme, vis à vis la Brosse, XVIII s.: voy. Portus S. Balbandi.

Port-Bigara (Le), mas et lac sur le Rhône, c^es Montalieu-Vercieu et Serrières.

Port-de-la-Bruine (Le), mas et lac sur le Rhône, entre c^es la Balme et h. Marcilleux, c^e St-Vulbas.

Port du Chafar, XVIII s. : *le Pont-du-Chaffard*, f. c^e Chamagnieu et pont sur le Grand-Canal de la Bourbre, entre c^es Chamagnieu et Satolas-et-Bonce.

Port de Champ : voy. Pons de Garcia.

Port-de-l'Échaillon (Le), quart. et lac sur l'Isère, c^e St-Quentin.

Port d'Enguins, XVI s. ; *le Port-de-la-Thuile*, mas et lac sur le Rhône, c^e Solaise.

Port de Fontaines ; Port de la Roche, XVII s. : voy. Portus Isaris.

Port (Grand et Petit-), c^e Frontonas.

Port d'Irigny, XVII s. : *le Port d'Irigny*, mas et lac sur le Rhône, entre c^es Feyzin et Irigny (Rhône).

Port-de-Lavour (Le), mas et port sur le Rhône, c^e Porcieu-Amblagnieu.

Port-de-Malville (Le), mas et lac sur le Rhône entre c^es Creys-et-Pusignieu et Briord (Ain).

Port-Michaud, mas et ruiss. aff. le Rhône, c^e la Balme.

Port de Noyarey (anc., vieux), XVII s. : voy. Brutinières.

Port-du-Noyer (Le), mas et bac sur le Rhône, entre c^es Hières et St-Vulbas.

Port du Papa (loz), XV s. ; *le Port-de-la-Pape*, mas et bac sur le Rhône, entre c^es Décines-et-Charpieu et Miribel (Ain).

Port-de-Paternos (Le), mas et bac disp. sur le Rhône, entre c^es Bouvesse-Quirieu et Serrières (Ain).

Port-du-Perrier (Le), h. c^e St-Lattier et bac sur l'Isère, entre c^es St-Lattier et la Baume-d'Hostun (Drôme).

Port de la Riotte : voy. Portum de Jons.

Port-de-St-Etienne (Le), bac sur le Rhône entre c^es Hières et St-Vulbas (Ain).

Port-de-Treillon, XVIII s. ; *le Port-de-Trellin*, mas et bac sur l'Isère, entre c^es Vinay et Cognin.

Port-Vieux, vill. c^e St-Maurice-l'Exil.

Porta, XV s. ; *la Porte*, l. disp. c^e Allemont.

Porta (de), XII s. ; *la Porte*, chât. c^e Bougé-Chambalud.

Porta (G. de), Porte (la) ; *le Château*, quart. c^e Eydoche.

Porta (mans. de), XIII s. ; Portas (ap.), XIV s. ; *les Portes*, ch^le c^e le Mont-de-Lans.

Porta (mons de), XV s. ; *la Porte*, mont. et chal. c^e Ste-Agnès.

Porta, P^ta Excubiarum, XV s.; Porte ; *la Porte*, ch^le à travers les roches des Bergers, c^e St-Gervais.

Porta de Flachères, XIII s. ; *la Porte*, l. disp. c^e Champier.

Porta Pillioudi, XIII s. : Porte-Pailloux, quart. c^e Goncelin.

Porta Romana Jovia, III s. ; *Porte-Traine*, nom au Moyen Age d'un quart. et une porte de l'enceinte romaine de Grenoble.

Porta Saint Six (loc. in), XVI s. : voy. S. Sixtus.

Porta Trivoria, XII s. ; Porte Troynie (dom. f.), XIII s. ; Porta Truani, XIII s. ; Porta Trivorna, XIII s. ; Porta Troiana, XIV s. : Porta Troania, Porta Troni, Porte Troyane, XV s. ; Porte Treney, XVI s. ; *Porte-Traine*, quart. et porte de Grenoble.

Porta villa, XIV s. ; *la Porte ?*, l. disp. c^e Brié-et-Angonnes.

Portabo, XIII s. : *Portabal.* ch^le c^e St-Ismier.

Portabos (mans. dela), XIII s. ; Portabo, XIV s. ; *Portabal*, l. disp. près St-Geoirs.

Portabralea (terra), XIII s. ; *les Brailles*, mas c^e Pajay.

Portail (Le), quart. c^e Corps.

Portatreina (dom. fort. que erat Petri de), sita in mand. Varcie, desup. prioratum de Rivoiro, XIV s. ; *le Château*, éc. c^e Allières-et-Risset.

Porte, f. c^e l'Albenc ; — h. c^es Chaponnay et Mions ; — (la), h. c^e Corbelin ; — éc. c^e St-Bonnet-de-Chavagne ; — h. c^e St-Pierre-de-Chandieu ;—(la), l. disp. c^e St-Vérand ; —chât. c^e Ternay.

Porte-Barnier (Parc de), chal^e c^e Correçon.

Porte d'entrée du Désert, XVII s. ; — de Grenoble ; — de l'Enclos, XIX s. ; — *le Grand-Logis*, éc. et pont sur le Guiers-Mort, à l'une des entrées du désert de la Grande-Chartreuse.

Porte-de-France (La), quart. cᵉ Grenoble ; — quart. cᵉ Pont-en-Royans.

Porte-d'en-Haut (La), vill. cᵉ Cessieu.

Porte-de-St-Quentin (La), quart. cᵉ Tullins.

Porteil (nem.), XIV s.; la Portary, h. cᵉ St-Georges-d'Espéranche.

Portes (Les), vallées et chⁱⁱˢ cᵉ Engins.

Portes-de-Pallachon (Les), quart. cᵉ Voreppe.

Portières (Les), h. cᵉ St-Cassien.

Portils (in loc. qui vocat.), XII s.; (mans.), XIV s.; l'Ile-de-Porte, mas cᵉˢ Meylan et la Tronche.

Portils (loc.) in parr. S. Laurentii, XI s.; St-Robert, h. cᵉ St-Joseph-de-Rivière.

Portis (de), XII s.; Portes en Trièves (les), 1700; les Portes, h. cᵉ St-Michel-les-Portes.

Portis (in), XIII s.; Portes, forêt et chal. cᵉˢ St-Pierre-de-Chartreuse et Sarcenas.

Ports (Les), vill. cᵉ Chatte.

Portu de Jaria (a), XIII s.; Portus Jairic; Jarrie, XIV s.: voy. Pons de Garria.

Portu (mans. de), XIII s.; Portus de Quinczou, XIV s.; Portus Quinciaci. XV s.; le Port-de-Quincieu ou de Rix, mas et bac sur le Rhône, entre cᵉˢ Creys-et-Pusignieu et h. Rix, cᵉ Lhuis (Ain).

Portum (ad), XIV s.: voy. Pons de Romanchi.

Portum de villa Bocio (ad), XI s.; Portus de Malaval, XIV s.; Portum de Beux. XV s.; Portus S. Petri de Buel; le Port-de-Bœuf, mas et bac sur le Rhône, entre cᵉˢ le Péage-de-Roussillon et St-Pierre-de-Bœuf (Loire).

Portam de Jons, XV s.; Portus de Junx, XVI s.; le Port-de-Jons, mas et bac sur le Rhône, entre cᵉˢ Jons et Balan (Ain).

Portus Anthonis, XV s.; le Port d'Anthon, mas et bac sur le Rhône, entre cᵉˢ Anthon et St-Maurice-de-Gour-dans.

Portus de Bastida, XIV s.; Portus Bastide Campi Rotundi, XVI s.; le Port-de-la-Battie, mas et bac sur l'Isère, cᵉ St-Nazaire.

Portus Bullivianus, XIII s.; le Port, h. cᵉ Beauvoir-en-Royans.

Portus de Binon, XIV s.; Port de St-Gervais; le Port, vill. cᵉ St-Gervais.

Portus Brignyoudi, XV s.; le Pont-de-Brignoud, pont susp. sur l'Isère, entre cᵉˢ Crolles et Villard-Bonnot.

Portus de Chambu, XIII s.; le Port-de-Chamboud, mas et port sur le Rhône entre cᵉˢ Montalieu-Vercieu et Villebois (Ain).

Portus de Chansvel de Grolée, XIV s.; Portus de Grolea; le Port-de-Groslée, mas et bac sur le Rhône, entre cᵉˢ Brangues et Groslée (Ain).

Portus de Charucis, XIII s.; Charuis; Pont-de-Chéruy, cᵉ cᵉˢ Meyzieu.

Portus de Chavanay, XIV s.; le Pont-de-Charanay, pont susp. sur le Rhône, entre cᵉˢ St-Alban-du-Rhône et Chavanay (Loire).

Portus de Clays, XIII s.; Claysii; de Clasio, XIV s.; le Pont-de-Clais, cᵉ cᵉˢ Vif.

Portus de Cognins, XIV s.; Cognino; le Port-de-Cognin, bac sur l'Isère et lih. cᵉˢ Cognin et Tèche.

Portus Cordonis, XV s.; Port de Cordon, XVII s.; le Pont-de-Cordon, pont susp. sur le Rhône, entre cᵉˢ Aoste et Brégnier-Cordon (Ain).

Portus Coyndriaci, XIV s.; Condriaci, XV s.; le Pont-de-Condrieu, pont susp. sur le Rhône, entre cᵉˢ les Roches-de-Condrieu et Condrieu.

Portus pontis Duriemon, XV s.; de Uremo, XIII s.: voy. Pons Dulino.

Portus Feugerie, XV s.: voy. Portus Cordonis.

• Port-de-Flévieu (Le), bac sur le Rhône, entre cᵉ Mépieu, et h. Flévieu, cᵉ Briord (Ain).

Portus Galiati, XIV s.; le Port, h. cᵉ la Rivière, et bac entre cᵉˢ la Rivière et Polliénas.

Portus Gerie, XIV s.; le Port-de-Gières, h. et bac sur l'Isère, cᵉ Gières.

Portus ap. Gonzelinum, XI s.: voy. Pons de Goncelino.

Portus de Grignou, XV s.; le Port-de-Grigny, mas et bac sur le Rhône, entre cᵉˢ Ternay et Grigny (Rhône).

Portus Isacis, XI s.; Portus de Essone, XIII s.; Portus Ruppis de Essone, Portus Ruppis, XIV s.; Portu Rupis (capella B° Marie), XV s.; la Porte-de-France, quart. cᵉ Grenoble.

Portus de Muris, XIV s.; Portus, XV s.; Insula; le Port-de-l'Ile, mas cᵉˢ Frontonas et l'Isle-d'Abeau.

Portus publicus, XI s.; Portus Vienne, XIII s.; le Port-des-Môles, anc. port de Vienne sur le Rhône.

Portus Rodagni, XV s.; le Port-du-Rhône, mas et bac sur le Rhône, entre cᵉˢ Villette-d'Anthon et St-Maurice-de-Gourdans (Ain).

Portus Rodani de Quiriaco, XIII s.; Portus Quiriaci; le Port-de-Quirieu, h. et bac sur le Rhône, cᵉ Bouvesse-Quirieu.

Portus S. Bulbandi, XV s.; S. Brobasii, XVI s.; le Port-de-St-Vulbas, bac sur le Rhône, entre cᵉˢ la Balme et St-Vulbas (Ain).

Portus S¹ Eugendi ; Portus Aloetarum. XV s.; Leotarum, XVI s.; le Pont-de-Loyettes, pont susp. sur le Rhône, entre cᵉˢ St-Romain et Loyettes (Ain).

Portus S. Quintini, XV s.; Port de Theulins, XVII s.; le Port, h. cᵉ Tullins.

Portus S. Roberti, XVI s.; Port de Noyarey ou des Brutinières, XVII s.; le Port, mas cᵉ St-Egrève.

Portus de les Santonieres, XV s.; le Pont-de-Givors, h. cᵉ Chasse et pont susp. sur le Rhône, entre cᵉˢ Chasse et Givors (Rhône).

Portus voc. Sareria, X s.; le Pont-de-Serrières, h. cᵉ Sablions et pont susp. sur le Rhône, entre c. Sablons et Serrières (Loire).

Portus de Sayssino, XIII s., XIV s. ; Seyssino, Portu (de), XIV s. ; *le Port-de-Seyssins*, l. disp. et bac sur le Drac, c. Grenoble et Seyssins.

Portus de la Sona, XIII s. : voy. Pons Lausoniae.

Portus de Thencino, XIV s. ; Portus Tencini ; Portum Veterem (vers.), XIV s.; *le Port*, h. c. Tencin.

Portus de Verneson, XV s. ; Vernneysons ; *le Port-de-Vernaison*, mas et bac sur l'Isère, entre c. Sérézin-du-Rhône et Vernaison (Rhône).

Portus Vetus, XII s. ; Yuare, XIII s. ; Domeno, XIV s. ; *le Pont-de-Domène*, pont susp. sur l'Isère, entre c. Domène et Monthonnot-St-Martin.

Portus Villenove subtus Vertricu, XIII s. ; Portus nov. subt. Vertriacum, XV s. ; Port de Villeneuve, XVIII s.; *le Pont-de-Laynieu*, pont susp. sur le Rhône, c. Vertrieu (Isère) et Lagnieu (Ain).

Portus de Vion, XV s. ; Port des Avenières, XVIII s. ; *le Pont-d'Evieu*, pont susp. sur le Rhône, entre c. les Avenières et le h. d'Evieu, c. St-Benoit (Ain).

Portus Vorodii, XIII s. ; Portus de Vorapio, XIV s. ; Vorey ; Vourey, XV s. ; Veurey, XVII s. ; *le Pont-de-Veurey* ou *Petit-Port*, h. c. Veurey et pont susp. sur l'Isère, entre c. Veurey et Voreppe.

Portus Ysare, XV s. ; Port de Moyrenc, XVII s. ; *le Port-Vieux*, mas c. St-Quentin.

Portus Ysare ad S. Helouterium, XIII s. ; Portus S. Lauterii, XV s. ; Portus S. Heulaterii, XV s. ; *le Port des Fauries*, mas et bac sur l'Isère, entre c. St-Lattier et Eymeux (Drôme).

Portus, XIV s. ; Portus Yseronis, XIV s.; *le Pont-d'Izeron*, h. et pont sur l'Isère, entre c. Izeron et St-Sauveur.

Posiaco (eccl.), XI s. ; Possieu, XV s. ; Possiaci (eccl. B⁰ Ma-rie), XVI s. ; Poussieu, h. c. Bellegarde-et-Poussieu.

Posiaco villa, X s.: voy. Puyson.

Possère (Le), gr. disp. c. Châbons.

Poste (Le), éc. c. St-André-le-Gaz.

Poste (La), h. c. Voreppe.

Poste aux Chevaux, XIX s. ; Poste de Bron (la) ; *la Poste*, h. c. St-Priest.

Postegnio (de), XV s. ; Ponteils (les), XVIII s. ; Potteils, XIX s. ; *les Ponteils*, h. c. le Villard-de-Lans.

Postelle (parr. de), XV s. ; Poswrelle (la); *la Posterie*, vill. c. Pellafol.

Posterle (La), vill. c. Pellafol ; par. dioc. Die, égl. Ste-Vierge.

Posterna, XII s.; Posterlia, XIV s.; Posterienchiis ; *la Posterie*, vill. c. Pellafol.

Pot (Le), ruiss. affl. le Oréppy, c. Pommiers ; — mont. c. St-Joseph-de-Rivière ; — ruiss. ; *Drubouges*, ruiss. c. St-Joseph-de-Rivière.

Pot-Jacquin, quart. c. Rencurel.

Pot-Martin, col entre c. Pinsot et St-Colomban-des-Villards (Savoie).

Pot-de-la-Siva (Le), h. c. Presles.

Pot (rive du), XVII s. ; *Moulin*, (ruiss. du Grand-), affl. l'Hé-réang, c. St-Joseph-de-Rivière.

Potas (Le), éc. c. Diémoz.

Potat (Le), l. disp. c. Vignieu.

Poterie (La), éc. c. Bessins ; — éc. c. Ruy.

Poterie-Barillon (La), éc. c. St-Jean-d'Hérans.

Potinière (La), h. c. St-Jean-de-Moirans.

Potteries (Les), XIX s.; *Poterie (Haut et d'en Haut)*, hh. c. Oytier-et-St-Oblas.

Pouape (La) ; *la Poipe*, éc. c. Chavanoz.

Poudii Chagnardi (chavan-), XIV s. : voy. Podio Chagnardi.

Pouget (Le), ruiss. c. Vaujany, affl. le Flumet.

Poular (Le), XIX s.; *le Poulard*, h. c. Montrevel.

Poulard (Le), h. c. la Côte-St-André.

Poulatières (Les), h. c. Mont-séveroux.

Poulats (Les), h. c. Notre-Da-me-de-Commiers.

Poulet (Le), h. c. Creys-et-Pusignieu ; — h. c. Meyrié ; — h. c. St-Geoirs ; — éc. c. Ste-Marie-du-Mont ; — l. disp. c. Toncin.

Poulets (Les), XVIII s. ; *le Poulet*, h. c. Beaurepaire.

Poulots (Les), f. c. Chélieu.

Poulots (Les), XVIII s. ; *les Poulats*, h. c. le Villard-de-Lans.

Poulhanne, XVII s. : voy. Peollana.

Poullert (Le), éc. c. Ornon.

Poulliat (La), XVIII s. : voy. Poyaz.

Poulons (Le) : voy. le Peloux.

Pouloufrais (étg. de), XVIII s. ; *Foloufrey*, h. c. Plan.

Poulourouse (Ruiss. de), c. le Bourg-d'Oisans.

Pouratière, XVIII s. ; *la Puristère*, h. c. Tèche.

Pourchat (Le), ruiss. affl. le Bruyant, c. St-Hilaire.

Pourchlère (La), h. c. Chichilianne.

Pourra, XIX s. ; P-e., XVIII s. ; *Pourrus*, h. c. Corbelin.

Pourrettes (ruiss. des), c. St-Martin-d'Uriage.

Pourrois, h. c. Rencurel.

Pousignou, XIV s. : voy. Pusunieu.

Poulergues, éc. disp. c. Quaix.

Poussorés (Les), éc. c. Villard-Eymond.

Poussard (Le), éc. c. la Folatière.

Pousse-Bœuf, bois mont. d'Arcelle (voy. Arcelle).

Poussieu, h. c. Bellegarde-et-Poussieu ; parr. dioc. Vien., égl. Ste Vierge.

Poussonière (La), h. c. Oières.

Pouteary (La), XVIII s. ; Poutery, XIX s. ; Potaire, Poutaire ; *la Poutaire*, h. c. Ornon.

Poutière (La), l. disp. c. Marias.

Pouya (La) : voy. la Poya.

Poya (La), XIII s. ; Poyata villa, XIV s. ; Poyas (la), XIX s. ; *la Poya*, h. c. Ornon.

Poyalet (Le), h. c. Pressins.

Poyat (La), éc. c. Bellegarde-et-Poussieu ; — éc. c. Châteanay ; — h. c° Flachères ; — h. c°° Balbins et Ornacieux ; — vill. c° Salaise ; — la Poya, h. c° Venosc.

Poyax (La), XVIII s. ; la Poya, h. c° Oulles.

Poyet (Le), h. c° Noyarey.

Poyet (cavan. del), XIII s. ; Poyeta, XV s. ; Poyeta, XIX s. ; le Poyet, h. c° la Valette.

Poyeti villa, XIV s. ; le Poyet, mas c° la Motte-d'Aveillans.

Poylliou, XIV s. ; Poyllet (priorat.), XIV s. ; Poyllou ; Pouilleux, vill. c° St-Laurent-de-Mure.

Poype (La), XVII s. ; la Poipe, l. disp. c° St-Quentin-Falavier.

Poype (tour de la), XVII s. : voy. Montleopart.

Poypia, XIII s. ; la Poipe, &c. c° Cheyssieu.

Poypia, XIII s. ; Poype, XVIII s. ; la Poipe, ruines c° Creys-et-Pusignieu.

Poypia, XIV s. ; Poyppia, XV s. ; la Poipe, mas c° Jons.

Poypia, XIII s. ; la Poipe, chât. c° Reventin-Vaugris.

Poysat (St-Martin de), XVI s. ; Poisat, c° c°° Grenoble-Sud.

Poysat, XV s. ; Poisat, h. c°° Mions.

Poyseu, XIV s. ; Poysiacum, Poysiou, Poyzieux, XVII s. ; Poisieu, vill. et chât. c° Chozeau.

Pra (gr. della), XIII s. ; Pratum (ferreria ap.), XIII s. ; le Pra, chal. et mont. c° la Ferrière.

Pra (La), XIII s. ; Praez (mons del), Pratum de Revello, XIV s. ; le Prat, mont. et chal. c° Revel.

Pra (La), XVIII s. ; Prat (la), Praz ; la Pra, f. c° Theys.

Pra Bonnet, XVII s. ; Pré-Bonnet, m^s c° St-Pierre-de-Chartreuse.

Pra Cachet : voy. Molendina de Cacheto.

Pra-Devant, bois c° St-Pierre-d'Allevard.

Pra Fornier (dom. du), XVIII s. ; Pré-Fournier, gr. c° Theys.

Pra-Garcin, f. c° Theys.

Pra Girard (en), XIV s. : voy. Campus Girardi.

Pra Orsserz (mont. de), XIV s. ; Pratum Orserium, XV s. ; Proserel, mont. c° Chichilianne.

Pra-Rambaud, ruins c° Livet-et-Gavet, XVIII s.

Pré Reniers, XVIII s. ; Pré-Reynier, mas c°° Avignonet et Sinard.

Pra Riond, Prarion, Prat Rond, XVIII s.: voy. Prato Rotundo, XVI s.

° Pré-Rogot, éc. c° St-Etienne-de-Crossey.

Pra-Rontagnou, ruiss. c° la Garde.

Pra Roux, XVII s. ; Pré-Roux, éc. c° Froges.

Pra Vilan (gr.), XVII s. ; Pré-Villieu, XVII s. ; Pravillieu, f. c° Theys.

Pra (Fons du), XVI s. ; Grand-Pra, éc. c° Séchilienne.

Praabois (mandt de), XII s. ; Prabois (castr.), XII s. ; Pratibuxi (castr.), XII s. ; Pratu Buxi in Triviis (castr.), XIV s. ; Préhois, c° c°° Mens.

Praaillo (in), Praluli, XIV s. ; in Pran, mas c° Beautin.

Praalis (de), XII s. ; Prayla (si), XIV s. ; Presles, mas c° Chatte.

Prabrun, XVII s. ; les Granges-Brun, gr° c° St-Pierre-de-Chartreuse.

Praclos, XVIII s. ; Pranclos ; Préclos, bois c° Valjouffrey.

Prade, XVIII s. ; Chez-Prade, h. c° Meysalès.

Pradebran (m^s de), XVIII s. ; Pradebran, éc. c° Creys-et-Pusignieu.

Pradilis, X s. ; Pradigues, mas c° Luzinay.

Praerio (riv. de), XIII s. ; Prayetus (mons), XIV s. ; le Prayet, mont. et chal. c° Pinsot.

Praet (alpis del), XIII s. ; le Prayet, mont. c° Laval.

Praetum (colletum de), XIV s. ; Praei (rochac. del), XIV s. ; Prayet (col. du) ; le Prayet, h., mont. et col, c° Chichilianne.

Pragart (gr. de), XIII s. ; Pra Agart (gr. de), XIV s. ; Pragard, h. c° Herbeys.

Prahetum, XIV s. ; Près Etrey, XVIII s. ; Pretro, XVIII s. ; le Prey, bois c° Vaujany.

Praille, h. c° Veyrins.

Praillère, h. c° le Sappey.

Prailles (territ. de), XV s. : Praillis (de) ; Pralles, juxta rip. Vareysio ; l'Erèze, mas c°° St-Alban-du-Rhône et St-Clair-du-Rhône.

Prainet, h. c° St-Pierre-de-Chandieu.

Prairie (La), h. c° Beaufort ; — h. c° Eyzin-Pinet.

Prairies (Les), ruiss. c° Belmont ; — (les), vill. c° St-Nicolas-de-Macherin ; — (Grandes et Petites-), mas c° Morestel.

Prajot, h. c° Crémieu.

Praletis (villa de), XIV s. ; les Ponteyres ? l. disp. c° la Cluze-et-Pâquiers.

Prali (territ. de), XV s.: Prelle, h. c° St-Hilaire-de-Brens.

Prali (prata de), XV s. ; Praille, h. c° St-Jean-de-Soudin.

Prallières (molend. de les), XV s. ; Prailles ; Praillis, XV s. ; Pralles (territ. de), XVI s. ; Praille, mas c°° St-Alban-du-Rhône et St-Prim.

Prailler (Le), h. c° Eyzin-Pinet.

Prally (prata de), XIV s. : Praille, mas et ét. c°° Courtenay et Mépieu.

Pralon, h. c° Gillonnay.

Pralots (Les), h. c° la Ferrière.

Praminet, XVIII s. ; Préminet, h. c° Allevard.

Pramol, XIII s. : voy. Prati Mollis.

Pranclos (col de) ; le Donne ou le Preclot, col c°° Valjouffrey et la Salette.

Pranleux (eccl. de), XIII s. ; le Prey, mas c° Siccieu-St-Julien-et-Carisieu.

Prapinet, éc. c° Cordéac.

Prariis (territ. de), XV s. : voy. Prailles.

Prarond, h. c° Gillonnay.

Pras (Les), éc. c° Livet-et-Gavet.

Prasset (Le) ou le Banc, ruiss. c° Lavaldens.

Prasvouta, XVII s. : voy. Pravostal.

Prat (Ruiss. de la), c° Chantelouve, affl. la Marsanne.

Prat (La) ; le Pra, h. c° Pinsot.

Prat (del), XIII s. ; la Pra, h. c° Pont-Evêque.

Prat (Le), chal. c° Villard-Eymond.

Prata, XIV s. ; Praver (le), XIX s. ; *le Prayer*, h. c°* St-Bernard et la Terrasse.

Prata, XIV s. ; *les Prés*, h. c° St-Christophe-en-Oisans.

Prata, XIV s.; Proz, XVI s.; *les Prés*, h. c° Tullins.

Prata do Alavardo, XIV s. ; Allavardi (in gleyriis et insulis), XVII s. ; *les Iles*, quart. c° Fontaine.

Prata Badoria, XIV s. ; *Pradoura*, éc. c° Ponsonnas.

Prata de Bolbro, XV s. ; de Borbro; *les Prés-de-Bourbre*, mas c° Jallieu.

Prata de Clavalo, XIV s. ; Pratis (de), XIV s. ; *les Prés*, mas c° Claix.

Prata de Goncelino, XIII s. ; Prayerye (La) ; *les Prés*, mas c° Goncelin.

Prata de Gruerils villa, XIV s. ; *les Prés-de-Gruerre*, l. disp. c° St-Paul-les-Monestier.

Prata villa, XIV s. ; *les Pras*, l. disp. c° Sousville.

Prata villa, XIV s. ; *les Prés*, mas c° Valjouffrey.

Pratblond (font. de) ; *la Prat*, mont. et chal. c° Revel.

Pratel. ruiss. arr. c°* St-Ismier et Montbonnot-St-Martin.

Pratermoud, XVIII s. : voy. Pré Telmon.

Pratette, gr. disp. c° Treffort.

Prati Boyssent (manu.), XV s. : voy. Paraboyssenc.

Prati Buxie (Nem.), XV s. : voy. Buxaria juxta castr. Bocoronis.

Prati Laudene, XIV s. ; *la Pra*, mont. c° Lavaldens.

Prati Mollis (molarium), XV s. ; *Prémol*, f. c° Allières-et-Risset.

Prati Mollis (eccl., prior), XII s. ; (b° Maria, monast.), XIII s. ; *Prémol*, m°* forestière et forêt, c° Vaulnaveys-le-Haut, anc. mais. religieuses ordre Chartreux, fondée en 1234.

Prati Revolli (Jassia montis), XIV s. ; *le Prayet*, mont. et chal. c° Pinsot.

Pratibus (arca de), XIV s. ; *les Pras*, h. c° la Salette.

Pratimollis (gr.), XIV s. ; Pramol, XVII s. ; *Prémol*, f. c° Echirolles.

Pratis (in), XIII s. ; Prata villa, XIV s. ; *les Prés*, h. c° Clavans.

Pratis (de), XIV s. ; Pras (ruiss. des), XVIII s. ; *les Pratz*, h. c° Oris-en-Ratier.

Pratis (de), XIV s. ; *les Prés*, h. c° Reneurel.

Pratis, XII s. ; *les Prés*, h. c° St-Alban-de-Roche.

Pratis (de), XIV s. ; *les Pras*, h. c° St-Jean-de-Vaux.

Pratis Planis (mont. de), XV s. ; Pras Plats, XIX s. ; *les Pres-Plats*, mont. c° le Périer.

Pratlan, XVIII s. ; Prélana, XIX s. ; *Pralong*, h. c° Reneurel.

Prato (de), XII s. ; *le Pré*, h. c° Biol.

Prato (bordaria de), XIII s. ; Prata villa, XIV s. ; *la Pra*, h. c° Herbeys.

Prato (mass. de), XIII s. ; Pratis (villa de), XIV s. ; *les Pras*, h. c° Marcieu.

Prato Jalati, XIV s. ; Pragela (ruine de), XVIII s. ; Pra-Jalla ; *Pragela*, ruiss. c° Lavaldens.

Prato Lanfredo (eccl. de), XI s. ; Lanifredo ; *Prélanfrey*, h. c° le Gua.

Prato Longo, XIV s. ; *Pré-Longet*, mas c° Tencin.

Prato Massueriis (in), XIV s. ; Prato Masuer ; *Pré-Masuer*, mas et ruiss. c° Tencin.

Prato Orsello (mont. de), XV s. ; *Praorsel*, mont. c° le Périer.

Prato Porte, XIV s. ; *Pré-Porte*, éc. c° la Ferrière.

Prato Rotundo (nem. de), XVI s. ; *Pré-Rond*, mont. et chal. c° la Chapelle-du-Bard.

Prato Sicco (in), XIII s. ; Pras Scey, XVIII s. ; Praset ; *Pré-Ser*, f. c° la Chapelle-du-Bard.

Prato Volant, XV s., XVIII s. ; *Précolant*, h. c° Pinsot.

Pratuet (château) ; *les Planets*, h. c° St-Christophe-Entre-Deux-Guiers.

Pratum, XII s. ; Pra (el) ; Praca (alx), XV s. ; *le Prey*, h. c° Quaix.

Pratum Adalberti, XII s. ; Prato Alberto (mans. de), XII s.; Pratum Arberti, XIII s. ; Pratum Bertum, XV s. ; *Pratbert*, h. c° Laval.

Pratum Ainardi, XI s. ; *Pré-Eynard*, mas c° St-Martin-d'Hères et la Tronche.

Pratum Bastart, XIII s. ; *Pré-Batard*, mont. c° St-Pierre-de-Chartreuse.

Pratum villa, XIV s.; de Borardis, XV s.; Prés-Béron, XVIII s. ; *les Prés*, mas c° le Bourg-d'Oisans.

Pratum Clausum villa, XIV s. ; Preclot ; *le Pré-Clos*, h. c° St-Christophe-en-Oisans.

Pratum Colli, XIV s. : Pré du Col, XVIII s. ; *le Pré-du-Col*, mont. c° St-Christophe-Entre-Deux-Guiers et St-Pierre-de-Chartreuse.

Pratum de Dolon, XIV s. ; *la Prairie*, f. c° Vourey.

Pratum Eynardi : voy. Pratum Ainardi.

Pratum Gelatum Orcerii ; *la Fontaine-de-l'Ours*, font. c° Séchilienne.

Pratum Orana, XIII s. ; Pratum Gregnon, XV s. ; *Pragrenou*, mont. et chal. c° Theys.

Pratum de Lalp, XV s. ; Pras de Lard, XVIII s. ; *le Pré-de-Lard*, mont. et chal. c° Laval.

Pratum longum, XV s. ; *Prélong*, mas c° Beuse.

Pratum Maladerie, XIII s. ; Prata ; Pra (malad. de la) de Goncelino ; Praeria Goncellini, XV s. ; Prata Goncellini, XV s. ; *la Pra*, mas c° le Touvet.

Pratum Mureti, XV s. ; Pras Mureti ; *Pré-Muret*, chal. c° Beuse.

Pratum Novellum, XIV s. ; Pra Novel, XVII s. ; Prenovel ; *Prénoureau*, mont., chal. c° la Chapelle-du-Bard.

Pratum Ornonis, nem., XIV s.; *le Pré-d'Ornon*, mont. c°* Livet-et-Gavet et Oulles.

Pratum Regis, XIV s. ; *Pré-Rey*, h. c° Eclose.

Pratum Rotundum, XIV s. ; *le Pré-Rond*, éc. c° Oulle.

Pratum l'rsi en les Bloles, XIV s.; *Pré-Charvet*, mont. c⁰ Ste-Marie-du-Mont.

Pratum villa, XIV s.; *le Pont*, l. disp. c⁰ Valbonnais.

Pratus Malcingre, XVI s.; *Prenula*, h. c⁰ St-Savin.

Prevostal (mons des), XIV s.; Prevotal, XV s.; Prévotaz; *Provenela*, mont. et chal. c⁰ St-Pierre-de-Chartreuse.

Pravouret (lac de), XIX s.; Pravourey (lac de); *Provouret*, mont. c⁰ la Morte.

Prayet (Croix du); *le Prayet*, mont. c⁰ˢ Chapareillan et Ste-Marie-du-Mont.

Praylli (mauleuil. de), XIV s.; *Preille*, mas et ét. c⁰ˢ Courtenay et Méplen.

Praylla (prat. de), XIV s.; Prelley, XV s.; *Preille*, h. c⁰ St-Jean-de-Soudin.

Praynou (ccel. de), XIII s.; *le Prny*, mas c⁰ Siccieu-St-Julien-et-Carisieu.

Praz (La), XVIII s.; *les Prrs*, h. c⁰ Ste-Anne-d'Estrablin.

Pre, XVII s.; Pret; Preest, XVIII s.; *le Prayet*, mont. c⁰ St-Pierre-de-Chartreuse.

Pré-de-l'Are (Le), gr. c⁰ St-Pierre-de-Chartreuse.

Pré-Billet, éc. c⁰ St-Pierre-de-Chartreuse.

Pré-Billon, gr. c⁰ Chabons.

Pré-Boisdeux, h. c⁰ Moirans.

Pré-Korrel, h. c⁰ Tullins.

Pre-Bousson, h. c⁰ Venon.

Pré-Carrel, h. c⁰ le Freney.

Pré-Chabert, masˢ c⁰ Pontcharra; — h. c⁰ Revel.

Pré-Châtel, h. c⁰ Chatte.

Pré Chatel, XVII s.; *Chatel*, gr. c⁰ St-Pierre-d'Entremont.

Pré-Cholat, XVII s.; *Chez l'Aulat*, h. c⁰ St-Joseph-de-Rivière.

Pré-Clos (Le), éc. c⁰ Mens; — h. c⁰ Roven.

Pré-de-la-Cour (Le), éc. c⁰ St-Romain-de-Jalionas.

Pré-Couteau, f. c⁰ St-Michel-les-Portes.

Pré-Crétin, f. c⁰ Torchefelon.

Pré-Fanton, h. c⁰ Pommiers.

Pré-de la-Font (Le), mas c⁰ Chichilianne.

Pré-Fournier, gr. c⁰ Theys.

Pré-François, XIX s.; *Plan-François*, f. c⁰ Ville-sous-Anjou.

Pré-Clavet, ruiss. c⁰ la Chapelle-du-Bard.

Pré-Gervais, bois et ruiss. aff. le Rif-Bruyant, c⁰ St-Christophe-Entre-Deux-Guiers.

Pré-de-la-Grange (Le), quart. c⁰ la Morte.

Pré-Jardin, éc. c⁰ Septème.

Pré-de-la-Jasse (Le), mont. et chal. c⁰ˢ St-Pierre-de-Chartreuse et Sarcenas.

Pré-de-Loup, XVIII s.; *le Pré-de-Loup*, mont. c⁰ˢ Pellafol et Tréminis.

Pré-Lombard, h. c⁰ Pinsot.

Pré-Magdelon, éc. c⁰ Quincieu.

Pré-du-Mas (Le), f. c⁰ les Adrets.

Pré-Maudit, h. c⁰ St-Didier-de-la-Tour.

Pré-Moulin, f. c⁰ Brié-et-Angonnes.

Pré-Nicollet, mas c⁰ Aoste.

Pré-Nouvel, éc. c⁰ Seyssins.

Pré-Olive, éc. c⁰ Pellafol.

Pré-Platel, bois et ruiss. c⁰ le Sappey.

Pré-du-Playe (Le), chal. c⁰ Tréminis.

Pré-Puissant, grˢ c⁰ St-Pierre-d'Entremont.

Pré-Ravier (ruisseau de), c⁰ Chelieu.

Pré-Revel, h. c⁰ Varacieux.

Pré-Reynaud, h. c⁰ Royhan.

Pré-Richard (Ruiss. de), aff. le Grand-Buisse de Domène, c⁰ St-Martin-d'Uriage.

Pré-Rouge, éc. c⁰ le Mottier.

Pré-Sans-Bois, h. c⁰ Venon.

Pré-Soldat, h. c⁰ la Côte-St-André.

Pré-Sorbier, éc. c⁰ St-Jean-de-Bournay.

Pré-du-Sud, h. c⁰ Janage.

Pré Tebuon, XVI s.; Pretermon, XVIII s.; Pré Therueon, XVIII s.; Pretormon; *Pré-Termont*, f. et mont. c⁰ Allevard.

Pré-Thomas, f. c⁰ Marennes.

Pré Tor bon, éc. c⁰ Pontcharra.

Pré Vacueran (ruiss. de), c⁰ Lavaldens, aff. ruiss. Vaunoire.

Pré-Vieux, éc. c⁰ la Chapelle-du-Bard; — grˢ c⁰ St-Pierre-d'Entremont.

Prébois, c⁰ c⁰ˢ Mens; dioc. Die, égl. St-Barthélemy.

Prebos, XIII s.; Prebois, XVII s.; *Prebois*, c⁰ c⁰ˢ Mens.

Précathu, éc. c⁰ St-Maximin.

Prechalon, éc. c⁰ Laffrey.

Prédaru, h. c⁰ le Monestier-du-Percy.

Predol: voy. Domuelos.

Préfumon, h. c⁰ Mens.

Prégentil, mont. c⁰ Villard-Reymond.

Preloria Septual, XV s.; Prerie de Septème, XVI s.; *les Perrières*, mas c⁰ˢ Pont-Evêque et Septème.

Preisinus (ccel. S. Euseb. in villa, XI s.; Preyssinu, XII s.; Preysinum, XIV s.; Preyssinus, XVIII s.; *Peyssins*, c⁰ c⁰ le Pont-de-Beauvoisin.

Préjean, h. disp. c⁰ Villard-Eymond.

Préjuret, éc. c⁰ les Côtes-de-Corps.

Prélanfrey, h. c⁰ le Gua; par. dioc. Gren., égl. St-André.

Prélong, h. c⁰ Varacieux.

Prémaret (Le), XVIII s.; *Pré-Maretis*, h. c⁰ˢ St-Geoire et St-Michel-de-St-Geoirs.

Prémartin, terr. aff. la Bourne, c⁰ le Villard-de-Lans.

Prémaurienne, h. c⁰ Allevard.

Prémodinet, éc. c⁰ la Ferrière.

Prenal, XVIII s.; *Pevany*, h. c⁰ Izeron-et-Charpion.

Prénatier, éc. c⁰ le Villard-de-Lans.

Preneral (cavan.), XIII s.; Prenal; *le Preneral*, h. c⁰ Auris.

Prentin (chˢ deˢ, c⁰ Allières-et-Risset.

Prejean, h. c⁰ la Côte-St-André.

Prix (Les), h. c⁰ les Adrets.

Prix (Les), scierie c⁰ Méaudre.

Prix-d'Auberives (Béal des), ruiss. aff. la Varèze, c⁰ Auberives.

Prix-l'Eglise, quart. c⁰ Dolomieu; — éc. c⁰ le Sappey.

Prix-Nouveaux (Col des): *la Giouille ou les Portien*, col entre c⁰ˢ Besse et St-Jean-d'Arve (Savoie).

Prix-le-Visage, h. c⁰ Roussillon.

Presbytère (Le), quart. c⁰ la Sône.

Presles, c⁰ c⁰ˢ Pont-en-Royans; par. dioc. Gren., égl. Ste-Anne.

Presles, h. c⁰ Serres-et-Norgol.

Presseins, XVI s.: voy. Preisinus.

Pressieux, XVIII s. : voy. Preyssieu.

Pressins, c^e c^on le Pont-de-Beauvoisin ; dioc. Belley, égl. St-Euside.

Pressoir (Le), h. c^e Biol ; — h. c^e Eyzin-Pinet ; — f. c^e le Passage ; — mas c^e St-Gervais ; — éc. c^e St-Jean-de-Bournay.

Pressoir, XIII s. ; le Moulin, m^in c^e Charantonnay.

Pressoir Blanc (Le), mas c^e la Côte-St-André.

Pressau (Le), ruiss. c^e Vaujany, aff. le Flumet.

Prest (Le), mont. c^e St-Christophe-Entre-Deux-Guiers.

Prévareau, h. c^e Oytier-et-St-Oblas.

Proveral (mans.), XIII s. ; Preveyratum, XIV s. ; Proveratum ; la Precatee, bois c^e St-Pierre-d'Allevard.

Preyet (molend.), XIII s. ; Praet ; les Gilaires, mas c^e Grenoble.

Preynaces (Les), XIV s. ; Peasset (le), XVIII s. ; la Péasse, f. et mont. c^e la Chapelle-du-Bard.

Preys (Les), mas c^e Oz.

Preyssieu, XIV s. ; Preyssieu, XVI s. ; Pressieu, vill. c^e Parmilieu.

Preyssino (dom. f., castr.), XIV s. ; Château-Vieux, mas c^e Preyssins.

Preyt (al), XV s. ; le Clot-du-Prey, mont. c^es Lavaldens et le Périer.

Priat, XVIII s. ; Chez-Prost, h. c^e Les Côtes-d'Arey.

Prieuré (Le), quart. c^e Chavanoz ; — h. c^e le Mottier ; — quart. c^e Viriville.

Primalayta : Primalesta, XIV s. ; Primaleste : voy. Primaleta.

Primaleta (eccl. b^i Petri), XIV s. ; Promalaiti ; Prumalaiti, XI s. ; Prumalaeta (eccl. S. Petri), Prumalaytum XII s. ; Primarette, c^e c^on Beaurepaire.

Primards (Les), XVIII s. ; Primat : le Primat, h. c^e Montferrat.

Primat, éc. c^e Seyssins.

Princes (Les), h. c^e la Ferrière.

Priola (Le), h. c^e St-Egrève.

Prioratus de Tullino ; b^i Laurentii de Tullino, XIV s. ; le Prieuré, quart. c^e Tullins.

Priou (Le), h. c^e Seyssins.

Priontaz, XIX s. ; Priolaz, h. c^e Romagnieu.

Privat, éc. c^e Froges.

Procession (ch^le de la), c^e Lans.

Proderii (terral.), XV s. ; Pont-Poulier, h. c^e la Tronche.

Prolérou, éc. c^e le Monestier-du-Percy.

Propiciacus et Pompeiacus centum Diis apud cultorem ducmonum quondam celebris, IX s. ; Mont-Arnaud, mont c^e Vienne.

Propre (Le), éc. c^e Châbons.

Prost (Chez-), h. c^e Les Côtes-d'Arey.

Provaisen (eccl. de), XI s. ; Proversdeu ; Provaysieu, XII s. ; Provesou ; Provaysof, XIII s. ; Proveysiaenm, XIV s. ; Provezieux, XVIII s. ; Penveysieuz, c^e c^on Grenoble-Nord.

Provenchis, XIV s. ; les Provenches, h. c^e St-Laurent-du-Pont.

Provenciarum (Rex Alamanorum seu), X s. : voy. Burgondia.

Proveysieux, c^e c^on Grenoble-Nord ; dioc. Gren., égl. St-Pierre.

Providence (La), couvent c^e Corenc : voy. le Molard.

Provinciales, villa, XIV s. ; les Provençales, l. disp. c^e Pierre-Châtel.

Prudhommes (Les), h. c^e Autrans.

Prunalata : voy. Prinalata.

Pruneille, éc. c^e St-Clair-de-la-Tour.

Pruneres, XIII s. ; Prunerium villa, XIV s. ; Prunerium ; Preneriarum (parr.), XV s. ; Prunières, c^e c^on la Mure.

Prunière, éc. c^e Méaudre.

Prunières, c^e c^on la Mure.

Publeum, mans., XI s. ; le Preil, h. c^e Claix.

Puey Agu, XII s. ; Pied-Aigu, mont. c^e Rovon.

Puey frey, XIV s. ; Pied-Frey, bois c^e la Rivière.

Puey Marcel, XIII s. ; la Grotte-St-Marcel, quart. c^e Vienne.

Puey San Didlel, XIII s. ; Puys Sainct Didyer, XVI s. ; Puis San Dieu ; le Puy-St-Didier, mas c^e Vienne.

Pueychal, XIV s. ; Péchal, h. c^e Vallonnais.

Pui Buxun, XII s. ; Puey Boxon ; Puy-Boxon, l. disp. c^e Corbeac.

Pui Chennart, XIII s. : voy. Podio Chaugnardi.

Puinesoux, XIII s. : voy. Podio Neyson.

Puiseu : voy. Piseu.

Puisot (Le), h. c^e St-Clair-de-la-Tour.

Puit Troquey ; Puitroquaz, h. c^e Pusignan.

Puits (Le) ; le Puy, h. c^e Pollienas ; — ruiss. c^e Revel ; — h. c^e St-Gervais ; — h. c^e Toussieu.

Puits Barral, h. c^e Charnècle.

Puits-Sans-Tour, h. c^e Roussillon.

Puits-Vieux, h. c^e St-Priest.

Pulcro Dignar (mons de), XIV s. : voy. Bellidignarii.

Pulcrum Respectum (ad), XIV s. ; Beauregard, mas c^e Pontcharra.

Pulcrum Serrum, XIII s. ; Beauser, gr. c^e Mont-de-Lans.

Pulleriis (mans. de), XV s. ; Pulieres ; Puillières, éc. c^e Clelles.

Pullieu, XV s. : voy. Paollieu.

Pullinairo (eccl. S. Marie et S^i Johannis de), XII s. : voy. Pollena.

Pulliniey ; le Puillet, h. c^e St-Maximin.

Pulveleto villa, XI s. ; Pouillot, h. c^e Lumbin.

Punoleia (terra), XIII s. ; le Picot, ruiss. c^e Marianette.

Puot (Le), h. c^e St-Sébastien.

Pupet castellum, XI s. ; Pupetum (crota, maladeri retro), XII, XIII s. ; Pupeti Vienne (castr.) ; Pipet, mont. c^e Vienne.

Pupetières (mais. f. de), XVI s. ; Pupetières, h. c^e Châbons.

Pupeto (mons de), XIV s. ; Pipet, mont. et chal. c^e Theys.

Pupin (Le), ruiss. c^e Chatte.

Pupinerie de Verno, XIV n. ; *Pépinoyres-du-Vent*, h. disp. c^e St-Paul-les-Monestier.

Pupio : voy. Poypin.

Purgatoire (ruiss. du), c^e la Chapelle-du-Bard ; — c^e St-Pierre-des-Chartreuse.

Puset (Le), XVIII n. ; *le Puset*, mas c^e St-Etienne-de-Crossey.

Pusignaz, éc. c^e St-André-le-Gaz.

Pusigniaco (fortalic. de), XII n. ; Pussiniaco (dom. f. de), voc. Chatel viel; (castrum nov. de), XIV n. : voy. Chastel Viel.

Pusiniacum, XIV n. ; Pusineu ; Pusignacum, XV n. ; Pusigny, mais. f., XVI n. ; *Pesignien*. vill. c^e Creys-et-Pusignieu.

Pusinien (territ. de), XII n. ; Pusinia (de), Pudigniaco (eccl. de), Pusinef, XIV n.; Pusinia, Pussiniacus, Pusignyaz, XV n. ; *Pusignan*, c^e c^e Moyzieu ; dioc. Lyon, égl. Ste Vierge.

Put Eyssart, XIV n. ; Puteyssar: Putessard (forêt de), XVIII n.; *Puteyssard*, mont. c^e Allemont et Oz.

Puta Comba (alpis de), XIII n. ; *Haute-Combette*, bois c^e la Chapelle-du-Bard.

Putarel (Le), ruiss. aff. l'Ozon, c^e Chaponnay.

Putavilla (mans. de), XIII n. ; Puetavilla, XIII n. ; Puteville, XVI n. ; *Puteville*, vill. c^e Pierre-Châtel.

Puteo (mans. de), XIII n. ; Putheo (mans. de), XIV n. : *le Puits*, l. disp. c^e la Buissière.

Puteo (mans. de), XIII n. ; Putheo (mans. de), XIV n. : *le Pey*, h. c^e Lavaldens.

Puteo (mans. de), XIII n. ; Putheum villa, XIV n. ; *le Pey* l. disp. c^e la Mure.

Puteo (de), XIII n. ; *le Puits*, vill. c^e St-Mury-Monteymond.

Puteus d'Arbonoza, XIV n. ; Puis de Derbounouze, XVIII n. ; *le Puits-d'Arbounouze*, mont. c^e St-Andéol (Isère) et la Chapelle-en-Vercors (Drôme).

Putheo (de), XIV n. ; Podium, XV n. ; *le Puits*, h. c^e la Chapelle-de-la-Tour et St-Jean-de-Soudin.

Puteo (mulon, de), XIV n. ; *le Puy*, h. c^e Eyzin-Pinet.

Putheo (de), XIV n. ; Puteum de Morasio ; Puys de Moras (le), XVI n. ; *le Puits-de-Moras*, l. disp. c^e Moras.

Puttengroyng (curr. de Rachesio vocatu de) : *Chemin-de-Petrogroin*, chin c^e Meylan.

Puvillino (St. de), P-.. mans., XII n. ; P-num, XV n. ; P-ns, XVI n. ; *Porelin*, vill. c^e Chatte.

Puvillino, XI n. ; *Porelin*, l. disp. c^e Moidieu.

Puvin, h. c^e St-André-le-Gaz.

Puy (Le), h. c^e Cession : — h. c^e Oulles.

Puy-Grimond, XIX n. ; P.-Grimaeud, XVIII n. ; *Puy-Grimaud*, h. c^e Château-Bernard.

Puy-Muret (Le), h. c^e St-Pierre-de-Bressieux.

Puy-Richons, XVIII n. ; *Puy-Richon*, h. c^e le Freney.

Puy Trangouliat (Le) : voy. Podium Engola.

Puymaro (territ.), XV n.: *Pomacrou*, h. c^e Chonas.

Puys (Le), XVII n. : Puis de Puy Molin (village, mas du); *les Moulins*, h. c^e Entre-Deux-Guiers.

Puys (bois du), XVIII n. ; *le Puy*, us. et forêt c^e Méaudre.

Puysat (territ. dom.), XVI n. : *le Puisat*, h. c^e St-Savin.

Pyneax (territ. de), Pyneu, XV n. ; *les Pins*, h. c^e Communay.

Pyramide: *le Plan-de-l'Eguille*, quart. ville Vienne.

Pysinenm, IX n. : Pyseium, XII n. : voy. Pisou.

Q

Quaix (Les), quart. c^e le Bourg-d'Oisans.

Quaix (lieu des), XVII n. ; *l'Eglise ou les Queux*, h. c^e Corenc.

Quaix, c^e c^e Grenoble-Nord; dioc. Gren., égl. St-Jean.

Quantonières (Les), XVII n.; *les Cautinières*, h. c^e Ruy.

Quaramentranelle, XIV n. : voy. Caremanteranl.

Quarre (Le), XVII n. ; *le Carré*, bois c^e Proveysieux.

Quarelle (La), XVIII n. : Quarelle ; *la Cairelle*, h. c^e Chalonge.

Quarelleys, XIV n. : *Quarelet*, h. c^e Chavans.

Quarralioudi (annex.), XIV n. : *Carrillond*, mas c^e La Buissière.

Quarré (Le) : voy. Carrelorum.

Quarrelière (La), XVIII n.; *Carillière*, h. c^e la Combe-de-Lancey.

Quartalet, éc. c^e Eyzin-Pinet.

Quartier-d'en-Bas, vill. c^e Charvieu.

Quartolntum, XIV n. : Quatre (molende du), XV n. ; Quatre, XVI n. ; *le Quatre*, mlin disp. sur la Gère, c^e Vienne.

Quaterno, XV n. ; *Quaterne*, l. disp. c^e Tullins.

Quatre-Bras (Les), XVIII n. : *Quatre-Bras*, h. c^e Pontaubert.

Quatre-Cantons (Les), h. c^e le Pont-de-Claix.

Quatre-Chemins (Les), h. c^e Domène.

Quatre-Fermes (Les), h. c^e Paladru.

Quatre-Vents (Les), éc. c^e Selon-St-Julien-et-Carisieu.

Quatre-Vies (les), quart. c^e Vinay.

Quatre Vis (Les), XVI n. ; Quatre Vis, XVII n. : *les Quatre-Vies*, l. disp. c^e Morestel.

Quays, XVI n. : Quaix, XVII n.: voy. Quiez.

Querrin (quarr. de), XIV n. : Querti, XV n. : voy. Quiez.

Quiez, XIV n.; Quierto (quarr. de) ; Quartinu, XIV n.: Querel. XVIII n.; *Quet-en-Bramund*, c^e c^e Corps.

Quiez (moderni.), k XIII n.; Querel, XIV n.; Querel, XV n.; Quesix : voy. Quiez.

Quemins (Les), gr. disp. c^e Moidieu.

Quentin, 1793 : *St-Quentin*, c^e c^e Tullins.

Querru (A. de), XIV n.: *Chean:*. mas c^e Four.

Querru (territ. de), XVI n. ; *le Chêne*, mas c^e Moidieu.

Quercum villa, XIV n. ; *le Gros-Chêne*, bois c^e la Tronche.

Querelées (Les), mas c⁰ Besson.

Quet (cappellanus de), XIII s. ; Quetz (de), XIV s. ; Quet-en-Beaumont, c⁰ c²ⁿ Corps ; dioc. Gap, égl. St-Jean.

Qurt (Bas et Haut-), hh. c⁰ Quet-en-Beaumont.

Quet (La), XIX s. ; Cuey, h. c⁰ Seyssuel.

Quétan, XVIII s. : voy. Cuétan.

Quétat (Le), ruiss. affl. le Nant, c⁰ Malleval.

Queue de Bœuf, XVIII s. ; Cul-de-Bœuf, vill. c⁰ Beauvoir-de-Marc.

Queue-du-Loup (La), h. c⁰ Vinay.

Queue-de-Poulet (La), c⁰ c⁰ le Pin.

Queues (Les), h. c⁰ St-Victor-de-Cessieu.

Queux (Les), ou l'Église ; l'Église ou les Queux, h. c⁰ Corenc.

Queux (Le), l. disp. c⁰ St-Etienne-de-Crossey.

Queyrellets (in), XV s. ; Queyrellens (prata de), XV s. ; Queyrelet, XVIII s. ; Queyrelet, h. c⁰ Clavans.

Quez (de), XIII s. ; Quet-en-Beaumont, c⁰ c²ⁿ Corps.

Quez, XI, XII s. ; Quet, XIII s. ; Quetz, XIII s. ; Queth ; Queux, c⁰ c²ⁿ Grenoble-Nord.

Quiblliery (territ.), XV s. ; le Cublier, éc. c⁰ Roche.

Quidan, h. c⁰ St-Ismier.

Quillioniere, XVIII s. ; Q-ionne; la Guillonnière, h. c⁰ Belmont.

Quincenas, XIII s. ; Quincenas, XIV s. ; Q-asium, XIV s.; Quinsonnets, h. c⁰ Sérézin.

Quinceu, XIV s. ; Quincieu, chât. c⁰ Chuzelle.

Quinceu, XIV s. ; Quincieu, h. c⁰ St-Victor-de-Morestel.

Quincevet (eccl. S. Marie de), XIII s. ; Quincelvet, XVII s. ; Quinciciet, h. c⁰ St-Vérand.

Quincez, XIII s. ; Quinciacum, Quintieu (le) ; Quincieu, h. c⁰ Panossas.

Quinchinet (Le), ruiss. c⁰ la Garde.

Quinciaco (obed. de), XII s. ; Quinceu, XIII s. ; Quinceyeu, XIV s. ; Quinciacum, XIV s. ; Quintieu (Grand, Petit-), XVIII s. ; Quincieux, vill. c⁰ Genas.

Quinciaco (eccl. S. Marie), XI s. ;

Quincu ; Quincu (de), XIII s. ; Quincenz, XIII s. ; Quincef, XIII s. ; Quinzanis ; Quincier (eccl. de) ; Quincieu, c⁰ c²ⁿ Tullins ; par. dioc. Gren., égl. Ste-Vierge.

Quincivet, h. c⁰ St-Vérand; par. dioc. Vienne, égl. Ste-Vierge.

Quinconeria, XIV s. : voy. Quinezoneria.

Quineyeu (Stangn. de), XIV s. ; Quincien, h. c⁰ St-Victor-de-Morestel.

Quinezeno (de), XIV s. ; Quinceno (de), XV s. ; Quincieux, h. c⁰ St-Sauveur.

Quinezoneria, XIV s. ; la Quinzonnière, l. disp. c⁰ Corenc.

Quinquet (Le), vill. c⁰ les Avenières.

Quinson, gr. disp. c⁰ St-Jean-le-Vieux.

Quinsonas (villa), XIII, XIV s. ; (castr. de); Quinzonasii ; Quinsonnas, h. c⁰ Sérézin.

Quintiaco, VIII s. ; villa, XI s. ; Quincieu, c⁰ c²ⁿ Tullins.

Quinzaine (La), h. c⁰ Echirolles.

Quiquière (La), h. c⁰ Izeaux.

Quirou, XII s. ; Quiriaco (castr. et burg. de), XIII s. ; Quiref ; Quirief ; Quireyeu, XIV s. ; Quyryeu, XV s. ; Quyreur, XV s. : Quirieu ; Quirieu, h. c⁰ Bouvesse-Quirieu ; dioc. Lyon, égl. Ste-Vierge.

Quiriacus (castr.), IX s. ; Ste-Blandine, mont. et h. c⁰ Vienne.

Quiriel, XIII s. ; Criel, vill. c⁰ Voiron.

Quirieu (fief), XVIII s.; Cuirieu, chât. c⁰ St-Jean-de-Soudin.

Quirleu (Les), chal. et mont. c⁰ Clavans.

Quiviérus : voy. Cuveres.

Quoerro (caban.) que est ap. Vilarium : voy. Coerco.

Quoi (La), font. c⁰ Engins.

Quoinelle, XIX s. ; la Coynelle, h. c⁰ La Cluze-et-Pâquiers.

R

Ra (muilard de la), XII s. ; (rivaulus de laz) ; la Raz, h. c⁰ Allevard.

Ra (La), XIII s. ; le Rat, h. c⁰ le Bourg-d'Oisans.

Ra (La), chal. c⁰ Laval.

Rabassa (ruiss. de), c⁰ Voroppe.

Rabastels (Les), XVII s. ; Rabataux; R-teaux (les), XIX s. ; le Rabateau, h. c⁰ Thuélins.

Rabataux (Les), XIX s. ; Rabo-teaux ; le Rabateau, h. c⁰ Doissin.

Rabatière (La), XIX s. ; la Rebattère, h. c⁰ Salaise.

Rabatte, m³ c⁰ le Percy.

Rabourie (gr. et riv.), XIV s. ; Raberia (nem. in), XIV s.; Rabuera (nom. on la); Rabeyère, mas et ruiss. c⁰ St-Romans.

Rabeyrettes (bois de), XVIII s.; Rabeyrette, mont. c⁰ Ste-Luce.

Rabot, éc. c⁰ Châtelus.

Rabot (tour de) de Chalemont; Rabou, XVIII s.; Rabot, mont. et fort c⁰ Grenoble : voy. Essone.

Racle (parr.), XII s.: voy. S.-Julian de Rar.

Raclas (Le), mont., col et ruiss. uill. le Rit-Tard, c⁰ Besse.

Rachassac (mons de), XIV s. ; Rachassat (mons de), XV s. ; Rachassac, XVIII s. ; Rochassac, mont. c⁰ St-Baudille-et-Pipet.

Rachassier, XIV s.; Rochagnon, h. c⁰ Champagnier.

Racheria, XIV s. : voy. Rucherie.

Rachesclorum (costis), XIV s. ; Racheseyriis; Rachasseyres; Rochassière, ruiss. c⁰ Meylan.

Rachet, h. c⁰ Chasselay.

Racinis villa, XII s. ; Racina, XIII s. ; Passins, XIV s. ; Racins, h. c⁰ Voreppe.

Raclamezière (La), h. c⁰ Extrablin.

Racle (La), ruiss. affl. la Rive, c⁰ le Bourg-d'Oisans.

Racles (Les), éc. c⁰ St-Paul-de-Varces.

Raclet, h. c⁰ Primarette.

Racli villa, XIV s. ; les Racles, h. disp. c⁰ Pinsot.

Racon, t. c⁰ Courtenay.

Raconnière (La), XIX s. ; Ranconnière, h. c⁰ Choranche.

Racordière, XVIII s. ; Racodières, XVIII s. ; Racouillières ; les Racoudières, h. c⁰ Eclose.

Racyna, XIV s. ; Racine, XIX

s. ; *Racine*, gr. et bois c° la Chapelle-du-Bard.

Radière, h. c° St-Alban-de-Roche.

Radoire, h. c° Artas.

Raffets (Les), XVIII s. ; *le Raffet*, h. c°° Moyrieu et St-Agnin.

Rafflu (Le), év. c° Goncelin.

Raffini villa, XIV s. ; *Raffin*, c°. c° St-Pierre-d'Allevard.

Raf'ius (cavan. als), XIII s. ; *les Raffins*, l. disp. près la Mure.

Raffor (La), XIV s. ; Raffurno (gorgia de), XV s. ; Raffourt, XVI s. ; *le Rafour*, h. c° Allevard.

Raffort (territ. dom), Raffurni, XV s. ; *le Rafour*, l. disp. c° Belmes-et-Charpieu.

Raffurnum, XV s. ; *le Rafour*, h. c° le Bouchage.

Rafour (Le), mas c° Annoisin-Châtelans ; — mas c° Bernin ; — Colombier-Saugnieu ; — l'Isle-d'Abeau, Lumbin, Moras, Panilieu, Penol, Poulmiers, Proveyzieux, St-Baudille, St-Joseph-de-Rivière, St-Pierre-d'Entremont, Sueieu-St-Julien-et-Carisieu, St-Martin-d'Uriage, St-Nazaire, la Terrasse, Villefontaine, Villemoirieu, Vinay, etc.

Rafour, h. c° le Bourg-d'Oisans ; — h. c° Paladru ; — h. c° St-Agnin ; — év. c° St-Clair-du-Rhone ; — lieu-dit, c° St-Martin-d'Uriage ; — lieu-dit, c° St-Nazaire ; — ruiss. aff. l'Herbetant, c° St-Pierre-d'Entremont ; — h. c° Serusirieu ; — lieu-dit, c° Sievieu-St-Julien-et-Carisieu ; — lieu-dit, c° la Terrasse ; — lieu-dit, c° Villefontaine ; — Villemoirieu ; — c° Vinay.

Rafour (la Croix-du-) mas c° la Chapelle-de-Surieu ; — mas c° la Chapelle-du-Bard.

Rafourt (Le), XIV s. ; *le Rafour*, h. c° Oz.

Rafurno (riv. de), XIII s. ; *le Rafour*, ruiss. c° St-Joseph-de-Rivière et St-Julien-de-Ratz.

Rageans (Les), XVIII s. ; *Rajau*, h. c° le Touvet.

Ragel (Le), ét. c° St-Didier-de-Bironnes.

Ragia (de), XIII s. ; Raginco (parr. de), XV s. ; Rajac, XVII s. ; Rageat, XIX s. ; *le Rajat*, vill. c° St-Pierre-de-Chandieu.

Ragiato villa, XIV s. ; Rajatis (fontis de), XIV s. ; Regento (la), XVIII s. ; *les Rajats*, mas c° St-Christophe-en-Oisans.

Raijon (Chez-), h. c° Estrablin.

Railhanencorum (mans.), XV s. ; Railhament (mans.), XV s. ; Rellement, XIII s. ; *les Railhancurs?*, l. disp. près St-Laurent-en-Beaumont.

Raille (La), ruiss. c° Theulère.

Raillet (Les), h. c° Bresdin.

Raimberez, XIV s. ; Raymberti, XVI s. ; Ramberti ou des Souches, XVII s. ; *les Ramberts*, ruiss. c° Séchilienne.

Raimona, gr. disp. c° Montchaboud.

Rajasses (Les), XVII s.; Rajasse (Combe) ; Réjasse, XVIII s. ; Réjasses ; *la Rajasse*, forêt c° St-Pierre-de-Chartreuse et Sarcenas.

Rajat (Le), h. c° Meyssiès.

Rajat (Le), vill. c° St-Pierre-de-Chandieu.

Rajeat, XVIII s. ; *les Rajats*, h. c° St-Martin-d'Uriage.

Rajons (Les), XIX s. ; *les Rajeaus*, vill. c°° Montfarrat et St-Sulpice-des-Rivoires.

Ralle (La), XVIII s.; *la Raille*, torr. c° Beaurepaire.

Ramails (nem. dels), XII s. ; Ramas (ad), XIV s.; *les Ramas*, forêt c° Lalley.

Ramatis (in), XVI s. ; *les Ramais*, h. c° Tullins.

Ramban, gr. disp. c° Varacieux.

Rambaude (La), XVIII s. ; *les Rambaudes*, h. c° Pinsot.

Rambauds (Les), XIX s. ; *les Rambaus*, h. c° le Périer.

Rambert (La), h. et ruiss. c° St-Geoire.

Ramberteriis (mans. de), XV s.; *les Rambertières*, h. détr. c° Vif.

Ramblon, f. c° Meyzieu.

Rambout (rif de), XVIII s. ; *Rambout*, ruiss. c° la Ferrière, aff. ruiss. Vaugelas.

Ramrate, XIV s.; *les Ramrates*, mas et font. c° Clavans.

Ramelleria, XV s. ; *la Ramellière*, vill. c° Velanne.

Ramlettes (Les), mont. et ciul. c° Theys.

Ramilleria (La) ; Rery ; Ramellerie (territ.), XV s. ; *la Ramillière*, h. c° Romagnieu.

Ramis Palmarum, XII s. ; Rappaux (bois des) ; *les Rappaux*, év. c° St-Martin-d'Uriage.

Ramispalmarum (Crux), Rampax (Croix du), XV s. ; *Rampaux* (chemin des), c° Brié-et-Angonnes.

Ramolon, XIX s. ; *Remolon*, h. c° Pont-Évêque.

Ramon, XVIII s. ; *Tremons*, f. c° Murinais.

Rampeau, év. c° Seyssins.

Rampes (Les), h. c° Sonnaville.

Ramus, év. c° la Ferrière.

Ramyers (mont. de), XV s. ; *les Ramays*, mont. et ruiss. aff. la Marsanne, c° Lavaldens.

Ranagio (parr. de), XIV s. ; voy. Rennagio.

Ranalloera, XIII s. ; *Renalliere* (la) ; *les Raillets*, h. c° St-Pierre-de-Chérennes.

Ranche (La), h. c° Châtonnay ; — h. c° Farramans ; — h. c° Faverges ; — h. c° Penol.

Ranché, XVIII s. ; R-bée (la), 1700 ; Ranchey (mont. de la), XVIII s. ; *la Ranchey*, forêt c° St-Pierre-de-Chartreuse.

Ranchière (La), h. c° St-Barthélemy-de-Séchilienne.

Ranchins (Les), év. c° Nantes-en-Ratiers.

Ranchives (Les), h. c° Paet.

Rancoillli, XV s.; Rancoilleria ; *la Rancoilière*, év. c° Simandres.

Ranconet (mont. de), XIV s. ; *le Ranconnet*, mont. c° Chichilianne.

Rancous (Les), XIII s. ; Rancomier (de), XVIII s. ; *Rancoussière*, h. c° Choranche.

Rancurelli (castr.), XIII s. ; *le Château*, h. c° Rencurel.

Rancurello (eccl. de), XI s. ; R-lli (mansd., castell°), XIII, XIV s. ; Rancurellum in Montibus, XIV s. ; *Rencurel*, c°° le Pont-en-Royans.

Rancurellum (castr.), *le Château*, h. c° Rencurel.

Randeren villa, XIV s.; *Randière*, l. disp. c⁰ Rivière.

Randeriis (in), XIV s.; *Randlet*, dé. c⁰ Mens.

Randus (Le), XVIII s.; (Baudun?); *Jonon*, h. c⁰ Chasselay.

Rang (Le), h. c⁰ᵉ Choranche et Rencurel.

Rang-du-Buis (Les), mont. c⁰ Parmet.

Rang-du-Marin (Le), mont. c⁰ Corenc.

Rangtiuse, gr. disp. c⁰ Grenoble.

Rangy (La), XIX s.; *la Rangy*, h. c⁰ Chaboms.

Rania (mans.), XII s.; *Raynoria*, XIII s.; *Regnolia*, XV s.; *Laragnal*, mont. c⁰ Quaix.

Ranoley (territ.); XIV s.; *Ranollon* (terr.), Ranouillet, XVIII s.; *Renouillet*, h. c⁰ Communay.

Ranowiel, XIII s.; *Renaudel*, h. c⁰ la Bâtie-Montgascon.

Rapailleyrna, XIII s.; *Rappalleriis* (mans. de); *Rapatilière*, h. c⁰ St-Martin-le-Vinoux.

Rapapan, font c⁰ Allemont.

Rapaton (Le), ruiss. c⁰ Jons.

Rapatoux, mas et canal c⁰ Frontonas.

Rapelin (Le), XVIII s.; *Rapellin*, h. c⁰ Rencurel.

Rapes (Les), mont. c⁰ St-Jean-de-Vaux.

Rapier, XVIII s.; *le Rapy*, h. c⁰ Cour-et-Buis.

Rapillière (ruiss. de), aff. l'Ousgne, c⁰ Marnans.

Rapuax (Le), h. c⁰ Biol.

Rappa Calda (rahon. de), XII s.; *la Chaux*, mas c⁰ St-Gervais.

Rappelleres (ad), XIII s.; *la Croix-des-Rampeaux*, mas c⁰ St-Jean-d'Hérans.

Rarum, XIII s.; Rarum, XIII s.; Rar, XVI s.; *Rot* (Grand, Petit-), ub. et forêt c⁰ la Buisse.

Ras (par. de), XVIII s.; voy. St-Julien de Rar.

Rasan (Le), XVIII s.; Rajans (les); *les Rajans*, vill. c⁰ Montferrat et St-Sulpice-des-Rivoires.

Rasan (Le): voy. Rexigians.

Raschacet (en), XIII s.; *Rochas-set*, bois c⁰ Nantes-en-Ratier.

Raschas (villa de), XI s.; *Rochavey*, h. c⁰ Miribel-les-Echelles.

Raschasslus (loc.), XIV s.; *Rochaynon*, h. c⁰ Champagnier.

Rasière (crête de la): voy. Rouzey.

Rat (vers.), XIV s.; Rat sou de Pereley (territ. de), XVI s.; Rapt: *le Rat*, l. disp. c⁰ Mobileu et Savas-Mépin.

Rat (Le), h. c⁰ Virieu.

Ratari (La), dom. f. XIV s.; *la Ratori*, l. disp. c⁰ Jallieu.

Ratassière, mas et ch⁰ᵉ c⁰ St-Clair-de-la-Tour.

Rateau (Le), mont. c⁰ᵉ St-Christophe et la Grave; — mont. c⁰ Verna.

Ratel, h. c⁰ la Chapelle-de-Surieu.

Ratel (Chez-), h. c⁰ la Chapelle.

Râtelière, gr. disp. c⁰ St-Barthélemy-de-Beaurepaire.

Ratelon, h. c⁰ Monsteroux-Milieu.

Rater (castr. de), XIII s.; Ratiers, Raterii (castr.), XIV s.; Rauhers, XVIII s.; *Ratier*, ruines, c⁰ Nantes-en-Ratier.

Raterii (chavan.), XIV s.; Ratier: *Ratier*, h. c⁰ Allemont.

Raterii (mandam.), XIV s.; *le Ratier*, région naturelle, vallon arr. par la Roizonne, compr. c⁰ᵉ Oris, Siévoz, la Valette et Lavaldens, dép⁰ des cantons de Valbonnais et Nantes, du c⁰ᵉ de la Mure.

Rates, gr. disp. c⁰ Primarette.

Ratier (Le), ruiss. c⁰ Chantesuve.

Ratier (Le), ruiss. aff. la Chapelle, c⁰ Château-Bernard.

Ratier (castr., collum), XIV s.; Raterio; *le Ratier*, mont. c⁰ Trémolin.

Ratier (Le), mont. c⁰ Villard-Eymond.

Ratières (Les), h. c⁰ Voyrins.

Ratiers (Les), quart. c⁰ Valbonnais.

Ratiers et Nantes, 1788.

Raton, év. c⁰ Vienne.

Ratteaux (Les), XVII s.; *les Rateaux*, h. c⁰ Agnin.

Ratx (Le), XVII s.; Rattière;

Rattières, XVIII s.; *Ratières*, h. c⁰ St-Pierre-de-Chartreuse.

Ratz, chât. c⁰ Voiron.

Rauceu (W. de), XII s.; Rauseo; *le Rauze*, mas c⁰ Mens.

Raus (plan. de), XIV s.; Raux, loc., XV s.; Rhaud (le), XIX s.; *le Rhau*, h. c⁰ Mens.

Raux (Les), h. c⁰ la Motte-St-Martin.

Rava (La), éc. c⁰ Pont-Évêque.

Ravaclay (Le), h. c⁰ Marnans et Viriville.

Ravageon, h. c⁰ Septême.

Raval, XIX s.; *Huret*, éc. c⁰ Moirans.

Ravausier, XVIII s.; *Ruenausieux*, h. c⁰ Anjou.

Ravasson, h. c⁰ Fitilieu.

Raval, XIX s.; *Ruvul*, éc. c⁰ Rencurel.

Ravaux (Les), XVIII s.; *les Ruenauls*, h. c⁰ Corrençon.

Ravel (ruiss. de), aff. ruiss. Coin-Bonnet, c⁰ Besse.

Ravel (mans.), XIII s.; Ravelles (les), XVIII s.; *les Ravelles*, h. c⁰ Clavans.

Ravel, XVIII; Ravets (les), XIX s.; *Ruvet*, h. c⁰ St-Julien-de-l'Herms.

Ravellum (mand.), XII s.; voy. Ravellum.

Ravet, éc. c⁰ St-Bonnet-de-Chavagne.

Raveyres (ruiss. des), c⁰ Villard-Eymond.

Ravier (Le), éc. c⁰ Vernioz.

Ravier (châ⁰ du), c⁰ Vif.

Ravières (Les), mont. c⁰ St-Pierre-de-Chartreuse.

Ravignouse (La), h. c⁰ St-Blaise-du-Buis.

Ravinelio (prat. de), XV s.; *Ravinet*, h. c⁰ St-Victor-de-Cessieu.

Ravinet, h. c⁰ Chuzelle.

Ravinet, ét. c⁰ Valencogne.

Ravines (nem.), XIII s.; Ravynes (en); Ravinoux (pré, mas de), XVII s.; Ravignon, XVIII s.; *Ravinoux*, h. c⁰ Voreppe.

Ravinouse (La), ruiss. c⁰ St-Martin-d'Uriage.

Ravins (Les), bois c⁰ Camparoilles.

Ravins (châ⁰ des), c⁰ le Sappey.

Ravioles (Les), bois c⁰ Corps.

Raviz, éc. c⁰ Laas; — éc. c⁰ Parmet; — l. disp. c⁰ Savasnage.

Raviz (Les), XVIII s.: les Ravis, h. c° le Villard-de-Lans.

Ravoire, éc. c° St-Pierre-d'Allevard.

Ravoux (Le), ét. c° St-Victor-de-Cessieu.

Ravoyri (La), XVI s.: la Rivoire, mas c° Chuzelle.

Ravoyria, nem.; Ravoyriis de Adextris (in), XV s.; les Rivoires, bois c° les Adrets.

Ravoyrio (nemora), XV s.; les Rivoires, mas c° Theys.

Ray (camp. supra la), XIV s.: les Reys, h. c° St-Pierre-d'Entremont.

Rayat (Les, f. c° Presles.

Raybaudorum (nem.), XV s.: les Rebauds, l. disp. c° Pierre-Châtel.

Raybout (chaban. de), XIII s.: Raymboudi villa, XIV s.; les Rambouds?, l. disp. c° Vaulnaveys-le-Haut.

Rayre, h. c° les Avenières.

Raynauderie, villa, XIV s.: Reynauderyes?, h. disp. c° Vif.

Raynaudi (mans.), XV s.: Reynaudi; le Reynaud, h. c° St-Etienne-de-Crossey.

Raynif: voy. Roinas.

Raz (La), XIV s.; Raiz (les), XVIII s.; les Rats, vill. c° St-Nazaire.

Raz (La), bois c° St-Nicolas-de-Macherin: — h. c° Villefontaine.

Razes (Les), XVIII s.; les Razes, h. c° Sulaise.

Razes de Fesin (Les), XVI s.: les Razes, sect. c° Feyzin.

Réal (Le), h. c° Engins.

Réal, f. c° Veurey.

Realis Mons (mand.), XIV s.: Realmont; Roomya: voy. Regalis Mons.

Réalmont, XV s.; Réaalmont: voy. Regalis Mons.

Réatière (La), h. c° Roche.

Réaumont, c° con Rives; dioc. Vien., égl. St-Jean-Bapt.

Rebaillère (La), h. c° Biol.

Rebataho (territ. de), XVI s.; Rotaboud, XVIII s.; Rotaboutif, h. c° Dolomieu.

Rebasal, éc. c° St-Just-de-Claix.

Rebatelière, XVIII s.; les Rochetelaire, h. c° Panissage.

Rebatière (La), h. c° Chirens; — h. c° la Folatière; — h. c° Massieu et St-Geoire.

Rebelline (La), XVII s.: la Rebelline, mont. c° St-Christophe-Entre-Deux-Guiers.

Rebequet, XIX s.: Rebecquet, h. c° Allevard.

Rebetière, h. c° Serpaize-Nerpol.

Rebolet (Le), XVIII s.: Ribollet, h. c° Four.

Rebollon, XV s.: les Rebauds, h. c° la Salette.

Reboul, éc. c° Gresse; — éc. c° St-Andéol.

Reboulet (Les, f. c° Four.

Reboulière, XIX s.: les Reboulières, mas c° Bellegarde-et-Poussieu.

Rebouix (La), XIV s.: voy. Roboulix.

Rebouix (contrez des), XVII s.: Reboul, éc. disp. c° Entre-Deux-Guiers.

Rebuffet, XVIII s.: Rebuffoux (les), XIX s.: les Rebuffets, h. c° Laval.

Recamière (La), f. c° Villemoirieu.

Rechagniarderes (mans., factu de), XV s.: les Chagnarderes, mas c° Ornacieux.

Rechalinne, XIX s.: Rochaline, éc. c° Artas.

Rechin, h. c° Chaponnay.

Reclaneria, XIV s.: Reclanière (la), XVI s.: les Reclanières, h. détr. c° Vienne.

Recoin, vill. c° la Bâtie-Divisin; par dioc. Vien., égl. St-Pierre.

Recoing (bastie de), XVI s.; Recoins, XVIII s. · Recoin, vill. c° la Bâtie-Divisin.

Recoing (bastie de), XVI s.: Recoin, XVII s.; Recoins, XVIII s.: voy. Recuglis.

Recollets (Les), quart. c° la Côte-St-André.

Recollets (Les), XVIII s.: (mas des Grands): St-Joseph, quart. et parr. c° Grenoble.

Recorai (mans. al), XIII s.: Recourt, l. disp. c° Barraux.

Recorba (in), XIV s.; la Recourbe, gr. c° Theys.

Rercreria, Recoreyria, XIV s.: la Recoude, mont c° Besse et la Grave (Htes-Alpes).

Recut, XIV s.; Recotz, Recuyt: le Recoud, l. disp. c° Herbeys.

Recoulx (territ. des), XIV s.: Recoux; le Recoux?, l. disp. c° Villeneuve-de-Marc.

Recoud (chez du), c° Chasse.

Recour (les, h. c° Chaponnay.

Recourbin, éc. c° Frontonas.

Recourbon, éc. c° Luzinay.

Recourt, h. c° Eydin-Pinet: — éc. c° Oytier-et-St-Oblas.

Recoyl, XIII s.: Recoil, XIV s.: Recoyn, Recoingt, XVII s.: Recuin, mont. c° St-Martin-d'Uriage.

Recteur (Le), lac et gr. c° Vaulnaveys-le-Haut.

Recueil, XV s.: Recuil: voy. Recoyl.

Recuglis (quart. des), XIV s.: Recuyn, Recuyni, XV s.: Recuin, vill. c° la Bâtie-Divisin.

Recuing, XV s.: voy. Recuglis.

Reculafal, XV s.: Reculafallum, XV s.: Recul-Fort, XIX s.: Reculefaut, h. c° la Folatière.

Reculafal, Reculafallum, XV s.: Reculfort, XIX s.: Reculefaut, h. c° Prevaux.

Reculafal, XIV s.; Reculafallum, XV s.; Reculefaut, vill. c° Rochetoirin.

Reculas, h. c° Savas-Mépin.

Reculas (locus), XI s.: Reculatis (eccl. de), XII s.: voy. Villario Recula.

Reculbier (Les), éc. c° Velanne.

Reculon (mandement de), XIV s.: Reculon, l. c° Colombier-Saugnieu.

Reclouise-de-Bervik (La), mas et chat. c° Chapareillan.

Redeautes (Les), éc. c° Barraux.

Redeuille, h. c° Chavagneux; — (la), vill. c° Colombier-Saugnieu: — h. c° Janneyrias.

Reffreyerie (Barffaus), XV s.: Refreyrie, à peine, chalt. de la Same (mais f. de la), XVII s.: voy. Riffereri.

Refrière, XVIII s.: voy. Riffereri.

Redarum (Le), ruiss. c° Voreppe.

Regali Montis (castr.), XIV s.: le Château, h. c° Réaumont.

Regalis Mons, quod vocabatur Plumeyria quando Templarii tenebant (mand.), XIII s.: Réaumont, c° con Rives.

Regardet (Le), mont. c° la Garde.

Regardil villa, XIV s. ; *les Re-gards*, h. disp. c⁰ Brié-et-Angonnes.

Regardin, h. c⁰ le Mottier.

Regardon (Les), mont. c⁰ Voiron ; — (chât. de), c⁰ Méaudre.

Regardon (Lou), XVI s. ; *le Grand-Regardon*, mont. c⁰ la Buisse et Pommiers.

Regart (territ. du), XIV s. ; *le Regard*, l. disp. c⁰ Meyzieu.

Regellum, XIV s. : *la Roche*, mas c⁰ St-Pierre-d'Allevard.

Regnagii (parr.), XV s. : voy. Rennagio.

Regnere (La), XVIII s. : *la Reynière*, h. c⁰ Villemoirieu.

Regueyres : voy. Gilvernz.

Regunnete, XVIII s. ; *le Regunffe*, h. c⁰ St-Gervais.

Regny (Chât. du), c⁰ St-Priest.

Regulet, éc. c⁰ Voissant.

Regoussin, l. disp. c⁰ Beaulieu.

Regreuy (Le), ruiss. aff. l'Her-betant, c⁰ St-Pierre-d'Entre-mont.

Regret (loc.), XII s. ; *le Regret*, mas c⁰ le Versoud.

Reguillon, éc. c⁰ Beaufort.

Regurey (Le), ruiss. aff. la Fauchy, c⁰ Pommiers.

Reiguier, XVIII s. ; *le Rey-nier*, h. c⁰ la Folatière.

Reine (La), h. c⁰ le Mont-de-Lans.

Reineusson, Reneusson : *Renei-ment*, bois c⁰ Hurtières.

Rejen, l. disp. c⁰ Vaujany.

Relais (Le), h. c⁰ Vaulx-Milieu.

Relatières, XVIII s. : *Relatière*, h. c⁰ St-Martin-d'Uriage.

Relliane (terroir de), XVI s. ; Rellyane, XVI s. ; *Rejdame*, quart. c⁰ Pont-Évêque et Vienne, auj. cours.

Reluisant, h. c⁰ Villemoirieu.

Remeuse (La), mont. c⁰ la Salette et Valjouffrey.

Remestaynz, XIV s. ; Rastayat, XIII s. ; R-tagnum, XIV s. ; R-tayng ; *Rumestang*, anc. quart. ville Vienne.

Remilliere (La), f. c⁰ St-Jean-de-Moirans.

Remise (La), éc. c⁰ Auberives ; — éc. c⁰ Clelles ; — mas c⁰ Creys-et-Pusignieu ; — h. c⁰ Lalley ; — h. c⁰ le Monestier-du-Percy : voy. Grande-Malte.

Remondet (Le), ruiss. c⁰ Prima-rette, aff. le Dolon.

Remparts (Les), quart. c⁰ la Côte-St-André.

Renage, c⁰ Rives ; par. dioc. Gren., égl. St-Pierre.

Renalière (La), f. c⁰ Villemoi-rieu.

Rénard (Le), b. c⁰ les Abrets ; — h. c⁰ les Avenières.

Renardieres (Les), XIV s. : *la Renarde*, f. et ruiss. aff. le Suzon, c⁰ Sermons.

Renardière, éc. c⁰ Auberives-en-Royans ; — (la), h. c⁰ Dionay ; — h. c⁰ le Monestier-du-Percy.

Renardières (Les), XVIII s. : *Renardière*, h. c⁰ St-Andras ; — (chât. des), c⁰ Seyssuel.

Renation (eccl. S. Johan. de), XI s. : Renatiscum, XIV s. ; *Renage*, c⁰ Rives.

Renaud, gr. disp. c⁰ l'Albenc ; — (de), f. c⁰ Châtelus ; — gr. disp. c⁰ Rives ; — mont. c⁰ Vaujany.

Renaudet, XVIII s. : Renaudel, XIX s. ; Renudel ; *Renaudel*, h. c⁰ la Bâtie-Montgascon.

Renaudières, XVIII s. : *Renau-dière*, h. c⁰ St-Quentin.

Renauds (Les) : voy. Reynauds.

Renaux (Les), XVIII s. : *les Rey-nauds*, h. c⁰ Châtelus.

Renavelier (chât. de), c⁰ Vaulx-Milieu.

Renavelière, h. c⁰ Vinay.

Renaulière (fief de), XVIII s. : *la Renaulière*, éc. c⁰ Siman-dres.

Renourel, c⁰ le Pont-en-Royans ; dioc. Gren., égl. St-Jean-Bapt.

Rendrurie (Ruiss. de la), c⁰ Merlas.

René, h. c⁰ Venon.

Renererius, XIV s. : *Reynier*, éc. c⁰ la Motte-St-Martin.

Renevier (en), XIV s. : Renever (mans. de), XIV s. ; *Renevier*, h. c⁰ Pontcharra.

Renevier (artifice à fert en), XVII s. ; *les Martinets-de-Re-nevier*, usines c⁰ Pontcharra.

Renier (La) : voy. Cyterne.

Rennagio (capella de), XIII s. ; Rennagium ; R-greys, XIV s. ; *Rennage*, c⁰ Rives.

Rennelerias, XV s. : *Renneley-ry*, éc. c⁰ St-Guillaume.

Renoux (mans. dels), XIII s. ; Renard (château) ; *Renard*, éc. c⁰ Biviers.

Rente (La), quart. c⁰ Vienne.

Rentière (La), ruiss. c⁰ St-Geoire.

Repas (La), ruiss. c⁰ Lavaldens.

Repellerie (eusturgium, XV s. ; *le Rizet*, h. c⁰ Chirens.

Repellets, XVIII s. : Repellet (le) : *les Repellets*, h. c⁰ St-Maximin.

Requillin, éc. c⁰ Autrans ; — éc. c⁰ Le Villard-de-Lans.

Repou (Les), b. c⁰ Massieu.

Repentiais villa, IX s. ; (eccl. S. Saturnini), X s. : (ager) : *Re-ventin*, h. c⁰ Reventin-Vau-gris.

Repentir (Le), XVIII s. : *la Re-pentie*, h. c⁰ Biviers.

Repetit, h. c⁰ Genas.

Repetta (La), XVIII s. : *la Re-petat*, mont. c⁰ Ste-Agnès.

Repette (La), XIX s. : voy. Ar-peta.

Repidense, XIII s. ; R-ne (riv. de), XIV s. ; Reppidebou ; Repidum, XIX s. : *Repidous*, h. c⁰ St-Maximin.

Repiniau, l. disp. c⁰ Flachères.

Replan, XVII s. : Replat (le), XVIII s. : *le Replan*, h. c⁰ la Chapelle-du-Bard.

Replat (el), XIV s. ; Replatum, XV s. : *le Replat*, h. c⁰ Alle-vard ; — (de), éc. c⁰ Chirens.

Replat (el), XIII s. : R-tum, XIV s. ; Replan ; *le Replat*, bois c⁰ Goncelin.

Replat (Le), gr. c⁰ Laval ; — gr. c⁰ Pinsot ; — mas c⁰ Revel ; — h. c⁰ St-Albin-de-Vaulserre ; — mont. c⁰ St-Christophe-en-Oisans ; — gr. c⁰ St-Pancrasse ; — gr. c⁰ St-Pierre-d'Allevard ; — scie-rie, c⁰ St-Pierre-d'Entremont ; — éc. c⁰ Séchilienne ; — h. c⁰ Tencin ; — ruiss. aff. le Sellier, c⁰ Venosc.

Replatet (chart. del), R-tum, XV s. : Replat ; *les Côtes-du-Replatet*, mont. c⁰ Oris-en-Ratier.

Replatis, XIV s. : Replactum, XV s. ; *le Replat*, h. c⁰ Theys.

Replatus (via de), XIII s. ; *le Replet*, mont. c⁰ Nantes-en-Ratier.

Replats (Les), XVIII s. ; la

Replat, h. c° St-Martin d'Uriage ; — *le Replat*, h. c° St-Quentin ; — éc. c° la Valette.

Replaz (Le), XIII s. : Replat (la), XIII s. ; *les Planets*, h. c° St-Christophe-Entre-Deux-Guiers.

Replot, éc. c° Renage.

Replomb (Grand et Petit), mont. c° Ste-Agnès.

Replon (Le), gr. c° la Motte-St-Martin.

Repomcuri (petra), XIII s. : Repomour (modar), R-or (modar), XIV s. : *le Repomour*, mas c° Theus.

Reposoir (Le), h. c° St-Martin-le-Vinoux.

Repos, h. c° St-Jean-de-Bournay.

Repos (Le), XVIII s. : *l Repos*, h. c° Allevard.

Repousa (La), éc. c° Allevard.

Repplat (el), XIII s. : Replati (li), XIV s. : *les Replats*, h. c° Vaulnaveys-le-Haut.

Repplatis (in), XIV s. : Replat : *le Replat*, h. c° Barraux.

Requetière, XIX s. : voy. Riguetière.

Requitelli (mans.), XIII s. : Requitel, éc. c° Montbonnot-St-Martin.

Réserve (La), f. c° Cornillon ; — f. c° Dizimieu ; — t. c° Pajay.

Resinuheru, l. disp. c° Dolomieu.

Resirou, h. c° Preslen.

Ressabot, h. c° Merlas.

Resse (La), h. disp. c° Planot.

Resurrectionis Domini et S. Maralvorum (Sacromancte Dei matri eccl. Vien. in hon. S. Epamantuis, id est), XI s. : voy. S Maurieii martyris eccl. IX s.

Retamière, h. c° Dolomieu.

Rétaudière (La), XVIII s. : voy. Arondeine.

Rétif (Ch° du), c° Romagnieu.

Retivevron (Le), ruiss. affl. la Galaveson, c° St-Clair-sur-Galaure.

Retro Buffam (mas. de), XVI s. : *Derrière-la-Buffe* ou *l'Envers-de-la-Buffe*, bois c° Le Sappey.

Retro Claustrum, XV s. : Gratianopolis : voy. Tras la Cloitra.

Rev'ar (Veyron ou), XVIII s. : voy. Ruela.

Revantia : voy. Repentinis, Reventinis.

Revasson (torr. de), XVIII s. : *le Rivasson*, tor. c° St-Nazaire.

Revaurauche : voy. Revoirent.

Revel, c° c° Domene ; dioc. Gren., égl. St Vierge.

Revel ap. Vaux (mans.), XIII s. : *Recel*, l. disp. c° Notre-Dame-de-Mesage.

Revel (castr. de), XIII s. : Relli (capt. S. Felicis infra castr), XV s. : *le Château*, h. et ruines c° Revel.

Revel, vill. c° Revel-et-Tourdan ; dioc. Vien., c. St Jean.

Revel-et-Tourdan, c° c° Beaurepaire.

Revel, l. disp. c° Paladru ; — éc. c° St-Pierre-de-Bressieux.

Revel (S Maria de), XII s. : Revello (parr. de), XIII s. : mansl., XIV s. ; Revel les Uriage : *Recel*, c° c° Domene.

Revelleria (in), XV s. : *le Reculet*, chp. c° St-Martin-le-Vinoux.

Revelli, XIV s. : Revellas, XV s. ; *les Revelles*, h. c° Clavans.

Revelli (mans.), XIV s. : villa : Revon : *les Revuls*, h. c° Vaulnaveys-le-Bas.

Revellim, XVII s. : Revellim (domaine de), XVIII s. : *le Revellim*, h. c° Four.

Revellis (villa de) : Reventum, XIV s. : *les Rivons*, ruine. c° St-Paul-de-Varces.

Revello (riv. de), XIII s. : *le Grand-Buisson*, ruine. affl. l'Isère, orig. les lacs Domeynon, arr. c° Revel, St-Martin-d'Uriage et Domene.

Revellum (cap. de castro voc.), XI s. : Revel, XI s. ; Revellum, XIV s. : Revello (eccl. h. Joham., cap. hospit. b° Marie de), XIV s. : Revelli in Viennesio (villa), XV s. : *Recel*, vill. c° Revel-et-Tourdan.

Revemaillère, h. c° Vinay.

Reventim, h. c° Reventim-Vaugris, c° Vienne-Sud ; dioc. Vien., égl. St-Saturnin.

Reventimi (castr.), XIV s. : *le Château*, chât. c° Reventin.

Reventinis villa, X s. : R-ti (de), XII s. : R-tinum ; Revetins,

---

XIII s. : Reventini (mans.), XIV s. : *Reventin*, h. c° Reventin-Vaugris.

Rever (hoquin. du), XV s. : Rivier (molius), XVII s. : *le Rivier*, vill. c° Apprieu.

Reverchat, éc. c° Froges.

Reverdiere, h. c° Fitilieu.

Reverly, éc. c° Ste-Marie-du-Mont.

Reverlys (Less), h. c° St-Christophe-Entre-Deux-Guiers.

Revest (mcm. de), XIII s. : Reviert (de), XVIII s. : *le Rivier*, vill. c° Allemont.

Revest (bordaria de), XIII s. : Reventus villa, XIV s. : Revievert (de), XVIII s. : *le Rivier*, vill. c° Ornon.

Revesti (molutel. de), XIII s. : Reventito (domo de), XIV s. : Reventiti (mansut., priorat. S. Joh. Bapt.) : de membris Excubiar., XV s. : Reveryty, XVIII s. : Reventy : *Reventi*, éc. c° la Rivière.

Reventum villa, XIV s. : *le Rivier*, l. disp. c° Parinet et Seyssins.

Revets (Less), XVIII s. : *les Rivets*, h. c° Brison-Angonnes.

Reveyat ; Revlent (bordaria de), XIII s. : *le Rivier* vill. c° Allemont.

Reveyteron (villa de), XIV s. : *Rievteyor*, h. c° le Gua.

Revier (territ. du), XV s. : Riviere, XVI s. : *le Rivier*, vill. c° St-Theof et St-Savin.

Revillon (Less), XVIII s. : *Reville*, h. c° les Eparres.

Revillon, f. c° Semons.

Revin, h. c° le Bourbaye.

Revimont (Le), ruine. affl. le Drac, c° St-Georges-de-Commiers.

Reviz (Les), XVIII s. : *Revit*, h. c° la Chapelle-du-Bard.

Revoil, éc. c° Luzinay.

Revoirat (bois), XVIII s. : voy. Revoyracti.

Revoirens : voy. Rivoyrau.

Revoiren (Less), XVIII s. : *les Rivières*, vill. c° St-Sulpice-des-Rivoires.

Revoires (bois au mas des), XVIII s. : voy. Revoyrey.

Revol (Le), vill. c° Cessieu.

Revol, éc. c° St-Marcellin.

Revol (mans.), XIII s. : Revoll (bordaria de) : *les Revols*, h.

c^e Vaulnaveys-le-Bas.

Revol-des-Favres, l. disp. c^e Montferrat.

Revolat (Les), XIX s.; les Revolets, h. c^e Culin.

Revolat (Le), ruiss. aff. l'Agny, c^e Chatonnay.

Revolclava (nem. de), XIV s.; Roudacourt, h. c^es Beaurepaire et Revel-et-Tourdan.

Revolet, éc. c^e Lans.

Revolette, h. c^e St-Clair-de-la-Tour.

Revoley (La), h. c^e Agnin.

Revoley (bois du), XV s.; Revoulet, XVIII s.; Revolet, vill. c^e Artas.

Revoley (nem.), XVI s.; Recolus, h. c^e Chanas.

Revollere, h. c^e St-Julien-de-Ratz.

Revollee, vill. c^e Pont-Évêque.

Revolleres (ad), XV s.; Recolen (ch^e de), c^e Bernin.

Revolleres (villa de); Revolleyria, XIV s.; Recoleyres, h. c^e Gua.

Revolles (Les), XVII s.; les Revols, h. c^e St-Pierre-de-Chartreuse.

Revollet, XVIII s.; le Revolet, forêt c^es les Côtes-d'Arey et Reventin.

Revols (village de la), XVII s.; Revolx (les); les Revols, vill. c^e St-Laurent-du-Pont.

Révolte (La), éc. c^e Monsteroux-Milieu.

Revon, l. disp. c^e St-Michel-de-St-Geoirs.

Revorchay, XVII s.; le Revorchay, mas c^e Tignieu-Jameyzieu.

Revorcher, h. c^e St-Jean-de-Bournay.

Revoreta, XV s.; Rivolette, h. c^e la Chapelle-de-la-Tour.

Revoreta, XIV s.; Revoyretes, XIV s.; Revorete, XV s.; les Rivoires, h. c^e les Eparres.

Revorin, h. c^e Brion.

Revoulaure, XVIII s.; Revouloure, XIX s.; Recolore, h. c^e Vatilieu.

Revourset (ch^e de), c^e Prunières.

Revoylhola (foresta), XIV s.; Revoleyra; Revolet: voy. Revoloria.

Revoyra (nem. de la), XIII s.; la Rivoire, forêt disp. c^es Cognin et Rovon.

Revoyracti (nem.), XIV s.; Revoyre, XVI s.; la Rivoire, bois c^es Champier et le Mottier.

Revoyre (dom. de), XIV s.; Res (dom. XIV s.; Reri (dom. l. A.), XIV s.; Rery; les Rivoires, h. c^e St-Victor-de-Cessieu.

Revoyreta (La), XIV s.; Rivoirette, f. c^e Morestel.

Revoyreta (nem. de), XIV s.; les Rivoires, vill. c^e St-Didier-de-la-Tour.

Revoyrey (La); les Rivoires, bois c^e St-Aupre.

Revoyri (bass.), XIII s.; la Rivoire, mas c^e la Buisse.

Revoyria, XV s.; la Rivoire, bois c^e Bossieu; — bois c^e le Bouchage.

Revoyria, XV s.; la Rivoire, h. c^e St-André-le-Gaz.

Revoyria, Rovoyria; la Rivoire, éc. c^e St-Antoine.

Revoyria (via), appelata dou Leysaouls; le Chemin-de-la-Rivoire, ch^e disp. c^e St-Chef.

Revoyria (erban. de), XIII s.; la Rivoire, l. disp. c^e Sièvoz.

Revoyria, XV s.; la Rivoire, h. c^e Vénérieu.

Revoyria, XV s.: voy. Rovoyria.

Revoyriarum (mans.), XV s.; la Rivoire, h. c^e le Mont-de-Lans.

Revoyriarum (crux), XV s.; Reyvorie: les Rivoires, mas c^e Theys.

Revoyrie (mons), XV s.; la Rivoire, vill. c^e Jallieu.

Revoyrie (territ.), XV s.; la Rivoire, vill. c^e Vignieu.

Revoyrie (comba), XV s.; la Rivoire, bois c^e Villeneuve-de-Marc.

Revoyrie (via), XV s.: voy. Via Revoyrie.

Revoyrola (bor.), XV s.; Riverolle, mas c^e Sillans.

Revoyry (territ.), XVI s.; la Rivoire, mas c^e Chuzelle.

Revoyry (La), XVI s.; la Rivoire, f. c^e Vaulx-Milieu.

Revoyseu, XV s.; R-el; Revousset, h. c^e St-Sorlin-de-Morestel.

Rezigiana, XVIII s.; les Rajaus, vill. c^es Montferrat et St-Sulpice-des-Rivoires.

Rey (bois du), XVIII s.; le Rey, f. c^e Dionay.

Rey, éc. c^e Pariset; — gr. c^e Miribel-les-Échelles; — éc. c^e St-Égrève; — gr. disp. c^e Serres-et-Nerpol.

Reys (minus ferrea in), XIV s.; les Rayes, mas c^e la Ferrière.

Reybuet, h. c^e Montagnieu.

Reymond, f. c^e la Chapelle-de-la-Tour; — éc. c^e Corrençon.

Reymonderiis (in) seu in masso de Closo; le Clos, l. disp. c^e St-Égrève.

Reymundi (in cordilli), XIV s.; les Reymondins, h. c^e Chichilianne.

Reymurez, XV s.; Reymeures, XVII s.; Reymur; Reymure, vill. c^e Vif.

Reyna (mas); Reynas, éc. c^e Montseveroux.

Reynardieres (Les), XIV s.; Renadieres (Les), XVIII s.; les Renardières, bois c^e Bossieu.

Reynat: Reynas, éc. c^e Pisieu.

Reymaud, éc. c^e Sassenage; — (le). h. c^e Tignieu-Jameyzieu.

Reynauderum (la Chalp), XV s.: Reynaudie (furnus de) seu de Serro Reynaudi, XV s.: voy. Serrum Reynaudi.

Reynaudis (les), h. c^e Pommiers; — h. c^e St-Antoine.

Reyner (mas. Guill.), XIII s.: voy. Vilarium Reynart.

Reynier, XIX s.: Reynie (la), XIX s.: voy. Roanas.

Reyniers (Les), XIII s.; l. disp. près Chevrieres.

Reynieu (Les, ruiss. aff. le Rhône. c^e Brangues.

Reynaudel, XIV s.; voy. Ramaudel.

Reynaudi villa, XIV s.; les Reynauds l, l. disp. c^e St-Théoffrey.

Reynuet. XV s.; Reygniaux, mas c^e la Côte-St-André.

Reypin, éc. c^e St-Agnin.

Reys (Les), XVII s.; Rey (le), XVIII s.; les Reys, h. c^es Entre-Deux-Guiers et St-Laurent-du-Pont.

Reys (Les), h. c^e Laffrey; — h. c^e Rovon.

Rez (Les), XIX s.; les Reys, h. c^e Rovon.

Rhodanus (flumen), 1er s. av.

J.-C., Rhodanum : *le Rhône*, f. qui reçoit toutes les eaux du dép. de l'Isère et le borne au N.-E., au N. et à l'O.

'Rhodanus, 1er s. av. J.-C., 'Rhodanus : voy. Rhodanum.

Rhone (Le), h. ce Chasse.

Rhual : voy. Ruali.

Rhulos (Le), h. ce Bolomier.

Riariasco, VIII s. ; *Riassord*, éc. ce le Monestier-de-Clermont.

Riauge, XV s. : voy. Ruaujoz.

Rias : voy. Ruata.

Riaux (eux), XII s.; Riers (les) ; *les Rieux*, h. ce Reneurel.

Ribatière (La) : voy. Rébatière.

Ribaudie (La) ; Roly (la) ; *la Ribaudy*, h. ce Allières-et-Risset.

Ribaudière (La), f. ce la Balme.

Ribaut (Le) : *le Ribaut*, h. ce la Garde.

Ribaut (Haut); *le Ribaut-d'Huez*, h. ce Huez.

Ribeires, XVII s.; Ribère (bois); *Ribeyre*, h. ce Cordéac.

Ribodi (La) : voy. Rouboudin.

Ribula, h. ce Primarette.

Riburta (costa), XV s. ; Ribou (les), XVIII s. ; *le Ribot*, h. ce la Garde.

Ribot, éc. ce Auris.

Ribots (Les), XVIII s. ; *le Ribot-d'Huez*, h. ce Huez.

Ribouderes (ap.), XIV s. ; Ribouillères (les) ; *la Riboulière*, h. ce Bellegarde-et-Poussieu.

Riboullère (La), h. ce Veyssilieu.

Ribouds (Les), h. ce Revel.

Richard, éc. ce Cornillon-en-Trièves.

Richard (Chez-), éc. ce Claixneuve.

Richard-Bernard (Les), XVIII s. ; *Guichard*, éc. ce Pollieu.

Richardons (ols), XIII s. ; *les Richards* ?, l. disp. près Chevrières.

Richardi (Sud. q. tenent li), XIII s. ; *la Tour*, ruines, ce Allemont.

Richardière, h. ce Blandin.

Richardière (La), h. ce St-Christophe-Entre-Deux-Guiers.

Richardières, h. ce Chichilianne.

Richardières, XVII s. ; R-re, XVIII s. ; *Richardière* (ols) pour R., h. ce St-Martin-d'Uriage.

Richarey (forêt du), XVII s. ; *le Rocharey*, forêt. ce Miribel-les-Echelles et St-Aupre.

Richaud, éc. ce le Monestier-du-Percy.

Richet, éc. ce Eyzin-Pinet.

Richière (la), h. ce Vaulnaveys-le-Bas.

Richiers (Les), XVIII s. ; Richard, XIX s. ; *les Richards*, h. ce Cornillon-en-Trièves.

Richou (riv. de), XIV s. ; *Richou*, riv. ce Theys.

Richoude (Les), XIX s. ; *Richoude*, h. ce Asslen.

Richard (mont. de), XVIII s. ; Rifelaf : voy. Rivus Clarus.

Ricous (feud.), XIII s. ; *Rieuis* (chin de), ce St-Paul-les-Monestier.

Ricoyl (mont.), XIII s. : voy. Recoyl.

Ridus (Les), h. ce la Chazet-Piquière.

Ridellet (Le), vill. ce Claix.

Rieu-Bruyant, XVII s. : *le Rif-Bruyant*, ruiss. ce St-Christophe-Entre-Deux-Guiers, affl. le Guiers-Vif.

Rieux (Les), h. ce St-Geoire : — h. ce St-Savin.

Rif (Le), ruiss. ce Allières-et-Risset ; — h. ce Beaufort et Lentiol ; — ruiss. ce Bresalin et St-Pierre-de-Bressieux; — h. ce Notre-Dame-de-l'Osier; — h. ce Quincieu ; — ruiss. ce Valjouffrey.

Rif-Blanc (Le), ruiss. ce Champier.

Rif-Boulon (Le), ruiss. affl. ruiss. Vors, ce St-Mury-Monteymond.

Rif-Boulon (Le), ruiss. affl. le Vanoire, ce Lavaldens.

* Vif de la Clet, XIX s. ; *le Rif-de-la-Clé*, h. ce Montaud : voy. Monte Carla.

Rif-Coulant (Le), ruiss. ce les Adrets, affl. le Grand-Ruisseau.

Rif de Crieuf (Le), XIX s. ; *le Rif-de-Creveux*, h. ce Vinay.

Rif-Ferrant (Le), ruiss. ce Voreppe.

Rif Garais (Le), XVIII s. ; Rif Garnier (le) ; *le Rif-Garnier*, ruiss. ce Villard-Eymond, affl. la Lignare.

Rif-Gaspard (Le), ruiss. ce Villers.

Rif-Guillet (Le), ruiss. ce St-Laurent-du-Pont.

Rif-Guimet (Le), ruiss. affl. l'Isère, ce Champ.

Rif Jalla (ruiss. de), XVIII s. : Rive Jalat; *le Rif-Jala*, ruiss. ce le Périer, affl. la Marsanne.

Rif Janin, XVIII s. ; Rifjany, XIX s. ; *Rif-Jany*, h. ce Vaujany.

Rif-Jean-Brun (Le), ruiss. affl. la Romanche, ce Jarrie.

Rif-Joigné (Le), ruiss. affl. le Rif-Bruyant, ce le Gua : voy. Joigné.

Rif-Mounier (Le), ruiss. affl. ruiss. Ratier, ce Château-Bernard.

Rif-Morin (Le), ruiss. ce Laval.

Rif-Mort (Le), ruiss. affl. l'Isère, ce Barraux et la Buissière : — ruiss. affl. le Rif-Bruyant, ce le Gua.

Rif-Noir (Le), ruiss. ce Barraux.

Rif-Pencier (Le), mont. et ruiss. ce Allemont.

Rif Perou, XVIII s.; Riauperou, XVIII s. : voy. Petra Acuta.

Rif-du-Pin (Le), h. ce St-Maurice.

Rif-Pivet (Le) ou ruiss. le Prubert, ruiss. affl. ruiss. Rifgrand, sit ce les Adrets et Laval : voy. Prubert.

Rif-Roux, ruiss. ce Corps.

Rif Salin (Le), XVIII s. : voy. Sallins.

Rif Sec (ruas de), XVII s. : *le Rice*, h. ce Veurey.

Rif-Servaz (Le), ruiss. affl. l'Isère, ce le Champ.

Rif-Sourdet (Le), ruiss. ce Revel.

Rif-Tord, h. ce Mizoën.

Rifferreri et in villa de Nanna (li Riffrey tenent dum... ... del la), XIII s. ; Rifrederia, Rifreria, XIV s. : *le Château*, était ce la Sone.

Raffredi villa, XIV s. : Rifreys (lornaria), XIV s. ; Ruffeys (el); *les Riffreys* ?, h. disp. ce Herbeys.

Rifs (Les), h. ce Ste-Agnès ; — l. disp. ce Mizoën.

Rifs (Les) : voy. Rivas.

Rifset ou Ridset (Le), ruiss. ce Huez, affl. le Rif-Bruant : — ruiss. ce St-Martin-d'Uriage.

Rigaud (Le), h. c⁰ St-Pierre-d'Allevard.

Rigaud, f. c⁰ Montcarra.

Rigauderias (per.), XIV s. : Rigaudi, Rigaudorum ; Rigaudière ?, l. disp. c⁰ St-Ismier.

Rigaudi (dom. f. J.), Rigauderia, XIV s. ; Rigoleria, XV s. ; la Rigodière (al. la Rigaudière), éc. c⁰ Marennes.

Rigaudis (Bafum de), XIII s. ; Rigodin (m⁰⁰), XIX s. ; Rigaudin, h. c⁰ St-Appolinard.

Rignaire : voy. Riperia.

Rignon, XVIII s. ; le Raynon, ruiss. aff. la Bourne, sep. c⁰⁰ Presles et St-André-en-Royans.

Rigoleria, XV, XVI s. : voy. Rigaudi.

Rigolière, XVIII s. ; Rigaudière, h. c⁰ Proveyzieux.

Rigola (territ. voc. la), XIV s. ; R-az, XV s. ; R-les (territ.), XVI s. ; R-lles, XVII s. ; les Rigoles, mas c⁰ Dolomieu.

Rigola (Le), XIX s. ; Rigolet (le), XVII, XVIII s. ; les Rigolets, h. c⁰ Jons.

Rigole, h. c⁰ Monsteroux-Milieu.

Rigolle (La), XVIII s. ; la Rigole, ruiss. c⁰ Vourey.

Rigouvly (Chez-), éc. c⁰ Les Côtes-d'Arey.

Rigune (de), XIV s. ; Rigoles ou les Rivières, h. c⁰ les Avenières.

Riguetière, XVIII s. ; Riquetière, h. c⁰ l'Albenc.

Rimart (cacumen de), XII s. ; la Rima, mont. et gr. c⁰ Chichilianne.

Rimets (Les), h. c⁰ Rencurel.

Rimeyan (ruiss.), XVIII s. ; Rif-Meyan, mont. et ruiss. c⁰ le Périer.

Rimareys (el Petit) in Magan, XIV s. ; la Grande et la Petite-Renardière, bois c⁰ Cognin.

Riondes (La), XVI s. : voy. Buyat.

Riondet, éc. c⁰ Château-Bernard; — l. disp. c⁰ le Périer.

Riondette (Grande, Petite-), bois c⁰ St-Christophe-Entre-Deux-Guiers.

Riordena (gorgia de), XIV s. ; Rudense, h. c⁰ les Adrets.

Riorta (La), mont. c⁰ Verna.

Rios (Bas et Haut-), mas c⁰ Corbline.

Riot (la), h. c⁰ Brezins ; — h. c⁰ la Côte-St-André.

Riot (La), ruiss. c⁰ la Motte-St-Martin.

Riou Blanc, XVIII s. ; le Rif-Blanc, ruiss. aff. l'Olle, c⁰ Vaujany.

Riou Peroux, XVIII s. : voy. Petra Acuta.

Riou-du-Pin (Le), ruiss. c⁰ Vaujany : voy. le Claret.

Rioupeyroux (ruiss. de), XVIII s. ; le Rioupérou, ruiss. c⁰ Chantelouve.

Rioutor (Le), XVIII s. ; le Riftart, ruiss. c⁰ la Garde.

Ripa Fluminis Rodani (loc.), XII s. ; la Rivière, anc. quart. ville Vienne.

Ripaillon, h. c⁰ Virieu.

Ripaillère (La), h. c⁰ Merlas.

Ripaillère, XIX s : voy. Rapailleyres.

Riparum (eccl. de castro), XI s. ; Châteaubourg, h. c⁰ Rives.

Ripau, XVIII s. ; R-ux, XIX s. ; Ripeaux : voy. Rispatis.

Ripaut (mass.), XIII s. ; Ripaus (molend. de), XIV s. ; les Rieuux, h. c⁰ Brié-et-Angonnes.

Ripaz (La) : voy. Cyvetaz.

Riperderes, XIV s. ; Ripardeyre, XVIII s. : voy. Ruperdeyrlis.

Ripere, gr. c⁰ Prébois.

Riperia, XIV s. ; l'Ipperia ; la Rivière, h. c⁰ St-Baudille-et-Pipet.

Ripertis (serr. de), XIV s. ; les Ripperts, h. c⁰ St-Martin-de-Clelles.

Riperts (Les), h. c⁰ Vif.

Ripis (in), XIII s. ; Rippis ; Rivis, XIV s. ; Rippis parr. Eroacii, XV s. ; Riprans (les), XVII s. ; les Rieres, h. c⁰ St-Jean-d'Hérans.

Ripis (eccl. de), XI s. ; Rivis (castr. de), XII s. ; Rieres, ch.-l. c⁰⁰ arr St-Marcellin.

Rippa, XV s. ; le Raizeau, h. c⁰ Adrets.

Rippa, XIV s. ; Riveti (Foss), XIV s. ; le Riveti, ruiss. c⁰ Theys.

Rippa (la), XV s. ; la Ripe, mas c⁰ le Touvet.

Rippa Baudeif (domus de), XIII s. ; Rippa Boudrien, XIV s. ; Rippabaudrent, XIV s. ; Rivebaudière ; Rivabaudrier, h. c⁰ Mauber.

Ripparum (mandam.), XIV s. : voy. Ripis.

Rippaux (Les), XVI s. ; les Ripaux, h. c⁰ Monteynard.

Rippe (aqua), XIV s. ; la Rire, ruiss. c⁰ le Bourg-d'Oisans, aff. la Romanche.

Rippelleria, XIV s. ; Ripal (costa); Ripelli (costa), XV s.; le Ripal, f. c⁰ Chireus.

Ripperia (de), XIV s.; la Rieeun, h. c⁰ la Chapelle.

Ripperia, XIV s. ; la Rivière, vill. c⁰ St-Lattier.

Ripperia, XIV s. ; le Rivier, h. c⁰ Serres-et-Norpol.

Ripperia, XIII s. ; voy. Rippa Fluminis Rodani.

Ripperia Armevi ; Ripparia (molend.), XIV s.; la Rivière, c⁰ c⁰⁰ Tullins.

Rippars (Les), h. c⁰ St-Michel-de-St-Geoirs.

Rippis (ripperia de) ; la Faur (voy. ce mot).

Rippas (prior de), XIV s. ; Ripis (prior de) : voy. St Valerii de Ripis.

Riquetet (Le), ruiss. c⁰ Ste-Agnès.

Rirand, XVIII s. : voy. Catin (Ratina).

Ris (ruiss de), XVIII s. : voy. Bryeyl.

Ris-Pellet (Le), XVIII s. : voy. Repellets.

Risaller : voy. Alier.

Rison (tenem.), XII s. ; Ruison (gr. de), XII s. ; Ruyson, XIII s. ; Ruizand, h. c⁰ Rovon.

Rison (tenem.), XII s. : voy. Ruison.

Risou, XIV s. : voy. Ruyson.

Rispa (prat. in la), XIII s. ; Ripa ; la Ripes, h. c⁰ la Chapelle-du-Bard.

Rispativilla, X s.; les Ripaux, vill. c⁰⁰ Blandin et Châbons.

Risaillère, éc c⁰ Sarcenas.

Risses (Les), l. disp. c⁰ Allières-et-Risset.

Risset, h. c⁰ Allières-et-Risset ; par. dioc. Gren., égl. St-Pierre.

Rission (Les Rochers-), mont.

Rivis ; *les Rioux*, h. c⁰ St-Laurent-en-Beaumont.

Rivo Bruen (mans. de), XV s. : voy. Bruen.

Rivo Rubeo, XIV s. ; *le Rif-Roux*, ruiss. c⁰ le Périer.

Rivo Sicco (eccl. de), XI s. ; (prior de) ; Rivo Sico (parr. et villa de), XIV s. ; Riviscici (priorat), Rivo Sicto ; *Risset*, h. c⁰ Allières-et-Risset.

Rivo Sico (riv. de), XIV s. ; *le Raisset*, ruiss. c⁰ St-Pierre-de-Cherennes, affl. l'Isère.

Rivo Tortu (in), XIV s. ; Riftort. Rivetort, gr., XVIII s. ; *Rif-Tord*, mont. et chal⁰ c⁰ Besse.

Rivo, alias de Trochardo (molend de), XIV s. ; *Rif-Trouchard*, h. et ruiss. affl. l'Isère, c⁰ St-Égrève.

Rivobrulent (mans. de), XIII s. ; *le Rif-Bruyant*, ruiss. c⁰ Séchilienne.

Rivoirante (chât. de) : voy. Ravoirent.

Rivoire (La), mas c⁰ Allevard ; — h. c⁰ Chélieu ; — XVIII s. ; *Rivoires (Grandes et Petites)*, mas c⁰ Cherrières ; — h. c⁰ les Éparres ; — l. disp. c⁰ la Forteresse ; — mas c⁰ la Motte-St-Martin ; — f. c⁰ le Pont-de-Chéruy ; — h. c⁰ St-Jean-d'Avelane ; — h. c⁰ Sardieu ; — éc. c⁰ St-Sorlin ; — f. c⁰ Tignieu-Jameyzieu.

Rivoire (La), c⁰ Torchefelon ; — h. c⁰ Venose ; — ét. et bois c⁰ Virieu.

Rivoire (La) : voy. Chevrin.

Rivoires (Les), h. c⁰ la Bâtie-Divisin ; — h. c⁰ Chirens ; — *Rivoire*, h. c⁰ Revel-et-Tourdan ; — h. c⁰ St-Cassien ; — h. c⁰ St-Clair-sur-Galaure ; — vill. c⁰ St-Didier-de-la-Tour ; — mont. c⁰ St-Pierre-de-Mésage ; — vill. c⁰ Vourey.

Rivotrettes (Les), XIX s. : voy. Revoyreta.

Rivois, XVIII s. : voy. Revoyracti.

Rivolet (Le), h. c⁰ Allevard ; — h. c⁰ Aoste ; — h. c⁰ St-Martin-le-Vinoux.

Rivolette (La), l. disp. c⁰ Fitilieu.

Rivos (ap.), XIV s. ; *les Rioux*, éc. c⁰ Treffort.

Rivoyran (bois), XVIII s. ; *le Rivoiriran*, h. c⁰⁰ Oytier-et-St-Oblas et St-Georges-d'Espéranche.

Rivoyrens (el), XIV s. ; Rivoyrans, XVIII s. ; Rivetran (de) ; Rivoirand, XIX s. : voy. Rovoyria.

Rivoyri (la), XVI s. ; *le Rivoire*, h. c⁰ Meyrié.

Rivoyria, XIV s. ; *la Rivoire*, vill. c⁰ Jallieu.

Rivoyria, XIV s. ; Rivoire (la) ; *la Rivoire*, h. c⁰ Vénérieu.

Rivoyria (de), XIV s. ; *la Rivoire*, h. c⁰ Voiron.

Rivoyria (in), XV s. ; *la Rivoire*, h. c⁰ le Mont-de-Lans.

Rivox, XIX s. ; *les Rivoux*, h. c⁰ Pisieu.

Rivulum (Ultra), XIII s. ; *le Rivolet*, ruiss. c⁰ la Tronche, affl. l'Isère.

Rivum, XIV s. ; *Ricoulres*, éc. c⁰ St-Nazaire.

Rivum (ap.), XIII s. ; Rival (parr. S. Petri ap.), XIV s. ; *la Rive*, ruiss. c⁰ St-Pierre-d'Allevard.

Rivum Medium (mons) ; Rivo Meyano (montan. de), XV s. ; *Rif-Meyan*, mont. et ruiss. c⁰ le Périer.

Rivus, XIV s. ; *le Riret*, ruiss. c⁰⁰ Roussillon et le Péage-de-Roussillon.

Rivus, XIV s. ; *le Riou*, ruiss. c⁰ Villard-Eymond.

Rivus Albus, XIII s. ; *le Rif-Blanc*, ruiss. c⁰ Vaujany.

Rivus Barrual, XIV s. ; *le Rif*, mas c⁰ Vif.

Rivus Bruni, XIV s. ; *le Rif-Brun*, ruiss. c⁰ Hurtières.

Rivus Bruyent, XIII s. ; Bruyentz, XIV s. ; *le Rif-Bruyant*, ruiss. affl. ruiss. Aigue-noire, c⁰ Entre-Deux-Guiers.

Rivus Bruyent, XIV s. ; Rivobruenti (de) ; Rifs Breyent, XVIII s. ; Rif Bruyant ; *Rif-Bruyant*, h. c⁰ Lavaldens.

Rivus Clarus, XIV s. ; *Rifclard*, h. c⁰⁰ Gresse et St-Andéol.

Rivus Faverius villa, XIV s. ; Faverii v., XIV s. ; *Rif-Farier*, ruiss. c⁰ Clavans.

Rivus Meyanus, XV s. ; *le Rif-Meant*, ruiss. c⁰ le Bourg-d'Oisans.

Rivus Mortuus, XV s. ; *Font-morte*, bois c⁰ Oris-en-Ratier.

Rivus Mortuus, XIV s. ; Rieu Mort (le), XVI s. ; Ruimort (ruiss. de), XVIII s. ; *le Rif-Mort*, h. et ruiss. affl. la Romanche, c⁰ St-Barthélemy-de-Séchilienne.

Rivus de Sally. XIV s. ; Sallini, XV s. : voy. Sallins.

Rivus Sicus, XV s. ; *le Rif-Sec*, ruiss. c⁰ Mizoën.

Rivus Tortus, XV s. ; *le Petit Rif-Tord*, ruiss. c⁰ Mizoën.

Rivus Tortus, XIV s. ; *le Rif-Tord*, ruiss. c⁰ Huez.

Rivus Tortus, XIV s. ; Rivetort, XVIII s. ; *le Rif-Tord*, ruiss. affl. la Romanche, orig. c⁰ Besse, sép. c⁰⁰ Mizoën et la Grave.

Rivus-Vetus, XIV s. ; *le Rif-Vieux*, ruiss. c⁰ le Bourg-d'Oisans.

Rixon, X s. ; *la Roisonne*, riv. affl. l'Isère, c⁰⁰ Lavaldens, la Valette, Oris, Siévoz et Nantes-en-Ratier.

Roa, XV s. ; Rouat, XVIII s. ; Roux (le), XIX s. ; *Rouat*, h. c⁰ Varacieux.

Roar, h. c⁰ Marcieu, 1789 ; par. dioc. Gren., égl. St-Christophe.

Roarro (villa de), XIV s. : voy. Roar.

Roarh, Roag (eccl. de), XI s. ; Roaceo (villa, parr. de), XIV s. ; Roaeq, XVIII s. ; *Roar*, h. c⁰ Marcieu.

Roachin, XVIII s. ; Rouachin, XVIII s. ; *Ruachin*, f. c⁰ Décines.

Roanas, XIII s. ; Roenaf ; Roynan, XIV s. ; Roynaf ; *la Reiny*, vill. c⁰ Clonas.

Roanel, (territ. de), XV s. ; *Ruinel*, h. c⁰ Estrablin.

Roanis (terra de), XIII s. ; Roaynilis, XIII s. ; Roanus : voy. Roianum.

Roara (boumin. de), XIII s. ; *Rouare*, h. c⁰ Froges.

Robarenz, XIV s. ; Robarent (mans. de) ; Robarens, XIV s. ; Roborenc (mans.), XV s. ; Roberant, XIX s. ; *Roubarens*, h. c⁰ Oz.

Robassard (Ruiss. de), bras de l'Isère, c⁰⁰ Moirans et Voreppe.

Gresse ; — éc. cᵉ Lans ; — (la), f. cᵉ Montrevel ; — éc. cᵉ Morestel ; — (mont. de la), XVIII s. ; *la Grande-Roche*, mont. cᵉ Proveysieux ; — éc. cᵉ Quincieu ; — l. disp. cᵉ Roncurel ; — h. cᵉ St-Alban-de-Roche ; — (étangs de la), cᵉ St-Baudille ; — vill. cᵉ St-Bueil ; — mont. cᵉ St-Michel-en-Beaumont ; — (mais. f. de la), XVIII s. : *la Roche*, f. cᵉ St-Victor-de-Morestel ; — h. cᵉ la Salle ; — h. cᵉ Varacieux ; — cᵉ cᵉˢ la Verpillière ; dioc. Vienne, égl. St-André.

Roche-Aigue (La), mont. cᵉ la Morte.

Roche sur le Bacheis ; *l'Attente de l'Ours*.

Roche-Berchon, mont. cᵉ Allemont.

Roche Berengier (mont.), XVII s. ; *Rocher Beranger*, XVIII s. ; *Roche-Béranger*, mont., éc. cᵉ Vaulnaveys-le-Haut.

Roche de Berlan, XVIII s. ; *la Roche*, h. cᵉ St-Christophe-Entre-Deux-Guiers.

Roche-Blanche (La), mont. cᵉ St-Christophe-Entre-Deux-Guiers.

Roche-Brune, mont. cᵉ Vaulnaveys-le-Haut.

Roche-Buffe, mont. cᵉ Entre-igues.

Roche-Combiers (mais. f. de la), XVIII s. : voy. Rupis, Bastide de Ruppe.

Roche de Condrieu, XVIII s. ; *Roches* (les) ; *les-Roches-de-Condrieu*, cᵉ cᵉˢ Vienne-Sud.

Roche-Courbe, mont. cᵉ Besse ; — mont. cᵉˢ la Salette et Aspres-les-Corps (Hautes-Alpes).

Roche Curt, XVI s. ; *Roche-Curt*, mont. cᵉ St-Pierre-de-Chartreuse.

Roche-d'Engins : voy. Pelleterie.

Roche d'Estapes : voy. Stapis ; Estapes-à-St-Pierre-d'Allevard.

Roche (Chez), h. cᵉ Estrablin.

Roche d'Étape (chât. de la), XVIII s. : voy. Ruppis, Bastide de Ruppe.

Roche-Faurie (La), mont. cᵉˢ St-Christophe-en-Oisans, la Pisse et le Villard-de-Lans.

Roche (La Grande et la Petite), mont. cᵉˢ la Terrasse et le Touvet.

Roche-du-Midi (La), mont. cᵉ Sarcenas.

Roche-Monterier (La), XVIII s. ; *la Roche-Montferrier*, h. cᵉ Polliénas.

Roche-Montferrier (La), h. cᵉ Polliénas.

Roche à Moydieu (Chez), XVI s. ; *Roches ap. Moydiacum* (dom. des), XVI s. ; *Chez-Roche*, h. cᵉ Estrablin.

Roche-Mure (ruiss. de la), cᵉ Lavaldens.

Roche-Néchat, éc. cᵉ la Ferrière.

Roche-Noire, mont. et ruiss. aff. le Fenet, cᵉ Allemont ; — mont. cᵉ la Combe-de-Lancey ; — mont. et ruiss. cᵉ Oz ; — h. cᵉ St-Barthélemy-de-Séchilienne.

Roche-de-l'enail (La), mont. cᵉ le Mont-de-Lans.

Roche Pingolet (La), mais. f., XVI s. ; *la Roche*, h. cᵉ Ville-sous-Anjou.

Roche-de-Ritte, éc. cᵉ Miribel-les-Échelles.

Roche-Ronde, mont. cᵉ Claix ; — (la), mont. cᵉ Porcieu-Amblagnieu.

Roche-Rousse, mont. cᵉˢ Annoisin-et-Châtelans et Verna ; — mont. cᵉˢ la Buisse, Pommiers et Voreppe ; — mont. cᵉˢ Choranche et Presles ; — *Ruchas Rous*, XVIII s. ; *Rocharoux*, mont. cᵉˢ St-Bernard et Ste-Marie-du-Mont ; — (la), mont. cᵉ St-Nazaire ; — mont. cᵉ St-Pierre-de-Chartreuse ; — mont. cᵉ St-Christophe-Entre-Deux-Guiers.

Roche du Sollet, XVI s. ; *le Rocher-de-Midi*, mont. cᵉˢ St-Hilaire et St-Pierre-de-Chartreuse.

Roche Taillée, XVII s. : voy. Pierre Taillez.

Roche Touret, mont. cᵉ le Périer.

Roche Veyria, XVIII s. ; *la Roche*, mont. cᵉ Veurey.

Roche-Vieille (Chⁿ de), cᵉ Pinsot.

Rochebelle, chât. cᵉ Meylan.

Rochebœuf (ruiss. de), XVII s. ; *Rocheboeuf*, mont. cᵉ St-Laurent-du-Pont.

Rochebrune, h. cᵉ St-Hilaire-du-Rosier.

Rochechin, h. cᵉ Parmillieu.

Rocheferrière, XVII s. ; *le Ferrier*, mont. cᵉ Vaulnaveys-le-Haut.

Rochefort, h. cᵉ Pinsot.

Rochefort (la croix de), XVIII s. ; *Rochefort*, mont. cᵉˢ St-Pierre-d'Allevard, Theys et la Ferrière.

Rochemaure (Chⁿ de), cᵉ Allevard.

Rochepleine, XVII s. ; *Rocheplaine*, chât. cᵉ St-Égrève.

Rocher (essart du), XVII s. ; *Rochers* (habert des) ; *les Rochers*, chal. et mont. cᵉ St-Pierre-de-Chartreuse.

Rocher-Blanc, mont. cᵉˢ Laval et Ste-Agnès ; — mont. cᵉ la Morte ; — (le), mont. cᵉ St-Christophe-Entre-Deux-Guiers ; — (le), mont. cᵉ Susville.

Rocher-Cabot, mont. cᵉ Theys.

Rocher-Croisé (Le), mont. cᵉˢ St-Laurent-en-Beaumont et Valbonnais.

Rocher-Long (Le), mont. cᵉ la Flachère.

Rocher-de-Marbre (Le), mont. cᵉ Allevard.

Rocher-du-Midi (Le), mont. cᵉ la Balme.

Rocher-du-Moine (Le), mont. cᵉˢ Barraux et Chapareillan.

Rocher-Molin, mont. cᵉ la Combe-de-Lancey et Revel.

Rocher-Potat, mont. cᵉˢ Barraux et Chapareillan.

Rocher-Rond (Le), mont. cᵉ le Mont-de-Lans.

Rocheray (el), XIV s. ; *le Rucharey*, mont. cᵉ la Chapelle-du-Bard.

Rochère (La), XVII s. ; d'Entre-Deux-Guiers, XVIII s. : voy. Rucheria.

Rocheretum, XIV s. ; Rocheroy, XIV s. ; *le Rocharey*, h. cᵉ Theys.

Rocherey (La), XIII s. ; *Rochayrey Theyali*, XIII s. ; *le Rucharey*, h. cᵉ Theys.

Rochers-Roux : voy. Avant-Corps.

Roches (Les), h. cᵉ la Bâtie-Divisin ; — h. cᵉ Beaufort ; — h. cᵉ Cessieu ; — ruiss. aff. ruiss. Fontbelle, cᵉ Huez.

Roches, XV s. ; *Ruchacetum* ;

Rochas, h. c° Bossu.

Roches (dom.) ap. Moydiacum, XVI s.; *Chez-Roche*, h. c° Estrablin; — (les), h. c° Morestel; — vill. c° Pajay; — h. c° Roche; — chat. c° St-Martin-le-Vinoux; — mas c° Tignieu-Jameyzieu; — *Roche*, h. c° Torchefelon; — (les), h. c° Trept; — mas c° la Valette; — h. c° Vaulieu; — h. c° Vénérieu.

Roches-du-Berlan (Les), mont. c° St-Christophe-Entre-Deux-Guiers.

Roches-Blanches (Les), h. c° Chamagnieu.

Roches de Seyssuel (Les), XVIII s.; *les Roches*. mont. c° Seyssuel.

Roches-de-Verdun (Les), mont. c° l'Albenc.

Rochet (Le), h. c° Cour-et-Buis; — XIX s.; *le Rocher*, h. c° Parmilieu.

Rochet, XVII s.; *Rochit (le)*: la Rochette, h. c° St-Christophe-Entre-Deux-Guiers.

Rochets, XV s.; *la Rochette*, l. disp. c° Claix.

Rocheta, XV s.; *la Rochette*. h. c° St-Geoire.

Rocheta (des), XIV s.; *la Rochette*, mas c° Vernas.

Rocheta (molend. de), XIII s.; Rochetaz (la), XVI s.; Rochette, XVII s.; *la Rurhe*, anc. quart. ville Vienne.

Rochets, XIV s.; *la Rochette*, mas c° Vizille.

Rocheta de Rouges, XIV s.; Rochevielle, XVI s.; R-veille, XVII s.; *Rochevieille*, chat. c° Vénérieu.

Rocheta de Valetis, XIII s.; Rocheta de Valeres; *la Rochette*, h. c° le Pont-de-Beauvoisin et Romagnieu.

Rocheta super Venciam, XI s.; Rochette (bois), XVI s.; Rochette en Vency; *la Rochette*, mas c° Corenc.

Rocheterila (territ. de), XIV s.; *la Rochette*, mas c° le Fontanil et St-Egrève.

Rochetière, h. c° Pariset.

Rochetière: voy. Rousselleria.

Rochetis (mans. de), XI s.; Rochetes (ad), XIII s.; *les Rochettes*, éc. c° Morestel.

Rochetis (mans. Guillelii de), XI s.; Rochetes; *le Rochet*, éc. c° St-Maximin.

Rochetoirin, c° c°° la Tour-du-Pin; par. dioc. Vien., égl. Ste Vierge.

Rochetta (la), éc. c° Hurtieres, XV s.

Rochette (la), mont. c°° Barraux et Chapareillan.

Rochette (la), h. c° Chantesse; — h. c° Oris-en-Ratier; — mont. c° le Perier; — scierie, c° Pontcharra; — h. c° Rencurel; — (chât de la), c° St-Martin-le-Vinoux; — (Ruiss. de la), c° la Salle; — (la), bois c° Sassenage; — (la), éc. c° Tullins.

Rochettes (Les), éc. c° le Villard-de-Lans.

Rocheverey, XVIII s.; *Roche-l'ère*, bois c°° Charette et St-Baudille.

Rochevert. éc. c° le Bourg-d'Oisans.

Rochi (castr. de), XIII s.: *la Tour*, ruines, c° Roche.

Rochi (La), XIII s.; *la Roche*, éc. c° St-Andre-en-Royans.

Rochi (La), XIV s.; Rochia (in), XIV s.; *les Roches*, vill. c° St-Vérand.

Rochi (de la), XIII s.; *Roche*, h. c° Vienne.

Rochi (La), XV s.: voy. Roche-Pingolet.

Rochia, XV s.; *la Roche*, vill. c° l'Isle-d'Abeau.

Rochia, XIV s.; *les Roches*, éc. c° Oz.

Rochia, XIV s.: *la Roche*, éc. c° Treffort.

Rochia de Sancto Albano, XII s.; Rochi; *Roche*, c° c°° la Verpillière.

Rochie (prat.), X s.: *la Roche*, éc. c° Theys.

Rochier (Le), ruine. c° Chantelouve.

Rochifort (cavan. de), XIII s.; Rupe forti (in), XIV s.: Ruppis Fortis (mans.), XVI s.; *Rochefort*, h. c° Vaulnaveys-le-Bas.

Rocillo, XIII s.; Rocillionis, XIV s.; *Roussillon*, ch.-l. c° arr° Vienne.

Rocillon, XIV s.: Rosillon (clot-um), XV s.; *Rossillon*, mont. c°° Oris-en-Ratier et Sievoz.

Rocta (La), XIV s.; *les Routes*, bois c° Izeron.

Rocta (nem. de), XIV s.; (la); *le Routay*, mas c° Villemoirieu.

Roctes (Les), XIV s.; *les Routes*, l. disp. c° Ste-Marie-du-Mont.

Rocxeriis (prat. de), XIV s.: voy. Roserlis.

Roclagnum, XVI s.; Roblanum: voy. Rhodanus.

Rodano (fluv.), IX s.; Rodanum; Rodenus; Rodanis, X s.: Rosane; Rosne, XI s.; Roser, XIII s.; Rosne; Rosne (dom): voy. Rhodanus.

Podavon, II s. av. J.-C.; voy. Rhodanus.

Rodins (Les), XVII s.; *Rodet*, éc. c° Ressins.

Rodière (La), éc. Vienne.

Rodou (Le), XVIII s.: *le Rodou*, mont. c° Chanteloube.

Rodulphi Albi (mans.), XIII s.: Raul Albi; Raul Blanc, XV s.; *Rabuires*, h. disp. c° Livet-et-Gavet.

Rodulphi de Comerlis (domus), XV s.: *Raoul-de-Comerieux*, c° réunie à celle de Seyssins en 1801.

Roerie (mans.), XIII s.: *Roisier*, (chât de), c° Voreppe.

Roers (mans.), XIII s.; (aqua de), XIV s.: *Rosset*, mas c° Nantoin-en-Ratier.

Roeta (de), XIV s.; *la Rosette*, mas c° Allières-et-Risset.

Roez (bord. dena, XIII s.; (al), XIV s.: *les Routes*, éc. c° St-Jean-de-Vaux.

Rogennux: voy. Rosennum.

Rogeril (comba), XIV s.; *Rogier* (chât de), c° la Flachère.

Rogmard; Romiard, XV s.; *Roguiard*, h. c° Chaponnay.

Rogneuse (La), mont. c° le Perier.

Rognière (La), XVIII s.: Rognin, XIX s.; voy. Roynin.

Rognières, h. c° St-Victor-de-Cessieu.

Roguins (mans. des), XVIII s.; *les Roisnts*, h. c° Rencurel.

Rognon (Le Col-du-), mont. c°° Treminis et Lus-la-Croix-

Haute (Drôme).

Rognтом, XIV s.; *les Rajons*, h. cne St-Maximin.

Rogurbis (rupp. de), XIV s.; Rolhons (ruchass. de). XV s.; *le Rognon*, mont. et col. cnes Lalley et Tréminis.

Rolacco (parr. de), XIV s.; Rolaeto (inular. de), XIV s.: voy. Roac.

Roi (forêt du), cne St-Laurent-du-Pont.

Roi (de). XII s.: voy. Rui.

Rolanum, Rolanearia partibus (in), XI s.; Rolas, XII s.; Roians, Roien, Rolanès (le), XVIII s.; *le Royans* (voy. ce nom).

Rolas, XIII s.: voy. Royas.

Rolbo, XII s.; Roibon, XIII s.; Roybonis (villa), XIII s.; *Roybon*, ch.-l. cnes arr⁴ St-Marcellin.

Roiche (La), XIV s.; *la Roche-Morte*, éc. cne Pontcharra.

Roinas, XIII s.; Ruennas; *la Reiny*, vill. cne Clonas.

Roine, f. cne Solaise.

Roinum, XI s.; Roins, Rois: voy. Rolanum; — Roinnis, XIII s.; *le Royans* (voy. ce nom).

Roisa, XII s.; Roysia, XIII s.; *la Roise*, tor. affl. l'Isère, arr. cnes Voreppe, Pommiers.

Roisette (La), ruiss. affl. le Fanchy, cne Pommiers.

Roison, Roisun, XIII s.; Rosone (cap. S. Claudii de), XV s.; *Roison (Bas et Haut-)*, hh. cne Nantes-en-Ratier.

Roisonne, torr. orig. ruiss. nés entre pyramide Taillefer et pointe de Larmet.

Roisun (bosc. de), XIII s.; Royssonis (nem.), XIV s.; Roysone (nem. de), XV s.; *Roizon*, bois cne Ste-Luce(-en-Beaumont).

Rojolet (rifs de), XVII s.; Rojollet (ruiss. ou font. de), Roujoulet; *le Rojolet*, ruiss. cne Entre-Deux-Guiers, affl. l'Aiguenoire.

Rojon, éc. cne Biol.

Rojon (Le), XIX s.; *le Rojou*, h. cne Crachier.

Rojons (Les), l. disp. cne le Bouchage.

Rojons (Les), XVIII s.; *les Rajons*, h. cne St-Maximin.

Rolan, Roland, XVII s.; *Rolland*, h. cne St-Vérand.

Rolando (de), XIV s.; *le Rolland*, h. cne Jarrie.

Role, h. cne Vulin.

Rolets (Les), XIX s.; *le Girolet*, h. cne St-Joseph-de-Rivière.

Rolland (Le), f. cne Rouvesse-Quirieu; — gr. cne Laval; — éc. cne le Monestier-du-Percy; — éc. cne St-Baudille-et-Pipet; — h. cne Tramolé; — h. cne Varacieux.

Rollandera (caban. de la), XIII s.; Rollanderia, XIV s.; *la Rollandière*, h. cne le Mont-de-Lans.

Rollanderia, XIV s.; Rollanderias, XVI s.; *Rollandière*, h. cne Sassenage.

Rollandière (La), h. cne Favorges.

Rollands (Les); *Mont-Rolland*, h. cne Châtenay.

Romagio (mass. de), XIII s.; R-inu villa, XIV s.; Romuagio (gorgia de), XIV s.; *Romage*, vill. cnes Herbeys et Poisat.

Romagne, h. cne Villette-d'Anthon.

Romagniael (castr.), XIV s.: voy. Romaygnyeu.

Romagnieu, cne cnes le Pont-de-Beauvoisin; dioc. Belley, égl. St-Christophe.

Romain-Libre, 1793; *St-Romain-de-Julionas*, cne cnes Crémieu.

Romalière (La), XVIII s.; *la Romatière*, h. cne Corbelin.

Roman (la Costa subt. dom.), XIV s.; *les Romains*, bois cne St-Bernard.

Roman, f. cne St-Paul-les-Monestier.

Romanaro (eccl. de), XIII s.; Romagneu (terra de), XIII s.; R-niacum, Romaygnyeu (dom. de), XIV s.; *Romagnieu*, cne cnes le Pont-de-Beauvoisin.

Romanchau, éc. disp. cne Mizoën.

Romanchi, XIII s.; R-ia (aquag. de), XIII s.; Romangie, XV s.; Romanche; *la Romanche*, riv. affl. le Drac, orig. départ. Htes Alpes, pénètre d. l'Isère par la gorge de Malaval, arr. cnes Mizoën, Mont-de-Lans, le Freney, Auris, le Bourg-d'Oisans, Allemont, Livet-et-Gavet, Séchilienne, St-Barthélemy-de-Séchilienne, Vizille, St-Pierre-de-Mésage, Notre-Dame-de-Mésage, Jarrie et Champ.

Romand, f. cne le Percy.

Romanorila (in), XIV s.; Romani; *Romanet*, h. cne Parizet.

Romanesches (de), XI s.; R-ias (de), XII s.; Ruinenesges; Romanenchis, XVI s.; *Romanèche*, h. cne Rochetoirin.

Romanet, h. cne St-Just-et-Chaleyssin.

Romanetier, XVIII s.; *Romanetière*, h. cne St-Quentin.

Romanette (La), XVIII s.; *les Romanettes*, h. cne Corbas.

Romani. XIV s.; *les Romains*, mont. cne Allemont.

Romaniaco (eccl. S. Xpistofori de), R-neo (eccl. de), XII s.; *Romagnieu*, r⁰ cnes le Pont-de-Beauvoisin.

Romantières (Combe des), XIX s.; *Romantières*, h. cnes Chaponnay et Valencin.

Romanus (loc.), IX s.: voy. S. Romani in agro Brenlacensi.

Romarinière, gr. disp. cne St-Michel-de-St-Geoirs.

Romaygnyeu (dom. de), XIV s.; *le Château*, h. cne Romagnieu.

Romayllos (los), XV s.; *Roche-Mâle*, éc. cne Beautin.

Romayoux (Le), mont. cne la Morte.

Rome, h. cne Solaise.

Romeyre, XIX s.; *Romeyèr*, h. cne Rencurel.

Romeyère, h. cnes la Rivière et St-Quentin.

Romeyerio (Yssarta de), XIII s.; Romlère; *Romeyère*, h. cne Rencurel.

Rompaul, h. cne St-Laurent-de-Mure.

Rompet (Le), h. cne Dolomieu.

Rompey (Le), h. cne le Cheylas.

Ronalère, h. cne Four.

Ronce (La), h. cne Roche.

Roncevaux (Ruiss. de), affl. la Bourbre, arr. cnes Montferrat, la Bâtie-Divisin, Charancieu et St-Ondras.

Ronchaire, éc. cne St-Barthélemy-de-Séchilienne.

Ronchives (Les), h. c. Chatte et St-Marcellin.

Ronchoms, XIV s. : voy. Ronchmans.

Ronches (Les), h. c. Jarcieu.

Ronel (Le), quart. c. la Garde.

Ronplaz (rocher et bois de la), XVIII s. ; la Ronde, forêt c. Pommiers.

Rouleau (Le), quart. c. Grenoble.

Ronderlin (la), XV s.; la Ronde, forêt c. Pommiers.

Ronfet (Le), h. c. la Tour-du-Pin.

Rongy (mais. f.), XVIII s. ; la Rongy, h. c. Chabons.

Ronjat (Le), h. c. Champier.

Ronsia, mans., XIV, XV s. ; Ronzia, XVI s. ; Ronze (la) ; la Ronzy, h. c. Claix.

Ronsières (Les), XVII s. ; les Ronzières, éc. c. St-Pierre-d'Allevard.

Ronsy (la) ; Ronzi (la) : voy. Ronsia.

Ronix (sacerd. de), XIII s. ; Ronz (villa de), XIII s. : voy. Eron, Heron.

Ronzaret, h. c. Brezins.

Ronzault, XVI s. : voy. Rossy.

Ronze (La), h. c. Sonnay.

Ronzeria, XIV s.; la Ronzière, h. c. Allevard.

Ronzeria (territ. de), XV s. ; la Ronzière, h. c. St-Martin-d'Uriage.

Ronzières (Les), mont. c. Ste-Agnès.

Roptas (in), XIV s. ; Rotas (ap.), Routin ; les Routes ou Prey, mont. c. Clavans.

Roptes (Les), XV s.; les Routes, h. c. Montagne.

Roqua, h. c. Pusignan.

Rordesa (gorgia de), XV s. : Rondeisan, XVII s. ; Rodesse, h. c. les Adrets.

Rosa, XIV s. ; Rosey ; Roxat, XIX s.; Rosa, h. c. St-Ismier.

Rosan (Le), ruiss. aff. Lambre, c. Bellegarde et-Poussieu.

Rosani (territ. de), XVI s. : voy. Rossy.

Rosano (de), XIII s. ; Rosans, XIII s. ; Rosanz, XIII s.; Rosan, h. c. la Tronche.

Rosanos, XIV s. ; R-oz, XIV s.; R-oez, XIV s. ; Rosan, h. c. la Tronche.

Rosaria, IX s. ; Roseriorum (mage. camp.), XIV s. ; le Rosier, h. c. Lieudieu.

Rosan (de), XII s. ; Rossas (de), XIV s. ; Rossaro (de); Rossan, vill. c. St-Vérand.

Rosatière (La): voy. Rosseclerlis.

Rosay (territ. de), XVI s. ; Roseta ou Bellone, mas c. Clonas; — (le), h. c. Moirans; — h. c. Montferrat.

Rose, éc. c. St-Romet-de-Clavagne; — l. disp. c. Serres-et-Nerpol.

Roseley, font. c. Chapareillan ; — (de), ruiss. afl. le Bréda, c. la Ferrière.

Rosenum, XIV s. ; R-nou, XV s.; Rochnu, XV s. ; Rosenoux; R-orex, XVI s. ; Rossenou, h. c. St-Savin.

Roseria, XV s. ; la Rose, h. c. Miribel-les-Echelles.

Roseria, XIV s.; Roserii villa; les Rosières, mas c. Chaparoillan.

Roseriis (fons de), XV s. ; Rossière ; Rossarière, h. c. Vif.

Roserio (maladeria de), XIV s.; Rosiers (en), XVII s. ; Rosières, h. c. Ruy.

Roses (Les), XIX s.; les Roses, sect. c. Feyzin.

Roset, XVIII s. ; Rossi, XIX s.: voy. Rosetos.

Roseto (mans. de), XV s. ; R-tes, XIX s.; les Rosets, h. c. la Cluze-et-Pâquiers.

Rosetos (vers), XIV s. ; Rosetum ; Rossetis (de) ; Rosers ; Rosset, h. c. la Garde.

Rosey (camp. del) seu de Chanalleriis, XIV s. ; l'Ile-Rose, f. c. Voreppe.

Rosiatis (villa), XI s. ; Rozay, XVIII s.; Rosay, h. c. Chanas.

Rosier (Le), h. c. St-Geoire et St-Sulpice-des-Rivoires.

Rosière (La), vill. c. Estrablin.

Rosiers (Les), XVIII s.; Rosier, XIX s. ; le Rosier, vill. c. Izeaux.

Rosinière, XIX s. ; Rosinière, h. c. Englas.

Rosot : voy. Rosas.

Rossano (de), XIII s. ; (nem. Vallis de), XIV s. ; Rossan, éc. c. Morêtel.

Rossanum, XIV s. : voy. Campus Rosetni.

Rossatibus (mans. de), XV s. ; Rossatis (mans. de), XV s. ; les Rossets, l. disp. près St-Laurent-en-Beaumont.

Rossatière, h. c. Chabons.

Rossatière, h. c. le Mottier.

Rossein, XVIII s. : voy. Racinisvilla.

Rossel (nem. sit. cm), XIV s.; Rossetorum (mans.), XV s. ; le Rosset, mas c. Champier.

Rosselerlis (inchio de), XIII s. ; Rosserteria ; Rossetière (la), XVIII s. ; la Rossetière, vill. c. St-Aupre et St-Etienne-de-Crossey.

Rossellone (de), XII s. ; Rossillon ; Rossillon ; Rossyllions, XIV s. ; Rossyllione (de); Rossillione (eccl. S. Jacobi de), XIV s. ; Rossillio, XV s.; Rossillionez; Rossillions; Rossaillon, ch.-l. c. arr. Vienne.

Rossent (mans.), XIII s. ; Rosseyn ; Rossenez, XIV s. : Rosset, l. disp. c. Miasën.

Rosseren, XIV s. ; Rosserisplan. (de), XV s. ; Rossalière, h. c. Vif.

Rosseria (de), XIV s. ; la Rossière, h. c. St-Martin-de-Vaulserre.

Rosset (mans.), XIII s. ; Rossetum (ap.), XIV s. ; Rossains, XVIII s. ; Rossain, h. c. Lavars.

Rosset (Le), XVIII s. ; le Rosset, h. c. Voiron.

Rosset : voy. Rosetos.

Rossetis (eluth de), XV s. : les Rossarets, h. c. Revel.

Rosseto (dom. f. de), ap. Burgundium, XVI s. ; le Rosset, h. c. Roche.

Rossetos, XV s. ; Rossins, XV s. ; Rossels (les), XIX s. ; Rossets : les Rossets, h. c. le Gua.

Rossette (La), XVIII s. ; les Rossettes, mont. c. St-Pierre-d'Entremont.

Rossez (mans. el), XIII s. ; le Rosset, mas c. Champier.

Rossez (els), XIII s. ; Rossetus (silst.), XIV s. ; les Rossains, h. c. Cordéac.

Rossières (Les), XIX s. ; Rossière, h. c. St-Pierre-de-Bressieux.

Rossières, XVIII s. ; Doussiè-

...es, h. c^ne La Salette.

Rossigniolis (molar.) ; olim cas Brunion : *Rossignon*, mont. c^nes Allevard et Pinsot.

Rossillione (territ. de), XV s. ; *Roussillon*, l. disp. c^ne St-Clet.

Rossillon (roches appelées le), XVII s. : Rossillion (rocher des), XVIII s. ; *Roussillon*, mont. au-dess. de Fourvoirie, c^ne Entre-Deux-Guiers.

Rossillon (Villa), XIV s. ; *Roussillon*, h. c^ne Valbonnais.

Rossillon (Campus), XII s. ; *Roussillon*, chât. c^ne le Versoud.

Rossillon (chât., port de), XVII s. ; *Roussillon*, éc. c^ne Vienne.

Rossinans, XVIII s. ; R-ans, XIX s. ; Rossinant ; *Rassinanls*, h. c^ne Vif.

Rossinera (chavan. de la), XIII s. : Roussière (la), XVIII s. ; *la Rangière*, h. c^ne Livet-et-Gavet.

Rossini (mans. de), XII s. ; Rossin (bourus), XIII s. ; *le Rif-Rousset*, ruiss. c^ne St-Mury-Monteymond, affl. le Vors.

Rossins (Les), XVIII s. ; *les Rossins-de-Pinet*, h. c^ne St-Martin-d'Uriage : cf. Roussin.

Rossilot, bois c^nes Allières-et-Risset et Claix.

Rostagnariz à Buys (les maysons des), XVI s. ; *Rustaing*, éc. c^ne Cour-et-Buis.

Rostaing, éc. c^ne Quaix.

Rostangneres (subtus), XIII s. ; *Rostaing*, éc. c^ne Clelles.

Rostanieria, XIV s. ; *Routanière*, l. disp. c^ne Lans.

Rostayguenchi, XIV s. ; *Rochonnière*, éc. c^ne Laffrey.

Rostin, XVIII s. ; *Rustaing*, l. c^ne Chevrières.

Rot (el), XIV s. ; *le Ruty*, éc. c^ne St-Vincent-de-Mercuze.

Rota (molend. de), XIII s. ; *les Routes*, h. c^ne Montagne.

Rota(ias), XIV s. : voy. Ruptis 2⁰.

Rotagnieu (les), XV s. ; Rotaignon (le), XVII s. ; *Rotagnes*, h. c^ne St-Maurice-l'Exil.

Roten (Les), XIV s. ; *les Routes*, bois c^ne Chapareillan.

Rotes (Les) : *la Droye-Route*, bois c^ne St-Bernard.

Rotes (Les), XV s. ; Routes (cotte des), XVIII s. : *la Côte-des-Routes*, bois c^ne St-Nicolas-de-Macherin.

Rotes (Les), XIV s. ; *la Combe-des-Routes*, ruiss. c^ne Siévoz.

Rotgeriorum (mans.), XIII s. ; Rogeri (mas.) ; Rogeril, XIV s. ; *les thqiers*, h. c^ne Vaulnaveys-le-Haut.

Rotiaulière (La), XVII s. ; *la Retoulière*, h. c^ne Theys.

Roti (Le), h. c^ne Morêtel.

Rotlis (lus), XIV s. ; Rottes (gr. des), XVI s. ; *les Routes*, h. c^ne Poumiers.

Rotonnières (Les), h. c^ne Tramolé.

Rouar, XIX s. ; *Roar*, h. c^ne Marcieu.

Rouaille (La), tor. c^nes Beaufort et Thodure, affl. du ruiss. la Pérouse.

Rouange (en), bois, XV s., XVII s. : voy. Ruanjoz.

Rouat (Maison), XIX s. : voy. Rua (territ. de).

Roubaran, XVIII s. ; R-rans : *Rouburrous*, h. c^ne Oz.

Rouboudia (villa de), XIV s. ; Ruboudie, R-dieres ; *la Riboudy*, h. c^ne Allières-et-Risset.

Rourharas (Les), XVIII s. ; Rourhava, XIX s. ; *Rouchavard*, h. c^nes Beaurepaire et Revel-et-Tourdan.

Rouchasset, h. c^ne Jardin.

Rouchous (prata Montis de), XIII s. ; Rouchoudi, XV s. ; *les Rouchoux*, mont. c^nes la Salette et Valjouffrey.

Rouciner, XIV s. ; Roussinier, XIX s. ; *Rossignier*, vill. c^ne Royas.

Rouderria (de), XIV s. ; *la Roudière*, h. c^ne la Murette.

Roudet, éc. c^ne Beaucroissant.

Roudour (Le) ; *le Roudou*, mont. c^ne Chantelouve.

Rouellus (Les), mont. c^ne St-Pierre-de-Chartreuse.

Rouge (La), font. c^ne Torchefelon.

Rougeous (Les), XVIII s. ; *les Rojous*, h. c^ne St-Maximin.

Rougère (La), h. c^ne Chasse.

Rougey (Le), h. c^ne Faramans.

Rungia (La), XIX s. ; *la Grange-Rouge*, f. c^ne Chavanoz.

Rougia (La), XIX s. ; *le Rougi*, f. c^ne le Pont-de-Chéruy.

Rougière (La), mont. c^ne St-Christophe-Entre-Deux-Guiers.

Rougre : voy. Roars.

Rougny (La), mont. c^nes Valjouffrey et la Salette.

Roules (sommet des), XIX s. ; *le Grand-Roux*, mont. c^nes St-Christophe-en-Oisans et Guillaume-Pérouse (Hautes-Alpes).

Rouillon (Le), ruiss. affl. le Dolon, c^nes Primarette et Moissieu.

Roulfet (Le), mont. c^ne St-Christophe-en-Oisans.

Roulet (Le), h. c^ne St-Geoire ; — h. c^ne St-Jean-de-Moirans ; — (côte de), c^ne le Sappey.

Rouillère (La), chât. c^ne Vertrieu.

Roumayoux (Les), mont. c^ne Villard-St-Christophe.

Roumean (Le), mont. c^nes le Périer et Valbonnais.

Roure (Le), mas c^ne les Côtes-de-Corps ; — éc. c^ne St-Christophe-en-Oisans.

Rouro (mans. del), XIII s. ; *les Ruires*, mas c^ne Eybens.

Rousseto (villa de), XIV s. ; *les Rozets*, h. c^ne la Cluze-et-Pàquiers.

Rousse (La), font. c^ne Livet-et-Gavet.

Roussel, éc. c^ne le Mont-de-Lans.

Rousses (Les), bois c^ne Dionay ; — éc. c^ne Entre-Deux-Guiers ; — bois c^ne St-Etienne-de-Crossey ; — mont. c^ne St-Laurent-du-Pont, au-dessus de Fourvoirie.

Rousses (Les Grandes, les Petites), mont. c^nes le Freney, Clavans, Vaujany, Oz et Huez.

Rousses (Ruiss. des), c^ne St-Pierre-d'Entremont, affl. Maliscard.

Rousset (Le), vill. c^nes Blandin et Doissin ; — h. c^ne Eydin-Pinet ; — mont. c^ne St-Christophe-en-Oisans.

Rousset (Haut et Bas), XVIII s. ; *le Rousset*, h. c^ne Poumiers.

Roussetières (Les), XVIII s. ; *la Roussetière*, h. c^ne Estrablin.

Rousseyres (Les), mont. c^ne Lavaldens.

Roussière (La), h. c^ne Chaponnay.

Roussillon, bois c^ne Amoisin-Châtelans.

Roussillon, ch.-l. c^nes arr⁰ Vienne; dioc. Vien., égl. St-Jacques.

Roussin, éc. c^ne St-Jean-d'Hérans.

Roussin (Le), XIX s. ; *les Roussins*, h. c² St-Martin-d'Uriage.
Route (La), h. c² Communay : — h. c² Feyzin ; — h. c² Girenay : — éc. c² Moidieu : — h. c² St-Laurent-de-Mure ; — h. c² St-Pierre-de-Chandieu ; — quart. c² la Sône ; — h. c² Vaulx-Milieu ; — h. c² Villefontaine.
Route royale d'Avignon : voy. Via antiqua.
Route-de-Chanas (La), quart. c² Sablons.
Route-de-Salaise (La), quart. c² Sablons.
Routes (Les), h. c² les Avenières : — h. c² Bellegarde-et-Poussieu : — gr. disp. c² Brion ; — éc. c² Morette ; — h. c² Palaldru ; — h. c² Pollénas ; — éc. c² Ste-Anne-d'Estrablin ; — h. c² St-Didier-de-Bizonnes ; — (ruine des), c² St-Sébastien ; — h. c² Sonnay ; — h. c² Succieu ; — (ch^ue des), c² Torchefelon ; — (les), h. c² Valencogne ; — h. c² Vignieu.
Routes-de-Rolland (Les), h. c² St-Vérand.
Routes-de-Rossat (Les), h. c² St-Vérand.
Routoirs (Les), mas c² St-Martin-d'Hères.
Routta Mera (combe de), XVIII s. ; *la Route*, mas c² le Périer.
Routtin, XVII s. ; Rottin (bois de) ; Routain, XVIII s. ; *Routin*, forêt c² St-Pierre-de-Chartreuse et Sarcenas.
Rouvères (Les), l. disp. c² Pisieu.
Roux (Le), l. disp. c² Châlon : — éc. c² Lavaldens ; — éc. c² Miribel-les-Echelles ; — l. disp. c² Noyarey ; — h. c² St-Christophe-Entre-Deux-Guiers ; — (les), h. c² St-Martin-d'Uriage ; — éc. c² Venose.
Roux (Les) : voy. Roux de Commiers.
Roux (mas de) ; *Chez-Roux*, h. c² Estrablin ; — éc. c² Septème.
Roux-de-Commiers, c² réunie à celle de Seyssins en 1863.
Roux-des-Vernes, l. c² Moirans.
Rouzians, XV s. : voy. Revol.

chava.
Rouze (La), ruiss. c² Beaufort : — (les, éc. c² les Côtes-d'Arey.
Rouzays (les), XV s. : *la Rousière*, mont. c² Lavaldens et le Périer.
Rouzia (fons des), XV s. : *la Rousière*, bois c² Quaix.
Roveirola (la), XIII s. : *Rivecolle*, mas c² Sillans.
Roveria de Theis, XII s. : Rovoyra, XIII s. : R-La-Girandorum (subt.), XV s. : *les Ricoirs*, mas c² Theys.
Rovoireut (mas.), XIII s. : Rovoyreuche villa, XIV s. : *Rivoireuche*, chât. c² St-Paul-les-Monestier.
Rovoirola, Rovoyrola (la), XIII s. ; *le Revolet*, bois c² la Forteresse.
Rovol (chavan. de), XIII s. : *le Revol-Guigonnet*, l. disp. c² Flachères.
Rovol (lo), XIII s. ; *Revol*, éc. c² St-Just-de-Claix.
Rovol (el), XIII s. : voy. Revol.
Rovolania (in agro Cassiacensi, in villa), X s. ; *Revolet*, h. c² Jardin.
Rovolanis (en), XIV s. : *le Voullon*, h. c² St-Paul-d'Izeaux.
Rovolara, XIV s. : *Rouvelaure*, XVIII s. ; *Revolaure*, h. c² Serres-et-Norpol.
Rovoloria silva, X s. ; Rovoloria : *Revolère*, h. c² Cessac.
Rovon, c² c² Vinay : dioc. Gren., égl. St-Pierre.
Rovoria, XI s. ; Rovoyria : *la Ricoire*, l. disp. c² Grenoble.
Rovoria (condam.), XIII s. : *la Ricoire*, h. c² St-Martin-d'Uriage.
Rovoria (huei.), XI s. : *le Revolet*, forêt c² Châlon, St-Savin, Eyzin-Pinet.
Rovoria (super), XIII s. : *les Ricoires*, bois c² Seyssin.
Rovorcalli, X s. : *Revaucrues*, h. c² St-Pierre-de-Chandieu.
Rovoyratis (villa de), R-ris, XIV s. : *les Ricoires*, h. disp. c² St-Paul-de-Varces.
Rovoyrella, XIV s. ; *la Ricoirette*, bois c² Brézins-Angonnes.
Rovoyreria, XIV s. : *la Revoirière*, mas c² St-Aupre.

Rovoyri (La), XIV s. : Rovoyria : *les Ricoires*, bois c² Cognin.
Rovoyri (La), XIII s. ; *les Ricoires*, h. c² St-Michel-de-St-Geoirs.
Rovoyria, XIII s. : Rovoyri villa, XIV s. : Rovoyreuz, XIV s. : Rovoyress : *la Ricoire*, h. c² le Mont-de-Lans.
Rovoyria, XIII s. : *les Ricoires*, bois c² les Adrets.
Rovoyria villa, XIV s. : Rovoyrata, XV s. : *la Ricoire*, h. c² Allemont.
Rovoyria hospit. Planey-sie, XIV s. : *la Ricoire*, mas c² Charmoële et Rencage.
Rovoyria, XIV s. : *la Ricoire*, bois c² Fontaine.
Rovoyria, XIV s. : *la Ricoire*, mas c² Mizoën.
Rovoyria (lu), XIV s. : *la Ricoire*, h. c² la Mureite.
Rovoyria, XIV s. : *les Ricoires*, mas c² St-Arey.
Rovoyria (mas., des), XV s. : *les Ricoires*, bois c² St-Aupre.
Rovoyria (V. de), XIII s. : Rovoyrie ; *la Ricoire*, h. c² St-Martin-le-Vinoux.
Rovoyria (caban. de), XI s. : *la Ricoire*, f. c² St-Michel-les-Portes.
Rovoyria, XIV s. : (Pose des), XV s. ; *la Ricoire*, ville c² Vif.
Rovoyria (de), XIV s. : *la Ricoire*, h. c² Voiron.
Rovoyria, XIV s. : voy. Flurin.
Rovoyria (chavan. des), XIII s. : voy. : Revoyria.
Rovoyriarum (mas.), XIV s. : *les Ricoires*, h. c² St-Jean-de-Moirans.
Rovoyriax, XIV s. : *les Ricoires*, bois c² le Touvet.
Rovoyrie villa, XIV s. : *la Ricoire*, h. disp. c² Notre-Dame-de-Mésage.
Rovoyrie (neuf.), XIII s. : *les Ricoires*, mas c² Quaix.
Rovoyrie, XIV s. : *les Ricoires*, h. c² St-Barthélemy-de-Séchilienne.
Rovoyrie (crouta de) ; Rovoyrian, XIV s. : *Bas et Haut Ricoiraut*, ham. c² Séchilienne.
Rovoyrie (nou.), XIV s. : *les Ricoires*, mas c² Serres-et-Norpol.

Rovoyssono (in), XIV s. ; *le Riensono*, torr. c^e St-Nazaire.

Rovargo (mans.), XII s. ; *le Revos*, mas c^e Bossieu et Faramans.

Roy (Le), ér. disp. c^e Belle-garde-et-Poussieu ; — gr. disp. c^e St-Pierre-de-Bressieux ; — h. c^e St-Savin ; — *Rossal*, h. c^e Varacieux.

Roy (de), XII s. : voy. Rui.

Royanis (domina de), XIII s. ; Royans (castr. de) ; *le Pont-en-Royans*, ch.-l. c^on arr^t St-Marcellin.

Royans (de pago), XI s. ; Royans, XII s. ; Roys, XIII s. ; Royas, Royon, XIV s. ; Royannais (le), XVI s. : voy. Roianum.

Royans ou Royannais (Le), région naturelle, partie de l'anc. pays des Vertacomicores, comprise entre riv. l'Isère. et mont. le Villard-de-Lans et le Vercors, et qui s'étend dans les départements de l'Isère et de la Drôme ; elle occupe dans l'Isère, l'extrémité sud-ouest de l'arr^t de St-Marcellin et y comprend le c^on de Pont-en-Royans.

Royas, XII s. ; Royas, XV s. ; *Royas*, chât. c^e c^on St-Jean-de-Bournay ; par. dioc. Vien., égl. St-Clair.

Royatière, h. c^e St-Quentin.

Royaudière, h. c^e Roybon.

Royaulx, XIV s. ; Royaux : voy. Roianum.

Royaumont (chastellio), XIV s. : voy. Regalis Mons.

Roybet, mas c^e Izeaux.

Roybon, ch.-l. c^on arr^t St-Marcellin ; dioc. Vien., égl. St-Jean-Bapt.

Roybonis (rippar.), XIV s ; *le Roybon*, ruiss. aff. la Bourne, c^e le Villard-de-Lans.

Roye (La), XVIII s. ; *le Ruat*, h. c^e Faverges.

Royeri (mans.), XIII s. ; *le Royer*, h. c^e Voiron.

Royers (Les), h. c^e Corbine.

Royet (Le), h. c^e St-Cassien ; — ruiss. c^e Valbonnais.

Royets (Les), h. c^e St-Martin-d'Uriage.

Roylet, f. c^e Colombier-Saugnieu.

Roynan (loc.), XIV s. : *Roinard ou Charnillon*, mas c^e Clonas et Roussillon.

Roynu (fortalic. O. de), XIV s. : *les Ronins*, h. c^e Autrans.

Royncheriis (mans. de), XV s. ; *Renaudeyr*, ér. c^e St-Guillaume.

Royon, chat. c^e Roussillon.

Roys (Les), l. disp. c^e St-Sébastien.

Royson (mans. de), XIII s. ; *Ruison (Bas et Haut)*, hh. c^e Nantes-en-Ratier.

Royssne (de) : voy. Pons de Royson.

Royssons (aqua), XIV s. ; R-ne ; *la Ruissanne*, riv. aff. l'Isère, c^es Lavaldens, la Valette, Oris, Siévoz et Nantes-en-Ratier.

Royssons (rupp. de), XIV s. : Royson ; *Ruissond*, mont. entre c^es Revon, Cognin et Malleval.

Royssons, aqua, XIV s. ; h-n : voy. Ruison.

Royssanis (dom. f. de), XIV s.; *le Château*, ér. c^e Ruissard.

Roysson (en), XIV s. ; Russon, Ruysson, XV s. ; *Roisson*, h. c^e Reventin-Vaugris.

Royteria (in), XIV s. ; *les Ritous*, h. c^e Corrençon.

Ruzet (Les), h. c^e La Garde.

Razier (Le), h. c^e Tramolé.

Ruzière (La), XVIII s. ; *Basse et Haute-Rosière*, hh. c^e St-Sorlin.

Ru (Le), gr. c^e St-Pierre-de-Chartreuse.

Rua (in), XV s. ; *la Rue*, h. c^e Crolles ; — (la), XIV s. ; *la Rue*, vill. c^e Gillonnay.

Rua (in), Rua Longa (in), XIV s. ; *Ruers (Chin des)*, c^e Montbonnot-St-Martin.

Rua (Le), h. c^e Montrevel ; — h. c^e Renage ; — (de), XIV s. ; *le Ruat*, h. c^e Rocin.

Rua, XV s. : Rue (mas de) ; *Rue-Periotte*, h. c^e St-Egrève.

Rua (mans. de), XIV s. ; Rue ; *Ruth*, h. c^e St-Martin-d'Hères.

Rua (villa) in pago Roianensi, XII s. ; *les Routes*, bois c^e St-Romans.

Rua (chavan. de), XIII s. ; *les Routes*, mas c^e Theys.

Rua (villa de), XIV s.; *le Haut-Touret*, h. c^e Le Touvet.

Rua (de), XIV s. ; Rue : *les Routes*, ér. c^e Tullins.

Rua (territ. de), XVI s. ; Ruas (de) ; *Ruats*, h. c^e Villeneuve-de-Marc.

Rua (riv. de la), XV s. : voy. Derrua.

Ruas (île de), XIV s.: voy. Rose.

Rual (Les), h. c^e Curtin ; — h. c^e le Passage.

Ruali (de), XIV s. ; *le Rual*, h. c^e Charreau.

Ruali Capelle Cornuti (luer a), XV s.: *le Rual*, h. c^e Vignieu.

Ruanjoz (nem. de); Ruanjo (brotellum de), XV s. ; *Roarge*, bois c^e les Avenières.

Ruat-du-Maele (Le), h. c^e Flilliez.

Ruat (Le), f. c^e Hières ; — (supra costam), XIII s.; *les Routes*, h. c^e Pommiers ; — h. c^e St-Sulpice-des-Rivoires.

Ruata, XIV s. ; *la Rua*, h. c^e Vaulnaveys-le-Bas.

Ruats (Les), h. c^e Commelle.

Rubette, h. c^e Voreppe.

Rubiau (Le), h. c^e Satolas-et-Bonce.

Rubirbon, ér. c^e St-Vérand.

Rubismus (riv.), XI s. ; *le Roybus*, ruiss. aff. la Bourne, c^e le Villard-de-Lans.

Rubuux, XVII s. ; *Rebeal*, ér. disp. c^e Entre-Deux-Guiers.

Rubrigon (ruiss. de), XVIII s. : voy. Rieu Bruyant.

Ruca villa, XIV s.; Ruchiel, XIV s. ; *Ruche*, l. disp. c^e Meylan.

Ruche (La), h. c^e St-Cassien.

Ruche, Ruches : voy. Fralta Ruschi.

Ruchiere (La), vill. c^e St-Christophe-Entre-Deux-Guiers ; dioc. Gren., égl. St-Michel arch.

Rucheria (lor.), XIII s. ; (parr. S. Michael. in), XIV s. ; Ruchière, XVI s. ; *la Ruchère*, vill. c^e St-Christophe-Entre-Deux-Guiers.

Rucheria (fons de), XIV s. : voy. Ruscherie.

Rucheriis (in), XIV s. ; *la Ruchère*, bois c^e Pommiers.

Ruchiis (chavan. de), XIV s. ; *les Ruches*, l. disp. près Herbeys.

Ruchoux : voy. Richouds.

Rucla, XVIII s. ; *Ruclard*, mont.

cᵉ Vaujany.

Rue (La), h. cᵉ Chaponnay ; — h. cᵉ la Combe-de-Lancey ; — l. disp. cᵉ Sassenage.

Rue-de-l'Église (la), quart. cᵉ Rives.

Rue-Neuve, h. cᵉ Jonage ; — h. cᵉ Mions et St-Priest ; — (la), h. cᵉ St-Bonnet-de-Mure.

Rue-Noire, quart. cᵉ Anthon ; — h. cᵉ Tramolé.

Rue Paviautte, XVIII s. : Rue Paciotte, h. cᵉ St-Égrève.

Ruellet (en), XIV s. ; Ruilletière, h. cᵉ Malleval.

Ruenel (en), XVI s. ; Rueinel, h. cᵉ Estrablin.

Ruenis (mans.), XIV s. ; les Reys, h. cᵉ Entre-Deux-Guiers et St-Laurent-du-Pont.

Rues (Les), h. cᵉ Ruy.

Rues (Les), XVIII s. ; voy. Ray (la).

Ruette (La), h. cᵉ Satolas-et-Bonce.

Ruette-de-Béray (La), cᵉ St-Priest.

Ruette-Rombey (La), cᵉ Gonnay.

Ruettes (Chᵖ des), cᵉ Chasse.

Rueu, éc. cᵉ Biol.

Rufey (Riv. de), XIII s. : Ruffey, Ruffiacus (riv. de), XIV s. : Ruffier, h. cᵉ Theys.

Ruffein (bordaria de), XIII s. ; Ruffin, XIV s. : Ruffi villa, XIV s. ; Ruffo (mans., molar. de), XV s. ; les Rues, h. cᵉ Vaulnaveys-le-Haut.

Ruffariorum (mans.), XIV s. ; les Ruas, h. cᵉ St-Étienne-de-Crossey.

Ruffiacus (de), XIV s. ; Ruffin, h. cᵉ les Avenières.

Ruffiacum, XV s. : les Rueges, h. cᵉ Theys.

Ruffiacum, XIV s. : voy. Ruffin.

Ruffieu, chât. cᵉ la Balme.

*Riffieu : voy. Ruffieu.

Ruffinière (La), f. cᵉ Domène-et-Charpieu.

Ruffo (essartum de), XIV s. : le Ruee, bois cᵉ St-Pierre-de-Mésage.

Rui (de), XII s. ; Ruy, XIII s. ; Ruyu (eccl. de), XIV s. ; Ruy, cᵉ cᵃⁿ Bourgoin.

Ruifeu (capell. de), XII s. ; Ruyfeu, XIV s. ; Ruffieu, vill. cᵉ les Éparres et Nivolas-Vermelle.

uelle.

Ruina (boular. de), XIII s. ; Ruina subt. Boscum rotundum; Ruina de Cruce, XV s.; la Ruine, mas cᵉ le Bourg-d'Oisans.

Ruina (grec. de la), XIV s. ; les Ruines, éc. cᵉ Séchilienne.

Ruina (La), XV s. ; la Grande Ruine, torr. cᵉ la Tronche.

Ruine (La), h. cᵉ Meylan ; — ruiss. cᵉ la Motte-d'Aveillans, affl. ruiss. Vaux ; — ruiss. cᵉ la Tronche.

Ruine (La) : voy. Chevibet.

Ruine (Grand), XVIII s. ; la Ruine, ruiss. cᵉ le Bourg-d'Oisans.

Ruines (Les), h. cᵉ Rivière ; — bois cᵉ Laval et Ste-Agnès ; — ruiss. affl. la Roisonne, cᵉ Lavaldens ; — ruiss. affl. le Vénéon, cᵉ Venosc.

Ruinis (de), XIV s. ; Runey, XV s. ; Ruyno (de) : voy. Roynu.

Ruison (gr. de), XII s.; Ruyson, mont., XIII s. ; le Ruisson, mont. entre cᵉ Rovon, Cognin et Malleval.

Ruissallin : voy. Sallins.

Ruisseau (Le), éc. cᵉ Domarin ; — h. cᵉ Laval ; — h. cᵉ Massieu ; — ruiss. cᵉ Monsteroux-Milieu, affl. la Varèze ; — éc. cᵉ St-Mury-Monteymond ; — vill. cᵉ Vourey.

Ruisselat (La), ruiss. cᵉ le Bourg-d'Oisans.

Ruissello (riv. de), XV s. ; Ruisset : Ruyssel ; Ruycel, XVI s.; le Bieugy, ruiss. affl. le Buěda, cᵉ Pinsot et Allevard.

Ruisset (Le), ruiss. cᵉ Mizoën ; — ruiss. affl. l'Isère, cᵉ Noyarey et Veurey ; — ruiss. et bois cᵉ Sarcenas.

Ruizand (Le), ruiss. affl. l'Isère, orig. cᵉ Cognan, arr. cᵉ Rovon.

Rujara (Le), ruiss. cᵉ St-Pierre-de-Chartreuse.

Rulands (Les), mont. cᵉ Corrençon.

Rulaymi villa, XIV s. ; les Rulands?, l. disp. cᵉ le Bourg-d'Oisans.

Rullet, h. cᵉ St-Baudille-et-Pipet.

Rullier, éc. cᵉ St-Sébastien.

Runaces (tenem. de le), XIII s. ; Reyguières, mas cᵉ la Côte St-André.

Rupe (villa de), XIV s. ; la Roche, h. cᵉ St-Paul-de-Varces.

Rupe (de), XIII s. ; Rupe prope Muram (castr. sive dom. f.), XIII s. ; Roche-Pariut, éc. cᵉ Susville.

Rupe (prata de), XIV s. ; Rupe (turnum de), XIV s. ; Ruppis villa ; la Roche, h. cᵉ Valbonnais.

Rupecula, XV s. ; Ruppecula : la Rochette, mas cᵉ la Tronche.

Rupem juxta molendinum (campos ad), XIII s. : voy. Molendinum de Ruppe.

Rupem Brunum (ad), XIII s. ; la Roche-Brune, mont. cᵉ la Motte-d'Aveillans et N.-D.-de-Vaux.

Rupem Seyam (mans.), XV s. ; le Rocheil, mont. cᵉ le Périer.

Ruperdeyriis (villa), XIV s. ; Riperdeyre, h. cᵉ le Gua.

Rupes (castr.), XII s. ; Rupe (castr. de), XIV s.; la Tour, ruines cᵉ Roche.

Rupes, XII s. : Rupe (manst., castellm, capell. de), XIV s. : Ruppis (parr. de), XV s. ; Roche, cᵉ cᵃⁿ la Verpillière : voy. la Tour.

Rupeta (castr. de), XIV s. ; ...ement, chât. cᵉ St-Alban-de-Roche.

Rupley, XIV s. ; Ruffier, h. cᵉ Theys.

Rupino (de), XIV s. ; le Ruas, éc. cᵉ St-Pierre-de-Chérennes.

Rupiano (collis), VIII s. ; St-Chef, cᵉ cᵃⁿ Bourgoin.

Rupiano (in colle), VIII s. ; Ruppinaz (territ. de), XV s. ; Rupinoz, f. cᵉ St-Chef.

Rupis (villa), XIV s. ; Ruppe (mans. de) ; la Roche, éc. cᵉ la Motte-d'Aveillans.

Rupis (G. de), XIII s. ; Ruppebuas (eccl. de), XIV s. ; Rupinum (territ.), XV s. ; Roche, quart. cᵉ Rochetoirin.

Rupis villa, Ruppe (castr., molar de), XIV s. ; Ruppis Alavardi (castr.), XIV s. ; la Roche, h. cᵉ St-Pierre-d'Alle...

vard.

Rupis (cap. castri), XIII s. ; Ruppe (cap. br Marie castri de), XV s. : voy. Riparum (cerl. de castro).

Rupis Alba, XIII s. ; Roche-Blanche, mont. cne St-Pierre-d'Entremont et le Touvet.

Rupis Corba, XIV s. ; Roche-Courbe, mont. cne Proveysieux.

Rupis Paviota (villa), XIV s. ; Ruppis (castr.), XIV s. ; Roche-Pariat, ér. cne Susville.

Ruppe (costa de), XIV s. ; la Roche, bois cne Chavanoz.

Ruppe (de), XIV s. ; Roche-Vieille, bois cne Creys-Pusignieu.

Ruppe, par. S. Barthol. de Gromio, XV s. ; la Roche, mont. cne le Gua.

Ruppe (de), XV s. ; la Roche, h. cne Meyrieu.

Ruppe (de), XIV s. ; la Roche, f. cne Primarette.

Ruppe (pons de), XIV s. ; la Roche, h. cne Reuage.

Ruppe (de), XIV s. ; la Roche, ér. cne St-Albin-de-Vaulserre.

Ruppe (de), XIV s. ; la Roche, h. cne St-Etienne-de-Crossey.

Ruppe (chaban. de), XIII s. ; la Roche, mas cne St-Jean-de-Vaux.

Ruppe (pons de), XV s. ; la Roche, mne cne Sermérieu.

Ruppe (de), XIV s. ; la Roche, h. cne Soleymieu.

Ruppe (chavan. de), XV s. ; la Roche, bois cne Vaulnaveys-le-Bas.

Ruppe (priorat. br Michaelis de), XIII s., XV s. ; (priorat. SS. Michael. et Blasii de), XV s. ; la Roche, mas cne Vif.

Ruppe (tenem. de), XIII s. ; la tierule-Roche, mont. cne Voreppe.

Ruppe (territ. de), XV s. ; Rocher, h. cne Vienne.

Ruppem Curvam (ad), XIII s. ; Roche-Courbe, mont. cne Proveysieux.

Ruppem juxta aqu. Romanchie (subtus), XV s. ; la Rochette, mont. cne le Bourg-d'Oisans.

Ruppibus et de Toyria (capellª). Ruppium et Tuyriau : voy. Toyriau et de Rupibus.

Ruppis Alba, XIV s. ; la Roche-Blanche, mont. cne St-Honoré.

Ruppis Alba, XIII s. ; Roche-Blanche, mont. cne St-Pierre-d'Entremont et le Touvet.

Ruppis Corberie, XIV s. ; Roche-Corbière ?, l. disp. cne Barraux.

Ruppis Corberii, XIV s. ; Ruppem Corbeyri, XIV s. ; Roche-Corbière, mont. cne Cholonge, Laffrey et St-Barthélemy-de-Séchilienne.

Ruppis Fortis (molar.), XIV s. ; Rochefort (Grand, Petit-), hh. cne Allières-et-Risset.

Ruppis de Ingeniis : voy. Pelleyeria.

Ruppis Mediana, XV s. ; la Meidje ou Aiguille-de-Midi-de-la-Grace, mont. cne St-Christophe-en-Oisans et la Grave (Htes-Alpes).

Ruppis Nigra, XV s. ; Roche-Noire, mont. cne la Ferrière.

Ruppis Plana, XIII s. ; Roche-plaine, mont. cne Goncelin ; — XIV s. ; chat. cne St-Egrève.

Ruppis Russa, XIV s. ; Ruppis Rosa, Roussa ; les Roches-Rousses, mont. cne St-Christophe-Entre-Deux-Guiers.

Ruppis Sasan, XIV s. ; Taillata, Taillata ; Roche-Taillée, vill. cne le Bourg-d'Oisans et Livet-et-Gavet.

Ruppis castri Bastiae Viennae ; la Bâtie, ruines cne Vienne.

Rupta, XV s. ; la Route, mas cne le Périer.

Rupta Nova (de), XIV s. ; Rue-Neuve, h. cne Pusignan.

Ruptas (ou), XV s. ; Ruptis (in) seu a la Porchiry, XV s. ; les Routes, l. disp. cne Romagnieu.

Ruptis (in) ; les Routes, ou Péry, mont. cne Clavans.

Ruptis (de), XIV s. ; les Routes, mas cne St-Blaise-du-Buis.

Rus (La), XVIII s. ; le Rui, h. cne Coublevie.

Ruscheria (parr. de), XIII s. : voy. Rucheria.

Ruscherie (tenem.), XIV s.; Rochar-Roux, mont. cne Pommiers.

Ruschet (mas), Ruscher, XIII s.; les Ruchex, l. disp. près Herbeys.

Ruset, XIII s. ; Russee ; Ruisset, XVIII s. : voy. Rivo Sicco.

Russillone (de), XII s. ; Russillonem (ap.), XII s. ; Russilione (de), XII s. ; Russillun, XII s. ; Rossaillun, ch.-l. cne arr⁹ Vienne.

Rustia (La), forêt cne Lans.

Rui (villa), XIV s.; Ruyt; Rint, h. cne Rivière.

Ruta Nova (de), XIV s. ; Rue-Neuve, h. cne Pusignan ; — XV s. ; la Rue-Neuve, chne cne Oytier-et-St-Oblas.

Ruta de Vallibus, XIV s. ; Rue-de-Vaux, l. disp. cne Décines-et-Charpieu.

Rutæi Doloymiaci (La), XIV s.; la Ruffière, h. cne Dolomieu.

Rutonnière (La), l. disp. cne Marnans.

Ruthières, XVIII s. ; Ruttières, XIX s. ; Ruthières, h. cne Chichilianne.

Rutif, h. cne Montferrat.

Rutil (Le), XIX s. ; le Ruty, h. cne Romagnieu.

Rutiquel (mans.), XIII s. ; Roquelet, ér. cne Montbonnot-St-Martin.

Ruy, c⁹ cne Bourgoin ; dioc. Vienne, égl. St-Denis.

Ruy, h. cne Montagnieu.

Ruy-Badi (Les), ruiss. affl. ruiss. Pajay, cne Turchefrium.

Ruy-Gaillet, XIX s. ; Ruy-Jaillet, vill. et ruiss. affl. la Bourbre, cne St-Didier-de-la-Tour.

Ruybu, XV s. : voy. Rubu.

Ruyna, XIV s. ; Canal de la Ruine, cne la Garde.

Ruyna, XVI s.; la Ruine, h. cne St-Barthélemy-de-Séchilienne.

Ruyna, XV s.; Ruines, XVIII s.; la Ruine, h. cne St-Paul-de-Varces.

Ruyna (la) villa, XIV s. ; la Ruine, l. disp. cne Valbonnais.

Ruya, XIV s. : voy. Rui.

Ruynanis (castr. de), XIV s. : voy. Ruynanis (dom. f. de).

Ruyson (riv. de), XIV s. ; Ruyson (riv. de) ; le Ruzon, ruiss. affl. l'Isère, cne Izeron.

Ruyson, XIV s. ; Ruysant (de), XV s. ; Rusan, ér. cne St-Pierre-de-Chérennes.

Rysson (de), XIV s. ; Ruisand, h. cne Revon.

Ryssen, XIV s. : voy. Ruisson.

S

Saauline (La), XVII s. ; Saune (la) : voy. Lavanna, Sona.

Salatoneyrias (juxta), XIV s. : Salatoneyrias : voy. Zabatoneyras.

Salamolie (archipresbyteratus seu devanat.), XI s. ; Sarraie (archiprêtré de), l'une des quatre grandes circonscriptions territoriales de l'anc. dioc. de Grenoble.

Sableres (Les), XIV s. : les Sables, h. c⁰ St-Vérand.

Sableriis, XV s. ; Sableres ; les Sables, vill. c⁰ les Avenières.

Sables (Les), h. c⁰ Agnin ; — vill. c⁰ le Bourg-d'Oisans ; — h. c⁰ Châbons ; — h. c⁰ Exzin-Pinet ; — h. c⁰ la Folatière ; — h. c⁰ Gières ; — h. c⁰ le Pont-en-Royans ; — h. c⁰ Roussillon ; — h. c⁰ Salaise ; — h. c⁰ Sonnay ; — c⁰ le Villard-de-Lans ; — h. c⁰ Villes-Sous-Anjou.

Sables (Les) : voy. Farfayet.

Sables (isle des), XVII s. : voy. Furies.

Sables-d'Oulmine (Les), h. c⁰ Sermérieu.

Sablier (Chts du), c⁰ Cluzelle.

Salalière (La), f. c⁰ Anjou.

Sablières (Les), XIV s. : les Sables, vill. c⁰ les Avenières ; — vill. c⁰ St-Lattier.

Sablons (territ. de), XV s. ; le Sablons, mas c⁰ Clanas ; — les Sablons, mas c⁰ Joux.

Sablons (Les), ruines c⁰ Montagne : — l. disp. c⁰ St-Chef ; — (le), vill. c⁰ Premian.

Sablons (in), XVI s. : le Sablons, mas c⁰ Allières-et-Risset.

Sablonet, vill. c⁰ les Avenières.

Sablomeyres, XIV s. ; Sabloneriarum (castr., mansium.) ; Sablonarium (castr.) ; Sablonayeres, XVI s. ; Sablonnières, h. c⁰ Soleymieu ; anc. com.

Sablonis (eccl. S. Ferreoli in villa), IX s. : (mand., castrum), XV s. ; Sablous, c⁰ com Roussillon.

Sablonis (castr.). XV s. : le Châteaux, h. c⁰ Sablons.

Sablons (Les), c⁰ c⁰ Aoste : — c⁰ com Roussillon ; dioc. Vien.,

égl. St-Ferréol ; — (chts des), c⁰ St-Egreve.

Sablonum (ap.), XIV s. ; Sablonus, XV s. ; Sablon (Grand, Petit), ham. c⁰ la Tronche.

Sabodatis (in agro Sabillavensis, in villa), IX s. ; Serras, vill. c⁰ Savas-et-Mépin.

Sabot (Le), vill. c⁰ Charnécle et Vourey ; — ruiss. c⁰ Livet-et-Gavet ; — c⁰ c⁰ Miribel-les-Echelles ; — h. c⁰ Notre-Dame-de-l'Osier ; — mas c⁰ Pierre-Châtel ; — mont. c⁰ Rencurel ; — c⁰ c⁰ St-Aupre ; — mont. c⁰ St-Martin-d'Uriage et Murianette ; — c⁰ c⁰ Vatilieu ; — h. c⁰ Vinay.

Sabot (Grand, Petit), bois c⁰ Proveysieux.

Sabot (Grand et Petit), bois c⁰ St-Romans.

Sabot-des-Itages (Le), bois c⁰ Proveysieux.

Saboto (in), XV s. : le Sabot, bois c⁰ Claix.

Sabots (Les), h. c⁰ Séchilienne.

Sabottes (Les), mont. et chal. c⁰ St-Mury-Monteymond.

Saboulanche (La), enst. de, XVIII s. ; Chabouttanche, bois, forêt c⁰ Corps.

Sabran : voy. Chabrent.

Saburini (nem.), XIV s. : le Sabutin, forêt c⁰ Ornon.

Sabutas (ap.), XV s. : voy. Sambuy.

Sac (Le), chal. c⁰ Pinsot ; — gl. c⁰ St-Christophe-en-Oisans.

Sacet, XVIII s. ; les Sers, h. c⁰ Montagne.

Sachanas, XIV s. ; Sehenas ; Chassaynas, h. c⁰ Crémieu.

Sachet (Le), ruines c⁰ le Périer.

Sacheto (bruns de) ; Sachetum, XIV s. ; Sachet, l. disp. c⁰ Bessen.

Sachetum (in), XV s. ; le Sachet, h. c⁰ St-Michel-de-St-Geoirs.

Sachinagio (de), XIV s. : voy. Cassiniaco.

Sackulas (ecrl. b⁰ Petri de), XIV s. : voy. Sattula.

Sachomas, XV s. ; Sacromans, mas c⁰ Trept.

Sadaires (bois des), XVIII s. ; Saderes (les), XVIII s. ; les Sadières, h. c⁰ Dionay.

Sadiaux (Les), XVIII s. ; le Sa-

dinat, h. c⁰ Maubec.

Suffrières (Les), XVIII s. ; Sa frières (les), XIX s. ; les Suffrières, h. c⁰ Châtelus.

Sage, gr. disp. c⁰ le Grand-Lemps.

Saget (Le), gr. c⁰ Châtenay.

Sagina (La), c⁰ c⁰ St-Mury-Monteymond.

Saginario (eccl. S. Marie des XII s. : voy. Sinart.

Sagna (juxta, de), XV s. : voy. Sagnin.

Sagna de Crosso, XIV s. ; Sagulis (in), XV s. ; le Sagne, ruiss. c⁰ Mizoën.

Sagnacio (in), XV s. ; Saynacie, gr. c⁰ le Périer.

Sagnas. Sagnis (in), XIV s. ; Sagnetis, S-tes (des), XIV s. ; les Sagnes, bois c⁰ la Motte-St-Martin.

Sagne (La), ruiss. c⁰ Ornon ; — c⁰ c⁰ Proveysieux ; — h. c⁰ St-Mury-Monteymond.

Sagne (rif de la), XVII s. : voy. Crotta Crosa.

Sagneraux (torrent des, c⁰ la Motte-d'Aveillans.

Sagnes (Ruisse des), c⁰ les Adrets, aff. le Grand-Ruisseau.

Sagnes (Côtes des), XIX s. : voy. Sagnetis.

Sagnes (Grandes, Petites), XVIII s. ; les Sagnes, bois et ruiss. aff. la Roisonne, c⁰ Laval-dens.

Sagnes (Ruiss. des), c⁰ Oulles ; — (tent. mas et ruiss. c⁰ Quaix.

Sagnes (mans. de la), XIII s. ; Sagulis (mans., riv.), XIV s. ; Sagnacio (riv. de) ; les Sagnes, h. c⁰ St-Baudille-et-Pipet.

Sagnes (Grange des), XIX s. ; les Sagnes, gr. c⁰ Treffort.

Sagnet, c⁰ c⁰ Premion.

Sagnetis (in), XV s. ; les Sagnettes, h. c⁰ Allemont.

Sagni (La), XIII s. ; les Sagnes, h. c⁰ St-Romans.

Sagnia (in), XV s. ; la Sagne, lac c⁰ Allemont et Vaujany.

Sagnis. XIV s. ; Sagne (gr. de la) autrefois Parpaillonière, XVII s. ; Sagny (gr. de la), XVII s. ; la Sagne, éc. c⁰ Miribel-les-Echelles.

Sagnis Batas, XIV s. : Saigne Batine, XVIII s. ; Sagnebatu,

h. c° St-Paul-les-Monestier.

Sagnia villa, XIV s. ; Saignia (turre de), XV s. ; *la Sagne*, h. disp. c° Vif.

Sagnias (vers.), XV s. ; *la Sagne*, h. c° St-Mury-Monteymond.

Sagnils (in), XV s. ; *les Sagnes*, bois c° Beaufin.

Sagnils (villa de), XIV s. ; *les Sagnes*,... c° le Gua.

Sagnils Carteriorum (i°), XV s. ; *les Sagnes*, h. c° St-Just-de-Claix.

Sagnils (in), XIV s. ; *la Sagne*, h. c° la Salle.

Sagnils (mans. de), XIV s. ; *les Sagnes*, h. c° le Sappey.

Sagnis (in), XIV s. ; S-tis (in), Sagneis (pratis) ; *les Sagnes.* mont. c° le Périer.

Saigne (forest la), XVII s. : voy. Sagnia.

Sailbe (Le), XVIII s. ; Sailles, XIX s. : voy. Sailli.

Saillent (riv. des), XIV s. : Sailban (Le), XVIII s. ; Saillants (les), XIX s. ; *les Saillans*, h. et ruiss. aff. la Gresse, c° le Gua et Vif.

Sailles (Ruiss. de), c° Cognin.

Sailli, XIII s. ; Sailla, XIII s. ; Sallia villa, XIV s. : *Suille*, vill. c° St-Pierre-d'Allevard.

Saillières (Les), h. c° Chatte.

Saillietam (riv. de), XIV s. : voy. Salletans.

Sain Juorz, XII s. ; Sanjuorz ; Sanctus Juortz, XIII s.; Juers, XIII s. ; Juercius ; Jueurz ; Juhers, XIV s.; Sanctus Juers in Vaimamona, XIV s.; Juerzs, XIV s. ; *St-Geoirs*, c° c°° St-Etienne-de-St-Geoirs.

Saina (loc.) in parr. S. Desiderii, XI s. ; *Sanin*, mas c° Bessins.

Sainbel, XIII s. : voy. Sancti Baudelii.

Saint-Agnan : voy. S. Aigninus.

St-Agnin, c° c°° St-Jean-de-Bournay ; par. dioc. Vien.. égl. St-Agnin.

St-Agnin, éc. c° Solaise.

St-Agrève, XV s. : voy. Sancti Agripani.

St-Aimard, XVIII s. : voy. Faysala.

St-Alba de Roches, XVI s. ; St-Albain de Roche ; St-Alban et Vaux, XVIII s. ; St-Alban de Vaux; *St-Alban-de-Roche*, c° c°° la Verpillière.

St-Albain-de-Rosne, XVI s. : voy. St Albani Rodani.

St-Alban, h. c° Chasselay.

St-Alban-du-Rhône, c° c°° Roussillon ; par. dioc. Vienn.. égl. St-Alban.

St-Alban-de-Roche, c° c°° la Verpillière ; dioc. Vien., égl. St-Alban.

St-Alban-de-Varèze, vill. c° Vernioz ; par. dioc. Vien., égl. St-Alban.

St-Albin-de-Vaulserre, c° c°° le Pont-de-Beauvoisin.

St-Albin, XVIII s.: voy. S° Albinus.

St-Amant, éc. c° Vienne.

St-Andéol-en-Trièves, XVIII s.; *St-Andéol*, c° c°° le Monestier-de-Clermont.

St-André, mont. c° Entre-Deux-Guiers.

Sct-André (Champt), XVII s. : *Mont-St-André*, l. disp. c° Pressins.

St-André-le-Gaz, c° c°° le Pont-de-Beauvoisin ; dioc. Belley, égl. St-André.

St-André-en-Royans, c° c°° le Pont-en-Royans; dioc. Gren., égl. St-André.

St-André-les-Nonains de Vienne (abbaïsse de), XVI s. ; St-André-les-Dames (par.). XVI s. : *St-André-le-Haut*, par. c° Vienne ; anc. abbaye fondée en (492) 542.

St-Andrieu (collige de). XIV s. ; Sct-Andry (chaippitre), XV s.: voy. S. Andree Gratianopolis.

St-Ange, éc. c° Ville-Sous-Anjou.

St-Annin, XVIII s.: voy. Aiginaus.

St-Anselme : voy. St-Anthelme.

St-Anthelme (mais.), XVII s. : *St-Antelme*, h. c° Miribel-les-Échelles.

St-Antoine, c° c°° St-Marcellin ; anc. mais. chef de l'ordre hospit. des Antonins ; bénéd. 1101, chan. rég. 1297, supprimée en 1775.

St-Antoine (Ruiss. de), c° le Bourg d'Oisans;chap. détruite.

St Antoine, mas c° Châteauvilain ; — chap. c° Huez : — chap. c° Villard-Reculas.

St-Appollnard, c° c°° St-Mar-

cellin ; dioc. Vien., égl. St-Apollinaire.

St-Appollinaire, XVII s. ; A-ar, XVIII s. ; Apolliennas : voy. Sancti Apollinaris.

St-Arban : voy. Sancti Albani.

St-Arey, c° c°° la Mure ; dioc. Gren.. égl. Sts-Jacques et Philippe.

St-Aupre, c° c°° Voiron ; par. dioc. Gren., égl. St-Aupre.

St-Aupre-le-Haut, vill. c° St-Aupre.

Sct-Aure, XVII s. : St-Aures, XVIII s. : voy. Sancti Aupri.

St-Baldille, mas c° Viriville.

St-Barthélemi, XVIII s. ; de Chichiliane, Séchillenne: voy. S. Bartholomei loci de Sechilina.

St-Barthélemy (fort), XVI s. : Bartholomei le Fort-Barraux. fort. constr. en 1597, c° Barraux.

St-Barthélemy, c° c°° Beaurepaire ; par. dioc. Vien., égl. St-Barthélemy.

St-Barthélemy, bois c° Corbelin : — mas c° Curtin.

St-Barthélemy Gabusie, XVI s.: — Gabuse, d'Ayguebuse, d'Aiguabuse, XVIII s. ; d'Eiguelusse, de Beaurepaire : voy. Sancti Bartholomei Gabusie.

St-Barthélemy de Groing, XVII s. ; Groin, Gronin ; *St-Barthélemy*, h. c° le Gua.

St-Barthélemy, h. c° le Gua ; par. dioc. Gren., égl. St-Barthélemy.

St-Barthélemy, mas c° Jallieu.

St-Barthélemy de Séchillenne c° c°° Vizille; par. dioc. Gren., égl. St-Barthélemy.

St-Barthélemy (riv. de), XVII s. : voy. Ausonia.

St-Baudille, c° c°° Crémieu ; dioc. Lyon, égl. St-Baudille.

St-Baudille en Trièves ; *St-Baudille-et-Pipet*, c° c°° Mens.

St-Benoit, mont. c° Parmilieu ; — vill. c° Vienne.

St-Béreme, XVIII s. ; St-Bereyme: voy. Sancto Beneyme.

St-Bernard, c° c°° le Touvet ; dioc. Gren., égl. St-Bernard évêque.

St-Bernard, mas c° Villeneuve-

-de-Mare.

St-Beuil, XVIII s. : *St-Bueil*, c⁰ c⁰⁰ St-Geoire.

St-Blaise, mas c⁰ Vif.

St-Blaise-du-Buis, c⁰ c⁰⁰ Rives ; par. dioc. Vien., égl. St-Blaise.

St-Bonnet-de-Chavagne, c⁰ c⁰⁰ St-Marcellin; par. dioc. Vien., égl. St-Bonnet.

St-Bonnet-de-Mure, c⁰ c⁰⁰ Heyrieu ; succurs. par. St-Laurent-de-Mure, dioc. Lyon, égl. St-Bonnet.

St-Bonnet de Roche, XVIII s. : voy. Sanctus Bonitus.

St-Branchier, mas c⁰ Presolus.

St Bresmes, XVII s. ; Bresme : voy. Sancto Benezme.

St-Bruno, quart. et par. ville Grenoble : — f. c⁰ St-Laurent-du-Pont : — chap. c⁰ St-Pierre-de-Chartreuse ; — f. c⁰ Vaulnaveys-le-Bas.

St-Buell, c⁰ c⁰⁰ St-Geoire ; par. dioc. Vien., égl. St-Baudille.

St-Buel, XVIII s. : *St-Bueil*, c⁰ c⁰⁰ St-Geoire : voy. Sancti Baudelli.

St-Buel, XIV s.: voy. S.Baudelli.

St-Cassien, c⁰ c⁰⁰ Rives ; par. dioc. Vien., égl. St-Cassien.

St-Cassin : St-Cassien ou Maluse, XVIII s. : voy. S. Cassini.

St-Chef, c⁰ c⁰⁰ Bourgoin ; anc. abb. fondée au VI s. par s. Theudère, sécularisée en 1536; dioc. Vien., égl. St-Theudère.

St-Chier, XIV s. : St-Chief, XV s. : St-Chiefs, St-Chiers : voy. Sancti Theuderii.

St-Christ, vill. c⁰ Reventin-Vaugris.

St-Christophe, XVIII s. ; *l'Église*, vill. c⁰ Belmont ; — vill. c⁰ Chatonnay ; — chap. c⁰ St-Michel-les-Portes ; — ég. c⁰ St-Pierre-d'Allevard.

St-Christophe-Entre-Deux-Guiers, c⁰ c⁰⁰ St-Laurent-du-Pont ; dioc. Gren., égl. St-Christophe.

St-Christophe-en-Oisans, c⁰ c⁰⁰ le Bourg-d'Oisans ; dioc. Gren., égl. St-Christophe.

St-Clair-sur-Galaure, c⁰ c⁰⁰ Roybon ; par. dioc. Vien., égl. St-Clair.

St-Clair, c⁰ c⁰⁰ Roussillon ; succurs. par. St-Alban-du-Rhône ; dioc. Vien., égl. St-Clair.

St-Clair de Serre, XVIII s. : voy. Sancto Claro prope Serram.

St-Clair-de-la-Tour, c⁰ c⁰⁰ la Tour-du-Pin : dioc. Vien., égl. St-Clair.

St-Clare de Montfalcon, XVI s.: St-Clere : voy. S. Claro prope Serram.

St-Clars, XV s. : St-Clar, St-Clair près Colombier, XVIII s. : St-Clair-de-Roussillon, XIX s. : voy. Sancti Clari (villa).

St-Claude, h. c⁰ le Bourg-d'Oisans ; — mas et canal, c⁰ Jallieu ; — bois c⁰ le Mont-de-Lans ; — mas c⁰ St-Geoire.

S.-Clert, XV s. : voy. Sancti Clari de Turre.

St-Corp (prata de), XIV s. : voy. Sancorp.

St-Crépin, mas c⁰ le Cheylas.

St-Cyr (la Croix de), l. disp. c⁰ Chabons ; — mas c⁰ Varacieux.

St-Denis, h. c⁰ Besse.

St-Denis à Clémen, XVIII s. : *St-Denis*, chap. disp. c⁰ St-Nazaire.

St-Didier, mont. c⁰ Annoisin-et-Chatelans.

St-Didier (Bas et Haut), ville c⁰ St-Didier-de-Bizonnes.

St-Didier-de-Bizonnes, c⁰ c⁰⁰ le Grand-Lemps : dioc. Vien., égl. St-Didier.

St-Didier, f. c⁰ Bressieux.

St-Didier-les-Champagnes, XVIII s. : *St-Didier*, vill. c⁰ Aoste et les Avenières ; par. dioc. Belley, égl. St-Didier.

St-Didier (mas de la Serrallière ou de); *St-Didier*, mas c⁰ Passins.

St-Didier-de-la-Tour, c⁰ c⁰⁰ la Tour-du-Pin ; dioc. Vien., égl. St-Didier.

St-Didier, gr. disp. c⁰ Viriville.

St-Denys, XVII s. : voy. Sancti Dyonisii.

St-Doux, XVIII s. : voy. Castrucia.

St-Egay (chât.), XVIII s. ; *le Château*, h. c⁰ Varacieux.

St-Egrève, c⁰ c⁰⁰ Grenoble-Nord ; dioc. Gren., égl. St-Agripan.

St-Egrevel (mandt de), XV s. : voy. Sancti Agripani.

St-Esgrève, XVII s. : St-Esgrepve: voy. Sancti Agripani.

St-Estienne d'Ion, ix, XV s. : St-Es⁰ en Viennoys : voy. S⁰ Stephani de S. Georgio.

St-Estienne de St-Juee (chastel, chastel dalphinal de), XV s. : voy. S. Steph. de S. Juerz (castr.).

St-Estienne de Volumpt, XVI s. ; Denvollont, XVI s. : *St-Étienne*, f. c⁰ le Passage.

St-Estrivol, XV s. : voy. Sancti Agripani.

St-Etienne, bois c⁰ les Adrets.

St-Etienne, XVIII s. ; *le Châtelet*, châlt. c⁰ Laval.

St-Etienne, h. c⁰⁰ St-Jullier (Is.) et Montusiral (Drôme) ; par. dioc. Vien., égl. St-Etienne.

St-Etienne, h. c⁰ la Sône.

St-Etienne, chap. c⁰ Villemoirieu.

St-Etienne d'Avelanne, XIX s. : *St-Étienne-de-Vellanne*, vill. c⁰ Velanne.

St-Etienne-de-Crossey, c⁰ c⁰⁰ Voiron ; par. dioc. Gren., égl. St-Etienne.

St-Etienne-de-St-Geoirs, ch.-l. c⁰⁰ arr⁰ St-Marcellin ; dioc. Vien., égl. St-Etienne.

St-Eusèbe ou les Gorges (le pont de), c⁰ l'Albenc.

St-Eygrève, XVIII s. : voy. Sancti Agripani.

St-Eygrevol, XVI s.: voy. Sancti Agripani.

St-Kynard, bois c⁰ Meyzieu.

St-Kynard, XV s. : St-Enard : voy. Faysam.

St-Feriol : *St-Ferriol*, chap. c⁰ Huez.

St-Ferroil de Vienne, XVI s. : St-Ferriol (abbaye de), XVII s. : voy. Sancti Ferreoli.

St-Firmin, h. c⁰ Notre-Dame-de-Mésage.

St-Gelin, XVI s. ; de Raz ; Gellin de Raz, XV s. : voy. S. Juliani de Raz.

St-Geniz, c⁰ c⁰⁰ Mens ; dioc. Die, égl. St-Genis.

St-Geoirs, ch.-l. c⁰⁰ arr⁰ la Tour-du-Pin ; dioc. Vien., égl. St-Georges.

St-Geoirs, c⁰ c⁰⁰ St-Etienne-de-St-Geoirs ; par. dioc. Vien., égl. St-Georges : voy. Sain Juorz.

St-Georc, XVI s. ; St-George en la Vaubleyne, Vaubleyne, dit St-Joere, XVI s. : voy. S. Jorius, Georlus.

St-George Desperance, XIV s. ; en Sperenche, XIV s. ; d'Esperence en Viennois ; de Sperance, XV s. ; Desperenche, XVI s. ; de Sperenche, de Peranche, XVI s. ; St-Georges-d'Esperauche, c° c°° Heyrieux ; dioc. Vien., égl. St-Georges.

St-George en Graisivodan, XV s. ; Val de Commiers : voy. S' Georgii de Commeriis.

St-Georges, vill. c° Beaucroissant.

St-Georges, h. c° Joux ; — vill. c° Pont-Évêque.

St-Georges, h. c° Ste-Marie-du-Mont; annexe par. Ste-Marie-du-Mont, égl. St-Georges.

St-Georges (Ch°° de), c° St-Symphorien-d'Ozon.

St-Georges (La Chapelle de), mas c° la Bâtie-Montgascon.

St-Georges-de-Commiers, c° c°° Vizille ; dioc. Gren., égl. St-Georges.

St-Germain, vill. c° l'Isle-d'Abeau ; succurs. par. l'Isle-d'Abeau. dioc. Vien., égl. St-Germain.

St-Germain, h. c° Luzinay ; — faub. c° Mens ; — éc. c° la Tronche.

St-Gervais, mas c° St-Chef.

St-Gervais, c° c°° Vinay ; par. dioc. Gren., égl. St-Gervais et Protais.

St-Gervais (chât. de), XIX s. : voy. Armeu.

St-Gillin (lac de), XVI s. ; le Lac, h. c° St-Julien-de-Ratz.

St-Giraud, mont. et ruines, c° Varces ; par. dioc. Gren., égl. St-Giraud.

St-Grégoire, chap. c° Chantelouve.

St-Guillaume, c° c°° la Monestier-de-Clermont ; dioc. Die, égl. St-Guillaume.

St-Guillaume (Forêt de), c° St-Andéol.

St-Hilaire, c° c°° le Touvet ; par. dioc. Gren., égl. St-Hilaire.

St-Hilaire-de-Brens, c° c°° Crémieu ; dioc. Vien., égl. St-Hilaire.

St-Hilaire-de-la-Côte, c° c°° la Côte-St-André ; dioc. Vien., égl. St-Hilaire.

St-Hilaire-du-Rosier, c° c°° St-Marcellin.

St-Hillaire et St-Pancrace, XVIII s. : voy. S' Hylarii.

St-Hiuler : voy. S. Imerii.

St-Hippolyte, h. c° Chuzelle ; par. St-Hippolyte-de-Chuzelle, dioc. Vien., égl. St-Hippolyte.

St-Hondras ou St-Homoré : voy. Sancti Honorati.

St-Honoré : voy. S. Honorati de Vilar.

St-Honoré, f. c° Jallieu.

St-Honoré, c° c°° la Mure ; dioc. Gren., égl. St-Honoré.

St-Hubal, XVIII s. : voy. St-Théobald.

St-Hugon, éc. c° Châtonnay.

St-Hugues, vill. c° St-Pierre-de-Chartreuse.

St-Hyllaire (bastie) : Charlière, h. c° St-Hilaire-de-la-Côte.

St-Hypolite de Chuzelles, XVIII s. : voy. S' Ypoliti Clauselle.

St-Ignace, h. c° Vienne, XVII s.

St-Imbert, h. c° Allières-et-Risset.

St-Isidore, chap. c° la Verpillière.

St-Ismier, c° c°° Grenoble-Est ; dioc. Gren., égl. St-Ismier.

St-Jacques, chap. disp. c° la Buisse.

St-Jacques, éc. et chap. c° Echirolles; succurs. par. Bresson, dioc. Gren., égl. St-Jacques-le-Majeur.

St-Jacquier, h. c° Montrarra.

St-Jean, mas et ruiss. aff. l'Olle, c° Allemont.

St-Jean, h. c° Beaufort.

St-Jean, h. c° les Côtes-d'Arey.

St-Jean (Pont), pont sur l'Agny, entre c°° Châteauvilain et les Eparres.

St-Jean (Ruiss. de), c° le Fontanil, 1734.

St-Jean, mas c° Frontonas.

St-Jean. h. c° Izeron ; par. dioc. Gren., égl. St-Jean.

St-Jean, h. c° Moirans.

St-Jean, vill. c° Noyarey.

St-Jean (ruiss.), XVIII s. ; la Gerconde, ruiss. orig. étang de Bonnevaux, arr. c°° St-Jean-de-Bournay et Royas.

St-Jean, bois c° Simandres.

St-Jean, chap. disp. c° Valjonfrey.

St-Jean d'Archlen, d'Archez, XVIII, XIX s. : voy. Archen.

St-Jean-d'Avelanne, c° c°° le Pont-de-Beauvoisin ; par. dioc. Belley, égl. St-Jean-Bapt.

St-Jean-Baptiste, chap. disp. c° le Pont-de-Chéruy.

St-Jean-de-Bournay, ch.-l. c°° arr' Vienne ; dioc. Vien., égl. St-Jean-Bapt.

St-Jean-de-Chéplz, XVII s. ; Cheplel, Chepy : voy. Chapela.

St-Jean-Desmarais, XVI s. : voy. S' Johannis de Exartis.

St-Jean-le-Fromental, h. c° Dionay ; par. dioc. Vien., égl. St-Jean.

St-Jean-d'Hérans, c° c°° Mens ; par. dioc. Die, égl. St-Jean-Bapt.

St-Jean-de-Moirans, c° c°° Rives; par. dioc. Gren., égl. St-Jean-Bapt.

St-Jean-le-Soudin, c° c°° la Tour-du-Pin ; dioc. Vien., égl. St-Jean-Bapt.

St-Jean-de-Vaux, c° c°° Vizille ; dioc. Gren., égl. St-Jean.

St-Jean-des-Vertus, vill. c° les Côtes-de-Corps ; par. dioc. Gap, égl. St-Jean et Jacques.

St-Jean-le-Vieux, c° c°° Domène; dioc. Gren., égl. St-Jean-Bapt.

St-Jehan Dabornay, XIV s. ; de Bornaz, XVI s. ; Daubournay, d'Eubornay, XVII s. : voy. S. Johannes de Bornay.

St-Jehan de Fromentaulx, XVI s. ; St-Jean-le-Fromental, h. c° Dionay.

St-Jehan au camp de Moirans : voy. S. Johannis supra Moyrencum.

St-Jehan de Sodyn, XVI s. : voy. Seuzin.

St-Jehoers, St-Jehoyers, XVI s. : voy. Sain Juorz, S'° Georio.

St-Jorge-d'Espérance, XV s. : voy. St-Georges-d'Espéranche.

St-Joseph, vill. c° Cessieu ; chap. disp. c° Corps ; — éc. c° S-Maximin ; — (Ruiss. de), c° Torchefelon, aff. ruiss. Malmont ; — f. c° Vernaz; — mas c° Voiron; — us. c° Vizille.

St-Joseph, XVIII s. : voy. Vergers-St-Joseph.

St-Joseph de Rivière, XVIII s. ; *la Rivière*, c° c°ns Tullins.

St-Jouere, XVI s. ; S. Joueyre, XVI s. : voy. S. Jorius, Georius, Georgius de Vaulania.

St-Jouers, XVI s. ; *St-Geoirs* : voy. ce nom.

St-Julien, h. c° Dionay ; par. dioc. Vien., égl. St-Julien.

St-Julien, h. c° Siccieu-St-Julien-et-Carisieu ; par. dioc. Vien., égl. St-Julien.

St-Julien (Forêt de), c°ns Pisieu, Primarette et St-Julien-de-l'Herms.

St-Julien-de-l'Herms, c° c°ns Beaurepaire ; par. dioc. Vien., égl. St-Julien.

St-Julien-de-Raz, c° c°ns Voiron ; dioc. Gren., égl. St-Julien.

St-Julin près Crémieu, XV s. ; St-Jullin, Julian, Jullian, XVI s. ; *St-Julien*, h. c° Siccieu-St-Julien-et-Carisieu.

St-Julin (chât. de), XVII s. : voy. Château-de-St-Julien.

St-Jullieu, XVIII s. ; St-Julin ; *Siccieu-St-Julieu-et-Cari-sieu*, c° c°ns Cremieu.

St-Jullien, XVIII s. ; St-Jullin, XVII s. ; *la Perrière*, f. c° St-Julien-de-Raz.

St-Just, vill. c° Chatte.

St-Just-et-Chaleyssin, c° c°ns Heyrieu, créée en 1790 sous le nom de Chaleyssin, changé 1801.

St-Just-de-Claix, c° c°ns Pont-en-Royans ; par. dioc. Gren., égl. St-Just.

St-Lathier, Latil, XVI s. : voy. S. Eleutherius, Heleuterius.

St-Latier, c° c°ns St-Marcellin ; dioc. Vien., rg'. St-Eleuthère.

St-Laurent, ruiss. c° Crémieu.

St-Laurent, faub. c° St-Marcellin.

St-Laurent-en-Beaumont, c° c°ns Corps ; dioc. Gap, égl. St-Laurent.

St-Laurent-de-Mure, c° c°ns Heyrieu ; dioc. Lyon, égl. St-Laurent.

St-Laurent-du-Pont, ch.-l. c°ns arr⁰ Grenoble ; dioc. Gren., égl. St-Laurent.

St-Laurent du Pont autre des Deserts, XIV s. : voy. S. Lau-

rentii de Deserto, de Ponte.

Sct-Laurent du Pont (chastel de), XIV s. : voy. Castrum.

St-Laurent (la Croix-de-), mas et ch⁰⁸ c° Chonas.

St-Laurent (Faubourg). XVII s. : voy. S. Laurencii vel S. Eugenie.

St-Laze ou en Lislat (terr.), XVI s. ; (égl.) ; (rien de Bayet ou de), XVII s. ; *St-Laze*, près la chap. St-Alban-des-Vignes.

St-Laze (ruiss. de), XVI s. : voy. Sancti Lazari.

St-Louis, f. c° Anthon ; — égl. par. c° Grenoble ; — font. c° St-Savin.

Sct-Loup sur Vifs (masures de), XVII s. : voy. Auriolum, Uriolum.

St-Mamert, h. c° les Côtes-d'Arey ; par. dioc. Vien., égl. St-Mamert.

St-Mamert, mas c°ns Feyzin et St-Symphorien-d'Ozon.

St-Marc (Mont-), bois c° Oyeu.

St-Marcel, sections, c°ns Barraux et Ste-Marie-du-Mont.

St-Marcel, h. c° Eyzin-Pinet ; par. dioc. Vien., égl. St-Marcel.

St-Marcel-de-Bel-Accueil, c° c°ns Bourgoin ; dioc. Vien., égl. St-Marcel.

St-Marcellin, ch.-l. arr⁰ ; dioc. Vienn., égl. St-Marcellin.

St-Martin, mas c° Chassagnieu.

St-Martin, h. et ruiss. aff. le Glandon, c° Chapareillan.

St-Martin, h. c° le Cheylas.

St-Martin, vill. c° les Côtes-d'Arey ; par. dioc. Vien., égl. St-Martin.

St-Martin, mas c° Diémoz ; — mas c° Frontonas ; — iv. c° Jons.

St-Martin ou Bapalue, mas c° Optevoz.

St-Martin, mas c° Penol.

St-Martin, vill. c° Poisat.

St Martin, mas c° Roche.

St-Martin, h. c° St-Antoine ; dioc. Vien., égl. St-Martin.

St-Martin, quart. c° Vienne ; par. dioc. Vien., égl. St-Martin.

St-Martin de Vineis, XVI s. ; Vinay, XVIII s. ; Vinai (eccl.), XIII s. : voy. Saviniacense.

St Martin de Avec (eccl.), XI s.; *St-Martin-de-la-Cluse*, h. c°

la Cluze-et-Pâquiers ; par. dioc. Gren., égl. St-Martin.

St-Martin de Claelles, XIV s. : Claelles, Clebs, XVIII s. : voy. S⁰ Martini de Claellis ; *St-Martin-de-Clelles*, c° c°ns Clelles ; dioc. Die, égl. St-Martin.

St-Martin (la roche), XVI s. : près Clialais, XVIII s. ; St Martin de Cornillon, XVIII s. ; *Mont-St-Martin*, c° c°ns Grenoble-Nord.

S⁰ Martin Dere, XIV s. ; de Meyre, XV s. ; de Aire, de Hera : voy. S⁰ Martini de Hera.

St-Martin-d'Hères, c° c°ns Grenoble-Sud ; dioc. Gren., égl. St-Martin.

St-Martin-de-Miseré, de Mizer⁰ : voy. S⁰ Martini in par. S. Himerii.

St-Martin, vill. c° Montbonnot-St-Martin ; anc. prieuré d'Augustins, chef d'ordre, fondé XI s., suppr. 1673 ; dioc. Gren., égl. St-Martin.

St-Martin, vill. c° St-Martin-d'Uriage, c°ns Domène ; par. dioc. Gren., égl. St-Martin.

St-Martin-de-Vaulserre, c° c°ns le Pont-de-Beauvoisin ; par. dioc. Belley, égl. St-Martin.

St-Martin de Vienne, du hameau de Septemux, XVI s. : voy. S⁰ Martini (crenobium).

St-Martin le Vineux, XV s. ; le Vigneux, XVI s. ; XVIII s. ; *St-Martin-le-Vineux*, c° c°ns Grenoble-Nord ; dioc. Gren., égl. St-Martin.

St-Martin (Les Combes-de-), mas c°ns Chassignieu et Chélieu.

St-Martin (La Croix-de-), mas c° Sérézin.

St-Martin (La Plaine-de-), mas c° Aranslou.

St-Maurice, c° c°ns Clelles ; dioc. Die, égl. St-Maurice.

St-Maurice-de-l'Exil, c° c°ns Roussillon ; par. dioc. Vien., égl. St-Maurice.

St-Maurice (La Chapelle-de-), mas c° la Bâtie-Montgascon.

Saint-Maurice (La Croix-de-), mas c° Montagnieu.

Sct-Mauris de Lixieu ; St-Maurice de Lixieul, XVI s. ; Lieux ; Lexieu : voy. Sancti Maurici de Exillo.

Sct-Mauriz, XVI s. ; Mauris : voy. S¹ Mauritii de Monte Almonis.

St-Maximin, c⁰ c⁰⁰ Goncelin : par. dioc. Gren., égl. St-Maxime.

St-Même (le Pont-de-), pont sur le Guiers-Vif, entre c⁰⁰ St-Pierre-d'Entremont et Entremont-le-Vieux (Savoie).

St-Michel, mont. c⁰ Claix.

St-Michel, quart. c⁰ Jallieu.

St-Michel, vill. c⁰ Paladru ; par. dioc. Vien., égl. St-Michel.

St-Michel, h. c⁰ St-Bernard ; par. dioc. Gren., égl. St-Michel.

St-Michel-en-Beaumont, c⁰ c⁰⁰ Corps ; dioc. Gap, égl. St-Michel.

St-Michel de la Falm : voy. S¹ Michaelis de Faymu.

St-Michel de Laip en Beaumont, XVIII s. : voy. St-Michel-en-Beaumont.

St-Michel-les-Portes, c⁰ c⁰⁰ Clelles ; dioc. Die, égl. Exaltation de la Croix.

St-Michel-de-St-Geoirs, c⁰ c⁰⁰ St-Étienne-de-St-Geoirs ; par. dioc. Vien., égl. St-Michel.

St-Mouris, XVI s. : voy. S. Maurieii in villa Caucilla.

St-Muris, h. c⁰ Meylan.

St-Muris prez Montbonnoud, XVIII s. ; St-Mary, St-Muris prés Montbonnot : voy. S. Mauritii.

St-Mury, mont. c⁰⁰ St-Mury-Monteymond et la Combe-de-Lancey.

St-Mury-Monteymond, c⁰ c⁰⁰ Domène ; dioc. Gren., égl. St-Maurice.

St-Nazaire, c⁰ c⁰⁰ Grenoble-Est ; dioc. Gren., égl. St-Jean-Bapt.

St-Nicolas, chap. disp. c⁰ Bourgoin.

St-Nicolas-de-Macherin, c⁰ c⁰⁰ Voiron ; par. dioc. Gren., égl. St-Nicolas.

St-Nizier, h. c⁰ Pariset ; par. dioc. Gren., égl. St-Nizier.

St-Nizier, vill. c⁰ St-Martin-d'Uriage ; par. dioc. Gren., égl. St-Denis.

St-Nizier, chât. c⁰ Voreppe.

St-Nizier (montagne de) : voy. Champanoset.

St-Oblas, h. c⁰ Oytier-et-St-Oblas ; dioc. Vien., égl. St-Pierre.

St-Ondras, c⁰ c⁰⁰ Virieu ; par. dioc. Vien., égl. St-Honoré.

St-Ondrat, O-as ou St-Honoré, XVIII s. : voy. S¹ Honorati.

St-Ours l'Échaillon, XVII s. ; (mas de), XVIII s. : voy. Castrucia.

St-Oyan (Chl⁰ de), c⁰ Leyrieu.

St-Pancrasse, h. c⁰ St-Baudille-et-Pipet.

St-Pancrasse, c⁰ c⁰⁰ le Touvet ; par. dioc. Gren., égl. St-Pancrasse.

St-Paul, h. c⁰ Biol.

St-Paul, f. c⁰ la Murette.

St-Paul-d'Enconin ou de Varces, XVIII s. : voy. S. Pauli de Enconi.

St-Paul-d'Izeaux, c⁰ c⁰⁰ Tullins ; dioc. Vien., égl. St-Paul.

St-Paul-lès-Monestier, c⁰ c⁰⁰ le Monestier-de-Clermont ; dioc. Die, égl. St-Paul.

St-Paul-de-Varces, c⁰ c⁰⁰ Vif ; par. dioc. Gren., égl. St-Paul.

St-Père, San Per entre les Vignes, XIV s. : voy. S. Petri in Bello Campo.

St-Philibert, vill. c⁰ St-Pierre-d'Entremont.

St-Philippe, mas c⁰ la Bâtie-Divisin.

St-Pierre, XVIII s. : voy. Burgum de Varsia.

St-Pierre, h. c⁰ Aoste ; — bois c⁰ la Balme ; — h. c⁰ Beaufort ; — mas c⁰ Beaurepaire ; — mas c⁰ la Chapelle-de-Surieu ; — chap. c⁰ Grasse ; — vill. c⁰ Janneyrias ; — mas c⁰ Longechenal ; — mont. c⁰ Oz ; — vill. c⁰ Paladru ; — par. dioc. Vien., égl. St-Pierre ; — h. c⁰ le Passage ; — h. c⁰ Renage ; — bois c⁰ St-Pierre-de-Chandieu.

St-Pierre-d'Allevard, c⁰ c⁰⁰ Allevard ; dioc. Gren., égl. St-Pierre.

St-Pierre-de-Bournay, vill. c⁰ St-Jean-de-Bournay ; dioc. Vien., par. Bournay, égl. St-Pierre.

St-Pierre-de-Bressieux, c⁰ c⁰⁰ St-Étienne-de-St-Geoirs ; par. dioc. Vien., égl. St-Pierre-ès-Liens.

St-Pierre-de-Bressieux ou de Marnans, XVIII s. : voy. S¹ Petri retro castr. Brissiaci.

St-Pierre-de-Chandieu, c⁰ c⁰⁰ Heyrieu ; dioc. Lyon, égl. St-Pierre-ès-Liens.

St-Pierre-de-Chartreuse, c⁰ c⁰⁰ St-Laurent-du-Pont ; dioc. Gren., égl. Assomption.

St-Pierre-de-Chartrousse : voy. S. Petri de Cartusia.

St-Pierre-de-Cherene ou de Nacon, XVIII s. ; d'Erberaine, XVIII s. ; St-Pierre-de-Cherennes, c⁰ c⁰⁰ le Pont-en-Royans ; par. dioc. Gren., égl. St-Pierre.

St-Pierre, cc. c⁰ Chonas ; — chap. disp. c⁰ Diémoz ; — mas c⁰ Longechenal.

St-Pierre-de-Commiers, h. c⁰ St-Georges-de-Commiers ; par. dioc. Gren., égl. St-Pierre.

St-Pierre-d'Entremont, c⁰ c⁰⁰ St-Laurent-du-Pont ; dioc. Gren., égl. St-Pierre.

St-Pierre-d'Entremont Entre-Deux-Guiers, XVIII s. : voy. S. Petri de Inter Montes.

St-Pierre de Meuros al. Mearoz en Beaumont, XVIII s. ; Meyarots, XVIII s. ; St-Pierre-de-Mearoz, c⁰ c⁰⁰ Corps ; dioc. Gap, égl. St-Pierre.

St-Pierre de Mercury : voy. S. Petri in villa Mercurius.

St-Pierre-de-Mésage, c⁰ c⁰⁰ Vizille ; dioc. Gren., égl. St-Pierre.

St-Pierre-de-Montfort, XVI s. : Crolles, c⁰ c⁰⁰ Le Touvet.

St-Pierre de Moutluzier, XVI s. ; St-Pierre, égl. disp. c⁰ St-Antoine.

St-Pierre Val de Commiers (égl.), XVIII s. : voy. S¹ Petri de Comeriis.

St-Pierre hors porte de Vienne, XV s. : voy. S¹ Petri in Bello Campo.

St-Pol, XV s. : voy. S¹ Pauli.

St-Priest, gr. disp. c⁰ Poliénas.

St-Priest, c⁰ c⁰⁰ St-Symphorien-d'Ozon ; par. dioc. Lyon, égl. St-Priest.

St-Priest en Veilaine, XIV s. ; St-Priet, XV s. ; Prest en Veilein ; St-Pries, XVI s. ; St-Priez, St-Pris : voy. de S¹ Projecto.

St-Priest (mais. f.) : voy. Vernoyon.

St-Prim, c^ne c^on Roussillon ; détachée c^ne Auberives 31 oct. 1801 ; par. dioc. Vien., égl. St-Nicolas.

St-Quentin-Falavier, c^ne c^on la Verpillière ; par. dioc. Vien., égl. St-Quentin.

St-Rambert, bois et ruiss. c^ne St-Ismier.

St-Robert (mont. des Pères de), XVIII s. ; *la Robertière*, mont. c^ne Engins.

St-Robert (plan, mais. de), à prés^t St-Bruno, XVII s. : voy. Portile.

St-Robert (prieuré de), fondé XI s. ; *Aula-de-St-Robert*, c^ne de St-Egrève.

St-Robert-de-Cornillon, XVIII s. : voy. S. Robertum subt. Cornillonem.

St-Roch, chap. c^ne la Balme ; — chap. c^ne Corps ; — chap. c^ne Courtenay ; — chap. h. Cessanve; — chap. c^ne Entraigues ; — chap. c^ne le Freney; — chap. disp. c^ne Goncelin ; — quart. c^ne Grenoble ; — h. c^ne Miribel-les-Echelles ; — chap. disp. c^ne Oz; — chap. c^ne Pontcharra; — (la Croix-de-), mas c^ne Roy ; — chap. disp. c^ne St-Marcel-Bel-Accueil ; — h. c^ne Torchefelon ; — h. c^ne la Tour-du-Pin.

St-Roch (la Croix-de-), mas c^ne Merlas.

St-Romain-de-Jalionas, c^ne c^on Crémieu ; annexe par. Ste-Marie-de-Tortas, dioc. Vien., égl. St-Romain.

St-Romain-de-Surieu, c^ne c^on Roussillon ; dioc. Vien., égl. St-Romain.

St-Roman près de Beauvoir, XVIII s. : voy. Granenco, S. Romani.

St-Romans, c^ne c^on le Pont-en-Royans ; dioc. Gren., égl. St-Romain.

St-Romans, mas c^ne St-Laurent-de-Mure.

St-Romans, St-R-n : voy. S^o Romani.

St-Rubin, XIX s. ; *Champs-Rubin*, h. c^ne Thuellins.

Set-Saphorin (Ouxbourg de), XVII s. ; *St-Symphorien*, quart. de Morestel, ch.-l. c^on arr^t la Tour-du-Pin.

St-Saphorin d'Ouzon. XIII s. ; d'Auzon, Ouzon, XV s. : voy. S. Sinforianus.

St-Sauveur, XVI s. : voy. S. Salvatoris.

St-Sauveur, c^ne c^on St-Marcellin ; dioc. Vien., égl. Transfiguration.

St-Sauveur, bois c^ne St-Pierre-de-Chartreuse.

St-Sauveur, chap. disp. c^ne Vos mas^e.

St-Sauveur-de-Beauvoir, anc. com.

St-Savin, c^ne c^on Bourgoin ; par. dioc. Vien., égl. St-Savin.

St-Sébastien ou mand^t de Beaumont, XVI s. ; de Corbéac, XVIII s. ; en Morges : voy. S^o Sebastiani de Morgas.

St-Sébastien, c^ne c^on Mens ; par. dioc. Die, égl. St-Sébastien.

St-Sébastien (chp^e de), c^ne St-Alban-du-Rhône.

St-Sébastien, chap. c^ne la Salette.

Saint-Severin (forêt de), XIV s. ; *Severrin*, chat. et forêt c^ne Parmilieu.

St-Seses, XVI s. ; Sevez : voy. S. Severum.

St-Sévère, mas c^ne Chonas.

St-Sévère, égl. disp. c^ne Vienne.

St-Séverin, h. c^ne St-Marcellin.

St-Sevest, XVIII s. : voy. S. Salvatoris.

St-Siméon-de-Bressieux, c^ne c^on St-Etienne-de-St-Geoirs ; par. dioc. Vien., égl. St-Siméon-Stylite.

St-Siphorien : voy. S^o Simphoriani.

St-Sixte, mas c^ne Châbons.

St-Sixte, vill. c^ne Merlas ; par. dioc. Vien., égl. St-Sixte.

St-Sorlin la Fournache. XVI s.; en Fournache : voy. S^o Saturnini.

St-Sorlin, c^ne c^on Morestel ; annexe par. Vasselin, dioc. Vien., égl. St-Saturnin.

St-Sorlin de St-Chef, XVIII s. : voy. S^o Saturnino de Nanti.

St-Sorlin, c^ne c^on Vienne-Sud ; par. dioc. Vien., égl. St-Saturnin.

St-Sornin de Nantas (perroisse de), XV s. : voy. S^o Saturnino de Nanti.

St-Sulpice, mas c^ne Crolles.

St-Sulpice ; *St-Pierre*, chap. c^ne Grosse.

St-Sulpice, h. c^ne St-Sulpice-des-Rivoires.

St-Sulpice-des-Rivoires, c^ne c^on St-Geoire.

St-Sulpis, XVI s. ; Sulpit, XVII s. : voy. S. Sulpicii.

Set-Surpitz, XVI s. : voy. S. Sulpicium.

St-Symphorien-d'Ozon. ch.-l. c^on arr^t Vienne ; dioc. Lyon, égl. St-Symphorien.

St-Théobald, chap. c^ne l'Isle-d'Abeau ; — h. c^ne St-Georges-d'Espéranche.

St-Théoffrey, c^ne c^on la Mure ; dioc. Gren., égl. St-Théoffrey.

St-Théoffrey, XVI s. ; Theofrey, XVIII s. : voy. S. Theofredi de Lans.

St-Theudère, vulgo de St-Chef (chapitre), XVIII s. : voy. S^o Theuderii.

St-Thomas, vill. c^ne St-Pierre-de-Chandieu ; par. dioc. Lyon, égl. St-Thomas.

St-Trivier, bois c^ne Solaise.

St-Vérand, c^ne c^on St-Marcellin ; dioc. Vien., égl. St-Vérand.

St-Vérand, chap. c^ne Vertrieu.

St-Victor-de-Cessieu, c^ne c^on la Tour-du-Pin ; par. dioc. Vien., égl. St-Victor.

St-Victor, dit en Dauphin., XVII s. ; de Morestel, XVIII s. : voy. S. Victoris.

St-Victor-de-Morestel, c^ne c^on Morestel ; par. dioc. Lyon, égl. St-Victor.

St-Victor-de-la-Tour, de Château-Vilain, XVIII s. : voy. S. Victoris de Buffieres.

St-Victor (riv. des moulins de), XVII s. : voy. Saveria.

St-Vincent (Clos de), c^ne Bougé-Chambalud et Chanas.

St-Vincent, vill. c^ne le Fontanil et Voreppe ; dioc. Gren., égl. St-Vincent.

St-Vincent-de-Mercuze, XVIII s. ; Mercuze, XVIII s. ; *St-Vincent-de-Mercuze*, c^ne c^on le Touvet ; dioc. Gren., égl. St-Vincent : voy. S. Vincentii de Malcusia.

St-Vincent hors les Murs (chap.), XVII s. : voy. S^o Vincentii marter. monast.

St-Vincent de Plastre, XVI s. ; du Platre, XVII s. ; voy. St Vincentii de Plaustris, XIII s.

St-Vincent (Habert de), chal., c° Ste-Marie-du-Mont.

St-Vivan, XVIII s. : *St-Vivant*, h. c° St-Jean-de-Soudin.

Saintaurein (Les), mas c° la Balme.

Ste-Agnès, c° c°° Domène ; dioc. Gren., égl. Ste-Agnès.

Ste-Anne, chap. disp. c° le Bourg-d'Oisans ; — chap. disp. c° la Buissière ; — chap. c° Huez.

Ste-Anne-d'Estrablin, c° c°° St-Jean-de-Bournay ; par. dioc. Vien., égl. Ste-Anne.

Ste-Apollonie, XVIII s. : voy. Boniforaminie.

Ste-Blandine, c° c°° la Tour-du-Pin ; dioc. Vien., égl. Ste-Blandine.

Ste-Colombe-de-la-Brosse, h. c° la Balme ; annexe par. St-Vulbas, dioc. Lyon, égl. Ste-Colombe.

Ste-Croix, h. c° Assieu ; — éc. c° Bessins ; — h. c° Montagne.

Ste-Greave, XVI s. : voy. S. Agripani.

Ste-Julie, mas c° Vaulnaveys-le-Bas.

Ste-Luce en Beaumont, XVIII s. ; *Ste-Luce*, c° c°° Corps ; dioc. Gap, égl. Ste-Luce.

Ste-Madeleine, annexe de Surieu, XVI s. ; *Sonnet*, h. c° la Chapelle-de-Surieu.

Ste-Madeleine, chap. disp. c° Jallieu.

Ste-Marguerite-de-la-Cloutra, chap. disp. c° St-Priest.

Ste-Marie, éc. c° Chatte ; — quart. c° Crémieu.

Ste-Marie-d'Alloix, c° c°° le Touvet ; dioc. Gren., égl. St-Barthélemy.

Ste-Marie-d'Ameysin : voy. Amasinum.

Ste-Marie-du-Mont, c° c°° le Touvet ; par. dioc. Gren., égl. N.-D.-de-Pitié.

Ste-Marie-de-Turtas, h. c°° Leyrieu et St-Romain ; par. dioc. Vien., égl. Ste-Vierge.

Ste-Romanière, mas c° Jons.

Sainton, h. c° Pont-Évêque.

Saisseu, XIII s. ; Saisiaeum, XV s. : voy. Sayssseu.

Saisineto (eccl. de), XI s. ; Saxineto (parr. de), XIII s. ; Sayssineto (parr. de), XIV s. ; *Seyssinet*, vill. c° Parizet.

Saisinu (eccl. de), XI s. ; *Seyssina*, c° c°° Sassenage.

Saisinum (eccl.), XII s. : voy. Doisinum.

Saisein (de), XII s. : voy. Saisinu.

Saissol, XII s. ; Saisseolum, XIII s. : voy. Saxeolum.

Saisuel, XIII s. ; Saissuel, XIII s. : voy. Sayssello.

Sala (de), XII s. ; Sala (capelle de), XIII s. ; (eccl. de la), XIII s. ; (riv. de) ; Salle-en-Beaumont (la), XVIII s. ; *la Salle*, c° c°° Corps.

Sala (villa de), XIV s. : *la Salle*, h. c° la Cluze-et-Paquiers.

Sala villa, XIV s. ; *la Salle*, l. disp. c° Pierre-Châtel.

Salacina (river. de), Salaseina, XIV s. ; Salassine : *la Salassine*, ruiss. aff. la Trèry, c°° Chasselay et Serres-et-Nerpol.

Salagnon, vill. c° St-Chef ; dioc. Vien., égl. St-Ferréol.

Salaignone (parr. de), XV s. ; Salagnionis (eccl. de), XV s. ; Sallagnione, XVI s. ; *Salagnous*, vill. c° St-Chef.

Salaise, c° c°° Roussillon ; par. dioc. Vien., égl. St-Claude.

Salanum, XV s. ; *le Salanuel*, h. et ruiss. aff. l'Isère, c° Tullins.

Salanchiis (in), XV s. : voy. Chalanchiis.

Salange, XVIII s. ; *les Salanges*, bois c° Ouaix.

Salazar, forêt c° Lans.

Salcoin (Châ... de), c° Ste-Marie-d'Alloix.

Sale (La), f. c° Montagnieu.

Sale (Chavan. de), XIII s. ; Sallet, XIV s. ; Saltois (les), XIX s. ; *les Sutois*, h. c° St-Barthélemy-de-Séchillienne.

Salectis in villa Bracosco (vicaria), X s. : voy. Causlacensi.

Salectis (vicaria de), X s. : voy. Salleibus.

Saleen (riv. de), XV s. : voy. Salient.

Salegaux (prior de), XIV s. ;

Salognarum (parr.), XVI s. ; Salezes, Sallezes, 17.. : voy. Salleibus, 1°.

Saloglarum (capelle), XIV s. : voy. Salleibus, 1°.

Salems (de), XIV s. ; Sallens, XV s. ; Salluyen (rieu de), XVII s. ; *le Sallens*, ruiss. c° Eyzin-Pinet, aff. la Gère.

Salentie (La), éc. disp. c° Oulle.

Sales froides, XVIII s. ; *Sol-fenide*, bois c° Ste-Marie-du-Mont.

Salet, XVIII s. ; *Salette*, f. c° Courtenay.

Saleta (mand. de), XIII s. ; (parr. de), XIII s. ; S-tis (parr. de), XIV s. ; *la Salette*, vill. c° la Salette-Falavaux.

Saleta villa, XIV s. ; Salette (la) ; *la Salette*, h. c° Treffort.

Saletas (loc.), in valle Ananiense, IX s. : voy. S. Martini Costarum Darcy.

Salote (cur. de), XIX s. ; *Salette*, ét. c°° Frontonas et Panossas.

Saletes (ap.), XIII s. ; Salettis (monast. Aula B° Marie de), XIV s. ; Saletarum (Aula B° Marie), XV s. ; *Salettes*, h. c° la Balme ; chartreuse fondée en 1290.

Salette (La), vill. c° la Salette-Falavaux, c°° Corps ; dioc. Die, égl. St-Michel.

Salettes (chartreuse de), XV s. ; (moustier de) ; Salletarum (conventi. Aulo Beate Marie), XVI s. ; Salettes (N.-D. de) ; *Salettes*, h. c° la Balme.

Saleyruel (nem. de), XV s. ; Salérieux, XVIII s. ; Saleyrieu, XIX s. ; *Salérieu*, vill. c°° Dolomieu, la Chapelle-de-la-Tour et St-Jean-de-Soudin.

Saliccon : voy. Serri Riconis.

Sallens, XI s. ; Sallicetum, Salisetum, XIII s. ; *le Sauzey*, mas c° Goncelin.

Salliceto (mans. de), XII s. ; *le Sauzet*, l. disp. c° Revel.

Salicetum villa, XIV s. ; Sauzey (bordaria du), XV s. ; *le Sauzet ?*, l. disp. c° Brié-et-Angonnes.

Salleibus (cella), IX s. ; Salizlis (garda de), XIII s. ; Saligiarum (parr.), XV s. ; *Salaise*,

c. c. Roussillon.

Sallicibus (chavan. de), XV s.; Sauzeys (des), XVI s.; les Sauzets ?, l. disp. près St-Laurent-en-Beaumont.

Sallicibus (in), XIV s.: voy. Sauzos.

Sallvonorum (chavan.), XV s.; le Sallilon, ou le Fay-du-Molard, forêt c. Allemont.

Sallent (terra de), XIII s.; Sallien (ripp. de), XVI s.: le Salcont, h. et ruiss. afil. le Rhône, c. St-Prim.

Salière (La), chât. c. Huy.

Salignac (Le), h. c. Estrablin.

Salines (de), XV s.; Sallines (de), XV s.; Salignon, XIX s.; les Salines, h. c. la Folatière.

Salins (en), XIV s.; Salle, bois c. Cotumunay.

Salives, gr. disp. c. Vatilieu.

Saliz villa, XIV s.; Sallee (mans. de); le Sauze, h. c. Sousville.

Sallanchonis (parr.), XV s.: voy. Salaignone.

Sallandière, h. c. Vif.

Salle (La), c. c. Corps; dioc. Gap, égl. Assomption.

Sallente (aqua), XI s.: voy. Salens.

Sallens (el), XIV s.; Sallientes, XV s.: voy. Saillent.

Salles, h. c. Jonage.

Salletans (mina ferrea in), XIV s.; Saletans; Sailletan, ruiss. c. Allevard.

Sallicetum, XIII s.; Salicibus (clott. de), XIV s.; le Sausey, h. c. Vaujany.

Sallières (chls des), c. Marcollin.

Salliets, XIV s.; le Bas-Saille, éc. c. St-Pierre-d'Allevard.

Sallinière (La), XVIII s.; la Salinière, h. c. Livet-et-Gavet.

Sallins (insula ad), XIII s.; Sallins (ripor. de), XIV s.: Sally, XIV s.; le Ruissalin, ruiss. afil. l'Isère, orig. c. Theys, arr. c. St-Pierre-d'Allevard et le Cheylas.

Salliquet (Chez-), éc. c. Villard-de-Lans.

Sallone (loc. de), XV s.; Salagnon, vill. c. St-Chef.

Salluen (ruiss. de), XVII s.; Saluen: voy. Salens.

Salmaireu (eccl. de), XIII s.; Salmariaco (parr. de), XIV s.; Salmayreu, XIV s.; Salmeyrieu, XVIII s.: voy. Sermuerlaeum.

Salmeyreuco (parr.), XIV s.; Sermuereux, quart. c. Voiron.

Salmoracensis, IX s.; S-ringa villa, IX s.; S-gum; Salmoraceno (eccl.), XI s.; Salmoyreneum, XIII s.; Salmorenchi (curat.), XIV s.; S-ci (parr.); Salmoyreneii de Valrone (eccl. S. Petri), XV s.; Sermuereus, quart. c. Voiron.

Salmoriacensi (in comitatu), IX s.; S-rense (in pago), X s.; S-racense (in ager) in archiep. Viennense, X s.; S-riacensi (archidiaconia), XI s.; Salmoniacense (in pago Gratianopolitano sive), XI s.; Salmoraciensi, XII s.; Comté de Sermuereus: voy. ce nom.

Saloisie, XIV s.: voy. Sololsia, Colosia.

Salomonorum (molend. de cloto), XIV s.; les Salomons, f. c. Choranche.

Salpatia (villa superiori, X s.; Salpaisa; Salpasia, XI s.; Salpaysi, XIII s.; S-asia, XIII s.; Serpaise, vill. c. Villette-Serpaize.

Salpetrière (La), h. c. la Côte-St-André.

Salpont, XVIII s.; Delà-le-Pont, quart. c. Le Freney.

Salsa, XVI s.; les Saises, éc. c. Allières-et-Risset.

Salsa (cognum de), XV s.; la Salse, ruiss. c. Besse, afil. le Ferrand.

Salseta, XIV s.; la Salsette, ruiss. c. Mizoën.

Saluria (eccl. de), XII s.; la Salette, vill. c. la Salette-Falavaux.

Saluel (Col de), c. Lalley et Lalla-Croix-Haute.

Salude (comba del), XV s.; le Salude, mont. c. St-Christophe-en-Oisans.

Saludes, XIV s.; la Salude, bois c. Villard-Reymond.

Saluvaie (aqua), XV s.: voy. Celosie, Soloysia.

Salva Benedicta, XV s.: voy. Silva Benedicta.

Salvageria, XII s.; Saulvagere (la); la Serragère, h. c. Malleval.

Salvages (el), XV s.; Sauvages, XVI s.; les Sauvages, h. c. Cordéac et Pellafol.

Salvaglia (in), XV s.; Salenigue, h. disp. c. Auris.

Salvaing (chât. de), XVII s.; le Château, quart. c. Vourey.

Salvaing (fief de), XVIII s.: voy. Vourey-la-Tullins.

Salvairet, l. disp. c. St-Barthélemy-de-Séchilienne.

Salvayrino (nem. de), XIII s.: voy. Sarverino.

Salven (riv. de), XV s.: voy. Sallent.

Salverio (al), XV s.; Savet, XVIII s.; Savey (lo), XIX s.; Saucel, éc. c. St-Hilaire-du-Rosier.

Salveta (gr. de), XIII s.; Serrette, f. c. Barraux.

Salvyen (riv. de), XV s.: voy. Sallent.

Salziaco (eccl. S. Petri de), XII s.: voy. Ariaco, Assiaeum, Assieu, Aziaco (c. c. Roussillon).

Sambey (Le), f. c. St-Marcel-Bel-Accueil.

Sambils (in), XV s.; le Sambuy, bois c. Siévoz.

Sambillot, chât. c. Chonas.

Sambin, f. c. Ste-Blandine.

Sambus, XIV s.; Sanbus, XV s.; le Sabut, éc. et cul c. Vaujany.

Sambue (La), mont. c. Corrençon et St-Martin-en-Vercors (Drôme).

Sambuel, XIV s.; Sanbuil: voy. S. Baudelii.

Sambuy (villa de), XIV s.; la Sambue, l. disp. c. St-Paul-de-Varces.

Sauntolas, XIII s.: voy. Sentolatus villa.

San, XIX s.; Asone, h. c. Izeron.

San Jorz, XII s.; Sant Joyro, XIV s.; St-Geoirs: voy. ce nom.

San Juli, XII s.; Saint Julin: voy. S. Julianus de Doennay.

San Salvaor (mans. de), XIII s.: voy. S. Salvatore.

San Salvaur, XIII s.; Sain Salvaor: voy. S. Salvatoris.

San Stoino: voy. S. Antonii.

Sanac (nem. del), XIV s.; Sangnaer (in), XIV s.; Sagnacium, Sagniassium, XIV s. ; *le Grand-Sagnat*, bois c⁰ St-Baudille-et-Pipet.

Sanatis, IX s. : voy. Salualatis.

Sanbucum. Sambuco (fons de), XIII s. ; Sambuy (mons de la), XVI s. ; Sambuys : *la Sambuy*, mont. c⁰ St-Julien-de-Ratz.

Sanbyant, éc. c⁰ Septème.

Sancorp, XIII s. ; (stagn., mas de), XIV s. ; *St-Corps*, h. c⁰ la Côte-St-André.

Sancta Catharina de Monte Eyberto (cap. de) ; *Ste-Catherine*, h. c⁰ Pontcharra et St-Maximin.

Sancta Heugenia, XV s. : voy. S. Eugenie.

Sancta Katerina (riv. seu gurgia de), XIV s. : voy. S. Catherina de Monte Eyberto.

Sta Maria super Doualnam (villa), XI s. ; Douuena ; Sancte Marie (eccl.) ; S-ta Maria de Revel, XII s. ; *Revel*, c⁰ cⁿᵉ Domène.

Sancta Maria, eccl. supra villa Lusiniacum, XI s. ; *Mous*, vill. c⁰ Luzinay.

Sancta Maria, eccl. in Mossiaco villa, IX s. ; le villa Ocellatis, X s. ; *Occellat*, l. disp. c⁰ Pact.

Sancta Maria, terra, X s. ; de Thivoyley (parr.) XII s. ; Sancta Maria de Tevollet, villa, XII s. ; *Moutagne*, c⁰ cⁿᵉ St-Marcellin.

Sancta Maria Hospitalis, XIII s. : voy. Sancte Marie Episcopalis.

Sta-Maria Magdalenes lori de Balma ; *la Balme*, h. c⁰ Claix.

Sanctalus, XIII s. : voy. Sentolatus villa.

Sancte Agnetis de Monte Aimonis (eccl.), XI s. ; S. Agnetis Montis Aymonis, Sete Agnetis (eccl.), XV s. ; *Ste-Agnès*, c⁰ cⁿᵉ Domène.

Sancte Auvennie (parr.), XIII s. : voy. Sancte Eugenie.

Sancte Blandine (parr.), XIV s. ; *Ste-Blandine*, c⁰ cⁿᵉ la Tour-du-Pin.

Sancte Blandine viduar. sanctissim. locus, VII s. ; (eccl.) in Monte Quiriaco, IX s. ; S-te B-e (eccl.), XII s. ; *Ste-Blandine*, mont. et h. c⁰ Vienne.

Sancte (Beate) Caterine (cap.), XIV s. ; *Ste-Catherine*, chap. disp. c⁰ Beausoir-en-Royans.

Sancte Catherine (capp.), XV s. ; *Ste-Catherine*, chap. disp. c⁰ le Bourg-d'Oisans.

Ste-Catherine, chap. disp. c⁰ Clarens.

Sancte Catherine (crux), XV s. ; *Ste-Catherine*, L. disp. c⁰ St-Nazaire.

Sancte Catherine prope castrum Armudu (capella), XV s. ; *Notre-Dame-d'Armieu*, chap. c⁰ St-Gervais.

Sancte Catherine (parr.), XV s. ; preceptorie Triviarum (rector), XV s. ; Corsleaci in Triviis, XVI s. ; *Ste-Catherine*, l. disp. c⁰ St-Sébastien-de-Cordéac.

Sancte Colombe (parr.), XV s. : voy. Brocy.

Sancte Crucis de Montaynon, XIII s. : voy. S. Mauritii de Monte Aimonis.

Sancte Eugenie (parr.), XIII s. ; de Prato Buxo (parr.), XIII s. ; *Ste-Eugénie*, l. disp. c⁰ Pradux.

Sancte Euphemie (eccl.), X s. ; *Ste-Euphemie*, égl. disp. c⁰ Chuzelle.

Sancte Euphemie (eccl.), XI s. : voy. Sancte Eugenie.

Sancte Lucie (eccl., parr.), XIII, XIV s. ; *Ste-Luce*, c⁰ cⁿᵉ Corps.

Sancte Marie Sanctique Theuderii confess. (cenobium), IX s. ; S. M. et St Theuderii confessoris (monast.), XI s. ; *St-Chef*, c⁰ cⁿᵉ Bourgoin.

Ste Marie (ecclesiola), XI s. ; *Purelin*, l. disp. c⁰ Maidieu.

Sancte Marie (capella), XII s. ; *Mont-St-Andre*, l. disp. c⁰ Presains.

Sancte Marie (eccl.), X s. ; *le Cimetière*, mas c⁰ Vizille ; anc. prieuré Cluny.

Sancte Marie (eccl.), XI s. : voy. Brinloum.

Sancte Marie (eccl.), XI s. ; de Alex (parr.), XIV s. ; d'Alloy, XV s. ; *Sainte-Marie-d'Alloix*, c⁰ cⁿᵉ le Touvet.

Ste Marie (capella), XII s. ; *la Grotte-de-la-Balme*, grotte à l'entrée de laquelle se trouve une chapelle, c⁰ la Balme.

Sancte Marie de Costa (eccl.), XI s. ; subtus Vinens (capella), XV s. ; *Notre-Dame-des-Sources*, chap. disp. c⁰ Vif.

Sancte Marie (eccl.), la valle Balme, XII s. : voy. Voissen.

Sancte Marie Episcopalis (eccl.), XI s. ; de Monte Episcopalis (eccl.) ; (Montanen), XIII s. ; de Monte, XIV s. ; *Ste-Marie-du-Mont*, c⁰ cⁿᵉ le Touvet.

Sancte, Beate Marie (eccl.), IX, X, XI, XIII s. ; et St Vincentii (eccl.), X s. ; *Notre-Dame*, égl. cathédrale de Grenoble, placée sous le voc. de l'Assomption et primitivement sous celui de St-Vincent.

Sancte Marie et St Juliani (locus), X s. ; (monasteriolum) q. dicit. ad Heremum, XI s. ; *St-Julien-de-l'Herms*, c⁰ cⁿᵉ Beaurepaire.

Sancte Marie de Insula, XIII s. ; (Beate) Marie des Isles (domus), XIII s. : voy. Insula subtus Viennam.

Sancte Marie (monasterium), X s. ; trans Jairam (eccl.), ultra Jayram, XI s. ; Beate Marie de Ultra Gie... (basilica), XIII s. ; Virg. ultra pontem Gerie, XIV s. ; Vienne extra Geriam (convent.); *Notre-Dame-d'Outre-Gère*, anc. égl. ville Vienne.

Sancte Marie (Mans.), XIII s. ; de Mesatico, XIII s. ; Sancte (al. Beate) Marie de Mesagio, XIII s. ; de Mezatico ; *Notre-Dame-de-Méage*, c⁰ cⁿᵉ Vizille.

Sancte Marie Pietatis in cacumine montis de Fraxino, XV s. : *Notre-Dame-de-Pitié*, chap. disp. c⁰ Le Freynet.

Sancte Marie de Royans (monast.) ; *le Prieure*, quart. c⁰ le Pont-en-Royans.

Sancte Marie (cap.), XIII s. ; prope Crimlarum (villa), XIV s. ; Sancta Maria de Tortas (parr.), XIV s. ; Tortas, XV s. ; *Ste-Marie-de-Tortas*, h. cⁿᵉ Leyrieu et St-Romain.

Sancte (al. Beate) Marie de Vallis (eccl.), XI s. ; Vallibus (parr.), XIII s. ; S. M. (parr.); *Notre-Dame-de-Vaux*, c⁰ cⁿᵉ la Mure.

Sancte (Beate) Marie Veteris (eccl.), XII s.; Viennensis (basilica); Sancti Mari la Vos, XIII s.; *Notre-Dame-de-la-Vie*, anc. par. Vienne, disparue en 1790.

Sancte Oavegnie (parr.), XIV s.: voy. Sancte Eugenie

Sancte Trinitatis (eccl.), XI s.; *la Trinite*, égl. disp. c° la Gua.

Sancti Agripani (eccl.), XI s.; Agrippani (parr.), mand. castri Cornillonis, XIV s.; *St-Egrève*, c° c° Grenoble-Nord.

Sancti Alaysii (prior), XIV s.; voy. Sentolatus villa.

Sancti Albani (terra) in villa Castolatis, X s.; (villa), X s.; (ager) in villa Castolatis, X s.; S. A. juxta Varissam (eccl.), XI s.; Sanctus Albanus de Vareysia, XIV s.; St Albani Varaysie (parr.), XV s.; St Albani Vareysie (eccl.), XV s.; *St-Alban-de-Vareze*, vill. c° Vernioz.

Sancti Albani (secus Rhodanum in parr.) X s.; Sanctus Albanus, XIII s.; Ruilani, XV s.; Sancti Albani Rogolani (priorat.), XV s.; Roblagui, XVI s.; *St-Alban-du-Rhône*, c° c° Roussillon.

Sancti Albani subtus Viennam (regio), XI s.; in pago Viennensi (par.), XI s.; in Valle Hortensi (parr.), XI s.; *St-Alban-des-Vignes*, h. c° Vienne.

Sancti Albani (in villa Voguria eccl.), IX s.: voy. Voguria, St Albani subtus Viennam.

Sancti Albini (capella), XIV s.: voy. Sancto Albano.

Sancti Andreoli (eccl.), XIV s.; St Andreolo (parr. de), XV s.; Sanctus Andaolus, A-lius, XVI s.; *St-Andéol*, c° c° le Monestier-de-Clermont.

St Andree (mons), XIV s.; *le Grésivar*, mont. c° Chaparellias et Entremont-le-Vieux (Savoie).

Sancti Andree Grationopolis (ecclesiola): (capella dalp.), XIII s.; (eccl. colleg.), XV s.; *St-André*, l'une des paroisses de la ville de Grenoble; anc. chapitre de moines séculiers fondé par le dauphin André en 1227.

Sancti Andree (eccl.), XI s.; (mand.), XIII s.; in Royanis (domin.), XIV s.; in Roanis (mand.); *St-André-en-Royans*, c° c° le Pont-en-Royans.

Sancti Andree Gratianop, dioc.: S. A. in Royanis (cansr., lautola), XIII, XIV s.; *le Chaffre*, quart. c° St-André-en-Royans.

Sti Andree (villa), XIV s.: voy. Prato Lanfredo.

Sancti Andree (abbatissa) prope S. Georium in Valdeyna, XIV s.; *St-André-de-St-Geoire*, anc. abb. de filles ordre S. Benoit, suppr. en 1734, c° St-Geoire.

Sancti Andree infra moenia urbis Vienne (monast.), VII s.; Subterioris (monast.), IX s.; Inferior (abbatia), IX s.; Sancti Andree et S. Maximi (abbatia), X s.; Viennensis (monast.), X s.; Monachorum Vienne (monast.), XIII s.; *St-André-le-Bas*, égl. paroiss. c° Vienne; anc. abbaye, ordre St Benoît, fondée en 542.

Sancti Andree superius in colle civitatis (monast.), VII s.; (monast. puellarum), XI s.; Monialium (abbatissa), XII s.; *St-André-le-Haut*, par. c° Vienne, anc. abb. de filles fondée en 561 (fin VI s.).

Sancti Angeli (priorat., cura), XIV s.; *St-Ange*, h. c° Allières-et-Risset.

Sancti Anthonii (cap.) in Calvomonte, XV s.: voy. Maladerie de Esson.

Sancti Antonii (eccl.), XII s.; de Mota (eccl.), XII s.; (prioratu): Viennensis dioc. (dom. pauperum), XIII s.; Sancti Antonii (monast.): Vienn. (abbas), XIV s.; *St-Antoine*, c° c° St-Marcellin.

Sancti Apollinaris (terra), X s.; Sanctum Apollinare (in agro Etrevensi in villa ad), XI s.; St A-ris in Baissino, XI s.; (in agro Castr. villa et parr.), XI s.; *St-Appolinard*, c° c° St-Marcellin.

Sancti Apri (parr.), XI s.; (villa), XII s.; Sanctus Aper, XV s.; *la Terrasse*, c° c° le Touvet.

Sancti Apri (parr.), XIV s.: voy. St Aupri.

Sancti Arigii (eccl.), XI s.; Aregii; Sanctus Arighus in Valle Savelli, XIV s.; Arrigius, XV s.; *St-Airy*, c° c° la Mure.

Sancti Angendi (terra), X s.: voy. Salleibus.

Sancti Aupri (eccl.), XI s.; *St-Aupre*, c° c° Voiron.

Sancti Auro (parr.), XIV s.: voy. Sancti Apri.

St Aynardi (priorat.); St Eyti, priorat. unit. prioratui S. Mich. de Connexu; St-Eynard (Hermitage de); *l'Hermitage*, ruines sur la corniche du Mont St-Eynard, c° Meylan.

Sancti Aynardi (mand. et castr.), XIV s.; *Montegnard*, c° c° la Mure.

Sancti Aynardi sive Fayssie (rupis), XIII s.: voy. Fayssia.

Sancti Bartholomei Gabusie (eccl.), XIII s.; S. B. (caps), XIV s.; Gabusie (eccl.), XV s.; *St-Barthélemy*, c° c° Beaurepaire.

Sancti Bartholomei (eccl.), XI s.; Sanctus Bartholomeus de Groya, XIV s.; Sancti Bartholomei del Groyne (parr.), XIV s.; de Groynio, Grognio, Groguyo, XV s.; *St-Barthélemy*, h. c° le Gua.

Sancti Bartholomei lori de Sechillina (cap.), XV s.; (eccl.); *St-Barthélemy-de-Séchilienne*, c° c° Vizille.

Sancti Bartholomei (parr.): voy. Prasbois.

Sancti Baudelii (parr.), XIII s.; Baudelii (eccl.), Sanctus Baudilius, XIV s.; B-lius, XV s.; Baudilius; *Saint-Baudille*, c° c° Crémieu.

Sancti Baudelii (in valle Daine eccl.), XII s.; Sancti Baudilii (parr.), XV s.; *St-Baoil*, c° c° St-Geoire.

Sancti Baudilii (eccl.), XIII s.; *la Chapelle*, vill. c° St-Baudille-et-Pipet.

Sancti Beligni (eccl.), XII s.; *St-Bénine*, h. c° les Côtes-de-

Corps.

Sancti Bernardi (eccl.), XI s.; (prior), XIII s.; St-Bernard, c⁰ cⁿ le Touvet.

Sancti Blasii (parr.), XIV s.; Vienn. (parr.), (parr. S. Petri inter vineas, alias), XIV s.; St-Blaise, anc. par. ville Vienne, et prieuré de St-Ruf-lès-Valence.

Sancti Bonneti (parr.), XII s.; Bonneti (prior), XIII s.; Boniti (eccl.); Sanctus Bonetus de Chavignes, XIV s.; de Chavagnies, Chavanis, XV s.; de Eslavagnis, XVI s.; St-Bonnet-des-Chavagnes, c⁰ cⁿ St-Marcellin.

Sancti Cari in Dalphino (villa), XV s.; voy. St Theuderi.

Sancti Cassini (parr.), XV s.; de Molosa (parr.), XV s.; St-Cassien, c⁰ cⁿ Rives.

Sancti Christofori in Oysanesio (capella), XIII s.; (villa, eccl.), XIV s.; St-Christophe-en-Oisans, c⁰ cⁿ le Bourg-d'Oisans.

Sancti Christofori del Vilar (eccl.), XI s.; Cristofori de Vilario (parr.), XIII s.; voy. Vilario S. Christophori.

Sti Christophori (eccl.) in mand. castri Clusa, XII s.; Pelquiers, vill. cⁿ la Cluse-et-Péquiers.

Sancti Christophori, XI s.; de Scalis, XII s.; prope Scalas, XIII s.; St-Christophe Entre-Deux-Guiers, c⁰ cⁿ St-Laurent-du-Pont.

Sancti Christophori in Valle Xavisio (eccl.), XI s.; Christofori (capel.), XV s.; St-Christophe, l. disp. c⁰ Vaulnavey-le-Bas.

Sancti Clari (villa), XII s.; Sanctus Clarius, XIII s.; Sancti Clari (eccl.), Sanctus Clarus prope Rodanum, XIV s.; Sancti Clari (mand., parr.), XV s.; St-Clair, c⁰ cⁿ Roussillon.

Sancti Clari de Turre (eccl.), XIII s.; (parr.), XIV s.; St-Clair-de-la-Tour, c⁰ cⁿ la Tour-du-Pin.

Sancti Clementis prope fl. Dravi (eccl.), XII s.; St-Clément, égl. disp. c⁰ Grenoble.

Sancti Cypriani (eccl.), XIII s.; St-Cyprien, égl. disp. c⁰ St-Antoine.

Sti Desiderii (eccl.), X s.; Moissieu, c⁰ cⁿ Beaurepaire.

Sancti Desiderii (eccl.), XIV s.; St-Didier, chap. c⁰ Vénérieu.

Sancti Desiderii (parr.), XI s.; de Castro (eccl.), XIII s.; St-Didier, mas c⁰ St-Antoine.

Sancti Desiderii (capell.), XIII s.; de Insula; Sanctus Desiderius Insule de Cyers; Desiderius, XIV s.; St-Didier, vill. c⁰ Auste et les Avenières.

Sancti Desiderii de Jarria (eccl.), XI s.; Disderii de Jarria, Desiderii Jairie (parr.), XIV s.; St-Didier, L. chap.; ruins. ant. la Romanche, c⁰ Jarrie.

Sancti Desiderii (parr.), XIII s.; Disderii (parr.), Desiderii du Marc (parr.), XV s.; St-Didier-de-Bizonnes, c⁰ cⁿ le Grand-Lemps.

Sancti Desiderii juxta villam Pinus (eccl.), IX s.; S. Disderii (parr.), XIV s.; St-Didier-de-la-Tour, c⁰ cⁿ la Tour-du-Pin.

Sancti Desiderii (eccl.), XI s.; (monast.), XII s.; Disderii (prior), XIII s.; Desiderii juxta Vorapium (priorat.), XIV s.; (parr.); Desiderii de Vorappio (priorat. et cura), XV s.; St-Didier, chap. et quart. c⁰ Voreppe.

Sancti Dyonisii (capp. castri), XV s.; St-Denis, l. disp. où s'élevait le chât. de Tolvon, c⁰ St-Etienne-de-Crossey.

Sancti Eleutherii (castr.), XI s.; Chateau-Vieux, h. c⁰ St-Lattier.

Sancti Eleutherii (eccl.), XI s.; (parr.), XI s.; Eleuterii; Eluterii, XIV s.; St-Lattier, c⁰ cⁿ St-Marcellin.

Sancti Erigii (parr.), XII s.; Erey: voy. S⁴ Arigii.

Sancti Eymardi (rupis), XIV s.; voy. Fayssia.

Sancti Ferreoli, Ferreoli (terra, parr.), X s.; Ferreoli ap. Vienam, X s.; (monast.), XI s.; St-Ferreol, anc. abb. et anc. égl. par. c⁰ Vienne.

Sancti Ferreoli (parr.), XIII s.; Fergei; lo Fergiolo; Fergeo-lius, XIV s.; Fergeollus, XV s.; voy. St Ferreoli.

Sancti Ferreoli (eccl.), XII s.; St-Ferreol, quart. c⁰ Chatte et la Sône.

Sancti Ferreoli (eccl.), XI s.; S.tus F-lus ultra Isaram; S⁴ Ferreoli (parr.), XII s.; S. Ferrol (parr.), XVI s.; la Trouche, c⁰ c⁰ Grenoble.

Sancti Ferreoli (eccl.), XI s.; Fergeoli (eccl.), XIV s.; St-Forjus, h. c⁰ la Trouche.

Sancti Genesii (eccl., monast.), XI s.; St-Genis, mont. c⁰ Goncelin.

Sancti Genesii (eccl.), XII s.; Ginesii (claustr.), XIII s.; Sanctus Genezius, Ginisius, Genisius, XV, XVI s.; St-Génix, c⁰ cⁿ Mens.

Sancti Genesii (cap.), X s.; Jenesii; St-Genis, chap. disp. c⁰ Vienne.

Sancti Genesii de Exilio (eccl.), XI s.; S.tus Genius prope Rodanum, XIV s.; St-Génis, l. disp. c⁰ St-Maurice-l'Exil.

Sancti Genesii Molusine (eccl.), XIV s.; S.tus Genius castelli Bellirepayrii, XIV s.; St-Génis, l. disp. c⁰ Beaurepaire.

Sancti Genesii de Vinnaleo; Vinay (eccl.), X, XI, XIII s.; St-Genis, égl. disp. c⁰ Vinay.

Sancti Georgii (capelina), XV s.; St-Georges, h. c⁰ Ste-Marie-du-Mont.

S⁴ Georgii (parr.), mand. castri Villani, XV s.; voy. Turchifelloni.

Sancti Georgii de Comeriis (eccl.), XI s.; Sanctus Georgius vallis de Comeriis. Comeriis, XV s.; St-Georges-de-Commiers, c⁰ cⁿ Vizille.

Sancti Georgii (terra), IX s.; Desperenchi (castello), XIII s.; de Ferrenchia, Desperenchi, de Hesperenchi, de Esperenchia, XIII s.; de Esperanchia, de Sperenchie in Viennesio, XIV s.; St-Georges-d'Espe-renche, c⁰ cⁿ Heyrieux.

S. Georgii (palacium), XIII s.; de Esperenchia (castr.); Sperenchie in Vien., in cap. de pallacio d. comitis, XIV s.; le Château, quart. et ruines, c⁰ St-Georges-d'Espérenche.

St Georgii de Montaguin (eccl.); in Monte (capell.); St-George-du-Mont (egl.); *l'Eglise*, h. c° Torchefelon.

Sancti Georgii Speranchie (Gerosta), XV s. : voy. St Sim-phoriani et St Georgii.

Sti-Georgii de l'rterila (parr.), XIV s. ; Belli Crescentie : voy. Bellicrescentis (castr.).

Sancti Georgii (ituata), XIV s. ; de Valle Navigio (parr.), XIV s. ; (loc., villg., cap. mans.), XV s. ; *St-Georges*, h. c° Vaulnaveys-le-Haut.

Sancti Georgii (mandam.), XIII s. ; de Vaudeyna, XIII s. ; de Vaudayna, in Valdaina, XIV s. ; Valdenia, XIV s. ; Baldanna, XIV s. ; *St-Geoire*, ch.-l. c° arr. la Tour-du-Pin.

Sancti Georgii (parr.), XIV s. ; Vienne (eccl. parr.); Vienn. de Fuysino, XIV s. ; *St-Georges*, anc. égl. par. ville Vienne.

S. Georii de Vaudania (castr.), XIII s. : voy. S. Joeii (castr.).

Sancti Geraldi (parr.), XIII s. , Giraudi (parr.), XIV s. ; *St-Giraud*, mont. et ruines, c° Varces.

Sancti Geraldi (cap.), XV s. : voy. S-tus Giraudus.

Sancti Germani (recluseria), XIII s. ; (parr.), XIV s. ; *St-Germain*, l. disp. c° Vienne.

Sti-Germani ultra Charols (parrocl.), XIII s. : voy. Antun.

Sancti Germani de Cormorons, Cormorousa (parr.), XIII s. ; *St-Germain*, l. c° le Passage.

Sancti Germani in agro Cormoriacensis in Insula (eccl., parr.), XI, XII s. ; *St-Germain*, vill. c° l'Isle d'Abeau.

St Gervasii (eccl.), XV s. ; *Azieu*, vill. c° Genas.

Sti Gervasii (parr.), XIV s. ; *Quincieux*, vill. c° Genas.

Sancti Gervasii (camp.), X s. : S-tum G-sium (molend. ap.); (eccl., territ.), XIII, XV s. ; prope Viennam (domus dalphin.), XV s. ; *St-Gervais*, quart. c° Vienne, anc. monast. fondé au V s.

Sancti Gervasii (eccl.), XI s. ; (parr.), XIV s. ; Gervaisii, Gervaysii (eccl. parr.), XIV, XV s. ; Sanctorum Gervasii

et Protasii (eccl.) : *St-Gervais*, c° c° Vinay.

Sancti Girardi (parr.), XIV s. : voy. St Giraudi.

Sancti Giraudi (parr.), XIV s. : Giraldi castri Varsia ; *St-Giraud*, mont. et ruiss. c° Varces.

Sancti Guillelmi (eccl.), XII s.: St Guillelmi in Trivils (burg.), XIV s. ; (castr. villa, parr.): *St-Guillaume*, c° c° le Monestier-de-Clermont.

Sancti Guiniforti (mans.), XI s.: *St-Guinifort*, l. disp. c° Allevard.

Sancti Herey, XIII s. : Herei ; Sanctus Herigius, XIII s. : voy. St Arigli.

Sancti Hilarii, Hylarii (eccl.), XI, XII s. ; Hyliarii, XV s. ; *St-Hilaire*, c° c° le Touvet.

Sancti Hilarii de Brens (eccl.), XV s. : voy. Breen, Bueneo.

Sancti Hilarii (eccl.), X s. : voy. St Ylarii in villa Crisluciaco.

Sancti Hirenei (eccl.), XI s. : voy. Cantaluppa.

Sancti Holasii (eccl.), XV s. : voy. Sentolatus villa.

Sancti Honorati (eccl., parr.), XIII, XV s. ; *St-Onoros*, c° c° Virieu.

Sancti Honorati de Vilar, XI s.: S-tus H-tus, XIV s. ; S-ti H-ti in Matacena (parr.), Matassena, XIV s. ; *St-Honoré*, c° c° la Mure.

Sancti Hugonis (cura), XIII s. ; (eccl. parr.), XV s. ; *St-Hugues*, anc. égl. par. Grenoble.

Sancti Hylarii (homin.), XV s.; *St-Hilaire-et-St-Peucrasse*, anc. com. él. Grenoble.

Sancti Hymerii (parr.), XII s. ; *St-Ismier*, c° c° Grenoble-Est.

Sancti Hyppoliti Crimiaci (priorat.), XVI s. ; *St-Hippolyte*, quart. c° Crémieu.

Sancti Ilarii, Ylarii (parr., mansl.), Ylerii, Yilarii, XI, XIII, XIV, XV s.: *St-Hilaire*, c° c° le Touvet.

S. Ilarii (edificatio castri), 1250 : voy. S. Ylarii.

Sancti Ilarii (homin.) : voy. Sancti Hylarii.

Sancti Imerii (parr.), XII s.: *St-Ismier*, c° c° Grenoble-Est.

Sancti Jacobi (cap.), XV s. ; *St-Jacques*, chap. disp. c° Auris.

Sancti Jacobi (cap.), XV s. ; *St-Jacques*, chap. disp. c° Beaulieu.

Sancti Jacobi (burg.), XVI s.: *St-Jacques*, anc. faub. ville Grenoble; rue.

Sancti Jacobi (cap.) ; *St-Jacques*, chap. disp. c° Morêtel.

Sancti Joannis de Avelano (eccl.), XII s. ; Sanctus Johannes de Villans, Vellana, Vallena, Avellana, XIV s. ; Avilliana ; *St-Jean-d'Avelane*, c° c° le Pont-de-Beauvoisin.

Sancti Joannis Baptiste (eccl.), XI s.; *St-Jean*, égl. disp. c° la Mure.

Sancti Joannis Baptiste monasterium, VIII s.; *St-Jean*, quart. c° Vienne.

Sancti Joannis Jerosolymitani (membrum), XV s. : voy. Becey.

Sancti Joannis (eccl.), XI s. ; de Villa, XIII s. ; Villenove, XIV s. ; V-e Uriatici, XV s. : voy. Villa nova.

Sancti Johannis (terra, ager), X s.:voy. St Joannis Baptiste monaster.

Sancti Johannis (cap.), XV s. ; *St-Jean*, chap. disp. c° Notre-Dame-de-Vaulx.

Sancti Johannis (fons), XIV s.; *St-Jean*, mas c° la Tronche.

Sancti Johannis (cap.), XV s. ; *St-Jean*, chap. disp. c° Villard-Bonnot.

Sancti Johannis (territ.), XV s.; *St-Jean*, l. disp. c° Villefontaine.

Sancti Johannis (terra) in villa de Arelia, X s. ; de Areto a Somnis, XI s. ; (parr.), XIII s. ; Costarum Darey (parr.), XVI s. ; *St-Jean*, h. c° les Côtes-d'Arey.

St Johannis Baptiste (parr., mans.), XII s.: *Marionette*, c° c° Domène.

Sancti Johannis Baptiste (cap.): *St-Jean-Baptiste*, chap. disp. c° Morêtel.

Sancti Johannis (castr.), XII s.: (capell.); S-tus J-nes de Bornay, XIII s. ; de Bournayo, Bornayt, Bornallio, XIV s. ; de Ante Bornay, XIV s. ;

Dambornay, XV s.; St-Jean-de-Bournay, ch.-l. c^ne arr Vienne.

Sancti Johannis (castr.), XII s.; S. J. de ante Bornay (castr.), XIV s.; le Château, h. c^ St-Jean-de-Bournay.

Sancti Johannis Criniaci (eccl.), XVI s.; St-Jean, quart. c^ Crémieu.

Sancti Johannis Darchiers, Darchile (terril.), XV s.; St-Jean-d'Arche, h. c^ Simandres.

Sancti Johannis super Domena (eccl.), XI s.; Baptiste (parr.); S^t J-ne Veteri (cappel) des, XIII s.; St Jenis lo Vieyl, XIV s.; S. J. de Veteris, XIV s.; Veteris (mand.), XV s.; St-Jean-de-Vieux, c^ c^ Domène.

Sancti Johannis de Exartis (eccl.), XI s.; de Yssartis (eccl.), XIV s.; de Essartis, XIV s.; de Exacio, Exertis, Essertis, XV s.; de Eyssartis; St-Jean, h. c^ Iseron.

Sancti Johannis de Fromental (villa), XI s.; de Formental (eccl.), XIII s.; de Froumentalibus (parr.), XV s.; St-Jean-le-Froumental, h. c^ Dionay.

Sancti Johannis Jherosolimitani de Alavardo (hospit.), XIV s.; (eccl.), XVI s.; St-Jean, mas c^ Allevard.

Sancti Johannis de Lempsi (eccl.), XIV s.; St-Jean, mas c^ le Grand-Lemps.

Sancti Johannis supra Moyreneum (eccl.), XIV s.; de Salmoyrene prope Voyronum, XIV s.; St-Jean-de-Moirans, c^ c^ Rives.

Sancti Johannis de Sansino (eccl.), XIII s.; Sancti Johannis de Saudino (parr.), XVI s.; Sodino (parr.), XIV s.; de Soudino, XV s.; St-Jean-de-Soudin, c^ c^ la Tour-du-Pin; voy. Seuzin.

Sancti Johannis Seysseli (eccl.), XV s.; St-Jean, mas c^ Seyssuel.

Sancti Johannis de Terpia (eccl.), XV s.: voy. Chapeix.

Sancti Johannis de Vallis (eccl.), XI s.; Vallibus (parr.), XIII s.; (villa), XIV s.; St-Jean-de-Vaux, c^ c^ Vizille.

S. Jorii (castr.), XII s.; le Châ-teau, ruines, c^ St-Geoire.

Sancti Joris in Valdena (eccl.), XV s.: voy. S. Jorius, Georius, Georgius de Vaudanis.

Sancti Juliani (eccl.), XII s.; (parr.); St-Julien, h. c^ la Salette.

St Juliani de Auriis (eccl.); Auris, c^ c^ le Bourg-d'Oisans.

Sancti Juliani de Ruar (eccl.), XI s.; S-tus J-nus, XIII s.; de Perreria (parr.), XIV s.; St Julliani (eccl.), XIV s.; Sanctus Julinus de Raro, XV s.; Saint-Julien-de-Raz, c^ c^ Voiron.

Sancti Juliani de Venco (prior), XII s.; (prior): Juliani (dom.), XIII s.; S-tus Julianus Lepia, Leipa, XIV s.; Lerpt, Lerpe, XV s.; Lepa, de Lerma; St-Julien-de-l'Herms, c^ c^ Beaurepaire.

Sancti Julliani (cap.), XV s.; St-Julien, chap. disp. c^ Septème.

Sancti Justi (eccl.), XI s.; (parr.), XIII s.; (cap.), que deiicit, XIV s.; St-Just, h. disp. c^ Pariset.

Sancti Justi (terra), X s.; (eccl.) in mand. de Septimo, XIII s.; St-Just, vill. c^ St-Just-et-Chaleyssin.

Sancti Justi (parr.) in pago Roiannensi, X s.; de Mana (eccl.), in territ. de Clay (parr.), in Royanis, XIII s.; de Marna (prior); St-Just-de-Claix, c^ c^ le Pont-en-Royans.

S^ti Justi (dom. f.), XIV s.; (abatissa); in Royanis (monast. b^e Mariae de Angelis), XIV s.; l'Abbaye, h. c^ St-Just-de-Claix.

Sancti Justi (eccl.), XIII s.; (priorat., molar.), XIV s.; St-Just (égl.), XVI s.; St-Just, quart. c^ Vienne.

Sancti Laurentii de Ausonia (eccl.), XII s.: voy. St Laurentii de Lausso.

Sancti Laurentii de Bellomonte (eccl.), XII s.; (prior), XIII s.; (parr.), XIV s.; St-Laurent-en-Beaumont, c^ c^ Corps.

Sancti Laurentii (parr.), XI s.; de Deserto (parr.), XII s.; alias de Ponte (castellum), XIII s., XV s.; St-Laurent-du-Pont, ch.-l. c^ne arr Grenoble.

Sancti Laurentii vel Sancte Eugenie (eccl.), XI s.; Gratianopolitani (monast.), av. 1000; St-Laurent, quart. c^ Grenoble.

Sancti Laurentii Gratianopolis (riv.), XIII s.; St-Sixte, l. et ruins. disp. c^ Grenoble, au-dess. égl. St-Laurent.

Sancti Laurentii de Lausso (eccl.), XI s.; secus Lacum, de Lacu (capell.), XII s.; Lacubus, XIII s.; de Lacu in Oysencio (castr.), XIV s.; loci Burgi Oysencii, XV s.; (parr.), XIV s.; le Bourg-d'Oisans, ch.-l. c^ne arr Grenoble.

Sancti Laurentii ultra Rhodanum (eccl.), X s.; (villa, parr., castellum), XIV s.; in Viennesio (castr., burg.), in Vellena, XIV s.; St-Laurent-de-Mure, c^ c^ Heyrieu.

S^ti Laurentii (eccl.), XI s.; de Tullino, XIII s.; de Tullino (eccl. priorat.), XV s.; le Prieure, quart. c^ Tullins.

Sancti Laurentii (villa), q. dict. Versatorium, XI s.; (parr.), XI s.: voy. Versatorio.

Sancti Laurentii Vienne (eccl., furn.), XIII s.; St-Laurent, anc. par. ville Vienne.

* Sanctus Lauterius, XI s.; Laterius, Later, Lateir, XII s.; St Laterii (mand.), XIII s.; Leuterii, XIV s.: voy. S. Eleutherius, Heleuterius.

Sancti, Beati Lazari (eccl.), X s.; St-Lazard, ruins. c^ Communay.

Sancti Leodegarii (lac., manu.), XIII s.; (magneleria), XIV s.; St-Léger, l. disp. c^ Charette.

Sancti Mammerti (eccl.) in villa Bracosio, XI s.; de Cortis (parr.), XIII s.; St-Mammert, h. c^ les Côtes-d'Arey.

Sancti Marcelli (eccl.) sup. Barralis, XI s.; (mons), (parr.), in Montibus, XIV s.; Sanctor. M-l et Georgii (eccl.); St-Marcel, sections, c^ Barraux et Ste-Marie-du-Mont.

Sancti Marcelli (terra), IX s.; St-Marcel, anc. égl. c^ Crémieu.

Sancti Marcelli (terra), X s. ; (eccl., parr.), XI s. ; juxta Pinetum ; *St-Marcel*, h. ce Eyzin-Pinet.

Sancti Marcelli coenobium, VII s. ; (eccl.) in agro S. Petri, IX s.; (rippar.), XV s. ; *St-Marcel*, faub. et ruiss. ce Vienne.

Sancti Marcellini (mans.), XI s. ; *St-Marcellin*, l. disp. ce Pommiers.

Sancti Marcellini (eccl.), XI s.; *St-Marcellin*, égl. disp. ce Varces.

Sancti Marcellini (eccl.), XIII s. ; (villa de) ; in Viennesio, XIV s. ; *St-Marcellin*, ch.-l. arrt.

S. Martini de Avollino (eccl.) : voy. Avolino.

Sancti Martini (parr.), XIII s. ; de Claellis, XIV s. ; Clellilis, Cluelis, XV s., Clellis ; *St-Martin-de-Clelles*, ce con Clelles.

Sancti Martini (eccl.), in mand. castri Clusa, XII s.; S-to M-no (mans. de), XII s. : voy. St-Martin de Avec.

Sancti Martini de Hera (parr.), XIII s. ; (mand.), XIV s. ; de Hera (castellum) ; *St-Martin-d'Hères*, ce con Grenoble-Sud.

Sancti Martini (eccl.), XII s. ; in parr. S. Himerii, XII s. ; de Miseregu, de Miseraco, Misereu, de Miserendo (canon.) ; Miseriacus (villa), de Miseru (eccl. convent.), XIII s.; Miserenco (eccl.), XIII s. ; Miseratico, Miseriaco (prior), XIV s. ; *St-Martin*, vill. ce Montbonnot-St-Martin.

Sancti Martini de Monte (eccl.), XI s. ; (eccl.), XII s. ; *Mont-St-Martin*, ce con Grenoble-Nord.

Sancti Martini de Oriatico (eccl.), XI s. ; Uriatico (parr Huriatico, XIII s. ; *St-Martin*, vill. ce St-Martin-d'Uriage.

Sancti Martini coenobium (vers 390), VII s. ; (parr.), XI s. ; de Vienna, XIII s. ; Vienne (prior) ; *St-Martin*, quart. ce Vienne.

Sancti Martini (iter), XIV s. ; *St-Martin (Grand chemin de)*, divise terres de Beaufort, Thodure, Viriville, la baronnie de Bressieux, des terres d'Ornacieux, XVIII s. : voy. Caminum S. Martini.

Sancti Martini (crux), XV s. : *St-Martin*, vill. con Corbelin et Faverges.

Sancti Martini (claustr.), XIII s. ; *St-Martin*, égl. disp. ce Mens.

Sancti Martini (territ.), XV s. : *St-Martin*, h. ce St-Savin.

Sancti Martini (mass.), XIII s. : *St-Martin (Ruiss. de)*, ce la Salle.

Sancti Martini (eccl.), X s. ; *St-Martin*, mas ce Vézeronce.

Sancti Martini de Vinai (eccl.), XIII s. : voy. Saviniacense.

Sancti Martini del Vinos (parr.), XI s. ; S. M-no Vinoso (parr. de), XII s. ; lo Vinos (parr.), XIII s. ; le Vinoux ; *St-Martin-le-Vinoux*, ce con Grenoble-Nord.

Sti Mauritii (eccl.), XI s. ; *Pinsot*, ce con Allevard.

Sancti Mauricii (cap.), XV s. : *St-Maurice*, chap. disp. ce la Garde.

Sancti Mauricii juxta eccl. S. Laurentii (eccl.), XI s. ; *St-Maurice*, égl. disp. ce Tullins.

Sancti Mauricii (eccl.) in Cartiniaco, villa, IX s. : voy. Beati Mauricii.

Sancti Mauricii (terra) in villa Caucilla, IX s. ; (cap.), IX s. ; (in Casellas, eccl.) ; (ager), X s. ; Chauzello (parr.), XV s. ; *St-Maurice*, h. ce Chuzelle.

Sancti Mauricii (parr.), XII s. ; Sanctus Mauricius de Exilio, XIV s. ; Excilio (capella), XIV s. ; de Exillio ; *St-Maurice-de-l'Exil*, ce con Roussillon.

Sancti Mauritii (eccl.), XI s. ; (parr.), XIII s. ; S-tum Mauritium (dom. f.), S-ti Mauricii de Meolano (parr.), XIV s. ; *St-Maris*, h. ce Meylan.

Sancti Mauritii de Monte Aimonis, Aymonis (eccl.), XI s. ; *St-Mary-Monteymond*, ce con Domène.

Sancti Mauricii cum legione Thebaeorum mart. (eccl.), XI s. : *St-Maurice*, égl. disp. ce la Mure.

Sancti Mauricii (parr.), XIII s.; in Triviis, XIII s. ; (castr.), XIV s.; in Triviis (mand.), XV s.; S-tus Mauricius Dyensis dioc., XV s. ; *St-Maurice*, ce con Clelles.

Sancti Mauricii martyris eccl., IX s. ; (matri eccl. Vienn.), IX s. ; et socior. (eccl.); Viennensis (casa, basilica, eccl.) ; *St-Maurice*, parr. ce Vienne ; égl. anc. cathédr.

Sancti Maximi (eccl.), XI s. ; S. M-mini ; M-miani (parr.), XIII s. ; *St-Maximin*, ce con Goncelin.

Sti Mayoli (eccl.), XV s. : *le Prieuré*, quart. ce Ternay.

Sancti Michaeli (chavan.), XIV s. ; *St-Michel* (chne de), ce Herbeys.

Sancti Michaelis (villa, eccl.), XII s. ; *St-Michel*, l. disp. ce Vienne.

Sancti Micaelis (capell.), XIII s. ; Michaelis (villa) ; de Alpo, Alpo, XIV s. ; Bellimontis ; *St-Michel-en-Beaumont*, ce con Corps.

Sancti Micaelis de Belmonte (eccl.), XI s. ; S. Michaliis de Monte, XIII s. ; de Bellomonte ; S-tum M-lem de Desertis (ap.), XV s. ; S. Michaelis de Moreto, XV s. ; *St-Michel*, h. ce St-Bernard.

Sancti Michaelis (cap.), in villa Campis, X s. ; St Micaelis de Monte (eccl.), XI s. ; St Michalis (monast.), XII s. ; de Gonescha (prior), XIII s. ; de Conessa (prior), XIII s. ; prope Vialliam (priorat.), XIV s.; de Conissa (prior), XIV s. ; Coneysa, Connexa, XV s. ; *St-Michel-de-Connexe*, ruines, ce Champ ; anc. prieuré de l'abb. de St-Chaffre.

Sancti Michaelis (bosc.), XIII s.; (mistralia), XIII s. ; (parr.); S-tum M-lem de Fayno prope Turrim (ad), XIV s.; *St-Michel-de-St-Geoirs*, ce con St-Etienne-de-St Geoirs.

Sancti Michaelis (capella), XIII s. ; de Peladru, Peladruco (eccl.), XIII s. ; *St-Michel*, vill. ce Paladru.

Sancti Michalis (eccl.), XIV s. ; voy. Racheria.

Sancti Nazarii (eccl., parr.), XI s. ; Nazarii, XIII s. ; Nazarii (priorat., riv.): *St-Nazaire*, c° c°° Grenoble-Est.

Sancti Niceti (terra), IX s.: *Charaynieu*, c° c°° Meyzieu.

Sancti Niceti (eccl.), XI s.; Niceti supra Paris (parr.), XIII s.; Nicesii, Nizeslo, XV s.; Nizesii; *St-Nizier*, h. c° Pariset.

Sancti Niceti (castr.), XI s.; *le Château-d'Urieyr*, chlt. c° St-Martin-d'Uriage.

Sancti Niceti (monast.), XI s.; Niceti (eccl.), XII s.; Niceti (prior), XIV s.; Niceti Uriaci (eccl.), XV s.; *St-Nizier*, vill. c° St-Martin-d'Uriage.

Sancti Niceti (monast.), VII s; S¹ Niceti (terra), IX s.; Niceti (eccl.), XIII s.; *St-Nizier*, égl. détr. c° Vienne.

Sancti Nicolai de Brandis (eccl.), XV s.: voy. Brandau.

Sancti Nicolay de Combis (villa), XIV s.; *St-Nicolas*, l. disp. c° St-Paul-de-Varces.

Sancti Nicolai et S° Catherine (eccl.), XIV s.; *St-Catherine*, l. disp. c° St-Sébastien-de-Cordéac.

Sancti Nicolai (cap.), extra eccl. S. Laurencii de Lacu, XV s.; *St-Nicolas*, chap. disp. c° Te Bourg-d'Oisans.

Sancti Nicolai de Lanceu (cap.), XIII s.; (eccl. a. cap.), XV s.; *St-Nicolas*, l. disp. c° St-Jean-le-Vieux.

Sancti Nicholai Leip (prior), XIV s.; Lerps (prior), XV s.; *St-Nicolas*, h. c° Montsé-véroux.

Sancti Nicolay de Machirinno, Macherino, Mauscherino, parr., eccl., XIV, XV s.; *St-Nicolas-de-Macherin*, c° c°° Voiron.

Sancti Nicolai de Monte Garcinesco (cap.), XI s.; S¹ Nycolay (vinea); Nicolai (cap.) extra loc. Domène. XV s.; *St-Nicolas*, h. c° Domène.

Sancti Nicolay d'Oulstrans: *Autrans*, c° c°° Villard-de-Lans.

Sancti Nisei (parr.), XIII s.; S¹ Niseyaii, XIV s.; Nysex, Niseysinis, XIV s.; Nisecii; Nyzex, XV s.; Nysez, Nyzeys, Nyzeix; *St-Nizier*, h. c° Pariset.

Sancti Nizezil (priorat.): voy. S. Niceti (monast.).

Sancti Nycolay (parr.), XIV s.: voy. S. Nicolay de Machirinno.

Sancti Onorati (capll°), XIV s.: voy. S¹ Honorati.

Sancti Pancracii (eccl.), XI s.; (parr.), XIII s.; P. sui (manel.), XV s.; *St-Pancrasse*, c° c°° le Touvet.

Sancti Pauli (terra), X, XIV s.; *St-Paul*, l. disp. c° Chuzelle.

Sancti Pauli (eccl.), XI s.; de Encotz (eccl.), XII s.; de Incoclo, XIII s.; Incatio, XIV s.; Inquocio (parr. de), XIV s.; Inquetz, Incosio, de Incoto, Incassio; *St-Paul-de-Varces*, c° c°° Vif.

Sancti Pauli (eccl., parr.), XII, XIII s.; in Triviis, XIV s.; *St-Paul-lès-Monestier*, c° c°° le Monestier-de-Clermont.

Sancti Pauli (terra), X s.; *St-Paul*, égl. détr. c° Vienne.

Sancti Pauli in territ. Yuel (monast.), XII s.; in Viannois (conv.), XIII s.; *l'Abbaye*, vill. c° St-Paul-d'Izeaux; anc. abbaye de filles, ordre de Citeaux, voc. N.-D. de Bonnecombe, 1150.

Sancti Pauli (eccl., riv.), XI, XIV s.; manel. de Yuellis (eccl., parr.), XV s.; la Ville; Sainct Paoul Doiseaulx, XVI s.; *St-Paul-d'Izeaux*, c° c°° Tullins.

Sancti Petri (mans.), XIII s.; *l'Eglise*, vill. c° St-Pierre-de-Mésage.

Sancti Petri (parr.), XIV s.: voy. Cassiniaco.

Sancti Petri in loc. Alavardus (eccl.), XI s.; de Alavare, XI s.; de Alavardo (castr., villa, parr., manel.), XIV s.; *St-Pierre-d'Allevard*, c° c°° Allevard.

Sancti Petri de Bornay (parr.), XVI s.: voy. Bornaco.

Sancti Petri retro castr. Brissiaci (eccl.), XIV s.; (parr.); retro castr. Bressiaci (eccl.), XVI s.; *St-Pierre-de-Bressieux*, c° c°° St-Etienne-de-St-Geoirs.

Sancti Petri de Cambaronea (terra), X s.: voy. Vitrosco.

Sancti Petri de Cartusia (eccl.), XI s.; (parr.), XII, XIII s.; *St-Pierre-de-Chartreuse*, c° c°° St-Laurent-du-Pont.

Sancti Petri de Chandiaco (eccl.), XIII s.; Chandiaci (priorat.), XIV s.; *St Pierre-de-Chandieu*, c° c°° Heyrieu.

Sancti Petri de Comerils (eccl.), XI s.; de Comerio (eccl.), XII s.; Comerils (parr.), XIII s.; S-tus Petrus Vallis de Commerils, XV s.; *St-Pierre-de-Commiers*, h. c° St-Georges-de-Commiers.

S. Petri de Cruce Cornillionis (parroch.); *Cornillon-en-Trièves*, c° c°° Mens.

Sancti Petri de Graninco (eccl.), XII s.: voy. Graneuco, S. Romani.

Sancti Petri (eccl.), XII s.; ad portam Triosi (eccl.), XII s.; foris portam Gratianopolis (cemp.), XIII s.; martyris (cap.), XV s.; *St-Pierre*, égl. disp. c° Grenoble.

Sancti Petri inter Montes (eccl.), XI s.; de Intermontibus (prior), XIV s.: voy. S. Petri de Inter Montes.

Sancti Petri inter Judeos (capell°), XI s.; (cap.), XI s.; *St-Pierre-entre-Juifs*, égl. détr. c° Vienne.

Sancti Petri de Leschareyna, Lescharaygne, del Escharaigne, de Eyserena, de la Charene, XIV s.; de Cherena, de Serena, de Escherena (parr.), XV s.: voy. St-Pierre-de-Cherene.

Sancti Petri (eccl.) in villa Lipiaco, X s.; *St-Pierre*, mas c° St-Quentin-Falavier.

Sancti Petri (eccl.), in villa Mercatoris, IX s.; de Marcuyries (parr.), XV s.; de Mercuyere (eccl.), XVI s.; *St-Pierre*, vill. c° Monteceau.

Sancti Petri de Mesatico (eccl.), XI s.; (eccl.), XII s.; de Mesagio, XIII s.; Mazadei (eccl.), XV s.; *St-Pierre-de-Mésage*, c° c°° Vizille.

Sancti Petri de Montelaser (eccl.), XIII s.; *St-Pierre*, égl. disp. c° St-Antoine.

Sancti Petri de Nancone (parr.), XV s.: voy. S. Petri de Leschareyna.

Sancti Petri de Paladonta (eccl.), XV s.; voy. S. Petri de Peladru.

Sancti Petri (monast.), VII s.; in Bello Campo for. portam civit., VI s.; Crapensis (eccl.), IX s.; (abbatia), X s.; (eccl.) prope muros Vienne in loco qui dicit. Hortus, X s.; (al. batia) foris portam, XII s.; *St-Pierre*, anc. abbaye de Bénédictins v. 540, c. Vienne, égl. auj. Musée.

Sancti Petri inter vineas (capell⁴, parr.), XIII s., XIV s.; alias S¹ Blasii (parr.), XIV s.; S¹ Petri et S¹ Blasii (eccl.): voy. Sancti Blasii.

Sancti Projecti (castr.), XIV s.; *le Château*, h. c. St-Priest.

Sancti Primi (eccl.) in Thosiaco villa, IX s.; (parr.) in villa Taussiaco, X s.; (dom. f.), XV s.; *St-Prim*, c. c. Roussillon.

Sancti Quintini (II.), XIII s.; (domin.), XIV s.; Quentini (villag.); de Palaverio (cap.), XIV s.; *St-Quentin-Fallavier*, c. c. la Verpillière.

Sancti Quintini (mand.), XII s.; S⁰ Q-no (domin. de), XII s.; prope Moyrencum, XII s.; (capell⁰), XIV s.; (eccl. Sanctor. Nazarii et Celsi de), XV s.; *St-Quentin*, c. c. Tullins.

Sancti Roberti Cornillionis, S. R. de Cornillione, monast., XIII s.; Rotberti, XIV s.; Roberti subt. Cornillonem; *l'Asile-de-St-Robert*, c. de St-Égrève; voy. Cornillionis.

Sancti Romani (territ.), XV s.; *St-Romain*, h. c. Solaize.

Sancti Romani (eccl.), in agro Breniacensi, IX s.; (basilica), in vico Breniaco, IX s.; (decimarii), X s.; (villa, eccl.), XI s.; in Galliis prope Viennam (territ.); vers. Pontem Evesque, XIII s.; Evesque in mand. Septimi (territ.), XIII s.; *St-Romain*, égl. disp. c. Chuzelle: voy. Breniacensi.

Sancti Romani (nem., eccl.), XII s.; prope Crimiacum, XIV s.; (parr... mand.); *St-Romain-de-Jalionas*, c. c. Crémieu.

Sancti Romani prope Crimiacum (dom.), XIV s.; (castr.), XIV s.: *la Tour*, mas c. St-Romain-de-Jalionas.

Sancti Salvatoris, XII s.; (preceptor. hospit., eccl., prior), XIII s.; *St-Sauveur*, c. c. St-Marcellin.

Sancti Salvatoris Danio, Danjo (eccl.), XIII s.; *St-Sauveur*, quart. c. Anjou.

Sancti Salvatoris (parr.), XV s.; Priatici (eccl.), unita eccl. S. Johan. Ville Nove Priatici, XV s.; *St-Sauveur*, chap. c. St-Martin-d'Uriage.

Sancti Salvatoris et S. Mauricii mart. (casa Dei), X s.; voy. S. Mauritii martyr. eccl.

Sancti Saturnini (eccl.), XII s.; ap. la Fornachi, XIII s.; (parr. devan.), XIV s.; Fornachio, XV s.; *St-Sorlin*, c. c. Vienne-Sud.

Sancti Sebastiani (eccl.), XI s.; de Morgas (eccl.), XII s.; (monast.), XII s.; mand. Morgiarum; *St-Sébastien*, c. c. Mens.

Sancti Simforiani (eccl.), XI s.; (monachi), XI s.: voy. Septimo.

Sancti Simphoriani (parr.), XV s.; *St-Symphorien*, h. c. la Bâtie-Montgascon.

Sancti Simphoriani (porta), XV s.; *St-Symphorien*, quart. c. Morestel.

Sancti Simphoriani et Sancti Georgii (terra et silvas), IX s.; *St-Georges (forêt de)*, bois c. St-Georges-d'Espéranche et Oytier-et-St-Oblas.

Sancti Simphoriani (terra), IX s.; Simforiano (terra), X s.; Symphoriani (eccl.); Simphoriani in valle Yaira, XI s.; *St-Symphorien ou l'Église*, h. c. Villeneuve-de-Marc.

Sancti Simphoriani (eccl.), XII, XIII s.; S-tam S-num (apud), XV s.; (parr.): voy. Bastide Montis Gasconia.

Sti-Simphoriani (silva), IX s.: voy. Bona Vallis, nemus.

Sancti Sixti, XV s.; Sixti (parr. eccl.); *St-Sixte*, vill. c. Merlas.

Sancti Stephani (mans.); (mollarium), XV s.; *St-Étienne*, l. disp. c. Chasparcillan.

Sancti Stephani (terra), IX s.; *St-Étienne*, égl. détr. c. Vienne.

Sancti Stephani de Chauranchila (eccl.), XI s.; (parr.), XIV s.; de Cheuranchila, XIV s.; Chourenchlia, Chaurenchiarum, Chourenchiarum, de Chorenchlis, XIV, XV s.; *St-Étienne*, h. c. Choranche.

Sancti Stephani de Croxey, Crochels, Croceya, Croseyn, Crosoye, Crosslef, Crosscyf, Croceys, Croseus, Croceux (gr., capell⁰, eccl., parr.), XIII, XIV, XV s.; *St-Étienne-de-Crossey*, c. c. Voiron.

Sancti Stephani de Montana (eccl.), XII s.; de Montana (prior); Montaigni (cap.), XIV s.; *St-Étienne*, h. c. St-Lattier et Montmiral (Drôme).

Sancti Stephani de Sancto Juero (castr.), XIV s.; (hospit.), XV s.; *le Château*, quart. c. St-Étienne-de-St-Geoirs.

Sancti Stephani (eccl.), XI s.; subtus Stulvionem, XIII s.; *St-Étienne-de-Crossey*, c. c. Voiron.

Sti Stephani (domus Templi), XIV s.; *l'Hôpital (Chemin de la Croix de)*, c. St-Étienne-de-Crossey.

Sti Stephani de Voleyn (mand.), XIV s.; *le Passage*, c. c. Virieu.

Sancti Stephani de Volump (capell⁰), XIII s.; (parr.), XIII s.; de Volun, XIV s.; de Voluleyno, Denvolupa, XV s.; de Volomi, XV s.; *St-Étienne*, f. c. le Passage.

Sancti Sulpicii (eccl.), XI s.; *St-Sulpice*, h. c. Montrévéroux.

Sancti Sulpicii (cap.), XV s.; *St-Sulpice*, mas c. St-André-en-Royans.

Sancti Sulpicii (eccl.), XI s.; *St-Sulpice*, égl. disp. c. Vif.

Sancti Symeonis (prior), XIV s.; Symianis (parr.), XV s.; Simeonis (prior), XVI s.; *St-Siméon-de-Bressieux*, c. c. St-Étienne-de-St-Geoirs.

S. Symphoriani (castr.), XIII s.; de Auxone (castr. d. comitis Sabaudie prope portam), XIII s.; *le Château*, mas c. St-Symphorien-d'Ozon.

Sancti Symphoriani (cellula),

IX s. ; (terra), X s. ; (eccl.), XI s. ; Darpo (eccl., parr.), XIV s. ; *St-Symphorien*, égl. disp. c° Vienne.

Sancti Symphoriani (eccl.) : voy. la Bâtie-Montgascon.

Sancti Symphoriani (parr.), XII s. : voy. Villa nova del Marc.

Sancti Theodoli (cap.), XV s. : *St-Théodule*, chap. disp. c° Corenc.

Sancti Theotfredi de Lans (eccl.), XI s. ; S° Theofredo (parr. de), XIII s. ; S. Theotfredus, XIII s. ; *St-Théoffrey*, c° c°° la Mure.

Sancti Theotfredi (cap.), XI s. : voy. Veberio de Breynino.

Sancti Theuderii (abbatia), XI s. ; Theuderici (abbas), Theuderii (villa, mand.), XIII s. ; Theoderii (abbas), Theuderii, XIV s. ; Sanctus Theodorus, XIV s. ; *St-Chef*, c° c°° Bourgoin, abb. de Bénédictins, VI s.

Sancti Theuderii (castr.), XIII s. ; (magn. castr.), XV s. ; *le Château*, h. c° St-Chef ; chât. démoli 1576.

Sancti Thome de Chandiaco (parr.), XV s. ; *St-Thomas*, vill. c° St-Pierre-de-Chandieu.

Sancti Urso (eccl.) in villa Guisrada, X. s. ; Ursii (eccl. s. cap.), XIV s. ; *St-Ours*, h. c° Janneyrias.

Sancti Valerii de Ripis (eccl.), XI s. ; Rupis (eccl.), XIII s. ; Vallerii de Ruppe (eccl. priorat. et cure), XV s. ; *St-Vallier*, quart. c° Rives.

Sancti Victoris (parr.) ; *Meylans*, c° c°° Grenoble-Est.

Sancti Victoris (parr.), XIII s. ; *Puleyzia (Grand et Petit)*, bh. c° Maubec.

Sancti Victoris (eccl.), XII s. ; (parr.), XIII s. ; de Buffieres (eccl.), XIII s. ; *St-Victor-de-Cessieu*, c° c°° la Tour-du-Pin.

Sancti Victoris (eccl.), XIII s. ; (parr.), XIV s. ; (villag.), XV s. ; *St-Victor-de-Morestel*, c° c°° Morestel.

Sancti Vilani in Alriis (eccl.) ; *Auris*, c° c°° Bourg-d'Oisans.

Sancti Vincentii (eccl.), XI s. ; Beati Vincentii (cap.) prope castr. de Fortalicia, XIV s. ; *St-Vincent*, égl. disp. c° la Forteresse.

Sancti Vincentii (eccl.), X s., XI s. ; *Notre-Dame*, égl. cathédr. de Grenoble, placée sous le vocable de l'Assomption, et primitivement sous celui de St-Vincent.

Sancti Vincentii de Malensia (eccl.), XI s. : Maleusa, Maleusa, XIII s. ; (parr.), XIII s.; Mareusa, XIV s. ; Marelusa, XV s. ; *St-Vincent-de-Mercuse*, c° c°° le Touvet.

Sancti Vincentii de Plaustris, de Plaustro (capell.), XIII s. ; de Plastro, XV s. ; Plastris ; *St-Vincent*, vill. c°° le Fontanil et Voreppe.

Sancti Vincentii martyr. monast., VII s. ; S. V-ncii (territ.), XV s. ; *St-Vincent*, mas c° Vienne.

Sancti Vincentii (eccl.), XI s. : ultra Voraplum (eccl.), XIII s. ; *St-Vincent*, vill. c°° le Fontanil et Voreppe.

Sancti Ylarii (eccl.) in villa Crisinciaco, XI s. ; *St-Hilaire*, h. c° Pont-Évêque.

S. Ylarii (dom.) quam de novo ædif. il. episc., 1388 ; (castr.), XIV s. ; *le Château*, ruines c° St-Hilaire(-du-Touvet.)

Sancti Ylarii (eccl.), XI s. : voy. S° Hilarii, Barii.

Sancti Ylarii (dom. f.), XIII s. : (dom. f. cum burgo voc. Curia), XIV s. ; *le Château*, chât. c° St-Hilaire-de-la-Côte.

Sancti Ypoliti Chuselle (eccl. parr.), S° Ypp-ti Chuzelle (parr., territ.), XV, XVI s. ; *St-Hippolyte*, h. c° Chuzelle.

S-ti Ypoliti (eccl.), XI s. : voy. Engenios.

Sancto Aignino (capell° de), XIV s. ; S-tus Aguianus, Agnianus ; *St-Aynin*, c° c°° St-Jean-de-Bournay.

Sancto Albano (parr. de), XII s. ; (castr., mand. de), XIV s. ; S-ti A-ni Ruppis (mand.), XV s. ; *St-Albin-de-Roche*, c° c°° la Verpillière.

Sancto Albino (eccl. de), XII s. ; (parr.), XV s. : *St-Albin-de-l'auisorre*, c° c°° le Pont-de-Beauvoisin.

Sancto Andrea (capella), XII s.; (castr.), XIII s. ; de Palude (parr.), XIV s. ; de Vado ; *St-André-le-Gua*, c° c°° le Pont-de-Beauvoisin.

Sancto Andrea (mandam. de), XV s. ; *la Palud*, anc. mandement, bailliage Viennois et Terre de la Tour.

Sancto Andrea (G. de), XIV s. ; *St-André*, h. c° Voiron.

Sancto Beneyme (Mass. de), XIII s. ; S-tus Benignus (parr., capella de), XIV s. ; *St-Bronne*, h. c° les Côtes-de-Corps.

Sancto Chaffredo (de), XIII s. : voy. S. Theotfredi de Lans.

Sancto Claro (parr. de), XIV s.; prope Serram (parr. de), XIV s. ; de comba Galabri, XV s. *St-Clair-sur-Galaure*, c° c°° Roybon.

Sancto Donato (mons de) : voy. Sardonenc.

Sancto Fericulo (de), XIII s. : voy. Sancti Ferreoli.

Sancto Georgio (de), XII s. : S-ti G-ii (burg.), XIII s. ; S-ti Georgii de S-to Juers, sive Juerz (eccl.), XIII s. ; supra S. Stephanum de Sancto Juers. Juers (capell.), XIV s. ; *St-Geoirs*, c° c°° St-Etienne-de-St-Geoirs.

Sancto Georio (de), XII s.; S-tus Georcius, XIV s. ; *St-Geoirs*, c° c°° St-Etienne-de-St-Geoirs.

Sancto Germano (loc. de), XV s.; *St-Germain*, h. c° Corenc.

Sancto Germano (territ. de) ap. Arcissas, XVI s. ; *St-Germain*, h. c° St-Chef.

Sancto Gregorio (vineis de) ; (eccl.), XII s. ; *Malatroit*, h. c° Janneyrias.

Sancto Joanne (alpis de), XII s.: *St-Jean*, mont. c° Tencin.

Sancto Marcello (de), XII s. ; de Maillere ; (villa), XIII s. ; de Milleu, de Millieu, de Milliaco, XIV s. ;(parr.), XV s.; de Milliacil, XVI s. ; *St-Marcel-de-Bel-Accueil*, c° c°° Bourgoin.

Sancto Martino (camp. de), XIII s. ; *St-Martin*, mas c° Ravel-et-Tourdan.

Sancto Martino (J. de), XIV s.; *St-Martin*, h. c° Sermérieu.

Sancto Martino (eccl. de), XII

s.; S-ti M-ni mand. Vallis-
serre (parr.), XV s.; *St-Mar-*
tin-de-Vaulserre, c^ c^ le
Pont-de-Beauvoisin.
Sancto Mauricio (J. de), XV s.;
St-Maurice, chap. c^ Veyssi-
lieu.
Sancto Maximo (comba Crosa,
al. de), XIV s.; (territ., XVI
s.; *St-Maxime,* h. c^ Villette-
Serpaize.
Sancto Michaele archangelo
(eccl.), XIII s.: voy. S. Angeli.
Sancto Michaele (de), XII s.; in
Trivila, XIV s.; de Portis
(curat.), XV s.; *St-Michel-*
les-Portes, c^ c^ Clelles.
Sancto Paulo (territ. de), XIV s.;
St-Paul, l. disp. c^ Châtonnay.
Sancto Petro (S. de), XIII s.:
voy. S. Petrus de Peladru.
Sancto Projecto (de), XII s.;
Projecto, XIII s.; Projecto
(priorat., eccl., parr. de), XIV
s.; S-tus Pregectus in Velle-
no, in Vellena, XIV s.; *St-*
Priest, c^ c^ St-Symphorien-
d'Ozon.
Sancto Salvatore (mass. de),
XIII s.; (cap.), XV s.; *St-*
Sauveur, h. c^ N.-D. de Mé-
sage.
Sancto Saturnino de Xanti
(cappelle de), XIII s.; (parr.),
de Xacio; de Nantis (villa),
XIV s.; de Nantuo, Nanto,
Nantio, Nantuy, XV s.; Nan-
thyo, Nantyo, Nantion; *St-*
Sorlin, c^ c^ Morestel.
Sancto Urso (de), XV s.: voy.
Castrucia.
Sancto Vallerio (in), XV s.; S-ti
Valerii (parr.), XV s.: voy. S.
Valerii de Ripis.
Sancto Vincentio, XIV s.; *St-*
Vincent, mas c^ Agnin.
Sancto Vito (territ.), XII s.; *St-*
Vite, l. disp. c^ Diémoz.
Sancto Xisto (de), XIII s.: voy.
Sancti Sisti.
Sanctorum Andree et Martini
de Clasa (eccl.), XV s.: voy.
St-Martin de Avec.
Sanctorum Martyrum (domus
major), VII s.: voy. St Mau-
ricii martyria.
Sanctum Desiderium (domus
ad); *le Château,* chât. c^ St-
Didier-de-Bizonnes.
Sanctum Eusebium (silva ad),
X s.; (eccl.) in agro Casiacensi,
X s.; *St-Eusèbe,* l. disp. c^
Cheyssieu.
Sanctum Georium in Vabbenna
(Monast. B^e Marie prope), XIV
s.; voy. S. Andree prope S.
Georium.
Sanctum Hylarium (dom. J. de
Borzosello ap.), XIV s.: voy.
Chairolleres.
Sanctum Johannem (bruyeria
ad), XIII s.; *St-Jean,* l. disp.
près la Bulssière.
Sanctum Martinum (ad), X s.;
(parr.), XIII s.; Costarum
Durey, XV s.; *St-Martin,*
vill. c^ les Cotes-d'Arey.
Sanctum Martinum (ad), XII s.:
voy. Vilar Bonobi.
Sanctum Robertum subt. Cor-
nillonem in Graisivodano (ap.),
XIII s.; S. Roberti (conterg.),
XIV s.; *St-Robert,* vill. c^
St-Egrève.
Sanctum Romanum (ap.), XIV
s.; *St-Romain,* h. c^ Biol.
Sanctum Romanum (villa ad),
XI s.; (eccl. par.) in castello
Siuriaco extra, XI s.; (prior),
XIV s.; de Syuriaco (prior),
XV s.; de Suryaco; *St-Ro-*
main-de-Surieu, c^ c^ Rous-
sillon.
Sanctum Saurere (ante), XIV s.:
voy. Sanctum Severum.
Sanctum Severum (ap.), VII s.;
Sancti Severi (terra), IX. X s.;
(eccl.), XIV s.; Vienne (parr.),
XV s.; (eccl. par. et colleg.),
XVI s.; *St-Sevère,* égl. disp.
c^ Vienne.
Sanctum Sulpicium (ad), XIII
s.; (parr.), XV s.; St Sul-
picii (territ.), XVI s.; *St-Sul-*
pice, vill. c^ Sonnay et Bel-
legarde-et-Poussieu.
Sanctum Veranum (ap.), XII s.;
S-ti V-ni (eccl., parr.), XIV
s.; de Pommiers (cappell.),
de Pomeriis, XIV s.; *St-Vé-*
rand, c^ c^ St-Marcellin.
Sanctus Alarius, XIII s.: voy.
St Hilarii, Ilarii.
Sanctus Albanus, XIII s.; (magna turr.), XIV s.; Sancti
Albini (prior), XVI s.; *St-*
Alban, &c. c^ Creys-et-Pusignieu.
Sanctus Albanus Vinearum, XV
s.; *St-Alban-des-Vignes,* h.

c^ Vienne.
Sanctus Andreas de Costa, XII
s.; *la Côte-St-André,* ch.-l.
c^ arr^t Vienne.
Sanctus Aurigius, XIV s.: voy.
S. Arigii.
Sanctus Bartholomeus Fabrica-
rum, XV s.: voy. Burgum
Fabricarum.
Sanctus Bartholomeus de Gres-
sa; *l'Eglise,* vill. c^ Gresse.
Sanctus Bonetus, XII s.; Boni-
tus, XIII s.; prope S. Lau-
rencium (parr.), XIV s.; in
Viennesio; *St-Bonnet-de-Ma-*
*..., c^ c^ Heyrieu.
Sanctus Bonitus, XII s.; S-to
Boneto (stagn., capelle de),
XIV s.; *St-Bonnet,* vill. c^
Roche.
Sanctus Christophorus, XV s.;
St-Christophe, mas c^ les
Avenières.
Sanctus Christophorus, XIV s.:
voy. Vilario S. Christophori.
Sanctus Diderius, XIV s.; Di-
derius, XIV s.; *St-Didier,*
chap. c^ Vénérieu.
Sanctus Diderius, XIV s.: voy.
S. Desideril.
Sanctus Eulaterius, XIV s.:
voy. S. Eleutherius, Heleu-
terius.
Sanctus Fergeolus, XV s.; *St-*
Ferjus, l. disp. c^ Colombier-
Saugnieu.
Sanctus Genesius (eccl.), XII
s.; *Genthiec,* c^ c^ La Ver-
pillière.
S-tus Georgius, XI s.; *le Bourg,*
bourg c^ Domène.
Sanctus Georius de Vaudania,
XII s.; Sancti Georii in Val-
danea (mand.), XIV s.; in
Vallidena, XV s.; *St-Geoire,*
ch.-l. c^ arr^t la Tour-du-Pin.
S-tus Georgius, castr., XI s.;
poypia; Jucurz, Juers (man-
dam.), XV s.; *Jouz,* lieu-dit,
mas c^ St-Geoirs.
Sanctus Gerigius, XIV s.: voy.
Sain Juorz, Ste Georio.
Sanctus Gero, XIV s.: voy.
Sain Juors, Ste Georio.
Sanctus Gilimus, XIV s.: voy.
S. Juliani de Bar.
Sanctus Girardus, XV s.; *St-*
Girard, chap. disp. c^ Auris.
Sanctae Heleuterius, Heleuthe-
rius, XIII s.; Heulaterius

du-Bard.

Sanajoor, XII s. : voy. Sain Juors, St-Georio.

Sant Fergouil, XV s. ; Fergeul, XVI s. ; Ferjuil, XVIII s. ; Ferjus ; Ferjeuil ; Ferjuls ; Ferjuls: voy. Sancti Ferreoll.

Sant Ferguil, XV s.: voy. Sancti Ferreoll.

Sant Fregiux, XV s.: voy. Sancti Ferreoll.

Sant, Sanez Girvay : voy. S. Gervasii (camp.).

Sant-Jayme ; *St-Jacques*, vill. c° Moirans.

Sant-Jaymen, XVI s. ; Jayme : voy. Sancti Jacobi de Eschirolis.

Sant Jeurz (mand.), XII s. ; *St-Geoirs* : voy. ce nom.

Sant Lou, XIII s. : voy. Pons Dalino.

Sant Morise, XIV s. ; St-Morice en Tivez, XV s. : voy. St Mauricii in Trivils.

Sant Quinti, XIII s. ; Quantin, XVI s. ; Quentin-sur-Isère, XIX s. : voy. S. Quintini.

Santinati (loc.), X s. : voy. Sattulas.

Santolas (parr. de), XIII s. ; Santola (de), XIV s. : voy. Sentolatus villa.

*Sentolatus villa ; SS. Petri et Pauli (eccl. in), S-tis villa, IX s.; *St-Oblax*, h. c° Oytier-et-St-Oblas.

Santora (Le), h. c° St-Aupre.

Sauleta (serrum de), XIV s. ; *la Salette*, h. c° Treffort.

Saone (rif de la), XVI s. : voy. Sonna ; — (riv. de), XVII s. : voy. Saune.

Saornino (mons de), XIV s. ; *Nornin*, h. et mont. c° Engins.

Sap (mass. del), XIII s. ; Sape (ap.), XIII s. ; Sapeno (ouchia de), Sapeys (prata de), XIV s.; Sappins (les), 1700 ; *le Sappey*, forêt c° Pellafol.

Sapei (ad), XII s. ; Sappeto (de), XIII s. ; Sapeyz (parr. de), XIV s. ; Sappecto (eccl. S. Michael. de), XV s. : *le Sappey*, c° c°° Grenoble-Est.

Sapenchia(via), XIV s.; Sapp-e; Sapeyard (ch^ie), XVII s. ; *Sappey (Ch^ie du)*, c°° Meylan et Corenc.

Sapeti (campus), XIV s. ; Sappe-

tum (vers.), XVI s.; *le Sappey*, mont. c° St-Pierre-d'Allevard.

Sapeto (mass. de), XIV s. ; Sappeto (mass. do), in parr. S. Martini ; Sappeture, XVIII s. ; *Sappetière*, mas c° le Fontanil.

Sapeto (chavan. Petri de), XIV s. ; Sapoy (el), XIV s. ; Sappey (mas du), XVII s. ; Sappeys (les) ; *le Sappey*, h. c° St-Laurent-du-Pont.

Sapeto (eccl. de), XI s.; Sapetus (bosc.), XII s. : voy. Sapel.

Sapetum, XIV s. : Sappetum, XV s. ; *le Sappey*, bois c° les Adrets et Theys.

Sapey (caban. del), XIII s. ; Sapeto (nem. de), Sappeto (Nemus nigrum de), XIV s. ; *le Sappey*, h. c° le Mont-de-Lans.

Sapey (Le), XVIII s. ; Sappey (le) ; *le Sappey*, vill. c° St-Barthélemy-de-Séchilienne.

Sapey (Les) ; *les Grenats*, h. c° St-Laurent-du-Pont.

Sapey (mont. de), XVIII s. : voy. Sappeto.

Sapin, éc. c° Allevard ; — (le), mont. c° Pommiers.

Sappeil (for. loz), XVI s. ; *le Sappey*, bois c° la Balme.

Sappeto (mont. de), XIV s. ; *le Sappey*, h. c° Lavaldens.

Sappeto (in), XIV s. ; Sapeys (le), XVIII s.; Sapey (Rocha); *le Sappey*, mont. c° St-Julien-de-Raz.

Sappetum, XIV s. ; Sapin (le), XVIII s. ; *les Sappeys*, h. c° Pinsot.

Sappoy (Le), c° c°° Grenoble-Est ; dioc. Gren., égl. St-Michel ; — éc. c° Lans ; — éc. c° Pariset ; — (le), bois c° Rochetoirin.

Sarallerie, éc. disp. c° Serres-et-Nerpol.

Saramanderiis (villa de), XIV s. ; *Sarrandières*, h. c° le Gua.

Saramandis (villa de), XIV s. ; *Sarra*, h. c° St-Paul-de-Varces.

Sarapinum, XIV s. ; *le Serpent*, h. c° Montagnieu.

Sarazin, l. disp. c° Serres-et-Nerpol.

Sarazinay, Sarravinet, XIX s. ; *Sarrazinay*, vill. c° Chatenay.

Sarcelat, h. c° Montferrat.

Sarcenas, c° c°° Grenoble-Nord; dioc. Gren., égl. St-Barthélemy.

Sardeux, h. c° Moretto.

Sardieu, c° c°° St-Etienne-de-St-Geoirs ; par. dioc. Vien., égl. Ste-Marie-Madeleine.

Sardonemo (mass.), XIII s. ; Sardonael (podium), XIV s. ; Sardona villa ; *Sardonne*, vill. c° Oz.

Sareyres, XIII s. ; *Serrières*, vill. c° Trept.

Sargarin (molins de), XVII s. ; Sergerrin, XVIII s. ; *Essargaria*, h. c° la Cluze-et-Pâquiers.

Sargnier, mont. c° Autrans.

Sarjafeu, XVIII s.; Sargefeu ; *Serye-Feu*, h. c° la Valette.

Sarmeyriacum, XV s. : voy. Serueriacum.

Sarnat, XIX s. : *la Sarna*, h. c° Presles.

Sarpille, l. disp. c° Voissant.

Sarpiolat, h. c° Flachères.

Sarra (nem.), XV s. ; Sarrata, 1300 ; Sarra Dalphinalle (bois de la), XVII s. ; Sarraz (la) ; *la Sarra*, bois c° Chapareillan.

Sarra (La), h. c° Massieu ; — bois c°° la Murette et St-Blaise-du-Buis ; — bois c°° St-Pierre-de-Chartreuse et St-Pierre-d'Entremont.

Sarra-de-Bompertuis, XVIII s. ; *la Sarra-de-Hompertuis* ou *Baronne*, forêt c° Chirens.

Sarra (la Grande, la Petite), XVIII s. : voy. Serrate (el golet).

Sarrais (Les), h. c° Dionay.

Sarrata de Breyda (nem.), XIV s. ; *les Sarrets*, mas c° Pontcharra.

Sarrate (domus) de Divisino habassio Alte Combe, XV s. ; *la Sarra*, mas c° la Bâtie-Divisin.

Sarrazine, h. c° Revel.

Sarrazinière, chât. c° Sérézin-du-Rhône.

Sarrazins(Le Rocher des), mont. c° Quet-en-Beaumont.

Sarrennes (les), XVIII s. ; Savennes, XIX s.; *les Savennes*, h. c° Clavans.

Sarres (Les), XV, XVII s.; *les Sarrées*, h. c°° St-Geoire et St-Sulpice-des-Rivoires.

Sarreta (rupp. de), XIV s.; S. de Burio, XIV s.; Sarriete du Barre (la carrière ou), XVI s.; Sarriette (roch. de la), XVII s.; *la Sariette*, mont. c° St-Christophe-Entre-Deux-Guiers.

Sarrettaz (La), ruiss. c° Morlas.

Sarrez (al dous), XIII s.: voy. Serret (al).

Sarriaux (Les), éc. c° St-Georges-de-Commiers.

Sarries (Les), éc. c° St-André-le-Gaz.

Sarse (La), XVIII s.; *la Salse*, éc. c° le Périer.

Sartarieu, h. c° Veyssilieu.

Sartines (Les Grandes et Petites), XVI s.; *Sartine*, mas c° St-Savin.

Sartreux, Sertroz (de), XIV s.; *Certewu*, h. c° Leyrieu.

Sartroux (de), XV s.; *Sartel*, éc. c° Optevoz.

Sarvageta, XIV s.; Sarvajetta; *la Servagette*, h. c° Miribel-les-Echelles.

Sarvaney (byé de), XVI s.: voy. Servanay.

Sarverino (de), XIII s.; Sarvay-rino, Sarveyrino (neu. de), XV s.; *Serterino*, chât. et for. c° Parmilieu.

Sarziano (villa); *Assieu*, c° c°° Roussillon.

Sasargiis; Sasorgiis (de), XV s.: voy. Casaricas.

Sassenage, ch.-l. c°° arr¹ Grenoble; dioc. Gren., égl. St-Pierre.

Sasserium (castr.), XII s.: voy. Sayssello.

Sassonage (de), XV s.: voy. Casiniaco.

Satarel (en), XIV s.; *Sautaret*, h. c° St-Georges-d'Espéranche.

Satolas, h. c° Satolas-et-Bonce, c°° la Verpillière; par. dioc. Vien., égl. St-Pierre.

Satres (consergt des), XVII s.; Satre, XVIII s.; *les Satres*, h. c° St-Joseph-de-Rivière.

Satulas, XII s.; Satulas; *Satolas*, h. c° Satolas-et-Bonce.

Satulas (dom. et prior.), XII s.; Satolas (eccl. S. Petri de),

XVI s.: voy. Sontolatus villa, IX s.

Sauciaso (Grande et Petite), hh. c° St-Martin-le-Vinoux.

Saudaci villa (in), XI s.: voy. S. bodatis.

Sauge (la), f. c° la Buissière.

Sauge (territ. dous), XV s.; *le Sauzey*, mas c° Jallieu.

Saugée (croit de la); *le Grand-Sangry*, mas c° Brangues.

Saugeya (A. de), XIV s.; *la Sauyéa*, mas c° Chamagnieu.

Saugia (molar. de), XV s.; *la Sauge*, h. c° Velanne.

Saugniacum, XIV s.; S-co villa, XIV s.; Sauulieu; *Saugnieu*, vill. c° Colombier-Saugnieu.

Saugnieu, vill. c° Colombier-Saugnieu; succurs. par. Colombier, dioc. Lyon.

Saulce (la), mont. c° St-Pierre-de-Chartreuse.

Saule (Le), ruiss. c° Mizoën.

Saulet (Le), XVIII s.; *le Soulet*, éc. c° le Mont-de-Lans.

Sault Bertaud (ch¹⁰ de); Saulbertaut, XVII s.; *Sault-Bertaud*, ch¹⁰ c° Corenc.

Sault Durienoz (Sault du Rosne appelé), XVI s.; de Urienoz; Saut du Lièvre, XVII s.; Sault ou Pont d'Urieu, XVIII s.: voy. Sant Lou, Pons Duliso.

Saumeira (loc.); Saumiers, XI s.; *Saummar*, mas c° Froges.

Saunand villa, XIV s.; Saunan, XV s.; Saunando (riv. et territ.): voy. Sonnant.

Saune (riv. de), XVII s.: voy. Sonne (ripper.).

Saune (la Grande-), ruiss. aff. le Furon, c°° Fontaine et Sassenage.

Saune (la Petite-), ruiss. aff. la Grande-Saune, c°° Pariset et Fontaine.

Saune (St-Pierre de la), XVI s.; Saulne (la), XVI s.: voy. Losonna, Sona.

Sauneril, XIV s.; *les Sauniers?*, l. disp. c° Vaulnaveys-le-Bas ou V-a-le-Haut.

Saunier (Le), vill. c° Roche.

Saunières, h. c° St-Quentin.

Saurellis (in), XV s.: *le Sarret*, h. c° le Bourg-d'Oisans.

Sauries (eccl. de), XII s.: voy. Sayren, Seyres, Suries.

Saussay Nord (Le) et le Saussay Sud: voy. Salliceta.

Saussay (Les), XVIII s.: voy. Sougeyax.

Sauset (La), XVIII s.; *le Sauset*, h. c° Valbonnais.

Sausset (terroir de Chez); *Chez-Sousset*, l. disp. c° Jardin.

Saussu (La), h. c° St-Martin-d'Uriage.

Saut (Le), bois c°° Entraigues et le Périer; — mont. c° St-Christophe-Entre-Deux-Guiers.

Saut-de-l'Ane (Le), ch¹⁰ c° Chonas.

Saut-de-la-Chèvre (Le), mont. c° St-Laurent-du-Pont.

Saut-de-la-Chienne (Le), ch¹⁰ c° Ponticharra.

Saut-du-Loup (Le), mas et canal c° Corbelin.

Saut-du-Moine (Le), rocher c° Champagnier.

Saut-du-Plâtre (Le), rocher c° le Pont-de-Claix.

Sautaret, h. c° Voreppe.

Sautelleras (villa de), XIV s.; Sauttcleyre, XVIII s.; *Sautelayre*, XIX s.; *Sauteleyres*, h. c° Château-Bernard.

Sautine (Le), ruiss. sép. c°° Dionay et St-Antoine.

Sautoirs (Les), bois c° le Périer.

Sautout (Le), ruiss. c° St-Laupier.

Sauvages (Les), h. c° Ternay.

Sauveruay, h. c° St-Antoine.

Sauxeolum, XIII s.: voy. Saxeolum.

Sauzay (Les), XVIII s.; *Saugey*, h. c° la Bâtie-Divisin.

Sauzay (Le), XVIII s.; *Sauzets*, XIX s.; *les Sauzets*, h. c° St-Georges-de-Commiers.

Sauzerie (La), h. c° Valbonnais.

Sauzet (Le), bois c° St-Pierre-d'Allevard.

Sauzeto de Goncelino (en), XIII s.; *le Sauzey*, mas c° Goncelin.

Sauzey (el), XV s.; *le Sauzet*, mas c° Ste-Agnès.

Sauzia, XIV s.; Sauzie (la); *la Sauzie*, h. c° Susville.

Sauzo (mas. del), XIII s.; Sauze (le), XVIII s.; *le Sauze*, h. c° Sousville.

Sauzos (el), XIV s.; *Chemin des Sauzes*, c° Theys.

Savas-et-Mépin, c° St-Jean-de-Bournay; par. dioc. Vien.,

égl. St-Romain.

Savassel (parr.), XV s. : voy. Sahodatis.

Savols (riv. de), XIV s. ; *les Saureys*, ruiss. c° Tréminis, aff. l'Ebron.

Savel (capella de), XI s. ; (mand. de), XII s. ; Savellum, dom., castr. ; Savelli (vallis), XIII s. ; Savelo (eccl. h' Blaysil de), XV s. ; *Sarel*, c° c°° la Mure ; dioc. Gren., égl. St-Blaise.

Savoria (aqua), X s. ; Save (lac de), XVIII s. ; *la Sère* ou *l'Huiseltet*, riv. aff. le Rhône, orig. lac de la Save, c° Arandon, arr. c°° Passins, Morestel, St-Victor-de-Morestel, Brangues.

Saveuils (Les), éc. c° Fontaine.

Savignon, éc. c° Beaufort.

Savin, l. disp. c° Corenc.

Saviniacense (in agro), X s. ; S-atico (agro vel villa), X s. ; *St-Martin*, h. c° St-Antoine.

Savioz, gr. c° les Adrets.

Savodatis (eccl. S. Petri in villa), XI s. : voy. Sahodatis.

Savoges (territ. de les), Savoges de Comennay (les), XIV s. ; *Saronge*, éc. c° Communay.

Savoie, h. c° St-Pierre-de-Chandieu.

Savourey (Le), ruiss. c° St-Marcellin.

Savouriere, XVIII s. ; Savoyères, XIX s. ; *Savoureyres*, h. c° St-Michel-les-Portes.

Savoyardière, h. c° Proveyzieux.

Savoyat (Le), mont. c°° Clavans et le Freney.

Savoye, éc. c° St-Bonnet-de-Chavagne.

Savoyères, h. c° Massieu.

Savoyeriis (mont. de), XV s. ; Savoyeray (mont. de), XVIII s. ; *Savoyères*, h. c° Claix.

Saxeolum (castr.), XII s. ; Saxiolo (de), XIII s. ; *Seyssuel*, c° c°° Vienne-Nord.

Saxino (de), XIII s. : voy. Saisino.

Saxonnage, XIV s. : voy. Cassiniaco.

Sayatis (via de), XIV s. ; *Sayettes* (Ch'° des), c° Meylan.

Sayettes (Les), éc. c° Eyzin-Pinet.

Sayllac, S-ar, XIV s. : voy. Chaelais.

Sayllères (Les), XIV s. : voy. Solaris.

Saypaysi, XIII s. ; Sarpasin, XIII s. ; S-aysia, XIV s. ; S-aisa, Sarpeysia, Sarpesya, Sarpes, XVI s. ; *Serpaise*, vill. c° Villette-Serpaize : voy. Salpatis.

Sayrez, XIV s. ; Sayrief, S-ou, Sayres (parr. de), XIV s. ; Sayries ; *Terun*, c° c°° Crémieu.

Sayse (col de) : voy. Garenjaut.

Saysuef, Sayseu (pelag. de), XIV s. : voy. Saysseu.

Saysello (de), XIII s. ; Sayseux, Saysuell, Saysuel, XIII s. ; Saysculo, Saysseolum, Sayssellum ; *Seyssuel*, c° c°° Vienne-Nord.

*Seysiaco (decanat. de), XIV s. : voy. Saysseu.

Saysiacum, XIV s. : voy. Saysseu.

Saysino (riv. de), XIII s. ; Saysini (Gorgia) ; *les Combes* ou *de Seyssins*, ruiss. c° Seyssins, aff. le Drac.

Sayssef, Sayssief, XIV s. : voy. Sayssen.

Sayssellorum (villa), XIV s. ; *les Sayssels ?*, l. disp. c° St-Paul-de-Varces.

Saysseu (capell. de), XIII s. ; S-uz, XIV s. ; *Cessieu*, c° c°° la Tour-du-Pin.

Sayssiaci villa, XIV s. : voy. Saysseu.

Sayssinum (ap.), XIII s. ; Saysino (castr., parr. de), XIII s. : voy. Saisino.

Sayte (rippag.), XIV s. ; *la Scie*, éc. c° St-Julien-de-Ratz.

Saytivis (in magnis), XIV s. ; *les Sétives*, mas c° Bourgoin.

Scaix (Les), XVIII s. ; Seys (el), XIV s. ; *les Saix*, h. c°° Moirans et St-Jean-le-Moirans.

Scalas (in pago qui antiquitus vocatus Lavastrene, modo voratur ad S-s), XI s. ; S-alle; *les Echelles*, bourg c° Entre-Deux-Guiers.

Scalesii (dom.), XIII s. : voy. Chalesio.

Scalma Longa, XIII s. : voy. Chalma Longa.

Scarna, Scoff'a, Sxàràs, II s. av. J.-C. (Polybe) ; *l'Isère*, riv. (voy. ce nom).

Scarona, XII s. : voy. S. Petri de Leschareyns.

Sepronia (de) ; *l'Echareuse*, h. c° St-Sébastien.

Scela (La), XVIII s. ; *la Scia*, mont. c° la Valette.

Scelles (Les), h. c° Brcason.

Sceyton (Les), XVII s. : *les Seytes*, éc. c° Voreppe.

Schirolarum (Templum), XIV s. ; *la Commanderie*, f. et ruines c° Echirolles.

Scia (La), mont. c° St-Pierre-de-Chartreuse.

Sciauds (Les), XVIII s. : *les Sciaux*, h. c° Chantelouve.

Scio (La), éc. c° Chatte ; — éc. c° Corenc ; — éc. c° Froges ; — éc. c° Lavaldens ; — éc. c° la Morte ; — h. c° Pollénas ; — scierie sur l'Ebron, c° Prébois ; — éc. c° Presles ; — mas c° St-Laurent-du-Pont ; — XIX s. ; *les Martinets*, usines disp. sur le Guiers-Mort. c° St-Laurent-du-Pont ; — éc. c° le Sappey ; — éc. c° Tencin ; — (ruiss. de la), c° Vinay.

Scie-de-Cherlieu (La), éc. c° St-Pierre-de-Chartreuse.

Scie-des-Coutavoz (La), scierie c° St-Pierre-de-Chartreuse.

Scie-Mercanton (La), scierie c° le Monestier-d'Ambel.

Scierie (La), us. c° Grenoble ; — XVIII s. ; *la Scie*, éc. c° la Morte ; — *la Scie*, scierie c° le Villard-de-Lans.

Scierie-Bachasse (La), scierie c° St-Baudille-et-Pipet.

Scies (Ch'° des), c° Allemont.

Sciez ; Cièz, h. c° la Côte-St-André.

Scitoudas (La), h. c° l'Albenc.

Scoblavin (eccl. de), XI s. ; S-vif, XIV s. ; S-ioum (parr.); S-ium; *Coublevie*, c° c°° Voiron.

Scoges, Stoges, XII s. : voy. Excubiæ.

Scultorum (mans.), XIII s. ; *Cultières*, h. c° St-Martin-le-Vinoux.

*Seychilone (alpes de), XIV s.; Sechident, mont. et lac c° Theys.

Scyon, chât. c° les Côtes-d'Arey.

Séa (La), mont. c° Huez ; — mont. c° Miribel ; — Lenchitre ; — mont. c⁰ St-Gervais.

Seachils (de), XIV s. ; *Sachet*, h. c⁰ St-Alban-de-Roche.

Seachos (villa dal), XIV s. ; *les Sachets*, l. disp. c⁰ Gresse.

Sebeirannes: voy. Soubeirannes.

Sebillinas (Les), XVIII s. ; *les Sebellius*, h. c⁰ Seyssuel.

Sebons (Les): voy. Sobun.

Sechellina (castr. de), XIV s. : voy. Chayssilhana, Seychellena.

Secherées (Les), ruiss. c⁰ Chanas.

Secherlis(in); S-riorum (bosc.), XIV s. ; *les Séchiers*, h. c⁰ la Garde.

Sechibot (riv. de), XIII s.; S-ert (torr.), XVIII s.: *le Chichibert ou la Ruine*, torr. c⁰ Meylan, affl. l'Isère.

Séchident (Le), ruiss. c⁰ Barraut, affl. ruiss. le Fayet.

Sechiderio, XIV s. ; *Séchident*, mont. et lac c⁰ Theys.

Sechilliane (hoclues), XIV s. ; C-nne (cast⁰), XV s. : voy. Chayssilhana, Seychellena.

Sechilitina, XIII s. ; Sechelina ; Sechalina, XIII s. ; Sechilliana ; S-lie ; *Séchiliiane*, c⁰ c⁰⁰ Vizille ; dioc. Gren., égl. St-Martin.

Sechilline (castr.), XIV s. ; *le Chateau*, chât. c⁰ Séchilienne.

Sechilliane en Trèves, XV s. : voy. Chayssilhana, Seychellena.

Secioul, XV s. : voy. Saysello.

Seez, XVIII s.; Sozis (Les), XIX s. ; *les Séez*, éc. c⁰ St-Martin-de-Clelles.

Ségère (La), ruiss. c⁰ Méandres, affl. le Grand-Ruisseau.

Saglat, XVIII s. ; *Seiglat*, éc. c⁰ Pisieu.

Sagnes, XII s. ; Seygnes XIII s.; Sagnies, XIV s. ; Seguyou ; Seignies, XV s. ; *Seigne*, mas c⁰ Vienne.

Segnes (Las): voy. Sagnes.

Segoin (collis), XIII s. ; Seguin (col) ; Seogoya ; Segoy ; Segoynes villa, XIV s. ; *les Ségouins*, h. c⁰ Valjouffrey.

Segond, éc. c⁰ Chichilianne.

Segrosia (chassaveria de), XIV s. ; *la Cigrogne*, h. c⁰ Voiron.

Seguin, h. c⁰ le Pont-en-Royans ; *Seguin*, gr. disp. c⁰ Roval-et-Tourdan.

Seguinerie (territ. de la), XV s.; *la Seguinary*, mas c⁰ Reventin-Vaugris.

Seguretum, XV s.; *Bois-Segut*, bois c⁰ Lans.

Seia : Siat (La), XVIII s. ; *Loseia*, bois c⁰ Quaix.

Seigle (Le), h. c⁰ Montferrat.

Seiglière (La), h. c⁰ Montagne.

Saiglières (Les), bois c⁰ St-Martin-d'Uriage.

Seillon, Seillon (le), XVI s. : voy. Cellion.

Scinart (eccl. S. Marie de), XII s. ; Seinard (eccl. S. Marie de), XII s. : voy. Sinart.

Seintz Lorentz, XIV s. ; St-Lorans de Grignoble : voy. S. Laurentii vel. S. Eugenie.

Seirin, XIX s. : voy. Sérin.

Seisseu, XV s. : voy. Sayssuu.

Soissiuet : voy. Saisineto.

Sel⁰ (Le), mont. et col c⁰⁰ St-Christophe-en-Oisans et Vallouise (Hautes-Alpes).

Selouzia (aqua de), XV s. : voy. Celoaie, Soloyzia.

Séliarey (Le), h. c⁰ St-Hilaire-du-Rosier.

Sellareres (mans. de), XV s.: voy. Celareres.

Selle (La), mont. c⁰⁰ le Périer et le Bourg-d'Oisans ; — chal. et mont. c⁰ St-Christophe-en-Oisans ; — h. c⁰ St-Michel-de-St-Geoirs ; — bois c⁰ Vaujany.

Selle (Fontaine de la), c⁰ Villard-Reymond.

Selle (ruiss. la), XVIII s. ; *le Diable*, ruiss. affl. le Vénéon, c⁰ St-Christophe-en-Oisans.

Sellelonum, XIV s. ; *le Cognet-du-Sellier*, mont. c⁰ La Garde.

Selles (Les), chal⁰ c⁰ le Bourg-d'Oisans ; — mont. c⁰⁰ Chantelouve et le Périer ; — chal. et mont. c⁰ Entraigues.

Sellier (Le), XIX s.: voy. Cellier.

Selliers (Les), XVIII s. ; Scellier, XIX s. ; *les Selliers*, h. c⁰ Choranche.

Seina (rivale de), XIV s. ; Senne (le) ; *les Sennes*, mas et ruiss. c⁰ Malleval.

Seloxia (aqua), XIV s. : voy. Celosie, Soloyzia.

Selvon, XIV s. ; Seylvon (li), XIV s. ; *les Sauvoux*, h. c⁰ Valbonnais.

Selvonenes (mans. dels), XIII s. ; Selvos (costa del), XIV s. ; Selvonibus, XIV s. ; *les Selons*, mas c⁰ Poisat.

Semenes (Les) ; *Kasennt*, h. c⁰ Varacieux.

Semesses (Les), XVIII s. ; *les Semaises*, h. c⁰ St-Ismier.

Semillière, h. c⁰ Séchilienne.

Séminaire (Le), quart. c⁰ le Bourg-d'Oisans ; — h. c⁰ la Côte-St-André ; — (le Petit-), quart. c⁰ Grenoble.

Semonril (eccl.), XV s. ; Semont, XVIII s. ; *Semous*, c⁰⁰ la Côte-St-André ; dioc. Vien., égl. St-Julien.

Senapli (mons), XIV s. : voy. Sincipy.

Senatière, h. c⁰ Sayssins.

Senaypo (mons de) : voy. Sincipy, Podium Orsellum.

Sendeau (Le) : voy. Saillaux.

Senglon (Le), XVII s. ; *le Single*, mont. c⁰ St-Pierre-de-Chartreuse.

Seuin, h. c⁰ l'Armilieu.

Senolicia, XIII s. ; *Sonnelay*, mas c⁰ Marcilloles.

Senozan (granges de), XVIII s. ; *le Malot*, h. c⁰ Viriville.

Sens : voy. Eschausse.

Senti Lupis (chaban. U. de), XII s. ; *Combloux*, forêt c⁰⁰ Murianette, St-Martin-d'Uriage et Venon.

Sentier-des-Perdrix (Le), ch⁰ c⁰ Hurtières.

Sentillieus (via dou), Sentillionis (iter de) vers. Murianneta, XV s. ; *Sentillion ?*, l. disp. c⁰ Gières ou Murianette.

Sentolatus villa (eccl. SS. Petri et Pauli in) ; S-tis villa, IX s. ; *St-Oblas*, h. c⁰ Oytier-et-St-Oblas.

Sépin (Le), ruiss. affl. le Furand, c⁰⁰ Chatte et St-Hilaire-du-Rosier.

Sept-Chemins (Les), h. c⁰ Décines-et-Charpieu.

Septème, c⁰ c⁰⁰ Vienne-Nord ; dioc. Vien., égl. St-Symphorien.

Septame (riv. de), XVI s., XVIII s. : voy. Evesques (aqua).

Septibus Laquibus (riv. de), XV s. ; Sept Lacs (mont.) ; *les Sept-Lacs*, lacs et mont. c⁰⁰ la Ferrière : Lac-Blanc, Lac-Noir, Lac-Carré, lacs de la Motte, du Cos, Cotepeu.

Septimo (villa, eccl. S. Simforiani in), XI s. ; Septemum, XIII s. ; Septimi (prior), XIV s. ; Septemet, XIV s. : Septeyme, XVI s. ; Septemoz, XVI s. ; Septême, c° c°° Vienne-Nord.

Septuers (S. Steph. de), XV s. : voy. Subtuers.

Ser (mass. del), XIII s. ; Serro (cloctum de), XV s. ; Serre (lo), XVIII s. ; le Sert, h. c° Auris.

Ser (mass. del), XIII s. ; Serro (mans. del, XIV s. ; Serretum (subt.) ; le Serret, h. c° Monteynard.

Ser (el), XIII s. : Serrum de Molino (in), XIV s. ; Serrum, Sers, XIX s. : le Ser, h. c° St-Jean-de-Vaux.

Ser (Le), XVII s. ; Serre de Prémol ; le Serre, mas c° Vaulnaveys-le-Haut.

Ser (Ruiss. du), c° Villard-Eymond.

Serans, XIII s. ; Serres (les), XIX s. ; les Serrets, h. c° Dionay.

Serapin, XVIII s. ; Sarrapin, h. c°° Chélieu et Panissage.

Serbovet (mass. de), XIII s. ; Serrum Bovetum, XIV s. ; Sert-Bonnet, XIX s. ; Serbourcet, h. c° Nantes-en-Ratier.

Serchirat, éc. c° St-Jean-de-Bournay.

Serclerat (P de), XIX s. : voy. Bona Vall° (abbas de).

Serclier, h. c°° Faramans et Penol.

Serdiacum (ap.), XV s. ; Sardinei (eccl.), XVI s. ; Sardieu, c° c°° St-Etienne-de-St-Geoirs.

Serdonato (mans. de), XIV s. ; Serredonne, XVIII s. ; Sardonne, vill. c° Oz.

Seregniacum, XIV s. ; Serezin ; Sérézin, chât. c° St-Quentin-Falavier.

Serena (bosc.), XIII s. : voy. Alpe de Serena.

Serene (flum.), XI s. ; Screna, XIII s. ; Serrena (aqua de), XIV s. ; la Sarenne, ruiss. affl. la Romanche, orig. mont. les Grandes-Rousses, c° le Freney, arr... Huez, la Garde et le Bourg-d'Oisans.

Sérézin, c° c°° Bourgoin ; par. dioc. Vien., égl. St-Alban.

Sérézin, éc. c° St-Just-et-Chaleysain.

Serezin : voy. Clezerinu.

Sérézin-du-Rhône, c° c°° St-Symphorien-d'Ozon ; dioc. Vienne.

Serezini (parr.), XV s. : voy. Ciriaiacus.

Serrezins, XVI s. : voy. Charianus.

Serf du Clapier (Le), XIX s. ; le Clapier, h. c° St-Guillaume.

Sergiras ; Sert-Girard, mas c° Ornon.

Serguini (bordar. del), XIII s. ; Serro Guyno (de), XIV s. ; Serguin, l. disp. près St-Laurent-en-Beaumont.

Series (eccl. de), XV s. ; Serières (cure St-Martin de) al. Vermas, XVI s. ; Verna, c°° Crémieu.

Serli de Blachia (chavan.), XV s. ; le Sert, h. c° St-Michel-en-Beaumont.

Serin, h. c° Chasse.

Sérin (ét. de), XVII s. ; Ceyrin, éc. c° Fitilieu.

Serias (ap.) ; Charias, mas et étg. c° Rochetoirin.

Serlin (Le), XVIII s. : voy. Les Aversoins.

Serlins (Les), h. disp. c° Champier.

Sermse, gr. c° St-Pierre-d'Entremont.

Sermereu, XIV s. : voy. Sermeriacum.

Sermoriacum, XIV s ; Sermérieu, c° c°° Morestel ; par. dioc. Lyon, égl. Ste-Vierge.

Sermet, h. c° St-Alban-de-Roche.

Sermeyriacum : voy. Sermeriacum.

Sermorens (Comté de), anc. comté du roy. de Bourgogne, dont la création paraît remonter au IX s., et qui au XI s. comprenait 22 châteaux ou mandements.

Sermorens, quart. c° Voiron ; par. dioc. Gren., égl. St-Pierre.

Sermoyrenei (eccl.), XIV s. ; Sermorencil (parr.), de qua parr. est villa Voyronis, XV s. ; Sermorene ; Sermoreux, quart. c° Voiron.

Sermoyrencil (villag.), XV s. ; Sermorencil : voy. Sermeriacum.

Sermoz (Les), XVIII s. ; les Sermes, h. c° St-Christophe-Entre-Deux-Guiers.

Serna (La), XVII s. : voy. Sernaz.

Sernaz de Alpison (roch. dessus la), XIV s. ; la Cernaz, mont. c° St-Pierre-de-Chartreuse.

Serney (en), XVII s. : voy. Cernelz.

Sernon, XVIII s. : voy. Cornou.

Serpaysl, XIV s. ; Serpeysla ; Serpeyseta, XVI s.; Serpaize, vill. c° Villette-Serpaize : dioc. Vien., égl. St-Pierre ; district de Vienne suppr. en 1801.

Serpent (Le), h. c° Montagnieu.

Serpoullier, XVIII s. ; Serpollies, h. c° Villeneuve-de-Marc.

Serra (gr.), XVII s. ; Serraz (moulins) ; le Serre, m^ia c° Amblagnieu.

Serra (La), XVI s. ; Serre, h. c° Panossas.

Serra (La), chât. c° Villette-d'Anthon.

Serra (eccl. de), XI s. ; Serris (eccl. de) seu de Nerpo, XIV s. ; Serris (eccl. S. Juliani de), XV s. ; Serre de Nerpol ou Loiriou ; Serres, h. c° Serres-et-Nerpol.

Serra, XV s. ; Serre : voy. Seyres, Sayrez, Series.

Serra Luys (B° Maria de), XIII s.; Serrallis (Capella b° Marie de), XV s. ; Surrelouy, h. c° Tèche.

Serrasser (de), XIV s. ; les Serrues, éc. c° la Salle.

Serrata (Stagn. de), XIV s.; la Serra, bois c° la Balme.

Serrata (nem.), XIV s. : voy. Sarra.

Serrate (el golet), XIV s. ; Serra (forest de la), XVII s. ; la Sarra, forêt c°° Miribel-les-Echelles et St-Aupre.

Serratis (in), XIV s. ; Serrez : voy. Sarres (les).

Serraux (terr. de), XVIII s. : Serraut, éc. c° Communay.

Serraz (loc. dou Gaschon seu de la), XV s. ; Serres (rt. de),

XVIII s. ; *Serre*, h. c° St-Jean-de-Bournay.

Serraz (La), XVII s. ; *le Sarra*, f. c° St-Quentin-Falavier.

Serre (La), éc. c° Chamagnieu ; — (le), h. c° le Monestier-d'Ambel ; — h. c° le Monestier-du-Percy ; — h. disp. c° Ste-Agnès ; — mas c° St-Quentin-Falavier.

Serre (bordaria del), XIII s. ; Ser (le), XVIII s. ; *le Sert*, h. c° St-Laurent-en-Beaumont.

Serre (el), XIII s. ; Serrum, XIV s. ; *le Serre*, h. c° Trémulis ; — h. c° la Salette.

Serre-de-l'Aigle (Ch^au du), c° Marcieu.

Serre-des-Blancs (Le), gr. c° le Percy.

Serre-Claplsse, XVIII s. ; Serre-Clapy, Ser-Clapi, Serclapis, XVI s. ; *Serre-Clapi*, h. c° St-Genis.

Serre-Cocu, mont. c° Presles.

Serre-du-Crey (le), mont. c° la Motte-d'Aveillans.

Serre-de-la-Croix (Le), XVIII s. ; Ser-la-Croix, XIX s. ; *Serre-la-Croix*, h. c° le Périer.

Serre Isart (fief) dit Morgeot, XVII s. ; Serrezard ; *Serrizard*, chât. c° St-Sébastien.

Serre Izoard, XVII s. ; *Serreizard*, chât. c° St-Sébastien.

Serre-Meynier, l. disp. c° St-Michel-les-Portes.

Serre-Sialère, éc. c° Presles.

Serre Tardif en Trièves, XVII s. : voy. Carlon.

Serre-du-Tour (Le), bois c° Lavaldens et la Morte.

Serre-de-Vulson (Le), éc. c° St-Jean-d'Hérans.

Serre Ysard, XVI s. ; Yzard, XVII s. ; *Serrizard*, chât. c° St-Sébastien.

Serrein (Le), h. c° St-Clair-sur-Galaure.

Serrena, XV s. ; *le Combe*, h. c° Le Fresney.

Serreriis (aqua de), XIII s. ; *les Serrières*, l. disp. c° Charette.

Serreriis (villa de), XIV s. ; Serreres (mais. f.), XV s. ; Serrerieres (mais. f.) ; Serreriorum (parr.), XV s. ; *Serrières*, vill. c° Trept.

Serres, h. c° Serres-et-Nerpol,

c° c°° Vinay ; par. dioc. Gren., égl. St-Julien.

Serres (Les), XVIII s. : *les Serres*, h. c° Villette-Serpaize.

Serret (camp. del), XIII s. ; *le Sarret*, h. c° le Bourg-d'Oisans.

Serret (al), XIV s. ; Serralihum, XIV s. ; Serrehatie, XVIII s. ; Serrehail ; Ser des Halles ; *le Serre*, h. c° St-Maurice.

Serretum (dom. f. ap.), XIV s. ; *le Serret*, bois c° St-Guillaume.

Serretum, 1500 ; Ser, Serre ; *le Sert*, h. c° Vaujany.

Serretum Juliani, XIV s. ; *Sert-Julien*, l. disp. c° le Mont-de-Lans.

Serrez (Les) ; Serrosz : Serratis (riv. de), XIV s. ; Serate Divisino (dom.), XVI s. ; *la Serra*, mas c° la Bâtie-Divisin.

Serres (La), éc. c° St-Georges-d'Espéranche.

Serri Bayni (villa), XIV s. ; *Serhols*, bois c° Miribel-Lenchâtre.

Serri Brionis (villa), XIV s. ; *Serbrion*, h. c° St-Andéol.

Serri Pelati (villa), XIV s. ; Serpella, XVIII s. ; *Serpellat*, h. c° Miribel-Lenchâtre.

Serri Riconis (villa), XIV s. ; *Salicon*, h. c° Château-Bernard.

Serrières, f. c° Tramolé.

Serrières, vill. c° Trept.

Serrieriis (de), XIV s. ; Serreriis (de), XIV s. ; *Serrières*, h. c° Morestel.

Serrio (de), XIV s. ; Serro (mons del) ; Serrion ; Serry ; Serrion, XVII s. : *le Serrioux*, mont. c°° Cholonge, Villard-St-Christophe et la Morte.

Serris (in), XIV s. ; *Seris (Ch^au des)*, c° le Mont-de-Lans.

Serro (bordaria de), XIV s. ; *le Sert-du-Coin*, h. c° le Mont-de-Lans.

Serro (comba de), XV s. ; *le Serret*, bois c° Cholonge.

Serro (mans. de), XII s. ; Serre Berthon, XVI s. ; *Serre-Berton*, h. c° St-Sébastien.

Serro (prat. de), XIV s. ; *le Serre*, mont. c° Ste-Luce.

Serro Bernardo (villa de), XIV s. ; Serro (de), XV s. ; Serre (le), XVII s. ; Serre-Chouillan,

mais. f., XVIII s. ; *le Sert*, chât. c° Avignonet.

Serro Gardo (de), XIV s. ; *Serrestiavie*, l. disp. c° Pellatol.

Serro Guio (in), XIV s. ; *Serre-Guitoi*, h. c° Pellafol.

Serronis (font. des) ; *les Serrons*, mont. c° Gresse.

Serro (ap.), XIV s. ; *les Serrous*, h. c° Mens.

Serrum, XIV s. ; *le Serre*, ruins. c° Lavaldens.

Serrum de Caluse, XIV s. ; *le Serre-de-la-Chaus*, mas c° la Motte-d'Aveillans et N.-D de Vaulx.

Serrum de Chanonis, XV s. ; Chanous; *le Serre-de-Chanous*, l. disp. c° Clavans.

Serrum de Charboneria, XIII s. de Meyana desuper Charboneriam, XV s. ; *le Serre-des-Charbonniers*, mas c° la Motte-d'Aveillans.

Serrum Clarimontis villa, XIV s. ; *le Serre*, mas c° le Monestier-de-Clermont.

Serrum Colleti Clarimontis (villa), XIV s. : *le Serre-du-Collet-de-Clermont*, l. disp. c° le Monestier-de-Clermont.

Serrum Donatum, XIV s. : voy. Sardoueno.

Serrum Florenciis ; *la Côte-Fleurie*, mas c° Le Mont-de-Lans.

Serrum de Genebreto, XIV s. ; Serri Genebreti (mans.), XV s. ; Serre (le), XVIII s. ; *le Serf*, vill. c° Vif.

Serrum Gilliai villa, XIV s. ; *le Serre*, mont. c° Valbonnais.

Serrum del Gotal, XIV s. ; Sert Gontier, XVIII s. ; Gontard ; *Serre-Gontier*, forêt c° Nantes-en-Ratier.

Serrem de la Magnana, XIII s. ; *le Serre-du-Magnal*, mont. c° St-Andéol.

Serrum Martellorum, XIII s. ; de Mencio, XIV s. ; Serre Milmase ; *le Serre-de-Milmase*, h. c° Mens.

Serrum de Moydolis, XIV s. ; *le Sert-Montgaudi*, mont. c° Ornon.

Serrum Raynaudi ; Serri (comba), XIV s. ; Serro (loc. de), XV s. ; Ser, XVIII s. ; *le Sert*, mont. cⁿ le Mont-de-Lans.

Serrum Reynaudi ; Raynaudi, XV s. ; Ser Raynaud, XIX s.; le Serre-Reynaud, h. cⁿ les Côtes-de-Corps.

Serrum de la Sioleta, XIII, XIV s. ; Serre de Syolles, XVI s. : Serre-de-Siolette, h. disp. cⁿ St-Baudille-et-Pipet et Prébois.

Serrum Sygaudi, XIV s. ; Serresgaud, XVIII s. ; Servigaud, h. cⁿ Pierre-Châtel.

Serrum Tardini, XIV s. ; Serrisauvi, chât. cⁿ St-Sébastien.

Serrus villa, XIV s. ; Serrum (Grossum), XV s.; Ser (le), XVIII s. ; Serre (le), XVIII s. ; le Sert, h. cⁿ Besse.

Sers Giraud, XIX s. ; Serdiraud, éc. cⁿ St-Georges-de-Commiers.

Sersagile (de), XV s. : voy. Casaricis.

Sert (Le), h. cⁿ Vif.

Sert, Ser, XVIII s. ; Sert-Château, XIX s. : voy. Serro Bernardo.

Sert Berard, XVIII s. ; Serre-Bérard, bois cⁿ Lavaldens.

Sert Curt, XIII s. ; Serrum Curti, XIV s. ; les Cours, h. cⁿ la Salle.

Sertez, XIV s. ; Certeou, h. cⁿ Frontonas.

Sertrox (de), XIV s. ; Sartel, éc. cⁿ Optevoz.

Serts (Les), mas cⁿ le Freney.

Sertuzin (Le), ruiss. affl. la Marsanne, cⁿ Chantelouve.

Servage, h. cⁿ St-Ismier.

Servagette, XVIII s. : voy. Sarvageta.

Servagnet, vⁿ cⁿ Méaudre.

Servan (Le), ruiss. cⁿ Marnans.

Servanay (bois de), XVIII s. ; S-naux (bⁱᵃˡ); Servenay, bois cⁿ Luzinay et Villette-Serpaize.

Servanins (Les), XVIII s. ; le Servanin, h. cⁿ Oytier-et-St-Oblas.

Servanoux (Etg. de), cⁿ Creys-et-Pusignieu.

Servas (Le), h. cⁿ St-Geoirs.

Servat (La), XVIII s.; la Serce, h. et ruiss. affl. le Nan, cⁿ Malleval.

Servayei (el), XIV s. ; Servays (el); le Sauren, mont. cⁿ Livet-et-Gavet.

Serve (La), éc. cⁿ Allevard ; — h. cⁿ Colombier-Saugnieu ; — cⁿ cⁿ Corps ; — ruiss. cⁿ Meyrieu, se jette dans l'ét. de M. d'Audiffrey.

Servelong, mont. cⁿˢ St-Geoire et St-Sulpice-des-Rivoires.

Serventeis (bosc.), XIII s. ; Serrontou, éc. cⁿ Moissieu.

Serverino (nem. de), XV s. ; Serroirin : voy. Sarverino.

Serves (Les), h. cⁿ Chaibons ; — h. cⁿ Four ; — quart. cⁿ Jarrie ; — (chⁿ des), cⁿ Parisel ; — (les), h. cⁿ St-Jean-de-Bournay ; — h. cⁿ St-Quentin ; — ét. cⁿ Sermérieu.

Serveta, XIII s. ; Selveta (nem. de), XIII s.; Serveto (forêt de), XV s. ; Serrette, f. cⁿ Bârraux.

Serveta, XIII s. ; Serretau, mont. cⁿ Porcieu-Amblagnieu.

Serviantain, chât. cⁿ Biviers.

Service (Le), h. cⁿ Artas.

Servière, éc. cⁿ Lalley.

Servillieres (Les), h. disp. cⁿ Vourey.

Servonnat, h. cⁿ Revel-et-Tourdan.

Servoz (Les), h. détr. cⁿ Reventin-Vaugris.

Serzana (feud. de), XIII s. ; Serzenas, XIV s.; Seroenas, XIV s. ; Sersana ; Sersanne f, l. disp. cⁿ Lavaldens.

Sesarge, Sez-e : voy. Montleupart.

Sessenon, XVIII s.: voy. Chayssenc.

Sessuel, XV s., Seissseolum, XV s., Sessuel : voy. Saysello.

Sessins, XV s.; Seissin. Seissins : voy. Saisino.

Sessonnage, XIV s. : voy. Cassiniaco.

Sétérié, XIX s. ; les Sétériès, h. cⁿ la Cluze-et-Pâquiers.

Sétive (La), mont. cⁿ le Gua.

Settemum, XLII s. ; Setémo : voy. Septimo.

Settiers (égl. de), XVI s. : voy. Subtuers.

Seuchifata (molend. de), XIV s.: voy. Chobita.

Seucie (aqua), XV s. : voy. Seusi.

Seuezou, XIV s. : voy. Siciaco.

Seudinum, XIV s. : voy. Seuzin.

Seuil-de-la-Pierre (Les), f. cⁿ St-Laurent-du-Pont.

Seul (fons del), XV s. : voy. Sueyl.

Seur (La), XIV s. ; le Suel, éc. cⁿ St-Michel-de-St-Geoirs.

Seureu : voy. Siuriacum.

Seurre (rochas de la), XVI s. ; Seurre Haulte (la), XVII s. : voy. Surra.

Seusi (aqua), XI s. ; Seuzie (aqua), XVI s.; la Suze, ruiss. affl. le Drac, cⁿˢ St-Paul-de-Varces, Varces, Allières-et-Risset et Claix.

Seusi (aqua), XI s. ; Seusy (riperia). XV s.; Seuzy; la Suze, riv. affl. la Gère, cⁿˢ Eyzin-Pinet, Estrablin, St-Sorlin et Jardin.

Seussonage, XIV s. ; voy. Cassiniaco.

Seuzin, XIII s. ; (eccl. de) in mand. de Turre ; Seuezino (parr. de), XIV s. ; St-Jean-de-Soudin, cⁿ cⁿ la Tour-du-Pin.

Sevene, Seveyne, XIV s., Sevane. Sevene, Sevelnes, Seavena (riparia), XVI s. ; 'a Sereuse, ruiss. affl. le Levaux, orig. cⁿ Villette-Serpaize, arr. cⁿ Chuzelle.

Sevol (molaria de), XIII s. ; Sieroz-le-Haut, h. cⁿ Siévoz.

Sevol (eccl. S. Johannis de), XI s. ; Sevol, XIII s. ; (ministralia de), XIV s. ; Siéroz, cⁿ cⁿ Valbonnais.

Sevorio, VIII s. ; Saloire, h. cⁿ St-Savin.

Siéroz (Le), h. cⁿ Maubec.

Sey (Le), mont. cⁿ le Périer ; — h. cⁿ Voiron.

Seya (crux de), XV s. : la Séu, mont. cⁿˢ les Côtes-de-Corps, St-Michel-en-Beaumont. et la Salette-Falavaux.

Seya, XIV s. : le Seir, h. cⁿ Prunebarra.

Seya (mina ferrea in), XIV s. ; le Seir, mont. cⁿ St-Pierre-d'Allevard.

Seyas (vers.), XIV s. ; les Sées, éc. cⁿ St-Martin-de-Clelles.

Seyccoli (parr.), XVI s. ; St-Jean, mas cⁿ Seyssuel.

Seychellena, XIV s. ; Chichilianne, cⁿ cⁿ Clelles.

Seychilone (alpes de), XIV s. ;

Sechident, mont. et lac c° Theys.

Seychillina, XV s. : voy. Sechillina.

Seyeilhine, XV s. : voy. Sechillina.

Seyleres (nem. ad les), XIV s. : voy. Sclariis.

Seynardo (eccl. B° Marie de), XIV s. : voy. Sinart.

Seyres (parr.), XIV s. ; Seyrou ; Seyries ; *Verrae*, c° c°° Crémieu.

Seyretum, XV s. ; Serre, XVIII s. ; *les Serts*, mas c° Huez.

Seys (clottum de), XIV s. ; *la Say*, chât. c° Allemont.

Seys (el), XIV s. ;(le)Saix, XVIII s.; Ser, XIX s. ; *le Sex*, h. c° St-Etienne-de-Crossey.

Seyseolo (donj. seu castr. de), XIV s.; Seysseolum, XV s.; Seysseoul ; Seyceoll (parr.) : voy. Saynello.

Seyseys (los), XV s.; Seysieys (les); Seycellos ; *Seyceaux*, h. c° Pellafol.

Seyxiaco (decanat. de), XIV s.: voy. Saysseu.

Seyuieu : voy. Siceu.

Seyssef, XIV s. : voy. Saysseu.

Seyssel (le), ruiss. c° St-Antoine.

Seysslacum (maladeria), XIVs.; Sayssseu ; *la Madeleine*, éc. c° Cossieu.

Seyssinet, vill. c° Pariset ; par. dioc. Gren., égl. St-Pierre.

Seyssineti (eccl. S. Petri), XV s.: voy. Salsineto.

Seyssini (parr.), XVs.; Seysins ; Seyssine (eccl. S. Martini de), XV s. : voy. Salsino.

Seyssins, c° c°° Sassenage; dioc. Gren., égl. St-Martin.

Seyssuvel, c° c°° Vienne-Nord.

Seyta, XV s. ; *la Scie*, scierie c° Laval.

Seyta (La), XIV s.; *la Scie-de-Coulme*, éc. c° Malleval.

Seyta sita in Gorgia Vallis navigii, XVI s. ; Seytaz ; Seyte de la Gorge, XVI s. ; *la Scie*, f. c° Vaulnaveys-le-Haut.

Seytaz (La), h. c° Faramans.

Seytaz (m° de la), XVII s.; *la Scie*, scierie c° St-Pierre-d'Entremont.

Seytives (Les), XVIII s.; *les Séties*, h. c° Bonnefamille.

Seytives (Les), mas c° Diémoz.

Seytivis Insule de Arlas (in), XV s. ; *les Seytires*, nom donné à des marais en partie desséchés, c° l'Isle-d'Abeau : Seytives-de-Chèvre-Morte, du Bain, de Fragnal, de Gas-du-Cher, des Mollies, Grandes-Seytives, Seytives-Vielles, Seytives-de-la-Charme, du Plâtre, de la Dame-des-Clartés.

Sezarge, XVIII s. ; *Cesarges*, chât. c° Maubec.

Sezarge, XVIII s. ; *Cesaeyes*, chât. c° Maubec.

Sezarges (de), XV s. : voy. Casaricas.

Sezières (Les), h. c° St-Just-de-Claix.

Siaux (Les), XIX s.; Siauds (les): voy. les Sciauds.

Sibelin, h. c° Solaise.

Siberts (Les), h. c° St-Hilaire-du-Rosier.

Sibilatière, h. c° Voreppe.

Sibille (La), XIX s.; *la Sibylle*, h. c° Charancieu.

Sibiti, XVIII s.; Siberti ; *les Sommes-Italius*, bois c° le Périer.

Sibou (mans.), XIII s. : Siubue, sibue, XIV s. : *Siboud*, l. disp. c° St-Vincent-de-Mercuze.

Siboudos (subt.) ; Siboudi (mans.), XV s.: voy. Syboudi villa.

Sibuet (Le), h. c° Châteauvillain.

Sibuet (Le), vill. c° Doloudeu.

Sicard (Le), h. c° St-Chef.

Sicaud (Le), h. c° Montferrat.

Siceu (eccl. de), XIII s. ; Sicieu, XIV s. ; Siciacum, XIV s. ; Siccieux, XVII s. ; *Siccieu*, h. c° Siccieu-St-Julien-et-Carisieu, c°° Crémieu ; par. dioc. Lyon, égl. St-Jean-Bapt.

Sichilina (eccl. S. Martini de), XI s. ; *Sechilienne*, c° c°° Vizille.

Siciaco villa cum eccl. S. Petri, IX s. ; *Siccrieu*, c° c°° Bourgoin.

Sicucio, VIII s. ? : voy. Siciaco.

Sizerinum (nem. ap.), XIII s. ; Sizerinum (de), XIV s. ; Seczirinum, XIV s. ; Scizerinum ; Sezerin, ruiss. XVII s. ; *le Ciserin*, éc. c° Corenc.

Siel : voy. Suet.

Sievol (villar. et terr. ap.), XIII s. ; *Sievoz-le-Haut*, h. c° Siévoz.

Sievol, XIII s.; Sievollum ; Sievoz, XVIII s. ; *Siévoz*, c° c°° Valbonnais ; cf. Sevol.

Siévoz, c° c°° Valbonnais; dioc. Gren., égl. St-Jean.

Siévoz-le-Bas, vill. c° Siévoz.

Signes, h. c° St-Hilaire-du-Rosier.

* Seguretum ; *Buis-Segut*, bois c° Lans.

Silanionem (prope) in pede montis Silanionis, XV s.; Silagniose (vilag. de), XV s.; Sillagniouem (ap.), XV s.; *Salagnas*, vill. c° St-Chef.

Silans (parr. de), XIII s.; Silanis (mandam., eccl. de), XIII s.; Sillans, XIV s.; Sillens ; Salanum ; *Sillans*, c° c°° St-Etienne-de-St-Geoirs.

Silgetas, terra, XII s.: voy. Silveta, nem.

Silhans (capell° de), XIV s. ; *Salagnans*, vill. c° St-Chef.

Siliaco (molend. de), XIII s. ; *l'Ullièr*, h. c° Montalieu-Vercieu.

Siliaco (in agro Siliacense, in ipsa villa), IX s.: voy. Siceu.

Sillans, c° c°° St-Etienne-de-St-Geoirs, dioc. Vien., égl. St-Maximin.

Sillans, h. c° Serres-et-Nerpol.

Silva Benedicta, XII s. ; Silva, XII s.; Silve Benedicte (dom.), XIII s. ; Silvia Benedicta ; Silva (dom., conv. de), XIII s.; *la Sylve-Bénite*, f. c° le Pin, anc. mais. Chartreux, fondée 1130.

Silvens, XVIII s.; *les Silvains*, h. c° la Cluze-et-Piquiers.

Silvete (nem., gr. de), XII s., XIII s. ; Silvette (boys de), XIVs.; *Serrett*, l. c° Barraux.

Silvyen, XV s.: voy. Salient.

Simando (eccl. S. Marie de), XII s.: voy. Sinart.

Simandre, h. c° Paladru ; — h. c° Pommiers.

Simandres, c° c°° St-Symphorien-d'Ozon, dioc. Vien., égl. Ste-Vierge.

Simane, h. c° Prunières.

Simardière, éc. c° Proveyzieux.

Simfreyeri (la), XV s.; S-ry (la comba de Monbellein seu en la) ; *la Simfrière*, l. disp. c°

Ste-Blandine et la-Tour-du-Pin.

Simianne, chât. c° Jarrie.

Simillini (eccl.), XV s. : voy. Chimillino.

Simon (mont. de), XVIII s. ; Simond : voy. Symeondi.

Sinard, c° c°° le Monestier-de-Clermont : par. dioc. Die, égl. Ste-Vierge.

Sinart (eccl. Ste Marie de), XII s. ; Sinardo (prior de), XIII s. ; *Sinard*, c° c°° le Monestier-de-Clermont.

Sinbuya, XV s. : voy. Sambun.

Sinclo (in), XII s. : voy. Oysenclo.

Sineipy (signal), XIX s. ; *le Sénépy*, mont. c°° Marcieu, Mayres, la Motte-St-Martin, et Susville.

Single (Le), l. disp. c° Verna.

Singloneria, XIV s. ; *la Sauyle*, bois, c° Livet-et-Gavet.

Siraud (Le), h. c° Massieu.

Siraudière, h. c° St-Joseph-de-Rivière.

Sireisins, XIV s. : voy. Cisarianus.

Sirisin (parr.), XV s. : voy. Cisarianus.

Sirisinum ; Sirizinum, XV s. : voy. Cirisiacus.

Sisiacum, XV s. : voy. Siceu.

Sisilino (eccl. de), XIII s. ; Sicillino (eccl. de) : voy. Cirisiacus.

Sisione, X s. ; *le Suzon*, ruiss. aff. la Varèze, c°° les Côtes-d'Arey, Cheyssieu et Auberives.

Sisiriano (villa), X s. : voy. Cisarianus.

Sison (el), XV s. ; *le Nizon*, h. c°° Pommiers et St-Barthélemy-de-Beaurepaire.

Sisse (La), h. c° St-Vincent-de-Mercuze.

Sissiaco (villa), in agro Sammajoriti, X s. : voy. Siciaco.

Sissieux, XVII s. : voy. Siceu.

Sistierila (in), Sistreria, XIV s. ; Sisteria ; *la Sistière*, éc. c° Allemont.

Sisteralière, XVIII s. ; *les Citernières*, h. c° Presles.

Sitroy (mons del), XIV s. ; Satroy, XVII s. : voy. Citrey.

Sitsern (loc. de): voy. Subtsern.

Siuriacum, X s. ; S-aco (in castello) cap. Ste Marie, XI s. ; Simieu ; Siureyo (de), XII s. ; *Surieu*, h. c° St-Romain-de-Surieu.

Sivas, Syvaz, XVI s. ; *Vieux*, h. c° Eyzin-Pinet.

Sivenies (vallis), IX s. : voy. Sevens.

Sivette (La), 1865 ; *la Cirette*.

Sizon (rippar. del), XV s. ; *le Nizon*, riv. aff. l'Auzon, orig. c° Arzay, arr. c°° Bossieu, Pommiers, Faramans, St-Barthélemy-de-Beaurepaire.

Sizon (Le), XVI s. : voy. Sisione.

Soane, XVI s. : voy. Saone, Saune.

Soban (camp.), XII s. ; Soubon (le) ; *les Soubous*, h. c° Revel.

Socard, éc. c° Pont-Évèque.

Socheria, XIV s. ; *la Souche*, éc. c° St-Christophe-en-Oisans.

Sochils sive Ramberti, XVI s. ; *les Ramberts*, ruiss. c° Séchilienne, aff. la Romanche.

Sochonos (ap.), Sochonibus Veteris (in), XIV s. ; *les Souchous*, vill. c° la Salle.

Sociou, XIV s. ; Soceu, XV s. ; Sociacum, XV s. : voy. Siciaco.

Socyl (de), XIV s. ; *le Souillet*, h. c° St-Gervais.

Soffrerils (villa de), XIV s. ; Seyres ; *le Jouffrey*, h. c° Seyssins.

Sudreyeres (clozum de), XV s. ; *les Souffrières*, mas c° St-Simeon-de-Bressieux.

Suffreyeriam (costa de subtus), XIV s. ; *les Souffrières*, mas c° St-Gervais.

Soisou, XVII s. ; Soisson, Soyzon ; *Soizou*, h. c° St-Simeon-de-Bressieux.

Soivieu, éc. c° Blandin.

Soizu, f. c° Viriville.

Solaine, c° c°° St-Symphorien-d'Ozon ; dioc. Lyon, égl. St-Silvestre.

Solariis (de), XI s. ; Solerus (ap.), Solleres, XIII s. ; S-rios, Solerii villa, XIV s. ; Solerias (ap.), XV s. ; Sollières, XVIII s. ; *Souillère*, h. c° Goncelin.

Solaria, XIV s. ; Solaise, XV s. ; Solaysia, Soloise (riv.), XVIII s. : voy. Celosie, Soloysia.

Solcotta (La), h. c°° Champagnier.

Solemniacus (villa), IX s. ; Solemniaco (eccl. de), XII s. ; Soleymeu, XIV s. ; Solemieu, XV s. ; S-ux, XVII s. ; *Soleymieu*, c° c°° Crémieu.

Soler ad Maires (mans. del), XIII s. ; Solerii (Mans.), XIV s. ; *le Sollier*, l. disp. c° Maires.

Soleres (de), XIII s. ; *Soulière*, h. c° Roussillon.

Solerio (de), XIV s. ; *le Soulier*, mas c° Clelles.

Solerio (de), XIV s. ; Soller (stagn.), Solieres (molend. in cauda stagni), XVI s. ; Souillères (unis des) ; *Souillère*, h. c° Four.

Solerio (de), XIV s. ; *Sollière*, mas c° Mépieu.

Solerio (mans. de), XIII s. ; *le Sollier ?*, l. disp. c° Quaix.

Solerium in parr. S. Fergeoli, XIII s. ; Soletum ; *le Sollier ?*, l. disp. c° la Tronche.

Solet, éc. c° Séchilienne.

Solet, XII s. ; Soleres (lo), XIII s. ; Solhet, XVI s. ; Solliet ; Souillet (le), XVII s. ; *le Solliet*, mas c° Voreppe.

Soleymieu, c° c°° Crémieu : par. dioc. Lyon, égl. St-Martin.

Soleynato (comba de), XV s. ; *le Souillet*, mont. c°° Ste-Agnès et St-Mury-Monteymond.

Soleyniel, l. disp. c° Rochetoirin.

Sollis (riv. de) ; Solers (nays de), XIV s. ; Sollier ; Soulier (ruiss. de), *Souilles*, h. c° la Côte-St-André.

Solitaire (Le Grand), XVII s. : *le Solitaire*, mont. et bois, c° Entre-Deux-Guiers.

Solleillères (Les), XVIII s. ; *les Solleillères*, h. c° Marcolin.

Sollelour, XIV s. ; Sollelous (le) ; *le Soleillet*, bois c° Livet-et-Gavet.

Sollempniaco villa, XI s. : voy. Solemniacus.

Sollet, XIII s. ; Solla, XIV s. ; *le Souillet*, bois c° la Morte.

Sollet-Miron (Ruiss. de), c° St-Antoine.

Solletis (de), XIV s. ; Solletis

(de); *Souillet (Grand, Petit-),* hh. cⁿ Voiron.

Solleys, XIV s.; *Souillon,* chal. cⁿ Vaujany.

Sollo (nem. de), XIV s.; Solleto (in), XIV s.; Solheto, XV s.; *le Souillet,* bois cⁿ St-Laurent-en-Beaumont.

Solnier (Le), XVIII s.; *Sulin,* h. cⁿ Bellegarde-et-Poussieu.

Sololmeu (de), XII s.; Soloynieu, XIII s.; Solouief propⁿ Crinacum, XIII s.; Soloymeu, XIII s.; *Soleymieu,* cⁿ cⁿⁿ Crémieu.

Sololaia (parr.), XIV s.; Soleul; Soleyal, XV s.; Solleyale; Soleyalassi (parr.), XV s.; *Solaise,* cⁿ cⁿⁿ St-Symphorien-d'Ozon.

Soloysla (aqua de), XIV s.; Soleyale (moleud.), XIV s.; *la Souloise,* riv. orig. départ. Hautes-Alpes, sép. cⁿⁿ le Monestier-d'Ambel et Ambel, de cⁿ Pellafol, se jette dans le Drac.

Som (Le Petit-), mont. cⁿⁿ St-Pierre-de-Chartreuse, St-Hilaire et St-Pancrasse : voy. la Dent-de-Crolles.

Somcorp, XIII s.; *St-Corps,* h. cⁿ la Côte-St-André.

Someris villa (la), XI, XII s.; Sommariis; Soumerius; Somar; *Sommar,* mas cⁿ Froges : voy. Saumeirs.

Somers, XIV s.; Soumières (tour de); Somiers, XVII s.; *le Sommier,* h. cⁿ Revel.

Somma (Neyri), XIV s.; *la Grande et la Petite Somme,* ét. cⁿ Nantoin.

Sommière (La), f. cⁿ Vaulx-Milieu.

Somnis (a), XI s.; *le Sonis,* mas cⁿ Chonas.

Somons, XII s.; Somonz; Somoncium, XV s.; *Semons,* cⁿ cⁿⁿ la Côte-St-André.

Son (Le Hault du), XVI s.; Som, Son (le Grand), XVII s.; Sond; *le Grand Som,* mont. cⁿ St-Pierre-de-Chartreuse.

Son (Le Petit-); Sam (mons de); Som (Petit); *la Dent-de-Crolles ou Petit-Som,* mont. cⁿ St-Hilaire, St-Pancrasse et St-Pierre-de-Chartreuse.

Sona (La), XII s.; Sonna; Sonna (prior de), XIV s.; Sonna in Royans, XV s.; Sonan, XVI s.; *la Sône,* cⁿ cⁿⁿ St-Marcellin.

Senalhey (gr. de), XIV s.; Sonalsey (mas de), XVIII s.; Sonnallier ou le Contant, XVIII s.: voy. Senolleis.

Sone (La), cⁿ cⁿⁿ St-Marcellin; dioc. Vienne, égl. St-Pierre.

Sonlou, XVII s.: voy. Saugniacum.

Sonna (ripp.), XIV s.; Sone (la), XVIII s.; *la Grande-Saune,* ruiss. affl. le Furon, cⁿⁿ Fontaine et Sassenage.

Sonnalières (terroir des), XVII s.; *Sareleys,* h. cⁿ Sonnay.

Sonnamlet (Le), bois cⁿ St-Martin-d'Uriage.

Sonnant (aqua de), XIII s.; S-nlo (de), XIV s.; Sonant, XV s.; Souans; *le Sonnant,* h. et ruiss., affl. l'Isère, cⁿ St-Martin-d'Uriage.

Sonnay, cⁿ cⁿⁿ Roussillon; par. dioc. Vien., égl. St-Blaise.

Sonne (ripper.), XVI s.; *la Sonne,* riv. affl. le Rhône, cⁿⁿ Montséveroux, Bellegarde-et-Poussieu, la Chapelle, St-Romain, Ville-Sous-Anjou, Salaise et Sablons.

Sonne (La), ter. cⁿ Reventin-Vaugris; — ruiss. cⁿ Royon.

Sonne (parr.), XV s.: voy. Suna.

Sonnière (La), h. cⁿ Paladru.

Sonniers (Les), XVIII s.; *le Sounier,* vill. cⁿ Viriville.

Sorat, ér. cⁿ Morette.

Sorber (el) de Vayllino, XIV s.; *le Sorbier,* mas cⁿⁿ St-Victor-de-Cessieu et Servzin.

Sorberil (territ.), XIV s.; Sorbert (le), XV s.; *le Sorbier,* l. disp. cⁿ Savas-et-Mépin.

Sorberils (mans. de), XV s.; *les Sorbiers,* mas cⁿ Gillonnay.

Sorbier, h. cⁿ St-Paul-de-Varces.

Sorbier (le Grand et le Petit-), mont. cⁿⁿ Livet-et-Gavet et Revel.

Sorbière (Chⁿ de la), cⁿ Laval.

Sorbières (Les), h. cⁿ Montfalcon.

Sorderi (chavan. de la), XIII s.; *la Sordière,* l. disp. près St-Laurent-du-Pont.

Sordoll (font. de la), XVII s.; *les Sourdilles,* bois cⁿ Sormérieu.

Sorduru (La), h. cⁿ Bellegarde-et-Poussieu.

Soreiller (Le), mont. cⁿ St-Christophe-en-Oisans.

Sorel, gr. disp. cⁿ Polienas.

Sorlin, XVIII s.; Sorlaiu, XIX s.; *Sorlin,* vill. cⁿ la Chapelle-de-la-Tour.

Sormieu, forêt cⁿ Mépieu.

Sornduo (mons de), XIV s.; Sournin, XVIII s.; Sorulu (le Platro de), XVIII s.; *Sornin,* h. et mont. cⁿ Engins.

Sorrel. f. cⁿ Goncelin.

Sorrel, éc. cⁿ St-Just-de-Claix.

Sort (Le), h. cⁿ Courtenay.

Sostigzou (mans.), XIII s.; Sostisone (in), XIII s.: voy. Soustizon.

Sosynus, XV s.: voy. Seuzin.

Soteyryn (loc.), XIV s.; *Sanrérou,* h. cⁿ Brié-et-Angonnes.

Sou : voy. Sourd.

Soubeyranne, h. cⁿ Lavars.

Soubz la Costaz, XVII s.; *Sous-la-Côte,* mas cⁿ Entre-Deux-Guiers.

Soubz Coste, XVI s.; Sous Costes, XVIII s.; Sous-Côtes; *Sous-Côte,* vill. cⁿ Septème.

Sourzeu, XIV s.; Souciaci (parr.): voy. Siciaco.

Souduo (parr. de), XIV s.; Soudone (de); Soudonil (parr. de), XV s.: voy. Seuzin.

Soudrey, éc. cⁿ Morétel.

Souffle (col de), XVIII s.; *les Souffles,* mont. cⁿⁿ Valjouffrey et Villard-Loubière (Hautes-Alpes).

Souffy (La), XVIII s.; *le Saif,* h. cⁿ Allemont.

Sougeu (de), XIII s.; Sougeya (ruppis de la), XIV s.; S-ya (le); *le Sougey,* éc. cⁿ Branguss.

Sougey (dom. f. de), XV s.; *le Sougey,* l. disp. cⁿ St-Chef.

Sougey : voy. Sauzay.

Sougeyaz, XV s.; *le Sougey,* vill. cⁿ la Bâtie-Divisin.

Souillet (Le), bois cⁿ Allemont et Vaujany; — bois cⁿ la Morte.

Souillet (Le) : voy. Soleynato, Soeyl, Solletia, Solle.

Souillets (Les), h. cⁿ St-Laurent-du-Pont.

Soulaise, XV s. ; Soulloyse, XVI s. : voy. Sololsia.

Soulier, éc. c^e Chatte.

Soulier, XVIII s. ; Soullières (les), XIX s.: voy. Solariis(de).

Soullet (le Grand, le Petit) : voy. Solletia.

Soulins (Les), h. c^e Chasse.

Soullion (La), éc. c^e Vaujany, XVIII s.

Sourbiers (Les), XVII s. ; le Sorbier, l. disp. c^e Savas-et-Mépin.

Source-du-Guiers-Mort, XVIII s. ; les Sources-du-Guiers, roch. et grotte où le Guiers-Mort prend sa source, c^e St-Pierre-de-Chartreuse.

Sourd (Le), ruiss. c^e Chapareillan ; — h. c^e Fitilieu ; — h. c^e Pont-Evêque.

Sourdes (fontaine des), c^e St-Ismier.

Sourdière (La), éc. c^e Meylieu.

Sous-Beaufort, XIX s. : voy. Bas-Beaufort.

Sous-Beptennaz, h. c^e Crémieu.

Sous-le-Bois, vill. c^e Miribel-les-Echelles ; — h. c^e Thodure.

Sous-Brandin, h. c^e St-Maurice.

Sous-le-Château, h. c^e Miribel-les-Echelles ; — h. c^e St-Pierre-d'Entremont.

Sous-Côte (Ch^le du), c^e Vienne.

Sous-Cumane, h. c^e St-Sauveur.

Sous les Curts, h. c^e Thodure.

Sous-l'Eglise, quart. c^e Morestel ; — vill. c^e Villette-d'Anthon.

Sous-Georges, h. c^e Bresson.

Sous-Gournay, éc. c^e Feyzin.

Sous-Lotaret, h. c^e Polienas.

Sous-Loyal, éc. c^e St-Pierre-de-Chartreuse.

Sous-Molène, h. c^e Charantonnay.

Sous-Mont-Rond, h. c^e la Bâtie-Divisin.

Sous la Roches ; Sous-la-Roche, éc. c^e le Mont-de-Lans.

Sous-la-Roche, h. c^e le Périer ; — c^e Rencurel ; — h. c^e St-Quentin.

Sous Vigne (Notre-Dame); Sous-Vignes, h. c^e Chaponnay.

Sous-la-Ville, h. c^e Allières-et-Risset ; — quart. c^e Morestel ; — quart. c^e Voreppe.

Sous-Ville, m^on c^e le Percy.

Souset (le Tur ou), XVIII s. : voy. Sallicetus.

Sousiacum, XV s.: voy. Sielaco.

Sousloyse (ruiss. de), XVIII s. : voy. Celosie, Soloysia.

Soussenage, XV s. : voy. Casiniaco.

Soustizon (mans.), XIII s. ; Soutizonum villa, XIV s. ; les Sutizons ?, l. disp. c^e Voulnaveys-le-Haut.

Sousville, c^e c^ne la Mure.

Soutillieu (de), XV s.; Subtilien, h. c^e Parmilieu.

Souveirous (Les), XVIII s. ; Souceiron, h. c^e Brié-et-Angonnes.

Souvenne (rippar.), XV s. : voy. Sevena.

Souville ; Souseille, éc. c^e St-Sébastien.

Souzino (parr. de), XIV s. : voy. Seuzin.

Sovoyrana (crux), XV s. ; Seuranes, l. disp. c^e Auris.

Soyet (La): voy. Souillet.

Soylleto (mans. de), XV s.: voy. Sollo.

Soymo (uina ferrea el) ; le Grand-Cret, mont. c^es Pinsot et St-Pierre-d'Allevard.

Soza, vill. c^e St-Siméon-de-Bressieux.

Sozey (bois du), XVIII s. ; le Sauzet, bois c^es St-Hilaire et St-Bernard.

Soztuers (S. Steph. de), XIII s. ; Sotuers, XIV s. : voy. Subtuers.

Spargins, XIII s. : voy. Pargins.

Sparris (foresta et nem. de), XIV s. ; Sperris ; les Eparres, forêt c^e Chapareillan.

Spéra (Les) : voy. Expellieres.

Sperenchia, Speranchia, XII s. ; Espéranche, h. c^e St-Georges-d'Espéranche.

Sperronis (castrum), XIV s. ; Spara ; Esparron, éc. et forêt c^e Le Percy.

Spina (de), de Brengo, XIII s. ; l'Epinay, mas c^e Brangues ; — l'Epine, mas c^e Moras ; — l'Epinet, h. c^e Miribel-les-Echelles.

Spina (de), XIII s. ; l'Epinoux, mas c^e La Buisse.

Spinassium (ad), XIV s. ; l'Epinasse, h. c^e Montbonnot-St-Martin.

Spinea (de), XIV s. ; Spina, XIV s. ; les Epinoux, h. c^es la Sône et Chatte ; — l'Epinay, mas c^e Barraux.

Spineta (ap.) ; l'Epinette, éc. c^e Allevard.

Spinetum, XIII s. ; la Pigne, éc. c^e Mens.

Spinetum (mans. de) : voy. Espinetum.

Spineya (mans. de); l'Espinasse, bois c^e Entraigues.

Spomelone (in agro Estrabyraceuse in), X s. ; Sauguieu, vill. c^e Colombier-Saugnieu.

Srasina (eccl. de), XV s. ; Syluini (parr.), XV s. : voy. Cisariama.

Stabillaceuse (ager), IX s. ; Stabilano (terra S. Petri de), X s. ; S-inus (eccl. S. P.), XI s.; Strambinum (terra), XII s., Estrublin, c^e c^ne Vienne-Sud.

Stabulle, XIV s. ; S-larum (Rivus) ; S-lis ; les Eteppes, vill. c^e St-Jean-d'Avelane.

Stagna, XV s. ; Uriage, ville d'eau c^e St-Martin-d'Uriage.

Stagna Si Stephani de Crosalet, XIV s. ; S-num Dalphinale vocat. Stagnum Turris ; S-m Voyronis vocat. St Steph. de Croseya, XV s. ; l'Etang-Dauphin, h. c^e St-Etienne-de-Crossey.

Stagna Esclose, XIV s. ; les Etangs, mas c^e Eclose.

Stagni (rivus), XV s.; l'Etang, ruiss. c^e Varacieux.

Stagnum Bonarum Vellium, vocatum du Sappeys seu de Terra Roybi, XV s. ; l'Etang-de-Bonnevaux, ét. c^e St-Jean-de-Bournay.

Stagnum Bovecie, XV s. ; l'Etang-de-Montelu, ét. c^es Montalieu-Vercieu et Bouvesse-et-Quirieu.

Stagnum de Charayta, XIV s. ; l'Etang, ét. c^e Charette.

Stagnum d. delphini in mandam. Avenariarum : voy. Estang.

Stagnum de Falaverio ; l'Etang-de-Falavier, ét. c^e St-Quentin-Falavier et Villefontaine.

Stagnum fratr. Petri et Johan. Gabeti de Chatenassio, XV s.; Etang Gabert, XVI s. ; l'Etang-Gabet, ét. c^e Arzay.

Stagnum de Laneino, XIV s. ;

l'*Etang-de-Lancin*, ét. c° Courtenay.

Stagnum (Magnum), S-ni (ripa); l'*Etanguet*, bois et ét. c° Chantesse.

Stagnum domini Passini, XV s. ; l'*Etang de Peisse*, ét. c°° Morestel et Passins.

Stagnum de Quincieu, XV s. ; l'*Etang-de-Quincieu*, ét. c°° Creys-et-Pusignieu et St-Victor-de-Morestel.

Stagnum Vezeroncle, XIV s. ; de Vezeruncla, XIV s. ; l'*Etang-de-Vézeronce*, ét. c° Vézeronce.

Stampis (terra de) ; Stapes (domus f.) ; Stapis ; *Etapes*, chât. c° Le Versoud.

Stanum de Cortonay, XIV s. ; Stagnum (magn. et parv.) de Cortonay ; d. Dalphini de Cortenay ; *Etang (Grand, Petit)*, ét° c° Courtenay.

Stapis (d² de), XV s. ; *Etapes-à-St-Pierre-d'Allevard*, anc. com. comprenant terres et habitants disséminés dans paroisses Allevard, la Chapelle-du-Bard, la Ferrière, Pinsot, St-Pierre-d'Allevard.

Stephanis (villa de), XIV s. ; *les Etiennes ?*, l. disp. c° Simard.

Strabiace ager, X s. : S-ceuse : voy. Bianna, Estrabyacensis.

Strablin, XII s. : voy. Estranliblino.

Straberil (mans.), XII s. ; *la Sarralière*, bois c° Venon.

Strata (eccl. b. Albani mart. de), XI/II s. ; S. publica vers. Bulbrum, XIII s. ; *Route nationale n° 6, de Lyon à Chambéry, par Bourgoin, la Tour-du-Pin et le Pont-de-Beauvoisin.*

Strata vetus in med. prator. Bonsevallensium ap. Limant : voy. Strata (eccl. b. Albani de).

Strata Lugduni, XII s. ; *Route départementale n° 12, de Morestel à Lyon.*

Strata publica... vers. Romam : voy. Iter publicam (Magnum), XV s.

Strata Royanensa, XIII s. : voy. Via Roianesa.

Strictum de Lumia, XII s. ; *le*

Col-de-la-Croix-Haute, col c°° Lalley (Isère), et Lus-la-Croix-Haute (Drôme).

Stuel (ager), XI s. : voy. Subtuers.

Stulvionem (subt.), XIII s. : voy. Tulvouis.

Sualllères (Les), XVII s. ; *Sucreleys*, h. c° Sonnay.

Subellin ; *les Sebelliux*, h. c° Seyssuel.

Sublet : voy. les Siberts.

Subletière (La), h. c° St-Hilaire-du-Rosier.

Subrupe (de), XI° s. ; Subroehi (de), XII s. : *Sous-la-Roche*, mas c° St-Christophe-Entre-Deux-Guiers.

Subteriori Monte (eccl. S. Marie de), XI s. ; *Monstéroux*, h. c° Monstéroux-Millieu.

Subtuers (eccl. S. Stephani de), XV s. ; Subtuet ; *Subtuer*, h. c° Septème.

Subtus Balx, XIV s. : voy. Surbays.

Subtus Broam (villa), XIV s. ; *Sous-la-Brone*, h. c° le Freney-d'Oisans.

Subtus Costam, XV s. ; *Sous-Côte*, vill. c° Septème.

Subtus Villam Mure, XIV, XV s. ; *Souscille*, c° c°° la Mure.

Subutino (serrum de), XV s. ; *les Sommes-Butins*, bois c° le Périer.

Subvineas (in), X s. ; Subvignies, XV s. ; S-nes, XVI s. ; *Sous-Vignes*, h. c° Chaponnay.

Suc (Le) ; *le Suc-de-Gary*, mont. c° Valjouffrey.

Succieu, c° c°° Bourgoin : par. dioc. Vien., égl. St-Pierre.

Sucrerie (Le Pont-de-la-), pont sur la Bourbe, c° St-Clair-de-la-Tour.

Sucæu, XIV s. : voy. Siciaco.

Sueil (raffarnum dou), XV s. ; *le Suet*, mas c° St-Agnin.

Suel (alpe del), XIII s. ; Sueil (alpe del), XIV s. ; Seyl ; Suel (mont.), XIV s. ; l'*Haut-du-Seuil*, mont. c°° Le Touvet et la Terrasse.

Suel : voy. Sour.

Suer (Le) : voy. Chuellles.

Suet (dor), XIV s. ; *le Suel*, mas c° Hières.

Suet (ap.), XIII s. ; Suea, XIV s. : Suert (nem. de), XV s. ;

le Suet, vill. c° St-Didier-de-la-Tour.

Sueyt (fons del), XIII s. ; Sueil (fons de), XIV s. ; *le Seuil*, font. c° Vaulnaveys-le-Haut.

Suffanoya (La) : voy. Soffreyeria.

Suffet, éc. c° Beaurepaire ; — f. c° St-Barthélemy-de-Beaurepaire.

Suffetz (Les), XVI s. ; *le Siffet*, vill. c° les Côtes-d'Arey.

Suflet, h. c° Chanteloure.

Suiffey, XVII s. ; Suiffes ; Suitin, XIX s. ; *les Suiffets*, h. c° Entre-Deux-Guiers.

Suiffière (La), mont. c° St-Pierre-de-Chartreuse.

Sulfs (Les), forêt c° Lans.

Suireu, XII s. ; Suirieu ; Suireyo ; Suyriaco (castr. de), XIV s. : voy. Siuriacum.

Suisei (silva), X s. ; *Souisse*, bois c° Vourey.

Suisse (Le), cabaret disp. c° Cras.

Suisse (Ch⁰⁰ de la), c° Revel.

Sullie, Sully : voy. Lheuly.

Sulpice, év. c° St-André-en-Royans.

Sum (mons de), XV s. : voy. Son.

Suncorb, XII s. : voy. Sancorp.

Sumunt, XII s. ; *Semous*, c° c°° la Côte-St-André.

Suna (parr. de), XIII s. ; *Saunet*, h. c° la Chapelle-de-Surieu.

Sunard (de), XII s. : voy. Sinart.

Sunnayo (de), XII s. ; S-y (de) ; *Sonnuy*, c° c°° Roussillon.

Super Villam (mons), XIV s. ; Supra Villam Nantisone, XV s. ; Mure, XV s. ; *Susrille*, c° c°° la Mure.

Superior Mons, XII s. ; *le Mont*, h. c° la Combe-de-Lancey.

Sur-Auberives, éc. c° Cheyssieu.

Sur-Bizonnes, h. c° Bizonnes.

Sur-le-Bois, éc. c° St-Albin-de-Vaulserre.

Sur-Chanos, h. c° Morestel.

Sur-Chargeat, éc. c° St-Pierre-de-Chartreuse.

Sur-le-Château, h. c° St-Pierre-d'Entremont.

Sur-le-Col, h. c° le Freney.

Sur-la-Croix, l. disp. c° Fontaine.

Sur-la-Roche, éc. c° St-Barthélemy-de-Séchilienne.

Sur-la-Ville, h. c° St-Georges-d'Espéranche.

Surans, XVIII s. ; Surands (les), Suran (le) ; *le Surnud*, vill. c° Valencogne.

Surard, éc. c° la Morte.

Surbays (villa de), XIV s. ; Surbaix, XIV s. ; Surbes, Surebes (turris de), XVI s. ; *Xurbaix*, vill. c° St-Baudille.

Surdery (territ. de), XV s. ; *la Sourlière*, h. c° St-Sorlin.

Sure (La) ; *la Surre*, éc. c° Auris.

Sure ; *la Surre*, éc. disp. c° Huez.

Sureleuchia, Surrelleuchia (mass. de), XV s. ; *les Surres*, h. c° le Périer.

Surianus (loc.), X s. ; Suriacum, XIII s. ; Surief, XIV s. : voy. Siuriacum.

Surieu, h. c° St-Romain-de-Surieu.

Surra (rupis la), XIII s. ; Sure (la Grande), XVII s. ; *la Surre*, mont. c° St-Julien-de-Ratz.

Surre (Fontaine de la), c° Autrans ; — (la), mont. c° Engins ; — mont. c° Mizoën ; — gr. c° St-Paul-les-Monestier.

Surville, XVIII s. : voy. Super Villam.

Surziano villa, IX s. : voy. Aciaco, Assiacum, Aziaco.

Sus Costaz, XVI s. ; *Sur-la-Côte*, h. c° Chasse.

Suspoli (castr.), IX s. ; *Mont-Saloman*, mont. c° Vienne.

Sussiaco (eccl. de), XIII s. ; Sussieux, XIV s.: voy. Siciaco.

Susville, c° c°° la Mure.

Sutalissa (prior de), XIV s. : voy. Sechillina.

Satillieu (de), XIV s. ; Suptilieu, XIX s. ; *Subtilieu*, h. c° Parmilieu.

Sayel (el), XIV s. ; *le Suel*, éc. c° les Adrets.

Sayriaco (capella de), XIV s. ; *St-Romain-de-Surieu*, c° c°° Roussillon.

Suzeaux (Les), XVIII s. ; *les Chazeaux*, h. c° le Freney.

Suzel, h. c° Vignieu.

Suzon (Le) : voy. Sizon.

Suzy : voy. Sousi.

Syboudi villa, XIV s. ; *les Sibouds* t, 1. disp. c° Vaulnaveys-le-Haut.

Sybuen (nem.), XV s. : *Syretlly*, bois c° Soleymieu.

Sybura : voy. Sibou.

Syceu, XIV s. : voy. Sieou.

Sychilina, XIII s. : voy. Sechillina.

Syevol, XIII s. ; (eccl. b° Johan. de) : voy. Sevol, Sievol.

Syevol (domos de), XIII s. : voy. Sievol (villar. et turr. de).

Sylaus, XIII s. ; Syllanis (domin. de), XV s. ; *Nillaus*, c° c°° St-Etienne-de-St-Geoirs.

Sylva Benedicta, XII s. : voy. Silva Benedicta.

Sylve (La), f. et forêt, c° Oyeu. La forêt comprenait les cantons : l'Allée de la Réformation, Charay, les Franchises, Montchaix, Montcheymart, Montplat, sur c° Oyeu, Forillat, le Moine-Mort, sur Burcin; l'allée du Regardoire, Bletonnay, la Luisitanière ou les Dentelles sur c° le Pin.

Sylve-Bénite (La), f. c° le Pin ; anc. mais. des Chartreux, fondée en 1116.

Symandres (parr. de), XV s. ; *Simandres*, c° c°° St-Symphorien-d'Ozon.

Symcondi (villa), XIV s. ; *Simon*, mont. c°° la Mure et Susville.

Symeyriacum, XIV s. : voy. Sermeriacum.

Synaipo (de), XIII s. : voy. Podium Orsellum, Sinaloy.

Synart (villa de), XIII s. ; Synardo (prior de), XIV s. : voy. Sinart.

Syriaius, XIV s.: voy. Ciriaiacum.

Syrizin (maison forte de), XVII s. ; *Morges*, éc. c° Sérézin.

Syson, XIII s. : voy. Sisione.

Systreys (alpes de), Sistrey (mont. el), XIV s. ; Sitrey (mons del) ; *la Grande-Sitre*, mont. et bar. c° La Combe-de-Lancey.

Sytuera (S. Steph. de), XVI s. : voy. Subtuera.

Syuron, XIII s. ; Syreu, XIII s.; Syurey : voy. Siuriacum.

Syveire ; Syvera (mais. des), XVI s. ; *Sivert*, h. c° St-Maurice-de-l'Exil.

Syzon (el), XIV s. : voy. Sizon.

T

Taban, 1. disp. c° Rives.

Tabarat, XVIII s. ; *le Tabaret*, ruiss. affl. le Cumane, c° Varacieux.

Tabarez, XIII s. ; T-eti (dom.) : *Tabarip*, éc. c° St-Lattier.

Taberne, XIV s. ; *Tavernières*, h. c° St-Etienne-de-Crossey.

Taberniacum villa, X s. ; *Ternay*, c° c°° St-Symphorien-d'Ozon.

Table-Ronde (La), île du Rhône, c° Solaise.

Table-Ronde (La), XVII s. : voy. Mensa Rotunda.

Tables (Les) ; *les Eteppes*, vill. c° St-Jean-d'Avelanne.

Tables-de-Chaillot (Les), bois c° Beaulin.

Tabor (Le), mont. c° Allevard ; — mont. c°° Lavaldens et Pierre-Châtel.

Tabouret (Le), font. et mas c° le Grand-Lemps.

Tabouret, mⁱᵉˢ c° Pont-lès-Amblagnieu.

Tabourette (La), h. c° Estrablin.

Tabuchet (Le), ruiss. c° la Garde.

Taches (Les), h. c° St-Pierre-de-Chandieu ; — éc. c° Theys.

Taconne (La), quart. c° Vif.

Taconnotier (Les), éc. c° les Avenières.

Taconnière (Ruiss. de), c° Seyssins.

Taconnière (La), XVIII s. : voy. Trinconnières.

Taculay, f. c° Montreaux.

Tadernaco (villa), X s. : voy. Ternaieu.

Taderniacum (monast. q. voc.), X s. ; Ternay (priorat. de), XIV s. ; *le Prieuré*, quart. c° Ternay, anc. prieuré Cluny, fondé X s. : voy. Taberniacum, Ternaico.

Taffay (Le), h. c° Beaufort.

Tafferières, XVIII s. ; *Tufferières*, vill. c° les Avenières.

Taford (Le), h. c° St-Georges-d'Espéranche.

Tagnard, éc. c° Nantes-en-Ratier.

Taberniacensis (loc.): voy. Ternaieu.

Taillanderie (La), us. sur la Bièvre, c⁰ les Abrets ; — us. sur le ruiss. Bion, c⁰ Bourgoin ; — us. c⁰ Charavines ; — us. c⁰ Coublevie ; — éc. c⁰ Vinay.

Taillat (La), h. c⁰ la Forteresse ; — gr. c⁰ Rochetoirin ; — h. c⁰ Torchefelon.

Taillatas (ap.), XIV s. ; Tailles (les), XVIII s. : voy. Tayles.

Taillats (les), forêt c⁰ Valjouffrey.

Taille (La), h. c⁰ St-Victor-de-Cessieu.

Taillée (La), mont. c⁰ St-Hilaire.

Tailles, XVIII s. ; la Taille, ruiss. affl. la Morge, c⁰ Voiron.

Taillets (Les), XIX s. ; les Taillis, h. c⁰ Corbas.

Tailletum, XV s. ; Taillons (bois des), XVIII s. ; le Taillon, bois c⁰ Morêtel.

Taillies (aux), XVII s. ; Taille (la), XVIII s. ; la Taillat, f. c⁰ Meylan.

Taillies (Les), bois c⁰ St-Aupre.

Taillipon (mans.), XIII s., h. disp. près la Buissière.

Taillis (ch⁰ des), ch⁰ dans c⁰ la Côte-St-André, Gières, Goncelin, St-Julien-de-Raz, St-Martin-d'Hères, etc.

Taillis (Les), éc. c⁰ Miribel-les-Echelles ; — bois c⁰ la Valette.

Tailliotte (Ch⁰ de la), c⁰ Savel.

Talamont, h. c⁰ Communay ; — (le), ruiss. affl. la Bourbre, c⁰ l'Isle-d'Abeau.

Talapei (tenem., chavan. de), XIII, XIV s. ; l'Abel, éc. c⁰ le Mont-de-Lans.

Talayeu, XIII s. ; Taleyet, mas c⁰ St-Geoirs.

Taldubrico (in agro Idrico), X s.; Taldiviro villa, X s. ; Thodure, c⁰ c⁰ Roybon.

Talentin ; Tarantin, éc. c⁰ Izeron.

Tallices (Les), XV s. ; Tallieti (la), XV s. ; les Taillis, mas c⁰ Tullins.

Tallaresnay, XVIII s. ; Talacernay, h. c⁰ Villeneuve-de-Marc.

Talliata (nem. de), XIV s. ; le Grand-Taillis, bois c⁰ Beaufin.

Tallietum villa, XIV s. ; le

Taillon, bois c⁰ Morêtel.

Tailleur sive de Charrel (riv. du), XV s.; le Taillou, ruiss. c⁰ St-Pierre-d'Allevard.

Taillfardiere, XVIII s. ; Taillphardière, XIX s. ; Taillifardière ; Talifardière, h. c⁰ Voiron.

Taillifer, XIV s. ; Taillifert, XIV s. ; le Taillefer, mont. c⁰ Lavaldens, la Morte et Ornon.

Taillis (ban. de), XIII s. ; le Taillis-des-Champs, bois c⁰ Chatte.

Taillis (mina ferrea in), XIV s.; Tallieto (C. de) ; Talliato ; Tailliaz, XVIII s. ; Tailliat ; la Taillat, h. c⁰ St-Pierre-d'Allevard.

Talon (Le), ruiss. c⁰ Claix.

Talon, h. c⁰ St-Jean-d'Hérans.

Talpenterieu (mans. de), XIV s. ; Talpentieri ; Tarpentoria ; le Terpent, mas c⁰ Coublevie.

Talveu (precept. de), XIV s. : voy. Templum de Treuz.

Talveu, XIV s. : voy. Terus.

Tamay (Le), ruiss. affl. l'Hérétang, c⁰ St-Joseph-de-Rivière.

Tamin (Le), ruiss. affl. le Faumoulin, c⁰ Ste-Marie-du-Mont.

Tamusieres (de), XIII s. ; T-serils, XIV s. ; T-serils ; Tamusières, vill. c⁰ St-Hilaire-de-la-Côte.

Tanc (mass. de), XIII s. ; Tancum, XIV s. ; Tan (Le) ; le Than, éc. c⁰ Mens.

Taniffands (Les), XVIII s. ; les Terrifaux, h. c⁰ Chevrières.

Tannerie (La), quart. c⁰ le Bourg-d'Oisans ; — quart. c⁰ Goncelin.

Tanon, éc. c⁰ St-Genis.

Tancin, XVII s. ; Tencin ; Toncin, h. c⁰ Châlieu.

Tanain, XVIII s. ; Tancin, mas c⁰ la Ferrière.

Tanta Comb ap. Besclas, XIV s. ; les Trente-Combes, col c⁰ Besse.

Tanusereu (chavan. de), T-rlis (nem. de), XV s. : voy. Tamusiereu.

Taorz (mans. de), XIII s. ; (dom. Ayarum de), XIV s. ; Taortz (dom. de), XIV s. ; Taor ; Tort, vill. c⁰ St-Honoré.

Tapis-Vert (Ch⁰ du), c⁰ Barraux.

Tapon (Le), mas c⁰ Fitilieu.

Tapons (mans. des), XIII s. ; T-nibus (mans. de), XIV s. ; les Tapons, mas c⁰ la Salle.

Tappeaux (Les), h. c⁰ Vatilieu.

Tarabasset, h. c⁰ Jardin.

Tarnben, éc. c⁰ Dionay.

Taramats (Les), h. c⁰ Assieu.

Tarantin (en), XIV s. ; Tarrantin, XIX s. ; Tarrantin, éc. c⁰ Izeron.

Taravasil, XIV s. ; Tarava ; Taracum, bois c⁰ Bellegarde-et-Pousseu et Moissieu.

Taravellis (in), XIV s. ; T-eys (els) ; T-eaux, XVII s. ; les Taraveaux, h. c⁰ Theys.

Tardinellis (in), XIV s. ; Tardiceau (Ch⁰ de), c⁰ le Moutaret.

Tardinello (de), XIV s.; le Tardy, mas c⁰ Montagnieu.

Tardinx (cavan. dels), XIII s.; Tardiveriis (mans. de), XIV s. ; T-eres ; Tardivis ; Tardirières, h. c⁰ le Monestier-d'Ambel.

Tarentasla (de), XIV s. ; Taranthedni, XV s.; Tarenthoysini ; Tarentezin, gr. c⁰ St-Pierre-d'Allevard.

Tarentel, h. c⁰ la Bâtie-Divisin.

Tarenteysey, XIV s. ; Tarentesin, mas c⁰ le Cheylas.

Targes (pons de), XIII s. ; Tarzes (ruiss. de), XVIII s. ; Tarze, Tarie ; Turze, h. c⁰ St-André-en-Royans.

Tarmarin (molar. de), XIV s. ; Tarmarin, h. c⁰ St-Etienne-de-St-Geoirs et St-Geoirs.

Tarneysieu, Tarnezieu, XVII s.; Tarnesieu ; Tarnezieu, h. c⁰ Artas.

Tarpenta (costerg des), XVII s. ; Tarpend (costergt des) ; les Terpents, h. c⁰ St-Laurent-du-Pont.

Tarre (La), gr. disp. c⁰ les Côtes-d'Arey.

Tarrecope (molend. de), XV s. ; Terre-Coupe, m⁰ c⁰ Marennes.

Tartes (riv. de), XIV s. : voy. Targes.

Tateux (Les), quart. c⁰ Gières.

Tauduro (castr. de), XIV s. ; le Château, h. c⁰ Thodure : voy. Taldubrico.

Taurinum, XIII s. : voy. Toirin.

Tausisco villula, X s. ; T-como (in agro, villa), X s. : voy. Thoaisco villa.

Tauve (La), ruiss. c⁰ Entre-Deux-Guiers.

Tauxe, gr. disp. c⁰ les Côtes-d'Arey.

Tavanes (Chez-), gr. disp. c⁰ Valencin.

Tavardonibus (mans. de Verneto alias de), XIV s. ; in mand. Viallæ ; T-i villa, XIV s. ; T-ibus et de Verneto (loc.) ; *Tavardon*, mas c⁰ la Motte-d'Aveillans.

Taverd (Le), ruiss. cⁿˢ Frontonas et Panossas.

Tavordon, év. c⁰ St-Lattier.

Taverne (La), ruiss. cⁿˢ Siccieu, St-Julien-et-Carisieu et Trept.

Tavernes (Les), lac c⁰ Allevard.

Tavernolas (ad), XII s. ; T-las villa, XIV s. ; Tavernolle ; *Tavernolles*, vill. c⁰ Poisat.

Tavernon, mⁱⁿ c⁰ Moutsévéroux.

Tavlo, XVIII s. ; *les Tavieux*, h. c⁰ la Ferrière.

Tayles (Les), XIV s. ; Taylles (les), XIV s. ; *les Tailiies*, mont. et chal. c⁰ la Chapelle-du-Bard.

Taz (nem. du), XIV s. ; Tax (champ dou), XVI s. ; *le Taz*, l. disp. c⁰ Vénérieu.

Téaumes (Les), XVIII s. ; Theaume (Le), Théoumes, XIX s. ; *les Théaumes*, h. c⁰ Sousville.

Techana : voy. Toscana.

Tèche, c⁰ cⁿˢ St-Marcellin ; par. dioc. Gren., égl. Assomption.

Teukulo (in), XI s. ; (eccl. S. Marie de), XII s. ; *Theys*, c⁰ cⁿˢ Goncelin.

Tegnieux (Les) : voy. Tignel.

Tegoleria, XIV s. ; *la Tuilerie*, l. disp. c⁰ Cognin.

Tegoleria veteri (de) ; *la Tuilerie*, éc. c⁰ Solaise.

Tegularie (territ.), XV s. ; *la Tuilerie*, éc. c⁰ Villeneuve-de-Marc.

Teguleria antiq. de Chasses, XV s. ; Tuilerie d'Ecallière, XIX s. ; *l'Escalière*, h. c⁰ Chasse.

Tegularia Vienne, XVI s. ; *la Tuilerie*, anc. quart. Vienne ; auj. rue.

Tehsa (parr. de), XI s. : voy. Tegum, Thols.

Teisz, XV s. : voy. Thosiaco villa.

Teil (La), XV s. ; *le Té*, mas c⁰

Izeron.

Teillat (Le), h. c⁰ Tencin.

Teisieu, XVII s. : voy. Theysiaco.

Télégraphe (Le), h. c⁰ Jardin.

Teller (bois), XVIII s. ; *l'Etel-ler*, bois cⁿˢ Allevard et Pinsot.

Teillères (Les), mas c⁰ Seyssuel.

Telux (cavan. deis), XIII s. ; *le Clos-du-Til*, mont. cⁿˢ La Morte et St-Barthélemy-de-Séchilienne.

Temenonus (villa), XI s. : voy. Tulvonis.

Tempêtat (Le), mont. et gr⁰ c⁰ Miribel-les-Échelles.

Templariorum (vinea), XIII s. ; *la Vigne des Templiers*, l. disp. c⁰ St-Vincent-de-Mercuze.

Temple (Le), bois c⁰ Jarrie ; — quart. c⁰ Jons ; — mas c⁰ St-Jean-d'Hérans ; — mas c⁰ la Valette.

Templi Avalonis (magist.), XIII s. ; Templum subt. Avalonem, XIV s. ; Templo (dom. de) ; *le Templier*, éc. c⁰ Pontcharra ; anc. command. du Temple.

Templi Breyssiaci (precept.), XIV s. ; *le Temple*, vill. c⁰ St-Siméon-de-Bressieux ; anc. command. du Temple.

Templi et hospit. S. Johan. Jherosol. (dom.), XIV s. ; *le Temple*, mont. et chal. c⁰ le Périer.

Templi de Valt (dom.), XII s. ; Templum Vallis, de Vaux, XIII s. ; Templi de Vallibus (dom.), XIII s. ; Templos de Vaulx (le), XV s. ; Templi Vallium (dom. L), XV s. ; *le Temple-de-Vaulx*, h. cⁿˢ St-Alban-de-Roche, Vaulx-Milieu et l'Isle-d'Abeau ; anc. command. ordre du Temple.

Templi (homin.), XIV s. ; *le Temple*, l. disp. c⁰ la Mure.

Templi (porta), XIV s. ; (crux), XV s. ; *le Temple*, mas c⁰ St-Blaise-du-Buis, anc. command. du Temple.

Templi (prat. de), XIII s. ; *Temple (Rif du)*, ruiss. c⁰ St-Laurent-du-Pont.

Templi villa, XIV s. ; *le Temple*, éc. c⁰ la Cluse-et-Pâquiers ; anc. command. ordre

du Temple.

Templière (La), mas c⁰ Gillonnay.

Temple (coll. de), XV s. ; *le Temple*, col et glac. c⁰ St-Christophe-en-Oisans.

Templum (camp. ad), XIII s. ; *l'Hôpital*, f. c⁰ Chevrières.

Templum de Treux, XIII s. ; *le Temple-de-Tirieu*, h. c⁰ Courtenay, anc. command. du Temple.

Templum Violleti (ad), XVI s. ; *le Temple-Violet*, mas c⁰ Rochetoirin.

Tenallit (mans.), XIV s. : voy. Tenayllii.

Tenayllii villa, XIV s. ; Tenayl-liis (mans. de), XIV s. ; *les Thénaux*, vill. c⁰ St-Théoffrey.

Tencinum (riv. de), XIII s. ; Tensinum, Theysinum (riv. magn.), XV s. ; *le Grand-Ruisseau*, ruiss. affl. l'Isère, cⁿˢ Theys et Tencin.

Tencon (Le), h. c⁰ Voreppe.

Téneaux (Les), XVIII s. : voy. Tenayllii.

Teneganlia (casali in), VIII s. ; *le Thau*, éc. c⁰ Mens.

Tenevellum villa, XIV s. ; T-lis (de), XIV s. : voy. Tenevenz.

Tenevenz (mans. deis), XIII s. ; Tenevez ; Ténevaux (les), XVIII s. ; *les Thénevaux*, h. c⁰ la Mure.

Tenizonis (riv.), XIV s. ; Tinizone (riv. de), XV s. ; Tinesou ; Tinison ; Tinaison, XVIII s. ; Tenaison, XVIII s. ; *Tenaison*, vallée et ruiss. cⁿˢ St-Pierre-de-Chartreuse et Proveyzieux : voy. Tinison.

Teppe-Mouton, éc. c⁰ St-Pierre-d'Allevard.

Teppes (Les), mont. c⁰ la Ferrière ; — f. c⁰ Theys ; — h. c⁰ Veyrins.

Teraud, XVIII s. : voy. Terre, h. c⁰ Presles.

Teraux (furn. de), XIV s. ; *les Terreaux*, f. c⁰ Torchefelon.

Teray, gr. disp. c⁰ les Côtes-d'Arey.

Terbissain, XVIII s. ; *Terbissan*, h. c⁰ Serres-et-Nerpol.

Terceria, XV s. ; *la Tiercerie*, h. c⁰ Roche.

Tercio Super (villa), IX s. ; Tertio Superiori (in villa) ;

Tiers, XIV s. ; *Tiers*, éc. c° Chuzelle.

Torcio villa, X s. ; T-la v-a ; *Estressin*, h. c° Vienne.

Turcopex : voy. Tarrecupe.

Terentin (en), XIV s. ; *Tarentin*, mas c° Branques.

Ternat (en), éc. c° Chaponnay.

Ternérieu, h. c° Voiron.

Ternes (Les), XVIII s. ; *le Ternne*, h. c° la Buisse.

Ternin, XVIII s. ; *Ternans*, h. c° Chavanieu.

Termynou, XIV s.; Turminyeux, Termynyf ; Termyny ; *Termint*, h. c° Beauvoir-en-Royans.

Ternaico (S. Maria), X s. ; Terniaci (vicecomes), XII s. ; Ternay, XIII s. ; Ternef, XIV s.; Ternayum ; T-yacum, XV s.; Terneyacum, XV s. ; *Ternay*, c° c°° St-Symphorien-d'Ozon.

Ternant (de), XIV s.; T-ns (de), XIV s. ; Ternin, XIX s. ; *Ternans*, h. c°° la Côte-St-André et Gillonnay.

Tornat ou les Bruyères (mas de), XVIII s. ; *les Bruyères*, vill. c° Varacieux.

* Thesio (dom. sive turr. de), XIII s. : voy. Coletum.

Ternay, c° c°° St-Symphorien-d'Ozon ; dioc. Vien., égl. St-Maysel.

Ternay-Césarges, chât. c° Ternay.

Ternes (Les Petites-), h. c° Chimilin.

Ternieu (territ. de), XV s. : voy. Tornyn.

Ternin, vill. c° Burcin.

Ternis (de), XV s.; *les Ternes*, vill. c°° la Bâtie-Montgascon et Chimilin.

Teroina (cellarium de), XII s. : voy. Ternant.

Terra (Les) ; Terrot (le) ; *le Terrat*, h. c° St-Bonnet-de-Chavagne.

Terra Frigida, XVI s.; *les Terres-Froides*, région natur. entre la Vallée de la Bourbre et celles de l'Ainon et de la Fure, c°° le Grand-Lemps, Viriou et le Pont-de-Beauvoisin.

Terra de Turre (judex, baylivus de), XIV s. ; Terre Turris (baylivia) ; *bailliage de la Terre-de-la-Tour*, anc. circonscrip. administrat. et judic. du Dauphiné.

Torraces (Les), XIII s. ; Torracis (villa de) ; *la Terrasse*, h. c° Avignonet.

Torraces (mans. de les), XIII s.; Terraclarum (comba); T-lis (mans. de), XV s. ; *les Terrasses*, h. c°° St-Laurent-en-Beaumont.

Terraci (La), XIII s. ; T-la; Terrassia, XIV s. ; *la Terrasse*, c° c°° le Touvet.

Terracia, XIV s. ; Torracxota ; *les Terrasses*, h. c° Mizoën.

Terracla, XII s. ; Terrasia ; *la Terrasse*, mont. c°° St-Joseph-de-Rivière et St-Laurent-du-Pont.

Terracils (in), XIV s. ; (mans. de), XV s. ; *les Terrasses*, h. c° St-Martin-le-Vinoux.

Terradeu, XIII s. ; Terre Dei (fons), Dieu ; *Terre-à-Dieu*, mas c° Marennes.

Terrail (mass.), XIII s.; Terraillif (mans.) ; T-llium, XIV s.; *le Terrail*, éc. c° Nantes-en-Ratier.

Terraillores (en), XV s.; *la Terraillière*, f. c° Grenoble.

Terrallieu (Les), XIV s. ; *les Terreaux*, h. c° Roche.

Terraillorum (Crestum), XV s.; Tarrallii (Cresta) ; *les Martins*, vill. c° St-Laurent-du-Pont.

Terrariarum (taschie), XIV s. ; *les Terreaux*, h. c° Voiron.

Terrasse (La), éc. c° Château-Bernard; — h. c° St-Quentin ; — c° c°° le Touvet; dioc. Gren., égl. St-Aupre.

Terrasuière (La), h. c° St-Albin-de-Vaulserre.

Terrat (Le), éc. c° Montceau.

Terraux, XVIII s.; *le Terroud*, f. c° Vertrieu.

Terray, mas c° Pact.

Terre-à-Bœuf, L. disp. c° Dionay.

Terre-Coupe, m°° c° St-Quentin-Falavier.

Terre-Noire, h. c° Décines-et-Charpieu.

Terreau (Ch°° du), c° l'Isle-d'Abeau.

Terreaux (Les), h. c°° les Abrets et Charancieu ; — quart. c° la Côte-St-André ; — mas et ruiss. c° St-Hilaire ; — h. c° Sonnay.

Terrebasse, chât. c° Ville-sous-Anjou.

Terrebasse (mand., égl. de), XVI, XVII s.: voy. Villa subtus Anjo.

Terrefort, gr° c° St-Pierre-d'Entremont.

Terres (Les), éc. c° Beaucroissant ; — h. c° Pajay ; — h. c° le Pin.

Terres-Basses (Les), h. c°° les Avenières.

Terres-Jolies (Les), h. c° St-Savin.

Terrible (Le), h. c° Crachier.

Terrier (Le), h. c° Flachères.

Terros (Les), h. c° Corbas.

Terrot, gr. c° Froges.

Terrouse (La), ruiss. affl. la Marsanne, arr. c° Chantelouve.

Torus (aqua), X s. ; *Tirieu*, vill. c° Courtenay.

Teschia (eccl. S. Marie de), XI s. ; Techis (c. S. M. de), XIII s. ; Teschi (c. S. M. de); Teychia, XIV s. ; Techia ; Teschia, XV s.; Teyche, Tesche; *Tèche*, c° c°° St-Marcellin.

Teste Dallier, XVII s. ; d'Aillère ; *Tête-d'Allier*, h. c° Heyrieu.

Testes (Les), XIX s. ; *les Têtes*, h. c° St-Pierre-de-Chérennes.

Testouz (cavan. dels), XIII s. ; Testouz ; Testonibus (in), XIV s. ; T-nos (ap.), XV s. ; *Téton*, h. c° St-Pierre-de-Méarotz.

Tesum, XII s.; Teslum; Tesoum; Tes, XIII s. ; Teys (vallis de), XIII s. ; T-sium, XIV s. ; *Theys*, c° c°° Goncelin.

Tête-du-Bourg (La), quart. c° Vif.

Tête-Noire, ruiss. affl. l'Isère, c° Tullins.

Tête-d'Or (Ch°° de la), c° Jonage.

Tête-de-Pèlerin (La), mont. c° Engins.

Têtu (Ch°° du), c° Varacieux.

Tesum (ou), XIV s. ; *Téton*, h. c° St-Pierre-de-Méarotz.

Tevenets (Les), XVIII s. ; *les Thevenets*, h. c° Jarrie.

Tevolegium, X s. ; Tevolet, XII s. : voy. Thivoley.

Teyssonnière (forêt de), XVII

s. : voy. Thoissonières.

Teyssons, l. disp. c° St-Maurice.

Teytas, XIV s. ; *les Têtes*, auj. tous les sommets de mont° de la c° St-Christophe-en-Oisans.

Teyzin, XVIII s. ; *Tésin*, h. c° St-Antoine.

Thaerniacensis, X s. : voy. Ternaico.

Thalayou, XIII s.: voy. Talayou.

Thanchisat (fief de), XVIII s. : voy. Tranchisac.

Thancum, XIV s. ; Thand (le) : voy. Tanc.

Thaodoyro, XIII s. : voy. Taldubrico.

Tharable, XVIII s. ; *Taraby*, h. c° St-Quentin-Falavier.

Thays, XVII s. ; Thaix : voy. Todesium, Tesum, Theis.

Thébalde (La), l. disp. c° St-Victor-de-Cessieu.

Theis, XII s. ; Thesio (de), XIII s. ; Theysium, XIII s. ; Theusium, XIV s. ; Theucium ; *Theys*, c° c°° Goncelin.

Theissonières (Les), XVI s. ; *les Teyssonnières*, mas c°° Trept et Soleymieu.

Theoagio (taschia de), XIV s. ; Theoagium ; *Touage*, h. c° St-Jean-d'Hérans.

Theoderium, XIV s. ; T-doro (capelle de), XIV s. ; Theoudouro, XV s. : voy. Taldubrico.

Thermopyles (Les), 1794 ; *St-Marcellin*, ch.-l. arr°.

Theuchum, XIV s. ; Thechia, Theychia, XV s. : voy. Teucha.

Theudero, XIV s. ; T-rium, XIV s. ; T-roz, Theudère, XVI s. ; *Thodure*, c° c°° Roybon.

Theuroys (torr. de), XVIII s. ; Theure ; *Thurr*, vill. c° St-Aupre.

Thevenard (Le), h. c° Bonnefamille.

Theys, c° c°° Goncelin ; dioc. Gren., égl. Assomption.

Theysiaco (de), XVI s. ; Thesieu, XVII s. ; *le Tizieu*, h. c° Chimilin.

Thezin, XVI s. : voy. Tisino.

Thiard, marais c° Chantesse.

Thibaud (mais.), XIX s. ; *Chez-Thibaud*, éc. c° Eyzin-Pinet.

Thicaud (Le), h. c° Herbeys.

Thiébauds (Les), h. c° Séchilienne.

Thiel (de), XII s. ; Til (el), Tillio (de), XIV s. ; *la Tueil-te*, h. c° Châteauvilain.

Thiel (de), XII s. : voy. Til.

Thievollière (La), XVII s. ; Thiveliere (la); *la Théolière*, chât. c°° Cessieu et Sérézin.

Thiolotte, h. c° Anthon.

Thioley, XVI s. ; *le Thiolet*, c° c° Septème.

Thiollère (La), Thiollière (la) : voy. Tyoleria, Tyolleria.

Thiollière, h. c° St-Paul-d'Izeaux.

Thireney, h. c° Rochetoirin.

Thisieu (Le) : voy. Theysiaco.

Thivin (Le), h. c° Thodure.

Thivolet, éc. c° Quincieu.

Thivoley, XII s. ; T-llay (bois), XVIII s. ; *Thivoley*, forêt c°° St-Antoine, Dionay et Montmiral (Drôme).

Thivoley (Le), ét. c° Torchefelon.

Thivoller (Le), éc. c° Tullins.

Thivollière (La) : voy. Tyolerie.

Thivoly, XIX s. ; *le Thirolet*, h. c° Oyeu.

Thochie, XV s. ; Tochie ; *les Touches*, h. c° le Mont-de-Lans.

Thoclacum, XV s. : voy. Tusciaco villa.

Thodure, c° c°° Roybon ; dioc. Vien., égl. St-André.

Thoerias (ap.), XIV s. ; *la Thoira*, éc. c° St-Sébastien.

Thoillinum, XIV s. : voy. Tuellin.

Tholins (Les), XIX s. ; *le Tholin*, vill. c° Roche.

Thollinum, XIII s. ; Thullins, XVI s. ; Theullins, XVII s. : voy. Tollanense.

Tholomé (forest de), XVIII s. ; *Tolomé*, h. c° Chaponnay.

Thomas (Le), h. c° Coublevie ; — h. c° Varacieux.

Thomassin (Le), h. c° le Pont-de-Beauvoisin.

Thomasson, h. c° St-Bonnet-de-Chavagne.

Thomines (Les) : voy. Téaumes.

Thoniard, XIX s. ; *le Tonniard*, h. c° St-Romain-de-Surieu.

Thorana, XII s. ; Thorayne, XIV s. ; Thorenne, Thoranna, Thouranne, XVI c. : voy. Torana.

Thorion (eccl. S.-Marie in villa), XI s. : voy. Tordoniacus.

Thorniacum villa, eccl., X s. : *Tournin*, chap. c° Pommiers.

Thors, XVI s. : voy. Caort, Taurz.

Thoschane (parr.) seu Sti Andeoli, XIV s. : voy. S¹ Andeoli (eccl.).

Thoslaco villa, eccl. S. Primi (in), IX s. ; *Talaien*, h. c° St-Prim.

Thoslaco, X s. : voy. Tusciaco villa.

Thouchia de Trabutis, XV s. : voy. Toschays.

Thoudura, XIV s. ; Thodoro, Thouduroz, XV s. : voy. Taldubrico.

Thouis (Les), XVIII s. ; *le Thouit*, mas c° le Mont-de-Lans.

Thoura (Ch°° du), c° Bernin.

Thouveaux (Les), ruiss. affl. le Nan, c° Malleval.

Thoveria (in), XIV, XV s. ; Thoverlis (rivass. de) : voy. Toveria.

Thoveril villa, XIV s. ; *le Toucert*, h. c° Notre-Dame-de-Mésage.

Thovetum, XIII s. ; Thovel, XIV s. ; Thouvet (chast. de), Thoveti, Thovety : voy. Tovetum.

Thoyrinum, XIV s.: voy. Toirin.

Thox (oux), XV s. ; *le Tuf*, éc. c° St-Pierre-d'Allevard.

Thuelin (Bas de), XVIII s. ; *le Bournay*, h. c° Thuelins.

Thuelin, Thuellins, IX s. : voy. Tuellin.

Thuellins, c° c°° Morestel ; dioc. Belley, égl. St-Jean-l'Evang.

Thuelly, XVII s. ; Thuille, XIX s. : voy. Tuyllia.

Thuillerie (La), XVIII s. : voy. Tulleria.

Thuillière (La), XVIII s. ; Thuillière (La) ; *la Thuillière*, mas c° St-Chef.

Thuillière (porte de la), XVII s.; Tuylilère (la), XVII s. : voy. Teguleria Vienne.

Thuillerie, XVIII s. ; *les Tuillières*, h. c° Seyssuel.

Thuillière de Feyzin (La), XVII s. ; *la Tuillière*, l. disp. c° Feyzin.

Thuillière (La), XVIII s. ; *la Tuillière*, mas c° St-Clair-du-Rhône.

Thuillières (Les) : voy. Tuillières.

Thussiacum : voy. Tusciaco villa.

Thuyllière-de-Belmont (La), XVIII s. ; *la Tuillère*, mas c⁰ Chavanox.

Tibane (Ch⁰ de la), c⁰ la Valette.

Tiberge (for. de), XVIII s. ; *Tire-Gerbe*, forêt c⁰ Rochetoirin.

Tiercery (La), XVIII s. ; T-ye, XIX s. : voy. Terceris.

Tiervoz (Le Petit-), XVIII s.; Tierve ; Thiervoz, XIX s. ; *Grand et Petit Thiervoz*, ha. c⁰ la Ferrière.

Tievollière (La), XVI s. ; Tivollière (la), XVII s. ; *la Tievlière*, h. c⁰ Coublevie.

Tiguei (de), XIII s. : voy. Tiguiacum, Tiniacu.

Tiguel (Le), XVIII s.; *Tigueux*, h. c⁰ St-Hilaire-du-Rosier.

Tignieu, XIII s.; Tignieux, XVIII s. ; *Tignieu*, vill. c⁰ Tignieu-Jameyzieu.

Tigniacum, XV s. ; Tignoux, XVIII s. ; Tignier ; *Tigneu*, h. c⁰ le Champ.

Tignieu, vill. c⁰ Tignieu-Jameyzieu, c⁰⁰ Crémieu ; dioc. Vien., égl. Ste-Madeleine.

Til (el), XII s. ; Tillno (de) ; *la Touille*, mas c⁰ Chateauvilain.

Til (pré du), XVII s. ; *le Til*, h. c⁰ Miribel-les-Echelles.

Tillaine (La), XVII s. ; *Tilleneus*, ruiss. c⁰ Oyeu.

Tillaret (Le), h. c⁰⁰ Bourgoin et Nivolas-Vermelle.

Tillet (Le), h. c⁰ Estrablin.

Tillie (La), XVI s. ; Tille (gr. de la), XVII s. ; *la Tille*, f. c⁰ Entre-Deux-Guiers.

Tinas sive Cuva bassenagiis ; *les Cuves-de-Sassenage*, grottes c⁰ Sassenage.

Tinal (Le), h. c⁰ St-Maurice-l'Exil.

Tinayeta (cap. S. Marie de), XV s.: voy. Tigniacum, Tiniacum.

Tiniaco (mans. de), XII s. ; *Tineuvo*; *Tigneu*, h. c⁰ le Champ.

Tinieu (rif de) : voy. Tygnay.

Tinison (vallis), XII s. ; Tineson (rif. de), XVI s. ; *Tenaison*, éc. c⁰ St-Pierre-de-Chartreuse; ruiss. orig. St-Pierre-de-C.,

arr. c⁰⁰ Proveyzieux et Quaix, affl. la Vence.

Tintein, XVIII s. ; *Tintaine*, cc. c⁰ le Villard-de-Lans.

Tiolet : voy. Troiardi Septim.

Tioley (territ. de), XVI s. ; *Thioliny*, mas c⁰ Chaponnay.

Tiollière (gr. de la), XVI s. ; c⁰ Vienne.

Tioulettes (Ch⁰ des), c⁰ Villette-Serpaize.

Tira (Ch⁰ de la), c⁰ Pinsot.

Tira Colm, XIV s. ; T-achon ; Tiricolo (adroyt. de), XIV s.; T-la ; Tiracus, XV s. ; Tirecul ; *Tireycux*, mont. et chal⁰ c⁰ Besse.

Tirailleres (tenem. de), XIII s.; Tirailleriis (mans. de), XIV s. ; Tirailleres, XVIII s. ; Tirolléra, XIX s.; *Tiraillières*, h. c⁰ Treffort.

Tirailleriis (mans. de), XIV s. ; *le Terrail*, cc. c⁰ Nantes-en-Ratier.

Tirards (Les), XVII s. : voy. Tyrardière.

Tire (Ch⁰ de la), c⁰ Torchefelon.

Tirebraleux, XVI s.; Tirebraye, XVIII s. ; *Tire-Brayeux*, mas c⁰ Voreppe.

Tirecul, h. c⁰ Maubec.

Tirelon (Le), ruiss. c⁰ St-Laurent-du-Pont.

Tirepied (Ruiss. de), c⁰ Proveyzieux.

Tiret (Le), h. c⁰ Fitilieu.

Tirou, XII s. : voy. Terus.

Tiricul (fons de), XIII s. ; Tirecuss ; Tirsqua (mont. de), XVI s.; *Tire-Coul*, mont. c⁰ Pinsot.

Tiripel (mas. de), XV s. ; T-l, l. disp. c⁰ Champier.

Tisino (loco), XIV s. ; Tisinum, XV s.; *Grand et Petit-Tisin*, vill. c⁰ Tullins.

Tissonnière (La), ruiss. affl. la Boissonne, c⁰ Oris-en-Ratier.

Tissors (nem. deux), XIV s. : voy. Tyssone.

Titillière (La), mais. f. disp. près St-Chef.

Tivelleria, XIV s. : voy. Thivoley.

Tivelli (A.), XII s. ; Tivelz, Tiveleria, Tivelteria mand. Turris Piai, XV s. ; T-liere (dom. f. voc. la), XVI s. ; Tivollière; *la Thivollère*, chât. c⁰⁰ Cessieu et Sérézin.

Tivez (en), XV s. : voy. Trevis.

Tivoley (de), XII s. ; Tivolé, XVIII s. ; *Thivoley*, h. c⁰ Bougé-Chambalud.

Tivoli, éc. c⁰ Crémieu.

Tivollore (La), h. c⁰ Polléans : — h. c⁰ Voreppe.

Tivollères (Les), h. c⁰ St-Romans; — h. c⁰ Vourey.

Toaglo (de), XIII s. ; *Toauye*, h. c⁰ St-Jean-d'Hérans.

Tochana (castr. de), XIV s. : voy. Toscana.

Tochapalliers, XIV s. : voy. Troussepaylle.

Toches (Les) deux Aymars, XIII s.; *les Touches*, bois c⁰ Nantes-en-Ratier.

Tochis, XIV s.: voy. Touchoys.

Toches, XIV, XV s. ; *les Touches*, h. c⁰ le Mont-de-Lans.

Tociaco villa, X s.; Toceu, XIII s.; Toclet, XIV s. : voy. Tusciaco villa.

Tognon, gr. disp. c⁰ St-Pancrasse.

Toillino (de), XII s.; Toyllino : voy. Tolinenne.

Toiran, XII s. ; par. voc. St-Clair, XVIII s. ; *Toirin*, vill. c⁰ Rochetoirin.

Toissiez, XVI s.: voy. Tusciaco villa.

Toleu (de), XII s. : voy. Tolvonis.

Tolinenne villa, Tolinanus (in pagu), IX s. ; Tollinanum in pagu Viennensi in comitatu Tollinensi, IX s. ; Tollino (eccl. de), XI s. ; Tolino; Tollins, XII s. ; *Tullins*, ch.-l. c⁰⁰ arr⁰ St-Marcellin.

Tolignac, h. c⁰ Tullins.

Tollino, Tul-o (cap. de castro) in hon. S. Bartholomei dic.), XI s.; (cap. B⁰ Marie in castr. de), XV s. ; *le Château*, quart. c⁰ Tullins.

Tollyoneria (in), XIII s. ; *Tolanière*, h. c⁰ Mont-St-Martin.

Tolomé, h. et for. c⁰ Chaponnay.

Tolovonis (castr.), XIV s. ; Tolvonis (castr.) : voy. Tulvona.

Tolvonis (eccl. de burgo), XI s.; Tolvionis (domin.), XII s. ; Tolvinum ; Tolvono (de), XIII s. ; T-us ; *Tolvon*, vill. c⁰ St-Etienne-de-Crossey; par. dioc. Gren., égl. Notre-Dame.

Tomasson, XVIII s. : voy. Thomasson.

Toubat ; *Tombon*, mont. c^e Ste-Marie-du-Mont.

Tondard, éc. c^e l'Albenc.

Tondus (Les), h. c^e St-Hilaire-du-Rosier.

Torana (castr.), XI s. ; Torona, XII s. : Torona (eccl.) ; Torana in Trivia, XIII s. ; Toriana (castr.) ; *Touranes*, h. c^e St-Michel-les-Portes.

Torchefelonis (dom. f.), XVI s. ; Torchiffellon (mais. f.) ; Torchefellon Ponteroys ; Torchefelon ou Pontarey, XVIII s. ; *Ponteray*, t. c^e Torchefelon.

Torcheffellon, XIV s. : voy. Torchiffelloni.

Torches (Les) ou le Grand'ret, mont. c^e Besses.

Torches (Les) : voy. Grand'ret.

Torchiffelloni (de), XII s. ; Torchiffellono (de), XIV s. ; T-onum, XV s. ; *Torchefelou*, c^e c^e la Tour-du-Pin ; par. dioc. Vien., égl. St-Georges.

Torchonnière, éc. c^e Seyssins.

Torcopaz, XVI s. : voy. Tarrecope.

Torcular (ad), XIII s. ; *Chenetier*, mas c^e Corps.

Torcularium villa, XIV s. ; *Torlais*, éc. c^e Monthonnot.

Tordant (eccl. B^e Marie de), XIV s. ; Tordan ; T-nex ; Tordano (prior. de), XV s. : voy. Tordoniacus.

Tordianum, X s. : voy. Tordaniacus.

Tordon (prior de), XII s. : voy. Tordoniacus.

Tordoniacus (villa), X s. ; *Tourdan*, vill. c^e Revel-et-Tourdan.

Torcardis, XIV s. : voy. Torana.

Torenas, XIX s. ; *Thorénas*, h. c^e Méaudre.

Torenchières (ostel de), XV s. ; *Torenchères*, mais. f. disp. c^e Quaix.

Torent (prat. de), XIII s. ; Torent, Torenc ; *le Tour*, bois c^e Vaulnaveys-le-Haut.

Torgennas, XIV s. ; Torgenas et de Brotello (parr. de), XIV s. ; Torgenax ; *Tarjouas*, vill. c^e St-Baudille.

Torgues, ch^ⁱᵉ c^e Septème.

Tori (de), XII s. ; Tor (de la), XIII s. : voy. Tarris de Pinu.

Torin, XIII s. ; Toriaci (parr.), XV s. : voy. Toirin.

Torjonax (de) : voy. Torgennas.

Torn (eli, Tornins, T-n (houdn. de) : voy. Tornin.

Torna Talon (rochac. de), XIV s. ; Tornotalon, XVII s. : T-llon, XVIII s. : *Tournon Talon*, chal., mont. c^e la Chapelle-du-Bard.

Tornasac (en), XVI s. ; Tournasat (pont de) ; *Tournenac*, pont sur l'Hérétang, c^e St-Laurent-du-Pont.

Tornatorum (camp.), XIV s. ; (dom.) ; *les Tournées*, h. c^e Corenc.

Torneta (in), XIV s. : voy. Tour (prata de).

Tornin (eccl. S. Romani in), XI s. ; T-num, XII s. ; T-nu ; *Tournin*, chap. c^e Pommiers.

Tornons (eccl. B^e Marie de), XV s. : voy. Tolvonis.

Tornos (bordaria dels), XIII s. ; Tornous (de), Tornonos (ap. Peytanios seu), XIV s. ; *les Tournenaux*, h. c^e Séchilienne.

Tornui : voy. Tornin.

Tornyn, XIV s. ; Torninum ; *Tournin*, chât. c^e la Tour-du-Pin.

Tornz (rivum del), XIII s. ; *la Geryne*, mont. c^e Malleval.

Torrand (Ruiss.), aff. le Merdaret, c^e St-Joseph-de-Rivière.

Torrent (Ruiss. de), XVIII s. ; Toron, Tourot (le), XIX s. ; *le Touron*, ruiss. aff. la Marsanne, c^e le Périer.

Torres (mass. de), XIII s. ; *Tourres*, h. c^e St-Jean-d'Hérans.

Tors (de), XII s. ; (eccl., priorat., territ. de), XIV s. : *Tors*, h. c^e Brangues.

Tort. h. c^e Revel.

Tort (combe del), XIV s. ; *le Tour*, bois c^e St-Pierre-de-Chartreuse.

Tortaz, XIV s. ; *Ste-Marie-de-Tortas*, h. c^e Leyrieu et St-Romain.

Tortium, XV s. ; Tors ; Torts (mais. f. de), XVIII s. ; Tor ; Turd : voy. Caort, Taorz.

Tortorel (riv. de), XIII s. ; T-llum, XIV s. ; *la Tourtourelle*, mas c^e St-Antoine.

Tortu, h. c^e Ville-fontaine.

Tortum, XIV s. ; Tortos, XVI s. ; *Tortu*, h. c^e Dizimieu et Crémieu.

Tortus Sancti Desiderii (comba de), XIV s. ; Tortux (comba de), XIV s. ; Tortuz (molend. de) ; Tortue (m^ⁱⁿ de), XVIII s. ; *Tortu*, m^ⁱⁿ c^e Vénérieu.

Tortz (alpis de), XIV s. ; *Brise-Tourte*, mont. et ruiss. c^e St-Paul-de-Varces et Vif.

Tortz (chavan. des), XIV s. ; Torz (chavan. deux) ; *les Tortz*, bois c^e Ornon.

Torvone (eccl. de), XIV s. : voy. Tolvonis.

Toscan, f. c^e St-Ismier.

Toscana (castr.), XII s. ; Toschana, XIII s. ; Toychana, XIV s. ; Touchana ; Toschana in Trivia ; *Tochene*, t. disp. c^e St-Andéol.

Toschays, XIII s. ; Toschia villa, XIV s. ; *la Touche*, h. c^e Notre-Dame-de-Mésage.

Toschia villa, XIV s. ; *Touche-Longe*, mas c^e St-Jean-de-Vaulx.

Toschia (feud. de), XIV s. : voy. Tuchani.

Toschiarum (neut.) ; Touchiis (crest. de), XIV s. ; *les Touches*, bois c^e Mayres.

Tosciaco, XI s. ; Tosiaco ; Tosiez ; Tousie (loc.), XV s. ; Tossiacum ; Tossieu : voy. Tusciaco villa.

Tosiacus villa, X s. : voy. Thosiaco villa.

Totiaco villa, X s. : voy. Tusciaco villa.

Touarin : voy. Toirin.

Toucou, XII s. : voy. Tusciaco villa.

Touche (La), mont. c^e Preules.

Touche-Bœuf, m^ⁱⁿ c^e Prébois.

Touches (Les), bois c^e Miribel-Lanchâtre ; — mont. c^e Monteynard ; — h. c^e St-Guillaume ; — bois c^e St-Pancrasse.

Toucheur, bois c^e Oz.

Touchia (hospic. de), XIV s. : voy. Toschays.

Touchiis (villa de), XIV s. ; *les Touches*, h. c^e Sinard.

Touduru, XIV s. : Todure : voy. Taldubrico.

Tour (Le), mont. et canal c^e Corbelin.

Touilhins, XIV s. ; Touilhne ;

ruine. c^e Voreppe.

Toux (La), éc. c^e le Sappey.

Toveria, XIII s.; Tovière (la), XVII s.; la Tourelère, h. c^e Allevard.

Toveria, XIII s.; les Tourières, bois c^e Theys.

Toveria, XIV s.: voy. Thoverii villa.

Toretum, eccl. S. Desiderii, XI s.; Tovet, XII s.; le Touvet, ch.-l. c^on arr^t Grenoble.

Toyrino (eccl. de), XIV s.; T-num, XIV s.; T-ns, XV s.; Toyriacum, Toyrinel: voy. Toirin.

Toyrino et de Rupibus (parr.), XIV s.; Turino et Rupplbus (eccl.); Rochetoirin, c^e c^on la Tour-du-Pin.

Toysseu, XIII s.; Toisseu, Toyssier (territ.), XV s.; Toissy: voy. Thossiaco villa.

Trabofort (lo), XIII s.: voy. Treffort.

Trablins (vill. de), T-layn, XVIII s.; Estrablin, c^e c^on Vienne-Sud.

Trabutis (mans. de), XIII s.: voy. Toselanys.

Trabuyeres, XVI, XVII s.; Trabuyere, éc. c^e St-Baudille-et-Pipet.

Trace (La), h. c^e Moirans.

Trachet, éc. c^e Cordéac.

Travol (Le), bois c^e le Périer.

Travol, XVIII s.; le Trucol, mont. c^e St-Christophe-Entre-Deux-Guiers.

Tracot (bois du), XVIII s.: voy. Tearechi.

Tractu (de), XIV s.; le Trait, h. c^e Morêtel.

Traeuchi (terra), XIII s.; le Tracoud, h. c^e St-Julien-de-Raz.

Traffor (villa de), XIV s.; T-rt, Traforcco (mans. de), Trafforcll (loc.); Treffort, h. c^e la Motte-d'Aveillans.

Traforcio (eccl. de), XIII s.; Traforcz, XIV s.: voy. Treffort.

Trafortium, XII s.; Traffort; Trafforti (priorat. de), XIII s.; Trafforth; T-orell (parr.), XIV s.; T-r, XV s.: voy. Treffort.

Trahyeres (territ. de les), XV s.; Trahiery (lter); T-res, XVI s.; Trahières, mans c^e Moblleu.

Traille (Ch^au de la), c^e Chasse.

Trainaux (Les), h. c^e Montceau.

Trajettu, h. c^e les Avenières.

Tramans, XIV s.: voy. Tramoyn.

Tramanz (as), XIII s.; le Tramoley, mont. c^e Entre-Deux-Guiers.

Trambats, XVII s.; T-as, XVIII s.; Trombax, h. c^e Chasse.

Tramoens, XIV s.; Tramoins, XVI s.: voy. Tramoyn.

Tramolé, c^e c^on St-Jean-de-Bournay; par. dioc. Vien., égl. St-Maurice.

Tramolet, h. c^e Nivolas-Vermelle.

Tramolet (Le); le Tromoley, h. c^e le Passage et St-André-le-Gaz.

Tramoley, l. disp. c^e Fitilieu.

Tramolley (el), XIV s.; Tramolay, XVIII s.: voy. Tramanz.

Tramollia (prior de); Tramolea (capell. de), XIV s.; T-léc, XVI s.; T-lléc, XVI s.; Tramoulay, XVIII s.; Tramole, c^e c^on St-Jean-de-Bournay.

Tramouley, éc. c^e Primarette.

Tramoyn, XIV s.; T-ns, XV s.; Tramoin, f. c^e St-Victor-de-Cessieu.

Tranchant, XVIII s.; T-ant (les); les Tranchants, h. c^e Autrans et Méaudre.

Tranchardi (territ.), XiV s.; Rif-Tronchard, h. et ruiss. afl. l'Isère, c^e St-Egrève.

Tranchin, h. disp. c^e Chassignieu.

Tranchisac (molend. de), XIV s.; Tranchisac, éc. c^e St-Symphorien-d'Ozon et Solaise.

Tranci (Le), éc. c^e Sinard.

Transforcium, XIV s.: voy. Treffort.

Trangouillons (Les), ruiss. afl. le Merdaret, c^e Chantelouve.

Trapes (Les), XVIII s.; le Trappe, m^in c^e Vernioz.

Trappes (Les), h. c^e les Eparres.

Tras la Cloltra, XIV s.; Tras-Cluitre, quart. c^e Grenoble.

Trasioret: voy. Treffort.

Trasuenis villa, XIII s.: voy. Tresmunith.

Trassert, éc. c^e Chichilianne.

Travercia (la), XIV s.; Traverses (ch^au des), c^e les-Côtes-de-Corps.

Travers (molend., villa de), XIII s.; Travers, vill. c^e la Balme.

Travers (Les), h. c^e la Rivière; — h. c^es Royon et St-Gervais; — vill. c^e Vaulnaveys-le-Bas.

Travers-du-Pin (Les), h. c^e Murianis.

Traversa (La), XIII s.; la Traverse, h. c^e Allemont.

Traversa, XIV s.; Traversani dus, XVI s.; Traversani, mans c^e la Chapelle-du-Bard.

Traversa, XIV s.; T-sserium, T-cygnum, T-raum; les Traversiers, h. c^e Mizoën.

Traversa (riv. de), XV s.; les Traverses, h. c^e Vif.

Traversa (La), XIII s.; villa, chavan., XIV s.; la Traverse, h. c^e Villard-St-Christophe.

Traversani (costa super.), XIV s.; Traverse (Ch^au de la), c^e Voreppe.

Traversas, XVIII s.; Traversu, éc. c^e Veyssilieu.

Traverse (La), h. c^e Corrençon.

Traverse (Ch^au de la), c^e le Grand-Lemps.

Traverses (Ch^au des), c^e Dolssin.

Traverses (Les), éc. c^e Merlas.

Traversiacum, XIV s.; Traversa, vill. c^e la Balme.

Traversier, bois c^e Chantelouve.

Traversières (Ruiss. des) ou Combes, c^e Ste-Marie-du-Mont, afl. le Séchident.

Traversiis (camp. de), XIV s.; T-raes (les), XVIII s.; la Traverse, h. c^e St-Pierre-de-Mésage.

Traversu (rup. de), XIV s.; T-sagnis (in), Tranversagnis; le Travers, mont. c^e le Mont-de-Lans.

Traversus villa, XIV s.; les Travers, bois c^e Oullex.

Travet, l. disp. c^e Bevronals.

Trayol, XVI s.: voy. Travol.

Treaux, XV s.: voy. Triaux.

Trebouliére, l. disp. c^e St-Marcellin.

Trecairne, bois c^e Chapareillan.

Trechières, mont. c^e la Balme.

Trechis (cavan. de), XIII s.; Trachières, mas c^e Corps.

Trechon: voy. Trifoed.

Trecianense (ager), IX s.; Tervenenase (ager), IX s.; Tricenense (ager), IX s.; Trecihanus villa, X s.; Tervia villa, Tracins, Trecins, Trezenum, Trevinum, T-nz, Trisinum, Tressulum; *Estreusin*, h. cᵉ Vienne.

Trecuz (templ. de), XIII s. ; Treuz, XIII s. : voy. Terus.

Treffort (eccl. S. Petri de), XI s. ; *Treffort*, cᵉ cᵒⁿ le Monestier-de-Clermont ; dioc. Gren., égl. St-Pierre.

Trefond, h. cᵉ Réaumont.

Trefort (villa de), XIII s. ; Treforcium : voy. Treffort.

Tregas (in), XI s. : voy. Trevis.

Treignard, ér. cᵉ Montfalcon.

Treilles (territ. de), XIV s. ; *les Trilles*, mas cᵉ Meyzieu.

Treille (La), h. cᵉ Rives.

Treilles (Chⁱˢ des), cᵉ Ornacieux.

Treils (Les), l. disp. cᵉ Chabons.

Treize-Silaes (Les), mont. cᵉ Mayres.

Treize-Fontaines (Les), ruiss. afll. le Rival, cᵉ Brézins.

Trelet, Trellet : *Trellet*, h. cᵉ Granieu.

Trelinum, XIV s. ; Trellini, Trellins, XIX s. ; *Trellin*, vill. cᵉ Vinay.

Trellis (de), XIV s.; *Trellet*, h. cᵉ Granieu.

Tremblas, T-bard (le), XIX s. : voy. Trambats.

Tremenil, XIX s. ; Tremenit ; *Terminî*, h. cᵉ Beauvoir-en-Royans.

Tramican, h. cᵉ Vienne.

Treminis, cᵉ cᵒⁿ Mens ; dioc. Die, égl. St-Pierre.

Tremolatum, XIV s. ; *les Trois-Moulins*, h. cᵉ la Motte-St-Martin.

Tremoley (el), XV s. ; T-le ; *le Trémoulet*, h. cᵉ Allemont.

Tremoley, XIII s. ; T-ya (villa de), XIII s. : voy. Cumba, Tramollia.

Tremoley, XIV s. : voy. Tramanz.

Trémoula (La), ér. cᵉ St-Barthélemy-de-Séchillenne.

Trenans, XIV s. : voy. Ternant.

Trencias (regio), XI s. : voy. Trevis.

Trennatis (chavan. de), XIV s. : voy. Treymant.

Trevonay (Ruiss. de), cᵉ St-Jean-de-Moirans.

Trépalon, XVIII s.; *Trépaloud*, bois cᵉ Quaix.

Trepenir (bois) ou Jeu de Blache ; *le Jeu-de-Blache*, mont. cᵉ St-Maurice.

Trept, cᵉ cᵒⁿ Crémieu ; par. dioc. Lyon, égl. Assomption.

Trequassenses (terre), VII s. ; Tret (eccl., villa de), XIII s. ; Treet, XVI s. ; Treet, XVIII s. ; *Trept*, cᵉ cᵒⁿ Crémieu.

Tréry (XIV s.) ; vill. cᵉ Vinay.

Tres Claustre (en), XVII s. ; Trois Cloîtres ; *Trois-Cloître*, quart. cᵉ Grenoble.

Tresaures (parr. de), XIII s. ; Tresasinos, XIV s. ; Tresane, T-nne ; *Tresaunes*, h. cᵉ St-Martin-de-Clelles.

Tresia (eccl. B¹ Mauritii in agro vel villa), X s. : *Creys*, vill. cᵉ Creys-et-Pusignieu.

Tresmunith, XII s. ; Tresmenich valila, Tres Mundz (castr.), XII s. ; Tresmeniz, Tresmin's (eccl. S. Petri de), XIII s. ; Tresmenlis (eccl. de), XIV s. ; Tremenis ; *Triminis*, cᵒⁿ Mens.

Trésorier (Le), gr. disp. cᵉ Tullins.

Tressonge, mas cᵉ Courtenay.

Treuillon, XVIII s. ; *Trouillon*, éc. cᵉ Echirolles.

Trevis (pagus), XI s. ; T-sis (in), XII s. ; Trevas (ap.) ; *le Trièves* (voy. ce nom).

Trevogillet: voy. Trievoz Gillet.

Trevonz (eccl. de), XIV s. : voy. Trequassenses.

Trevoz, XIX s. ; *le Trièce*, h. cᵉ Bizonnes.

Treyllinum, XIV s. : voy. Trelinum.

Treymant (chann. de), XIII s. ; *les Trennats ?*, l. disp. cᵉ Laffrey.

Treys Coppo (molend. de), XV s. ; Troyscoppa ; *Terre-Coupe*, mⁱⁿ cᵉ Marcenes.

Trizannes, h. cᵉ St-Martin-de-Clelles ; dioc. Die.

Trian (Le), h. cᵉ Tullins.

Triaux (habitants du mas du), XVII s. ; *le Triaux*, l. disp. cᵉ Optevoz.

Triaux, XIV s. ; Triau, XV s. ; Triaux : *Triaux*, quart. cᵉ la Tour-du-Pin.

Tribouillon, h. cᵉ Chélieu ; — (le), ruiss. cᵉ Montagnieu.

Tribune (La), h. cᵉ Serres-et-Nerpol.

Tribus Asinis (parr. de), XIV s. : voy. Tresaures.

Tribus Menlis (terra, prior de), XIV, XV s.: voy. Tresmunith.

Trières (Chⁱˢ des), cᵉ Biviers.

Trieuve, XVI s. ; Trieuves, XVI s. : voy. Trevis.

Trieux, XV s. ; Trieulx : voy. Tryaux.

Trieve (Le), XVIII s. ; *le Trieros*, h. cᵉ la Frette.

Trieve (Le), XVIII s. ; *le Trieros*, h. cᵉ St-Victor-de-Cession.

Trieve de la Cure (Le) ; *le Trieere*, éc. cᵉ Montrevel.

Trieve Marmonier ; *le Trieve des Marmonniers*, h. cᵉ Montrevel.

Trieve-Terrasse (Le), h. cᵉ Doissin.

Trièves (Le), région natur. compr. cᵒⁿ Clelles, Mens, le Monestier-de-Clermont et cᵒⁿ Ambel, Beaufin et le Monestier-d'Ambel et cᵒⁿ Corps ; comprise entre le Drac et le mont. qui sép. le départ. de l'Isère des départ Drôme et Hautes-Alpes ; doit probablement son nom aux trois routes de Mens aux cols de la Croix-Haute et de Menée, et à la mont. du Lautaret ; anc. archiprêtré, baronnie, mand. et chatellenie, puis vicomté.

Trièves (vicomté de), XVIII s. ; Clermont, ancienⁿ mandᵗ, chatellenie et Vicomté.

Trièves (Les), Trieve de Doissin; *le Trièce*, vill. cᵉ Doissin.

Trieves des Samlards, XVI s. ; *le Trièvos des Samiards*, l. détr. cᵉ Solaise.

Trievol Croysat, XV s. ; Cnisier, h. cᵉ Communay.

Trievoz (Le), h. cᵉ Charnècle ; — h. cᵉ Châtonnay ; — h. cᵉ Eyzin-Pinet ; — vill. cᵉ Penol; — h. cᵉ Ste-Blandine — (territ.), XVI s. ; *la Croix-du-Trièvos*, chⁱˢ cᵉ Vienne.

Trievoz Gillet (chⁱˢ), XVII s. ; Trievoz Gillet (le) : *Trievogillet*, h. cᵉ Bonnefamille.

Trigeris, fluv., XI s. ; Triere, riv. ; Treri, XIV s. ; *le Tréry*, riv. afll. l'Isère, cᵒⁿ Serres-et-Nerpol, Vinay et Têche.

Trincovenlères, XVIII s. ; Tris-

...mnière, chât. c⁰ Coublevie.

Trincons (Les), XVIII s. ; *le Trincon.* h. c⁰ St-Jean-de-Moirans.

Trio (Le), XVII s.: voy. Trioux.

Trioleria, XV s.: voy. Tyrolerie.

Triou (rual des), XVII s. ; *le Triou,* h. c⁰ Optevoz.

Tripore, XVIII s. ; *Tripuret,* éc. c⁰ Clelles.

Tripler (Le), h. c⁰ Montferrat.

Trismentis (vallis de), XIII s.: voy. Tresmunith.

Trissoderils villa, XIV s. ; *les Tisserandes,* h. c⁰ Varces.

Trivils (Hospit. h. Johan. in), (dom. S. J. in) ; Triviarum (precept.) ; *la Commanderie,* h. c⁰ St-Maurice-en-Trièves.

Trivils (in), XII s. ; Trivis (in), XIII s. ; Trièves, XIV s. ; Triviarum (terra), XIV s.: voy. Trevis.

Trivinieu, XVIII s. ; *Trivignieux,* h. c⁰ la Bâtie-Mont-gascon.

Troces (vadum de), XV s. ; *les Trois-Eaux,* f. c⁰ Vaulx-Milieu.

Trochet (Le), h. c⁰ Bessins.

Troll, XIII s. ; Trueil ; Treuil ; Truel (cornata dou), XV s.; *la Tour-du-Treuil,* h. c⁰ Allevard.

Troille, gr. c⁰ St-Christophe-Entre-Deux-Guiers.

Trois-Châteaux (Les), h. c⁰ Choranche.

Trois-Chênes (Les), éc. c⁰ Paladru ; — h. c⁰ St-Ondras.

Trois-Croix (Les), h. c⁰ Paladru.

Trois-Fontaines (Les), ruiss. c⁰ Laval ; — quart. c⁰ Rives ; — font. c⁰ Séchillienne.

Trois-Granges (Ruiss. des), c⁰ St-Pierre-d'Entremont.

Trois Lauds (cabane des), XIX s. : voy. Lacubus Frigidi Montis.

Trois-Morlists, h. c⁰ St-Lattier.

Trois-Ponts (Ch⁰ des), c⁰ St-Martin-le-Vinoux.

Trois-Pucelles (Les), mont. c⁰ Pariset: voy. Bec du Bataillon.

Trois-Sèches (Les), ruiss. aff. le Bourget, c⁰ la Valette.

Trois-Termans (Les), mont. c⁰⁰ la Chapelle-de-la-Tour et Faverges.

Trois-Voies (Les), ch⁰⁰ c⁰ Mon-trevel.

Troil (al), XIII s. ; Troll (al) ; Trollium (ap.), XIV s. ; Trollio (comba de) ; *le Treuil* f. l. disp. près Corps.

Trolardi Septimi (loc.), XVI s.: *le Thiolet,* f. c⁰ Septème.

Trolars (praheria de), XVI s.: voy. Trollieu.

Trollardi (in), XV s.; Trouillers (les) ; *le Trouillet,* h. c⁰ le Cheylas.

Trolleri Vielli (La) ; Trolieu V-i(la); Tryoleri Vielli, XIV s.: Trolleria V-i, XVI s. ; Troleri V-i ; *la Tuilerie,* éc. c⁰ Solaise.

Trolliartz (Los), XIII s. ; Trolllart (los) ; *les Trouillous,* h. c⁰ Brézet-Angonnes.

Trollieu (Le); Trouillon ; *Trouilleux,* h. c⁰ Éclose.

Trollium (in) ; Trolium, XV s.: voy. Troll.

Tronchardo (molend. de Rivo, alias de), XIV s. ; Trunchardi (territ.) ; *Rif-Tronchard,* h. et ruiss. aff. l'Isère, c⁰ St-Egrève.

Tronche (La), c⁰ c⁰⁰ Grenoble-Est ; dioc. Gren., égl. St-Ferjus év.

Tronche (La), h. c⁰ St-Sauveur.

Tronches (Les), éc. c⁰ Dizimieu.

Tronchia (camp. de), XIII s. ; T-i (nem. de la), XIV s. ; *la Tronche,* h. c⁰ St-Vérand.

Tronchia in mand. Montis Guriti, XIV s. ; Tronches (ad), XIV s. ; Tronchy (la Grande) soubz Montfrury, XVI s. ; *Tronche (Grande et Petite),* bourgs c⁰ la Tronche.

Trossers (bord. de), XIII s. ; Trossers (bord. deis), Trossor. XIV s. ; Trosseril villa ; *le Troussier,* h. c⁰ Notre-Dame-de-Mésage.

Trossateria (in), XV s.: Trousstyère, XVI s. ; Troussatiérc. Troussatières (les), XVIII s.: *Troussatière,* h. c⁰ Tullins.

Trossepaylle (chantel de), XIV s. : Trossopelli (cast⁰.), Trossepeillie, Trossapalli (fortalic.), Trossapellia, T-ihie, XIV s. ; *Troussepeille,* chât. c⁰ St-Sébastien.

Trosserii villa, XIV s. ; *les Troussiers,* h. c⁰ Villard-St-Christophe.

Trou-du-Glaz (Le), grotte c⁰ St-Pierre-de-Chartreuse.

Trouillet, l. disp. c⁰ Quincieu ; — (le), éc. c⁰ St-Clair-sur-Galaure.

Trouillière, XVIII s. ; *les Trouillevx,* vill. c⁰ Badinières.

Trouillot : *le Murvt,* éc. c⁰ Réaumont.

Trouillot, XVIII s.: voy. Voyens.

Trounas (chavan. de), XIII s. ; Trouvats (les), XVIII s. ; *les Trouex,* éc. c⁰ St-Georges-de-Commiers.

Trourellière, XVIII s. ; *la Trourcellière,* h. c⁰ Communay.

Troussaux, XIX s. ; *le Trousseau,* h. c⁰ Charnècle.

Troyef (mans. de), XIII s. ; Troyes (tr. de), Troef, XIV s.: Troeff ; *Grand et Petit Truchet,* hh. c⁰ St-Vérand.

Troyer, h. c⁰ Chaponnay.

Troyllio (de), XIV s. ; *le Treuil,* h. c⁰ la Forteresse.

Troynont villa, XIV s. ; *Trouine,* bois c⁰ Pierre-Châtel.

Truc (Le), h. c⁰ Autrans ; — éc. c⁰ Laval ; — (prat. de), XIV s. ; *le Truc,* L. c⁰ Montel ; — (le), h. c⁰ Plan ; — mont. c⁰⁰ St-Bernard et St-Hilaire.

Truc (Le), XIV s. ; Truch, Truc ou la Folie, XVII s. ; *le Truc,* mont. c⁰ St-Christophe-Entre-Deux-Guiers.

Truc (Le), mont. c⁰ St-Pierre-de-Chartreuse.

Truc-de-l'Eau (Le), mont. c⁰ Chapareillan.

Truc (Lo), XV s. ; (le Grand) ; *le Truc,* h. c⁰ la Forteresse.

Truc (Grand et Petit), mont. c⁰⁰ St-Joseph-de-Rivière et St-Laurent-du-Pont.

Truchail (territ. de), XIV s. : T-allli ; T-ayl, XV s. ; *le Truchet,* bois c⁰⁰ Commelle et Semons.

Trucherelle, h. c⁰ Noyarey.

Truchet (Le), bois c⁰ Châtonnay ; — (ch⁰⁰ du), c⁰ Sérézin-du-Rhône ; — (le), vill. c⁰ Viriville.

Trucheto (in), XV s. ; *le Truc,* mont. c⁰ Theys.

Truchetum, XIV s.; Truit (ruis. de), XVIII s.: *le Treuil,* mont, c°° le Bourg-d'Oisans et Livet-et-Gavet.

Truchons (Les), h. c° Chapareillan.

Truchy (Le), XVIII s. ; Truchay, Truchait (le) ; le Truchet, vill. c° Belmont.

Trucs (Les), mont. c° le Gua.

Truffat (Le), vill. c° Champ.

Truffay (Le), h. c°° Roussillon et St-Maurice-l'Exil.

Truite (La), h. c° Méaudre.

Truitière (La), ruiss. c° Chirens.

*Taullanense (ager, villa), X s. : voy. Tolianense.

Truitfes (Les), XIV s. ; le Truffet, l. c° Crémieu.

Truyl : voy. Troil.

Tryaux, XIV s. ; Tryeux, XVI s. ; Trieux, vill. c° St-Chef.

Tucham (sp.), XIV s. ; la Touche, mas c° Chichilianne.

Tuches (Les), h. c° St-Savin.

Tuchi (La), XIV s. ; les Touches, h. c° Plan.

Tuciacum villa, X s. : voy. Tusciaco villa.

Tucsins (territ. et nem.), XV s. ; le Bois, h. c° Dolomieu.

Tuelin (mais. L.) ; le Château, chât. c° Thuélins.

Tuellin (capell° de), XIII s. ; Tuellin ; Thuelins. c° c°° Morestel.

Tuelly (maladière de), XVII s. : voy. Tuyllia.

Tuéry (La), ruiss. c° St-Geoire.

Tuest, XII s. ; Tuet, XIII s. : voy. Cues.

Tuet, XIII s. ; Tubet (nem. dalph. de), XV s. ; Thuet (Grand et Petit), hh. c°° les Avenières et le Bouchage.

Tueyllinum, XIV s. ; Tuyllino (vill. du), XIV s. ; Tuellinum, XV s. ; Tuylinum, Tuelyn, Tuillin : voy. Tuellin.

Tuf (Le), font. c° le Fresnay.

Tuffières (Ruiss. des), c° St-Quentin, affl. ruiss. le Martinet.

Tuheres, XIV s. ; (riv. de), XV s. ; Tures (les), Ture ; Theure, vill. c° St-Aupre.

Tuile du Loup (rif de la) : voy. Comborsari, Vallis Orsaria.

Tuilerie (La), XVIII s. ; la Tuillère, mas c° la Balme ; — éc. c° Brangues ; — h. c° Barraux ; — éc. c° Bellegarde-et-Poussieu ; — l. disp. c° Belmont ; — h. c° Bossieu ; — h. c° Brion ; — éc. c° Chanas ; — éc. c° la Chapelle-de-Surieu ; — éc. c° Charantonnay ; — éc. c° Clelles ; — éc. c° les Côtes-d'Arey ; — éc. c° Dionay ; — éc. c° Four ; — éc. c° Gières ; — éc. c° Lieudieu ; — quart. c° Longechenal ; — éc. c° Meylan ; — éc. c° Montagne ; — l. disp. c° Oyeu ; — éc. c° Revel-et-Tourdan ; — éc. c° la Rivière ; — éc. c° St-Agnin ; — éc. c° St-Jean-de-Bournay ; — éc. c° St-Jean-le-Soudin ; — éc. c° St-Martin-d'Hères ; — éc. c° St-Martin-d'Uriage ; — h. c° St-Maximin ; — éc. c° St-Paul-les-Monestier ; — éc. c° St-Quentin ; — éc. c° Semons ; — éc. c° Solaise ; — éc. c° Tencin ; — éc. c° la Terrasse ; — quart. c° la Tour-du-Pin ; — éc. c° le Touvet ; — mas c° la Tronche ; — éc. c° Vertrieu ; — l. disp. c° Vignieu ; — éc. c° Villeneuve-de-Marc ; — l. disp. c° Villette-d'Anthon.

Tuilerie, XVIII s. ; la Thuillère, éc. c° Diémoz.

Tuilerie, XVIII s. : voy. Tramouley.

Tuilerie Baly, XIX s. ; la Tuilerie, éc. c° St-Joseph-de-Rivière.

Tuilerie-de-Charmeton, éc. c° Marennes.

Tuilerie-Massot (La), éc. c° Mens.

Tuilerie-Tanon (La), éc. c° Mens.

Tuileries (Les), h. c° Agnin ; — quart. c° Chasse ; — m. c° Eybens ; — h. c° St-Gervais ; — h. c° St-Jean-d'Avelans ; — mas c° Sérézin-du-Rhône.

Tuillère, XVIII s. ; Tuillière, éc. c° Heyrieu ; — (la), éc. c° Jonage ; — (la Petite), bois c° Meyrieu ; — (la), XVIII s. ; Tuilerie (La) ; la Tuillière, mas c° St-Chef.

Tuille (La), m^le c° Optevoz.

Tuillière ou Tuillère (La), éc. c° Autrans ; — h. c° Chábons ; — (la Grande), bois c° Châtonnay ; — h. c° Montagnieu ; — mas c° Romagnieu ; — éc. c° St-Georges-d'Espéranche ; — h. c° St-Paul-d'Izeaux ; — mas c° St-Sorlin ; — mas c° St-Victor-de-Cessieu ; — f. c° Septème ; — bois c° Tréminis ; — XVIII s. ; la Tuilerie, éc. c° Torchefelon.

Tuillières (Les), h. c° Meyssiès ; — h. c° Seyssuel ; — h. c° Volron.

Tuinono (de), XI s. : voy. Tolvonis.

Tulet, l. disp. c° Allières-et-Risset.

Tulin, XVIII s. : voy. Tuellin.

Tulins (Les) : voy. Thollins.

Tullins, ch.-l. c°° arr^t St-Marcellin ; dioc. Gren., égl. St-Laurent.

Tullinum, XII s. ; Tulis, XII s.; Tullino (priorat. de), XIV s. ; Tuillinum; Tullinum; Tulin, XVI s. : voy. Tollanense.

Tulvono (cap. de), XI s. ; Tulvonis (castr.), XII s. ; St-Denis, l. disp. où s'élevait le chât. de Tolvon, c° St-Étienne-de-Crossey.

Tulvonis (desertum), XIII s. : voy. Tolvonis.

Tuna (La), XV s. ; la Tune, mont. c° Ste-Agnès.

Tunel-des-Chamois (Le), col c° St-Joseph-de-Rivière.

Tunière, L. c° le Bouchage.

Tunna (La), XIV s. ; Tuna, XVI s. ; la Tune, mont. c° Séchilienne.

Tupini (parr.), XV s. ; Tuppinis (loc.), XVI s. ; les Tupinières, quart. c° Vienne.

Turba (mans. de), XIV s.; Turbat I, l. disp. c° Mayres.

Turbaia (alp. de la), XIII s. ; le Turbat, mont., col. et chal. c°° Valjouffrey, Clémence-d'Ambel et Villard-Loubière.

Turbine : voy. Terbissain.

Turcs (Les), chal. c° Venone.

Turecionico ; Tourdan, vill. c° Revel-et-Tourdan.

Turecoupe : voy. Tarrecope.

Tureiller (Mais.) ; Triller, éc. c° Moissieu.

Turellis (Vernetum de), XIV s.; le Toura, mont. c° le Mont-Mont-de-Lans.

Turey (Le), éc. c° Monferrat.

Turgis (de), XIV s. ; Turgiis (bedale de), XV s. ; les Turges, mas c° la Salle.

Turinum, XV s. : voy. Toirin.

Turitet (via de), XVI s. ; *Tiretel* (chin de), c° Bougé-Chambalud.

Turmacio (in pago Vellana in los), IX s.: voy. Taburniacum, Tornaico.

Turnins, XIV s. : voy. Tornyn.

Turno (pons de), XV s. ; *le Touron*, ruiss. affl. la Marsanne, c° le Périer.

Turno, XIV s.; T-ou; *Turnoud*, vill. c° Porcieu-Amblagnieu.

Turno (de), XIV s.: voy. Tornin.

Turno (chavan. de), XV s.: voy. Tornos.

Turnodis (parr.), XV s.: voy. Toivonis.

Turrax (La), XVII s. ; *Turra (la)* ; *la Turre*, mont. c° St-Christophe-Entre-Deux-Guiers.

Turre (archipresbiter de), XII s. ; *Archiprêtré de la Tour*, une des grandes circonscr. de l'anc. dioc. de Vienne.

Turre (baronia de), XIII s. ; Turris (baronia terre), XIV s.; *Baronnie de la Tour*, anc. circonscrip. féodale, réunie en 1273 par le mariage entre Humbert de la Tour et Anne, sœur du dauphin Jean I.

Turre (La), XVIII s. ; *la Turre*, scierie et mont. c° Autrans.

Turrellorum (claperium), XIV s. ; *les Tours*, mont. c° Valjouffrey.

Turribus (de), XV s. : voy. Torres.

Turrim (adj), XV s. ; Turris priorat. Feyzini, XVI s. ; *la Tour*, vill. c° Feyzin.

Turris... juxta aqua Merdaroili, XIV s. ; *la Tour-de-Nazanousye*, anc. mais. L. c° Grenoble.

Turris sine veneno, XVI s. ; Alexipharmacon vulgo sine veneno, XVII s. ; *la Tour-Sans-Venin*, h. c° de Pariset. Le lieu doit son nom à l'anc. chât. de Pariset, dans lequel ne pouvaient vivre les animaux venimeux.

Turris (capella castri), XIV s.: voy. S. Clari de Turre.

Turris de Pinu, VII s. ; Turre (domin. de), XII s. ; Turre Pini (domin. de), XIII s. ; Turris de Pino; Turris (villa) (eccl. B° Marie burgi), XIV s.:

la Tour-du-Pin, chel. arr.

Turris Spini, XIV s. : voy. Turris de Pinu.

Turris juxta Ysoram, XV s.: T.Insulæ; *la Citadelle*, quart. c° Grenoble.

Turronem (nem., gr. ap.), XII s.: *Touron*, éc. c° Roncurel.

Turturello (molend. de), XII s.: *la Tourtourelle*, mas c° St-Antoine.

Tusclaco villa, X s.: *Tussieu*, c° ces Heyrieu.

Tusclacum villa, X s.; Tussiaco villa, X s.: voy. Tusclaco villa.

Tusina, h. c° Vinay.

Tuyerinum, XV s.: Tuyrinum: voy. Toirin.

Tuylia (molend. de), XIV s.: *Thuély*, h. c° Morestel.

Tuyllinum, XIII s.: voy. Tollanense.

Tyeuvoley, XVI s.: voy. Thivoley.

Tygney (mina argent.), XIV s.; *Tignieu*, mont. c° la Ferrière.

Tyllin, XV s. : voy. Tuellin.

Tyllio (de), XIV s. : voy. Til.

Tyoleria, XIV, XV s.; Tyoleyre, XVI s. ; *la Tiollière*, mont. c° Tréminis.

Tyolier (terra de), XV s. : *Thiolay*, mas c° Chaponnay.

Tyllio (de), XIV s. : voy. Thiel.

Tyolleria, XVI s. ; Tyollière (la); *Tiollière*, l. disp. c° St-Chef.

Tyrardière (La), XVII s.; *Tirard*, éc. c° Miribel-les-Echelles.

Tyrebrayer : voy. Tirebraieux.

Tyelus (bajaillo de), XVI s. : voy. Tisino.

Tyasuse (nem. de), XIV s. ; *le Tilleray*, bois c° Allevard.

Tyvelleria, XIV s. ; Tyvolerio (dom. L. de), XV s. ; Tyvollerie la Coyrane (dom. L.), XV s. : voy. Tivelli, Thievollière.

Tyvolerie (ripp.), XV s. ; Tyvollière, XVI s.; *la Tirollière*, h. c° Coublevie.

U

Ubar (L'), mont. c° Entraigues.

Ubar, XIV s.; Ubacos (ap.); Ubays; Ubetos : *les Ubacs*, bois c° Pellafol.

Ubas, XIV s. ; l'Ubays ; Ubas (les) ; *les Hubats*, h. c° St-Paul-les-Monestier.

Ubas, XIV s. ; Ubays, Ubas (les) : *les Hubats*, h. c° St-Paul-les-Monestier.

Uclaires, XVIII s. : *Uclaire*, h. c° Gresse.

Uclas (Les), forêt c° Quet.

Uclnu (L'), XIII s. : *l'Ucnu*, l. disp. c° Vienne.

Ues : voy. Hues.

Uferneti (pous), XV s. ; *l'Ufernel*, mas c° les Côtes-de-Corps et Quet-en-Beaumont.

Uferneti (villa), XIV s.; *Jaffonnière*, h. c° la Cluze-et-Pâquiers.

Ufernetum (nemus): *l'Infernel*, mont. c° Le Périer.

Ufernetum (in), XIV s. ; *Funchon l'Ufernel*, h., éc. c° St Baudille-et-Pipet.

Uirage, XIV s. : voy. Auriage, Uriaticum.

Ukelet : voy. Huizellet.

Ulbays, XIV s. : voy. Ubas, Ubacus.

Uldruis (chaban. de la), XIII s. : *les Hudrys?*, l. disp. près Barraux.

Uliana, XIV s. ; Uletum ; *Lullié*, bois c° Susville.

Uliette (L') : *l'Heuillet*, mas c° St-Laurent-du-Pont.

Ulias, Uyllias, XIV s. ; *les Heuillles*, bois c° Le Touvet.

Ulile (L') ou les Rivoires, XVIII s. ; *la Petite-Heuille*, mont. c° Voreppe.

Ulmes (Les), XIV s. ; Ulmis (in) ; *les Ormes*, l. disp. près la Mure.

Ulmeys villa, XIV s. ; Ulmeo (bord. de), XIV s.; *l'Hommar*, mas c° Oz.

Ulmi, XII s. : Ulmo, XIV s. ; *l'Orme*, mas c° Vourey.

Ulmis (territ. de), XV s. ; *les Ormes*, mas c° Jallieu.

Ulmo (mas. de), XV s. ; *l'Orme*, l. disp. c° Gillonnay.

Ulmo (G. de), XIV s. : *l'Orme*, h. c° St-Agnin.

Ulmo (territ. de), XV s.: *l'Orme*, mas c° St-Chef.

Ulmo (de), XIV s. : l'Orme et

(iter regale de), XV s.; Ul-meto (via publ. de), XV s.; *l'Orme*, l. disp. c⁰ St-Ismier.

Ulmo (de), XIV s.; *l'Orme*, mas c⁰ Villette-d'Anthon.

Ulmorum (nem.), XV s.; del Ver (nem.): voy. Ver Burgondii.

Ulmum (ad), XIII s.; *l'Orme*, h. c⁰ Lavars.

Ulmum, XV s.; *l'Homme*, mas c⁰ Le Mont-de-Lans.

Ulmum, XIV s.; *l'Homme*, bois c⁰ Le Périer.

Ulmum, XIV s.; Terrache, XV s.; *l'Orme*, mas c⁰ la Terrasse.

Ulmum, in valle Orientale, XI s.; Ulmus (loc.), XIII s.; Ulmo (dom. de), 1300; *l'Orme*, l. disp. c⁰ Vienne.

Ulmus de Eyneu, XIV s.; Dayneu, XIV s.; de Ayneu (fons); *la Croix-d'Enieu*, mas c⁰⁰ St-Clair-de-la-Tour et la Tour-du-Pin.

Ultra Dracum, XI s.; Ultra Dracon (archipresbyterat. de); Ultra Drappum, XV s.; *Au-delà-du-Drac (archiprê-tré d')*, avant le XVII s., l'une des quatre grandes divisions territoriales dioc. Gren.

Ultra Dravum, XIV s.: voy. Ultra Dracum.

Ultra Pontem villa, XIV s.; *Au-Delà-du-Pont*, quart., vill. c⁰ Le Fresnay.

Umbertancs (mans. dels), XIII s.; U-tons (m. d.): voy. Combe-Imbert.

Uncinum (ap.), XIII s.; Uncins, *Oucinei*, h. c⁰⁰ Aoste et Romagnieu. (Supprimer p. 18: Hucinum).

Urgeasses (Les), bois c⁰ St-Paul-de-Varces.

Urgières (Les), XVIII s.; *les Orgières*, chal. c⁰ Vaujany.

Uriage (Bains d'): voy. Estang (Grand et Petit).

Uriajo (chastel d'), XIII s.; Uriaci (castr.), XIV s.; Uriatici (castr.), XV s.: voy. S. Nicetii (castr.).

Uriatico (capell⁰ de), XIII s.; (parr. de); Uriatico (cura de), XIV s.: voy. S. Salvatoris Uriatici.

Uriaticum, XIII s.; U-ci (mand.), XIII s.; (mistr.), XIV s.;

Uriaigo; Uriacum, XIV s.; Uryage; Uriagium; Uriatici (baronia), XV s.; *St-Martin-d'Uriage*, c⁰ c⁰⁰ Domène.

Urillons(Les), mont. c⁰ St-Christophe-Entre-Deux-Guiers.

Uriul, h. c⁰ Vif; par. dioc. Gren., égl. Ste-Michel et Laup.

Uriolum, XIV s.; Uriolum villa; Urioli (castr.); Uriolo (eccl. sanctor. Michael. et Luppi de), XV s.; *Uriul*, h. c⁰ Vif.

Urnaceu (pascua de), XII s.: voy. Urnatiacum.

Urnone (parr. de), XIV s.: voy. Ornone.

Urnellière (l'), h. c⁰ Chozeau.

Urseria (plasia de), XV s.; *l'Oursière*, mont. et cascade, c⁰⁰ Revel et St-Martin-d'Uriage.

Urticayreriis, XIII s.; *l'Hurtière*, f. c⁰ St-Martin-d'Uriage.

Urtier (collis de), XIII s.; Urteril c., XV s.; *Hurtier* (col d'), c⁰⁰ Entraigues et la Salette.

Urtieres (riv. de), XIV s.; Urtieyres, XIV s.; Urteriarum (castr.), XV s.; *Hurtières*, hh. c⁰⁰ Renage et Tullins.

Urtierils (folliolum de), XII s.; Urticarum (ad folieil), XIII s.; Urteres; Urtières (follolet d'), XVI s.; *Hurtières*, mont. et chal. c⁰ Poumiers.

Urtigeriis (eccl. de), XI s.; Urtieires (ad), XIII s.; Urterias; Urterils (malum desertum de), XIV s.; U-riarum (parr., capellania, eccl. St Christophori); *Hurtières*, c⁰ c⁰⁰ Goncelin.

Uselière (domaine d'), XVIII s.; *Uselière*, f. c⁰ Presles.

Usine (L'), h. c⁰ Chasse; — h. c⁰ Ternay.

Usine-à-Gaz (L'), quart. c⁰ Grenoble; — quart. c⁰ Vienne.

Usines-Chevalier, us. c⁰ l'Albenc.

Usine (loc.), X s.: voy. Visinu.

Uveraines (Les), XVIII s.: voy. Avercell.

Uves, XIII s.: voy. Oveis.

Uyeans (de), XV s.: voy. Oyeancio.

V

Vacant, h. c⁰ Châtonnay.

Vacellin, XV s.: voy. Vacelliniacus.

Vaceu (eccl. de), XIII s.; Vaciacum, XV s.; *Vassieu*, vill. c⁰ Amblagnieu.

Vachax (mans. as) in parr. de Vileta, XIII s.; Vacharum (prat.), XV s.; *les Vaches*, l. disp. c⁰ St-Laurent-du-Pont.

Vache (La), h. c⁰ la Sône.

Vacher, gr. c⁰ Prébois; — h. c⁰ St-Pierre-de-Chandieu.

Vachère, f. c⁰ Beaurepaire.

Vachères (Les), XVIII s.; *les Vachers*, h. c⁰ St-Martin-d'Uriage.

Vachères (Les), h. c⁰ St-Vérand.

Vacheres (cavan. dela), V-ra (ten. dela), Vachiers (als), XIII s.; Vacheriis (molend. de), XIV s.; *Vachères; les Vachières*, h. c⁰ la Salette.

Vacheres (ap.), XIV s.; Vacheriis (serr. de), XV s.; *Col des Vachers*, c⁰⁰ la Salette et Aspres-les-Corps.

Vachères, XIX s.: voy. Verchières.

Vacheresse, ruiss. affl. ruiss. Veaunoire, c⁰ Lavaldens.

Vacheria villa, XI s.; V-ilis, Vacheiras (lo champ de), XII s.; *les Vachères*, vill. c⁰ St-Hilaire-du-Rosier.

Vacherie (La), éc. c⁰ la Ferrière; — mas c⁰ Ste-Anne-d'Estrablin.

Vacherie (La): voy. Chanisson.

Vacheriis (de), XIV s.; V-riau, XV s.; Vacheres; *Vachères*, h. c⁰ Cessieu.

Vaches (le Béal des), ruiss. c⁰ la Garde.

Vacheras (mans. el), XIII s.; Vaches (chavan. dou), XV s.; *les Vaches*, l. disp. c⁰ Flachères.

Vachia (comba de), XIV s.; Vachi, Vache (pont, mont. crest, golet, pâtur., vall., cabanes de la Grande et de la Petite), XVI, XVII, XVIII s.; *la Grande, la Petite Vache*, mont., chal. c⁰ St-Julien-de-Raz.

Vachier (Richert), XII s.; Vacherii (ten. P.), XIV s.; Vacharlorum (terra) ; *Vachier*, gr.ᶜᵉ St-Pierre-de-Chartreuse.

Vachières, XVIII s. ; *les Vachères*, bois c⁰ St-Michel-en-Beaumont et Entraigues.

Vachiers (Les), XVIII s. ; *Vachier*, h. c⁰ Thodure.

Vachinière (La), chⁱ⁰ c⁰ Grenay.

Vachon, éc. disp. c⁰ la Murette.

Vachoneu (Les), XVIII s. ; *les Vachoneus*, h. c⁰ St-Etienne-de-Crossey.

Vachonnière, f. c⁰ Valencogne.

Vaeillef (eccl. de), XIV s. : voy. Vatilleu, Vaetillerio.

Vacinum (ap.), XIV s. ; Vacyn, Vaczinum ; *Vassin*, vill. c⁰ St-Victor-de-Morestel.

Vacoux, ruiss. c⁰ Villette-Serpaize.

Vaetillerio (eccl. S. Martini de), XV s. ; Vaetilhevi ; *Vatilieu*, c⁰ c⁰⁰ Tullins.

Vaczon (loles de), XIV s. : voy. Vason.

Vadum subt. Tegiani, XIII s. ; de Thearhi, XIV s. ; de Teychia, XIV s. ; *le Gua*, h. c⁰⁰ Beaulieu et Tèche.

Vadum, capelle, XII s. ; cautrum, XIII s. ; *le Châtelard*, éc. c⁰ du Gua.

Vadum, pons, XV s. ; *le Gua*, h. c⁰ Proveyzieux.

Vadum, territ. : *le Gua*, mas c⁰ St-Savin.

Vadum, XII s. ; Vadi villa, XIV s. ; Vado (mand. de), XV s. ; *le lieu*, c⁰ c⁰⁰ Vif.

Vadum Auzonis, XIII s. ; *le Gua-de-l'Ozau*, chⁱⁱ c⁰ Sérézin-du-Rhône.

Vadum Massou (martinet. meriter sit. sup. rippagium de Fura) ; *le Gua*, h. c⁰⁰ Renage et Rives.

Vageiras, XII s. ; *Valexr*, h. c⁰ Dionay.

Vaille, h. c⁰ Chatte.

Vailles (Les), XVIII s. ; Vallières, XIX s. ; *les Vallières*, éc. c⁰ Sinard.

Vaillier, éc. c⁰ Allevard.

Vaillin (de), XIII s. ; Vaillinum, XIV s. : voy. Vayllin.

Vairaciaco (eccl. de), XI s. : voy. Vairaserus, Veraceu.

Vairaciacu (eccl. de), XI s. ; Varaceni (eccl.), XV s. : voy. Vieille Eglise.

Vairaserus (boscᵘ), XI s. ; *Voraciedz*, c⁰ c⁰⁰ Vinay.

Vaissilleu, XIV s. ; Vaysailleu, Vaysilleu ; *Veyzailleu*, c⁰ c⁰⁰ Prémier.

Vaissin, XVIII s. : *Vessin*, h. c⁰ Paladru.

Vaizin, XVIII s. ; *Chez-Vaizin*, h. c⁰ Eyzin-Pinet.

Vaizin (La), XIX s. ; *Lavaizin* (le), XIV s. ; *Lavaizin*, h. c⁰ Ruy.

Val (en), XIV s. ; *Valaucey*, h. c⁰ Dolomieu.

Val d'Ainan, 1783 ; *St-Geoire*, ch. c⁰⁰ arr¹ la Tour-du-Pin.

Val Freyde (combe de) ; *le Froide*, éc. c⁰ St-Georges-d'Espéranche.

Val Gauteril (du), XV s. ; Valgautier, Vallis Gauteril (gad., comba) : voy. Valle Galteril.

Val-sur-Sonne, 1783 : voy. Cappella Suyriaci.

Valaize, h. c⁰ Meyssiez.

Valaize (la Petite-), ruiss. affl. la Valaize, c⁰ Villeneuve-de-Marc.

Valancinu (villa de), XIV s. : Valencinum, V-ns, XV s. ; Valensinum, Valancinum, XVI s. ; Vallancin ; *Valeucin*, c⁰ c⁰⁰ Heyrieu.

Valancinu (hospit. quod precept. Bellecombe habeb. in villa de), XIV s. : voy. Bellecombe (terra hospit.).

Valaré (bois), XVIII s. ; Valleri (bois). Valeyré, Valleiry (combe) : *Valeré*, h. c⁰ Dionay.

Valarno (parr. de), XIII s. ; Valorneu, Valarnot (dom.) : *Villarnoud*, h. c⁰ Commelle.

Valay, éc. disp. c⁰ Proveyzieux.

Valaygnier, XIV s. ; Vallay (combe), Vallay, XV s. : *le Vaillet*, h. c⁰ St-Appolinard.

Valbonen (eccl. de), XI s. : Valle Bonen (eccl. S. Frigdi de), XI s. ; Valle Bonenin (de), XII s. ; Valle Bonaisio, Bonaisio, Bonenni, Bonaldi, Valbonuys : *Valbonnais*, chef-l. c⁰⁰ arr¹ Grenoble.

Valbonnays, XVII s.; Valbonnais : voy. Vaulbonnays.

Valbonnais, ch.-l. c⁰⁰ arr¹ Grenoble : dioc. Gren., égl. St-Pierre.

Valeiola (en), XIV s. : voy. Vallewia.

Valdenz (eccl. St-Christofori de), XI s. ; (parr. de la), XIII s. : Valle Dentis (eccl. de), XII s.; Vallis Denz, Dentis (parr.), XIV s. ; Vallis Dencium, Valdent (ministralie), Valledencura, Vaudenz, XIII s. ; Valdens (la) ; *Lucoldens*, c⁰ c⁰⁰ Valbonnais.

Valettes (nem. de), XIV s.; Valluxa (de), XII s.; *les Valuses*, mas c⁰ Jarcieu.

Valensin, c⁰ c⁰⁰ Heyrieu ; par. dioc. Vienn., égl. St-Vincent.

Valencino (hospit. de), XIV s. : voy. Bellecombe (terra hospit.).

Valencogne, c⁰ c⁰⁰ Virieu ; par. dioc. Vien., égl. St-Jean-Bapt.

Valencole, h. c⁰ St-Just-de-Claix.

Valenconi, XIII s. ; Vallenconia, XIV s. ; Valanconia, XV s. ; Valenconis (eccl.), XV s. ; V-cogny, XVIII s.; Valanconi, XVIII s. ; Vallancogne : *Valencogne*, c⁰ c⁰⁰ Virieu.

Valeret, l. disp. c⁰ Bourg.

Valéry, ruiss. c⁰ Ste-Blandine.

Valetière, éc. c⁰ Biol ; — h. c⁰ le Fontanil et Voreppe.

Valette, h. c⁰ Miribel-les-Echelles.

Valette (La Basse et la Haute), hh. c⁰ Rencurel.

Valette, gr. disp. c⁰ St-Honoré.

Valette (La), c⁰ c⁰⁰ Valbonnais; dioc. Gren., égl. St-Pierre.

Valette, mont. c⁰ le Villard-de-Lans et St-Julien-en-Vercors (Drôme).

Valette (La), XVIII s. : voy. Veillière.

Valeysula, XIII s. : Valesia, XIV s.; Valèze, XIX s.: *le Valaize*, ruiss. affl. la Gère, orig. c⁰ Châtonnay, arr. c⁰ Lieudieu, St-Jean-de-Bournay, Villeneuve-de-Marc, Savas-Mépin, Meyssiez.

Valeysium (ap.), XV s. ; Valet (de), XVIII s.: *le Valey*, h. c⁰ St-Pierre-d'Allevard.

Valèze, XVIII s.; Valaize, XIX s.; voy. Vallesia.

Valfremat (en), XIV s. : Valfremont (nem. de), XV s. ; *Valfrey*, h. c⁰ Rives.

Valfroide (ruiss. de), c⁰ la Garde.

Valgaufre (feud. de), XIII s.; Vallis Gaufredi : voy. Vallis Josfredi.

Valgela (dom. de), XIV s.; *Vaugelas*, éc. c° Parmillien.

Valgela, XVIII s.; Valgellas : *Vaugelas*, forêt c°° St-Honoré et Villard-St-Christophe.

Valgris, XIV s.; (castell° de) : voy. Vogoria.

Vallables (territ. de), XIV s.: Valigles ; Valahles : voy. Vallesia.

Valin, Vallin (château de), XVIII s.: (chât. de St-Didier) : voy. le Château-de-Vallin.

Valisa, XVI s. : voy. Valettes.

Valjouffrey, c° c°° Valbonnais : dioc. Gren., égl. Notre-Dame.

Valla (La), vill. c° Chasselu.

Vallalies (territ. de), XV s.; Vallelies ; *Varilles?*, l. disp. c° St-Clair-du-Rhône.

Vallantien (nem. de), XIV s.; Valentières (territ. de), XV s. : Vetyer (territ. de); Vallautier, XVII s.; *Valentier*, h. c° Bonnefamille.

Vallantin, éc. c° Avignonet.

Valle (rivus de), XIV s.; Vallis (riv.); Laval, XVIII s.; *le Grand-Ruisseau*, ruiss. aff. l'Isère, formé par réunion ruisseaux de Cropet du Muret, arr. c°° Laval, Froges, Villard-Bonnot.

Valle (in), X s. : voy. Vellen.

Valle Fanjosa (in), XIV s.; Vallis Fanjose (territ.), Valfanjeouse (mas de), XVIII s. : *Valfanjoux*, h. c° le Fontanil.

Valle Galterii (in), XIII s.; *Vaugautier*, h. c° Sillans.

Valle Gelata (de), XII s.; Valligellata, XV s.; *Vaugelas*, h. c° Roche.

Valle Levorens (in agro Ebtevensi, in), X s.; *le Villard*, vill. c° Chevrières.

Valle Navisio (eccl. S. Johan. de), XI s.; Navigii (eccl. S.Joh.), XII s.; Vallenavensi (mans. de); Valle Navisia ; *Vaulnaveys-le-Haut*, c° c°° Vizille.

Valle Nerreri (in), XIV s.; Nerya (in); *Combe-Noire*, forêt c° St-Etienne-de-Crossey et St-Julien-de-Ratz.

Valle Orseri (cap. de), XIII s.; Vallis Orgerie (cap.), XIV s.;

Vallorseria ; *Valmesière*, h. c° Roybon.

Valle Orseria (mas de), XV s.; Vallorceyri; *l'Ourcière*, mont. et cascade, c°° Revel et St-Martin-d'Uriage.

Valle Ortensi (loc.), X s.; Ortis (in civit. Vien., loc.), XI s.: Valle Ortensis (in), XI s.: Ortensium (in), XI s.; Hortensi, Vallorteln, XIII s.: Valortis (malad. de) ; Valorceys; *Vallortis* (loc, Vaurcine), anc° territ. de Vienne, au pied du mont St-Just.

Valle Sambana (in), X s. : voy. Amballon.

Valle Sancti Christofori (eccl. de), XI s.: voy. S. Christophori in Oysenclo.

Vallebonesio (in), XIV s.; Vallis Boneysii (partes), XV s.; *le Valbonnais*, région natur. compr. c°° Valbonnais, Valjouffrey, le Périer, Chantelouve, Entraigues, du c°° du Valbonnais.

Valleciola (in), XIV s. : voy. Vallesia.

Vallegranerii (mina ferres in), XIV s.; Valle Grana (riv. de), *Vaugrenie*, h. c° St-Pierre-d'Allevard.

Vallelies (territ. de), XV s.; Vallilliez (t. de), XVI s.: voy. Vallesia.

Vallellis (trivium de), XIV s.; *Vallier*, f. c° St-Victor-de-Cessieu.

Vallelles (ad), XIII s.; *Vareille*, h. c° Prébois.

Vallenigra (de), XIV s.; *Vaunoire*, éc. c° Lavaldens.

Valleres (en), XIII s.; Vallière (m° de), XVIII s.; *Vallières*, h. c° Montalieu-Vercieu.

Valles, XIII s.; Vallibus (territ. de); (praiueria de) ; *Lecaux*, h., vallée qui s'étend sur c°° Cluzelle et Vienne.

Vallesia (gr.), XII s.; Vallesiella, XIV s.; Valleyses; *Valaize*, vill. c° Villeneuve-de-Marc.

Vallet (Le), h. c° Penol.

Vallet, mont. c° le Fontanil; — ruiss. aff. ruiss. de Vors, c° Ste-Agnès.

Vallet (au), XVIII s.; Valets (les); *le Vallet*, h. c° Tramolé.

Valleta, XV s. : Vallette (la), XVIII s. : *la Valette*, gr. c° Besses.

Valleta, XIV s.; *la Valette*, h. c° Jardin.

Valleta (rupis de la), XIV s.; *la Valette*, bois c° Rovon.

Valleta (eccl. de), XI s. : (parr. de la), XIII s. : (ministralia de), XIV s.; (parr. S. Petri de la), XV s. : Vallette (la), XVI s.; *la Valette*, c° c°° Valbonnais.

Valletes (mans. de), XIII s.: Valletis (comba de), XIV s.: Vallette (la), XIX s. ; *la Valette*, h. c° la Forteresse.

Valleti (mans.), XIV s. : Valetz (territ. des), XV s. : Valets (les), XIX s. : *les Valles*, h. c° St-Martin-d'Uriage.

Valleta (Les), h. c° Pajay.

Vallibus (de), XIV s.; *Vaux*, h. c°° Chaleons et Montrevel.

Vallibus (territ. de), XV s.; Vallilies, XVI s. : *Veilles*, mas c° Moidieu.

Vallibus (ministralia de), XIV s.: (villa de) : *Notre-Dame-de-Vaux*, c° c°° la Mure.

Vallibus (riv. seu gorgia), XIII s. ; *Vaule*, ruiss. aff. de Laula, arr. c° Notre-Dame-de-Vaux et la Motte-d'Aveillans.

Vallibus (eccl. de), XII s. : (prior de) ; *Vaux*, mas c° Parmillieu ; anc. prieuré ordre St-Benoît, dép. prieuré St-Irénée de Lyon.

Vallibus (in), XIII s. ; *les Vaux*, mont. c° St-Michel-les-Portes.

Vallibus (S. de), XII s. ; Valles, XV s. ; *Vaux*, vill. c° St-Victor-de-Cessieu.

Vallibus (ripper. de), XIV s.; (aqua de) ; *Lereaux*, ruiss. aff. l'Agny, arr. c° St-Victor-de-Cessieu, Châteauvilain, Sérézin, Nicolas-Vermelle et Succieu.

Vallibus (de), XII s. ; (parr. de), XV s. ; Vallium (castr.) : *Vaule*, h. c° Vaulx-Milieu.

Vallibus (eccl. de), XIII s. ; Vallez, Vallibus (cochia de), XIV s.: voy. St-Jean-de-Vaux, c° c°° Vizille.

Vallibus (parr. de), XIV s. : voy. Avaux.

Vallibus (eccl. de), XIII s. : voy. S. Johannis de Vallis.

Vallier, ég. c⁰ Chatte ; — ég. c⁰ Châtillanne ; — ég. c⁰ Morianis.

Valligmon (Ruiss. de), c⁰ Aguin.

Vallilles (in), XV s. ; l'Arsilles, h. c⁰⁰ Paet et Revel-et-Tourdan.

Vallin (le), h. c⁰ Biol ; — h. c⁰ Chirens ; — f. c⁰ Monteceau.

Vallin (de), XII s. ; Vallyn, Vallino (de), XIV s. ; Vallins, XVI s.: voy. Vayilin.

Vallinis (de), XIV s. ; Valins (les) ; les Vallins, h. c⁰ St-Bonnet-de-Chavagne.

Vallins (Les), h. c⁰ Masslen ; — h. détr. c⁰ Oytier-St-Oblas ; — h. c⁰ Theys.

Vallinum, Vayl-m : voy. Castr. Vallini.

Vallion, XIV s. ; Vallinion (el), Vallanon (territ. de), XV s. ; Vallagnion (vignoble de), XVII s.; Vallignon (ruiss. de), Vallignion, Vallunion : Valugnon, h. c⁰ St-Sorlin.

Vallis (loc.) ; la Croix-des-Vaux, mas c⁰ Septème.

Vallis (monast.), XIII s. : voy. Vallis de Breyssiaco.

Vallis Alavardi, XIII s.; A-rgus, XI s. ; Alavart, XIII s. : Allevard (callée d'), région natur. arrosée par le Bréda, c⁰⁰ La Ferrière, Pinsot, la Chapelle-du-Bard, Allevard et St-Pierre-d'Allevard.

Vallis Argentina : voy. Argentaldum.

Vallis Aurea, X s. : Valloria, XII s. ; Valoure, XVI s. ; Val d'or (le), XVII s. ; la Valloire, rég. natur. compr. aud c⁰⁰ Beaurepaire et Roussillon, et qq. c⁰⁰ c⁰⁰ du Grand-Serre (Drôme).

Vallis de Bent, nunc Vallis Sancti Hugonis, XII s. : voy. Vallis S. Hugonis.

Vallis Bonnesil (riper.), XIV s. : le Bance : voy. Bona (aqua).

Vallis de Breyssiaco, XIII s. : Breisseio (monial.), Brisssiaci, Braissiaci, Breysiaci, Brissyaci, Breysie, XIV s. ; Breissiasi ; l'Abbaye, f. c⁰ St-Pierre-de-Bressieux ; anc. abb. de filles de Laval-Bénite-de-Bressieux, ordre Citeaux, voc. N.-D., fondée vers 1119.

Vallis Caprarie (dom, prior), XIII s. ; Caprerie (dom.) : l'Archerrière, h. c⁰ le Villard-de-Lans.

Vallis Chevallerosa, XIII s. : Valle Ca (dom. f. de Miribello in) : la Chevalousie, XVIII s., vallée arrosée par la Gresse (voy. ce mot).

Vallis de Comerlis, XIII s. : Val de Commiers, XVI s. ; Vallée de Commiers (voy.).

Vallis Dalne, XII s. ; Valdena, XIII s. ; Valdalina (archipresbiterat. de), XIV s. ; Valdeyna, Valdanea, Valdanna, Vallidena, XV s. ; la Valdaine, rég. natur. : voy. Vaudania.

Vallis Deutrerie, XIV s. ; Deytrerius (mons), Valdeytreyri, XIV s. ; l'Etre, mont. c⁰ St-Christophe-en-Oisans.

Vallis Funjosa, XIV s. ; Valfaugeouse, XVIII s. ; l'Olfaujouse, h. c⁰ le Fouanil.

Vallis Frigida, XIV s. ; Valfrede, XVIII s. ; l'Olfroide, mas c⁰⁰ Burcin et Colombe.

Vallis Frigida, XIII s. ; Frederal, h. c⁰ La Chapelle-du-Bard.

Vallis Frigida : voy. Alefrigide.

Vallis Gela, XIII s. ; Vallis Jalata villa, XIV s. ; Vangelas, ruiss. aff. le Bréda, c⁰ la Ferrière.

Vallis Gelada, XII s. ; Vallegelata (de), XIII s. ; Vallis Jalata, XV s. ; Vangelas, h. c⁰ Laval.

Vallis Gresi, XIV s. ; Valle Griso (domin. de), Vallis Grisii (castello) : voy. Voguria.

Vallis Grinliosa, XIV s. ; Grignosa : l'Ongrenier, h. c⁰ Bevoine.

Vallis Hererya, XIV s. : voy. Valombray.

Vallis Jalata, XIV s. : Julay, nie c⁰ Mens.

Vallis Josfredi, XI s. ; Valle Josfredi (parr. de), XIII s. : Vallis Joffredi, XIV s. ; Joffredi, Valjoffrey, XVI s. ; Valjoffrey, Valjoffray : Valjouffrey, c⁰ c⁰⁰ Valbonnais.

Vallis Orseria, XIV s. ; l'Oursière, h. c⁰ le Montaret.

Vallis Orseria, XIV s. ; Valorsery : voy. Comborsard.

Vallis Regine (territ.), Vallis Regine (vonobinus), XVI s. : voy. Vallis Ruyne.

Vallis Ruyne seu malad. de Valorteys (vinet.), XIV s. : l'avendue, mas c⁰ Vienne.

Vallis Sancti Hugonis, XII s. ; Ugonis : St-Hugon, us. et forêt, c⁰ la Chapelle-du-Bard.

Vallis, XIV s. ; Vallis St Savini, XV s. ; Vaux, XV s. ; Vallibus (de) ; Laval, vill. c⁰⁰ St-Chef et St-Savin.

Vallis St Stephani, XIII s. ; (eccl.), XIII s. ; S. Stephani (eccl.), XIV s. ; (parr.), villa, XV s. ; Val (la) ; Laval, c⁰ c⁰⁰ Domène.

Vallis St Stephani (bastida), Valle (batia nova de), XIII s. ; (castr.), (dom. f. de), XIV s. ; tiorrles, chât. c⁰ Laval.

Vallis St Vincentii, XI s. ; le Périer, c⁰ c⁰⁰ Valbonnais.

Vallis Sinistra, XIV s. ; Senestris ; l'Alsenestre, vill. c⁰ Valjouffrey.

Vallis Tinison, XII s. ; Tenisium, vallée et ruiss. c⁰⁰ St-Pierre-de-Chartreuse et Proveyzieux.

Vallis Crueria, XIII s. ; Usle, XIV s.; l'Oursière, mont. et chal. c⁰ St-Laurent-du-Pont.

Vallisbonesii (dom.), XIII s. ; Vallebonii (dom. de) ; Valbonneis, XIII s.; Ves (parr. de), XIII s.; Vallis bonneuil (baronnia), XIV s. ; (eccl. S. Petri) ; Valbonnoix, XIV s. ; Vallis Borneuil ; Valle Boney-siu (de), XV s.; Valbonnoys, XVI s. ; Valbonnais, chef. c⁰⁰ arr⁰ Grenoble.

Vallisbonesii (dom.), XIII s. : Valbonnais (d. f. de), XIII s.; (castr., fortalic.), XIV s. ; le Château, h. c⁰ Valbonnais.

Vallisgellate (eccl.), XVI s.; St-Roumet, vill. c⁰ Roche.

Vallismavigii (mansi.), XV s.; Inferioris (mistr.), XV s. ; Vaulmorrys le-Bas, c⁰ c⁰⁰ Vizille.

Vallinum (territ.), XV s. : la Valla, h. c⁰ Pusignan.

Vallon (Le), mont. c° Chantelouve; — mont. c° la Ferrière; — mont. c°° Lavaldens et le Périer; — et glac. au pied du Pic des Ecrins.

Vallon (Cime du); *le Vallon*, mont. c°° St-Christophe-en-Oisans, Clémence-d'Ambel et Guillaume-Pérouse (Hautes-Alpes).

Vallon (Le Grand-), mont. c° le Freney-d'Oisans.

Vallon (Le Grand, le Petit-), mont. et ruiss. affl. le Béranger, c° Valjouffrey.

Vallon-Ourcière, XIX s.; *Combe-Ourcière*, mont. c° Valjouffrey.

Vallon-Peyroux (Le), mont. c° Chantelouve.

Vallone de Bernarx (mons de), XIV s.; Vallon Bernard, XVIII s.; *le Vallon*, mont. c° Venose.

Vallonibus (in), XIV s.; *le Vallon*, ruiss. c° Villard-Eymond, affl. le Vénéon.

Vallone (mons de), XIV s.; Vallo (adretum de), XV s.; *le Vallon*, mont. et chal. c° Besse.

Vallone (alpagia de), XIV s.; V-neto (alp. de); V-nla (alp. magni), XV s.; V-nnel (le), XVIII s.; *le Vallonet*, mont. et chal. c° Vaujany.

Vallonus (alpis) in territ. de Lanis, XI s.; *le Vallon*, mont. et chal. c° Pellafol.

Valloria (gr. in) juxta Hospitale, XII s.; Valle Aurea (dom. Templi de), XIV s.; *le Temple*, f. c° Beaurepaire; anc. command. ordre du Temple.

Valloria, XIV s.; *les Valoires*, h. c° le Monestier-de-Clermont.

Vallouise (la), mont. c° St-Christophe-en-Oisans.

Valmoram, XIII s.; V-a (territ. de), XIV s.; *Mora*, mas c°° St-Symphorien-d'Ozon et Solaise.

Valmoran, XIII s.: voy. Vignetes.

Valnaves (eccl. S. Johan. de), XI s.; V-visio (de), XII s.; V-vet (de); V-vesio, XIII s.; Valnavesio; Valnaveys; V-vais; *Vaulnaveys-le-Haut*, c° c°° Vizille.

Valoire, isle de l'Isère, XVIII s.; *les Valoires*, mas c° la Terrasse.

Valoires (Les), h. c° Morêtel.

Valois, ruiss. c° Claix.

Valombray (gr. de), XIV s.; Vallombré (bois de), XVII s.; Valombroy; *Vallombré*, mont. et chal. c° St-Pierre-de-Chartreuse.

Valongne (La), VIII s.; *la Valonne*, h. c° Vif.

Valorie (alpag. de), XIV s.; Valoyri, XIV s., V-la; Valloyriz (collum de), XV s.; Valloüire (habert, rocs et rif de); *la Grande et la Petite Valloire*, mont° et chal. c° la Ferrière.

Valorseti (mans. de), XIII s.; V-erl; Valorsieri, XIV s.; *l'Ourcière*, h. c° le Moutaret.

Valorsier (de), XIV s.; V-seria (de), XIV s.; *la Verrière*, h. c° Chaponnay.

Valpatier (ortus de), XIII s.; *la Vautière*, chât. c° St-Symphorien-d'Ozon.

Vala, XII s.; Vaux, XIII s.; *Lucal*, h. c° Royas.

Valsellon (territ.): voy. Venselon.

Valserre (mand° de), XIV s.; V-ra (castr. de), Valle Serra (cast. de), Valseira, XIV s.; Valserres, XIV s.; Vallissara, XV s.; *Vaulserre*, chât. c° St-Albin-de-Vaulserre; anc. chât. ruiné, c° St-Martin-de-Vaulserre.

Valt, XII s.; Valx; *Vaulx*, h. c° Vaulx-Milieu.

Valtravers (de), XIII s.; Valle Traversa (borgia de), Vallis Traverso (molar., mass.); *Vautravers*, h. c° Tencin.

Valude (La), ruiss. affl. la Marsanne, c° Chantelouve.

Valuzin (riv. de), XVIII s.; Valuizin; *le Valuzin*, ruiss. affl. l'Agny, c° les Eparres.

Valz (prior de), XIII s.: voy. Vallibus (eccl. de).

Var (Le), mont. c°° Livet-et-Gavet et Vaulnaveys-le-Bas.

Van (rup. del), XIV s.; *Van*, mont. c°° Livet-et-Gavet et Vaulnaveys-le-Haut.

Vana (vilar de), XIII s.; Vannes, XVII s.: voy. Avana.

Vanancoys (territ.), XVI s.: voy. Val (en).

Vanavoy, ruiss. c° Dolomieu.

Vance (mias de la), XIX s.: voy. Abassia.

Vanco (La), XVIII s.: voy. Ventia.

Vanne (ruiss.): voy. Avana.

Vanu, XVIII s.; Vannaux (les); *les Vannaux*, h. c° Anslou.

Vara (pasu. de), XIII s.: voy. Vauvre.

Varaceni (dom.), XV s.; *Varacein*, l. disp. c° Biviers.

Varaceno (nem. de), XII s.; V-cleu, XVI s.; Varassieu, XVII s.: voy. Vatrasierus.

Varacieux, c° c°° Vinay; dioc. Vien., égl. St-Maurice.

Varaize (la Grande), XVIII s.; *Vareize (la)*: voy. Variola (aqua).

Varaize, XVIII s.: voy. Voroyale.

Varambon, én. c° St-Clair-du-Rhône.

Varambons (Les), h. disp. c° Monsteroux-Milieu.

Varaner (ad): voy. Vararesio.

Varanger. én. c° St-Maximin.

Varare, mont. c° Chantelouve.

Vararesio (mons de), XIV s.; Vararoix (folliolum de), Varareys (mons de), V-sio, XV s.: Varrarey, XVI s.; V-ys, XVII s.; *Vararey*, chal., mont. c° Pommiers.

Varces, c° c°° Vif; dioc. Gren., égl. St-Pierre.

Varcet (Le), l. disp. c° Fitilieu.

Varchere: voy. Verchère.

Varciaux (Les), h. c° St-Ismier.

Vareinno (porta de), XV s.; *Varanin*, chât. c° St-Etienne-de-St-Geoirs; anc. porte du bourg.

Varesse (riv. de), 1700: voy. Variola.

Varey, mas et ét. c° Villette-d'Anthon.

Vareyseu (la cua de), XV s.; Varisieu (forêt de), XVII s.; *Varisieu*, for. c°° Soleymieu et Trept.

Vareysi (La), XIII s.; V-sei (aqua), XIV s.; Vareysia: voy. Variola.

Vareysia, XIV s.; Vareisia (territ. de); Vareyule seu de Prallies (territ.), XV s.; *Varèse*, mas c°° St-Alban-du-Rhône et St-Clair-du-Rhône.

Varoysia (de), XIV s.; V-asia, XV s.; Varoiso (bois de), XVIII s.; Varèse, h. c⁰ St-Julien-de-l'Herm.

Varoysia (fons Parve), XIV s.; la Petite-Varèse, ruiss. affl. la Varèze, arr. c⁰⁰ Bossieu et St-Julien-de-l'Herm.

Vargne, gr. disp. c⁰ Crax, XVIII s.

Varille: voy. Vallelles.

Varillion (territ. de), XV s.; Varillent, l. disp. c⁰ St-Clair-du-Rhône.

Varillis (territ. de), XV s.; l'ouvonille, h. c⁰ St-Sorlin.

Varisia (aqua), X s.; la Varèze, riv. affl. le Rhone, orig. c⁰ Arzay, arr. c⁰⁰ Bossieu, Villeneuve-de-Marc, St-Julien-de-l'Herm, Meyssiés, Cour-et-Buis, Montséveroux, Monsteroux-Milieu, Assieu, Verniox, Cheyssieu, Auberives, Clonas, St-Prim, St-Clair et St-Alban-du-Rhone.

Vartière (La), h. c⁰ St-Didier-de-la-Tour.

Varnauds (Les), XVIII s.: voy. Marnauderie.

Varnavano seu Oudona, XIV s.; Vernavant, h. c⁰ Rochetoirin.

Varneu, XIV s.; Varnieu, éc. c⁰ Panossas.

Varnière, ruiss. c⁰ Montrevel.

Varniers (Les), XVIII s.; le Varnier, h. c⁰ St-Jean-d'Avelano.

Varnieu, mas et éc. c⁰ Montreau.

Varoyneria, XIII s.; la Vironnière, h. c⁰ Voreppe.

Varoyneria (in), XIII s.: voy. Varareulo.

Varren, XVIII s.: voy. Vavre.

Vars; Varaz; Vars, mas c⁰⁰ Cessieu et Sérézin-de-la-Tour.

Vars (Le), éc. c⁰ Montrevel.

Varsea (cap. de), XI s.; Varsia (cap. de), XII s.; Varsie (capell castri), XIV s.; St-Girand, mont et ruines c⁰ Varces.

Varsea (eccl. S. Petri de), XI s.; Varz, XII s.; Varsia; Varcea; Varsea; Varsea (parr. S. Petri de), XIII s.; Varsia; Varces, c⁰ c⁰⁰ Vif.

Varsia (castr. de), XIII s.; Château-Vieux, ruines c⁰ Varces.

Varsisum, XV s.: voy. Vercial.

Varsonnière (La), h. c⁰ Pitilieu.

Vart (al), XIV s.; le Vars, mas c⁰ Frontonas.

Vart (Le), h. c⁰ Pommiers.

Varvatier, h. c⁰ Favergos.

Varvoux, vill. c⁰ Bernin.

Vauon, XIV s.; le Vauon, mas c⁰ le Bouchage.

Vassaiz (vill. des), XVII s.; Vasseaux, XVIII s.; les Vasseaux, h. c⁰ St-Pierre-d'Entremont.

Vasselin, c⁰ c⁰⁰ la Tour-du-Pin; dioc. Vien., égl. St-Eusèbe.

Vasserax, XIV s.; V-a; l'asserox, h. c⁰ Crémieu.

Vasseu (parr. de), XIV s.; Vassiacum, XV s.: voy. Vaceu.

Vassioux, éc. c⁰ le Villard-de-Lans.

Vassilinia seu villa, IX s.; Vasselin (capelle de), XIII s.; Vassillinum, XIV s.; Vassalini villa, XIV s.; Vassillini; Vassellinum, XV s.; Vassollinum, XV s.; Vasselin, c⁰ c⁰⁰ la Tour-du-Pin.

Vassillieu (dom. f. de), XIV s.; Vassilbeu (capell de), XIV s.; Vassillacum, XV s.: voy. Vaissilieu.

Vassin, 1783: voy. Mont-Victor.

Vatel, éc. c⁰ Pellafol; — h. c⁰ Rives.

Vatiliaco (castr. de), XIII s.; le Château, chât. c⁰ Vatilieu.

Vatilier, XIX s.; le Vatilieu, vill. c⁰ Roybon.

Vatilevo (eccl. de), XI s.; Vatilieu; Vatileo (G. de), XIII s.; Vatillacum, V-liiacum; parr., XIV s.; Vatilieu, Vatillerie (domin. de); Vatilof, V-lief, Vatillevi (domin.); Vatillyon, Vatille, V-lof; Vatilieu, c⁰ c⁰⁰ Tullins; dioc. Gren., égl. St-Martin.

Vatiligux (Les), XVIII s.; V-lot, V-lier (le), XIX s.; les Vatileux, h. c⁰ St-Antoine.

Vatillof, XV s.; V-lievi, V-liacum, Vatillevum, Vatillevi, Vatilleum: voy. Vatilieu.

Vaubonais, XVII s.; V-ays, Vaubanais: voy. Vaulboneys.

Vaulbonneys, XIII s.; V-nois, XIV s.; Vauxboneis, XV s.; Vauxbonnoys, Vaulbonnois, V-nais, V-nays, XVI s.; Vaulbonoise, Vaulbonné, Vaulbonnoys; Valbonneis, ch.-l. c⁰⁰ arr⁰ Grenoble.

Vauez (ripp. de), XIV s.; Vauz (molend. de), Vaulx, XVI s.; Vaux, ruiss. c⁰⁰ Dizimieu et Crémieu.

Vaulanela (comba de), XIV s.; Vauclayno, XVII s.; Vaudene (la Grande) et la Vaudenette; Vandisne, mont. et ruiss. c⁰ Livet-et-Gavet.

Vaulania, XIII s.; Vaudena, Vaudeyna (archipresb. de S. Georgio de), Vaudayna, Vaudeyna, XV s.; Vauldeyno, XVI s.; Vauldayne; la Vaudaine, rég. natur. arr. par l'Alnan, compr. c⁰⁰ St-Geoire et partie c⁰⁰ le Pont-de-Beauvoisin; un des sept archiprêtrés de Vienne.

Vaudrina (Val), XV s.; Vaudrine, éc. c⁰ St-Michel-de-St-Geoire.

Vaugean, XVIII s.; Vaujean, bois c⁰ les Cotes-d'Arey.

Vaugela (territ. de), XV s.; Vaux Gela; Vaugelas, l. disp. c⁰ la Cote-St-André.

Vaugelas, h. c⁰ St-Quentin; — h. c⁰ Virieu.

Vaugelet, chât. c⁰ Chuzelle.

Vaujalla, XVIII s.: voy. Valle Gelada.

Vaujanny, XIII s.; Vaujanie, XV s.; Vaujani en Oysans, XVI s.; Vaujanay, c⁰ c⁰⁰ le Bourg-d'Oisans; dioc. Gren., égl. St-Etienne.

Vaujany, f. c⁰ la Murette.

Vaujany (signal de); les Rochers de Hixiau, mont. c⁰ Vaujany.

Vaujany et St-Jehan (mont. entre), XVI s.: voy. Olle.

Vaulboneys, XVI s.; V-es, V-nnois; Vaubanneix, chât. c⁰ la Pierre.

Vaulgautier, XVIII s.; Vaugauthier, XIX s.: voy. Valle Galterii.

Vaulgris, XV s.: voy. Voguris.

Vaulian (Le), XIX s.; les Julans, h. c⁰ St-Paul-d'Izeaux.

Vaulnaveys-le-Bas, c⁰ c⁰⁰ Vizille.

Vaulnaveys-le-Haut, c⁰ c⁰⁰ Vizille; dioc. Gren., égl. St-Jean-Bapt.

Vauloise (ruiss. de), XVII s.; Vaulnise, XVIII s.: voy. Volusia.

Vaulrenne (territ. de), XV s. ; Vaurreyna (ter. de), Vaureyne (ter. de), Vaulreyne, Vaulrayne, Vaulx Reyne ou er Pelletan, XVI s. : voy. Vallis Ruyne.

Vaulserre, chât. c° St-Albin-de-Vaulserre ; anc. chât. sur St-Martin-de-Vaulserre.

Vaulserre (eccl. de), XV s. ; Vausserre, XVIII s. : voy. S. Martini mand. Vallisserre.

Vaulx (Ruiss. de), c° Ste-Agnès.

Vaulx, XVIII s. ; Veaux (le) ; Vaux, XIX s. ; le Venu, h. c° St-Siméon-de-Bressieux.

Vaulx, h. c° Vaulx-Milieu ; par. dioc. Vien., égl. Ste-Madeleine.

Vaulx (maison de), XVIII s. ; l'Hôpital, h. c° la Verpillière, anc. comm ordre St-Jean-de-Jérusalem.

Vaulx-Belmont, XVIII s. : voy. Bellomonte (in).

Vaulx Jaletas, Vallis Jalata (ripper.), XV s. ; Fériol, ruiss. c°° Chirens et Voiron.

Vaulx-Milieu, c° c°° la Verpillière.

Vaulxgranas (rifx de), XVI s. ; Vaulgrane (font. de), Vaulgraine : voy. Vallegranerii.

Vaunaves, XIII s. ; V-vay, XIV s. ; V-voys, XVI s. ; Vauxnavé, Vaunavey le Haut : voy. Valle Navisio, Valnaves.

Vauneyry (bois de), XVIII s. : voy. Valle Nigra.

Vaure, XVIII s. : voy. Vorz.

Vaures (Les), XIV s. ; les Vurres, éc. c° les Avenières.

Vaures (Les), h. c° Billieu.

Vaureyillis (de), XIV s. ; Varille., mas c° Soleymieu.

Vauria (in), XIV s. ; la Vauri, ch^le c° Bernin.

Vauria, XIV s. ; le Lavorz, h. et ruiss. aff. le Manival, c° St-Nazaire.

Vauro (en), XV s. : V-oz, Vaore (le grand), XVII s. ; Vaerr, mas c° St-Chef.

Vauro (M. de), XIII s. ; Wauro (in) ; le Vaure, l. disp. c° St-Just-et-Chaleyssin.

Vauro (de), XIII s. : voy. Wauro.

Vaurze, col c°° Valjouffrey et Villard-Loubière (Htes-Alpes).

Vaus, XII s. ; Vaux, XIV s. ;

Vaulx, h. c° Vaulx-Milieu.

Vaus (dom. de), XII s. ; Vaux (Templ. de), XIII s. : voy. Templi de Valt.

Vauserre, XVI s. ; Vauxerre, XVII s. ; Vausserre : voy. Valserre.

Vauta, Vouta (la), XIV s. ; la Voute, l. disp. c° St-Michel-de-St-Geoirs.

Vautz, XIV s. ; Vaurz (les), Vaus, Vaux. Vaut : voy. Vallibus (S. de).

Vauvaz (La), XVIII s. : voy. Lavuraz.

Vauvro (feud. del), in parr. S. Pauli, XIII a. ; Vauve éc. c° le Monestier-de-Clermont.

Vaux (praeria de les), XV s. ; Vaux (les), Vaulx ; (les) ; Lecaux, h., vallée qui s'étend sur c°° Chuzelle et Vienne.

Vaux (Les), XVIII s. ; Vaulx (les), XIX s. ; voy. Vitulis.

Vaux et Bellum-Montem (ap.) ; Belmont, vill. c° Vaulx-Milieu.

Vaux et Milieu, XVIII s. ; Milieu ; Vaulx-Milieu, c° c°° la Verpillière.

Vaux (Notre-Dame de), XVII s.; Vaux, mas c° Parmilieu.

Vaux St-Hugon (La), XVI s.; Vaulx Sct-Hugon, XVI s. ; Vault S. H. : voy. Vallis S. Hugonis.

Vaux in mand. de Pineto, XIII s. ; Vaulx (ruiss. de), c° Cour-et-Buis.

Vauxbonnays, XVIII s. : voy. Vaulboneys.

Vaux : voy. S. Johannis de Vallis.

Vaux, XIII s. ; Vaux (Notre-Dame-de-), XVIII s. : voy. S. Marie de Vallis.

Vaviaz, h. c° St-Didier-de-la-Tour.

Vavre (Lecheria de), XIV s.; Vavre, chât. c° Tignieu-Jameyzieu.

Vavrey, mas c° Ruy.

Vax (costia de) : voy. Vautz.

Vaxivier (Le), mont. c°° St-Christophe-en-Oisans et Guillaume-Pérouse (Hautes-Alpes).

Vaybuils, XIV s.: voy. Barbelli.

Vayilin (de), XII s.; V-num (ap.x V no (comba de), XIV s. ; le Bas et le Haut-Vallin, hh.

c° St-Victor-de-Cessieu.

Vayraxsacum, XII s.: voy. Vairasierus.

Vayrin, XIII s.; V-ns; Veyrius, c° c°° Morestel.

Vayron, XIV s.; Veyraud, h. c° Auberives.

Vearia, XIV s. ; Velaria ; la Veyrie, h. c° Lavars.

Vearia (nem. de la), XIV s.; Vaivres (Grandes et Petites), forêts c° Tréminis.

Veaubeaunais, XIX s. : voy. Vaulboneys.

Veaux, XVIII s. ; le Venu, vill. c° Bressieux.

Vecats (Les), Vicat, XIX s.; les Vicats, h. c° St-Just-de-Claix.

Vecedia, XI s., anc. territ. compris entre les rivières la Vezy et Treéry, c°° Beaulieu et Vinay.

Vecedia (territ.), XI s. ; Essemot, h. c° Varacieux.

Vechono (riv. de), XV s.; le Vechon, ruiss. c° Quet-en-Beaumont.

Vecière (Le), ruiss. c° Chirens.

Vecillieu, XV s.: voy. Vaissilieu.

Veczeroncia, XIV s.: voy. Veseroncia.

Veelent (mans. de), XIV s. : voy. Vialenes.

Veerius de Brenigno, XIV s.: voy. Veheria de Bregnino.

Veheria Clariaci, XIV s.; Velerius Cleriaci, XV s.: voy. Vicaria Gratianopolis.

Veheria Domene, XIV s. ; V-le (dom.) ; la Vehérie, quart. c° Domène.

Veleria de Geria, XIII s.; V-rie de Gyère, XV s. ; la Vehérie de Gières, anc. mais. forte disp. près l'anc. porte Pertuisière, c° Grenoble.

Veherie de Bregnino (dom. f.), XV s. ; de Bernin : voy. Veyeria.

Veherii Moyrenci, XIV s.: voy. Veyeria Moyrensii.

Veiaria (district.), XII s.; Veiarein, anc. territ. le long de de l'Isère depuis le ruiss. la Vence jusqu'à Grenoble, c°° St-Egrève et St-Martin-le-Vinoux.

Veilaume (Ch^le de la) c° Valbonnais.

Veilli Morta, XIV s. ; Veilla

Morta, XIV s. : voy. Villi-
morta.
Veillière, h. c^e Noyarey.
Velmont (Le), l. disp. c^e Lans.
Veiraceu, XII s. : voy. Vaira-
sierus.
Veiravilla (castr.), XI s. : voy.
Vera Vila.
Veirin (Le Petit), XVIII s.; Veg-
rius (le Grand, le Petit-), hh.
c^e Veyrins.
Veirin (eccl. de), XIV s.: voy.
Vayria, Verinum.
Veirisaal (molend. de), XIII s. :
voy. Virisales.
Veiro, XV s.: voy. Viero,
Veiras, fluv., XI s.: voy. Veuzl.
Veisselette (Ruiss. de), aff. le
Merdaret, c^e St-Joseph-de-
Rivière.
Veisseller (Le), h. c^e Massieu.
Veisaillieu, XVI s. : voy. Vais-
sillieu.
Veitonus, riv. XII s.; V-us; V-n;
Veitum : le Veyton, ruiss.
aff. le Bréda, sép. c^es Alle-
vard et Pinsot.
Vela (La), XVIII s. : le Velou,
h. c^e Montferrat.
Velain (Le), XVIII s.: le Veliu,
h. c^e Villefontaine.
Velanne (Grand et Petit-), hh.
c^e Velanne.
Veleni (Bon Maria), XIII s.; Sous-
Vignes, h. c^e Chaponnay.
Velin, mas c^e Joux.
Velin, forêt auj. total défrichée,
c^es St-Symphorien-d'Ozon,
Corbas, Mions, Chaponnay et
Marennes. Anc^on parait avoir
désigné sous ce nom la partie
N.-O. du départ. de l'Isère.
Veljania, XIV s. : Veujoug:
voy. ce nom.
Vellans (pagus), VIII s.; Velin:
voy. ce nom.
Vellen, XIV s.; V-num Bazieu,
XV s. ; le Veliu, mas c^e Ge-
nas.
Vellen, XII s.; V-no (territ. de)
q. voc. Allodia, XIII s. : Vel-
laini ; Vellens ; V-no (for.
dalphin. de), XV s. ; Vellein;
Vellain (for. de), Velleyn, XVI
s.; Velin : voy. ce nom.
Velleteres, XIV s. ; les Vil-
lenuds, h. c^e Meylan.
Velleteres, XIV s. ; V-rils (in),
XIV s. ; Velletares, XVI s. :
Veillatière, h. c^e St-Ismier.

Velleton, éc. c^e le Percy.
Velliaus (de), XIV s.: voy. Aves-
lanz.
Vellyeti (costa). XIV s.; Villet,
f. c^e Theys.
Vellymorta, XIV s. : voy. Villi-
morta.
Velouza (Clos du), XVII s.: Ve-
louse, bois c^e le Sappey.
Velpilhery (La), XVI s. ; Velpi-
lière : voy. Valpilleri.
Vennyres, XIV s. : voy. Vene-
ries : Veneyries.
Venue, 1783 : St-Egrève, c^e c^es
Grenoble-Nord.
Veneis, XIII s. ; (molend. des,
XIV s.; Venehia : Vensia, XV
s. : Veney (en), XVI s. ; Vene-
re, vill. c^es Quaix et Corenc.
Vendecine, clos c^e Puisgnan.
Veneon (piscaria de), XIII s. ;
V-nis (aqua), XIV s.; Veneyon-
ne (de) : Venconia (nem.) ;
Venneonis (nem.), XV s. ; le
Venéon, ruiss. aff. la Ro-
manche, arr. c^es St-Christo-
phe-en-Oisans, Venose et le
Bourg-d'Oisans.
Venequier, gr. disp. c^e Alle-
mont.
Veneries, XIII s. ; Veneros, XIV
s.; Vennerie, XV s.; Veneyres;
Venéries, c^e c^es Crémieu ;
dioc. Vien., égl. St-Aignan.
Veneyries (villa, parr. de), XIV
s.; V-rez; V-res, XV s.; V-rieu,
V-riacum, XVI s.; Venéries,
c^e c^es Crémieu.
Venin (Grange), XVII s. ; les
Souillets, h. c^e St-Laurent-
du-Pont.
Venose (eccl. de), XI s.; Venou-
seu, XII s. ; Vennum ; Ve-
num ; Vennonis (eccl. S. Christofori), XV s. : Venose, c^e c^es
Grenoble-Sud ; dioc. Gren.,
égl. St-Christophe.
Venos (Les), gr^e c^e Mens.
Venoseh (eccl. de), XI s.; V-c ;
Vennoch (parr. de), XIII s.;
Vennoseh (nem. nigra de),
Venos (subsirie de) ; Vennasco
(parr. de), XIV s.; Vennoseum
villa ; V-ce (parr.); Vennesco
(cura de), XIV s.; Vennosto
(eccl. S. Petri de), XV s.; Ve-
nosc-en-Oysans ; Venose, c^e
c^es le Bourg-d'Oisans ; dioc.
Gren., égl. St-Pierre.
Venarion (territ. de), XIV s.;

Venillon, bois c^es Anjou et
Ville-sous-Anjou.
Vent (Le), l. disp. c^e Chalons,
XVIII s.
Vent (Grand) : voy. Van (rup.
del).
Ventafol, XIV s., l. disp. c^e la
Motte-d'Aveillans.
Ventafol (territ. des), XVI s., c^e
Rousillion.
Ventebren, h. c^e St-Maurice.
Ventes (Maison Mgr. de), XVI s.;
les Moulins-de-Vente, m^in
disp. c^e Grenoble, hors l'anc.
porte Très-Cloître.
Ventis, XI s. : Venese (dum.),
XIV s.; Venes (la), XVI s. :
Veney, XVII s. ; la Venere,
riv. aff. l'Isère, arr. c^es le
Sappey. Corenc, Quaix et
St-Egrève.
Ventollon, XIX s.: voy. Vintalou.
Veolenes (manu.), XIII s. : voy.
Violenes.
Ver (nem. del), XIII s.; Vert
(nem. lo) prope vill. de Travers,
XIV s.: Vers (for. du), XVIII
s.: le Vert, for. c^e la Balme.
Ver (el), XIII s. ; Verin Burgon-
dii (nem.), XIV s. : Vers
(territ. du), XV s.: le Vert,
mas c^es Bourgoin et Jallieu.
Ver (el), XIII s. : Vers de Co-
umella (nem. li) ; le Vert,
bois disp. c^e Commelle.
Vera Vila, XII s. : Verivilla :
Vererilla, XIII s. ; Viricille,
c^e c^es Roybon.
Veracef (castr. de), XIII s. ; Ve-
racent (castr.), XIV s. ; le
Château, c^e Varacieux.
Veraceu, XII s. ; V-ref (manil.
de), XIII s. ; V-cco (de) ;
V-cenum, XIV s.; V-cieu, XV
s.; Veracieux, c^e c^es Vinay.
Verand, 1793 : St-Vérand, c^e
c^es St-Marcellin.
Veranini (porta), XV s. : voy.
Vareinau.
Vérauds (Les), h. c^e Auberives-
en-Royans.
Verra (La), ruiss. aff. la Sanne,
c^es Sonnay et Ville-Sous-
Anjou.
Verceuna (manu. des), XIII s.;
Vercenatum villa, XIV s. :
V-as, XVIII s. ; Vercenot, h.
c^e Susville.
Verchamps (Les), h. c^e Polienas.
Vercher, XVIII s. ; Verchère,

vill. c° Voissant.
Vercherandlerii(La),XIV s.:Verchanderia ; *la Verchaudière*, mas c° Jonage.
Vercherai, l. disp. c° St-Sauveur.
Verchère (La), XVIII s., l. disp. c° Billieu.
Verchère (La), gr. c° Charantonnay.
Verchère, XVII s. ; *la Verchère*, mas c° Veyrins.
Vercheres (Les), XIV s. ; V-rie (territ.), XV s. ; V-la S. Savini, XVI s. ; *Verchère*, vill. c° St-Savin.
Vercheria (mans. in), XIII s. ; *Verchère*, ruiss. c° St-Joseph-de-Rivière.
Verchlères (Les), XVI s. ; Verchere, XVIII s. ; *les Verchères*, h. c° St-Agnin.
Verciaco (eccl. de), XII s. ; Verceu, XIII s. ; Vercle, XV s. ; Vercieux ; *Vercieu*, vill. c° Montalieu-Vercieu.
Vercieu, vill. c° Montalieu-Vercieu ; dioc. Lyon.
Vercin, vill. c° St-Chef.
Vercini (de), XIII s. ; Verezinum, XIV s. ; *Vercin*, vill. c° St-Chef.
Vercour (Le), h. c° Pinsot.
Vercour, XIX s. ; *Vers-Cour*, h. c° St-Ondras.
Verd, m^is c° St-Alban-de-Roche et l'Isle-d'Abeau.
Verd Moyrens (ch^au du), XV s. ; *le Vert*, h. c° Moirans.
Verdache, h. c° Valencin.
Verdagne (Ch^le de), c° le Villard-de-Lans.
Verdant (Le), ruiss. aff. la Greuse, c^es Miribel-Lenchâtre et le Gua.
Verdarel (riv.), XV s. ; Verderello (riv. de), XV s. : *le Verdant*, ruiss. c° St-Nazaire, aff. ruiss. Lavors.
Verdarello (riv. de), XIII s. ; *le Verdant*, ruiss. aff. le Vivier, c° Sassenage.
* Merdarellum vel Bovardum, XIV s. ; Merderello (riv. de) : voy. Verdarel.
Verdarellus, aqua, XIII s. ; Verdarel (canal de), XVII s. ; Verdaret (riv. de) ; *le Verduret*, ruiss. aff. l'Isère, c^es Eybens et Grenoble.

Verdaret (Le), ruiss. aff. l'Ainan, c° St-Geoire.
Verdax, ét. c° Meyrieu.
Verdella (La), XVII s. ; *Verdant*, gr. c° St-Pierre-de-Chartreuse.
Verdemont, h. c° Tullins.
Verdèpe (La), ruiss. aff. l'Isère, c° la Rivière.
Verderet, XVIII s. : *le Verdous*, re. c° le Villard-de-Lans.
Verderet, XVIII s. : voy. Viridaril.
Verderium, XIV s. ; Verdeyerio (de), Verderio (terra de), XV s. ; Verdeyer, Verdeyarium, XVI s. ; Verdlia ; *Verdier*, h. c° St-Geuis.
Verdier (Ch^le du), c° Genas.
Verdinus (riv. de), XV s. ; V-nis, Verden (le), XIX s. ; *le Verdin*, vill. c° Voiron.
Verdon (Le), h. c° Renage.
Verdun, XIII s. ; Verdino (de), XIV s. ; Verdoin, XVII s. ; Verdet, XVIII s. ; *Verdun*, h. c° l'Albenc.
Verdure, éc. c° le Perey ; — (la), h. c° St-Just-de-Claix.
Verdyna, XIV s. ; Verdina (mans. de) ; *Verdine*, mas c° Sérézin.
Verellum, XV s. : *Verel (Bas et Haut-)*, hh. c° St-André-le-Gaz.
Verena. riv., XIII s. ; fons, XIV s. ; Verenous (riv. de), XV s.; Verenan (riv. de) ; *le Verenon*, ruiss. aff. ruiss. de Vaulnaveys, c° St-Martin-d'Uriage et Vaulnaveys-le-Haut.
Vereules (nem. de), XIV s. : voy. Viriuales.
Verey (eccl. priorat. et cure S. Georgii de), XV s. : voy. Vorelo, Voredu, Voruey.
Verge (La), quart. c° Vienne.
Vergeon, h. c° St-Sorlin.
Verger (bord. del), XIII s. ; Vergier, XIV s. ; *les Vergers*, mas c° Jarrie.
Verger (lot. XIII s. ; Vergier (mans. f. du), XVII s. : voy. Viridario Loysil.
Vergerom, h. c° Moirans.
Vergers-St-Joseph (Les), h. c° Corps.
Vergetta (La), éc. c° Poutcharra.

Vergne (La), XIX s. ; *la Vergne*, h. c° Autrans.
Vergne (La), XVIII s. ; *Vergum*, h. c^es les Roches-de-Condrieu et St-Clair-du-Rhône.
Vergneres, XVIII s. ; *les Vergnières*, h. c° St-Aupre.
Vergno, XIII s. ; Vergnio, XV s. ; V-ox : voy. Vernium.
Verla, XIV s. ; *les Vleres*, h. c° Villard-de-Lans.
Verleres, XVIII s. ; *les Verrières* h. c° les Eparres.
Verino (cap. S. Petri de), XV s. : voy. Veruium.
Verinum, XIV s. ; Verynum, Verino mand. Fabricarum, XV s. ; *Veyrins*, c° c^es Morestel.
Verruella (eccl. S. Romani de), XII s. ; Veruella, Verubelli (de), Verueello (de), XIII s. ; Verueullo, V-ello, Veruela, XV s. ; Veruelle, XIX s. ; *Veruelle*, vill. c° Nivolas-Veruelle.
Veruelle, vill. c° Nivolas-Veruelle ; par. dioc. Vien., égl. St-Blaise.
Verueret, XVIII s.; *Veruenay*, h. c° St-André-en-Royans.
Vermenu, h. c° Fitilieu.
Veruillon (Le) ou le Grand-Sauvagne, mont. c^es Besse et St-Sorlin-d'Arves (Savoie).
Veruuons, h. c° Septème : voy. Galano, Jaiano, Jaynet.
Vermont, h. c° St-Jean-de-Bournay ; mais. f., XV s.
Verna (de), XIV s. ; *la Verne*, h. c° Beaurepaire.
Verna, c° c^es Crémieu ; dioc. Vien., égl. St-Martin.
Verna (de), XIV s. ; *la Verne*. h. c° Roybon.
Verna (hospit. de), XII s. : Vernux (prieuré de la), XVIII s. ; *la Verne*, f. c° Villefontaine ; anc. prieuré dép. St-Pierre-de-Vienne.
Vernacino (iter de), XV s. ; *Verynens*, marais c^es St-Marcel-Bel-Accueil et St-Savin.
Vernais, XVIII s. : voy. Avernais.
Vernais : voy. Davernes.
Vernalet, XVIII s. : voy. Vernatel.
Vernas, XIII s. ; V-as, XIV s. ; V-as (dom. f. de) ; *Verna*,

chât. cⁿᵉ Vern.

Vernatel (Ruiss. de) ou de la Combe-des-Serpents, cⁿᵉ Chapannay, aff. l'Ozon.

Vernatel, mas cⁿᵉ Montferrat : — (le), h. cⁿᵉ Montrevel.

Vernaudière, XVIII s.: Vernaudière, h. cⁿᵉ Champier.

Vernay (Le), h. cⁿᵉ la Bâtie-Montgascon.

Vernay (el), XIII s. : Vealz (bord. del), XIV s.: Verneto (camp. de); le Vernay, mas cⁿᵉ Brié-et-Angonnes et Jarrie.

Vernay (La), h. cⁿᵉ Erlose : — XVI s.; Gonvany, h. cⁿᵉ Feyzin : — ruiss. aff. l'ét. de St-Jean, cⁿᵉ Meyrieu ; — év. cⁿᵉ Monsteroux-Milieu : — h. cⁿᵉ Nivolas-Vermelle ; — h. cⁿᵉ Oyeu ; — s. cⁿᵉ Oytier-et-St-Oblas ; — h. cⁿᵉ Valencin ; — (el), XIV s. : voy. Verneto, V-ti Rotundi.

Vernaz (villa de), XIII s. : Vernio (territ. de), XIII s.: Vernetum. XIV s.: Verney : Verneyo (in), XV s.; le Vernay, h. cⁿᵉ Charette.

Vernaz (mans. de), XIII s. : Verneis : le Vernay, f. cⁿᵉ St-Appolinard.

Verne (La), h. cⁿᵉ Artas : — gr. disp. cⁿᵉ Châtelus : — év. disp. cⁿᵉ St-Pierre-de-Chartreuse.

Vernen (stagn. de), XIV s. : Vernege, mas cⁿᵉ Erlose et Châtonnay.

Vernei (cavan. del), XIII s. : Vernini villa, XIV s.: Vernnum, XV s.: Vernix, h. cⁿᵉ la Garde.

Vernei (el), XIII s. : Verneya (de), XIV s. : Verneaz; Vernen la Basse, XVI s.; Verneys (maysons des Bolz de); Vernes : Vernaye, XVIII s.; Vernat, XIX s. : Verniat; Verneu (Bas et Haut), hh. cⁿᵉ Moidieu.

Vernei (plan.), XIII s. : Vernet, XVI s. ; Vernay, XIX s. ; le Verney, h. cⁿᵉ Pinsot.

Vernei (mans del), XII s.; Verneto (mans., riv. de), XIII s.: le Vernay, év. cⁿᵉ Quaix.

Verneis (mans. del), XIII s.; Vernaz ; Vernei, XIV s.: Vernaz, h. cⁿᵉ St-Vérand.

Verneis (lon.), XIII s. : Verne (chavan. de) : le Vernay, h. cⁿᵉ Vaulnaveys-le-Haut.

Verneil, év. cⁿᵉ St-Just et Chaleyssin.

Vernelles (Les), XIX s.: les Verneys, h. cⁿᵉ Miribel-les-Echelles.

Verneis, XIV s.: les Verneys ?, f. disp. cⁿᵉ le Gua.

Vernion, ét. cⁿᵉ Villeneuve-de-Marc.

Vernes (Les), h. cⁿᵉ Chirens.

Vernes (Les), ruiss. aff. le Fairon, cⁿᵉ la Motte-d'Aveillans et Notre-Dame-de-Vaux.

Vernes (Les), XIV s. : Verney : Vernetum : les Vernes, mas cⁿᵉ St-Victor-de-Cesson.

Vernet, f. disp. cⁿᵉ Pont-en-Royans.

Vernet (aqua del), XII s. ; le Vernay, ruiss. cⁿᵉ St-Bonnet-de-Chavagne.

Verneti (ins. nem.), XIV s.; le Vernay, mas cⁿᵉ le Cheylas.

Verneti villa, V-tis (gr. de), XIV s. : Verneys (les), les Verneys, h. cⁿᵉ Vallonnais.

Vernetis (in), XIII s. ; V-torum (nariseis) ; Verney, XVII s. ; Vernat, XVIII s.: les Verneys, h. cⁿᵉ Miribel-les-Echelles.

Verneto (de), XIV s.; Verneti Rotundi (plana), XV s. ; le Vergnosiz, év. cⁿᵉ les Avenières.

Verneto (fortalic. G. de), XIV s.: la Verne, h. cⁿᵉ Ménudre.

Verneto (villa de), XIV s. ; Vernay (le) : le Vernay, h. cⁿᵉ Miribel-Lanchâtre.

Verneto (chavan. de), XIV s.: le Vernay, mas cⁿᵉ la Motte-d'Aveillans.

Verneto (de), XIV s. : les Vernenies, h. cⁿᵉ St-Aupre.

Verneto (in), XV s. ; le Vernay, év. cⁿᵉ St-Chef.

Verneto (de), XV s.: le Vernoies, h. cⁿᵉ St-Jean-d'Avelane.

Vernets (Les), XVIII s.: Verney, XIX s. ; le Vernay, h. cⁿᵉ Montferrat.

Vernette (La), f. cⁿᵉ Chasselay.

Vernetum, P. de Verneto. XV s.; le Vernay, h. cⁿᵉ la Bâtie-Divisin.

Vernetum villa, XIV s.: Verneti (nem.), XV s.: le Vernay,

mas cⁿᵉ Bernin.

Vernetum, XV s. ; le Vernay, h. cⁿᵉ le Bourg-d'Oisans.

Vernetum, XIV s. : Verneys ou Boulont, XVIII s. ; le Vernay, bois cⁿᵉ Chantelouve.

Vernetum, XIV s. ; le Vernat, év. cⁿᵉ Corps.

Vernetum, XIV s. : les Vernes, mas cⁿᵉ Rochetoirin.

Vernetum, XIV s. ; le Vernay, mas cⁿᵉ St-Geoirs et St-Michel-de-St-Geoirs.

Vernetum (Ver.), XV s. : Verney : le Mottis, h. cⁿᵉ St-Hilaire-de-Brens.

Vernetum, XV s. ; le Vernay, mas cⁿᵉ St-Hilaire-de-Brens.

Vernetum, rip., XV s. : le Vernay, év. cⁿᵉ St-Pierre-de-Bressieux.

Vernetum de Mura, XV s. : le Vernay, h. cⁿᵉ Charantonnay.

Vernetus villa, XIV s. ; Verneto (comin de), XV s. : le Vernay, h. cⁿᵉ Vaujany.

Verney (dom. le), XIV s. : le Vernay, mas cⁿᵉ Châbons.

Verney (Le), h. cⁿᵉ Chasselay.

Verney, év. cⁿᵉ Parmet.

Verney (Le), XVIII s. : Verne : le Vernay, h. cⁿᵉ le Pin.

Verney (Le), év. cⁿᵉ Pontcharra.

Verney (Les), XII s. : Vernei : le Vernay, vill. cⁿᵉ Sérézin.

Verney, XIII s. ; Vernetum, XIV s. : Theysii, XV s. ; le Vernay, h. cⁿᵉ Theys.

Verneys (lon. de), XV s. ; le Vernay, év. cⁿᵉ Court-et-Buis.

Verneyou de Châteauvieux (mais. f.), XVIII s. ; le Château, mas cⁿᵉ St-Symphorien-d'Ozon.

Verneys (Les), marais cⁿᵉ St-Etienne-de-St-Geoirs.

Verneyson (riv. de), XIII s. : Vauis (aqua), XIV s. : Verneison (riv. de), XVI s. : Verneson, XVII s. : la Vernaison, riv. aff. la Bourne, orig. départ. Drôme, sép. cⁿᵉ Châ-

nium.

Vernier (el), XIV s. : voy. Viri-dario Loysii.

Vernion, XVIII s.; Verni ; *le Varnier*, h. c⁰ Montfalcon.

Vernium, IX s. ; Vernio (in). X s. ; superior ; Verno (parr. de), XIII s. ; Vernox, XV s. ; Verniuz, Vornyo, Verniuux, XVII s. ; *Verniox*, c⁰ c⁰ Roussillon ; dioc. Vien., égl. St-Pierre.

Verno (de), XIV s. ; Vernins, XVIII s. ; Verunes (les) ; *les Vernes*, h. c⁰ Moirans.

Verno (de), XIV s. ; *la Verne*, h. c⁰ Morette.

Verno (iter de), XIV s. ; Vers (P. de), XIV s. ; Ver (lo), XV s. ; Vernoz, XVI s. ; *le Vert*, h. c⁰ Tullins.

Vernoin, éc. c⁰ St-Bonnet.

Vernoscio (de), XII s. : voy. Vernuzella.

Vernuelo (nem. de), XIII s. ; Vernusclo (en), XIV s. ; *Ver-nonclos*, mas c⁰ la Balme.

Veronière (ruisseau de) ; *le Bréda*, ruiss.c⁰ les Avenières.

Veronnière (Basse et Haute-), hh. c⁰ Montferrat.

Veronnières (Les), canal c⁰ Jallieu.

Verons (Les), XVIII s.; *le Vey-ron*, h. c⁰ la Buisse.

Verna (als), XIV s. ; *le Vers ou le Louvert*, mont. et lac, c⁰ Valjouffrey.

Véroux, bois, XVIII s. ; *Vé-roud*, h. c⁰ Pressins.

Verpay, XVIII s. : voy. les Bois.

Verpillière (La), mont. c⁰ le Mont-St-Martin.

Verpillière (La), ch.-l. c⁰ⁿ arrᵗ Vienne ; par. dioc. Vien., égl. St-Denis.

Verpins (en), XV s. ; *Verdin*, vill. c⁰ˢ St-Siméon-de-Bres-sieux et St-Pierre-de-Bres-sieux.

Verpoleyra, XV s. ; Verpillyat, V-llère (la) ou Falavier, XVIII s. : voy. Vulpilleri.

Verprout, XIX s. ; *Verpreux*, h. c⁰ les Côtes-d'Arey.

Verratière (La), h. c⁰ Brangues.

Verreri (nem. de la), XIV s. ; Verrerie, à Prémuret, XVIII s.; *la Verrière*, h. c⁰ Châ-tonnay.

Verrerias (ap.), XV s. ; Ver-riers, bois, XVIII s.; Verriè-res ; *Verrière*, h. c⁰ la Côte-St-André.

Verrerie (La), h. c⁰ le Fontanil; — h. c⁰ Pisieu ; — c⁰ c⁰ Tré-minis.

Verrerie-de-Bonnevaux (La), éc. c⁰ Aray.

Verrie (La), XVIII s. : voy. Vearia.

Verrière, bois c⁰ˢ Entre-Deux-Guiers et St-Christophe-Entre-Deux-Guiers.

Verrière (chᵗᵉ de la), c⁰ St-Joseph-de-Rivière.

Verrière, ruiss. c⁰ St-Victor-de-Cessieu.

Verrière (domaine de la), XVII s. ; Verrerie ou Valorsières (la), XVIII s. : voy. Valorsier.

Verrières (Les), mas c⁰ Pajay.

Verrières (Les), XVIII s. ; *la Verrerie*, éc. c⁰ Roybon.

Verriers (Les), XVIII s. ; *le Verrier*, h. c⁰ Theodure.

Verriers (les Prés-), mas et ruiss. c⁰ Meyrieu.

Verriers (chᵗᵉ des), c⁰ Tréminis.

Verro (de), XIV s. ; *le Vert*, h. c⁰ St-Baudille.

Vers (territ. du), XV s. ; (mᵗⁿ du), XVIII s. ; *le Vers*, mas c⁰ Bourgoin.

Vers (Le), ruiss. affl. le Canal-Catelan, c⁰ˢ Vignieu et St-Chef.

Vers-Ars, h. c⁰ le Pin.

Vers-le-Bois, h. c⁰ Bresson.

Vers Busac (chᵗᵉ du), c⁰ les Eparres.

Vers-la-Cure, h. c⁰ Charnècle.

Vers-l'Eglise, h.c⁰ Ste-Blandine.

Vers de Merin, XVII s. ; *le Vert-de-Meyrin*, mas c⁰ l'Al-benc.

Vers l'Oursière, XIX s. : Ver-loussière : voy. Valle Orseri (cap.).

Vers-Viard, éc. c⁰ St-Jean-de-Bournay.

Versacozio (parr. de), XIII s. : voy. Versatorio.

Versana, XIV s. ; *Versasse*, éc. c⁰ St-Sébastien.

Versana (La), XIII s. ; *Ver-sailles*, quart. c⁰ Vienne.

Versaor (el), XIV s. ; Versor (riv. dou) ; *le Versou*, ruiss. c⁰ la Rivière, affl. l'Isère.

Versaour, XIII s. ; Versour, Versouh, XVIII s. ; Versau : voy. Versatorio.

Versatorio (eccl. du), XI s. ; V-ium (villa S. Laurentii q. dicit.), XI s. ; *le Versoud*, c⁰ c⁰ˢ Domène.

Versboel (bois), XVIII s. ; *Ver-bois*, mas c⁰ St-Baudille.

Versenaco (de), XIII s. ; V-ayeu, XIV s. ; V-atto (mans. de), XIV s. ; V-au, XIX s. ; *Versenuf*, h. c⁰ Susville.

Verseppe, f. c⁰ Brangues.

Versin (parr., villa de), XIII s. ; Versiacus, XIV s. ; Versieu : voy. Vercisco.

Versin, XVI s. ; V-ns, XIX s. : voy. Vereini.

Versorl, XVIII s. ; Versol : voy. Aornis.

Versort : voy. le Sort.

Versou (Le), ruiss. c⁰ Livet-et-Gavet.

Versoud (Le), c⁰ c⁰ˢ Domène ; dioc. Gren., égl. St-Laurent.

Versoud (Les, f. c⁰ Sinard.

Verss (de), XIV s. ; Vers, XVIII s.; *le Vert*, vill. c⁰ˢ St-Pierre-de-Bressieux et St-Siméon-de-Bressieux.

Vert (Le), marais c⁰ˢ Annoisin-Châtelans et Passins.

Vert (el), XIII s. ; Vernus villa, XIV s. ; Verd (le), XVIII s. : *le Vert*, h. c⁰ le Bourg-d'Oi-sans.

Vert (Le), éc. c⁰ Croys-et-Pusi-gnieu.

Vert (al), XIII s.; Vernum, XIV s.; Vers, XVIII s.; *le Vert*, f. c⁰ le Monestier-de-Clermont.

Vert (Le), XIII s. ; h. c⁰ Vara-cieux.

Vertailleux, XVIII s.; *Vertail-leu*, h. c⁰ la Tour-du-Pin.

Vertelon, l. disp. c⁰ le Monestier-du-Percy, XVIII s.

Vertiacu (villa), XI s. : voy. Verclaro.

Vertriaco (dom. l. de), XV s.; (castr. de), XVI s.; *le Château*, éc. c⁰ Vertrieu.

Vertrieu, XIII s. ; Vertriacum, XIV s. ; Vertreu ; Vertriaci (villag.), XV s. : Vertrieux ; V-u-de-la-Balme, XVIII s. ; *Vertrieu*, c⁰ c⁰ˢ Crémieu ; dioc. Vien., égl. St-Laurent.

Veruni (gr. de), XIII s. : voy.

Verno.
Vervaud, XIX s. ; Vers-Vaux, h. c° Septème.
Vervaux, h. c° Grenay.
Vers (eccl. de), XI s. ; Vertz (eccl. de), XII s. ; Vors (parr. de), XIV s.; le Vert, mas c°° Vinay et Serres-et-Nerpol.
Verzeu, XIII s. ; Versany, h. c° St-Julien-de-l'Herms.
Verzl (obedientia de), XII s. : voy. Vorclauu.
Vesannio, X s.: voy. Veuzl.
Vezarono ; V-ncie (guygna), VI s.: voy. Veseroncia.
Vose (Le), ruiss. c° le Sappey.
Vescostale, X s.; Pont-Évêque, c° c°° Vienne-Nord.
Veselin (Le), ruiss. affl. la Romanche, c°° Vaulnaveys-le-Bas et Vizille.
Vesenan (territ. de), XIV s.; la Veyzin, f. c° Septème.
Vesenne (ripp.), XIV s.: voy. Veserona.
Veserona (riv.), X s.; la Vezonne, riv. affl. la Gère, arr. c°° St-Georges-d'Espéranche, Beauvoir-de-Marc, Moidieu, Estrablin et Pont-Évêque.
Veseroncia (eccl. S. Martini in), X s. ; V-ii (prior de), XIII s. ; Veseruntia (bastida de) ; Veseruncia, XIV s.; Vésérouce, c° c°° Morestel.
Veseruncia (riv. de), XIII s.: voy. Veserona.
Vesius (eccl. S¹ Ferreoli in), XI s. ; Veus (eccl. de) ; Veuci ; Veusius ; Huez, c° c°° le Bourg-d'Oisans.
Vesors, chât. c° Châteauvilain.
Vesone, XVI s. ; Vesoune (la) : voy. Veserona.
Vesororencia (ager), X s.: voy. Veseroncia.
Vessanna, aqua, XIII s.: voy. Veserona.
Vesseling, h. c° Coublevie.
Vessial (Le), ruiss. c° Ville-Sous-Anjou.
Vesxilleu, XIV s. ; Vexilleu ; Vexailleci (parr.), XV s.: voy. Vaissilleu.
Vésul (Le), ruiss. affl. l'Hérétang, c° St-Julien-de-Ratz.
Vet (Le), XIX s.; le Voy. mont. c° Entraigues.
Vetere Ville (castr.), XII s. : voy. Vera Vila.

Veteribus (mans. de), XV s.; les Vieux, l. disp. c° Vaujany.
Vétin (Le), éc. c° Merlas.
Vetouxo, XVIII s. , Vétoux, h. c° Proslou.
Vetula Mortua, XV s. : voy. Villi Morta.
Vouzi (piscaria de), XIV s.: voy. Vouzi.
Veurel, XIV s. ; le Vurel, mont. c°° Chozeau et Tignieu-Jameyzieu.
Vourey, c° c°° Sassenage ; dioc. Gren., égl. St-Georges.
Veuzi (aqua de), XIII s. ; V-la (aq. de), Vezle, Voyay, XVIII s. ; la Vézy, riv. affl. l'Isère, orig. c° Roybon, sép. c°° Chaselay, Serres-et-Nerpol, Vinay et Beaulieu de c°° Varacieux, St-Vérand et Têche.
Vey (cimit. de), XIII s. ; Vaulx, h. c° Vaulx-Milieu.
Veyeria B. Leobardi, XIII s. ; V-r (ins. del), XIV s. ; V-rii (ins.), V-ia de Bregalno, XV s. ; Veyrie ; la Véhérie, h. c° Bernin.
Veyeria de Domena, XIV s. : voy. Veheria Domene.
Veyeria civit. Gratianop., XIII s. ; Veyerie de Oière, dans Grenoble : voy. Veheria de Geria.
Veyeria civit. Gratianopolitane, XIII s. ; ap. Gratianopolim vulg. Veyeria Cleriaci : voy. Vicaria Gratianopolis.
Veyeria Moyrencii (dom. de), XV s. ; Veyearia ; la Véhérie, l. disp. c° Moirans.
Veyeria : voy. Vearia.
Veylent (mans.), XIV s. : voy. Vialenes.
Veymont (Grand et Petit-), mont. c° Gresse.
Veynes (tour de) ; le Château-Popin, chât. c° Corenc.
Veynome, XIV s. : voy. Venome.
Veyra, éc. c° Bilieu ; — h. c° Pin.
Veyran, XIX s. : voy. Véraude.
Veyrat, gr. c° le Freney.
Veyre (li), XIV s. ; les Veyres, éc. c° le Périer.
Veyre, XVII s. ; Veyry (la) ; le Vivet, us. c° St-Pierre-de-Chartreuse.
Veyreria, XIV s. : le Verrier,

h. c° Theudure.
Veyres : voy. Vearia.
Veyret, f. c° Qualx ; — éc. c° Sassenage.
Veyret (Le Bas-), h. c° Bossieu.
Veyrets (Les), h. c° Izeron.
Veyrier (Le), ruiss. c° Allevard.
Veyrine (parr. de), XIV s.; Veyrius : voy. Vayrin, Verinum.
Veyrins, c° c°° Morestel ; par. dioc. Belley, égl. St-Jean.
Veyron (Le), ruiss. c° Clavans.
Veyron (Le), h. c° St-Geoirs.
Veyzene (ripp.), XVI s. : voy. Veserona.
Veysselinum, XV s. : voy. Vassilliniacus, IX s.
Veyssières (Les), XVIII s. ; le Veyssière, éc. c° St-Aupre.
Veyssilleu, c° c°° Crémieu : dioc. Vien., égl. St-Hilaire.
Veyssilleu, XIV s. ; Veyssilliacum, XV s. : voy. Vaissilleu.
Veytonis (riv.), XII s.: voy. Veitonus.
Vezane (ripp.), XV s.; Vezoane, XVII s. : voy. Veserona.
Vezeruncia (prior de), XIII s. ; Vezeruncia (parr. et villa de): Vezaruncia, XIV s.; Vézerouce, c° c°° Morestel ; par. dioc. Vien., égl. St-Laurent.
Vexiere, h. c° la Côte-St-André.
Vezille, XIV s. ; Veaile : voy. Vialdia.
Vexin (Le), XVIII s. : voy. Vesenan.
Vi Nova, XV s. ; la Vie-Neuve, ch°° c° Montrevel.
Via antiqua, X s. ; Route nationale n° 7, de Paris à Antibes, ou Route de Lyon à Marseille.
Via Asinorum, XIV s. : voy. Asinorum (via).
Via de les Boves, XIV s.: la Vie-des-Bœufs, ch°° disp. c° Oensa.
Via Canonicorum, XIV s.; l'Chemin-des-Chanoines, ch°° disp. c° la Chapelle-du-Bard.
Via Chareteri, XIII s.; Charreri, XIV s. ; de C-ry, XV s. : la Vie-Charrette, anc¹ route de la Côte-St-André à Beaurepaire, par c°° Balbins, Penol. Faramans et Pajay.
Via de Chauteneria, XIII s. ; la Vie-Chataigniere, ch°° disp. c° Sérézin.

Via Crosa (villa de), XIV s.; *les Véroux*, bois c^ne St-Paul-de-Varces.

Via Etrotta ; *la Vie-Etroite*, ch^in c^e Fontaine.

Via Furchia, XIV s. ; *Entre-Deux-Chemins*, bois c^e La Valette.

Via de Leatra, XIV s. ; Via publica de Letra, XIV s. : voy. Strata (écrl. h. Albani de).

Via Mediana, in Ortensi valle, XI s.; Via Media, XIII s.: *Vi-madur*, ch^in c^e Vienne, anc. voie romaine.

Via publ. que tendit a Burgundia usque ad Viennam, XIII s.; *Route départementale* n° 8, de Vienne à Lancin.

Via publica vers. Gratianop., XII s. : voy. Iter publicum (Magnum).

Via publ. dou Realez, XV s. ; *le Chemin-des-Réaulx*, ch^in disp. c^es St-Chef et St-Savin.

Via regia antiquior, XII s.; Via publica : voy. Strata (écrl. h. Albani de).

Via Roianesa, au moyen âge, route de St-Marcellin à Bourg-de-Péage par le Pont-de-la-Sône, traversait le Royannais.

Via Romanensis, XII s. ; Via Romanis ; Via publica de Rotmas, XIII s. : *Route nationale* n° 92, de Valence à Genève.

Via Sibuenca, XII s.; Sybuenchi, XIII s. ; Sybuenche, XIV s.: *la Vie-Sibuenche*, route disp. de St-Georges-d'Espéranche à Heyrieu.

Via du Sorbier, XV s. ; *Chemin-du-Sorbier*, ch^in disp. c^e la Frette.

Vial, éc. c^e Venose.

Vialaret (Le), l. disp. c^e St-Paul-de-Varces.

Viala, l. disp. c^e St-Vérand, XVIII s.

Vialenes (chavan. de), XIII s. ; Vialent, XIV s.; Vialets (Les), XVIII s. ; *les Vialleta*, éc. c^e St-Georges-de-Commiers.

Vialeros (tenem. de Custis), XIV s.: *les Vialières*, bois c^e la Rivière.

Vialeri (La), XIII s. ; Vialliere (la), XVIII s. ; *la Vieillière*, h. c^e Pont-Evêque.

Vialeria, XIV s. ; Vialleria (chavan. de), XV s. ; Viales (les), XVIII s. : *les Viala*, h. c^e St-Aupre.

Viallères, XIX s. : *Vieillière*, h. c^e Chichons.

Vialla (La), fient. c^e Champ.

Vialle (ch^in de la), c^e Theys.

Viallet-Cattin, éc. c^e Sardieu.

Viallets (Itals. des), c^e Oulles, orig. lac du Petit-Pré.

Vialliere (La), XVII s. ; *Viel*, éc. c^e Miribel-les-Echelles.

Vialonga, XIV s. ; *Vialonge*, h. c^e St-André-en-Royans.

Vials (Les), h. c^e Roussillon.

Vials (Les), XVIII s. ; *le Viel*, h. c^e St-Hilaire.

Vials (Les), h. c^e St-Pierre-d'Entremont.

Viansan (vers.), XIV s. ; *le Vion*, chât. c^es la Tour-du-Pin et St-Clair-de-la-Tour.

Viane (La), XIX s.: voy. Avianne.

Vianensis pagus, VIII s. : Vianensis pagus, X s. : voy. Viennensis pagus.

Vianna, I s. av. J.-C., Viana (César); *Vienne*, ch.-l. arr^t.

Viar, m^in disp. sur ruines, de Tarze, c^e St-André-en-Royans.

Vias Bevzina, XIV s. ; Vias Bisains, XVI s. ; *les Vies-Heuses*, l. disp. c^e Crémieu.

Viate (La), ch^in c^e Salaise.

Viblancho (Ch^in de), XVII s. ; *les Vie-Blanche*, ch^in c^e Optevoz.

Vicaria Gratianopolis, XIII s. : *la Tour-des-Iévieu*, reste d'une anc. mais. f. près l'égl. cathédr. c^e Grenoble.

Vicaria Gratianopolis dicta de Geria, XIV s. : voy. Veheria de Geria.

Vicat (Le), éc. c^e Royhen.

Vicinaico, XV s. : voy. Vinaico.

Victriaci (parr.), XV s. ; Vietuoli (parr.) : voy. Vitroaco.

Vicus villa, orcl. quatuor, XI s. ; *Vif*, ch.-l. c^n arr^t Grenoble.

Vidas (Chez), XIX s. ; *Vidal*, h. c^e Jardin.

Videau (Le), h. c^e Sardieu.

Videaux (Les), f. c^e St-Hilaire-de-Brens.

Vidernier, XIX s. ; *la Vidernière*, h. c^e Longechenal.

Vidoz, h. c^e Serres-et-Nerpol.

Vie-de-l'Ane (La), ch^in c^e Montrevel.

Vie-des-Anes (La), ch^in c^es Arandon, Bizonnes, Optevoz.

Vie-Baluanche (La), ch^in c^e Optevoz.

Vie-de-Bievre (La), h. c^e Sillans.

Vie-Blanche (La), ch^in c^e Bouvesse-Quirieu.

Vie-Bouvaresse (La), ch^in c^e Chuzeau ; — ch^in c^e Tignieu-Jameyzieu.

Vie-Bouveyri (La), ch^in c^e Oz.

Vie-Brunier (La), ch^in c^e Arzay.

Vie-Chapot (La), ch^in c^e Eydoche.

Vie-Chouchaie (La), ch^in c^e Ornacieux.

Vie (La), ch^in c^e Claix.

Vie-du-Comte-Vert (La), ch^in disp. c^e Eclose.

Vie-Creuse (La), h. c^e St-Geoire.

Vie de l'Estrat (La), ch^in c^es Belmont et Montrevel ; — ch^in c^es Courtenay, Arandon, Passins et Trept.

Vie-Etroite (La), ch^in c^e Optevoz.

Vie-Ferrat (La), ch^in c^es Biol, Belmont et Flachères.

Vie Foillaret (La), ch^in c^e Sardieu.

Vie-Fraiche (La), ch^ins le Mont-de-Lans.

Vie-le-Galet (La), ch^in c^e Bossieu.

Vie-de-Genas (La), h. c^e St-Bonnet-de-Mure.

Vie-des-Gilands (La), ch^in c^e Ithrines-Charpieu.

Vie-de-l'Herbe (La), ch^in c^e Chatonnay; — ch^in c^e Torchefelon.

Vie-Jarquette (La), ch^in c^e Apprieu.

Vie-du-Mandement (La), ch^in c^e Sermérieu.

Vie-Marchand (La), ch^in c^e St-Laurent-de-Mure.

Vie-de-la-Mance (La), ch^in c^e Anjou.

Vie-de-Miribel (La), ch^in c^e Marnans.

Vie-Monte-à-l'Aise (La), ch^in c^e Beaufort.

Vie-des-Mulets (Les), ch^in c^es St-Bonnet-de-Mure et St-Laurent-de-Mure.

Vie-Neuve (La), ch^in c^e Vernas.

Vie-du-Noyer-de-Cordon (La), ch^in c^e Aoste.

Vie-des-Pierres (La), ch^in c^e St-Savin.

Vie-Plaine (La), chⁱⁱ cⁿ Pinsot.
Vie-de-Riot (La), quart. cⁿ Brézins ; — le Riot, h. cⁿ Brézins.
Vie-des-Rivoires (La), éc. cⁿ St-Sulpice-des-Rivoires.
Vie-Noytaz (La), chⁱⁱ cⁿ Viriville et Thodure.
Vie-du-Temps (La), chⁱⁱ cⁿ Mépieu.
Vie-de-la-Tour (La), chⁱⁱ cⁿ Torchefelon.
Vie-Traverse (La), chⁱⁱ cⁿ Roussion.
Vie-Traversière (La), chⁱⁱ cⁿ St-Pierre-d'Entremont.
Vie-du-Treuil (La), chⁱⁱ cⁿ St-Simeon-de-Bressieux.
Vie-de-Vachon (La), chⁱⁱ cⁿ Montrevel.
Vie-Vert (La), chⁱⁱ cⁿ Viriville.
Vie-Vieille (La), chⁱⁱ cⁿ Annoisin-Châtelans ; — chⁱⁱ cⁿ les Eparres ; — chⁱⁱ cⁿ Allières, St-Martin-d'Hères et Poisat.
Vie-de-Vienne (La), chⁱⁱ cⁿ Châtonnay ; — chⁱⁱ cⁿ St-Laurent-de-Mure.
Vieille (La), gr. disp. cⁿ Malleval.
Vieille-Chantourne (La), ruin. cⁿ Lumbin.
Vieille-Cure (La), h. cⁿ Authon.
Vieille-Eglise (La), mas cⁿ Aprieu ; — mas cⁿ les Badinières ; — éc. cⁿ Frorges ; — h. cⁿ Varacieux.
Vieille-Maison (La), h. cⁿ Dionay.
Vieille-Verrerie (La), mas et bois cⁿ Roussion.
Vieilles-Fosses (Les), bois cⁿ la Combe-de-Lancey et St-Jean-le-Vieux.
Vienarchère (La), XIX ⁿ : le Vienarchère, h. cⁿ Paci.
Vien (combe, riv.) : Hien, h. cⁿ Cremen.
Vienna, I ⁿ. av J.-C. : (colonia Julia); Viennensium (colonia), I ⁿ. : Viena ; Vienna Allobrogum (colonia Julia), I ⁿ. : Vienne, ch.-l. arrⁱ.
Vienna τῶν Allobrigōn métropolis, I ⁿ. : Ouienna polis, III ⁿ.; Ouiaina ; Ouenna, III ⁿ.: voy. Vienna.
Ouenna polis (Πτολέμαιος) : voy. Vienna.
Viennaticus, VIII ⁿ. : voy. Vienadru.
Viennay, h. cⁿ les Avenières.

Vienne, ch.-l. arrⁱ ; archevêché, égl. cathédr. St-Maurice.
Vienne, h. cⁿ Artas.
Viennensis (bailly.), XIV ⁿ. : Viennesio (curia delph.) : Vienesil (judex) ; Viennesio et Valentinesio (curia major Dalph.), XIV ⁿ.; Vⁿ et Valentie (judex maj.) ; Viennois Valentinois (bailliage du. aⁿ. circonscr. administrat. et judic.
Viennensis (comitatus), IX ⁿ.: Vitennensis (com.) : Vienne (com.), XIII ⁿ. ; Comté de Vienne, circonscript. territ. du roy. de Bourgogne, compr. la majeure partie du dioc. de Vienne, morcelé après la mort de Radolphe III (juxt). Les comtes d'Albon prirent le titre de comtes de Vienne.
Viennensis (pagus), VIII ⁿ. ; Vⁱᵘⁱⁿ (terra), XIII ⁿ.; Viennesyo, XIII ⁿ.; Viennes (en) ; Viennais,le Viennois,contrée natur. partie de l'anc. pays des Allobroges, dont Vienne était la capitale, occupait le territ.compris entre le Rhône et l'Isère ; s'étendait sur la rive droite du Rhône jusqu'aux mont.du Velay et sur la rive gauche de l'Isère dans le Royannais.
Viennais (pagus) ; le Viennais, anc. pagus ou comté, dont le chef-lieu était Vienne.
Viennensis (provincia), IV ⁿ.: Viennetium (p-a) : le Viennoier, une des prov. romaines de la Gaule ; son territ. dépendit d'abord de la Narbonnaise, créée 27 av. J.-C. par Auguste, en remplacement de la Province romaine.
Viennensis (Boxt), X ⁿ. ; Vienne et Arelatis (regnat, XIV ⁿ. : roy. Burgondia.
Viennoys (el), XIV ⁿ. : le Viennois, l. cⁿ Marennes.
Vienneyre (gr. la), XVI ⁿ. : voy. Vyenneyre.
Vier (aqua de), XIV ⁿ. : l'Hier, ruiss. affl. l'Hien, sép. cⁿ Montagnieu et Ste-Blandine.
Vier (aqua de), XIV ⁿ. : voy. Buer.
Vierge-Noire(La), h. cⁿ la Tronche.

Vierias, XIV ⁿ. ; Vières, h. cⁿ le Monestier-de-Clermont et Sinard.
Vierii, XIV ⁿ. : les Vières, h. cⁿ Gières.
Viers (territ. de), XV ⁿ.: le Viers, mas cⁿ Sayas.
Viero (Les, XVI ⁿ. : le Viero, h. cⁿ Séchilienne.
Vieron (Le), f. cⁿ Allières et Risset ; — h. cⁿ Vourey.
Vieroux (Le), éc. cⁿ Vaujany.
Vieroz (Le), h. cⁿ Maulae ; — h. cⁿ Thodure.
Vieroz villa, XIV ⁿ.; le Vieroze, h. détr. cⁿ Oris-en-Ratier et Sièvoz.
Vieux-Château (le), f. cⁿ St-Didier-de-la-Tour ; — commune du, XVII ⁿ.: les Côtes, quart. cⁿ Sassenage.
Vieux-Chemin (mas du), XVIII ⁿ. ; le Capuche, quart. cⁿ Grenoble.
Vieux-Colombier, éc. cⁿ St-Maurice-l'Exil.
Vieux-Moulin, XIX ⁿ.: les Moulins-de-Serregette, mⁿ disp. cⁿ Miribel-les-Echelles.
Vieux-Ruisseau, chⁱⁱ dép. cⁿ Gières.
Vieux (mas, delz), XIII ⁿ. : les Vières, l. disp. cⁿ Vaujany.
Vif, ch.-l. cⁿⁿ arrⁱ Grenoble ; dioc. Grenoble, égl. St-Jean-Bapt.
Vigivelin, XIV ⁿ. : Vila Furchilatin : Vie-Fourche cⁿ, l. disp. cⁿ Corenc.
Vigivelin, h. cⁿ Voiron.
Vigensis civitas, X ⁿ. : voy. Vienna.
Vigensis (pagus), X ⁿ. : voy. Viennensis.
Vigilicus (egl. (fratres, XI ⁿ.; Valensis (prior) : Vigilieuse (eccl.), XII ⁿ. : le Cimetière, mas cⁿ Vizille.
Vigilium, XII ⁿ. : Vigille, XVI ⁿ. : voy. Vizille.
Vignay, XIII ⁿ. : Vygnum, Vignaleum, XIV ⁿ. : Vignarum, Vignasil (parr.), Vignayeum, Vignineum : voy. Vinaieu.
Vignayeum, XIV ⁿ. : Vigneys : voy. Savininceum.
Vignerarum, XII ⁿ. : Vignaium, Vignerarum : Vignieu, cⁿ la Tour-du-Pin.
Vignerem, h. cⁿ Corbas.

Vignes (Les), h. c° Culin ; — h. c° le Grand-Lemps ; — h. c° Pajay ; — h. c° St-André-en-Royans ; — h. c° St-Pierre-de-Chandieu ; — h. c° Serres-et-Nerpol.

Vignotes (dom. de), XIII s. ; V-tis (de), V-tus (chap. St-André des), XVI s. ; (Grandes, Petites) ; *les Vignottes*, éc. c° Sulaise ; anc. prieuré dép. de Haute-Combe.

Vignetta (La), gr° c° St-Pierre-de-Chartreuse.

Vignottes (Les), h. c° les Abrets.

Vignier (Le), XVIII s. ; *Vignieux (Grand et Petit)*, hh. c° Charantonnay.

Vignieu, éc. c° St-André-le-Gaz ; — c° c°° la Tour-du-Pin ; dioc. Vien., egl. St-Baudille.

Vignieux, h. c° Bonnefamille.

Vignioler (territ. de), XV s. ; *le Vignolet*, mas c°° la Chapelle-de-la-Tour et la Tour-du-Pin.

Vignousey, XIV s. ; *Vignouzet*, h. c° Dolomieu.

Vignolle (La), h. c°° Sérézin et Nivolas-Vermelle.

Vignon, mⁿ° c° les Côtes-d'Arey.

Vignon (La) : voy. Lavignon.

Vilainy (Le), XVIII s. ; *le Vilain*, h. c° Oytier-et-St-Oblas.

Vilancourt, éc. c° Echirolles.

Vilaneria villa, XIV s. ; Villa-nera, XV s. ; *Ville-Noire*, quart. c° le Bourg-d'Oisans.

Vilancourt (in), XIV s. : voy. Villarium de Vilareto.

Vilanova (La), XV s. ; Ville-neuve-Bège, XIX s. ; *Ville-neuve*, h. c° Bougé-Chambalud.

Vilar (mans. del), XIII s. ; Vilario, Villars, XVIII s. ; *le Villard*, vill. c° Chapareillan.

Vilar (eccl. del), XI s. ; Vilar juxta Lanz (eccl. S. Boneti del), XI s. ; Villario (villa seu burg. de), XIV s. ; Villarium de Lanz, XIV s. ; Villaris de Lancto (eccl. S. Boneti), XIV s. : V-s Lancti (parr.), XV s.; Villar de Lens ; *le Villard-de-Lans*, ch.-l. c°° arr° Grenoble.

Vilar, Villar, XIV s. ; *le Villard*, mas c° Izeaux.

Vilar Benedicto (eccl. de), XI s. ; Vilari B-o (de), XII s. ; Vilaris B-ti (prior), XII s. ;

Villar Benoyt, XIII s. ; V-rium Benedictum, XIV s. ; Villar-benedicti (eccl. S. Blesii), XV s. ; *Villard-Benoit*, vill. c° Pontcharra.

Vilar Bonoldi (eccl. de), XI s. ; Villare Bonoldi (parr. S. Martini de), XII s. ; Villari Bonoit (de), Villare Bonaut (in), Villarium Bonoudi. XIII s. ; Bonoldi, Bonout ; *Villard-Bonnot*, c° c°° Domène.

Vilar Girberto (chaban.), XII s. ; Villario (mans. de), XIV s. ; *le Villard*, éc. c° St-Mury-Monteymond.

Vilard-Cherrières, XVIII s. ; *Cherrières*, c° c°° St-Marcellin.

Vilare Eurardi (de), XIII s. ; Euvrardi. Villar Eurar, XIV s. ; V-rin Ehrardi (mans.) : *le Villard*, vill. c° le Cheylas.

Vilarereta, XVIII s. : voy. Villarium de Vilareto.

Villaret, XIII s. ; Vilarium, XIV s. ; *le Villard*, h. c° St-Baudille-et-Pipet.

Vilaret (cavan. del), XIII s. ; V-ti Burnonis (mans.), XIV s. ; Villareto (turn. de); *le Villaret*, h. c° Susville.

Vilaret (ol), XIII s. ; V-tum, XIV s. : voy. Villarium de Vilareto.

Vilareto (bordaria de), XIII s. ; *le Villaret*, vill. c° St-Jean-de-Vaux.

Vilaretum Amblardi, XIV s. ; *Villaret-Amblard*, h. disp. c° Villard-St-Christophe.

Vilaretum Theuli, XIV s. ; Villaret; *le Villaret*, h. c° Theys.

Vilari Emonis (in), Vilar Aimon, XI s. ; Vilarium Aymonis, XIII s. ; Villarus Aymondus, XIV s.; Villard Aymon, XVIII s. ; Aymond ; *Villard-Aymond*, c° c°° le Bourg-d'Oisans.

Vilarii Bosonis (riv.) ad Ponet ; *les Moulins*, mⁿ° et ruiss. c° Goncelin.

Vilario (mans. de), XIII s. ; *le Villard*, h. c° la Buissière.

Vilario in Monte (mans. de), XIII s. ; Villard-Belle-Chambre (le), XIX s. ; *le Villard*, h. c° Ste-Marie-du-Mont.

Vilario S. Christophori (parr. de), XIII s. ; C-ffori, Villaris S. Christophori in Matassena, XV s. ; *Villard-St-Christophe*, c° c°° la Mure.

Vilario Sancti Onorati (parr.), XIII s. ; Villario Sancti Honorati, XIII s. ; *St-Honoré*, c°° la Mure.

Vilarionem, XIII s. : voy. Villarium Nigrum.

Vilarium, XIV s. ; Villarium, XV s. ; *le Villard*, h. c° les Côtes-de-Corps.

Vilarium, XIV s. ; *le Villard*, h. c° Coublevie.

Vilarium, XIV s. ; Vilare villa, Villarium, XV s. ; *le Villard*, vill. c° Entraigues.

Vilarium, Villarium, XIV s. ; *le Villard*, h. c° le Passage.

Vilarium, XIV s. ; *le Villard*, h. c° St-Pierre-d'Entremont.

Vilarium, XIV s. : voy. Vilar juxta Lanz.

Vilarium Bosonis, XI s.; Villar Bosun, XIII s. ; V-rium Bosuson, XIV s. ; *Villard-Buson*, h. c° Goncelin.

Vilarium Didier, XIII s ; Diderii ; Didier, XIV s.; *Villard-Didier*, quart. c° Pontcharra.

Vilarium Juliani, XIV s.; Julianum; Villarium Julliani, XVI s.; *le Villard-Julien*, vill. c° Cornillon-en-Trièves.

Vilarium Nigrum, XIII s.; Villarum Noyn ; Vilar Nigrum ; *Villard-Noir*, vill. c° Pontcharra.

Vilarium Raynart, XIV s. ; Vilarium R-ti; *le Villard-Reymond*, h. c° Sousville.

Vilarium de Toagio, XIII s. ; Thoagii, XIV s. ; Tohagii ; *le Villard-de-Touage*, h. c° St-Jean-d'Hérans.

Vilarius, Vill-s Benedictus ; *les Augustins*, h. c°° de Pontcharra.

Vilarnou, XIII s. ; Vilarnot (dom.), XIV s. ; Villarnot ; V-out ; V-nodi (dom.); *Vilarnoud*, h. c° Commelle.

Vilarueto (territ. de), XIV s. ; *Villaruet*, h. c° Lavars.

Vilarus Remondus, XIV s. ; Vilarium Remondi ; Villaris Remodi; R-oti (eccl. S. Johan.), XV s. ; Villard Raymont en Oysans, XVIII s. ; *Villard-Reymond*, c° c°° le Bourg-d'Oisans.

Vilbouquin, font. c° Vaulnaveys-le-Haut.

Vileta, XIV s.; Villeta, XV s.; le Villette, h. c° Mizoën.

Vileta (eccl. S. Marie de), XI s.; Villeta, XIV s.; Villetta, XVI s.; Villette, vill. c° St-Laurent-du-Pont.

Vileta (caban. de la), XII s.; Villeta Theyzii, XIII s.; la Villette, h. c° Theys.

Vileta (mans. de), XIII s.; Vileta villa, XIV s.; Villeta, XV s.; la Villette, vill. c° Vaujany.

Vileta (eccl. de), XII s.; Villeta, XIII s.; Vetta, XIV s.; Villette d'Isline, XVIII s.; Ville, h. c° Villette-Serpaize.

Villoseo (eccl. de), XIII s.; Vilost (priorat. de), XIV s.; Villot, Villoei; Villiori (prior), Villiori (priorat.), XVI s.; Villieu, f. c° St-Marcel-de-Bel-Accueil.

Villa (loc.), XIV s.; la Ville, h. c° Allemont.

Villa (La), XIII s.; Villeta, XIV s.; la Ville, h. c° Auris.

Villa, XIII s.; la Ville, vill. c° la Buissière.

Villa, XI s.; Ville (eccl.), XV s.: voy. Villa subtus Falaverium.

Villa (Le), h. c° Massieu.

Villa, XIII s.: la Ville, h. c° Meylan.

Villa, XIV s.; la Ville, vill. c° Oris-en-Ratier; — ruis. aff. la Roisonne, c° Oris-en-Ratier.

Villa (burgum, eccl. de), XII s., Ville Subtus Anjo (parr.), XIII s.; Villa prope Anio, XIV s.; Ville-sous-Anjou, c° c° Roussillon.

Villa Alia, XIV s.; les Arnauds, h. c° Marrieu.

Villa de Burcins, XIV s.; le Bourg, vill. c° Burcin.

Villa Campaniaci, XIV s.; Villa, XV s.; la Ville, vill. c° Champagnier.

Villa (parr.) in mand. de Crimeu, XIII s.; Ville, h. c° Villemoirieu.

Villa Domene, XV s.; le Bourg, bourg c° Domène.

Villa subtus Falaverium, XVI s.; Ville près la Verpillière, XVIII s.; Villefontaine, c° c° la Verpillière.

Villa q. voc. Ferrarias, XII s.; la Ville, vill. c° la Ferrière.

Villa franca, XII s.; St Georgii, XIII s.; Ville de St-George d'Espéranche, XVI s.; le Bourg, vill. c° St-Georges-d'Espéranche.

Villa de Garda, XIV s.; Villeta Garde, XV s.; la Ville, h. c° la Garde.

Villa-Lafleur, év. c° Vif.

Villa et Meyreux, XIV s.: Moyreux; Moyrieu, XV s.; Moyreu; Moyreux; Villemurieu, c° c° Crémieu.

Villa nova, XIII s.: Villeneuve, h. c° Luzinay.

Villa nova (dom. de), XIV s.; Villeneuve, év. c° St-Ismier.

Villa nova (creta de), XVI s.; f...... Vienne.

Villa nova S Laurentii de Ponte, Ville de St-L.-du-Pont, autrement des Déserts; le Bourg, bourg c° St-Laurent-du-Pont.

Villa nova Sancti Stephani, XIV s.: voy. S. Stephani de Sc Georgio.

Villa Sancte Agnetis, XIII s.; la Ville, vill. c° Ste-Agnès.

Villa Sancti Andree dels Adrez, XII s.; ad Adrectos; Adextrorum, XV s.; la Ville, vill. c° les Adrets.

Villa Sancti Christofori, XIV s.; (mans. de) in parr. S. Christ.; la Ville, h. c° St-Christophe-en-Oisans.

Villa Sancti Justi, XIII s.; le Village-Vieux, vill. c° St-Just-de-Claix.

Villa, XIII s.: voy. Villanova S. Laurentii de Ponte.

Villa Sancti Simphoriani, XIV s.; Ville de Set Saphorin Donzon, XVI s.: voy. Burgum S. Simphoriani de Au....

Villa Sechia, XIV s.; Secha; Ville-Sèche, l. disp. c° Pellafol.

Villa, loc. in vallo Sivenica, IX s.; Villette, h. c° Villette-Serpaize.

Villa de Theysio, XIII s.; la Ville, vill. c° Theys.

Villa, XIII s.: V. Vallis dentis, XIV s.; la Ville, vill. c° Lavaldens.

Villa de Vileta, XIV s.: la Ville, h. c° Gresse.

Villa Vinalon, XI s.; le Bourg, vill. c° Vinay.

Villa Vorapli, XIV s.; Ville de Voirespe; voy. Villanova de Vorappio.

Villalonio (nemus. de), XIV s.; Villelonue, mans c° St-Christophe-Entre-Deux-Guiers.

Village (le); le Cemetière, h. c° Massieu.

Village (le); l'Église, vill. c° St-Pancrasse.

Village (le), XVIII s.; le Bourg, vill. c° Villeneuve-de-Marc.

Village-Neuf (le), vill. c° St-Just-des-lais.

Villages (Ruine, des), c° Allemont.

Villana (villa de), XIV s.; Velusue, c° c° St-Geoire.

Villana nova (castelli de), XIII s.; del Marc, XIV s.; de Marcho, Villeneuve en Arnevaulx, XVI s.; Villeneuve, XVI s.; Villeneuve-de-Marc, c° c° St-Jean-de-Bournay.

Villanene, mans., XV s.; Vent, XV s.; Villaneuf l, l. disp. c° Clavans.

Villanova, XIV s.; Villeneure, l. disp. c° Bresson.

Villanova, XIII s.; Villeneure, h. c° Dionay et St-Antoine.

Villanova, XVI s.; Ville-Neuve, mas c° St-Hilaire-de-Brens.

Villanova (eccl. de), XI s.; Villeneuve, XV s.; Ville-Neuve d'Uriage, XVIII s.; Villeneuce, vill. c° St-Martin-d'Uriage.

Villanova, XIII s.; Villeneure, vill. c° Ternay.

Villanova, XVI s.; Villeneuce, h. détr. c° Vienne.

Villanova (castr. de), XIII s.; le Château, h. c° Villeneuve-de-Marc.

Villanova seu Brolium, XVI s.: voy. Bruzyl.

Villanova Sancti Laurentii de Ponte, XIII s.; Ville de Set Laurent du Pont, XIV s.; le Bourg, bourg c° St-Laurent-du-Pont.

Villanova de Vorappio, XIV s.; V-a in parr. S. Desiderii; le Bourg, vill. c° Voreppe.

Villannm, XIV s. : Vilan (mons de), Villan, Vilains (roch. des), XVI s. ; *Villan* (Grand et *Petit*, mont. c^e St-Christophe-Entre-Deux-Guiers.

Villar q. voc. Calebria, X s. ; Vilariscord. S. Petri in villa), X s. ; Vilario (dom. S. Petri de), XIII s. ; (priorat. de), XIV s. ; Villarii (parr. et burg.) ; V-ll Caprollarum ; V-ru, XVI s. ; V-rds, XVII s. ; *le Villard*, vill. c^e Chevrieres.

Villar (chavan. del), XIII s. ; Vilar (mans. de), Villarium, XIV s. ; Vilar seu el Buyes ; *le Villard*, h. c^e Herbeys.

Villar (mass. del), XIII s. ; Vilario ; *le Villard*, vill. c^e Villard-St-Christophe.

Villar Thevenon, XV s. : voy. Villarium Estevenum.

Villard (Bois du), bois c^e la Batie-Montgascon ; — mas c^e le Bouchage ; — bois c^e Bressieux ; — mas c^e Chabons ; — h. c^e la Combe-de-Lancey ; — mas c^e Marennes ; — vill. c^e Miribel-les-Echelles ; — h. c^e Montaud ; — mas c^e Ste-Marie-d'Alloix ; — mas c^e St-Sébastien ; — ée. c^e St-Theoffrey.

Villard (Le), XIX s. : voy. St-Pancrasse.

Villard-Benoit, vill. c^e Pontcharra ; par. dioc. Gren., égl. St-Blaise.

Villard-Bonnot, c^e c^e Domène ; dioc. Gren., égl. St-Martin.

Villard-Eymond, c^e c^e le Bourg-d'Oisans ; dioc. Gren., égl. Assomption.

Villard-Janniseyre, scierie c^e St-Baudille-et-Pipet.

Villard-de-Lans (Le), ch.-l. c^e arr^t Grenoble ; dioc. Gren., égl. St-Bonnet.

Villard-Reculas, c^e c^e le Bourg-d'Oisans ; dioc. Gren., égl. St-Jean-Bapt.

Villard-Reymond, c^e c^e le Bourg-d'Oisans ; par. dioc. Gren., égl. St-Jean-Bapt.

Villard-Roud (Le), mas c^e St-Pierre-d'Entremont.

Villard-St Christophe, c^e c^e la Mure ; dioc. Gren., égl. St-Christophe.

Villard-St-Etienne, XVII s. :

voy. Villarium Estevenum.

Villard-St-Pancrasse, h. c^e St-Baudille-et-Pipet.

Villardiére, h. c^e Belmont et Bizonnes ; — h. c^e Proveyzieux.

Villare, XIII s. ; Vilario (in), XV s. : *le Villard*, mas c^e le Touvet.

Villaret, l. disp. c^e le Bourg-d'Oisans ; — (de), mas c^e Bourgoin ; — gr. disp. c^e Montchaboud ; — h. c^e St-Michel-de-St-Geoirs.

Villareti (chavan.), XIII s. ; Villaretus villa. XIV s. ; *le Villaret*, h. c^e Allemont.

Villareti (pons), XIII s. : *le Villaret*, h. c^e Villard-Reymond.

Villarii (villa), XIV s. ; Villaria. Villaris-Melat (Les), XVIII s. ; *Villard-Merlat*, vill. c^e la Motte-d'Aveillans.

Villario Recula (ministr. de), XIII s. ; Vilario R-ati (capell. de), Villaris R-ti (S. Johan.), XV s. ; *Villard-Reculas*, c^e c^e le Bourg-d'Oisans.

Villaris, XIV s. ; Villaretus ; *le Villaret l*, l. disp. c^e le Vernoud.

Villarium, XV s. : Villart (mans. du), XVI s. : *le Villard*, h. disp. c^e Corenc.

Villarium, XIV s. : Vilard (le), XVIII s. ; *le Villard*, h. c^e Lavaldens.

Villarium Cuardum (mans.), XV s. ; Cchard, gr. c^e Morestel.

Villarium Estevenum, XIII s. ; Estevenn, XIV s. ; Stephanum, Villaris Etevenon ; *Villard-Etienne*, h. c^e le Cheylas.

Villarium de Osso, XIV s. ; *le Villard*, l. disp. c^e Oz.

Villarium Stevenon, XVII s. : voy. Villarium Estevenum.

Villarium de Svevol, XIII s. ; Villard (de) ; *Sievoz-le-Haut*, h. c^e Sievoz.

Villarium de Villareto, XIV s. : V-m Urt ; *Villaruet*, h. c^e Lavars.

Villarium, XV s. : voy. Altovilar.

Villarius villa, XIV s. ; *le Villard*, h. c^e Auris.

Villarueil, XIV s. : Villaruelt, XVIII s. : voy. Villarium Nigrum.

Villars (lez), XV s. ; Villard Bernard, XVII s. ; *Villard-*

Bernard, vill. c^e les Adrets.

Villars (camp. del), XIV s. ; Vilar, Villart, XV s. ; *le Villard*, vill. c^e les Avenieres.

Ville (La), h. c^e Beaufort et Theodure ; — vill. c^e Chabons ; — vill. c^e Chantesse ; — bourg c^e Chaparoillan ; — h. c^e Chezeneuse ; — vill. c^e Eydoche ; — vill. c^e Faramans ; — h. c^e Grunleu ; — h. c^e Izeaux ; — h. c^e Massieu ; — h. c^e Ménau dre ; — vill. c^e Monteynard ; égl. par. de Monteynard, dioc. Gren., égl. Ste-Agnès.

Ville (mans.), XIV s. ; *la Ville*, mas c^e Ste-Marie-du-Mont ; — vill. c^e St-Laurent-de-Mure ; — mas c^e St-Pancrasse ; — h. c^e Septème ; — vill. c^e Ternay ; — vill. c^e Theodure ; — mas c^e Tignieu Jameyzieu ; — h. c^e Venon ; — h. c^e Venosc ; — vill. c^e Villefontaine ; — h. c^e Villemoirieu ; par. dioc. Vien., égl. St-Jean-Bapt.

Ville-sous-Anjou, c^e c^e Roussillon ; dioc. Vien., égl. St-Didier.

Ville-de-Vienne, ée. c^e Belmont.

Villeaux, XIX s. : voy. Velletores.

Villebois, quart. c^e Grenoble ; — ée. c^e St-Julien-de-l'Herms.

Villefontaine, c^e c^e la Verpillière ; Ville, avec St-Bonnet-de-Roche, parr. dioc. Vien., égl. St-Martin.

Villefranche, h. c^e la Forteresse.

Villelonge, h. c^e Chantelouve.

Villelongue, XVIII s. ; *Ville-longe*, vill. c^e St-Laurent et St-Michel-en-Beaumont.

Villeneuve, h. c^e Autrans ; — mas c^e Jarrie ; — h. c^e Nantoin ; — h. c^e Pont-en-Royans ; — h. c^e St-Baudille ; — vill. c^e St-Martin-d'Uriage : parr. dioc. Gren., égl. St-Jean ; — h. c^e St-Pierre-de-Chandieu ; — h. c^e Valencin ; — h. c^e Vaulx-Milieu ; — ée. c^e Venosc.

Villeneuve (bois de), XVIII s. : voy. Bonc Vallis ; — (chât. de), XVIII s. : voy. Chalm (la).

Villeneuve-de-Marc, c^e c^e St-Jean-de-Bournay ; dioc. Vien., égl. St-Symphorien.

Villenove (mans.), XIV s. ; *Villeneuve*, h. c^e St-Just-de-Claix.

Villenove (mandam.) ; Villa

...nova de Roybone, XIII s.; Ville nove Roylanis (eccl. parr., castr.), XIV s.: voy. Rolbo.

Villerets (Les), h. c⁵ Lavron.

Villes (Les), mas c⁵ St-Pancrasse.

Villeta (cap. de), XII s.; Villette (égl. St-Martin de), XVI s.; Villette-d'Anthon, c⁵ c⁵ Meyzieu.

Villeta (dom. f., bastida de), XIV s.; le Château, c⁵ c⁵ Villette-Serpaize.

Villetas, in pag. Trevis, XI s.; Villena; Villetis (maresc. de), XIV s.; la Villette, h. Mons.

Villeti (pons); Pré-Villet (clos de), c⁵ Barraux.

Villette, h. c⁵ le Passage; — (la), mas c⁵ Roybon; — (la), mas c⁵ Roybon; — mas c⁵ Ste-Marie-d'Alloix; — vill. c⁵ St-Laurent-du-Pont; par. dioc. Gren., égl. Notre-Dame.

Villotte-d'Anthon, c⁵ c⁵ Meyzieu; par. dioc. Lyon, égl. St-Martin.

Villette (Grand-), chat. c⁵ St-Laurent-du-Pont; anc. possess. des Chartreux.

Villette-Serpaize, c⁵ c⁵ Vienne-Nord; par. dioc. Vien. égl. St-Maurice.

Villevieille, h. c⁵ le Villard-des-Lans.

Villi morta, XIV s.; Ville morte, XVIII s.; Vieille-Morte, h. c⁵ la Garde.

Villiana, XII s.: voy. Vaujany, Voujagni.

Villoretus villa, XIV s.; le Villoret, quart. c⁵ Ornon.

Vimarque (La), c⁵ c⁵ Chanas.

Vimeina, XIII s.; Vimeyna (territ. de), XIV s.; Vimayne ou l'Islat, XVII s.: voy. Via Mediana.

Vimer, f. c⁵ St-Étienne-de-Crossey.

Vin-Blanc (Le), l. disp. c⁵ Châbons.

Vinai, XII s.: voy. Vinaleo.

Vinaleo villa, XI s.; Vinai (mand. de), XI s.; Vinnai; Vinnaicum, XII s.; Vinnaicum; Vinnay Vinaycum, XIII s.; Vinaia Vinayo (eccl. de); Vinnalum. Vinayaeum; Vinay, ch.-l. c⁵ arr⁵ St-Marcellin.

Vinaigrerie (La), h. c⁵ Array.

Vinais (territ.), XI s.; Vienais (parr. de), XII s.; Vienais; Vinays: voy. Savluinceuse.

Vinarchère, XVIII s.: voy. Viomarchère.

Vinay, ch.-l. c⁵ arr⁵ St-Marcellin; dioc. Gren., égl. St-Barthélemy.

Vincenda, XV s.; les Vincents, vill. c⁵ Theys.

Vincendon, chât. c⁵ Brézins; — f. c⁵ la Chapelle-de-la-Tour.

Vincent (Le), h. c⁵ Meysasies.

Vincent, c⁵ c⁵ la Morte.

Vincents (Les), h. c⁵ le Gua.

Vinela (capellanus B. Marie de), XIII s.; (priorat. B. M.), XIV s.; (parroch. de); Vignes (N.-D. des) ou Cottes: les Côtes, quart. c⁵ Sassenage.

Vineis (tenem.); les Grandes-Vignes, h. c⁵ Pollienas.

Vinel, XIV s.; Vinay, XV s.; le Vineal, h. c⁵ Dolomieu.

Viner, XIV s.; Viane, XVIII s.; la Vigne, c⁵ c⁵ Beauvoir-de-Marc.

Viner, XIII s.; Vignes (ches des), c⁵ St-Vincent-de-Mercuze.

Vineriis (molar. de), XIV s.; le Vieanay, h. c⁵ Eyzin-Pinet.

Vinetis (dom. de), XV s.: voy. Vignetes.

Vinetum (eccl.) unita prioratui Sechilline, XV s.; Litet, vill. c⁵ Livet-et-Gavet.

Vineys (in), XV s.; les Vignes, h. c⁵ St-Didier-de-la-Tour.

Vingnay, XIV s.: voy. Vinaleo.

Viniscus villa, IX s.; Vignieu, c⁵ c⁵ la Tour-du-Pin.

Vinniacum (castr.), XII s.; le Château, quart. c⁵ Vinay.

Vino-co (eccl. de): voy. Venosch.

Vintain [Vingtin] (territ. du XVII s.; Vingtains (territ. des); le Vingt-Un, vill. c⁵ Dolomieu.

Vintalon (Le), XVIII s.; Ventelon, h. c⁵ la Buisse.

Violaie (eccl. de), XI s.; Vaujany, c⁵ c⁵ le Bourg-d'Oisans.

Violanes (bord. de), XIII s.; les Viollets, c⁵ c⁵ St-Georges-de-Commiers.

Violet, h. c⁵ le Grand-Lemps.

Violet (Les), c⁵ c⁵ Sinard.

Violette (La), h. c⁵ Champagnier; — h. c⁵ Moirans; —

h. c⁵ Theodure.

Violottes (Les), mont. c⁵ la Ferrière.

Vion (Chis du), c⁵ Theys.

Vion des Asnes, XVII s.: voy. Anes (le Chis des).

Viphre (Las), h. c⁵ Varaceux.

Viphalme (Las gr. c⁵ Allevard.

Viphalme, chts c⁵ St-Maximin.

Vira (La), moul. c⁵ Méandre.

Virets (Chis des), c⁵ Lans.

Virou (castr.), XII s.; le Château, chat. c⁵ Virieu.

Vireus Lesartus (molar), XIII s.; Virieu, mas c⁵ Roche.

Virgultis (in), XIV s.; les Vergers, mas c⁵ Jarrie.

Viriacum, XI s.; Vireu, Virelo (de), XII s.; Viret, XIII s.; Vireuz, XIV s.; Virieu, ch.-l. c⁵ arr⁵ la Tour-du-Pin.

Viridarii (prat.), XIII s.; Verdavet, h. c⁵ Veurey.

Viridario Loysii (in), mand. Bellecombe, XIV s.; Vedi (dom. f.) mand. Buxerie; le Verger, c⁵ c⁵ la Buissière.

Viridarium villa, XIV s.; le Verger, h. disp. c⁵ Herbeys.

Viridaz, h. c⁵ Châteauvilain.

Viridis (eccl. S. Clementis in, XI s.; le Vert, mas c⁵ Vinay et Serres-et-Nerpol.

Virieu, chât. c⁵ Chaponnay; — chât. c⁵ le Grand-Lemps.

Virieu (eccl. et unocensium maladerie de), XII s.; la Madeleine, mas et ruine, c⁵ Chélieu.

Virieu, ch.-l. c⁵ arr⁵ la Tour-du-Pin; dioc. Vien., égl. St-Pierre et Paul.

Virieux, mas c⁵ Bellegarde-et-Poussieu.

Virisalen (de), XIV s.; Virenelles, XV s.; Verisanelle, h. c⁵ Gillonnay.

Virivilla, XIII s.; V-le (priorat.), XIV s.; Viravilla, Virivella, Vireville, XVI s.: voy. Vera vila; Virivilie, c⁵ c⁵ Roybon; dioc. Vien., égl. St-Robert.

Viriville (Chis de), c⁵ Ternay.

Virizalle, forêt disp. c⁵⁵ la Côte-St-André, Gillonnay, le Mottier et St-Hilaire-de-la-Côte.

Virontia: voy. Veuroncia.

Virtutibus (in), XV s.; St-Jean-des-Vertus, vill. c⁵ les Côtes-de-Corps.

Via (Le), gr. disp. ce Quincieu.

Via-Bessée (Les), XVI s. : voy. Viae Bexxias.

Vian (gr. de), XVII s.; *Belair*, éc. ce Pariset.

Vianncour, XIX s.; *Vianncourt*, éc. ce St-Égrève; mais. f. XVIII s.

Viablanche (La), XVII s.; *la Vie-Blanche*, chis ce Sermérieu.

Viseroncia, VI s. : voy. Veseroncia.

Vialila, X s.; Vialili, XIII s.; V-if, Vialilia (parr. de), XIII s.; Vialilia, XIV s.; Viseli; *Vialille*, ch.-l. con arrt Grenoble.

Vialila (castr. de), X s.; *le Château-du-Roi*, ruines ce Vialille.

Vialila (eccl. de), XI s.; (monast.), XI s.; (eccl. et priorat. Be Marie de); *le Cimetière*, mas ce Vialille.

Vialilam (hospit. prope), XIII s.; V-ss (hospit.), (precept.); *la Commanderie*, h. ce N.-D.-de-Mésage.

Vialino (loc.), X s.; *Roche-Vésin*, mas ce Reventin-Vaugris.

Visoroncia, VIII s. : voy. Veseroncia.

Vialole, h. ce Royas.

Vitaleres villa, XIV s.; *Vitalières* (?), l. disp. ce Brosson.

Vitassière (La), h. ce Cruas.

Viton (Le), l. disp. ce Rencurel.

Vitres (Les), h. ce Sonnay.

Vitri, XIV s.; *les Vayres*, éc. ce le Périer.

Vitrieux, vill. ce Vernioz; annexe par. St-Alban-de-Varèze, dioc. Vien., égl. St-Pierre.

Vitrosco (in), X s.; villa, X s.; V-cho, XI s.; Vitriaco (de), XIV s.; *Vitrieux*, vill. ce Vernioz.

Vitrosco Mediano (in), X s.; *Milieu*, h. ce Monéteroux-Milieu.

Vittoz, h. ce St-Albin-de-Vaulserre.

Vitulis (villa de), XIV s.; *les Vesux*, h. ce la Cluse-et-Pâquiers.

Viu (eccl. S. Johan., S. Marie de), XI s.; Vivo (ecclesias

den XII s.; (castellum de), XIV s.; (parr., castr.); l'if, ch.-l. con arrt Grenoble.

Vivaras, éc. ce le Bourg-d'Oisans.

Vivarat (Cne de), ce Jarrie.

Vivarès (Chin de), ce Oz.

Vivaron, éc. ce Clelles.

Viveril (aqua), XIV s.; *le Vicier*, h. et ruiss. aff. le Furon, ce Fontaine.

Viveril (borgia), XIV s.; *le Vicier*, vill. ce le Touvet.

Vivorio (villa du), XIV s.; *le Vicier*, vill. ce la Motte-St-Martin.

Viverium, XIV s.; *le Grand-Vicier*, h. ce St-Aupre.

Vivian (La), mont. ce Chantelouve.

Viviant, XIX s.; *le Vivian*, h. ce Meyrié.

Vivier (Le), h. ce Bernin; — h. ce la Chapelle-de-la-Tour; — h. détr. ce les Côtes-d'Arey, XVI s.; — f. ce Montceau; — f. ce Moras; — mns ce Pommiers; — éc. ce St-Etienne-de-Crossey; — gr. ce St-Paul-les-Monestier; — ruiss. ce St-Paul-de-Varces; — ruiss. aff. le Guiers, ce St-Pierre-d'Entremont; — ét. ce Valencogne.

Viviers (aux), XVII s.; *Ches-Vivier*, éc. ce Miribel-les-Echelles.

Viviers (Les), h. ce Notre-Dame-de-Commiers.

Vivion, h. ce les Côtes-d'Arey.

Vivol (La), mont. ce Villard-Reymond.

Vivos (La), ruiss. ce Chantelouve, aff. la Marsenne.

Vizeliacum, XII s.; Vizille, XV s.; Vizilie (opid.), XVI s. : voy. Visilia.

Vizette, h. ce Ville-sous-Anjou.

Vizille, ch.-l. con arrt Grenoble; dioc. Gren., égl. Notre-Dame.

Vobonne, XVII s. : voy. Vaulboneys.

Vodène (ruiss. de), XVIII s. : voy. Vaudanela.

Voesac (neus. de), XIV s.: voy. Voyens.

Voesentil (prior), XV s. : voy. Voissen.

Vofroide (mont. de), XVIII s.; *Valfroide*, mont. et col, con

Ste-Marie-du-Mont et St-Pierre-d'Entremont (Savoie).

Voge (La), scut. ce St-Blaise-du-Buis.

Vogoria (villa), IX s.; q. dicit. Albesca, XI s.; *Vaugris*, vill. ce Reventin-Vaugris.

Vogorio (in villa), eccl. S. Albani, IX s.; Vogoria (in villa) que dicitur Albesca, eccl. S. Albani, XI s.: voy. S. Albanus subtus Viennam.

Volania villa, XIV s.; *le Grand et le Petit-Vaujany*, hh. ce Vaujany.

Vollia, XVIII s.: voy. Volans.

Voinon, XVIII s.; *Lambres*, ruiss. aff. du Dolon, ces Sonnay, Anjou, Bougé-Chambalud, Agnin et Chanas.

Voireupe, XIV s.; Voireppe : voy. Voraplum.

Voiron, éc. ce Mizoën.

Voirone (cap. de), XI s.; Voironis (mand.), XII s.; Voirione (fratr. de), XII s.; Voyrous; Voiru, XIII s.; Voeron, XIV s.; *Voiron*, ch.-l. con arrt Grenoble.

Voironis (castr., cap.), XI, XII s.; V-ne (prope castr. de) est cap. S. Vincencii, XV s.; *Château-Vieux*, mas ce Voiron.

Voisinage (Le), mas et chis ce Noyarey.

Voisinal (Le), vill. ce Beaufort; — h. ce Châtenay; — h. ce Thodure.

Voissant, ce con St-Geoire; par. dioc. Vien., égl. Assomption.

Voissen, XII s.; V-nt; (prior de), XIII s.; Voissancium, XV s.; Voissenco (de); Voissan; *Voissant*, ce con St-Geoire.

Voissenc (mais. des), XVIII s.: voy. Voyssenco.

Voître (chis de), ce Allemont.

Vojanai, XIII s.; Vojania, XIV s.: voy. Violanio.

Vol (Le), ruiss. ce Ruy.

Volandière, h. ce Châtonnay; — bois ce Commelle.

Volans (Le), XVIII s.; Voiland (le), XIX s.; *le Voland*, h. ce Évrain-Pinet.

Volans (combe de), XIV s.; *le Volant*, h. ce Pariset.

Volgarina, h. disp. ce Bessins, XVII s.

Volhians (bois de), XVI s. ; Volland, XVIII s. ; *Vouillau*, f. et bois c° Parlaot.

Volleuse, XVII s.: voy. Volusia.

Vollant, XIX s.; *le Valand*, h. c° Meyrié.

Volley (le o), XVIII s. ; Voleys, XIX s.: voy. Valeysion.

Voloysia, XIII s.; Voloyal (Pont de), XIII s. : voy. Volusia.

Volta (terra voc.), XI s.; Vouti, XV s. ; *les Voutes*, mas c° Clières.

Volum (parr. de), XIV s. ; *St-Étienne*, f. c° le Passage.

Volump, XIII s.; V-m, XIV s.; V-mpt, XVI s. ; *Encelump (Grand, Petit)*, hh. c° Chellen.

Volusia, XII s.; *la Voluise*, ruiss. c° Voreppe, aff. le Paluel.

Voluzin (Le), ruiss. aff. l'Agny, c° Culin et Tramolé.

Volvredo (eccl. de), XI s.; Vourey, c° c° Rives.

Vonclo (de), XIV s.: voy. Bonclo.

Vonery, XVIII s. : voy. Valle Nigra.

Voralpe, XV s.: voy. Vorapium.

Voralpium, XIII s. ; Voralpia : voy. Vorapium.

Vorapio (cap. de castro), XI s.; *Château-Vieux*, ruines c° Voreppe.

Vorapio (prior de), XII s. ; *St-Didier*, chap. et quart. c° Voreppe.

Vorapium, XI s.; Vorappia, XII s.; Vorappium, XIV s.; Vorayppium ; Vorape, XV s. ; Vorappe ; Vorappi (mistr.); Voreppe, c° c° Volron.

Vordaignes (Les), bois c° le Villard-de-Lans.

Vordaz, bois c° Meyrieu.

Voredo (de), XIII s ; Vorey (loc. de), XIII s.; Voreio (eccl. de) XI s. ; Vorei (cap. de) ; Vorol ; Veurey, c° c° Sassenage.

Voreppe, c° c° Volron ; dioc. Gren., égl. St-Didier.

Vorespe, XIV s. ; Voreype, XV s. : voy. Vorapium.

Voreysie (aqua), XIII s. ; *la Voreise*, ruiss. c° Veurey, orig. la font. de la Palette, aff. le Ruiset.

Vorgesio, XIII s. ; *les Vorges*, ruiss. aff. le Rif-Bruant, c° Huez.

Vorgetum (nem.), XIV s. ; Vorzey, XIV s.; Vorzutum, XIV s.; *les Heude-Vors*, quart. c° Bernin.

Vorgey (nem. de), XV s. ; *Vorge (la)*; *les Vorges-Noires*, mas c° les Avenières.

Vorgey (Le), h. c° Romagnieu.

Vorgeya (de), XIV s. ; *Vorgey*, f. c° Villemoirieu.

Vorgeys, XIV s. ; *le Vorgry*, mas c° Morestel.

Vorgles (Les), XVIII s. ; *les Vorges*, h. c° St-Martin-de-Clelles.

Vorin (ulc), XII s. ; Vorey (parr. de), XIII s. ; Voruey, XIII s.; Voreyo (de), XIV s. ; *Vourey*, c° c° Rives.

Vorin (monachi de), XII s. : voy. Voredo, Voreio, Voruey.

Vorionem (castr.), XII s. ; *Voiron*, ch.-l. c° arr Grenoble.

Vorjally (en), XVI s. : voy. Borjall.

Vorodlo (de), XIII s. : voy. Voredo, Voreio.

Voronin (Le), XVIII s. ; *le Veronin*, vill. c° Faverges.

Voroyo (parr. de), XIV s. ; Voroy (prior de), XIV s. : voy. Voredo, Voreio, Voruey.

Vorse, XIV s. ; *Vorse*, h. c° St-Baudille-et-Pipet.

Vorseria (in), XIV s. ; Vorseyri (la), Vorsière, XVIII s. ; *la Vorcière*, h. c° Cognin.

Voruey, XV s. : voy. Vorzey.

Voruey, XIII s. ; Voruoyo (de), XIV s. ; *Veurey*, c° c° Sassenage.

Vorz (aqua), XI s. ; Vore (in), XII s. ; Vortio (de), Vors, Vorch, Vors (dom. f. de), XIV s. ; Vorcium, XV s. ; *Vors*, chât. et ruiss. s. l'Isère, c° Villard-Bonnot.

Vorzes (Les), h. c° Pulliénas.

Vorzeto sive Corali, XV s. ; Vorueto vers. Corale : voy. Coral.

Vorzey (el), XV s. ; *Vorse*, l. disp. c° la Terrasse.

Vousere, éc. c° Jardin.

Votaretum, rup. ; *le Lautaret*, mont. et col, c° Chichilianne et Treschenu (Drôme).

Votravert, XVIII s.: voy. Val-travers.

Voudayna, XIV s. : voy. Vallis Daine, Vaudania.

Voudenne (Le Grand et le Petit): voy. Vaudanela.

Vouglers (Les), XVIII s. ; *les Ouglers*, h. c° Venose.

Voulans (Les), h. c° St-Jean-de-Moirans.

Voujagni, XIII s. ; Vouzanni : Vougenia ; Voujania (parr., eccl. S. Steph. de), XIV s. : Venna, XIV s.; *Vaujany*, c° c° le Bourg-d'Oisans.

Voulans (nem. de), XIV s. ; *Vouillon*, f. et bois, c° Pariset.

Voulette (La), éc. disp. c° Vaujany.

Vouleyre (La), bois c° Villard-Reymond.

Voulubae, XVIII s.: voy. Volusia.

Vourapplum, XV s.; Voureppe: voy. Vorapium.

Vouray-de-Tullins, XVIII s. ; Vourey de Tullins, XVIII s. ; *Vourey-le-Tullins*.

Vouray, XIV s.: voy. Voreio.

Vouregio (villa), X s. ; Vouries (les), XVI s.; V-erules (les), XVIII s.; *les Voureys*, h. c° St-Antoine.

Vourey, XIII s. ; Vouyresio, XIV s. ; V-ey ; Vourei ; Voureyo (eccl. S. Martini de), XV s.; *Vourey*, c° c° Rives; par. dioc. Gren., égl. St-Martin.

Vourey, éc. c° St-Lattier.

Vourey (mand. de), XIV s. ; Vouray de Moirans, XVIII s.; *Vourey-de-Moirans*.

Vourey (dom. f., castr. de), XIV s. ; *le Château*, quart. c° Vourey.

Voursines (Ruiss. des) ou des Bois, aff. l'Ebron, sép. c° Prébois et Tréminis.

Voursines (Les), bois c° Valjouffrey.

Vouso (loc. de), XIV s. : voy. Vorse.

Vouta, XIV s. ; Voutte, XVIII s. ; *la Voute*, h. et ruiss. aff. la Romanche, c° Oz et le Bourg-d'Oisans.

Voute (La), mont. c° le Freney-d'Oisans.

Vouteret (Le), mont. et ruiss. aff. le Pleyney, c° les Adrets et la Ferrière.

Voutes (Les), us⁰ cⁿ Bosse ; — h. cⁿ St-Surlin ; — (Clos des), cⁿ St-Vincent-de-Mercuze.

Voutes-de-Montfleury (Les), h. cⁿ Corenc.

Voutor, XII s. ; Votors (al), XIV s. ; Voutoux, h. cⁿ St-Gervais.

Vouyrey (dom. hospitalarior.), XIV s. ; Vourey (d. hosp.), XV s. ; (dom. de) ; la Commanderie, mas cⁿ Vourey.

Vouzère (La), bois cⁿ la Valette.

Vozgria (mand. de), XV s. : voy. Voguria.

Voyens (nem. de), XIV s. ; Voyen, XV s. ; Voye, Voyer (forest de), XVIII s. ; Voye (le Grand et le Petit), hh. cⁿ St-Blaise-du-Buis.

Voyroppe, XV s. : voy. Vorapium.

Voyreuo (parr. de), XIV s. : voy. Volvreuo, Vourey.

Voyreu (dom. fort.), V-rieu ; Boirieu, h. cⁿ Chozeau.

Voyrey (de), XIV s. : voy. Voredo, Voreio, Voruey.

Voyries (Les), XIII s. ; Voyres, XIV s. ; les Voiries, h. cⁿ Chamagnieu.

Voyrieu, XVIII s. ; Voirieu, éc. cⁿ Montsévéroux.

Voyronnais, XVIII s. ; le Voironnais, région natur., compr. la plus grande partie du cⁿⁿ de Voiron.

Voyronum, XV s. : voy. Vayria, Verinum.

Voys (de), XIV s. ; le Vouet, h. cⁿ Morestel.

Voysence (G. de), XIV s. ; V-at ; la Chaumière, anc. mais. f. dans le bourg de Morestel.

Voyeu, XIII s. ; Voysi, XIV s. ; Voysy, XVIII s. ; Vouise, vill. et mont. cⁿ Voiron.

Voysson, XIII s. ; Voysenc, XIV s. ; Voyssent, V-sno (de) ; voy. Veissen.

Voyssent, XIV s. ; V-sno (de); V-no, XVI s. ; Voyssana, XVII s. ; Voissant, h. cⁿ Coublevie et St-Julien-de-Ratz.

Vozata, XV s. : voy. Vorgozio.

Vozelle, h. cⁿ Varacieux.

Vraie-Croix (La), h. cⁿ Crémieu.

Vandalbord mans., XII s. ; Probert, h. cⁿ Laval.

Vualbonoys, XIV s. : voy. Val-

bonea, Vallis bonesli, Vauhonneys.

Vuarapio (de), XI s. ; Voreppe, cⁿ cⁿⁿ Voiron.

Vuefz (combe) ; les Veuves, h. disp. cⁿ Eeloao.

Vuernallile (in), XIV s. ; les Verneys, h. cⁿ Valbonnais.

Vuernonis villa, XIV s. ; les Veneys?, l. disp. cⁿ le Gua.

Vuiennesis, X s. : voy. Viennensis pagus.

Vuisset (Le), h. cⁿ Rochetoirin.

Vulganeu (eccl. de), XII s. ; Vulgania : voy. Violanie.

Vulpilieri (de), XIII s. ; V-le villa, XIV s. ; Vulpilleria, Vulpellera, Vulpilheria, XV s. ; Vulpillyat, V-lière (la), XVI s. ; la Verpillière, ch.-l. cⁿⁿ arrⁿ Vienne.

Vulpilleria (precept. domus), XIV s. ; V-lière (rectⁿ eccl. Hospitalis), XV s. ; l'Hôpital, h. cⁿ la Verpillière, anc. commanderie de l'ordre de St-Jean-de-Jérusalem.

Vulpillerie (castr.), XIV s. ; V-la (in turribus de), (dom. f. de), XV s. ; le Château, quart. cⁿ la Verpillière.

Vulpillieri (petra), XIV s. ; V-leria ; la Verpillière, mas cⁿ Theys.

Vulson, éc. cⁿ Sinard.

Vultu Janue (eccl. de), XII s. : voy. Violanie.

Vuluer (aqua de), XIV s. : voy. Buer.

Vuouton (Le), XVII s. ; le Vuoutoux, bois et ruiss. cⁿ Proveyzieux.

Vuret (territ. de), XIII s. ; Vuray, XIX s. ; Vurey, vill. cⁿ Genas.

Vurey, XIV s. : voy. Volvreuo, Vourey.

Vureyum, XIV s. : voy. Voredo, Voreio, Voruey.

Varion, éc. cⁿ St-Hilaire-du-Rosier.

Vurpilliera, XV s. : voy. Vulpilleri.

Vuyreyo (eccl. de), XIV s. : voy. Voredo, Voreio, Voruey.

Vy Charette (chⁿ), XVIII s. : voy. Via Chareteri.

Vy Crousas (La), XVII s. ; Vécrous, chⁿ cⁿ Entre-Deux-Guiers.

Vyonne, XVII s. : voy. Vianna.

Vyenneysa (La), XVI s. ; Vyennoz ; in Viennoise, &c. détr. cⁿ la Tronche.

Vymeyne ou Lialat, XVII s. : voy. Via Mediana.

Vynel (el), XIV s. ; le Vinard, h. cⁿ Dolomieu.

Vyriacum, XII s. : voy. Viriacum.

W

Walauro (vallis de), XI s. ; la Galaure, riv. (voy. ce mot).

Waus (parr. de), XIII s. : voy. Avaut, Avaux.

Wiennensis pagus, XI s. : voy. Viennensis.

X

Xazolo (castellum de), XII s. : voy. Sassolum.

Y

Yens (ripp. de), XIV s. ; Yent, Yau ; l'Hiers, ruiss. affl. la Bourbre, prend naiss. cⁿ St-Didier-de-Bizonnes, arr. cⁿⁿ Belmont, Biol, Montrevel, Doissin, Torchefelon, Montagnieu, Ste-Blandine, St-Victor-de-Cessieu et Cessieu.

Yerez, XV s. ; Yeuves ; Hierès, cⁿ cⁿⁿ Crémieu.

Yhas (prat. del), XIV s. ; Yllas, XV s. ; les Iles, h. cⁿ Le Bourg-d'Oisans.

Yletis (riⁿ. de), XV s. ; les Ilettes, mas cⁿ Entre-Deux-Guiers.

Yhis (loc. de), XV s. ; les Iles-de-Renevier, L. cⁿ Pontcharra.

Yilas (Les), XV s. ; Ylays (in), XIV s. ; les Iles, mas cⁿ les Avenières.

Yilino (dom. seu dosj. de), XIV s. : voy. Illino (castr. de).

Yillina, XIII s. ; Yilnam, XIII s. ; Yillinet, XV s. ; Yillinam, parr. S. Johannis, XVI s. ; Illina, h. cⁿ Luzinay.

Yres (Les), XV s. ; les Hieres, mas cⁿ Tullins.

Yris (L'), h. cⁿ St-Jean-de-Soudin.

Ymolonia, X s. ; *Baranup*, h. c° Montagne.

Ymolonia (loc.), in villa Monta-gum ; *la Mairouilère*, h. c° St-Lattier.

Yruel (villa de), XIV s. : voy. Auriolum, Uriolum.

Ysartis (mina ferrea in), Loysar, Laysart, XIV s. ; *les Essarts*, h. c° La Ferrière.

Ysel, XII s. ; Yseulz, XIV s. : Yseilla (furn. de, castell°). Yselum, Yseaulz, XIV s. ; Yseilles ; *Izeaux*, c° n°° Rives.

Ysera (fluv.), X s. ; Ysara, Ysara, Yxère, Yseres (las), XV s. ; *l'Isère*, riv. (voy. ce nom).

Yserone (domin. de), XIII s. ; Ynis (villa), Yseeronem (ap.), Yseron en Vicnnois ; *Iseron*,

c° c° lo Pont-en-Royans.

Yale Balmeyse, XVI s. : voy. Insula d. Balmex.

Yssartum Garini, XIV s. ; *Esswigardu*, h. c° la Cluze-et-Piquieru.

Yssorti, XIV s. ; *les Issards*, h. c° Lans.

Yasodum, XV s. ; *Escule ?*, l. disp. c° Reventin-Vaugris.

Ystagis, XIV s. ; *les Etagen*, vill. c° St-Christophe-en-Oi-sans.

Ysula, XIII s. ; *l'Ile*, anc. quart. ville Grenoble.

Ytiers (cavan. des), XIII s. ; *les Istiers*, h. c° Quet.

Yvernon (L'), ruiss. aff. l'Her-betant, c° St-Pierre-d'Entre-mont.

Z

Zabatoneyres, XIII s. ; *Sabatunnières*, éc. c° Clelles.

Zabot (ad), XIII s. ; *les Sabots*, mas c° Cognin.

Zalérieu, XVIII s. : voy. Salé-rieu.

Zaron : voy. Arous.

Zauzy (La), éc. c° les Adrets.

Zerenies (Les), mas c° Jarrie.

Zéret (Le), éc. c° les Eparres.

Ziala (La), mont. et chal. c° Engins.

Zizardis (Les), XIX s. ; *les Isards*, h. c° St-Martin-d'Uriage.

Zoz, h. c° St-Antoine.

Zurieu (Le), mont. c° St-Paul-de-Varces.

ADDITIONS ET CORRECTIONS

Aavardus, XV s. : voy. Ala-vardus.

Aconant : voy. Econna.

Agoux (chât. d'), XVIII s.: voy. l'Iancsial.

Alerio (riss de) in plano Boveti, XV s. ; *Bouvery ou des Bœufs* (ruiss. de), c° St-Pierre-d'Allevard, aff. ruiss. la Grande-Combe.

Amillieriis : voy. Armillières.

Aublou (à tort Aubion) : voy. Laubeaulx.

Barhafron, XVIII s. : voy. Frayte (la).

Barrion (Le) : voy. Fontal.

Beata Maria (villa) ; B-e M-e de Capella (eccl.), XIV s. : voy. Desserto (eccl. de) ; Castrum Bernart.

Berardis (bordaria de), XV s. ; *les Champs de Bérard*, mas c° Oris-en-Ratier.

Bois-Dauphin : voy. Gloriis.

Bois-de-l'Ile (Le), bois c° les Côtes-d'Arey.

Brussas (Les) : voy. Grapières.

Caprariis (de), XII s. : voy. Ca-hrariis.

Caprelias (ap.) in popia, XIII s. ; Capreril (W. de), XII s., (eccl. de), XIII s. ; Caprerya, XIII s. ; Caprilie, C-liaruu (castell°), XIV s. ; Caprillie, Caprilis (castr. de) ; *Cae-vrières*, c° c°° St-Marcellin.

Chadiarees (eccl. de), XI s. ; C--rescum, XII s. ; *l'Achard*, h. c° Autrans.

Chalmacium, XIV s., C-mis (in); *les Chalmes*, mas c° Villard-Reymond.

Charennes (Les), XVIII s. : voy. Lecherene.

Chichilanne. col. 94 h. : corr. en Chichillianne.

Chivalleria (riv. de), XV s. ; *Chevalière* (ruiss. de la), c° St-Martin-d'Uriage.

Cladiarees (eccl. de), col. 79 e.

Cninodium, col. 125 e.

Concherbimum, col. 117 e.

Fornaux, col. 157 e.

Georgets (Les), col. 171 b.

Hucinum : corr. en l'Acinum.

Lassonna, XI s. : voy. Lessona, Sona.

Leculles (lieu de), col. 304 e.

Lendatis villa, col. 201 c.

Levorensis (vallis), col. 198 e.

Marliac.., XV s. ; *Marlieu*, h. c° Bouvesse-Quirieu.

Meiolanum, col. 225 c.

Merdarellum, col. 362 a.

Plancher, quart. c° Crémieu.

Pont-de-Fer, col. 277 a.

Pré-Roget, col. 283 b.

Rejolses (Les) ; *Orgeuise*, chât. c° Coublevie.

Rifileu, col. 307 a.

Sancte Marie Magdalenes (cap.), XV s. ; *la Madeleine*, chap. disp. c° St-Quentin.

Sancti Nicolay d'Oulstrans : *Autraus*, c° c°° Villard-de-Lans.

Sanctus Lauterius, col. 322 c.

Seguretum, col. 336 c.

Sentolatus villa, col. 329 a.

Seychidono (alpes de), col. 331 b.

Seyssaco (decan. de), 331 b.

Taulianense (ager), col. 358 a.

Thealo (dom. a. turr. de), col. 344 a.

La rédaction de ce Dictionnaire, commencée le 28 juin 1919, a été terminée le 5 mai 1920 et sa revision le 27 février 1921.

L'impression, commencée le 28 janvier 1920, a été achevée la veille de Pâques, 26 mars 1921.